中国田野考古报告集
考古学专刊
丁种第114号
云南省文物考古研究所田野考古报告第24号

师宗大园子墓地

（上册）

中国社会科学院考古研究所
云南省文物考古研究所
曲 靖 市 文 物 管 理 所　编著
师 宗 县 文 物 管 理 所

科学出版社
北　京

内 容 简 介

大园子墓地位于云南省师宗县漾月街道新村社区，是滇东高原上一处规模较大的青铜文化遗存。作为中国社会科学院考古研究所哲学社会科学创新工程项目"秦汉时期西南夷地区考古发掘与研究"的具体实施内容之一，对大园子墓地的发掘取得重要收获，清理西南夷墓葬400余座，出土铜器、玉石器、陶器等各类随葬品600余件（组）。此项发掘及其成果，填补了西南夷考古的一个重要地域空白，对完善和研究战国秦汉时期西南夷青铜文化的谱系，探索当时滇东高原及滇、黔、桂三省区交会地带的历史文化尤其是族群构成和分布等，都将起到积极的推动作用。

本书是在对大园子墓地田野资料进行全面、系统整理以及广泛、深入的多学科合作研究的基础上编写而成的，是一部集田野考古、科技考古等多方面成果为一体的综合性考古报告，适合考古学、历史学、历史地理学、文化人类学、科技史等学科的研究者及相关院校师生阅读和参考。

图书在版编目（CIP）数据

师宗大园子墓地/中国社会科学院考古研究所等编著.—北京：科学出版社，2024.5

（中国田野考古报告集.考古学专刊丁种.第114号；云南省文物考古研究所田野考古报告.第24号）

ISBN 978-7-03-078605-0

Ⅰ.①师…　Ⅱ.①中…　Ⅲ.①墓葬（考古）–发掘报告–师宗县　Ⅳ.①K878.85

中国国家版本馆CIP数据核字（2024）第108511号

责任编辑：柴丽丽 / 责任校对：何艳萍

责任印制：肖　兴 / 封面设计：张　放

科学出版社 出版
北京东黄城根北街16号
邮政编码：100717
http://www.sciencep.com

北京汇瑞嘉合文化发展有限公司印刷
科学出版社发行　各地新华书店经销

*

2024年5月第　一　版　开本：787×1092　1/16
2024年5月第一次印刷　印张：56　插页：119
字数：1 665 000

定价：**980.00元**（全二册）
（如有印装质量问题，我社负责调换）

ARCHAEOLOGICAL MONOGRAPH SERIES
TYPE D No. 114
Yunnan Provincial Institute of Cultural Relics and
Archaeology's field report sets No. 24

Dayuanzi Cemetery in Shizong

(With An English Abstract)

I

by

Institute of Archaeology, Chinese Academy of Social Sciences
Yunnan Provincial Institute of Cultural Relics and Archaeology
Administration of Cultural Relics, Qujing Municipality
Administration of Cultural Relics, Shizong County

Science Press
Beijing

序

　　研究历史离不开考古学，认识历史离不开考古学，这是近代以来我国学术界逐步形成的共识。因为，研究历史离不开材料，"新材料出新学问"，而考古学是能够为古代历史研究提供新材料的唯一有效途径，尽管考古学的功能并不仅仅在于发现新材料。早在1928年，傅斯年就在《历史语言研究所工作之旨趣》中倡导历史语言工作者"上穷碧落下黄泉，动手动脚找东西"！我国现代考古学的百年发展史也表明，"考古学的发生和发展，始终是与考古发现相伴随的"。时至今日，考古新发现仍然是推动学科发展的主要动力。从这个意义上说，云南师宗县大园子墓地的发掘以及考古报告《师宗大园子墓地》，作为西南夷考古的最新成果，无疑将为西南夷地区古代民族、社会历史文化及其变迁的研究提供新的资料、新的助力。

　　"西南夷"作为战国秦汉时期活动于云贵高原及其邻近地区的诸族群的统称，始见于司马迁的《史记·西南夷列传》。在漫长的社会历史文化发展进程中，西南夷诸族群创造了独具地域和民族特色的古代文明，至汉武帝时期逐渐汇入中华古代文明的洪流之中，其自身也最终融入中华民族的大家庭之中。毫无疑问，战国秦汉时期西南夷地区的考古——"西南夷考古"在我国古代多民族统一国家研究、中华民族共同体形成研究、中华文明多元一体格局形成及其演进研究中具有独特的地位和作用。

　　西南夷考古的肇始可以上溯到20世纪前半，但真正取得实质性进展则始于20世纪50年代。1955~1960年昆明晋宁石寨山墓地先后四次发掘清理的51座战国秦汉时期的土著文化——石寨山文化墓葬，以其浓郁的地方风格和随葬大量精美而富有特色的青铜器而受到世人瞩目，尤其是6号墓因"滇王之印"金印的出土而被确认为西汉时期的一座滇王墓，使得石寨山文化遗存与古滇国和古滇人的文化有机地联系在了一起。自此之后，西南夷地区的考古工作持续开展，重要的考古发现接连不断。时至21世纪初，战国秦汉时期的考古发现已遍布西南夷地区的各大区域，其中既有大量的土著文化遗存，也有不少汉文化遗存，各种专题研究和综合研究也相继展开，并取得了不同程度的进展。但毋庸讳言的是，西南夷地区的考古发现在地域分布上存在着明显的不平衡性，还有不少区域仍是考古发现的空白，直接制约着西南夷考古乃至西南夷地区战国秦汉时期社会历史文化研究走向全面和深入。

　　基于上述西南夷考古的重要学术意义、发展现状以及面临的问题，2011年中国社会科学院哲学社会科学创新工程启动之际，中国社会科学院考古研究所从完善科研布局和学科布局等方面考虑，设立创新工程项目"秦汉时期西南夷地区考古发掘与研究"，并指派以西南地区历史时期考古为主要研究方向的杨勇同志组建考古队，同当地文物考古机构合作，在西南夷地区开展考古发掘和研究。在前期广泛调研的基础上，考古队首先选定在地处滇东高原腹地、位于陆良盆地南部边缘的陆良县薛官堡墓地进行发掘。薛官堡墓地经过2012年和2013年两个年度的发掘，发掘清理战国秦汉时期的西南夷土著文化墓葬计211座。田野发掘结束后，旋即进行发掘资料的系统整理，并于2017年正式出版考古发掘报告《陆良薛官堡墓地》，填补了西南夷考古在地域上的一个空白，并由此真正开启了陆良盆地科学考古发掘和研究的进程。

薛官堡墓地的考古工作结束前后，考古队曾在陆良盆地——云南高原最大的山间平坝进行大范围考古调查，虽有不少发现，但未发现适合进一步开展田野考古的遗址或墓地，而此时在陆良县东南邻接的师宗县调查发现了大园子墓地，并且该墓地面临着被进一步盗掘的危险。于是，考古队转战师宗，对大园子墓地进行抢救性发掘。大园子墓地历经2015年和2016年两个年度的发掘，共发掘清理402座战国秦汉时期的西南夷土著文化墓葬，又一次填补了西南夷考古发现在地域上的一个空白。本书《师宗大园子墓地》（以下简称《大园子》），即为大园子墓地考古发掘和综合研究的考古报告。通过《大园子》考古报告，我们不仅可以获知大园子墓地考古的收获——这在报告中已有详细的记述，而且还可以了解其发掘和整理工作的理念、思路和做法——其中不少值得肯定和提倡。

其一，学术目标明确，课题意识强。大园子墓地的发掘，本来具有很强的抢救性发掘的性质，因为该墓地在发掘前已经并正在遭到极为严重的盗掘，墓地被盗掘的状况可谓惨不忍睹。但是，发掘者并没有将发掘工作仅仅定位于抢救性发掘，也没有将重点放在被盗掘并出土有青铜器的大中型墓葬的清理上，而是强化课题意识，紧紧围绕着探寻战国秦汉时期的西南夷土著文化遗存、揭示当地社会历史文化发展状况这一学术任务和目标制定发掘计划，对集中分布的小型墓葬进行"按部就班"地发掘，最终发掘墓葬402座，出土各类遗物600余件（组）。这批墓葬虽然都是小墓，随葬品也不甚丰富甚至缺少所谓的"重器"，但其学术价值不容小觑。如此重要的学术成果的取得，从根本上说，与发掘及其整理的过程中具有强烈的问题意识是分不开的。正如李济1928年在《中国最近发现之新史料》的讲演中所言："地下古物，最重要的是要先有问题、有目的去发掘，才能注意到各方面细微的物事"。这无论对于主动性发掘还是抢救性发掘，都至为重要。

其二，田野发掘和资料整理细致。大园子墓地"积墓成堆"的特殊埋葬状况，致使发掘工作难度甚大。发掘区范围内，土堆自地表至生土深3.5～4.2米，埋葬有墓葬的文化层堆积厚3～4米不等，其中Ⅰ号发掘点240平方米的范围内，清理墓葬242座；Ⅱ号发掘点109.5平方米的范围内，清理墓葬160座。两地点发掘面积不足350平方米，而清理墓葬402座，也就是说，平均每平方米约有1.15座墓葬，可见其分布密度之大。

况且，由于土堆中的墓葬是持续不断地埋入的，虽然地层堆积可以划分出若干小层，但各层土质、土色的差别甚微，并且过于细碎而缺乏连贯性，加之墓坑内填土与墓圹的土质和土色非常接近，墓葬的开口不甚明显，墓内的人骨几乎朽蚀殆尽，使得在发掘过程中划分并排列出完整的地层序列并据此确定墓葬的开口层位以及各墓之间的早晚关系，几乎不可能做到。笔者曾参加过不少田野发掘，参观考察过的发掘工地更不在少数，但大园子墓地的地层堆积之凌乱、叠压打破关系之复杂，还是使我们在发掘现场考察时感触至深。尽管如此，基于细致的发掘并采用全站仪测量而获取的所有墓葬开口的精准三维坐标，通过细致的整理将墓地堆积分为四大层，进而据此将墓葬分为两期三段，即：第4层墓葬为第一期，第3层墓葬为第二期早段，第1、2层墓葬为第二期晚段，实属难能可贵。

其三，科技考古研究卓有成效。现代考古学本来就是一门自然和人文交叉的学科，多学科合作研究是题中应有之义，尤其是科技考古——现代科学技术应用于考古学研究更是充满了生机和活力，呈现出方兴未艾之势。问题在于，科技考古如何开展、如何与所谓的"传统考古"有机结合、如何在整个考古学研究中更好地发挥作用等，还是需要不断地思考、探索和实践的。大园子墓地在发掘过程中充分利用现代科学技术进行信息采集和数字化处理，为观察和了解墓地的微环境，尤其是为墓葬的分期断代提供了极大的帮助。资料整理过程中，更是从研究的实际需要出发，广泛开展科技考古研究，取得了积极成果甚至是突破性进展。譬如，植物遗存及相关制品的研究，为了解当地植被及自然环境提供了证据，同时证明当时使用硬木松制作棺木、利用大麻和苎麻制作编织物和纺织品——织物密度不大且较为粗糙，其织造工艺尚处于较为原始的初级阶段；更为重要的是，在我国首次发现了用桦树皮焦油制作的串珠和手镯等——"提供了桦树皮焦油用于制作装饰品的直接证据……在国际上也未见类似报道"；有的桦树皮焦油制作的手镯上还镶嵌有玉石，也是首次发现。又如，铜器的多种检测分析表明，大园子墓地出土铜器以锡青铜为主，另有少量铅含量低的锡铅青铜以及个别的红铜——"明器的可能性较大"；其矿料"至少有两个以上的矿料来源，分别来自于滇东北和滇东南"；以铸造为主，同时存在铸后冷加工、铸后热锻及冷加工、热锻等多种工艺，并且不同用途的铜器采用了相应的加工工艺技术；埋葬时"毁兵"的顺序是"先焚烧后毁器"。再如，宝玉石器的科学分析及加工工艺研究，在我国首次"发现了玉器的染色和涂画现象……玉器上有黑色、红色和黄色三种染色的色彩，涂画痕迹有圆形和变化多样的线条"；首次在西南夷地区发现了玉器的火烧现象和玉制的发声器；"大园子墓地宝玉石器来源复杂多源，且不以自主生产为主"，并且器物种类与材质选择有一定对应关系。另外，镶玉铜器上的黏结剂和陶器等的研究也取得积极成果。至于28个样品的碳十四测年数据，虽然早于考古学推定的年代达数百年之多——如果说考古学的年代推断更接近史实，但这批数据为云贵高原尤其是岩溶地区碳十四测年数据的科学理解和使用提供了重要启示。上述之外，大园子墓地的科技考古研究还有两个特点值得注意：一个是同一研究领域由多家机构的学者采用多种方法进行多层次的研究，使得相关问题的认知更深入、更全面、更科学，如植物遗存及相关制品的研究、铜器的研究、玉石器的研究等均如是。另一个是各科技考古研究报告，大多并没有仅仅停留在出土遗物的科技检测及其数据的刊布上，而是都在尝试进行社会和文化的解读，如对疑似桦树皮焦油手镯芯撑原材料——黄荆之医药性能的解释，桦树皮焦油制品与"半月形文化传播带"之关系的探讨，铜器与墓葬年代、等级、性别、丧葬礼俗、用途以及西南夷其他土著文化之联系的考察，玉器产地、器物类型与制玉技术之内在联系以及玉器的社会应用的讨论等，都多有新意，这也是我国现代考古学中多学科融合尤其是科技考古发展的基本态势之一。

其四，综合研究和阐释比较全面系统。作为考古报告来说，最主要的内容当然是发掘资料全面、细致、翔实地记述，但对发掘资料的年代、性质以及反映的社会历史文化诸问题进行初步的综合研究和阐释，同样必不可少，因为从某种意义上说，在考古发掘资料的基本认知和阐释上，最有发言权的是发掘者和整理者。关于大园子墓地的年代，发掘者根据墓葬之间的叠压打破关系、出土器物的类型学分析，以及与西南夷其他土著青铜文化的详细类比等，推定其年代为战国晚期至西汉晚期，并且分为两个阶段，即"第一期墓葬的年代为战国晚期至西汉早期；第二期墓葬的年代为西汉中晚期，其中早段约在西汉中期偏早阶段，晚段约在西汉中期偏晚阶段至西汉晚期"。这一年代推定尽管与碳十四测年数据之间存在着三四百年的时间差，其年代下限也还有进一步讨论的余地，但总体上是论之有据、言之可信的。关于大园子墓地的文化面貌、性质及特征，作者就墓地形态、墓葬形制结构、埋葬方式、随葬品和丧葬礼俗等诸基本问题进行了讨论，并跟云贵高原诸土著青铜文化以及巴蜀地区、岭南地区乃至东南亚青铜文化进行了比较观察，既归纳出了大园子墓地的基本特征和自身特色，又分析了它与西南夷其他土著青铜文化的共性以及相互联系。以此为基础并结合文献记载，作者还就大园子墓地所反映的社会历史文化的许多基本问题进行讨论，认为：大园子墓地墓葬形制及头向具有相当的一致性，被葬者佩戴装饰品普遍，随葬品有规律地摆放，极少随葬陶器，"毁器"尤其是"毁兵"和用火"焚燎"随葬品现象突出，而墓葬之间的等级差异并不显著，因而"属于聚族而葬的部落公共墓地"；"其所属人群在当时应是一个较大的部落社会"，可能与史书所载漏卧古国有关；该部族可以制造铜器，可能掌握一定的玉石器加工技术；战争在社会生活中占有重要地位，部族成员"尤其是男性成员平时从事生产，战时则化身武士参加战斗"等。当然，上述研究和认识还是初步的，有些认识还有待于进一步深化乃至修正，但凡此种种问题的探讨都是必要的，并且不少认识颇有见地，反映出作者对大园子墓地及发掘资料的认知比较全面、系统和深入，表明《大园子》是一部高水平的考古报告。

当然，大园子墓地的发掘和研究，缺憾也还是有的。譬如，墓地经过多次考古调查和两个地点的发掘，推测高出生土约5米、面积约7000平方米的土堆是墓地所在，并且"土堆的范围即大园子墓地的范围，二者应大致重合"，但是，毕竟"因用地受到限制，勘探和发掘没有全面展开"，致使墓地的总体布局结构尚未真正查清。又如，因客观条件所限和种种原因，原计划的第三次发掘未能实施，墓地中心区域以及可能的大型墓葬也没有发掘，使得墓地的性质和内涵也还不完全明了，尽管可以推论"属于聚族而葬的部落公共墓地"。再如，虽然墓地附近多次进行过调查和勘探，但与之相关或同时期的聚落遗存终未找到——这种多见墓地、少见或不见聚落遗存的状况尽管在云贵高原普遍存在，也还是一种缺憾。

但无论如何，大园子墓地的发掘是云贵高原一次重要的考古发现，《大园子》是一部成功的考古报告。之所以说《大园子》考古报告是一部成功之作，是因为它完全符合当今考古报告的要求和发展趋势，具体而言：对发掘资料全面、系统、客观、翔实和科学的记述，以及对发掘理念、思路和过程的记述，此其一；多学科合作研究尤其是科技考古卓有成效，并且研究报告系统刊布，此其二；对全部考古材料——包括科技考古结果并结合文献记载，进行初步的综合研究和阐释，此其三；有综述有分述，图文合理搭配、文字和表格有机结合，便于检索，此其四。之所以说大园子墓地的发掘是一次重要发现，是因为第一次在师宗一带初步揭示了一种在总体上属于西南夷文化系统而又具有鲜明地域特征的土著文化遗存——可能与西南夷中的古漏卧人有关。据此，漏卧古国历史文化的探索有望取得突破性进展，并对滇桂黔交界地区战国秦汉时期的族群分布研究以及滇、夜郎、句町等古国的地理位置和"疆域"以及他们之间相互关系等诸多重要问题的探索，也将产生积极的推动作用。

由大园子墓地的发掘和《大园子》的出版说开去，是中华文明多元一体格局形成和演进的考古学研究问题。"多元一体"作为中华文明的本质特征之一，是在漫长的历史进程中逐步形成的，犹如涓涓细流汇成的浩荡江河。中华文明的起源可以上溯到五千多年前，史前时代末期至东周列国是其重要的发展期，而多元一体格局的真正形成是秦汉时期，是伴随着多民族统一的中央集权国家的建立而实现的，是伴随着中华民族共同体的基本形成而实现的，此后是不断巩固、丰富和发展。因此从这个意义上说，秦汉时期无疑是中华文明多元一体格局形成和演进研究的一个关键时期。多元一体中华文明的研究是一个大学问，是一篇大文章，需要文献史学和考古学以及其他学科共同来做，并且需要从"多元"和"一体"这两个维度以及两者的结合上去做。就多元一体中华文明的考古学研究来说，史前考古要做，夏商周考古要做，秦汉考古同样要做，各个时段的考古都要做，并且需要长期不断地做下去。当然，不同时段考古的具体任务和特点有所不同，因为不同的历史发展阶段有不同的时代特点。就秦汉时期中华文明多元一体进程的研究来说，边远地区土著文化遗存的发掘和研究——立足于当地社会历史文化的发展，研究当地土著文明的发生和演变；着眼于地处中原王朝边远地区的地理区位特点，研究当地土著文明与中原文明的互动以及融入中原文明的进程；着眼于地处中原王朝对外交往前沿地带和交流"孔道"和"桥梁"的地理区位特点，研究域外文明的传入并融入中华文明之中的途径——是极为重要的一环。因为，边远地区少数族群的土著文明是多元一体中华文明重要的多"元"之一，它们融入中华文明并成为一"体"的过程，正是中华文明多元一体形成和演进的历史过程。很显然，战国秦汉时期西南夷考古对于多元一体中华文明研究具有不可或缺的重要性，则是不言而喻的了。

遵循考古学的学科发展规律，从考古学的学科实际出发，是做好中华文明考古学研究这篇大文章的基本前提。实证和阐释是现代考古学的两大学理特征，也是考古学科发展的内在动力，因此，多元一体中华文明的考古学研究同样需要从实证和阐释这两个维度以及两者的有机结合上展开。所谓"实证"，是指实物资料+对实物资料的科学认知；"阐释"，则是指对实证资料的社会的、历史的、文化的科学解读。在这里，实证是基础、是根本、是前提，没有实证资料就根本谈不上阐释；阐释是活化、是升华、是目标，如果不进行科学阐释，实证资料只不过是一些零散的、片段的和缺乏生命力的实物资料。实证和阐释，两者相辅相成，缺一不可。从这个意义上说，多元一体中华文明考古学研究的不断推进，一方面要继续高度重视并下大力气做好田野考古，以不断获取更丰富的实物资料并通过研究对其获得科学的认知——实证资料；另一方面，继续坚持在辩证唯物主义和历史唯物主义指导下，综合运用多种学科理论和方法，在人类文明发生和演变的宽广视野下对实证资料进行多角度、多层次、综合性的科学解读——阐释中华文明多元一体格局形成和演进的动因、进程和特点及其对人类文明的贡献。只做田野考古，或者即使做了考古发掘而不及时整理研究并公布发掘资料，万万要不得；但在实证资料尚且有限的情况下进行所谓"宏大叙事"式的理论阐释，同样万万要不得。我们所需要的是，扎扎实实的田野考古和实事求是的科学阐释，以及这两者的有机结合。

新材料出新学问，新课题需要新材料。大园子墓地的发掘及《大园子》考古报告的出版，不仅将极大地推动西南夷考古的进一步深入开展，而且将为中华文明多元一体格局形成和演进的考古学研究提供全新的材料——即使是沧海一粟。

是为序。

白云翔

2024年新春于燕京陋室

目　录

序

绪论 ·· （1）

　一、师宗地理和历史概况 ··· （1）

　二、墓地的发现与发掘 ·· （4）

　三、资料整理及报告编写 ··· （11）

上编　田野考古报告

第一章　墓葬综述 ·· （19）

　第一节　墓地周边环境 ·· （19）

　第二节　墓地范围与墓地堆积 ·· （20）

　第三节　墓葬排列与墓葬分层 ·· （22）

　　一、Ⅰ号发掘点 ·· （24）

　　二、Ⅱ号发掘点 ·· （27）

　第四节　墓葬形制 ·· （31）

　　一、长方形墓 ·· （31）

　　二、宽长方形墓 ··· （32）

　　三、长条形墓 ·· （32）

　　四、梯形墓 ··· （34）

　第五节　墓坑填土及葬具和葬式 ··· （36）

　第六节　随葬品特征、组合及摆放 ·· （37）

第二章 出土遗物 (39)

第一节 铜器 (39)

一、兵器 (39)

二、工具 (72)

三、装饰品 (76)

四、乐器 (107)

五、其他铜器 (108)

第二节 玉石器 (109)

一、装饰品 (109)

二、工具 (130)

第三节 陶器 (132)

第四节 特殊材料制品 (133)

第三章 墓葬分述 (137)

第一节 Ⅰ号发掘点墓葬 (137)

一、第1层墓葬 (137)

二、第2层墓葬 (166)

三、第3层墓葬 (220)

四、第4层墓葬 (269)

第二节 Ⅱ号发掘点墓葬 (384)

一、第1层墓葬 (384)

二、第2层墓葬 (402)

三、第3层墓葬 (427)

四、第4层墓葬 (455)

第四章 主要认识 (514)

第一节 分期与年代 (514)

第二节 文化特征及族属 (526)

第三节 墓葬揭示的社会历史信息及相关问题 (534)

附表 大园子墓地发掘墓葬登记表 (539)

下编　科技考古报告

一　师宗大园子墓地碳十四测试报告与分析 ……………………………………（595）

 一、样品选取 …………………………………………………………………（595）

 二、样品前处理与石墨靶制样 ………………………………………………（595）

 三、测试结果与初步分析 ……………………………………………………（599）

二　师宗大园子墓地出土植物遗存分析与研究 …………………………………（603）

 一、研究方法 …………………………………………………………………（603）

 二、研究结果 …………………………………………………………………（604）

 三、讨论 ………………………………………………………………………（618）

 四、结论 ………………………………………………………………………（624）

三　师宗大园子墓地出土桦树皮焦油制品分析 …………………………………（625）

 一、样品与方法 ………………………………………………………………（625）

 二、结果与讨论 ………………………………………………………………（628）

 三、小结 ………………………………………………………………………（639）

四　师宗大园子墓地出土铜器的科技分析及初步认识 …………………………（640）

 一、引言 ………………………………………………………………………（640）

 二、实验方法 …………………………………………………………………（640）

 三、实验结果 …………………………………………………………………（641）

 四、分析与讨论 ………………………………………………………………（643）

 五、结论 ………………………………………………………………………（654）

五　师宗大园子墓地出土铜器的技术特征及相关问题 …………………………（663）

 一、样品采集和分析方法 ……………………………………………………（663）

 二、分析结果 …………………………………………………………………（665）

三、相关问题讨论 ·· （670）
　　四、结语 ·· （678）

六　师宗大园子墓地出土铜器的科学分析 ·· （679）
　　一、器物形貌观察及成分的无损分析 ·· （679）
　　二、青铜样品的金属学分析 ·· （681）
　　三、分析结果及讨论 ·· （681）
　　四、小结 ·· （702）

七　师宗大园子墓地出土玉器的科技分析 ·· （719）
　　一、样品与方法 ·· （719）
　　二、材质与沁色 ·· （720）
　　三、染色与涂画 ·· （726）
　　四、用玉与制度 ·· （732）
　　五、结论 ·· （740）

八　师宗大园子墓地出土玉石器工艺及相关问题 ·· （750）
　　一、玉石器的工艺 ·· （750）
　　二、相关问题的讨论 ·· （774）
　　三、小结 ·· （777）

九　师宗大园子墓地出土镶玉铜器上黏结剂样品的分析 ···································· （779）
　　一、样品描述 ·· （779）
　　二、实验方法 ·· （779）
　　三、结果与分析 ·· （781）
　　四、结论 ·· （789）

十　师宗大园子墓地出土陶器的分析与研究 ·· （790）
　　一、陶器标本介绍 ·· （790）
　　二、制作工艺和烧成工艺及技术传统 ·· （793）
　　三、陶器的使用功能与葬俗 ·· （801）

十一 师宗大园子墓地出土纺织品纤维的分析与研究 ……………………（805）
　　一、基本属性 ………………………………………………………………（805）
　　二、纤维属性分析 …………………………………………………………（810）
　　三、分析讨论 ………………………………………………………………（814）
　　四、结论 ……………………………………………………………………（818）

结束语 ……………………………………………………………………………（819）

Abstract …………………………………………………………………………（822）

后记 ………………………………………………………………………………（829）

插图目录

绪　　论

图X-1　师宗县地理位置图 …………………………………………………（1）
图X-2　师宗县地形示意图 …………………………………………………（2）
图X-3　考古队在大园子墓地调查（2015年2月）…………………………（5）
图X-4　大园子墓地首次发掘结束后部分考古人员合影（2015年12月）…（7）
图X-5　大园子墓地第二次发掘结束后部分考古人员合影（2017年1月）…（7）
图X-6　对大园子墓地及周边地形进行航拍（2018年12月）………………（8）
图X-7　白云翔副所长考察大园子墓地并检查发掘工作（2015年11月）…（8）
图X-8　杨德聪副厅长、刘旭所长考察大园子墓地并检查发掘工作（2017年1月）…（9）
图X-9　学者参观大园子墓地出土器物（2015年11月）……………………（10）
图X-10　越南学者阮文越在大园子墓地发掘现场参观和交流（2015年11月）…（10）
图X-11　德国学者雷安迪在大园子墓地发掘现场参观和交流（2016年10月）…（10）
图X-12　师宗县漾月街道新村小学师生参观大园子墓地发掘现场（2015年12月）
　　　　…………………………………………………………………………（11）
图X-13　师宗县离退休老干部参观大园子墓地发掘现场（2016年11月）…（11）
图X-14　发掘报告编写阶段部分工作人员合影（2022年5月）……………（12）
图X-15　科技考古学者进行采样和测量（2020年12月）……………………（13）
图X-16　文物保护学者在大园子墓地采集土样（2018年3月）……………（13）

上编　田野考古报告

图1-1　大园子墓地位置示意图 ……………………………………………（19）
图1-2　Ⅰ号发掘点T6051和T6151西壁剖面图（局部）…………………（21）

图1-3　Ⅱ号发掘点T5543和T5643西壁剖面图（局部）……………………（22）

图1-4　Ⅰ号发掘点总平面图 ………………………………………………（插页）

图1-5　Ⅱ号发掘点总平面图 ………………………………………………（插页）

图1-6　Ⅰ号发掘点墓葬在发掘区西壁投影示意图（投影点对应墓口最靠北一角）
……………………………………………………………………………（插页）

图1-7　Ⅱ号发掘点墓葬在发掘区西壁投影示意图（投影点对应墓口最靠北一角）
……………………………………………………………………………（插页）

图1-8　Ⅰ号发掘点第1层墓葬分布示意图 ……………………………………（25）

图1-9　Ⅰ号发掘点第2层墓葬分布示意图 ……………………………………（26）

图1-10　Ⅰ号发掘点第3层墓葬分布示意图 …………………………………（26）

图1-11　Ⅰ号发掘点第4层墓葬分布示意图 …………………………………（插页）

图1-12　Ⅱ号发掘点第1层墓葬分布示意图 …………………………………（27）

图1-13　Ⅱ号发掘点第2层墓葬分布示意图 …………………………………（28）

图1-14　Ⅱ号发掘点第3层墓葬分布示意图 …………………………………（29）

图1-15　Ⅱ号发掘点第4层墓葬分布示意图 …………………………………（30）

图1-16　长方形墓举例之M17 …………………………………………………（31）

图1-17　长方形墓举例之M338 ………………………………………………（32）

图1-18　宽长方形墓举例之M35 ………………………………………………（33）

图1-19　宽长方形墓举例之M58 ………………………………………………（33）

图1-20　长条形墓举例之M68 …………………………………………………（34）

图1-21　长条形墓举例之M199 ………………………………………………（34）

图1-22　梯形墓举例之M83 ……………………………………………………（35）

图1-23　梯形墓举例之M361 …………………………………………………（35）

图2-1　Aa型铜剑 ………………………………………………………………（42）

图2-2　铜剑 ………………………………………………………………………（43）

图2-3　Ca型铜剑 ………………………………………………………………（44）

图2-4　铜剑 ………………………………………………………………………（45）

图2-5　Cb型铜剑 ………………………………………………………………（46）

图2-6　Cc型铜剑 ………………………………………………………………（47）

插图目录

图2-7　Ab型铜剑拓本 …………………………………………………………（48）

图2-8　Ca型铜剑拓本 …………………………………………………………（50）

图2-9　Cc型铜剑拓本 …………………………………………………………（51）

图2-10　铜戈、戈内 ……………………………………………………………（52）

图2-11　Ba型铜戈 ………………………………………………………………（53）

图2-12　Bb型Ⅰ式铜戈 …………………………………………………………（54）

图2-13　Bb型Ⅱ式铜戈 …………………………………………………………（55）

图2-14　Bb型Ⅲ式铜戈 …………………………………………………………（57）

图2-15　Bb型Ⅲ式铜戈 …………………………………………………………（58）

图2-16　Bc型铜戈 ………………………………………………………………（59）

图2-17　Bb型Ⅲ式铜戈拓本 ……………………………………………………（59）

图2-18　铜戈拓本 ………………………………………………………………（60）

图2-19　Aa型铜矛 ………………………………………………………………（63）

图2-20　Ab型Ⅰ式铜矛 …………………………………………………………（64）

图2-21　铜矛 ……………………………………………………………………（65）

图2-22　B型铜矛 ………………………………………………………………（66）

图2-23　A型Ⅰ式铜戚 …………………………………………………………（68）

图2-24　铜戚 ……………………………………………………………………（69）

图2-25　铜戚 ……………………………………………………………………（70）

图2-26　铜钺、镦、鞘饰 ………………………………………………………（71）

图2-27　铜臂甲 …………………………………………………………………（72）

图2-28　A、B、C型铜削刀 ……………………………………………………（74）

图2-29　铜削刀 …………………………………………………………………（75）

图2-30　铜锛、爪镰 ……………………………………………………………（75）

图2-31　A型Ⅰ式铜镯 …………………………………………………………（83）

图2-32　铜镯 ……………………………………………………………………（84）

图2-33　铜镯 ……………………………………………………………………（86）

图2-34　Ea型铜镯 ………………………………………………………………（87）

图2-35　Ec型铜镯 ………………………………………………………………（88）

图2-36	铜镯	（89）
图2-37	Aa型铜扣饰	（92）
图2-38	Ab型铜扣饰	（93）
图2-39	铜扣饰	（94）
图2-40	铜扣饰	（95）
图2-41	Da型Ⅰ式铜扣饰	（96）
图2-42	Da型Ⅱ式铜扣饰	（97）
图2-43	铜扣饰	（98）
图2-44	铜扣饰	（99）
图2-45	铜扣饰	（100）
图2-46	铜扣饰	（101）
图2-47	铜扣饰拓本	（103）
图2-48	铜泡饰	（104）
图2-49	铜泡饰	（104）
图2-50	铜泡饰	（105）
图2-51	铜片饰、牌形饰、簪	（107）
图2-52	铜铃	（108）
图2-53	铜帽形器、簧形器、夹形器	（109）
图2-54	玉管珠	（119）
图2-55	玉扁珠、片珠	（120）
图2-56	玉玦	（121）
图2-57	玉璜形饰	（122）
图2-58	A、B型玉镯	（123）
图2-59	玉剑首、扣	（124）
图2-60	玛瑙珠	（126）
图2-61	玛瑙玦	（126）
图2-62	A型玛瑙扣	（127）
图2-63	B型玛瑙扣	（129）
图2-64	玛瑙珠	（129）

图2-65	玉石器	（130）
图2-66	石锛	（131）
图2-67	陶纺轮、容器	（132）
图2-68	特殊材料圆珠	（134）
图2-69	A型特殊材料镯	（135）
图2-70	B型特殊材料镯	（136）
图3-1	M1平、剖视图	（138）
图3-2	M1出土Ec型铜镯	（138）
图3-3	M2平、剖视图	（139）
图3-4	M2出土铜器	（140）
图3-5	M3平、剖视图	（141）
图3-6	M3出土器物	（141）
图3-7	M4平、剖视图	（142）
图3-8	M4出土铜器	（143）
图3-9	M5平、剖视图	（144）
图3-10	M5出土器物	（144）
图3-11	M6平、剖视图	（145）
图3-12	M6出土铜镯	（146）
图3-13	M7平、剖视图	（147）
图3-14	M7出土铜器	（148）
图3-15	M8平、剖视图	（149）
图3-16	M8出土Aa型铜矛	（149）
图3-17	M9平、剖视图	（150）
图3-18	M9出土铜器	（151）
图3-19	M11平、剖视图	（152）
图3-20	M11出土Aa型铜矛	（152）
图3-21	M12平、剖视图	（153）
图3-22	M12出土器物	（154）
图3-23	M12出土Ec型铜镯	（155）

图3-24	M13平、剖视图	（156）
图3-25	M13出土铜器	（157）
图3-26	M15平、剖视图	（157）
图3-27	M15出土器物	（158）
图3-28	M16平、剖视图	（159）
图3-29	M16出土B型Ⅲ式铜矛	（159）
图3-30	M17平、剖视图	（160）
图3-31	M17出土铜器	（161）
图3-32	M17出土A型Ⅱ式铜镯	（162）
图3-33	M17出土A型Ⅰ式铜镯	（163）
图3-34	M169平、剖视图	（164）
图3-35	M169出土铜器	（164）
图3-36	M170平、剖视图	（165）
图3-37	M170出土铜器	（166）
图3-38	M18平、剖视图	（167）
图3-39	M18出土铜器	（167）
图3-40	M19平、剖视图	（168）
图3-41	M19出土Da型铜削刀	（168）
图3-42	M20平、剖视图	（169）
图3-43	M20出土A型Ⅰ式铜镯	（169）
图3-44	M22平、剖视图	（170）
图3-45	M22出土铜器	（171）
图3-46	M23平、剖视图	（172）
图3-47	M23出土铜器	（173）
图3-48	M24平、剖视图	（174）
图3-49	M24出土器物	（175）
图3-50	M24出土Ca型铜剑拓本	（176）
图3-51	M25平、剖视图	（176）
图3-52	M25出土A型Ⅰ式铜镯	（177）

图3-53	M27平、剖视图 ……	（177）
图3-54	M27出土铜镯 ……	（178）
图3-55	M27出土铜镯 ……	（179）
图3-56	M28平、剖视图 ……	（180）
图3-57	M28出土A型Ⅰ式铜镯 ……	（180）
图3-58	M29平、剖视图 ……	（181）
图3-59	M29出土铜器 ……	（182）
图3-60	M30平、剖视图 ……	（183）
图3-61	M30出土器物 ……	（184）
图3-62	M31平、剖视图 ……	（185）
图3-63	M31出土A型Ⅰ式铜镯 ……	（185）
图3-64	M33平、剖视图 ……	（186）
图3-65	M33出土铜器 ……	（187）
图3-66	M35平、剖视图 ……	（188）
图3-67	M35出土A型铜削刀 ……	（188）
图3-68	M36平、剖视图 ……	（189）
图3-69	M36出土铜器 ……	（190）
图3-70	M36出土器物 ……	（192）
图3-71	M36出土Bb型Ⅲ式铜戈拓本 ……	（192）
图3-72	M38平、剖视图 ……	（193）
图3-73	M38出土器物 ……	（194）
图3-74	M39平、剖视图 ……	（195）
图3-75	M39出土铜器 ……	（196）
图3-76	M39出土Cb型铜剑拓本 ……	（196）
图3-77	M40平、剖视图 ……	（197）
图3-78	M40出土器物 ……	（198）
图3-79	M41平、剖视图 ……	（199）
图3-80	M41出土铜器 ……	（200）
图3-81	M41出土Cb型铜剑拓本 ……	（201）

图3-82	M42平、剖视图	（201）
图3-83	M42出土B型铜削刀	（202）
图3-84	M44平、剖视图	（202）
图3-85	M47平、剖视图	（203）
图3-86	M47出土B型Ⅱ式铜戚	（203）
图3-87	M49平、剖视图	（204）
图3-88	M49出土Ec型铜镯（M49∶1）部分	（204）
图3-89	M50平、剖视图	（205）
图3-90	M51平、剖视图	（206）
图3-91	M51出土铜镯	（207）
图3-92	M52平、剖视图	（208）
图3-93	M52出土铜器	（209）
图3-94	M174平、剖视图	（210）
图3-95	M174出土A型Ⅰ式铜镯	（211）
图3-96	M174出土Da型Ⅱ式铜扣饰	（211）
图3-97	M175平、剖视图	（212）
图3-98	M175出土铜镯	（213）
图3-99	M176平、剖视图	（214）
图3-100	M176出土铜镯	（215）
图3-101	M179平、剖视图	（216）
图3-102	M179出土铜器	（217）
图3-103	M179出土铜器	（218）
图3-104	M179出土Cb型铜剑拓本	（219）
图3-105	M43平、剖视图	（220）
图3-106	M43出土器物	（221）
图3-107	M43出土Cb型铜剑拓本	（221）
图3-108	M45平、剖视图	（222）
图3-109	M45出土铜器	（223）
图3-110	M46平、剖视图	（223）

图3-111	M46出土铜镯	（224）
图3-112	M48平、剖视图	（225）
图3-113	M53平、剖视图	（226）
图3-114	M53出土器物	（226）
图3-115	M54平、剖视图	（227）
图3-116	M54出土Ab型铜扣饰	（227）
图3-117	M55平、剖视图	（228）
图3-118	M55出土Ed型铜镯	（229）
图3-119	M56平、剖视图	（229）
图3-120	M56出土Ab型Ⅰ式铜矛	（230）
图3-121	M57平、剖视图	（231）
图3-122	M57出土铜器	（231）
图3-123	M59平、剖视图	（232）
图3-124	M59出土B型Ⅰ式铜戚	（233）
图3-125	M63平、剖视图	（234）
图3-126	M63出土器物	（234）
图3-127	M66平、剖视图	（235）
图3-128	M66出土Ea型铜镯	（236）
图3-129	M71平、剖视图	（237）
图3-130	M71出土陶纺轮	（237）
图3-131	M72平、剖视图	（238）
图3-132	M72出土铜器	（238）
图3-133	M73平、剖视图	（239）
图3-134	M73出土铜器	（240）
图3-135	M73出土玉石器	（242）
图3-136	M74平、剖视图	（243）
图3-137	M74出土铜器	（244）
图3-138	M74出土Bb型Ⅲ式铜戈拓本	（244）
图3-139	M143平、剖视图	（245）

图3-140	M143出土Ca型铜剑	（245）
图3-141	M180平、剖视图	（246）
图3-142	M180出土铜器	（248）
图3-143	M180出土铜器	（250）
图3-144	M180出土器物	（251）
图3-145	M180出土Ab型铜扣饰拓本	（252）
图3-146	M181平、剖视图	（253）
图3-147	M181出土器物	（253）
图3-148	M183平、剖视图	（254）
图3-149	M183出土器物	（255）
图3-150	M183出土Ab型铜扣饰拓本	（256）
图3-151	M184平、剖视图	（257）
图3-152	M184出土器物	（257）
图3-153	M184出土Cb型铜剑拓本	（258）
图3-154	M185平、剖视图	（259）
图3-155	M185出土铜器	（260）
图3-156	M185出土铜器	（261）
图3-157	M185出土玉石器	（263）
图3-158	M185出土铜器拓本	（264）
图3-159	M186平、剖视图	（265）
图3-160	M186出土Ca型铜剑	（265）
图3-161	M188平、剖视图	（266）
图3-162	M188出土玉剑首	（266）
图3-163	M209平、剖视图	（267）
图3-164	M209出土铜器	（268）
图3-165	M209出土F型铜扣饰拓本	（269）
图3-166	M58平、剖视图	（270）
图3-167	M58出土铜器	（271）
图3-168	M58出土器物	（273）

图3-169	M67平、剖视图	（274）
图3-170	M67出土铜器	（275）
图3-171	M68平、剖视图	（276）
图3-172	M77平、剖视图	（276）
图3-173	M79平、剖视图	（277）
图3-174	M79出土铜器	（278）
图3-175	M82平、剖视图	（279）
图3-176	M82出土铜器	（280）
图3-177	M86平、剖视图	（281）
图3-178	M86出土玉石器	（282）
图3-179	M90平、剖视图	（283）
图3-180	M90及墓坑上部填土中出土器物	（284）
图3-181	M91平、剖视图	（284）
图3-182	M93平、剖视图	（285）
图3-183	M94平、剖视图	（286）
图3-184	M94出土铜器	（286）
图3-185	M98平、剖视图	（287）
图3-186	M99平、剖视图	（288）
图3-187	M100平、剖视图	（289）
图3-188	M100出土器物	（289）
图3-189	M102平、剖视图	（290）
图3-190	M102出土B型玉镯	（290）
图3-191	M106平、剖视图	（291）
图3-192	M106出土玉玦	（292）
图3-193	M108平、剖视图	（292）
图3-194	M110平、剖视图	（293）
图3-195	M110出土器物	（294）
图3-196	M111平、剖视图	（295）
图3-197	M112平、剖视图	（295）

图3-198　M112出土Ca型铜泡饰 ………………………………………………（296）

图3-199　M113平、剖视图 ……………………………………………………（296）

图3-200　M113出土铜矛 ………………………………………………………（297）

图3-201　M114平、剖视图 ……………………………………………………（297）

图3-202　M114出土B型玉镯 …………………………………………………（298）

图3-203　M115平、剖视图 ……………………………………………………（298）

图3-204　M115出土Aa型铜泡饰 ………………………………………………（299）

图3-205　M117平、剖视图 ……………………………………………………（300）

图3-206　M117出土铜矛 ………………………………………………………（300）

图3-207　M118平、剖视图 ……………………………………………………（301）

图3-208　M118出土A型玉管珠 ………………………………………………（301）

图3-209　M119平、剖视图 ……………………………………………………（302）

图3-210　M119出土铜爪镰 ……………………………………………………（302）

图3-211　M121平、剖视图 ……………………………………………………（303）

图3-212　M121出土Aa型铜扣饰 ………………………………………………（303）

图3-213　M123平、剖视图 ……………………………………………………（304）

图3-214　M123出土器物 ………………………………………………………（304）

图3-215　M126平、剖视图 ……………………………………………………（305）

图3-216　M129平、剖视图 ……………………………………………………（306）

图3-217　M131平、剖视图 ……………………………………………………（306）

图3-218　M134平、剖视图 ……………………………………………………（307）

图3-219　M134出土B型特殊材料镯（M134∶2）部分 ………………………（307）

图3-220　M136平、剖视图 ……………………………………………………（308）

图3-221　M137平、剖视图 ……………………………………………………（309）

图3-222　M138平、剖视图 ……………………………………………………（310）

图3-223　M138出土铜器 ………………………………………………………（311）

图3-224　M138出土玉玦 ………………………………………………………（312）

图3-225　M139平、剖视图 ……………………………………………………（313）

图3-226　M139出土Cc型铜剑 …………………………………………………（313）

图3-227	M140平、剖视图	（314）
图3-228	M140出土B型Ⅰ式铜剑	（315）
图3-229	M142平、剖视图	（316）
图3-230	M142出土器物	（316）
图3-231	M145平、剖视图	（317）
图3-232	M145出土玉玦	（317）
图3-233	M150平、剖视图	（318）
图3-234	M151平、剖视图	（319）
图3-235	M151出土A型玉管珠	（319）
图3-236	M152平、剖视图	（320）
图3-237	M152出土A型Ⅰ式铜戚	（320）
图3-238	M154平、剖视图	（321）
图3-239	M155平、剖视图	（322）
图3-240	M155出土玉管珠	（323）
图3-241	M156平、剖视图	（324）
图3-242	M158平、剖视图	（325）
图3-243	M164平、剖视图	（326）
图3-244	M164出土B型特殊材料镯（M164：3）部分	（327）
图3-245	M166平、剖视图	（327）
图3-246	M166出土玉玦	（328）
图3-247	M167平、剖视图	（328）
图3-248	M167出土器物	（329）
图3-249	M168平、剖视图	（330）
图3-250	M168出土A型特殊材料镯	（330）
图3-251	M189平、剖视图	（331）
图3-252	M189出土铜器	（332）
图3-253	M190平、剖视图	（333）
图3-254	M190出土器物	（334）
图3-255	M192平、剖视图	（336）

图3-256　M192出土器物 …………………………………………………（337）

图3-257　M193平、剖视图 ………………………………………………（339）

图3-258　M193出土A型Ⅰ式铜镯 ………………………………………（339）

图3-259　M194平、剖视图 ………………………………………………（340）

图3-260　M195平、剖视图 ………………………………………………（341）

图3-261　M195出土Aa型铜矛 …………………………………………（341）

图3-262　M198平、剖视图 ………………………………………………（342）

图3-263　M199平、剖视图 ………………………………………………（343）

图3-264　M199出土铜器 …………………………………………………（344）

图3-265　M199出土Cb型铜剑拓本 ……………………………………（344）

图3-266　M201平、剖视图 ………………………………………………（345）

图3-267　M201出土Bc型铜扣饰 ………………………………………（346）

图3-268　M202平、剖视图 ………………………………………………（346）

图3-269　M202出土铜器 …………………………………………………（347）

图3-270　M202出土Cb型铜剑拓本 ……………………………………（348）

图3-271　M206平、剖视图 ………………………………………………（349）

图3-272　M206出土器物 …………………………………………………（350）

图3-273　M207平、剖视图 ………………………………………………（352）

图3-274　M207出土玉玦 …………………………………………………（352）

图3-275　M210平、剖视图 ………………………………………………（353）

图3-276　M211平、剖视图 ………………………………………………（354）

图3-277　M211出土器物 …………………………………………………（355）

图3-278　M213平、剖视图 ………………………………………………（356）

图3-279　M213出土Ea型铜扣饰 ………………………………………（357）

图3-280　M216平、剖视图 ………………………………………………（357）

图3-281　M216出土Ea型铜镯 …………………………………………（358）

图3-282　M217平、剖视图 ………………………………………………（359）

图3-283　M217出土铜器 …………………………………………………（359）

图3-284　M218平、剖视图 ………………………………………………（360）

图3-285	M218出土铜器	（361）
图3-286	M219平、剖视图	（362）
图3-287	M219出土铜器	（363）
图3-288	M219出土玉器	（364）
图3-289	M220平、剖视图	（365）
图3-290	M221平、剖视图	（366）
图3-291	M221出土玉石器	（367）
图3-292	M222平、剖视图	（368）
图3-293	M222出土器物	（369）
图3-294	M224平、剖视图	（370）
图3-295	M224出土器物	（372）
图3-296	M226平、剖视图	（373）
图3-297	M226出土Ca型铜剑	（374）
图3-298	M226出土Ca型铜剑拓本	（374）
图3-299	M227平、剖视图	（375）
图3-300	M227出土Aa型铜扣饰	（375）
图3-301	M228平、剖视图	（376）
图3-302	M228出土器物	（377）
图3-303	M228出土玉石器	（379）
图3-304	M230平、剖视图	（380）
图3-305	M230出土陶容器	（380）
图3-306	M234平、剖视图	（381）
图3-307	M234出土铜器	（382）
图3-308	M239平、剖视图	（383）
图3-309	M239出土器物	（383）
图3-310	M235平、剖视图	（384）
图3-311	M235出土铜器	（385）
图3-312	M235出土Ca型铜剑拓本	（385）
图3-313	M240平、剖视图	（386）

图3-314　M240出土铜器 ……………………………………………………（387）
图3-315　M242平、剖视图 ………………………………………………（388）
图3-316　M243平、剖视图 ………………………………………………（389）
图3-317　M243出土Da型铜削刀 …………………………………………（389）
图3-318　M247平、剖视图 ………………………………………………（390）
图3-319　M247出土铜器 …………………………………………………（391）
图3-320　M248平、剖视图 ………………………………………………（392）
图3-321　M248出土C型铜戚 ……………………………………………（392）
图3-322　M249平、剖视图 ………………………………………………（393）
图3-323　M249出土F型铜扣饰 …………………………………………（393）
图3-324　M251平、剖视图 ………………………………………………（394）
图3-325　M251出土铜器 …………………………………………………（395）
图3-326　M256平、剖视图 ………………………………………………（396）
图3-327　M256出土铜器 …………………………………………………（397）
图3-328　M256出土B型玛瑙扣 …………………………………………（398）
图3-329　M257平、剖视图 ………………………………………………（399）
图3-330　M257出土A型Ⅱ式铜镯 ………………………………………（399）
图3-331　M274平、剖视图 ………………………………………………（400）
图3-332　M274出土Ea型铜镯 ……………………………………………（400）
图3-333　M275平、剖视图 ………………………………………………（401）
图3-334　M275出土铜镯 …………………………………………………（402）
图3-335　M258平、剖视图 ………………………………………………（403）
图3-336　M258出土铜镯 …………………………………………………（403）
图3-337　M260平、剖视图 ………………………………………………（404）
图3-338　M260出土铜器 …………………………………………………（405）
图3-339　M262平、剖视图 ………………………………………………（406）
图3-340　M263平、剖视图 ………………………………………………（406）
图3-341　M264平、剖视图 ………………………………………………（407）
图3-342　M264出土铜器 …………………………………………………（408）

图3-343	M265平、剖视图	（409）
图3-344	M266平、剖视图	（410）
图3-345	M266出土铜镯	（410）
图3-346	M267平、剖视图	（411）
图3-347	M267出土器物	（412）
图3-348	M268平、剖视图	（413）
图3-349	M268出土铜器	（414）
图3-350	M273平、剖视图	（415）
图3-351	M273出土铜器	（416）
图3-352	M273出土Cb型铜剑拓本	（417）
图3-353	M276平、剖视图	（418）
图3-354	M276出土铜器	（419）
图3-355	M276出土Cb型铜剑拓本	（420）
图3-356	M278平、剖视图	（421）
图3-357	M278出土器物	（422）
图3-358	M280平、剖视图	（424）
图3-359	M280出土Cb型铜泡饰	（424）
图3-360	M283平、剖视图	（425）
图3-361	M283出土B型Ⅱ式铜戚	（425）
图3-362	M285平、剖视图	（426）
图3-363	M285出土Da型铜削刀	（426）
图3-364	M281平、剖视图	（427）
图3-365	M281出土铜器	（429）
图3-366	M281出土器物	（430）
图3-367	M281出土Ca型铜扣饰拓本	（431）
图3-368	M282平、剖视图	（432）
图3-369	M282出土铜器	（433）
图3-370	M284平、剖视图	（434）
图3-371	M284出土铜镯	（434）

图3-372	M286平、剖视图	（435）
图3-373	M286出土铜器	（436）
图3-374	M286出土器物	（437）
图3-375	M286出土Bb型Ⅲ式铜戈拓本	（438）
图3-376	M291平、剖视图	（438）
图3-377	M293平、剖视图	（439）
图3-378	M293出土铜器	（440）
图3-379	M293出土Cb型铜剑拓本	（440）
图3-380	M300平、剖视图	（441）
图3-381	M300出土铜器	（442）
图3-382	M302平、剖视图	（443）
图3-383	M302出土铜器	（444）
图3-384	M302出土Ab型铜扣饰拓本	（444）
图3-385	M307平、剖视图	（445）
图3-386	M307出土玉石器	（445）
图3-387	M310平、剖视图	（446）
图3-388	M316平、剖视图	（447）
图3-389	M317平、剖视图	（448）
图3-390	M322平、剖视图	（449）
图3-391	M322出土Aa型铜泡饰	（449）
图3-392	M324平、剖视图	（450）
图3-393	M324出土器物	（451）
图3-394	M328平、剖视图	（452）
图3-395	M328出土Cb型铜剑	（453）
图3-396	M328出土Cb型铜剑拓本	（453）
图3-397	M329平、剖视图	（454）
图3-398	M329出土铜器	（454）
图3-399	M329出土Cb型铜剑拓本	（454）
图3-400	M319平、剖视图	（455）

图3-401	M319出土玉玦	（456）
图3-402	M321平、剖视图	（457）
图3-403	M321出土玉石器	（457）
图3-404	M327平、剖视图	（458）
图3-405	M327出土铜器	（460）
图3-406	M327出土器物	（462）
图3-407	M327出土Ba型铜戈拓本	（463）
图3-408	M330平、剖视图	（463）
图3-409	M330出土Ba型铜扣饰	（464）
图3-410	M331平、剖视图	（464）
图3-411	M331出土Aa型铜矛	（464）
图3-412	M332平、剖视图	（465）
图3-413	M332出土器物	（466）
图3-414	M333平、剖视图	（467）
图3-415	M333出土器物	（467）
图3-416	M335平、剖视图	（468）
图3-417	M335出土Ab型铜扣饰	（468）
图3-418	M336平、剖视图	（469）
图3-419	M336出土A型铜削刀	（469）
图3-420	M337平、剖视图	（470）
图3-421	M337出土器物	（471）
图3-422	M338平、剖视图	（472）
图3-423	M338出土Cb型铜剑	（472）
图3-424	M340平、剖视图	（473）
图3-425	M342平、剖视图	（474）
图3-426	M343平、剖视图	（475）
图3-427	M343出土铜器	（475）
图3-428	M344平、剖视图	（476）
图3-429	M344出土铜器	（477）

图3-430	M346平、剖视图	（478）
图3-431	M346出土玉器	（478）
图3-432	M347平、剖视图	（479）
图3-433	M347出土玉玦	（480）
图3-434	M349平、剖视图	（481）
图3-435	M349出土A型铜戈	（481）
图3-436	M350平、剖视图	（482）
图3-437	M350出土器物	（483）
图3-438	M351平、剖视图	（485）
图3-439	M358平、剖视图	（486）
图3-440	M360平、剖视图	（487）
图3-441	M360出土玉玦	（487）
图3-442	M361平、剖视图	（488）
图3-443	M361出土玉管珠	（488）
图3-444	M362平、剖视图	（489）
图3-445	M363平、剖视图	（490）
图3-446	M363出土玉石器	（491）
图3-447	M364平、剖视图	（492）
图3-448	M364及墓坑上部填土中出土玉石器	（493）
图3-449	M367平、剖视图	（494）
图3-450	M367及墓坑上部填土中出土器物	（494）
图3-451	M368平、剖视图	（495）
图3-452	M368出土器物	（496）
图3-453	M369平、剖视图	（498）
图3-454	M369出土陶釜	（498）
图3-455	M376平、剖视图	（499）
图3-456	M376出土器物	（500）
图3-457	M378平、剖视图	（501）
图3-458	M378出土器物	（502）

图3-459　M380平、剖视图 …………………………………………………………（503）

图3-460　M384平、剖视图 …………………………………………………………（504）

图3-461　M384出土Aa型铜扣饰 ……………………………………………………（504）

图3-462　M386平、剖视图 …………………………………………………………（505）

图3-463　M386出土Bb型Ⅰ式铜戈 …………………………………………………（505）

图3-464　M388平、剖视图 …………………………………………………………（506）

图3-465　M388出土玉玦 ……………………………………………………………（506）

图3-466　M393平、剖视图 …………………………………………………………（507）

图3-467　M393出土Bb型Ⅰ式铜戈 …………………………………………………（507）

图3-468　M395平、剖视图 …………………………………………………………（508）

图3-469　M395出土器物 ……………………………………………………………（509）

图3-470　M399平、剖视图 …………………………………………………………（509）

图3-471　M399出土玉石器 …………………………………………………………（510）

图3-472　M401平、剖视图 …………………………………………………………（511）

图3-473　M401出土玉玦 ……………………………………………………………（511）

图3-474　M402平、剖视图 …………………………………………………………（512）

图3-475　M402出土玉管珠 …………………………………………………………（513）

图4-1　大园子墓地出土典型器物演变示意图（一）………………………………（518）

图4-2　大园子墓地出土典型器物演变示意图（二）………………………………（519）

下编　科技考古报告

一　师宗大园子墓地碳十四测试报告与分析

图1　大园子墓地第一类样品碳十四年代校正结果 …………………………………（600）

图2　大园子墓地第二类样品碳十四年代校正结果 …………………………………（601）

图3　大园子墓地第三类样品碳十四年代校正结果 …………………………………（602）

二 师宗大园子墓地出土植物遗存分析与研究

图1 硬木松类横切面……………………………………………………………（606）

图2 硬木松类径切面……………………………………………………………（606）

图3 硬木松类弦切面……………………………………………………………（606）

图4 硬木松类横切面……………………………………………………………（606）

图5 硬木松类径切面……………………………………………………………（606）

图6 硬木松类弦切面……………………………………………………………（606）

图7 软木松类横切面……………………………………………………………（607）

图8 软木松类径切面……………………………………………………………（607）

图9 软木松类弦切面……………………………………………………………（607）

图10 桤木属横切面………………………………………………………………（608）

图11 桤木属径切面………………………………………………………………（608）

图12 桤木属弦切面………………………………………………………………（608）

图13 乌桕属横切面………………………………………………………………（608）

图14 乌桕属径切面………………………………………………………………（608）

图15 乌桕属弦切面………………………………………………………………（608）

图16 栎属横切面…………………………………………………………………（609）

图17 栎属径切面…………………………………………………………………（609）

图18 栎属弦切面…………………………………………………………………（609）

图19 青冈属横切面………………………………………………………………（609）

图20 青冈属径切面………………………………………………………………（609）

图21 青冈属弦切面………………………………………………………………（609）

图22 青冈属横切面………………………………………………………………（610）

图23 青冈属径切面………………………………………………………………（610）

图24 青冈属弦切面………………………………………………………………（610）

图25 青冈属横切面………………………………………………………………（610）

图26 青冈属径切面………………………………………………………………（610）

图27 青冈属弦切面………………………………………………………………（610）

图28 化香树属横切面……………………………………………………………（610）

图29	化香树属径切面	（610）
图30	化香树属弦切面	（610）
图31	桑属横切面	（611）
图32	桑属径切面	（611）
图33	桑属弦切面	（611）
图34	喜树横切面	（612）
图35	喜树径切面	（612）
图36	喜树弦切面	（612）
图37	水团花横切面	（612）
图38	水团花径切面	（612）
图39	水团花弦切面	（612）
图40	乌口树横切面	（613）
图41	乌口树径切面	（613）
图42	乌口树弦切面	（613）
图43	梨属横切面	（613）
图44	梨属径切面	（613）
图45	梨属弦切面	（613）
图46	梨属横切面	（613）
图47	梨属径切面	（613）
图48	梨属弦切面	（613）
图49	梨属横切面	（614）
图50	梨属径切面	（614）
图51	梨属弦切面	（614）
图52	棠梨横切面	（614）
图53	棠梨径切面	（614）
图54	棠梨弦切面	（614）
图55	船柄木属横切面	（615）
图56	船柄木属径切面	（615）
图57	船柄木属弦切面	（615）

图58 禾本科横切面 ……………………………………………………………（615）

图59 禾本科径切面 ……………………………………………………………（615）

图60 禾本科弦切面 ……………………………………………………………（615）

图61 M5CY：1铜镯上编织物 …………………………………………………（616）

图62 苎麻或大麻 ………………………………………………………………（616）

图63 M206CY：1铜矛柲木头上缠绕物 ………………………………………（616）

图64 苎麻或大麻 ………………………………………………………………（616）

图65 未知1横切面 ……………………………………………………………（616）

图66 未知1径切面 ……………………………………………………………（616）

图67 未知1弦切面 ……………………………………………………………（616）

图68 未知2横切面 ……………………………………………………………（617）

图69 未知2径切面 ……………………………………………………………（617）

图70 未知2弦切面 ……………………………………………………………（617）

图71 未知3横切面 ……………………………………………………………（617）

图72 未知3径切面 ……………………………………………………………（617）

图73 未知3弦切面 ……………………………………………………………（617）

图74 未知4横切面 ……………………………………………………………（617）

图75 未知4径切面 ……………………………………………………………（617）

图76 未知4弦切面 ……………………………………………………………（617）

图77 未知5横切面 ……………………………………………………………（617）

图78 未知5径切面 ……………………………………………………………（617）

图79 未知5弦切面 ……………………………………………………………（617）

图80 未知6横切面 ……………………………………………………………（618）

图81 未知6径切面 ……………………………………………………………（618）

图82 未知6弦切面 ……………………………………………………………（618）

图83 牡荆属横切面 ……………………………………………………………（618）

图84 牡荆属径切面 ……………………………………………………………（618）

图85 牡荆属弦切面 ……………………………………………………………（618）

三 师宗大园子墓地出土桦树皮焦油制品分析

图1 大园子墓地出土珠、镯样品（标尺：5mm）⋯⋯⋯⋯⋯⋯⋯⋯⋯⋯⋯（626）

图2 大园子墓地出土镯饰残件（样品5）的红外光谱图⋯⋯⋯⋯⋯⋯⋯⋯（628）

图3 大园子墓地出土珠、镯样品的CT扫描图（标尺：1mm）⋯⋯⋯⋯⋯（629）

图4 样品5（M167：3-1）的XRF微区面扫元素分布图⋯⋯⋯⋯⋯⋯⋯⋯（630）

图5 大园子墓地出土珠、镯样品色谱图⋯⋯⋯⋯⋯⋯⋯⋯⋯⋯⋯⋯⋯⋯（632）

四 师宗大园子墓地出土铜器的科技分析及初步认识

图1 部分样品浸蚀后显微组织照片⋯⋯⋯⋯⋯⋯⋯⋯⋯⋯⋯⋯⋯⋯⋯⋯（642）

图2 大园子墓地墓葬分级分类统计图⋯⋯⋯⋯⋯⋯⋯⋯⋯⋯⋯⋯⋯⋯⋯（645）

图3 墓葬规模与出土随葬品数量对比与性别差异对比⋯⋯⋯⋯⋯⋯⋯⋯（645）

图4 微量元素散点图⋯⋯⋯⋯⋯⋯⋯⋯⋯⋯⋯⋯⋯⋯⋯⋯⋯⋯⋯⋯⋯⋯（650）

图5 大园子与对比遗址出土青铜器锡、铅含量对比图⋯⋯⋯⋯⋯⋯⋯⋯（652）

五 师宗大园子墓地出土铜器的技术特征及相关问题

图1 样品YSD004金相组织（200倍）⋯⋯⋯⋯⋯⋯⋯⋯⋯⋯⋯⋯⋯⋯⋯（671）

图2 样品YSD027金相组织（100倍）⋯⋯⋯⋯⋯⋯⋯⋯⋯⋯⋯⋯⋯⋯⋯（671）

图3 样品YSD027金相组织（200倍）⋯⋯⋯⋯⋯⋯⋯⋯⋯⋯⋯⋯⋯⋯⋯（672）

图4 样品YSD038金相组织（200倍）⋯⋯⋯⋯⋯⋯⋯⋯⋯⋯⋯⋯⋯⋯⋯（672）

图5 样品YSD036金相组织（200倍）⋯⋯⋯⋯⋯⋯⋯⋯⋯⋯⋯⋯⋯⋯⋯（672）

图6 样品YSD044金相组织（200倍）⋯⋯⋯⋯⋯⋯⋯⋯⋯⋯⋯⋯⋯⋯⋯（672）

图7 样品YSD042金相组织（200倍）⋯⋯⋯⋯⋯⋯⋯⋯⋯⋯⋯⋯⋯⋯⋯（672）

图8 样品YSD046金相组织（200倍）⋯⋯⋯⋯⋯⋯⋯⋯⋯⋯⋯⋯⋯⋯⋯（672）

图9 样品YSD003金相组织（50倍）⋯⋯⋯⋯⋯⋯⋯⋯⋯⋯⋯⋯⋯⋯⋯⋯（673）

图10 样品YSD003金相组织（100倍）⋯⋯⋯⋯⋯⋯⋯⋯⋯⋯⋯⋯⋯⋯⋯（673）

图11 样品YSD003金相组织（200倍）⋯⋯⋯⋯⋯⋯⋯⋯⋯⋯⋯⋯⋯⋯⋯（673）

图12 样品YSD028金相组织（50倍）⋯⋯⋯⋯⋯⋯⋯⋯⋯⋯⋯⋯⋯⋯⋯⋯（674）

图13 样品YSD028金相组织（200倍）⋯⋯⋯⋯⋯⋯⋯⋯⋯⋯⋯⋯⋯⋯⋯（674）

图14 样品YSD028金相组织（500倍）⋯⋯⋯⋯⋯⋯⋯⋯⋯⋯⋯⋯⋯⋯⋯（674）

图15　样品YSD022金相组织（200倍）……………………………………………（674）

图16　样品YSD022金相组织（500倍）……………………………………………（675）

图17　样品YSD050金相组织（200倍）……………………………………………（675）

图18　样品YSD001金相组织（500倍）……………………………………………（677）

图19　样品YSD001金相组织（100倍）……………………………………………（677）

图20　样品YSD001金相组织（1000倍）…………………………………………（677）

图21　样品YSD001金相组织（200倍）……………………………………………（677）

六　师宗大园子墓地出土铜器的科学分析

图1　铜剑（M338∶1）………………………………………………………………（680）

图2　铜戚（M59∶1）…………………………………………………………………（680）

图3　铜削刀（M240∶1）……………………………………………………………（680）

图4　铜铃（M180∶7）………………………………………………………………（680）

图5　M13∶2上1区域为铜铁硫化物夹杂…………………………………………（692）

图6　M59∶1上1区域为铜铁硫化物夹杂…………………………………………（692）

图7　铜矛（M18∶1）…………………………………………………………………（693）

图8　铜矛（M18∶1）金相照片……………………………………………………（693）

图9　铜削刀（M240∶1）……………………………………………………………（693）

图10　铜削刀（M240∶1）金相照片………………………………………………（693）

图11　铜戈（M58∶1）………………………………………………………………（694）

图12　铜戈（M228∶1）………………………………………………………………（694）

图13　铜剑（M40∶3）金相照片……………………………………………………（695）

图14　铜剑（M40∶3）………………………………………………………………（695）

图15　铜扣饰（M22∶2）……………………………………………………………（695）

图16　大园子墓地铜器铅同位素比值散点图 ………………………………………（696）

图17　大园子墓地铜器铅同位素分期比对图 ………………………………………（697）

图18　铜扣饰（M324∶1）……………………………………………………………（698）

图19　铜扣饰（M36∶3）……………………………………………………………（698）

图20　大园子墓地铜器高放射成因铅对比图 ………………………………………（698）

图21　大园子墓地铜器普通铅散点图 ………………………………………（699）

图22　大园子墓地普通铅铜器分期 …………………………………………（699）

图23　大园子墓地铜器与同时期其他遗址铜器对比图 ………………………（700）

图24　大园子墓地铜器与云南各个矿床对比图 ………………………………（701）

七　师宗大园子墓地出土玉器的科技分析

图1　出土玉器分析方法 ………………………………………………………（719）

图2　大园子墓地玉材使用情况 ………………………………………………（720）

图3　大园子墓地出土玉器统计图 ……………………………………………（720）

图4　大园子墓地出土软玉质玉器拉曼光谱图 ………………………………（721）

图5　大园子墓地出土青白玉玉器 ……………………………………………（722）

图6　大园子墓地出土孔雀石玉器拉曼光谱图 ………………………………（722）

图7　大园子墓地出土镶嵌孔雀石的青铜器 …………………………………（722）

图8　大园子墓地出土石英岩玉质玉器拉曼光谱图 …………………………（723）

图9　大园子墓地出土石英岩质玉器 …………………………………………（723）

图10　大园子墓地出土玉珠（M228：7）……………………………………（724）

图11　大园子墓地出土玉珠（M40：5-2）…………………………………（725）

图12　大园子墓地出土玉剑首（M185：4）…………………………………（725）

图13　大园子墓地出土染色玉器 ………………………………………………（726）

图14　大园子墓地出土玉镯（M346：1）……………………………………（728）

图15　大园子墓地出土黄色染料玉器 …………………………………………（729）

图16　大园子墓地出土玉珠（M100：2）……………………………………（730）

图17　大园子墓地出土玉珠 ……………………………………………………（731）

图18　大园子墓地出土玉珠 ……………………………………………………（732）

图19　大园子墓地出土玉玦 ……………………………………………………（733）

图20　大园子墓地出土玉发声器孔位置图 ……………………………………（734）

图21　大园子墓地玉器组合发声器 ……………………………………………（734）

图22　大园子墓地出土玉镯 ……………………………………………………（735）

图23　大园子墓地出土玉扣 ……………………………………………………（735）

图24　大园子墓地出土玉璜 …………………………………………………………（736）

图25　大园子墓地出土嵌玉特殊材料镯（M168∶1）…………………………………（737）

八　师宗大园子墓地出土玉石器工艺及相关问题

图1　有领镯（M346∶1）………………………………………………………………（751）

图2　有领镯（M114∶2）………………………………………………………………（751）

图3　有领镯（M219∶1）………………………………………………………………（751）

图4　有领镯（M307∶1）………………………………………………………………（752）

图5　玉玦（M333∶1）…………………………………………………………………（753）

图6　玉玦（左M222∶3，右M222∶2）………………………………………………（753）

图7　玉玦（M15∶4）……………………………………………………………………（754）

图8　M222∶2中最大玉玦 ………………………………………………………………（754）

图9　玉玦（M183∶4）…………………………………………………………………（755）

图10　玉玦（M167∶1）…………………………………………………………………（755）

图11　残玉玦（M185∶7）………………………………………………………………（755）

图12　玉玦（M184∶1）…………………………………………………………………（755）

图13　残玉玦（M185∶6）………………………………………………………………（756）

图14　残玉玦（M401∶1）………………………………………………………………（756）

图15　玛瑙扣（M73∶5，上图为放大的背面）………………………………………（757）

图16　玛瑙扣（M363∶1，上图为放大图）……………………………………………（757）

图17　玛瑙扣（M368∶3-1、M368∶3-2）……………………………………………（758）

图18　玛瑙扣（M281∶6-1、M281∶6-2）……………………………………………（758）

图19　玛瑙扣（M206∶6、M206∶7）…………………………………………………（759）

图20　玛瑙扣（M180∶10，上图为破裂面局部放大）………………………………（759）

图21　玛瑙扣（M256∶4-1～M256∶4-7）……………………………………………（760）

图22　玛瑙扣（M364∶1）………………………………………………………………（760）

图23　玉管（M180∶9）…………………………………………………………………（762）

图24　玉管（M181∶3）…………………………………………………………………（762）

图25　玉管和玛瑙、玉髓珠（M395∶1）………………………………………………（763）

图26　玉管、珠和玛瑙珠（M228∶8）…………………………………………………（763）

图27　玉管、玉髓珠（M40∶5）……………………………………………………（764）

图28　M185出土玉珠、玉髓珠……………………………………………………（764）

图29　玛瑙、玉髓珠（M15∶3）……………………………………………………（765）

图30　残玛瑙管（M38∶2）…………………………………………………………（765）

图31　玛瑙管、珠（M86∶1）………………………………………………………（766）

图32　玉剑首（M185∶4）…………………………………………………………（766）

图33　玉剑首（M188∶2）…………………………………………………………（767）

图34　磨石棒（M73∶2）……………………………………………………………（768）

图35　玉觿（M228∶3-1）…………………………………………………………（768）

图36　镶嵌玛瑙管珠和孔雀石片的长方形猴边铜扣饰（M3∶1）………………（769）

图37　镶嵌玛瑙扣和孔雀石片的圆形铜扣饰（M324∶1）………………………（770）

图38　镶嵌孔雀石片的圆形铜扣饰（M36∶3）……………………………………（770）

图39　镶嵌孔雀石片的铜镯（M180∶11）…………………………………………（771）

图40　镶嵌孔雀石片的铜镯（M284∶1）…………………………………………（772）

图41　镶嵌孔雀石片的铜镯（M278∶4）…………………………………………（772）

图42　特殊材料珠与玉髓珠（M63∶3）……………………………………………（773）

九　师宗大园子墓地出土镶玉铜器上黏结剂样品的分析

图1　样品照片…………………………………………………………………………（780）

图2　黏结剂残留物样品DYZ1～DYZ5的红外光谱图……………………………（782）

图3　黏结剂残留物样品DYZ6的红外光谱图………………………………………（782）

图4　黏结剂残留物样品DYZ1～DYZ5的GC-MS总离子流图…………………（784）

图5　黏结剂残留物样品DYZ6的GC-MS总离子流图……………………………（785）

十　师宗大园子墓地出土陶器的分析与研究

图1　大园子墓地采集陶片的代表性纹饰…………………………………………（791）

图2　大园子墓地的陶器标本………………………………………………………（792）

图3　M354填∶1照片与线图………………………………………………………（793）

图4　大园子墓地下方相互叠压的黄色（A7）与红色（A6）生土……………（794）

图5　大园子墓地陶片与土壤样品X射线衍射图…………………………………（795）

图6　陶片与土壤样品三组分含量分布箱图与三维散点图……………………（797）

图7　陶器内壁旋纹修整痕迹………………………………………………………（798）

图8　大园子陶器内、外壁陶衣与羼和料…………………………………………（799）

图9　大园子陶器渗炭痕迹…………………………………………………………（800）

十一　师宗大园子墓地出土纺织品纤维的分析与研究

图1　铜戚（M59∶1）上织物痕迹情况及显微镜下细部（5×）………………（806）

图2　M350∶4铜戚上织物痕迹情况………………………………………………（806）

图3　铜剑（M22∶1）上织物痕迹情况及显微镜下细部（60×）……………（806）

图4　铜剑（M17∶2）上织物痕迹情况及显微镜下细部（5×）………………（807）

图5　铜剑（M235∶1）上织物痕迹情况…………………………………………（807）

图6　铜戚（M350∶4）銎内纤维附着及取出后情况……………………………（808）

图7　铜戚（M234∶2）銎内纤维情况及取出的小块织物显微镜下细部（60×）
………………………………………………………………………………（808）

图8　铜剑（M302∶1）及剑茎上缠绕纤维痕迹…………………………………（809）

图9　铜剑（M202∶3）及剑茎上缠绕纤维痕迹…………………………………（809）

图10　铜剑（M52∶1）及剑茎上缠绕纤维痕迹…………………………………（810）

图11　铜剑（M286∶1）茎上缠绕纤维痕迹及显微镜下细部（5×）…………（810）

图12　铜剑（M282∶1）及剑茎上缠绕纤维痕迹…………………………………（810）

图13　附着于铜器表面几近矿化的织物样本及其在显微镜下的状态（60×）…（812）

图14　处理后的样品M59∶1F-1纵面（400×）和M22∶1F-1纵面（200×）形貌
………………………………………………………………………………（812）

图15　样品M283∶1F-1横截面（800×）与纵面（400×）形貌………………（813）

图16　样品M300∶1F-1横截面（800×）与纵面（400×）形貌………………（813）

图17　样品M350∶4F-1横截面（800×）与纵面（400×）形貌………………（814）

图18　样品M282∶1F-1横截面（800×）……………………………………………（814）

图19　M152∶1铜戚及其銎内残存木柲………………………………………………（817）

图20　M234∶2铜戚銎内取出的小块编织物………………………………………（817）

图21　辽宁东大杖子墓地出土铜车具及銎内大麻布………………………………（817）

插表目录

上编　田野考古报告

表2-1　大园子墓地出土铜剑统计表 …………………………………………（40）

表2-2　大园子墓地出土铜戈统计表 …………………………………………（49）

表2-3　大园子墓地出土铜矛统计表 …………………………………………（61）

表2-4　大园子墓地出土铜戚统计表 …………………………………………（67）

表2-5　大园子墓地出土铜削刀统计表 ………………………………………（73）

表2-6　大园子墓地出土铜镯统计表 …………………………………………（76）

表2-7　大园子墓地出土铜扣饰统计表 ………………………………………（90）

表2-8　大园子墓地出土铜泡饰统计表 ………………………………………（102）

表2-9　大园子墓地出土玉石器统计表 ………………………………………（110）

表2-10　大园子墓地出土特殊材料制品统计表 ………………………………（134）

下编　科技考古报告

一　师宗大园子墓地碳十四测试报告与分析

表1　大园子墓地出土样品碳十四测试结果与相关信息 ……………………（596）

二　师宗大园子墓地出土植物遗存分析与研究

表1　大园子墓地木材与木炭鉴定结果 ………………………………………（604）

表2　大园子墓地松属出土情况 ………………………………………………（619）

表3　大园子墓地木构件出土情况 ……………………………………………（619）

三　师宗大园子墓地出土桦树皮焦油制品分析

表1　大园子墓地出土珠、镯样品信息 …………………………………………（626）

表2　大园子墓地出土珠、镯样品气-质联用分析结果 …………………………（633）

表3　大园子墓地出土样品及已发表文献中桦树皮、桦树皮焦油的生物标记物
　　　　……………………………………………………………………………（634）

四　师宗大园子墓地出土铜器的科技分析及初步认识

表1　主量元素对比 ……………………………………………………………（646）

表2　微量元素对比 ……………………………………………………………（649）

五　师宗大园子墓地出土铜器的技术特征及相关问题

表1　大园子墓地出土铜器取样登记表 ………………………………………（664）

表2　大园子墓地出土铜器样品金相组织分析结果 …………………………（666）

表3　大园子墓地出土铜器样品成分分析结果 ………………………………（668）

六　师宗大园子墓地出土铜器的科学分析

表1　铜器成分分析结果表及附图 ……………………………………………（682）

七　师宗大园子墓地出土玉器的科技分析

表1　黑色染料玉器器类统计表 ………………………………………………（727）

表2　大园子墓地出土玉镯（M346∶1）黑色染料EDS数据 …………………（728）

表3　大园子墓地出土黄色染料玉器统计表 …………………………………（729）

表4　圆形图案玉器统计表 ……………………………………………………（731）

表5　大园子墓地出土玉器器类统计表 ………………………………………（737）

表6　大园子墓地同时期墓地和遗址出土玉器统计表 ………………………（739）

表7　大园子墓地同时期墓地和遗址出土嵌玉青铜器统计表 ………………（739）

表8　大园子墓地同时期墓地和遗址出土嵌玉其他材料制品统计表 ………（740）

九　师宗大园子墓地出土镶玉铜器上黏结剂样品的分析

表1　黏结剂残留物样品DYZ1～DYZ5检测到的化合物信息 …………………（785）

表2　黏结剂残留物样品DYZ6检测到的化合物信息 ……………………………（786）

十　师宗大园子墓地出土陶器的分析与研究

表1　大园子墓地出土陶片与土壤测试样品登记表 ………………………………（794）

表2　陶片与土壤样品的主次量、微量元素组成 …………………………………（796）

表3　滇东地区典型西南夷文化墓地陶器墓统计表 ………………………………（803）

十一　师宗大园子墓地出土纺织品纤维的分析与研究

表1　纤维属性表 ……………………………………………………………………（811）

图 版 目 录

图版1　大园子墓地远眺（东北—西南）

图版2　大园子墓地鸟瞰

图版3　大园子墓地及附近区域正射影像

图版4　大园子墓地及附近区域地形

图版5　大园子墓地范围及布方位置

图版6　大园子墓地地层堆积

图版7　大园子墓地发掘现场

图版8　铜剑

图版9　铜剑

图版10　铜剑

图版11　铜剑

图版12　铜戈

图版13　铜戈

图版14　铜戈

图版15　铜戈

图版16　铜戈

图版17　铜戈

图版18　铜戈

图版19　铜戈

图版20　铜矛

图版21　铜矛

图版22　铜矛

图版23　铜戚

图版24　铜戚

图版25　铜戚

图版26　铜戚、钺、镈

图版27　铜削刀

图版28　铜削刀、锛

图版29　铜镯

图版30　铜镯

图版31　铜镯

图版32　铜镯

图版33　铜扣饰

图版34　铜扣饰

图版35　铜扣饰

图版36　铜扣饰

图版37　铜扣饰

图版38　铜扣饰

图版39　铜扣饰

图版40　铜扣饰

图版41　铜泡饰

图版42　铜泡饰

图版43　铜簪、片饰、夹形器

图版44　铜铃

图版45　玉管珠、片珠、扁珠

图版46　玉玦、璜形饰

图版47　玉镯、剑首

图版48　玛瑙珠、玦

图版49　玛瑙玦、扣

图版50　石坠、玉坠、石珠、孔雀石珠

图版51　石锛

图版52　陶纺轮、特殊材料珠

图版53　特殊材料镯

图版54　特殊材料镯

图版55　M2及出土器物

图版56　M4及出土器物

图版57　M4出土器物

图版58　M7、M9

图版59　M7出土器物

图版60　M7、M9出土器物

图版61　M12及出土器物

图版62　M12出土器物

图版63　M12出土器物

图版64　M13及出土器物

图版65　M15及出土器物

图版66　M16、M17及出土器物

图版67　M17出土器物

图版68　M22及出土器物

图版69　M23及出土器物

图版70　M23出土器物

图版71　M24及出土器物

图版72　M24出土器物

图版73　M27及出土器物

图版74　M29及出土器物

图版75　M30及出土器物

图版76　M33、M35及出土器物

图版77　M33、M35出土器物

图版78　M36及出土器物

图版79　M36出土器物

图版80　M38及出土器物

图版81　M39及出土器物

图版82　M40及出土器物

图版83　M40出土器物

图版84　M41出土器物

图版85　M43及出土器物

图版86　M44及出土器物

图版87　M45及出土器物

图版88　M46及出土器物

图版89　M46出土器物

图版90　M48及出土器物

图版91　M49及出土器物

图版92　M51及出土器物

图版93　M52、M53出土器物

图版94　M55及出土器物

图版95　M57及出土器物

图版96　M57出土器物

图版97　M58及出土器物

图版98　M58出土器物

图版99　M59及出土器物

图版100　M63及出土器物

图版101　M67及出土器物

图版102　M72及出土器物

图版103　M73及出土器物

图版104　M73出土器物

图版105　M74及出土器物

图版106　M79及出土器物

图版107　M82及出土器物

图版108　M86及出土器物

图版109　M90及出土器物

图版110　M94及出土器物

图版111　M100及出土器物

图版112　M106及出土器物

图版113　M110及出土器物

图版114　M111及出土器物

图版115　M115及出土器物

图版116　M134、M138及出土器物

图版117　M138出土器物

图版118　M138出土器物

图版119　M140及出土器物

图版120　M152及出土器物

图版121　M164及出土器物

图版122　M167及出土器物

图版123　M168及出土器物

图版124　M169及出土器物

图版125　M170及出土器物

图版126　M174及出土器物

图版127　M176及出土器物

图版128　M179及出土器物

图版129　M179出土器物

图版130　M179出土器物

图版131　M180及出土器物

图版132　M180出土器物

图版133　M180出土器物

图版134　M180出土器物

图版135　M181及出土器物

图版136　M183及出土器物

图版137　M183出土器物

图版138　M184及出土器物

图版139　M184出土器物

图版140　M185及出土器物

图版141　M185出土器物

图版142　M185出土器物

图版143　M189及出土器物

图版144　M189出土器物

图版145　M190及出土器物

图版146　M190出土器物

图版147　M192及出土器物

图版148　M199及出土器物

图版149　M199出土器物

图版150　M202及出土器物

图版151　M202出土器物

图版152　M206及出土器物

图版153　M206出土器物

图版154　M206出土器物

图版155　M209及出土器物

图版156　M209出土器物

图版157　M211及出土器物

图版158　M211出土器物

图版159　M213及出土器物

图版160　M218及出土器物

图版161　M219、M221

图版162　M219、M221出土器物

图版163　M222及出土器物

图版164　M222出土器物

图版165　M224及出土器物

图版166　M224出土器物

图版167　M228及出土器物

图版168　M228出土器物

图版169　M228出土器物

图版170　M230及出土器物

图版171　M234及出土器物

图版172　M235、M243

图版173　M235、M243出土器物

图版174　M242及出土器物

图版175　M247及出土器物

图版176　M247出土器物

图版177　M251及出土器物

图版178　M251出土器物

图版179　M256及出土器物

图版180　M256出土器物

图版181　M260及出土器物

图版182　M260出土器物

图版183　M263及出土器物

图版184　M264及出土器物

图版185　M268及出土器物

图版186　M268出土器物

图版187　M273、M276

图版188　M273出土器物

图版189　M276出土器物

图版190　M278及出土器物

图版191　M278出土器物

图版192　M281及出土器物

图版193　M281出土器物

图版194　M281出土器物

图版195　M282及出土器物

图版196　M283及出土器物

图版197　M284及出土器物

图版198　M286及出土器物

图版199　M293出土器物

图版200　M300及出土器物

图版201　M300出土器物

图版202　M302及出土器物

图版203　M317及出土器物

图版204　M321及出土器物

图版205　M324及出土器物

图版206　M327及出土器物

图版207　M327出土器物

图版208　M328及出土器物

图版209　M329及出土器物

图版210　M332及出土器物

图版211　M333及出土器物

图版212　M335及出土器物

图版213　M337及出土器物

图版214　M346及出土器物

图版215　M347及出土器物

图版216　M349及出土器物

图版217　M350及出土器物

图版218　M350出土器物

图版219　M351及出土器物

图版220　M360、M361及出土器物

图版221　M363及出土器物

图版222　M363出土器物

图版223　M368及出土器物

图版224　M368出土器物

图版225　M369及出土器物

图版226　M378及出土器物

图版227　M380、M384及出土器物

图版228　M388、M393及出土器物

图版229　M395及出土器物

图版230　M399及出土器物

图版231　M401、M402

图版232　M401、M402出土器物

绪　　论

　　大园子墓地地处滇东高原，所在地行政隶属云南省曲靖市师宗县漾月街道新村社区，中心位置地理坐标为东经104°02′10.6″、北纬24°47′12.6″，地表海拔约1851米。2015年和2016年，中国社会科学院考古研究所与云南省文物考古研究所合作，并联合曲靖市文物管理所、师宗县文物管理所，先后对墓地进行了两次考古发掘，取得重要收获。发掘工作结束后，按计划有序开展发掘资料整理、科技检测与分析以及综合研究等工作，并以此为基础，最终完成发掘报告专刊《师宗大园子墓地》的编写任务。

一、师宗地理和历史概况

　　大园子墓地所在的师宗县位于云南省东部，属曲靖市，西北和东北分别接陆良县、罗平县，西南连红河哈尼族彝族自治州泸西县，南邻文山壮族苗族自治州丘北县，东南一角与广西壮族自治区西林县隔清水江相望（图X-1）。

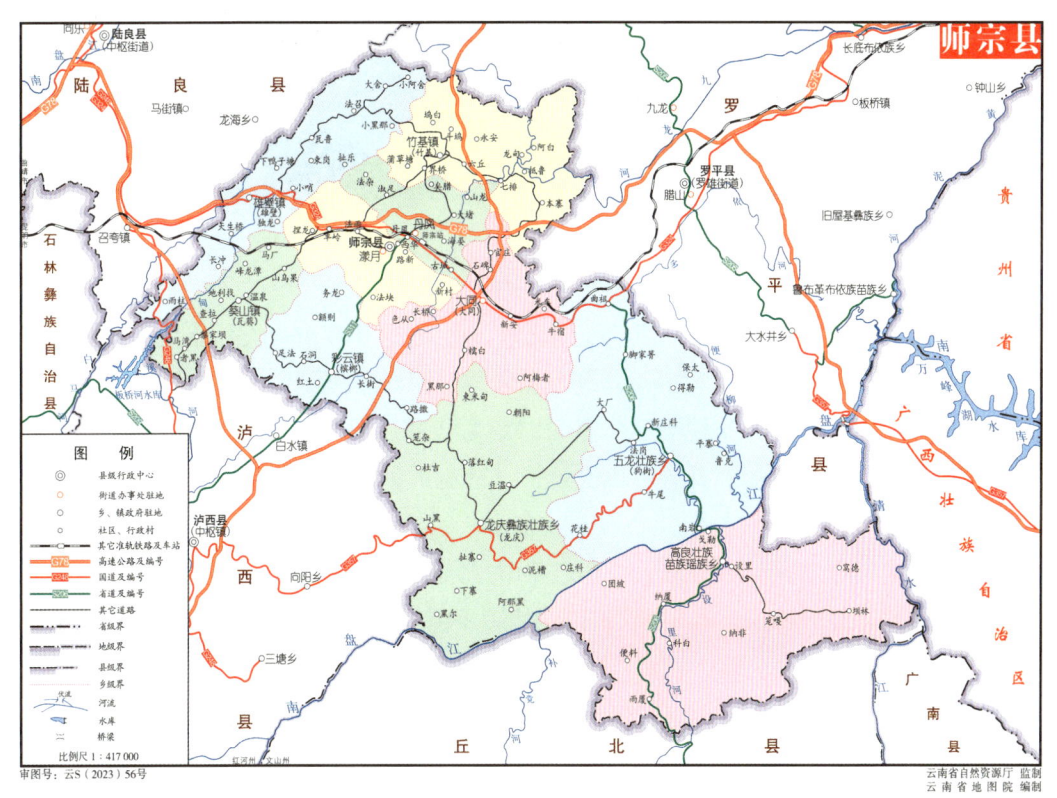

图X-1　师宗县地理位置图

全县总面积2782.95平方千米，其中90%为山区，10%为坝区。境内山峦起伏，沟壑纵横，地质构造较为复杂。整体地形呈西北高东南低的阶梯状，平均海拔1800～1900米。县内河流众多，其中有不少地下暗河，均属珠江流域南盘江水系，南盘江干流自西向东从县域东南部穿过（图X-2）。

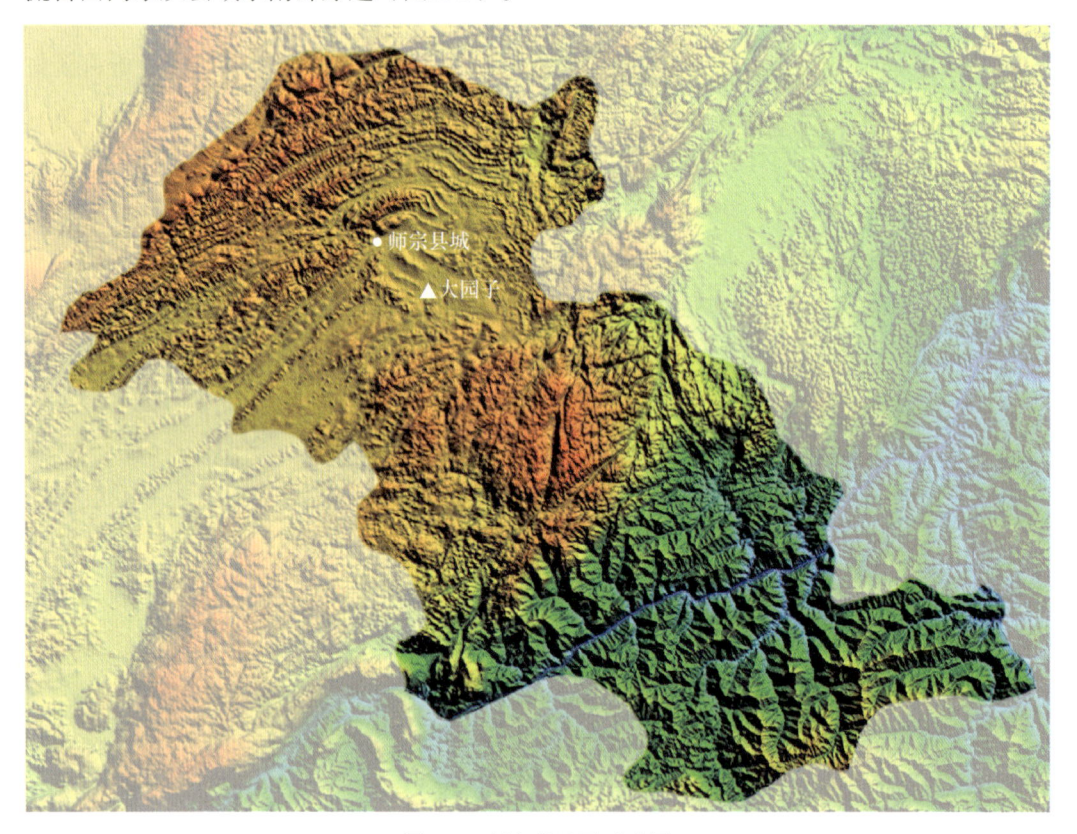

图X-2　师宗县地形示意图

师宗县属于北亚热带与温带共存的气候类型。冬季和春季受大陆季风的影响，晴天偏多，光照充足，气候温和干燥；夏季和秋季受海洋季风的影响，阴雨偏多，光照差，气候温凉潮湿。总体来说是终年温和，夏无酷暑，冬无严寒，春暖干旱，秋凉湿润，雨热同期，干湿分明。此外，因受地形、地貌的影响，立体气候明显，有"一山分四季，十里不同天"的特点。

师宗县是一个多民族聚居地，据2021年6月师宗县第七次人口普查办公室公布的数据，县总人口为376902人，其中少数民族人口为66059人，占总人口的17.53%。这些少数民族以彝族、回族、苗族、壮族、瑶族居多，多为本地世居民族。

文献对师宗古代尤其是唐宋以前的历史记载不多，先秦时期更是阙如，方志中的少量记述也多为牵强附会之说。

战国秦汉时期，师宗属"西南夷"地。根据《汉书·西南夷两粤朝鲜传》等文献记载，当时生活于这一带的族群可能主要与漏卧有关。漏卧为西南夷中的重要一支，有一定势力，西汉时其君长曾被分封为侯①。

西汉元鼎六年（前111年），汉朝以南夷地为牂牁郡。牂牁郡所辖漏卧县和漏江县分别位于今云南罗平县和泸西县附近②。师宗处在罗平和泸西之间，一般认为属漏江县地。

蜀汉建兴三年（225年），诸葛亮南征，改置庲降都督府，驻味县（今曲靖市麒麟区），并增设兴古郡。师宗属兴古郡。

晋泰始七年（271年），改置宁州统辖建宁、兴古、云南、永昌四郡。师宗属宁州兴古郡。

隋开皇至大业年间（581～618年），师宗属牂牁郡。

唐高祖武德四年（621年），宁州为东爨乌蛮部族所居，置羁縻州，隶属剑南道戎州都督府。师宗为南宁州陇堤县地。文宗太和年间（827～835年），南诏蒙氏并其地，隶属拓东节度使鄯阐府所领。

后晋天福二年（937年），段思平发兵讨伐杨干贞，师宗部参与三十七部讨伐。

北宋开宝四年［大理国明政三年（971年）］四月九日，段素顺在平定部分部酋叛乱后，采取结盟方式以巩固其统治，邀师宗部参加大理在石城（今曲靖）的三十七部歃血会盟。师宗部隶石城郡。

南宋时期，大理国统治趋于衰败，东部边境一些地方的民族上层进行兼并分裂活动，脱离大理国的统治而建立"自杞国"，即今师宗、罗平一带。

蒙古宪宗三年（1253年），蒙古军入大理，收师宗、弥勒二部，属落蒙万户府（总管府在今师宗槟榔洞）。宪宗五年（1255年），设云南诸路行中书省，将师宗立为千户，隶落蒙万户府。世祖至元十一年（1274年），设云南诸路行中书省，师宗为千户总把，领阿宁、豆勿、阿盈、豆卢吴四千户，隶广西路，师宗由千户升为州。至元二十七年（1290年），师宗千户升为州，为地方土司统治。

明洪武十五年（1382年），明军攻克大理，云南悉平，置云南布政使司。师宗州土官阿的归附，属广西府（今泸西）。成化年间（1465～1487年），明宪宗改土官为同知，设流官知州。

清康熙九年（1670年），裁邱北（今丘北）四槽三乡并入师宗州，属广西府。乾隆三十五年（1770年），降州为县，属广西直隶州。

---

① 《汉书》卷九十五《西南夷两粤朝鲜传》："至（西汉）成帝河平中，夜郎王兴与鉤町王禹、漏卧侯俞更举兵相攻。"中华书局，1962年，第3843页。

② 谭其骧主编：《中国历史地图集》第二册，中国地图出版社，1982年，第31、32页；周振鹤：《汉书地理志汇释》，安徽教育出版社，2006年，第331、333页。

民国元年（1912年），设师宗县行政公署，隶属蒙自道。民国十六年（1927年）废道，直隶云南省政府领导。

1949年2月，滇桂黔边纵部队及师宗独立大队攻克师宗县城。3月1日县长许颖贤发表起义文告，师宗县城解放。4月滇桂黔边区前委决定，师宗划归罗盘地委领导。5月14日成立中共师宗县委、师宗县临时人民政府。

1950年3月，正式成立师宗县人民政府。4月，中共罗盘地委撤销，师宗隶中共宜良地委领导。

1954年，宜良专区与曲靖专区合并为曲靖专区，师宗隶属曲靖专区。

1958年10月，师宗、罗平、泸西合并，成立师宗县，县治驻师宗县城。

1959年2月，泸西划并红河哈尼族彝族自治州弥勒县，师宗与罗平合并为罗平县，县治在罗平县城。

1961年7月1日，师宗、罗平分县，恢复师宗县至今。

"师宗"之称，原为唐代东爨乌蛮部酋首领的名字，后称其部为师宗部，并演化为行政建置的州、县名，沿用至今。

在大园子墓地发掘之前，师宗县有省级文物保护单位2处、市级文物保护单位4处、县级文物保护单位12处，较重要的有窦垿故居、何辅龙墓等，大多为清代及其之后的文物。2020年7月，大园子墓地被公布为市级文物保护单位。

二、墓地的发现与发掘

在大园子墓地发现之前，师宗县从未进行过科学的考古发掘工作，亦无关于先秦至汉代文物出土和征集的记录。

2015年2月，中国社会科学院考古研究所云南工作队（现西南第二工作队）在滇东一带进行考古调查，于师宗县城东南约5千米处的漾月街道新村社区发现一处曾出土青铜器的古墓地。墓地地势较高，平面大致呈东西向的椭圆形，面积约7000平方米。根据村干部和村民提供的各种信息，以及现场对墓地边缘断崖剖面的观察，判定墓地年代不晚于汉，并且与文献所记载的西南夷有关。该墓地现与村庄相连，地属新村社区新村下寨，由于地表大部覆盖林木（以杉树居多），还分布一些现代坟墓，故略显阴森，平时很少有人进入活动。经了解，当地村民一般称此处为"杨家大园"或"大园子"，于是我们将古墓地命名为"大园子墓地"，以便于进一步开展工作。参加调查工作的有中国社会科学院考古研究所杨勇、李常洪、何恬梦，以及师宗县文化和旅游局副局长杨杰及师宗县文物管理所金海生、李红英等（图X-3）。

大园子墓地被调查发现时，已遭疯狂盗掘和严重破坏，尤其是无近现代坟分布的区域，盗坑遍地，满目疮痍，令人十分震惊和痛心。据附近村民反映，这里很早就有

图X-3 考古队在大园子墓地调查（2015年2月）

盗墓活动，数年前甚至有一批盗墓贼以种植三七等草药为名将墓地承包下来，围圈后于夜间在墓地内挖坑盗掘，后被村民发现并驱逐。现场残留的盗坑平面多呈长方形，长一般2~3、宽一般1~1.5米，深一两米至三四米，坑壁较直，遇到遗物或墓葬迹象后再向周围横向掏挖。可怕的是，截至墓地发现时盗掘活动并未停止。在调查现场，仍能见到新挖的盗坑以及藏放于其中的铁锹、锄头和撮箕等盗墓工具。可见，大园子墓地的保护形势非常严峻，如不尽快采取措施，墓地很快将面临灭顶之灾。为此，我们与县里有关部门沟通，并向省、市文物管理部门报告调查情况，希望能引起重视并抓住最后机会，采取有力措施对墓地加以保护。同时，为了搞清墓地的具体年代、性质、分布范围、保存状况以及学术价值，从而为相关保护方案的制定提供科学依据，我们也建议尽快对墓地进行抢救性的考古发掘。

大园子墓地的发现，在学术上也有着不一般的意义。如众所知，关于战国秦汉时期云贵高原西南夷的考古发掘与研究，长期以来一直存在明显的地域不平衡性。总体而言，对滇池地区滇文化遗存的发掘与研究开展很多，相关认识也相对较为深入，但文献记载"西南夷君长以百数"[①]，对滇之外的其他很多古国或古族的文化我们却多缺乏了解，有的甚至连具体的地理位置都不清楚。因此，要推进整个西南夷地区的考古工作，进而深化对西南夷历史及文化的认识，需要不断加强对滇池地区以外其他西南夷族群分布区域的考古发掘与研究。处在滇和夜郎两大古国之间的滇东高原，就是西南夷考古一个非常薄弱的区域，目前除曲靖盆地和陆良盆地等地开展过少量的考古工作外，包括师宗、罗平等在内的其他地区过去基本都未发现过战国秦汉即西南夷时

---

① 《史记》卷一百一十六《西南夷列传》，中华书局，1959年，第2997页。

期的考古遗存，也未进行过科学的考古发掘工作。所以，对师宗大园子墓地开展进一步的工作特别是进行科学发掘，将可填补战国秦汉时期西南夷考古的一个重要地域空白，对构建滇东高原乃至整个滇东黔西地区西南夷时期的考古学文化谱系将起到积极的推动作用。值得注意的是，汉武帝开西南夷后于今罗平、泸西两地分别置漏卧县和漏江县[①]，属牂牁郡，师宗大致位于此两县之间。一般认为，这一带是《汉书·西南夷两粤朝鲜传》所记载的漏卧侯的势力范围和活动区域。漏卧侯曾与夜郎王、钩町王相互攻伐，实力可见一斑。从大园子墓地的规模及其周围地理环境看，该墓地所属人群集团有一定的势力，非一般的小部族，因此对其进行发掘，或有助于揭示古漏卧国的神秘历史及文化。进一步而言，有关古漏卧国历史文化的探索若取得突破，对研究当时滇东黔西地区的族群分布，探讨滇、夜郎、钩町等重要古国或古族的地理位置和疆域等，也将能起到积极的推动作用。

基于以上原因，即学术研究和文化遗产保护的双重需要，经报请国家文物局批准，中国社会科学院考古研究所与云南省文物考古研究所合作，同时联合曲靖市文物管理所、师宗县文物管理所等单位，于2015年9~12月和2016年10~12月先后对大园子墓地进行了两次考古发掘（中华人民共和国考古发掘证照：考执字[2015]第323号、考执字[2016]第115号）。2015年的发掘，地点选择在墓地东部地势较高处，为Ⅰ号发掘点，揭露面积136平方米，清理墓葬168座。2016年的发掘，先在Ⅰ号发掘点即2015年发掘区南侧扩方104.5平方米，清理墓葬74座，后为了更全面地了解墓地文化面貌和内涵，又在墓地中部偏南的Ⅱ号发掘点揭露面积109.5平方米，清理墓葬160座。两次发掘于两个发掘点共揭露面积350平方米，清理墓葬402座。墓葬分上、下多层，均为西南夷土著文化墓葬，出土铜器、玉石器等随葬品600余件（组）。

发掘时，树木茂密影响RTK信号，因而使用全站仪测量和布方。布方采用象限法，虚拟原点位于墓地西南方，保证整个墓地均处在A象限内。探方为5米×5米，正磁北方向。发掘均向下清理至生土，最深处距地表约4.2米。Ⅰ号、Ⅱ号发掘点彼此相距约30余米，考虑到为同一墓地，且两个发掘点的墓葬在文化面貌上无明显差异，因此发掘时墓葬统一编号。另外，少数墓葬因墓坑大部分延伸出发掘区，平面仅露出少许，故未予清理和编号。为了更好地收集和保存发掘资料，也为了提高墓葬资料的精确度，发掘过程中除了进行常规测量、绘图和照相外，还利用三维影像重建技术对所有墓葬以及发掘区做了数字化建模工作。发掘时尤其强调多学科合作研究的意识，大量采集有关标本。此外，由于土壤腐蚀性较强，大园子墓地出土文物的保存状况不是很好，因此还注重在发掘现场对出土文物的应急性保护处理。

---

① 周振鹤：《汉书地理志汇释》，安徽教育出版社，2006年，第331、333页。

大园子墓地的发掘为中国社会科学院考古研究所哲学社会科学创新工程项目"秦汉时期西南夷地区考古发掘与研究"的具体实施内容之一，中国社会科学院考古研究所杨勇为项目负责人，同时担任发掘领队。参加发掘的人员还有中国社会科学院考古研究所云南工作队（现西南第二工作队）技师李常洪、何恬梦，师宗县文物管理所干部及工作人员金海生、查苏芩、李红英、尹永森、赵俊平，四川大学历史文化学院考古系研究生周毅恒、吴鹏、陈心舟，中国社会科学院研究生院考古系研究生李斌，以及外聘技师李航等（图X-4、图X-5）。发掘期间，曲靖市文物管理所刘忠华、张丽梅等多次到发掘工地，帮助协调、解决有关问题。发掘过程中和发掘结束后，中国社会科学院考古研究4所考古科技实验研究中心刘建国先后对墓地及周边地形进行了无人机

图X-4　大园子墓地首次发掘结束后部分考古人员合影（2015年12月）

图X-5　大园子墓地第二次发掘结束后部分考古人员合影（2017年1月）

航拍和多视角三维重建（图X-6），还对考古测绘工作进行了指导，并提供了有关的地形图和卫星图。

  大园子墓地的发掘得到国家文物局、云南省文物局、曲靖市文化和旅游局、中共师宗县委和县人民政府、师宗县文化和旅游局、漾月街道党委和政府等各级领导的大力支持。发掘期间，中国社会科学院考古研究所白云翔副所长、云南省文化和旅游厅杨德聪副厅长（兼省文物局局长）、云南省文物考古研究所刘旭所长等先后到工地检查和指导工作（图X-7、图X-8）。2015年9月大园子墓地发掘伊始，时任师宗县委书记（全国优秀县委书记）孟端平及分管文物工作的副县长吕天敏亲临现场，要求县各部门及街道和社区高度重视并全力支持考古工作，并就有关事项做出具体部署，保障了

图X-6　对大园子墓地及周边地形进行航拍（2018年12月）

图X-7　白云翔副所长考察大园子墓地并检查发掘工作（2015年11月）

图X-8　杨德聪副厅长、刘旭所长考察大园子墓地并检查发掘工作（2017年1月）

发掘工作的顺利开展。考古调查和发掘期间，新村社区尤其是新村的干部和群众也多积极配合、支持我们的工作，为墓地发掘与保护做出了重要贡献。

大园子墓地的发掘还得到中国社会科学院考古研究所汉唐考古研究室、考古科技实验研究中心、文化遗产保护研究中心、科研处等相关处室，以及四川大学考古文博学院等单位领导和学者的大力协助。发掘期间，中国社会科学院考古研究所王明辉、张君、赵欣，四川大学考古文博学院赵德云、何元洪，贵州省文物考古研究所张合荣，云南省文物考古研究所闵锐、蒋志龙、康利宏、朱忠华，曲靖市文物管理所退休老同志李保伦、田世清，曲靖市博物馆雷杰麟，曲靖市麒麟区文物管理所刘成武，陆良县文物管理所王洪斌、张逊，罗平县文物管理所庞玲、杨丽萍，昆明市文化和旅游局李安民，昆明市博物馆叶荣波，越南东南亚史前研究中心阮文越（Nguyen Viet），德国考古研究院雷安迪（Andreas Reinecke）等国内外专家、学者和同行也先后到工地考察并交流（图X-9～图X-11），对我们的工作予以关心和指导。

为回应社会关切，并宣传文物考古知识以及文化遗产保护政策和相关法律，发掘期间我们还多次组织形式不同的公共考古活动，接待附近群众、中小学师生以及市、县、乡镇（街道）在职和离退休干部及工作人员参观若干批次（图X-12、图X-13），取得良好效果。

图X-9　学者参观大园子墓地出土器物（2015年11月）

图X-10　越南学者阮文越在大园子墓地发掘现场参观和交流（2015年11月）

图X-11　德国学者雷安迪在大园子墓地发掘现场参观和交流（2016年10月）

图X-12　师宗县漾月街道新村小学师生参观大园子墓地发掘现场（2015年12月）

图X-13　师宗县离退休老干部参观大园子墓地发掘现场（2016年11月）

三、资料整理及报告编写

按照"秦汉时期西南夷地区考古发掘与研究"项目研究计划，同时也为了尽快向学术界刊布师宗大园子墓地考古发掘资料，墓地发掘结束后我们随即展开了发掘资料的整理工作，并将初步整理成果撰写成发掘简报予以发表[①]。在整理工作取得一定进展后，2018年以"云南师宗县大园子墓地发掘资料的整理与研究"为题申请国家社科基

---

① 中国社会科学院考古研究所、云南省文物考古研究所、曲靖市文物管理所、师宗县文物管理所：《云南师宗县大园子墓地发掘简报》，《考古》2019年第2期。

金项目并获批（项目批准号：18BKG035），由此全面启动了发掘资料的整理及考古报告的编写工作。从2017年至2022年，前后历时5年有余，大园子墓地发掘资料的整理、研究及报告编写工作持续开展，并顺利完成。

大园子墓地发掘资料整理和报告编写工作由杨勇主持并负责。该工作得到了中国社会科学院考古研究所科研处、汉唐考古研究室、考古科技实验研究中心、文化遗产保护研究中心、考古杂志社、洛阳唐城队等相关处室和考古队，云南省文物考古研究所科技信息部，以及四川大学考古文博学院、云南大学历史与档案学院、陕西省考古研究院文物保护研究室等单位领导和学者的大力支持与协助。各类文字、图纸、照片、墓葬三维建模等基本材料的整理工作，主要由中国社会科学院考古研究所西南第二工作队承担。考古杂志社田苗、考古研究所文化遗产保护研究中心张彤、洛阳唐城队赵岩以及北京科技大学科技史与文化遗产研究院博士研究生彭启晗、河北大学历史学院硕士研究生王晓晓等参加了出土遗物的线图绘制工作，考古杂志社刘方对部分遗物线图进行了审核。考古研究所文化遗产保护研究中心梁宏刚、刘勇以及陕西省考古研究院文物保护研究室梁倩对出土铜器等遗物进行了应急性的修复和保护，刘勇还承担了铜器的拓片工作。考古研究所考古科技实验研究中心刘建国制作了墓地及附近区域的三维地形图，张鹿野对出土遗物进行了室内照相。四川大学考古文博学院硕士研究生黄雯，师宗县文物管理所金海生、查苏芩、李红英、尹永森，曲靖市文物管理所张丽梅以及曲靖市博物馆杨鑫等也参加了部分发掘资料的整理工作。报告编写阶段，四川大学考古文博学院博士研究生李钰，北京科技大学科技史与文化遗产研究院博士研究生彭启晗，云南大学历史与档案学院硕士研究生张琪、陆宇鹏，参与了文字校对以及插图、图版、表格的编排和制作等工作（图X-14）。

在对发掘资料进行整理的同时，我们还根据学术研究的需要与有关领域的学

图X-14　发掘报告编写阶段部分工作人员合影（2022年5月）

者合作，就大园子墓地及其出土材料开展了一系列的科技考古研究工作（图X-15、图X-16）。其中，碳十四测年研究由中国社会科学院考古研究所考古科技实验研究中心陈相龙承担；植物种属鉴定和研究由中国社会科学院考古研究所考古科技实验研究中心王树芝承担；出土特殊材料制品的材质分析及工艺研究由故宫博物院文保科技部任萌、中国科学院大学人文学院考古学与人类学系杨益民等共同承担；出土铜器的成分、金相、工艺研究及铅同位素分析由中国社会科学院考古研究所文化遗产保护研究中心刘勇及北京科技大学科技史与文化遗产研究院陈坤龙，四川大学考古文博学院杨梓舒、黎海超等，中国社会科学院研究生院张颖及中国社会科学院考古研究所考古科技实验研究中心刘煜等各承担一部分；出土玉、石器的成分及工艺研究由中国社会科

图X-15　科技考古学者进行采样和测量（2020年12月）

图X-16　文物保护学者在大园子墓地采集土样（2018年3月）

学院考古研究所考古科技实验研究中心叶晓红、张蕾，以及复旦大学文物与博物馆学系鲍怡分别承担；出土镶玉铜器上黏结剂样品的分析由中国科学院大学人文学院考古学与人类学系高惠婷、杨益民等承担；出土陶器的成分及工艺研究由南开大学考古学与博物馆学系邓玲玲承担；出土纺织物的分析与研究由中国社会科学院考古研究所文化遗产保护研究中心王丹承担。

发掘报告的编写是在考古资料系统整理及多学科合作研究的基础上完成的，主要由绪论、上编、下编和图版等构成。

绪论，主要介绍大园子墓地所在区域的地理和历史概况，回顾大园子墓地发现和发掘的背景、大致过程、方法手段及主要收获，叙述发掘资料整理、研究的经过以及发掘报告编写的理念和需要说明的一些问题。文中插图以地图和工作照片为主，编号以"X"开头，其后依顺序加阿拉伯数字。

上编，为田野考古报告部分，分"墓葬综述""出土遗物""墓葬分述""主要认识"共四章。关于这部分的编写，我们的基本想法是力求全面、翔实、准确地刊布所有发掘资料，同时方便读者查阅和使用。为此，在墓葬和出土遗物的综述之外，专门以墓葬分述的形式，对大部分出土随葬品的墓葬逐一进行介绍和描述，其他墓葬尤其是未出随葬品的墓葬资料则通过表格形式全部刊布。另外，在文字描述以及线图、拓本、表格和图版的制作中，除遗迹、遗物的基本信息外，特别强调细节的观察和表现，尽可能地将发掘现场及资料整理过程中观察到的各种细微迹象全部报道出来。报告所附表格也尽量细化，除墓葬登记表外，还按器物类别制作出土遗物的统计表。为方便使用和查看，遗物统计表按内容插于正文之中，不以附表的形式出现。第四章即"主要认识"一章，是在田野考古收获的基础上，结合科技考古的一些成果，主要就墓葬分期、年代、文化特征、族属以及所反映的社会历史等问题展开综合分析与讨论。很多认识还是初步性的，提出来供读者参考。

大园子墓地Ⅰ号发掘点和Ⅱ号发掘点清理的墓葬文化面貌相近，因此在发掘资料整理和报告编写过程中，对两个发掘点出土的遗物进行统一的型式划分。发掘报告中的插图，采用各章单独编号的方式（如第一章中的第三图，编号为"图1-3"；第二章中的第一图，编号为"图2-1"，以此类推）。各类照片以图版形式于报告正文末集中编排，并另外统一编号。发掘报告中的探方以及墓葬等遗迹平面图，指北针一律为全站仪所测的磁北方向。关于墓葬方向，除了用一般的方位术语来描述被葬者头向外，还全部使用墓坑纵轴的角度来说明墓葬方向。墓坑纵轴角度，是指长方形墓坑的纵向轴线与磁北针之间的夹角度数，具体是以磁北针方向为0°，按顺时针方向计算。各章作者采用"执笔者"形式，专门注明于该章文末。

下编，为科技考古报告部分，共收录研究报告十一份，内容涉及上述检测、分析及调查的各个方面。为保证这些科技考古报告的独立性和原初性，它们各自成篇并采用标题下署名（作者及所在单位）的方式。各篇报告中的线图、照片、表格等均随文编排，并单独统一编号。毫无疑问，作为多学科合作研究的重要成果，这些检测、分析和调查报告为我们深入认识大园子墓地提供了大量有价值的信息，也是开展相关研究不可或缺的珍贵资料。

图版，主要为墓葬及出土遗物的照片，另外还有发掘现场、周边环境的照片以及正射影像图，加上个别彩色地形示意图，基本上按照田野考古报告各章节内容顺延编排。

要说明的是，此前已发表的考古发掘简报是在发掘资料初步整理的基础上编写的，所以个别地方恐难免存在讹误，凡是与本报告内容不符的地方，一律以本报告为准。

（执笔者：杨勇、朱忠华、金海生）

上 编
田野考古报告

第一章 墓葬综述

大园子墓地位于师宗县城东南约5千米处,地属漾月街道新村社区新村下寨。墓地外形呈大型土堆状,其上覆盖茂密林木并零星分布有一些近现代坟墓,当地村民俗称该处为"杨家大园"或"大园子",墓地由此得名。

第一节 墓地周边环境

大园子墓地所在地点地处师宗县中部偏西。该区域地形以岩溶盆地为主,盆地中间散布一些丘陵和小山,地势明显低于周围山地,且相对较为平坦,适于农业生产尤其是水稻种植。这一带也是现今师宗县人口最为集中、经济最为发达的区域,县城即建于盆地西部,另外南昆铁路、汕昆高速公路(G78)、324国道(江召线)等重要交通线路亦由此经过(图1-1)。

大园子墓地坐落在盆地南部一个较大的缓丘的近坡脚处,其东南侧背靠缓丘,地势缓慢升高,现多为农田;北侧地势渐低,并有村庄分布;西侧地势陡峭,可能加上后来人工修整,现形成一断崖,断崖下为一条南北向水泥村路,路西亦为村庄。村庄

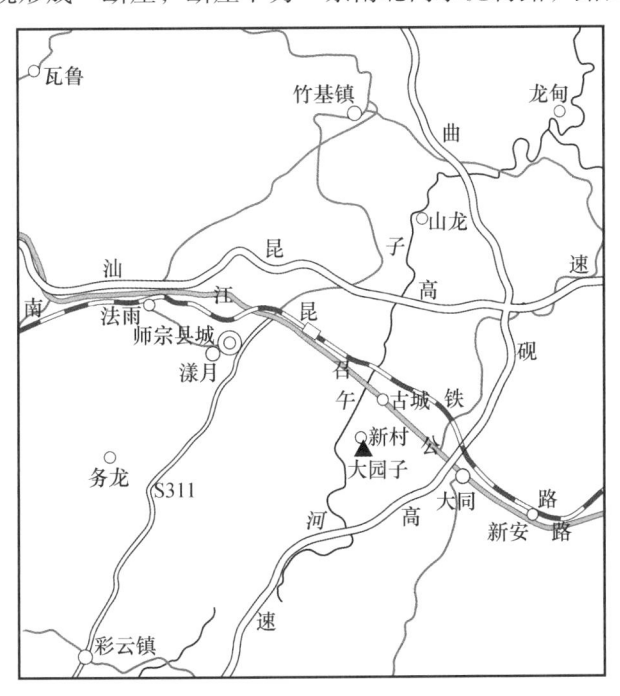

图1-1 大园子墓地位置示意图

以北、以西即为盆地。所以，若不是因为村中大建楼房（多为二层以上的民宅）而视线受阻，站在墓地向西、北眺望，视野将十分开阔。在墓地西侧约500米处，现有一条河流（子午河）由西南向东北流淌，墓地所在区域为其上游。该河在县境北部即竹基镇龙甸村附近汇入九龙河，九龙河又向东奔腾穿过罗平县，与自北向南流泻的黄泥河相接，黄泥河最后在云、贵、桂三省区交会处汇入南盘江。因此，大园子墓地所在区域属于珠江流域南盘江水系。

从地形以及周围环境的调查情况看，大园子墓地的北侧和西侧即村庄之外不远处地势较为低洼，现主要为水田，局部还可见湿地，故判断这里在古代曾有成片的湖泊或沼泽分布，当时子午河及墓地附近的很多冲沟、溪流都应与这片湖泊或沼泽相通。在湖泊、沼泽周围，即靠近丘陵、山脚处的地方，还有很多大小、高地不一的平地或台地。很显然，就自然条件而言，这一带无论是现代还是古代都非常适合人类居住和繁衍（图版1~图版4）。《新纂云南通志》记："落龙洞泉，在师宗东南十五里，水从洞出，东流至大河口，会通元洞水入罗平界，沿岸田亩资其灌溉。"[①]大园子墓地西南不远处现有落龙村，与新村相邻，结合方位和距离，可推知明清时期的落龙洞泉即今子午河。借此水利滋养，当时大园子墓地附近特别是其以北区域已是师宗农业较发达地区。根据大园子墓地的规模，我们亦推测其附近可能有同时期较大的聚落遗址存在，但令人遗憾的是，在迄今为止的调查中一直不见这方面的发现，估计相关遗存已多遭破坏或被现代村庄叠压。

第二节 墓地范围与墓地堆积

大园子墓地外观呈东西向近椭圆形的大型土堆状，地势明显高出周围。从调查、勘探和发掘情况看，土堆是在不断埋墓过程中逐渐堆筑起来的人工遗迹，现最高处距生土面近5米，堆内上、下均有墓葬分布。现存土堆的东、北、西三面均呈慢坡散开，其中东面相对较陡，坡脚还散布有一些近现代坟墓。在土堆东、北两面，土堆边缘之外即基本不再有墓葬分布。土堆西部分布的近现代坟墓较多，因此未做勘探，墓地具体边缘不是很清楚，但推测亦不出土堆范围。土堆南面情况较特殊，边上明显呈断崖或陡坡状。后经调查获知，由于土堆内的土较为纯净，早年曾有村民用其制作土坯建房，土堆南部因此被挖掉一部分，形成了现今的断崖和陡坡。被挖掉的这部分地表低平，上面同样种植树木，只有西南一角为庄稼地。据不少村民回忆，当时在取土过程中曾挖出不少铜器，后多作为废铜卖给了废品收购站。我们对这部分区域进行了局部勘探，结果亦表明其原来确属墓地范围，有的地方地下可能还有墓葬保存。

---

① 刘景毛、文明元、王珏等点校：《新纂云南通志·三》，云南人民出版社，2007年，第160页。

基本可以判断，土堆的范围即大园子墓地的范围，二者应大致重合（图版5-1）。当然，因用地受到限制，勘探和发掘没有全面展开，故它们在局部是否会有一些出入，尚不确定。就土堆而言，若将南部已被破坏的部分计算在内，其原先东西长约110、南北宽约80米，面积约7000平方米。要说明的是，由于土堆大部被茂密林木覆盖，严重影响RTK的信号及全站仪的视线，因此一直未能对墓地进行高精度的面积测量和地形测绘。

由于土堆的范围与墓地的范围基本重合，且土堆内上、下均有墓葬分布，因此可以认为，土堆的形成过程即墓地的堆积过程。土堆中的土以黏土为主，总体呈红褐色，局部会夹杂一些黄白色或灰黑色膏泥状土。红褐色黏土质地松软、细腻，渗水性强，极少见包含物。此种土明显不同于生土，当地村民称在其他地方也从未见过。我们推测，这可能是人为特意选择或经过特殊处理后形成的土，专门用来堆筑土堆并于其中埋墓。至于这么大量的土最初是由何处运来的，目前还不清楚，但根据其中夹杂有灰黑色膏泥状土的情况分析，很有可能取自有水淤积的低洼处。

发掘时土堆内的土虽然可以分出很多的层，但各层土质、土色的差别很小，而且都是些细碎小层，无大面积连续分布的大层，显得较为杂乱，另外也未见明显的活动面以及封土等遗迹现象（图1-2、图1-3；图版6）。故我们判断，整个土堆即墓地的形成过程大体是连续性的，中间没有太大的间隔；并且，堆土活动较为随意，未采取过夯筑或其他稍具规模的工程措施，当时的人们似乎只是按照某种习俗，根据需要随时在原有墓地上垒土并于其中埋墓。不过需要注意的是，从发掘情况看，在土堆底部和

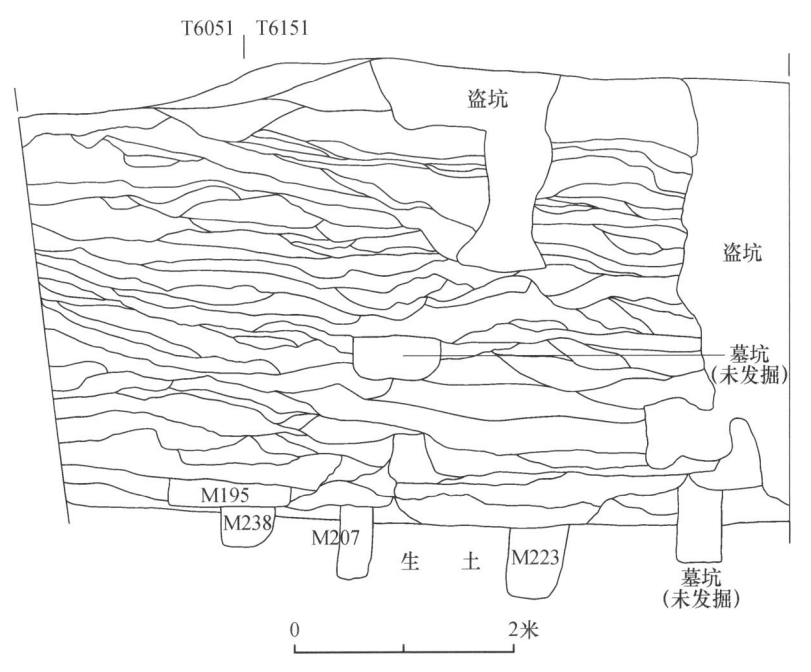

图1-2　Ⅰ号发掘点T6051和T6151西壁剖面图（局部）

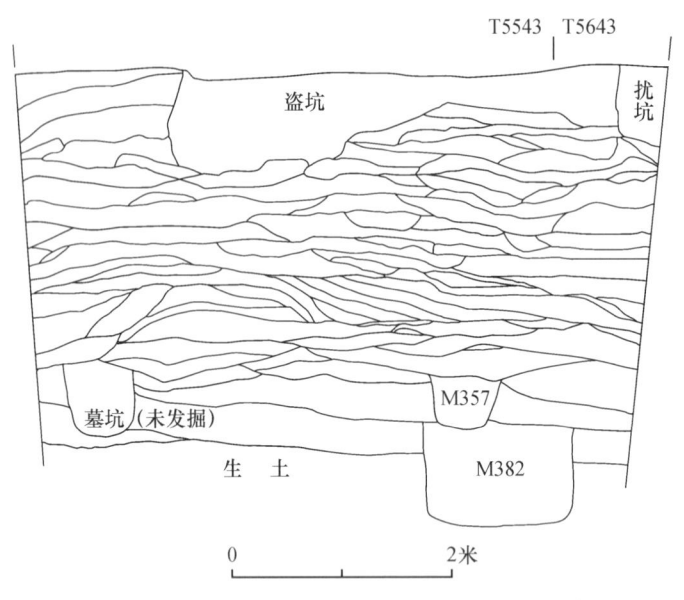

图1-3　Ⅱ号发掘点T5543和T5643西壁剖面图（局部）

靠近底部的位置，墓葬分布明显较土堆上部密集，打破关系亦很复杂，这说明在早期阶段，墓地向上垒土的速度和规模不及后来。

发掘还显示，土堆中的土层多呈水平分布，土堆边缘处也未见明显倾斜的迹象，因此就大致过程而言，土堆的堆筑应是在较大范围内同时"逐层"进行的。从Ⅰ号和Ⅱ号两个发掘点的土层堆积以及所清理的墓葬看，彼此并无显著差别，也说明两个发掘点的堆积过程大致是同步的。至于整个墓地是否为同步垒筑，目前因只发掘局部，暂不好定论。

土堆下即为生土，生土面略呈南高北低状，与墓地所在缓丘的原始地形相符。表层生土多为红褐色胶泥土，以下渐变为黄白色膏泥状土。

第三节　墓葬排列与墓葬分层

发掘分两个地点进行，彼此相距约30余米，共揭露面积350平方米，清理墓葬402座。布方采用象限法，虚拟原点位于墓地西南方，保证整个墓地均处在A象限内。探方为5米×5米，正磁北方向。由于受地形和地表树木分布等因素影响，有的探方只发掘局部，致使发掘区域平面形状不甚规则（图版5-2）。Ⅰ号发掘点位于墓地东端，所发掘区域西部地势较高（为整个土堆中地势最高的地方），北、东、南三面向下呈慢坡散开，南侧因被破坏形成1~3米高的断崖。经2015年和2016年先后两次发掘，Ⅰ号发掘点共布5米×5米正磁北方向探方13个，实际揭露面积240.5平方米，清理墓葬242

座（图1-4）。其中M1为2015年正式布方发掘前在发掘区北侧调查时发现，因墓中铜镯已暴露于地表，于是做了紧急清理，其余墓葬均位于所布探方内。Ⅰ号发掘点发掘至生土，最深处位于发掘区西部，距地表深约4.2米。Ⅱ号发掘点位于墓地中部偏南，所发掘区域北部地势略高于南部，南侧因被破坏形成约3米高的断崖。该发掘点为2016年发掘，共布5米×5米正磁北方向探方8个，实际揭露面积109.5平方米，清理墓葬160座（图1-5）。Ⅱ号发掘点亦发掘至生土，最深处位于发掘区西北部，距地表深约3.5米。因土堆内土质松软极易坍塌，且墓葬较为密集，发掘时两个发掘点均未留探方隔梁，发掘区四壁也均向内倾斜，发掘面积向下逐渐减少。

从两个发掘点的发掘情况看，土堆内上、下均埋有墓葬，最上部墓葬开口于表土下，最底部墓葬则开口于生土面上。这些墓葬均为竖穴土坑墓，墓坑方向按纵轴计，绝大部分都为西北—东南向，不过Ⅱ号发掘点的墓坑纵轴角度整体上要略大于Ⅰ号发掘点，有些已接近正南北向，甚至略偏东北—西南向的。具体而言，Ⅰ号发掘点清理的242座墓葬中，墓坑纵轴方向不超过90°的有3座，90°以上但不超过135°的有93座，135°以上的有146座，未见达到180°的。Ⅱ号发掘点清理的160座墓葬中，90°以上但不超过135°的有10座，135°以上但未达到180°的有136座，达到或超过180°的有14座。在数量和空间排列上，两个发掘点上部清理的墓葬都相对较少，且排列稀疏，但往下密度渐大，尤其到了土堆底部和靠近底部的位置，墓葬数量骤增，排列十分密集，打破关系异常复杂。另外，无论土堆上部还是下部，墓葬都有成排分布的特点，很多还相对集聚，估计彼此间关系较为特别。每一排的方向一般与墓坑纵轴方向大致垂直，即多为西南—东北向或东西向，但有时也不是很整齐，墓葬横轴往往不在一条直线上。但尽管如此，还是基本可以判断，此种墓葬排列是按某种制度、习俗而有意规划的。由于土堆是连续垒筑的，墓葬一般又无封土，当时能做到大体成排排列，且相对集聚，表明在一定时间段内，地表可能设有某种标识。从发掘看，成排的墓葬其开口高度和实际层位有时会有差异，但不是很大，加上存在打破关系，可知它们的埋葬实际也是有早晚的。

大园子墓地虽然堆积很厚，但如上所述，土堆中的墓葬是连续埋入的，所形成的"地层"太过细碎而缺乏连贯性，加上土质、土色十分接近，发掘现场往往很难从平面上加以准确辨别和区分，这种情况下要排出完整的地层序列并依之来确定墓葬开口层位以及各墓间的地层关系，实际操作中是几乎无法做到的。当然，依据开口高度、平面排列和布局、叠压和打破关系以及墓葬本身的特征等做综合分析，仍然可以对这些墓葬进行大致的分层。不过要指出，这种分层只是试图从总体上把握墓地的堆积过程，不代表基于相同开口层位和打破层位的那种严密的"地层关系"，同层墓葬之间甚至还会出现打破关系。关于开口高度，我们在发掘中对所有墓葬都进行了全站仪测绘，因此有其精准坐标（图1-6、图1-7）。要说明的是，不排除有些墓葬的原始口部已被破坏的可能，但这些墓葬毕竟多为小型墓葬，对分析其空间位置影响不会很大。关于平面排列，我们在发掘中曾注意到，有些墓葬虽然开口高度略有高低，但从平面看，它们不仅方向一致，而且排列很有规律（如成排分布），彼此间显然存在某种特殊关系，也表明其年代不会相差太远，可视为同一层墓葬。关于墓葬特征，从发掘情况看，土堆内上、下层墓葬在墓坑形制以及随葬品类型、风格和摆放等方面都有一定的变化。如下层墓葬的墓坑较上层多显得较长、较深。上层墓葬随葬品常见空首一字格曲刃铜剑、牵手人纹无胡铜戈、曲刃铜矛、宽尖叶形铜戚、细环状铜镯、镶嵌孔雀石片的圆形铜扣饰、长方牌形铜扣饰、浮雕状动物造型铜扣饰等器物；下层墓葬随葬品常见镂空扁圆茎或蛇头茎无格铜剑、带翼无胡或有胡铜戈、圆形动物面具状铜扣饰以及特殊材料镯等器物。这些差异和变化，也为墓葬分层提供了重要参考。据此，可将大园子墓地 I 号和 II 号发掘点所清理的墓葬自上而下均分为4层。而如上所述，两个发掘点的堆积过程大致是同步的，因此它们各自划分的四层墓葬在特征和年代上是可以相互对应的。

一、I 号发掘点

I 号发掘点共清理墓葬242座，分4层如下。

第1层：19座，即M1～M17、M169、M170。位于土堆上部，较为稀疏。墓坑纵轴方向大多为西北—东南向，少数为东西向或东北—西南向。部分墓葬明显成排分布，如M5～M11、M15～M17等。排向与墓坑纵轴方向大致垂直，为西南—东北向。在整个发掘区内，从西北至东南，大致有两排墓葬（图1-8）。

第2层：40座，即M18～M42、M44、M47、M49～M52、M171～M179。位于土堆中部，总体较为稀疏，局部密集并有较多打破关系。墓坑纵轴方向基本都为西北—东南向。墓葬多成排分布，并于局部形成小的聚集，如M28、M29、M31、M32、M36等。M28和M31为儿童墓，二者相邻，与同排其他几座墓的关系很值得关注，不排除被葬者是同一家庭的可能。M27、M30、M33、M34、M37、M38、M41、M42、M44、M49、M52等不仅大致成排，且排列密集，打破关系较多。排向与墓坑纵轴方向大致垂直，为西南—东北向。在整个发掘区内，从西北至东南，有四到五排墓葬（图1-9）。

第3层：38座，即M43、M45、M46、M48、M53～M57、M59～M66、M69～M74、M81、M85、M95、M143、M144、M180～M188、M209。位于土堆下部，总体较为稀疏。墓坑纵轴方向大多为西北—东南向，个别近东西向。不少墓葬都成排分布，并于局部形成小的聚集，如M66、M69等，M72～M74、M85等，M180、M183、

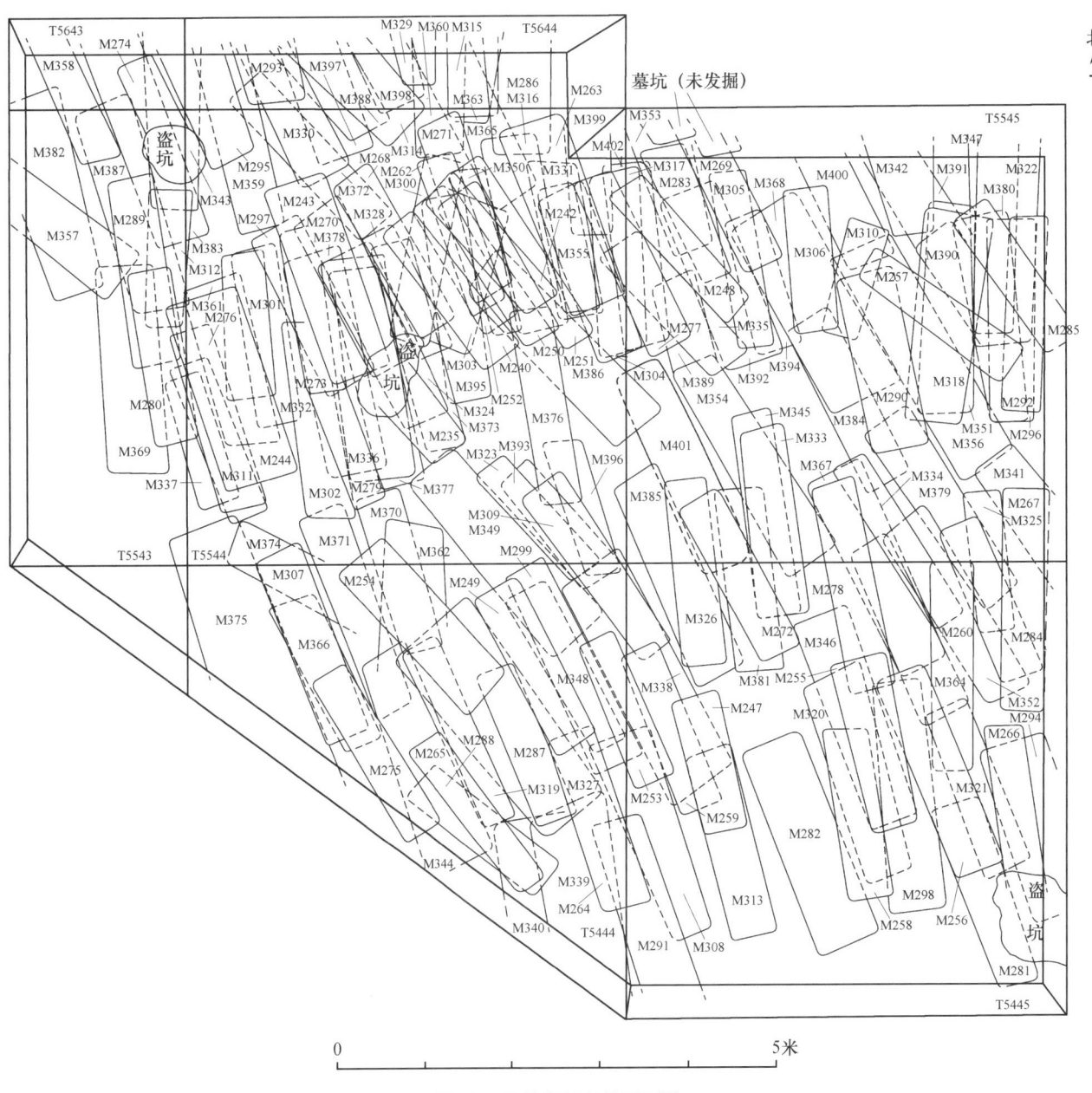

图1-5　Ⅱ号发掘点总平面图

图1-4　Ⅰ号发掘点总平面图

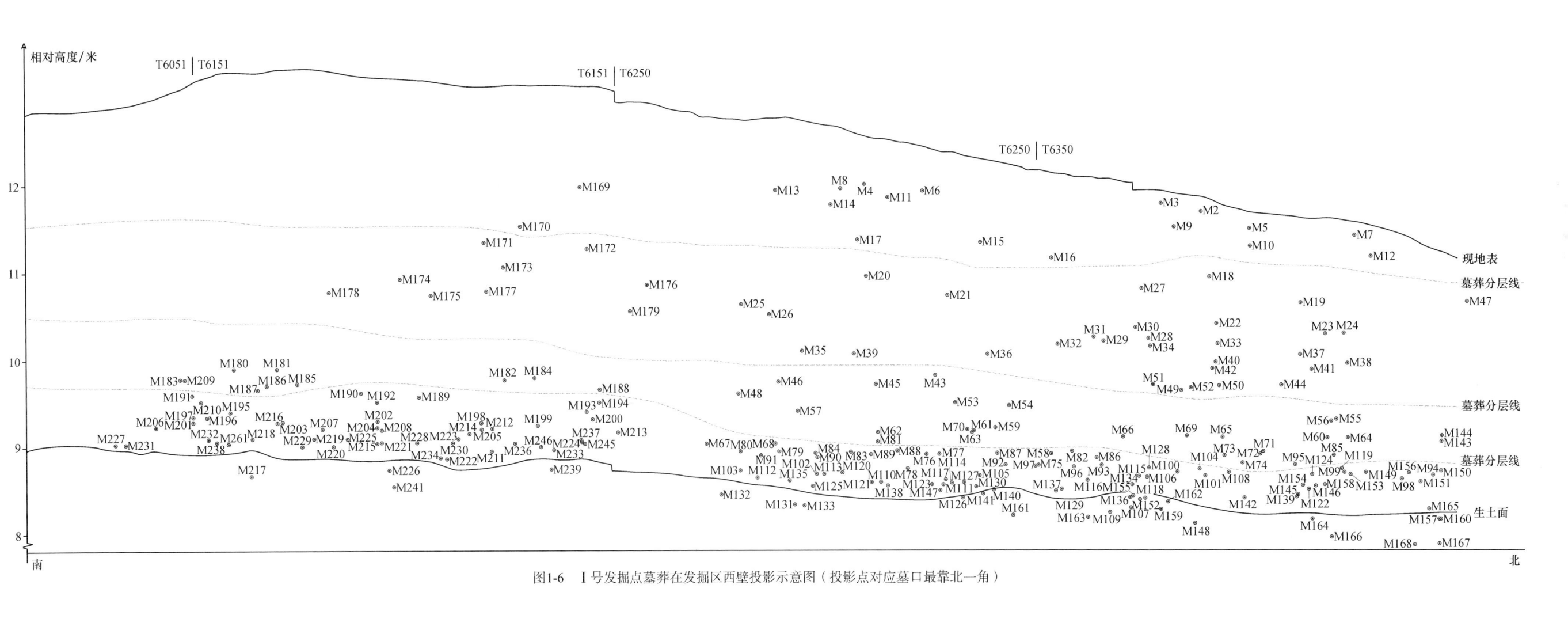

图1-6 Ⅰ号发掘点墓葬在发掘区西壁投影示意图（投影点对应墓口最靠北一角）

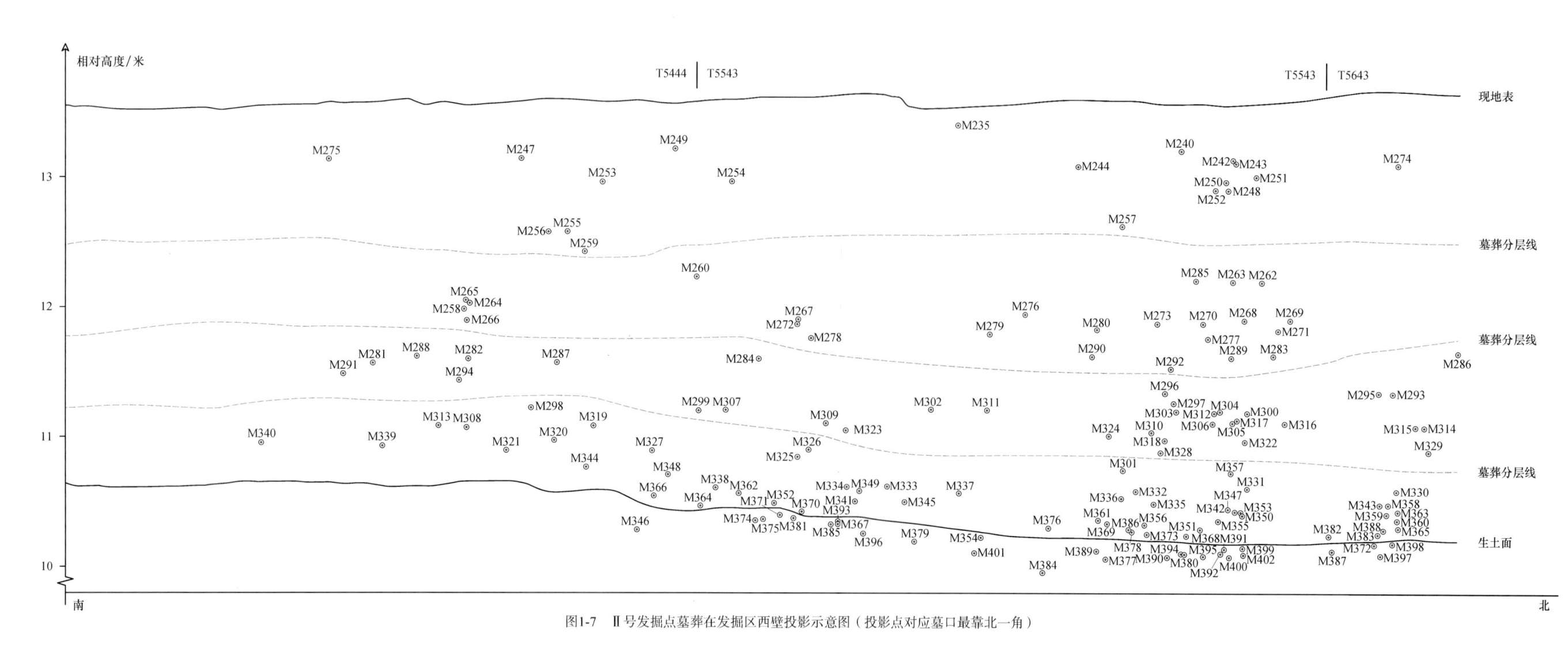

图1-7　Ⅱ号发掘点墓葬在发掘区西壁投影示意图（投影点对应墓口最靠北一角）

图1-11　Ⅰ号发掘点第4层墓葬分布示意图

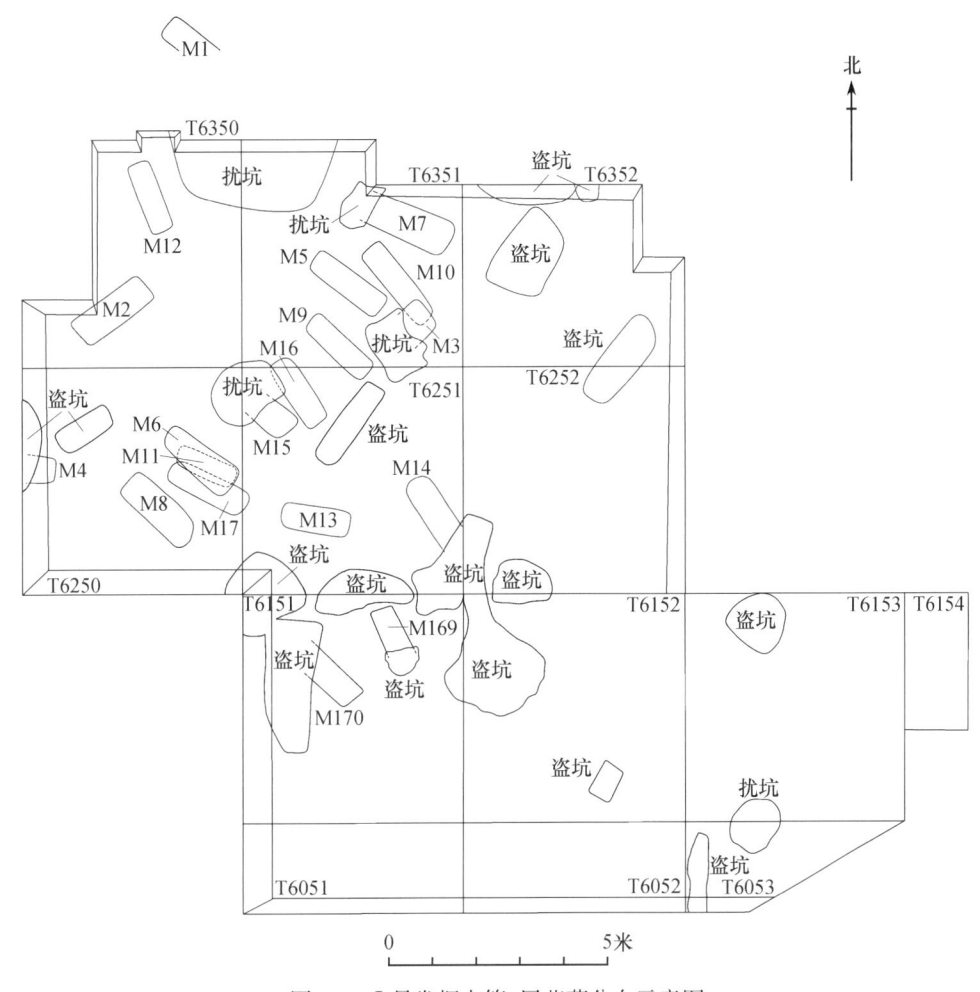

图1-8 Ⅰ号发掘点第1层墓葬分布示意图

M185等。排向与墓坑纵轴方向大致垂直，为西南—东北向。在整个发掘区内，从西北至东南，有四到五排墓葬（图1-10）。

第4层：145座，即M58、M67、M68、M75～M80、M82～M84、M86～M94、M96～M142、M145～M168、M189～M208、M210～M234、M236～M239、M241、M245、M246、M261。位于土堆底部或近底部，十分密集，部分开口于生土面上。墓坑纵轴方向绝大部分都为西北—东南向，个别近东西向。与上层墓葬一样，仍可看出很多都是成排分布的，只是更为密集且打破关系复杂。排向与墓坑纵轴方向大致垂直，为西南—东北向。在整个发掘区内，从西北至东南，有七到八排墓葬（图1-11；图版7-1）。

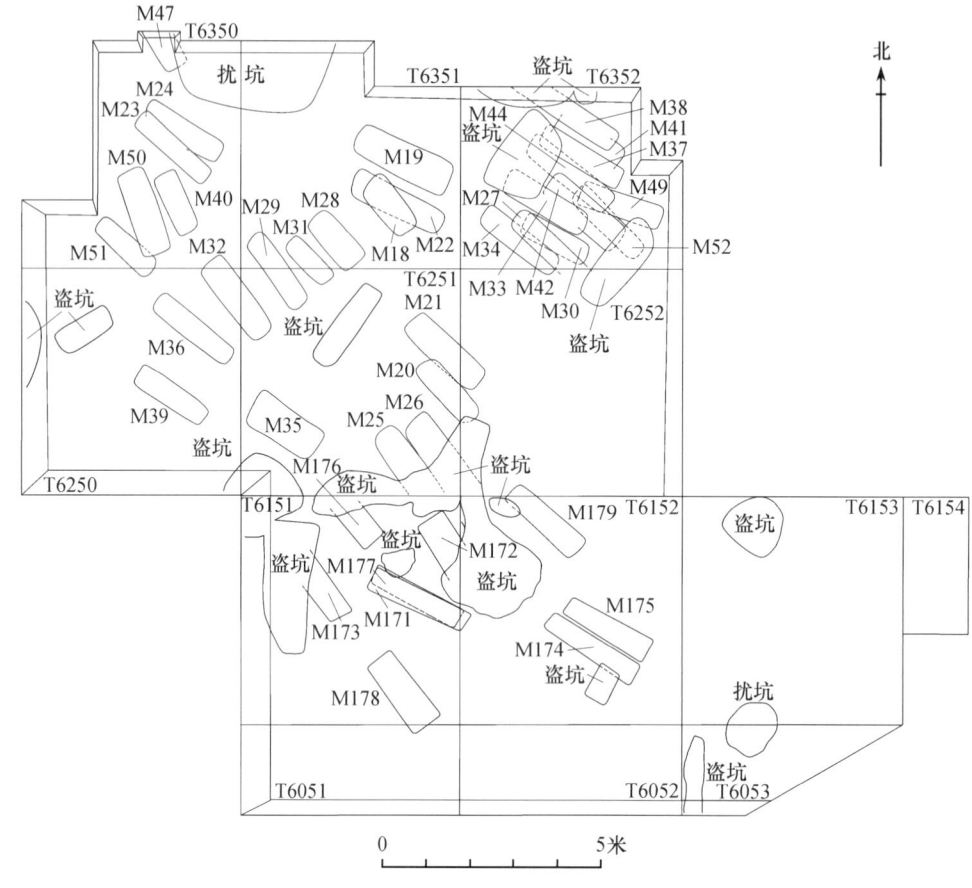

图1-9　Ⅰ号发掘点第2层墓葬分布示意图

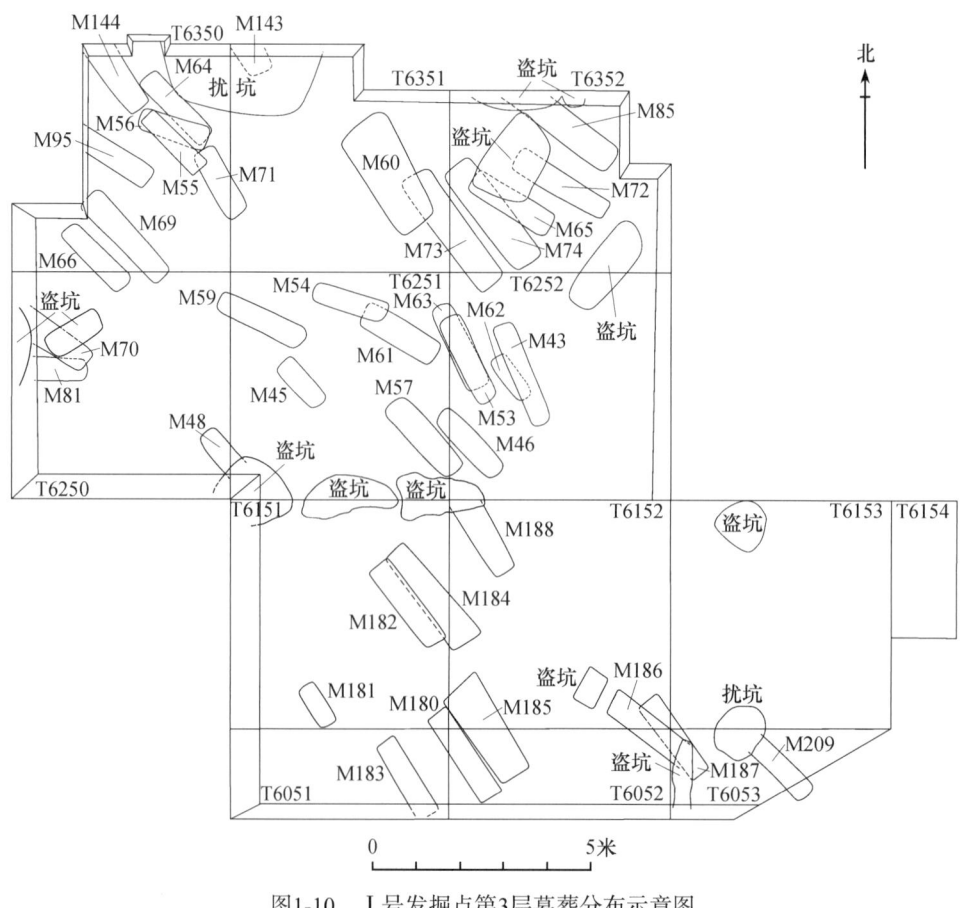

图1-10　Ⅰ号发掘点第3层墓葬分布示意图

二、Ⅱ号发掘点

Ⅱ号发掘点共清理墓葬160座，亦分4层如下。

第1层：19座，即M235、M240、M242～M244、M247～M257、M259、M274、M275。位于土堆上部，较为稀疏。墓坑纵轴方向基本都为西北—东南向。部分墓葬成排分布，且相对聚集，如M240、M242～M244等。排向与墓坑纵轴方向大致垂直，为西南—东北向，也有些排列和方向不甚规整的。在整个发掘区内，从西北至东南，大致有两排墓葬（图1-12）。

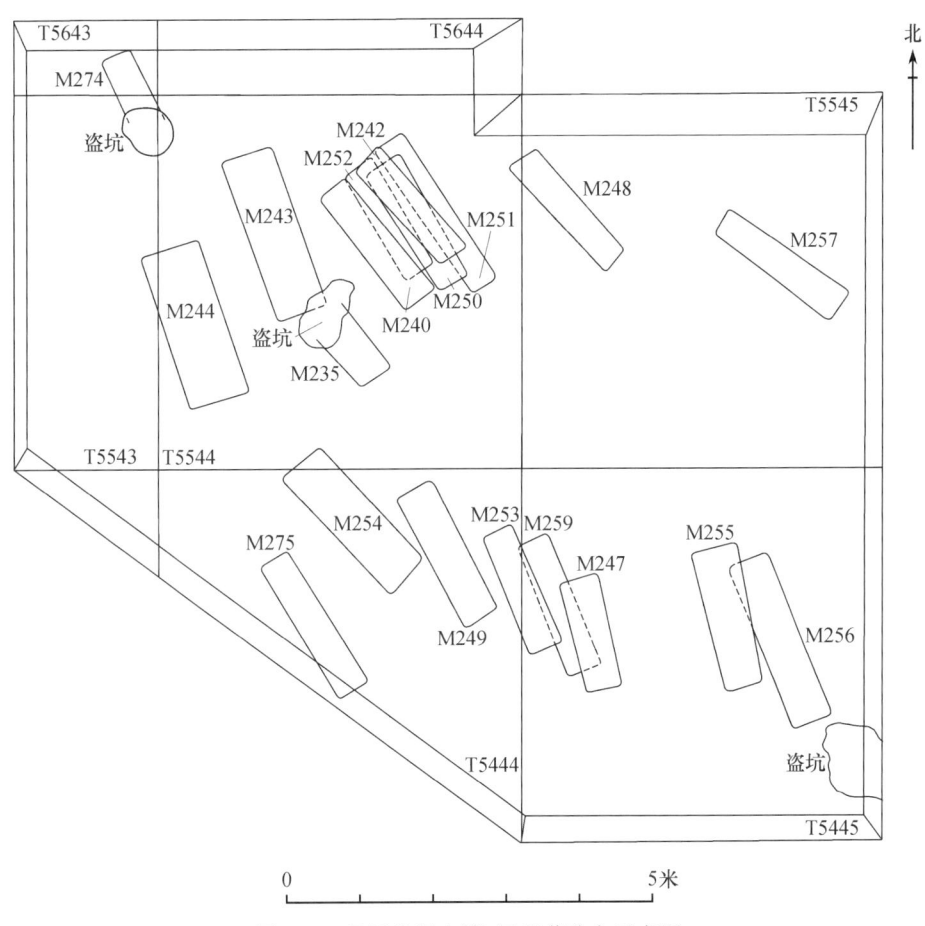

图1-12　Ⅱ号发掘点第1层墓葬分布示意图

第2层：24座，即M258、M260、M262~M273、M276~M280、M283、M285、M289、M290、M292。位于土堆中部，总体较为稀疏，局部密集并有打破关系。墓坑纵轴方向多为西北—东南向，也有一些呈南北向或近南北向的。墓葬多成排分布，有的聚集较密，如M262、M263、M268、M269、M270、M271、M273、M277、M283等。排向与墓坑纵轴方向大致垂直，为西南—东北向或东西向。在整个发掘区内，从西北至东南，有四排左右的墓葬（图1-13）。

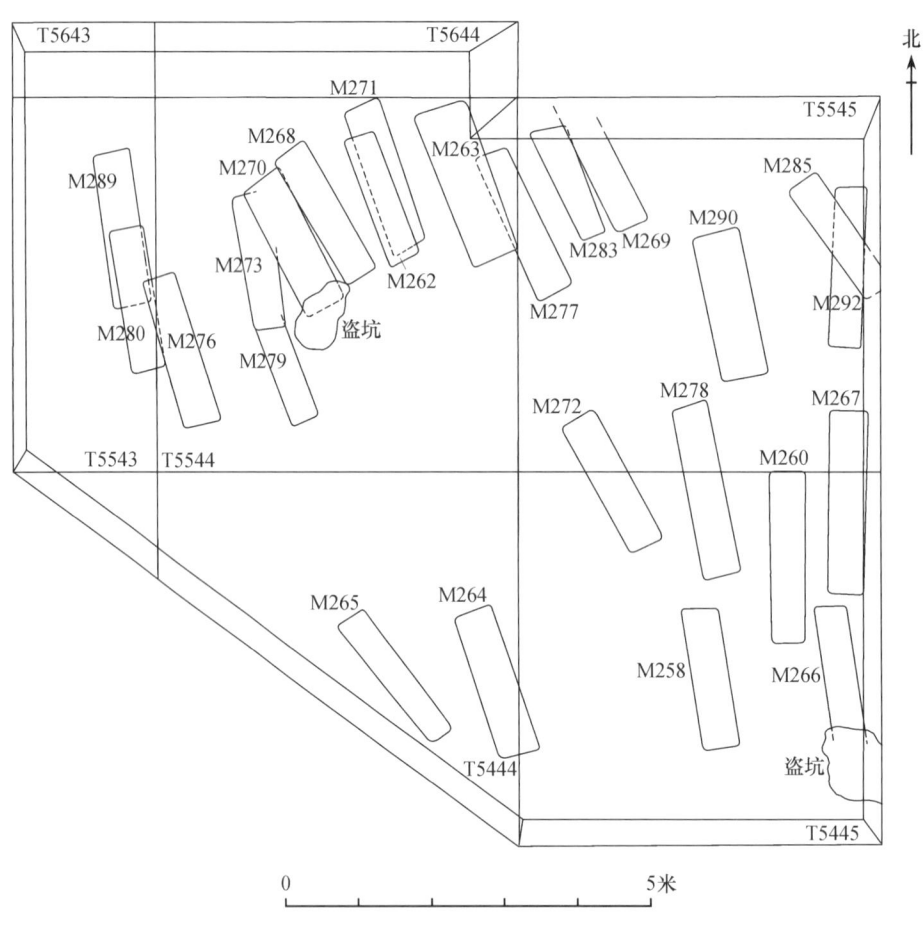

图1-13　Ⅱ号发掘点第2层墓葬分布示意图

第3层：34座，即M281、M282、M284、M286～M288、M291、M293～M297、M299、M300、M302～M307、M309～M312、M314～M318、M322～M324、M328、M329。位于土堆下部，总体较为稀疏，局部较密集并有打破关系。墓坑纵轴方向多为西北—东南向，也有些为南北向甚至偏东北—西南向的。墓葬多成排分布，有的还于局部形成小的聚集，如M296、M305、M306、M310、M318等，M287、M288、M299、M309等。排向与墓坑纵轴方向大致垂直，为西南—东北向或东西向。在整个发掘区内，从北到南，大致有四排墓葬（图1-14）。

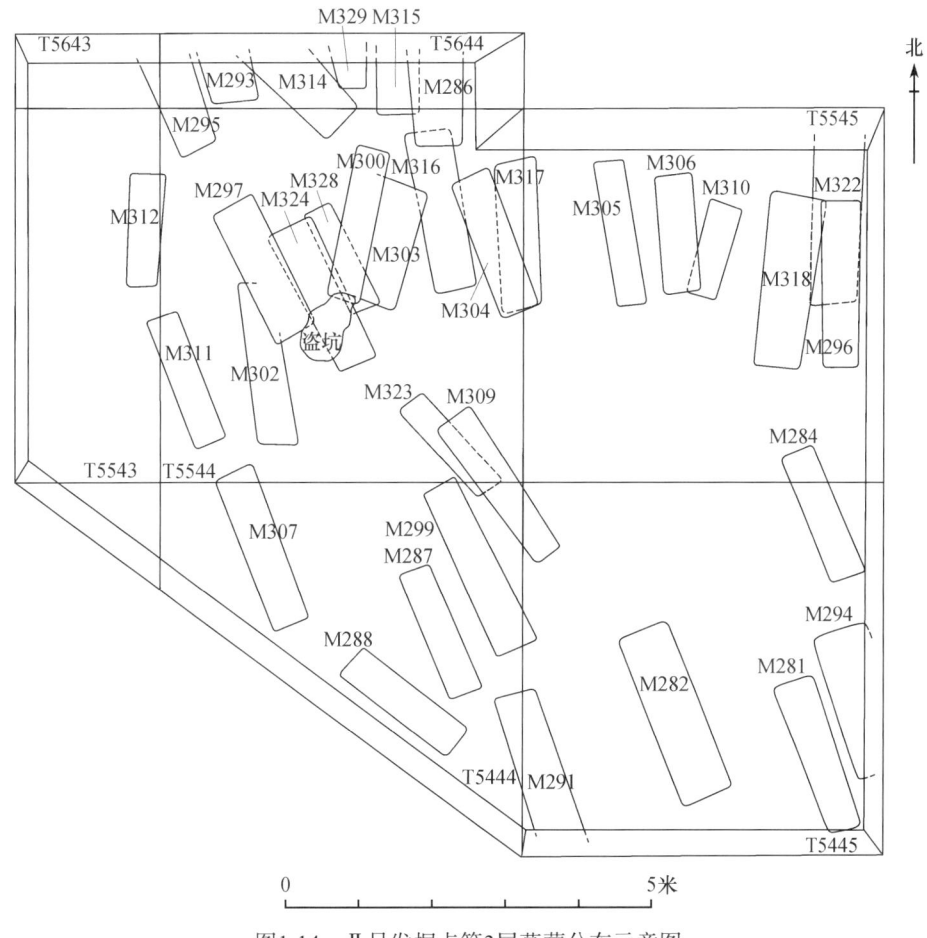

图1-14　Ⅱ号发掘点第3层墓葬分布示意图

第4层：83座，即M298、M301、M308、M313、M319～M321、M325～M327、M330～M402。位于土堆底部或近底部，分布尤为密集，部分开口于生土面上。墓坑纵轴方向大多为西北—东南向，其中有不少已接近南北向，也见少数为南北向甚至偏东北—西南向的。此层墓葬虽然十分密集，打破关系也较复杂，但成排分布的特点仍很显著。排向与墓坑纵轴方向大致垂直，主要为西南—东北向，有的地方近东西向。在整个发掘区内，从西北至东南，有五排左右的墓葬（图1-15；图版7-2）。

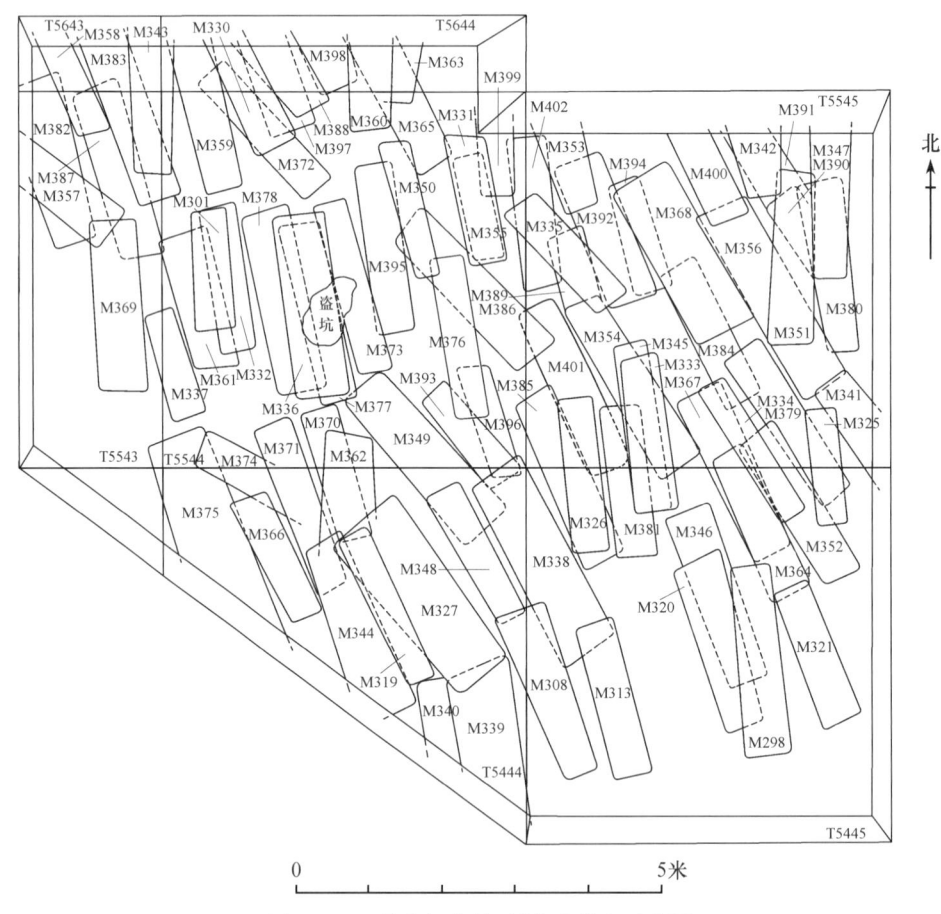

图1-15　Ⅱ号发掘点第4层墓葬分布示意图

第四节 墓葬形制

大园子墓地已发掘的墓葬全部为竖穴土坑墓,发掘中未见明显的封土痕迹。就具体墓坑形制而言,Ⅰ号发掘点和Ⅱ号发掘点情况大体相同。墓坑保存较好者,平面形状基本都为长方形,但进一步细分,大抵又有长方形、宽长方形、长条形和梯形等几种,其中长方形的占大多数,长条形的为少数,宽长方形和梯形的均很少。墓坑四角多较圆润,四壁向下逐渐内收,但倾斜幅度一般不大。有几座墓于墓坑下部内收形成二层台,还有个别墓底设坑的。墓葬规模整体偏小,大部分墓坑长在2米左右或2米以内,宽往往不到1米,深亦多不超过0.5米。墓坑较浅者,不排除有部分是其后的各种破坏活动所致。少数墓坑稍大且较深的,多位于土堆底部或靠近底部处,即多属第4层墓。发现少量墓葬墓坑尤为短小,有的还出土器形偏小的随葬品,应为儿童墓。除上述墓葬外,还有109座墓葬因部分延伸出发掘区或墓坑被破坏严重而具体形制不明,但从发掘部分或残余部分看,平面仍然以长方形的居多。下面分别举例加以说明。

一、长方形墓

墓坑平面为长方形,长、宽比例适中,共计215座,其中有2座带二层台。Ⅰ号和Ⅱ号发掘点土堆上、下各层均有分布。举例如下。

M17 位于Ⅰ号发掘点,跨T6250和T6251,属第1层墓葬。墓坑长1.75、宽0.55、深0.17米,纵轴方向117°(图1-16)。

M338 位于Ⅱ号发掘点,跨T5444、T5445和T5544,属第4层墓葬。墓坑长3.16、宽1.03、深0.88米,纵轴方向151°。墓坑西北端有二层台(图1-17)。

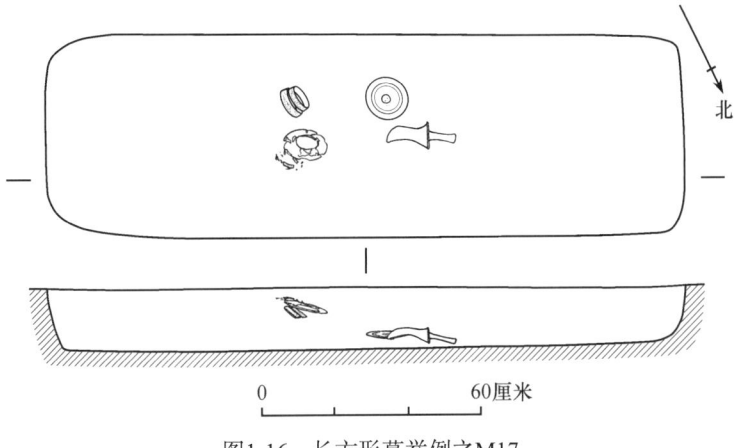

图1-16 长方形墓举例之M17

图1-17　长方形墓举例之M338

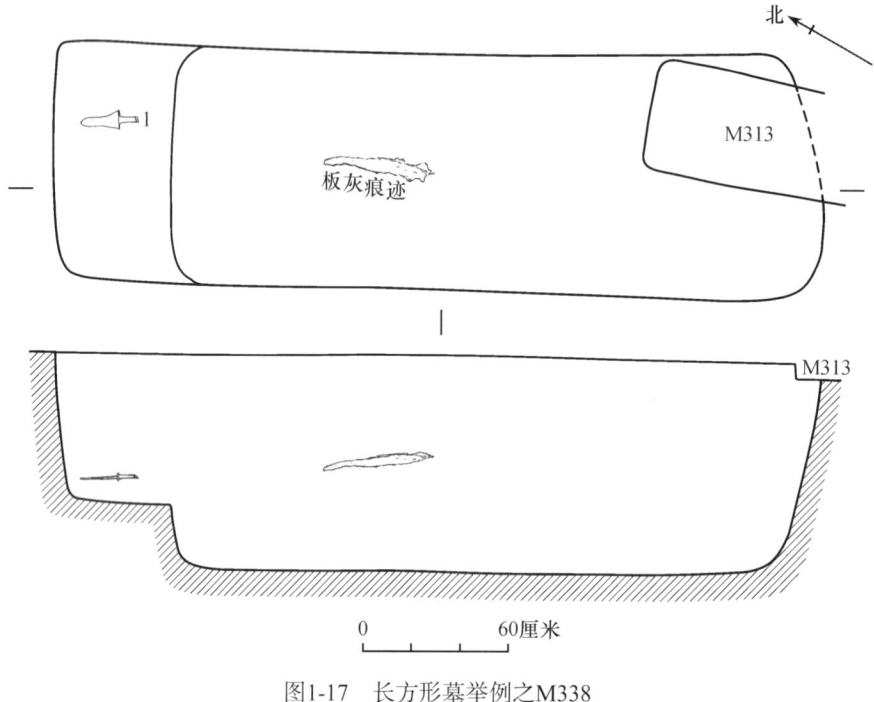

二、宽长方形墓

墓坑平面为长方形，但长、宽比例偏小，显得较宽，共计7座，其中有3座带二层台。见于Ⅰ号发掘点的第2～4层，以及Ⅱ号发掘点的第1层和第4层。举例如下。

M35　位于Ⅰ号发掘点T6251，属第2层墓葬。墓坑长1.74、宽0.78、深0.42米，纵轴方向120°（图1-18）。

M58　位于Ⅰ号发掘点，跨T6252和T6352，属第4层墓葬。墓坑长2.8、宽1.82、深1.4米，纵轴方向142°。墓坑西侧有二层台，上发现人骨，可能为人殉；东侧有4层生土台阶（图1-19）。

三、长条形墓

墓坑平面为长方形，但长、宽比例偏大，近条状，共计65座。见于Ⅰ号发掘点的第2～4层，以及Ⅱ号发掘点的上、下各层。举例如下。

M68　位于Ⅰ号发掘点T6250，属第4层墓葬。墓坑长1.98、宽0.43、深0.2米，纵轴方向115°（图1-20）。

M199　位于Ⅰ号发掘点，跨T6153和T6152，属第4层墓葬。墓坑长2.76、宽0.68、深0.7米，纵轴方向144°。墓底靠近东南部有一近方形浅坑，深约0.2米（图1-21）。

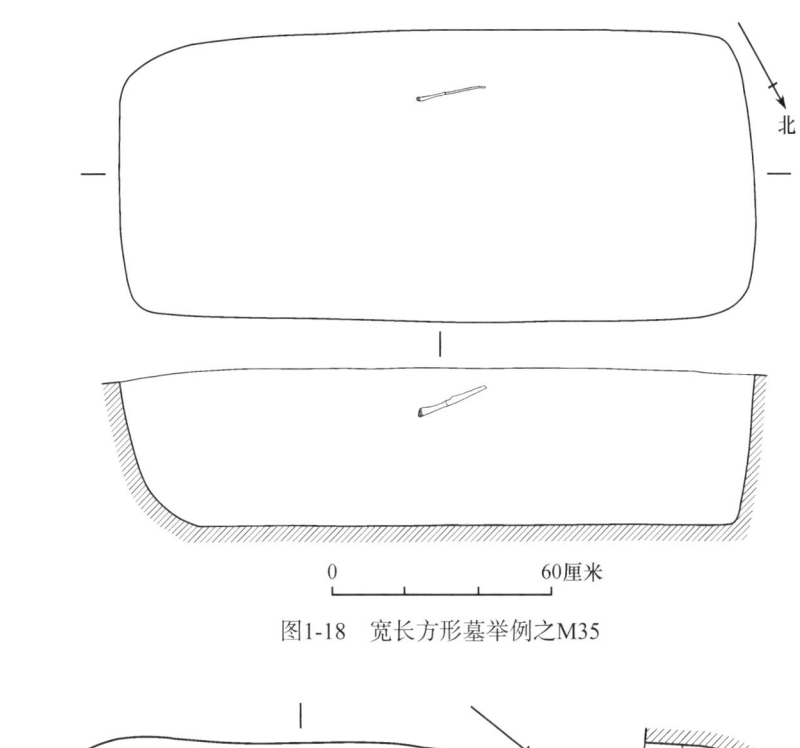

第一章　墓葬综述

图1-18　宽长方形墓举例之M35

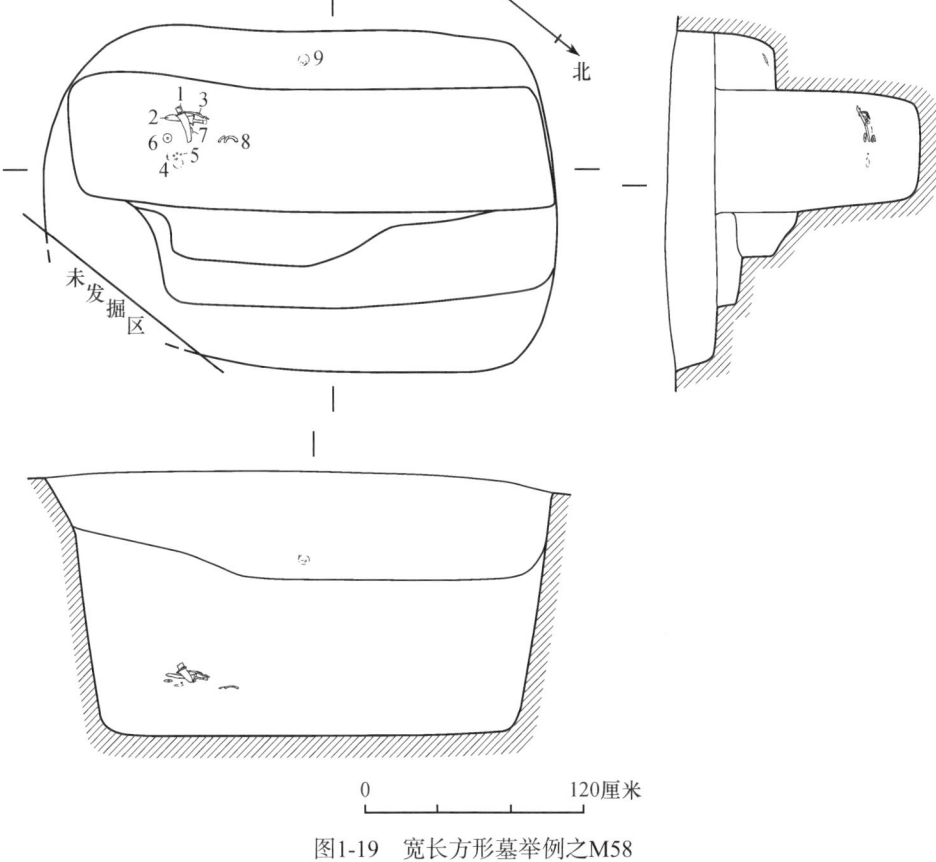

图1-19　宽长方形墓举例之M58

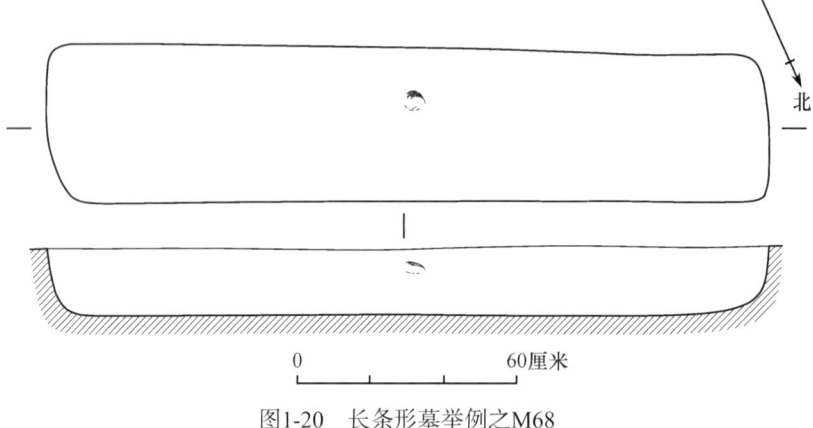

图1-20　长条形墓举例之M68

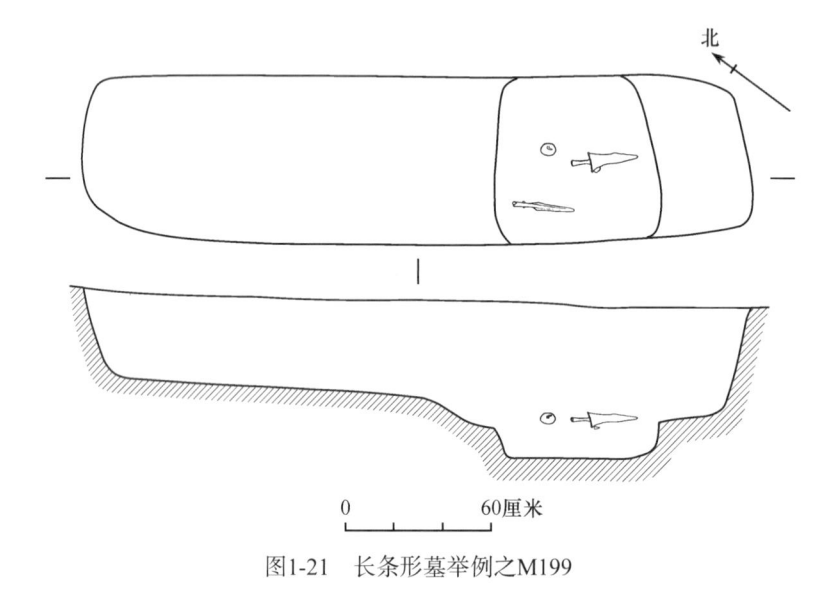

图1-21　长条形墓举例之M199

四、梯　形　墓

墓坑平面呈较为明显的梯形，共计6座，其中有2座带二层台。见于Ⅰ号发掘点的第2～4层，以及Ⅱ号发掘点的第4层。举例如下。

M83　位于Ⅰ号发掘点，跨T6251和T6252，属第4层墓葬。墓坑长2.74、西北端宽1.1、东南端宽0.5、深1.26米，纵轴方向139°。墓坑东侧有二层台（图1-22）。

M361　位于Ⅱ号发掘点T5544，属第4层墓葬。墓坑长1.85、西北端宽0.8、东南端宽0.54、深0.2米，纵轴方向166°（图1-23）。

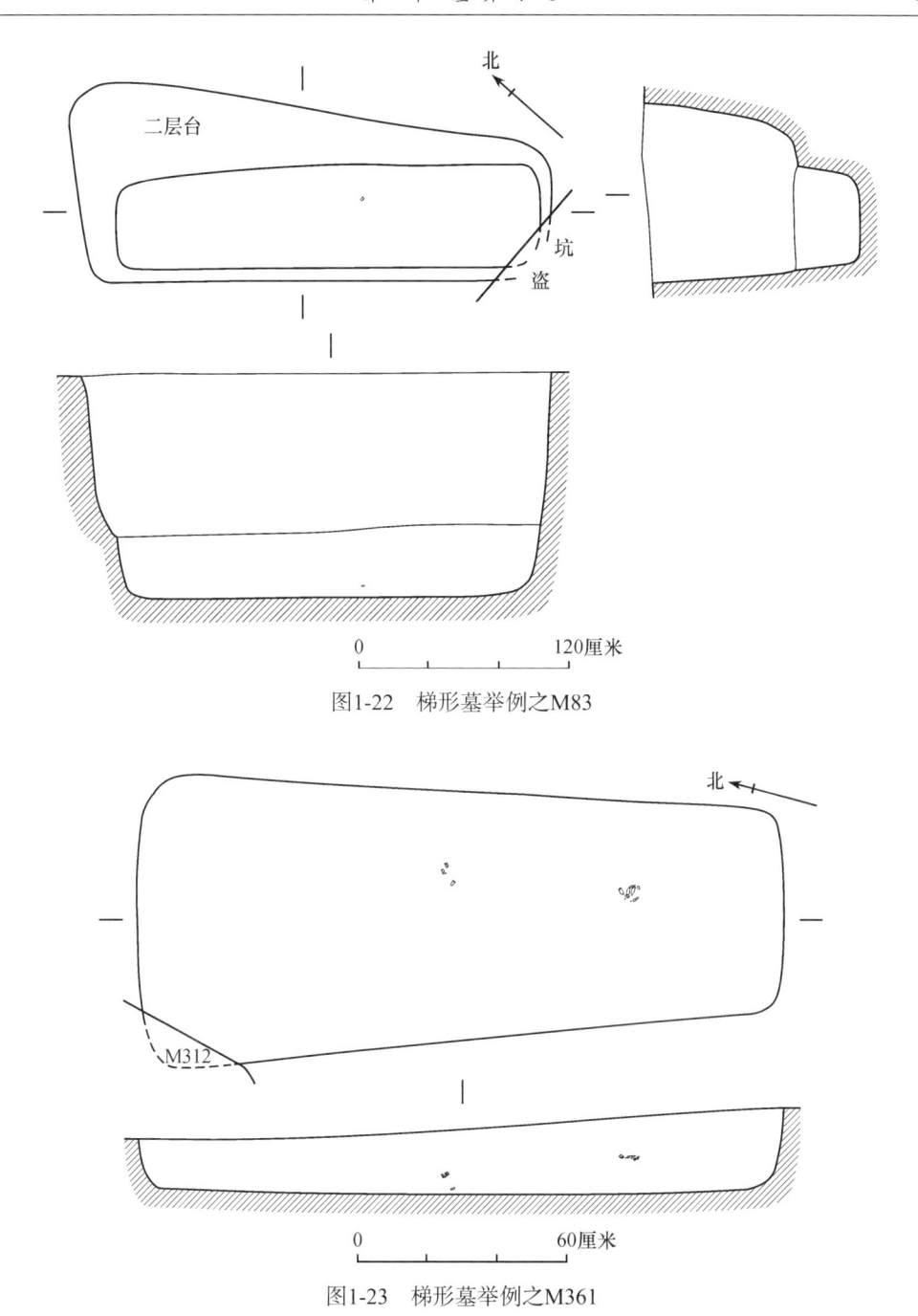

图1-22　梯形墓举例之M83

图1-23　梯形墓举例之M361

第五节　墓坑填土及葬具和葬式

　　墓坑内填土与墓坑外即土堆内的堆积土很接近，也以红褐色黏土为主，因此发掘时对墓坑的辨认往往较为费劲。这种情况，在土堆中、上部即第1～3层墓葬中表现得尤为明显。不过，在光线较适宜时仔细观察可以发现，墓坑内的填土与坑外还是有一定区别的，其颜色多稍偏灰黑，有时会夹杂一些炭屑、碎陶片等物，土质一般也略显疏松。位于土堆下部尤其是底部的第4层墓葬，墓坑填土要相对容易辨识，特别是开口于生土面上的墓葬更是如此。该层墓葬填土中多夹杂一些生土块，包括红色胶泥土以及黄白色的膏泥土。

　　由于土壤腐蚀性强，所清理墓葬中的有机质材料大多朽毁不存，但从发掘现场看，有一半以上的墓坑中都发现薄薄的黑色板灰痕迹，多与随葬品大约处在同一水平位置，有的还隐约呈条形木板状，故推测墓内原多有棺椁等木质葬具。另外，可能因特殊的埋藏环境及化学反应，发掘过程中我们注意到墓坑中凡发现铜器的地方往往会保留一些有机质，包括木材、纺织物、人骨等。在这当中，有些压在铜器上下的木材或木炭，很可能就与木质葬具有关。在个别墓葬中，如M261还发现成片的黑色漆皮，或是漆棺残留物。

　　人骨保存很差，仅见于少部分墓葬中，大多成渣，一般发现于铜器附近。从外形看有头骨、牙齿和肢骨等，肢骨主要见于成串佩戴的铜镯之内。经中国社会科学院考古研究所考古科技实验研究中心王明辉、张君、赵欣、陈相龙等学者现场观察和鉴定，这些人骨已无法提取，也不含骨胶原等物质，基本失去了研究价值。结合这些残存的人骨，同时根据墓坑形制以及随葬品特别是随身佩戴的镯、玦等装饰品的出土位置和形态分析，可知大园子这批墓葬大多为单人葬，个别可能有殉人，被葬者头向基本都是朝东南或南方；具体葬式多不明，推测以仰身直肢为主，手臂一般垂放或向内弯曲，有些可能双手相交放置于腹部。部分墓葬出土成串佩戴的铜镯，有的左右各一组，呈倒"八"字形对称分布，其内还多残存肢骨，显示了被葬者下葬时的肢体特别是上肢形态。个别墓葬可能采用侧身葬，其墓坑很窄，铜镯等随葬品的空间位置和形态也很特别，如M27等。这里要说明的是，本书后面介绍镯、玦等装饰品的佩戴时，会涉及左右手臂或左右耳等方向问题，除特殊情况做出说明外，一般皆按仰身葬进行推断。

第六节 随葬品特征、组合及摆放

大园子墓地清理的墓葬中，有240座出土随葬品，共计634件（组）。这些随葬品主要包括兵器、工具和装饰品，以铜器最多，次为玉石器，另有少量特殊材料制品，陶器极少。各墓随葬品数量多寡不一，多者10余件（组），少者仅一两件（组），另有少部分墓葬未出随葬品。

铜器绝大部分都属青铜制品，少数可能为红铜。器类有剑、戈、矛、戚、钺、镈、鞘饰、臂甲、削刀、锛、爪镰、镯、扣饰、泡饰、牌形饰、片饰、簪、铃、夹形器、帽形器、簧形器等。剑以空首一字格曲刃剑居多，少数为镂空扁圆茎剑或蛇头茎剑。戈多为施牵手人纹的条形无胡戈，另有一些带翼无胡或有胡戈。矛长短不一，部分曲刃。戚均宽尖叶形，竖銎。削刀器形多较简单，也有带銎或柄部为镂空扁圆状的，制作颇精致。镯往往数十件成组出土，大部分为细条环状，也有不少为片状环形，后者外壁多镶嵌孔雀石片。扣饰有圆形、长方牌形和浮雕状动物造型等多种形制，圆形扣饰正面多镶嵌孔雀石片或有纹饰，有些制作成动物面具状，浮雕状动物造型主要有牛、虎、蛇、猴、水禽等。泡饰亦形制多样，有些做成人面和兽面形状，比较特别。玉石器大多为软玉、玛瑙等制成的装饰品，有珠、玦、璜形饰、扣、镯、坠、剑首、锛等。特殊材料制品数量不多，其成分经检测主要为桦树皮焦油，器类有镯和珠子，镯的内部一般都有芯撑。陶器主要有纺轮及罐、釜等，数量极少，且几无完整器。

铜兵器中，剑的数量最多，次为矛、戈、戚等，故组合也以剑为中心，主要有剑、戈、矛，剑、戈，剑、矛，剑、戚等。只出单件兵器的也有不少，以剑或矛居多，戈或戚也有一些。铜工具因种类和数量不多，一般都是以单件削刀随葬。铜装饰品中，镯最为多见，扣饰和泡饰也有不少，可能因主要起装饰作用，它们之间似无固定组合。就铜兵器、铜工具及铜装饰品等大的器类而言，组合关系较多，规律并不突出，尤其是镯和扣饰作为常见的装饰品，既可以与铜兵器组合，也会和铜工具组合，还有不少是单独随葬的，看不出明显的性别差异。

玉石类装饰品的各种珠子，不论材质和型式，经常搭配组合使用，形成串珠。当然，串珠中也有材质和型式较为单一的。此外，这些珠子还常与玉玦、玉镯搭配组合，说明其亦可作为耳饰或腕饰使用。以上这些玉石类装饰品还时常与铜兵器共出，可知其佩戴者亦是不限性别的。

从出土位置及形态看，装饰品中的镯、玦以及很多珠饰，下葬时多是佩戴于被葬者身上的，而且往往多件成组佩戴，特别是铜镯，每组多者可达数十件，成串佩戴于手臂上，出土时镯内往往残存肢骨。铜扣饰较为特别，其虽属装饰品，但下葬时似乎多未佩戴于身，而经常与铜兵器、铜工具等器物放置于一起。其他随葬品尤其是铜兵器和铜工具多集中摆放于被葬者头顶位置及其旁侧，少数摆放于腰腹部或腿部，有些出土时呈并列状态，似是成捆放入的。部分墓葬中，随葬品距离墓底尚有一些距离，多者可达二三十厘米。出土时，戈、矛、戚等铜兵器的内、骹及銎等位置常见木柲、木柄等残留物，铜剑的茎部也会见到麻绳类的缠绕物，另外不少器物如铜扣饰、玉玦、玉镯等在器身上还发现锔补痕迹，这些都表明它们属实用器。通过对器形特征的观察以及制作工艺的分析，也可说明这一点。

值得注意的是，大园子墓地出土的很多铜兵器特别是剑、戈、矛在下葬前被人为折弯或折断，推测或与"毁兵"习俗有关，这种情况同样见于一些铜削刀甚至铜扣饰上。另外，陶器出土虽少，但亦多为残器，这说明不单是"毁兵"，当时可能存在较普遍的"毁器"葬俗。

对部分样品的观察及科技分析还发现，大园子墓地出土的随葬品中有不少是经过火烧的，包括铜器、玉石器和陶器（参见本书下编第五篇《师宗大园子墓地出土铜器的技术特征及相关问题》、第七篇《师宗大园子墓地出土玉器的科技分析》、第十篇《师宗大园子墓地出土陶器的分析与研究》）。火烧原因与制作工艺及生产技术等关系不大，而多是在制作完成乃至使用后发生的，推测与丧葬过程中的祭祀活动有关。很多被折弯或折断的铜器，之前也都被火烧过。

（本章执笔者：杨勇、金海生、查苏芩）

第二章 出土遗物

大园子墓地出土遗物绝大部分都为墓葬随葬品，另有少量为墓坑填土所出。随葬品和墓坑填土出土遗物均按所在墓葬编号，但为区别不同，后者编号中加一"填"字。随葬品有634件（组），出自240座墓中，墓坑填土出土遗物有14件（组），出自12座墓中，二者共计648件（组）[①]。遗物以铜器最多，次为玉石器，另有少量特殊材料制品和陶器，下面按质地、器类、型式，依次对其进行介绍和叙述。有些类型的遗物出土数量较多，只举部分标本为例，其余见出土遗物统计表及第三章各墓葬分述中的遗物介绍。

第一节 铜 器

铜器共计435件（组）。绝大部分都为青铜制品，还有少量可能属红铜。多数铜器出土时锈蚀严重，有的已经发生矿化，但一般仍可看出器形。器类以兵器、工具和装饰品为主，具体有剑、戈、矛、戚、钺、镦、鞘饰、臂甲、削刀、锛、爪镰、镯、扣饰、泡饰、牌形饰、片饰、簪、铃、夹形器、帽形器、簧形器等。这些铜器多为铸造而成，但也有不少采用了锻造工艺，还有的是铸后再热锻。铸造的铜器有的还保留铸缝痕迹，因器形相对简单，一般采用双合范铸造。采用锻造工艺的除了一些薄片状铜器外，还有很多细条环状的铜镯，它们一般都是热锻而成的。铜器表面纹饰亦多为铸造而成，但也发现少量錾刻纹饰。在部分铜器尤其是一些戈、扣饰、泡饰的纹饰区，还时常见到一种黑色物质，似特意被涂抹于阴线或下凹区域内，使得纹饰看起来更为清晰、立体。

一、兵 器

铜兵器共计166件，以剑、戈、矛最为常见，另外还有少量戚、钺，以及镦、臂甲、鞘饰等武备或兵器附件及装饰物。从外形看，这些兵器大多应为实用器，但也有少量红铜制品以及制作粗糙者可能属明器。部分铜兵器出土时，尚可见柲、柄等构件或其残痕，多朽毁或炭化，主要见于戈内附近以及矛骹和戚銎内。

铜剑 64件。根据整体形制不同，分为三型（表2-1）。

[①] 按组统计的遗物，主要是一些成组或成串佩戴的玦、珠子、镯等。

表2-1 大园子墓地出土铜剑统计表

序号	型式	器物号	数量	尺寸/厘米	备注
1	AaⅠ	M94∶1	1	残长17.5、肩宽4.7	
2	AaⅡ	M206∶3	1	残长23.2、肩宽4.8	出土前剑身折弯
3	AaⅡ	M282∶1	1	残长13.5、肩宽3.6	出土前剑身折断,出土前剑身附着朽木
4	AaⅡ	M332∶3	1	残长14.3、肩宽3.7	出土前剑身折弯
5	AaⅡ	M344∶1	1	残长15.9、肩宽2.4	
6	AaⅡ	M350∶1	1	残长22.7、肩宽5.2	
7	Ab	M180∶4	1	残长10.8	
8	Ab	M202∶5	1	长25.5	
9	Ab	M327∶8	1	长36	
10	BⅠ	M140∶1	1	长26、肩宽4.5	
11	BⅡ	M12∶6	1	残长12.9	
12	BⅡ	M40∶3	1	长14	出土前剑身折弯
13	Ca	M12∶5	1	通长27.5、格长10	
14	Ca	M17∶2	1	长18.5、格长8.5	出土前剑身折弯
15	Ca	M24∶1	1	残长25.5、格长10.2	
16	Ca	M52∶1	1	残长26.6、格长10.6	出土前茎首内残存有朽木
17	Ca	M143∶1	1	残长24.1、格长10.4	
18	Ca	M186∶1	1	通长23.8、格长9.2	出土前剑身折弯
19	Ca	M226∶1	1	残长22.5、格长9.1	
20	Ca	M235∶1	1	残长26.4、格长10.4	
21	Ca	M268∶1	1	通长21.5、格长10.2	出土前剑身折断
22	Ca	M286∶1	1	通长29.3、格长10.6	
23	Cb	M22∶1	1	通长23.9、格长8.7	
24	Cb	M29∶2	1	通长24.5、格长11.4	出土前剑身折弯
25	Cb	M39∶1	1	残长23.7、格残长6.5	出土前剑身折弯
26	Cb	M41∶1	1	残长23.1、格长8.4	
27	Cb	M43∶2	1	通长25.5、格长7.2	出土前剑身折弯
28	Cb	M67∶1	1	残长22.3、格残长5.7	出土前剑身折弯
29	Cb	M73∶1	1	残长25、格残长6	
30	Cb	M79∶1	1	残长26.7、格残长6.7	
31	Cb	M82∶1	1	残长19.4、格长7.7	
32	Cb	M100∶1	1	残长23、格长8.3	

续表

序号	型式	器物号	数量	尺寸/厘米	备注
33	Cb	M138：1	1	残长21.2、格残长5.7	出土前剑身折弯
34	Cb	M179：2	1	通长27.1、格长10.4	出土前剑身折弯
35	Cb	M180：1	1	残长24、格长8.9	
36	Cb	M183：2	1	残长25.3、格长7.6	
37	Cb	M184：3	1	残长23.6、格长6.7	出土前剑身折弯
38	Cb	M185：3	1	通长28.3、格长11	
39	Cb	M199：1	1	残长24.8、格残长9.5	出土前茎内有朽木
40	Cb	M202：3	1	残长18.3、格长7.1	出土前剑身折弯
41	Cb	M218：1	1	残长20.6、格长9.2	
42	Cb	M219：5	1	残长23.5、格残长6.1	出土前剑身折弯
43	Cb	M224：5	1	残长约24	
44	Cb	M256：2	1	残长24、格长10.6	出土前剑身折弯
45	Cb	M260：1	1	通长22、格长9.4	出土前剑身折弯
46	Cb	M273：1	1	残长23.3、格长10.2	出土前剑身折弯
47	Cb	M276：2	1	通长29、格长8.4	出土前剑身折断
48	Cb	M281：1	1	残长25.6、格长9.3	
49	Cb	M293：1	1	通长27.5、格长10.7	
50	Cb	M300：3	1	残长24.6、格长9.9	
51	Cb	M302：1	1	残长22、格长9	
52	Cb	M328：1	1	残长21、格长7.8	
53	Cb	M329：2	1	残长24.6、格长5.8	出土前剑身折弯
54	Cb	M338：1	1	残长20.5、格长7.4	
55	Cb	M343：2	1	残长16、格残长5	
56	Cc	M33：2	1	通长27.4、格残长5.9	出土前剑身折弯
57	Cc	M36：2	1	残长21.7、格长9.3	出土前剑身折弯
58	Cc	M38：1	1	通长约24.9、格长7.7	出土前剑茎折断
59	Cc	M58：2	1	残长约26.8、格长7.6	出土前剑身折弯
60	Cc	M139：1	1	残长9.9	出土前剑身折弯
61	Cc	M209：3	1	通长32.1、格长7.3	出土前剑身折断
62	Cc	M211：5	1	残长19.4、格残长5.7	出土前剑身折断
63	Cc	M228：2	1	残长约23、格长6.8	出土前剑身折弯
64	Cc	M234：1	1	残长23.1、格长5.4	

A型　9件。扁茎，无格。根据茎首及剑身形制差异，又分二亚型。

Aa型　6件。茎首呈凸乳状，剑身后部较宽形成双肩。根据肩部形制不同，再分二式。

Ⅰ式：1件。宽肩。

标本M94∶1，锈蚀严重，局部矿化。剑身中线略起脊，刃残，出土时锋部断裂。剑身后端与茎交会处隐约可见三叉形凸线纹饰。残长17.5、肩宽4.7厘米（图2-1-3；图版8-1，图版110-2）。

Ⅱ式：5件。溜肩。

标本M206∶3，锈蚀严重，局部矿化破碎。茎首凸乳上有一三角形对穿；剑身中线略起脊，前部出土前略被折弯。剑身后端与茎交会处有一三角形凸块。残长23.2、肩宽4.8厘米（图2-1-2；图版8-3，图版153-1）。

标本M350∶1，锈蚀严重，局部矿化，出土时，剑身附着炭化物。茎首凸乳上有一三角形对穿；剑身前部出土时碎裂。剑身后端与茎交会处有一三角形凸块。残长22.7、肩宽5.2厘米（图2-1-1；图版8-2，图版217-4，图版218-1）。

Ab型　3件。茎首形似蛇头，剑身细长。

标本M180∶4，剑身前部断裂不存，断裂处重新打磨为平刃。茎部表面锈蚀，

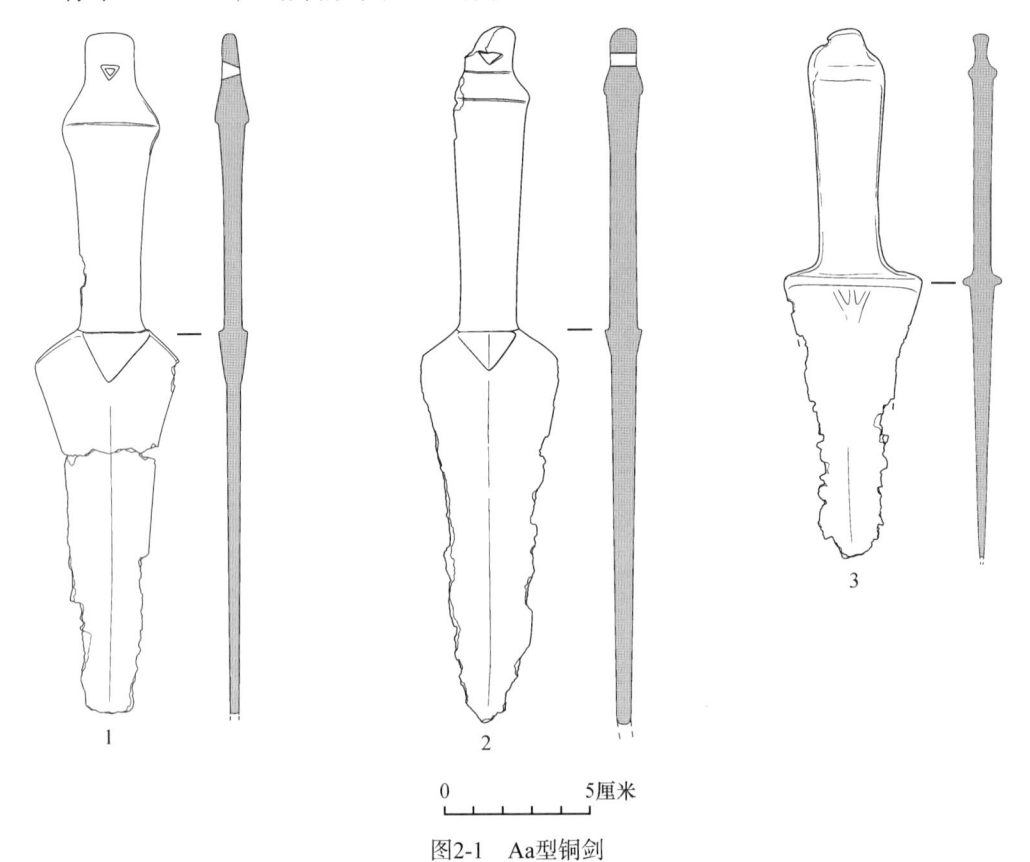

图2-1　Aa型铜剑
1、2. Aa型Ⅱ式（M350∶1、M206∶3）　3. Aa型Ⅰ式（M94∶1）

隐约可见多道弦纹及竖线纹、斜线纹等纹饰。残长10.8厘米（图2-2-2，图2-7-1；图版132-3）。

标本M202：5，扁茎中空，中部有一近圆形对穿，茎首略残，呈三角形蛇头状，且有两小圆穿似蛇眼；剑身细长如柳叶。茎部从上至下施3组对称"S"形曲线纹，形似蛇身。长25.5厘米（图2-2-1，图2-7-2；图版8-4，图版151-1、3）。

B型　3件。扁圆茎，茎首镂空，无格。根据剑身形制差异，又分二式。

Ⅰ式：1件。剑身后端较宽，形成双肩。

标本M140：1，锈蚀严重，局部矿化。剑身前部中线起脊。茎部施多道弦纹，中间填云雷纹、叶脉纹、短线纹等，茎首并列6个竖条形镂孔；剑身后部施"S"形涡纹和箭矢状纹，以脊为中线左右对称。茎两侧可见铸缝痕迹。长26、肩宽4.5厘米（图2-2-3；图版119-2）。

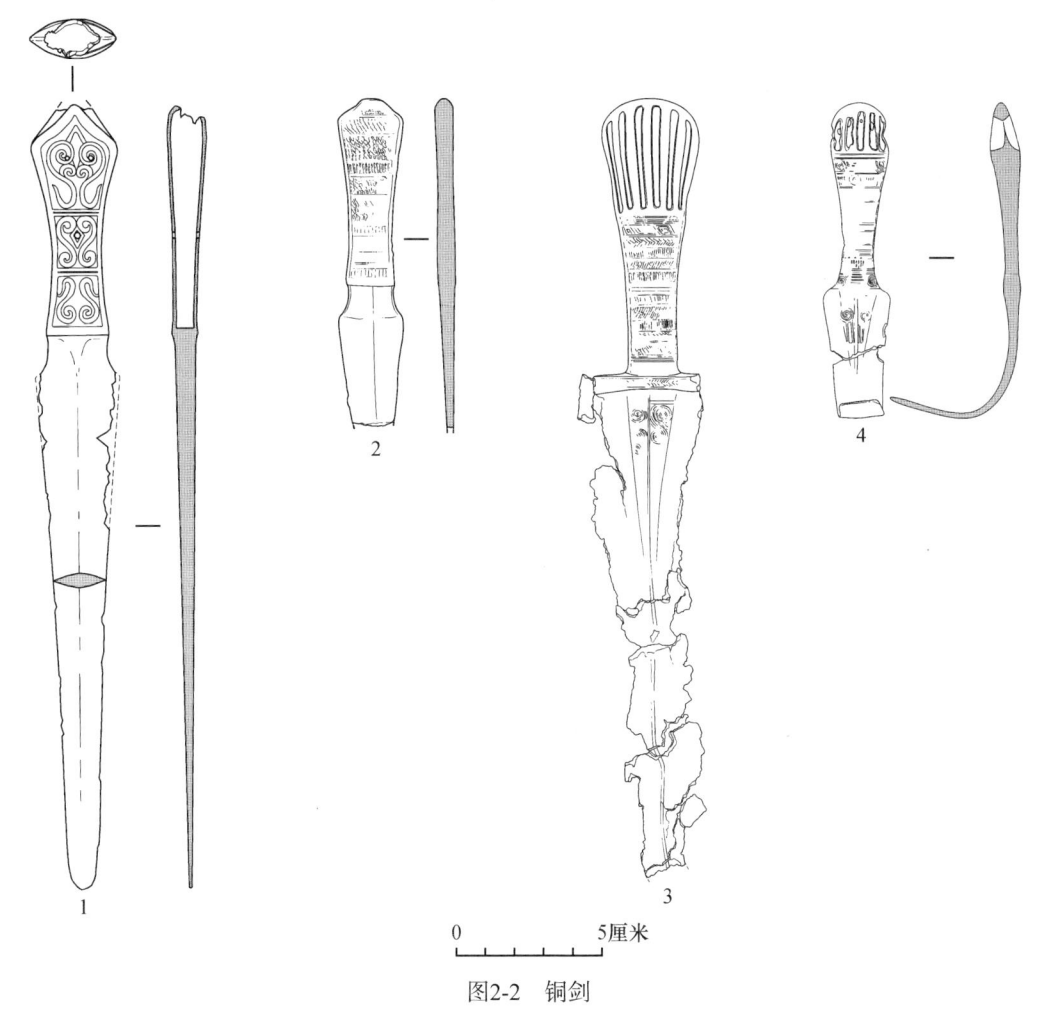

图2-2　铜剑

1、2. Ab型（M202：5、M180：4）　3. B型Ⅰ式（M140：1）　4. B型Ⅱ式（M40：3）

Ⅱ式：2件。剑身后端较窄，溜肩或无明显的肩。

标本M40：3，茎首镂空但多未穿透；剑身前部出土前被折弯，锋部较平。茎部施多道弦纹，中间填涡纹、短线纹等，茎首并列5个竖条状镂孔；剑身后部施涡纹、竖条纹，左右对称。长14厘米（图2-2-4；图版8-5、6，图版83-1）。

C型　52件。空心圆茎或椭圆茎，空首呈喇叭口状，一字格，曲刃。根据剑身宽窄，又分为三亚型。

Ca型　10件。剑身较宽。

标本M12：5，茎首下有对穿；剑身前部中线起圆脊。茎部施多道弦纹，中间填涡纹和编织纹；剑身后部于中线两侧施箭头、涡卷纹等对称纹饰，整体形如箭矢。茎部

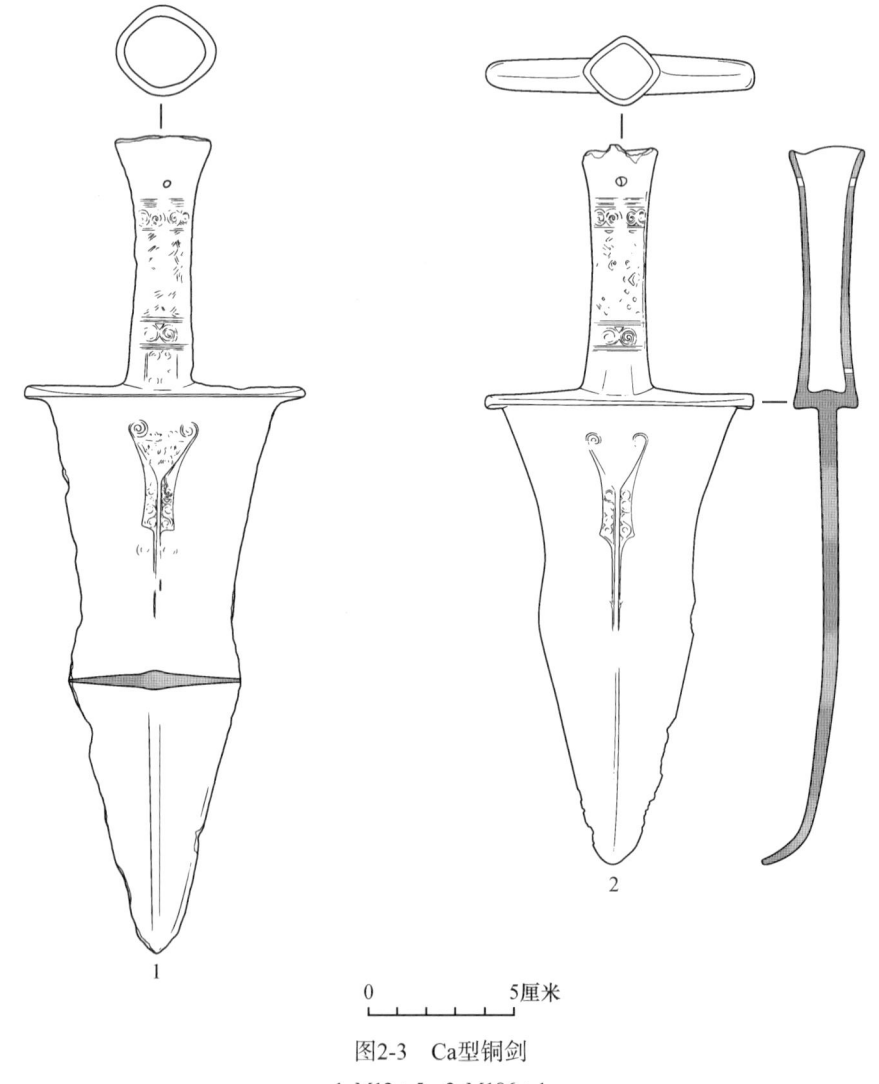

图2-3　Ca型铜剑
1. M12：5　2. M186：1

两侧和格两端下方可见铸缝痕迹。长27.5、格长10厘米（图2-3-1，图2-8-2；图版9-1，图版63-1）。

标本M186∶1，锈蚀严重，局部矿化。茎横截面略近方形，上部有对穿，下部单面有穿孔；剑身前部出土前被折弯，中线略起脊。茎部隐约可见多道弦纹，中间填涡纹和编织纹；剑身后部于中线两侧对称施箭头、涡卷纹等纹饰，形如箭矢。茎部两侧和格两端下方可见铸缝痕迹。长23.8、格长9.2厘米（图2-3-2，图2-8-1；图版9-2、3）。

标本M286∶1，锈蚀严重，局部矿化。茎下部有对穿；锋部略残。剑身后部隐约可见沿中线左右对称分布的箭矢状纹饰。茎两侧和格两端下方可见铸缝痕迹。通长29.3、格长10.6厘米（图2-4-1，图2-8-3；图版198-2）。

Cb型　33件。剑身宽窄适中。

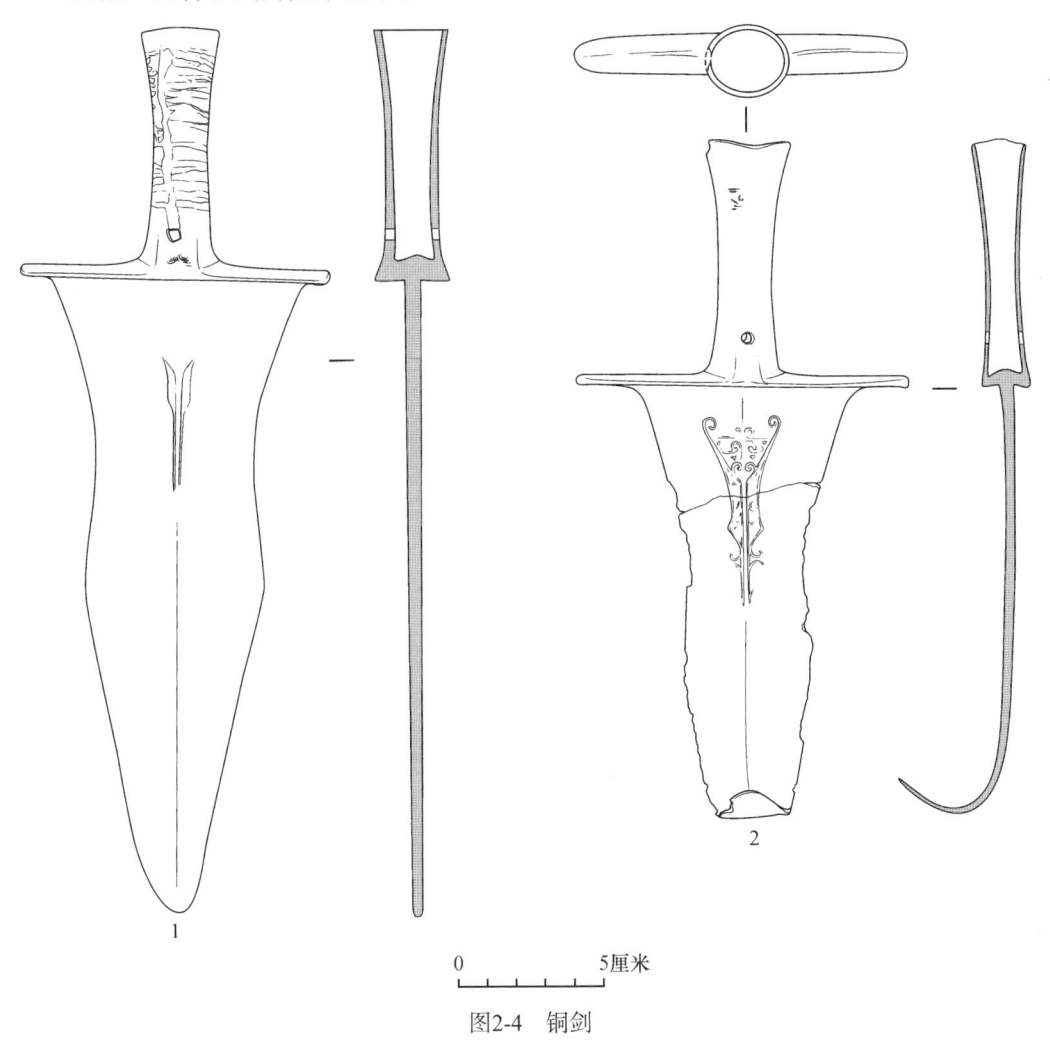

图2-4　铜剑
1. Ca型（M286∶1）　2. Cb型（M29∶2）

标本M29∶2，锈蚀严重，局部矿化。茎首略残，茎下部有对穿；剑身前部出土前被折弯，后部断裂，中线略起脊。茎部隐约可见纹饰，图案不清；剑身后部沿中线左右对称分布箭头、涡卷纹等纹饰，造型如箭矢。茎两侧和格两端下方可见铸缝痕迹。通长24.5、格长11.4厘米（图2-4-2；图版10-2、3，图版74-3）。

标本M43∶2，锈蚀严重，局部矿化。茎首略残，茎下部有对穿；格两端略微上卷；剑身前部中线略起脊，出土前被轻度折弯。剑身后部沿中线左右对称分布箭头、涡卷纹等纹饰，造型如箭矢。茎两侧和格两端下方可见铸缝痕迹。通长25.5、格长7.2厘米（图2-5-1；图版85-2、4）。

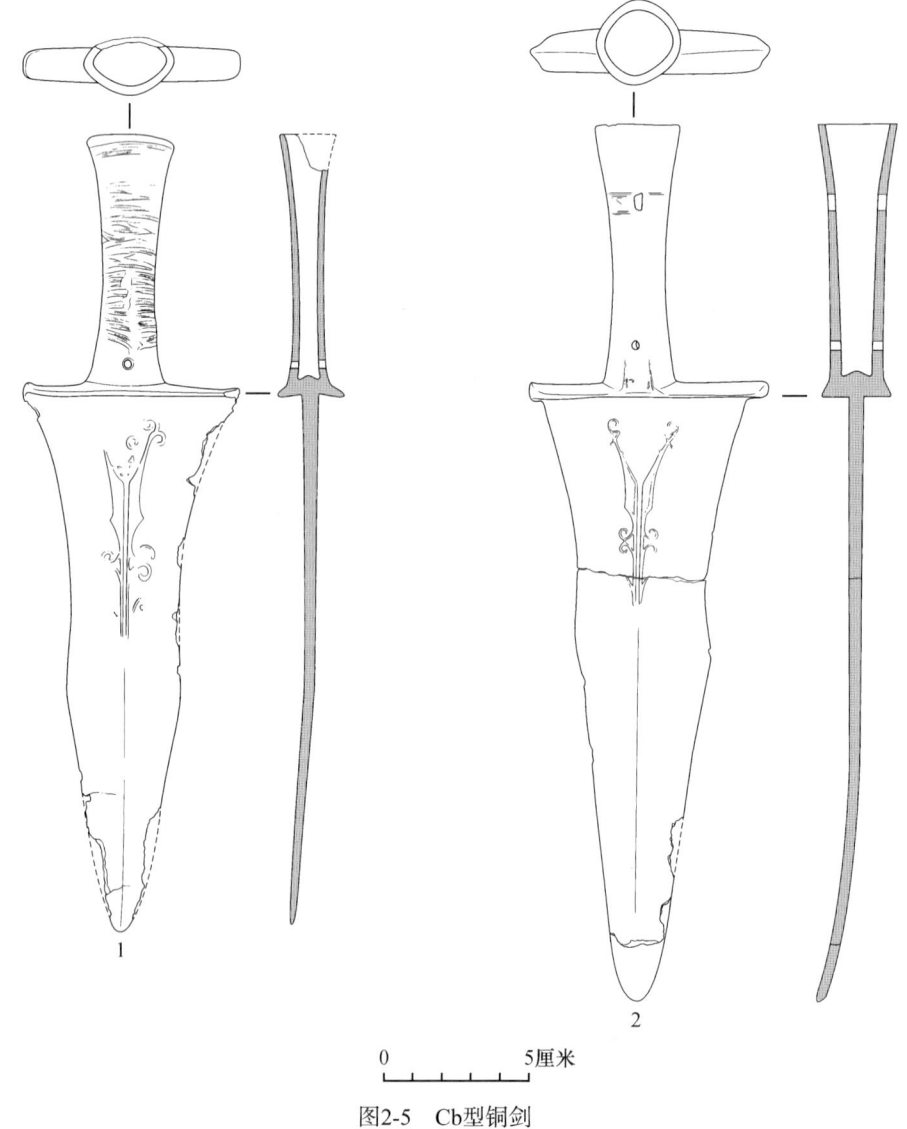

图2-5　Cb型铜剑
1. M43∶2　2. M276∶2

标本M276：2，锈蚀严重，局部矿化。茎上部和下部均有对穿；剑身前部中线略起脊，出土前被折弯并断裂，锋残。茎部隐约可见弦纹等纹饰；剑身后部施箭头、涡卷纹等纹饰，沿中线左右对称分布，形如箭矢。茎两侧和格两端下方可见铸缝痕迹。通长29、格长8.4厘米（图2-5-2；图版10-1，图版189-1）。

Cc型　9件。剑身较细长。

标本M33：2，茎首残，茎上部有对穿；剑身前部中线略起脊，出土前被大幅度折弯。茎部施多道弦纹，内填涡纹和编织纹；剑身后部施箭头、涡卷纹等纹饰，沿中线左右对称分布，整体形如箭矢。通长27.4、格残长5.9厘米（图2-6-3；图版11-2、3）。

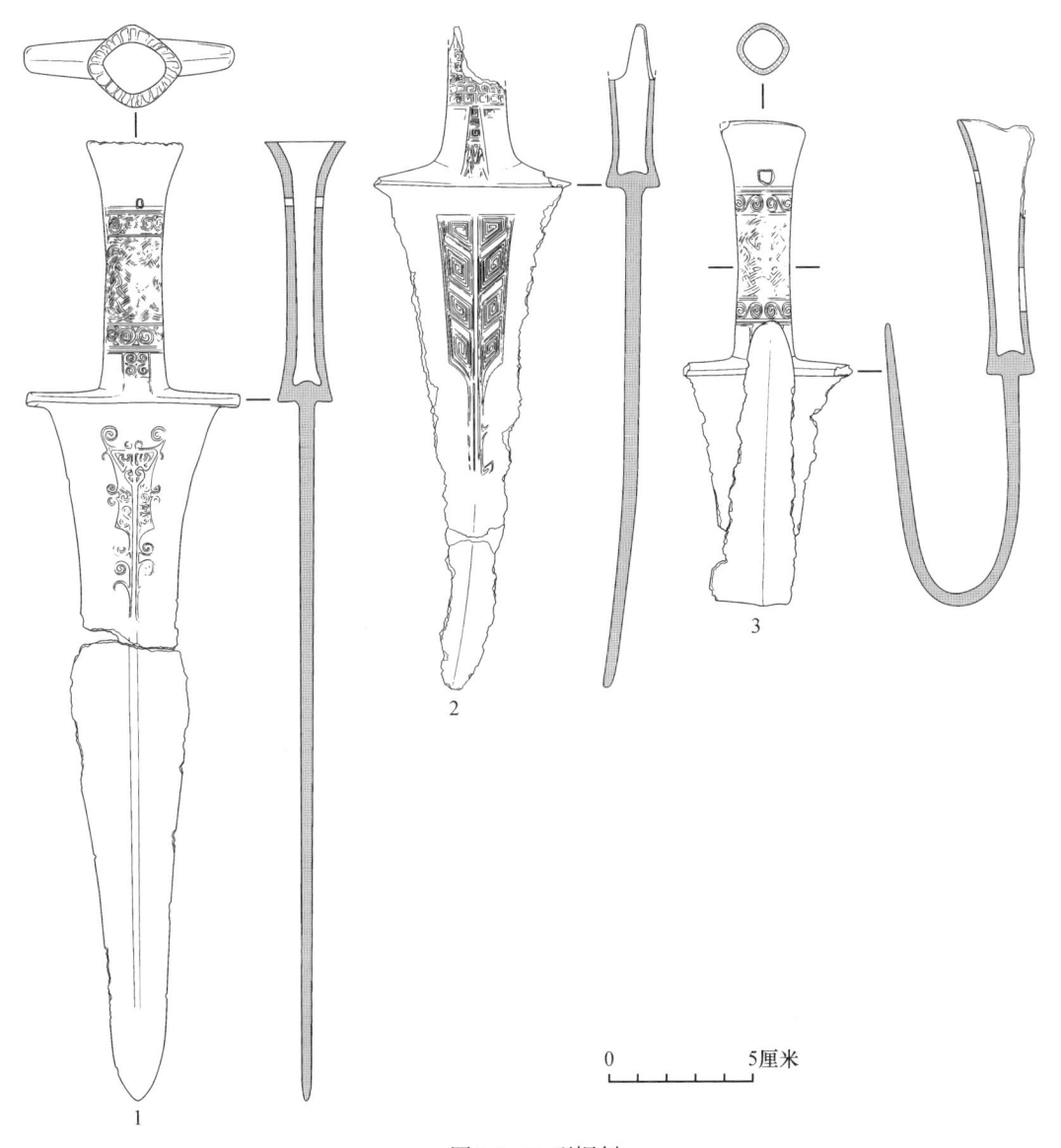

图2-6　Cc型铜剑
1. M209：3　2. M228：2　3. M33：2

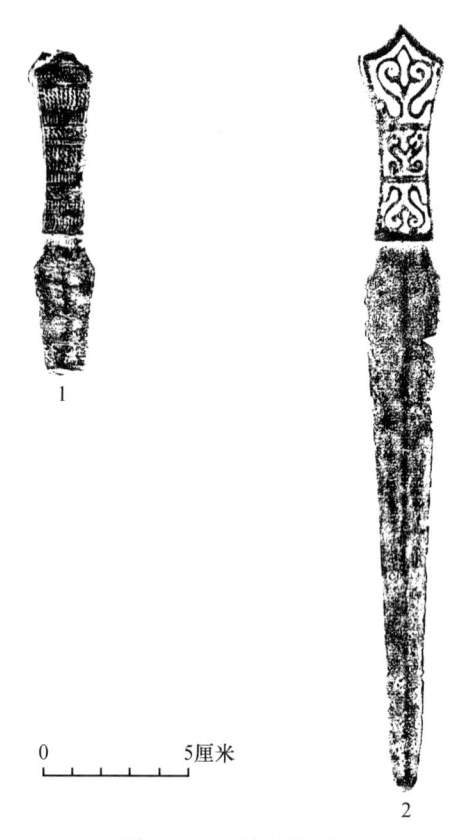

图2-7　Ab型铜剑拓本
1. M180：4　2. M202：5

标本M209：3，锈蚀较严重，局部矿化。茎上部有对穿；剑身出土前被折断，前部中线略起脊。茎部施多道弦纹，中间填涡纹、编织纹等，茎首口沿做成波浪花边状；剑身后部施箭头、涡卷纹等纹饰，沿中线左右对称分布，整体似箭矢。茎两侧及格两端下方可见铸缝痕迹。通长32.1、格长7.3厘米（图2-6-1，图2-9-2；图版11-1，图版156-1）。

标本M228：2，锈蚀严重，局部矿化破碎。茎首残；剑身前部中线略起脊，出土前被折弯，曲刃残甚。茎部施云雷纹等纹饰；剑身后部施箭矢状纹饰，矢尾内填云雷纹。残长约23、格长6.8厘米（图2-6-2，图2-9-1；图版168-1、2）。

铜戈　30件，另外还有1件残戈内。根据有胡或无胡，分为二型（表2-2）。

表2-2 大园子墓地出土铜戈统计表

序号	型式	器物号	数量	尺寸/厘米	备注
1	A	M206:1	1	残长约17.1	
2	A	M217:1	1	残长7.2、宽3.7	仅剩内部，推测为A型铜戈
3	A	M349:1	1	残长约18	内、阑等处可见黑色炭化物，推测为戈柲遗存
4	A	M378:1	1	通长约20.9	出土前戈援折弯
5	Ba	M327:1	1	残长23.5、阑宽8.2	内及附近有炭化物，为戈柲遗存
6	BbⅠ	M58:1	1	通长约23	出土前戈援折弯
7	BbⅠ	M180:2	1	通长23.3、阑宽7.2	
8	BbⅠ	M211:1	1	通长27、阑宽7.5	出土前戈援折弯
9	BbⅠ	M219:4	1	通长23.6、阑宽6.6	出土前戈援折弯
10	BbⅠ	M343:1	1	残长16.9、阑宽7.1	出土前戈援折断，内前部可见黑色炭化物，推测与戈柲有关
11	BbⅠ	M367:1	1	残长18.3、阑残宽5.7	出土前戈援折弯，阑附近及内前部可见黑色炭化物和木质纤维，推测为戈柲遗存
12	BbⅠ	M386:1	1	残长15.6、阑宽6.8	
13	BbⅠ	M393:1	1	通长20、阑宽5.4	内及阑附近可见朽木和炭化物
14	BbⅡ	M41:2	1	通长22.9、阑宽6.6	
15	BbⅡ	M57:3	1	通长23.3、阑宽7.2	出土时内部可见戈柲痕迹，已炭化
16	BbⅡ	M73:7	1	残长19.6、阑宽6.6	出土前戈援折弯
17	BbⅡ	M79:2	1	通长25、阑宽7	内部可见朽木和炭化物，推测与戈柲有关
18	BbⅡ	M224:1	1	通长24.9、阑宽6.1	
19	BbⅢ	M36:1	1	通长25.4、阑宽7.6	出土前戈援折断，残留部分戈柲
20	BbⅢ	M67:2	1	通长25.5、阑宽7.6	内部可见朽木和炭化物，推测为戈柲遗存
21	BbⅢ	M74:1	1	通长24.4、阑宽7.2	
22	BbⅢ	M138:2	1	残长20.8、阑宽6.4	出土前戈援折弯，内部可见炭化物，推测为戈柲遗存
23	BbⅢ	M179:1	1	长26.4、阑宽7.6	出土前戈援折弯，内部可见炭化物，形状似戈柲
24	BbⅢ	M183:1	1	残长22.4、阑宽7.3	
25	BbⅢ	M185:2	1	残长25.2、阑宽7.1	内部可见炭化物，推测为戈柲遗存
26	BbⅢ	M228:1	1	残长26.3、阑宽7.7	出土前戈援折弯，表面有黑色编织物
27	BbⅢ	M268:2	1	长26.6、阑宽8.5	出土前戈援折断
28	BbⅢ	M281:2	1	通长25.8、阑宽7.5	
29	BbⅢ	M286:2	1	残长25.5、阑宽7.6	
30	Bc	M2:3	1	通长24.5、阑宽10.8	
31	Bc	M209:2	1	通长27.4、阑宽9.6	出土前戈援折断

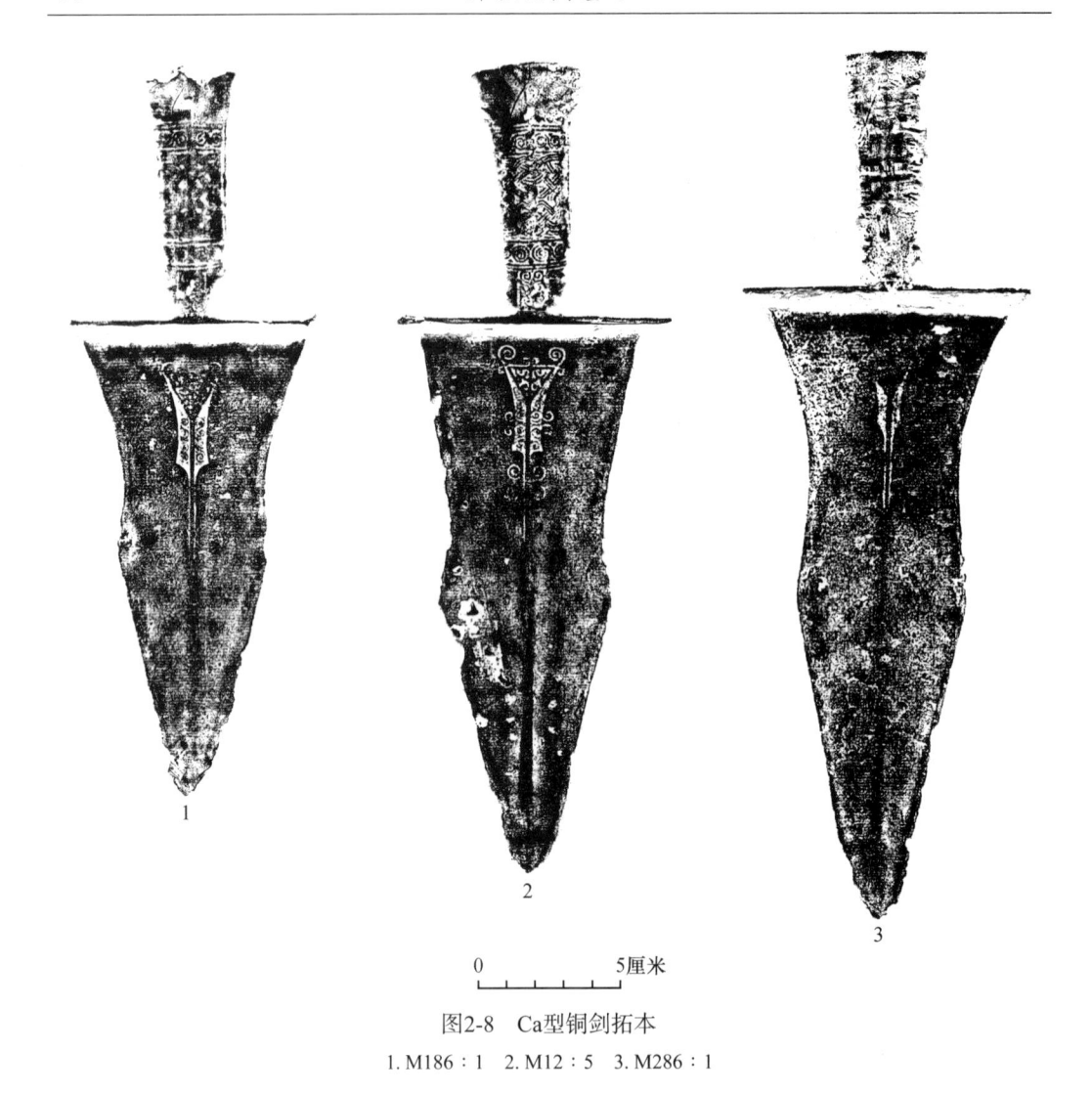

图2-8　Ca型铜剑拓本
1. M186∶1　2. M12∶5　3. M286∶1

A型　3件。有胡，带翼。

标本M206∶1，锈蚀严重，刃、胡及内等部位均残。长胡，近阑处有多个长条形穿；援微曲，前锋较平略上扬；援本近阑处有片状翼向后张开，翼末端呈弧形内凹；内残。胡近阑处施斜线纹，翼和内均施条状纹饰。残长约17.1厘米（图2-10-4；图版12-3、4）。

标本M349∶1，锈蚀严重，局部矿化破碎。长胡，近阑处有多个长条形穿；援微曲，前锋较平略上扬；援本近阑处有片状翼向后张开，翼末端呈弧形内凹；直内较长，内后缘似连弧形鸡冠状。胡近阑处施菱格纹，翼和内均施条状纹饰，援后部施长三角形纹，与翼自然相接，三角形纹及其内所填纹饰均錾刻而成，较为细密，中间纹饰形似箭矢。残长约18厘米（图2-10-1；图版13-1，图版216-2）。

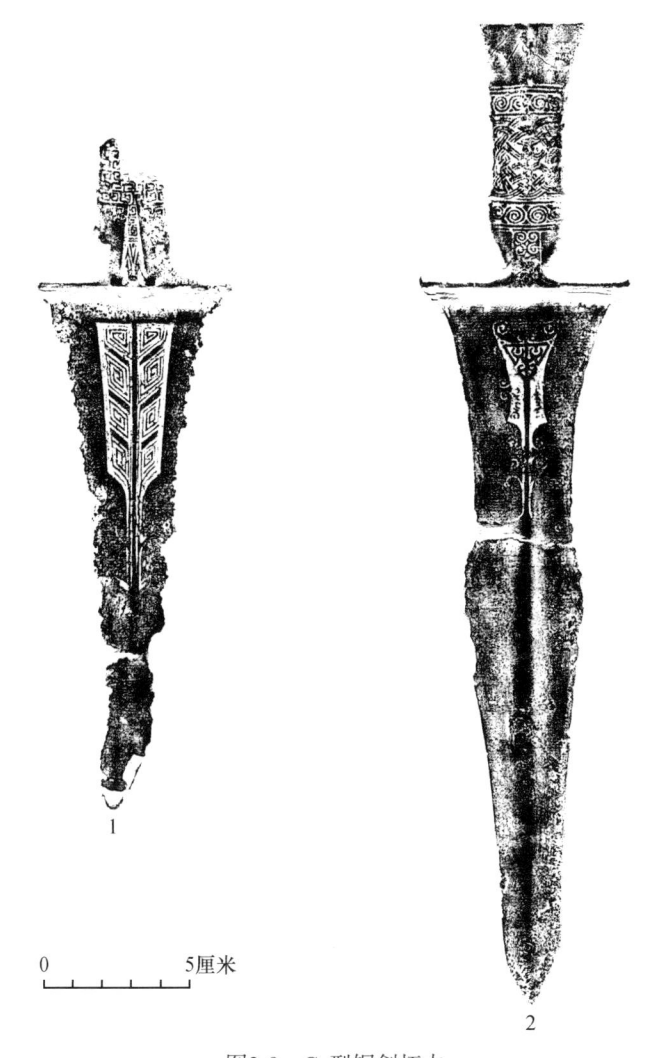

图2-9 Cc型铜剑拓本
1. M228：2 2. M209：3

标本M378：1，锈蚀严重，局部矿化破碎。长胡，近阑处有多个长条形穿；援微曲，前锋较平，后部出土前略被折弯；援本近阑处有片状翼向后张开，翼末端呈弧形内凹；直内，出土前被折断并置于旁侧；内上侧有一小的环形钮，后缘呈连弧形鸡冠状。胡近阑处饰菱格纹，翼和内均饰条状纹饰。通长约20.9厘米（图2-10-2；图版12-1、2，图版226-2）。

B型 27件。无胡，直内。在此型铜戈的纹饰区，尤其是阴线和下凹区域内，常见一层似专门涂抹的黑色物质，使得纹饰看起来更为清晰、立体。另外，此型戈于阑背面、内两侧以及各种穿的壁上常见铸缝痕迹。根据具体形制及纹饰差异，又分为三亚型。

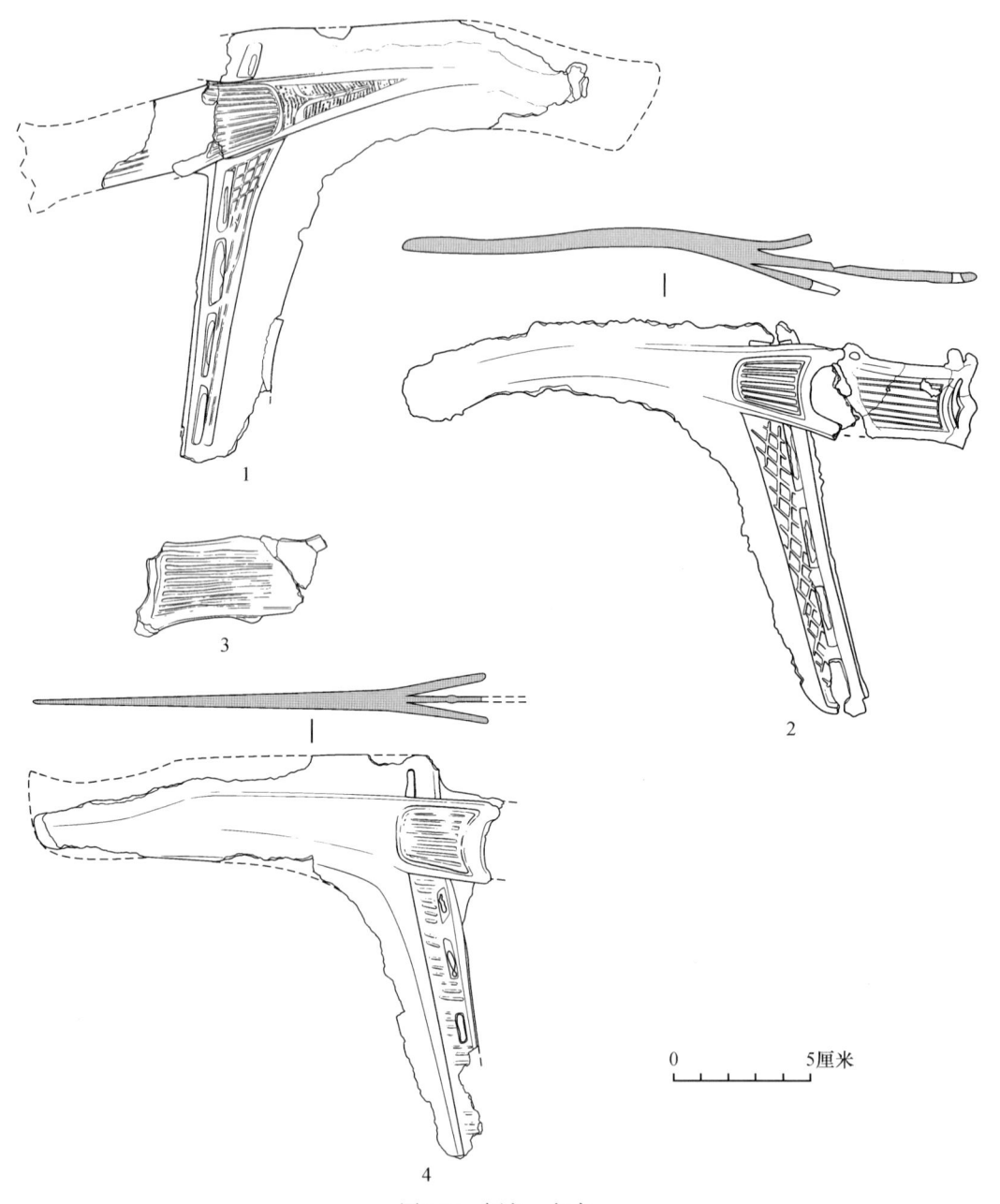

图2-10 铜戈、戈内

1、2、4. A型戈（M349：1、M378：1、M206：1） 3. 戈内（M217：1）

Ba型　1件。条形援，阑中部有环片状翼向后张开。

标本M327：1，锈蚀严重，局部矿化。援前部中线略起脊，后部有一圆穿，穿壁上可见一圈铸缝并形成错口。近阑处有两长方形穿；长方形直内，前部有一长方形穿，后部残。援后部圆穿外施弦纹及短线芒纹和"S"形雷纹，援本即圆穿与阑之间施一盾牌状纹饰，内填"S"形涡纹等纹饰；环片状翼上饰三角形纹和菱形回纹；内后部残留部分雷纹。除援后部圆穿壁外，阑背面以及内的两侧和内穿壁上亦残留铸缝痕迹。残长23.5、阑宽8.2厘米（图2-11；图版13-2，图版206-2）。

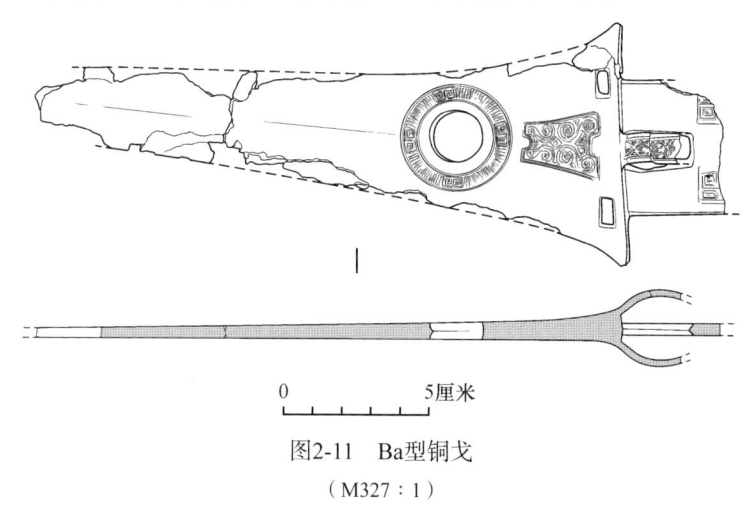

图2-11　Ba型铜戈
（M327：1）

Bb型　24件。条形援，长方形直内，内后缘呈对称的内卷鸟首状。根据具体形制又分为三式。

Ⅰ式：8件。援后部无穿，素面。

标本M180：2，援近阑处有两近长方形穿孔；内前部有一近椭圆形穿。阑背面和内穿壁上残留铸缝痕迹。通长23.3、阑宽7.2厘米（图2-12-1；图版14-1，图版133-1）。

标本M211：1，援微曲，出土前被折弯，锋等处断裂，近阑处有两近长方形穿孔。内前部有一近长方形穿。阑背面和内穿壁上残留铸缝痕迹。通长27、阑宽7.5厘米（图2-12-2；图版14-2，图版158-4）。

标本M219：4，援微曲，出土前被折弯，刃部略残，近阑处有两近长方形穿孔；内前部有一近圆形穿，后缘残，依稀可见对称的内卷鸟首状。阑背面和内穿壁上残留铸缝痕迹，内后援内卷鸟首状结构也制作粗糙。通长23.6、阑宽6.6厘米（图2-12-3；图版14-3，图版162-3、4）。

Ⅱ式：5件。援后部多中空，并有一小的圆穿；一般于援后部施卷云状涡纹，内后部施浅浮雕式的牵手人纹。

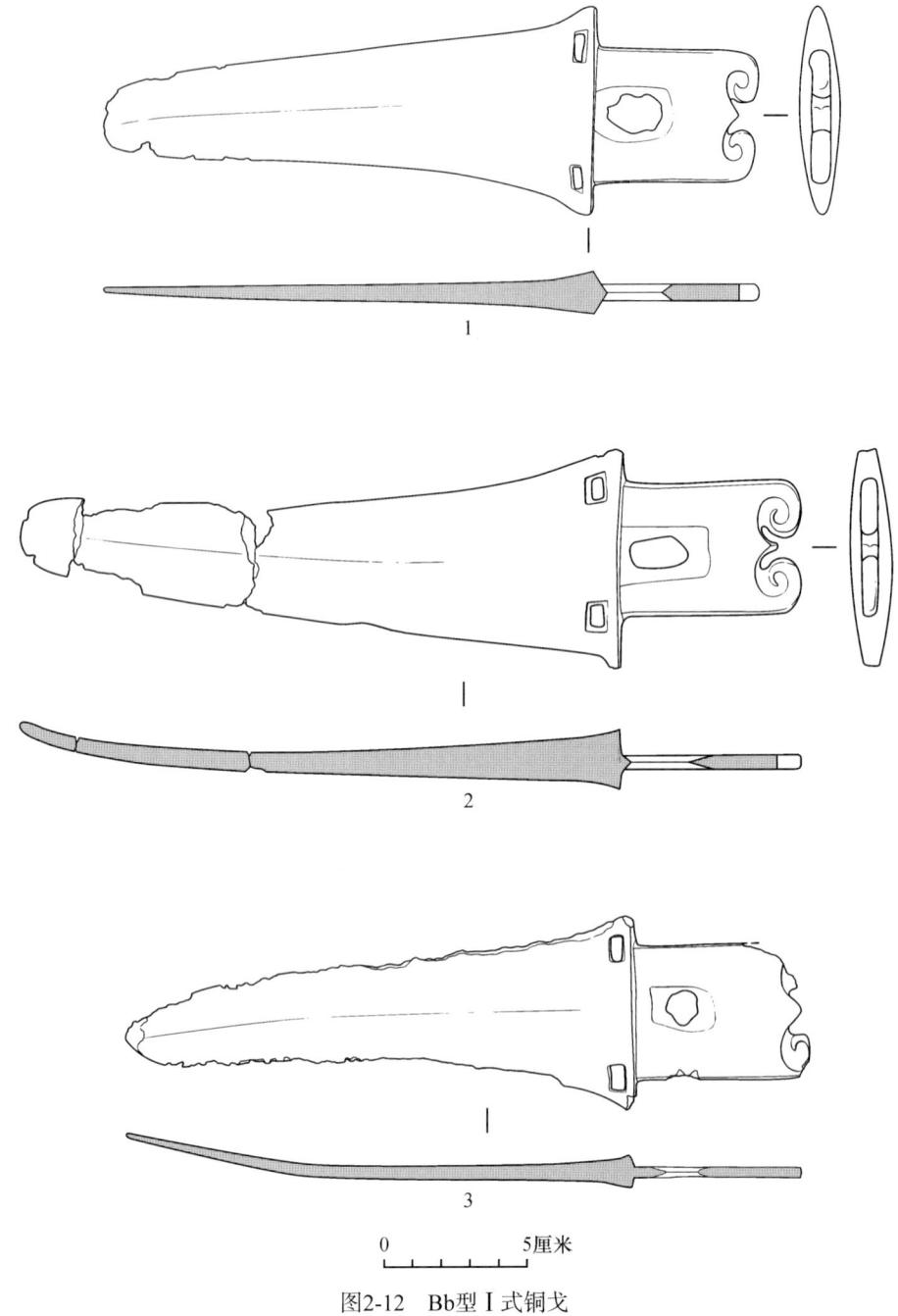

图2-12　Bb型Ⅰ式铜戈
1. M180∶2　2. M211∶1　3. M219∶4

标本M57：3，援微曲，锋部略残，近阑处有两近长方形穿；内前部有一近长方形穿。援后部中空，在阑背面中间位置即内前部穿孔前壁上还留有方形小孔，其内可见铸造时放入的泥芯。援后部小圆穿周围施弦纹和短线芒纹；援本即小圆穿与阑之间施卷云状涡纹，外加梯形框；内后部施浅浮雕式的牵手人纹。阑背面及内穿壁上残留铸缝痕迹。通长23.3、阑宽7.2厘米（图2-13-1，图2-18-1；图版15-1，图版16-1，图版96-2、3）。

标本M73：7，援前部出土前被折弯，锋部残，后部近阑处有两近长方形穿；内前部有一近长方形穿。援后部中空，在阑背面中间位置即内前部穿孔前壁上还留有小孔，其内可见铸造时放入的泥芯。援后部小圆穿周围施弦纹和短线芒纹；援本即小圆

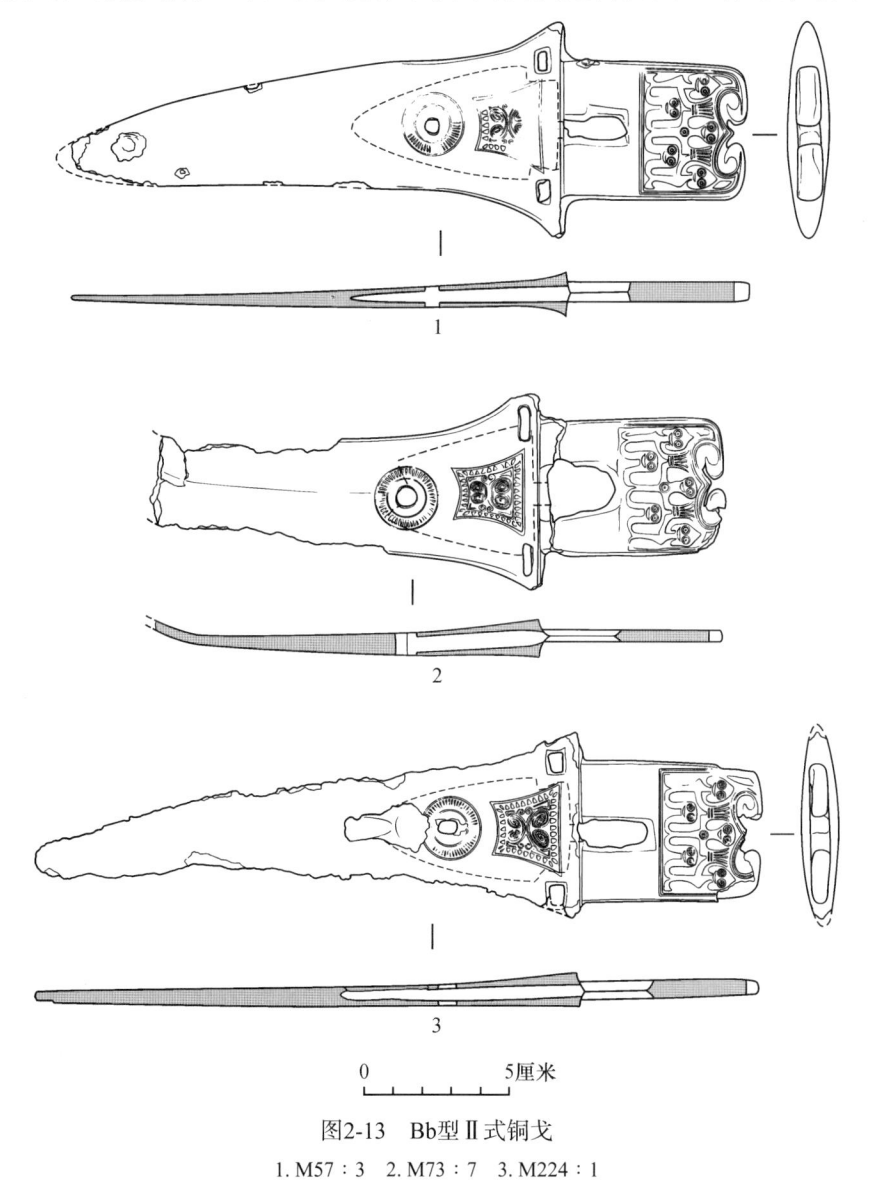

图2-13 Bb型Ⅱ式铜戈
1. M57：3 2. M73：7 3. M224：1

穿与阑之间施卷云状涡纹，外加梯形框；内后部施浅浮雕式的牵手人纹。阑背面以及内两侧和内穿壁上均残留铸缝痕迹。残长19.6、阑宽6.6厘米（图2-13-2；图版15-2，图版16-2，图版104-4）。

标本M224：1，锈蚀严重，局部矿化。援微曲，后部近阑处有两近长方形穿；内前部有一近长方形穿。援后部中空，在阑背面中间位置即内前部穿孔前壁上还留有方形小孔，其内可见铸造时放入的泥芯。援后部小圆穿周围施弦纹和短线芒纹；援本即小圆穿与阑之间施卷云状涡纹，外加梯形框；内后部施浅浮雕式的牵手人纹。阑背面以及内两侧和内穿壁上均残留铸缝痕迹。通长24.9、阑宽6.1厘米（图2-13-3；图版15-3，图版16-3，图版166-1、2）。

Ⅲ式：11件。援后部有一较大圆穿或椭圆穿，圆穿与阑之间以及内后部均施浅浮雕式的牵手人纹。此式戈中，有部分援后部圆穿或椭圆穿的壁上可见一圈铸缝，有的因铸造时泥芯错位，还形成错口。

标本M36：1，锈蚀严重，局部矿化。援微曲，出土前锋部略被折弯并断裂，散落于附近，援后部近阑处有两近长方形穿；内前部有一近梯形穿。援后部椭圆穿周围施弦纹和短线芒纹；援本即椭圆穿与阑之间施浅浮雕式牵手人纹，外加梯形框；内后部亦施浅浮雕式的牵手人纹。阑背面以及内两侧和内穿壁上均残留铸缝痕迹。残长25.4、阑宽7.6厘米（图2-14-1；图版78-2）。

标本M67：2，援微曲，援后部近阑处有两近长方形穿；内前部有一近梯形穿，后缘略残。援后部椭圆穿周围施弦纹和短线芒纹；援本即椭圆穿与阑之间施浅浮雕式牵手人纹，外加梯形框；内后部亦施浅浮雕式的牵手人纹。援后部椭圆穿的壁上可见一圈铸缝；阑背面以及内两侧内穿壁上亦残留铸缝痕迹。通长25.5、阑宽7.6厘米（图2-14-2，图2-17-2；图版17-1，图版101-3）。

标本M179：1，援微曲，出土前被折弯，援后部近阑处有两近长方形穿；内前部有一近椭圆形穿。援后部椭圆穿周围施弦纹和短线芒纹；援本即椭圆穿与阑之间施浅浮雕式牵手人纹，外加梯形框；内后部亦施浅浮雕式的牵手人纹。阑背面以及内两侧和内穿壁上均残留铸缝痕迹。通长26.4、阑宽7.6厘米（图2-14-3，图2-17-3；图版17-2、3，图版129-4、5）。

标本M268：2，援出土前被折弯并断裂，后部椭圆穿两面孔径不一，在穿壁上可见错口和铸缝，近阑处有两长方形穿；长方形直内，前部有一近三角形穿，后缘呈对称的内卷鸟首状。援后部椭圆穿周围施弦纹和短线芒纹；援本即椭圆穿与阑之间施浅浮雕式牵手人纹，外加梯形框；内后部亦施浅浮雕式的牵手人纹。阑背面及内穿壁上亦残留铸缝痕迹。通长26.6、阑宽8.5厘米（图2-15-1；图版18；图版185-2，图版186-4、5）。

标本M281：2，援前部中线略起脊，近阑处有两长方形穿；内前部有一三角形穿，后缘略残。援后部椭圆穿周围施弦纹和短线芒纹；援本即椭圆穿与阑之间施浅浮

第二章 出土遗物 · 57 ·

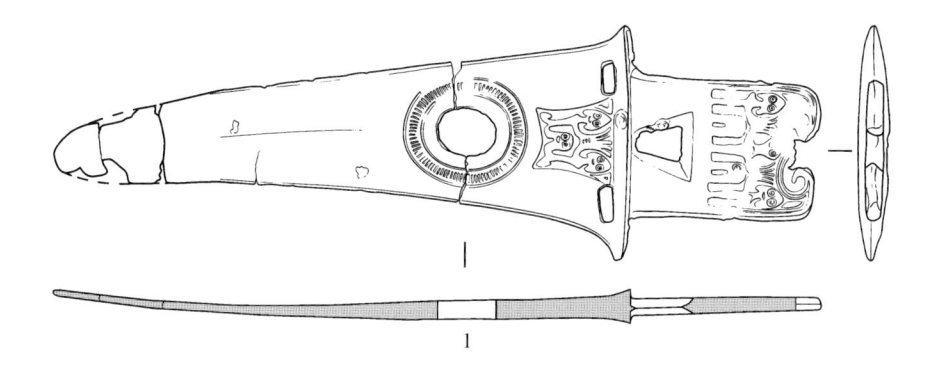

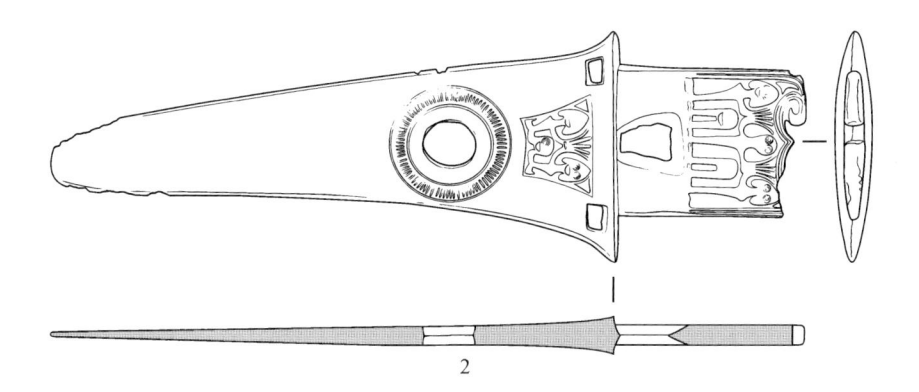

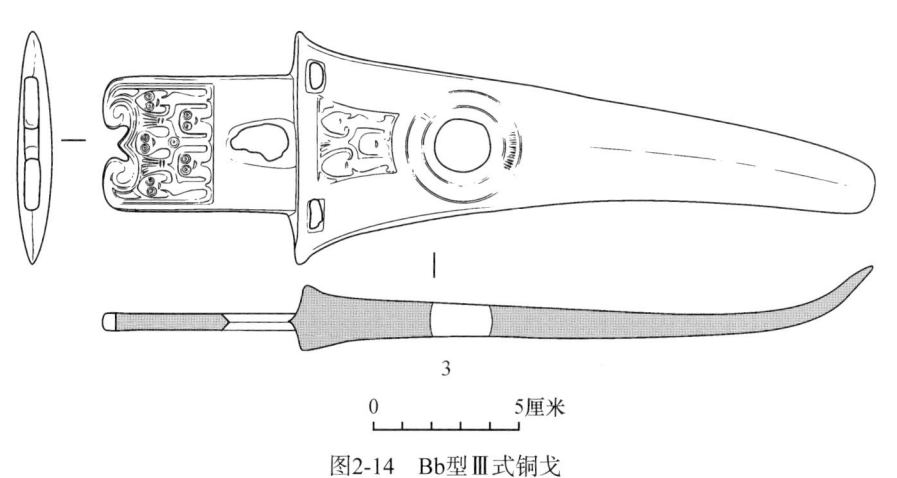

图 2-14 Bb 型 Ⅲ 式铜戈
1. M36：1　2. M67：2　3. M179：1

图2-15 Bb型Ⅲ式铜戈
1. M268：2　2. M281：2

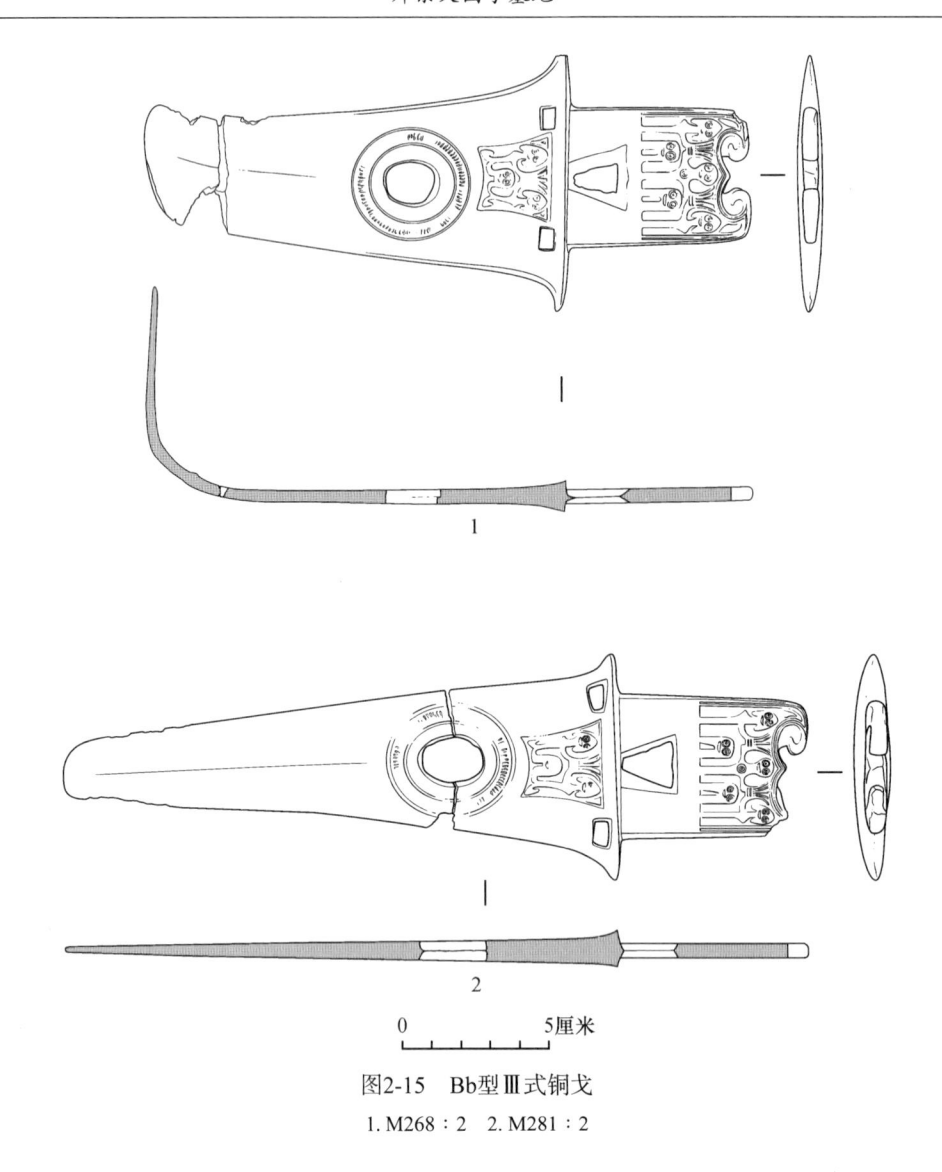

雕式牵手人纹，外加梯形框；内后部亦施浅浮雕式的牵手人纹。援后部椭圆穿的壁上可见一圈铸缝和错口；阑背面及内穿壁上亦残留铸缝痕迹。通长25.8、阑宽7.5厘米（图2-15-2，图2-17-1；图版19-1，图版193-4）。

Bc型　2件。曲援，前部中线起圆脊，尖锋呈圭首状，援后部有椭圆穿；长方形直内，内后缘呈对称的内卷鸟首状。

标本M2：3，援后部近阑处有两长方形穿；内前部有一近方形穿。援后部椭圆穿周围施弦纹和短线芒纹；援本及内后部均施牵手人纹，形似Bb型Ⅲ式戈上的纹饰，但非明显的浅浮雕式。阑背面以及内两侧和内穿壁上均残留铸缝痕迹。通长24.5、阑宽10.8厘米（图2-16-1，图2-18-2；图版19-2，图版55-4）。

第二章　出土遗物

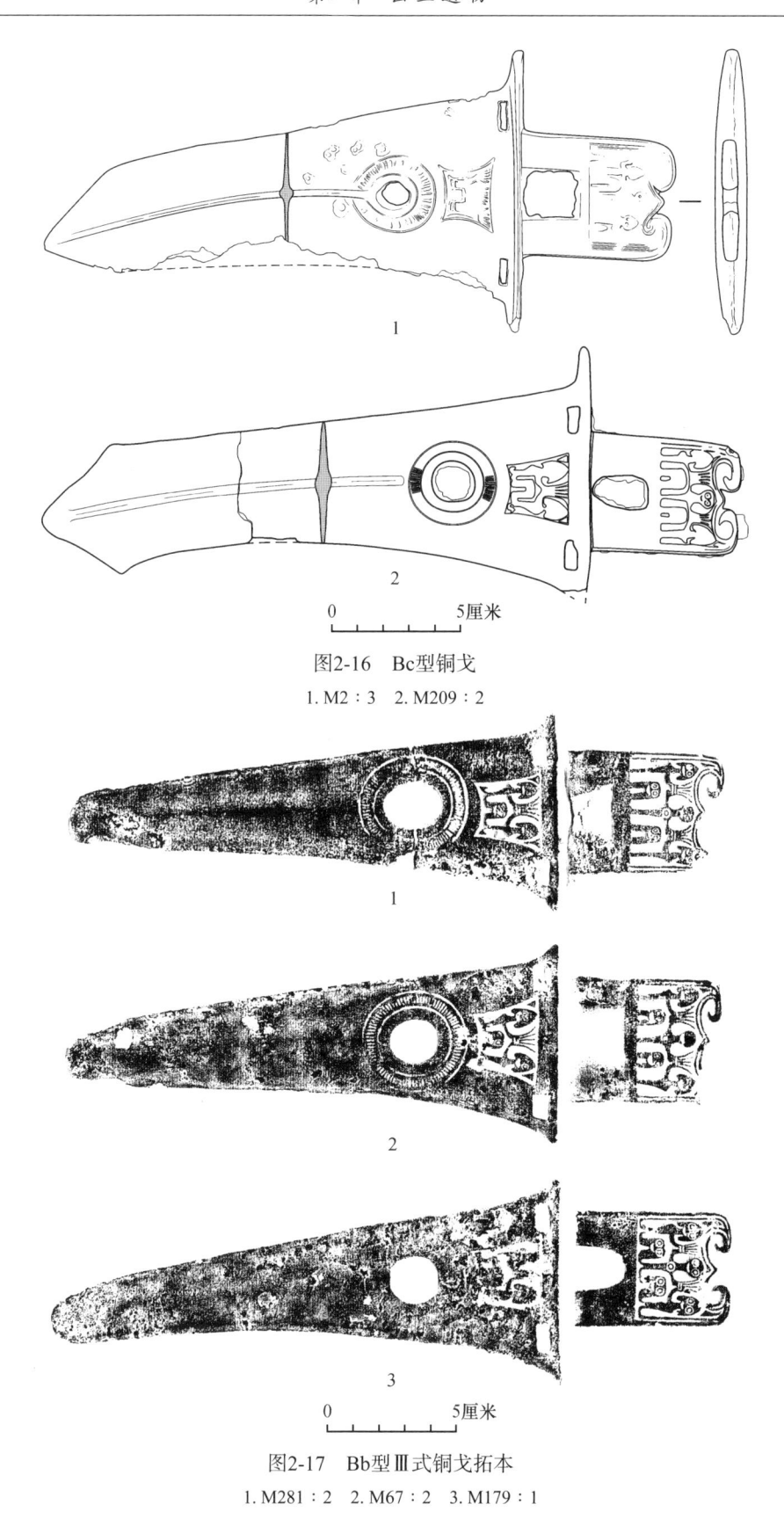

图2-16　Bc型铜戈
1. M2:3　2. M209:2

图2-17　Bb型Ⅲ式铜戈拓本
1. M281:2　2. M67:2　3. M179:1

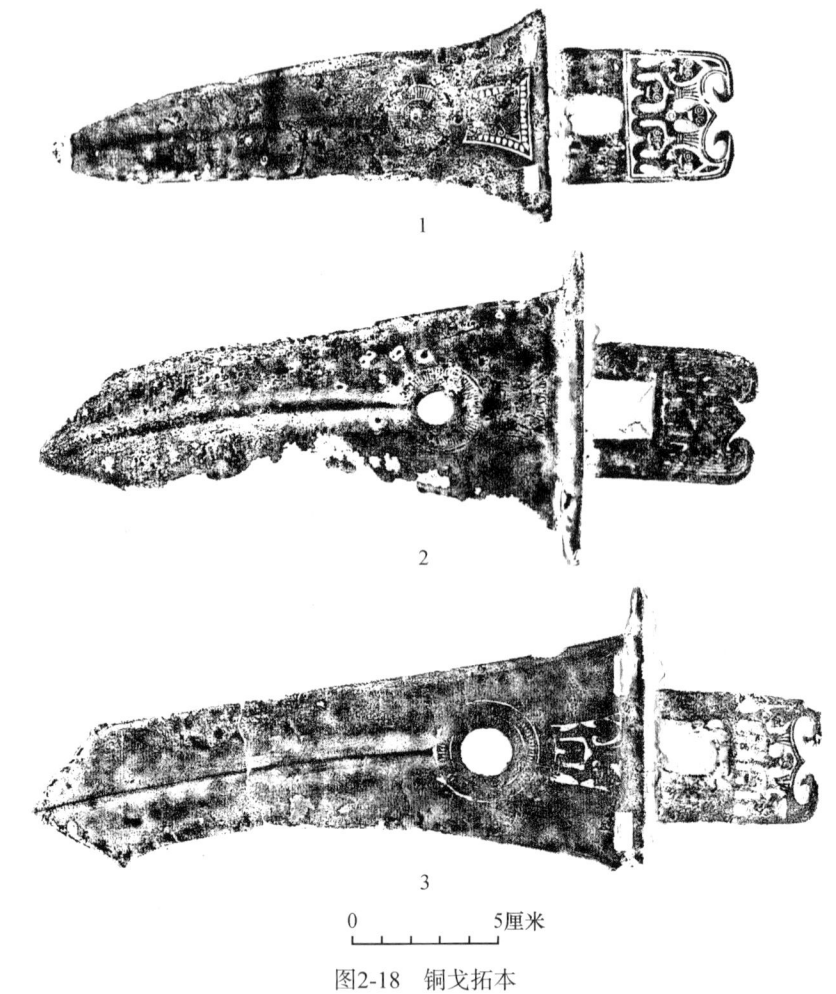

图2-18 铜戈拓本
1. Bb型Ⅱ式（M57:3）　2、3. Bc型（M2:3、M209:2）

标本M209:2，援前部尖锋出土前被折断并置于旁侧，援后部近阑处有两长方形穿；内前部有一近椭圆形穿。援后部椭圆穿周围施弦纹和短线芒纹；援本即椭圆穿与阑之间施浅浮雕式牵手人纹，外加梯形框；内后部亦施浅浮雕式的牵手人纹。援后部椭圆穿的壁上可见一圈铸缝和错口；阑背面以及内两侧和内穿壁上亦残留铸缝痕迹。通长27.4、阑宽9.6厘米（图2-16-2，图2-18-3；图版19-3，图版156-3）。

戈内　1件。

标本M217:1，近长方形片状，施条状纹饰，与A型戈的内相似。残长7.2、宽3.7厘米（图2-10-3）。

铜矛　50件。器形可辨者，主要根据矛身形制差异分为二型（表2-3）。

表2-3 大园子墓地出土铜矛统计表

序号	型式	器物号	数量	尺寸/厘米	备注
1	Aa	M7:4	1	长17.6	
2	Aa	M8:1	1	残长13.5	
3	Aa	M11:1	1	残长约8.8	出土前矛锋折断，矛骸内残存朽木
4	Aa	M18:1	1	残长13.5	
5	Aa	M33:1	1	残长9.8	
6	Aa	M39:2	1	残长17.2	出土前矛锋折弯
7	Aa	M123:1	1	长14.5	
8	Aa	M169:1	1	残长17.5	矛骸内残存朽木
9	Aa	M170:2	1	残长17.3	矛骸内残存朽木
10	Aa	M179:4	1	残长18.4	出土前锋与骸交会处折断，矛骸内残存朽木
11	Aa	M195:1	1	残长20.2	矛骸内残存朽木
12	Aa	M209:4	1	残长17.7	矛骸内残存朽木
13	Aa	M218:2	1	残长14.3	
14	Aa	M239:1	1	残长13	矛骸内残存朽木
15	Aa	M260:2	1	通长约17.6	出土前矛锋折断
16	Aa	M264:2	1	残长14.3	矛骸内残存朽木
17	Aa	M273:3	1	通长19.3	出土前矛锋折断
18	Aa	M282:2	1	通长19	出土前矛锋折弯
19	Aa	M331:1	1	残长约10	
20	Aa	M367:2	1	残长约10.5	
21	Aa	M380:1	1	通长13.4	出土前锋与骸交会处折断
22	AbⅠ	M4:2	1	通长21.8	
23	AbⅠ	M56:1	1	通长19.6	矛骸内残存朽木
24	AbⅠ	M72:1	1	残长15	
25	AbⅠ	M94:2	1	残长约17	矛骸内残存朽木
26	AbⅠ	M138:3	1	残长约12.5	出土前矛锋折断
27	AbⅠ	M184:2	1	残长17.7	出土前矛锋折弯
28	AbⅠ	M202:1	1	残长17.6	矛骸内残存朽木
29	AbⅠ	M206:2	1	残长约18.2	出土前矛锋折断，矛骸内残存朽木，朽木上缠细麻
30	AbⅠ	M211:2	1	残长约15	出土前矛锋折断
31	AbⅠ	M217:2	1	残长13.8	出土前矛锋折弯
32	AbⅠ	M333:3	1	残长约15.5	矛骸内残存朽木

续表

序号	型式	器物号	数量	尺寸/厘米	备注
33	AbⅠ	M369:2	1	残长约14	
34	AbⅡ	M74:2	1	通长28.7	
35	BⅠ	M180:5	1	通长24	矛骸内残存朽木，矛双耳上残存少许麻绳，均双股
36	BⅠ	M189:1	1	残长27.5	矛骸内残存朽木
37	BⅠ	M199:3	1	通长25.7	矛骸内残存朽木
38	BⅡ	M24:2	1	通长30.5	
39	BⅡ	M29:1	1	通长17.7	出土前矛锋折断
40	BⅡ	M58:3	1	残长11.8	
41	BⅡ	M281:3	1	通长26.7	出土前矛锋折弯，矛骸内残存朽木
42	BⅡ	M332:1	1	残长14.5	矛骸内残存朽木
43	BⅢ	M16:1	1	通长23.5	出土前矛锋折弯，矛骸内残存朽木
44	BⅢ	M235:2	1	通长23.6	
45	不详	M73:8	1	残长11.6	
46	不详	M113:1	1	残长约12.5	矛骸内残存朽木
47	不详	M117:1	1	残长约9.6	
48	不详	M140:2	1	残长约18.5	
49	不详	M327:7	1	残长约14.5	
50	不详	M343:3	1	残长约14	矛骸内有秘木

A型　34件。矛身呈柳叶形，刃较直或微弧。根据骸口等部位特征，又分二亚型。

Aa型　21件。骸口平，矛身中线一般略起脊。

标本M7:4，圆骸，横截面略近方形，后部近骸口处有对穿，前部单面有穿，骸口平；柳叶形矛身，中线略起脊，刃较直。长17.6厘米（图2-19-1；图版20-1，图版59-1）。

标本M179:4，锈蚀严重，局部矿化。出土时矛身与骸断裂并分开放置，交会处明显被折弯。圆骸，后部近骸口处有长方形对穿，骸口平，出土时略残；柳叶形矛身，中线略起脊，刃较直，锋部略残。残长18.4厘米（图2-19-2；图版20-2、3，图版130-5）。出土时骸内残存朽木，推测与矛秘有关。

标本M209:4，圆骸，后部近骸口处有对穿，骸口平；柳叶形矛身，中线略起脊，刃较直，锋部略残。残长17.7厘米（图2-19-4；图版20-4，图版156-2）。出土时骸内发现朽木，朽木上还残存有铜销钉，推测与矛秘有关。

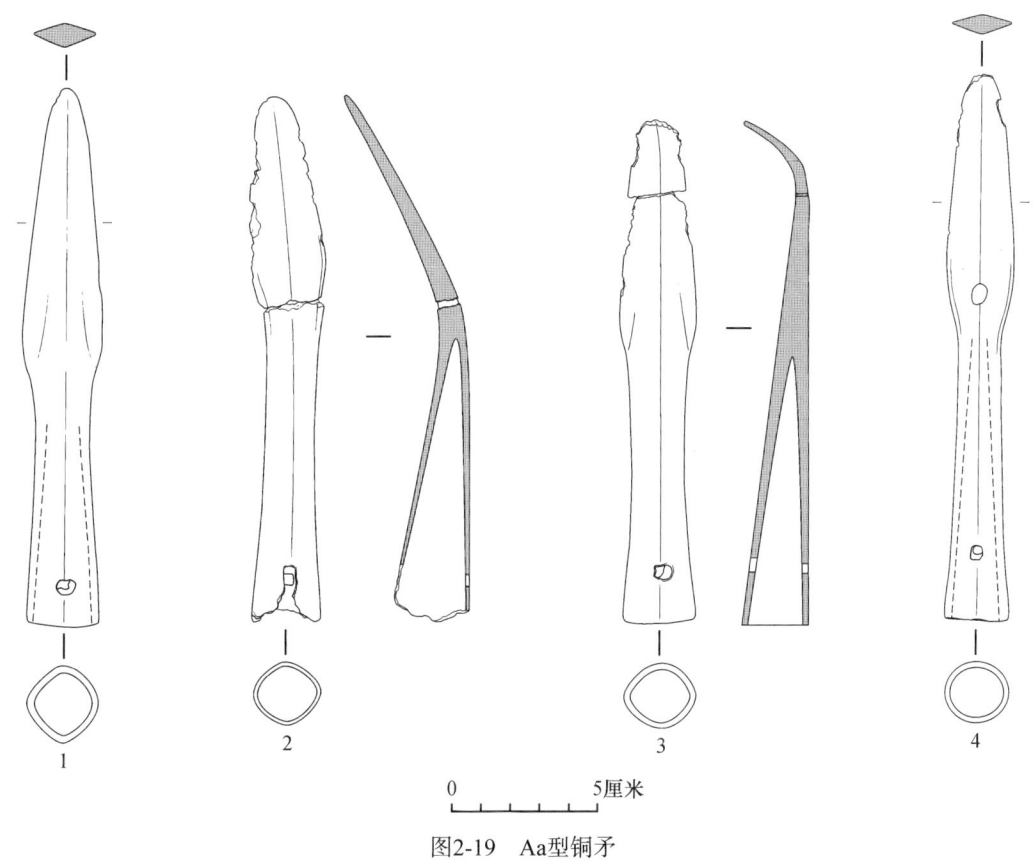

图2-19 Aa型铜矛
1. M7:4 2. M179:4 3. M260:2 4. M209:4

标本M260:2，锈蚀严重，局部矿化。圆骹，后部近骹口处有对穿，骹口平；柳叶形矛身，中线略起脊，刃较直，出土前锋部被折弯并断裂，丢置于一旁。通长约17.6厘米（图2-19-3；图版182-3、4）。

Ab型　13件。骹口分叉。根据矛身有无血槽再分二式。

Ⅰ式：12件。矛身后部沿脊线设血槽。

标本M4:2，椭圆骹，骹口分叉；柳叶形矛身，中线略起脊，后部沿脊上设血槽，刃较直。骹两侧可见铸缝痕迹。通长21.8厘米（图2-20-4；图版56-2）。

标本M72:1，锈蚀严重，局部矿化。椭圆骹，横截面略近方形，后部近骹口处一侧有耳，出土时残，骹口分叉；柳叶形矛身，中线起圆脊，后部沿脊线设血槽，刃较直，锋残。骹两侧可见铸缝痕迹。残长15厘米（图2-20-1；图版102-2）。

标本M94:2，锈蚀严重，局部矿化。圆骹，骹口残，保存稍好的一面有穿孔；柳叶形矛身，中线起圆脊，后部沿脊线设血槽，刃较直，略残。残长约17厘米（图2-20-3；图版20-6，图版110-3）。出土时骹内残存朽木，推测与矛柲有关。

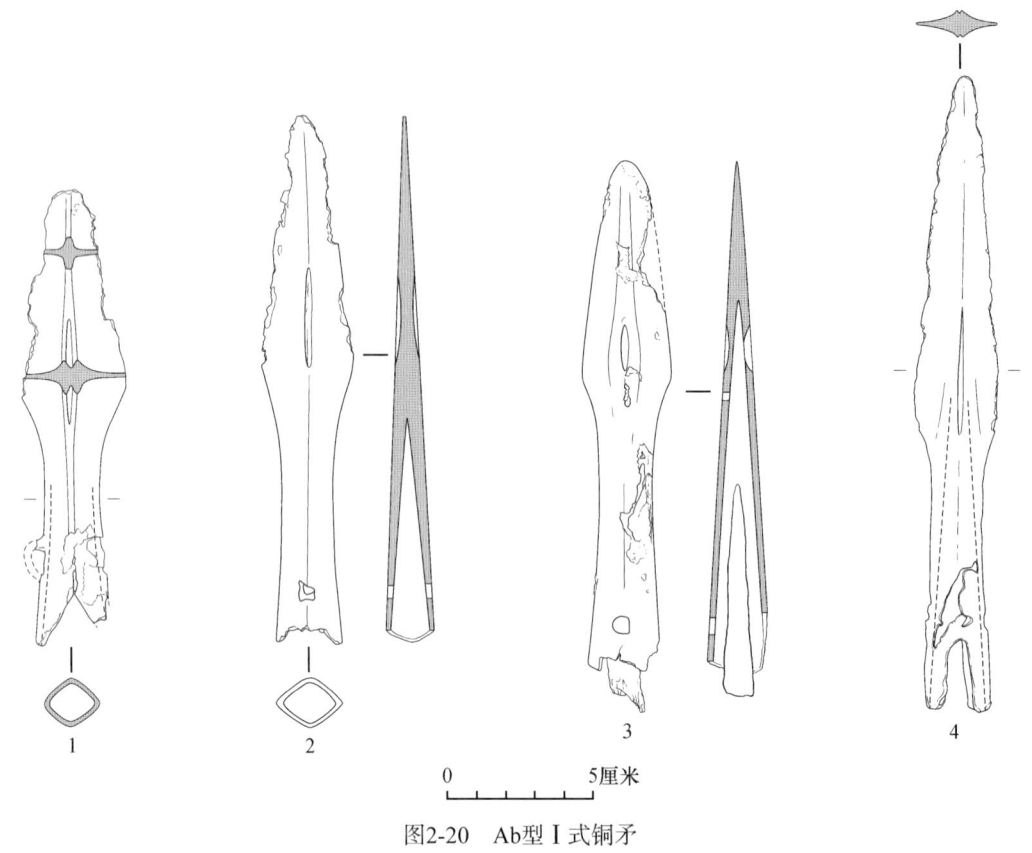

图2-20 Ab型Ⅰ式铜矛
1. M72：1 2. M202：1 3. M94：2 4. M4：2

标本M202：1，锈蚀严重，局部矿化。椭圆骹，横截面略近菱形，后部近骹口处有对穿，骹口分叉，略残；柳叶形矛身，中线略起脊，后部沿脊线设血槽，刃较直。残长约17.6厘米（图2-20-2；图版20-5，图版151-4）。出土时骹内发现朽木，推测为矛柲遗存。

Ⅱ式：1件。矛身无血槽。

标本M74：2，锈蚀严重，局部矿化。椭圆骹较长，横截面略近方形，出土时残，骹口分叉；柳叶形矛身，中线略起脊，刃较直。通长28.7厘米（图2-21-1；图版105-2）。

B型　10件。矛身中线起凸脊，曲刃。根据细部形制不同，再分为三式。

Ⅰ式：3件。脊从前到后渐粗，与骹自然连为一体，骹外壁有较明显竖棱。

标本M180：5，圆骹，两侧有耳，骹口平；矛身较长，曲刃，中线起脊并与骹自然连为一体。通长24厘米（图2-21-3；图版21-2、3，图版131-6，图版132-4）。出土时双耳上残存少许麻绳，均双股；另外骹内可见朽木，推测与矛柲有关。

标本M189：1，锈蚀严重，局部矿化。圆骹，两侧有耳，骹口略残；矛身较长，曲刃，中线起脊并与骹自然连为一体。残长27.5厘米（图2-21-2；图版21-1，

图2-21 铜矛

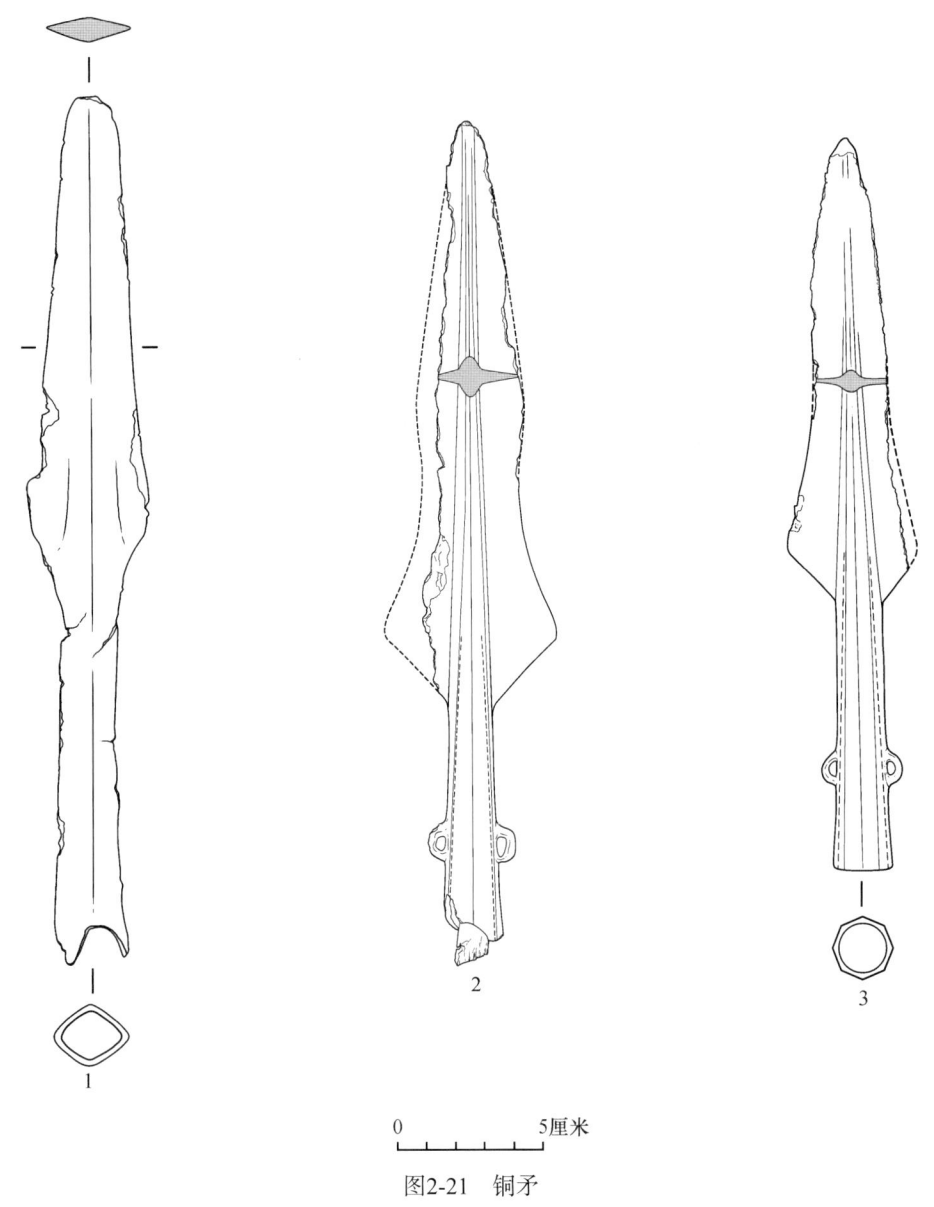

1. Ab型Ⅱ式（M74：2） 2、3. B型Ⅰ式（M189：1、M180：5）

图版144-1）。出土时骹内有朽木，推测为矛柲遗存。

Ⅱ式：5件。矛身前部起脊，后部沿脊线设血槽。

标本M24：2，椭圆骹，后部近骹口两侧有耳，骹口分叉；矛身较长，前部起脊，后部沿脊线设血槽，曲刃。通长30.5厘米（图2-22-1；图版22-1，图版72-1）。

标本M29：1，椭圆骹，横截面近菱形，后部近骹口处两侧有耳，骹口平；矛身较短，前部起脊，后部沿脊线设血槽，曲刃，出土前锋部被折弯并断裂。通长17.7厘米（图2-22-2；图版22-3，图版74-2）。

图2-22 B型铜矛

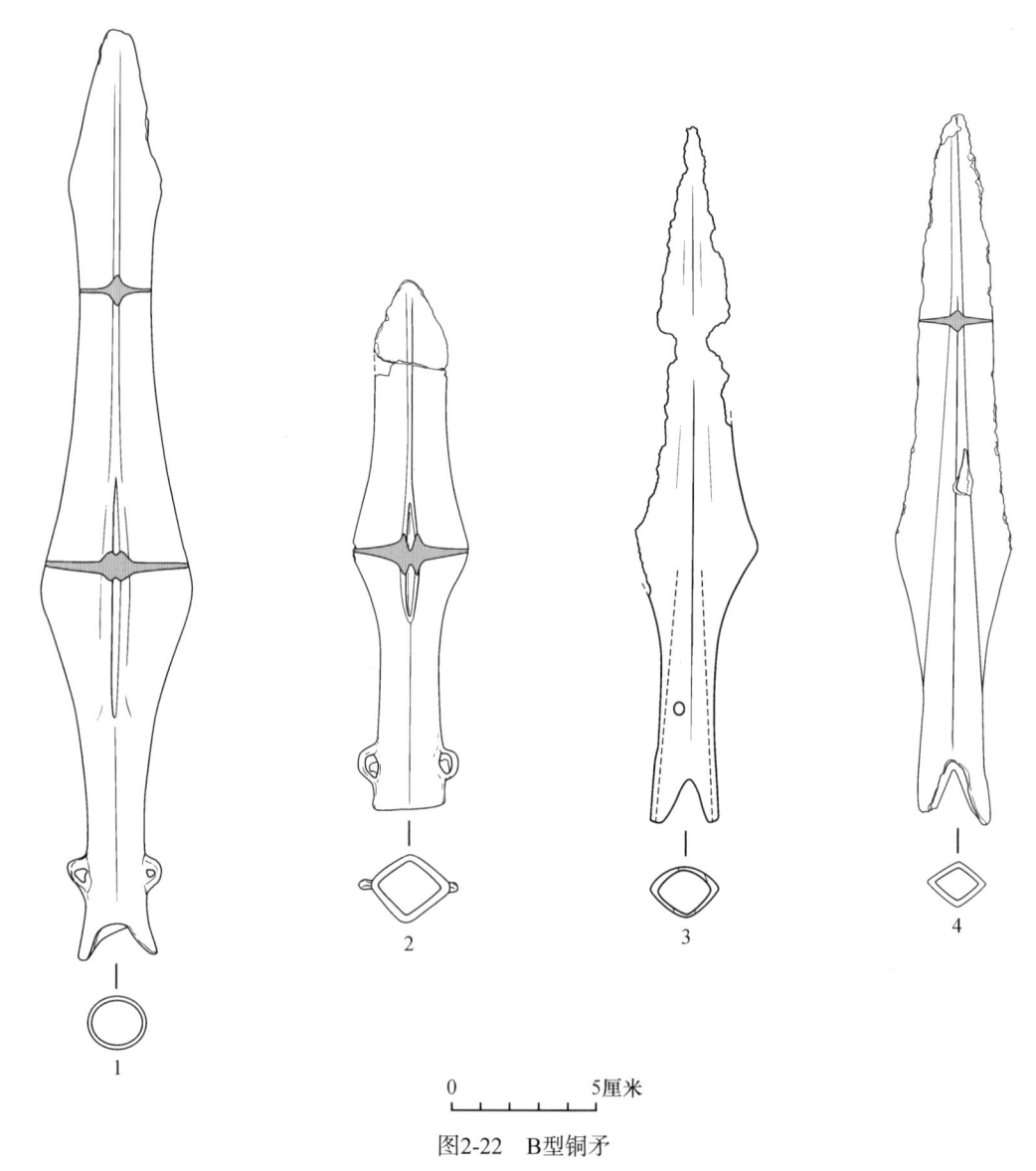

1、2.B型Ⅱ式（M24∶2、M29∶1） 3、4.B型Ⅲ式（M16∶1、M235∶2）

Ⅲ式：2件。矛身起脊并向后延伸至骰部，骰口分叉。

标本M16∶1，椭圆骰，后部近骰口处单面有圆穿，骰口分叉，出土时略残；矛身较长，中线起脊并向后延伸至骰部，曲刃，出土前锋部略被折弯。骰两侧可见铸缝痕迹。残长约23.5厘米（图2-22-3；图版66-2）。

标本M235∶2，椭圆骰，横截面近菱形，骰口分叉；矛身较长，中线起脊并向后延伸至骰部，曲刃。骰两侧可见铸缝痕迹。通长23.6厘米（图2-22-4；图版22-2，图版173-2）。

铜戚　16件。竖銎向下延伸至戚身中部或下部，戚身呈宽尖叶形，中间略起脊。根据銎等部位形制不同，分为三型（表2-4）。

表2-4　大园子墓地出土铜戚统计表

序号	型式	器物号	数量	尺寸/厘米	备注
1	AⅠ	M152∶1	1	残长11.8、銎口残宽4.5	銎内有朽木，木上缠麻
2	AⅠ	M350∶4	1	长12.3、銎口宽3.8	銎内有朽木，戚身表面可见纺织物痕迹
3	AⅠ	M376∶1	1	残长11.7、銎口残宽4.7	銎内有朽木
4	AⅡ	M9∶1	1	长13.9、銎口宽3.9	
5	AⅡ	M184∶4	1	长12.3、銎口宽3.8	
6	BⅠ	M59∶1	1	残长12.6、銎口残宽4.2	銎内有朽木，戚身表面可见纺织物痕迹
7	BⅠ	M72∶2	1	残长14.7、銎口残宽4.6	銎内有朽木
8	BⅠ	M234∶2	1	残长12.1、銎口残宽4.2	銎内有朽木，戚身表面可见纺织物痕迹
9	BⅠ	M276∶1	1	长12.6、銎口宽4.5	
10	BⅠ	M300∶1	1	长15.7、銎口宽5.4	銎内有朽木
11	BⅠ	M368∶2	1	残长15.2、銎口残宽4.4	銎内有朽木
12	BⅡ	M7∶5	1	长13.4、銎口宽4.9	
13	BⅡ	M47∶1	1	长15.4、銎口宽5.9	
14	BⅡ	M256∶1	1	长16.2、銎口宽5.9	
15	BⅡ	M283∶1	1	长14.5、銎口宽4.2	
16	C	M248∶1	1	长14.4、銎口宽5.7	

A型　5件。銎口较矮，两边下凹呈"V"字形。根据肩等部位形制差异，又分为二式。

Ⅰ式：3件。圆肩。

标本M152∶1，锈蚀严重，椭圆形銎口残。銎口下方有一道凸弦纹，弦纹下接倒三角形纹。出土时銎内有朽木。残长11.8、銎口残宽4.5厘米（图2-23-1；图版23-1、2，图版120-2、3）。

标本M350∶4，锈蚀严重，扁圆形銎口略残。銎口下方有一道凸弦纹，弦纹下接树杈状纹饰。出土时銎内残存朽木，戚身表面可见纺织物痕迹。长12.3、銎口宽3.8厘米（图2-23-2；图版23-3、4，图版218-2）。

Ⅱ式：2件。肩部不明显，器身稍瘦。

标本M9∶1，锈蚀严重，銎口和刃略残。銎口较扁，近菱形；戚身靠上位置有一对称穿孔，居中。长13.9、銎口宽3.9厘米（图2-24-1；图版24-1、2，图版60-3）。

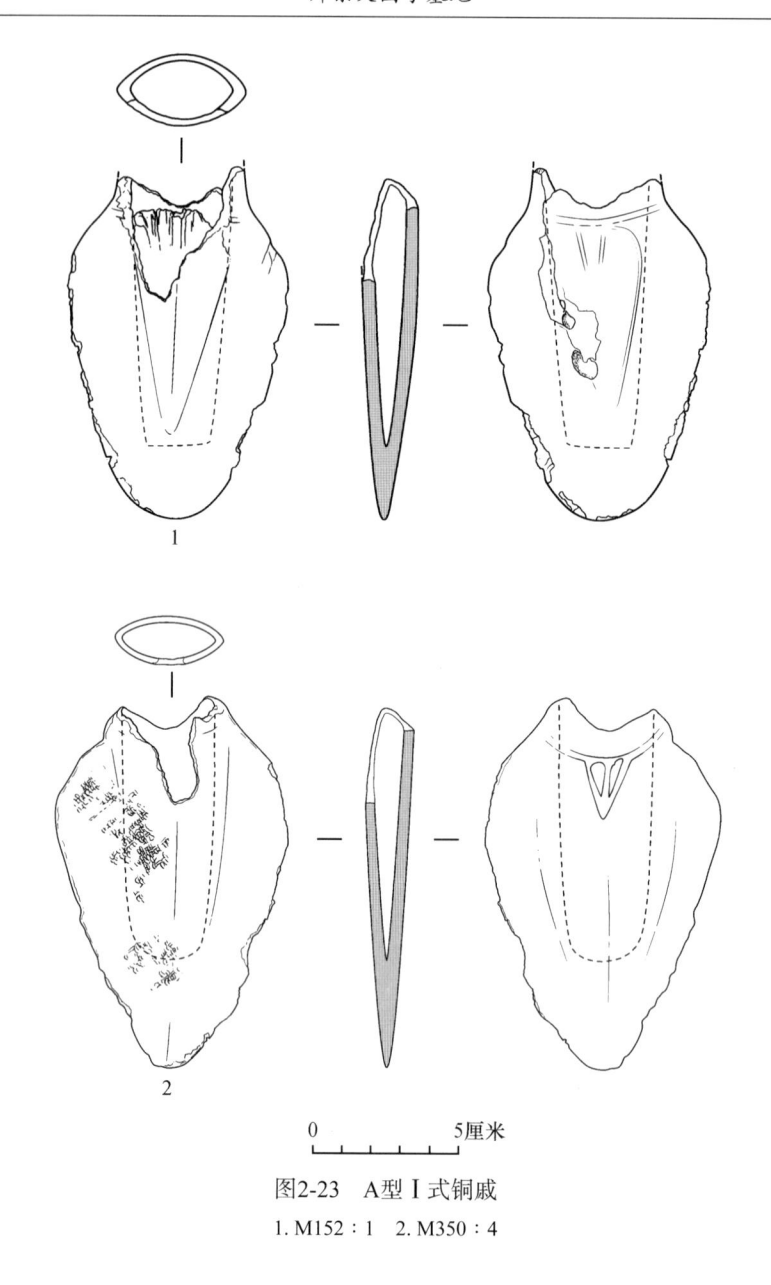

图2-23 A型Ⅰ式铜戚
1. M152∶1 2. M350∶4

B型 10件。銎口较高，两边多略下凹。根据肩部形制差异，又分为二式。

Ⅰ式：6件。圆肩。

标本M59∶1，锈蚀严重，銎口及刃残。銎口近椭圆形；戚身靠上位置有一对称穿孔，居中。銎口下方有一道凸弦纹，弦纹下接菱形纹和树杈状纹饰。出土时銎内残存朽木，戚身表面可见纺织物痕迹。残长12.6、銎口残宽4.2厘米（图2-24-3；图版99-2~4）。

标本M300∶1，銎口近椭圆形，略残；戚身一面靠上位置有穿孔，居中。銎口下方施一道凸弦纹，弦纹下接菱形纹和树杈状纹饰。出土时銎内有朽木。15.7、銎口宽

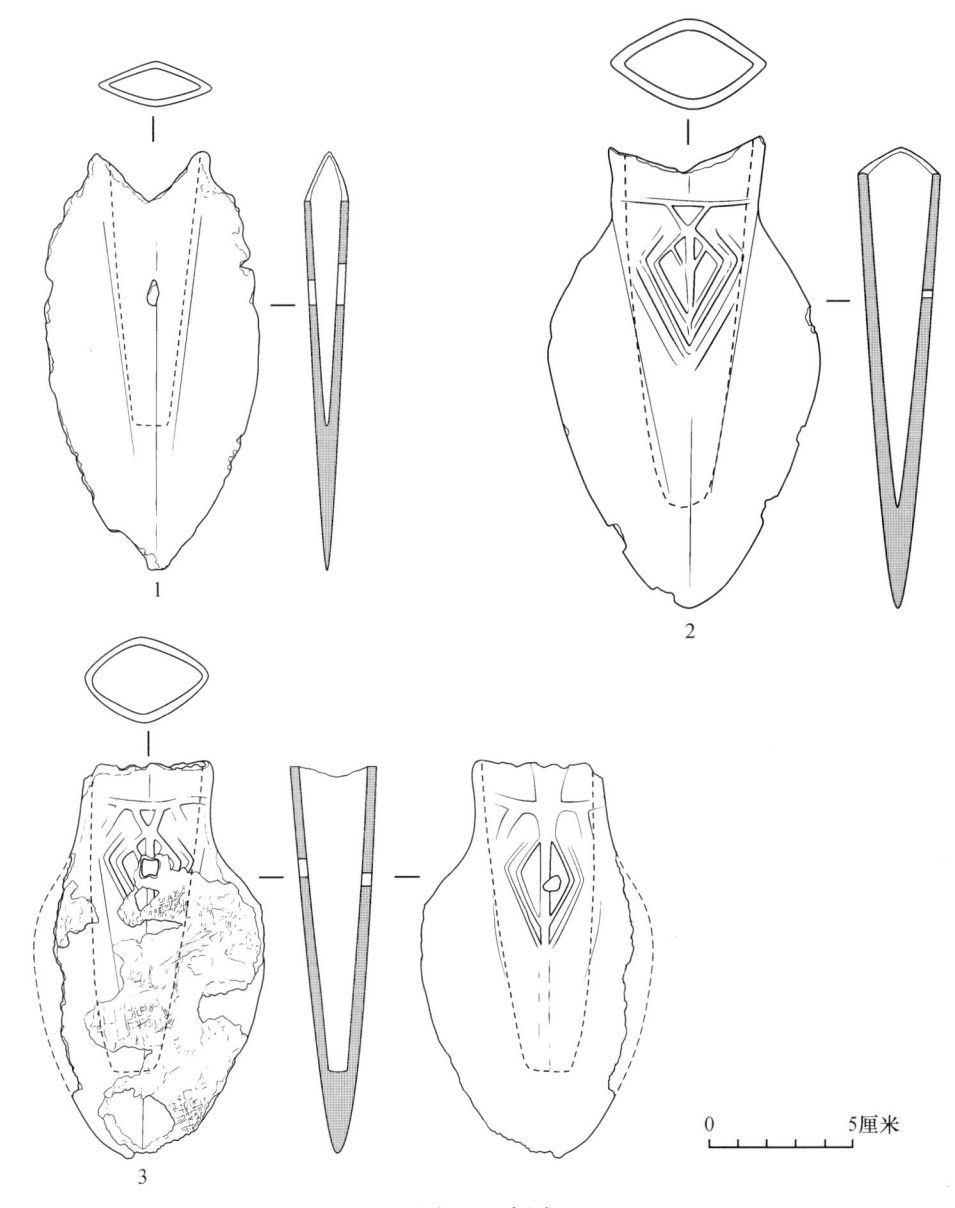

图2-24 铜戚

1. A型Ⅱ式（M9∶1） 2、3. B型Ⅰ式（M300∶1、M59∶1）

5.4厘米（图2-24-2；图版24-3、4，图版201-1）。

Ⅱ式：4件。窄肩，器身稍瘦。

标本M47∶1，窄肩近无；戚身靠上位置有一对称穿孔，居中。銎口下方有一道凸弦纹，弦纹下接菱形纹。长15.4、銎口宽5.9厘米（图2-25-1；图版25-1、2）。

标本M256∶1，銎口略残。戚身靠上位置有一对称穿孔，居中。近銎口处有两道凸弦纹，下方近肩处另施一道凸弦纹，再下接树杈状纹饰。长16.2、銎口宽5.9厘米

（图2-25-2；图版25-3、4，图版180-4）。

C型　1件。銎口较平，溜肩。

标本M248∶1，锈蚀严重，器身可见多处不规则孔洞。戚身靠上位置有一对称穿孔，居中。銎口下方有一道凸弦纹，弦纹下接树杈状纹饰。长14.4、銎口宽5.7厘米（图2-25-3；图版26-1、2）。

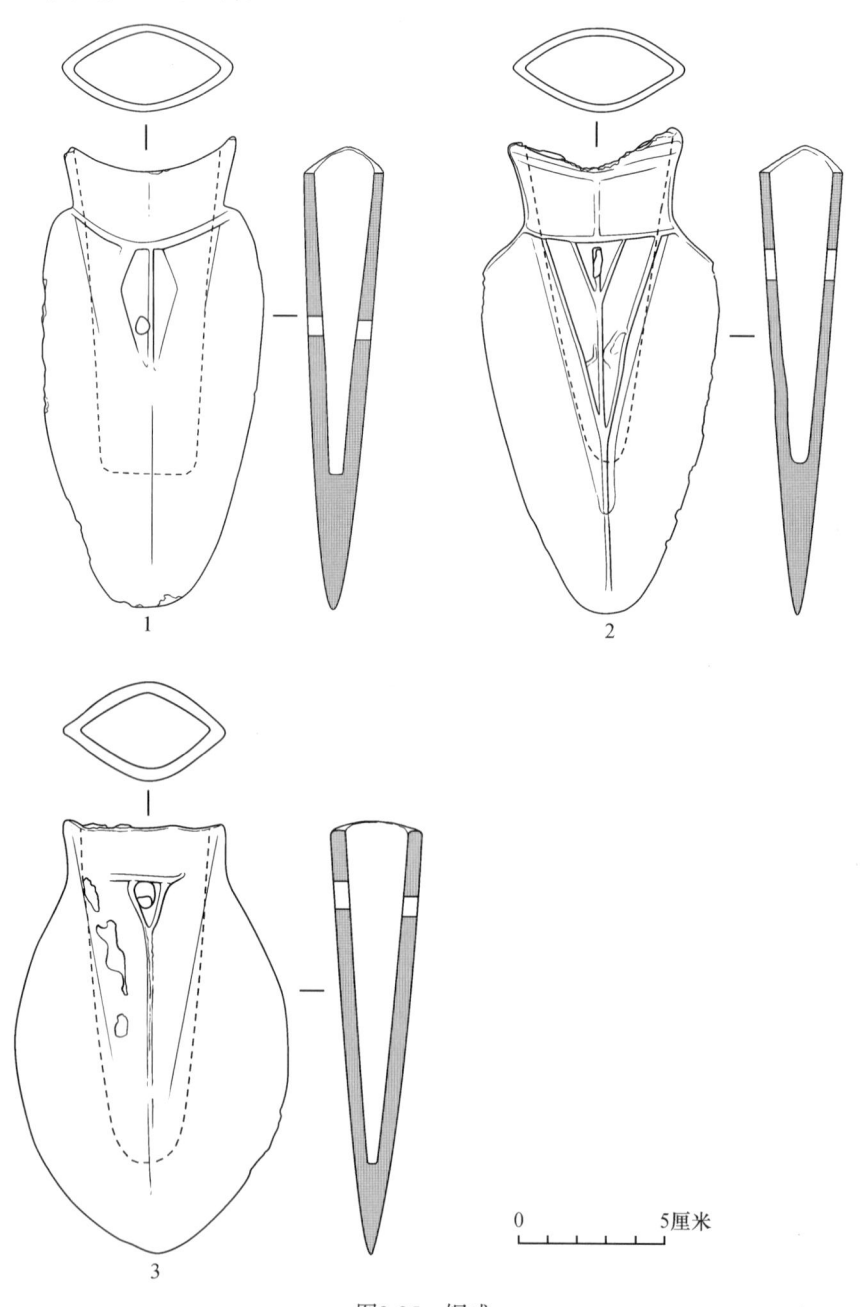

图2-25　铜戚

1、2.B型Ⅱ式（M47∶1、M256∶1）　3.C型（M248∶1）

铜钺　1件。

标本M180∶3，竖銎，銎口下凹呈"V"形，宽弧刃，刃端略残。銎口下方施两道"V"形折线凸棱纹。长9、刃残宽9厘米（图2-26-1；图版26-3，图版132-5）。

铜镈　1件。

标本M180∶13，竖銎，銎口下凹，器身上宽下窄，下边形成平刃，微弧。器身两面均饰凸线纹，为两道弧线下接一"V"形纹。长8.7、刃宽2.1厘米（图2-26-2；图版26-4，图版132-6）。

铜鞘饰　1件。

标本M276∶6，锈蚀矿化严重，大部破碎。扁环形薄片状，一边向下延伸如鸟喙，中空；口部施镂空装饰。从尺寸和形制看，推测为剑鞘口部装饰或构件。宽7.7、高5.4、铜片厚0.08厘米（图2-26-3）。

铜臂甲　2件，形制基本相同。扁圆筒形，由铜片弯卷并锻打而成，前端细，后端粗，侧面对接处未封合。

标本M180∶12，锈蚀矿化严重，多处破碎残缺。扁圆筒形，由铜片弯卷并锻打而成，正面对接处未封合。两端残，但可以看出前端细、后端粗，中部略内收如束腰状，后端背面呈"U"形内凹，形成一缺口。正面对接处两侧可见多组对称圆穿，圆穿

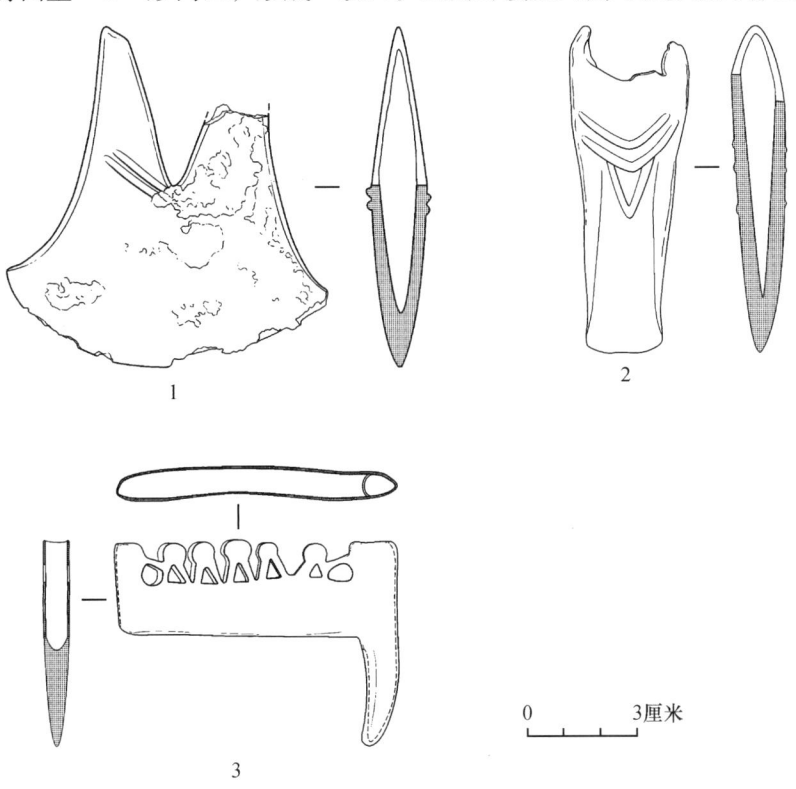

图2-26　铜钺、镈、鞘饰

1. 钺（M180∶3）　2. 镈（M180∶13）　3. 鞘饰（M276∶6）

较小，每组2个；侧面和背面亦有一些穿孔，同样2个一组。这些穿孔推测是用来穿系线绳以捆绑和固定臂甲的。臂甲侧面发现一处长约0.7、宽约0.1厘米的砍斫痕。臂甲残长23.4、粗端残径约10、细端残径约6、厚约0.05厘米（图2-27；图版131-4）。

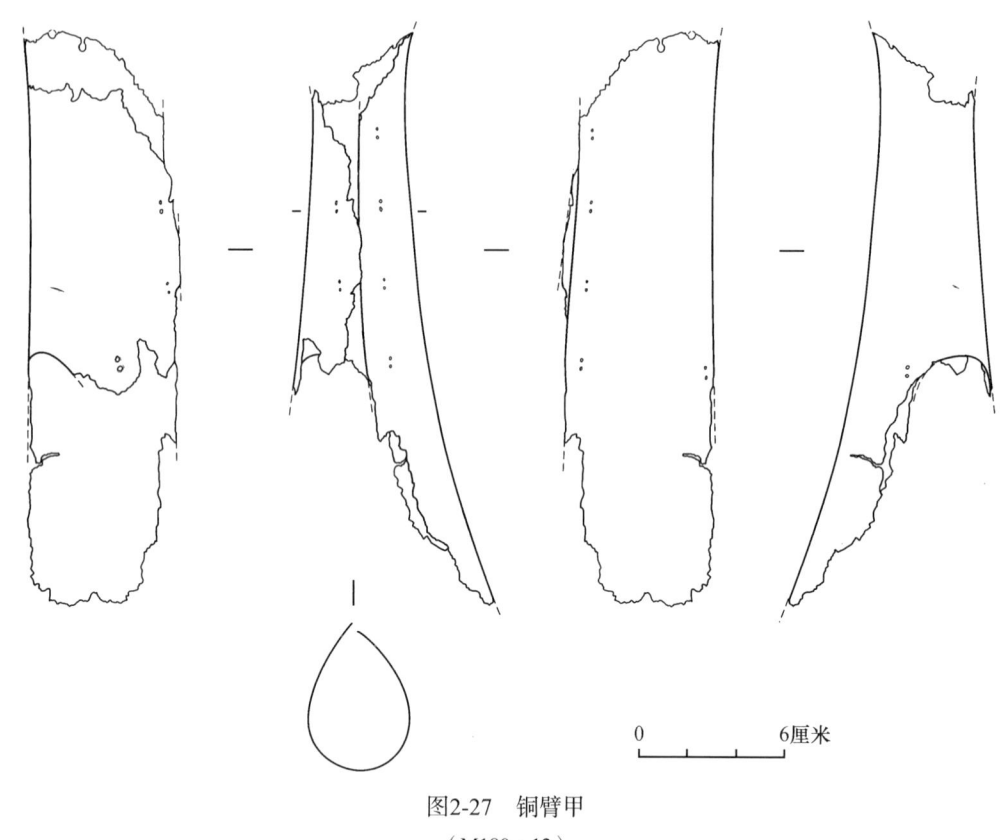

图2-27 铜臂甲
（M180：12）

二、工　具

铜工具共计25件，以削刀最多，另有个别锛和爪镰，多为实用器。

铜削刀　23件。器形可辨者，根据形制不同分为四型（表2-5）。

A型　2件。扁圆柄，柄端带竖条形镂孔。

标本M35：1，锈蚀严重，刀身前端残。刃背与柄背连为一体；刀身微曲，前端出土前被折弯，刃略向内凹。柄部施多道弦纹，内填短线纹、云雷纹等。残长20.7厘米（图2-28-1；图版27-1～3，图版76-4，图版77-4、5）。

B型　6件。椭圆銎柄，銎口分叉，柄下侧一般有耳。

标本M23：2，锈蚀严重，刀身前端残。刃背与柄背连为一体；刀身微曲，刃略向外弧。刀柄上、下两侧可见铸缝痕迹。柄部施多道弦纹，内填涡纹、云雷纹及波折纹。残长18.8厘米（图2-28-2；图版27-4，图版69-2～4）。

表2-5　大园子墓地出土铜削刀统计表

序号	型式	器物号	数量	尺寸/厘米	备注
1	A	M35：1	1	残长20.7	出土前刀身折弯
2	A	M336：2	1	残长约18.8	
3	B	M23：2	1	残长18.8	
4	B	M42：1	1	残长11.6	
5	B	M169：2	1	残长15	
6	B	M189：2	1	残长24.9	
7	B	M251：2	1	残长19.5	出土前刀身折弯
8	B	M264：1	1	残长19.5	出土前刀身折弯
9	C	M57：2	1	直径约15.3	
10	Da	M2：2	1	残长22.7	
11	Da	M7：3	1	长26.8	
12	Da	M12：1	1	残长15.7	
13	Da	M13：2	1	残长16	
14	Da	M18：2	1	长21.5	柄部可见纺织物印痕
15	Da	M19：1	1	长22	刃部可见纺织物印痕
16	Da	M240：1	1	残长19.3	
17	Da	M243：1	1	残长14.8	出土前刀身折弯
18	Da	M247：1	1	残长23.8	
19	Da	M285：1	1	残长10.45	
20	Db	M4：3	1	残长20.3	
21	不详	M50：1	1	不详	
22	不详	M82：3	1	不详	
23	不祥	M220：1	1	长约20	

标本M251：2，锈蚀严重，刀身前端略残。刃背与柄背连为一体；刀身微曲，前端出土前被折弯，刃略向外弧。刀柄上、下两侧可见铸缝痕迹。柄部隐约可见弦纹、涡纹。残长19.5厘米（图2-28-3；图版177-2，图版178-1、2）。

C型　1件。扁长柄，柄端分叉，形似鱼尾，弧刃。

标本M57：2，锈蚀严重，刀身前端残。刃背较直，与柄背连为一体。柄部双面施数道竖条状凸棱。残长15.3厘米（图2-28-4；图版95-2）。

D型　11件。扁长柄；刃较直或略内凹；器身一般单面较平。根据细部特征又可分为二亚型。

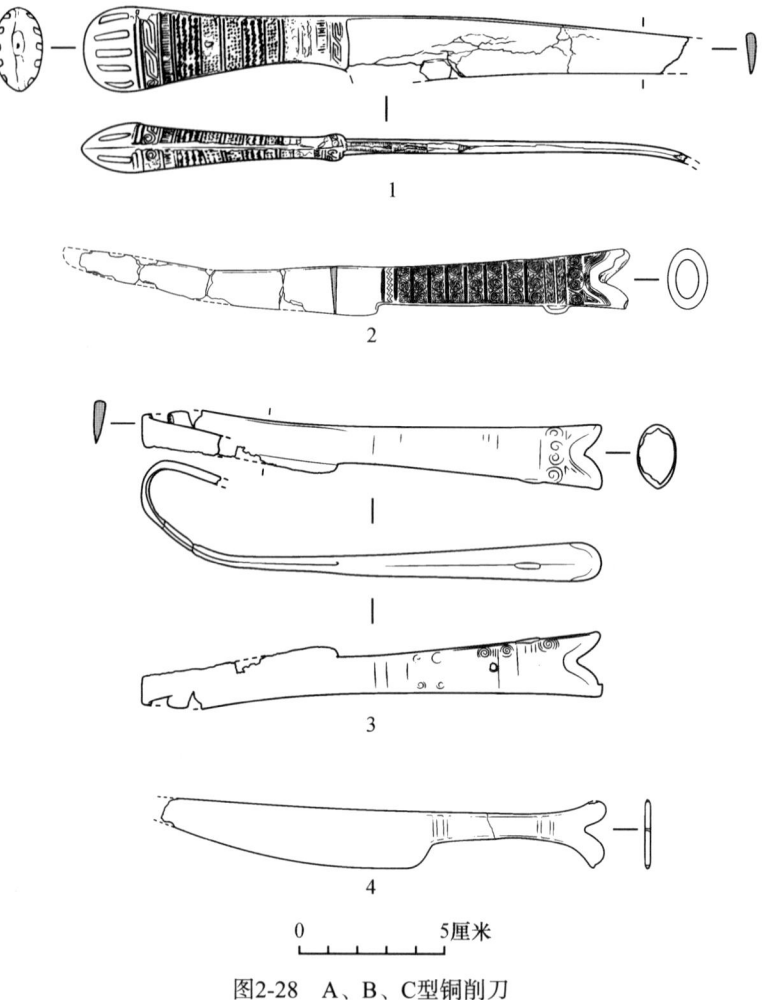

图2-28　A、B、C型铜削刀
1. A型（M35∶1）　2、3. B型（M23∶2、M251∶2）　4. C型（M57∶2）

Da型　10件。扁长柄，柄端较平直。

标本M7∶3，刀身微曲，刃略内凹。刀柄上、下两侧可见铸缝痕迹。柄部双面施多道弦纹，内填波折纹与短线纹。长26.8厘米（图2-29-1；图版28-1，图版59-5）。

标本M18∶2，柄部一面中间略下凹；刀身微曲，刃略内凹。出土时，柄部可见纺织物印痕。长21.5厘米（图2-29-2）。

Db型　1件。扁长柄，柄端近圆弧形，带一大一小近椭圆形镂孔。

标本M4∶3，锈蚀较严重，刀身前端残。柄部双面施数道凸棱状条带纹。刀柄上、下两侧可见铸缝痕迹。残长20.3厘米（图2-29-3；图版28-2，图版57-4）。

铜锛　1件。

标本M4∶4，竖銎，半圆形銎口；銎口下方有一对穿；弧刃。正面銎口下方隐约可见两道凸弦纹。长9.8、銎口宽3.4厘米（图2-30-1；图版28-3、4，图版56-3）。

第二章 出土遗物

0　　　5厘米

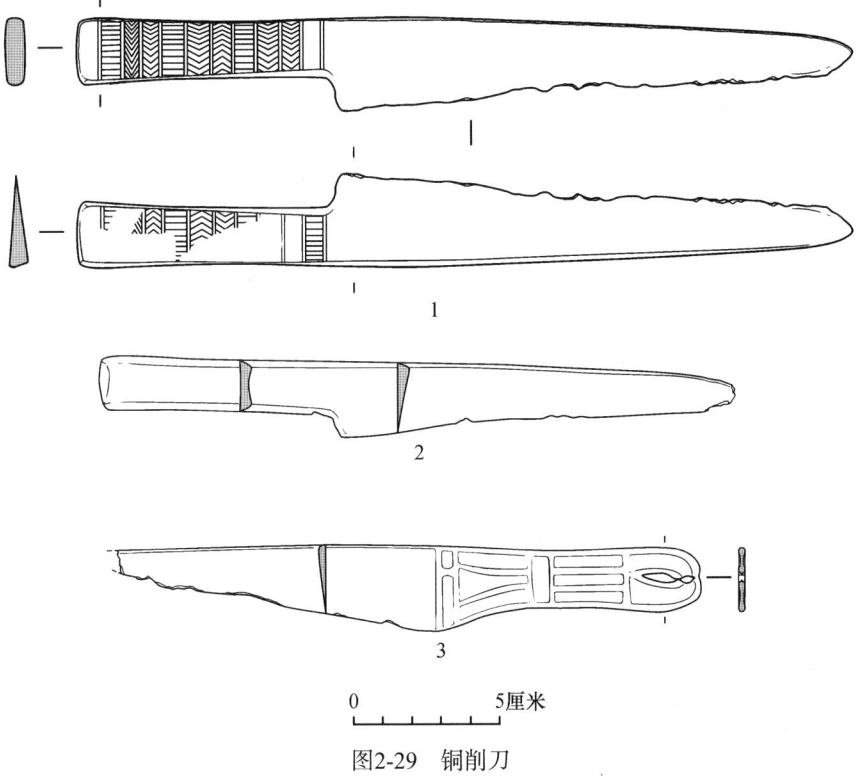

图2-29 铜削刀
1、2. Da型（M7：3、M18：2） 3. Db型（M4：3）

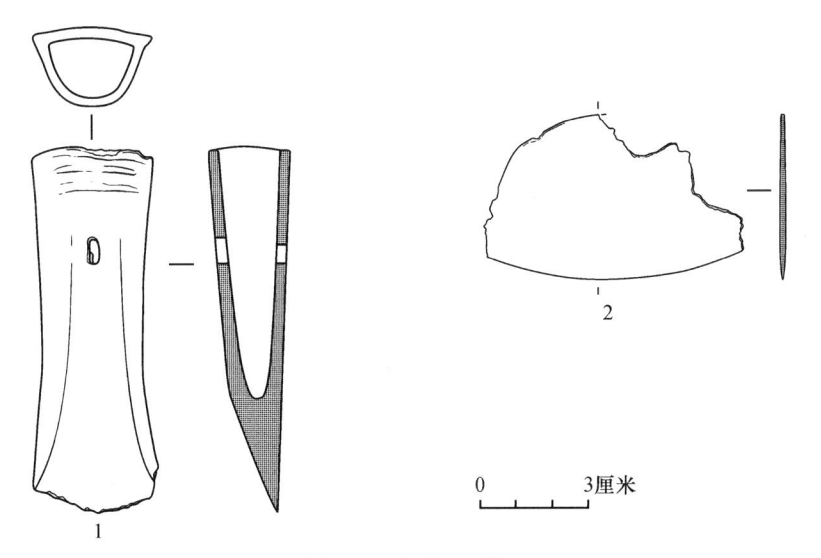

0　　3厘米

图2-30 铜锛、爪镰
1. 锛（M4：4） 2. 爪镰（M119：1）

铜爪镰　1件。

标本M119：1，残。片状，背面和刃均呈弧形；双面刃，刃部有明显打磨痕迹。残长7.1、残宽4.4厘米（图2-30-2）。

三、装 饰 品

装饰品共计226件（组），镯最多，次为扣饰，另外还有泡饰、牌形饰、片饰、簪等，多为实用器。

铜镯　130件（组）。出自99座墓葬中，有5座是墓坑填土内发现的，其他均为随葬品，下葬时多成组（串）佩戴于被葬者手臂，出土时镯内往往有肢骨。被葬者双手都佩戴铜镯的近三分之一，余皆单手佩戴。每组铜镯多者数十件，少的几件，单件佩戴的很少。同组铜镯中，类型单一的居多，但也有些是含多个类型的，还有少数铜镯与玉镯或其他材料镯同时佩戴。混合类型的成组铜镯，数量约三分之一，其中以含两种或三种类型的居多，个别含四种类型。成串（组）佩戴的铜镯尺寸也往往不相一致，一般是由小渐大，小的居前，大的居后。根据形制不同，单体铜镯可分为五型，有的型之下又可进一步分为若干亚型及式。需要说明的是，由于混合类型铜镯的存在，下面单按类型所统计数据会出现重复，合计后要多于上面的总数（表2-6）。

表2-6　大园子墓地出土铜镯统计表

序号	型式	器物号	数量	尺寸/厘米	备注
1	AⅠ、AⅡ	M22：3	一组2件（AⅠ1、AⅡ1）	见第三章墓葬分述	
2	AⅠ、AⅡ、Ea	M258：1	一组20余件（AⅠ2、AⅡ1、余Ea）	见第三章墓葬分述	镯内残存肢骨
3	AⅠ、AⅡ、Ea	M266：1	一组30余件（AⅠ1、AⅡ1、余Ea）	见第三章墓葬分述	镯内残存肢骨
4	AⅠ、B	M275：1	一组4件（AⅠ3、B1）	见第三章墓葬分述	
5	AⅠ、D、Ea	M180：11	一组15件（AⅠ9、D1、Ea5）	见第三章墓葬分述	
6	AⅠ、Ea	M15：2	一组10余件（AⅠ1、余Ea）	见第三章墓葬分述	镯内残存肢骨，表面覆盖炭化物
7	AⅠ、Ea	M27：2	一组50余件（AⅠ1、余Ea）	见第三章墓葬分述	镯内残存肢骨，表面覆盖炭化物
8	AⅠ、Ea	M46：1	一组50余件（AⅠ1、余Ea）	见第三章墓葬分述	镯内残存肢骨
9	AⅠ、Ea	M51：1	一组30余件（AⅠ13、余Ea）	见第三章墓葬分述	镯内残存肢骨
10	AⅠ、Ea	M51：2	一组60余件（AⅠ7、余Ea）	见第三章墓葬分述	镯内残存肢骨
11	AⅠ、Ea	M175：1	一组10余件（AⅠ1、余Ea）	见第三章墓葬分述	镯内残存肢骨
12	AⅠ、Ea	M175：2	一组40余件（AⅠ7、余Ea）	见第三章墓葬分述	镯内残存肢骨
13	AⅠ、Ea	M176：2	一组50余件（AⅠ1、余Ea）	见第三章墓葬分述	镯内残存肢骨

续表

序号	型式	器物号	数量	尺寸/厘米	备注
14	AⅠ、Ea	M263:1	一组40余件（AⅠ2，余Ea）	见第三章墓葬分述	镯内残存肢骨
15	AⅠ、Ea	M263:2	一组10余件（AⅠ1，余Ea）	见第三章墓葬分述	
16	AⅠ、Ea	M278:3	一组30余件（AⅠ3，余Ea）	见第三章墓葬分述	镯内残存肢骨
17	AⅠ、Ea	M278:4	一组30余件（AⅠ4，余Ea）	见第三章墓葬分述	镯内残存肢骨
18	AⅠ、Ea	M284:1	一组60余件（AⅠ3，余Ea）	见第三章墓葬分述	镯内残存肢骨
19	AⅠ、Ea	M286:3	一组7件（AⅠ5，Ea2）	见第三章墓葬分述	镯内残存肢骨
20	AⅠ、Ea、Ec	M6:1	一组20余件（AⅠ8，余Ea、Ec）	见第三章墓葬分述	镯内残存肢骨
21	AⅠ、Ea、Ec	M27:1	一组40余件（AⅠ2，余Ea、Ec）	见第三章墓葬分述	
22	AⅠ、Ea、Ec	M52:3	一组30余件（AⅠ3，余Ea、Ec）	见第三章墓葬分述	镯内残存肢骨
23	AⅠ、Ea、Ec	M176:1	一组50余件（AⅠ1，余Ea及Ec）	见第三章墓葬分述	镯内残存肢骨
24	AⅠ、Eb	M5:3	一组20余件（AⅠ1，余Eb）	见第三章墓葬分述	镯内残存肢骨
25	AⅠ、Eb	M86:2	一组4件（AⅠ1，Eb3）	见第三章墓葬分述	镯内残存肢骨
26	AⅠ、Eb	M210:1	一组2件（AⅠ1，Eb1）	见第三章墓葬分述	镯内残存肢骨
27	AⅠ、Ed	M86:3-1	一组30余件（AⅠ1，余Ed）	见第三章墓葬分述	镯内残存肢骨
28	AⅠ、Ed	M317:1	一组40余件（AⅠ1，余Ed）	见第三章墓葬分述	镯内残存肢骨
29	CⅠ、Eb	M58:4	一组3件（CⅠ1，Eb2）	见第三章墓葬分述	
30	Ea、Eb、Ec、Ed	M156:1	一组10余件（Ea、Eb、Ec、Ed）	见第三章墓葬分述	
31	Ea、Ec	M5:2	一组30余件（Ea、Ec）	Ea型横截面边长0.2，宽0.1厘米，Ec型横截面边长0.2	镯内残存肢骨，表面覆盖炭化物
32	Ea、Ec	M44:1	一组10余件（Ea、Ec）	见第三章墓葬分述	镯内残存肢骨
33	Ea、Ec	M262:1	一组3件（Ea2、Ec1）	见第三章墓葬分述	
34	Ea、Ef	M240:2	一组3件（Ea2、Ef1）	见第三章墓葬分述	
35	Ec、Ed	M114:1	一组20余件（Ec、Ed）	见第三章墓葬分述	镯内残存肢骨
36	AⅠ	M9:2	一组2件	见第三章墓葬分述	
37	AⅠ	M17:5	一组4件	见第三章墓葬分述	镯内残存肢骨
38	AⅠ	M20:1	一组2件	见第三章墓葬分述	
39	AⅠ	M25:1	一组4件	见第三章墓葬分述	
40	AⅠ	M28:1	一组4件	宽0.7~0.82	
41	AⅠ	M29:3	1	宽0.8、直径6.6	
42	AⅠ	M30:1	1	宽0.9、直径6.6	
43	AⅠ	M31:1	一组4件	见第三章墓葬分述	镯内残存肢骨
44	AⅠ	M36:6	一组8件	直径6.5、壁宽0.9	镯内残存肢骨

续表

序号	型式	器物号	数量	尺寸/厘米	备注
45	AⅠ	M39:3	1	宽0.7、直径约6.3	
46	AⅠ	M40:4	一组4件	宽0.7~0.75、直径不详	
47	AⅠ	M60填:1	1	直径约6、宽约0.9	
48	AⅠ	M138:5	1	直径约6、宽0.8	
49	AⅠ	M174:2	一组4件	见第三章墓葬分述	
50	AⅠ	M179:6	一组9件	见第三章墓葬分述	
51	AⅠ	M183:5	一组3件	见第三章墓葬分述	
52	AⅠ	M189:3	一组4件	见第三章墓葬分述	
53	AⅠ	M193:1	1	镯宽0.65、直径不详	
54	AⅠ	M193:2	1	镯宽0.6、直径不详	
55	AⅠ	M202:2	1	宽0.8、直径不详	
56	AⅠ	M224:6	1	宽1、直径约6.5	
57	AⅠ	M256:3	1	宽0.8、直径约6	
58	AⅠ	M273:4	1	宽0.8	
59	AⅠ	M310:1	1	宽约0.74、直径约6	
60	AⅠ	M343:4	1	直径不详，宽约0.8	
61	AⅠ	M358:1-1	1	直径不详，宽约0.7	
62	AⅡ	M17:3	一组2件	见第三章墓葬分述	镯内残存肢骨
63	AⅡ	M36:7	1	前镯口直径6.3、后镯口直径6.5、镯宽1.9	
64	AⅡ	M45:2	1	前镯口直径4.7、后镯口直径4.9、镯宽1.5	
65	AⅡ	M58:9-1	1	直径约6	
66	AⅡ	M185:9	一组4件	见第三章墓葬分述	镯内残存肢骨
67	AⅡ	M247:3	一组3件	见第三章墓葬分述	镯内残存肢骨
68	AⅡ	M257:1	1	前镯口直径5.6、后镯口直径5.8、镯宽1.6	
69	AⅡ	M281:10	1	宽1.8	
70	AⅡ	M281:11	一组2件	见第三章墓葬分述	
71	AⅡ	M281:9	1	尺寸不详	
72	CⅡ	M74:3	1	见第三章墓葬分述	

续表

序号	型式	器物号	数量	尺寸/厘米	备注
73	Ea	M15:1	一组30余件	直径不详，横截面长0.18~0.2、宽0.08~0.1	镯内残存肢骨，表面覆盖炭化物
74	Ea	M37填:1	1	直径不详，横截面长0.17、宽0.1	
75	Ea	M46:2	一组30余件	见第三章墓葬分述	镯内残存肢骨
76	Ea	M48:1	一组10余件	直径多不到6，横截面长0.18~0.2、宽0.1	
77	Ea	M48:2	一组10件	直径约6，横截面长0.2、宽0.1	
78	Ea	M64填:2	1	横截面长0.2、宽0.1	
79	Ea	M66:1	一组10余件	横截面长0.2、宽0.08~0.1，直径6~6.5	镯内残存肢骨
80	Ea	M66:2	一组约4~5件	横截面长0.18~0.2、宽0.08~0.1	镯内残存肢骨
81	Ea	M68:1	一组10余件	直径6左右，横截面长0.2、宽0.18~0.1	
82	Ea	M91:1	一组3件	直径不详，横截面长0.2、宽0.1	
83	Ea	M150:1	一组10余件	直径不详，横截面长0.18~0.2、宽0.1	
84	Ea	M198:1	一组3件	直径不详，横截面长0.18~0.2、宽0.1	
85	Ea	M216:1	一组10件	直径6.5~6.9，横截面长约0.32、宽约0.1	
86	Ea	M222:1	一组60余件	直径6.2~7.5，横截面一般长0.2、宽0.1	镯内残存肢骨
87	Ea	M265:1	一组10余件	横截面长0.15~0.2、宽0.1	镯内残存肢骨
88	Ea	M265:2	一组10余件	横截面长0.15~0.2、宽0.08~0.1	

续表

序号	型式	器物号	数量	尺寸/厘米	备注
89	Ea	M266:2	一组20余件	横截面长0.2、宽0.08~0.1	镯内残存肢骨
90	Ea	M274:1	一组60余件	直径5.8~6.2，横截面长0.2、宽0.1	镯内残存肢骨
91	Ea	M281:12	1	直径约6.4，横截面长0.2、宽0.1	
92	Ea	M291:1	一组3件	直径不详，横截面长0.16~2、宽0.1	
93	Ea	M291:2	一组4件	直径不详，横截面长0.15~2、宽0.1	
94	Ea	M316:1	1	直径不详，横截面长0.18、宽0.1	
95	Ea	M347:2	一组40余件	直径不详，横截面长0.2、宽0.08~0.1	镯内残存肢骨
96	Eb	M190:5-1	一组7件	直径约6.2，横截面长约0.25、宽约0.15	
97	Eb	M190:6-1	一组约2件	直径不详，横截面长约0.25、宽约0.15	
98	Eb	M330:2	一组10余件	直径不详，横截面长0.18~0.2、宽0.1	镯内残存肢骨
99	Ec	M1:1	一组60余件	直径6.4~7.5、横截面边长0.18~0.2	镯内残存肢骨，表面可见附着的纺织物痕迹
100	Ec	M10填:1	1	直径不详，横截面边长约0.2	
101	Ec	M12:8	一组50余件	直径6.6~7.4、横截面边长0.18~0.2	镯内残存肢骨
102	Ec	M12:9	一组30余件	直径5.6~6.4、横截面边长0.17~0.19	镯内残存肢骨
103	Ec	M30:3	一组40余件	直径5.5~6.5、横截面边长0.15~0.2	镯内残存肢骨
104	Ec	M30:4	一组20余件	直径6.2~6.9、横截面边长约0.18~0.2	镯内残存肢骨

续表

序号	型式	器物号	数量	尺寸/厘米	备注
105	Ec	M33:4	一组10余件	直径6~6.2、边长0.2	
106	Ec	M42:2	一组30余件	直径不详、横截面边长约0.2	
107	Ec	M49:1	一组30余件	直径一般6~7、横截面边长一般0.15~0.2	镯内残存肢骨
108	Ec	M142:1	一组2件	直径约5.4、横截面边长约0.17	
109	Ec	M164:2	一组40余件	直径6~7、横截面边长约0.18	镯内残存肢骨
110	Ec	M194:1	一组10余件	直径不详、横截面边长0.1~0.12	
111	Ec	M213:2	一组6件	直径不详、横截面边长约0.15	
112	Ec	M242:1	一组约30件	直径5.3~6.4、横截面边长约0.15	镯内残存肢骨
113	Ed	M55:3	一组10余件	直径约6、横截面直径0.22	镯内残存肢骨
114	Ed	M55:4	一组40余件	直径5.5~6.4、横截面直径约0.2	镯内残存肢骨
115	Ed	M63:1	一组50余件	直径不详、横截面直径约0.2	镯内残存肢骨
116	Ed	M63:2	一组50余件	直径不详、横截面直径约0.18	镯内残存肢骨
117	Ed	M181:1	一组3件	直径不详、横截面直径0.15~0.22	
118	Ed	M181:4	一组3件	直径不详、横截面直径0.15~0.22	
119	Ed	M230:1	一组3件	横截面直径0.2~0.25	
120	Ed	M233填:1	一组3件	横截面直径0.1~0.14	
121	Ed	M280:2	一组10余件	直径不详、横截面直径0.18~0.2	镯内残存肢骨
122	Ed	M280:3	一组10余件	直径不详、横截面直径0.18~0.2	镯内残存肢骨

续表

序号	型式	器物号	数量	尺寸/厘米	备注
123	Ed	M327：2	一组10余件	直径不详，横截面直径约0.2	
124	Ed	M342：1	一组10余件	直径约6、横截面直径约0.2	
125	Ed	M349：4	一组10余件	直径不详，横截面直径约0.2	镯内残存肢骨
126	Ed	M360：2	一组7件	直径不详，横截面直径约0.28	
127	Ed	M362：1	一组3件	直径不详，横截面直径约0.2	镯内残存肢骨
128	Ed	M362：2	一组5件	直径不详，横截面直径约0.2	镯内残存肢骨
129	Ed	M369：3	一组10余件	直径约6左右、横截面直径0.2～0.22	镯内残存肢骨
130	Ee	M192：3	1	直径约5、横截面半圆直径约0.28	

A型　64件（组），其中有28件（组）见于混合类型的成组铜镯中。片状环形，外壁呈浅槽结构，内镶嵌孔雀石片。孔雀石片有圆形带穿和不规则形两种，前者正、背面均打磨较平，后者正面磨平，背面一般未经加工。孔雀石片与镯体之间有黏结物，多呈黑色，偶见白色。根据镯体宽窄等差异，又分为二式。

Ⅰ式：54件（组），其中有28件（组）见于混合类型的成组铜镯中。镯体较窄，内壁多弧或微弧，外壁呈浅槽结构，内镶嵌孔雀石片，有的还铸有条状或简化的云雷纹状界格。

标本M174：2-2，锈蚀严重，局部断裂。片状环形，镯体较窄；内壁较直；外壁呈浅槽结构，内镶嵌小孔雀石片；孔雀石片圆形，中间带穿孔，与扣体之间可见黑色黏结物。宽0.9、直径6.3厘米（图2-31-2）。

标本M179：6，一组9件。片状环形，镯体较窄；内壁或直或弧；外壁呈浅槽结构，M179：6-1和M179：6-2中间还预铸横条状界格，槽内镶嵌小孔雀石片；孔雀石片形状不规则，与扣体之间可见黑色黏结物。根据出土位置及形态推测，铜镯下葬时成串佩戴于被葬者右手臂，M179：6-1居前，M179：6-2～9依次居后。M179：6-1宽0.8、直径5.75厘米，M179：6-2宽0.76、直径5.8厘米，M179：6-3宽0.76、直径6.2厘米，M179：6-4宽0.73、直径6.1厘米，M179：6-5宽0.77、直径5.9厘米，M179：6-6宽

0.75、直径6.2厘米，M179：6-7宽0.75、直径6.25厘米，M179：6-8宽0.8、直径6.55厘米，M179：6-9宽0.85、直径6.2厘米（图2-31-1；图版29-1，图版128-4，图版130-4）。

标本M286：3-4，片状环形，镯体较窄；内壁较直，外壁呈浅槽结构，中间预铸横条状界格，槽内镶嵌孔雀石片；孔雀石片较小，形状不规则，部分脱落，与镯体之间可见黑色黏结物。宽0.9、直径6.4厘米（图2-31-3）。

Ⅱ式：13件（组），其中有3件（组）见于混合类型的成组铜镯中。镯体较宽，前、后镯口一般大小不一；内壁较直，边缘弧或呈圆角；外壁呈浅槽结构，并预铸横、竖条状或简化的云雷纹状界格，槽内镶嵌孔雀石片。

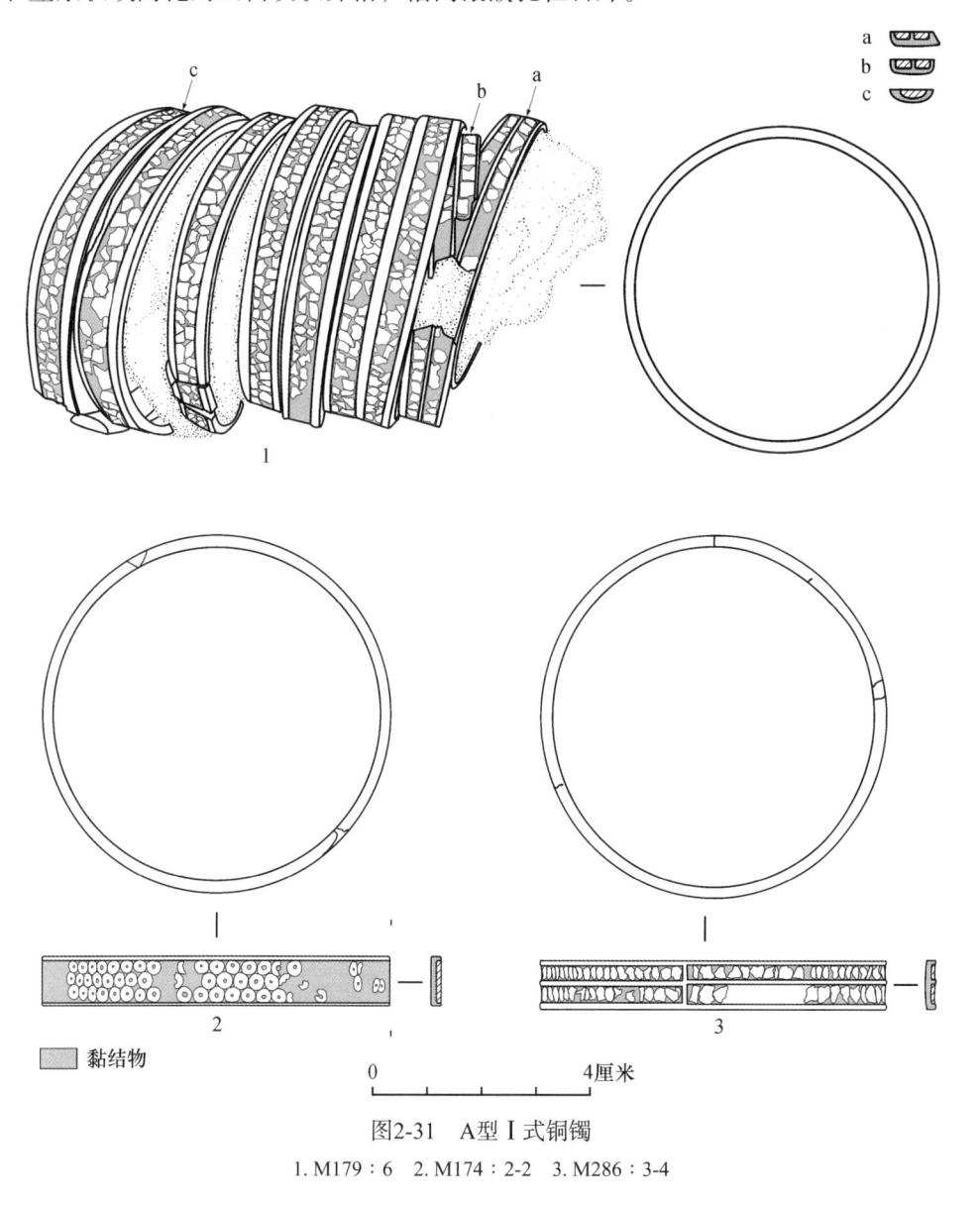

图2-31　A型Ⅰ式铜镯
1. M179：6　2. M174：2-2　3. M286：3-4

标本M185：9，一组4件。部分锈蚀断裂。片状环形，镯体较宽，前镯口略小于后镯口；内壁较直，边缘为圆角；外壁呈浅槽结构，中间预铸简化的云雷纹状界格，槽内镶嵌孔雀石片，但大多脱落或风化。孔雀石片较小，形状不规则，与镯体之间可见黑色黏结物。四件铜镯大小略有差异，出土时前后相接佩戴于被葬者右手臂，M185：9-1居前，稍小，前镯口直径5.7、后镯口直径5.8、镯宽1.4厘米；M185：9-2和M185：9-3大小相当，依次排列于M185：9-1之后，前镯口直径5.9、后镯口直径6.1、镯宽1.45厘米；M185：9-4居后，稍大，前镯口直径6.1、后镯口直径6.2、镯宽1.85厘米（图2-32-1；图版29-2、3）。

标本M247：3-1，局部锈蚀。片状环形，镯体较宽，前镯口略小于后镯口；内壁较直，边缘微弧；外壁呈浅槽结构，中间预铸竖条和横条状界格，槽内镶嵌孔雀石

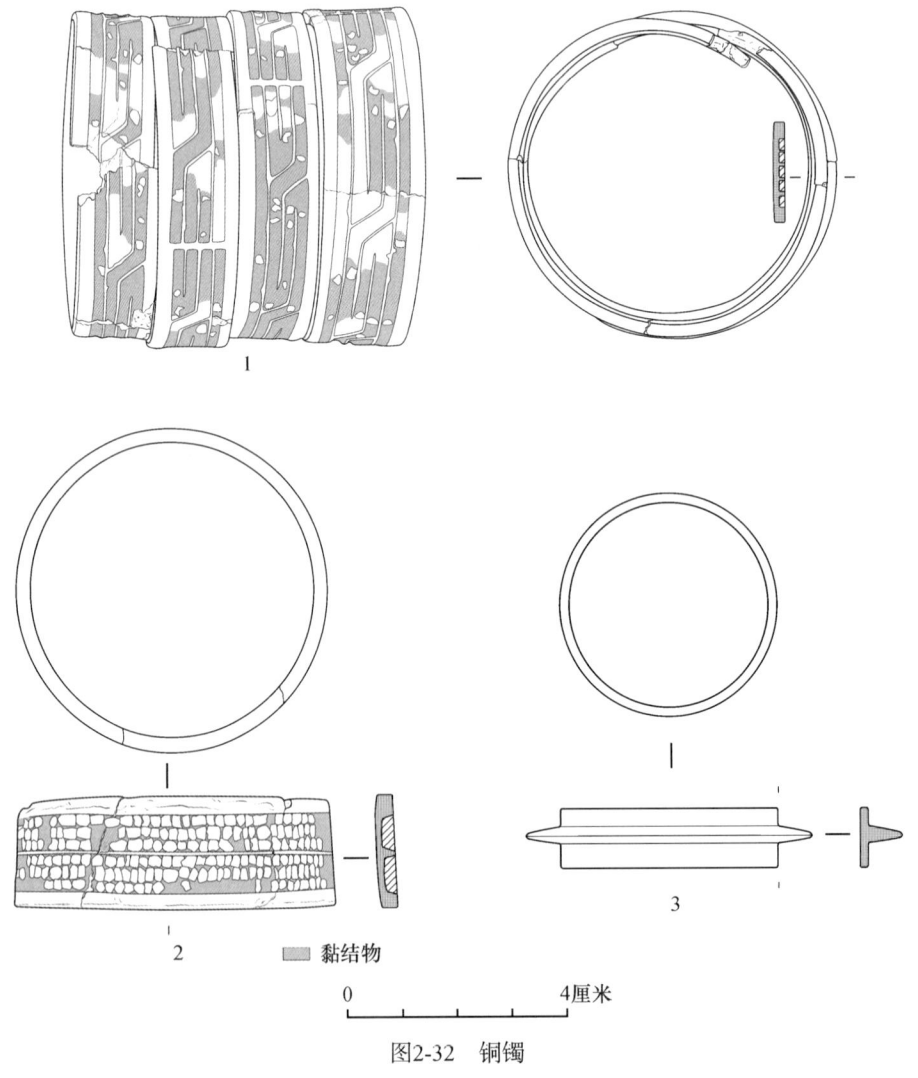

图2-32 铜镯

1、2.A型Ⅱ式（M185：9、M247：3-1）　3.B型（M275：1-1）

片。孔雀石片较小，大致呈方形，但不甚规则，与镯体之间可见黑色黏结物。前镯口直径5.8、后镯口直径5.9、镯宽2厘米（图2-32-2；图版30-4）。

B型　1件，见于混合类型的成组铜镯中。片状环形，内壁较直，外壁中线起凸棱，横截面呈横置"T"形。

标本M275：1-1，锈蚀矿化严重，残。镯宽1.05、复原直径5.3、内口径3.7厘米（图2-32-3；图版30-1）。

C型　2件。片状环形，外壁施横向并列辫索纹。从外形观察，系用编织好的铜条锻打而成。根据镯体宽窄等差异，又分为二式。

Ⅰ式：1件，见于混合类型的成组铜镯中。镯体较窄，内壁微弧。

标本M58：4-1，矿化严重，多处断裂。宽0.65、直径约6.4厘米（图2-33-1；图版30-2）。

Ⅱ式：1件。镯体较宽，内壁较直。

标本M74：3，矿化严重，仅存少许残片，其中一块残片上可见一宽0.4~0.5厘米的竖向扁凸棱。宽约1.4厘米，有竖向扁凸棱处宽达1.65厘米，复原直径约5.7厘米（图2-33-2；图版30-3，图版105-3）。

D型　1件，见于混合类型的成组铜镯中。宽条环状，内壁较直，外壁弧。

标本M180：11-11，镯体一侧有两圆形穿孔。宽0.7、直径6.3厘米（图2-33-3）。

E型　103件（组），其中有45件（组）见于混合类型的成组铜镯中。细条环状，多锻造而成，部分内壁可见锻打留下的缝隙及包卷等现象。根据横截面形状不同，又分为六亚型。

Ea型　49件（组），其中有26件（组）见于混合类型的成组铜镯中。横截面为竖长方形。

标本M176：2-1，一组50余件。根据出土位置及形态推测，下葬时成串佩戴于被葬者左手臂，前小后大，后面还同时佩戴1件A型Ⅰ式铜镯（M176：2-2）。直径5.85~6.5厘米，横截面一般长0.2、宽0.05~0.1厘米（图2-34-1；图版31-2，图版127-2、3）。

标本M216：1，一组10件。锈蚀矿化严重。根据出土位置及形态推测，下葬时成串佩戴于被葬者手臂上，前小后大。直径6.5~6.9厘米，横截面长约0.32、宽约0.1厘米（图2-34-3；图版31-1）。

标本M274：1，一组60余件。根据出土位置及形态推测，下葬时成串佩戴于被葬者左手臂，前小后大。直径5.8~6.2厘米，横截面一般长0.2、宽0.1厘米（图2-34-2）。

Eb型　8件（组），其中有5件（组）见于混合类型的成组铜镯中。横截面为横长方形。

标本M58：4-3，矿化严重，断裂破碎。复原直径6厘米，横截面长0.24、宽0.12厘米（图2-33-4）。

图2-33 铜镯

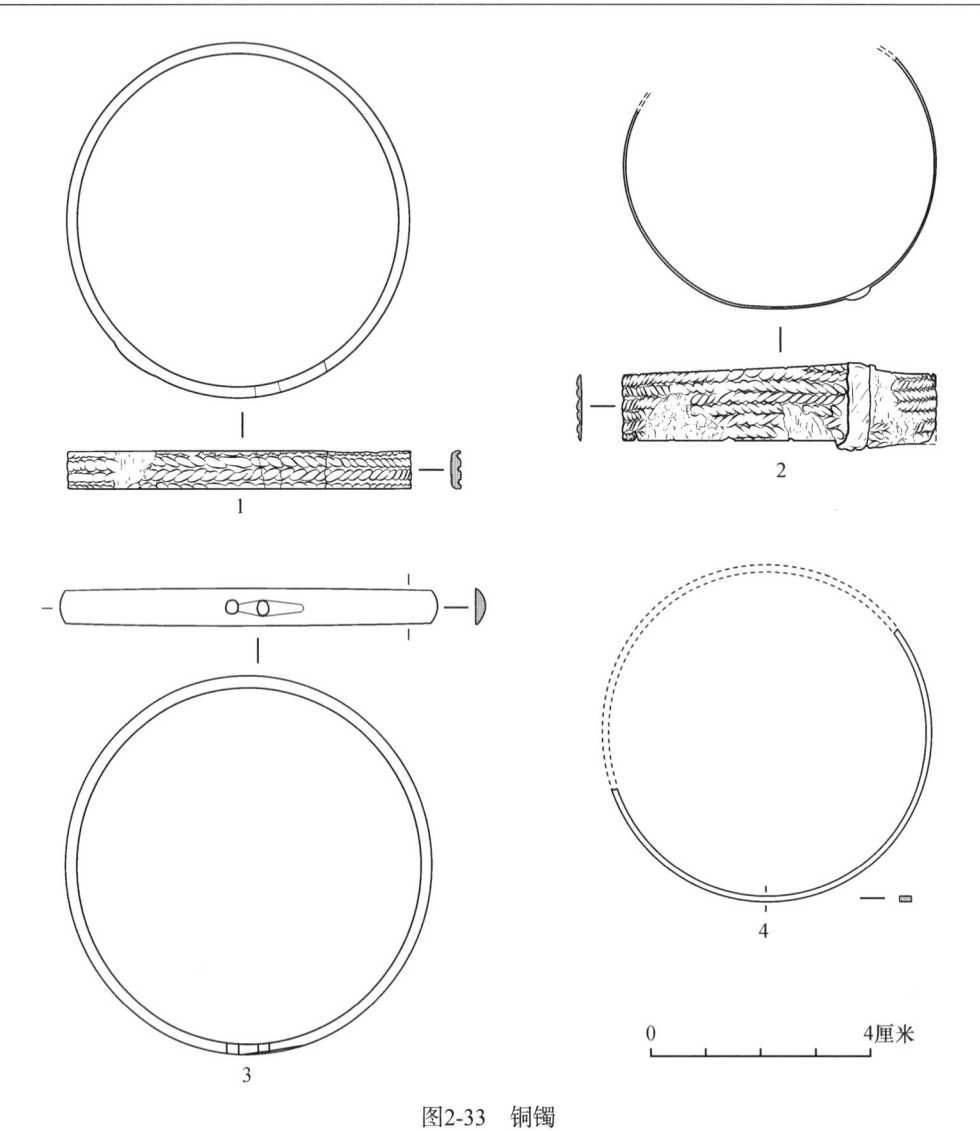

1. C型Ⅰ式（M58∶4-1）　2. C型Ⅱ式（M74∶3）　3. D型（M180∶11-11）　4. Eb型（M58∶4-3）

Ec型　23件（组），其中有9件（组）见于混合类型的成组铜镯中。横截面近方形。

标本M1∶1，一组60余件。锈蚀较严重，多断裂破碎。根据出土位置及形态推测，下葬时成串佩戴于被葬者右手臂，前小后大，表面附着纺织物痕迹。直径6.4~7.5厘米，横截面边长一般0.18~0.2厘米（图2-35-2；图版31-3）。

标本M30∶3，一组40余件。锈蚀严重，部分断裂。根据出土位置及形态推测，下葬时成串佩戴于被葬者右手臂，前小后大。直径5.5~6.5厘米，横截面边长0.15~0.2厘米（图2-35-1；图版75-4）。

Ed型　21件（组），其中有4件（组）见于混合类型的成组铜镯中。横截面近弯月形，内壁凹，外壁弧。

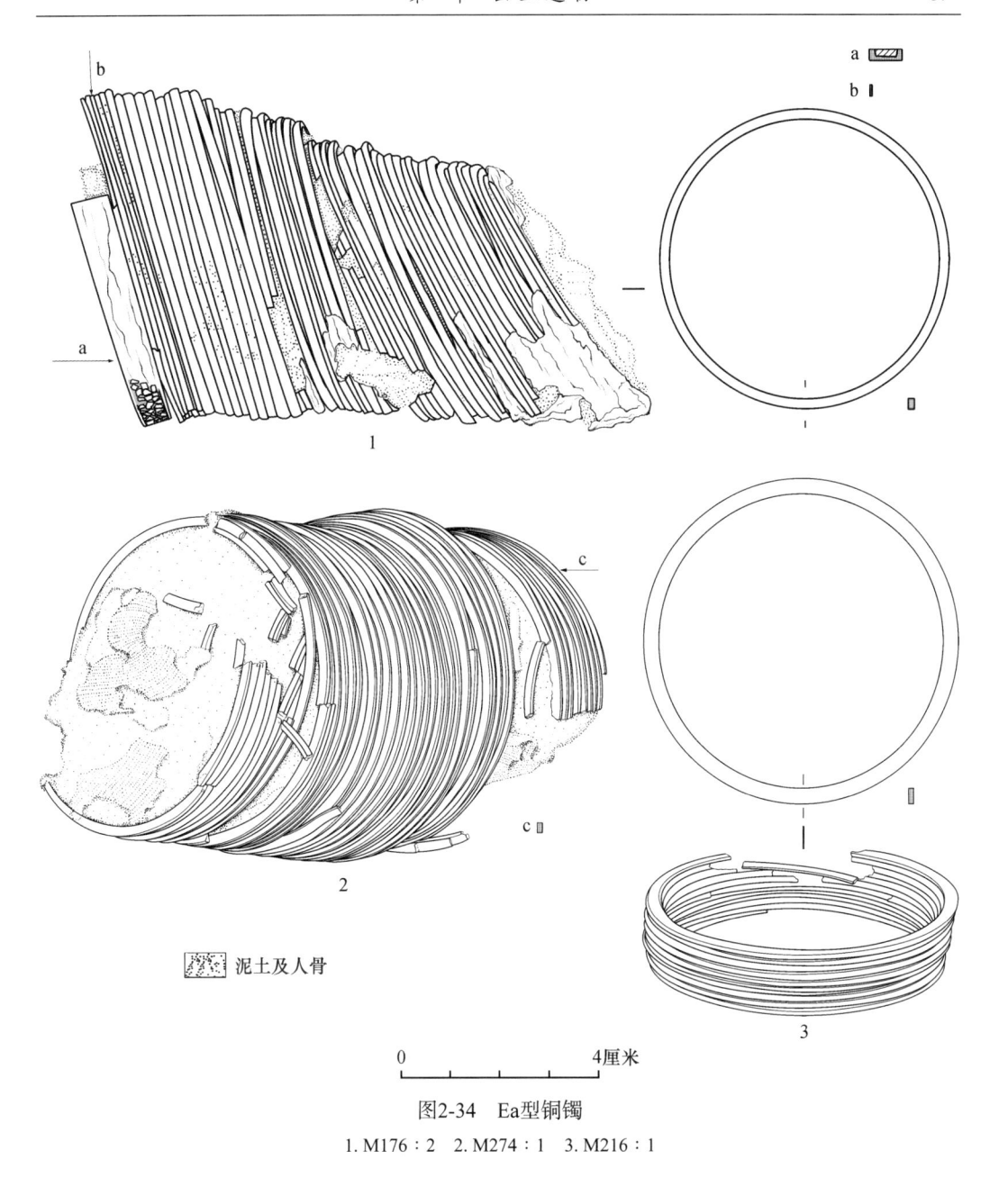

图2-34 Ea型铜镯
1. M176∶2 2. M274∶1 3. M216∶1

标本M55∶4，一组40余件。锈蚀严重，部分断裂。根据出土位置及形态推测，下葬时成串佩戴于被葬者左手臂，前小后大。直径5.5～6.4厘米，横截面一般直径约0.2厘米（图2-36-1；图版32-1，图版94-3）。

标本M63∶2，一组50余件。矿化严重，多断裂破碎。根据出土位置及形态推测，下葬时成串佩戴于被葬者左手臂，前小后大。因断裂且变形，铜镯直径多不详，横截面直径一般约0.18厘米（图2-36-2；图版32-2，图版100-4）。

□ 泥土　▨ 纺织品残留

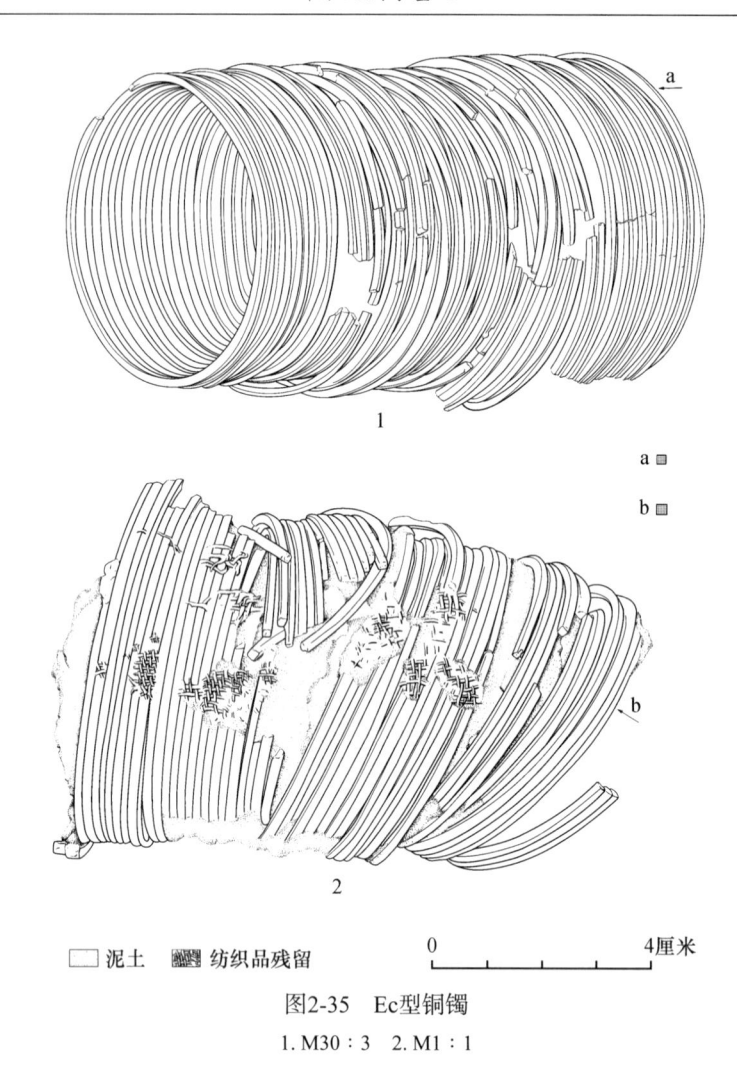

图2-35　Ec型铜镯
1. M30∶3　2. M1∶1

Ee型　1件。横截面近半圆形，内壁弧，外壁较直。

标本M192∶3，矿化严重，完全断裂破碎。复原直径约5厘米，横截面直径约0.28厘米（图2-36-3）。

Ef型　1件，见于混合类型的成组铜镯中。中间为并列的两根细条环状铜镯，铜镯横截面为竖长方形；两根并列铜镯之外，缠绕一根横截面同为长方形的细铜条。

标本M240∶2-2，直径约5.6厘米，单根铜镯及细铜条尺寸接近，横截面长约0.17、宽约0.07厘米（图2-36-4；图版32-3、4）。

铜扣饰　66件。由扣面和其背后弯钩构成，弯钩下部与扣面垂直或略倾斜，一般高1~2厘米，中间有穿，上部向一侧折弯，一般长3~4厘米，呈条形片状，前窄后宽，末梢渐薄。器形可辨者，根据扣面形制不同分为七型（表2-7）。

第二章 出土遗物

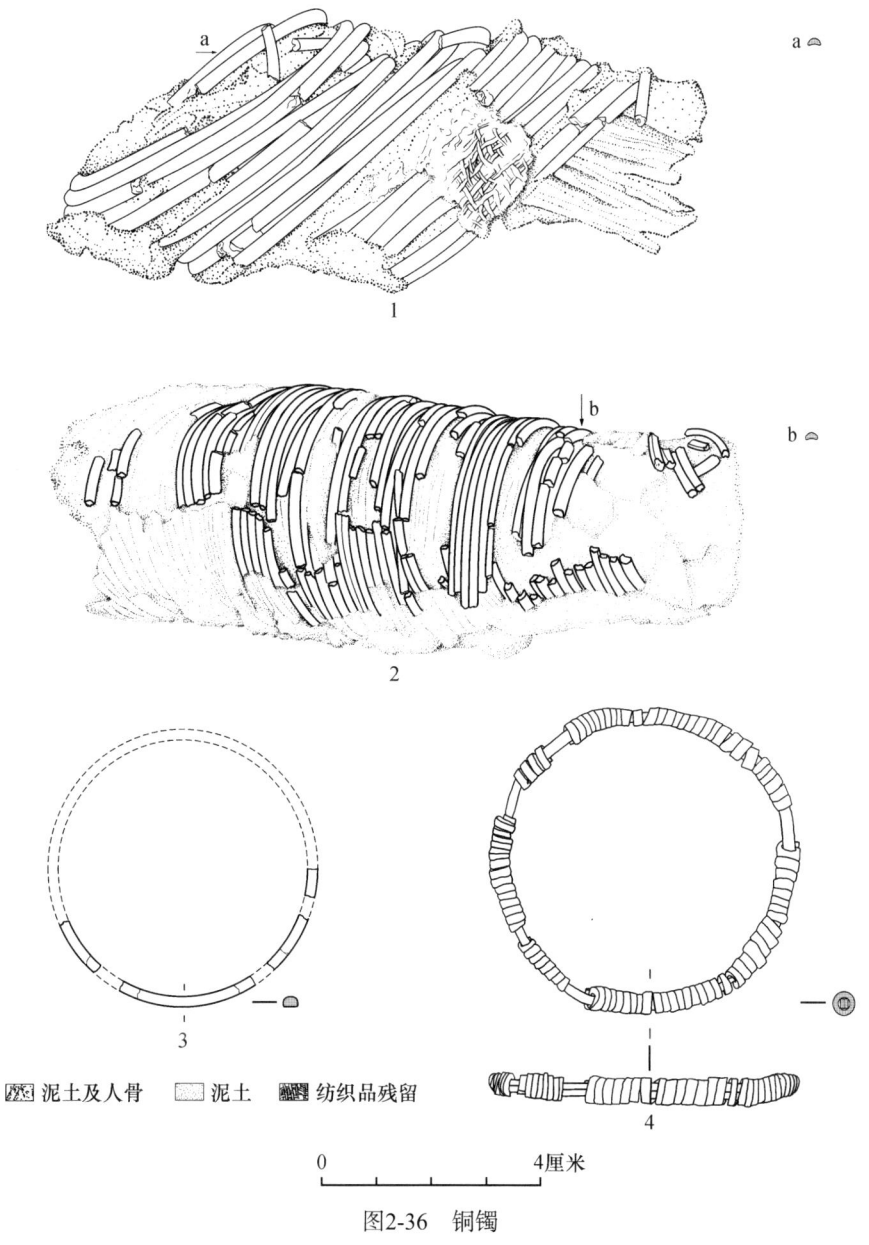

图2-36 铜镯

1、2. Ed型（M55：4、M63：2） 3. Ee型（M192：3） 4. Ef型（M240：2-2）

表2-7 大园子墓地出土铜扣饰统计表

序号	型式	器物号	数量	尺寸/厘米	备注
1	Aa	M90:1	1	直径15	
2	Aa	M121:1	1	直径12.6	
3	Aa	M129:1	1	直径约12.5	
4	Aa	M137:1	1	直径约15	
5	Aa	M227:1	1	直径12	
6	Aa	M230:2	1	残径约13.7	
7	Aa	M239:2	1	直径9.2	
8	Aa	M327:6	1	直径12.6	
9	Aa	M344:2	1	直径13.1	
10	Aa	M349:2	1	直径11.4	
11	Aa	M368:1	1	直径14	出土前弯钩折断置于一旁
12	Aa	M369:1	1	直径约15	
13	Aa	M378:2	1	直径约13.2、背面弯钩长约2.1	出土前弯钩折断置于一旁
14	Aa	M384:1	1	直径14.6	
15	Ab	M40:1	1	直径9.2	
16	Ab	M54:1	1	直径约7.2	
17	Ab	M73:4	1	直径约7	
18	Ab	M82:2	1	直径6.1	
19	Ab	M98:1	1	直径约10	
20	Ab	M180:6	1	直径9.2	
21	Ab	M183:3	1	直径9.2	
22	Ab	M188:1	1	直径约7.3	
23	Ab	M199:2	1	直径5.7	
24	Ab	M206:4	1	直径12.6	
25	Ab	M219:6	1	直径6.1	
26	Ab	M302:2	1	直径5.6	
27	Ab	M329:1	1	直径5.4	
28	Ab	M335:1	1	直径6.8	
29	Ab	M340:1	1	直径约9.5	
30	Ab	M350:2	1	直径7.5	
31	Ba	M330:1	1	直径4.2	
32	Bb	M138:4	1	直径7.8	
33	Bc	M201:1	1	直径13	
34	Ca	M22:2	1	直径10.2	

续表

序号	型式	器物号	数量	尺寸/厘米	备注
35	Ca	M281：5	1	直径9.9	
36	Ca	M300：2	1	直径10	
37	Cb	M293：2	1	直径11	
38	DaⅠ	M57：1	1	直径15.1	
39	DaⅠ	M110：1	1	直径16.3	
40	DaⅠ	M179：3	1	直径约14.2	
41	DaⅠ	M185：5	1	直径约14	
42	DaⅠ	M211：6	1	直径17.3	
43	DaⅠ	M224：2	1	直径约14.5	
44	DaⅠ	M324：1	1	残径约12	
45	DaⅡ	M4：1	1	直径约10	
46	DaⅡ	M12：2	1	直径约9	
47	DaⅡ	M13：1	1	直径9.6	
48	DaⅡ	M17：1	1	直径约12	
49	DaⅡ	M23：1	1	直径约9.5	
50	DaⅡ	M41：3	1	直径约9	
51	DaⅡ	M174：1	1	直径约11	
52	DaⅡ	M247：2	1	直径6.5	
53	DaⅡ	M273：2	1	直径约9.5	
54	Db	M36：3	1	直径9.8	
55	Ea	M43：1	1	长约7、宽约4	
56	Ea	M52：2	1	残长约4.4、宽约3.8	
57	Ea	M170：1	1	长10.5、宽6.2	
58	Ea	M213：1	1	长10.3、宽5.6	
59	Ea	M251：1	1	长10、宽5.4	
60	Eb	M3：1	1	长9.6、宽5.8	
61	F	M2：1	1	长8.4、宽5.6	出土前左上角折弯
62	F	M209：1	1	长8、宽4.5	
63	F	M249：1	1	长5.8、宽4.3	
64	F	M276：3	1	长8.7、宽4.4	
65	G	M7：2	1	残长5.1、残宽3.4	
66	不详	M64填：1	1	残长4.5、残宽2.7	仅剩小块残片

A型 30件。扣面圆形，中部鼓凸呈动物面具状。在此型扣饰的纹饰区，尤其是阴线或下凹区域内，常见一层似专门涂抹的黑色物质，使得纹饰看起来更为清晰、立体。根据细部特征又分为二亚型。

Aa型 14件。扣体较大，动物圆眼高鼻，面部立体感强。

标本M227：1，锈蚀严重，局部矿化破碎。动物泡状圆眼，宽鼻较高；面具周围由内到外施多道弦纹，弦纹之间依次填水滴状芒纹、双头蛇纹及放射状线纹。扣饰背面弯钩位于左侧，钩端朝右上方。扣饰直径12厘米（图2-37-1；图版33-1）。

标本M378：2，锈蚀严重，局部矿化破碎，下葬时背面弯钩被折断并放置于墓坑另一端。动物眼睛有瞳孔等结构，尖鼻高耸，鼻梁上有一道竖槽；面具周围施内

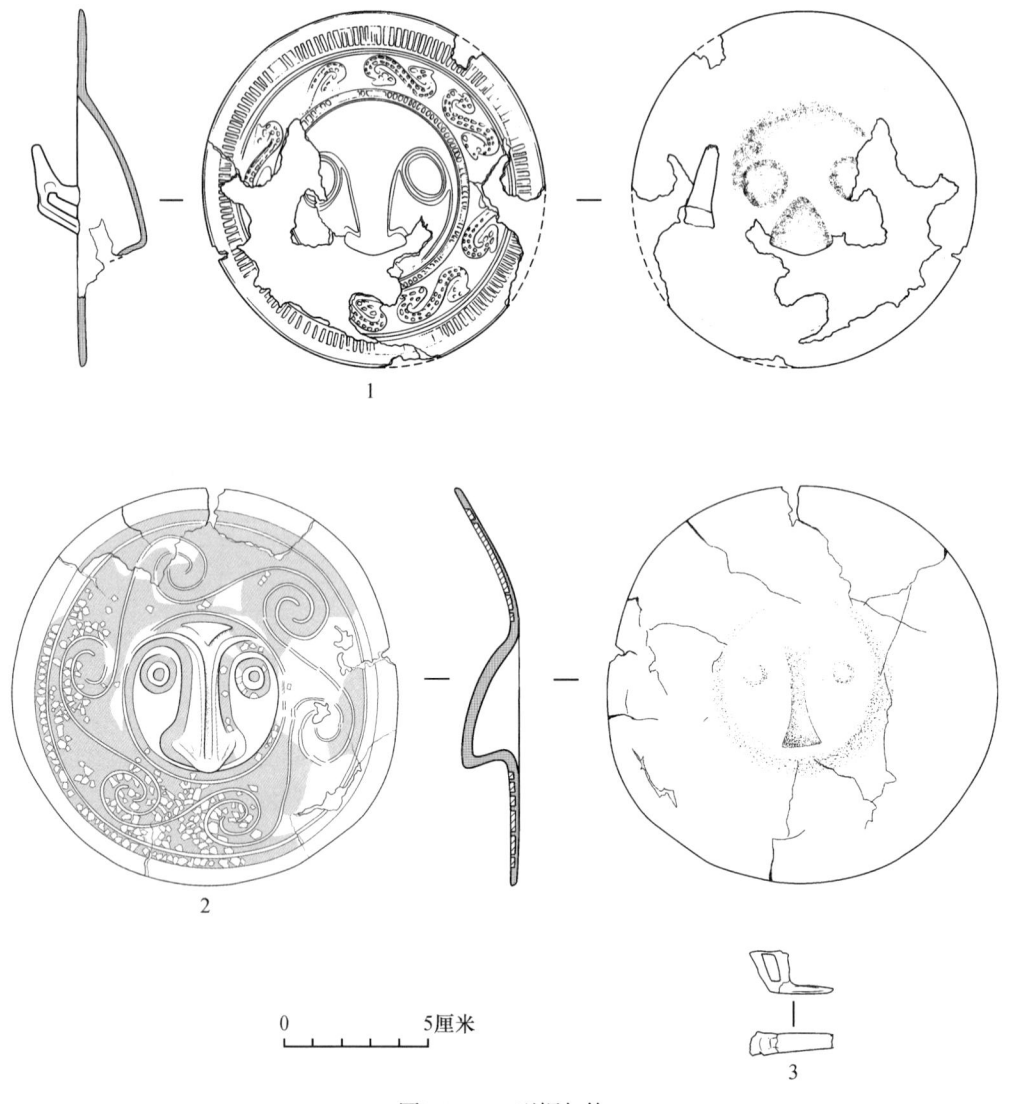

图2-37 Aa型铜扣饰
1. M227：1 2. M378：2 3. M378：2背后弯钩

外两周弦纹，中间再施凸起的"S"形勾连纹。动物眼、鼻凹槽内以及面具周围镶嵌不规则形状的孔雀石片，大多脱落，脱落处可见黑色黏结物。扣饰直径约13.2厘米（图2-37-2、3；图版33-2，图版226-2）。

Ab型 16件。扣体相对较小，面部立体感不及Aa型，动物眼睛下方即鼻子两侧多施蹲踞状人纹或"X"形纹。

标本M40：1，锈蚀严重，局部矿化破碎。动物额头施三角形纹，圆眼，宽鼻，眼睛有瞳孔等结构，眼睛下方即鼻子两侧施蹲踞状人纹；面具周围由内到外施多道弦纹，弦纹之间分别填水滴状芒纹、蛇纹、放射状短线纹、变形牵手人纹及纵横相间短线纹等。扣饰直径9.2厘米（图2-38-1、图2-47-1；图版34-1、2，图版83-2）。

标本M199：2，锈蚀严重，局部矿化破碎。动物额头施三角形纹，圆眼，宽鼻，眼睛有瞳孔等结构，眼睛下方即鼻子两侧施"X"形纹；面具周围由内到外施多道弦纹，弦纹之间依次填放射状短线纹及水滴状芒纹。背面弯钩所在位置可见近长方形铸缝。扣饰直径5.7厘米（图2-38-3；图版34-5、6，图版149-3）。

标本M335：1，锈蚀严重，局部矿化破碎。动物额头施三角形纹，圆眼，宽鼻，

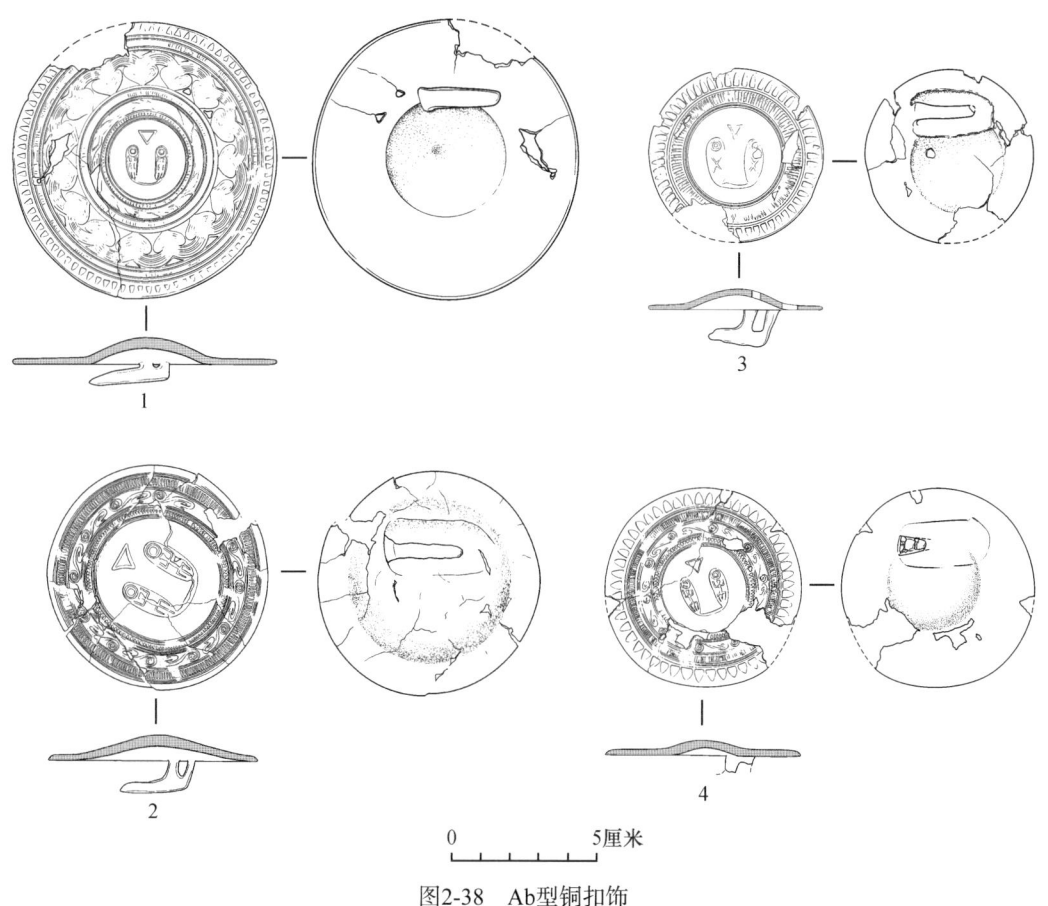

图2-38 Ab型铜扣饰

1. M40：1 2. M350：2 3. M199：2 4. M335：1

眼睛有瞳孔等结构，眼睛下方即鼻子两侧施蹲踞状人纹；面具周围由内到外施多道弦纹，弦纹之间填水滴状芒纹、卷尾蛇纹、放射状短线纹等。背面弯钩残，残断处周围可见近长方形铸缝。扣饰直径6.8厘米（图2-38-4；图版212-2、3）。

标本M350：2，锈蚀严重，局部矿化破碎。动物额头施三角形纹，圆眼，宽鼻，眼睛有瞳孔等结构，眼睛下方即鼻子两侧施蹲踞状人纹；面具周围由内到外施多道弦纹，弦纹之间填水滴状芒纹、卷尾蛇纹、放射状短线纹。背面弯钩所在位置可见近长方形铸缝。扣饰直径7.5厘米（图2-38-2；图版34-3、4，图版217-2、3）。

B型　3件。扣面圆形，周围较平，中间凸起。根据具体形制又分为三亚型。

Ba型　1件。中间呈圆鼓状凸起。

标本M330：1，出土时矿化锈蚀严重，边缘多残碎。扣面中间圆鼓状凸起外围施锥状芒纹，芒纹之间隔圆点纹。扣饰直径4.2厘米（图2-39-1）。

Bb型　1件。中间呈乳突状凸起。

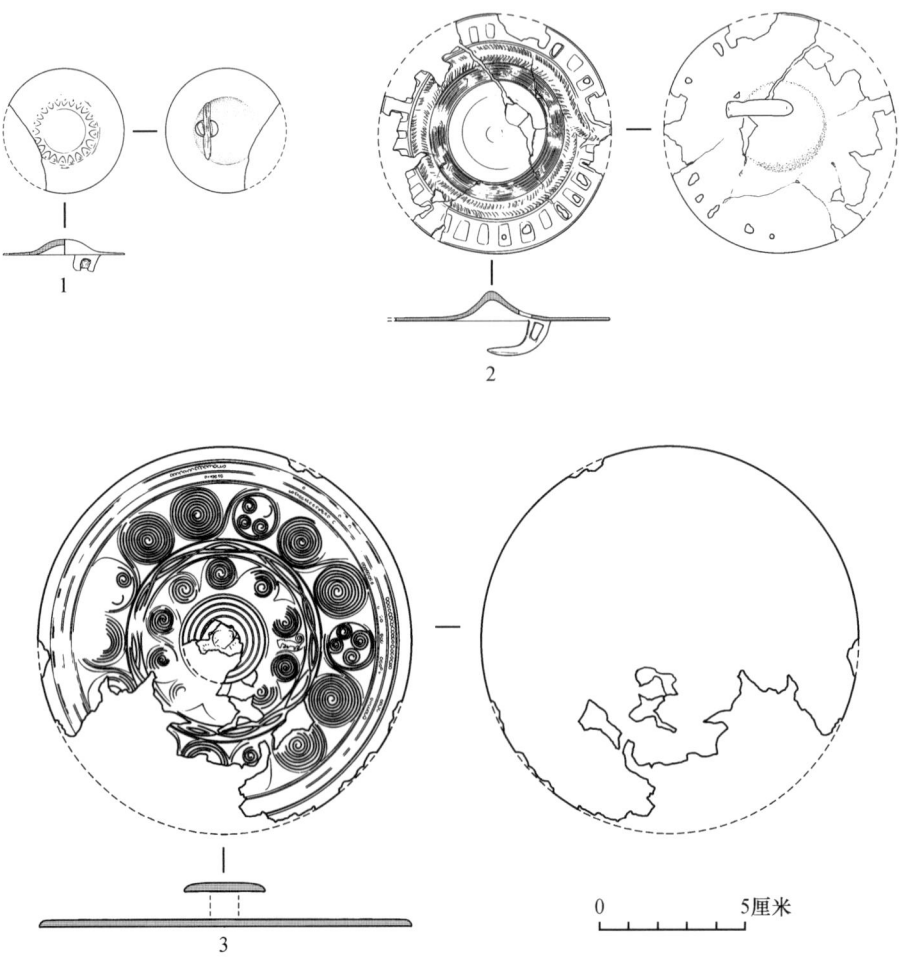

图2-39　铜扣饰

1. Ba型（M330：1）　2. Bb型（M138：4）　3. Bc型（M201：1）

标本M138：4，出土时矿化锈蚀严重，局部破碎。扣面中间乳突状凸起外围施一周云雷纹，再外为一盘绕状蛇纹，边缘为一周近长方形镂孔。扣饰直径7.8厘米（图2-39-2；图版35-1、2，图版118-4、5）。

Bc型　1件。中间呈蕈状凸起。

标本M201：1，出土时矿化锈蚀严重，大部破碎，背面未见弯钩，推测下葬前已残缺不存。扣面中间蕈状结顶面残存数道弦纹，扣面上亦施数道弦纹，内填勾连涡纹、绞索纹及联珠状点纹，在内圈勾连涡纹中间还施一小的犬形动物。扣面局部可见黑色附着物。扣饰直径13厘米，扣面中央蕈状结构因残，高度不详（图2-39-3；图版35-5、6）。

C型　4件。扣面呈浅圆盘形，中心凸起。根据具体形制不同，又分二亚型。

Ca型　3件。扣面中心呈乳钉状凸起，周围施重线"十"字纹，"十"字四角又对称分布四个乳钉。

标本M22：2，锈蚀严重，局部矿化破碎。扣面外围施多道弦纹，弦纹之间填长方块和短线纹。背面弯钩所在位置略高于周围，形成近长方形凸面。扣饰直径10.2厘米（图2-40-1，图2-47-2；图版35-3、4，图版68-4、5）。

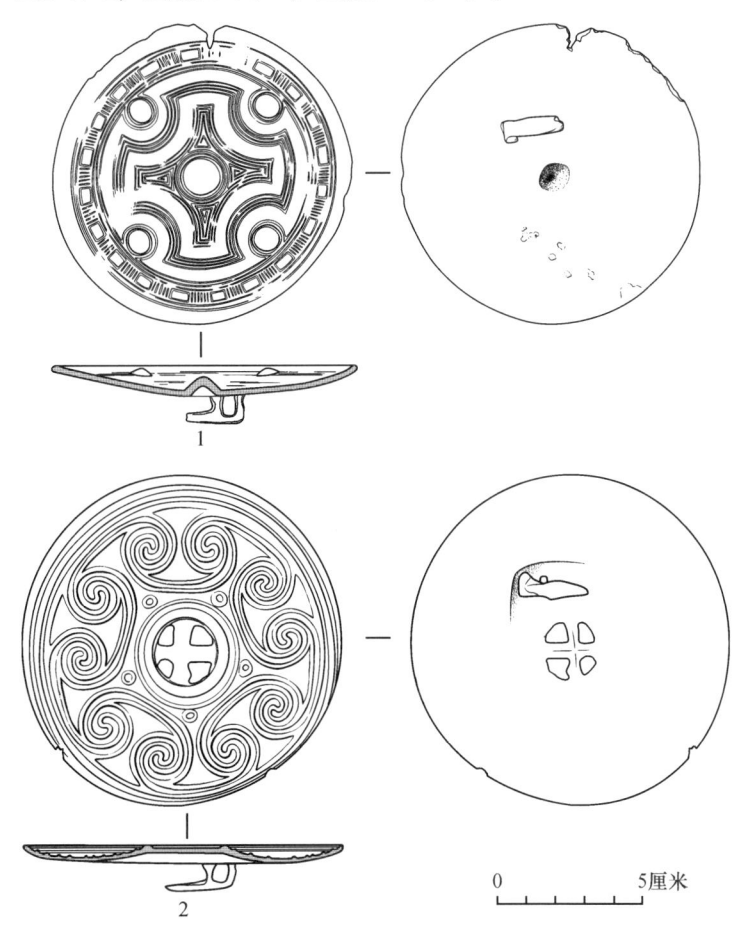

图2-40　铜扣饰
1. Ca型（M22：2）　2. Cb型（M293：2）

Cb型　1件。扣面中间呈圈状凸起，内以4个镂孔构成"十"字形图案。

标本M293：2，锈蚀较严重，局部破碎。扣面中间"十"字形图案周围由内到外施多道弦纹，弦纹之间填勾连涡纹加小圆圈。背面弯钩因长期使用，磨损较严重，另弯钩根部附近隐约可见铸缝痕迹。扣饰直径11厘米（图2-40-2，图2-47-3；图版36-1、2，图版199-3、4）。

D型　17件。圆形扣面中间有两小穿孔，原镶嵌玉石扣，但大多于下葬前已脱落不存，其外镶嵌密集的孔雀石片。根据形制及扣面纹饰等，又分为二亚型。

Da型　16件。扣面呈浅圆盘状。根据具体形制和纹饰，再分为二式。

Ⅰ式：7件。扣面一般较大，上施5个首尾相缠绕的反向"S"状双头蛇形细条纹。

标本M57：1，锈蚀严重，矿化破碎，背面未做清理，情况不详。扣面所镶孔雀石片局部脱落，露出其下黑色黏结物。孔雀石片多呈圆形，中间带穿，少数形状不规则。扣饰直径15.1厘米（图2-41-2；图版96-1）。

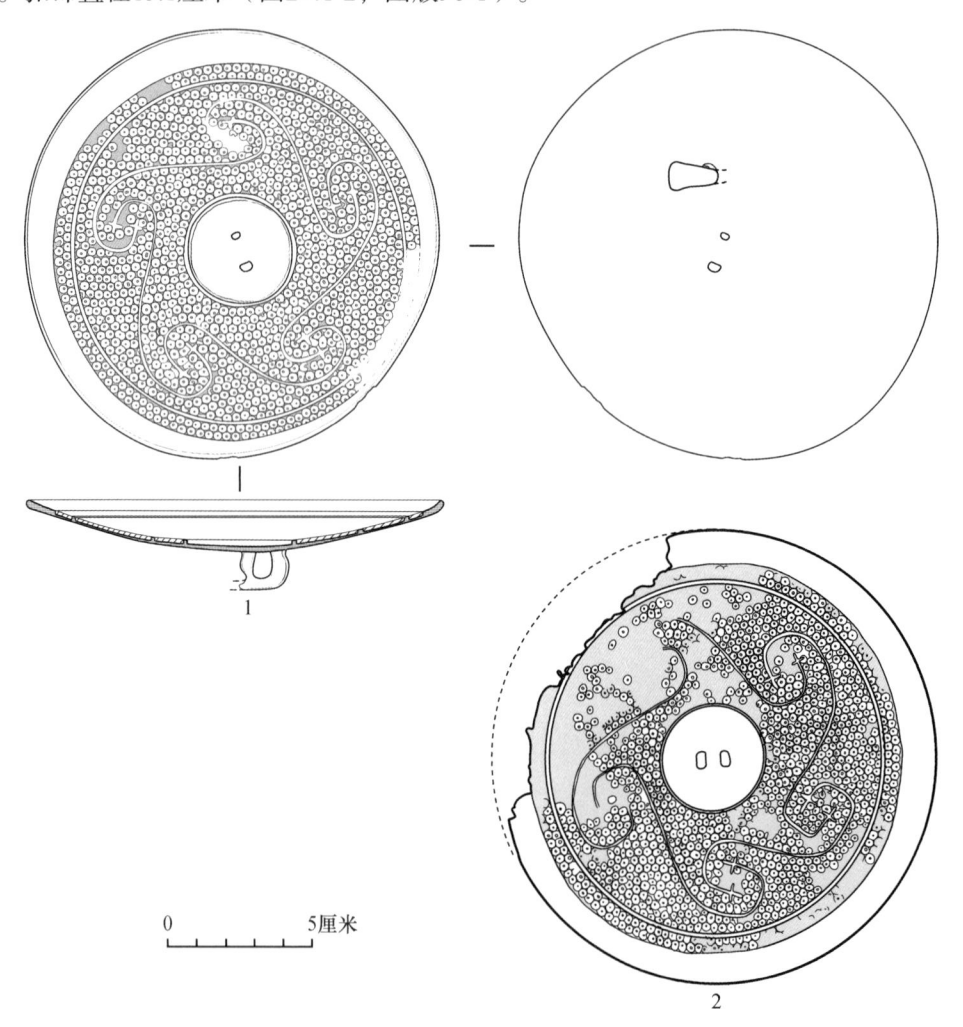

图2-41　Da型Ⅰ式铜扣饰
1. M179：3　2. M57：1

标本M179：3，锈蚀较严重。扣面所镶孔雀石片局部脱落，露出其下黑色黏结物。孔雀石片多呈圆形，中间带穿，少数形状不规则。背面弯钩较短，推测原先钩端断裂，重新打磨而成。扣饰直径约14.2厘米（图2-41-1；图版36-5、6，图版130-1~3）。

Ⅱ式：9件。扣面带边轮，中间预铸两圈凹槽。

标本M12：2，锈蚀较严重。扣面所镶孔雀石片局部脱落，脱落处可见黑色黏结物。孔雀石片多呈圆形，中间带穿，少数形状不规则。背面弯钩所在位置略高于周围，形成近长方形凸面。扣饰直径约9厘米（图2-42-1；图版36-3、4）。

标本M17：1，锈蚀较严重。扣面所镶孔雀石片局部脱落，露出其下黑色黏结物。孔雀石片多呈圆形，中间带穿，少数形状不规则。直径约12厘米（图2-42-2；图版37-1、2，图版67-6、7）。

标本M41：3，锈蚀严重，局部破裂。扣面所镶孔雀石片局部脱落，脱落处可见黑

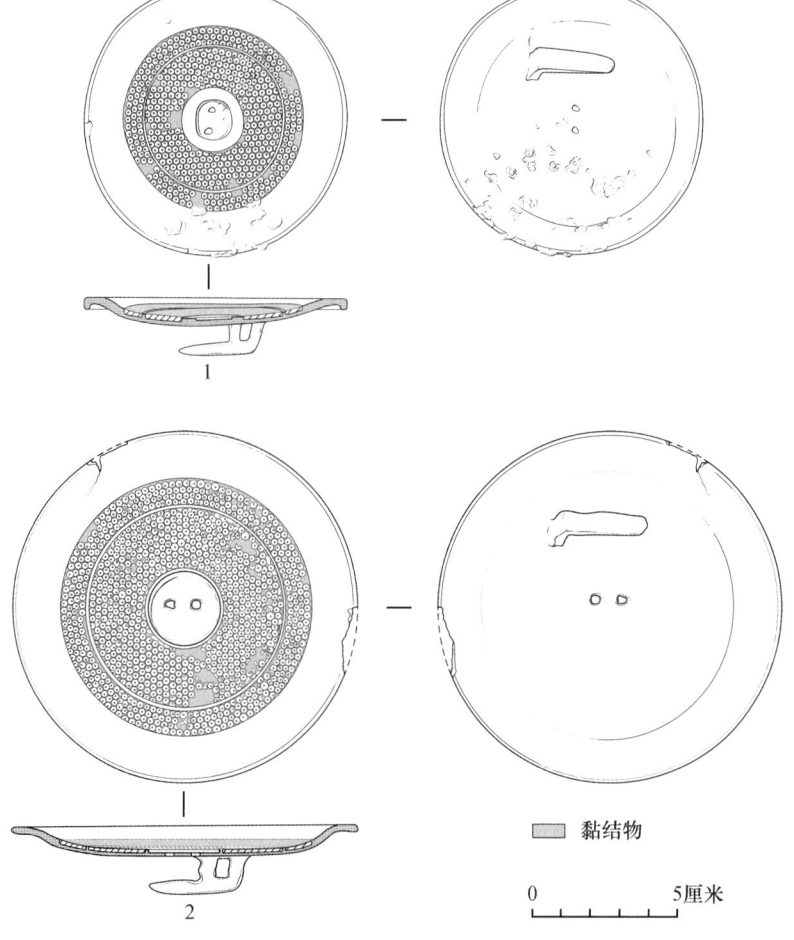

图2-42 Da型Ⅱ式铜扣饰

1. M12：2　2. M17：1

色黏结物。孔雀石片多呈圆形，中间带穿，少数形状不规则。扣饰下部有破裂痕迹，裂缝两侧可见修补时留下的圆形铜孔。背面弯钩所在位置略高于周围，形成近长方形凸面。扣饰直径约9厘米（图2-43-1；图版37-3～5）。

Db型　1件。扣面中部上鼓，周围较平，中间预铸两圈凹槽。

标本M36：3，锈蚀严重，局部矿化破碎。扣面所镶孔雀石片局部脱落，脱落处可见黑色黏结物。孔雀石片多呈圆形，中间带穿，少数形状不规则。扣饰直径9.8厘米（图2-43-2；图版37-6）。

E型　6件。长方牌形。根据具体形制和纹饰又分为二亚型。

Ea型　5件。扣面中间凸起成横脊。扣面上、下两长边施外卷云纹，呈花边状；左右两侧多直边，边框施小圆圈纹和竖线纹。

标本M170：1，锈蚀严重，局部矿化破碎。背面弯钩所在位置隐约可见近长方形痕迹。长10.5、宽6.2厘米（图2-44-1；图版125-2、3、5）。

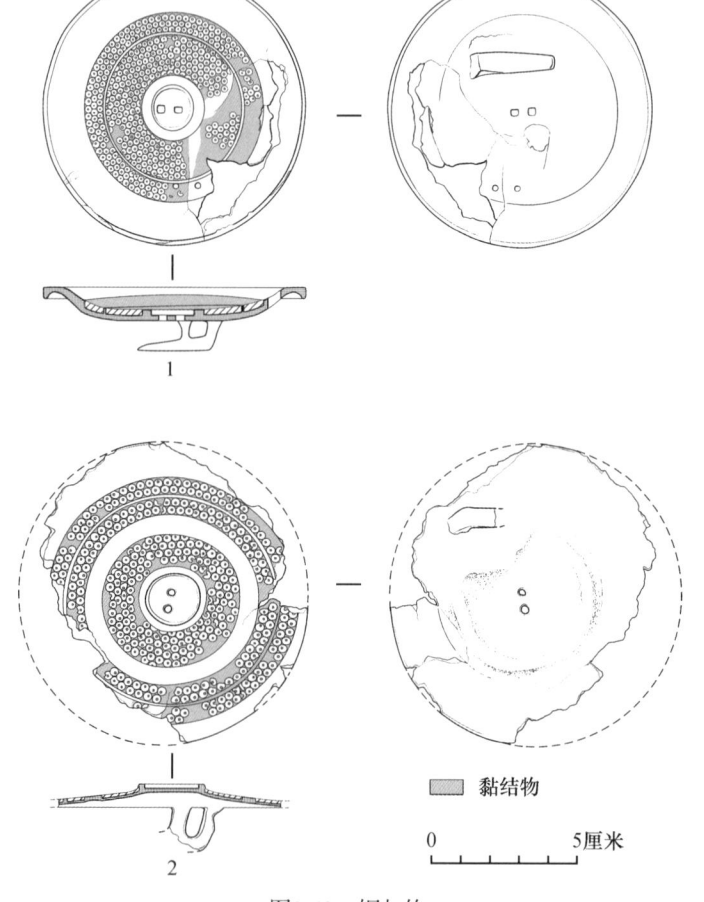

图2-43　铜扣饰
1. Da型Ⅱ式（M41：3）　2. Db型（M36：3）

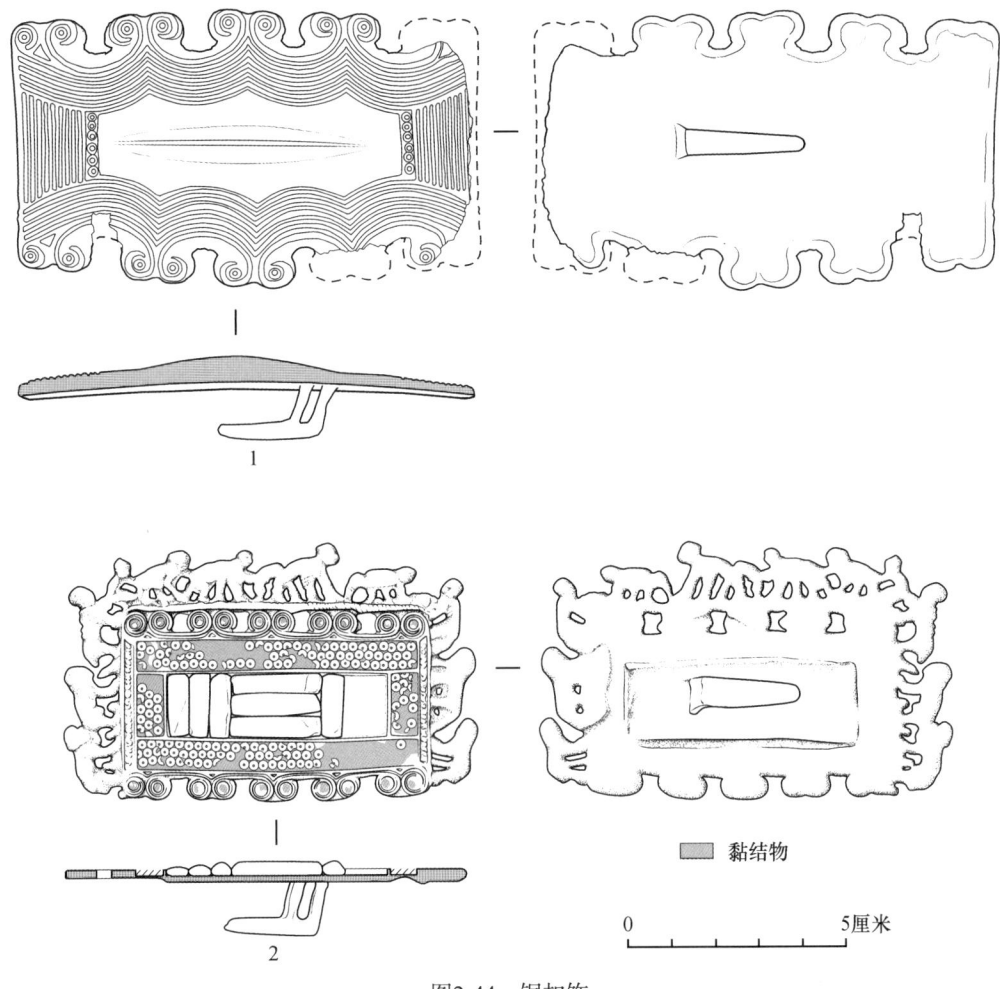

图2-44 铜扣饰
1. Ea型（M170∶1） 2. Eb型（M3∶1）

标本M251∶1，锈蚀较严重，局部矿化破碎。背面弯钩所在位置隐约可见近长方形痕迹。长10、宽5.4厘米（图2-45-1；图版38-1、2，图版177-2，图版178-3、4）。

Eb型 1件。扣面主体形似Ea型，左、右两边及上边环绕动物雕像。

标本M3∶1，锈蚀严重，局部矿化破碎。扣面中部镶嵌白色实心柱状玛瑙珠，原为三横六纵共9个，其中2个出土前已脱落；玛瑙珠四周密集镶嵌孔雀石圆片，中心带穿，局部脱落；玛瑙珠和孔雀石圆片脱落处可见黑色黏结物。上、下两长边施外卷云纹；左、右两侧及上边另施猴装饰，猴共11只，首尾相连，均呈半立体圆雕状；其中左、右两边各3只猴，上边5只猴，靠近左上角的猴个体较小，伏于前猴后腿和背上，应为一幼猴。背面弯钩所在位置高于周围，形成近长方形凸面。扣饰长9.6、宽5.8厘米（图2-44-2；图版38-3～6）。

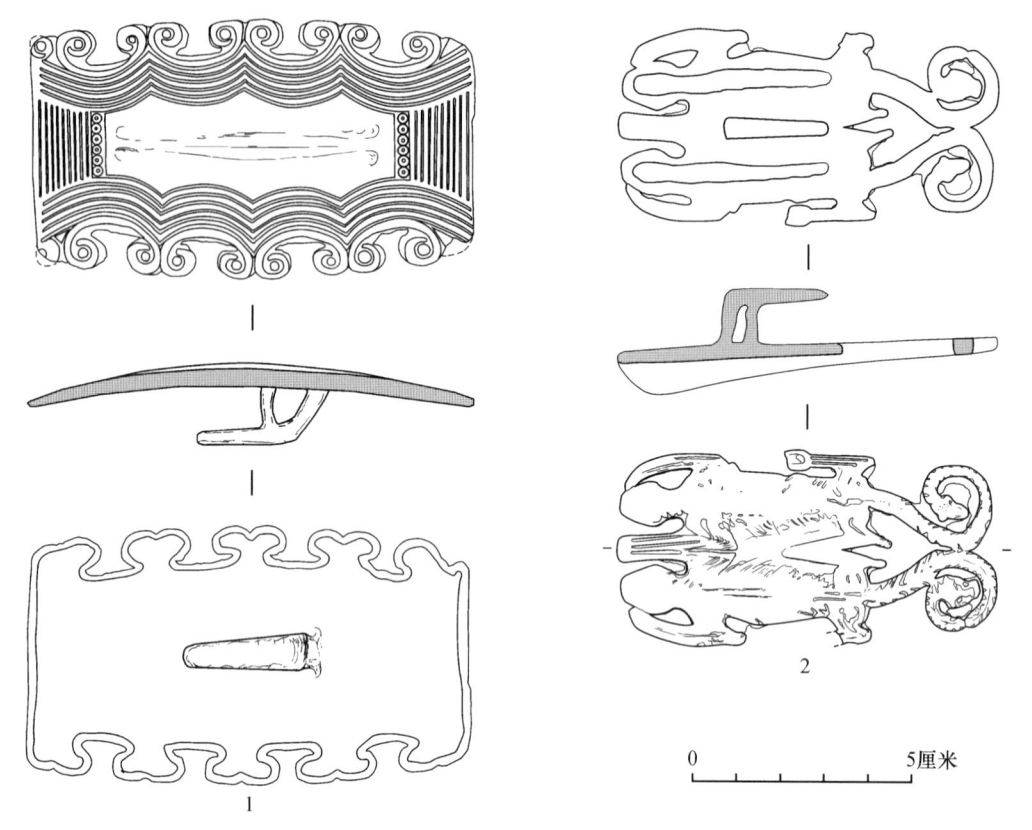

图2-45 铜扣饰
1. Ea型（M251∶1） 2. F型（M276∶3）

F型 4件。扣体呈半立体状动物造型。

标本M2∶1，扣面为半立体牛首造型，牛鼻、耳、角清晰可见，左角出土前被折弯。扣饰长8.4、宽5.6厘米（图2-46-2；图版40-1~3，图版55-2）。

标本M209∶1，锈蚀较严重，局部残。扣面呈半立体虎踏蛇造型，虎尾卷曲略残。背面弯钩所在位置周围可见近长方形铸缝。扣饰长8、高4.5厘米（图2-46-1；图版39-4~6，图版155-2）。

标本M249∶1，锈蚀严重，局部矿化破碎，背面弯钩残断。扣面呈半立体蛇鸟相斗造型，鸟似鸬鹚，长喙啄蛇身，蛇咬鸟颈。长5.8、宽4.3厘米（图2-46-4；图版40-4、5）。

标本M276∶3，锈蚀严重，局部矿化破碎。扣面为半立体二兽并列匍匐造型，兽尾卷曲，末端幻化为蛇头。长8.7、宽4.4厘米（图2-45-2；图版39-1~3，图版189-4）。

G型 1件。扣面呈近椭圆形片状，或为其他类型铜扣饰残破后打磨改制而成。

标本M7∶2，残长5.1、残宽3.4厘米（图2-46-3；图版40-6，图版59-3、4）。

铜泡饰 25件。器形可辨者，根据器形不同分为五型（表2-8）。

第二章　出土遗物

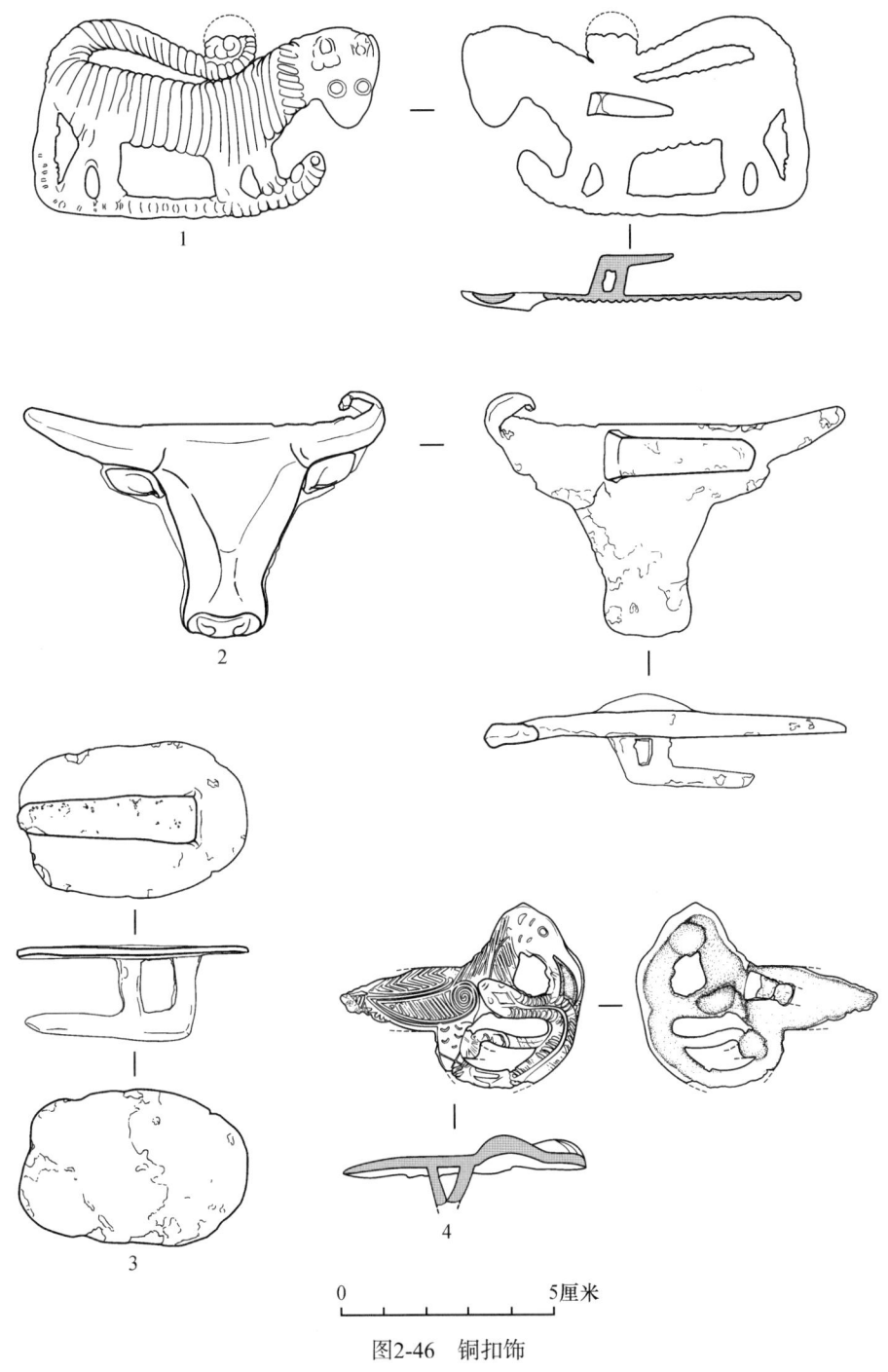

图2-46　铜扣饰
1、2、4. F型（M209：1、M2：1、M249：1）　3. G型（M7：2）

表2-8 大园子墓地出土铜泡饰统计表

序号	型式	器物号	数量	尺寸/厘米	备注
1	Aa	M115:1	1	直径4.6	
2	Aa	M115:2	1	直径4.6	
3	Aa	M131:1	1	不详	
4	Aa	M152:2	1	直径约4	
5	Aa	M322:1	1	直径约3.2	
6	Aa	M327:11	1	直径4.6	
7	Aa	M327:12	1	直径4.6	
8	Aa	M352填:1	1	残径4.05	
9	Ab	M228:5	1	直径3.6	
10	Ba	M206:5	1	直径2.5	
11	Bb	M300:4	1	直径3.2	
12	Ca	M33:3	1	残径约5.7、高4.1	
13	Ca	M58:6	1	直径约6.3、高1.7	
14	Ca	M112:1	1	直径约4.5、高2.2	
15	Ca	M164:1	1	直径约6.5	
16	Ca	M351:2	1	直径约4.2、残高1.5	
17	Cb	M211:4	1	直径2.7、残高约1.1	
18	Cb	M280:1	1	直径2.7、高0.8	
19	Cb	M327:13	1	直径2.7、高1	
20	D	M180:14	1	长3.7、宽2.6	
21	D	M180:15	1	长3.8、宽3.3	
22	E	M185:8	1	残长4.6、宽2.1	
23	不详	M77:1	1	残径2.2	
24	不详	M155:1	1	直径约7	
25	不详	M369:4	1	残径4.5	

A型 9件。呈圆形片状，中部鼓起，四周较平，背面有一横梁。根据具体形制差异，又分为二亚型。

Aa型 8件。一侧带两个环耳，似双角。正面中间多施卷云状涡纹。

标本M115:1、M115:2，锈蚀较严重，局部矿化破碎，出土时前者叠压于后者之上。正面外围施数周弦纹，靠近边缘处施三周联珠状圆点纹。两件泡饰大小相近，

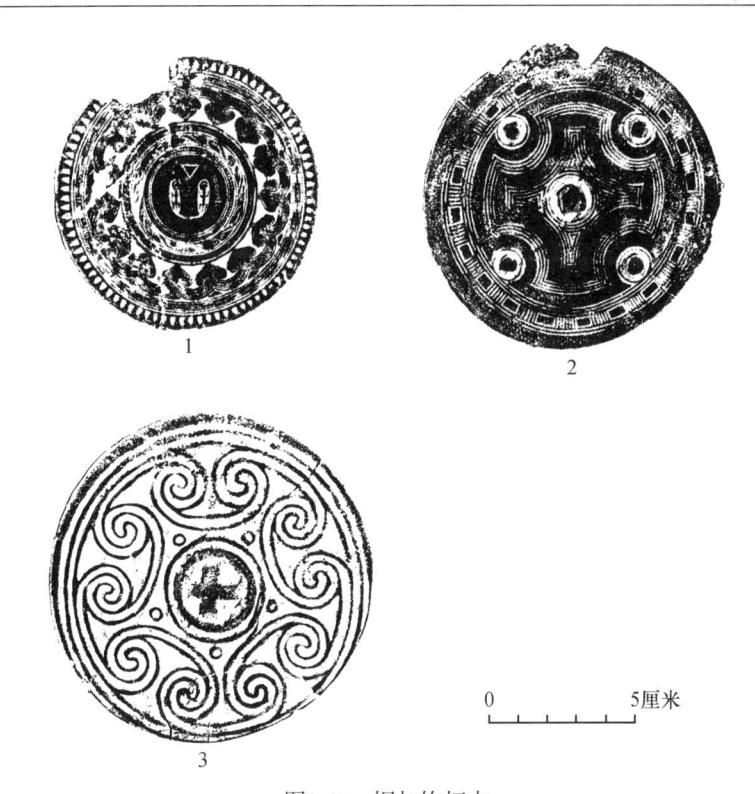

图2-47 铜扣饰拓本
1.Ab型（M40∶1） 2.Ca型（M22∶2） 3.Cb型（M293∶2）

直径4.6厘米（图2-48-3、2；图版115-2、3）。

标本M327∶12，锈蚀严重，局部矿化破碎。正面外围施数周弦纹，近边缘处施三周联珠状圆点纹。直径4.6厘米（图2-48-1；图版41-1、2，图版207-1、2）。

Ab型 1件。比Aa型稍小，无双角状环耳。

标本M228∶5，锈蚀严重，局部矿化破碎。正面中部鼓凸处素面，外围施数周弦纹，近边缘处施两周联珠状点纹。直径3.6厘米（图2-48-4；图版41-3，图版168-5、6）。

B型 2件。圆鼓片状，器形较小，背面有一横梁。根据具体形制又分为二亚型。

Ba型 1件。鼓面中间有一小扁圆乳钉。

标本M206∶5，鼓面由内到外施多道弦纹，弦纹之间依次填水滴状芒纹和云雷纹。背面横梁残。直径2.5厘米（图2-49-2；图版41-5，图版153-3、5）。

Bb型 1件。鼓面光滑。

标本M300∶4，正面内施卷云状涡纹，外施数周弦纹。直径3.2厘米（图2-49-3；图版41-6，图版201-5、6）。

C型 8件。圆片状，中间呈锥形凸起，背面有一或两道横梁。根据具体形制又分为二亚型。

图2-48 铜泡饰

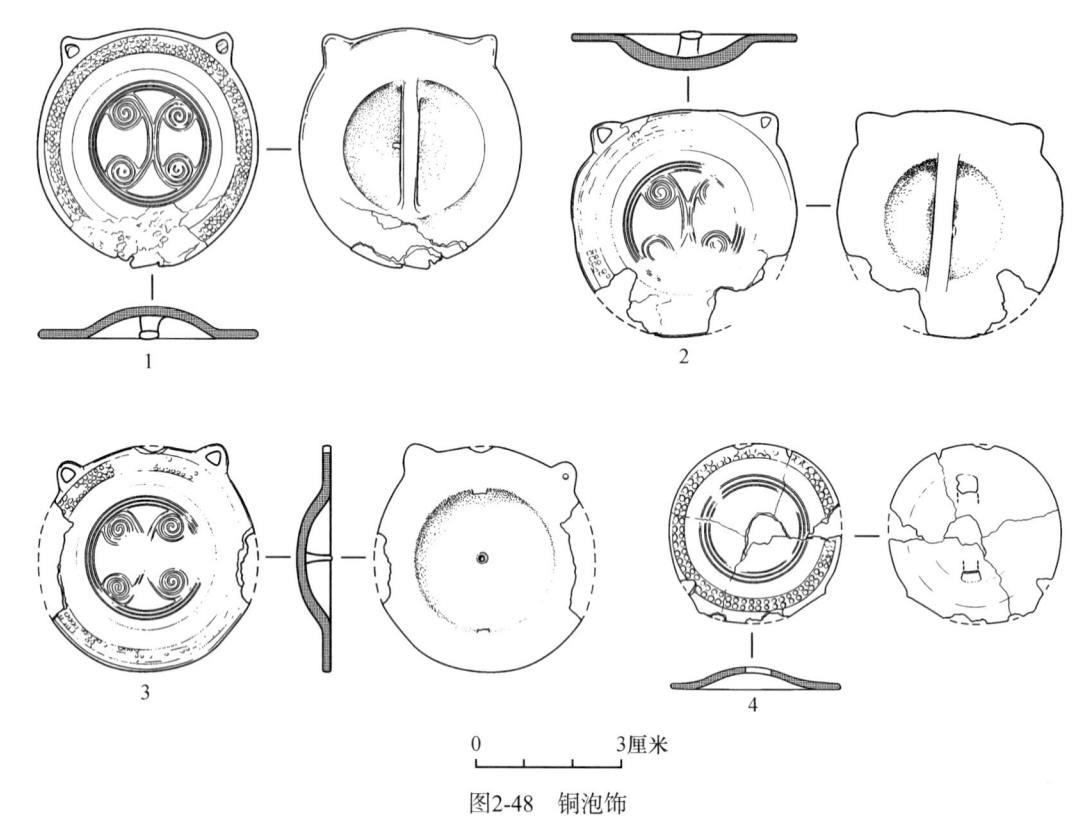

1~3. Aa型（M327:12、M115:2、M115:1） 4. Ab型（M228:5）

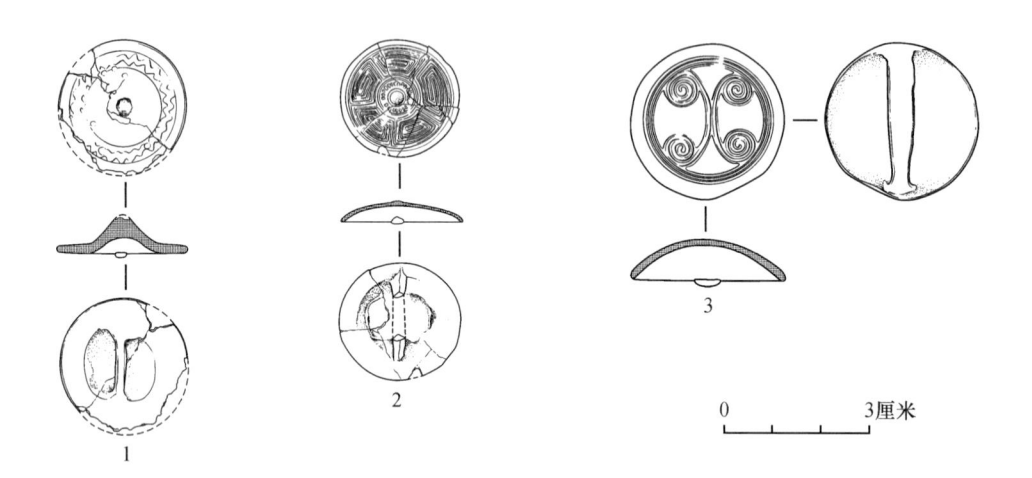

图2-49 铜泡饰

1. Cb型（M280:1） 2. Ba型（M206:5） 3. Bb型（M300:4）

Ca型 5件。圆片周围上翘，似圆盘状，中间锥凸高耸。

标本M58：6，锈蚀矿化严重，破碎。正面周围施放射状线条纹。背面有两道横梁。复原直径约6.3、高1.7厘米（图2-50-1）。

标本M112：1，锈蚀严重。锥凸下部施弦纹和波折纹，正面周围施放射状线条纹。背面有一道横梁。复原直径约4.5、高2.2厘米（图2-50-4）。

Cb型 3件。器形较小，圆片边缘较平，中间锥形凸起较矮。

标本M280：1，锈蚀严重，局部矿化破碎。正面鼓凸处周围施波折纹。背面有一道横梁。直径2.7、高0.8厘米（图2-49-1；图版41-4）。

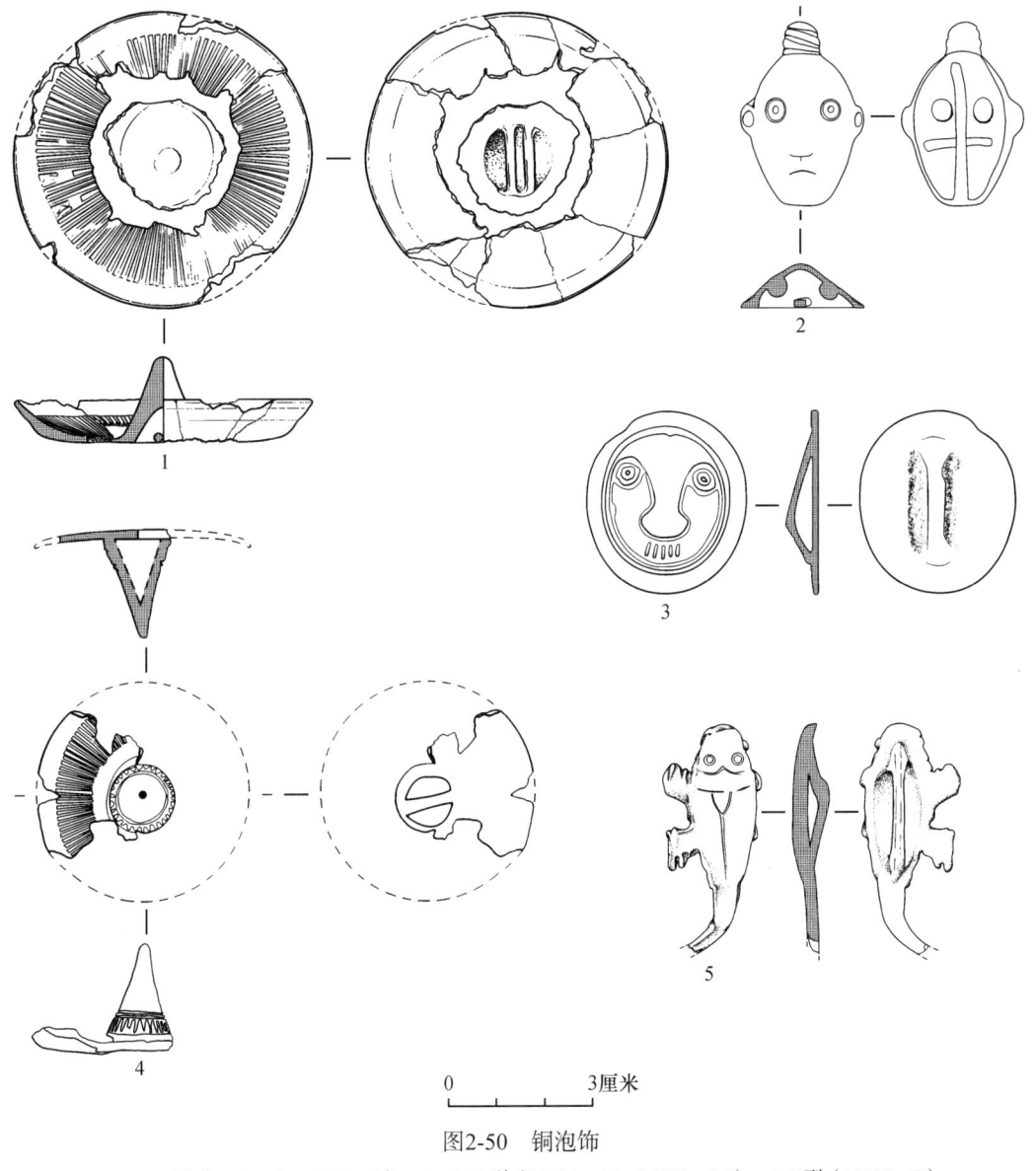

图2-50 铜泡饰

1、4.Ca型（M58：6、M112：1） 2、3.D型（M180：14、M180：15） 5.E型（M185：8）

D型　2件。面具状。

标本M180∶14，人面形，五官较清晰，圆目下凹，内镶嵌环状孔雀石片，头顶发髻呈螺旋状凸起；背面有"十"字形梁。长3.7、宽2.6厘米（图2-50-2；图版42-1、2，图版133-6）。

标本M180∶15，动物面具形，动物圆眼宽鼻，眼睛有瞳孔等结构，鼻下有短线纹似胡须；背面有一道竖梁。长3.8、宽3.3厘米（图2-50-3；图版42-3、4）。

E型　1件。半立体动物造型。

标本M185∶8，整体造型似鱼，尾残；背面有梁。残长4.6、宽2.1厘米（图2-50-5；图版42-5、6）。

铜片饰　2件（组）。均锈蚀矿化严重，根据形制不同分为二型。

A型　一组3件。近长方形片状，不甚规则；正面有成列乳钉；背面接一近方形环钮，环钮位置可见一周铸缝痕迹。

标本M179∶5，一组3件。M179∶5-1，正面一列2个乳钉，长3.3、宽1.5厘米；M179∶5-2，正面一列3个乳钉，长4.6、宽1.4厘米；M179∶5-3，一端残，正面一列3个乳钉，残长4、宽1.5厘米（图2-51-3、4、6；图版43-2、3）。

B型　1件。圆形薄片状，如浅盘，正面中心呈乳钉状凸起，背面对应位置内凹，中间有一两端粗中间细的横梁。

标本M12∶4，直径5.7厘米（图2-51-5；图版43-4，图版63-3、4）。

铜牌形饰　1件。

标本M180∶8，锈蚀矿化严重，大部破碎。镂空薄片状，平面呈倒置梯形，中间有柄向下延伸出梯形框，柄端可见一小的叉形缺口，梯形框内两侧饰对称弯钩。用途不明，推测为装饰品。上宽6、下宽3.2、通高4.35、厚0.12厘米（图2-51-7）。

铜簪　2件。根据形制不同，分二型。

A型　1件。方条形。

标本M7∶1，中部稍粗，向两端渐细。长13.4、中部横截面边长0.6厘米（图2-51-2；图版59-2）。

B型　1件。圆条形，顶端饰半立体人首。

标本M276∶7，锈蚀矿化，断裂为多段。顶端人首脸部呈倒三角形，圆目，鼻梁凸起，嘴微张，蹼状耳，发髻较高，上扎双环。长24.3厘米（图2-51-1；图版43-1，图版189-2）。

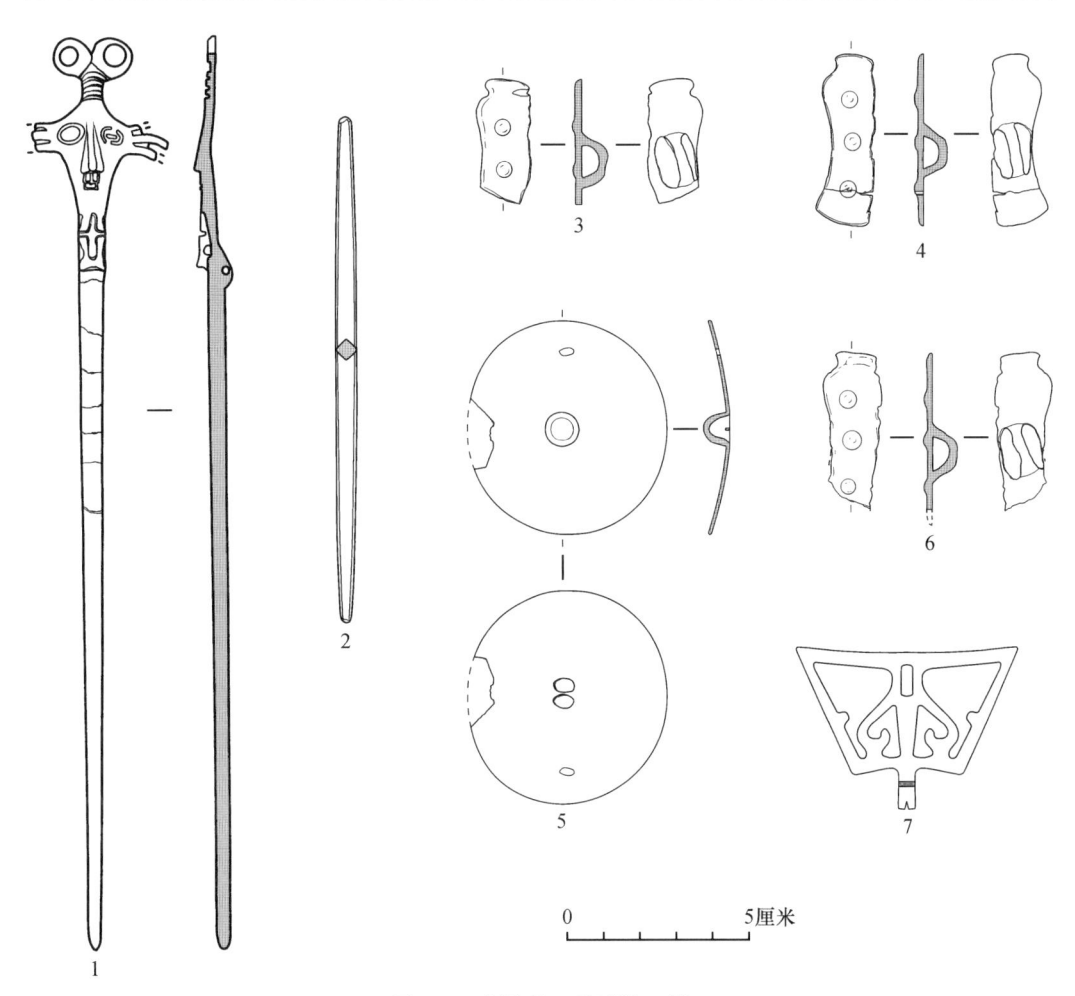

图 2-51 铜片饰、牌形饰、簪

1. B 型簪（M276∶7） 2. A 型簪（M7∶1） 3、4、6. A 型片饰（M179∶5-1、M179∶5-2、M179∶5-3）
5. B 型片饰（M12∶4） 7. 牌形饰（M180∶8）

四、乐　器

乐器共计 2 件，均为铃。

铜铃　2 件。形制相近，扁筒形，环钮。

标本 M45∶1，铃腔上部有竖长方形对穿，椭圆形口。铃身双面施蹲踞状人物形象纹饰。通高 5.9、口部宽 3.4 厘米（图 2-52-1；图版 44-1、2，图版 87-2）。

标本 M180∶7，铃腔上部有椭圆形对穿，椭圆形口。腔内发现一弯折的长方形铜片，应为铃舌。铃身下部隐约可见五道凹弦纹。通高 6.4、口部宽 3.5 厘米（图 2-52-2；图版 44-3、4，图版 134-1、2）。

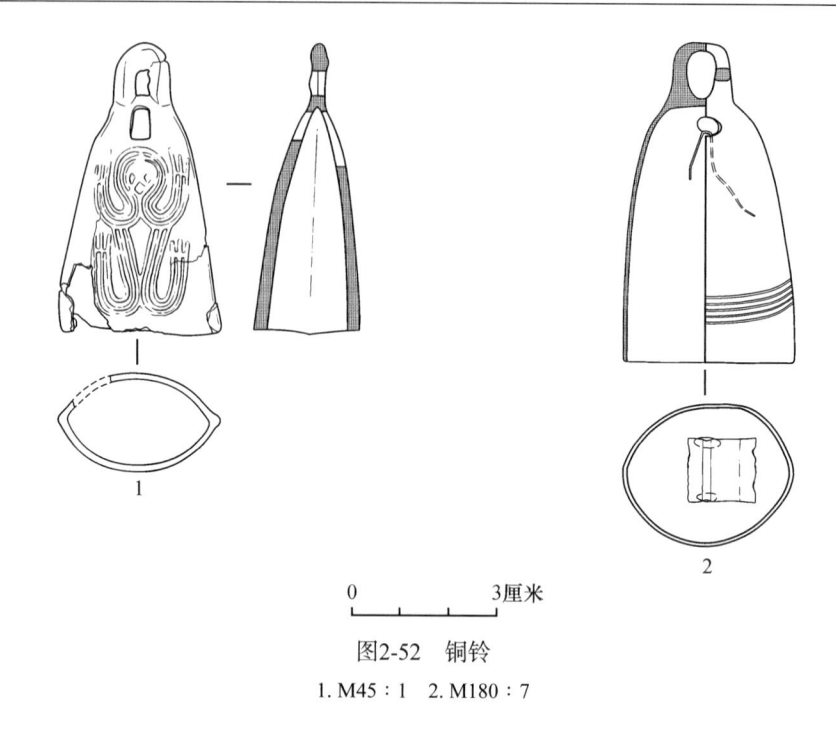

图2-52 铜铃
1. M45:1　2. M180:7

五、其他铜器

其他铜器　16件。主要有夹形器、帽形器和簧形器，具体用途不甚清楚；另外，还有一些残甚而器形不明的残铜器。

铜夹形器　5件。由铜片折叠而成，多锈蚀矿化并破碎。保存较好者，平面多呈束腰状，折叠处中间一般可见穿孔。

标本M12:3，长3.4、宽2.6、厚0.06厘米（图2-53-3；图版43-5，图版63-5、7）。

铜帽形器　3件。圆形薄片状，中部上鼓，形如宽檐帽形，帽顶周围可见多道棱状纹。出土时，均锈蚀矿化，破碎严重。

标本M327:10，帽顶与帽檐交会处一侧有2个由外向内冲凿而成的圆穿。直径10.7、高2.3厘米（图2-53-1）。

铜簧形器　1件。

标本M327:14，锈蚀矿化严重，一触即碎。从现场观察，由细铜条螺旋弯曲而成，如弹簧状，具体用途不明。残长约1.5、直径约0.45厘米（图2-53-2）。

残铜器　7件。因锈蚀矿化严重，出土时完全残碎，具体器形不辨。从现场观察，多为小型片状铜器，可能属片饰、泡饰一类的器物。

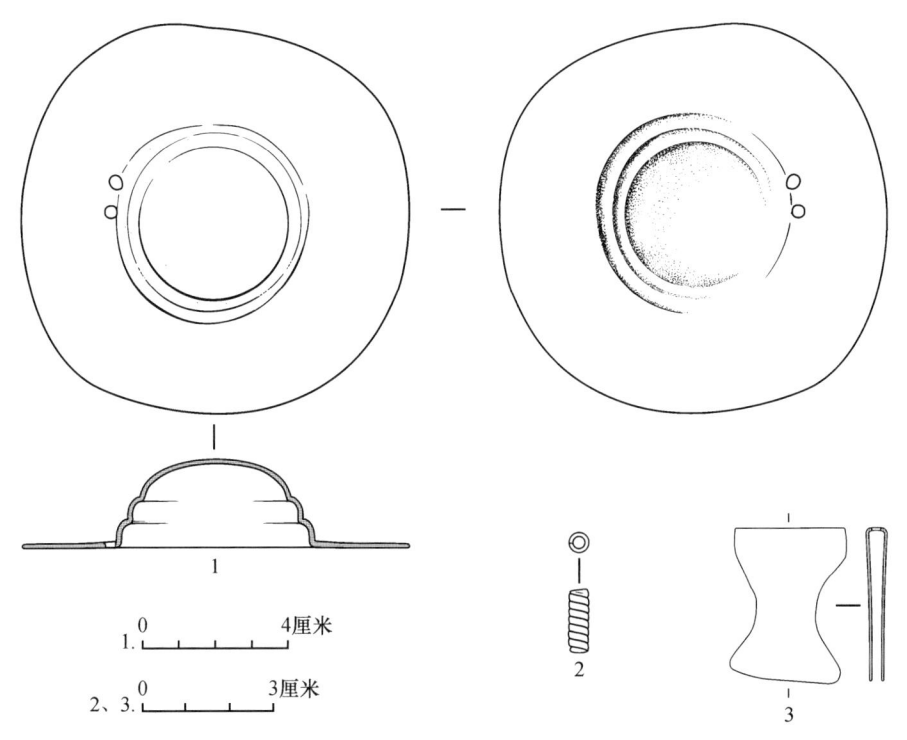

图2-53 铜帽形器、簧形器、夹形器
1. 帽形器（M327：10） 2. 簧形器（M327：14） 3. 夹形器（M12：3）

第二节 玉 石 器

玉石器共计189件（组），具体原料主要包括软玉、石英岩玉、玛瑙、孔雀石以及砂岩等普通石材。部分玉石器出土时已经风化或破碎，但多数仍可看出器形，其中绝大部分都为装饰品，另有少量工具，具体器类有珠子、玦、璜形饰、扣、镯、剑首、坠、铩等。

一、装 饰 品

玉石类装饰品共计185件（组），材质多样，以珠子、玦、扣、镯居多，另外还见璜形饰、剑首等。珠子种类颇多，按基本造型可分为管珠、圆珠、扁珠、环珠和片珠等。管珠多呈圆管形，部分外壁近棱柱状；圆珠多似算珠状，外壁鼓，整体器形显得较圆；扁珠器形较扁，似圆饼状；环珠一般器形较小，外壁直，呈圆环状；片珠呈小圆片状，两面平；此外，还偶见器形似纺轮的珠子。下面按材质和器类逐一介绍。要说明的是，这些玉石类装饰品经常多件成组（串）使用，每组中既有单一类型的，也有混合类型的,有时甚至还有不同材质和不同器类的(具体参见本编第三章"墓葬分述"中的各墓葬出土遗物介绍),因此这里按类型统计的数据,合计后往往会多于前面的总数(表2-9)。

表2-9 大园子墓地出土玉石器统计表

序号	材质	器类	型式	器物号	数量	尺寸/厘米	备注
1	软玉	扁珠		M58：5-3	1	高0.4、直径1.15、孔径0.26	
2	软玉	管珠	A	M40：5-1、M40：5-2	一组2件	见第三章墓葬分述	
3	软玉	管珠	A	M53：1-1	1	长2.25、直径0.6、孔径0.4	
4	软玉	管珠	A	M58：7-1	1	残长2.4、直径0.5、孔径0.3	
5	软玉	管珠	A	M73：9	1	长3.5、直径0.57、孔径0.35	
6	软玉	管珠	A	M118：1	1	长1.77、直径0.76、孔径0.43	
7	软玉	管珠	A	M126：1	1	残长1.77、直径约0.7、孔径0.4	
8	软玉	管珠	A	M142：2	1	残长3.07、直径0.68、孔径0.4~0.46	
9	软玉	管珠	A	M142：3	1	残长2.87、直径0.73、孔径0.42~0.45	
10	软玉	管珠	A	M151：1	1	残长3.73、直径0.6、孔径0.35	
11	软玉	管珠	A	M155：5	1	残长2.56	
12	软玉	管珠	A	M180：9	一组7件	见第三章墓葬分述	
13	软玉	管珠	A	M181：3	一组3件	见第三章墓葬分述	
14	软玉	管珠	A	M190：1-1、M190：1-2	一组2件	见第三章墓葬分述	
15	软玉	管珠	A	M221：1-3、M221：1-4~M221：1-6、M221：1-9	一组5件	见第三章墓葬分述	
16	软玉	管珠	A	M224：4-1、M224：4-3	一组2件	见第三章墓葬分述	
17	软玉	管珠	A	M228：7	1	长2.7、直径0.57、孔径0.32	
18	软玉	管珠	A	M278：1	一组6件	见第三章墓葬分述	
19	软玉	管珠	A	M307：2	1	残长3.37、直径0.63~0.74、孔径0.36	
20	软玉	管珠	A	M327：4	一组2件	见第三章墓葬分述	
21	软玉	管珠	A	M332：2	1	残长2.39、直径0.52、孔径0.32	

续表

序号	材质	器类	型式	器物号	数量	尺寸/厘米	备注
22	软玉	管珠	A	M337∶1	1	长3、直径0.53~0.57、孔径0.44	
23	软玉	管珠	A	M337∶2	一组2件	见第三章墓葬分述	
24	软玉	管珠	A	M361∶3	一组3件	见第三章墓葬分述	
25	软玉	管珠	A	M363∶3	1	长2.05、直径0.5~0.61、孔径0.36	
26	软玉	管珠	A	M364填∶1	1	残长2.8、直径0.53~0.57、孔径0.43	
27	软玉	管珠	A	M395∶1-1	1	长3.25、直径0.6、孔径0.34	
28	软玉	管珠	A、B	M321∶2	一组3件（A2、B1）	见第三章墓葬分述	
29	软玉	管珠	A、B	M346∶2	一组3件（A2、B1）	见第三章墓葬分述	
30	软玉	管珠	A、B、Ca、Cb	M155∶2	一组5件（A1、B2、Ca1、Cb1）	见第三章墓葬分述	
31	软玉	管珠	A、B、Cb	M402∶1	一组5件（A1、B2、Cb2）	见第三章墓葬分述	
32	软玉	管珠	A、Ca	M185∶1-1~M185∶1-10、M185∶1-12	一组11件（A10、Ca1）	见第三章墓葬分述	
33	软玉	管珠	A、Ca	M324∶2	一组5件（A3、Ca2）	见第三章墓葬分述	
34	软玉	管珠	A、Ca	M367填∶1	一组3件（A1、Ca2）	见第三章墓葬分述	
35	软玉	管珠	A、Cb	M192∶1	一组12件（A11、Cb1）	见第三章墓葬分述	
36	软玉	管珠	A、Cb	M228∶8-1、M228∶8-3~M228∶8-6	一组5件（A4、Cb1）	见第三章墓葬分述	
37	软玉	管珠	A、Cb	M337∶3	一组2件（A1、Cb1）	见第三章墓葬分述	
38	软玉	管珠	A、Cb	M368∶4	一组2件（A1、Cb1）	见第三章墓葬分述	

续表

序号	材质	器类	型式	器物号	数量	尺寸/厘米	备注
39	软玉	管珠	A、Cb	M399：3-1～M399：3-3	一组3件（A2、Cb1）	见第三章墓葬分述	
40	软玉	管珠	B	M100：2	1	长2.51、直径0.85、孔径0.52	
41	软玉	管珠	B	M123：2	1	残长2.7、直径0.94、孔径0.5	
42	软玉	管珠	B	M190：3	1	长2.4、直径0.93、一端孔径0.5、另一端孔径0.37	
43	软玉	管珠	B	M224：8	1	长2.5、直径1、孔径0.56	
44	软玉	管珠	B、Cb	M43：3	1组3件（B2、Cb1）	见第三章墓葬分述	
45	软玉	管珠	B、Cb	M190：4	一组2件（B1、Cb1）	见第三章墓葬分述	
46	软玉	管珠	B、Cb	M361：2	一组3件（B1、Cb2）	见第三章墓葬分述	
47	软玉	管珠	Ca	M267：4	一组2件	见第三章墓葬分述	
48	软玉	管珠	Cb	M58：5-1、M58：5-2	一组2件	见第三章墓葬分述	
49	软玉	管珠	Cb	M402：2	1	长1.26、直径1.34、孔径0.6	
50	软玉	璜形饰	A	M219：3-1～M219：3-3	一组3件	见第三章墓葬分述	
51	软玉	璜形饰	B	M224：3	一组2件	见第三章墓葬分述	
52	软玉	剑首		M185：4	1	顶端长3.68、宽2.46、底端长2.38、宽1.95，通高1.36	
53	软玉	剑首		M188：2	1	顶端长5、宽4、底端长0.8、宽0.5，通高2.8	
54	软玉	玦		M5：1	1	残径3.4、厚0.17	
55	软玉	玦		M15：4	一组3件	见第三章墓葬分述	
56	软玉	玦		M15：5	1	不详	
57	软玉	玦		M24：3	1	不详	
58	软玉	玦		M24：4	1	外径3.05、内径1.53、厚0.12	
59	软玉	玦		M55：1	一组约2～3件	见第三章墓葬分述	
60	软玉	玦		M55：2	一组2件	见第三章墓葬分述	
61	软玉	玦		M73：3	一组2～3件	见第三章墓葬分述	
62	软玉	玦		M73：6	一组2～3件	见第三章墓葬分述	

续表

序号	材质	器类	型式	器物号	数量	尺寸/厘米	备注
63	软玉	玦		M93:1	1	不详	
64	软玉	玦		M106:1	1	外径4.53、内径2.78、厚0.13	
65	软玉	玦		M106:2	一组2件	见第三章墓葬分述	
66	软玉	玦		M108:1	1	不详	
67	软玉	玦		M110:2	1	残径3.28、厚0.15	
68	软玉	玦		M114:3	1	不详	
69	软玉	玦		M114:4	1	不详	
70	软玉	玦		M138:6	1	不详	
71	软玉	玦		M138:7	一组4件	见第三章墓葬分述	
72	软玉	玦		M145:1	1	外径2.95、内径1.94、厚0.15	
73	软玉	玦		M154:1	1	残径约1.8、厚约0.23	
74	软玉	玦		M155:3	1	不详	
75	软玉	玦		M155:4	一组2件	见第三章墓葬分述	
76	软玉	玦		M158:1	1	平面尺寸不详，厚约0.12	
77	软玉	玦		M158:2	1	外径约4、厚约0.1	
78	软玉	玦		M158:3	1	平面尺寸不详，厚约0.13	
79	软玉	玦		M166:1	1	外径2.22、内径0.92、厚0.16	
80	软玉	玦		M167:1	1	外径4.22、内径2.24、玦口宽0.13、厚0.23	
81	软玉	玦		M167:2	1	不详	
82	软玉	玦		M183:4	1	外径2.75、内径0.74、玦口宽0.07、厚0.07	
83	软玉	玦		M184:1	1	外径2.62、内径1.4、厚0.17	
84	软玉	玦		M185:6	1	外径1.74、内径0.56、玦口宽0.09、厚0.09	
85	软玉	玦		M185:7	一组2件	见第三章墓葬分述	
86	软玉	玦		M190:2	1	外径3.76、内径1.68、厚0.12厘米	
87	软玉	玦		M192:2	1	外径1.81、内径0.75、厚0.1	
88	软玉	玦		M194:2	1	不详	
89	软玉	玦		M206:8	1	不详	
90	软玉	玦		M206:9	1	外径3.15、内径1.65、厚0.12	
91	软玉	玦		M207:1	1	外径4.39、内径2.42、玦口宽0.03、厚0.13	

续表

序号	材质	器类	型式	器物号	数量	尺寸/厘米	备注
92	软玉	玦		M207：2	一组2~3件	见第三章墓葬分述	
93	软玉	玦		M211：3	1	外径3.2、内径1.7、厚0.15	
94	软玉	玦		M219：3-4	1	外径1.9、内径0.67、厚0.09	
95	软玉	玦		M222：2	一组4件	见第三章墓葬分述	
96	软玉	玦		M222：3	一组3件	见第三章墓葬分述	
97	软玉	玦		M228：3	一组2件	见第三章墓葬分述	
98	软玉	玦		M239：3	1	外径1.7、内径0.79、厚0.18	
99	软玉	玦		M267：2	一组2~3件	见第三章墓葬分述	
100	软玉	玦		M267：3	一组2~3件	见第三章墓葬分述	
101	软玉	玦		M276：4	1	不详	
102	软玉	玦		M276：5	1	外径约2.6	
103	软玉	玦		M281：8	1	不详	
104	软玉	玦		M319：1	1	外径5.5、内径3、厚0.13	
105	软玉	玦		M319：2	1	外径5、内径2.7、厚0.13	
106	软玉	玦		M327：3	一组2件	见第三章墓葬分述	
107	软玉	玦		M329：3	1	直径约5	
108	软玉	玦		M333：1	1	外径5.92、内径3.56、厚0.21	
109	软玉	玦		M333：2	1	不详	
110	软玉	玦		M336：1	1	厚约0.22	
111	软玉	玦		M347：1	一组2件	见第三章墓葬分述	
112	软玉	玦		M348：1	一组多件	见第三章墓葬分述	
113	软玉	玦		M349：3	一组2件	见第三章墓葬分述	
114	软玉	玦		M350：3	1	外径2.01、内径0.95、玦口宽0.08、厚0.15	
115	软玉	玦		M360：1	1	外径4.5、内径2.48、玦口宽0.06、厚0.2	
116	软玉	玦		M361：1	一组约2件	见第三章墓葬分述	
117	软玉	玦		M363：2	1	外径2.6、内径1.02、厚0.09	
118	软玉	玦		M376：2	1	外径3.89、内径1.81、厚0.11	
119	软玉	玦		M376：3	1	不详	
120	软玉	玦		M377填：1	1	宽约1	
121	软玉	玦		M378：3	一组2件	见第三章墓葬分述	

续表

序号	材质	器类	型式	器物号	数量	尺寸/厘米	备注
122	软玉	玦		M388：1	1	外径2.18、内径0.95、玦口宽0.1、厚0.11	
123	软玉	玦		M399：1	一组2件	见第三章墓葬分述	
124	软玉	玦		M399：2	一组2件	见第三章墓葬分述	
125	软玉	玦		M401：1	1	外径2.79、内径1.69、厚0.12	
126	软玉	扣		M180：16	1	直径约4.2	
127	软玉	扣		M327：15	1	直径1.6、高0.56	
128	软玉	片珠		M185：1-14	一组54件	见第三章墓葬分述	
129	软玉	镯	A	M233填：2	1	外径7.4、宽1.07、外缘厚0.23、内缘厚0.25	
130	软玉	镯	B	M12：7	1	外径约13、内径约6	
131	软玉	镯	B	M17：4	1	外径约12、内径约6	
132	软玉	镯	B	M36：5	1	外径约11、内径约6	
133	软玉	镯	B	M58：8	1	外径约12、内径约6	
134	软玉	镯	B	M102：1	1	复原外径约9、外缘厚0.28、内缘厚0.71	
135	软玉	镯	B	M114：2	1	外径7.82、内径4.76、外缘厚0.18、内缘厚0.6	
136	软玉	镯	B	M179：7	1	径约11.5、内径约6、外缘厚约0.2、内缘厚0.7	
137	软玉	镯	B	M202：4	1	直径约11	
138	软玉	镯	B	M219：1	1	残径6.5、外缘厚0.16、内缘厚0.35	
139	软玉	镯	B	M224：7	1	外径10.5、内径6.3、外缘厚0.2、内缘厚1	
140	软玉	镯	B	M286：4	1	残径5.46、外缘厚0.32、内缘厚0.46	
141	软玉	镯	B	M307：1	1	外径6.9、内径5.24、外缘厚0.15、内缘厚0.48	
142	软玉	镯	B	M346：1	1	外径8.79、内径5.68、外缘厚0.12、内缘厚0.69	
143	软玉	镯	不详	M174：3	1	不详	
144	软玉	镯	不详	M189：4	1	不详	

续表

序号	材质	器类	型式	器物号	数量	尺寸/厘米	备注
145	软玉	镯	不详	M312：1	1	宽约0.8、厚约0.18	
146	玛瑙	纺轮形珠		M12：10	1	高0.7、一端直径0.72、另一端直径1.3、孔径0.22	
147	玛瑙	管珠		M38：2	1	长3.2、直径0.98、孔径0.44	
148	玛瑙	管珠		M86：1-1、M86：1-2	一组2件	见第三章墓葬分述	
149	玛瑙	环珠		M40：5-4～M40：5-6	一组3件	见第三章墓葬分述	
150	玛瑙	环珠		M63：3-2	一组3件	见第三章墓葬分述	
151	玛瑙	环珠		M181：2	一组6件	见第三章墓葬分述	
152	玛瑙	环珠		M185：1-13	一组10件	见第三章墓葬分述	
153	玛瑙	环珠		M278：2	一组17件	见第三章墓葬分述	
154	玛瑙	玦		M321：1	1	外径1.76、内径0.77、厚0.1	
155	玛瑙	玦		M364：1	1	外径3.2、内径1、厚0.34	由玛瑙扣改制而成
156	玛瑙	扣	A	M36：4	1	直径2.7、高1.3	
157	玛瑙	扣	A	M36：8	1	直径2.4、高1.2厘米	
158	玛瑙	扣	A	M73：5	一组13件	见第三章墓葬分述	
159	玛瑙	扣	A	M110：3	1	直径1.38、高0.6	
160	玛瑙	扣	A	M206：6	1	直径2.1、高0.92	
161	玛瑙	扣	A	M206：7	1	直径2.34、高1.13	
162	玛瑙	扣	A	M228：4	1	直径1.66、高0.78	
163	玛瑙	扣	A	M281：6	一组2件	见第三章墓葬分述	
164	玛瑙	扣	A	M327：5	一组2件	见第三章墓葬分述	
165	玛瑙	扣	A	M364：2	1	直径3.26、高2.19	
166	玛瑙	扣	A	M368：3	一组2件	见第三章墓葬分述	
167	玛瑙	扣	A、B	M363：1	一组12件（A11、B1）	见第三章墓葬分述	
168	玛瑙	扣	B	M3：2	1	直径2、残高0.97	
169	玛瑙	扣	B	M38：3	1	直径3.87、残高1.33	
170	玛瑙	扣	B	M180：10	1	直径2.5、高1.1	

续表

序号	材质	器类	型式	器物号	数量	尺寸/厘米	备注
171	玛瑙	扣	B	M256：4	一组7件	见第三章墓葬分述	
172	玛瑙	圆珠		M15：3	一组4件	见第三章墓葬分述	
173	玛瑙	圆珠		M30：2	1	高0.4、直径0.77、孔径0.22	
174	玛瑙	圆珠		M40：5-3	1	高0.7、直径0.88、孔径0.35	
175	玛瑙	圆珠		M86：1-3	一组14件	见第三章墓葬分述	
176	玛瑙	圆珠		M185：1-11	1	高0.56、直径0.85、孔径0.17~0.19	
177	玛瑙	圆珠		M190：1-3	1	高0.37、直径0.54、孔径0.1~0.16	
178	玛瑙	圆珠		M221：1-1、M221：1-2、M221：1-7、M221：1-8、M221：1-10	一组5件	见第三章墓葬分述	
179	玛瑙	圆珠		M228：8-2	1	高0.56、直径0.85、孔径0.14~0.26	
180	玛瑙	圆珠		M395：1-2~M395：1-7	一组6件	见第三章墓葬分述	
181	玛瑙	圆珠		M399：3-4	1	高0.56、直径0.83、孔径0.26	
182	孔雀石	环珠		M53：1-2	一组10余件	见第三章墓葬分述	
183	孔雀石	环珠		M58：7-2	一组10余件	见第三章墓葬分述	
184	石	锛		M190：7	1	长5.4、残宽2.7、厚2	
185	石	锛		M267：1	1	长5.6、残宽2.2、厚1.8	
186	石	管珠		M86：1-4	1	长0.8、直径0.33、孔径0.13	
187	石	圆珠		M224：4-2	1	高0.45、直径0.78、孔径0.28	
188	石	坠		M281：7	1	高15.5、最大直径1.5、一面孔径0.7、另一面孔径0.6	
189	石英岩玉	坠		M73：2	1	长8、最大径1.36、孔径0.76	

（一）软玉

145件（组）。器类有管珠、扁珠、片珠、玦、璜形饰、镯、扣、剑首等。

管珠 48件（组）。因长期穿系佩戴，有不少于孔口内沿留下磨损痕迹。根据具体形制不同，分为三型。

A型　38件（组），其中有12件（组）见于混合类型的成组（串）管珠中。细管形，横截面直径一般小于0.8厘米。

标本M53：1-1，白色泛黄；表面光润细腻，微透光。对向钻孔，孔内形成错位；直孔；斜口。长2.25、直径0.6、孔径0.4厘米（图2-54-1；图版45-1，图版93-3、4）。

标本M58：7-1，灰白色；表面光润细腻，不透光。直孔；一端孔口略斜，另一端残。残长2.4、直径0.5、孔径0.3厘米（图2-54-2；图版98-5）。

标本M181：3-1，白色，带大片褐色纹理；表面光润细腻，微透光。对向钻孔，孔内可见错位痕迹；平口，一侧内沿可见磨损痕迹。长3.15、直径0.64、孔径0.4厘米（图2-54-3）。

标本M192：1-8，白色泛黄，带浅墨色纹理；表面细腻，微透光。一端平口，另一端斜口，平口端因挤压变形；孔内情况不详。长5.34、直径0.5、孔径0.3厘米（图2-54-5；图版147-4）。

标本M395：1-1，白色泛黄，带很浅的墨色纹理；表面光润细腻，微透光。直孔；斜口，两端孔口较低一侧内沿可见磨损痕迹。长3.25、直径0.6、孔径0.34厘米（图2-54-4；图版45-2）。

B型　11件（组），其中有7件（组）见于混合类型的成组（串）管珠中。粗管形，横截面直径一般大于0.8厘米。

标本M43：3-2，一端有残缺；白色泛黄；不透光。直孔，孔壁厚薄不均；斜口，较低一侧内沿可见磨损痕迹。长1.53、直径1、孔径0.52厘米（图2-54-10；图版85-3）。

标本M155：2-1，白色，带大片墨色纹理；不透光。直孔；平口，其中一端内沿可见磨损痕迹。长3.14、直径1.04、孔径0.53厘米（图2-54-7）。

标本M190：3，白色，带大片墨色纹理；表面光润细腻，微透光。直孔；两端孔口大小不一，一侧内沿可见磨损痕迹。长2.4、直径0.93厘米，一端孔径0.5、另一端孔径0.37厘米（图2-54-8；图版45-4，图版146-3）。

标本M224：8，白色，带浅墨色纹理；表面光润细腻，微透光。外壁一侧微弧；直孔，内壁光滑；斜口，较低一侧内沿可见磨损痕迹。长2.5、直径1、孔径0.56厘米（图2-54-6；图版45-3，图版166-4）。

C型　16件（组），其中有13件（组）见于混合类型的成组（串）管珠中。短管形，根据细部特征又可分为二亚型。

Ca型　5件（组）。其中有4件（组）见于混合类型的成组（串）管珠中。外壁较直。

标本M185：1-12，灰白色，带墨色团块；表面光润细腻，不透光。对向钻孔，孔内可见错位痕迹；平口，两端孔口大小不一。长0.57、直径0.55、一端孔径0.18、另一端孔径0.25厘米（图2-54-9；图版45-5）。

图2-54 玉管珠

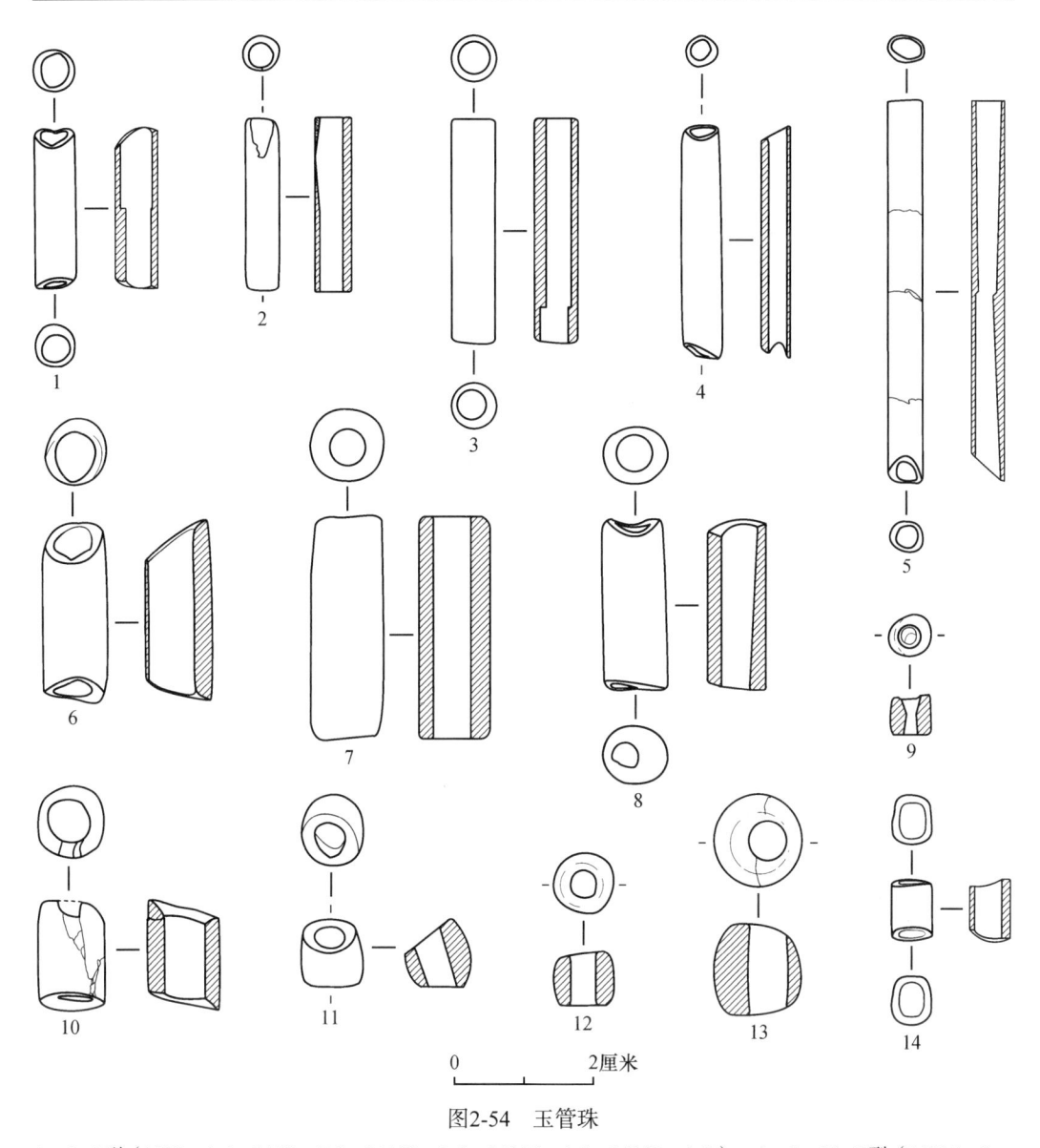

1~5. A型（M53∶1-1、M58∶7-1、M181∶3-1、M395∶1-1、M192∶1-8） 6~8、10. B型（M224∶8、M155∶2-1、M190∶3、M43∶3-2） 9、14. Ca型（M185∶1-12、M367填∶1-2） 11~13. Cb型（M58∶5-2、M361∶2-2、M402∶2）

标本M367填∶1-2，白色；表面光润细腻，不透光。直孔；平口，内沿可见磨损痕迹。长0.82、直径0.67、孔径0.45厘米（图2-54-14）。

Cb型 12件（组）件。其中有10件（组）见于混合类型的成组（串）管珠中。外壁鼓。

标本M58∶5-2，白色泛黄；表面光润细腻，不透光。直孔；斜口。长1、直径1.02、孔径0.52厘米（图2-54-11；图版98-6）。

标本M361∶2-2，白色，带浅墨色纹理；表面光润细腻，不透光。直孔，一端平口，另一端略斜。长0.75、直径0.88、孔径0.36厘米（图2-54-12；图版220-5）。

标本M402∶2，白色泛黄，带墨色纹理；不透光。直孔；斜口。长1.26、直径1.34、孔径0.6厘米（图2-54-13；图版45-6，图版232-3）。

扁珠　1件。

标本M58∶5-3，出土时表面局部风化。白色泛黄；不透光。直孔；平口。高0.4、直径1.15、孔径0.26厘米（图2-55-1；图版45-8，图版98-7）。

片珠　1组。

标本M185∶1-14，一组54件。绿色，颜色深浅不一；不透光。厚薄不均，多数为对向打孔，少数为单向打孔。一般厚0.03～0.1、直径0.38～0.61、孔径0.1～0.18厘米（图2-55-2；图版45-7，图版140-2）。

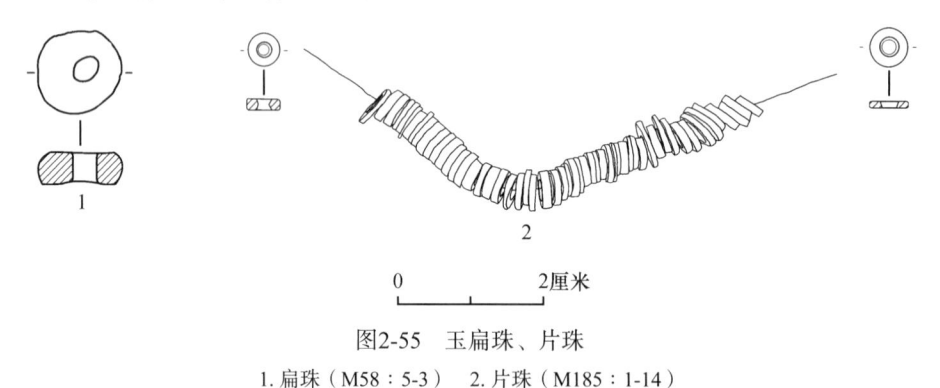

图2-55　玉扁珠、片珠
1. 扁珠（M58∶5-3）　2. 片珠（M185∶1-14）

玦　72件（组）。薄片状，平面多呈不对称圆环形，玦口位于较窄的一侧。出土时大多位于被葬者头部附近，有的呈左、右分布，可知下葬时一般是佩戴于耳上的。从发现看，有单件佩戴的，也有多件成组佩戴的。部分玦发现穿孔，经观察和分析，主要与修补或改制有关，大致存在两种情况：一是玦断裂后为锔补黏接而于裂缝两侧钻孔，属锔孔；二是玦断裂或局部（尤其是玦口）破碎后，通过重新打磨和钻孔等手段，将之改制为用线绳穿系来佩戴使用的饰物。关于第一种情况，即玦的锔补黏接，除了钻孔外，还发现有黏结物，呈黑色，颇似铜扣饰和铜镯上镶嵌孔雀石片时使用的黏结物（图版112-2）。推测是在这些黏结物未干时，将其从两面涂抹于玦的裂缝处，并穿过两侧钻孔，待晾干、凝固后即可起到黏接和固定作用。

标本M15∶4-1，白色泛黄；表面细腻，不透光。一面内缘略呈凹面斜坡状，另一面外缘略呈弧面斜坡状。外径1.46、内径0.7、玦口宽0.05、厚0.1厘米（图2-56-6）。

标本M106∶1，一侧玦口残。白色泛黄；光润细腻，微透光。使用至少3件残玦拼接而成，拼接处两侧有锔孔，多单向钻，也有双向钻的。出土时，裂缝处及锔孔表面还覆有黑色黏结物（图版112-2）。从形状看，位于较宽一侧的两件残玦原为一件，单面内、外缘均呈斜坡状，内缘斜坡微凹，外缘斜坡微弧；靠近玦口处的残块形制有别，其中一边块外缘较圆润，内缘单面略呈凹面斜坡，另一边块的内、外缘均较直。外径4.53、内径2.78、厚0.13厘米（图2-56-3；图版46-2）。

标本M106：2-2，白色泛黄；表面细腻，微透光；外缘较圆润，内缘呈单向斜坡状，斜坡微凹；玦口较宽，两侧各有一圆穿，对向锥形钻孔，孔径外大内小。仔细观察发现，一侧玦口留有残痕，推测原来玦口较窄，后因破损而重新打磨改制；玦口增大后，无法正常佩戴使用，遂于两侧加钻穿孔，通过穿系线绳来继续佩戴使用。外径2.02、内径0.8、玦口宽0.38、厚0.13厘米（图2-56-1；图版46-1）。

标本M183：4，白色泛黄；表面细腻，微透光。外缘较圆润，内缘呈单面斜坡状，斜坡微凹。外径2.75、内径0.74、玦口宽0.07、厚0.07厘米（图2-56-5；图版46-3）。

标本M190：2，白色泛黄；表面细腻，不透光；外缘较圆润，内缘单面略呈凹面斜坡；出土时一侧玦口残缺并断裂为三块，每块残块两端各有一圆穿，单向锥形钻孔，其中两块残块结合处还分别经过重新打磨。推测该玦断裂后被改制成3件更小的带

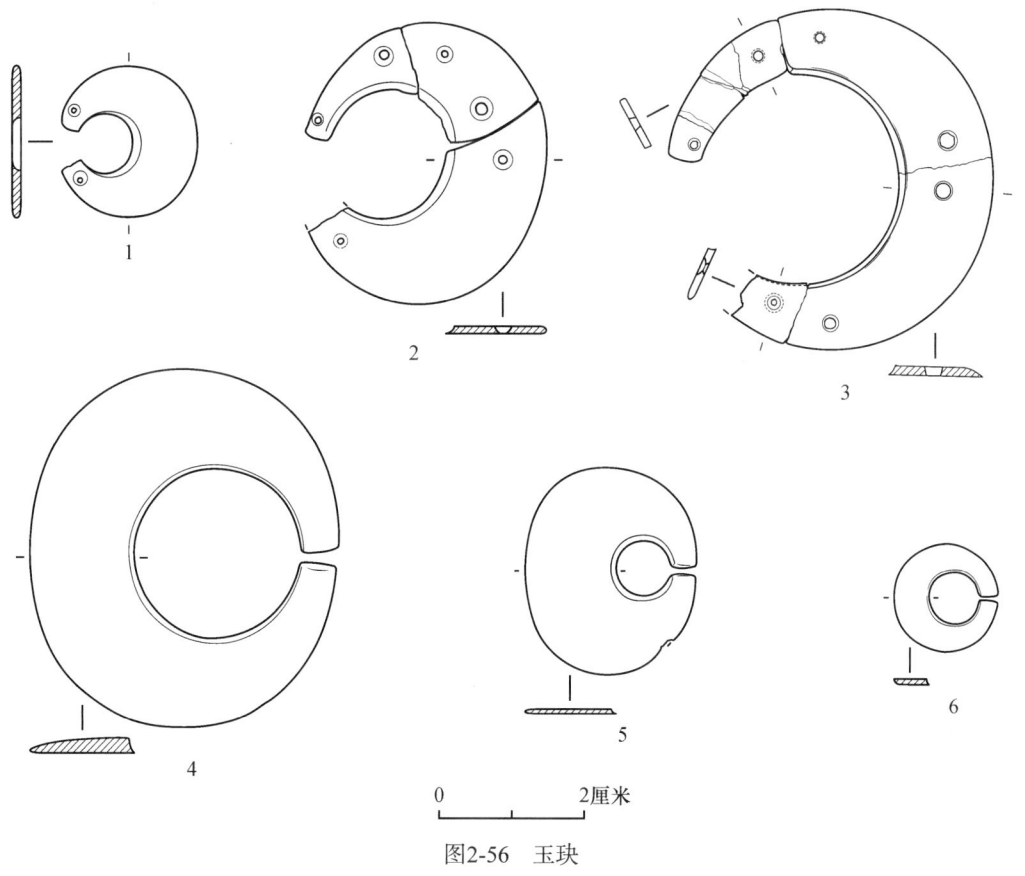

图2-56 玉玦

1. M106：2-2 2. M190：2 3. M106：1 4. M222：2-1 5. M183：4 6. M15：4-1

穿耳饰，通过穿系线绳的方式继续佩戴使用。复原后外径3.76、内径1.68、厚0.12厘米（图2-56-2；图版146-7）。

标本M222：2-1，白色泛黄，带少许不规则分布的墨色纹理；表面细腻，不透光。一面微鼓，另一面较平，内缘呈微凹斜坡状。外径4.76、内径2.25、玦口宽0.14、厚0.2厘米（图2-56-4；图版164-3）。

璜形饰　2组。薄片状，平面近四分之一圆环形，两端各有一圆穿。从形态看，推测可能是由残玦改制而成的。根据具体形制差异，分二型。

A型　一组3件。器形稍长。

标本M219：3-1、M219：3-2、M219：3-3，均白色泛黄，表面细腻，微透光（图版162-5）。M219：3-1，一端略残，单面上、下缘均呈斜坡状，上缘斜坡微凹，下缘斜坡微弧；两端圆穿对向锥形钻孔。残长3、宽0.75、厚0.1厘米（图2-57-1；图版46-4）。M219：3-2，一端略缺，上、下缘均较圆润；两端圆穿对向锥形钻孔。长2.5、宽0.87、厚0.1厘米（图2-57-2；图版46-5）。M219：3-3，一端残，下缘较圆润，上缘呈双面斜坡状；残留的一个圆穿对向锥形钻孔。残长2.4、宽0.73、厚0.1厘米（图2-57-3）。

B型　一组2件。器形较短，两端明显不对称。

标本M224：3，一组2件（图版166-5）。白色；表面细腻，微透光。下缘圆润，上缘呈单面微凹斜坡状；两端不对称，一宽一窄，均有圆穿；圆穿对向锥形钻孔，孔径外大内小。M224：3-1，长1.86、宽0.8、厚0.1厘米（图2-57-4）。M224：3-2，长1.66、宽0.88、厚0.1厘米（图2-57-5；图版46-6）。

镯　17件，多残，其中可辨器形14件。这些玉镯在下葬时往往与多件铜镯成组（串）佩戴于被葬者手臂之上，一般玉镯在前，铜镯在后。部分镯带圆穿，多为锔补黏接残镯所钻的锔孔，锔孔及裂缝处有的可见黑色黏结物。黑色黏结物与玉玦的相似。器形可辨者，根据细部特征可分二型。

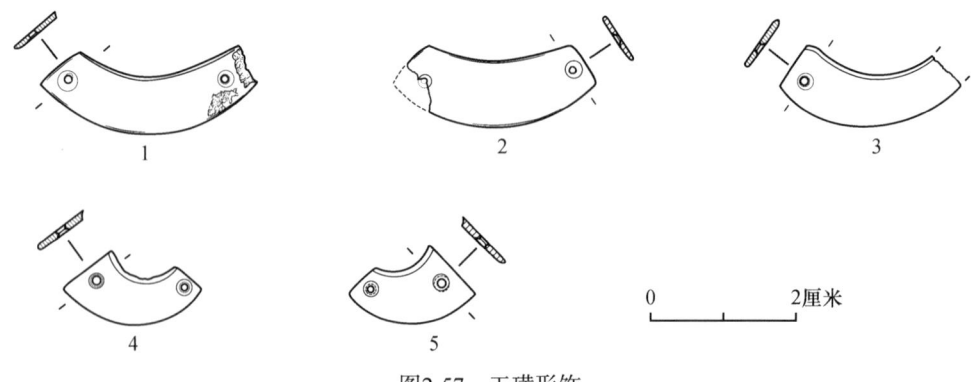

图2-57　玉璜形饰

1~3. A型（M219：3-1、M219：3-2、M219：3-3）　4、5. B型（M224：3-1、M224：3-2）

A型　1件。圆环形。

标本M233填：2，出土时残，仅存一半有余。白色泛黄；不透光。外缘圆润，内缘平直。宽1.07、外径7.4、外缘厚0.23、内缘厚0.25厘米（图2-58-1）。

B型　13件，圆环形，内缘凸出起棱，横截面呈"T"形；外缘多较圆润；内缘较平直或微弧，一般两面出棱，个别单面出棱。

标本M224：7，出土时断裂为数截。白色泛黄；表面光洁，打磨平整，不透光。

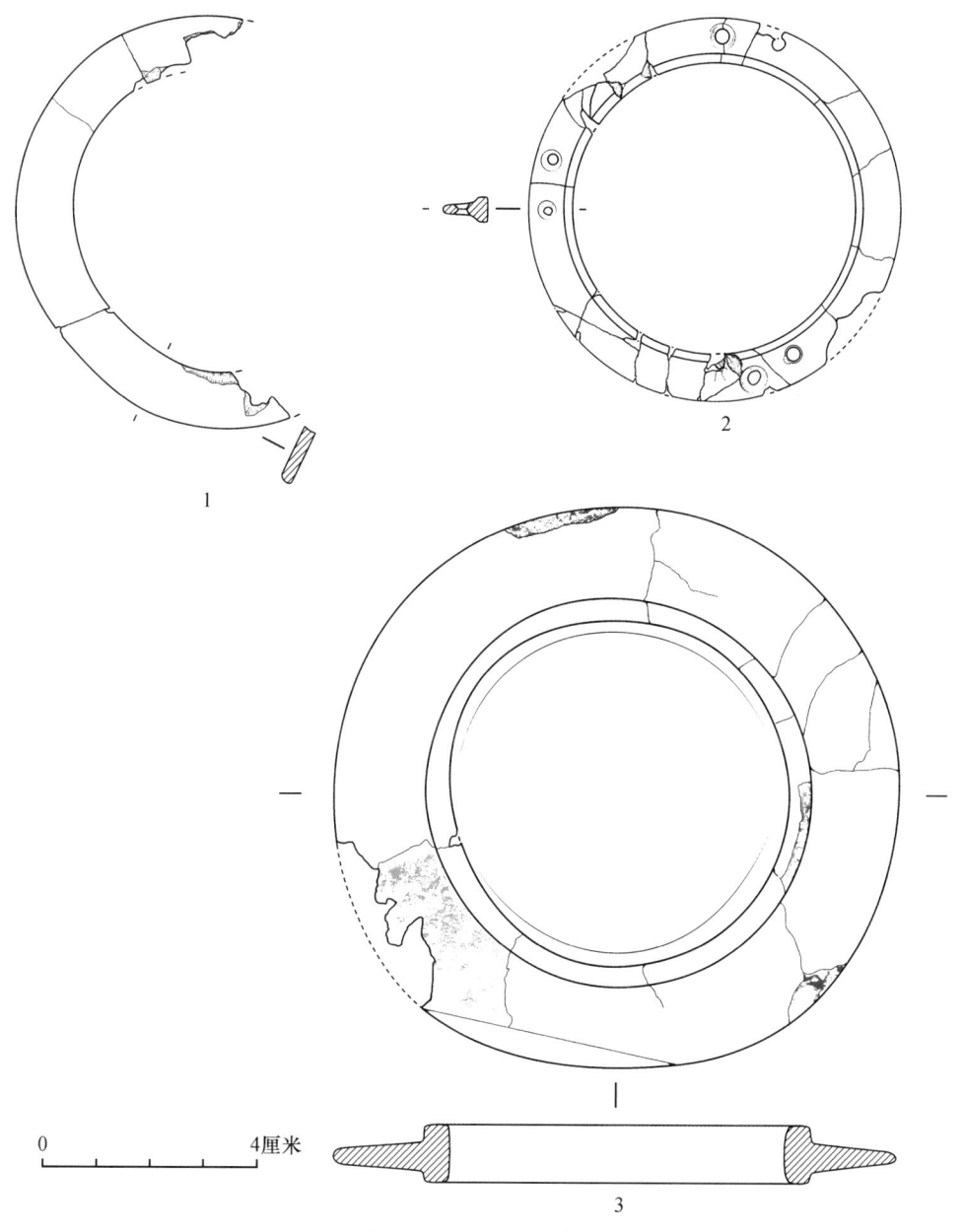

图2-58　A、B型玉镯
1. A型（M233填：2）　2、3. B型（M307：1、M224：7）

内缘较平直，局部微弧。外径10.5、内径6.3、外缘厚0.2、内缘厚1厘米（图2-58-3；图版47-2，图版165-2）。

标本M307：1，出土时断裂为数截。白色泛黄，隐约可见少许墨色纹理；表面光洁，打磨平整，不透光。内缘两面出棱。镯体有三处裂缝原先即存在，断面经过打磨，两侧有圆形锔孔，并可见黑色黏结物痕迹；锔孔多对向锥形钻孔，个别单向锥形钻孔。外径6.9、内径5.24、外缘厚0.15、内缘厚0.48厘米（图2-58-2；图版47-1）。

扣　2件。外形呈乳钉状，正面尖凸，背面平；背面有两个锥形对钻孔，孔径外大内小，呈喇叭状。

标本M327：15，残。白色。直径1.6、高0.56厘米（图2-59-3）。

剑首　2件。外形均似蘑菇状，上大下小。

标本M185：4，白色泛黄，局部可见淡绿色铜沁；表面光滑圆润。顶端为椭圆形平面，底端亦呈椭圆形；底端中间管钻形成圆芯，圆芯两侧各有一圆穿。出土时紧挨Cb型铜剑即一字格铜剑的茎首处，底端朝向空首，原先应安装于其中。顶端长

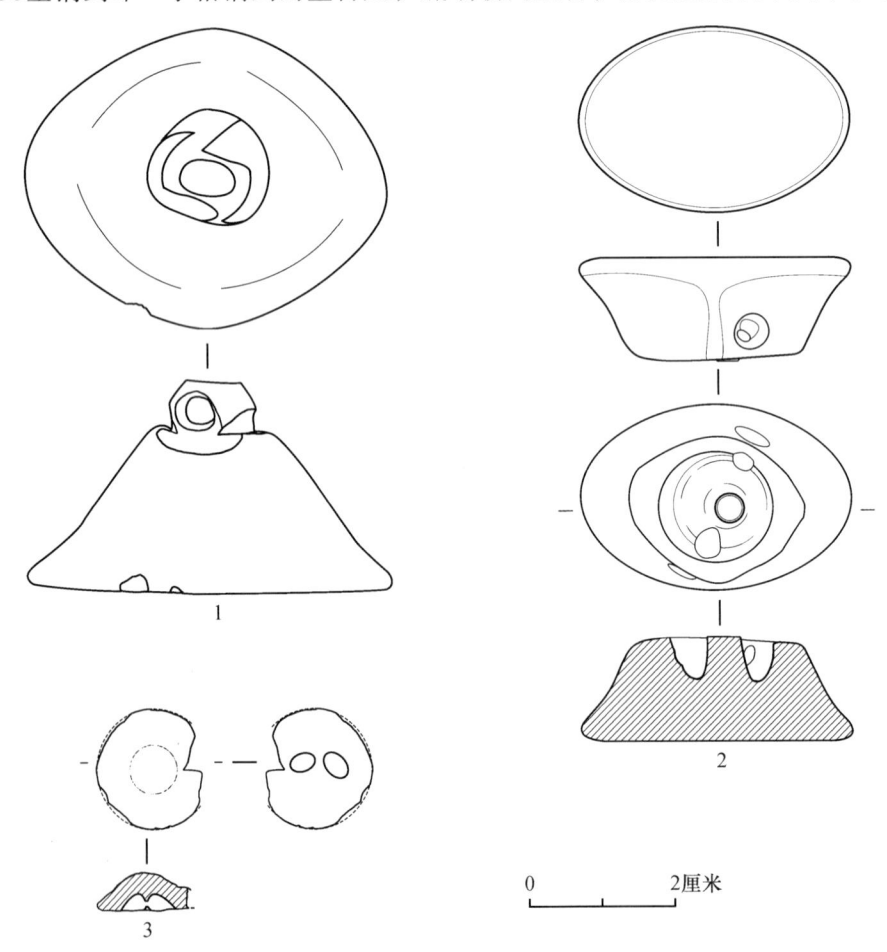

图2-59　玉剑首、扣
1、2. 剑首（M188：2、M185：4）　3. 扣（M327：15）

3.68、宽2.46厘米，底端长2.38、宽1.95厘米，通高1.36厘米（图2-59-2；图版47-5、6，图版142-4、5）。

标本M188：2，白色泛黄，带浅墨色纹理；表面光滑圆润。顶端为椭圆形平面；底端形状不甚规则，接一环钮；钮面经打磨略内凹，钮孔对钻，孔内形成错位。顶端长5、宽4厘米，底端长0.8、宽0.5厘米，通高2.8厘米（图2-59-1；图版47-3、4）。

（二）玛瑙

36件（组）。大多白色，少数泛黄或泛红，个别为红色；表面一般较光滑，透光度较高。器类有管珠、环珠、圆珠、纺轮形珠、玦、扣等。

管珠　2件（组）。

标本M38：2，出土时一侧残缺大半。白色；表面光滑，透光度较高。直孔，孔径较大；对向钻孔，孔内形成错位，内壁可见镟钻痕迹。长3.2、直径0.98、孔径0.44厘米（图2-60-1；图版48-1，图版80-5）。

标本M86：1-1、M86：1-2，一组2件。黄褐色；微透光。直孔，对向钻，内壁可见镟钻痕迹，其中M86：1-2孔内还形成错位；两端孔口外沿呈弧形。M86：1-1，长3.1、直径0.5、孔径0.14厘米（图版48-6，图版108-3）。M86：1-2，长3.37、直径0.48、孔径0.18厘米（图2-60-2；图版108-4）。

圆珠　10件（组）。

标本M15：3，一组4件（图版65-3）。表面光润细腻，透光度高。M15：3-1，黄白色；锥形孔，单向钻，内壁光滑；一端平口，孔径略大，另一端孔口略下陷，孔径略小。M15：3-2，黄白色；对向锥形钻孔，孔壁可见镟钻痕迹；两端平口。M15：3-3、M15：3-4，均乳白色；腰部略成折角；对向锥形钻孔，内壁光滑。M15：3-1，高0.5、直径0.77、孔径0.07～0.15厘米（图2-60-3；图版48-2）；M15：3-2，高0.44、直径0.7、孔径0.1～0.18厘米（图2-60-4）；M15：3-3，高0.38、直径0.68、孔径0.15～0.26厘米（图2-60-5；图版48-3）；M15：3-4，高0.35、直径0.66、孔径0.16～0.28厘米（图2-60-6）。

标本M30：2，红色；透光度较高。器形稍扁；直孔；平口，一端孔口略下凹。高0.4、直径0.77、孔径0.22厘米（图2-60-7；图版48-4，图版75-5）。

标本M40：5-3，红褐色；微透光。直孔，内壁可见镟钻痕迹，两端平口。高0.7、直径0.88、孔径0.35厘米（图2-60-12；图版83-3）。

标本M221：1-1、M221：1-2、M221：1-7、M221：1-8、M221：1-10，一组5件（图版162-6）。前四件黄褐色；透光。直孔，两端平口。M221：1-1，高0.34、直径0.55、孔径0.2厘米（图2-60-8；图版48-5）；M221：1-2，高0.36、直径0.56、孔径0.2厘米（图2-60-9）；M221：1-7，高0.35、直径0.53、孔径0.22厘米（图2-60-10）；

M221：1-8，高0.4、直径0.63、孔径0.2厘米（图2-60-11）。M221：1-10，白色；透光。对向钻孔，孔内可见错位痕迹；直孔，两端平口。高0.54、直径0.81、孔径0.13~0.28厘米（图3-291-6）。

标本M228：8-2，灰白色，可见结晶和玛瑙的天然纹理；表面光润细腻，透光度高。单向锥形钻孔，一端孔径略大，平口，另一端孔径略小，孔口下凹。高0.56、直径0.85、孔径0.14~0.26厘米（图2-60-13）。

玦 2件。薄片状，平面呈不对称圆环形，玦口位于较窄一侧。

标本M321：1，残，约剩一半。白色；表面细腻，近透明。外缘较圆润，内缘单面略呈斜坡状。外径1.76、内径0.77、厚0.1厘米（图2-61-2；图版48-9，图版204-2）。

标本M364：1，出土时断裂，一侧玦口略残。白色；表面细腻，透光度较高。片状较厚；外缘较圆润，内缘略呈单向斜坡状；一面可见对钻锥形孔，推测此玦由玛瑙

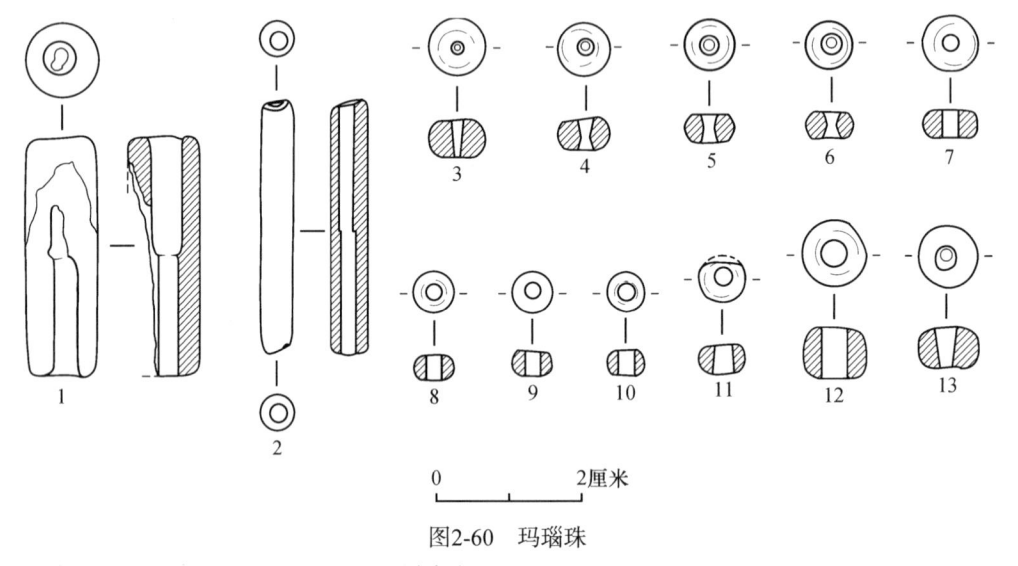

图2-60 玛瑙珠

1、2.管珠（M38：2、M86：1-2） 3~13.圆珠（M15：3-1、M15：3-2、M15：3-3、M15：3-4、M30：2、M221：1-1、M221：1-2、M221：1-7、M221：1-8、M40：5-3、M228：8-2）

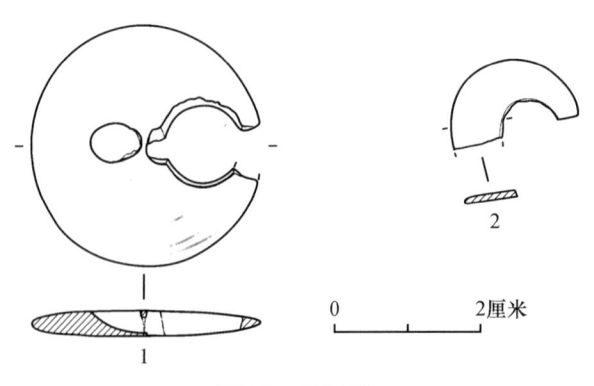

图2-61 玛瑙玦

1. M364：1 2. M321：1

扣改制而成。外径3.2、内径1、厚0.34厘米（图2-61-1；图版49-1、2）。

扣　16件（组）。外形呈乳钉状，正面尖凸，背面平或微鼓；背面一般有2个相通的锥形对钻圆孔，少数可见3或4个圆孔。根据细部形制差异，分为二型。

A型　12件（组），其中有1组见于混合类型的成组（串）玛瑙扣中。侧面斜直或微凹，背面一般较平，少数微鼓。

标本M110：3，白色略泛红；正面光亮细腻，背面粗糙；背面有2个相通的锥形对钻圆孔。扣直径1.38、高0.6厘米（图2-62-1；图版113-3、4）。

标本M206：6，白色；正面光亮细腻，背面粗糙，局部可见细丝状打磨痕及诸多凹陷的小坑；背面有2个相通的锥形对钻圆孔。扣直径2.1、高0.92厘米（图2-62-6；

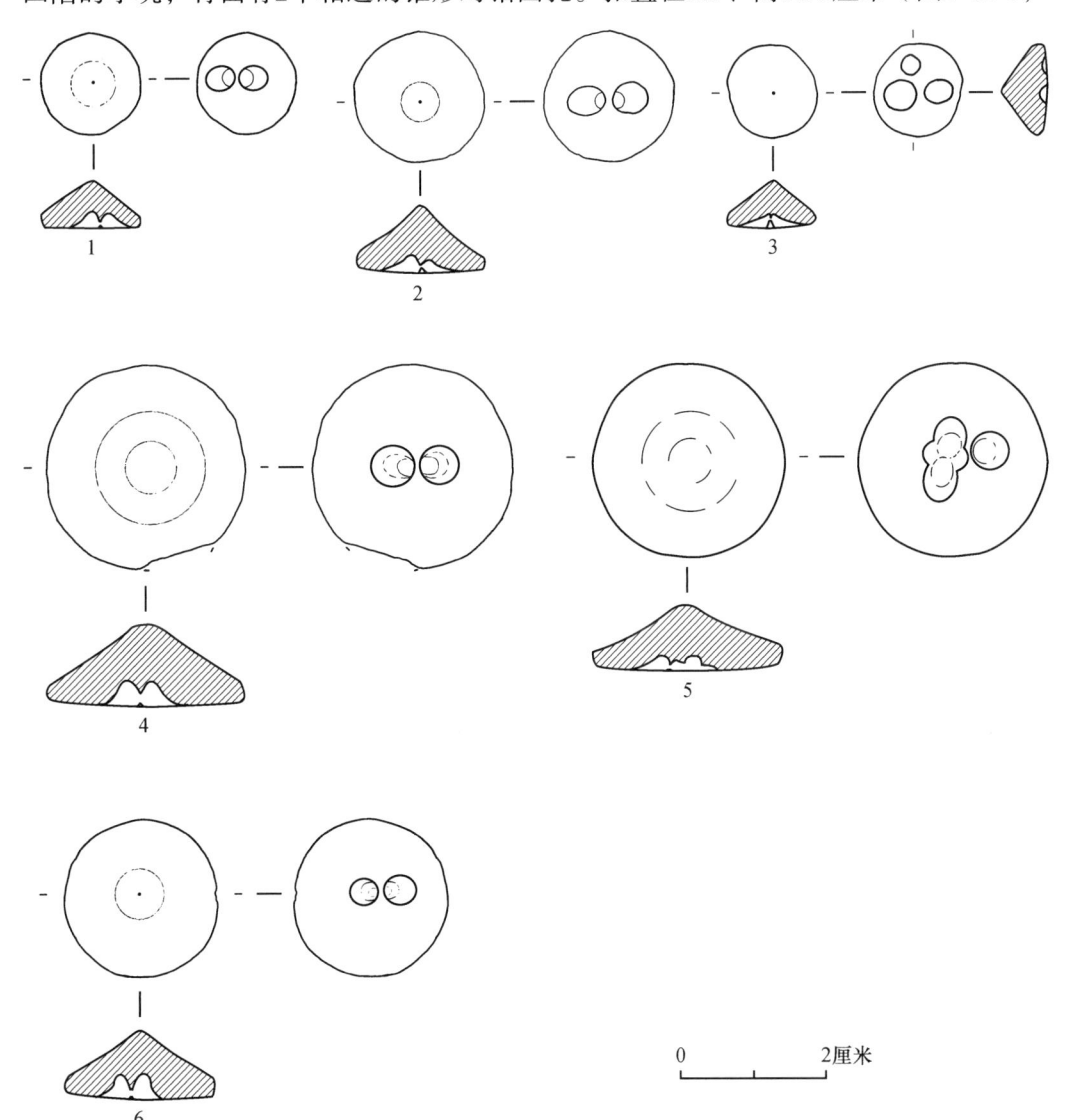

图2-62　A型玛瑙扣

1. M110：3　2. M327：5-1　3. M327：5-2　4. M281：6-1　5. M281：6-2　6. M206：6

图版154-1、2）。

标本M281：6，一组2件。白色；正面光亮细腻，背面中部打磨较平整，周围局部较粗糙。M281：6-1，略残，背面有2个相通的锥形对钻圆孔。扣直径2.75、高1.1厘米（图2-62-4；图版194-5、6）。M281：6-2，背面可见4个锥形圆孔，经观察可判定与改制有关，即原来的2个相通的锥形对钻圆孔破损后，于其一侧按大致垂直方向又重新钻了一对。扣直径2.6、高0.88厘米（图2-62-5；图版49-3、4）。

标本M327：5，一组2件。白色。正面打磨光滑；背面粗糙。M327：5-1，背面有2个相通的锥形对钻孔。扣直径1.8、高0.9厘米（图2-62-2；图版207-4、5）。M327：5-2，背面除了2个相通的锥形对钻圆孔外，旁边另有一圆孔，但未与其他孔钻通。扣直径1.3、高0.6厘米（图2-62-3；图版207-7、8）。

B型　5件（组），其中有1件见于混合类型的成组（串）玛瑙扣中。侧面内凹较甚，中间乳钉显得尖细，下部形成圆座，背面多微鼓。

标本M38：3，顶部残。白色，夹杂红色小点；正面光亮细腻；背面亦经打磨，但局部仍显粗糙。背面有2个相通的锥形对钻圆孔，钻孔底部可见小的圆形凸起。扣直径3.87、残高1.33厘米（图2-63-1；图版80-3、6）。

标本M256：4-5，白色；正面光亮细腻，背面粗打磨，可见诸多凹陷的小坑。背面有2个相通的锥形对钻圆孔。扣直径2.66、高1.54厘米（图2-63-2；图版49-5、6）。

环珠　5组。

标本M40：5-4～M40：5-6，一组3件（图版83-3）。其中M40：5-4，黄褐色，余皆红褐色；微透光。直孔，孔径较大；两端平口；外壁较直。M40：5-4，高0.36、直径0.54、孔径0.2厘米（图2-64-2）；M40：5-5，高0.3、直径0.52、孔径0.23厘米（图2-64-3；图版48-7）；M40：5-6，高0.36、直径0.43、孔径0.2厘米（图2-64-4；图版48-8）。

纺轮形珠　1件。

标本M12：10，黄褐色；微透光。一端圆面较小，另一端圆面较大，侧面斜，整体形如纺轮；直孔。高0.7、一端直径0.72、另一端直径1.3、孔径0.22厘米（图2-64-1；图版63-5、7）。

（三）孔雀石

2组。为器形很小的环珠，均成组（串）佩戴使用。

环珠　2组。

标本M53：1-2，一组10余件，较完整者8件，出土时位于一件玉管珠孔内。绿色，可见条带状纹理；不透光。直孔，孔径较大；平口；外壁直。每件珠子尺寸略有差异，一般高0.1～0.17、直径0.3～0.32、孔径0.1～0.17厘米（图2-65-5；图版50-6，图版93-2）。

第二章 出土遗物

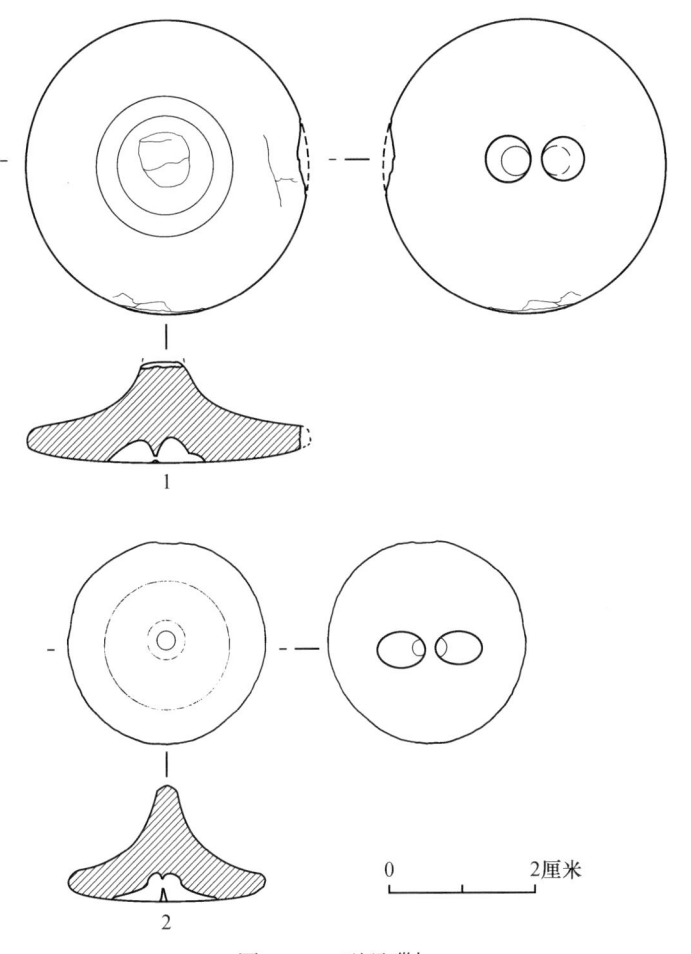

图2-63 B型玛瑙扣
1. M38：3　2. M256：4-5

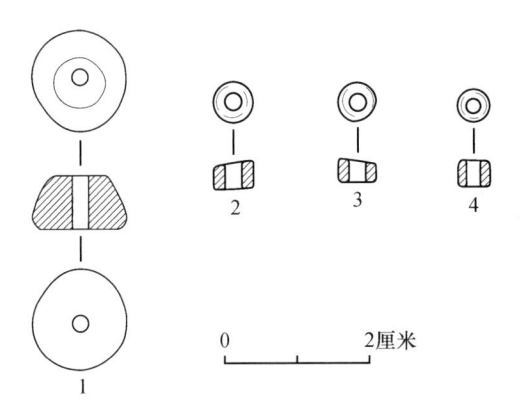

图2-64 玛瑙珠
1. 纺轮形珠（M12：10）　2～4. 环珠（M40：5-4、M40：5-5、M40：5-6）

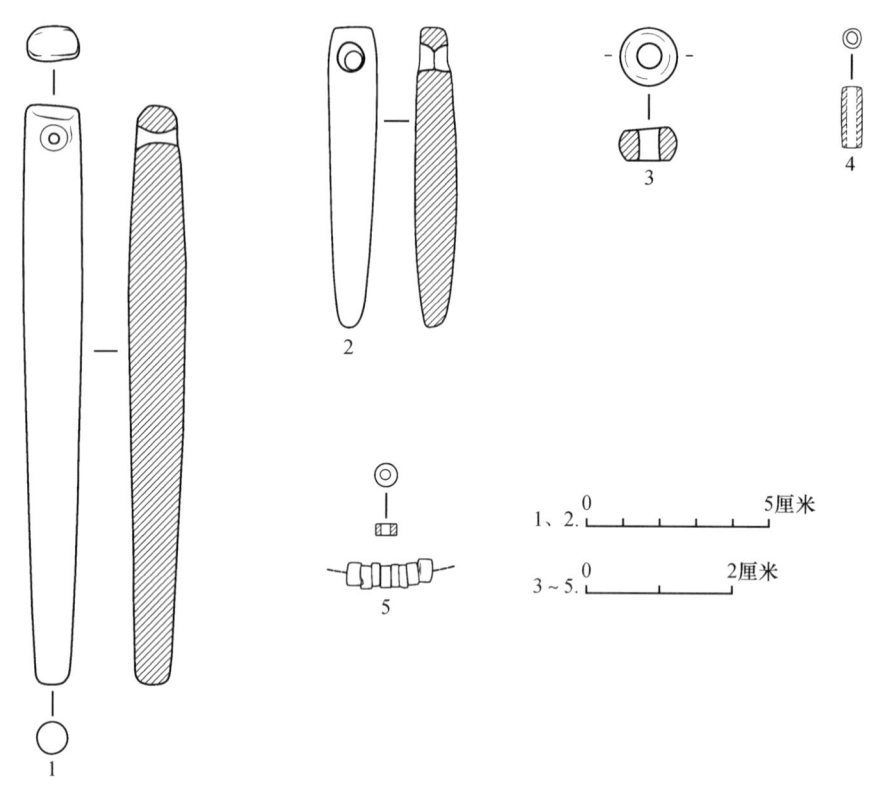

图2-65 玉石器
1. 石坠（M281∶7） 2. 石英岩玉坠（M73∶2） 3. 石圆珠（M224∶4-2） 4. 石管珠（M86∶1-4）
5. 孔雀石环珠（M53∶1-2）

（四）石

2件。为普通石质材料制成的珠子。

管珠 1件。

标本M86∶1-4，表面粗糙，风化严重。青灰色。直孔，孔内填塞白色物质；平口。长0.8、直径0.33、孔径0.13厘米（图2-65-4；图版50-4）。

圆珠 1件。

标本M224∶4-2，黄褐色泛灰；表面较细腻，不透光。直孔，内壁光滑；两端平口。高0.45、直径0.78、孔径0.28厘米（图2-65-3；图版50-5，图版166-3）。

二、工　具

石（玉）坠 2件。

标本M73∶2，石英岩玉材质，赭红色，带淡黄色斑点；表面打磨光滑平整，有蜡状光泽。整体呈锥状，上部横截面为扁圆形，向下渐变为圆形，底端略磨平；顶端有一圆穿，对向钻孔，在孔内形成错位。长8、最大径1.36、孔径0.76厘米（图2-65-2；图版50-2、3，图版104-5）。

标本M281：7，出土时已断裂。红褐色细砂岩制成，表面打磨光润，带一些黑色附着物。圆柱形，上粗下细，靠近顶部渐扁；顶端较圆润，略带棱角；下端磨成小平面；顶部有一圆穿，对向锥形钻孔，可见明显镟钻痕迹。高15.5、最大直径1.5、一面孔径0.7、另一面孔径0.6厘米（图2-65-1；图版50-1，图版194-4）。

石锛 2件。

标本M190：7，一侧残。青灰色；质地细腻，表面打磨光滑平整。整体近梯形，一面有斜肩。长5.4、残宽2.7、厚2厘米（图2-66-1；图版51-1~3）。

标本M267：1，一侧残。青灰色；质地细腻，表面打磨光滑平整。整体近梯形。长5.6、残宽2.2、厚1.8厘米（图2-66-2；图版51-4~6）。

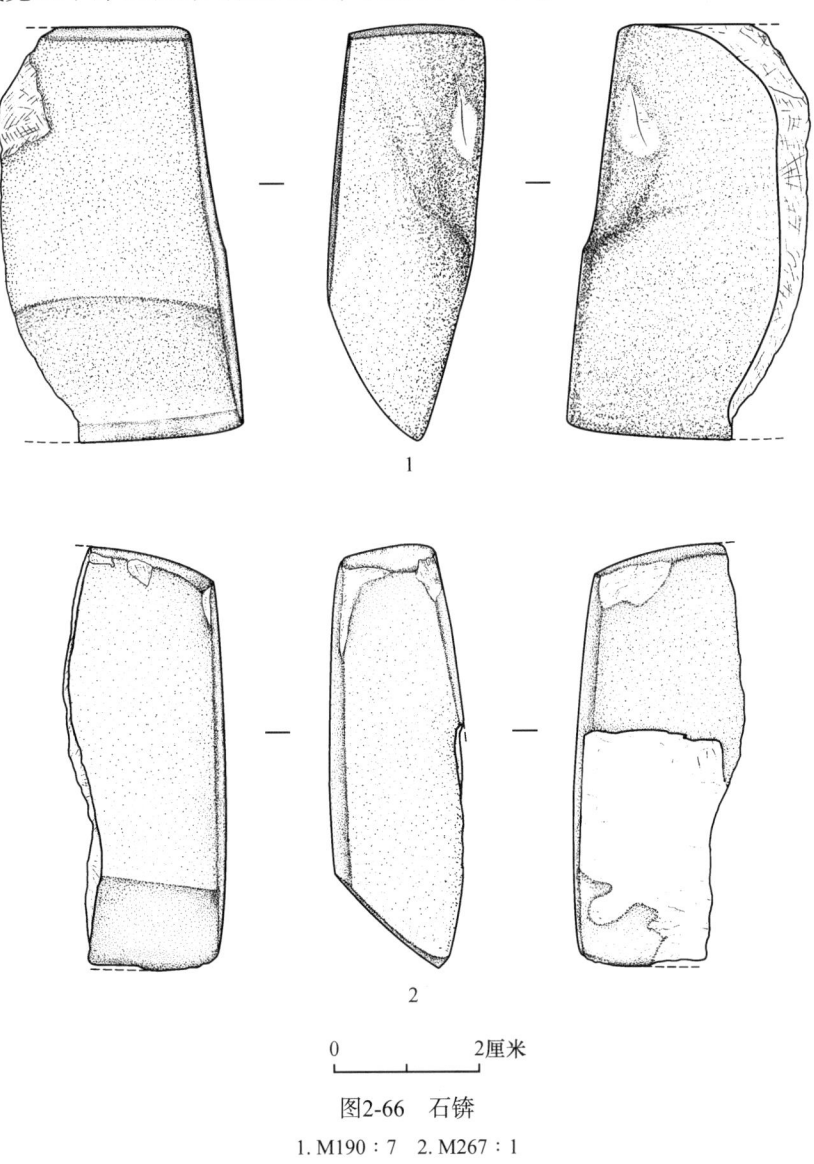

图2-66 石锛
1. M190：7 2. M267：1

第三节 陶　　器

　　大园子墓地清理的墓葬中，几乎没有随葬完整陶器的，仅于极少数墓坑中发现一些陶片或残陶器。鉴于墓地存在"毁器"习俗，这些陶片和残陶器除了随填土混入外，有的也不排除属随葬品的可能。它们以夹砂陶为主，另有少量泥质陶，陶色多黄、黄褐和灰黑，火候整体不高，常见刮抹纹以及水波纹、折线纹、凹弦纹、几何纹等纹饰（参见本书下编第十篇《师宗大园子墓地出土陶器的分析与研究》）。器类可辨的只有2件纺轮，另有部分可大致看出为罐、釜之类的容器或炊具。

　　纺轮　2件。均泥质黄陶，表面黑色并内渗。圆锥状，小平顶，中间有圆穿。

　　标本M71：2，略残。侧面施连续的刻划折线纹。顶径约1.5、底径约3.52、高约2.02、穿径约0.7厘米（图2-67-1；图版52-1）。

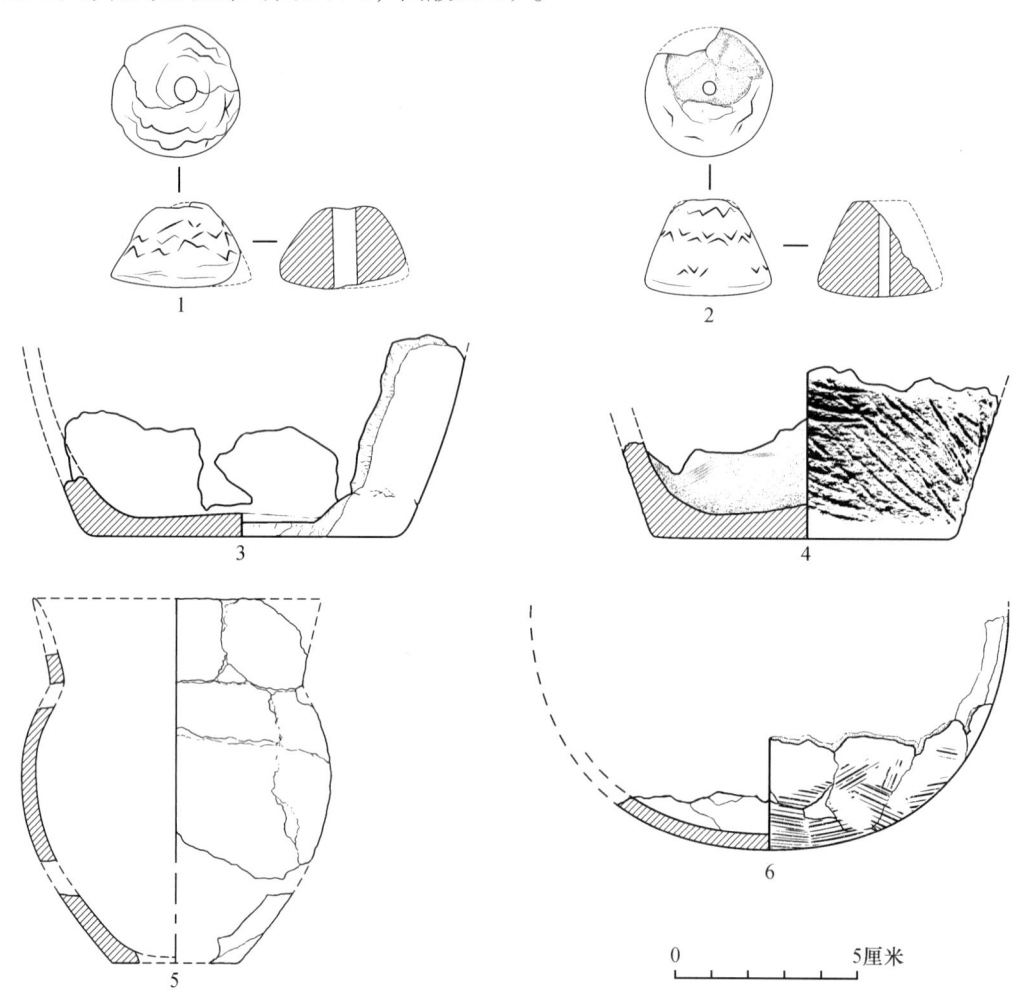

图2-67　陶纺轮、容器
1、2.纺轮（M71：2、M90填：1）　3～6.容器（M76填：1、M230：3、M354填：1、M369：5）

标本M90填：1，残。侧面施连续的刻划折线纹。顶径不详，底径约3.32、高约2.57、穿径约0.4厘米（图2-67-2；图版52-2）。

容器 4件。均夹砂陶，陶色有黄、黄褐和灰黑等。大概为罐、釜之类的容器或炊具，具体形制不明。

标本M76填：1，仅剩下腹部和器底，推测为平底罐。夹砂灰黑陶，器表可见黄色陶衣。底径8.8、残高4.63厘米（图2-67-3）。

标本M230：3，仅剩下腹部和器底，推测为平底罐。夹粗砂黄褐陶。下腹部外壁布满刮抹纹。底径8.22、残高3.76厘米（图2-67-4；图版170-2~4）。

标本M354填：1，夹粗砂黄陶，内外壁皆见渗炭痕迹。残，大致可复原，为罐。敞口，唇略尖；圆肩，腹微鼓；平底。复原口径约7.9、复原高约9.7厘米（图2-67-5）。

标本M369：5，仅剩圜底，夹砂灰黑陶，薄胎，推测为釜。釜底依稀可见戳印的篦形纹饰。复原腹径约13、残高4.6厘米（图2-67-6）。

第四节　特殊材料制品

大园子墓地的发掘出土了一批特殊材料制品，主要是镯、圆珠等装饰品，共计18件（组）。这些器物外观呈黑色，质感较轻，颇似炭化的木制品，但通过观察及相关科技检测，发现它们并非炭化的木材或树皮，而属一种特殊材料制品，具体成分主要为桦树皮焦油（参见本书下编第三篇《师宗大园子墓地出土桦树皮焦油制品分析》）。用桦树皮焦油制作装饰品，过去鲜有报道，推测是在桦树皮焦油处于半干状态下通过搓揉、捏压等方法对其进行塑形，有的还于表面压印、刻画纹饰，或镶嵌金属、玉石类装饰物，之后再晾干或烘干，最终获得成品。从残断的镯来看，其横截面均有空腔结构，可知在制作时还使用了有机质的芯撑。出土时，有的芯撑尚存。另外，部分制品如M63随葬的圆珠，出土时尚散发浓浓的香味，不排除制作过程中于桦树皮焦油内掺入了一些其他物质的可能，如某种特殊的植物成分等（表2-10）。

圆珠 1组。扁圆形，带穿。

标本M63：3-1，一组40件。黑色，不透光，质感较轻；多呈扁圆形，部分形制略不规则，中间有穿；穿圆形或近方形，是在珠子未干时用锥状物由一面向另一面穿透而成，穿口戳痕明显，一面凹，另一面外翻。出土后，珠子尚有浓郁的"麝香"般气味。它们集中散落于被葬者头部附近，同出的还有3件玛瑙环珠，推测原为同一组串珠。此组特殊材料的珠子大小相近，但也有一定差异，最大者高约0.32、直径约0.53、孔径约0.1厘米，最小者高约0.22、直径约0.43、孔径约0.1厘米（图2-68；图版52-3~5；图版100-2）。

镯 17件（组）。黑色，质感较轻。根据形制差异，分为二型。

表2-10 大园子墓地出土特殊材料制品统计表

序号	器类	型式	器物号	数量	尺寸/厘米	备注
1	珠		M63：3-1	一组40件	见第三章墓葬分述	
2	镯	A	M167：3	一组2件	见第三章墓葬分述	镶嵌锡片
3	镯	A	M168：1	1	直径约7.2、宽约1.5、厚约0.57	镶嵌孔雀石片
4	镯	A	M228：6	1	宽约2.1、厚约0.49	
5	镯	B	M58：9-2、M58：9-3	1组2件	见第三章墓葬分述	
6	镯	B	M86：3-2	一组约2~3件	见第三章墓葬分述	
7	镯	B	M111：1	一组10余件	直径约4.5、横截面直径约0.25	
8	镯	B	M134：1	一组4~5件	直径不详、横截面约0.27	
9	镯	B	M134：2	一组5件	直径约4.1、横截面直径约0.25	
10	镯	B	M136：1	一组2件	见第三章墓葬分述	
11	镯	B	M158：4	一组2件	见第三章墓葬分述	
12	镯	B	M164：3	一组4件	直径一般约5.5、横截面直径一般约0.45	
13	镯	B	M190：5-2	一组5件	复原直径约4、横截面直径约0.2	
14	镯	B	M190：6-2	一组7件	复原直径约4.8、横截面直径约0.25~0.3	
15	镯	B	M219：2	1	直径不详、横截面直径约0.25	
16	镯	B	M337：4	一组4件	直径约4.9、横截面直径约0.4	
17	镯	B	M337：5	一组5件	直径约4.7、横截面直径约0.35	
18	镯	B	M358：1-2	一组2件	见第三章墓葬分述	

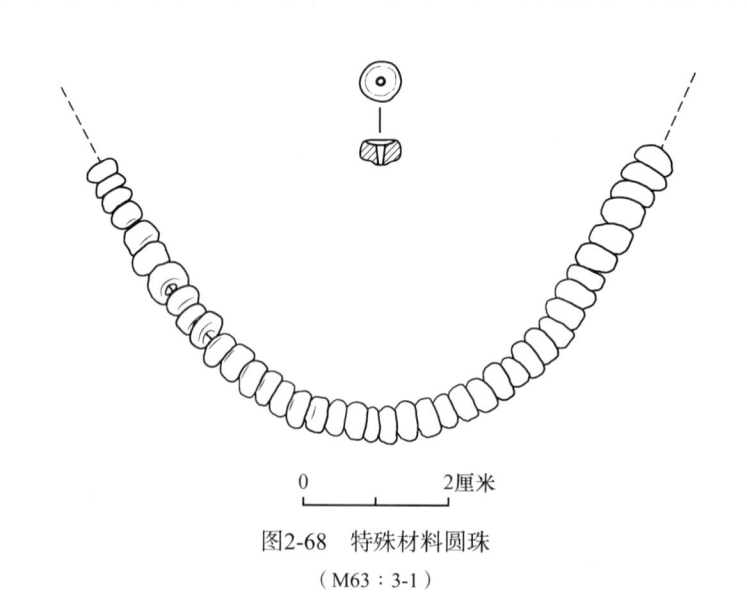

图2-68 特殊材料圆珠

(M63：3-1)

A型　3件（组）。片状环形。

标本M167:3，一组2件。出土时已断裂变形，横截面可见空腔。内壁较直；外壁微弧，表面镶嵌白色薄片状物并戳压点状纹饰；白色薄片状物出土时部分已脱落，经检测和分析可能为锡片。M167:3-1，外壁中间镶嵌长条形和近方形的锡片，长条形锡片构成波折状纹饰，近方形锡片分上下两行夹于波折纹之间；外壁边缘戳压双行点状纹，排列较密集。镯内空腔形状不甚规则，整体较为宽扁，从横截面及裂开的残片痕迹看，其内原先可能用植物类的材料做成芯撑，但大多已朽，仅发现一根残存的草茎状物。草茎状物横截面近方形，边长约0.2厘米，中空，经检测为黄荆的树心（参见本书下编第二篇《师宗大园子墓地出土植物遗存分析与研究》）。镯复原直径约6.6、宽约1.43、厚约0.65厘米（图2-69-1；图版53，图版122-4）。M167:3-2，外壁中间戳压

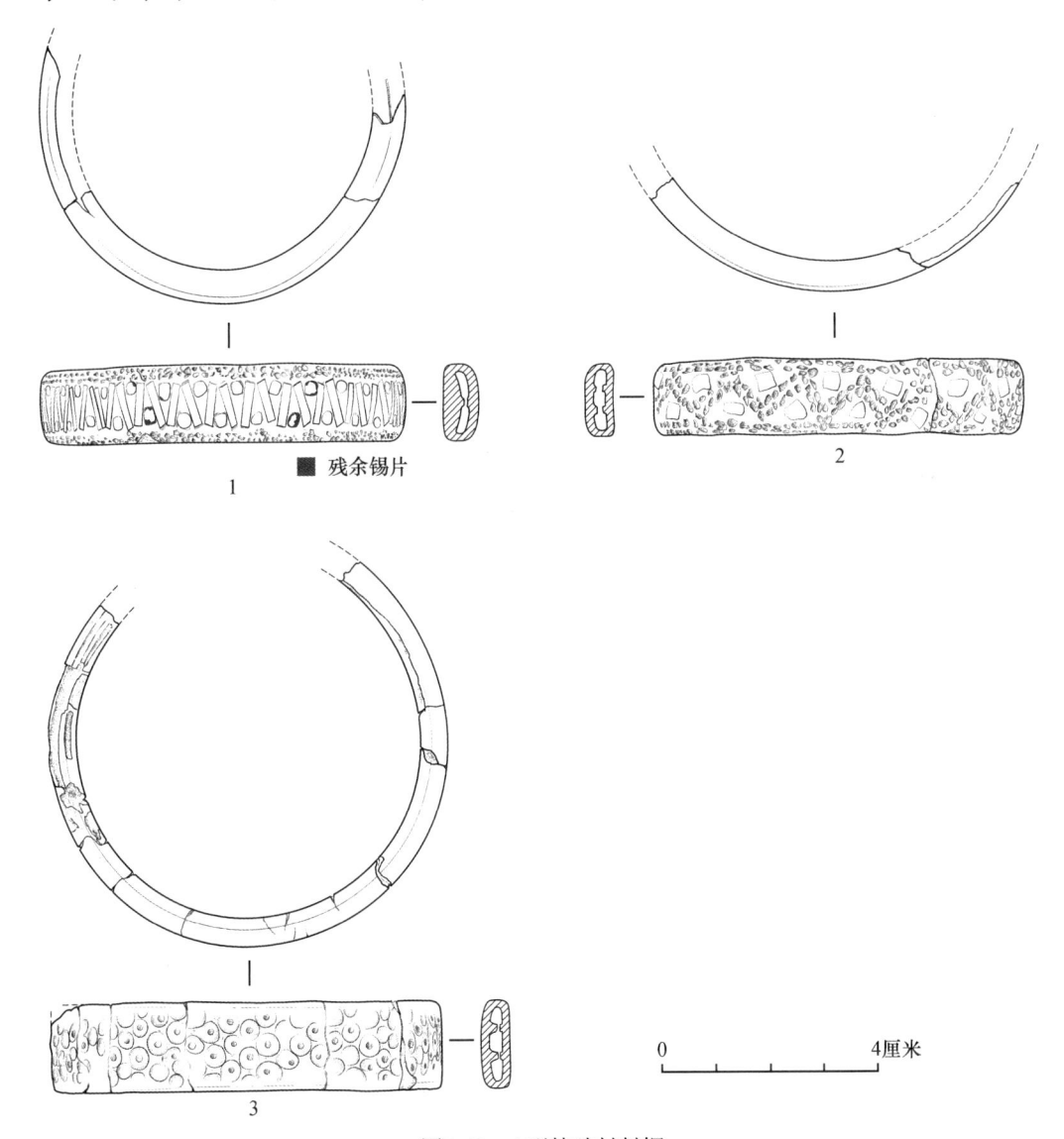

图2-69　A型特殊材料镯
1. M167:3-1　2. M167:3-2　3. M168:1

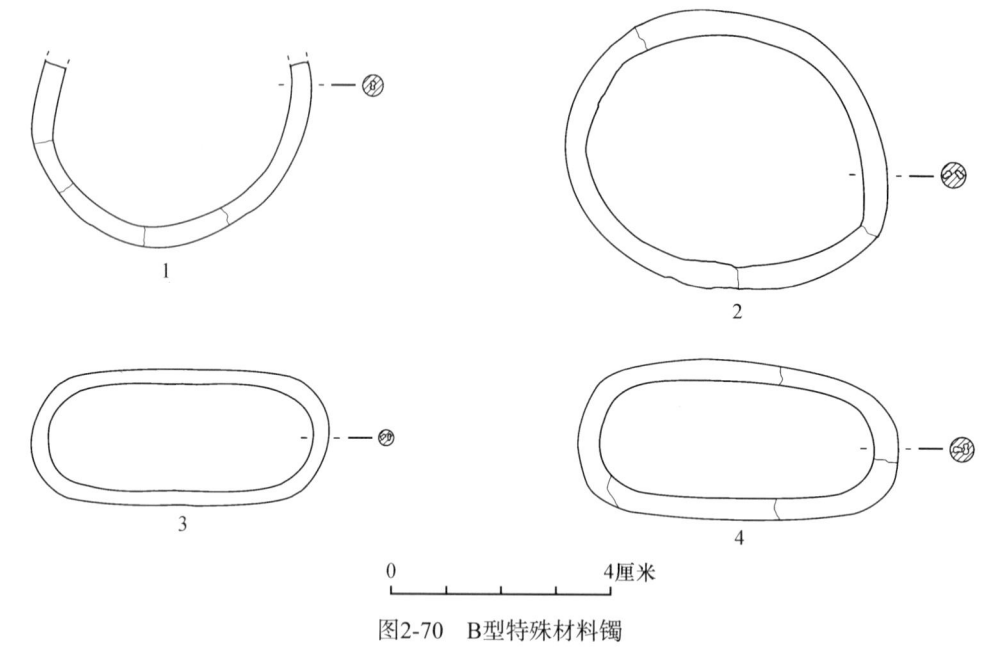

图2-70 B型特殊材料镯
1. M58:9-2 2. M164:3-4 3. M190:6-2-1 4. M337:4-2

双行点状波折纹,波折纹中间镶嵌近方形锡片;外壁边缘戳压双行点状纹,排列较密集。从断裂的残片看,镯内同样有形状不甚规则的空腔。镯复原直径约6.5、宽约1.4、厚约0.57厘米(图2-69-2;图版54-1、2)。

标本M168:1,出土时已断裂。内壁较直;外壁微弧,表面可见带穿圆形镶嵌物痕迹,较密集,镶嵌物大多脱落,仅存个别,为类似于A型铜镯和D型铜扣饰上镶嵌的孔雀石片。横截面有形状较为宽扁的空腔,内原先可能用植物类的材料做成芯撑,但已朽不存。复原直径约7.2、宽约1.5、厚约0.57厘米(图2-69-3;图版54-3、4,图版123-2、3)。

B型 14件(组)。细条环状,横截面多呈圆形,一般可见两孔状空腔,推测原有芯撑。

标本M58:9-2,复原直径约4.5、横截面直径约0.4厘米(图2-70-1)。

标本M164:3,一组4件。镯大小相近,直径一般约5.5、横截面直径一约0.45厘米(图2-70-2;图版54-5、6,图版121-3)。

标本M190:6-2,一组7件。镯大小相近,复原直径一般约4.8、横截面直径一般约0.25~0.3厘米(图2-70-3;图版146-8、9)。

标本M337:4,一组4件。镯大小相近,复原直径一般约4.9、横截面直径一般约0.4厘米(图2-70-4;图版213-5)。

(本章执笔者:第一、三、四节,杨勇;第二节,杨勇、李钰)

第三章 墓葬分述

大园子墓地的发掘共清理墓葬402座,其中出土随葬品的有240座。为了更全面地发表资料,也为了使读者能够从具体的墓葬单位出发来观察和分析有关问题,本书除了以表格形式公布所有墓葬资料外(附表),本章将对234座出土随葬品的墓葬进行逐一介绍。另有6座墓葬虽出随葬品,但仅有个别残碎严重的器物,类别或型式多不能辨,这里不予介绍。墓葬介绍按发掘地点、层位及墓号依次展开。

第一节 Ⅰ号发掘点墓葬

Ⅰ号发掘点共清理墓葬242座,出土随葬品的有154座,这里介绍其中的151座。

一、第1层墓葬

M1

M1位于Ⅰ号发掘点T6450东部,在正式发掘区的北侧,发掘前调查时发现,因遗物外露于地表而临时做了清理,属第1层墓葬。墓坑平面呈长方形,纵轴方向142°,东南部被扰不存,残长1.2、宽0.6、深0.17米。墓坑内填红褐色黏土,略泛灰。未发现葬具痕迹。人骨大多朽毁,仅铜镯内残存一些肢骨,据之推测被葬者头朝东南方向,具体葬式不明。出土铜镯1组,位于墓坑中部右侧,内有肢骨(图3-1)。

铜镯 1组。

M1:1,一组60余件,均Ec型。锈蚀较严重,多断裂破碎。细条环状,横截面为正方形。从出土位置及形态推测,下葬时成串佩戴于被葬者右手臂,前小后大,内残存肢骨。出土时,铜镯表面可见附着的纺织物痕迹。直径6.4~7.5厘米,横截面边长一般0.18~0.2厘米(图3-2;图版31-3)。

图3-1　M1平、剖视图

1. 铜镯

图3-2　M1出土Ec型铜镯

（M1∶1）

泥土　　纺织品残留

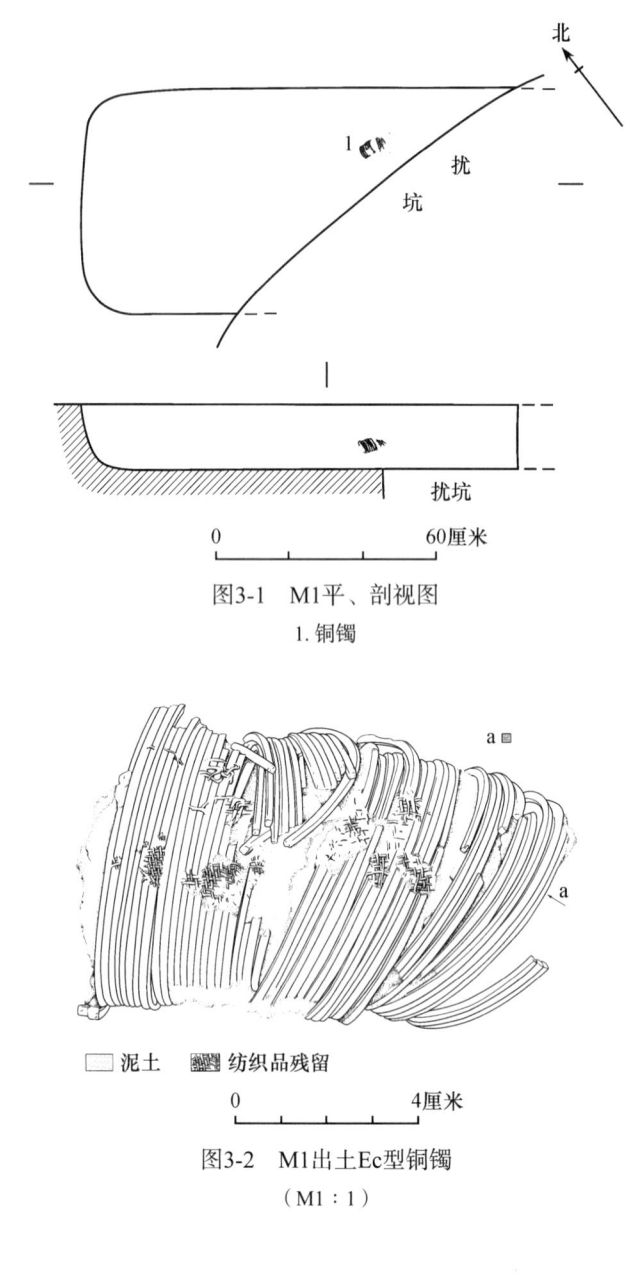

M2

M2位于Ⅰ号发掘点T6350南部，属第1层墓葬。墓坑平面呈长方形，纵轴方向54°，长2.02、宽0.7、深0.17米。墓坑内填红褐色黏土，含少量炭屑。未发现葬具痕迹。人骨朽毁不存，葬式不明。出土随葬品3件，均铜器，包括戈、削刀和扣饰各1件。随葬品均位于墓坑东北部，其中铜戈与铜削刀并排横置，铜扣饰背面朝上，局部出土前被折弯（图3-3；图版55-1）。

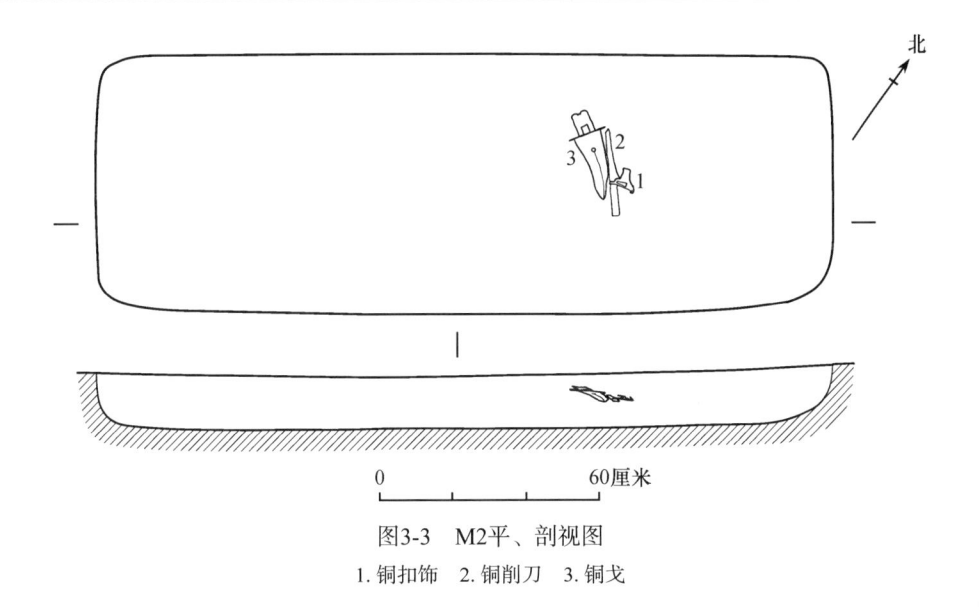

图3-3 M2平、剖视图
1. 铜扣饰 2. 铜削刀 3. 铜戈

铜戈 1件。

M2:3，Bc型。无胡；曲援，前部中线起圆脊，尖锋呈圭首状，援后部有一椭圆穿，近阑处有两长方形穿；长方形直内，前部有一近方形穿，后缘呈对称的内卷鸟首状。援后部椭圆穿周围施弦纹和短线芒纹；援本及内后部均施牵手人纹，形似Bb型Ⅲ式戈上的纹饰，但非明显的浅浮雕式。阑背面以及内两侧和内穿壁上均残留铸缝痕迹。通长24.5、阑宽10.8厘米（图3-4-1；图版19-2，图版55-4）。

铜削刀 1件。

M2:2，Da型。锈蚀严重，局部矿化，刀身前端残。器身单面较平；扁长柄；刀身微曲，刃略向下弧；鼓面柄部中间下凹，施数道对向短斜线。刀柄上、下两侧可见铸缝痕迹，铸缝经后期加工，向背面弯卷。残长22.7厘米（图3-4-2；图版55-3）。

铜扣饰 1件。

M2:1，F型。正面为半立体牛首造型，牛鼻、耳、角清晰可见，左角出土前被折弯。背面有一横向带穿弯钩。长8.4、宽5.6厘米（图3-4-3；图版40-1～3，图版55-2）。

M3

M3位于Ⅰ号发掘点T6351东南部，属第1层墓葬。墓坑大部被扰，仅剩东北部少许，推测平面原为长方形，纵轴方向约47°，残长0.55、宽0.7、深0.14米。墓坑内填红褐色黏土，略疏松，含少量炭屑。未发现葬具痕迹。人骨朽毁不存，葬式不明。出土随葬品2件，分别为铜扣饰和玛瑙扣，均位于墓坑东北部（图3-5）。

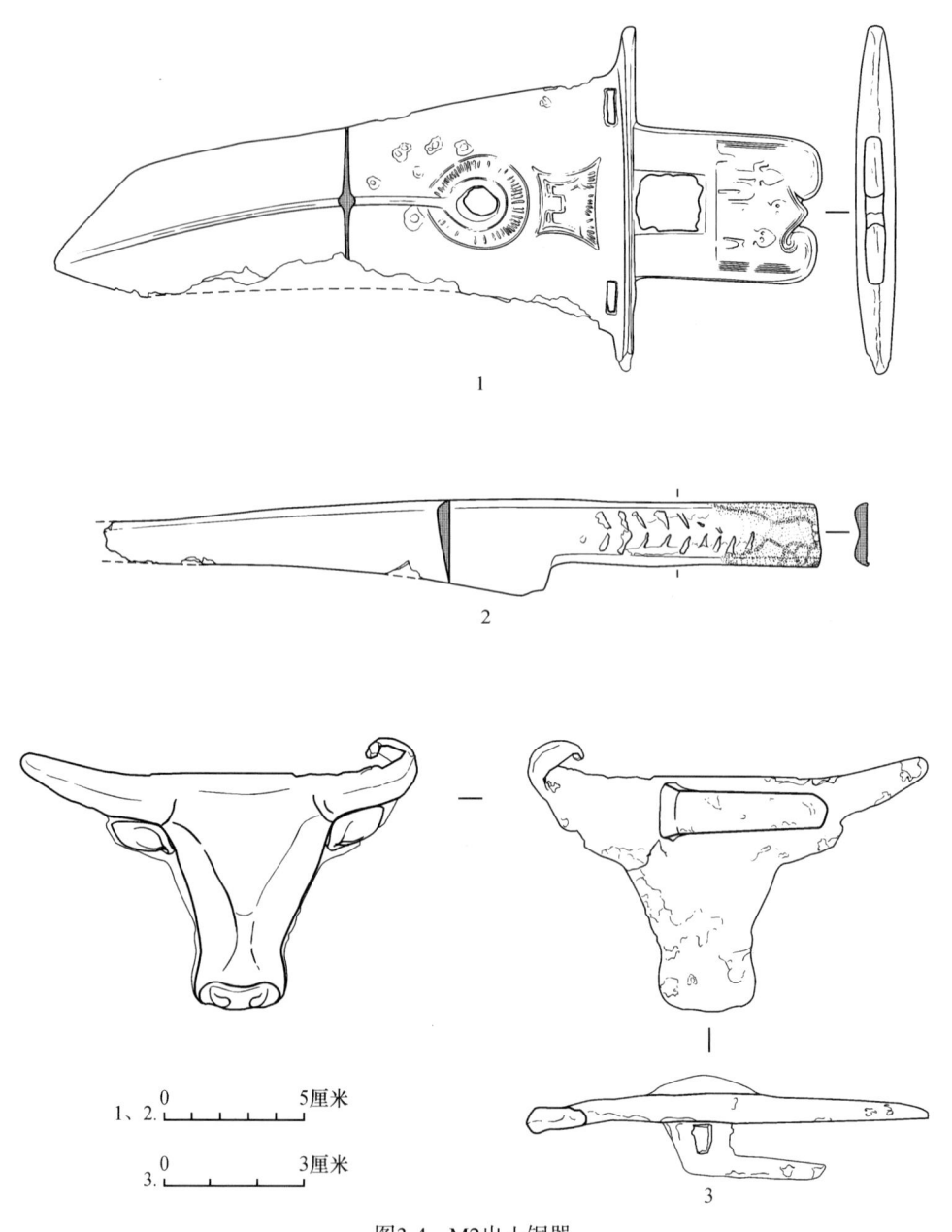

图3-4　M2出土铜器

1. Bc型戈（M2∶3）　2. Da型削刀（M2∶2）　3. F型扣饰（M2∶1）

铜器　1件。

铜扣饰　1件。

M3:1，Eb型。出土时锈蚀严重，矿化破碎。扣面呈长方牌形，背面有一横向带穿弯钩，弯钩所在位置高于周围，形成近长方形凸面。扣面中部镶嵌白色柱状玛瑙珠，实心，原为三横六纵共9个，其中2个已脱落；玛瑙珠四周密集镶嵌孔雀石小圆片，中心带穿，局部脱落；玛瑙珠和孔雀石小圆片脱落处可见黑色黏结物。上、下两长边施外卷云纹；左、右两侧及上边另有猴装饰，猴共11只，首尾相连，均呈半立体圆雕状；其中左、右两边各3只猴，上边5只猴，靠近左上角的猴个体较小，伏于前猴后腿和背上，应为一幼猴。长9.6、宽5.8厘米（图3-6-1；图版38-3~6）。

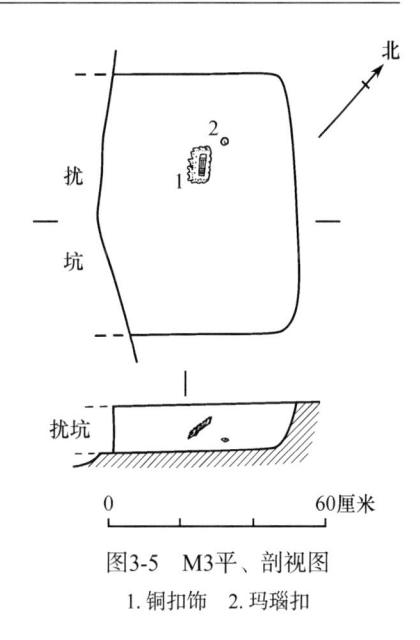

图3-5　M3平、剖视图
1.铜扣饰　2.玛瑙扣

玉石器　1件。

玛瑙扣　1件。

M3:2，B型。白色。正面光亮细腻；背面粗糙，可见诸多凹陷的小坑。外形呈乳钉状，侧面内凹较甚，中间乳钉较尖细，顶残，下部形成圆座，背面微鼓；背面有2个相通的锥形对钻圆孔，钻孔底部有圆形小凸起。直径2、残高0.97厘米（图3-6-2）。

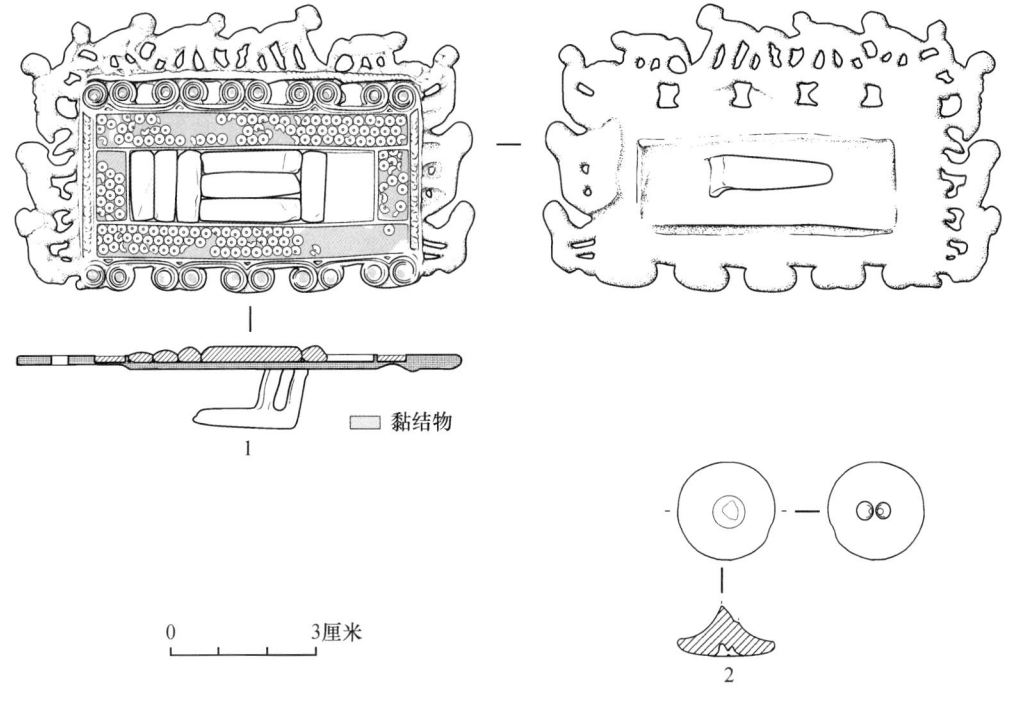

图3-6　M3出土器物
1.Eb型铜扣饰（M3:1）　2.B型玛瑙扣（M3:2）

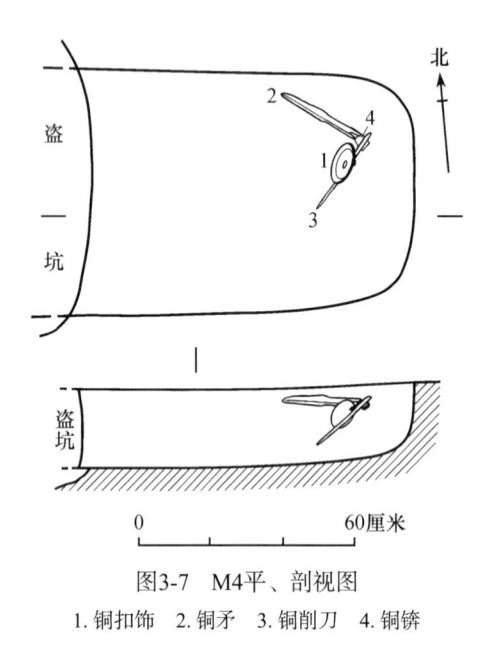

M4

M4位于Ⅰ号发掘点T6250西部，大部延伸出发掘区并被盗坑打破，属第1层墓葬。剩余部分墓坑平面原为长方形，纵轴方向约95°，残长0.94、宽0.65、深0.22米。墓坑内填红褐色黏土。未发现葬具痕迹。人骨不存，葬式不明。出土随葬品4件，均铜器，包括扣饰、矛、削刀和锛各1件，集中摆放于墓坑东端（图3-7；图版56-1）。

铜矛　1件。

M4:2，Ab型Ⅰ式。椭圆骹，骹口分叉；柳叶形矛身，中线略起脊，后部沿脊线设血槽，刃较直。骹两侧可见铸缝痕迹。通长21.8厘米（图3-8-1；图版56-2）。

铜削刀　1件。

图3-7　M4平、剖视图
1.铜扣饰　2.铜矛　3.铜削刀　4.铜锛

M4:3，Db型。局部矿化，刀身前端残。扁长柄，柄端近圆弧形，带一大一小两个近椭圆形镂孔。柄部双面施数道凸棱组成的纹饰。刀柄上、下两侧可见铸缝痕迹。残长20.3厘米（图3-8-4；图版28-2，图版57-4）。

铜锛　1件。

M4:4，竖銎，半圆形銎口；銎口下方有一对穿；弧刃。正面銎口下方隐约可见两道凸弦纹。长9.8、銎口宽3.4厘米（图3-8-3；图版28-3、4，图版56-3）。

铜扣饰　1件。

M4:1，Da型Ⅱ式。出土时锈蚀严重，矿化破碎。扣面呈浅圆盘状，背面有一弯钩，弯钩根部接铆钉，并通过铆钉固定于扣体。从铸缝看弯钩与铆钉为一体铸造。以铆钉固定扣饰弯钩，比较少见，推测为修补工艺，铆钉之下隐约可见近长方形凸面，可知弯钩于原位置修补。扣面带边轮，中间预铸两圈凹槽，其内镶嵌密集的孔雀石片，局部脱落，脱落处可见黑色黏结物。孔雀石片多呈圆形，中心带穿，少数形状不规则。直径约10厘米（图3-8-2；图版57-1~3）。

第三章 墓葬分述

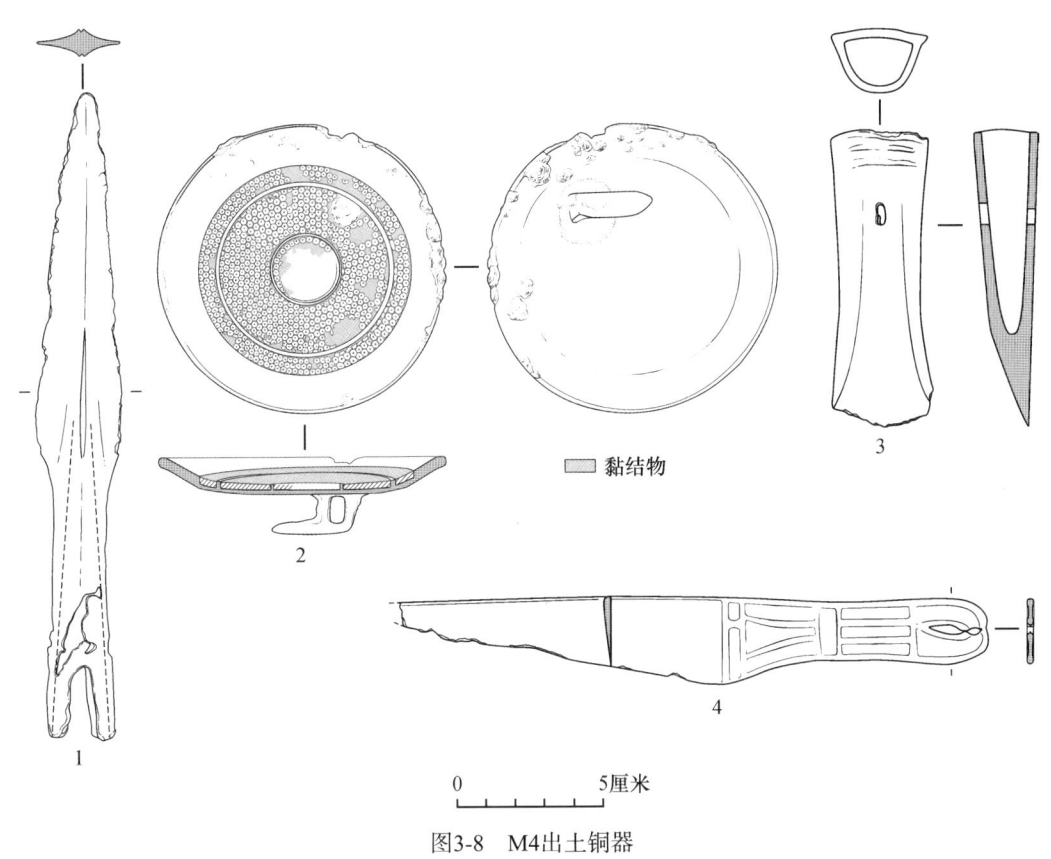

图3-8 M4出土铜器
1. Ab型Ⅰ式矛（M4：2）　2. Da型Ⅱ式扣饰（M4：1）　3. 锛（M4：4）　4. Db型削刀（M4：3）

M5

M5位于Ⅰ号发掘点T6351中部，属第1层墓葬。墓坑平面呈长方形，纵轴方向125°，长1.98、宽0.57、深0.16米。墓坑内填红褐色黏土，略疏松，含少量炭屑。发现板灰痕迹，推测原有木质棺椁类葬具。人骨多已朽毁，仅铜镯内发现一些肢骨，结合玉玦等遗物位置，推测被葬者头朝东南方向，下葬时双臂向内弯曲，双手交于腹部。出土随葬品3件（组），包括铜镯2组、玉玦1件。铜镯位于墓坑中部，呈"八"字形左右对称摆放；玉玦位于墓坑东南部（图3-9）。

铜器　2组。

铜镯　2组。

Ea、Ec型混合类型，1组。

M5：2，一组30余件。锈蚀严重，多断裂破碎，各类型具体数量不详。Ea型，细条环状，横截面为竖长方形。Ec型，细条环状，横截面近方形。根据出土位置及形态推测，铜镯下葬时成串佩戴于被葬者右手臂，前小后大，内残存肢骨，外表覆盖炭化物。铜镯直径大多不详，Ea型横截面一般长0.2、宽0.1厘米，Ec型横截面边长一般0.2厘米。

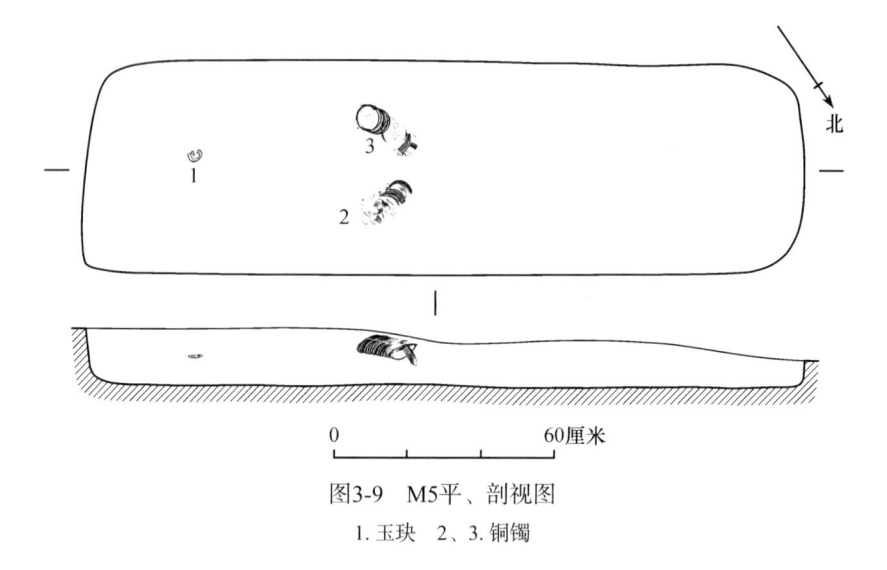

图3-9 M5平、剖视图
1. 玉玦 2、3. 铜镯

A型Ⅰ式、Eb型混合类型，1组。

M5∶3，一组20余件。锈蚀严重，大多断裂。A型Ⅰ式1件，M5∶3-1，片状环形，镯体较窄；内壁较直；外壁呈浅槽结构，可见一道竖条状界格，槽内镶嵌孔雀石片；孔雀石片较小，圆形，中间有穿孔，与镯体之间可见黑色黏结物。Eb型约20余件，M5∶3-2，多残，细条环状，横截面为横长方形。根据出土位置及形态推测，铜镯下葬时成串佩戴于被葬者左手臂，镯内残存肢骨；A型Ⅰ式即M5∶3-1居前，其余居后。M5∶3-1，宽0.9、直径6.2厘米（图3-10-1）；M5∶3-2，粗细相近。横截面长约0.2、宽约0.1厘米，复原直径约6.4厘米。

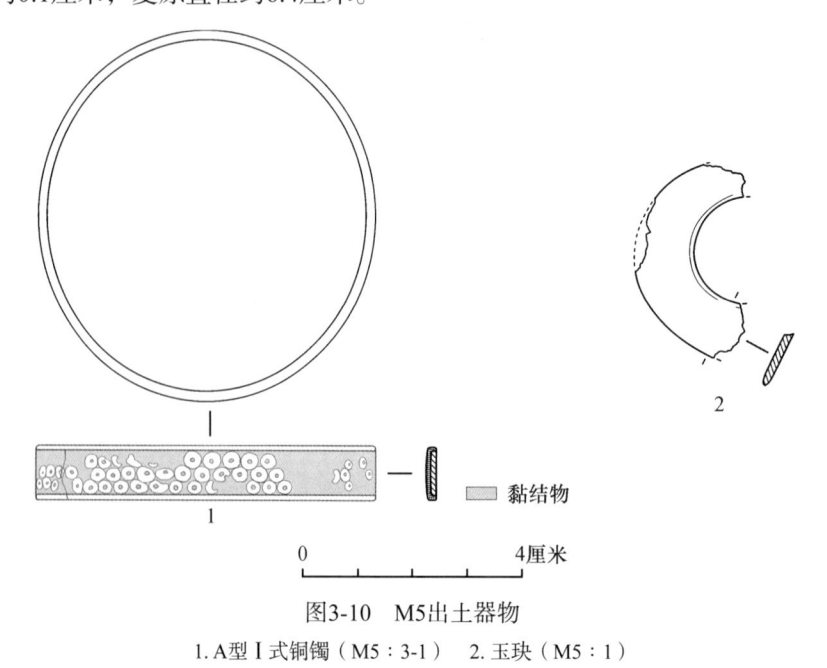

图3-10 M5出土器物
1. A型Ⅰ式铜镯（M5∶3-1） 2. 玉玦（M5∶1）

玉石器　1件。

玉玦　1件。

M5：1，出土时风化严重，残不到一半，玦口不存。白色泛黄；不透光；薄片状；外缘较圆润，内缘单面略呈凹面斜坡。残径3.4、厚0.17厘米（图3-10-2）。

M6

M6位于Ⅰ号发掘点T6250东部，属第1层墓葬。墓坑平面大致呈长方形，纵轴方向130°，长1.88、宽0.66、深0.3米。墓坑内填红褐色黏土。未发现葬具痕迹。人骨已朽，仅铜镯内残存一些肢骨，据之推测被葬者头朝东南方向，下葬时手臂向内弯曲。出土铜镯1组，位于墓坑中部左侧（图3-11）。

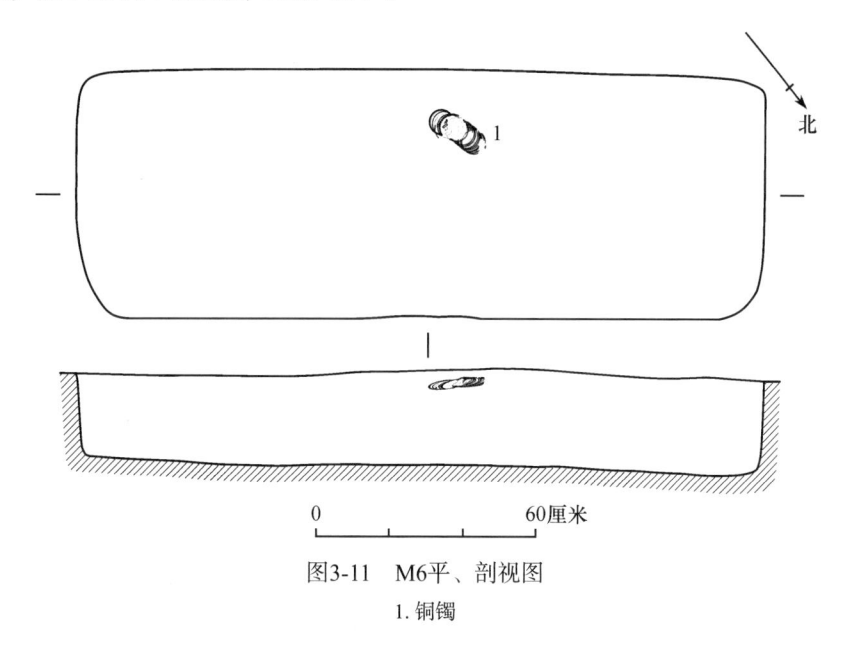

图3-11　M6平、剖视图
1. 铜镯

铜镯　1组。

M6：1，一组20余件，含A型Ⅰ式、Ea型、Ec型三种类型。A型Ⅰ式8件，M6：1-3～M6：1-10，片状环形，镯体较窄；内壁多较直，个别微弧；外壁呈浅槽结构，槽内镶嵌小孔雀石片，孔雀石片与镯体之间可见黑色黏结物；M6：1-9，孔雀石片为圆形，中间有穿孔，其余皆不规则形。Ea型和Ec型共计10余件，因断裂破碎严重，各型具体数量不详。Ea型，M6：1-1，细条环状，横截面呈竖长方形。Ec型，M6：1-2，细条环状，横截面近方形。根据出土位置及形态推测，铜镯下葬时成串佩戴于被葬者左手臂，其中Ea型和Ec型多居前，A型Ⅰ式多居后，镯内残存肢骨。Ea型和Ec型铜镯直径多在6厘米左右，M6：1-1，横截面一般长0.2、宽0.08厘米（图3-12-a）；M6：1-2横

图3-12 M6出土铜镯
（M6:1）

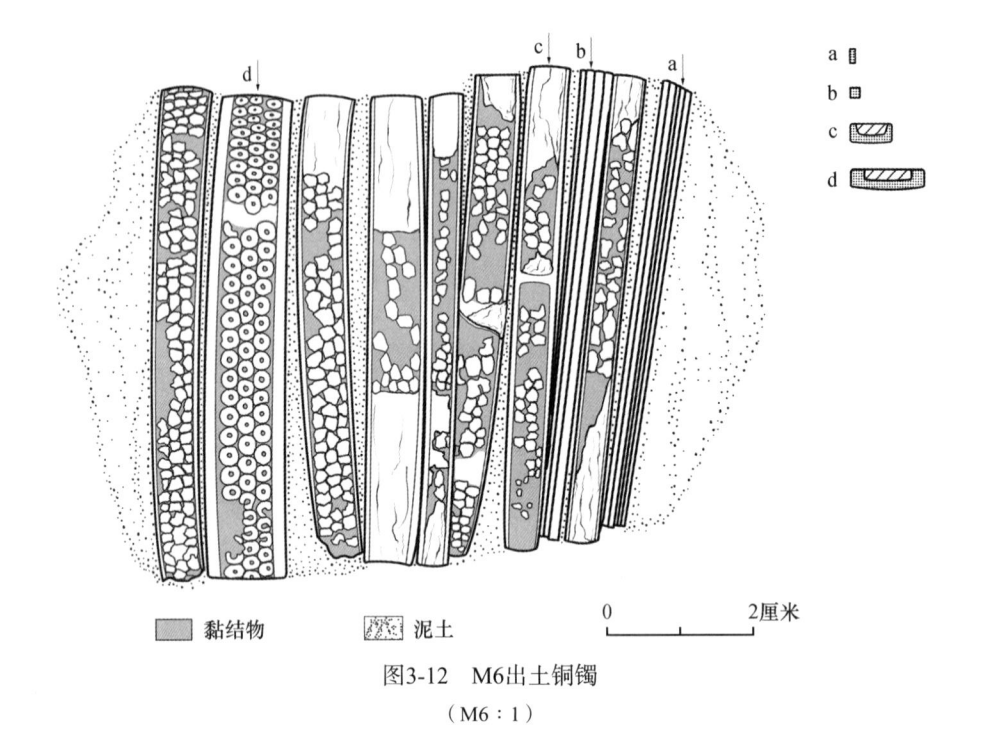

截面边长一般0.15厘米（图3-12-b）。A型Ⅰ式铜镯每件各不一样，M6:1-3，宽0.5、直径6.1厘米；M6:1-4，宽0.5、直径6.2厘米；M6:1-5，宽0.6、复原直径6~7厘米；M6:1-6，宽0.5、直径6.2厘米；M6:1-7，宽0.65、直径6.2厘米；M6:1-8，宽0.6、直径6.3厘米；M6:1-9，宽1、直径6.5厘米；M6:1-10，宽0.6、直径6.6厘米（图3-12-c、图3-12-d）。

M7

M7位于Ⅰ号发掘点T6351东北部，属第1层墓葬。墓坑平面大致呈长方形，西北端被现代树根扰动，残长1.9、宽0.72、深0.2米，纵轴方向112°。墓坑内填红褐色黏土，略泛灰黑，含零星炭屑。发现板灰痕迹，推测原有木质棺椁类葬具。人骨朽毁不存，根据铜簪等随葬品的位置和形态，推测被葬者头朝东南方向，具体葬式不明。于墓坑东南部出土随葬品5件，均铜器，包括簪、扣饰、削刀、矛和戚。铜削刀、铜矛和铜戚并列放置，矛骹和戚銎口部均朝向墓坑另一端（图3-13；图版58-1）。

铜矛　1件。

M7:4，Aa型。圆骹，横截面略近方形，后部近骹口处有对穿，前部单面有穿，骹口平；柳叶形矛身，中线略起脊，刃较直。长17.6厘米（图3-14-1；图版20-1，图版59-1）。

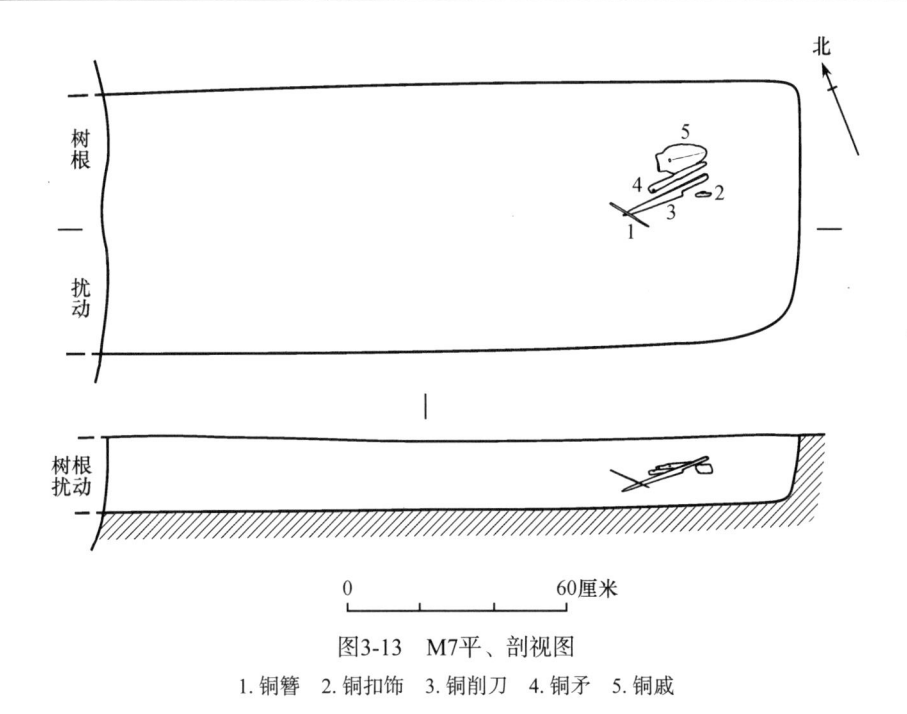

图3-13 M7平、剖视图
1.铜簪 2.铜扣饰 3.铜削刀 4.铜矛 5.铜戚

铜戚 1件。

M7:5，B型Ⅱ式。锈蚀较严重，銎口和刃略残。竖銎向下延伸至戚身下部，底近平；椭圆形銎口较高，中间略下凹；戚身呈宽尖叶形，窄肩，中线起脊，靠上位置有对称近方形穿孔。銎口下方施菱形纹。长13.4、銎口宽4.9厘米（图3-14-2；图版60-1、2）。

铜削刀 1件。

M7:3，Da型。扁长柄；刀身微曲，刃略内凹。柄部双面饰多道弦纹，内填波折纹与短线纹。刀柄上、下两侧可见铸缝痕迹。长26.8厘米（图3-14-5；图版28-1，图版59-5）。

铜扣饰 1件。

M7:2，G型。出土时锈蚀严重，矿化破碎。扣面呈近椭圆形片状，推测为残损后打磨使用，背面有一横向带穿弯钩。残长5.1、残宽3.4厘米（图3-14-3；图版40-6，图版59-3、4）。

铜簪 1件。

M7:1，A型。方条形，中部稍粗，向两端渐细。长13.4、中部横截面边长0.6厘米（图3-14-4；图版59-2）。

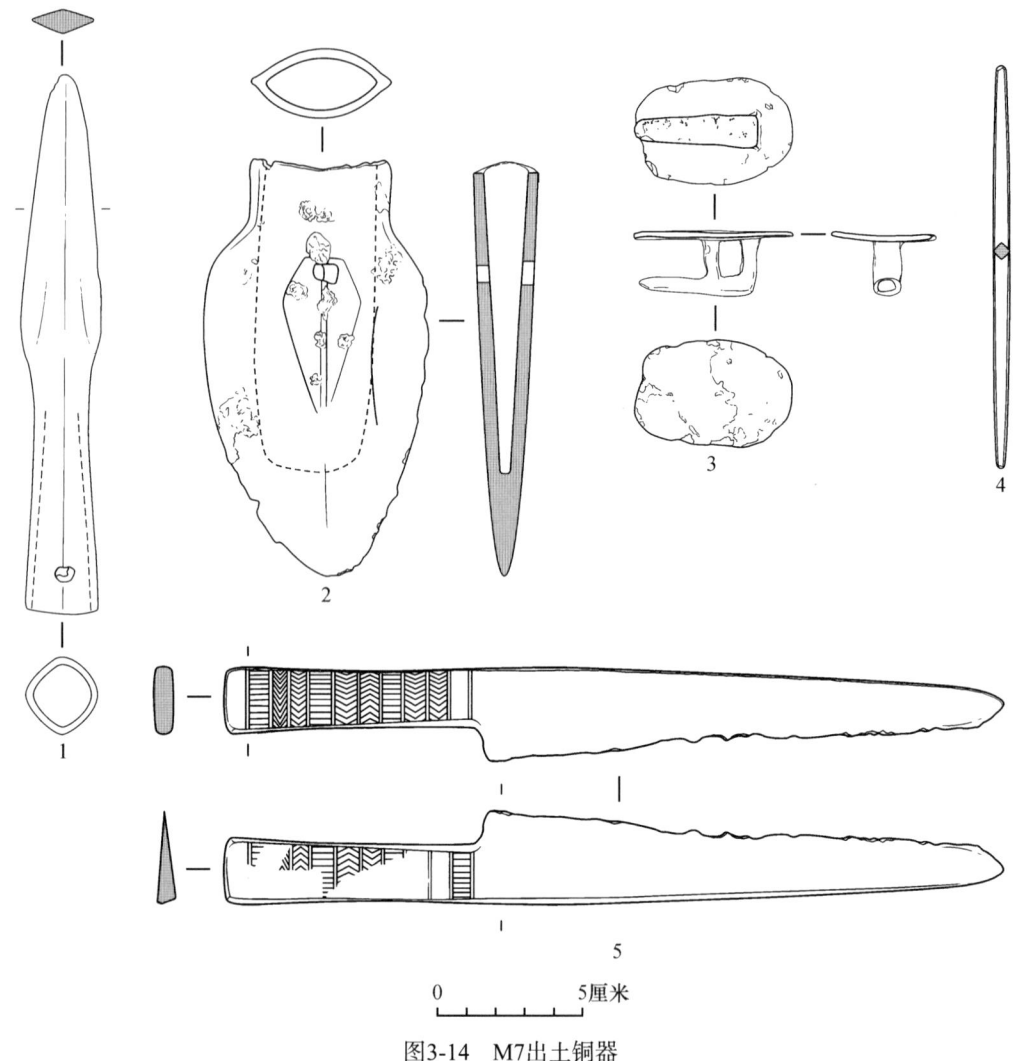

图3-14　M7出土铜器
1. Aa型矛（M7：4）　2. B型Ⅱ式戚（M7：5）　3. G型扣饰（M7：2）　4. A型簪（M7：1）
5. Da型削刀（M7：3）

M8

M8位于Ⅰ号发掘点T6250东南部，属第1层墓葬。墓坑平面大致呈长方形，纵轴方向132°，长1.83、宽0.7、深0.14米。墓坑内填红褐色黏土。未发现葬具痕迹。人骨朽毁不存，葬式不明。出土的随葬品有铜矛1件（图3-15）。

铜矛　1件。

M8：1，Aa型。锈蚀严重，局部矿化。圆骹，出土时骹口残，后部近骹口处有对穿；柳叶形矛身，中线略起脊，刃、锋略残。残长13.5厘米（图3-16）。

第三章 墓葬分述

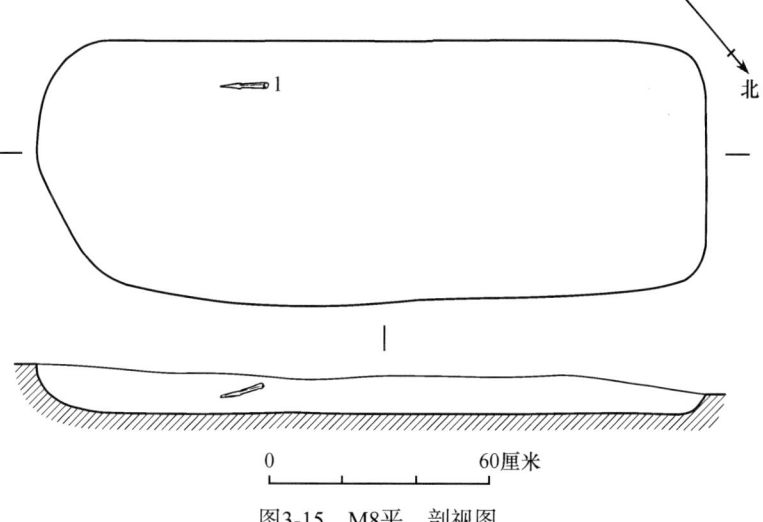

图3-15 M8平、剖视图
1. 铜矛

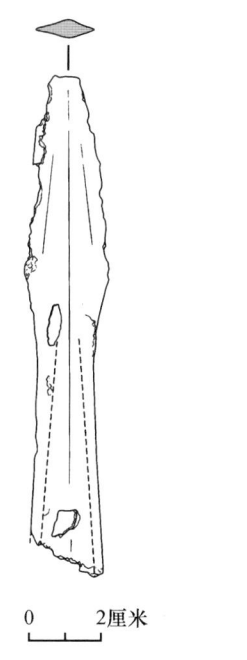

图3-16 M8出土Aa型铜矛
（M8:1）

M9

M9位于Ⅰ号发掘点T6351南部，小部分跨入T6251，属第1层墓葬。墓坑平面大致呈长方形，纵轴方向132°，长1.63、宽0.53、深0.13米。墓坑内填红褐色黏土，略泛黄，含零星炭屑。未见葬具，但于铜戚下发现少许木痕。人骨不存，葬式不明。出土随葬品2件（组），包括铜戚1件、铜镯1组，其中铜戚位于墓坑东南端，铜镯位于墓坑中部。根据出土位置及形态推测，铜镯下葬时成串佩戴于被葬者手臂之上（图3-17；图版58-2）。

铜戚　1件。

M9：1，A型Ⅱ式。锈蚀严重，刃略残。竖銎向下延伸至戚身中部偏下位置，底平；近菱形銎口较矮，中间下凹呈"V"字形；戚身呈宽尖叶形，稍瘦，肩部不明显，中线起脊，靠上位置有一对称穿孔。长13.9、銎口宽3.9厘米（图3-18-3；图版24-1、2，图版60-3）。

铜镯　1组。

M9：2，一组2件，均A型Ⅰ式。锈蚀严重，矿化断裂。片状环形，镯体较窄；内壁较直；外壁呈浅槽结构，内镶嵌不规则形的孔雀石片，大多脱落，露出下面的黑色黏结物。M9：2-1，宽0.55、直径6.3厘米（图3-18-1）；M9：2-2，宽0.75、直径6.6厘米（图3-18-2）。

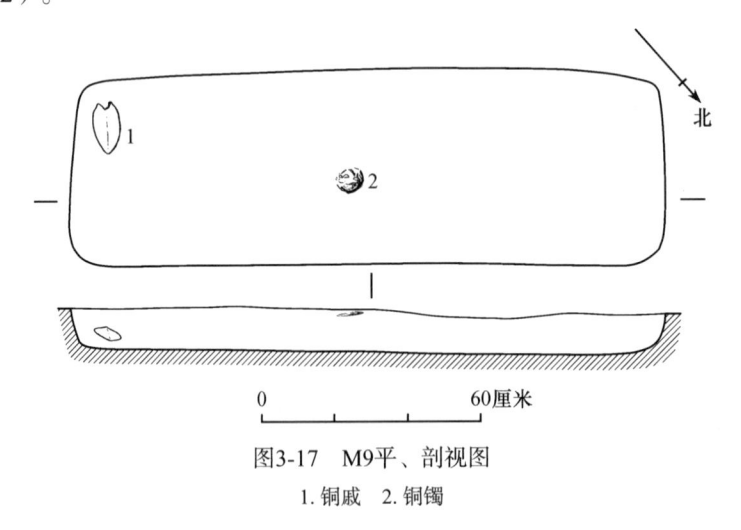

图3-17　M9平、剖视图
1. 铜戚　2. 铜镯

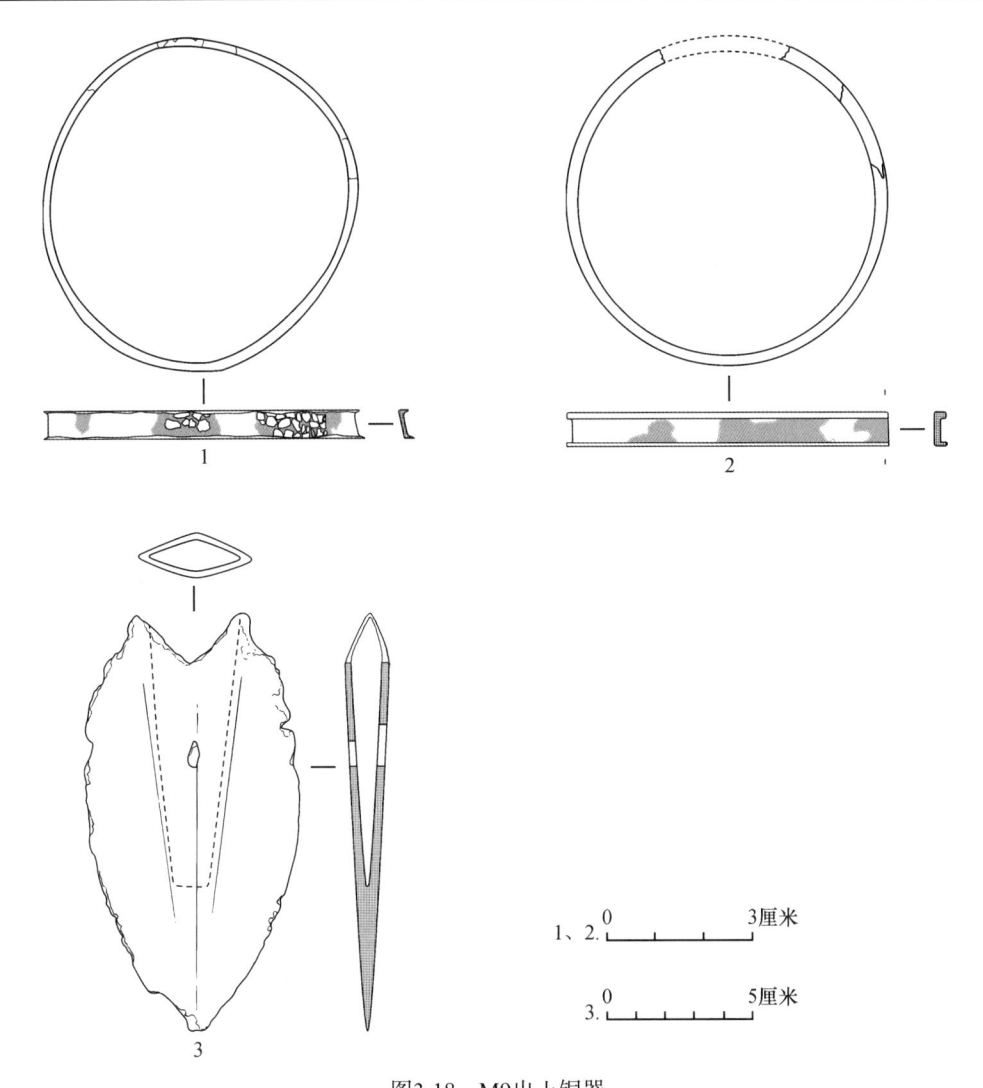

图3-18　M9出土铜器
1、2.A型Ⅰ式镯（M9:2-1、M9:2-2）　3.A型Ⅱ式戚（M9:1）

M11

M11位于Ⅰ号发掘点T6250东部，属第1层墓葬。墓坑平面大致呈近长方形，纵轴方向118°，长1.46、宽0.54、深0.13米。墓坑内填红褐色黏土。未发现葬具痕迹。人骨不存，葬式不明。出土随葬品1件，为铜矛，位于墓坑东南部，出土前被折断（图3-19）。

铜矛　1件。

M11:1，Aa型。锈蚀严重，局部矿化。圆骹残；柳叶形矛身，中线略起脊，刃较直，出土前锋部被折断。出土时骹内残存少许朽木，推测为矛柲遗存。矛残长约8.8厘米（图3-20）。

图3-19　M11平、剖视图
1.铜矛

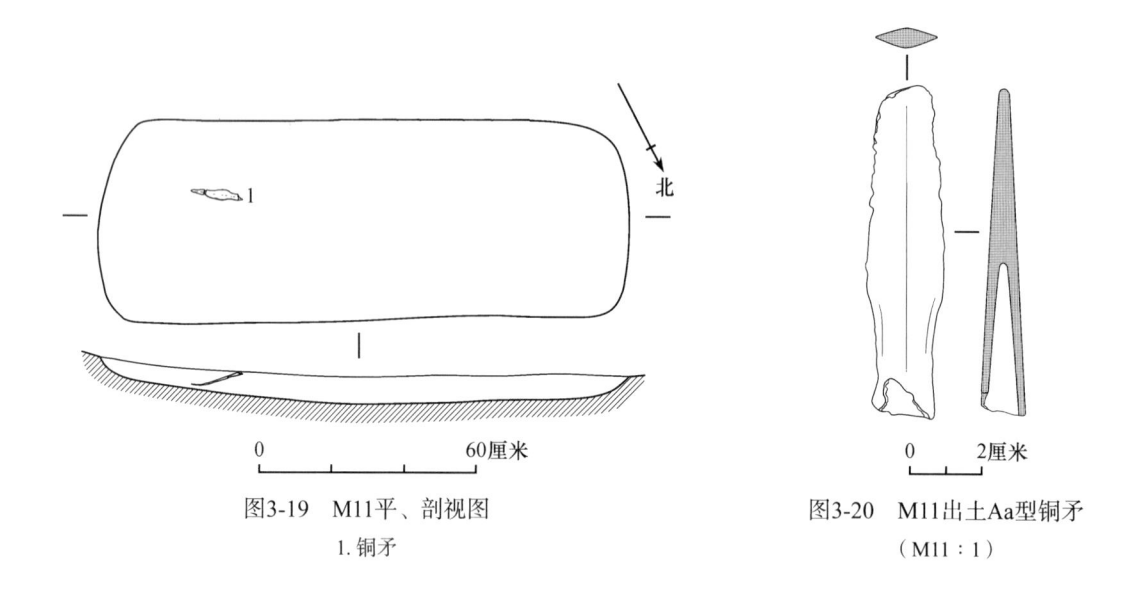

图3-20　M11出土Aa型铜矛
（M11∶1）

M12

M12位于Ⅰ号发掘点的T6350北部，属第1层墓葬。墓坑平面大致呈长方形，纵轴方向156°，长1.69、宽0.7、深0.4米。墓坑内填红褐色黏土，略泛灰色。发现板灰痕迹，推测与木质棺椁类葬具有关。人骨多朽毁不存，仅于铜镯内发现一些肢骨，据之推测被葬者头朝东南方向，下葬时双臂略向内弯曲。出土随葬品10件（组），包括铜器8件（组）和玉石器2件。铜器有削刀、扣饰、夹形器、片饰各1件，剑2件，镯2组；玉石器有玉镯和玛瑙珠各1件。铜镯位于墓坑中部，略呈"八"字形左右对称摆放，其中一组还与玉镯成串佩戴。出土时，除镯内发现肢骨外，镯表面还附着木质残留物。其他铜器多位于墓坑东南部，另有1件铜剑位于墓坑中部偏北。东南部的铜器摆放比较集中，只有1件铜削刀位置稍远且相对较高。从出土现场及器形看，铜夹形器与玛瑙珠原先可能系扣在一起（图3-21；图版61-1）。

铜器　8件（组）。

铜剑　2件。

Ca型　1件。

M12∶5，空心椭圆茎，空首呈喇叭口状，茎首下有对穿；一字格；剑身较宽，前部中线起圆脊，曲刃。茎部施多道弦纹，中间填涡纹和编织纹；剑身后部于中线两侧施箭头、涡卷纹等对称纹饰，整体形如箭矢。茎部两侧和格两端下方可见铸缝痕迹。通长27.5、格长10厘米（图3-22-1；图版9-1，图版63-1）。

B型Ⅱ式　1件。

M12∶6，锈蚀严重，局部矿化。扁圆茎，茎首镂空，出土时残；无格；剑身后部较窄，中线略起脊。茎部隐约可见多道弦纹，中间填云雷纹、短线纹等，茎首并列多

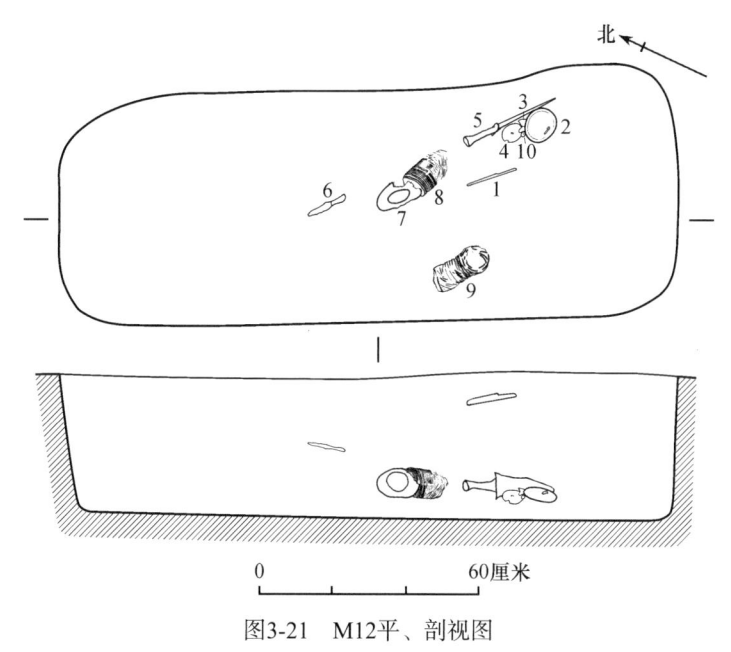

图3-21 M12平、剖视图
1.铜削刀 2.铜扣饰 3.铜夹形器 4.铜片饰 5、6.铜剑 7.玉镯 8、9.铜镯 10.玛瑙纺轮形珠

个竖条形镂孔;剑身后部脊两侧施涡纹、竖条纹,左右对称。残长12.9厘米(图3-22-4;图版63-2)。

铜削刀 1件。

M12:1,Da型。锈蚀严重,局部矿化,刀身前端残。扁长柄;刀身微曲,刃较直。柄部双面施纹饰,为数道竖条状凸棱。刀柄两侧可见铸缝痕迹。残长15.7厘米(图3-22-3;图版63-6)。

铜镯 2组。

均Ec型,锈蚀较严重,部分断裂破碎。细条环状,横截面近方形。

M12:8,一组50余件。从出土位置及形态推测,下葬时成串佩戴于被葬者右手臂,前小后大,内残存肢骨。与该组铜镯一起佩戴的还有1件玉镯(M12:7),玉镯居前。铜镯直径6.6~7.4、横截面边长一般0.18~0.2厘米(图3-23-1;图版61-3,图版62-1)。

M12:9,一组30余件。从出土位置及形态推测,下葬时成串佩戴于被葬者左手臂,前小后大,内残存肢骨。直径5.6~6.4、横截面边长一般0.17~0.19厘米(图3-23-2;图版62-2、3)。

铜扣饰 1件。

M12:2,Da型Ⅱ式。出土时锈蚀严重,矿化破碎,背面朝上。扣面呈浅圆盘状,中心有两穿孔,背面有一横向带穿弯钩,弯钩所在位置略高于周围,形成近长方形凸面。扣面带边轮,中间预铸两圈凹槽,其内镶嵌密集的孔雀石片,局部脱落,脱落处可见黑色黏结物。孔雀石片多呈圆形，中心带穿，少数形状不规则。直径约9厘米（图3-22-2；图版36-4，图版61-2）。

铜夹形器　1件。

M12：3，由铜片折叠而成，平面呈束腰状，折叠处中间有一穿孔，出土时穿孔处紧挨1件玛瑙珠（M12：10），二者原先可能系扣在一起。长3.4、宽2.6、铜片厚0.06厘米（图3-22-7；图版43-5，图版63-5、7）。

铜片饰　1件。

M12：4，B型。出土时背面朝上，边缘残。圆形薄片状，如浅盘；正面中心呈乳

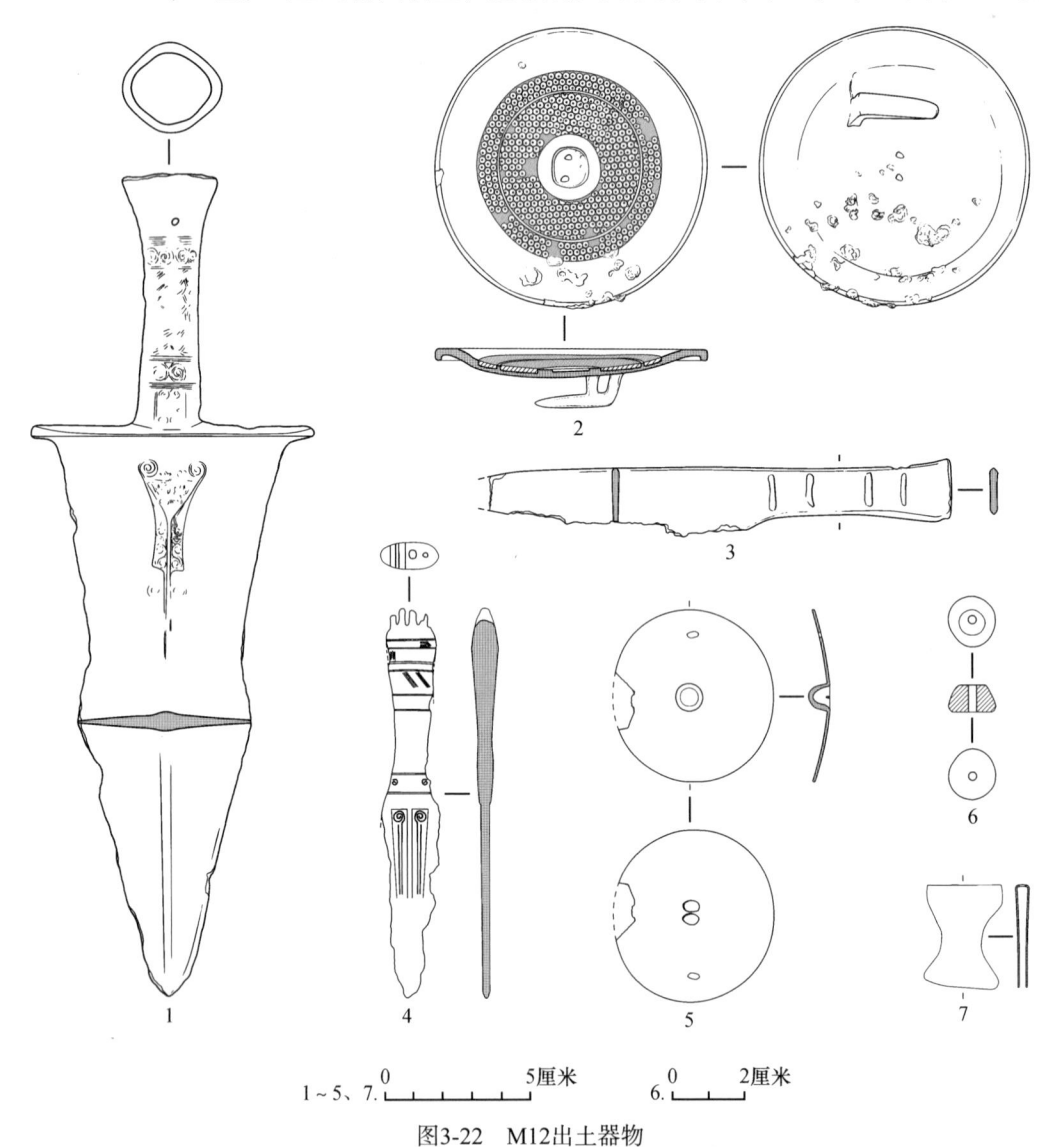

图3-22　M12出土器物

1. Ca型铜剑（M12：5）　2. DaⅡ式铜扣饰（M12：2）　3. Da型铜削刀（M12：1）　4. BⅡ式铜剑（M12：6）
5. B型铜片饰（M12：4）　6. 玛瑙纺轮形珠（M12：10）　7. 铜夹形器（M12：3）

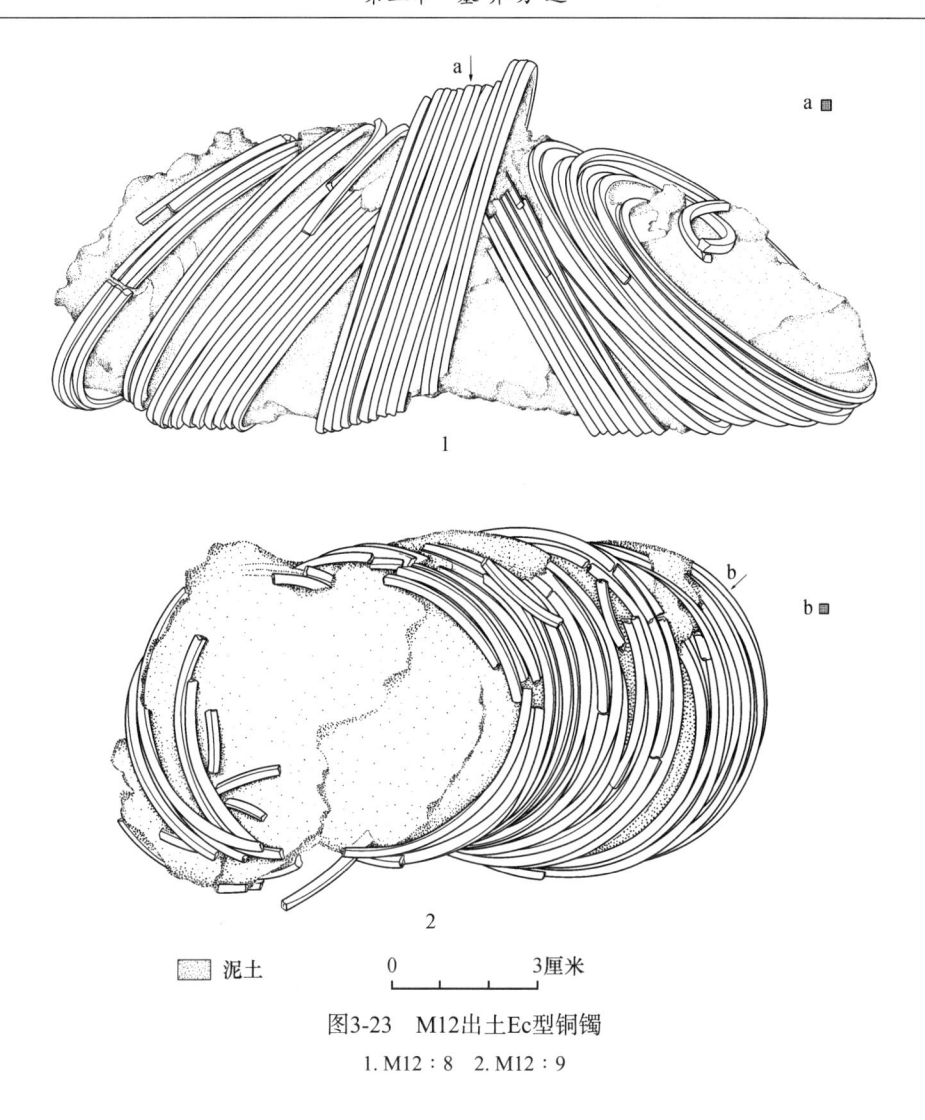

图3-23 M12出土Ec型铜镯
1. M12:8 2. M12:9

钉状凸起；背面对应位置内凹，中间有一两端粗中间细的横梁；出土时横梁下穿孔内残存有少许线绳，已朽。片饰直径5.7厘米（图3-22-5；图版43-4，图版63-3、4）。

玉石器　2件。

玉镯　1件。

M12:7，B型。出土时风化破碎严重，但大致可看出器形。白色。圆环形，内缘凸出起棱，横截面呈"T"形。与1组铜镯（M12:8）成串佩戴于被葬者右手臂，居前。外径约13、内径约6厘米。

玛瑙纺轮形珠　1件。

M12:10，黄褐色；微透光。整体形如纺轮，一端圆面较小，另一端圆面较大，侧面斜；直孔。出土时紧靠1件铜夹形器（M12:3）穿孔处，二者原先可能系扣在一起。高0.7、一端直径0.72、另一端直径1.3、孔径0.22厘米（图3-22-6；图版63-5、7）。

M13

M13位于Ⅰ号发掘点T6251西南部，属第1层墓葬。墓坑平面大致呈长方形，纵轴方向101°，长1.6、宽0.66、深0.16米。墓坑内填红褐色黏土。未发现葬具痕迹。人骨朽毁不存，葬式不明。出土随葬品均为铜器，包括扣饰、削刀各1件，集中摆放于墓坑东南端，靠近一侧拐角（图3-24；图版64-1）。

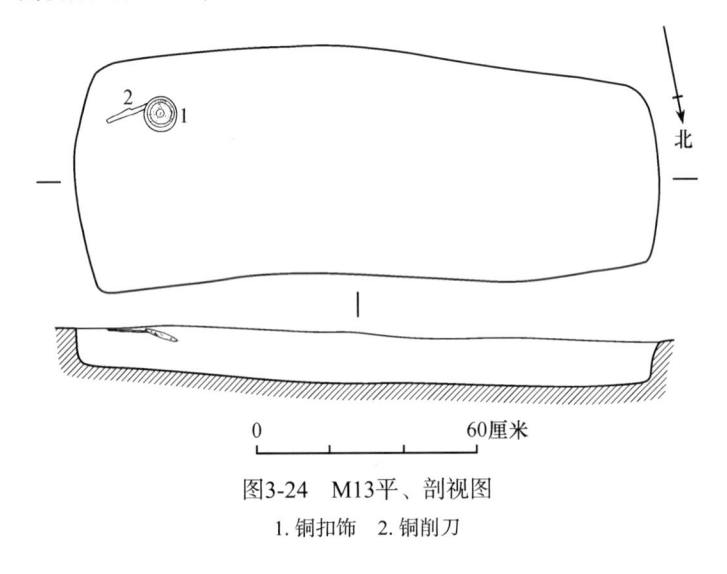

图3-24 M13平、剖视图
1.铜扣饰 2.铜削刀

铜削刀　1件。

M13：2，Da型。锈蚀严重，刀身前部残。器身单面较平；扁长柄；刀身微曲，刃略下弧，尾端有一小凸块；刀柄两侧可见铸缝痕迹，铸缝经后期加工，向背面弯卷。残长16厘米（图3-25-1；图版64-4）。

铜扣饰　1件。

M13：1，Da型Ⅱ式。扣面呈浅圆盘状，中心有两穿孔，背面弯钩残。扣面带边轮，中间预铸两圈凹槽，其内镶嵌密集的孔雀石片。孔雀石片多呈圆形，中心带穿，少数形状不规则。直径9.6厘米（图3-25-2；图版64-2、3）。

M15

M15位于Ⅰ号发掘点T6251西北部，小部分跨入T6250，属第1层墓葬。墓坑西北部被扰坑打破，原平面大致呈近长方形，纵轴方向132°，残长0.72、宽0.66、深0.2米。墓坑内填红褐色黏土。发现少许板灰痕迹，推测原有木质棺椁类葬具。残存零星骨渣，铜镯内亦发现少许肢骨，结合玉玦等随葬品的位置和形态，推测被葬者头朝东南方向，具体葬式不明。出土随葬品5件（组），包括铜镯2组、玛瑙圆珠1组、玉玦2件（组）。玉玦

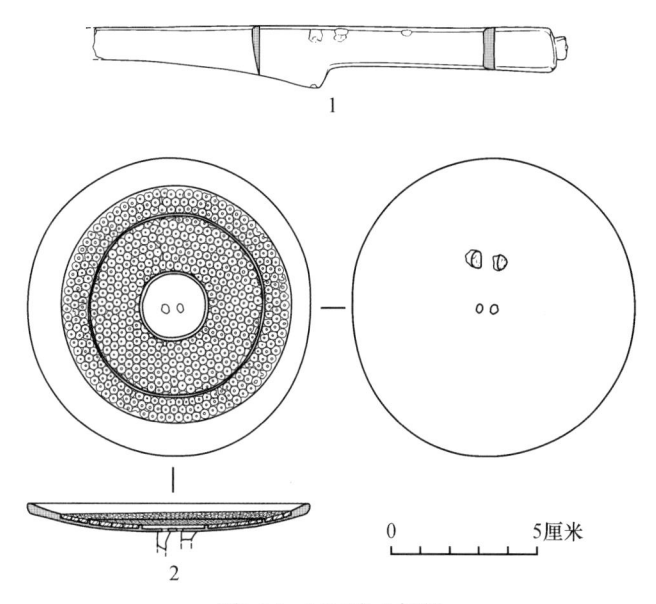

图3-25 M13出土铜器
1. Da型削刀（M13:2） 2. Da型Ⅱ式扣饰（M13:1）

和玛瑙圆珠位于墓坑东南部；铜镯略靠中部，2组呈左右对称分布（图3-26；图版65-1）。

铜器 2组。

铜镯 2组。

Ea型，1组。

M15:1，一组30余件。锈蚀严重，多断裂破碎。细条环状，横截面为竖长方形。根据出土位置及形态推测，铜镯下葬时成串佩戴于被葬者右手臂，内残存肢骨，表面覆盖炭化物。直径不详，横截面一般长0.18～0.2、宽0.08～0.1厘米。

A型Ⅰ式、Ea型混合类型，1组。

M15:2，一组10余件。锈蚀严重，大部分断裂残碎。A型Ⅰ式1件，M15:2-1，片状环形，镯体较窄；内壁弧，外壁呈浅槽结构，内镶嵌孔雀石片；孔雀石片较小，形状不规则或圆形带穿，大多脱落或风化，下面露出黑色黏结物。其余皆Ea型，M15:2-2，均残，细条环状，横截面为竖长方形。根据出土位置及形态推测，下葬时铜镯成串佩戴于被葬者左手臂，内残存肢骨，外表覆盖炭化物，A型Ⅰ式铜镯即M15:2-1居前，其余Ea型铜镯居后。M15:2-1，宽0.85、直径6.3厘米（图3-27-5）；M15:2-2，粗细相近。横截面长约0.2、宽约0.08，直径不详。

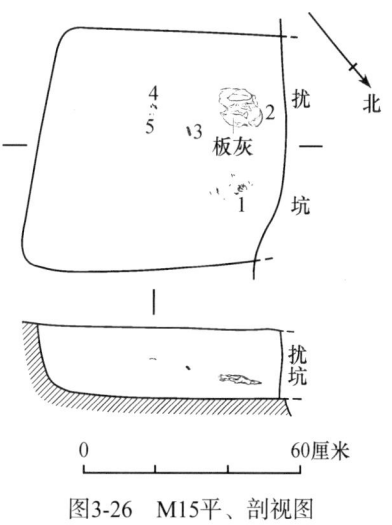

图3-26 M15平、剖视图
1、2. 铜镯 3. 玛瑙圆珠 4、5. 玉玦

玉石器 3件（组）。

玛瑙圆珠 1组。

M15：3，一组4件（图版65-3）。表面光润细腻，透光度高。扁圆形。M15：3-1，黄白色；锥形孔，单向钻，内壁光滑；一端平口，孔径略大，另一端孔口略下陷，孔径略小。M15：3-2，黄白色；对向锥形钻孔，孔壁可见密集均匀的镟钻痕迹；两端平口。M15：3-3、M15：3-4，均乳白色；腰部略成折角；对向锥形钻孔，内壁光滑。出土时，4件玛瑙圆珠呈串状分布。M15：3-1，高0.5、直径0.77、孔径0.07~0.15厘米（图3-27-1；图版48-2）；M15：3-2，高0.44、直径0.7、孔径0.1~0.18厘米（图3-27-2）；M15：3-3，高0.38、直径0.68、孔径0.15~0.26厘米（图3-27-3；图版48-3）；M15：3-4，高0.35、直径0.66、孔径0.16~0.28厘米（图3-27-4）。

玉玦 2件（组）。

M15：4，一组3件，其中1件完整，2件残断。白色泛黄；表面细腻，不透光。薄片状，平面呈不对称圆环形。出土时，3件玉玦由小到大、自上而下叠压在一起，根据出土位置推测，下葬时佩戴于被葬者左耳（图版65-2）。M15：4-1，一面内缘略呈凹面斜坡状，另一面外缘略呈弧面斜坡状。外径1.46、内径0.7、玦口宽0.05、厚0.1厘米（图3-27-8）。M15：4-2，残剩一半有余，两玦口不存，一面内缘略呈凹面斜坡状，另一面外缘略呈弧面斜坡状。外径2.23、内径1.06、厚0.15厘米（图3-27-7）。M15：4-3，残剩一半有余，两玦口不存，外缘较圆润，内缘单面略呈凹面斜坡状。外径3.87、内径1.82、厚0.12厘米（图3-27-6）。

M15：5，出土时风化严重，碎成粉末，隐约可看出为玉玦。白色，具体形制无法复原，尺寸不详。根据出土位置推测，下葬时佩戴于被葬者右耳。

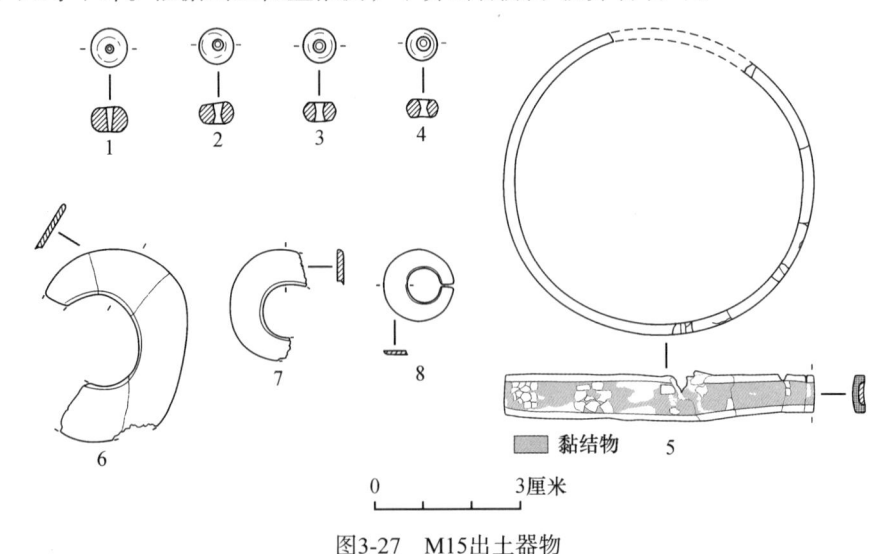

图3-27 M15出土器物

1~4. 玛瑙圆珠（M15：3-1、M15：3-2、M15：3-3、M15：3-4）　5. A型Ⅰ式铜镯（M15：2-1）
6~8. 玉玦（M15：4-3、M15：4-2、M15：4-1）

M16

M16位于Ⅰ号发掘点T6251西北部，小部分跨入T6351，属第1层墓葬。墓坑平面大致呈长方形，西北部被扰坑打破，纵轴方向148°，长1.77、宽0.6、深0.25米。墓坑内填红褐色黏土。未发现葬具痕迹。残存少许头骨，仅剩渣，可知被葬者头朝东南方向，具体葬式不明。出土随葬品1件，为铜矛，摆放于被葬者头顶位置（图3-28；图版66-1）。

铜矛　1件。

M16：1，B型Ⅲ式。椭圆骹，后部近骹口处单面有圆穿，骹口分叉，出土时略残；矛身较长，中线起脊并向后延伸至骹部，曲刃，出土前锋部略被折弯。骹两侧可见铸缝痕迹。出土时骹内残存朽木，推测与矛柲有关。通长23.5厘米（图3-29；图版66-2）。

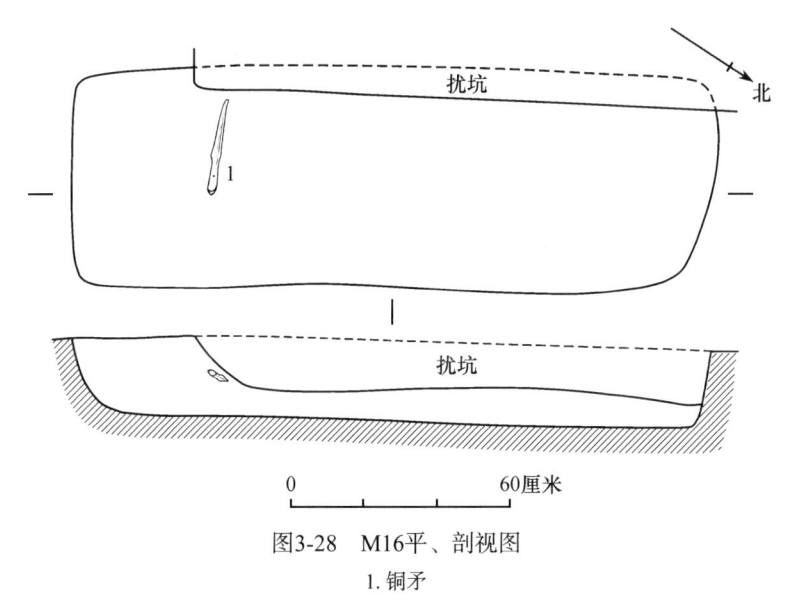

图3-28　M16平、剖视图
1. 铜矛

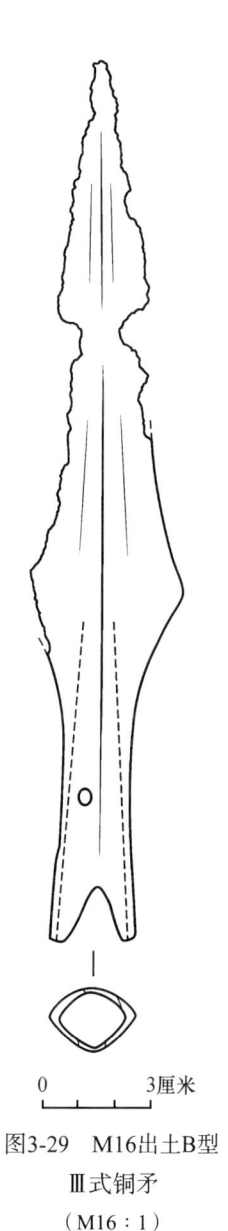

图3-29　M16出土B型Ⅲ式铜矛
（M16：1）

M17

M17位于Ⅰ号发掘点T6250东部，小部分跨入T6251，属第1层墓葬。墓坑平面大致呈长方形，纵轴方向117°，长1.75、宽0.55、深0.17米。墓坑内填红褐色黏土，略泛灰。未发现葬具痕迹。人骨多朽毁不存，仅见零星骨渣，另外所葬铜镯内也发现一些肢骨，据之推测被葬者头朝东南方向，下葬时双臂略向内弯曲。出土随葬品5件（组），包括铜剑、铜扣饰各1件，铜镯2组，玉镯1件。铜镯位于墓坑中部，呈"八"字形左右对称摆放；玉镯与其中一组铜镯成串佩戴，居前；铜剑和铜扣饰放置于铜镯西北侧，即被葬者腿部附近，铜剑出土前被折弯（图3-30；图版66-3）。

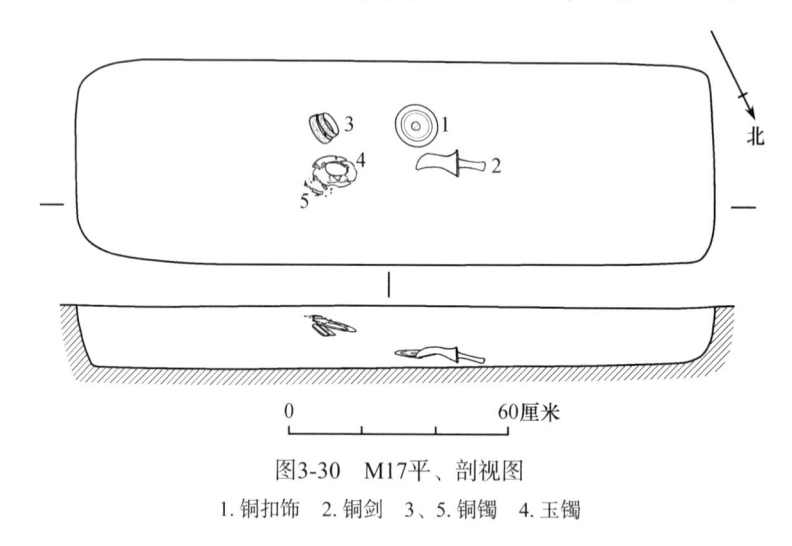

图3-30 M17平、剖视图
1.铜扣饰 2.铜剑 3、5.铜镯 4.玉镯

铜器 4件（组）。

铜剑 1件。

M17:2，Ca型。锈蚀严重，局部矿化。空心椭圆茎，空首呈喇叭口状，茎上部有对穿，下部单面有穿孔；一字格；剑身较宽，曲刃，前部出土前被折弯，锋略残。剑身后部施箭矢状纹饰。出土时，剑身一面附着纺织物痕迹。残长18.5、格长8.5厘米（图3-31-2；图版67-1～3）。

铜镯 2组。

A型Ⅱ式 1组。

M17:3，一组2件。锈蚀严重，局部矿化破碎。片状环形，镯体较宽，前镯口略小于后镯口；内壁较直，边缘弧；外壁呈浅槽结构，中间预铸简化的云雷纹状界格，槽内镶嵌孔雀石片；孔雀石片较小，形状不规则，与镯体之间可见黑色黏结物。两件铜镯大小略有差异，出土时前后相接佩戴于被葬者左手臂，镯内残存肢骨

（图版66-4）。M17∶3-1，居前，稍小。前镯口直径6.4、后镯口直径6.5、镯宽1.7厘米（图3-32-1；图版67-4）。M17∶3-2，居后，稍大。前镯口直径6.5、后镯口直径6.7、镯宽2.2厘米（图3-32-2；图版67-5）。

A型Ⅰ式　1组。

M17∶5，一组4件。锈蚀严重，局部断裂残缺。片状环形，镯体较窄；内壁微弧；外壁呈浅槽结构，内镶嵌孔雀石片，部分脱落，露出下面的黑色黏结物。M17∶5-2所镶孔雀石片为小圆形，中间有穿孔；其余3件即M17∶5-1、M17∶5-3和

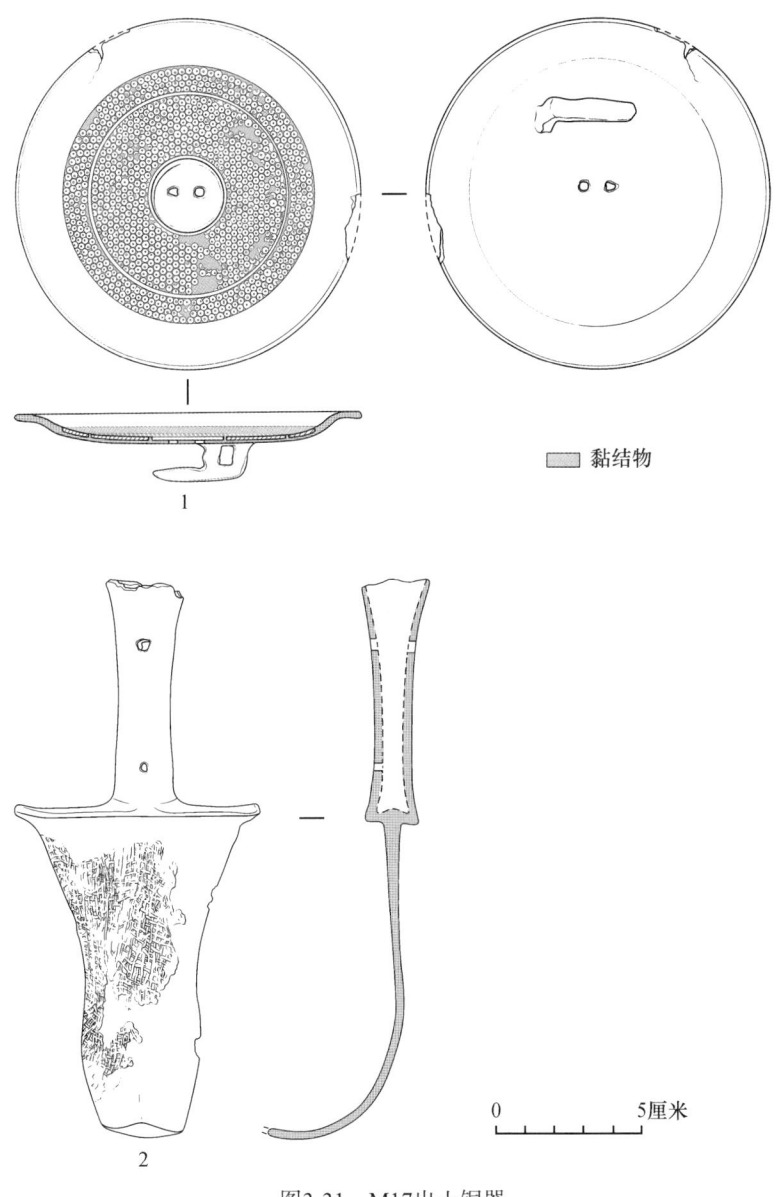

图3-31　M17出土铜器
1. Da型Ⅱ式扣饰（M17∶1）　2. Ca型剑（M17∶2）

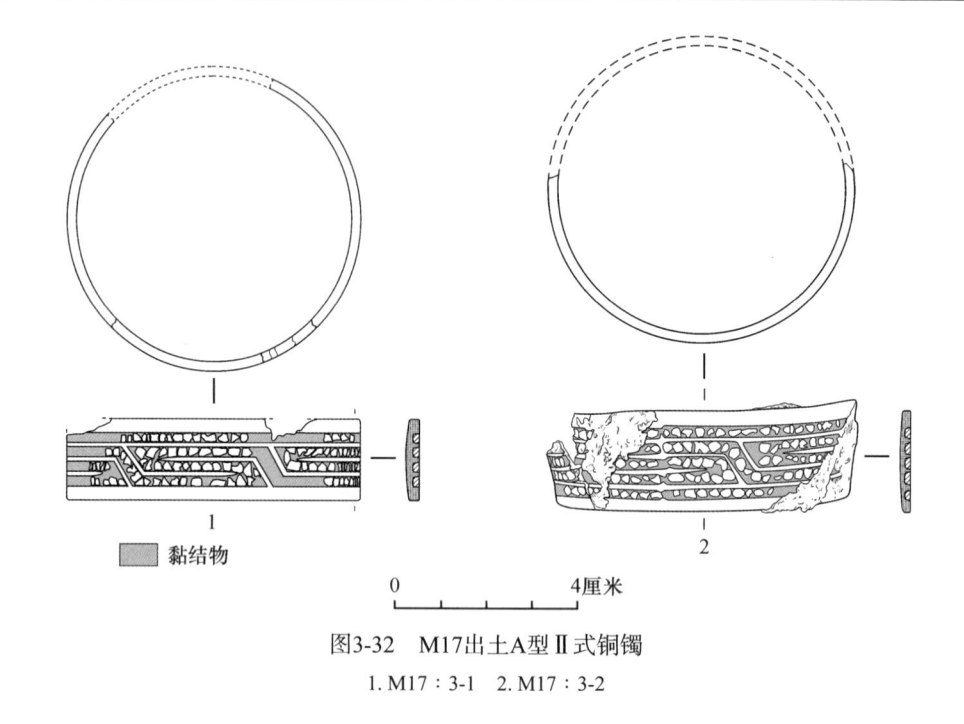

图3-32 M17出土A型Ⅱ式铜镯
1. M17∶3-1 2. M17∶3-2

M17∶5-4所镶孔雀石片呈不规则形。从出土位置及形态推测，铜镯下葬时成串佩戴于被葬者右手臂，镯内残存肢骨。M17∶5-1居前，其余依次居后，铜镯前还同时佩戴1件玉镯（M17∶4）（图版66-4）。M17∶5-1，宽0.7、直径6.2厘米（图3-33-1）；M17∶5-2，宽1、直径6.4厘米（图3-33-2）；M17∶5-3，宽0.8、直径6.6厘米（图3-33-3）；M17∶5-4，宽0.75、直径6.7厘米（图3-33-4）。

铜扣饰　1件。

M17∶1，Da型Ⅱ式。出土时锈蚀严重，矿化破碎。扣面呈浅圆盘状，中心有两穿孔，背面有一横向带穿弯钩。扣面带边轮，中间预铸两圈凹槽，其内镶嵌密集的孔雀石片，局部脱落，脱落处可见黑色黏结物。孔雀石片多呈圆形，中心带穿，少数形状不规则。直径约12厘米（图3-31-1；图版37-1、2，图版67-6、7）。

玉石器　1件。

玉镯　1件。

M17∶4，B型。出土时风化破碎严重，但器形可辨。白色。圆环形，内缘凸出起棱，横截面呈"T"形。与1组铜镯（M17∶5）成串佩戴于被葬者右手臂，居前（图版66-4）。外径约12、内径约6厘米。

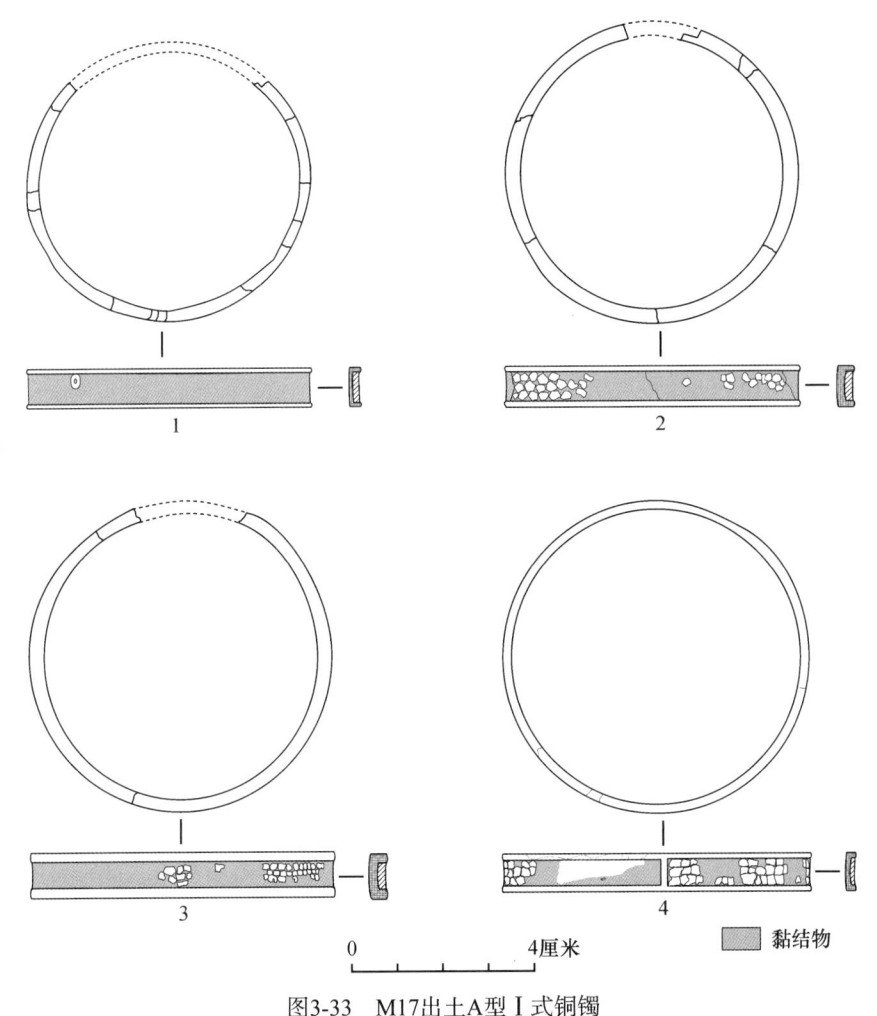

图3-33　M17出土A型Ⅰ式铜镯
1. M17∶5-1　2. M17∶5-2　3. M17∶5-3　4. M17∶5-4

M169

M169位于Ⅰ号发掘点T6151东北部，属第1层墓葬。墓坑平面大致呈长方形，东南部被盗坑打破，残长1.1、宽0.5、深0.14米，纵轴方向155°。墓坑内填红褐色黏土，略疏松，含少量炭屑。未发现葬具痕迹。人骨朽毁，葬式不明。出土随葬品2件，分别为铜矛和铜削刀，均位于墓坑中部偏北，分列两侧，竖置（图3-34；图版124-1）。

铜矛　1件。

M169∶1，Aa型。锈蚀严重，局部矿化。圆骹，后部有圆形对穿，出土时骹口残；矛身呈柳叶形，中线略起脊，刃较直，锋部略残。出土时骹内残存朽木，推测为矛柲遗存。残长17.5厘米（图3-35-1；图版124-3）。

铜削刀　1件。

M169：2，B型。锈蚀严重，刀身前端残。刃背与柄背连为一体；椭圆銎柄，銎口分叉，柄下侧有耳；刀身微曲，刃略向上弧。刀柄上、下两侧可见铸缝痕迹。柄部施多道弦纹，内填涡纹及波折纹。残长15厘米（图3-35-2；图版124-2）。

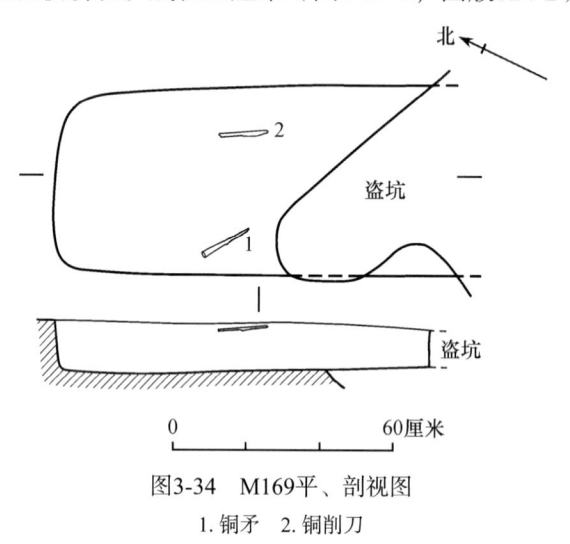

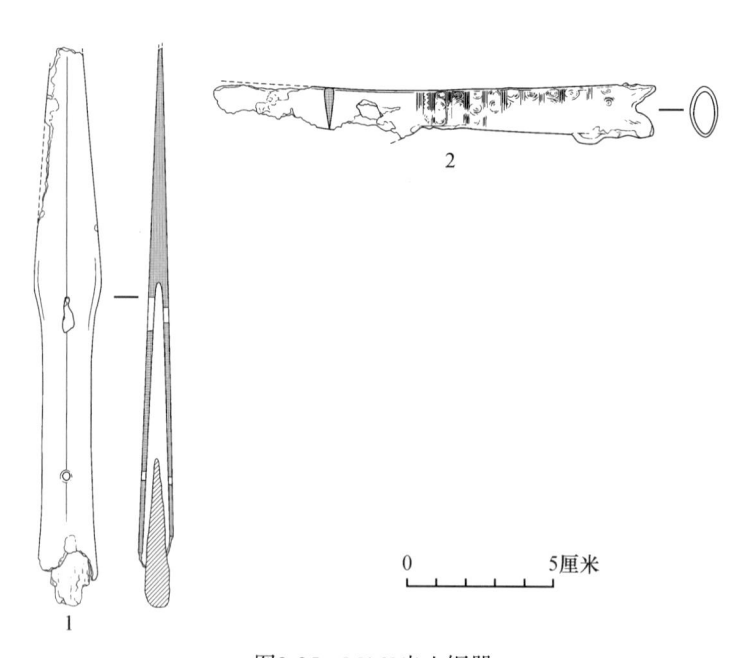

图3-34　M169平、剖视图
1.铜矛　2.铜削刀

图3-35　M169出土铜器
1. Aa型矛（M169：1）　2. B型削刀（M169：2）

M170

M170位于Ⅰ号发掘点T6151中部偏西北，属第1层墓葬。墓坑平面大致呈长方形，西北部被盗坑打破，残长1.52、宽0.63、深0.23米，纵轴方向132°。墓坑内填红褐色黏土，略疏松，含少量炭屑。未发现葬具痕迹。残存零星骨渣，葬式不明。出土随葬品2件，分别为铜矛和铜扣饰，集中摆放于墓坑东南部，均横置，铜扣饰背面朝上（图3-36；图版125-1）。

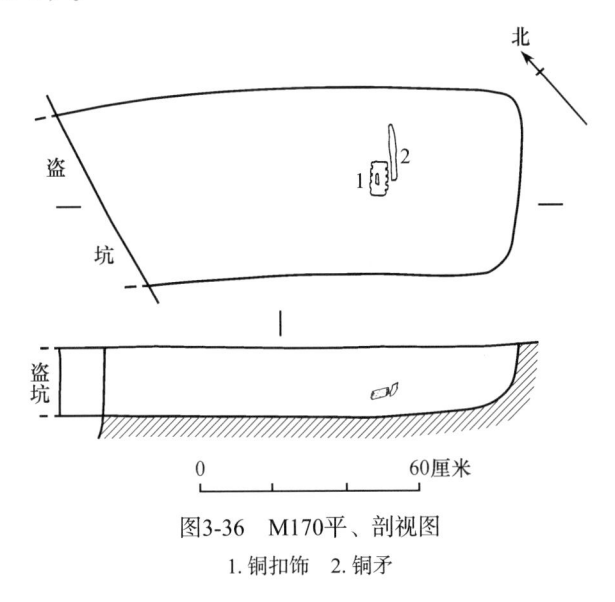

图3-36 M170平、剖视图
1.铜扣饰 2.铜矛

铜矛 1件。

M170:2，Aa型。锈蚀严重，局部矿化。椭圆骹，后部有近方形对穿，骹口平，出土时略残；柳叶形矛身，中线略起脊，刃较直，锋部略残。出土时骹内残存朽木，推测与矛柲有关。残长17.3厘米（图3-37-1；图版125-4）。

铜扣饰 1件。

M170:1，Ea型。出土时背面朝上，锈蚀较严重。扣面呈长方牌形，中间凸起成横脊；背面有一横向带穿弯钩，弯钩所在位置周围隐约可见近长方形痕迹。扣面上、下两长边施外卷云纹，呈花边状；左、右两侧边较直，边框施小圆圈纹和竖线纹。长10.5、宽6.2厘米（图3-37-2；图版125-2、3、5）。

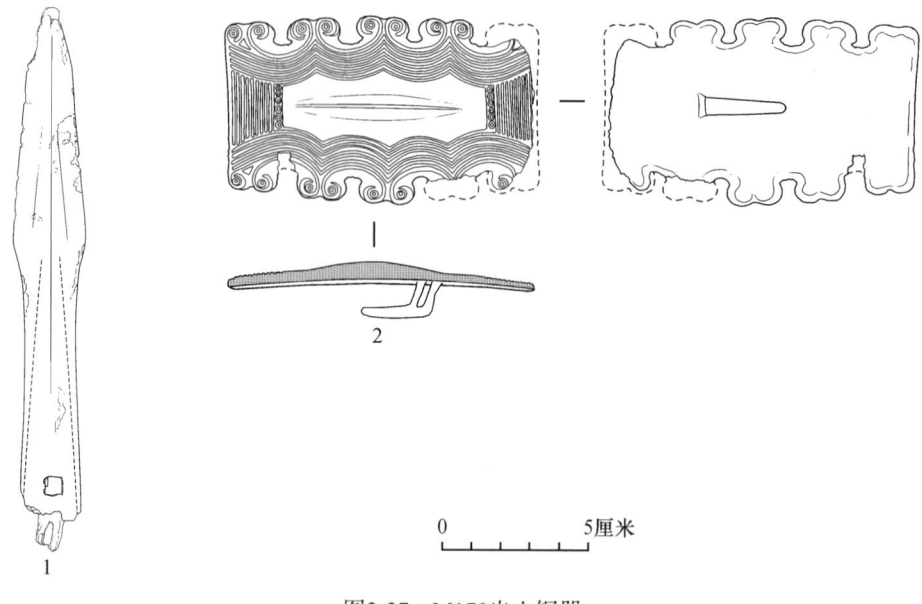

图3-37　M170出土铜器
1. Aa型矛（M170∶2）　2. Ea型扣饰（M170∶1）

二、第2层墓葬

M18

M18位于Ⅰ号发掘点T6351东南部，属第2层墓葬。墓坑平面大致呈长方形，纵轴方向137°，长1.7、宽0.56、深0.35米。墓坑内填红褐色黏土。发现少许板灰痕迹，推测原有木质棺椁类葬具。人骨朽毁不存，葬式不明。出土随葬品2件，均铜器，有矛和削刀。铜矛位于墓坑东南部，铁削刀位于墓坑中部靠近墓壁处，二者出土位置均较高，距墓底约0.3米（图3-38）。

铜矛　1件。

M18∶1，Aa型。锈蚀严重，局部矿化。椭圆骸，后部有近方形对穿，骸口平，出土时略残；矛身呈柳叶形，较短，刃微弧，锋部略残。残长13.5厘米（图3-39-1）。

铜削刀　1件。

M18∶2，Da型。局部矿化，刀身前端微残。器身单面较平；扁长柄，一面中间略下凹；刀身微曲，刃略内凹。出土时柄部可见纺织物印痕。长21.5厘米（图3-39-2）。

第三章 墓葬分述

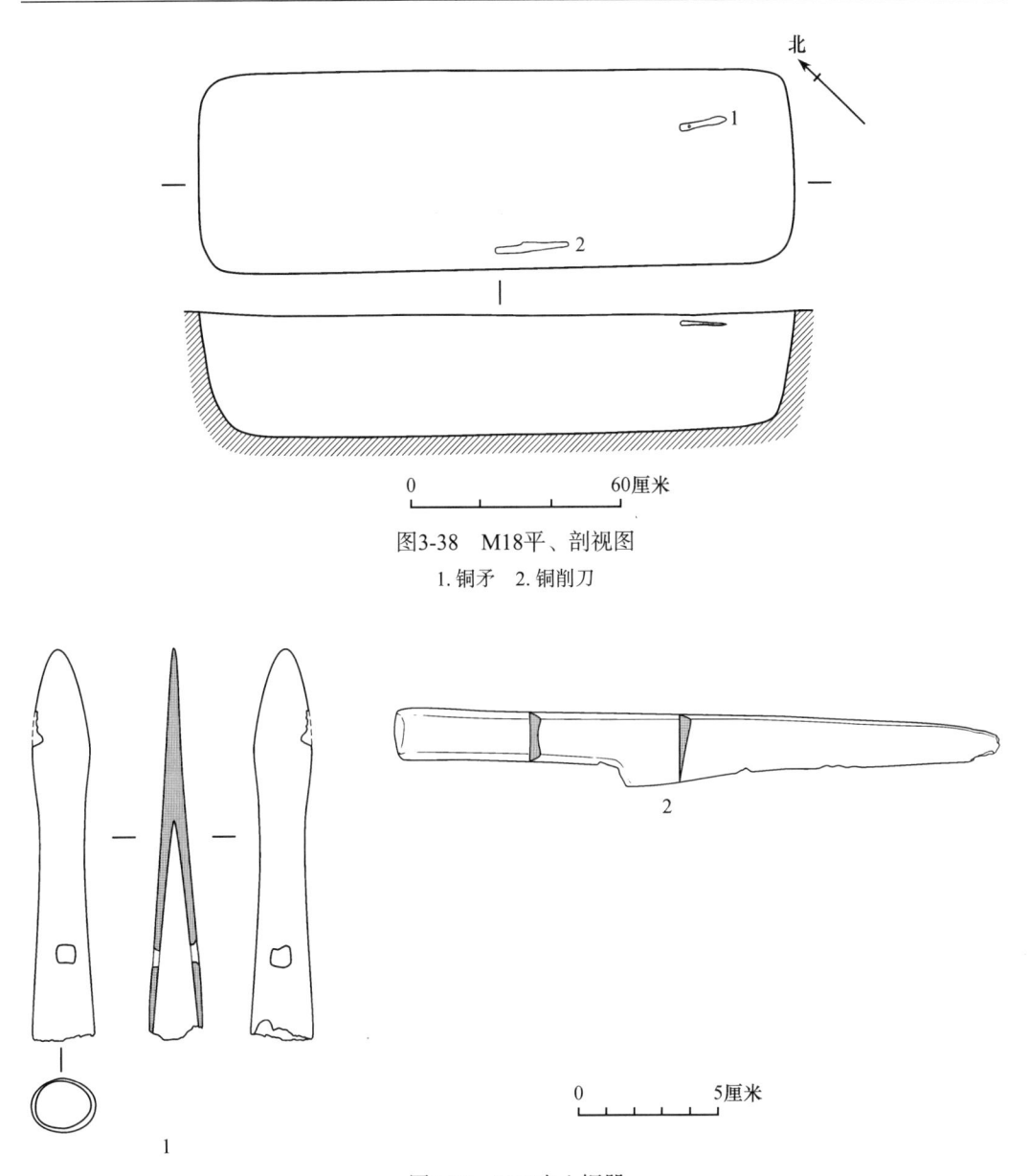

图3-38 M18平、剖视图
1. 铜矛 2. 铜削刀

图3-39 M18出土铜器
1. Aa型矛（M18∶1） 2. Da型削刀（M18∶2）

M19

M19位于Ⅰ号发掘点T6351东部，属第2层墓葬。墓坑平面大致呈梯形，纵轴方向117°，长2.4、东南端宽0.9、西北端宽0.64、深0.54米。墓坑内填黄褐色泛红砂质黏土。发现板灰痕迹，推测原有木质棺椁类葬具。人骨多已朽毁，仅见零星骨渣，葬式不明。出土随葬品1件，为铜削刀，位于墓坑中部，距墓底约0.2米（图3-40）。

铜削刀　1件。

M19∶1，Da型。刀身前端微残。器身单面较平；扁长柄；刀身微曲，刃略下弧。出土时刃部可见纺织物印痕。长22厘米（图3-41）。

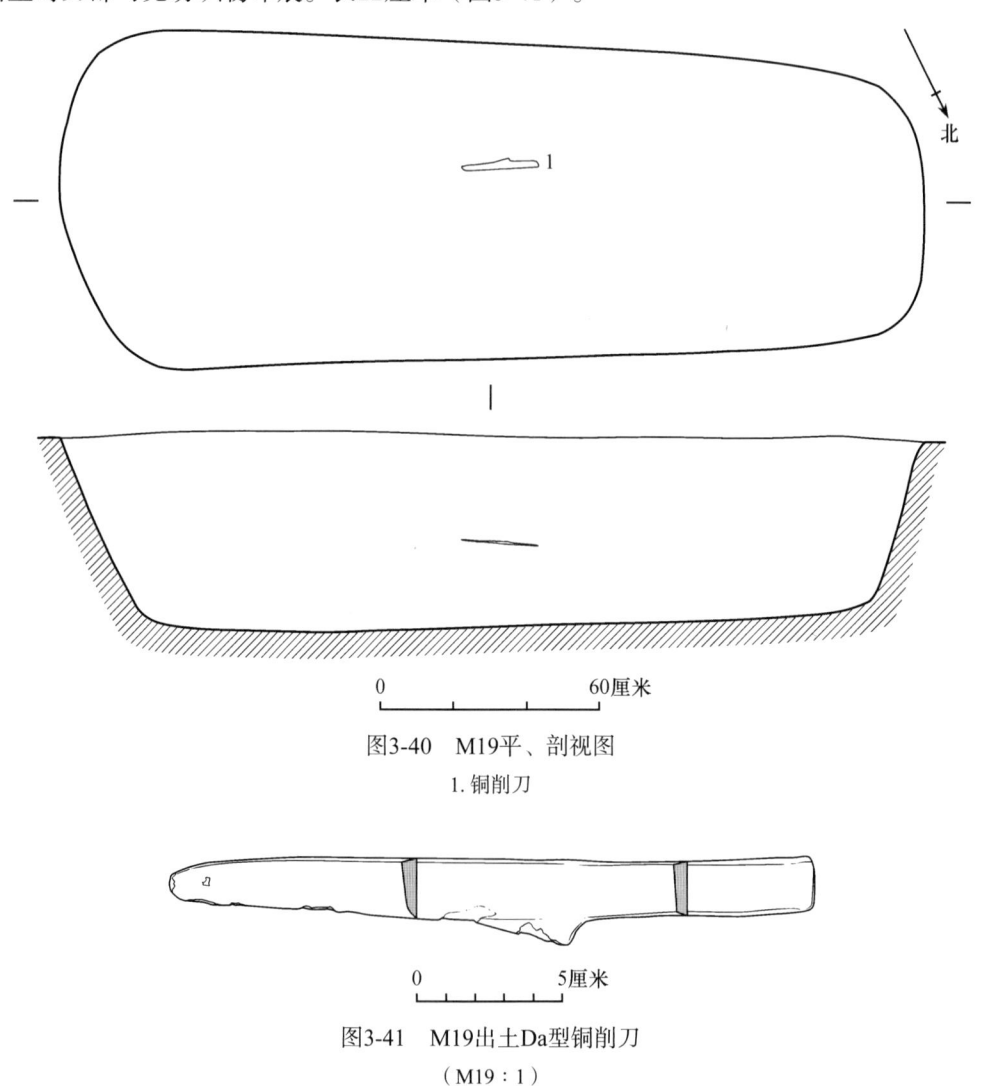

图3-40　M19平、剖视图
1. 铜削刀

图3-41　M19出土Da型铜削刀
（M19∶1）

M20

M20位于Ⅰ号发掘点T6251东部，小部分跨入T6252，属第2层墓葬。墓坑平面大致呈长方形，东南部一拐角被盗坑打破，纵轴方向137°，长1.66、宽0.5、深0.23米。墓坑内填红褐色黏土。未发现葬具痕迹。人骨已朽不存，葬式不明。出土的随葬品有铜镯1组，位于墓坑中部偏东南（图3-42）。

铜镯　1组。

M20：1，一组2件，均A型Ⅰ式。矿化严重，仅存少许碎片。片状环形，镯体较窄；内壁较弧；外壁呈浅槽结构，内镶嵌不规则形孔雀石片，但大多已脱落，孔雀石片与镯体之间有黑色黏结物。出土时两件铜镯上下叠压在一起。M20：1-1宽0.62（图3-43-2）、M20：1-2宽0.7厘米（图3-43-1），直径均不详。

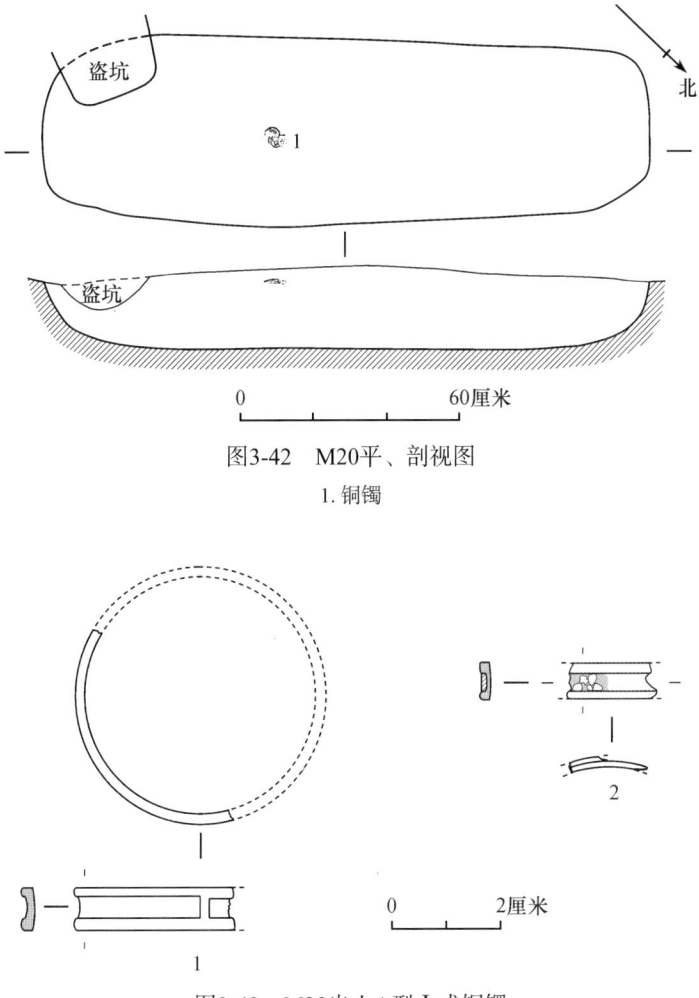

图3-42　M20平、剖视图
1. 铜镯

图3-43　M20出土A型Ⅰ式铜镯
1. M20：1-2　2. M20：1-1

M22

M22位于Ⅰ号发掘点T6351东南部，属第2层墓葬。墓坑平面大致呈长方形，纵轴方向119°，长2.1、宽0.66、深0.46米。墓坑内填红褐色黏土，含零星炭屑和陶片。发现板灰痕迹，推测原有木质棺椁类葬具。残存零星骨渣，所葬铜镯内亦发现有少许肢骨，推测被葬者头朝东南方向，具体葬式不明。出土随葬品3件（组），包括铜剑、铜扣饰各1件，以及铜镯1组。铜剑和铜扣饰放在一起，位于墓坑东南端；铜镯位于墓坑中部靠近墓壁处（图3-44；图版68-1）。

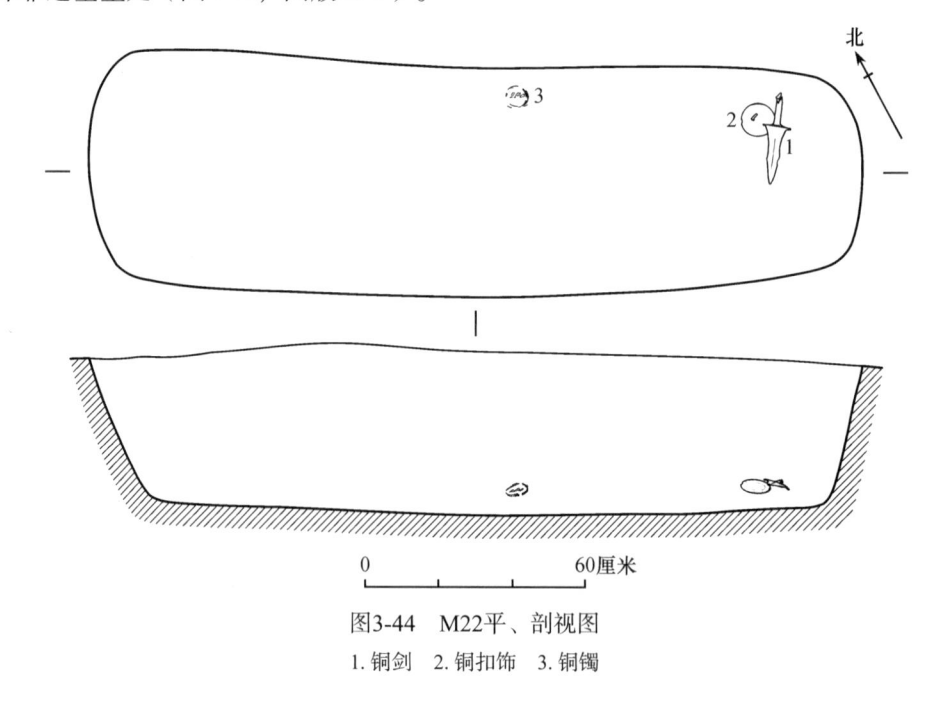

图3-44 M22平、剖视图
1.铜剑 2.铜扣饰 3.铜镯

铜剑 1件。

M22：1，Cb型。锈蚀严重，局部矿化。空心椭圆茎，空首呈喇叭口状，出土时残，茎下部有对穿；一字格；剑身前部中线略起脊，曲刃。茎部隐约可见弦纹，其他纹饰不清；剑身后部施箭头、涡卷纹等纹饰，沿中线左右对称分布，形如箭矢。茎两侧和格两端下方可见铸缝痕迹。通长23.9、格长8.7厘米（图3-45-1；图版68-2）。

铜镯 1组。

M22：3，一组2件，含A型Ⅰ、Ⅱ式两种类型。A型Ⅰ式1件，M22：3-2，片状环形，镯体较窄；内壁弧；外壁呈浅槽结构，槽内镶嵌不规则形孔雀石片，局部脱落，露出下面的黑色黏结物。A型Ⅱ式1件，M22：3-1，片状环形，镯体较宽，边缘残甚，前镯口略小于后镯口；内壁微弧；外壁呈浅槽结构，并预铸简化的云雷纹状界格，槽

第三章　墓葬分述

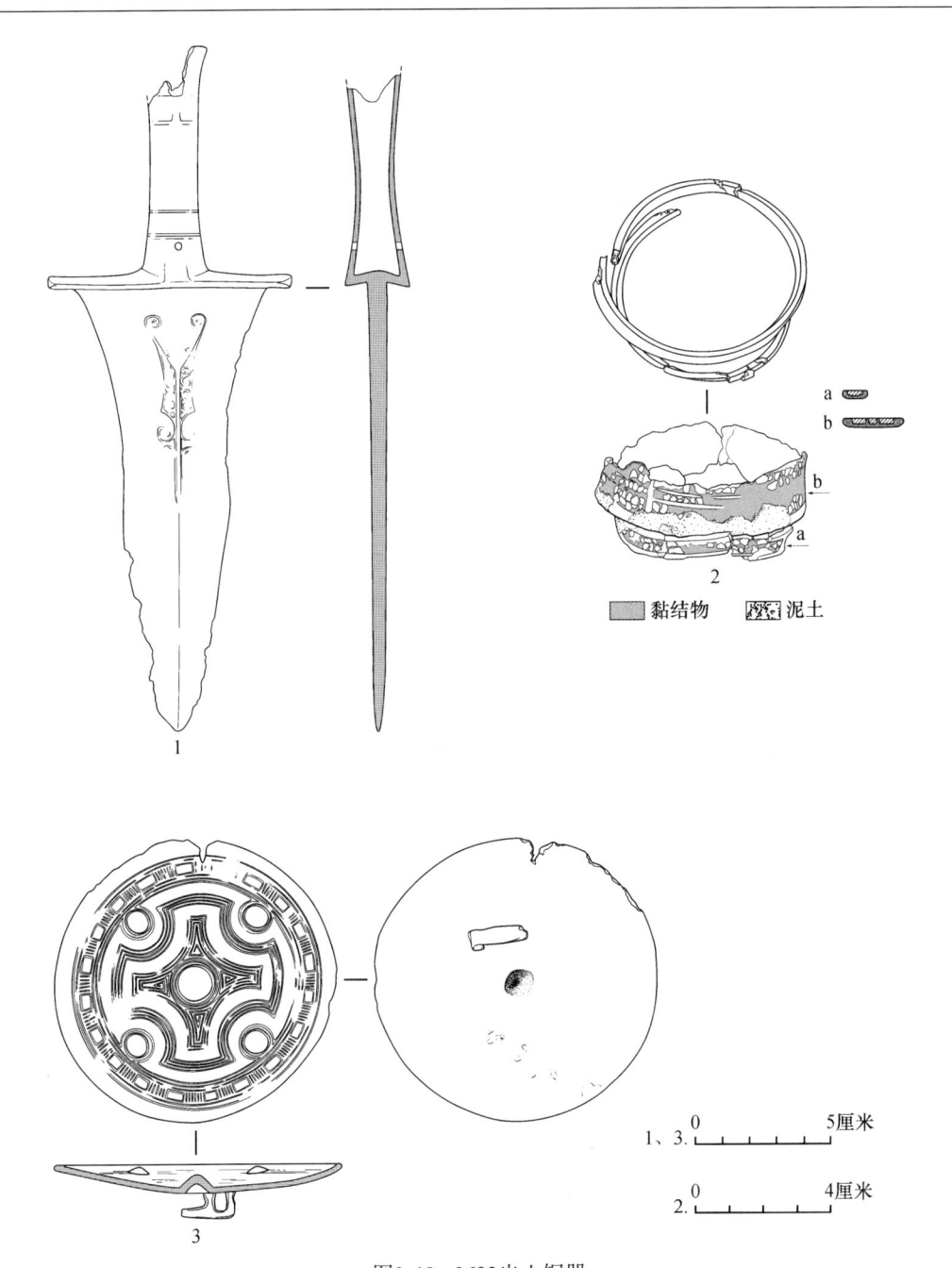

图3-45　M22出土铜器
1. Cb型剑（M22：1）　2. 镯（M22：3）　3. Ca型扣饰（M22：2）

内镶嵌不规则形孔雀石片。根据出土位置及形态推测，铜镯下葬时成串佩戴于被葬者右手臂，A型Ⅱ式即M22：3-1居前，A型Ⅰ式即M22：3-2居后，镯内残存少许肢骨。M22：3-1，残宽1.8、前镯口直径小于5.9、后镯口直径6.1厘米；M22：3-2，宽0.75、直径约6.5厘米（图3-45-2；图版68-3）。

铜扣饰　1件。

M22：2，Ca型。出土时锈蚀严重，矿化破碎，背面朝上。扣面呈浅圆盘形，背面有一横向带穿弯钩，钩前端略残，弯钩所在位置略高于周围，形成近长方形凸面。扣面中心呈乳钉状凸起，周围施重线"十"字纹，"十"字四角又对称分布四个乳钉，外围施多道弦纹，弦纹之间填长方块和短线纹。直径10.2厘米（图3-45-3；图版35-3、4，图版68-4、5）。

M23

M23位于Ⅰ号发掘点T6350中部偏东，属第2层墓葬。墓坑平面大致呈长方形，纵轴方向130°，长1.96、宽0.5、深0.18米。墓坑内填红褐色黏土，夹杂零星炭屑。发现板灰痕迹，铜扣饰下亦见炭化的木材，推测原有木质棺椁类葬具。人骨朽毁，葬式不明。出土随葬品2件，包括铜扣饰和铜削刀各1件，均位于墓坑东南部，铜削刀横置压在铜扣饰之上（图3-46；图版69-1）。

铜削刀　1件。

M23：2，B型。锈蚀严重，刀身前端残。刃背与柄背连为一体；椭圆銎柄，銎口分叉，柄下侧有耳；刀身微曲，刃略向外弧。柄部施多道弦纹，内填涡纹、云雷纹及波折纹。刀柄上、下两侧可见铸缝痕迹。残长18.8厘米（图3-47-1；图版27-4，图版69-2～4）。

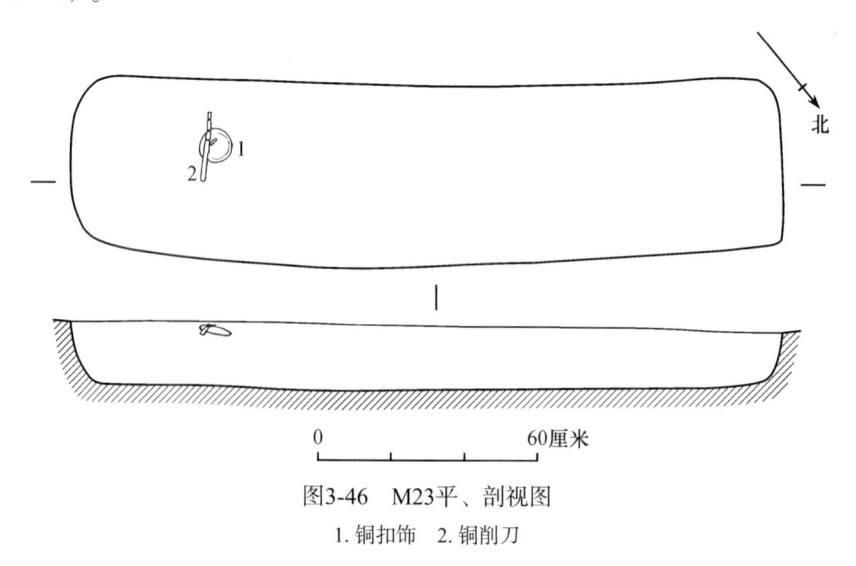

图3-46　M23平、剖视图
1.铜扣饰　2.铜削刀

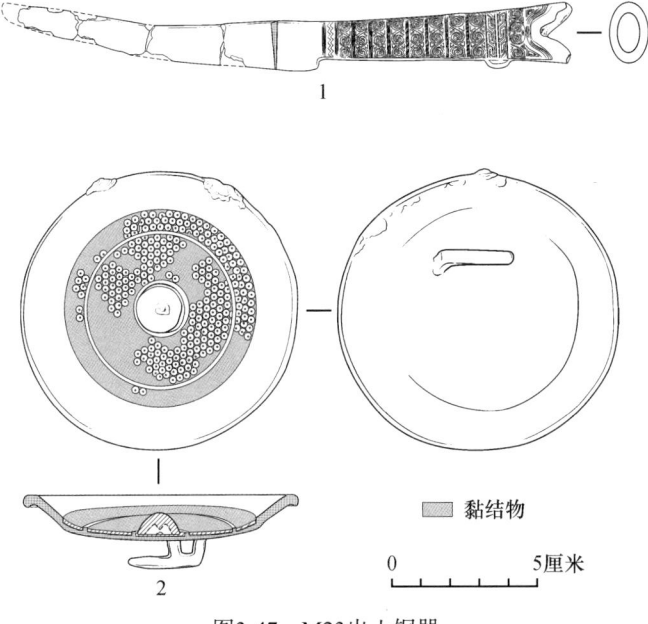

图3-47　M23出土铜器
1. B型削刀（M23:2）　2. Da型Ⅱ式扣饰（M23:1）

铜扣饰　1件。

M23:1，Da型Ⅱ式。出土时锈蚀较严重，背面朝上。扣面呈浅圆盘状，中心镶嵌白色玛瑙扣，玛瑙扣与扣体之间有白色黏结物；背面有一横向带穿弯钩，弯钩所在位置略高于周围，形成近长方形凸面。扣面带边轮，中间预铸两圈凹槽，其内镶嵌密集的孔雀石片，大部分脱落，脱落处可见黑色黏结物。孔雀石片多呈圆形，中心带穿。直径约9.5厘米（图3-47-2；图版70-1~4）。

M24

M24位于Ⅰ号发掘点的T6350中部偏东，属第2层墓葬。墓坑平面呈长条形，西部被M23打破，纵轴方向120°，长2.06、宽0.5、深0.25米。墓坑内填红褐色黏土，略疏松。未发现葬具痕迹。墓坑东南端靠近墓底位置可见明显头骨朽痕，可知被葬者头朝东南方向，具体葬式不明。出土随葬品4件，包括铜剑、铜矛各1件及玉玦2件。玉玦位于头盖骨下方两侧，下葬时当佩戴于被葬者耳部；铜剑和铜矛并列横置于被葬者头顶位置，剑首和矛骹方向一致（图3-48；图版71-1）。

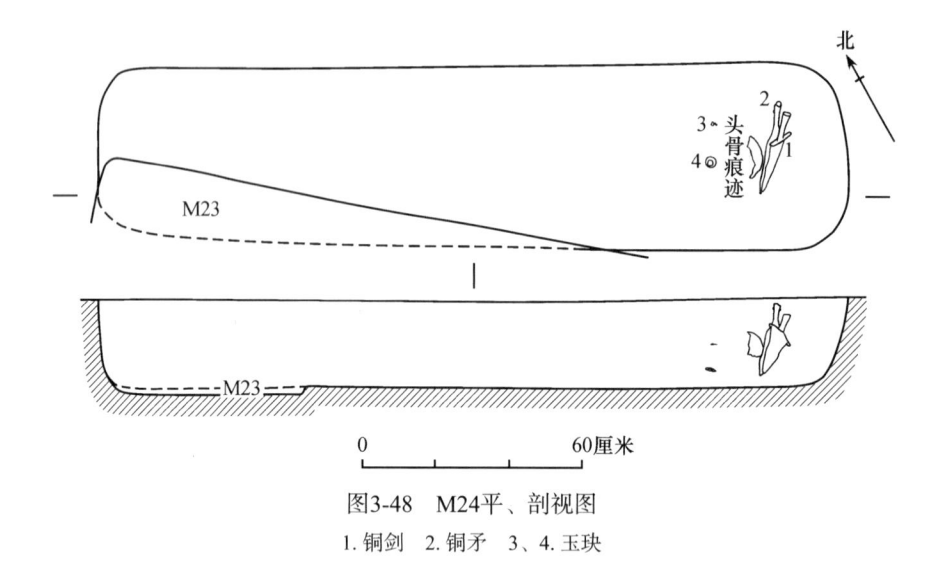

图3-48 M24平、剖视图
1. 铜剑 2. 铜矛 3、4. 玉玦

铜器 2件。

铜剑 1件。

M24∶1，Ca型。空心椭圆茎，空首呈喇叭口状，茎上部和下部各有一对穿；一字格；剑身较宽，曲刃，前部中线略起脊，锋略残。茎部施多道弦纹，中间填涡纹和编织纹；剑身后部沿中线两侧对称分布箭头、涡卷纹等纹饰，整体形如箭矢。茎两侧及格两端下方可见铸缝痕迹。残长25.5、格长10.2厘米（图3-49-2、图3-50；图版72-2～4）。

铜矛 1件。

M24∶2，B型Ⅱ式。椭圆骹，后部近骹口两侧有耳，骹口分叉；矛身较长，前部起脊，后部沿脊线设血槽，曲刃。通长30.5厘米（图3-49-1；图版22-1，图版72-1）。

玉石器 2件。

玉玦 2件。

M24∶3，出土时风化严重，碎成粉末。白色，大致形状可见，形制无法复原，尺寸不详。根据出土位置推测，下葬时佩戴于被葬者右耳处。

M24∶4，出土时已碎裂为多片。白色泛黄，薄片状，壁由内向外逐渐变薄，不透光，内壁呈单向斜坡状，残存部分未见圆穿。根据出土位置推测，下葬时佩戴于被葬者左耳处。外径3.05、内径1.53、厚0.12厘米（图3-49-3；图版71-2）。

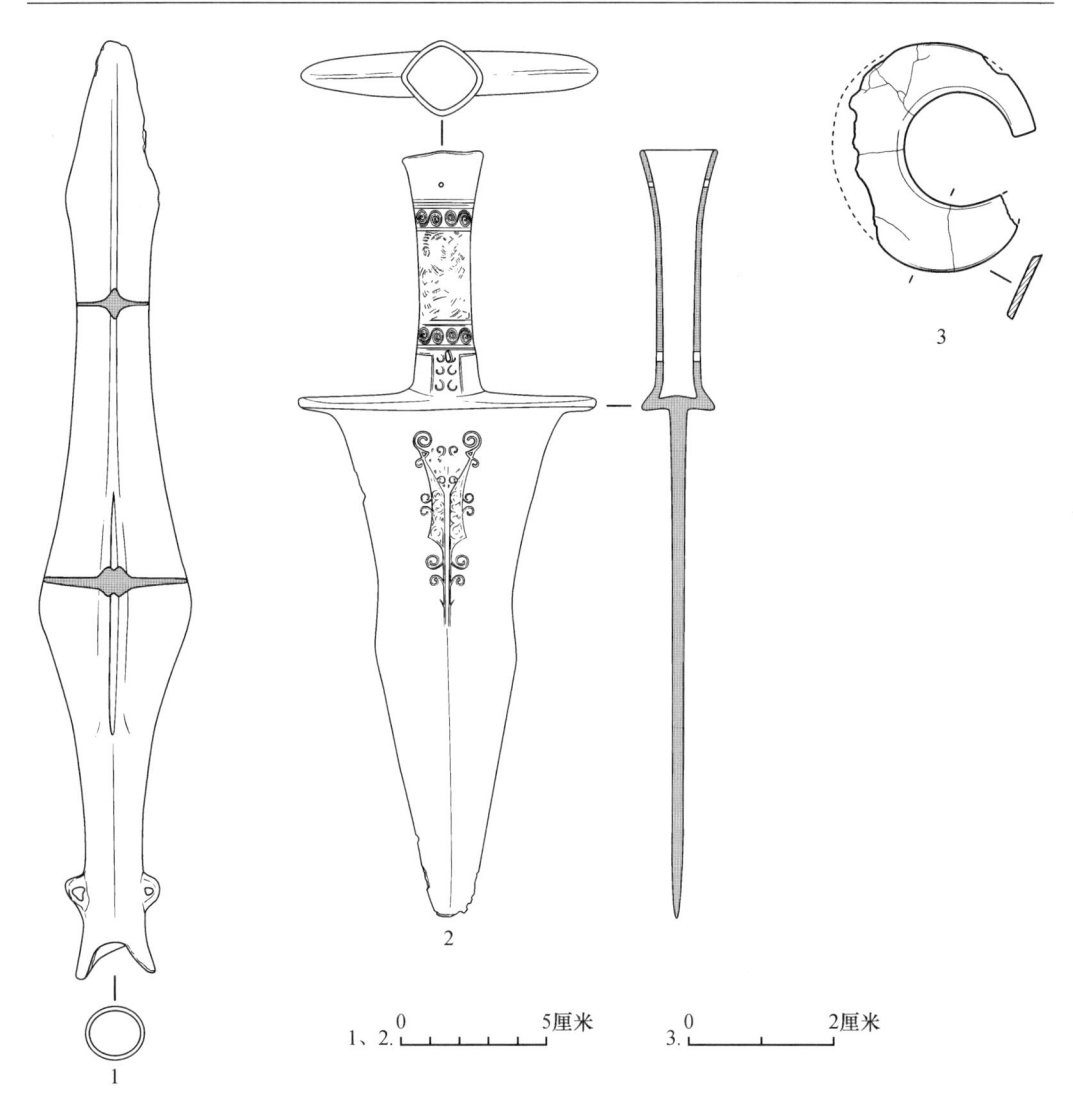

图3-49　M24出土器物

1. B型Ⅱ式铜矛（M24∶2）　2. Ca型铜剑（M24∶1）　3. 玉玦（M24∶4）

M25

M25位于Ⅰ号发掘点T6251东南部，属第2层墓葬。墓坑平面大致呈长方形，东南部被盗坑打破，纵轴方向142°，残长1.2、宽0.58、深0.17米。墓坑内填浅红褐色黏土。未发现葬具痕迹。残存零星骨渣，葬式不明；根据出土铜镯的位置及形态，推测被葬者头朝东南方向。出土的随葬品有铜镯1组，发现于墓坑中部靠近西壁处（图3-51）。

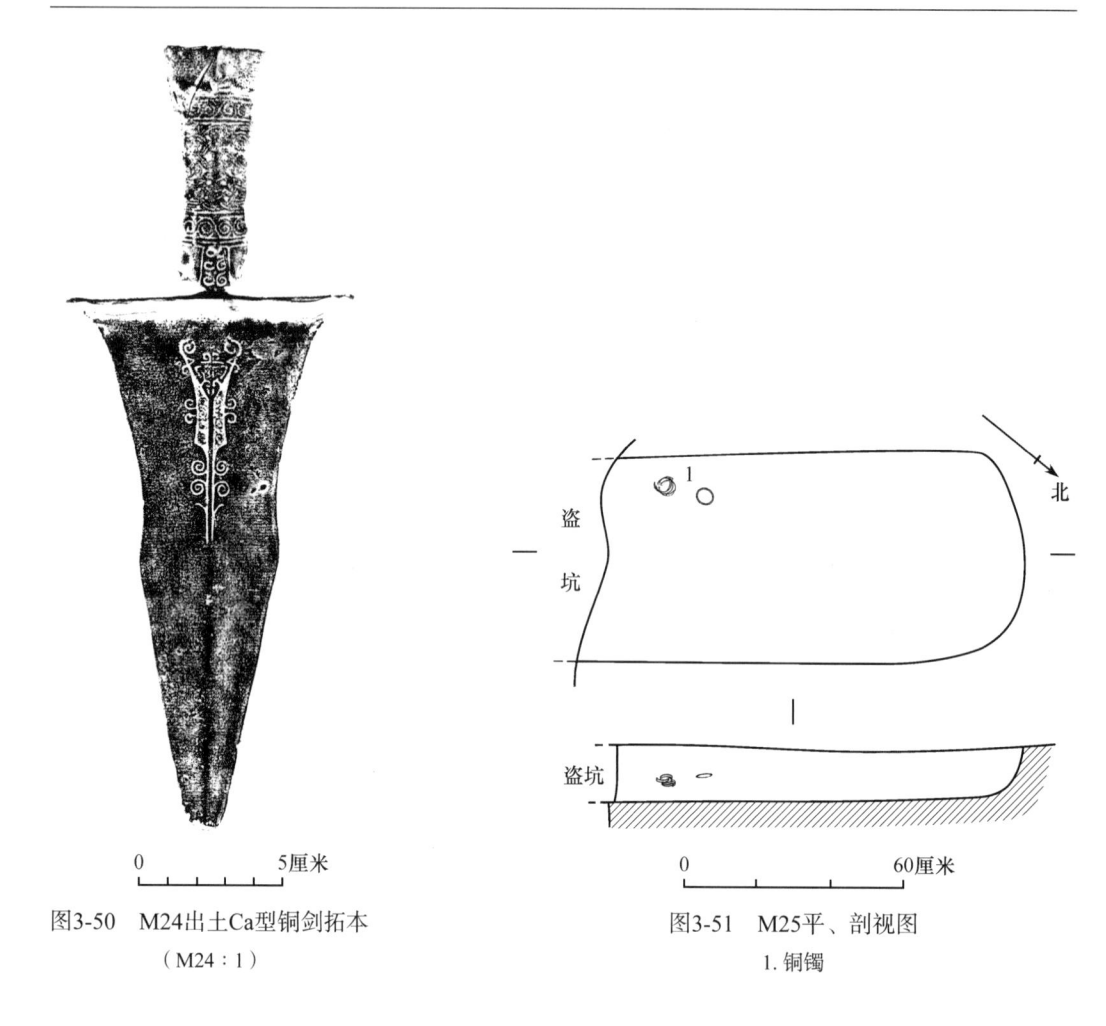

图3-50　M24出土Ca型铜剑拓本
（M24∶1）

图3-51　M25平、剖视图
1. 铜镯

铜镯　1组。

M25∶1，一组4件，均A型Ⅰ式。锈蚀严重，多断裂破碎。片状环形，镯体较窄；内壁微弧；外壁呈浅槽结构，内镶嵌孔雀石片，大多脱落，露出下面的黑色黏结物。从黏结物上的痕迹看，孔雀石片形状多不规则。根据出土位置和形态推测，铜镯下葬时成串佩戴于被葬者左手臂上。M25∶1-1居前，其余依次居后。铜镯尺寸均较小，M25∶1-1，宽0.7、直径4.5厘米（图3-52-1）；M25∶1-2，宽0.75、直径4.4厘米（图3-52-2）；M25∶1-3，宽0.78、直径4.2厘米（图3-52-3）；M25∶1-4，残甚。宽0.8、复原直径约5厘米。

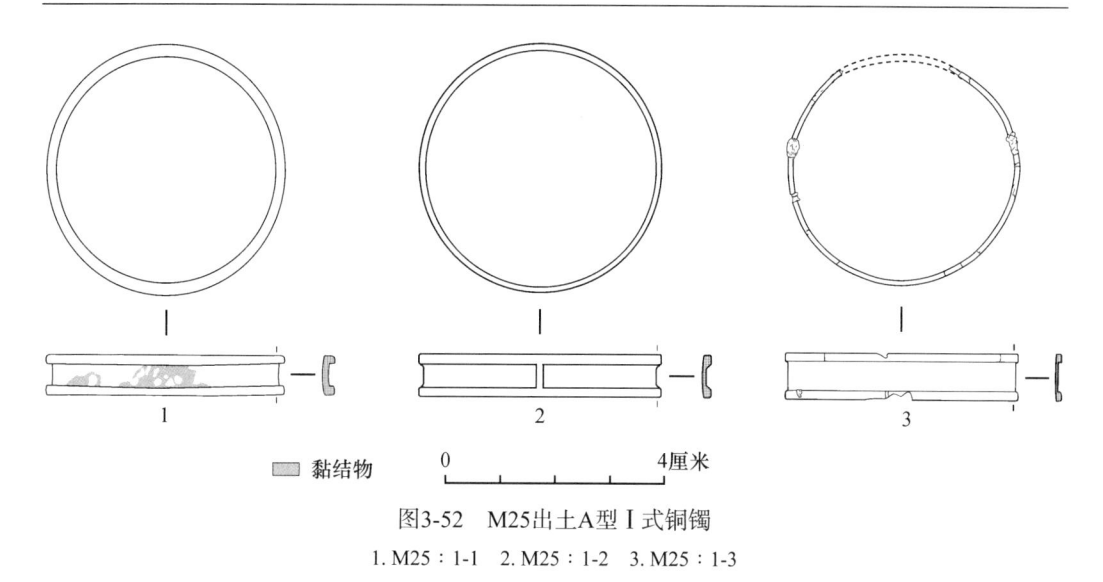

图3-52 M25出土A型Ⅰ式铜镯
1. M25:1-1 2. M25:1-2 3. M25:1-3

M27

M27位于Ⅰ号发掘点T6352南部，属第2层墓葬。墓坑平面呈长条形，略有弯曲，东南部被盗坑打破，纵轴方向130°，残长2、宽0.54、深0.4米。墓坑内填红褐色黏土，含零星炭屑、陶片。未发现葬具痕迹。残存零星骨渣，铜镯内也发现一些肢骨，可判断被葬者头朝东南方向。另外，根据铜镯出土时的形态，结合墓坑较窄的特点，推测该墓很可能采用了侧身葬。出土的随葬品为2组铜镯，位于墓坑中部，大致呈"八"字形左右对称摆放，其中靠左边的一组前低后高斜置于墓坑中（图3-53；图版73-1）。

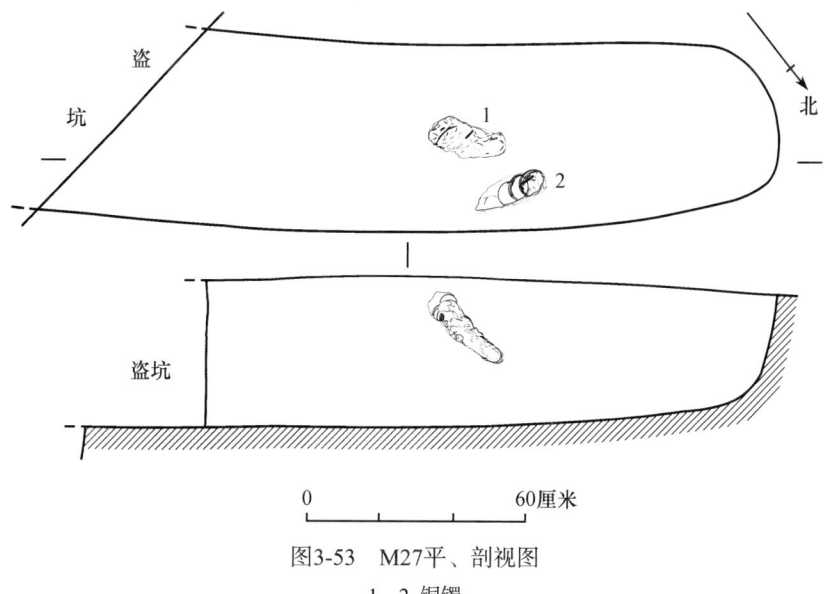

图3-53 M27平、剖视图
1、2. 铜镯

铜镯　2组。

A型Ⅰ式、Ea混合类型，1组。

M27:2，一组50余件。锈蚀严重，部分断裂破碎。A型Ⅰ式1件，M27:2-1，片状环形，镯体较窄；内壁较直，外壁呈浅槽结构，内镶嵌孔雀石片；孔雀石片较小，圆形中间带穿孔，部分脱落，下面露出黑色黏结物。余皆Ea型，M27:2-2，细条环状，横截面为竖长方形。根据出土位置及形态推测，下葬时铜镯成串佩戴于被葬者右手臂，内残存肢骨，外表覆盖炭化物（图版73-2）。A型Ⅰ式铜镯即M27:2-1居中，Ea型铜镯即M27:2-2前后皆有，且前小后大。M27:2-1，宽0.9、直径6.4厘米（图3-54-1）。M27:2-2，直径5.8~6.7厘米，横截面一般长0.18~0.2、宽0.08~0.1厘米（图3-54-2）。

A型Ⅰ式、Ea型、Ec型混合类型，1组。

M27:1，一组40余件。锈蚀严重，多断裂残碎（图版73-2、3）。A型Ⅰ式2件，M27:1-1、M27:1-2，片状环形，镯体较窄，且四周宽度略有出入；前镯口略小于后镯口；内壁较直；外壁呈浅槽结构，内镶嵌孔雀石片，部分脱落；孔雀石片较小，均圆形，中间有穿孔；孔雀石片与镯体之间可见黏结物，多呈黑色，M27:1-2上的黏结物局部还呈白色。其余皆M27:1-3，40余件，主要为Ec型，中间夹杂少量Ea型。均细条环状，Ea型横截面呈竖长方形，Ec型横截面近方形。从出土位置及形态推测，铜镯下葬时成串佩戴于被葬者左手臂，其中A型Ⅰ式铜镯即M27:1-1居最前端，M27:1-2居中部靠前位置。M27:1-1，宽0.9~1、前镯口直径6.2、后镯口直径6.3厘米（图

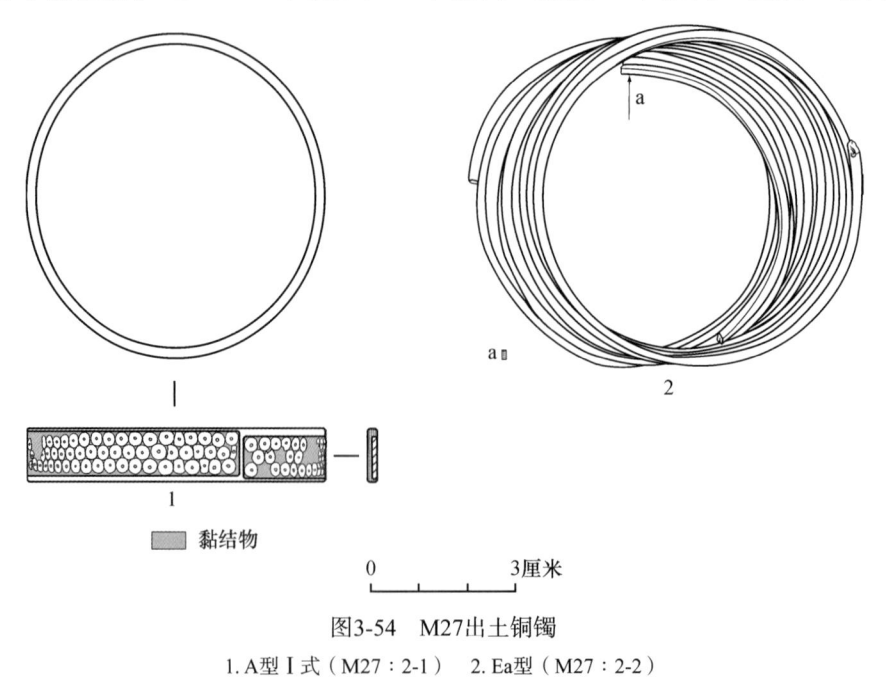

图3-54　M27出土铜镯

1. A型Ⅰ式（M27:2-1）　2. Ea型（M27:2-2）

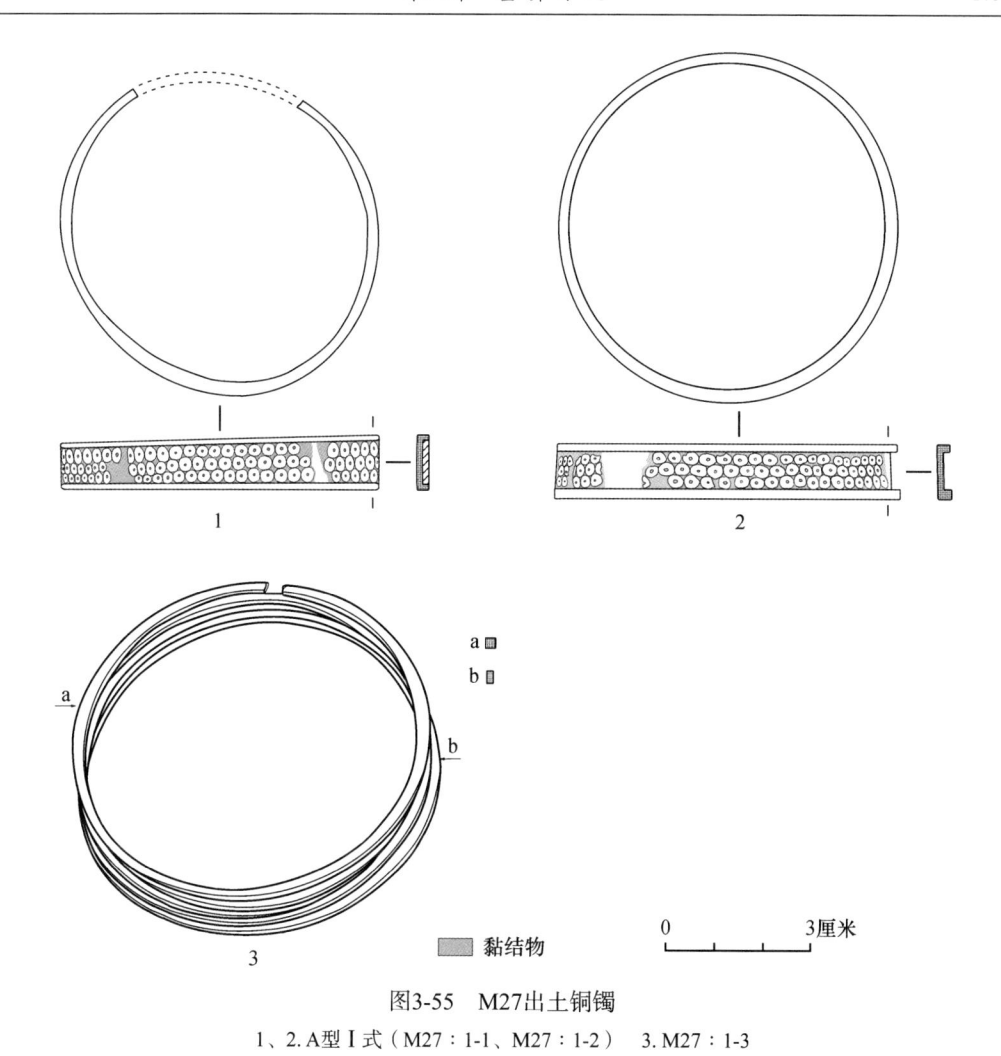

图3-55　M27出土铜镯
1、2. A型Ⅰ式（M27：1-1、M27：1-2）　3. M27：1-3

3-55-1）。M27：1-2，宽0.95~1、前镯口直径6.4、后镯口直径6.5厘米（图3-55-2）。M27：1-3，大小不一，直径一般在5.5~7.5厘米，佩戴时基本按前小后大排列，其中Ea型横截面一般长约0.2、宽约0.1厘米（图3-55-3-b），Ec型横截面边一般长约0.15厘米（图3-55-3-a）。

M28

M28位于Ⅰ号发掘点T6351南部，小部分跨入T6251，属第2层墓葬。墓坑较小，平面大致呈长方形，纵轴方向136°，长1.56、宽0.75、深0.4米。墓坑内填红褐色黏土，含零星炭屑。未发现葬具痕迹。人骨不存，葬式不明。出土的随葬品有铜镯1组，位于墓坑中部靠近一侧墓壁处。根据铜镯形态及位置，结合墓坑大小，推测被葬者为儿童，头朝东南方向（图3-56）。

图3-56 M28平、剖视图
1.铜镯

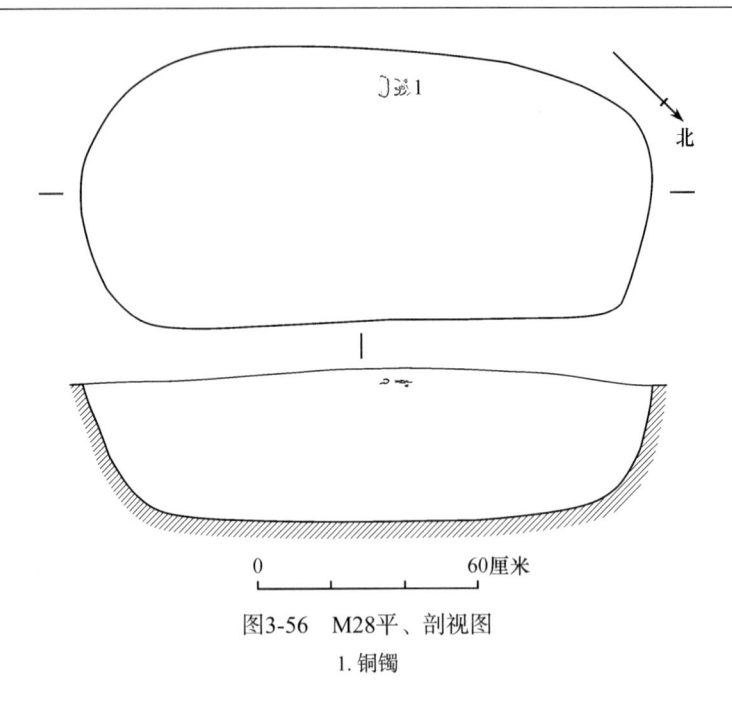

铜镯　1组。

M28：1，一组4件，均A型Ⅰ式。锈蚀严重，大多断裂，仅剩少许残片。片状环形，镯体较窄；内壁弧，外壁呈浅槽结构，内镶嵌不规则形的孔雀石片，部分脱落，下面露出黑色黏结物。从出土位置及形态推测，铜镯下葬时成串佩戴于被葬者左手臂。M28：1-1，宽0.82、复原直径约4.5厘米（图3-57）。其余3件残甚，宽0.7～0.75厘米，直径不详。

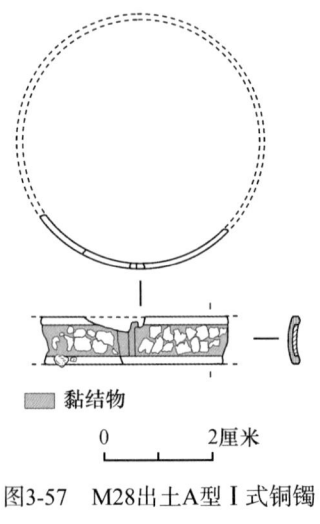

图3-57　M28出土A型Ⅰ式铜镯
（M28：1-1）

M29

M29位于Ⅰ号发掘点，跨T6251西北部和T6351西南角，属第2层墓葬。墓坑平面大致呈长方形，纵轴方向142°，长2、宽0.67、深0.37米。墓坑内填红褐色黏土，含零星炭屑、陶片。发现板灰痕迹，推测原有木质棺椁类葬具。残存零星骨渣，葬式不明。出土随葬品3件，包括铜剑、铜矛、铜镯各1件，均位于墓坑东南部，其中铜镯略靠中部。铜剑、铜矛出土前被折弯并断裂（图3-58；图版74-1）。

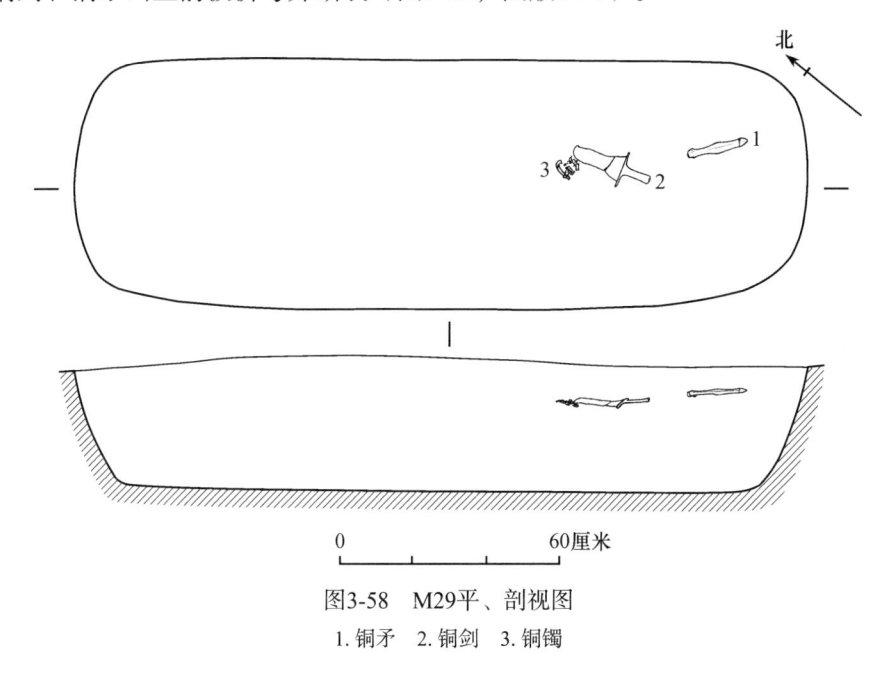

图3-58　M29平、剖视图
1. 铜矛　2. 铜剑　3. 铜镯

铜剑　1件。

M29：2，Cb型。锈蚀严重，局部矿化。空心椭圆茎，空首呈喇叭口状，略残，茎下部有对穿；一字格；剑身前部出土前被折弯，后部断裂，中线略起脊，曲刃。茎部隐约可见纹饰，图案不清；剑身后部沿中线左右对称分布箭头、涡卷纹等纹饰，造型如箭矢。茎两侧和格两端下方可见铸缝痕迹。通长24.5、格长11.4厘米（图3-59-2；图版10-2、3，图版74-4）。

铜矛　1件。

M29：1，B型Ⅱ式。椭圆骹，横截面近菱形，后部近骹口处两侧有耳，骹口平；矛身较短，前部起脊，后部沿脊线设血槽，曲刃，出土前锋部被折弯并断裂。通长17.7厘米（图3-59-1；图版22-3，图版74-2）。

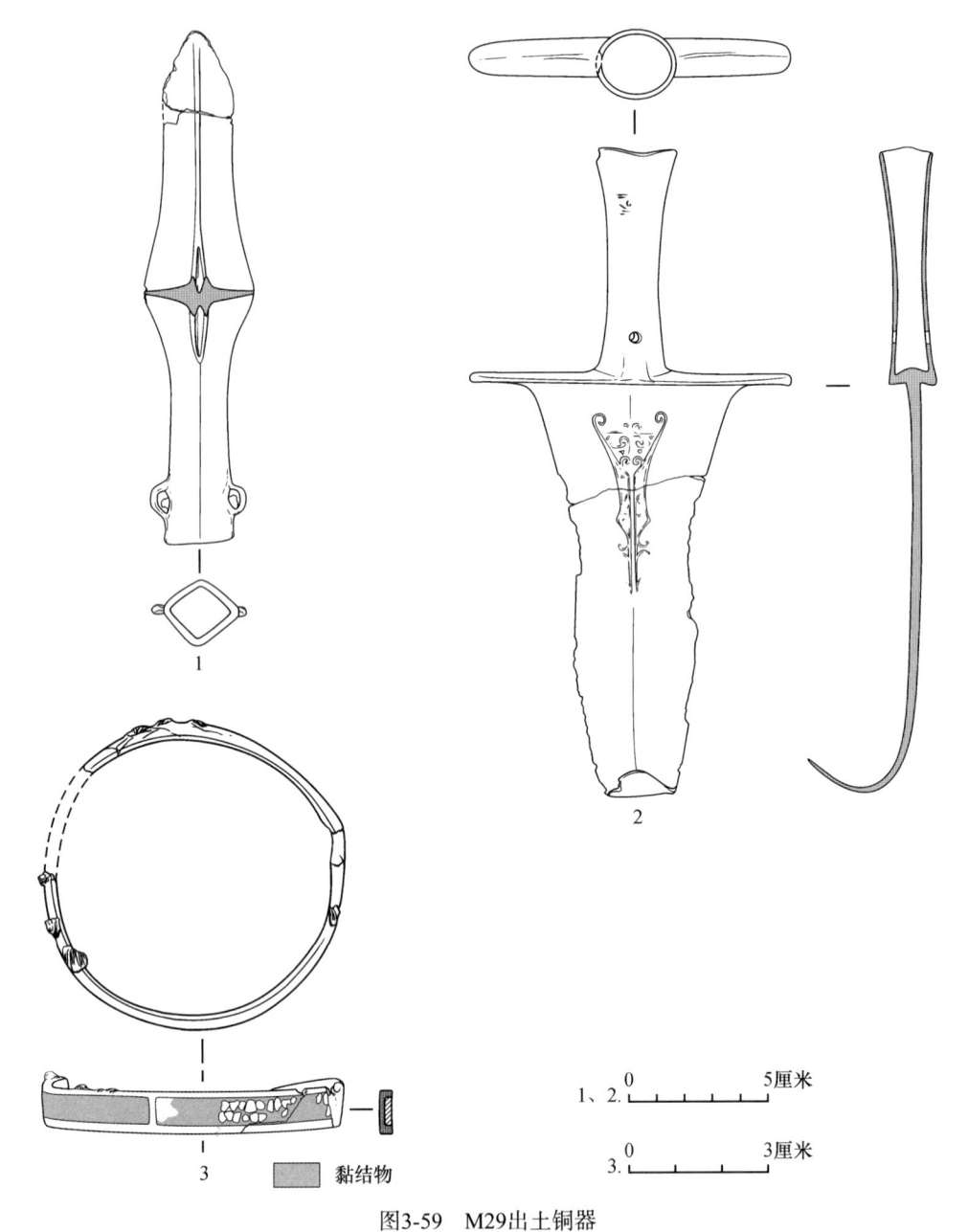

图3-59 M29出土铜器
1. B型Ⅱ式矛（M29:1） 2. Cb型剑（M29:2） 3. A型Ⅰ式镯（M29:3）

铜镯 1件。

M29:3，A型Ⅰ式。锈蚀严重，局部断裂缺失。片状环形，镯体较窄；内壁弧，外壁呈浅槽结构，有竖条状界格，槽内镶嵌不规则形的孔雀石片，部分脱落，下面露出黑色黏结物。宽0.8、直径6.6厘米（图3-59-3；图版74-3）。

M30

M30位于Ⅰ号发掘点T6352南部，属第2层墓葬。墓坑平面大致呈长方形，纵轴方向118°，长1.35、宽0.5、深0.27米。墓坑内填浅红褐色黏土。未发现葬具痕迹。人骨多朽毁不存，仅铜镯内残存一些肢骨，据之推测被葬者头朝东南方向，下葬时手臂向内弯曲。出土随葬品4件（组），包括铜镯3件（组）、玛瑙圆珠1件。其中，2组铜镯位于墓坑中部，大致呈"八"字形左右对称摆放，内残存肢骨；1件铜镯和1件玛瑙圆珠置于墓坑东南部，玛瑙圆珠紧靠铜镯边缘，二者或关系密切（图3-60；图版75-1）。

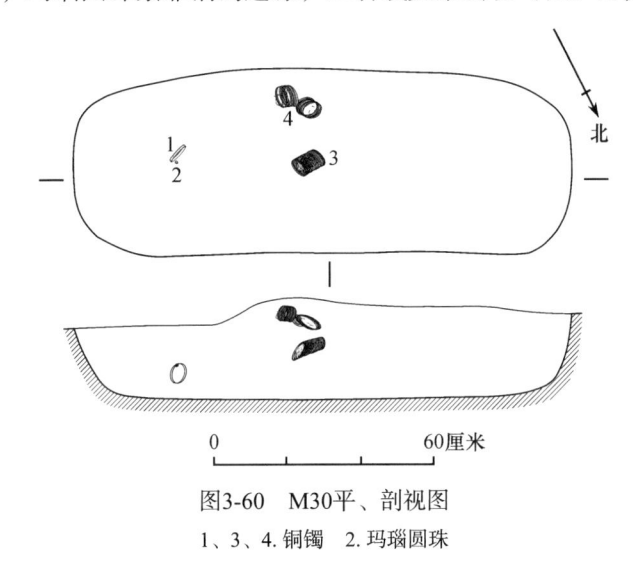

图3-60 M30平、剖视图
1、3、4.铜镯 2.玛瑙圆珠

铜器 3件（组）。
铜镯 3件（组）。
A型Ⅰ式 1件。
M30：1，1件。锈蚀严重，断裂破碎。片状环形，镯体较窄；内壁微弧，外壁呈浅槽结构，有竖条状界格，槽内镶嵌孔雀石片，大多脱落，下面露出黑色黏结物。从黑色黏结物上的痕迹看，脱落的孔雀石片为圆形，中间带穿。宽0.9、直径6.6厘米（图版75-2）。

Ec型 2组。
M30：3，一组40余件。锈蚀严重，部分断裂。细条环状，截面为近方形。从出土位置及形态推测，铜镯下葬时成串佩戴于被葬者右手臂，内残存肢骨。整体看，靠前的铜镯略小，后面的渐大。铜镯直径5.5~6.5、横截面边长0.15~0.2厘米（图3-61-1；图版75-4）。

M30:4，一组20余件。细条环状，横截面近方形。下葬时铜镯成串佩戴于被葬者左手臂，前小后大，内残存肢骨。直径6.2~6.9、横截面边长0.18~0.2厘米（图3-61-2；图版75-3）。

玉石器　1件。

玛瑙圆珠　1件。

M30:2，红色，透光度较高。器形稍扁；直孔；平口，一端孔口略下凹。高0.4、直径0.77、孔径0.22厘米（图3-61-3；图版48-4，图版75-2、5）。

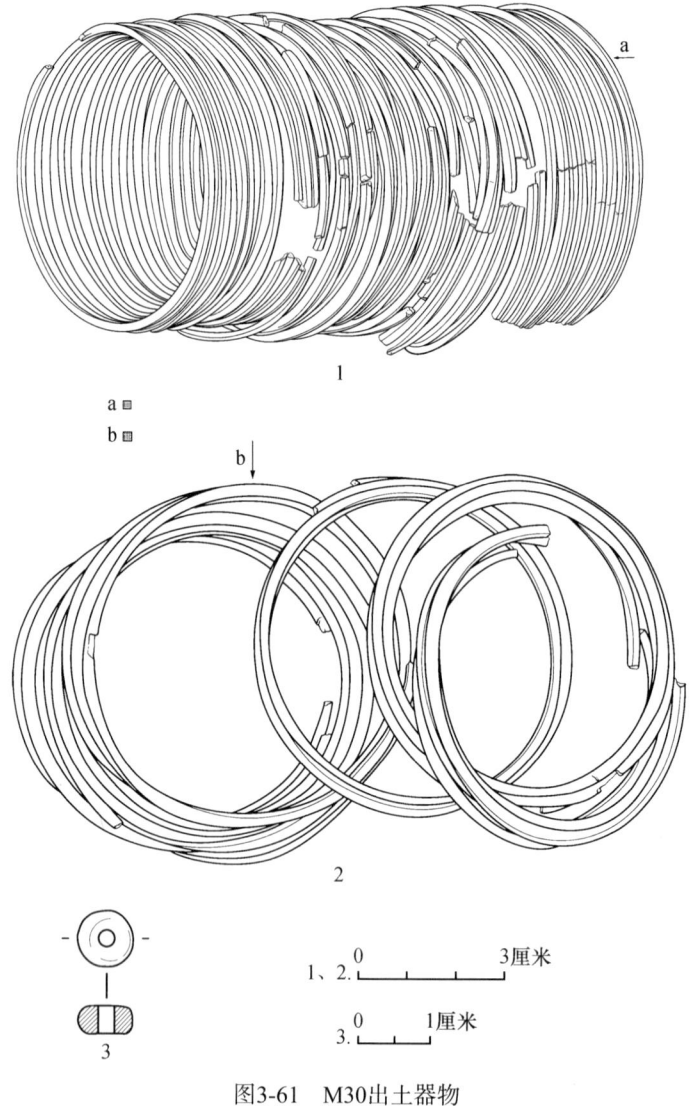

图3-61　M30出土器物
1、2.Ec型铜镯（M30:3、M30:4）　3.玛瑙圆珠（M30:2）

M31

M31位于Ⅰ号发掘点T6351西南部，部分跨入T6251，属第2层墓葬。墓坑较小，平面大致呈长方形，纵轴方向133°，长1.26、宽0.5、深0.36米。墓坑内填红褐色黏土，含零星炭屑。发现板灰痕迹，推测原有木质棺椁类葬具。残存零星骨渣，另铜镯内也发现少许肢骨，据之推测被葬者头朝东南方向，具体葬式不明。出土的随葬品有铜镯1组，位于墓坑中部靠东侧墓壁处。墓坑和随葬铜镯均尺寸较小，推测为儿童墓（图3-62）。

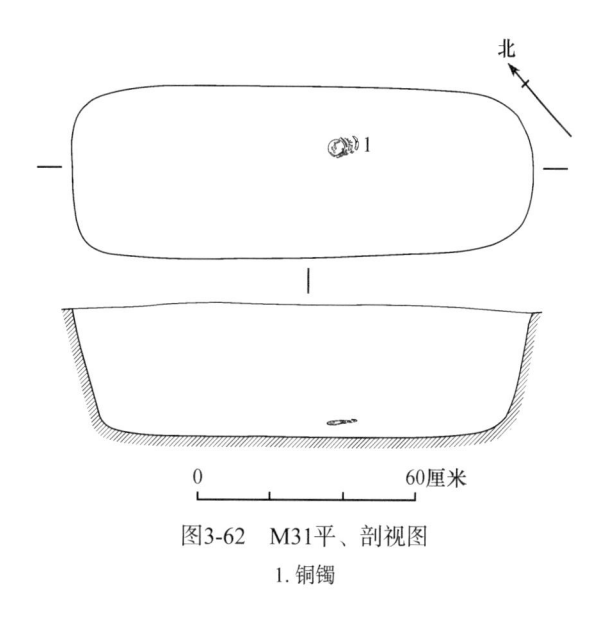

图3-62 M31平、剖视图
1.铜镯

铜镯   1组。

M31：1，一组4件，均A型Ⅰ式。矿化严重，断裂破碎。片状环形，镯体较窄；内壁弧或微弧，外壁呈浅槽结构，内镶嵌不规则形孔雀石片，多脱落，下面露出黑色黏结物。根据出土位置及形态推测，铜镯下葬时成串佩戴于被葬者右手臂，内残存少许肢骨。从直径看，靠前的铜镯稍小，后面的渐大。M31：1-1，宽0.8、直径4.7厘米；M31：1-2，宽0.8、直径4.9厘米；M31：1-3，宽0.8、直径5.2厘米；M31：1-4，宽0.7厘米，直径不详（图3-63）。

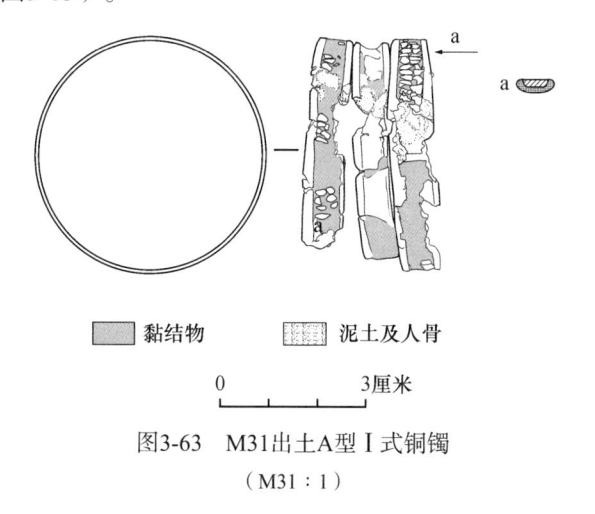

图3-63 M31出土A型Ⅰ式铜镯
（M31：1）

M33

M33位于Ⅰ号发掘点T6352西南部，属第2层墓葬。墓坑平面大致呈长方形，纵轴方向120°，长1.93、宽0.52、深0.38米。墓坑内填红褐色黏土，略疏松，含零星炭屑。发现板灰痕迹，推测原有木质棺椁类葬具。残存零星骨渣，葬式不明。从铜镯等随葬品的位置看，被葬者可能头朝东南方向。出土随葬品4件（组），均铜器，包括剑、矛、泡饰和镯。铜剑、铜矛和铜泡饰位于墓坑东南端，其中铜剑、铜矛均锋部朝下呈垂直状放置，铜剑出土前被折弯。铜镯位置相对接近墓坑中部，紧靠东壁（图3-64；图版76-1）。

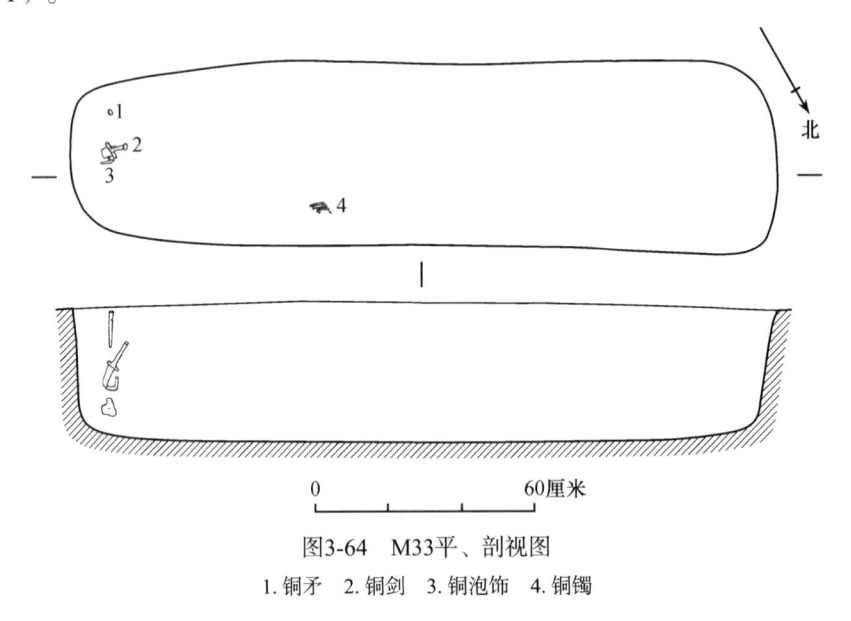

图3-64 M33平、剖视图
1.铜矛 2.铜剑 3.铜泡饰 4.铜镯

铜剑 1件。

M33:2，Cc型。空心椭圆茎，空首呈喇叭口状，出土时一侧残，茎上部有对穿；一字格；剑身前部中线略起脊，出土前被大幅度折弯，曲刃。茎部施多道弦纹，内填涡纹和编织纹；剑身后部施箭头、涡卷纹等纹饰，沿中线左右对称分布，整体形如箭矢。通长27.4、格残长5.9厘米（图3-65-1；图版11-3，图版77-1）。

铜矛 1件。

M33:1，Aa型。锈蚀严重，局部矿化破碎。椭圆骹，出土时后部可见对穿，骹口残；柳叶形矛身，大部残。残长9.8厘米（图3-65-2；图版77-2）。

铜泡饰 1件。

M33:3，Ca型。出土时锈蚀严重，矿化破碎。圆片周围上翘，似圆盘状，中间呈锥形凸起，背面有一道横梁。残径约5.7、高4.1厘米（图3-65-3；图版77-3）。

铜镯　1组。

M33：4，一组10余件，均Ec型。锈蚀严重，多断裂破碎。细条环状，横截面近方形。从出土位置推测，可能佩戴于被葬者右手臂。复原直径6～6.2、边长一般0.2厘米（图版76-3）。

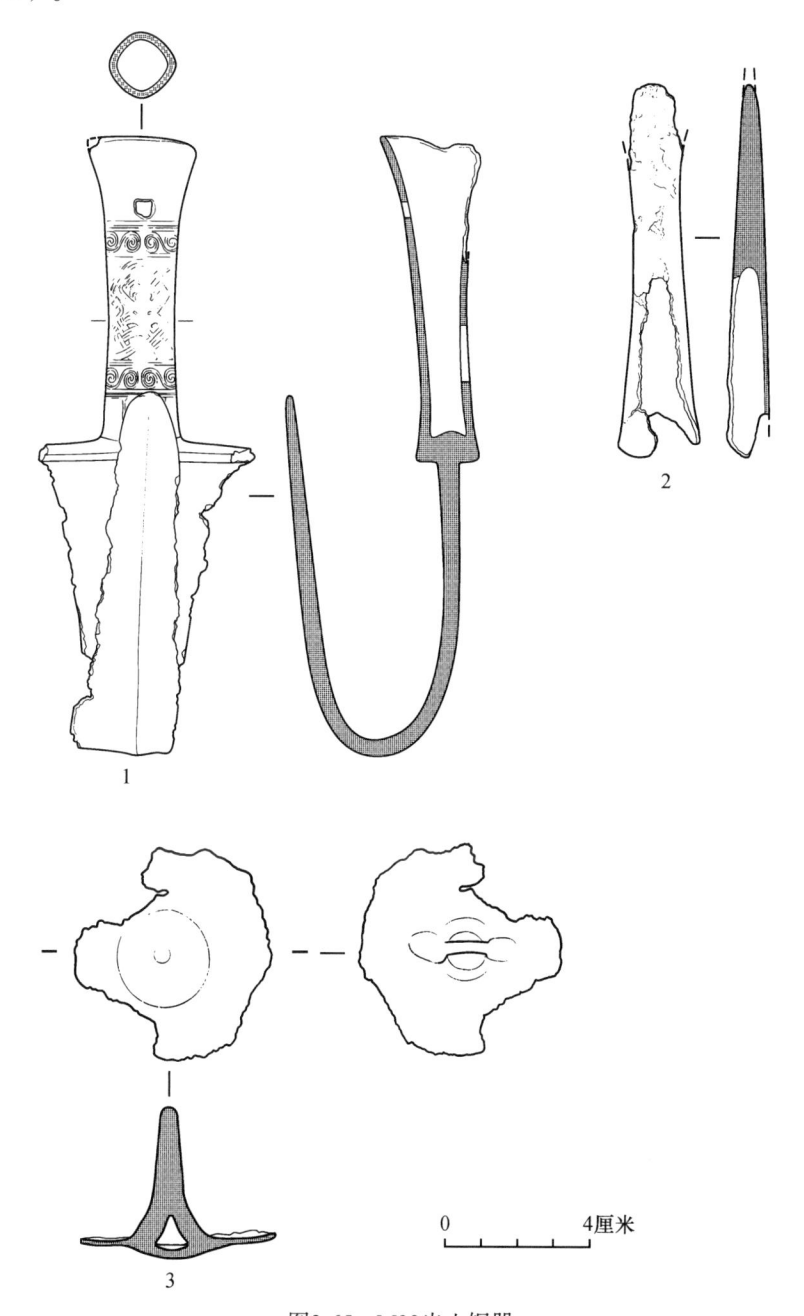

图3-65　M33出土铜器
1. Cc型剑（M33：2）　2. Aa型矛（M33：1）　3. Ca型泡饰（M33：3）

M35

M35位于Ⅰ号发掘点的T6251西南部，属第2层墓葬。墓坑平面大致呈宽长方形，纵轴方向120°，长1.74、宽0.78、深0.42米。墓坑内填红褐色黏土。未发现葬具痕迹。人骨朽毁不存，葬式不明。出土随葬品1件，为铜削刀，位于墓坑中部靠近西壁处，距墓底约0.27米（图3-66；图版76-2）。

铜削刀　1件。

M35：1，A型。锈蚀严重，刀身前端残。刃背与柄背连为一体；扁圆柄，后半部分空心，柄端带竖条形镂孔；刀身微曲，前端出土前略被折弯，刃略向内凹。柄部饰多道弦纹，内填短线纹、云雷纹。残长20.7厘米（图3-67；图版27-1～3，图版76-4，图版77-4、5）。

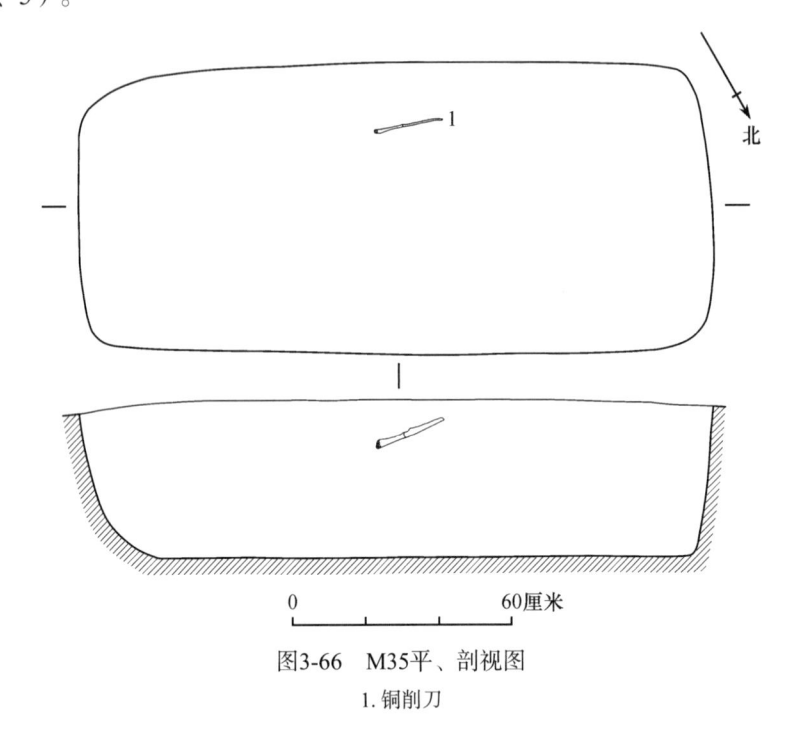

图3-66　M35平、剖视图
1. 铜削刀

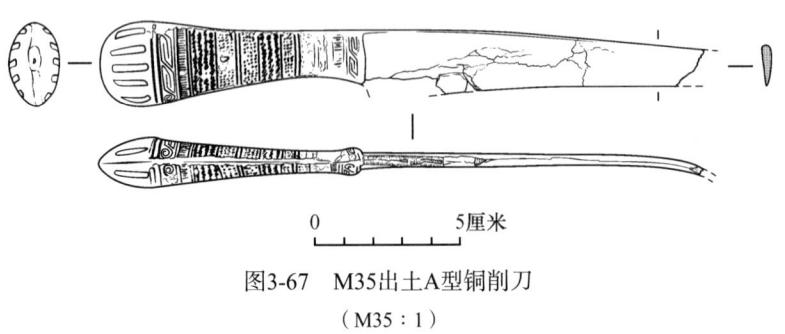

图3-67　M35出土A型铜削刀
（M35：1）

M36

M36位于Ⅰ号发掘点T6250东北部,属第2层墓葬。墓坑平面大致呈长方形,纵轴方向128°,长1.88、宽0.66、深0.38米。墓坑内填浅红褐色略泛灰黏土。未发现葬具痕迹。残存少许下肢骨,铜镯内亦可见少许肢骨,据此推测被葬者头朝东南方向。出土随葬品8件(组),包括铜剑、铜戈、铜扣饰各1件,铜镯2件(组),玉镯1件,玛瑙扣2件。铜剑、铜扣饰和玛瑙扣位于被葬者头部位置,其中铜剑出土前被折弯。铜镯、玉镯位于墓坑中部,从位置及形态看,下葬时应佩戴于被葬者手臂上,玉镯与其中1组铜镯成串佩戴,居前。铜戈横置于下肢骨上,出土前断裂为四截,其中锋部与戈身脱离,相距20余厘米;出土时残存部分戈柲,延续长40余厘米,呈扁平状,柲芯已朽或炭化,表面呈黑色编织物状(图3-68;图版78-1)。

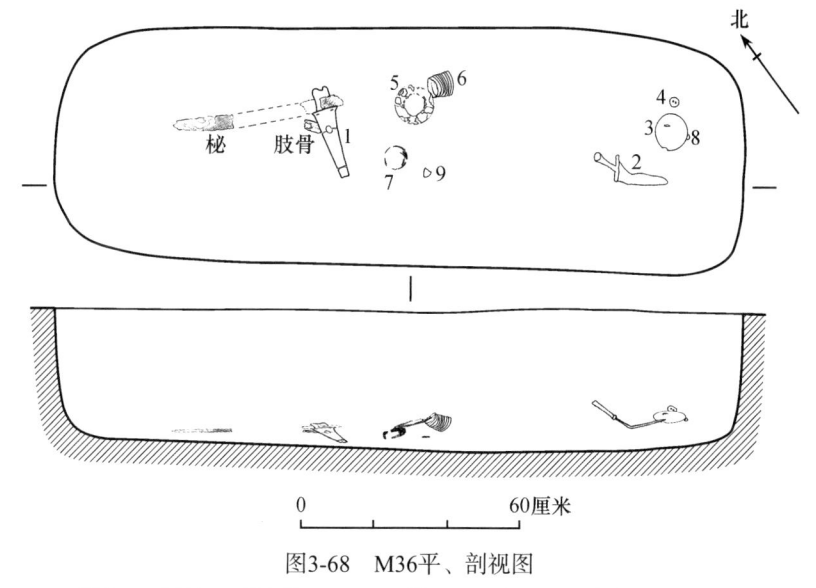

图3-68 M36平、剖视图
1.铜戈 2.铜剑 3.铜扣饰 4、8.玛瑙扣 5.玉镯 6、7.铜镯 9.铜戈锋部

铜器 5件(组)。

铜剑 1件。

M36:2,Cc型。锈蚀严重,局部矿化。空心椭圆茎,空首呈喇叭口状,出土时残,茎下部有对穿;一字格;剑身前部中线略起脊,出土前被折弯,锋残,曲刃。茎部施涡纹、编织纹等纹饰;剑身后部沿中线左右对称分布箭头、涡卷纹等纹饰,形似箭矢。残长21.7、格长9.3厘米(图3-69-1;图版79-1~3)。

铜戈　1件。

M36：1，Bb型Ⅲ式。锈蚀严重，局部矿化。无胡；条形援微曲，出土前锋部被折弯并断裂，散落于附近，援后部有一椭圆穿，近阑处有两近长方形穿；长方形直内，前部有一近梯形穿，后缘呈对称的内卷鸟首状。援后部椭圆穿处断裂，周围施弦纹和短线芒纹；援本即椭圆穿与阑之间施浅浮雕式牵手人纹，外加梯形框；内后部亦施浅浮雕式的牵手人纹。阑背面以及内两侧和内穿壁上均残留铸缝痕迹。出土时残留部分戈柲（图版78-4）。通长25.4、阑宽7.6厘米（图3-69-3，图3-71；图版78-2）。

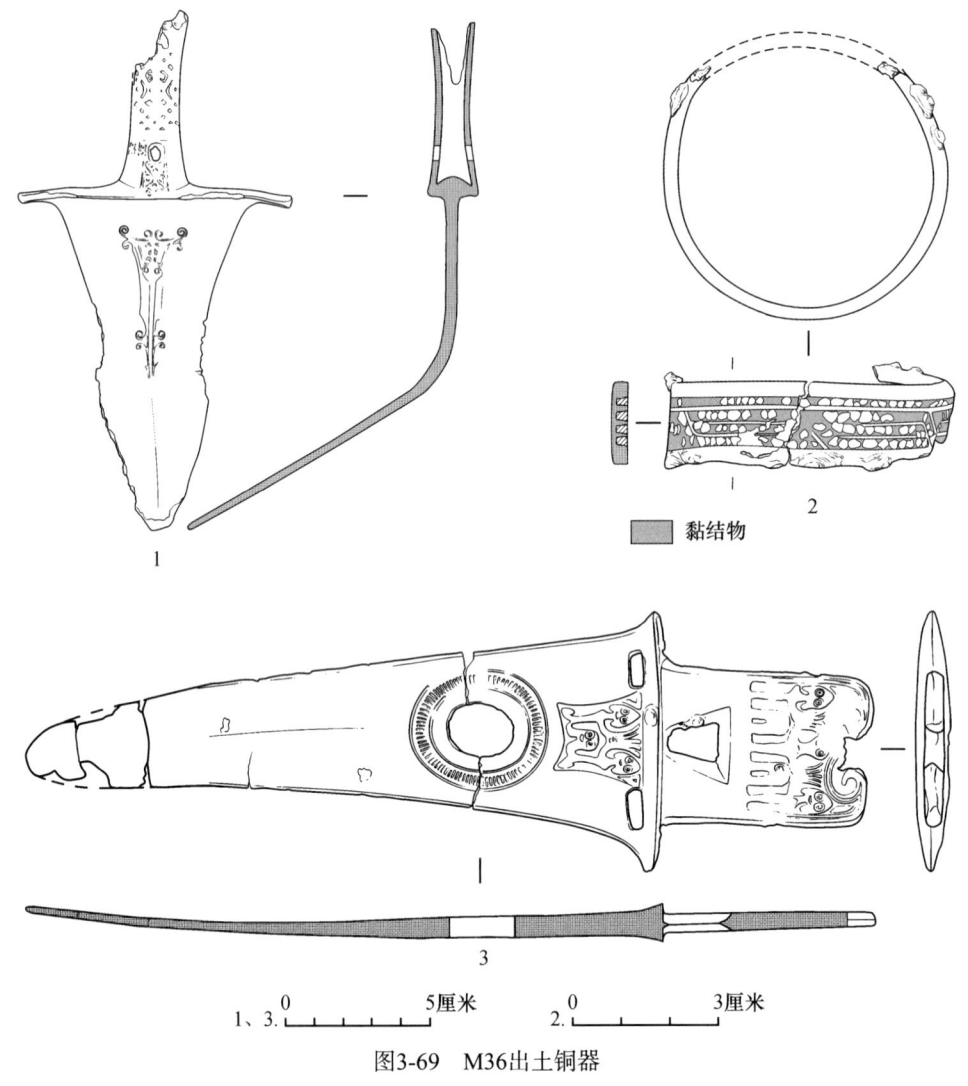

图3-69　M36出土铜器
1. Cc型剑（M36：2）　2. A型Ⅱ式镯（M36：7）　3. Bb型Ⅲ式戈（M36：1）

铜镯　2件（组）。

M36∶6，一组8件，均A型Ⅰ式。矿化严重，多断裂破碎。镯体较窄；内壁弧或微弧，外壁呈浅槽结构，内镶嵌不规则形孔雀石片，部分脱落，下面露出黑色黏结物。根据出土位置及形态推测，铜镯下葬时成串佩戴于被葬者右手臂，内残存肢骨。与之一起佩戴的还有1件玉镯（M36∶5），玉镯居前。镯直径6.5、壁宽0.9厘米（图版78-3）。

M36∶7，A型Ⅱ式。锈蚀严重，局部矿化破碎。片状环形，镯体较宽，前镯口略小于后镯口；内壁较直，边缘弧；外壁呈浅槽结构，中间预铸简化的云雷纹状界格，槽内镶嵌孔雀石片；孔雀石片较小，形状不规则，与镯体之间可见黑色黏结物。出土时，铜镯佩戴于被葬者左手臂。前镯口直径6.3、后镯口直径6.5、镯宽1.9厘米（图3-69-2；图版78-3，图版79-7）。

铜扣饰　1件。

M36∶3，Db型。出土时锈蚀严重，矿化破碎。扣面中部上鼓，周围较平，中心有两穿孔，背面有一横向带穿弯钩，钩前端残。扣面带边轮，中间预铸两圈凹槽，其内镶嵌密集的孔雀石片，局部脱落，脱落处可见黑色黏结物。孔雀石片多呈圆形，中心带穿，少数形状不规则。直径9.8厘米（图3-70-1；图版79-4）。

玉石器　3件。

玉镯　1件。

M36∶5，B型，出土时风化破碎严重，大致可看出器形。白色。圆环形，外缘圆润，内缘较直，两面出棱，横截面呈"T"形。与1组铜镯（M36∶6）成串佩戴于被葬者右手臂，居前。外径约11、内径约6厘米（图版78-3）。

玛瑙扣　2件。

均A型。外形呈乳钉状，正面尖凸，侧面略凹，背面微鼓且有2个相通的锥形对钻圆孔。

M36∶4，白色；正面光亮细腻；背面粗糙，局部可见细丝状打磨痕及诸多凹陷的小坑。直径2.7、高1.3厘米（图3-70-2；图版79-5、6）。

M36∶8，白色；光亮细腻；背面粗糙，可见诸多凹陷的小坑。直径2.4、高1.2厘米（图3-70-3；图版79-8、9）。

图3-70　M36出土器物

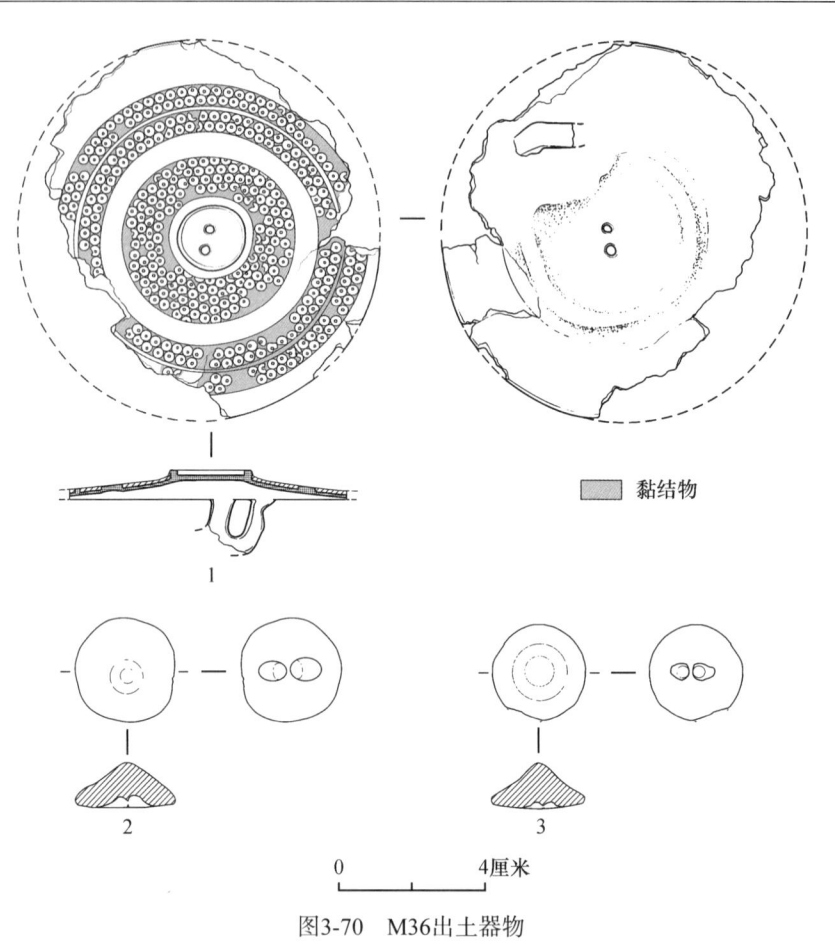

1. Db型铜扣饰（M36∶3）　2、3. A型玛瑙扣（M36∶4、M36∶8）

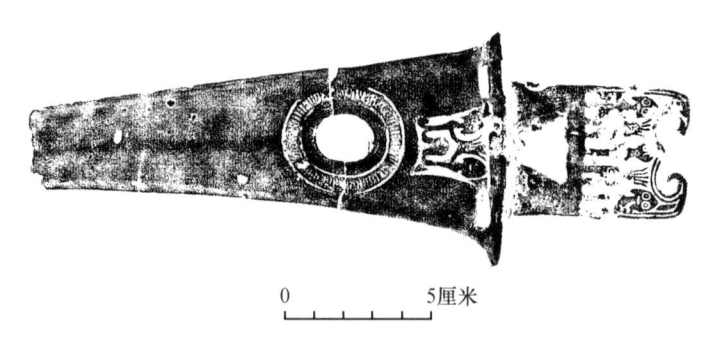

图3-71　M36出土Bb型Ⅲ式铜戈拓本

（M36∶1）

M38

　　M38位于Ⅰ号发掘点T6352北部，属第2层墓葬。墓坑平面呈长条形，北部延伸出发掘区，纵轴方向121°，残长2.1、宽0.5、深0.37米。墓坑内填红褐色黏土，略疏松，含零星炭屑、陶片。发现板灰痕迹，推测原有木质棺椁类葬具。人骨朽毁不存，葬式不明。出土随葬品3件，包括铜剑、玉珠和玛瑙扣各1件，均位于墓坑东南部。铜剑距墓底约0.25米，出土前茎被折断，散落一旁（图3-72；图版80-1）。

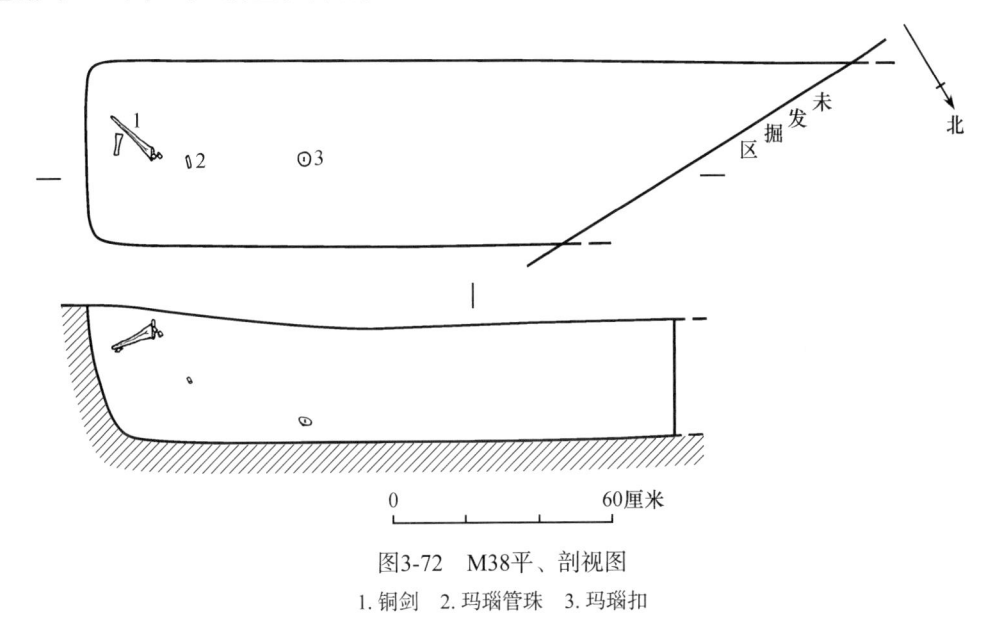

图3-72　M38平、剖视图
1. 铜剑　2. 玛瑙管珠　3. 玛瑙扣

　　铜器　1件。
　　铜剑　1件。
　　M38：1，Cc型。锈蚀严重，局部矿化。空心椭圆茎，出土前被折断并散落于剑身旁侧，空首呈喇叭口状，茎上部有近方形对穿；一字格；剑身前部中线略起脊，曲刃。茎部施多道弦纹，内填涡纹、编织纹等纹饰；剑身后部沿中线左右对称分布箭头、涡卷纹等纹饰，整体形似箭矢。茎两侧和格两端下方可见铸缝痕迹。通长约24.9、格长7.7厘米（图3-73-1；图版80-2）。

　　玉石器　2件。
　　玛瑙管珠　1件。
　　M38：2，出土时一侧残缺大半。白色；表面光滑，透光度较高。直孔，孔径较大；对向钻孔，孔内形成错位，内壁可见密集均匀的镟钻痕迹。长3.2、直径0.98、孔径0.44厘米（图3-73-3；图版80-4、5）。

图3-73 M38出土器物

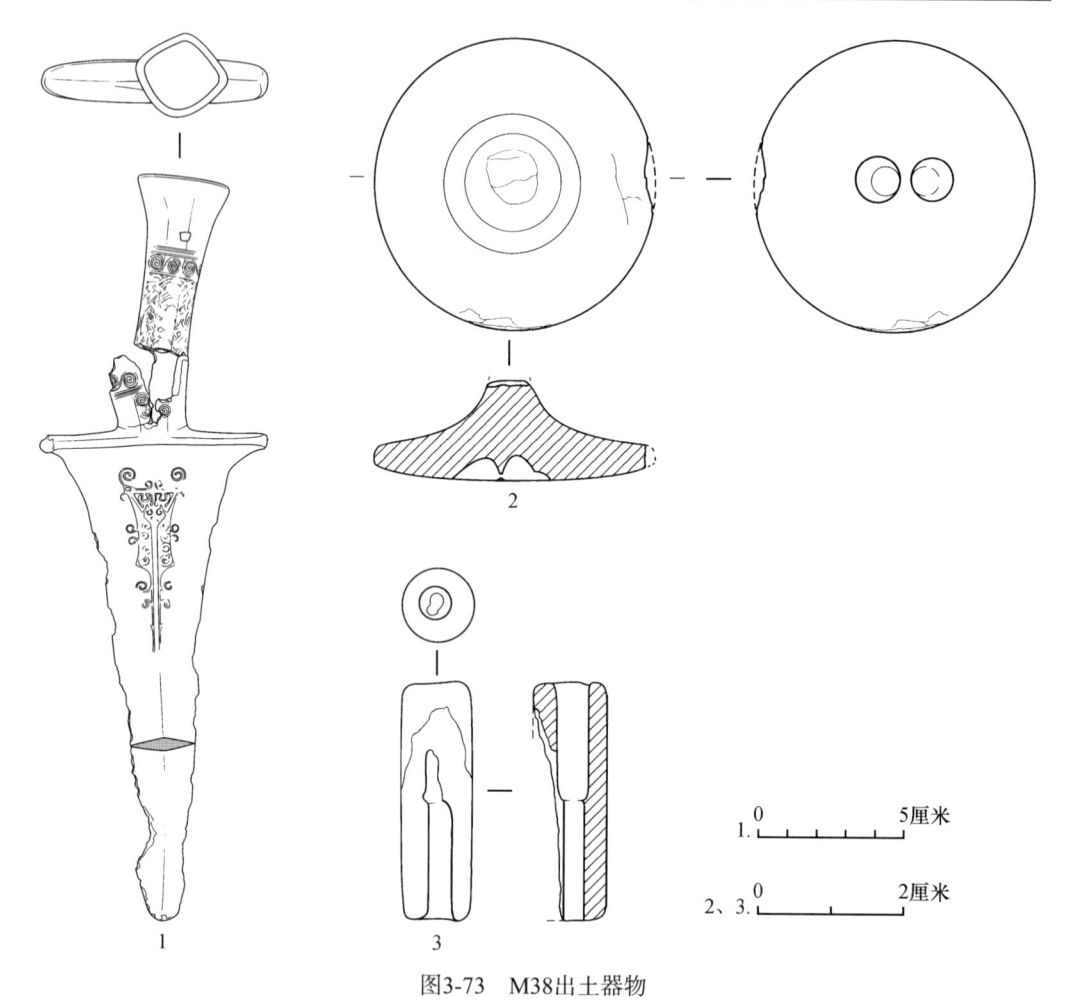

1.Cc型铜剑（M38∶1） 2.B型玛瑙扣（M38∶3） 3.玛瑙管珠（M38∶2）

玛瑙扣 1件。

M38∶3，B型。白色，夹杂红色小点；正面光亮细腻；背面亦经打磨，但局部仍显粗糙。外形呈乳钉状，正面尖凸，顶残；侧面内凹较甚，中间乳钉显得尖细，下部形成圆座；背面微鼓，有2个相通的锥形对钻圆孔，钻孔底部可见小的圆形凸起。扣直径3.87、残高1.33厘米（图3-73-2；图版80-3、6）。

M39

M39位于Ⅰ号发掘点T6250中部偏东南，属第2层墓葬。墓坑平面大致呈长方形，纵轴方向121°，长1.8、宽0.6、深0.2米。墓坑内填浅红褐色黏土。未发现葬具痕迹。人骨朽毁不存，葬式不明。出土随葬品3件，包括铜剑、铜矛和铜镯各1件。铜剑和铜矛位于墓坑东南部；铜镯位于墓坑中部，下葬时应佩戴于被葬者手臂上（图3-74；图版81-1）。

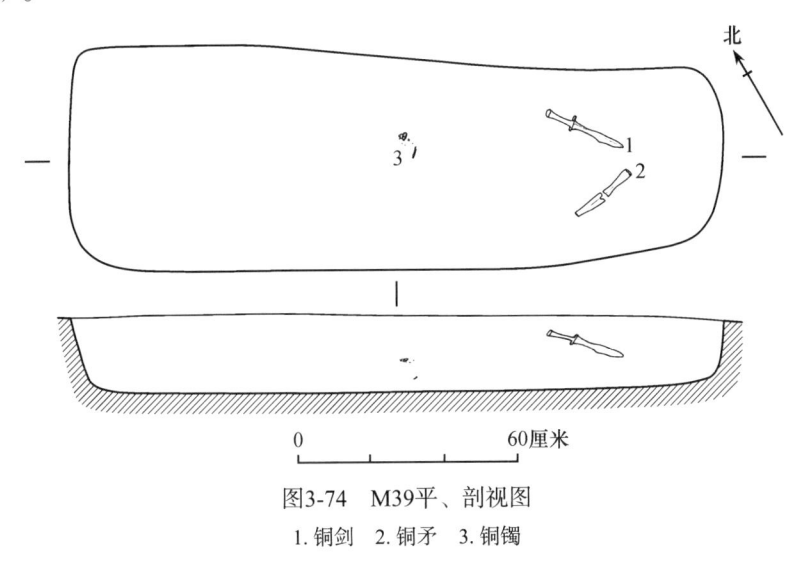

图3-74　M39平、剖视图
1. 铜剑　2. 铜矛　3. 铜镯

铜剑　1件。

M39:1，Cb型。锈蚀严重，局部矿化破碎。空心椭圆茎，空首呈喇叭口状，出土时残，茎下部有对穿；一字格，其中一端略残；剑身前部中线略起脊，出土前被轻度折弯，锋残，曲刃。茎部隐约可见弦纹、编织纹；剑身后部施箭矢状纹，沿中线左右对称分布。残长23.7、格残长6.5厘米（图3-75-1，图3-76；图版81-2）。

铜矛　1件。

M39:2，Aa型。锈蚀严重，局部矿化。圆骹，骹口残；柳叶形矛身，出土时断裂，中线略起脊，刃较直，锋部出土前被折弯，略残。残长17.2厘米（图3-75-2；图版81-3）。

铜镯　1件。

M39:3，A型Ⅰ式。锈蚀严重，断裂破碎。片状环形，镯体较窄；内壁较直；外壁呈浅槽结构，一侧槽缘缺；槽内原先可能镶嵌孔雀石片，但已脱落，下面残留一些黑色黏结物。宽0.7、直径约6.3厘米。

图3-75　M39出土铜器

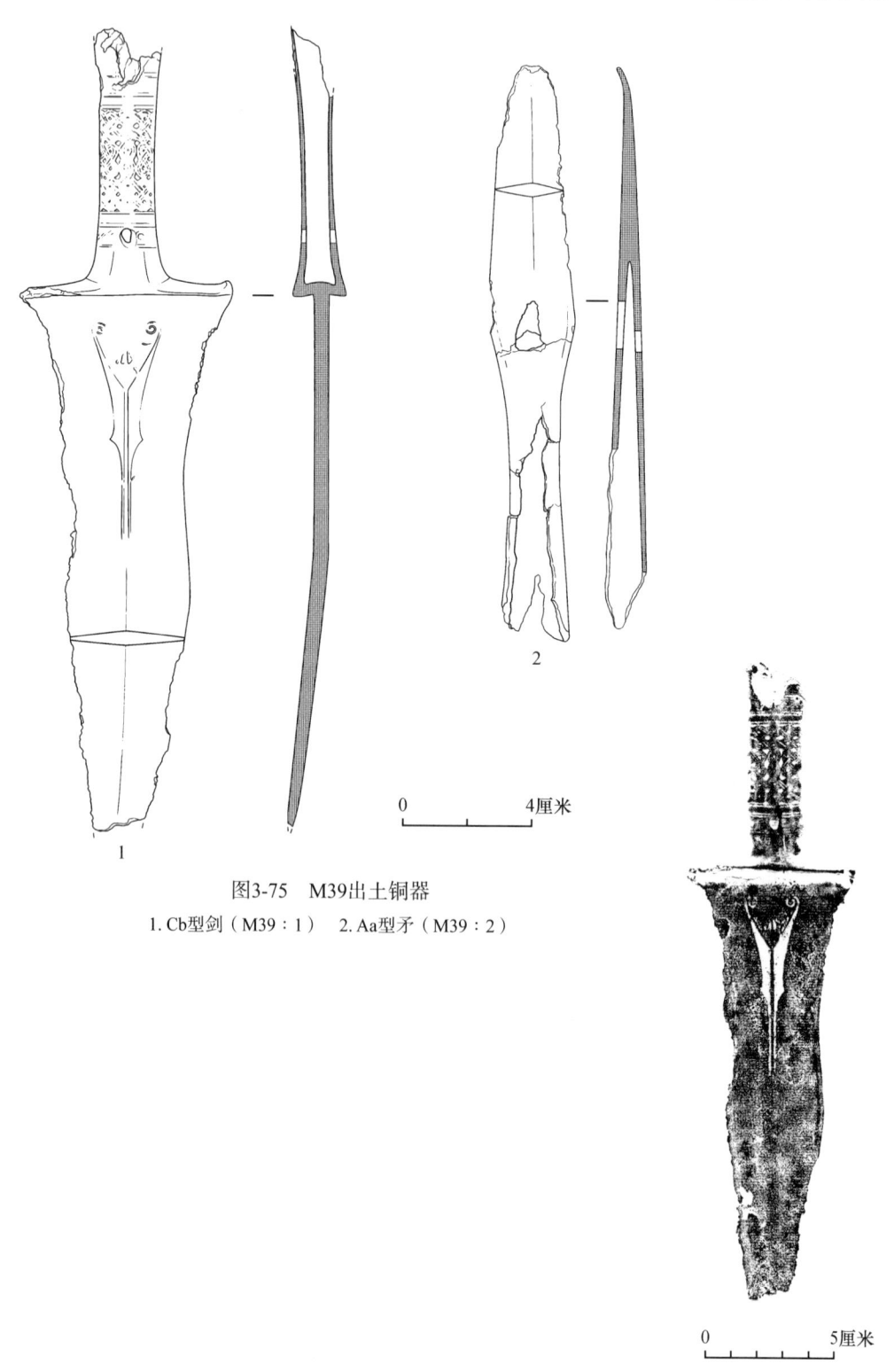

1. Cb型剑（M39：1）　2. Aa型矛（M39：2）

图3-76　M39出土Cb型铜剑拓本（M39：1）

M40

M40位于Ⅰ号发掘点T6350东南部，属第2层墓葬。墓坑较小，平面呈宽长方形，纵轴方向155°，长1.38、宽0.64、深0.3米。墓坑内填红褐色黏土，略疏松，含零星炭屑。发现板灰痕迹，推测原有木质棺椁类葬具。残存零星骨渣，葬式不明。出土随葬品7件（组），包括铜剑、铜扣饰、铜夹形器各1件，铜镯1组，以及玉石类珠饰3件（组）。除铜镯位于墓坑中部外，余皆集中摆放于墓坑东南端。铜剑出土前被折弯。玉石类珠饰材质、类型不一，但聚在一起，可能属一组或一串器物。根据墓坑及铜剑、铜镯等随葬品的形制和尺寸推测，该墓为儿童墓（图3-77；图版82）。

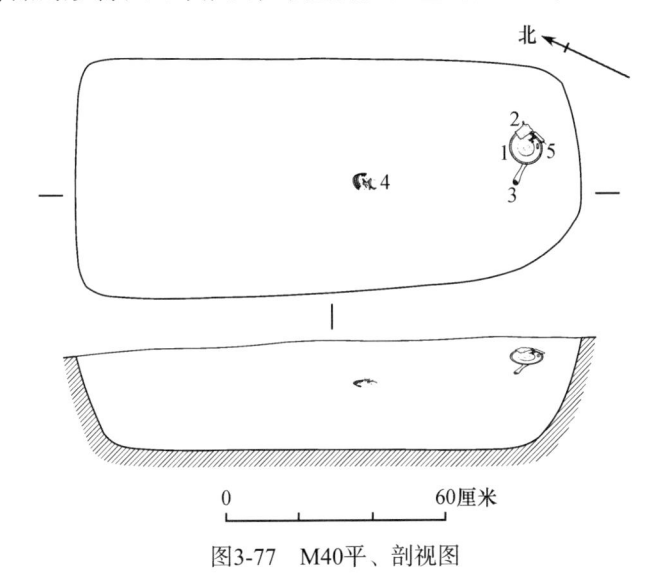

图3-77 M40平、剖视图
1. 铜扣饰 2. 铜夹形器 3. 铜剑 4. 铜镯 5. 玉管珠、玛瑙圆珠、玛瑙环珠

铜器　4件（组）。

铜剑　1件。

M40:3，B型Ⅱ式。扁圆茎，茎首镂空但多未穿透；无格；剑身后部较窄，形成溜肩，前部出土前被折弯，锋部平。茎部施多道弦纹，中间填涡纹、短线纹等，茎首并列5个竖条状镂孔；剑身后部施涡纹、竖条纹，左右对称。长14厘米（图3-78-1；图版8-5、6，图版83-1）。

铜镯　1组。

M40:4，一组4件，均A型Ⅰ式。锈蚀矿化严重，仅剩少许碎片。片状环形，镯体较窄；内壁弧或微弧，外壁呈浅槽结构，内镶嵌孔雀石片，多脱落，露出下面的黑色黏结物。从出土位置看，下葬时应佩戴于被葬者手臂上。宽0.7~0.75厘米，直径均不详。

铜扣饰　1件。

M40：1，Ab型。出土时锈蚀严重，局部矿化破碎。扣面圆形，背面有一横向带穿弯钩。正面中部微凸呈动物面具状，动物额头施三角形纹，圆眼，宽鼻，眼睛有瞳孔等结构，眼睛下方即鼻子两侧施蹲踞状人纹；面具周围由内到外施多道弦纹，弦纹之间分别填水滴状芒纹、蛇纹、放射状短线纹、变形牵手人纹及纵横相间短线纹等。直径9.2厘米（图3-78-2；图版34-1、2，图版83-2）。

铜夹形器　1件。

M40：2，矿化锈蚀，破碎严重。从出土现场观察，由铜片折叠而成，平面大致呈束腰状，折叠处中间有一穿孔。器表錾刻纹饰，主体为一蛙人形象。出土时压在铜扣饰之上。长约4.5厘米。

玉石器　3件（组）。

玉管珠　1组。

M40：5-1、M40：5-2，一组2件，均A型。M40：5-1，白色，带墨色纹理；表面光润细腻，不透光；一侧管壁有一形状不规则孔洞；直孔，内壁光滑；两端斜口，口一侧微凹。M40：5-2，浅绿色，带不规则分布的墨色纹理；表面光润细腻，微透

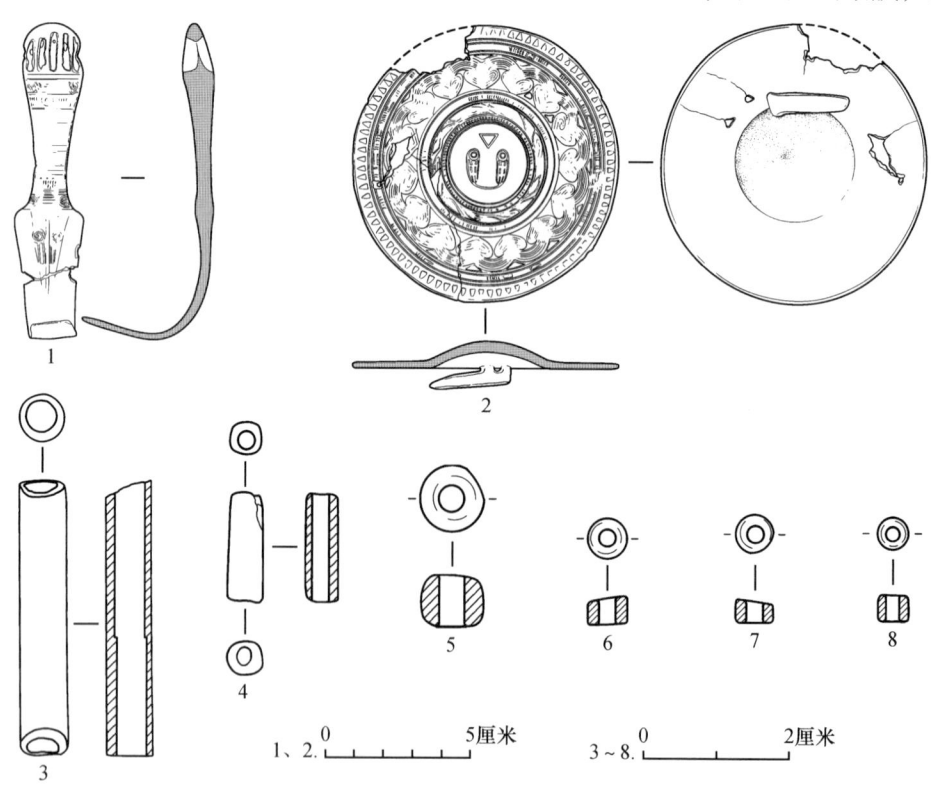

图3-78　M40出土器物

1. B型Ⅱ式铜剑（M40：3）　2. Ab型铜扣饰（M40：1）　3、4. A型玉管珠（M40：5-1、M40：5-2）
5. 玛瑙圆珠（M40：5-3）　6~8. 玛瑙环珠（M40：5-4、M40：5-5、M40：5-6）

光；直孔，内壁光滑；两端平口。成串出土的还有玛瑙圆珠及环珠（M40：5-3～M40：5-6）（图版83-3）。M40：5-1，长3.64、直径0.68、孔径0.41～0.43厘米（图3-78-3）。M40：5-2，长1.47、直径0.43～0.45、孔径0.24厘米（图3-78-4；图版83-4）。

玛瑙圆珠　1件。

M40：5-3，红褐色；微透光。直孔，内壁可见镟钻痕迹，两端平口。成串出土的还有玉管珠（M40：5-1、M40：5-2）及玛瑙环珠（M40：5-4～M40：5-6）（图版83-3）。高0.7、直径0.88、孔径0.35厘米（图3-78-5）。

玛瑙环珠　1组。

M40：5-4、M40：5-5、M40：5-6，一组3件（图版83-3）。M40：5-4，黄褐色，余皆红褐色；微透光；直孔，孔径较大；两端平口；外壁较直。M40：5-4，高0.36、直径0.54、孔径0.2厘米（图3-78-6）。M40：5-5，高0.3、直径0.52、孔径0.23厘米（图3-78-7；图版48-7）。M40：5-6，高0.36、直径0.43、孔径0.2厘米（图3-78-8；图版48-8）。

M41

M41位于Ⅰ号发掘点T6352东北部，属第2层墓葬。墓坑平面大致呈长方形，被M37和M38打破，纵轴方向120°，长1.84、残宽0.44、深0.28米。墓坑内填红褐色黏土，略疏松，含零星炭屑。发现板灰痕迹，推测原有木质棺椁类葬具。残存零星骨渣，葬式不明。出土随葬品3件，均铜器，分别为剑、戈和扣饰；集中摆放于墓坑东南端，铜剑和铜戈并排放置（图3-79；图版84-1）。

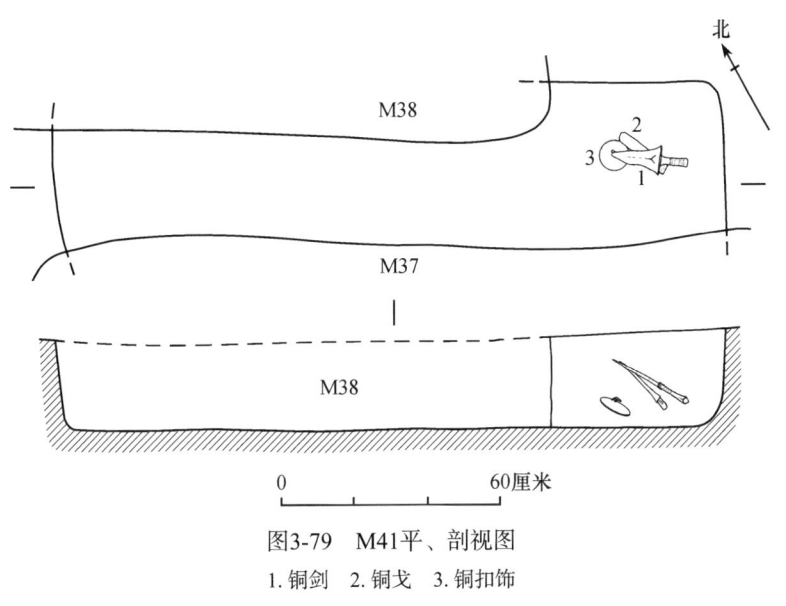

图3-79　M41平、剖视图
1. 铜剑　2. 铜戈　3. 铜扣饰

铜剑　1件。

M41：1，Cb型。锈蚀严重，局部矿化。空心圆茎，横截面略近方形，空首呈喇叭口状，茎上部有对穿，下部单面有穿孔；一字格；剑身前部中线略起脊，锋略残，曲刃。茎部施多道凸棱；剑身后部施箭头、涡卷纹等纹饰，沿中线左右对称分布，整体形如箭矢。茎两侧和格两端下方可见铸缝痕迹。残长23.1、格长8.4厘米（图3-80-1，图3-81；图版84-2、4）。

铜戈　1件。

M41：2，Bb型Ⅱ式。援、内等部位锈蚀，略有残缺。无胡；条形援微曲，后部有一假的小圆穿，近阑处有两长方形穿；长方形直内，前部有一近长方形穿，后缘呈对称的内卷鸟首状。援后部假小圆穿周围隐约可见弦纹和短线芒纹；援本即假小圆穿与阑之间施卷云状涡纹，漫漶不清，外加梯形框；内后部施浅浮雕式的牵手人纹。阑背面及内穿壁上残留铸缝痕迹。通长22.9、阑宽6.6厘米（图3-80-2；图版84-3、5）。

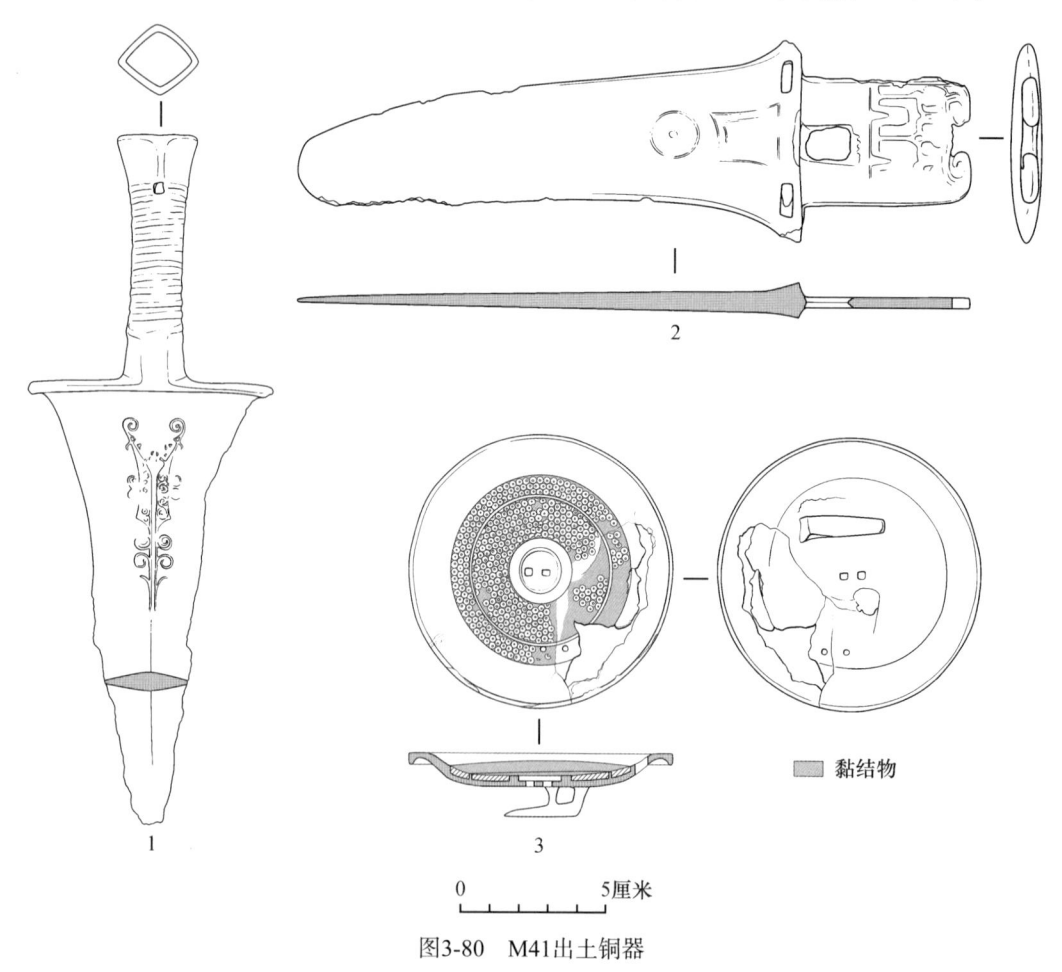

图3-80　M41出土铜器
1. Cb型剑（M41：1）　2. Bb型Ⅱ式戈（M41：2）　3. Da型Ⅱ式扣饰（M41：3）

铜扣饰 1件。

M41:3，Da型Ⅱ式。出土时锈蚀严重，矿化破碎。扣面呈浅圆盘状，中心有两穿孔，背面有一横向带穿弯钩，弯钩所在位置略高于周围，形成近长方形凸面。扣面带边轮，中间预铸两圈凹槽，其内镶嵌密集的孔雀石片，局部脱落，脱落处可见黑色黏结物。孔雀石片多呈圆形，中心带穿，少数形状不规则。在扣饰边缘发现一道裂缝，裂缝两侧有圆形铆孔。直径约9厘米（图3-80-3；图版37-4、5，图版84-6）。

M42

M42位于Ⅰ号发掘点T6352东南部，属第2层墓葬。墓坑平面大致呈长方形，西部被M33打破，纵轴方向130°，长1.97、宽0.67、深0.24米。墓坑内填红褐色黏土，略疏松，含零星炭屑。未发现葬具痕迹。人骨朽毁不存，葬式不明。出土随葬品2件（组），1组铜镯位于墓坑中部，1件铜削刀位于墓坑东南部（图3-82）。

铜削刀 1件。

M42:1，B型。锈蚀严重，刀身前部及銎口残。刃背与柄背连为一体；椭圆銎柄，柄下侧有耳；刀身微曲。柄部施多道弦纹，内填涡纹及云雷纹。刀柄上、下两侧可见铸缝痕迹。残长11.6厘米（图3-83）。

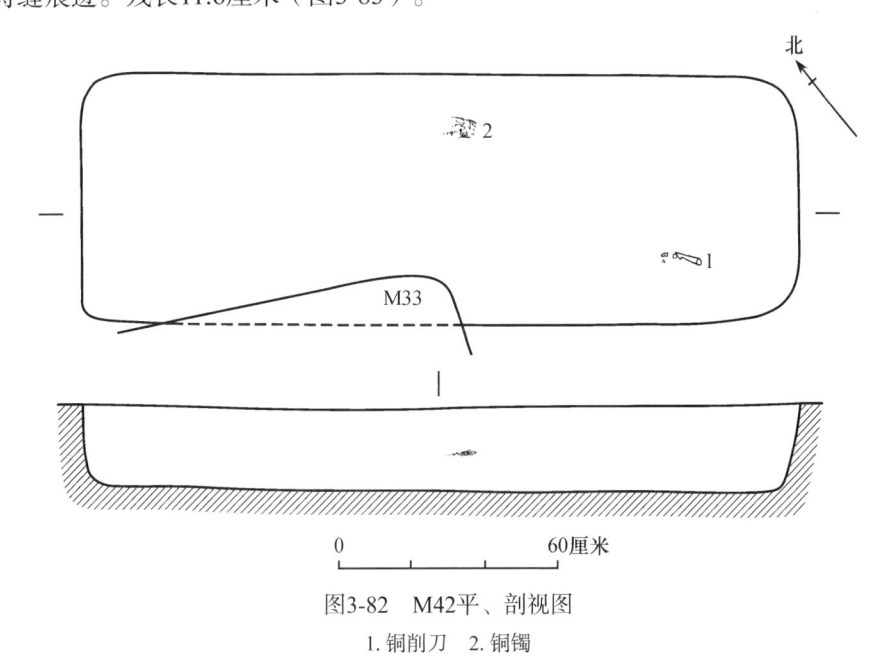

图3-81 M41出土Cb型铜剑拓本
（M41:1）

图3-82 M42平、剖视图
1.铜削刀 2.铜镯

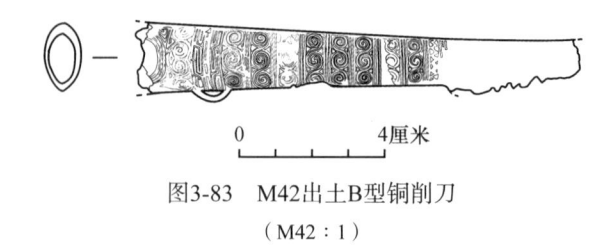

图3-83　M42出土B型铜削刀
（M42:1）

铜镯　1组。

M42:2，一组30余件，均Ec型。锈蚀矿化严重，全部断裂破碎。细条环状，横截面近方形。根据出土位置及形态推测，下葬时应佩戴于被葬者右侧手臂，靠前的稍小，后面的渐大。具体直径多不详，横截面边长一般约0.2厘米。

M44

M44位于Ⅰ号发掘点T6352中部，属第2层墓葬。墓坑平面大致呈长方形，西南部被M42打破，纵轴方向128°，长2.16、宽0.56、深0.3米。墓坑内填红褐色黏土，略疏松，含零星炭屑、陶片。发现板灰痕迹，推测原有木质棺椁类葬具。人骨多已朽毁，仅铜镯内残存少许肢骨，据之推测被葬者头朝东南方向，具体葬式不明。出土的随葬品有铜镯1组，位于墓坑中部（图3-84；图版86-1）。

铜镯　1组。

M44:1，一组10余件，含Ea型、Ec型两种类型。锈蚀严重，多断裂破碎。Ea型，细条环状，横截面呈竖长方形。Ec型，细条环状，横截面近方形。根据出土位置及形态推测，铜镯下葬时成串佩戴于被葬者左手臂，内残存肢骨（图版86-2）。铜镯直径多不详，Ea型横截面一般长0.2、宽0.1厘米，Ec型横截面一般边长0.2厘米。

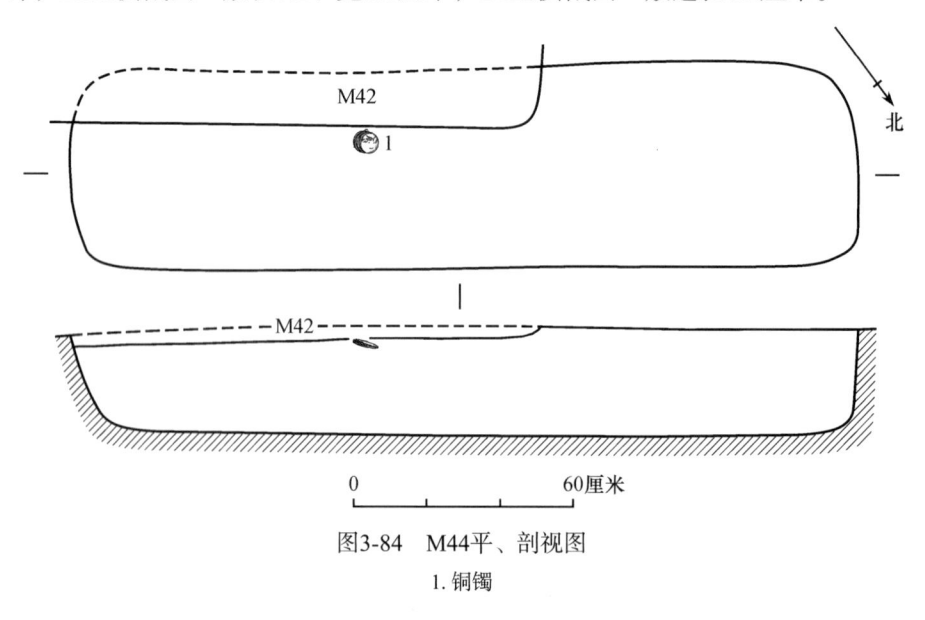

图3-84　M44平、剖视图
1. 铜镯

M47

M47位于Ⅰ号发掘点的T6350北部，部分延伸出发掘区，属第2层墓葬。墓坑平面大致呈长方形，纵轴方向146°，发掘部分长0.94、宽0.55、深0.24米。墓坑内填红褐色黏土，略疏松，含零星炭屑。未发现葬具痕迹。人骨朽毁不存，葬式不明。出土随葬品为1件铜戚，位于墓坑东南部（图3-85）。

铜戚　1件。

M47:1，B型Ⅱ式。竖銎向下延伸至戚身下部，底近平；近菱形銎口较高，中间下凹；戚身呈宽尖叶形，肩窄近无，中线起脊，靠上位置有一对称椭圆形穿孔。銎口下方有一道凸弦纹，弦纹下接菱形纹。长15.4、銎口宽5.9厘米（图3-86；图版25-1、2）。

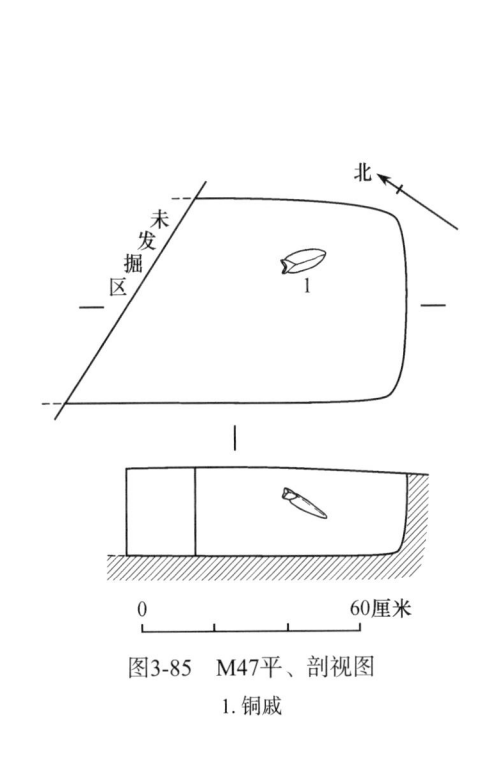

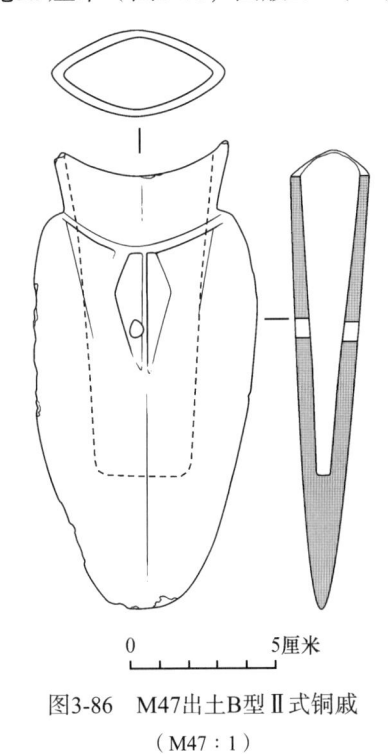

图3-85　M47平、剖视图
1.铜戚

图3-86　M47出土B型Ⅱ式铜戚
（M47:1）

M49

M49位于Ⅰ号发掘点T6352东南部，属第2层墓葬。墓坑平面大致呈长方形，北部被M44打破，纵轴方向108°，长1.97、宽0.55、深0.3米。墓坑内填红褐色黏土，略疏松，含零星炭屑。未发现葬具痕迹。人骨大多已朽，仅铜镯内残存少许肢骨，据之推测被葬者头朝东南方向，具体葬式不明。出土随葬品为铜镯1组，位于墓坑中部靠近南壁处（图3-87；图版91-1）。

图3-87 M49平、剖视图
1. 铜镯

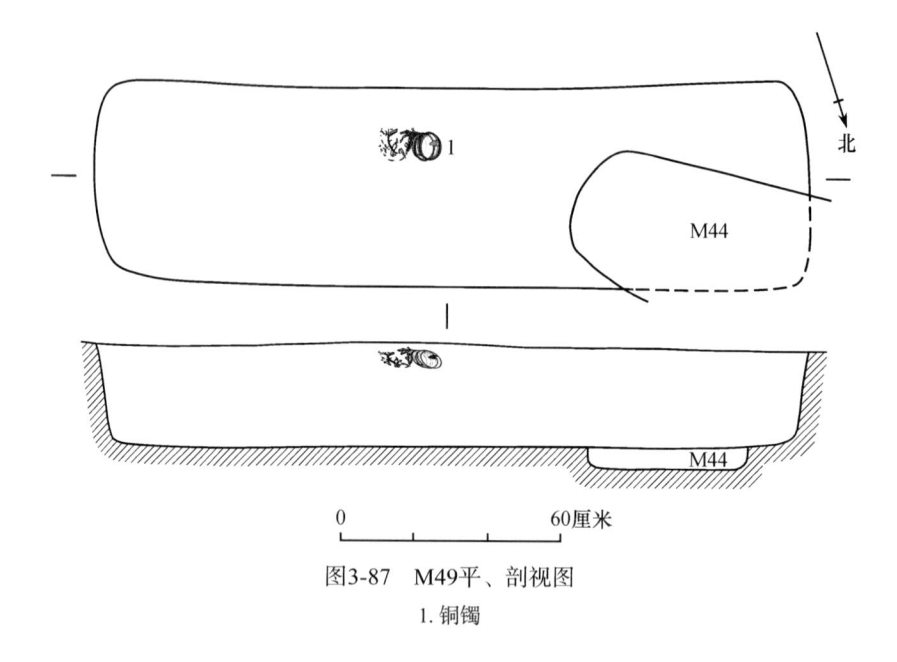

铜镯 1组。

M49:1，一组30余件，均Ec型。锈蚀严重，多断裂残碎。细条环状，横截面近方形。根据出土位置及形态推测，铜镯下葬时成串佩戴于被葬者左手臂，内残存肢骨。整体看，靠前的铜镯稍小，后面的渐大。直径一般6~7、横截面边长一般0.15~0.2厘米（图3-88；图版91-2）。

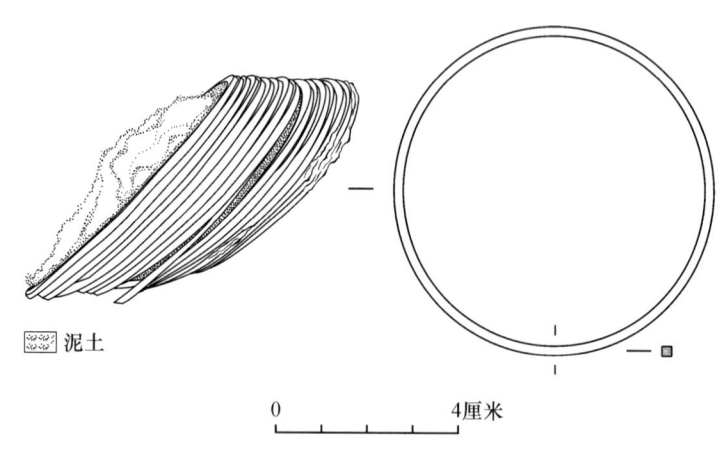

图3-88 M49出土Ec型铜镯（M49:1）部分

M50

M50位于Ⅰ号发掘点T6350南部，属第2层墓葬。墓坑平面大致呈长方形，纵轴方向160°，长2、宽0.6、深0.36米。墓坑内填红褐色黏土，略疏松。发现板灰痕迹，推测原有木质棺椁类葬具。人骨朽毁不存，葬式不明。出土随葬品为铜削刀1件，位于墓坑中部，距墓底约0.3米（图3-89）。

铜削刀　1件。

M50:1，出土时矿化破碎严重，无法修复，型式、尺寸均不详。

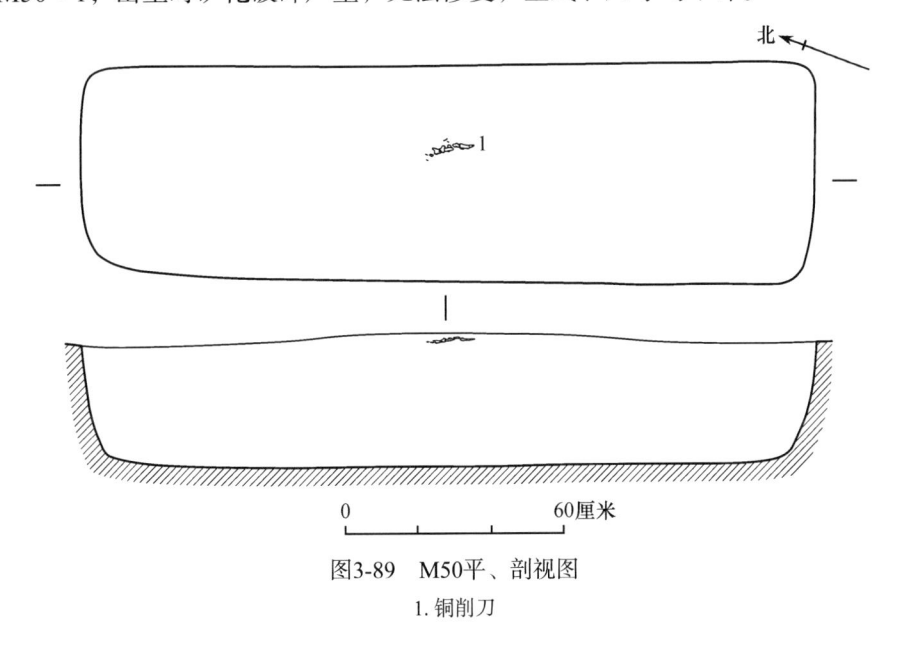

图3-89　M50平、剖视图
1.铜削刀

M51

M51位于Ⅰ号发掘点T6350南部，小部分跨入T6250，属第2层墓葬。墓坑平面大致呈长方形，东部少许被M50打破，纵轴方向135°，长1.64、宽0.45、深0.24米。墓坑内填红褐色黏土，略疏松，含零星炭屑。发现少许板灰痕迹，推测原有木质棺椁类葬具。人骨多朽，仅于铜镯残存内残存一些肢骨，据之推测被葬者头朝东南方向，下葬时手臂向内弯曲。出土随葬品为2组铜镯，位于墓坑中部，呈"八"字形左右对称摆放，出土时表面有炭化物及木痕（图3-90；图版92-1）。

铜镯　2组。

均为A型Ⅰ式、Ea型混合类型。锈蚀严重，多断裂残缺（图版92-2）。

M51:1，一组30余件。A型Ⅰ式（图3-91-1-b）13件，M51:1-1～M51:1-13，

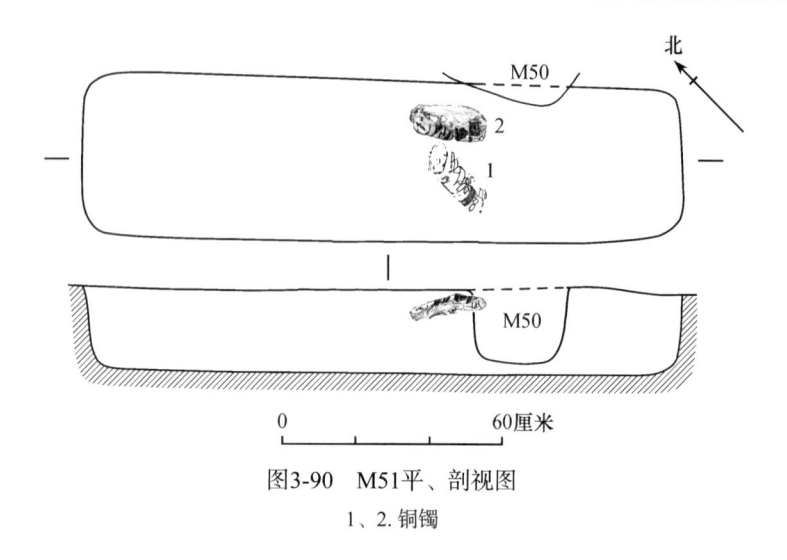

图3-90 M51平、剖视图
1、2. 铜镯

片状环形，镯体较窄；内壁多弧或微弧；外壁呈浅槽结构，内镶嵌孔雀石片；孔雀石片较小，M51：1-6为带穿圆形，其他皆形状不规则，部分脱落或风化，露出下面的黑色黏结物。其余铜镯为Ea型（图3-91-1-a），M51：1-14，均细条环状，横截面为竖长方形。根据出土位置及形态推测，下葬时铜镯成串佩戴于被葬者左手臂，内残存肢骨（图版92-2）。A型Ⅰ式铜镯M51：1-1～M51：1-11居前，依次排列，另2件A型Ⅰ式铜镯M51：1-12、M51：1-13居后，中间为Ea型铜镯即M51：1-14。整体看，靠前的铜镯稍小，后面的渐大。A型Ⅰ式铜镯，M51：1-1，宽0.86、直径5.7厘米；M51：1-2，宽0.88、直径5.9厘米；M51：1-3，宽0.84、直径6.15厘米；M51：1-4，宽0.76、直径6.56厘米；M51：1-5，宽0.96、直径6.6厘米；M51：1-6，宽0.9、直径6.45厘米；M51：1-7，宽0.9、直径6.7厘米；M51：1-8，宽0.76、直径6.75厘米；M51：1-9，宽0.76、直径6.15厘米；M51：1-10，宽0.74、直径6.3厘米；M51：1-11，宽0.7、直径6.15厘米；M51：1-12，宽0.8、直径6.5厘米；M51：1-13，宽0.9、直径6.6厘米。Ea型铜镯，M51：1-14，直径6.2～6.4厘米，横截面长0.16～0.2、宽0.1厘米。

M51：2，一组60余件。A型Ⅰ式（图3-91-2-d）7件，M51：2-1～M51：2-7，片状环形，镯体较窄；内壁较直或微弧；外壁呈浅槽结构，部分槽中间预铸横条状界格，槽内镶嵌孔雀石片；孔雀石片较小，形状不规则，部分脱落或风化，露出下面的黑色黏结物。其余铜镯皆为Ea型（图3-91-2-c），M51：2-8，细条环状，横截面为竖长方形。根据出土位置及形态推测，下葬时铜镯成串佩戴于被葬者右手臂，两种类型铜镯交错排列，内残存肢骨。整体看，靠前的铜镯稍小，后面的渐大。因断裂且变形严重，铜镯直径大多不详，出土现场目测多在5～8厘米。A型Ⅰ式铜镯即M51：2-7一般宽0.6～0.9厘米，Ea型铜镯即M51：2-8横截面一般长0.18～0.2、宽0.1厘米。

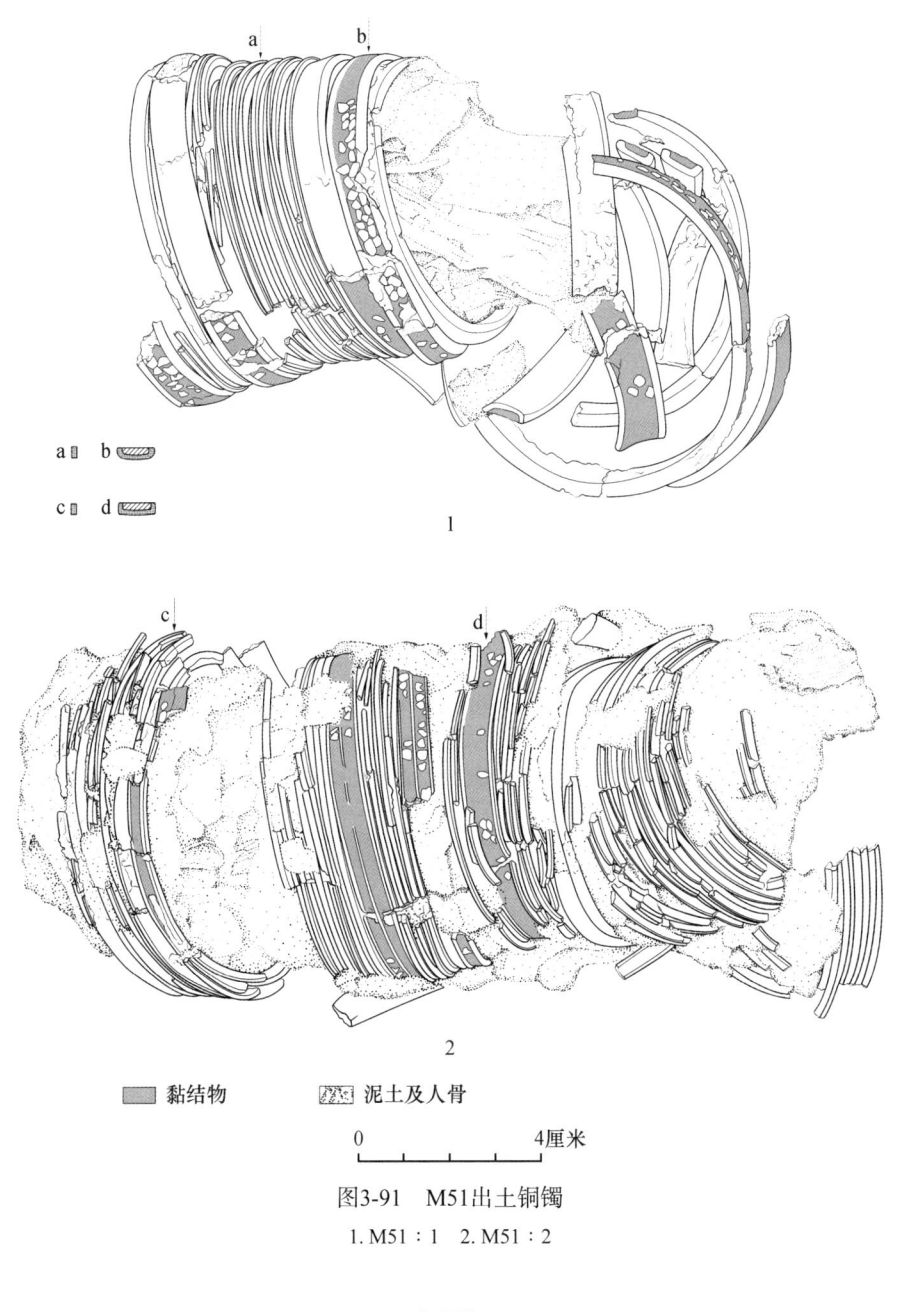

图3-91　M51出土铜镯
1. M51∶1　2. M51∶2

M52

M52位于Ⅰ号发掘点T6352东南部，属第2层墓葬。墓坑平面大致呈长方形，纵轴方向135°，长2.07、宽0.5、深0.32米。墓坑内填红褐色黏土，略疏松，含零星炭屑。发现板灰痕迹，推测原有木质棺椁类葬具。人骨多已朽毁，仅铜镯内残存少许肢骨，据之推测被葬者头朝东南方向，具体葬式不明。出土随葬品3件（组），包括铜剑、铜扣饰各1件以及铜镯1组。铜剑位于墓坑东南部，铜扣饰和铜镯靠近墓坑中部（图3-92）。

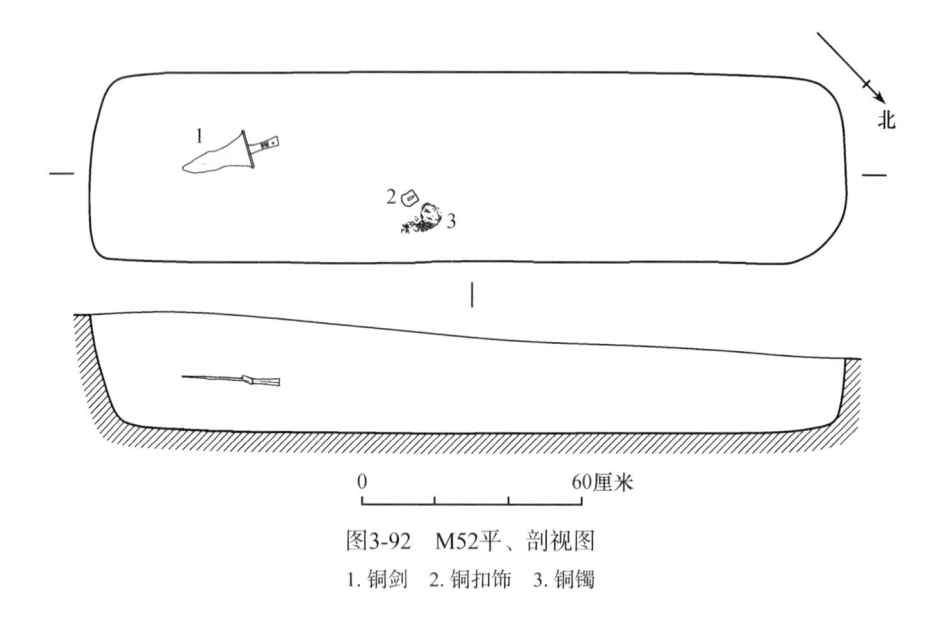

图3-92 M52平、剖视图
1. 铜剑 2. 铜扣饰 3. 铜镯

铜剑 1件。

M52:1，Ca型。空心椭圆茎，空首呈喇叭口状，茎上部和下部各有一对穿；一字格；剑身较宽，曲刃，前部中线略起脊，锋略残。剑身后部施箭头、涡卷纹等纹饰，沿中线两侧对称分布，造型如箭矢。茎两侧及格两端下方可见铸缝痕迹。出土时茎上有细麻缠绕痕迹，茎首内残存有朽木。残长26.6、格长10.6厘米（图3-93-1；图版93-1、2）。

铜镯 1组。

M52:3，一组30余件，含A型Ⅰ式、Ea型、Ec型三种类型。A型Ⅰ式3件，M52:3-3～M52:3-5，片状环形，镯体较窄；内壁较直；外壁呈浅槽结构，内镶嵌孔雀石片；孔雀石片较小，圆形中间带穿孔，与扣体之间可见黑色黏结物。其余铜镯均细条环状，包括Ea和Ec二型，因断裂残碎严重，各自具体数量不详。Ea型，M52:3-1，横截面为竖长方形（图3-93-2-a）。Ec型，M52:3-2，横截面近方形（图3-93-2-b）。从出土位置及形态推测，铜镯下葬时成串佩戴于被葬者右手臂，其中3件A型Ⅰ式铜镯（图3-93-2-c）即M52:3-3～M52:3-5依次排列并居中，Ea型和Ec型铜镯交错排列并居于前后；铜镯内残存肢骨。整体看，E型铜镯靠前者稍小，后面的渐大，直径一般在6～7厘米，M52:3-1横截面长一般0.18、宽0.1厘米，M52:3-2横截面边长一般0.15～0.18厘米。M52:3-3，宽0.8、直径约6.35厘米。M52:3-4，宽0.83、直径约6.45厘米。M52:3-5，宽0.75、直径约6.5厘米。

铜扣饰 1件。

M52:2，Ea型。出土时背面朝上，矿化破碎严重。从发掘现场观察，扣面呈长方牌形，中间凸起成横脊，背面有一横向带穿弯钩。残长约4.4、宽约3.8厘米。

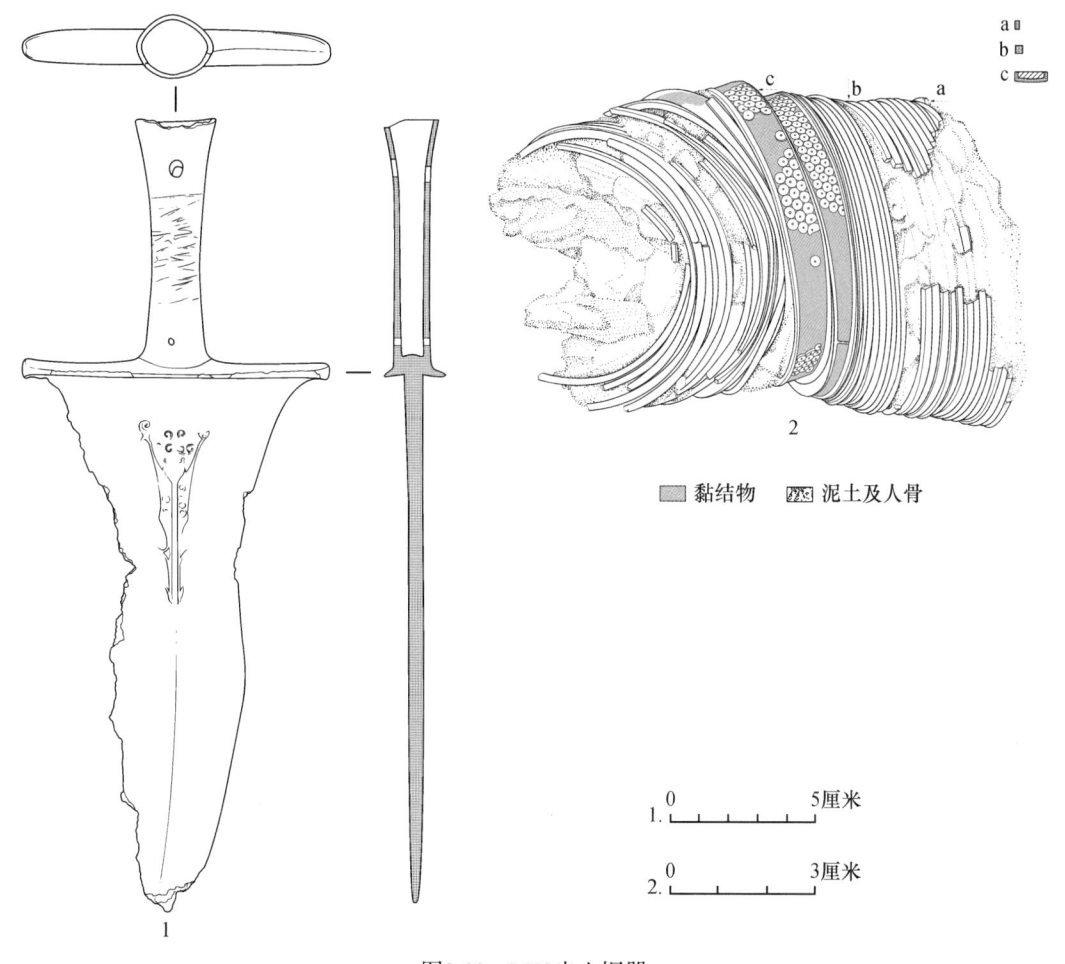

图3-93　M52出土铜器
1. Ca型剑（M52：1）　2. 镯（M52：3）

M174

M174位于Ⅰ号发掘点T6152中部偏东南，属第2层墓葬。墓坑平面呈长条形，西部少许被盗坑打破，纵轴方向122°，长2.4、宽0.6、深0.32米。墓坑内填红褐色黏土，略疏松，含有少量炭屑、陶片。发现板灰痕迹，推测原有木质棺椁类葬具。人骨已朽，葬式不明。根据铜镯和玉镯等随葬品的位置及形态推测，被葬者头朝东南方向。出土随葬品3件（组），包括铜扣饰1件、铜镯1组、玉镯1件。随葬品均位于墓坑中部，其中铜镯和玉镯靠近墓坑东壁，二者成串佩戴，玉镯居前；铜扣饰靠近墓坑西壁（图3-94；图版126-1）。

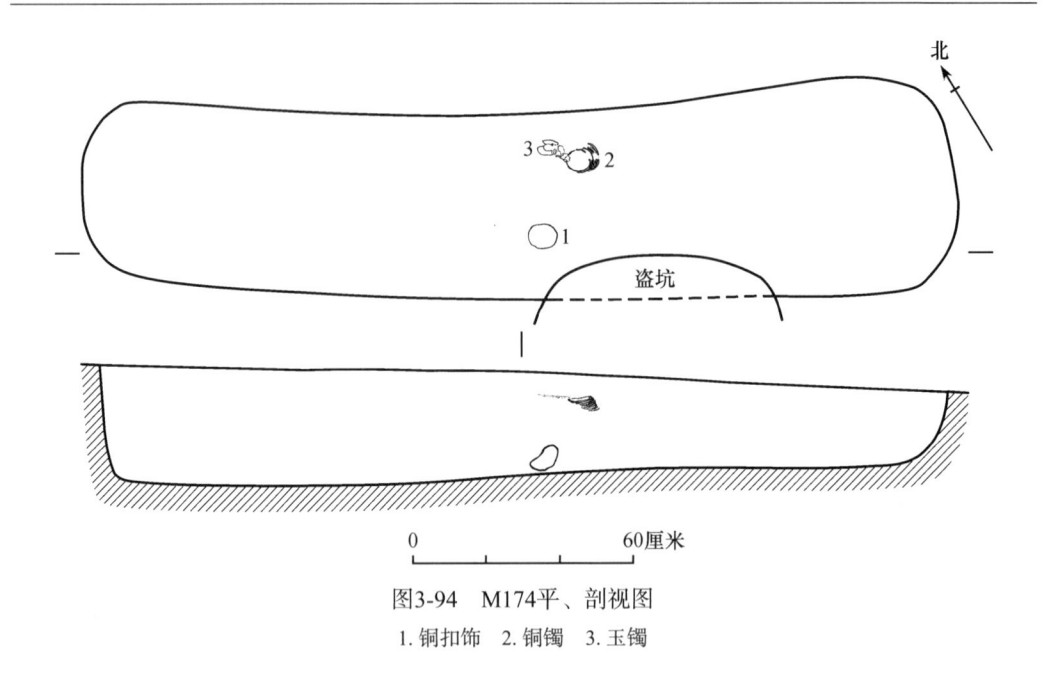

图3-94　M174平、剖视图
1. 铜扣饰　2. 铜镯　3. 玉镯

铜器　2件（组）。

铜镯　1组。

M174：2，一组4件，均A型Ⅰ式。锈蚀严重，部分断裂破碎。片状环形，镯体较窄；内壁较直；外壁呈浅槽结构，一侧有一竖条状界格，槽内镶嵌小孔雀石片，其中M174：2-1所镶孔雀石片形状不规则，M174：2-2～M174：2-4所镶孔雀石片为圆形，中间带穿孔。孔雀石片与扣体之间可见黑色黏结物。从出土位置及形态看，铜镯下葬时成串佩戴于被葬者右手臂，M174：2-1居前，M174：2-2～M174：2-4依次居后，铜镯前还同时佩戴1件玉镯。M174：2-1，宽0.75、直径6.3厘米（图3-95-1）。M174：2-2，宽0.9、直径6.3厘米（图3-95-2）。M174：2-3，宽1、直径6.4厘米（图3-95-3）。M174：2-4，宽1.05、直径6.5厘米（图3-95-4；图版126-4）。

铜扣饰　1件。

M174：1，Da型Ⅱ式。出土时锈蚀严重，局部矿化破碎。扣面呈浅圆盘状，中心有两穿孔；背面有一横向带穿弯钩。扣面带边轮，中间预铸两圈凹槽，其内镶嵌密集的孔雀石片，局部脱落，脱落处可见黑色黏结物；孔雀石片多呈圆形，中心带穿，少数形状不规则。扣饰直径约11厘米（图3-96；图版126-2、3、5）。

玉石器　1件。

玉镯　1件。

M174：3，出土时风化严重，碎成粉末并变形。白色，大致呈圆环形，具体形制不辨，尺寸不详。

图3-95　M174出土A型Ⅰ式铜镯

1. M174：2-1　2. M174：2-2　3. M174：2-3　4. M174：2-4

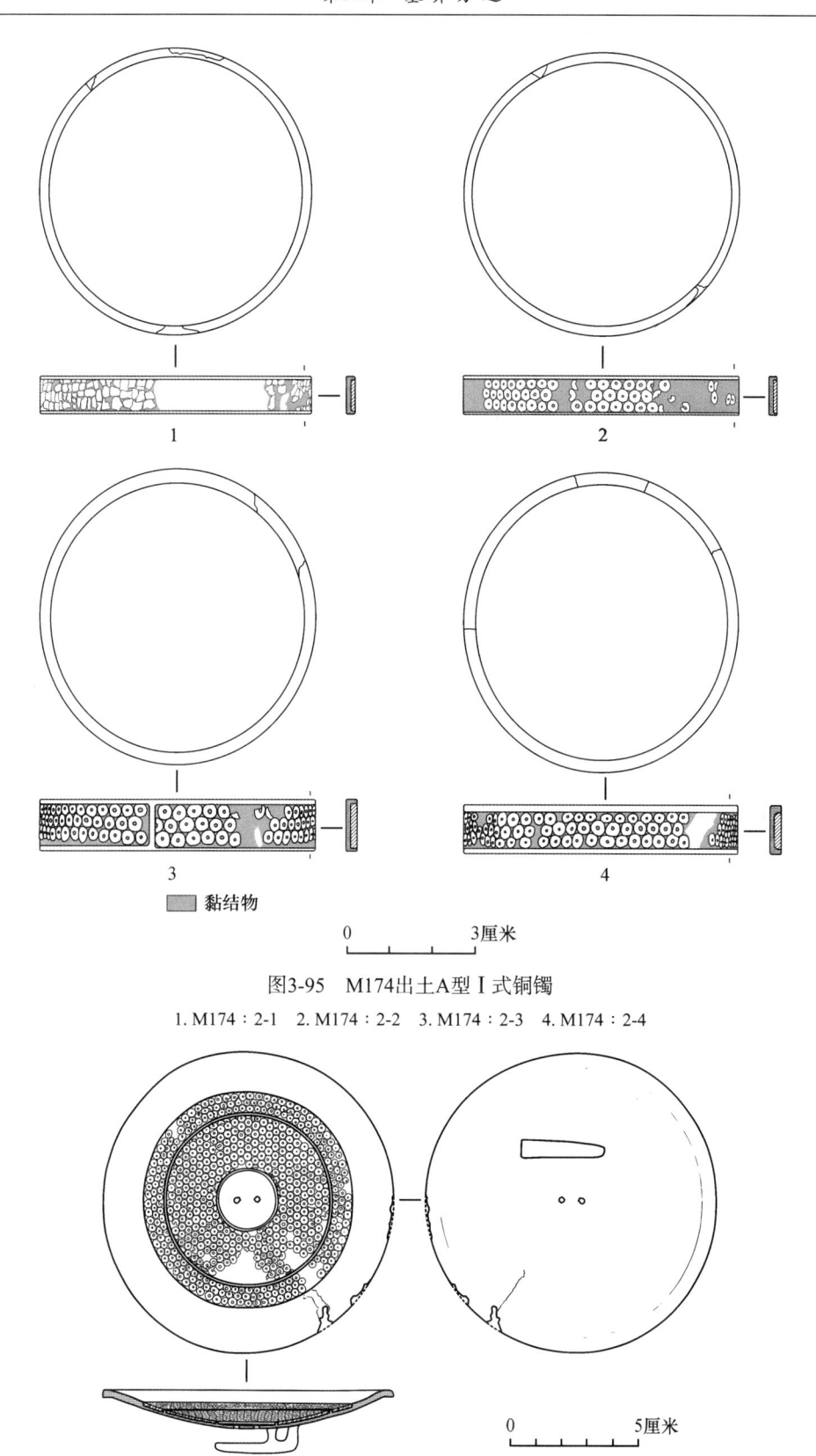

图3-96　M174出土Da型Ⅱ式铜扣饰

（M174：1）

M175

M175位于Ⅰ号发掘点T6152中部略偏东南，属第2层墓葬。墓坑平面大致呈长方形，纵轴方向120°，长2.17、宽0.6、深0.34米。墓坑内填红褐色黏土，略疏松，含少量炭屑。发现板灰痕迹，推测原有木质棺椁类葬具。人骨多朽毁，仅铜镯内残存一些肢骨，据之推测被葬者头朝东南方向，具体葬式不明。出土随葬品为2组铜镯，位于墓坑中部，呈左右对称摆放，内有肢骨（图3-97）。

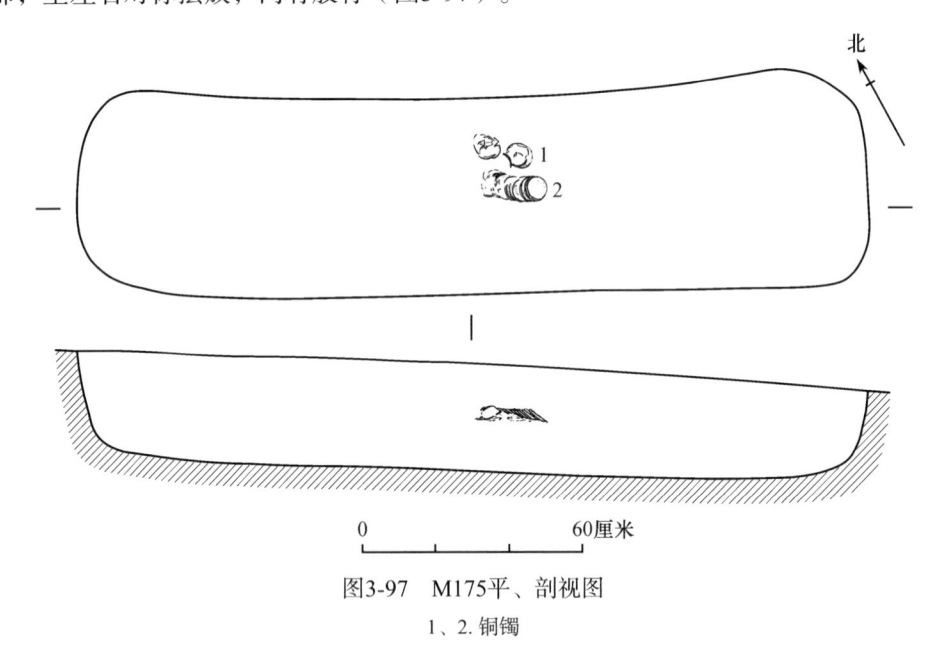

图3-97　M175平、剖视图
1、2. 铜镯

铜镯　2组。

均A型Ⅰ式、Ea型混合类型。

M175：1，一组约10余件。A型Ⅰ式1件，M175：1-2，片状环形，镯体较窄；内壁较直，外壁呈浅槽结构，内镶嵌孔雀石片；孔雀石片较小，形状不规则，部分脱落或风化，下面露出黑色黏结物。余皆Ea型，均残，M175：1-1，细条环状，横截面呈竖长方形，内壁可见锻打留下的缝隙。从出土位置及形态看，下葬时铜镯成串佩戴于被葬者右手臂，A型Ⅰ式铜镯即M175：1-2居中，其他Ea型铜镯即M175：1-1居前、后，内残存肢骨。整体看，Ea型铜镯靠前的稍小，后面的渐大，直径5.7~6.2厘米，横截面长0.18~0.2、宽0.1厘米。M175：1-2，宽0.5、直径6厘米。

M175：2，一组40余件。A型Ⅰ式7件，M175：2-2~M175：2-8，片状环形，镯体较窄；内壁较直或微弧，外壁呈浅槽结构，其中M175：2-5还预铸一横条状界格，槽内镶嵌孔雀石片；孔雀石片较小，形状不规则，部分脱落或风化，下面露出黑色黏结物。余皆Ea型，均残，M175：2-1，细条环状，横截面呈竖长方形，内壁可见锻打留下的缝隙。从出土位置及形态看，下葬时铜镯成串佩戴于被葬者左手臂，Ea型铜镯即M175：2-1居前，A型Ⅰ式铜镯即M175：2-2～M175：2-8依次居后，内残存肢骨。整体看，靠前的铜镯稍小，后面的渐大。M175：2-1，直径5.7～6.1厘米，横截面长约0.2、宽约0.1厘米。M175：2-2，宽0.57、直径6厘米。M175：2-3，宽0.57、直径6厘米。M175：2-4，宽0.64、直径6厘米。M175：2-5，宽0.44～0.65、直径6.4厘米。M175：2-6，宽0.7、直径6.5厘米。M175：2-7，宽0.7、直径6.5厘米。M175：2-8，宽0.8、直径6.6厘米（图3-98）。

图3-98 M175出土铜镯
（M175：2）

M176

M176位于Ⅰ号发掘点T6151北部，属第2层墓葬。墓坑平面呈长条形，西北部被盗坑打破，残长2.12、宽0.6、深0.36米，纵轴方向141°。墓坑内填红褐色黏土，略疏松，含少量炭屑。发现板灰痕迹，推测原有木质棺椁类葬具。随葬铜镯内残存少许肢骨，据之推测被葬者头朝东南方向，下葬时手臂向内弯曲。出土随葬品为2组铜镯，呈"八"字形左右对称摆放位于墓坑中部偏东南，下葬时应分别佩戴于被葬者左右手臂（图3-99；图版127-1）。

铜镯 2组。

A型Ⅰ式、Ea型、Ec型混合类型，1组。

M176：1，一组50余件。A型Ⅰ式1件，M176：1-3，片状环形，镯体较窄；内壁微弧，外壁呈浅槽结构，内镶嵌孔雀石片；孔雀石片较小，形状不规则，部分脱落或风化，下面露出黑色黏结物。其余主要为Ea型和Ec型，二者交错排列。Ea型，M176：1-1，均细条环状，横截面呈竖长方形。Ec型，M176：1-2，均细条环状，横

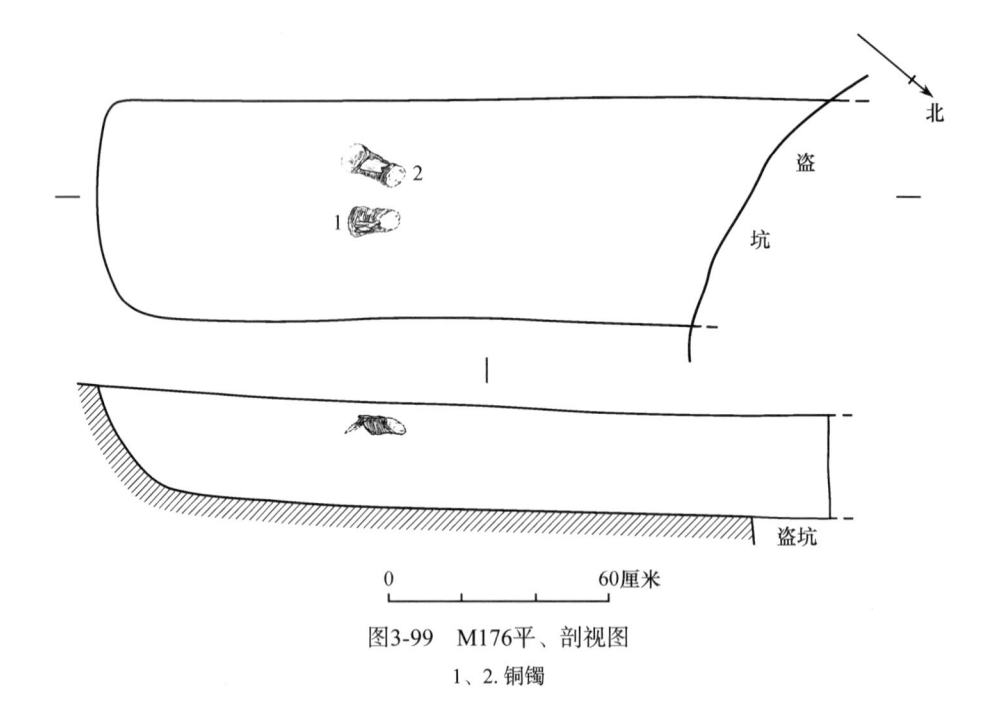

图3-99 M176平、剖视图
1、2.铜镯

截面近方形，部分内壁两侧形成卷边。从出土位置及形态推测，铜镯下葬时成串佩戴于被葬者右手臂，其中Ea型和Ec型居前，A型Ⅰ式居最后，镯内残存肢骨（图版127-4）。整体看，Ea型和Ec型铜镯靠前者稍小，后面的渐大，直径一般在6.1~6.3厘米。M176：1-1，横截面长一般0.18、宽0.05厘米（图3-100-1-b）。M176：1-2，横截面边长一般0.18厘米（图3-100-1-c）。A型Ⅰ式即M176：1-3，宽0.7、直径约6.4厘米（图3-100-1-a）。

A型Ⅰ式、Ea型混合类型，1组。

M176：2，一组50余件。A型Ⅰ式1件，M176：2-2，片状环形，镯体较窄；内壁微弧；外壁呈浅槽结构，内镶嵌孔雀石片；孔雀石片较小，形状不规则，与镯体之间有黑色黏结物。余皆Ea型，M176：2-1，细条环状，横截面为竖长方形。从出土位置及形态推测，铜镯下葬时成串佩戴于被葬者左手臂，内残存肢骨（图版31-2，图版127-2、3）。Ea型铜镯即M176：2-1居前，A型Ⅰ式铜镯即M176：2-2居最后。整体看，靠前的铜镯略小，后面的渐大。M176：2-1，直径5.85~6.5厘米，横截面长0.2、宽0.05~0.1厘米（图3-100-2-e）。M176：2-2，宽0.7、直径6.9厘米（图3-100-2-d）。

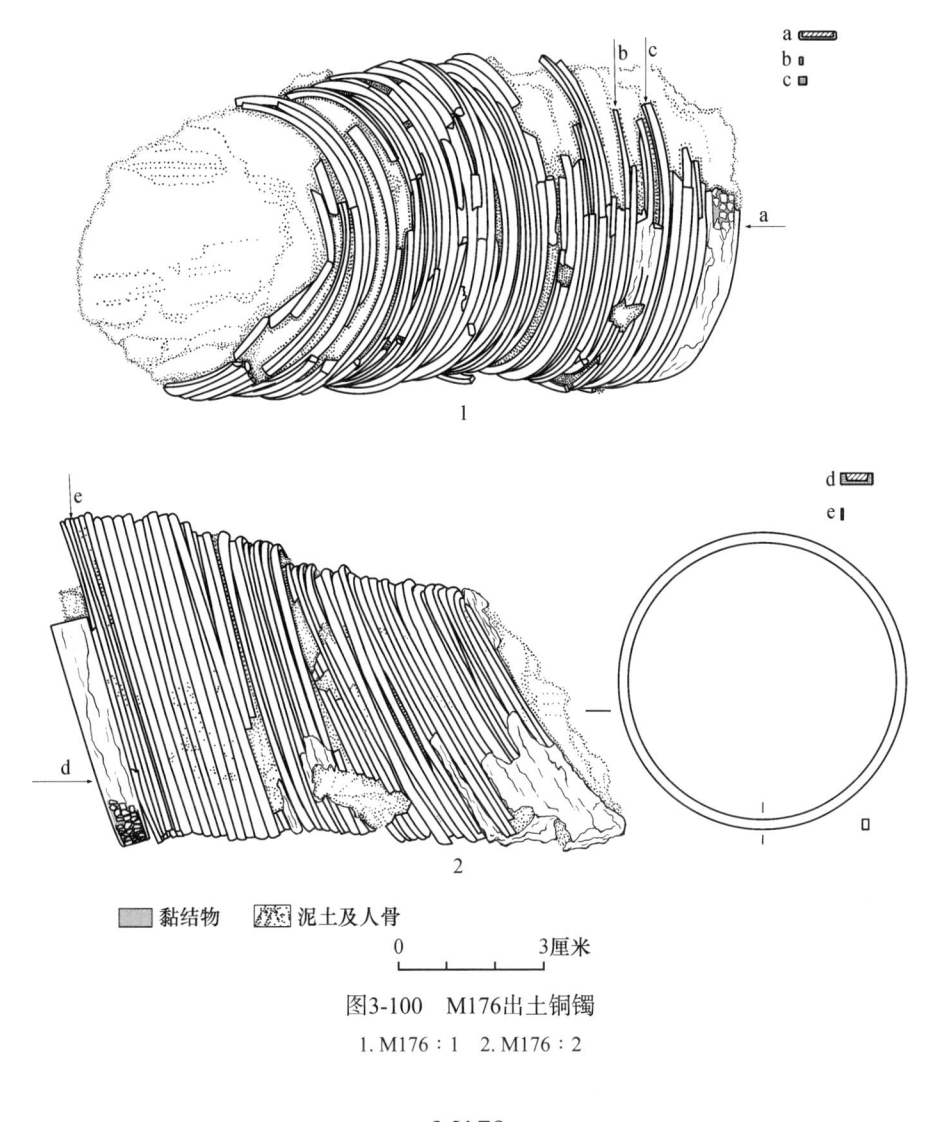

图3-100　M176出土铜镯
1. M176∶1　2. M176∶2

M179

M179位于Ⅰ号发掘点T6152西北部，小部分跨入T6252，属第2层墓葬。墓坑平面大致呈长方形，西北部被盗坑打破少许，长2.3、宽0.67、深0.26米，纵轴方向133°。墓坑内填红褐色黏土，略疏松，含少量炭屑。发现板灰痕迹，推测原有木质棺椁类葬具。残存少许头骨，已成渣，可知被葬者头朝东南方向，具体葬式不明。出土随葬品7件（组），包括铜器6件（组）、玉石器1件。铜器有剑、戈、矛、扣饰各1件，片饰和镯各1组；玉石器有玉镯1件。铜镯与玉镯位于墓坑中部，下葬时应成串佩戴于被葬者手臂，玉镯居前。其余随葬品均位于墓坑东南部，其中铜戈横置于头骨之上，出土前被折弯；铜剑横置于头顶位置，出土前亦被折弯；铜扣饰侧立摆放于头顶附近；铜片饰散落于头部附近；铜矛折断成两截，并分开摆放于头部下方左右两侧（图3-101；

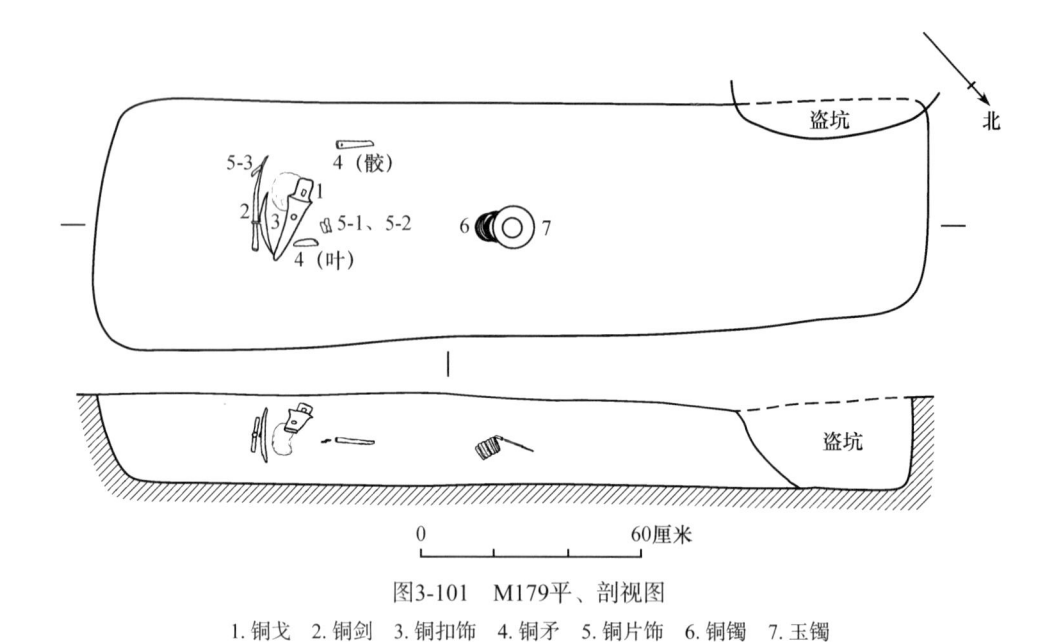

图3-101 M179平、剖视图
1.铜戈 2.铜剑 3.铜扣饰 4.铜矛 5.铜片饰 6.铜镯 7.玉镯

图版128）。

铜器 6件（组）。

铜剑 1件。

M179：2，Cb型。空心椭圆茎，空首呈喇叭口状，茎上部和下部各有一对穿；一字格；剑身前部中线略起脊，出土前略被折弯，曲刃。剑身后部施箭头、涡卷纹、编织纹等纹饰，沿中线左右对称分布，整体造型似箭矢。茎两侧和格两端下方均可见铸缝痕迹。通长27.1、格长10.4厘米（图3-102-2，图3-104；图版129-1～3）。

铜戈 1件。

M179：1，Bb型Ⅲ式。无胡；条形援微曲，出土前被折弯，援后部有一椭圆穿，近阑处有两近长方形穿；长方形直内，前部有一近椭圆形穿，后缘呈对称的内卷鸟首状。援后部椭圆穿周围施弦纹和短线芒纹；援本即椭圆穿与阑之间施浅浮雕式牵手人纹，外加梯形框；内后部亦施浅浮雕式的牵手人纹。阑背面以及内两侧和内穿壁上均残留铸缝痕迹。出土时内部可见炭化物，形状似戈柲。通长26.4、阑宽7.6厘米（图3-102-1；图版17-2、3，图版129-4、5）。

铜矛 1件。

M179：4，Aa型。锈蚀严重，局部矿化。出土时矛身与骸断裂并分开放置，交会处明显被折弯。圆骸，后部近骸口处有长方形对穿，骸口平，出土时略残；柳叶形矛身，中线略起脊，刃较直，锋部略残。出土时骸内残存朽木，推测与矛柲有关。残长18.4厘米（图3-102-3；图版20-2、3，图版130-5）。

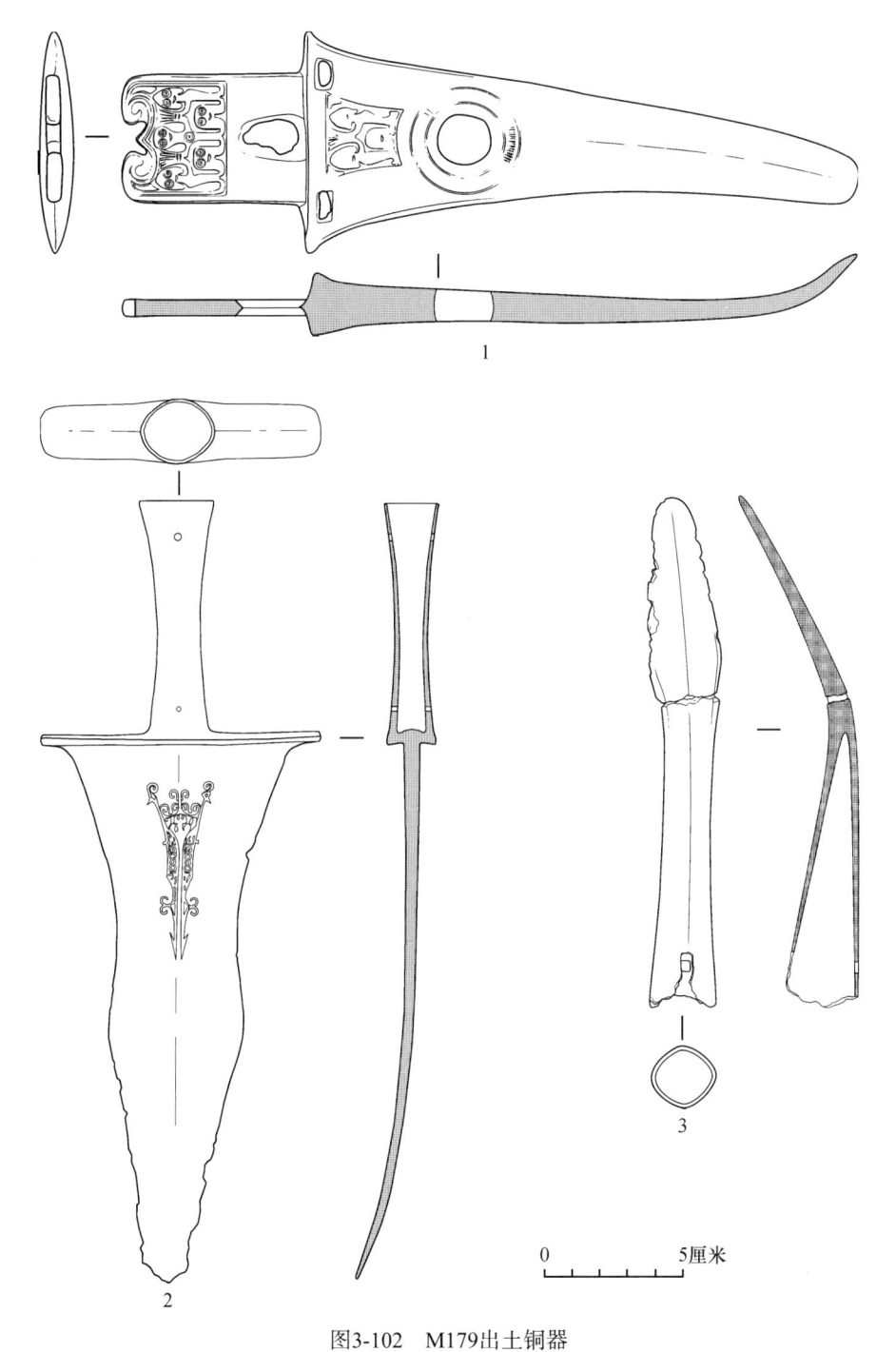

图3-102　M179出土铜器

1. Bb型Ⅲ式戈（M179∶1）　2. Cb型剑（M179∶2）　3. Aa型矛（M179∶4）

图3-103 M179出土铜器

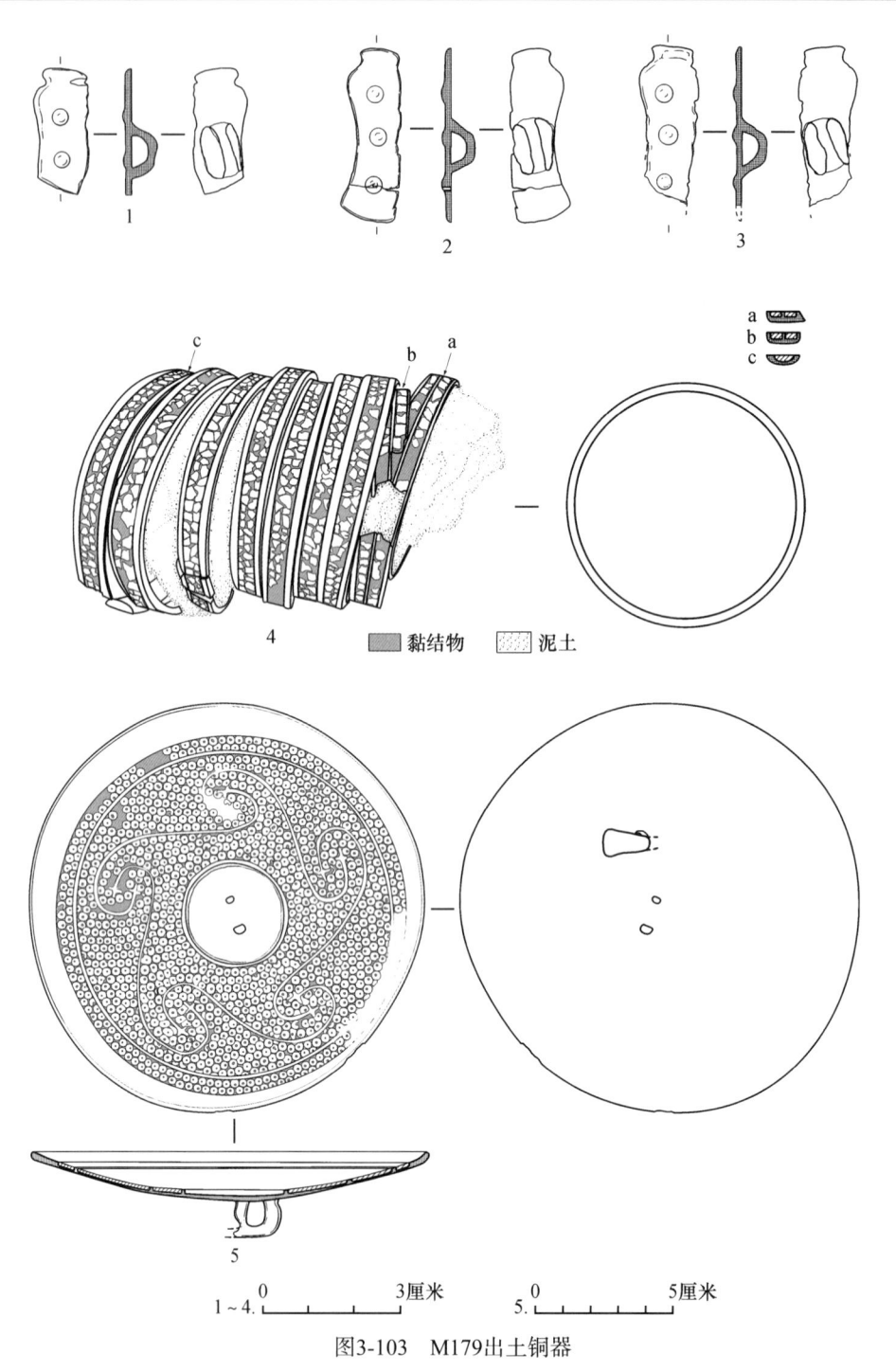

1～3. A型片饰（M179:5-1、M179:5-2、M179:5-3） 4. 镯（M179:6） 5. Da型Ⅰ式扣饰（M179:3）

铜镯　1组。

M179：6，一组9件，均A型Ⅰ式。片状环形，镯体较窄；内壁或直或弧；外壁呈浅槽结构，M179：6-1和M179：6-2中间还预铸横条状界格，槽内镶嵌小孔雀石片；孔雀石片形状不规则，与扣体之间可见黑色黏结物。从出土位置及形态看，铜镯下葬时成串佩戴于被葬者右手臂，M179：6-1居前，M179：6-2~M179：6-9依次居后，铜镯前还同时佩戴1件玉镯（图版29-1，图版128-4，图版130-4）。M179：6-1，宽0.8、直径5.75厘米（图3-103-4-a）。M179：6-2，宽0.76、直径5.8厘米（图3-103-4-b）。M179：6-3，宽0.76、直径6.2厘米。M179：6-4，宽0.73、直径6.1厘米。M179：6-5，宽0.77、直径5.9厘米。M179：6-6，宽0.75、直径6.2厘米。M179：6-7，宽0.75、直径6.25厘米。M179：6-8，宽0.8、直径6.55厘米。M179：6-9，宽0.85、直径6.2厘米（图3-103-4-c）。

铜扣饰　1件。

M179：3，Da型Ⅰ式。出土时锈蚀严重，矿化破碎。扣面呈浅圆盘状，扣体较大，中心有两穿孔；背面有一横向带穿弯钩，弯钩较短，推测原先钩端断裂，重新打磨而成。扣面施首尾相缠绕的反向"S"状双头蛇形细条纹与弦纹，并镶嵌密集的孔雀石片，局部脱落，脱落处可见黑色黏结物。孔雀石片多呈圆形，中心带穿，少数形状不规则。直径约14.2厘米（图3-103-5；图版36-5、6，图版130-1~3）。

铜片饰　1组。

M179：5，一组3件，均A型（图版43-3，图版129-6、7）。近长方形片状，不甚规则；正面有成列乳钉；背面接一近方形环钮，环钮位置可见一周铸缝痕迹。M179：5-1，正面一列2个乳钉，长3.3、宽1.5厘米（图3-103-1）。M179：5-2，正面一列3个乳钉，长4.6、宽1.4厘米（图3-103-2）。M179：5-3，一端残，正面一列3个乳钉，残长4、宽1.5厘米（图3-103-3）。

玉石器　1件。

玉镯　1件。

M179：7，B型。出土时风化破碎严重，仅剩一些残渣（图版128-4）。白色；不透光。大致为圆环形，内缘凸出起棱，横截面呈"T"形。外径约11.5、内径约6、外缘厚约0.2、内缘厚0.7厘米。

图3-104　M179出土Cb型铜剑拓本（M179：2）

三、第3层墓葬

M43

　　M43位于Ⅰ号发掘点T6252中部偏西，属第3层墓葬。墓坑平面呈长条形，纵轴方向159°，长2.27、宽0.54、深0.23米。墓坑内填浅红褐色黏土。未发现葬具痕迹。人骨朽毁不存，葬式不明。出土随葬品3件（组），包括铜剑、铜扣饰各1件以及玉管珠1组，均位于墓坑东南部（图3-105；图版85-1）。

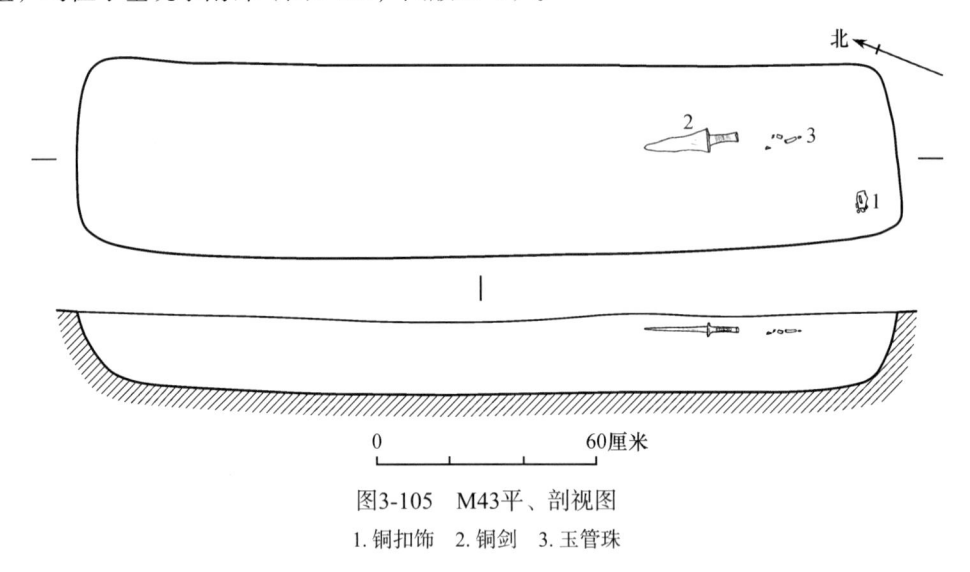

图3-105　M43平、剖视图
1. 铜扣饰　2. 铜剑　3. 玉管珠

　　铜器　2件。

　　铜剑　1件。

　　M43：2，Cb型。锈蚀严重，局部矿化。空心椭圆茎，空首呈喇叭口状，略残，茎下部有对穿；一字格，两端略微上卷；剑身前部中线略起脊，出土前被轻度折弯，曲刃略残。剑身后部沿中线左右对称分布箭头、涡卷纹等纹饰，造型如箭矢。茎两侧和格两端下方可见铸缝痕迹。出土时，茎部缠绕细麻。通长25.5、格长7.2厘米（图3-106-1，3-107；图版85-2、4）。

　　铜扣饰　1件。

　　M43：1，Ea型。出土时背面朝上，锈蚀严重，矿化破碎，出土后无法修复。扣面呈长方牌形，中间凸起成横脊，背面有一横向带穿弯钩。扣面上、下两长边施外卷云纹，呈花边状；左、右两侧多直边，边框施小圆圈纹和竖线纹。长约7、宽约4厘米。

玉石器　1组。

玉管珠　1组。

M43：3，一组3件，含B型、Cb型两种类型（图版85-3）。B型2件，M43：3-1，两端残。白色泛黄；不透光。直孔。残长3.44、直径1、孔径0.6~0.65厘米（图3-106-2）。M43：3-2，一端有残缺。白色泛黄；不透光。直孔，孔壁厚薄不均；斜口，较低一侧内沿可见磨损痕迹。长1.53、直径1、孔径0.52厘米（图3-106-3）。Cb型1件，M43：3-3，白色泛黄，带大片浅墨色纹理；不透光。直孔，孔壁厚薄不均；斜口，两端孔口下凹。长1.03、直径1~1.13、孔径0.5厘米（图3-106-4）。

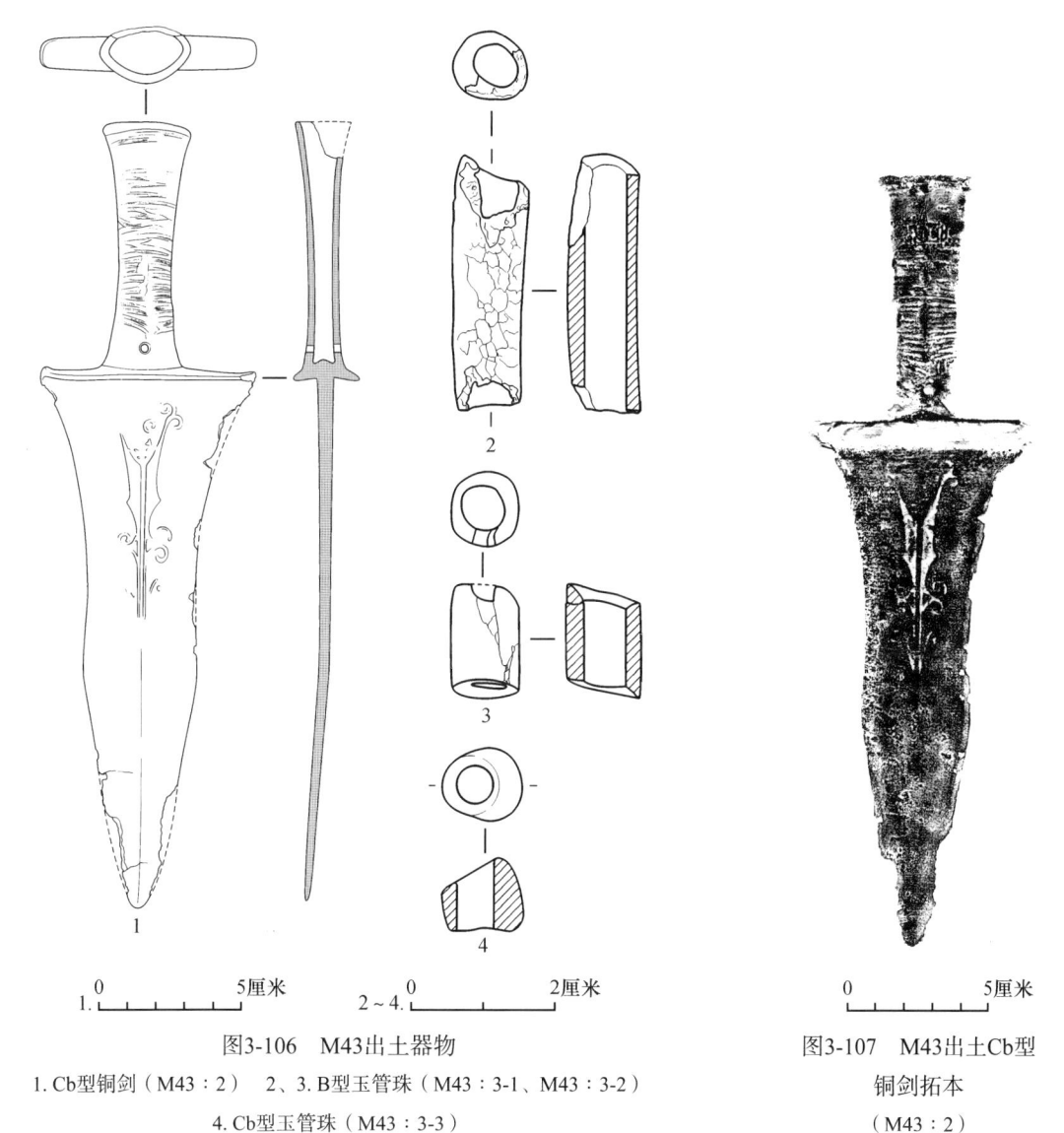

图3-106　M43出土器物
1. Cb型铜剑（M43：2）　2、3. B型玉管珠（M43：3-1、M43：3-2）
4. Cb型玉管珠（M43：3-3）

图3-107　M43出土Cb型铜剑拓本
（M43：2）

M45

M45位于Ⅰ号发掘点T6251中部偏西，属第3层墓葬。墓坑较小，平面大致呈长方形，纵轴方向137°，长1.24、宽0.56、深0.2米。墓坑内填浅红褐色黏土。发现板灰痕迹，推测原有木质棺椁类葬具。人骨已朽，葬式不明。出土随葬品2件，位于墓坑中部偏东南，分别为铜铃和铜镯。从墓坑及铜镯等随葬品的形制和尺寸看，该墓可能为儿童墓（图3-108；图版87-1）。

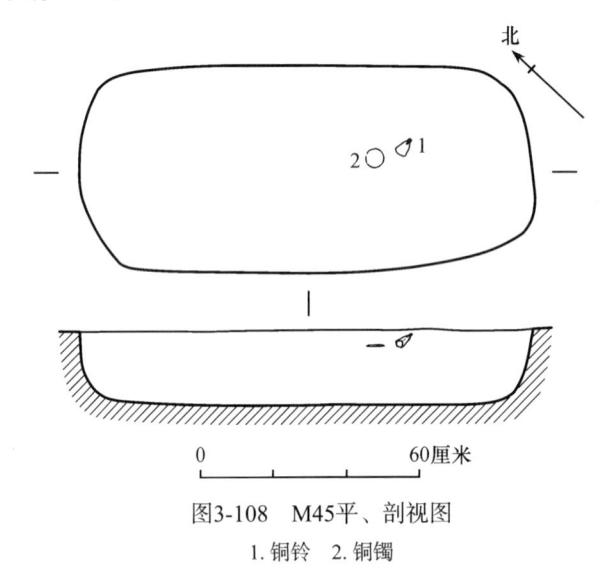

图3-108　M45平、剖视图
1. 铜铃　2. 铜镯

铜铃　1件。

M45：1，扁筒形，顶有一环钮，铃腔上部有竖长方形对穿，椭圆形口。铃身双面施蹲踞状人物形象纹饰。通高5.9、口部宽3.4厘米（图3-109-1；图版44-1、2，图版87-2）。

铜镯　1件。

M45：2，A型Ⅱ式。锈蚀严重，局部矿化。片状环形，镯体较宽，前镯口略小于后镯口；内壁较直，边缘弧；外壁呈浅槽结构，中间预铸一横条状界格，槽内原镶嵌孔雀石片，但大多脱落，有的地方还残留黑色黏结物。前镯口直径4.7、后镯口直径4.9、镯宽1.5厘米（图3-109-2；图版87-3）。

第三章　墓葬分述

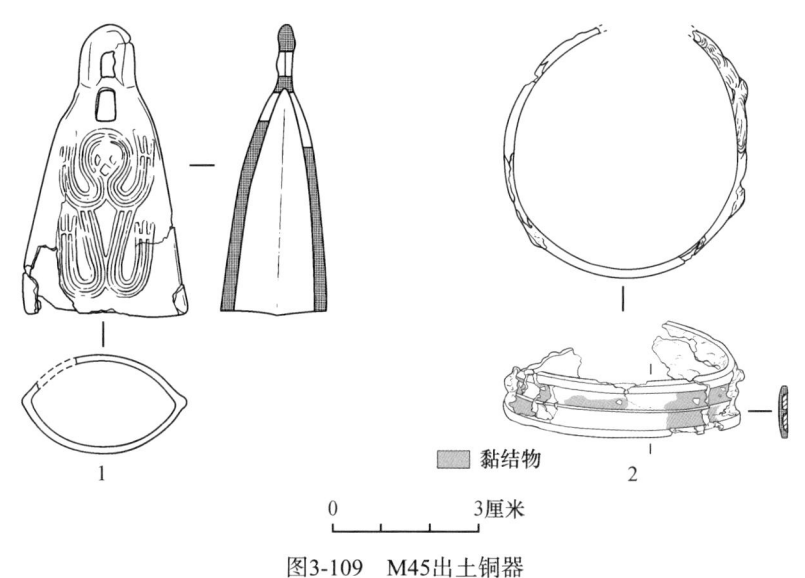

图3-109　M45出土铜器
1.铃（M45:1）　2.A型Ⅱ式镯（M45:2）

M46

M46位于Ⅰ号发掘点T6252西南部，小部分跨入T6251，属第3层墓葬。墓坑平面大致呈长方形，纵轴方向136°，长1.6、宽0.5、深0.2米。墓坑内填浅红褐色黏土。未发现葬具痕迹。人骨大多已朽，仅铜镯内残存一些肢骨，据之推测被葬者头朝东南方向，下葬时手臂略向内弯曲。出土随葬品为2组铜镯，位于墓坑中部，略呈"八"字形左右对称摆放，内发现肢骨（图3-110；图版88-1）。

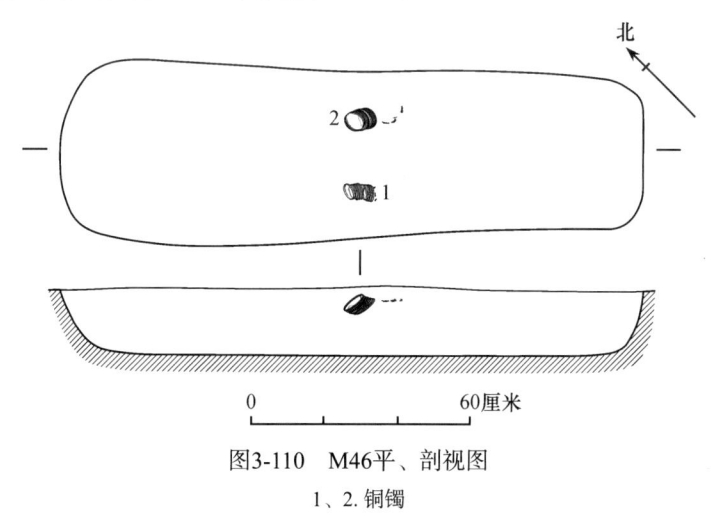

图3-110　M46平、剖视图
1、2.铜镯

铜镯 2组。

A型Ⅰ式、Ea型混合类型，1组。

M46：1，一组50余件。A型Ⅰ式1件，M46：1-2，片状环形，镯体较窄；内壁弧，外壁呈浅槽结构，内镶嵌孔雀石片；孔雀石片较小，形状不规则，与镯体之间有黑色黏结物。余皆Ea型，M46：1-1，细条环状，横截面为竖长方形。从出土位置及形态推测，铜镯下葬时成串佩戴于被葬者左手臂，内残存肢骨；Ea型铜镯即M46：1-1居前，A型Ⅰ式铜镯即M46：1-2居最后（图版88-2，图版89-1）。整体看，靠前的铜镯略小，后面的渐大，因全都断裂且变形严重，具体直径不详，目测多在6～7厘米。M46：1-1，横截面一般长0.18、宽0.05～0.1厘米（图3-111-1-a）。M46：1-2，宽0.7厘米（图3-111-1-b）。

Ea型，1组。

M46：2，一组30余件。锈蚀严重。细条环状，横截面为竖长方形。从位置和形

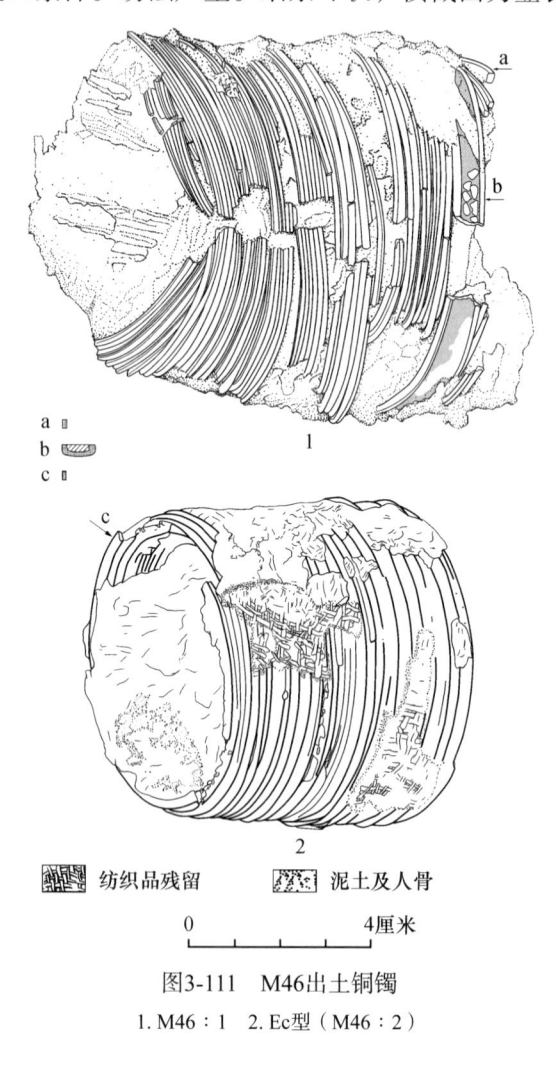

图3-111　M46出土铜镯
1. M46：1　2. Ec型（M46：2）

态看，铜镯下葬时成串佩戴于被葬者右手臂，前面的直径稍小，向后逐渐增大。出土时镯内残存肢骨，外壁则可见纺织物痕迹。单体镯粗细接近，横截面一般长0.2、宽0.08～0.1厘米，最靠前的铜镯直径6、最靠后的铜镯直径6.4厘米（图3-111-2；图版89-2、3）。

M48

M48位于Ⅰ号发掘点T6250东南部，小部分跨入T6251，属第3层墓葬。墓坑平面大致呈长方形，纵轴方向137°，东南部被盗坑打破，残长1.54、宽0.54、深0.24米。墓坑内填浅红褐色黏土。未发现葬具痕迹。人骨朽毁不存，葬式不明。出土随葬品为2组铜镯，位于墓坑中部，左右对称摆放（图3-112；图版90-1）。

铜镯　2组。

均Ea型。出土时锈蚀严重，多断裂破碎。细条环状，截面为竖长方形。

M48∶1，一组10余件。根据出土位置及形态推测，铜镯下葬时成串佩戴于被葬者右手臂。复原直径多不到6厘米，横截面一般长0.18～0.2、宽0.1厘米（图版90-2）。

M48∶2，一组10件。根据出土位置及形态推测，铜镯下葬时成串佩戴于被葬者左手臂。直径约6厘米，横截面一般长0.2、宽0.1厘米（图版90-2）。

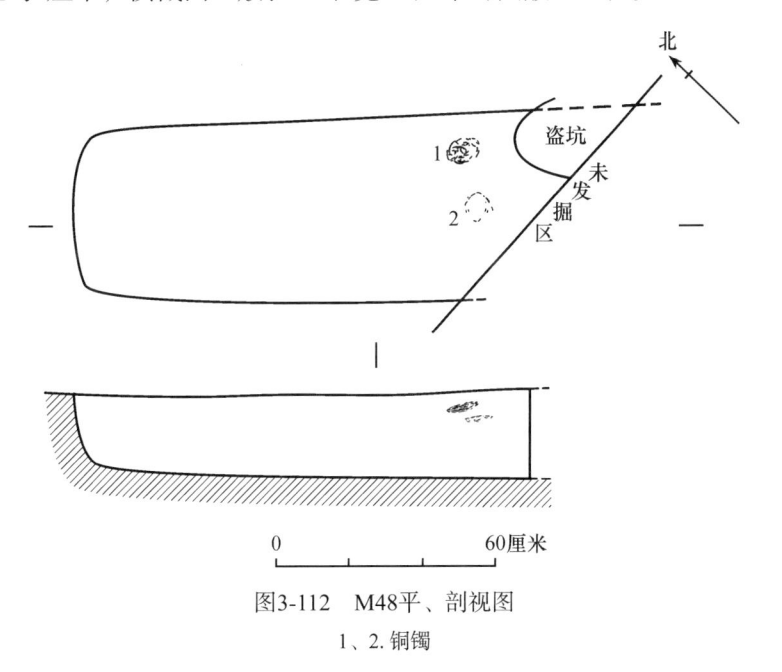

图3-112　M48平、剖视图
1、2.铜镯

M53

M53位于Ⅰ号发掘点T6252西部，西北角跨入T6251，属第3层墓葬。墓坑平面大致呈长方形，纵轴方向151°，长2.05、宽0.6、深0.2米。墓坑内填浅红褐色黏土。未发现葬具痕迹。人骨不存，葬式不明。出土随葬品有玉管珠和孔雀石环珠，位于墓坑西南角，出土时孔雀石环珠成串居于玉管珠孔内（图3-113）。

玉管珠　1件。

M53∶1-1，A型。白色泛黄；表面光润细腻，微透光。直孔，对向钻孔，孔内形成错位；斜口。出土时孔内含有孔雀石环珠（M53∶1-2）10余件。长2.25、直径0.6、孔径0.4厘米（图3-114-1；图版45-1，图版93-3、4）。

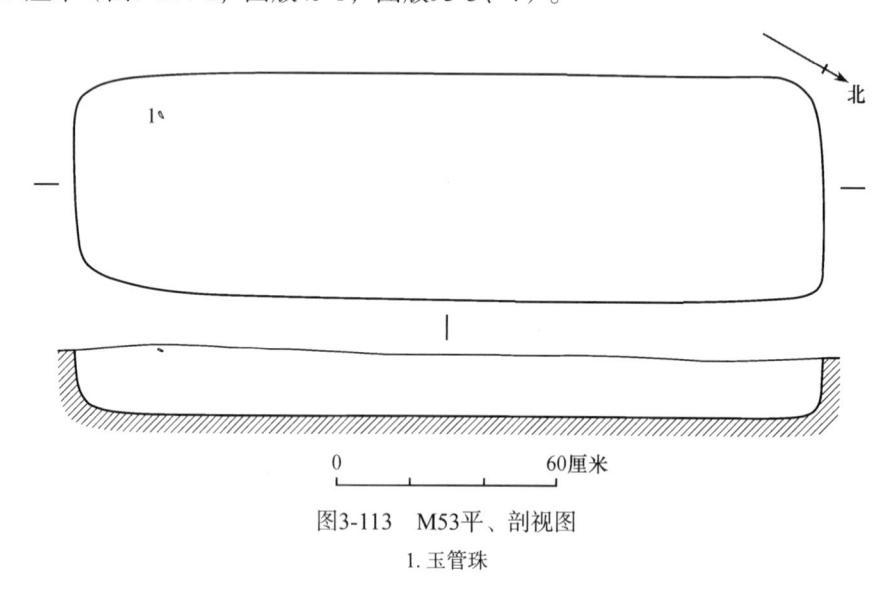

图3-113　M53平、剖视图
1. 玉管珠

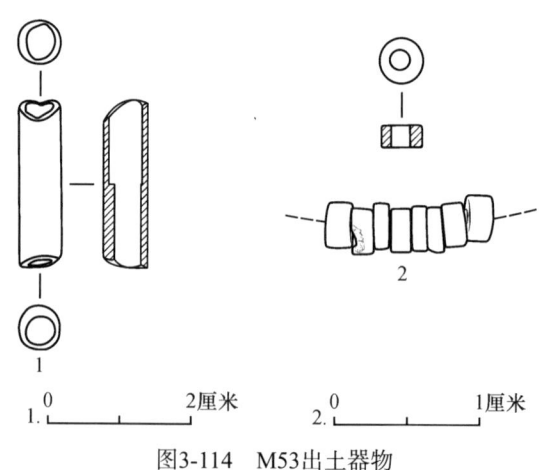

图3-114　M53出土器物
1. A型玉管珠（M53∶1-1）　2. 孔雀石环珠（M53∶1-2）

孔雀石环珠　1组。

M53：1-2，一组10余件，较完整者8件，出土时成串居于玉管珠（M53：1-1）孔内。绿色，可见条带状纹理；不透光。直孔，孔径较大；平口；外壁直。每件珠子尺寸略有差异，高0.1～0.17、直径0.3～0.32、孔径0.1～0.17厘米（图3-114-2；图版50-6，图版93-3、4）。

M54

M54位于Ⅰ号发掘点的T6251北部，属第3层墓葬。墓坑平面大致呈长方形，纵轴方向105°，长1.83、宽0.5、深0.25米。墓坑内填浅红褐色黏土。未发现葬具痕迹。人骨已朽，葬式不明。出土随葬品为铜扣饰1件，位于墓坑东南部（图3-115）。

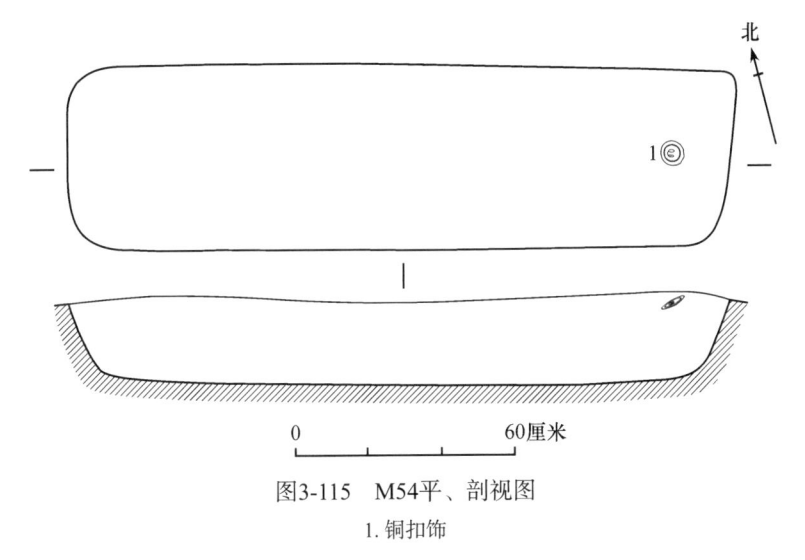

图3-115　M54平、剖视图
1. 铜扣饰

铜扣饰　1件。

M54：1，Ab型。出土时锈蚀严重，矿化破碎，背面甚残，弯钩等情况不详。扣面圆形，正面中部微凸呈动物面具状，动物额头施三角形纹，圆眼，宽鼻，眼睛有瞳孔等结构，眼睛下方即鼻子两侧施蹲踞状人纹；面具周围由内到外施多道弦纹，弦纹之间依次填水滴状芒纹、卷尾蛇纹及放射状短线纹。直径约7.2厘米（图3-116）。

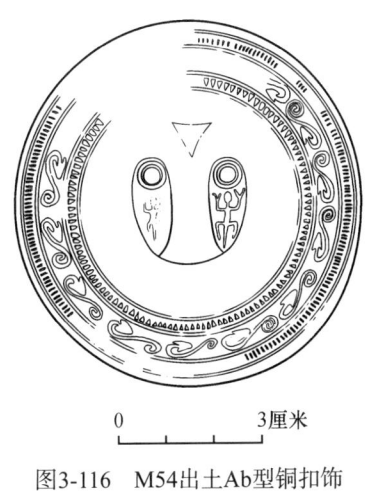

图3-116　M54出土Ab型铜扣饰
（M54：1）

M55

M55位于Ⅰ号发掘点T6350中部偏东，属第3层墓葬。墓坑平面大致呈长方形，纵轴方向133°，长1.84、宽0.5、深0.23米。墓坑内填红褐色黏土，略疏松，含零星炭屑和陶片。发现板灰痕迹，推测原有木质棺椁类葬具。残存零星骨渣，铜镯内亦残存一些肢骨，结合玉玦等随葬品位置，推测被葬者头朝东南方向，下葬时手臂向内弯曲。出土随葬品有铜镯2组、玉玦2组。2组玉玦位于墓坑东南部，左右对称分布；铜镯靠近墓坑中部，大致呈"八"字形左右对称摆放（图3-117；图版94-1）。

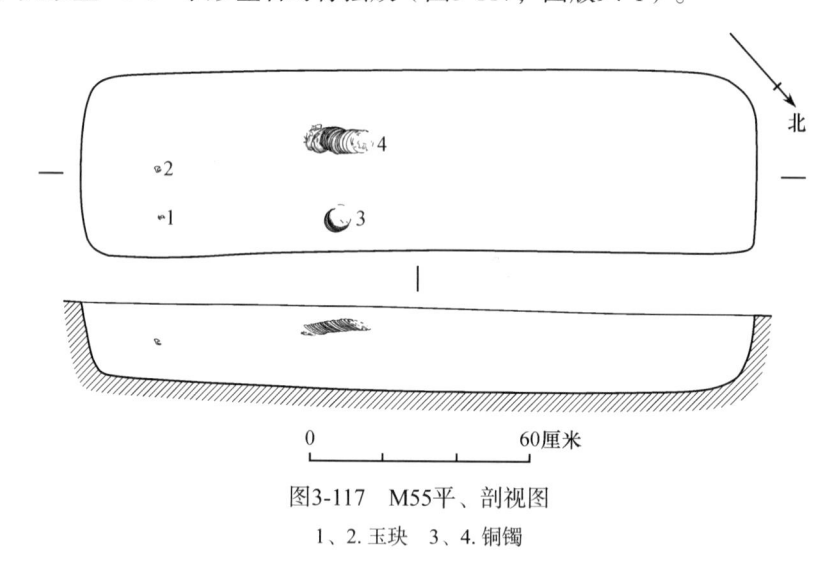

图3-117 M55平、剖视图
1、2.玉玦 3、4.铜镯

铜器 2组。

铜镯 2组。

均Ed型。细条环状，横截面近弯月形，内壁凹，外壁弧。

M55：3，一组10余件。锈蚀矿化严重，部分断裂破碎。根据出土位置及形态推测，铜镯下葬时成串佩戴于被葬者右侧手臂，内残存肢骨。直径约6、横截面直径一般0.22厘米（图版94-2）。

M55：4，一组40余件。锈蚀严重，部分断裂。从出土位置及形态推测，铜镯下葬时成串佩戴于被葬者左手臂，内残存肢骨。整体看，靠前的铜镯略小，后面的渐大。铜镯直径5.5～6.4、横截面直径一般约0.2厘米（图3-118；图版32-1，图版94-3）。

玉石器 2组。

玉玦 2组。

M55：1，风化破碎严重，大致可看出有两三件。白色。片状。具体形制及尺寸不详。从出土位置推测，下葬时佩戴于被葬者右耳。

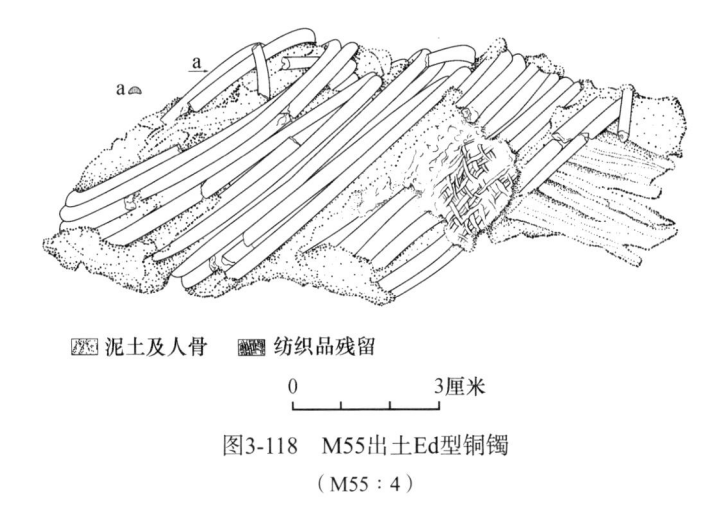

图例 泥土及人骨　　纺织品残留

0　　　　3厘米

图3-118　M55出土Ed型铜镯
（M55：4）

M55：2，风化破碎严重，大致可看出有2件。白色。片状。具体形制及尺寸不详。从出土位置推测，下葬时佩戴于被葬者左耳。

M56

M56位于Ⅰ号发掘点的T6350中部偏东北，属第3层墓葬。墓坑平面大致呈长方形，西部局部被M55打破，纵轴方向107°，长1.72、宽0.58、深0.3米。墓坑内填红褐色黏土，略疏松，含零星炭屑。发现板灰痕迹，推测原有木质棺椁类葬具。残存零星骨渣，葬式不明。出土随葬品为1件铜矛，位于墓坑东南部（图3-119）。

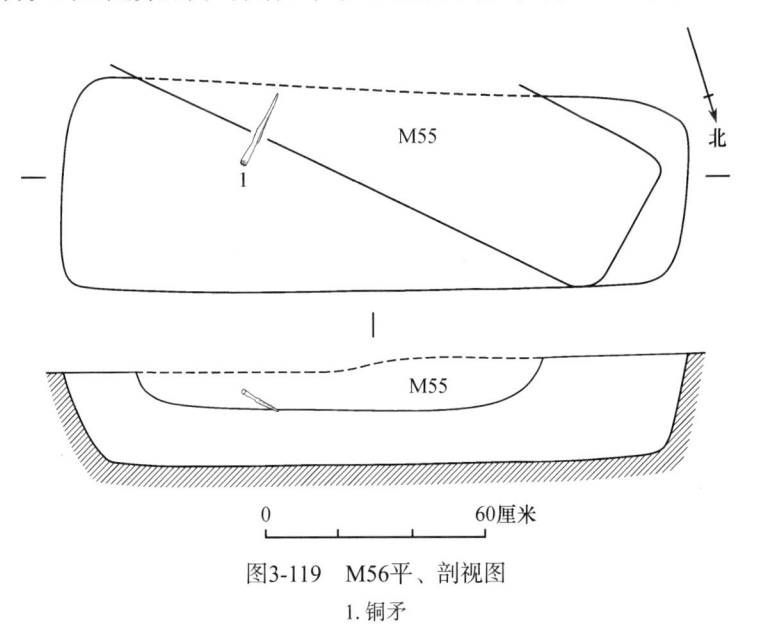

0　　　　60厘米

图3-119　M56平、剖视图
1.铜矛

铜矛 1件。

M56：1，Ab型Ⅰ式。锈蚀严重，局部矿化。圆骹，横截面略近方形，后部近骹口处一侧有耳，出土时残，骹口分叉；柳叶形矛身，中线起圆脊，后部沿脊线设血槽，刃较直，略残。出土时骹内有朽木，推测为矛柲遗存。通长19.6厘米（图3-120）。

M57

M57位于Ⅰ号发掘点T6251东南部，小部分跨入T6252，属第3层墓葬。墓坑平面大致呈长方形，纵轴方向137°，长2、宽0.5、深0.24米。墓坑内填浅红褐色黏土。发现板灰痕迹，推测原有木质棺椁类葬具。人骨朽毁不存，葬式不明。出土随葬品4件，均铜器，包括戈、削刀、扣饰各1件，另有1件铜器残甚，器形不辨。铜削刀、铜扣饰和残铜器位于墓坑东南部，其中铜削刀出土前柄部已断裂；铜戈位于墓坑中部偏西北（图3-121；图版95-1）。

铜戈 1件。

M57：3，Bb型Ⅱ式。无胡；条形援微曲，出土时锋部略残，后部中空并有一小圆穿，近阑处有两近长方形穿；长方形直内，前部有一近长方形穿，后缘呈对称的内卷鸟首状。援后部中空，在阑背面中间位置即内前部穿孔前壁上还留有方方小孔，其内可见铸造时放入的泥芯。援后部小圆穿周围施弦纹和短线芒纹；援本即小圆穿与阑之间施卷云状涡纹，外加梯形框；内后部施浅浮雕式的牵手人纹。以上纹饰区的阴线及下凹区域内，出土时明显可见一层似专门涂抹的黑色物质，使得纹饰看起来更为清晰、立体。阑背面及内穿壁上残留铸缝痕迹。出土时内部可见戈柲痕迹，已炭化。通长23.3、阑宽7.2厘米（图3-122-1；图版15-1，图版16-1，图版96-2、3）。

铜削刀 1件。

M57：2，C型。锈蚀严重，刀身前端残。扁长柄，出土前断裂，柄端分叉，形似鱼尾；弧刃，刃背较直，与柄背连为一体。柄部双面施数道竖条状凸棱。残长15.3厘米（图3-122-2；图版95-2）。

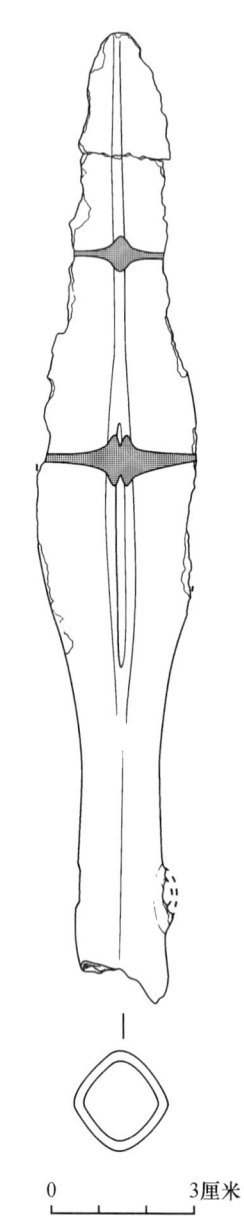

图3-120 M56出土Ab型Ⅰ式铜矛（M56：1）

图3-121　M57平、剖视图

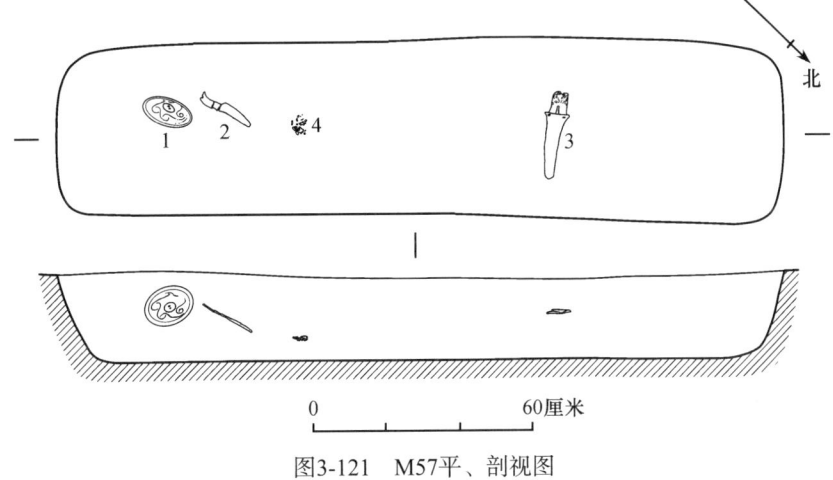

1. 铜扣饰　2. 铜削刀　3. 铜戈　4. 残铜器

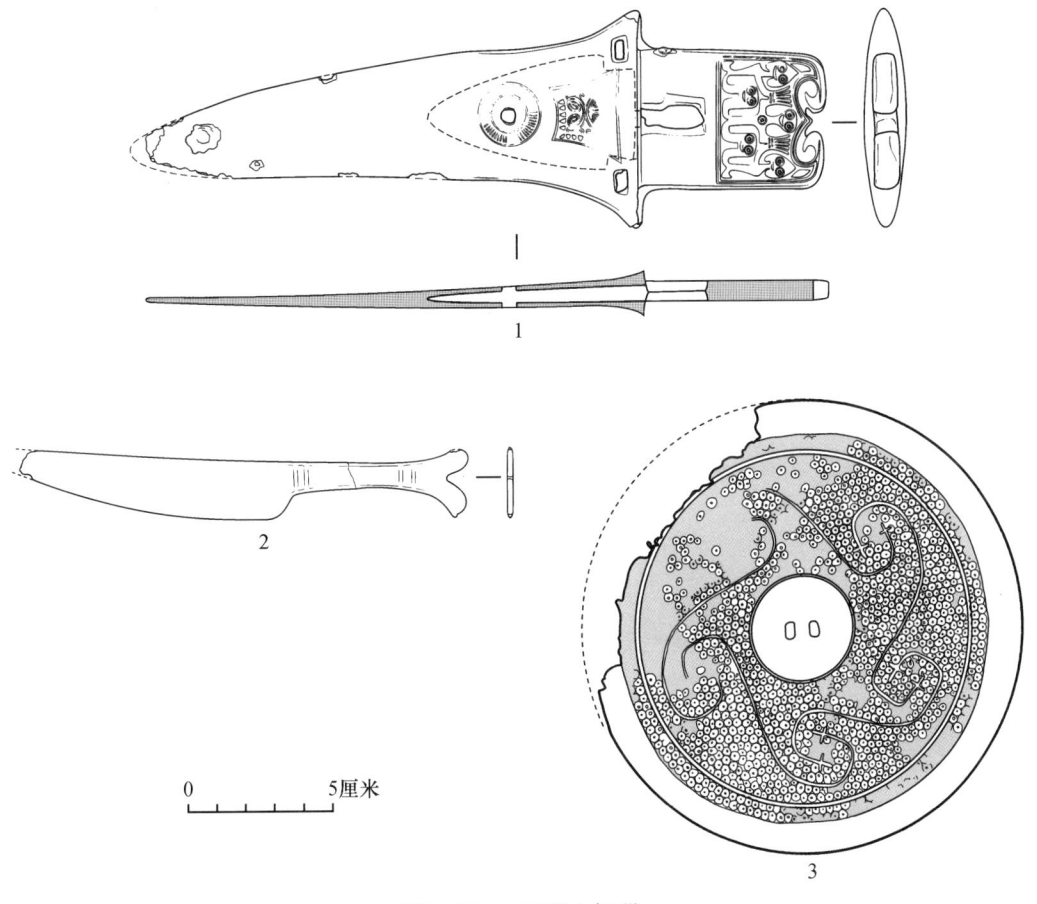

图3-122　M57出土铜器

1. Bb型Ⅱ式戈（M57∶3）　2. C型削刀（M57∶2）　3. Da型Ⅰ式扣饰（M57∶1）

铜扣饰　1件。

M57：1，Da型Ⅰ式。出土时锈蚀严重，矿化破碎。扣面呈浅圆盘状，扣体较大，中心有两穿孔。扣面施首尾相缠绕的反向"S"状双头蛇形细条纹与弦纹，并镶嵌密集的孔雀石片，局部脱落，脱落处可见黑色黏结物。孔雀石片多呈圆形，中心带穿，少数形状不规则。直径15.1厘米（图3-122-3；图版96-1）。

残铜器　1件。

M57：4，小型片状，矿化残甚，器形不辨，尺寸不详。

M59

M59位于Ⅰ号发掘点T6251西北部，小部分跨入T6250，属第3层墓葬。墓坑平面大致呈长方形，纵轴方向114°，长2.04、宽0.5、深0.23米。墓坑内填浅红褐色黏土。发现板灰痕迹，推测原有木质棺椁类葬具。残存零星骨渣，葬式不明。出土随葬品为1件铜戚，位于墓坑中部偏西北（图3-123；图版99-1）。

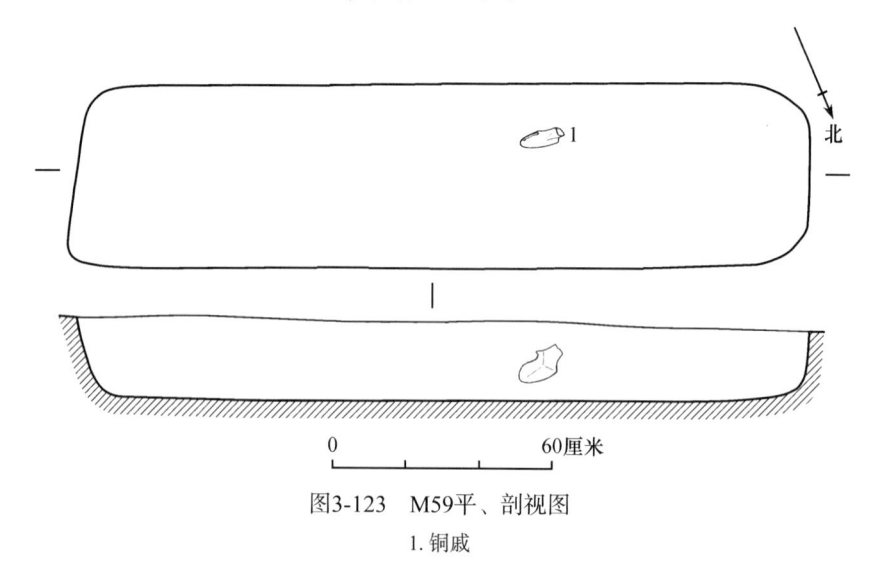

图3-123　M59平、剖视图
1. 铜戚

铜戚　1件。

M59：1，B型Ⅰ式。锈蚀严重，銎口及戚刃残。竖銎向下延伸至戚身下部，底平；近菱形銎口较高；戚身呈宽尖叶形，圆肩，中线起脊，靠上位置有一对称穿孔。銎口下方有一道凸弦纹，弦纹下接树杈状纹饰和菱形纹。出土时銎内有朽木，戚身表面可见纺织物痕迹。残长12.6、銎口残宽4.2厘米（图3-124；图版99-2～4）。

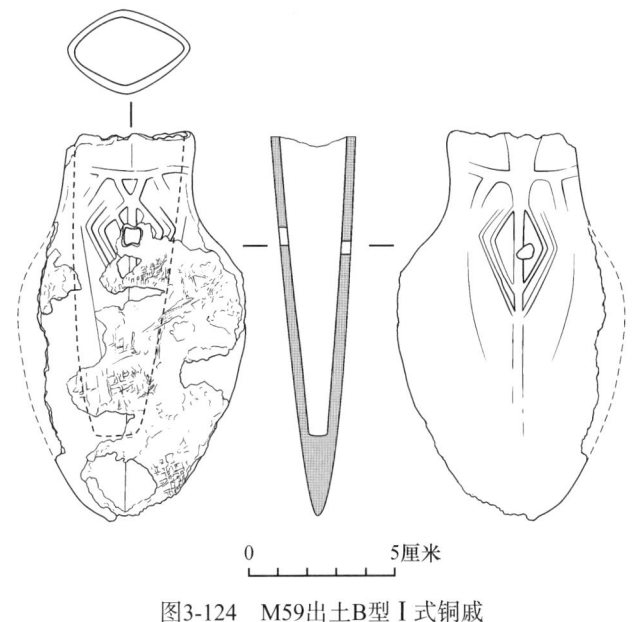

图3-124　M59出土B型Ⅰ式铜戚
(M59:1)

M63

M63位于Ⅰ号发掘点T6252西部，小部分跨入T6251，属第3层墓葬。墓坑平面大致呈长方形，纵轴方向154°，长1.9、宽0.5、深0.2米。墓坑内填红褐色黏土。发现板灰痕迹，推测原有木质棺椁类葬具。人骨多已朽毁，仅铜镯内残存少许肢骨，结合其他珠饰的位置和形态，推测被葬者头朝东南方向，具体葬式不明。出土随葬品4组，包括铜镯2组、玛瑙环珠1组以及特殊材料制作的珠子1组。2组铜镯大致位于墓坑中部，左右对称摆放。玛瑙环珠和特殊材料珠子集中散落于墓坑东南部即被葬者头部附近，二者原先可能混合成串使用。特殊材料的珠子的主要成分为桦树皮焦油，出土后仍散发出浓郁的"麝香"般气味（图3-125；图版100-1）。

铜器　2组。

铜镯　2组。

每组50余件，均Ed型。矿化严重，大多断裂破碎。细条环状，横截面近弯月形，内壁凹，外壁弧。

M63:1，从出土位置及形态推测，下葬时成串佩戴于被葬者右手臂，内残存肢骨。整体看，靠前的铜镯略小，后面的渐大。铜镯直径不详，横截面直径一般约0.2厘米（图版100-4）。

M63:2，从出土位置及形态推测，下葬时成串佩戴于被葬者左手臂，内残存肢骨。整体看，靠前的铜镯略小，后面的渐大。铜镯直径不详，横截面直径一般约0.18厘米（图3-126-1；图版32-2，图版100-4）。

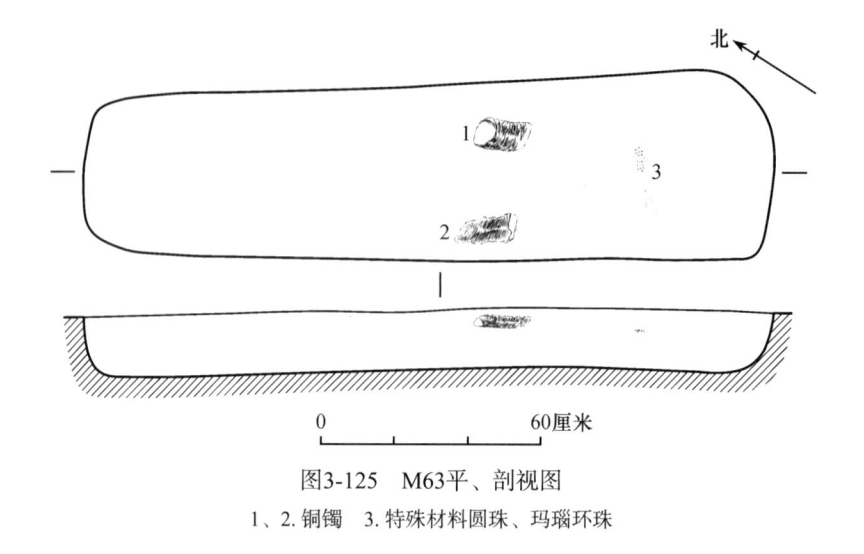

图3-125　M63平、剖视图

1、2. 铜镯　3. 特殊材料圆珠、玛瑙环珠

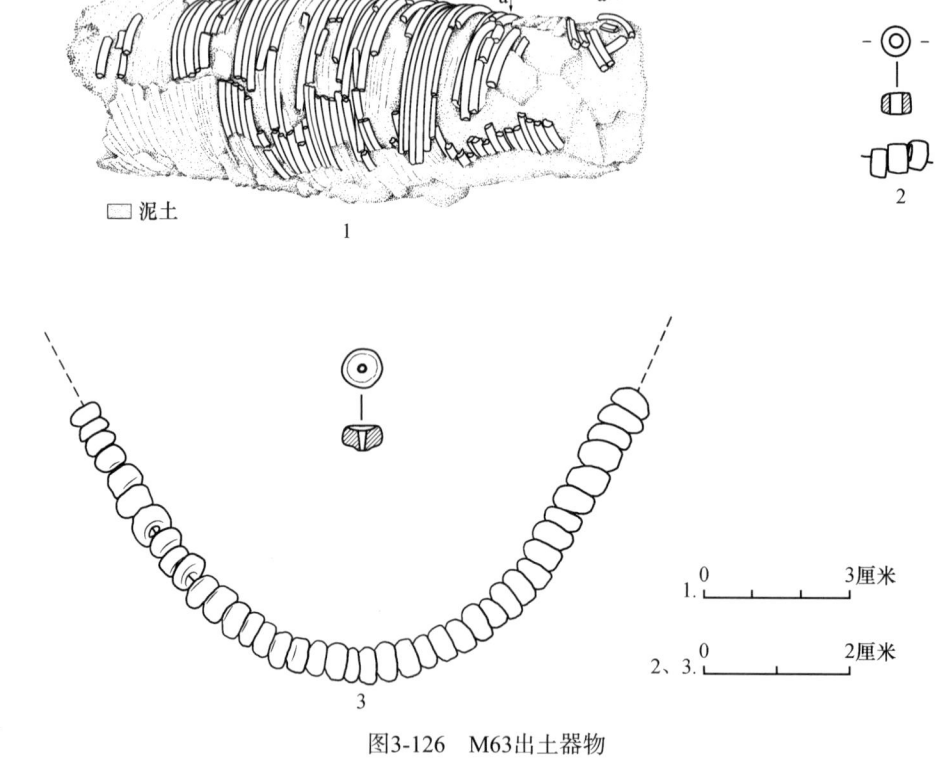

图3-126　M63出土器物

1. Ed型铜镯（M63∶2）　2. 玛瑙环珠（M63∶3-2）　3. 特殊材料圆珠（M63∶3-1）

玉石器　1组。

玛瑙环珠　1组。

M63：3-2，一组3件。一件为红褐色，另两件为黄褐色；透光度较高。单向钻孔，孔径较大，孔壁较薄。同出的还有数十件特殊材料圆珠（M63：3-1），推测原为同一组串珠。高0.2～0.25、直径0.35～0.38、孔径0.14～0.16厘米（图3-126-2；图版100-3）。

特殊材料制品　1组。

圆珠　1组。

M63：3-1，一组40件。黑色，不透光，质感较轻；多呈扁圆形，部分形制略不规则，中间有穿；穿圆形或近方形，是在珠子未干时用锥状物由一面向另一面穿透而成，穿口戳痕明显，一面凹，另一面外翻。出土后，珠子尚有浓郁的"麝香"般气味。它们集中散落于被葬者头部附近，同出的还有3件玛瑙环珠（M63：3-2），推测原为同一组串珠。此组特殊材料圆珠大小相近，但也有一定差异，最大者高约0.32、直径约0.53、孔径约0.1厘米，最小者高约0.22、直径约0.43、孔径约0.1厘米（图3-126-3；图版52-3～5，图版100-2）。

M66

M66位于Ⅰ号发掘点T6350南部，小部分跨入T6250，属第3层墓葬。墓坑平面大致呈长方形，纵轴方向133°，长1.72、宽0.52、深0.23米。墓坑内填红褐色黏土，略疏松，含零星炭屑。发现板灰痕迹，推测原有木质棺椁类葬具。人骨多朽，仅于铜镯内发现少许肢骨，据之推测被葬者头朝东南方向，下葬时手臂向内弯曲。出土随葬品为2组铜镯，位于墓坑中部，大致呈"八"字形左右对称摆放（图3-127）。

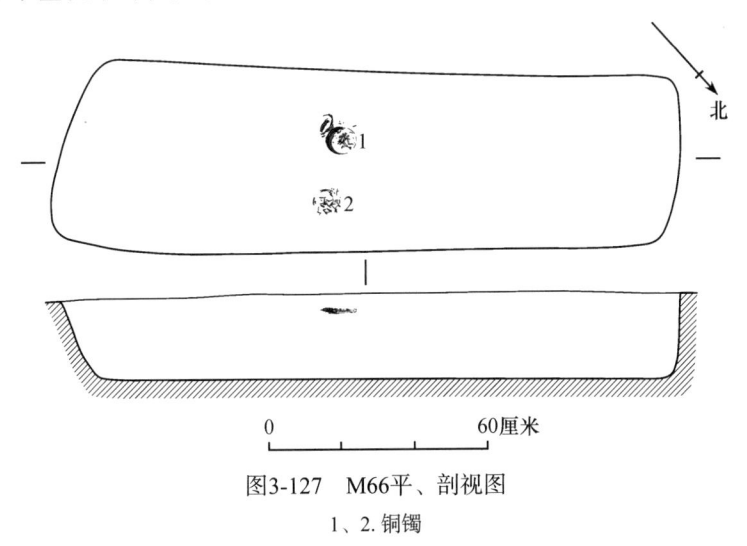

图3-127　M66平、剖视图
1、2.铜镯

铜镯　2组。

均Ea型。锈蚀严重，大多断裂破碎。细条环状，横截面为竖长方形。

M66:1，一组10余件。从出土位置和形态看，下葬时成串佩戴于被葬者左手臂，前面的小于后面的，内残存肢骨。直径6~6.5厘米，横截面一般长0.2、宽0.08~0.1厘米（图3-128）。

M66:2，一组四五件。从出土位置和形态看，下葬时成串佩戴于被葬者右手臂，内残存肢骨。直径不详，横截面长0.18~0.2、宽0.08~0.1厘米。

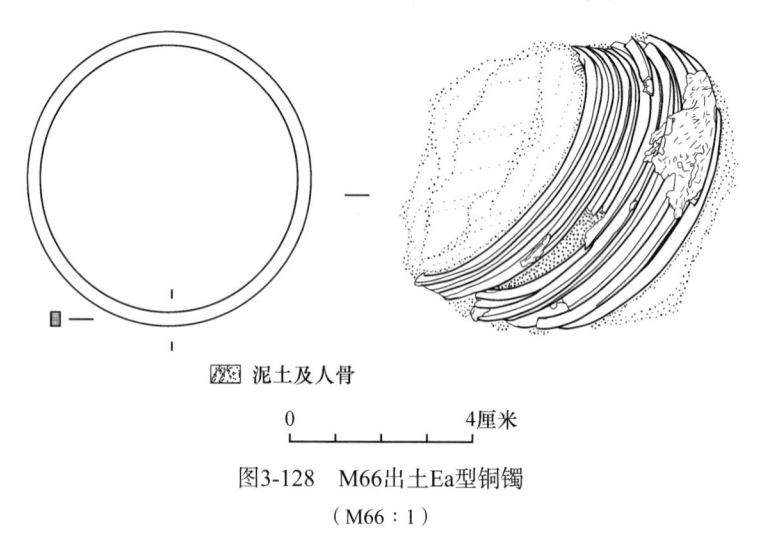

图3-128　M66出土Ea型铜镯
（M66:1）

M71

M71位于Ⅰ号发掘点T6350东部，小部分跨入T6351，属第3层墓葬。墓坑平面大致呈长方形，纵轴方向147°，长1.68、宽0.52、深0.36米。墓坑内填红褐色黏土，略疏松，含零星炭屑。发现板灰痕迹，推测原有木质棺椁类葬具。残存零星骨渣，葬式不明。出土随葬品2件，为1件残铜器和1件陶纺轮，均位于墓坑东南端，距墓底约0.3米（图3-129）。

铜器　1件。

残铜器　1件。

M71:1，出土时矿化破碎，大致看为小型片状铜器，具体器形不辨，尺寸不详。

陶器　1件。

陶纺轮　1件。

M71:2，略残。泥质黄陶，表面黑色并内渗。圆锥状，小平顶，中间有圆穿。侧面施连续的刻划折线纹。顶径约1.5、底径约3.52、高约2.02、穿径约0.7厘米（图3-130；图版52-1）。

图3-129　M71平、剖视图

1.残铜器　2.陶纺轮

图3-130　M71出土陶纺轮

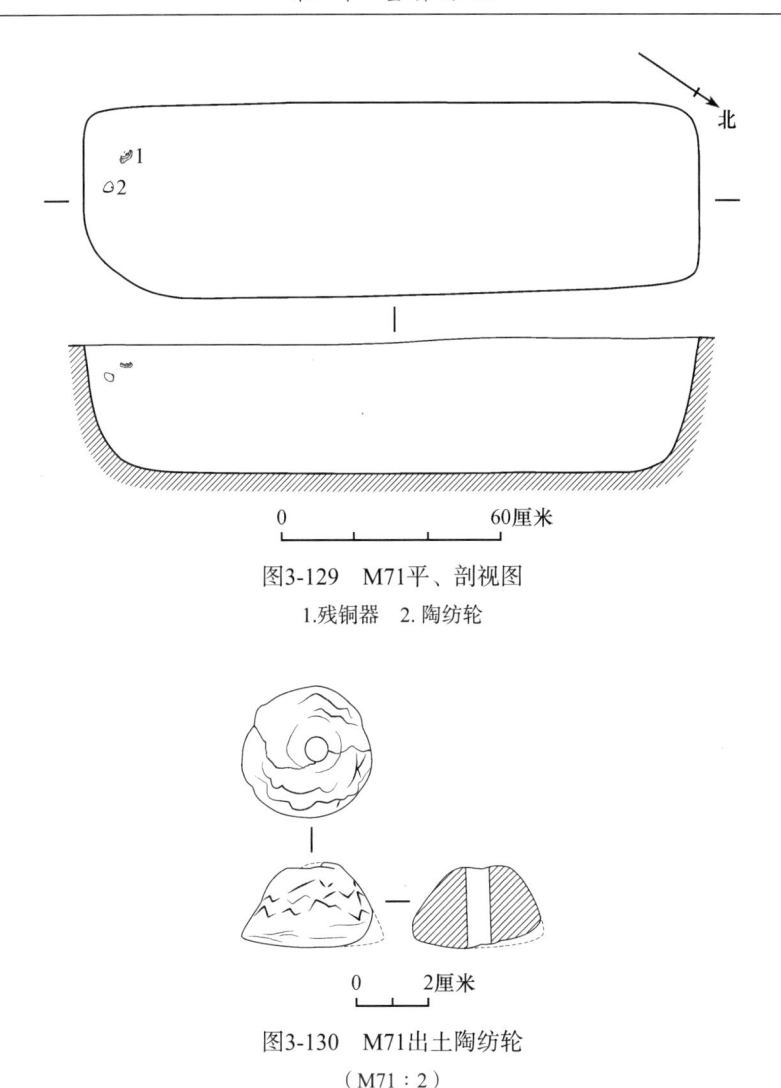

（M71∶2）

M72

M72位于Ⅰ号发掘点T6352中部，属第3层墓葬。墓坑平面呈长条形，纵轴方向119°，长2.42、宽0.6、深0.3米。墓坑内填红褐色泛灰黏土，含零星炭屑。发现板灰痕迹，推测原有木质棺椁类葬具。残存零星骨渣，葬式不明。出土随葬品2件，分别为铜矛和铜戚，位于墓坑东南部，左右各一（图3-131；图版102-1）。

铜矛　1件。

M72∶1，Ab型Ⅰ式。锈蚀严重，局部矿化。椭圆骹，横截面略近方形，后部近骹口处一侧有耳，出土时残，骹口分叉；柳叶形矛身，中线起圆脊，后部沿脊线设血槽，刃较直，锋残。骹两侧可见铸缝痕迹。残长15厘米（图3-132-1；图版102-2）。

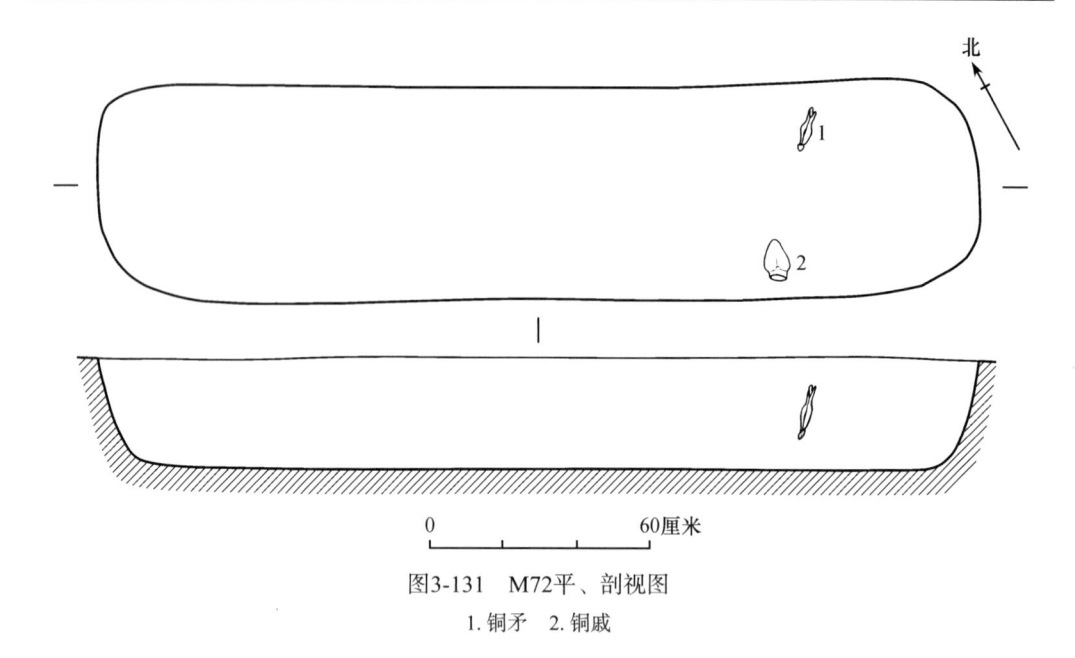

图3-131 M72平、剖视图
1. 铜矛　2. 铜戚

铜戚　1件。

M72：2，B型Ⅰ式。锈蚀严重，銎口残，戚刃略残。竖銎向下延伸至戚身中部略偏下，底平；扁圆形銎口较高，中间略下凹；戚身呈尖叶形，圆肩，中线起脊，靠上位置有一对称穿孔。銎口下方有一道凸弦纹，弦纹下接菱形纹。出土时銎内有朽木。残长14.7、銎口残宽4.6厘米（图3-132-2；图版102-3～5）。

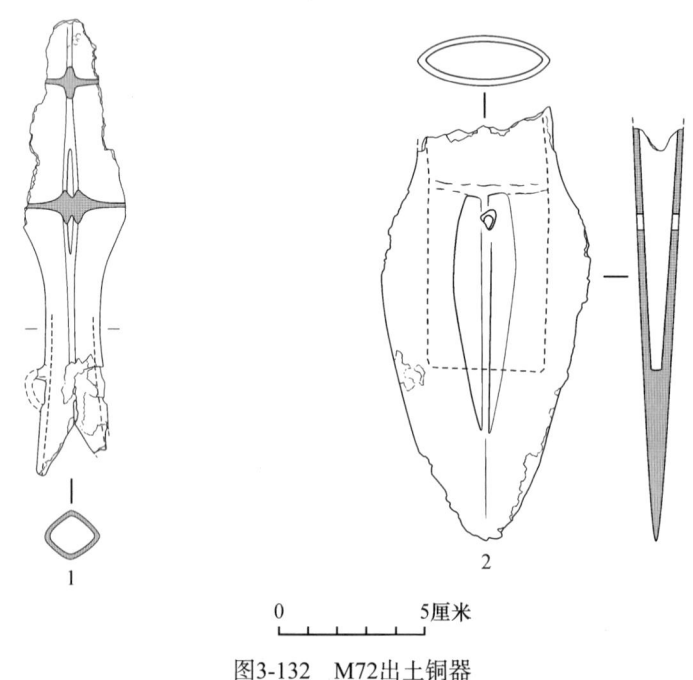

图3-132 M72出土铜器
1. Ab型Ⅰ式矛（M72：1）　2. B型Ⅰ式戚（M72：2）

M73

　　M73位于Ⅰ号发掘点，跨探方T6252、T6351和T6352，属第3层墓葬。墓坑平面呈长条形，西北一角被M60打破，纵轴方向143°，长2.82、宽0.7、深1.2米。墓坑内填红褐色黏土，夹杂少许黄白色膏泥，较疏松。发现少许板灰痕迹，推测原有木质棺椁类葬具。残存零星骨渣，葬式不明，根据玉玦等随葬品的位置判断，被葬者头朝东南方向。出土随葬品9件（组），包括铜器4件、玉石器5件（组），集中摆放于墓坑东南部即被葬者头部附近。铜器有剑、戈、矛和扣饰，其中铜戈横置，出土前被折弯；铜剑和铜矛均竖置，茎首和骹口朝向墓坑另一端；铜扣饰背面朝上。玉石器有玉玦2组、玉管珠1件、玛瑙扣1组、玉坠1件，其中玉玦左右各1组分布，推测分别佩戴于被葬者左右耳；玉管珠位于左耳玦之下；玛瑙扣一组13件均底面朝上，且排列有序，大致呈环形串状，居于左耳玦下方内侧，推测原先是缝缀在纺织物或皮革上的，下葬时纺织物或皮革垫于被葬者头下位置（图3-133；图版103-1）。

　　铜器　4件。

　　铜剑　1件。

　　M73：1，Cb型。锈蚀严重，局部矿化破碎。空心椭圆茎，空首呈喇叭口状，茎下部有对穿；一字格，两端残；剑身前部中线略起脊，曲刃。茎部施多道弦纹，内填

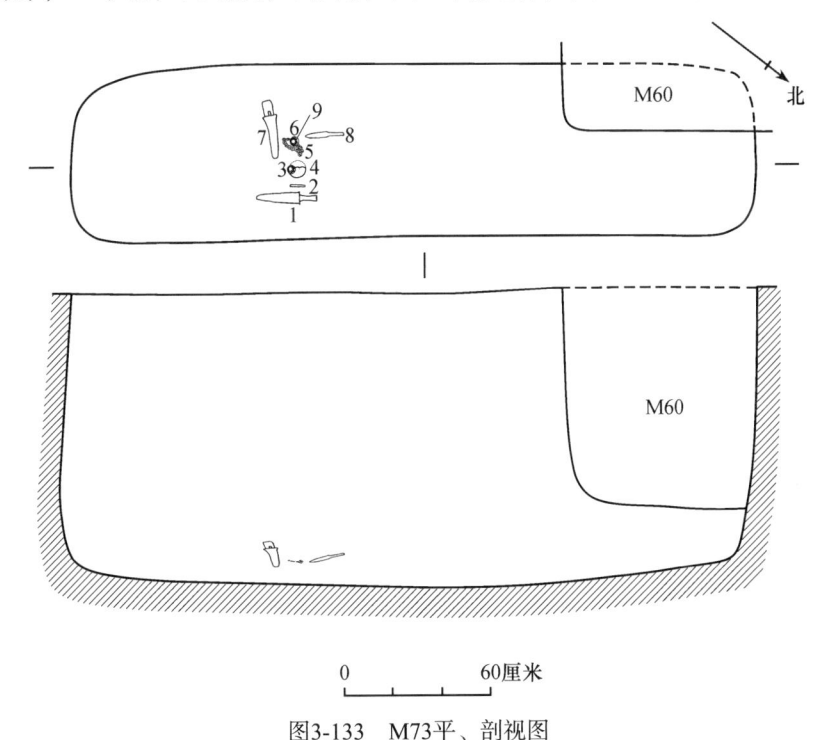

图3-133　M73平、剖视图

1.铜剑　2.石英岩玉坠　3、6.玉玦　4.铜扣饰　5.玛瑙扣　7.铜戈　8.铜矛　9.玉管珠

云雷纹、涡纹和编织纹等；剑身后部沿中线左右对称施箭头、涡卷纹等纹饰，造型如箭矢。茎两侧可见铸缝痕迹。出土时，茎部附着黑色炭化物。残长25、格残长6厘米（图3-134-1；图版104-2、3）。

铜戈　1件。

M73∶7，Bb型Ⅱ式。无胡；条形援，前部出土前被折弯，锋部残，后部有一小的圆穿，近阑处有两近长方形穿；长方形直内，前部有一近长方形穿，后缘呈对称的内卷鸟首状，出土时从近阑处断裂。援后部中空，在阑背面中间位置即内前部穿孔前壁上还留有小孔，其内可见铸造时放入的泥芯。援后部小圆穿周围施弦纹和短线芒纹；援本即小圆穿与阑之间施卷云状涡纹，外加梯形框；内后部施浅浮雕式的牵手人纹。以上纹饰区的阴线及下凹区域内，出土时明显可见一层似专门涂抹的黑色物质，使得纹饰看起来更为清晰。阑背面以及内两侧和内穿壁上均残留铸缝痕迹。残长19.6、阑宽6.6厘米（图3-134-2；图版15-2，图版16-2，图版104-4）。

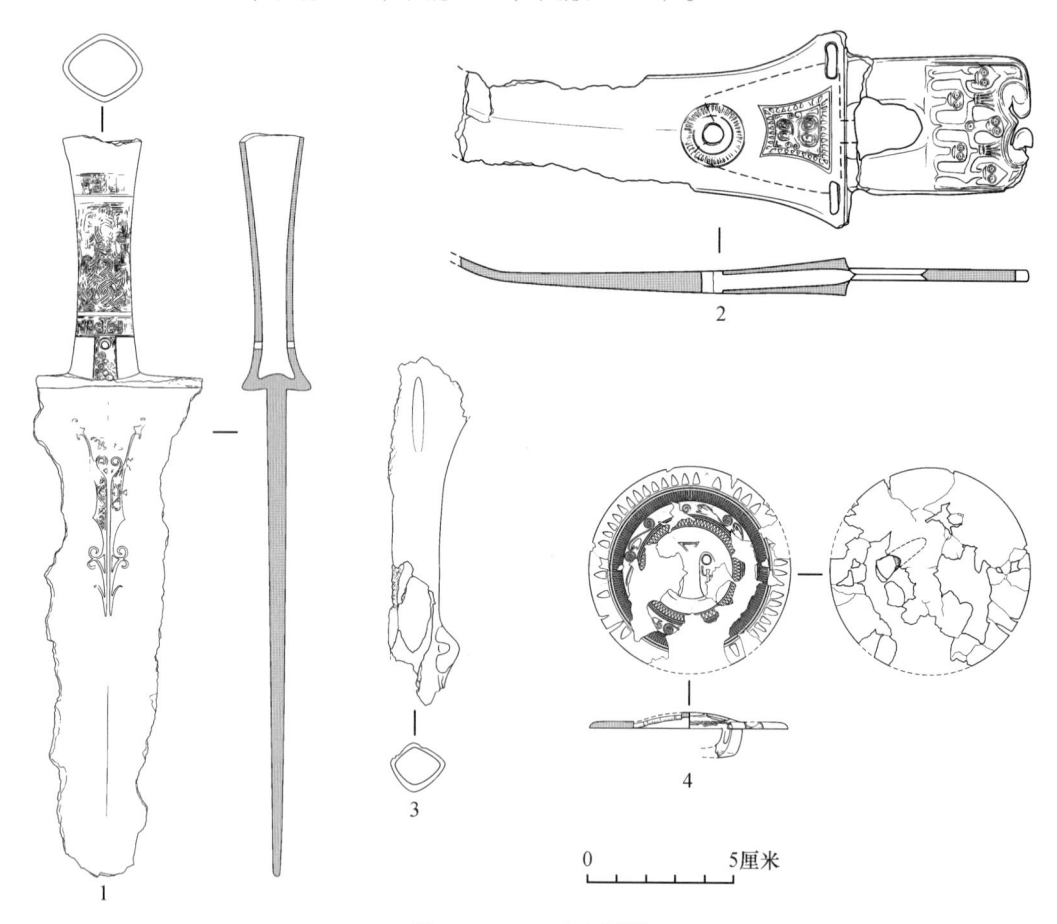

图3-134　M73出土铜器

1. Cb型剑（M73∶1）　2. Bb型Ⅱ式戈（M73∶7）　3. 矛（M73∶8）　4. Ab型扣饰（M73∶4）

铜矛　1件。

M73：8，出土时矿化破碎严重，残存部分骹及矛身后部少许，型式不详。近椭圆骹，骹口残，一侧有耳；矛身后部有血槽。残长11.6厘米（图3-134-3；图版103-2）。

铜扣饰　1件。

M73：4，Ab型。出土时背面朝上，矿化破碎严重。扣面圆形，正面中部微凸呈动物面具状，动物额头施三角形纹，圆眼，眼睛下方即鼻子两侧残留少许蹲踞状人纹；面具周围由内到外施多道弦纹，弦纹之间填水滴状芒纹、卷尾蛇纹、放射状短线纹等。直径约7厘米（图3-134-4；图版104-1）。

玉石器　5件（组）。

玉玦　2组。

M73：3，均白色薄片状，出土时风化破碎严重，从发掘现场观察有两三件。形状多已不辨，尺寸亦不详。根据出土位置推测，下葬时佩戴于被葬者右耳。

M73：6，均白色薄片状，出土时多风化破碎，从发掘现场观察有两三件，仅一件保存稍好，器形大致可辨。M73：6-1，白色泛黄。平面呈不对称圆环形，一侧玦口残；残存部分外缘较圆润，内缘单面略呈凹面斜坡状。根据出土位置推测，下葬时佩戴于被葬者左耳。M73：6-1，外径3.56、内径1.88、厚0.14厘米（图3-135-14）。

玉管珠　1件。

M73：9，A型。灰白色，带黄褐色纹理；表面光润细腻，微透光。直孔；对向钻；斜口，两端孔口内沿可见磨损痕迹。长3.5、直径0.57、孔径0.35厘米（图3-135-15；图版104-7）。

玛瑙扣　1组。

M73：5，一组13件，均A型。白色，有的略泛黄或略泛红，透光，部分可见带状纹理。正面光亮细腻；背面多打磨平整，可见细丝状打磨痕，局部可见小的凹坑。外形呈乳钉状，正面尖凸，侧面斜直或微凹，背面平或微鼓；背面一般有2个相通的锥形对钻圆孔（图版104-6）。M73：5-4，背面除了有2个相通的锥形对钻圆孔外，旁边另有一圆孔，但未与其他孔钻通。M73：5-11～M73：5-13，背面打磨光亮。M73：5-1，扣直径1.7、高0.76厘米（图3-135-1）。M73：5-2，扣直径1.6、高0.68厘米（图3-135-2）。M73：5-3，扣直径1.6、高0.77厘米（图3-135-3）。M73：5-4，扣直径1.5、高0.58厘米（图3-135-4）。M73：5-5，扣直径1.5、高0.78厘米（图3-135-5）。M73：5-6，扣直径1.43、高0.78厘米（图3-135-6）。M73：5-7，扣直径1.52、高0.78厘米（图3-135-7）。M73：5-8，扣直径1.36、高0.64厘米（图3-135-8）。M73：5-9，扣直径1.39、高0.62厘米（图3-135-9）。M73：5-10，扣直径1.35、高0.71厘米（图3-135-10）。M73：5-11，扣直径1.35、高0.8厘米（图3-135-11）。M73：5-12，扣直径1.33、高0.6厘米（图3-135-12）。M73：5-13，扣直径1.34、高0.53厘米（图3-135-13）。

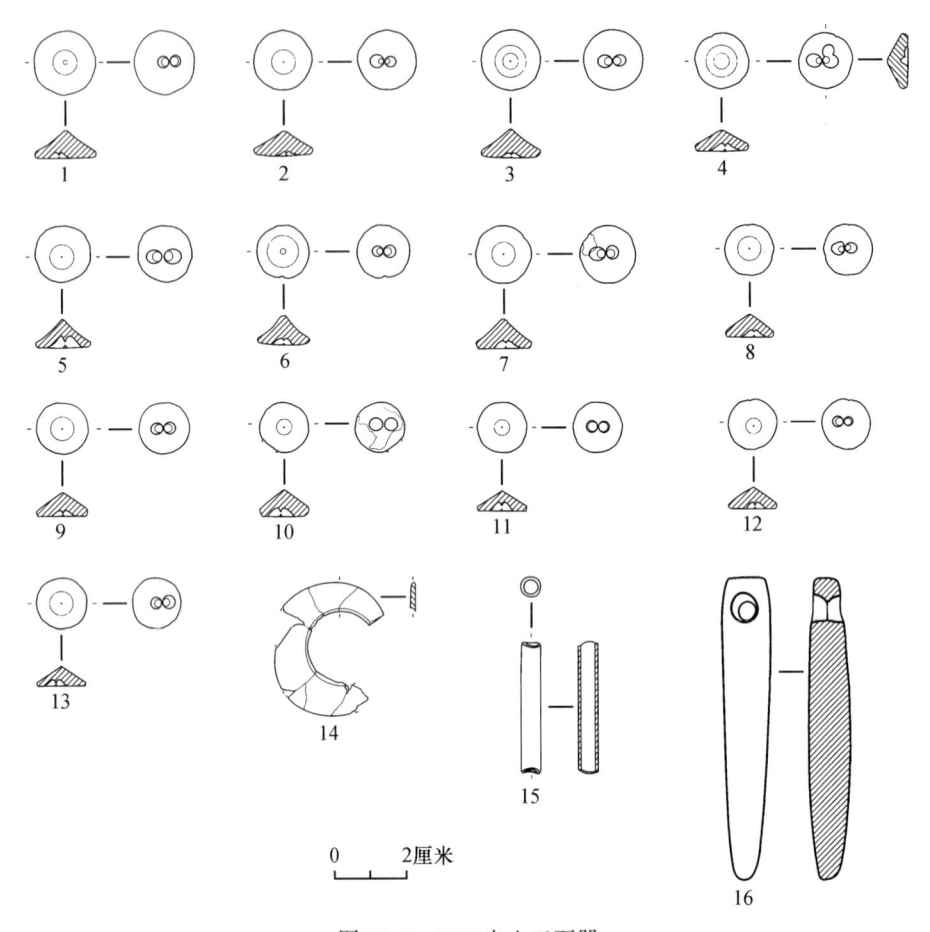

图3-135　M73出土玉石器

1～13.A型玛瑙扣（M73：5-1、M73：5-2、M73：5-3、M73：5-4、M73：5-5、M73：5-6、M73：5-7、M73：5-8、M73：5-9、M73：5-10、M73：5-11、M73：5-12、M73M73：5-13）　14.玉玦（M73：6-1）
15.A型玉管珠（M73：9）　16.石英岩玉坠（M73：2）

石英岩玉坠　1件。

M73：2，赭红色，带淡黄色斑点；表面打磨光滑平整，有蜡状光泽。整体呈锥状，上部横截面为扁圆形，向下渐变为圆形，底端略磨平；顶端有一圆穿，对向钻孔，在孔内形成错位。长8、最大径1.36、孔径0.76厘米（图3-135-16；图版50-2、3，图版104-5）。

M74

M74位于Ⅰ号发掘点T6352西南部，小部分跨入T6351，属第3层墓葬。墓坑平面大致呈长方形，纵轴方向142°，长2.46、宽0.72、深0.73米。墓坑上层填红褐色略泛灰黏土，略疏松，含较多砂以及少量炭屑；下层填红褐色黏土，略疏松，含少量炭屑和陶片。可见板灰痕迹，推测原有木质棺椁类葬具。发现零星骨渣，葬式不明。出土随葬品3件，分别为铜戈、铜矛和铜镯，均位于墓坑中部（图3-136；图版105-1）。

铜戈　1件。

M74：1，Bb型Ⅲ式。锈蚀严重，局部矿化破碎。无胡；条形援，援后部有一椭圆穿，近阑处有两近长方形穿；长方形直内，前部有一近梯形穿，后缘呈对称的内卷鸟首状。援后部椭圆穿周围施弦纹和短线芒纹；援本即椭圆穿与阑之间施浅浮雕式牵手人纹，外加梯形框；内后部亦施浅浮雕式的牵手人纹。阑背面以及内两侧和内穿壁上均残留铸缝痕迹。通长24.4、阑宽7.2厘米（图3-137-2，图3-138；图版105-4）。

铜矛　1件。

M74：2，Ab型Ⅱ式。锈蚀严重，局部矿化。椭圆骹较长，横截面略近方形，出土时残，骹口分叉；柳叶形矛身，中线略起脊，刃较直。通长28.7厘米（图3-137-1；图版105-2）。

铜镯　1件。

M74：3，C型Ⅱ式。矿化严重，仅存少许残片。片状环形，镯体较宽；内壁较直；外壁施横向并列辫索纹，其中一块残片上还见一宽0.4～0.5厘米的竖向扁凸棱。镯宽约1.4厘米，有竖向扁凸棱处宽达1.65厘米，复原直径约5.7厘米（图3-137-3；图版30-3，图版105-3）。

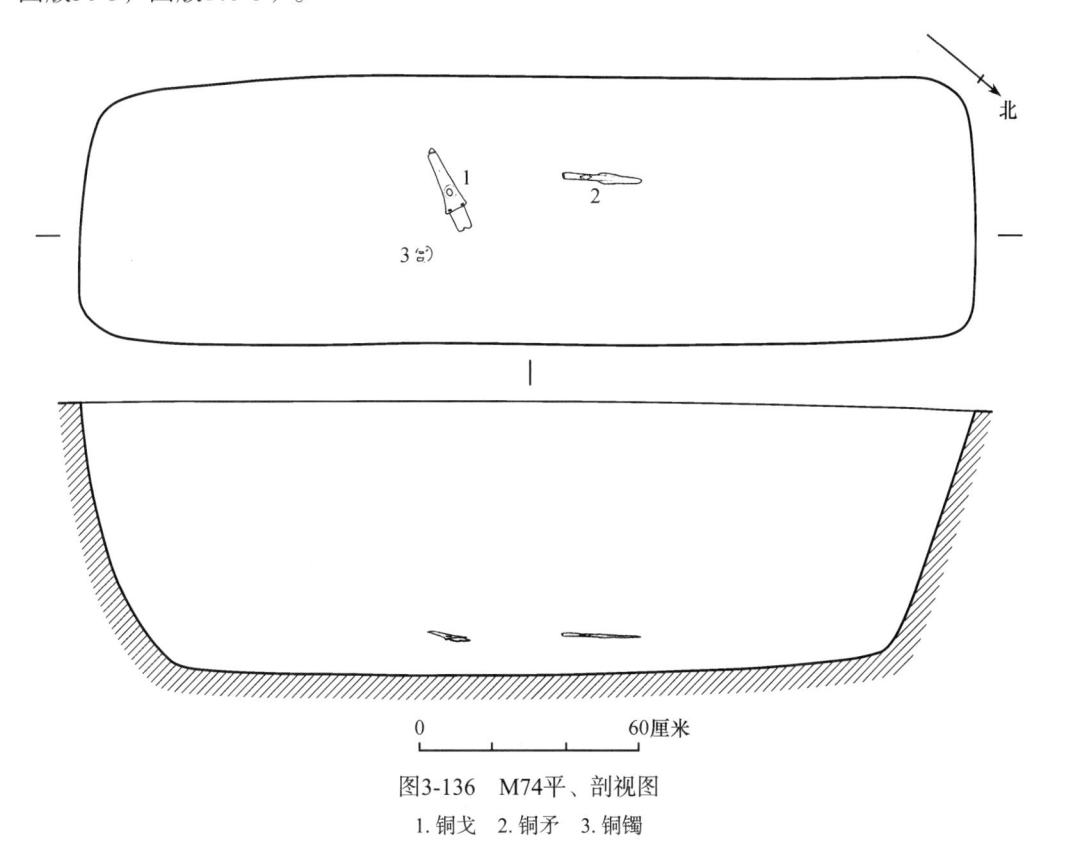

图3-136　M74平、剖视图
1. 铜戈　2. 铜矛　3. 铜镯

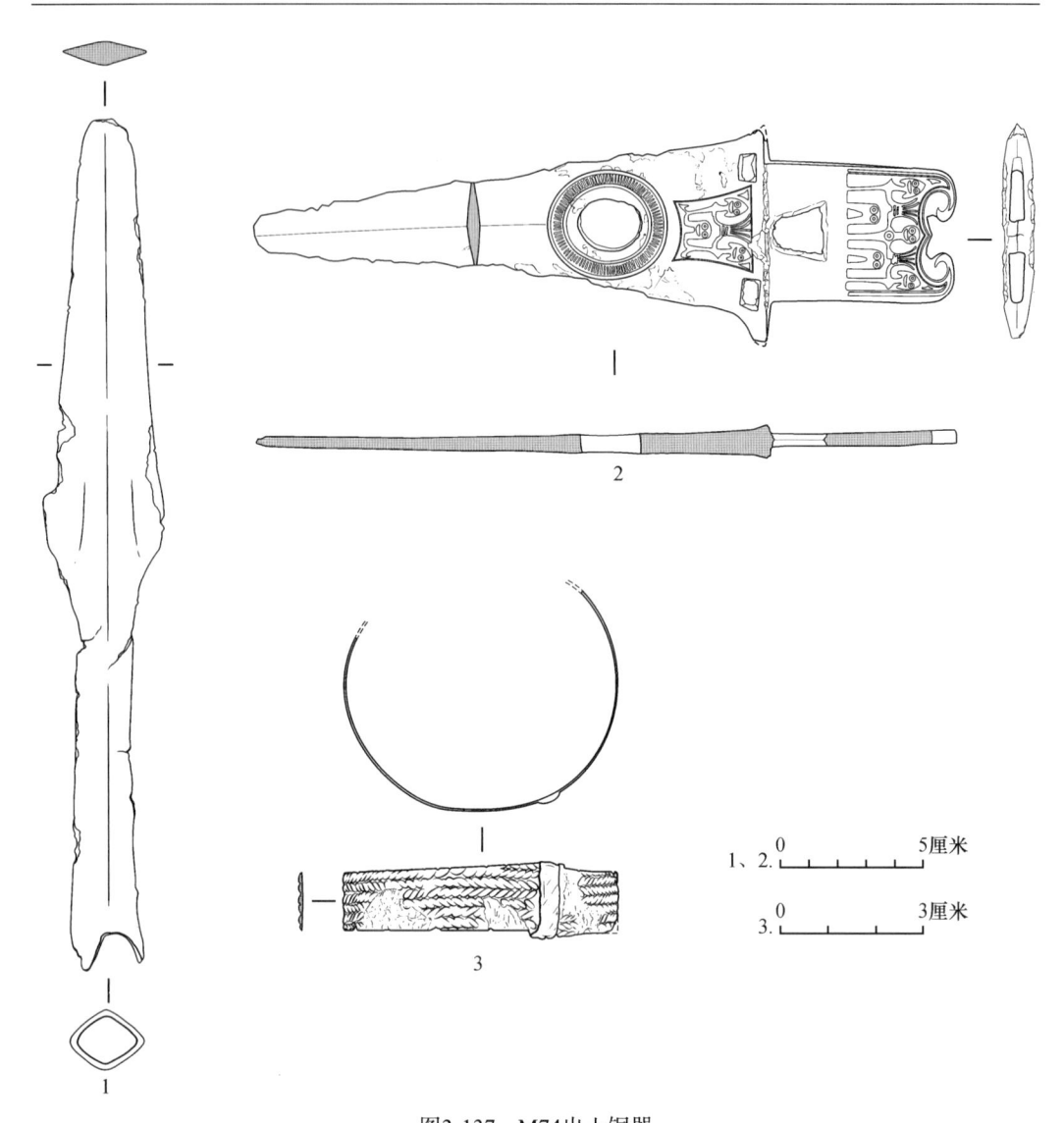

图3-137 M74出土铜器

1. Ab型Ⅱ式矛（M74∶2） 2. Bb型Ⅲ式戈（M74∶1） 3. C型Ⅱ式镯（M74∶3）

图3-138 M74出土Bb型Ⅲ式铜戈拓本

（M74∶1）

M143

M143位于Ⅰ号发掘点T6351西北角，属第3层墓葬。墓坑平面大致呈长方形，西北大部延伸出发掘区，发掘部分长0.8、宽0.63、深0.22米，纵轴方向149°。墓坑内填红褐色黏土，略疏松，含少量炭屑。发现板灰痕迹，推测原有木质棺椁类葬具。残存零星骨渣，葬式不明。出土随葬品为铜剑1件，位于墓坑东南部（图3-139）。

铜剑　1件。

M143：1，Ca型。锈蚀严重，局部矿化。空心椭圆茎，空首呈喇叭口状，茎上部和下部均有对穿；一字格；剑身较宽，曲刃，前部中线略起脊，锋略残。茎部施多道弦纹，中间填涡纹和编织纹；剑身后部于中线两侧对称施箭头、涡卷纹等纹饰，造型如箭矢。格两端下方隐约可见铸缝痕迹。残长24.1、格长10.4厘米（图3-140）。

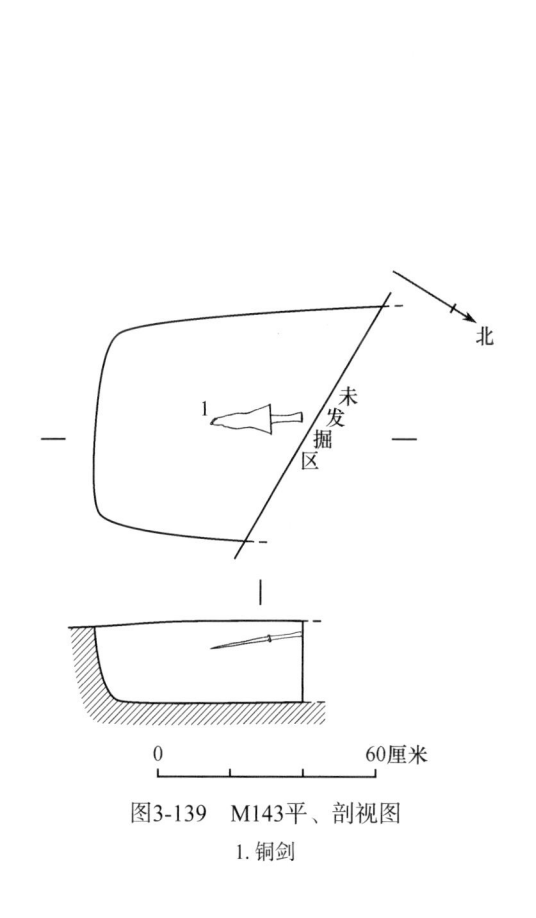

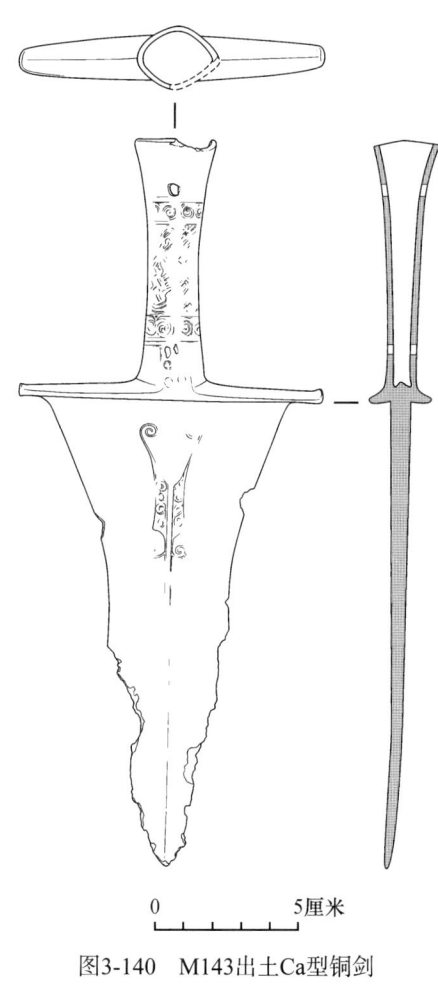

图3-139　M143平、剖视图
1. 铜剑

图3-140　M143出土Ca型铜剑
（M143：1）

M180

M180位于Ⅰ号发掘点，跨T6051、T6052、T6151和T6152，属第3层墓葬。墓坑平面大致呈长方形，纵轴方向144°，长2.25、宽0.62、深0.4米。墓坑内填红褐色略泛灰黏土。发现板灰痕迹，推测原有木质棺椁类葬具。人骨大多朽毁，残存部分头骨和牙齿，已成渣，另外铜镯内亦见少许肢骨，可知被葬者头朝东南方向，但具体葬式不明。出土随葬品16件（组），包括铜器13件（组）、玉石器3件（组）。铜器有戈、矛、钺、镈、臂甲、铃、扣饰、牌形饰各1件，剑、泡饰各2件，镯1组；玉石器有玉管珠1组以及玉扣、玛瑙扣各1件。除铜镯位于墓坑中部外，其余随葬品集中摆放于墓坑东南部即被葬者头部附近，其中铜臂甲压在头骨上方，其他多置于头顶或头部两侧。靠近墓坑东壁处发现长约28厘米的残戈柲，南端距戈内约28.5厘米，北端伸入铜镯下面，柲芯已朽，表面呈黑色编织物状（图3-141；图版131-1~5）。

铜器　13件（组）。

铜剑　2件。

Ab型，1件。

M180：4，Ab型。扁茎，茎首形似蛇头；无格；剑身细长，前部断裂不存，断裂处重新打磨为平刃。茎部表面锈蚀，隐约可见多道弦纹及竖线纹、斜线纹等纹饰。残长10.8厘米（图3-142-1；图版132-3）。

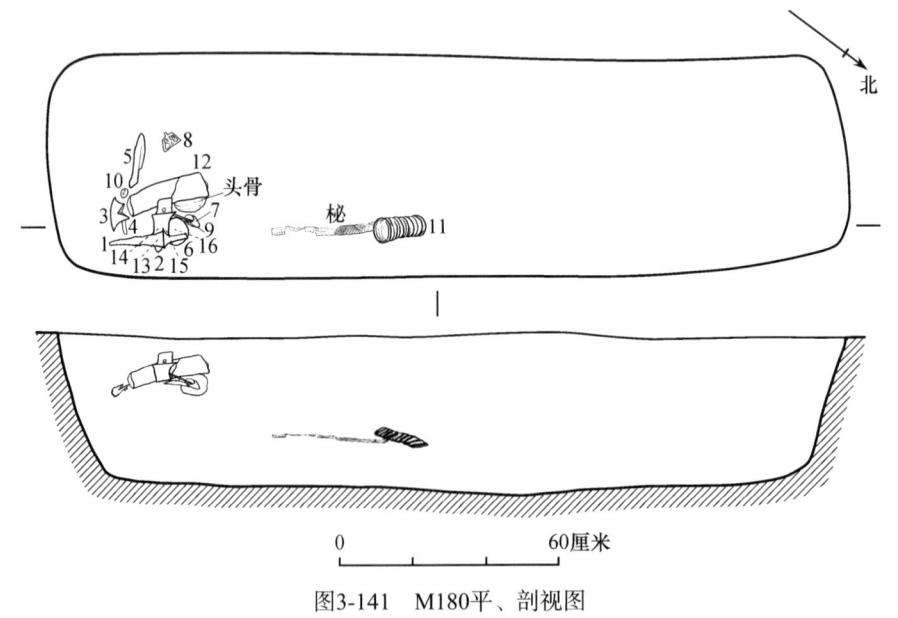

图3-141　M180平、剖视图
1、4. 铜剑　2. 铜戈　3. 铜钺　5. 铜矛　6. 铜扣饰　7. 铜铃　8. 铜牌形饰　9. 玉管珠　10. 玛瑙扣　11. 铜镯　12. 铜臂甲　13. 铜镈　14、15. 铜泡饰　16. 玉扣

Cb型，1件。

M180：1，空心椭圆茎，空首呈喇叭口状，茎下部有对穿；一字格；剑身前部中线略起脊，锋残，曲刃。茎部可见弦纹、涡纹和编织纹等纹饰。格两端下方可见铸缝痕迹。出土时，茎部有少许细麻缠绕痕迹。残长24、格长8.9厘米（图3-142-3；图版132-1、2）。

铜戈　1件。

M180：2，Bb型Ⅰ式。无胡；条形援，近阑处有两近长方形穿孔；长方形直内，前部有一近椭圆形穿，内后缘呈对称的内卷鸟首状。阑背面和内穿壁上残留铸缝痕迹。通长23.3、阑宽7.2厘米（图3-142-2；图版14-1，图版133-1）。

铜矛　1件。

M180：5，B型Ⅰ式。圆骹，两侧有耳，骹口平；矛身较长，曲刃，中线起脊并与骹自然连为一体。出土时双耳上残存少许麻绳，均双股；另外骹内可见朽木，推测与矛柲有关。通长24厘米（图3-142-4；图版21-2、3，图版131-6，图版132-4）。

铜钺　1件。

M180：3，竖銎，銎口下凹呈"V"形，宽弧刃，刃端略残。銎口下方施两道"V"形折线凸棱纹。长9、刃残宽9厘米（图3-142-5；图版26-3，图版132-5）。

铜镈　1件。

M180：13，竖銎，銎口下凹，器身上宽下窄，下边形成平刃，微弧。器身两面均饰凸线纹，为两道弧线下接一"V"形纹。出土时銎内残存少许朽木，推测为木柲遗存。长8.7、刃宽2.1厘米（图3-142-6；图版26-4，图版132-6）。

铜臂甲　1件。

M180：12，锈蚀矿化严重，多处破碎残缺。扁圆筒形，由铜片弯卷并锻打而成，正面对接处未封合。两端残，但可以看出前端细、后端粗，中部略内收如束腰状，后端背面呈"U"形内凹，形成一缺口。正面对接处两侧可见多组对称圆穿，圆穿较小，每组2个；侧面和背面亦有一些穿孔，同样2个一组。这些穿孔推测是用来穿系线绳以捆绑和固定臂甲的。臂甲侧面发现一处长约0.7、宽约0.1厘米的砍斫痕。臂甲残长23.4、粗端残径约10、细端残径约6、厚约0.05厘米（图3-143-2；图版131-4）。

铜铃　1件。

M180：7，扁筒形，顶有一环钮，铃腔上部有椭圆形对穿，椭圆形口。腔内发现一弯折的长方形铜片，应为铃舌。铃身下部隐约可见五道凹弦纹。通高6.4、口部宽3.5厘米（图3-144-1；图版44-3、4，图版134-1、2）。

铜镯　1组。

M180：11，一组15件，含A型Ⅰ式、D型、Ea型三种类型（图版134-3）。部分锈蚀断裂。A型Ⅰ式9件，M180：11-1～M180：11-9，片状环形，镯体较窄；内壁

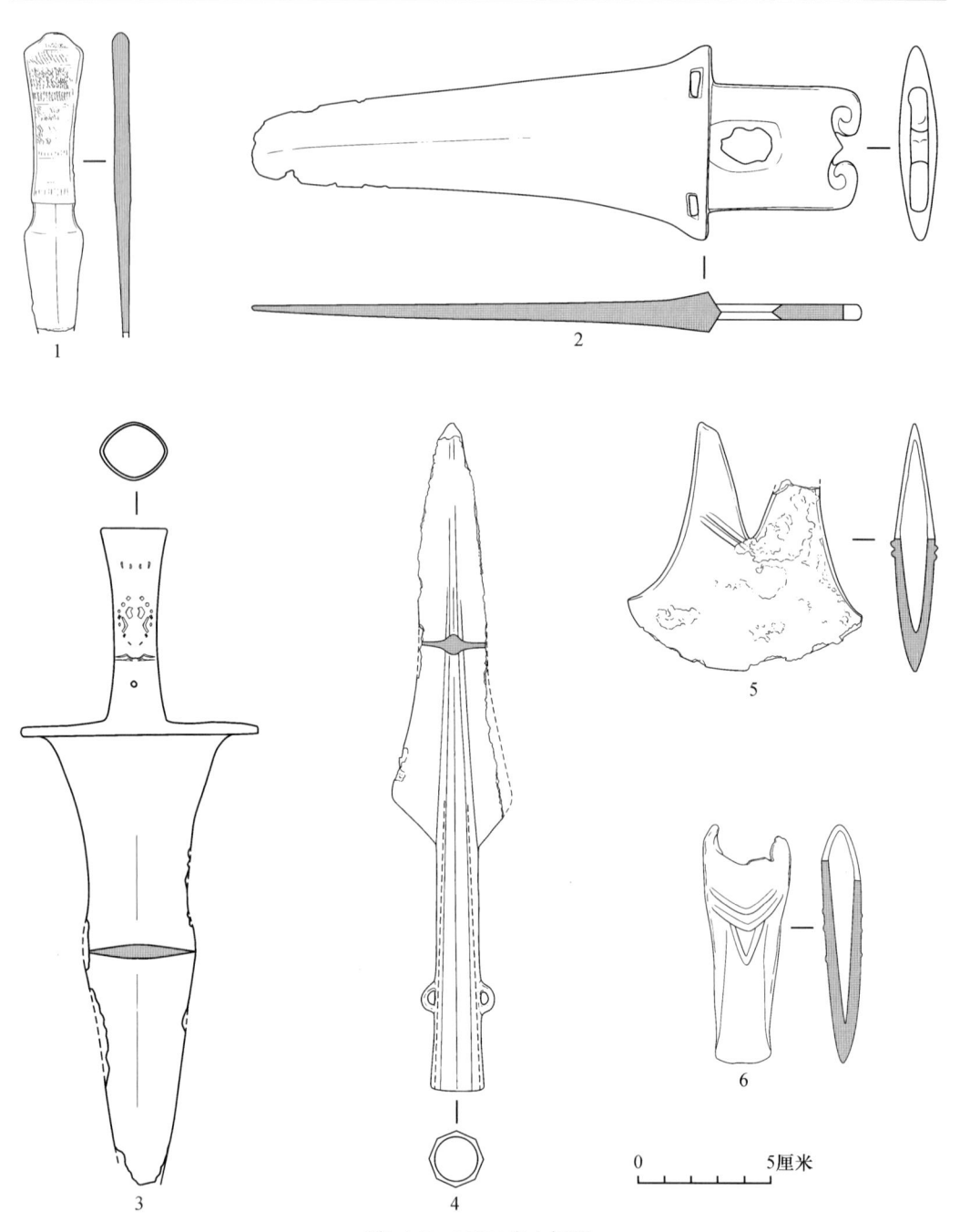

图3-142 M180出土铜器

1. Ab型剑（M180：4） 2. Bb型Ⅰ式戈（M180：2） 3. Cb型剑（M180：1） 4. B型Ⅰ式矛（M180：5）
5. 钺（M180：3） 6. 镦（M180：13）

多较直，个别微弧；外壁呈浅槽结构，内镶嵌孔雀石片；孔雀石片较小，形状不规则，与扣体之间可见黑色黏结物。D型1件，M180：11-11，宽条环状；内壁较直；外壁弧；一侧有两圆形穿孔。Ea型5件，M180：11-10，细条环状，截面为竖长方形。从出土位置及形态推测，铜镯下葬时成串佩戴于被葬者右手臂，镯内残存肢骨；A型Ⅰ式即M180：11-1～M180：11-9居前并按顺序排列，Ea型即M180：11-10次之，D型即M180：11-11居后。M180：11-1～M180：11-9，宽0.7～0.9、直径6.7～6.9厘米（图3-143-1-c）。M180：11-11，宽0.7、直径6.3厘米（图3-143-1-b）。M180：11-10，横截面一般长0.2、宽0.1厘米，直径不详（图3-143-1-a）。

铜扣饰　1件。

M180：6，Ab型。出土时锈蚀严重，矿化破碎。扣面圆形，背面有一横向带穿弯钩，弯钩所在位置周围可见近长方形铸缝。正面中部微凸呈动物面具状，动物额头施三角形纹，圆眼，宽鼻，眼睛有瞳孔等结构，眼睛下方即鼻子两侧施蹲踞状人纹；面具周围由内到外施多道弦纹，弦纹之间填水滴状芒纹、蛇纹、放射状短线纹、变形牵手人纹、纵横相间短线纹等。直径9.2厘米（图3-144-2，图3-145；图版133-2、3）。

铜牌形饰　1件。

M180：8，矿化锈蚀严重，大部破碎。镂空薄片状，平面呈倒置梯形，中间有柄向下延伸出梯形框，柄端可见一小的叉形缺口，梯形框内两侧饰对称弯钩。用途不明，推测为装饰品。上宽6、下宽3.2、通高4.35、厚0.12厘米（图3-144-3）。

铜泡饰　2件。

均D型。呈面具状。出土时背面朝上，彼此靠近。

M180：14，人面形，五官较清晰，圆目下凹，内镶嵌环状孔雀石片，头顶发髻呈螺旋状凸起；背面有"十"字形梁。长3.7、宽2.6厘米（图3-144-4；图版42-2，图版133-5、6）。

M180：15，动物面具形，动物圆眼宽鼻，眼睛有瞳孔等结构，鼻下有短线纹似胡须；背面有一道竖梁。长3.8、宽3.3厘米（图3-144-5；图版42-4，图版133-4）。

玉石器　3件（组）。

玉管珠　1组。

M180：9，一组7件，均A型（图版134-5）。出土时，集中放置于头骨右侧。M180：9-1，灰白色泛黄，带墨色纹理；光润细腻，微透光。直孔；平口，两端孔口大小不一。长10.26、直径0.6、孔径0.38～0.47厘米（图3-144-6）。M180：9-2，白色泛绿；微透光。直孔，内壁光滑；一端平口，另一端斜口，内沿均可见磨损痕迹。长2.7、直径0.5、孔径0.35厘米（图3-144-7）。M180：9-3，灰绿色，带墨色纹理；光润细腻，微透光。直孔，内壁光滑；斜口，内沿可见磨损痕迹。长2.5、直径0.57、孔径0.39厘米（图3-144-8）。M180：9-4，白色泛绿；微透光。对向钻孔，孔内形成错位；

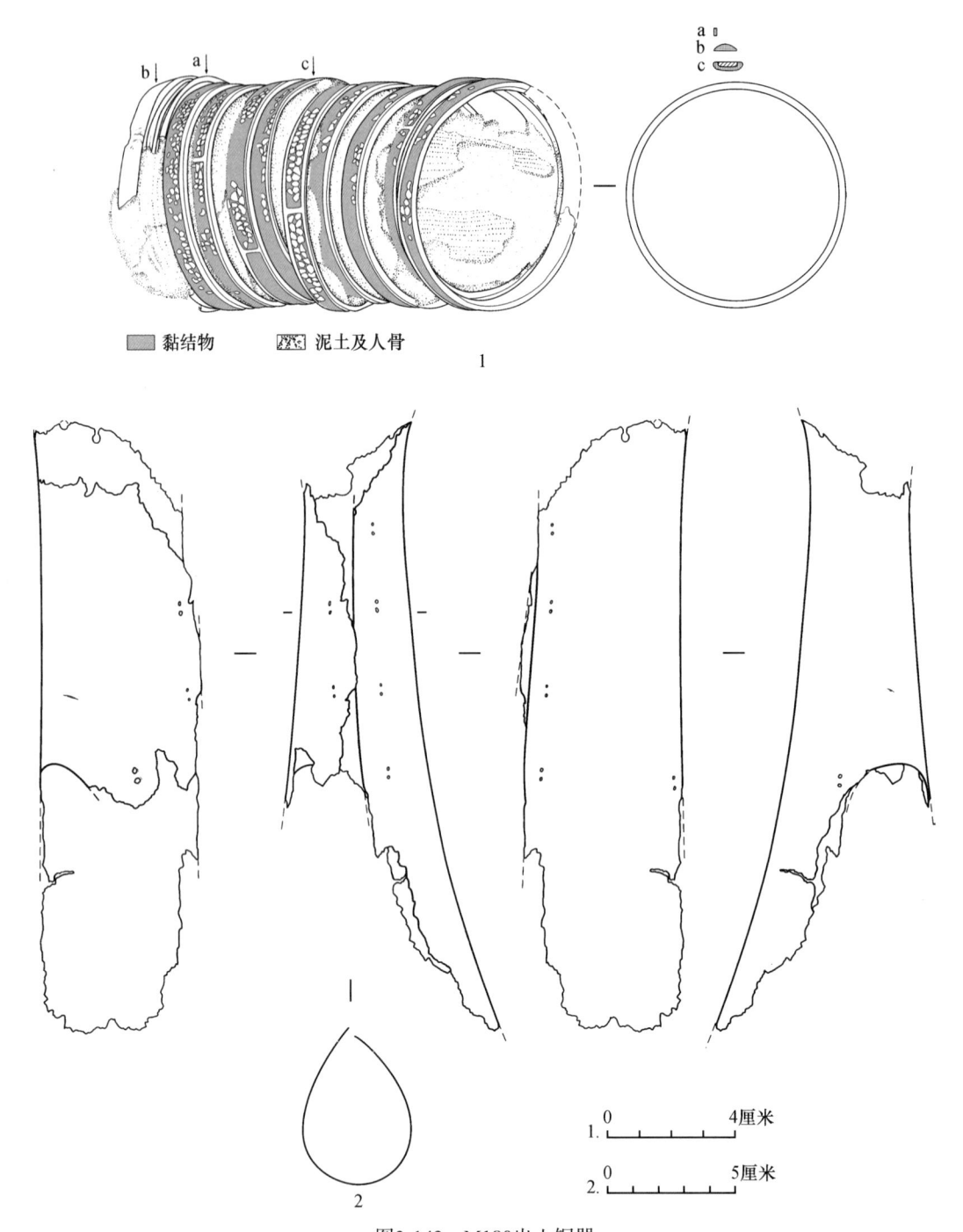

图3-143 M180出土铜器
1. 镯（M180:11） 2. 臂甲（M180:12）

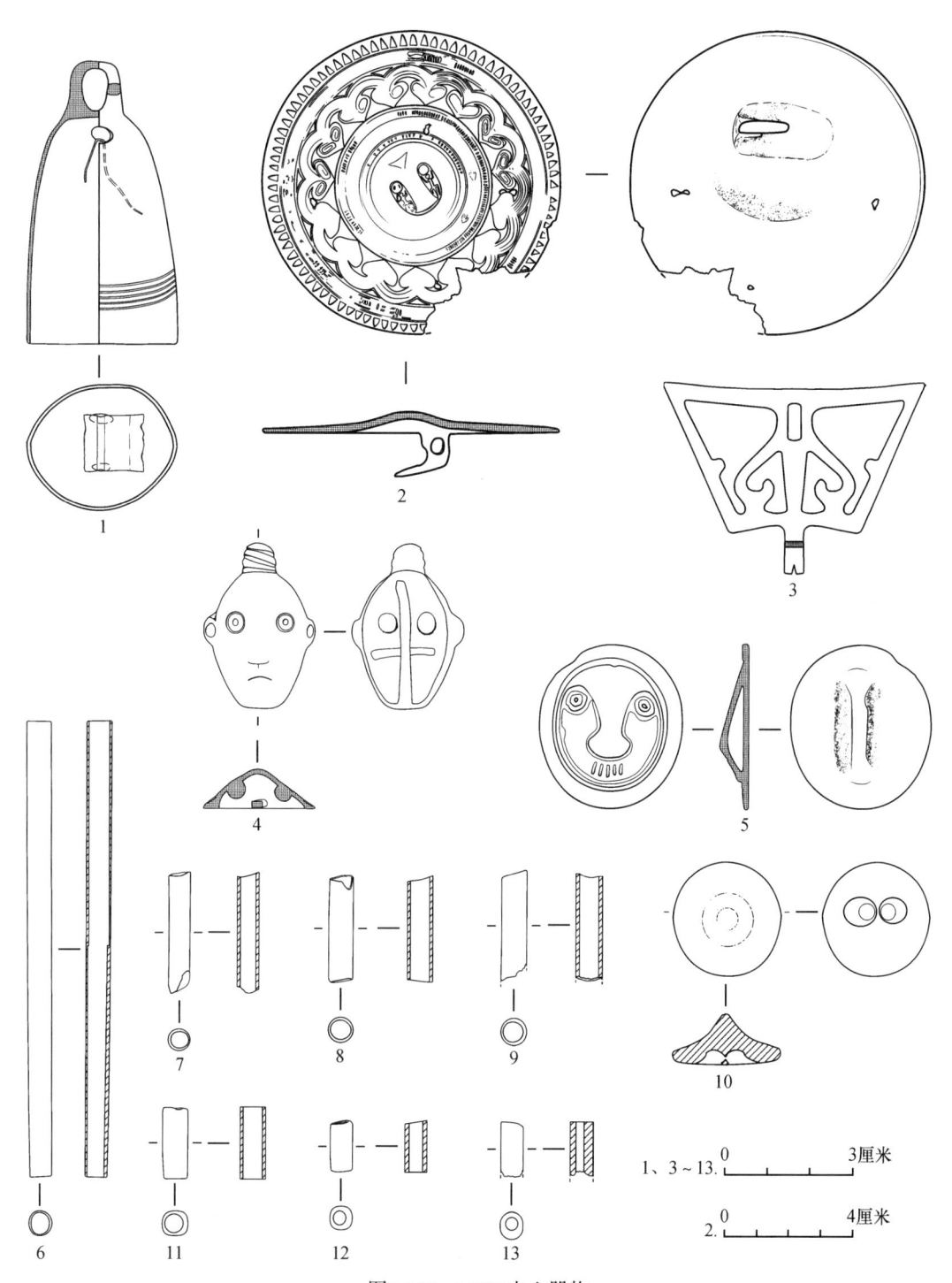

图3-144 M180出土器物

1. 铜铃（M180：7） 2. Ab型铜扣饰（M180：6） 3. 铜牌形饰（M180：8） 4、5. D型铜泡饰（M180：14、M180：15） 6~9、11~13. A型玉管珠（M180：9-1、M180：9-2、M180：9-3、M180：9-4、M180：9-5、M180：9-6、M180：9-7） 10. B型玛瑙扣（M180：10）

直孔，内壁光滑，一侧管壁有一形状不规则的穿孔；一端孔口略斜，另一端残。残长2.5、直径0.6、孔径0.39厘米（图3-144-9）。M180：9-5，灰白色；表面光润细腻，不透光。对向钻孔，孔内可见错位痕迹；直孔，内壁光滑，一侧管壁有一形状不规则的穿孔；两端平口，内沿可见磨损痕迹。长1.6、直径0.6、孔径0.38厘米（图3-144-11）。M180：9-6，白色；不透光。直孔，内壁可见镞钻痕迹；两端平口。长1.1、直径0.53、孔径0.27厘米（图3-144-12）。M180：9-7，白色；不透光。对向钻孔，孔内形成错位；直孔，内壁可见镞钻痕迹；一端平口，另一端残。残长1.24、直径0.6、孔径0.29厘米（图3-144-13）。

玉扣　1件。

M180：16，风化严重，残。白色。形制与一般的玛瑙扣相似，呈乳钉状，背面有2个相通的锥形对钻圆孔。复原直径约4.2厘米，高不详。

玛瑙扣　1件。

M180：10，B型。一侧有缺口。白色。外形呈乳钉状，正面尖凸，侧面内凹较甚，中间乳钉显得尖细，下部形成圆座，底面微鼓。正面打磨平整；背面中部打磨较平整，周围局部较粗糙。背面有2个相通的锥形对钻孔，钻孔底部有圆形小凸起。扣直径2.5、高1.1厘米（图3-144-10；图版134-4、6）。

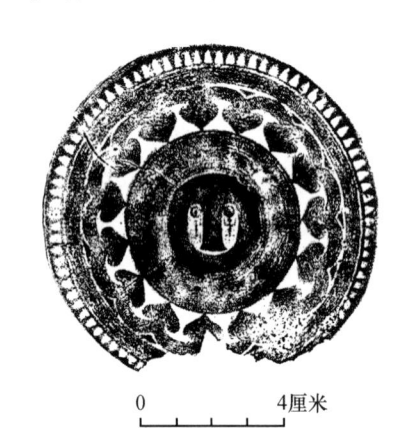

图3-145　M180出土Ab型铜扣饰拓本（M180：6）

M181

M181位于Ⅰ号发掘点T6151南部，属第3层墓葬。墓坑较小，平面呈宽长方形，纵轴方向152°，长0.98、宽0.42、深0.17米。墓坑内填红褐色黏土，略疏松，含少量炭屑。发现板灰痕迹，推测原有木质棺椁类葬具。人骨已朽，葬式不明。出土随葬品4组，包括铜镯2组、玉管珠1组、玛瑙环珠1组，均位于墓坑中部。根据墓坑及随葬铜镯大小，推测被葬者为儿童（图3-146；图版135-1）。

铜器　2组。

铜镯　2组。

均Ed型。出土时矿化严重，断裂破碎。细条环状，横截面近弯月形，内壁凹，外壁弧。

M181：1、M181：4，每组3件。根据出土位置及形态推测，下葬时分别成串佩戴于被葬者左手臂和右手臂。直径均不详，横截面直径0.15~0.22厘米。

玉石器　2组。

玉管珠　1组。

M181：3，一组3件，均A型（图版135-2）。白色；表面光润细腻，微透光。M181：3-1，带大片褐色点状纹理；对向钻孔，孔内可见错位痕迹；直孔，内壁光滑；平口，两端孔口一侧内沿可见磨损痕迹。长3.15、直径0.64、孔径0.4厘米（图3-147-1）。M181：3-2，带不规则分布的很浅的墨色纹理；直孔，内壁光滑；平口，两端孔口一侧内沿可见磨损痕迹。长2.98、直径0.66、孔径0.37厘米（图3-147-2）。M181：3-3，带褐色点状纹理；直孔，内壁光滑；平口。长2.88、直径0.69、孔径0.38~0.49厘米（图3-147-3）。

玛瑙环珠　1组。

M181：2，一组6件。淡黄褐色；微透光。珠子两侧高低不同，从侧面看近楔形；直孔。珠子尺寸略有差异，高0.32~0.45、直径0.57~0.65、孔径0.19~0.22厘米（图3-147-4；图版135-3）。

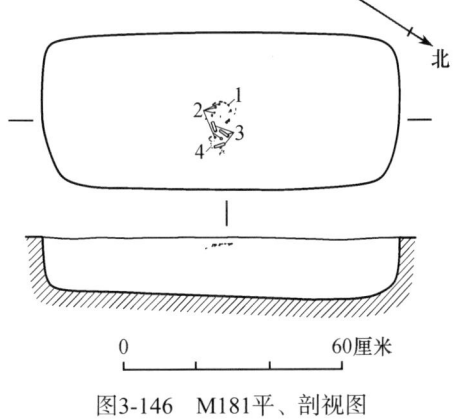

图3-146　M181平、剖视图
1、4. 铜镯　2. 玛瑙环珠　3. 玉管珠

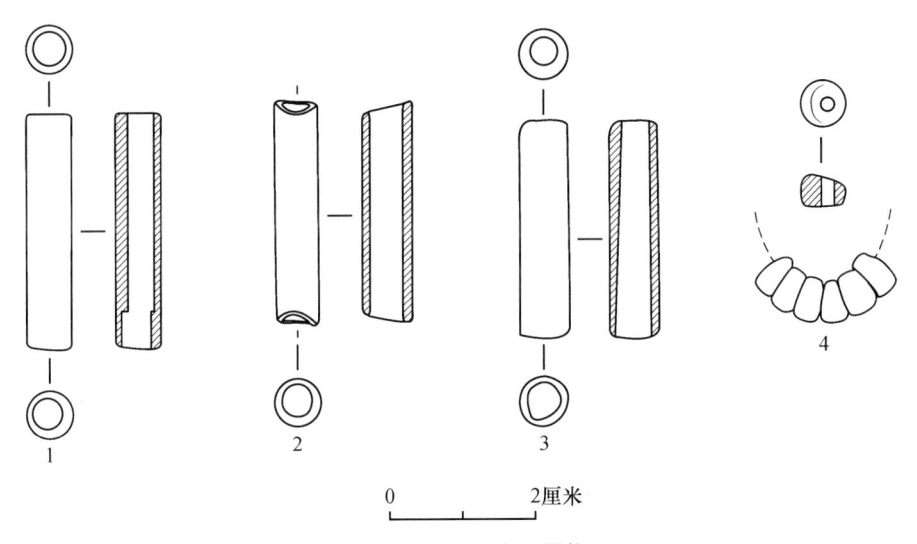

图3-147　M181出土器物
1~3.A型玉管珠（M181：3-1、M181：3-2、M181：3-3）　4. 玛瑙环珠（M181：2）

M183

M183位于Ⅰ号发掘点T6051东北部，属第3层墓葬。墓坑平面大致呈长方形，纵轴方向149°，长2.03、宽0.55、深0.3米。墓坑内填红褐色黏土，略疏松，含少量炭屑。发现板灰痕迹，推测原有木质棺椁类葬具。人骨朽毁不存，葬式不明；从铜镯、玉玦等随葬品的位置看，被葬者头朝东南方向。出土随葬品5件（组），包括铜剑、铜戈、铜扣饰、玉玦各1件，以及铜镯1组。铜镯位于墓坑中部，余皆位于墓坑东南部即被葬者头部附近（图3-148；图版136-1）。

铜器　4件（组）。

铜剑　1件。

M183：2，Cb型。空心椭圆茎，空首呈喇叭口状，茎下部有对穿；一字格；剑身前部中线略起脊，锋残，曲刃。茎部隐约可见弦纹等纹饰；剑身后部施箭矢状纹饰。格两端下方可见铸缝痕迹。出土时，剑身附着黑色炭化物。残长25.3、格长7.6厘米（图3-149-1；图版137-1）。

铜戈　1件。

M183：1，Bb型Ⅲ式。无胡；条形援微曲，援后部有一椭圆穿，近阑处有两近长方形穿；长方形直内，前部有一近三角形穿，后缘呈对称的内卷鸟首状，出土时略残。援后部椭圆穿周围施弦纹和短线芒纹；援本即椭圆穿与阑之间施浅浮雕式牵手人纹，外加梯形框；内后部亦施浅浮雕式的牵手人纹。援后部椭圆穿的壁上可见一圈铸缝痕迹，并形成错口；阑背面以及内两侧和内穿壁上亦残留铸缝痕迹。残长22.4、阑宽7.3厘米（图3-149-2；图版137-4）。

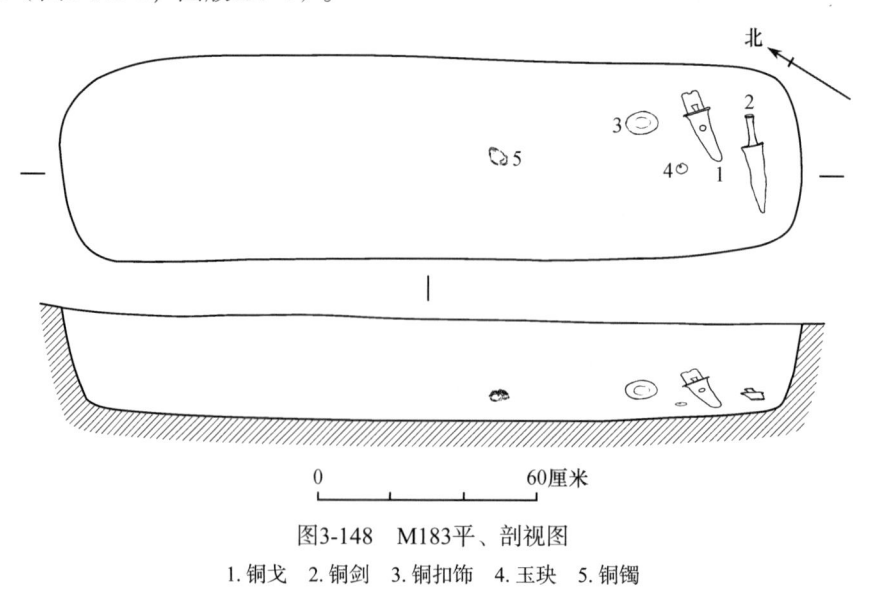

图3-148　M183平、剖视图
1.铜戈　2.铜剑　3.铜扣饰　4.玉玦　5.铜镯

图3-149　M183出土器物

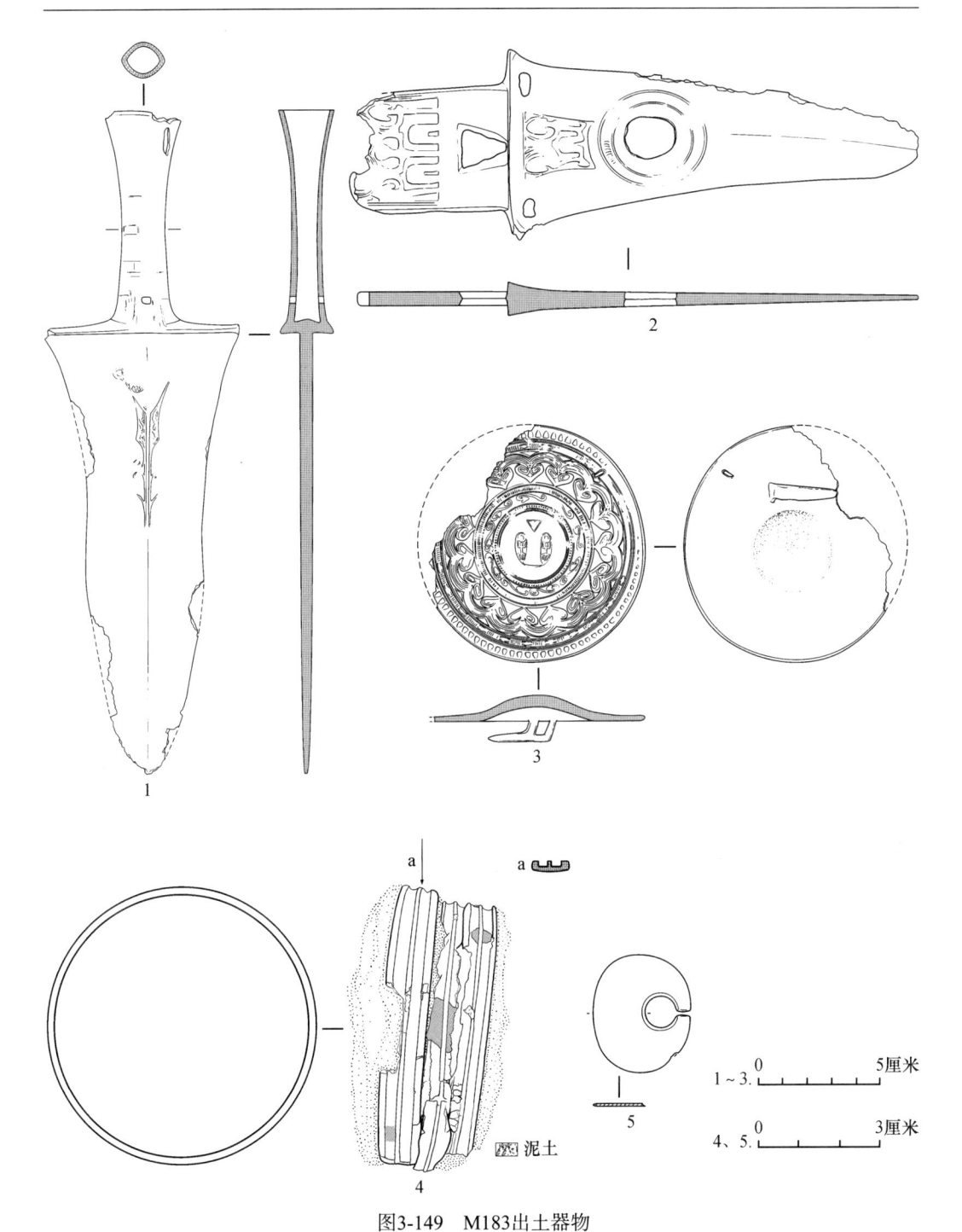

1. Cb型铜剑（M183∶2）　2. Bb型Ⅲ式铜戈（M183∶1）　3. Ab型铜扣饰（M183∶3）
4. A型Ⅰ式铜镯（M183∶5）　5. 玉玦（M183∶4）

铜镯 1组。

M183：5，一组3件，均A型Ⅰ式。锈蚀严重，多断裂破碎。片状环形，镯体较窄；内壁微弧；外壁呈浅槽结构，中间预铸一横条状界格，槽内镶嵌孔雀石片大多脱落，下面露出黑色黏结物。根据出土位置及形态推测，铜镯下葬时成串佩戴于被葬者右手臂。M183：5-1居前，其余依次排列其后。M183：5-1，宽0.7、直径6.1厘米；M183：5-2，宽0.68、直径6.5厘米；M183：5-3，宽0.9、直径6.5厘米（图3-149-4）。

铜扣饰 1件。

M183：3，Ab型。出土时锈蚀严重，矿化破碎。扣面圆形，背面有一横向带穿弯钩。正面中部微凸呈动物面具状，动物额头施三角形纹，圆眼，宽鼻，眼睛有瞳孔等结构，眼睛下方即鼻子两侧施蹲踞状人纹；面具周围由内到外施多道弦纹与放射状短线纹，每层纹饰之间分别填蛇纹、变形牵手人纹、纵横相间短线纹及水滴状芒纹。直径9.2厘米（图3-149-3，图3-150；图版137-2、3）。

玉石器 1件。

图3-150 M183出土Ab型铜扣饰拓本（M183：3）

玉玦 1件。

M183：4，白色泛黄；表面细腻，微透光。薄片状，平面呈不对称圆环形，玦口位于较窄的一侧；外缘较圆润，内缘呈单面斜坡状，斜坡微凹。外径2.75、内径0.74、玦口宽0.07、厚0.07厘米（图3-149-5；图版136-2）。

M184

M184位于Ⅰ号发掘点T6151东部，部分跨入T6152，属第3层墓葬。墓坑平面大致呈梯形，东南端带二层台，西侧被M182打破少许，长2.73、东南端宽0.84、西北端宽0.6、深0.8米，纵轴方向140°。墓坑内填红褐色黏土，略疏松，含少量炭屑。发现板灰痕迹，推测原有木质棺椁类葬具。人骨朽毁，葬式不明；从玉玦等随葬品的位置推断，被葬者头朝东南方向。出土随葬品4件，包括铜剑、铜矛、铜戚和玉玦各1件。玉玦位于墓坑东南部，余皆位于中部偏西北（图3-151；图版138-1）。

铜器 3件。

铜剑 1件。

M184：3，Cb型。空心椭圆茎，空首呈喇叭口状；一字格；剑身前部略起脊，出土前被轻度折弯，锋残，曲刃。剑身后部施箭头、变形云雷纹等纹饰，沿中线左右对称分布，整体形似箭矢。茎两侧可见铸缝痕迹。残长23.6、格长6.7厘米（图3-152-1，

第三章　墓葬分述

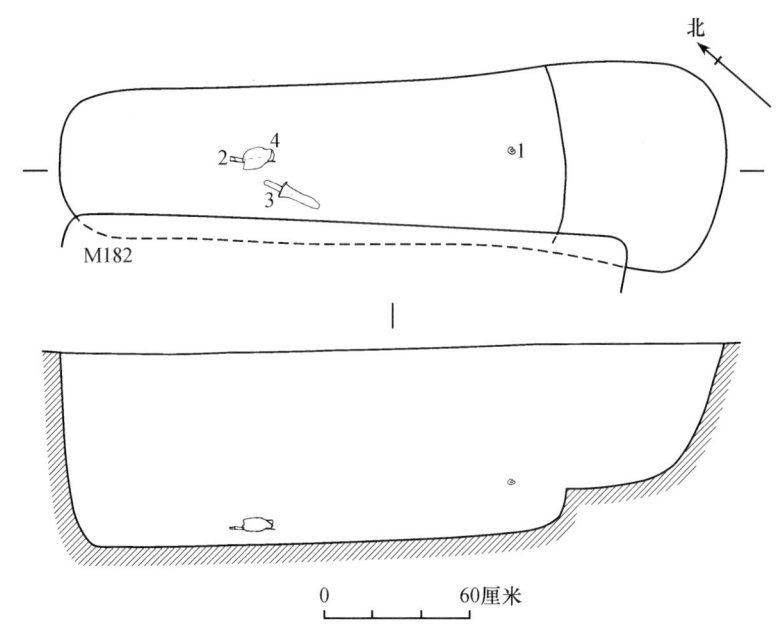

图3-151　M184平、剖视图
1. 玉玦　2. 铜矛　3. 铜剑　4. 铜戚

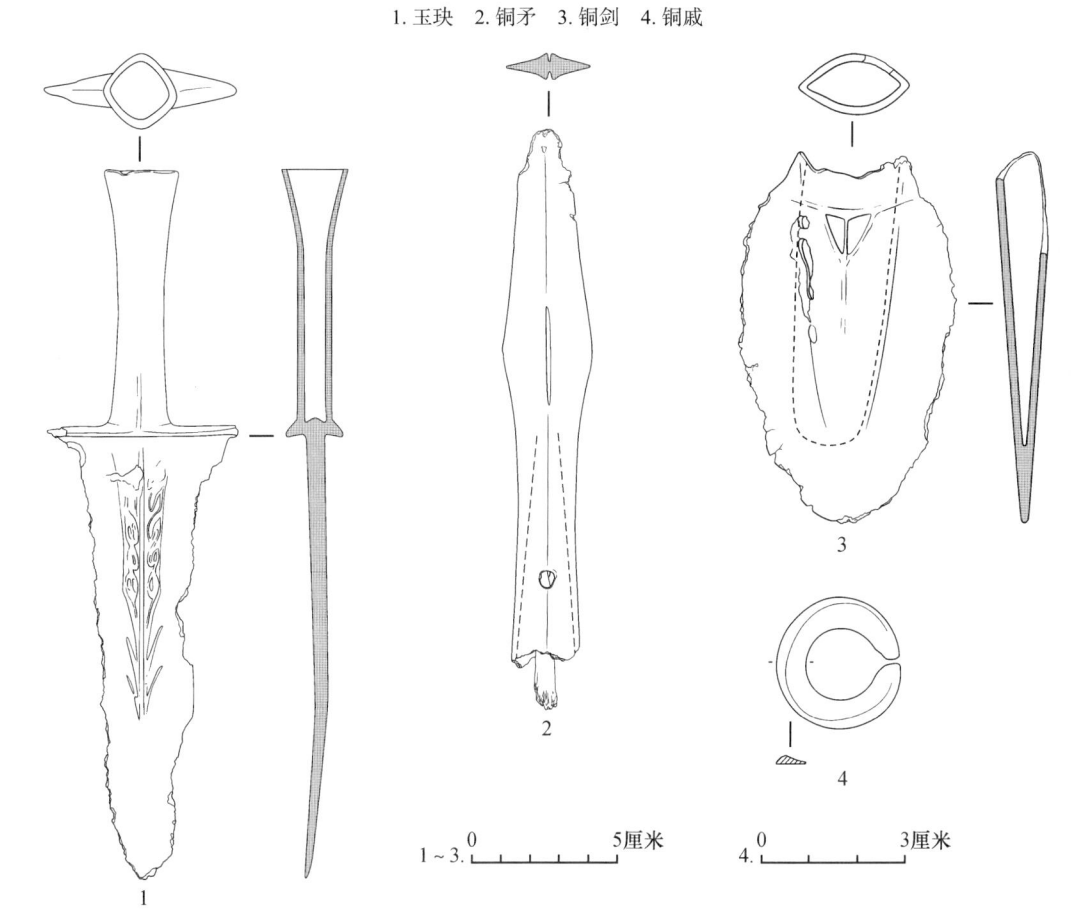

图3-152　M184出土器物
1. Cb型铜剑（M184：3）　2. Ab型Ⅰ式铜矛（M184：2）　3. A型Ⅱ式铜戚（M184：4）　4. 玉玦（M184：1）

图3-153；图版138-2，图版139-1）。

铜矛　1件。

M184：2，Ab型Ⅰ式。锈蚀严重，局部矿化。椭圆骹，后部近骹口处有圆形对穿，骹口残；柳叶形矛身，中线略起脊，后部沿脊线设血槽，刃较直，锋部出土前略被折弯。出土时器表附着黑色炭化物，另外于骹内发现朽木，推测为矛柲遗存。残长17.7厘米（图3-152-2；图版139-2）。

铜戚　1件。

M184：4，A型Ⅱ式。锈蚀严重，銎口及戚刃略残。竖銎向下延伸至戚身下部，弧底；椭圆形銎口较矮，中间下凹；戚身呈宽尖叶形，稍瘦，肩部不明显，中线略起脊。銎口下方有一道凸弦纹，弦纹下接树杈状纹饰。长12.3、銎口宽3.8厘米（图3-152-3；图版139-3）。

玉石器　1件。

玉玦　1件。

M184：1，白色泛黄，外缘局部和内缘呈褐黄色；表面光润细腻。薄片状，平面略呈不对称圆环形，玦口位于较窄的一侧；一面中间微鼓并形成折棱，另一面较平。外径2.62、内径1.4、厚0.17厘米（图3-152-4；图版139-4）。

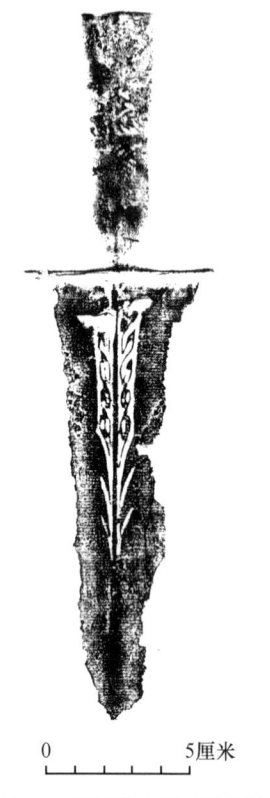

图3-153　M184出土Cb型铜剑拓本（M184：3）

M185

M185位于Ⅰ号发掘点，跨T6052、T6151和T6152，属第3层墓葬。墓坑平面大致呈长方形，纵轴方向146°，长2.46、宽0.9、深0.44米。墓坑内填红褐色黏土，略疏松，含少量炭屑。发现板灰痕迹，推测原有木质棺椁类葬具。人骨多朽毁不存，仅铜镯内发现少许肢骨，结合玉玦等随葬品位置判断，被葬者头朝东南方向，具体葬式不明。出土随葬品12件（组），包括铜器5件（组）、玉石器7件（组）。铜器有剑、戈、扣饰、泡饰各1件以及镯1组；玉石器有玉管珠、玉片珠和玛瑙环珠各1组，玉玦2件（组），玉剑首和玛瑙圆珠各1件。除铜镯位于墓坑中部外，其余随葬品均位于墓坑东南部。玉玦分左右摆放，下葬时当分别佩戴于被葬者左右耳。其他玉石类珠饰从位置和形态看，似为一组器物，覆在面部或附近，其中玉片珠和玛瑙环珠多成串状分布，但不连续。剑、戈、扣饰和泡饰等铜器大致放在头顶位置，铜剑和铜戈并排横置，玉剑首置于铜剑茎首处，原先应是连接在一起的（图3-154；图版140-1）。

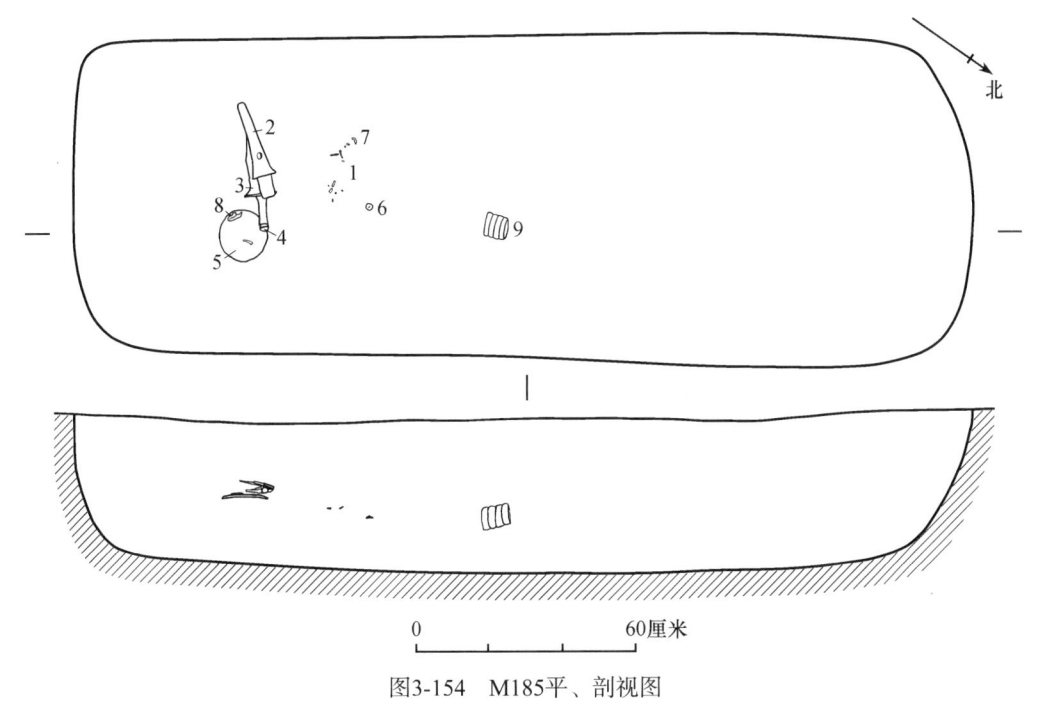

图3-154　M185平、剖视图
1. 玉石器　2. 铜戈　3. 铜剑　4. 玉剑首　5. 铜扣饰　6、7. 玉玦　8. 铜泡饰　9. 铜镯

铜器　5件（组）。

铜剑　1件。

M185：3，Cb型。空心圆茎，空首呈喇叭口状，出土时外接一白色蘑菇状玉剑首（M185：4），茎下部有对穿并发现细麻穿入其内；一字格；剑身前部略起脊，曲刃。剑身后部施箭矢状纹饰。出土时茎内发现朽木和细麻，细麻与茎下部穿孔处的细麻相连，推测与安装、固定玉剑首有关。通长28.3、格长11厘米（图3-156-1，图3-158-1；图版47-5、6，图版141-1、5）。

铜戈　1件。

M185：2，Bb型Ⅲ式。锈蚀严重，局部矿化破碎。无胡；条形援，援后部有一椭圆穿，穿两面孔径不一，穿壁上可见错口，近阑处有两近长方形穿；长方形直内，前部有一近三角形穿，后缘呈对称的内卷鸟首状。援后部椭圆穿周围施弦纹和短线芒纹；援本即椭圆穿与阑之间施浅浮雕式牵手人纹，外加梯形框；内后部亦施浅浮雕式的牵手人纹。阑背面以及内两侧和内穿壁上均残留铸缝痕迹。出土时内部可见炭化物，推测为戈柲遗存。残长25.2、阑宽7.1厘米（图3-155-2，图3-158-2；图版141-2）。

铜镯　1组。

M185：9，一组4件，均A型Ⅱ式。部分锈蚀断裂。片状环形，镯体较宽，前镯口略小于后镯口；内壁较直，边缘为圆角；外壁呈浅槽结构，中间预铸简化的云雷纹状

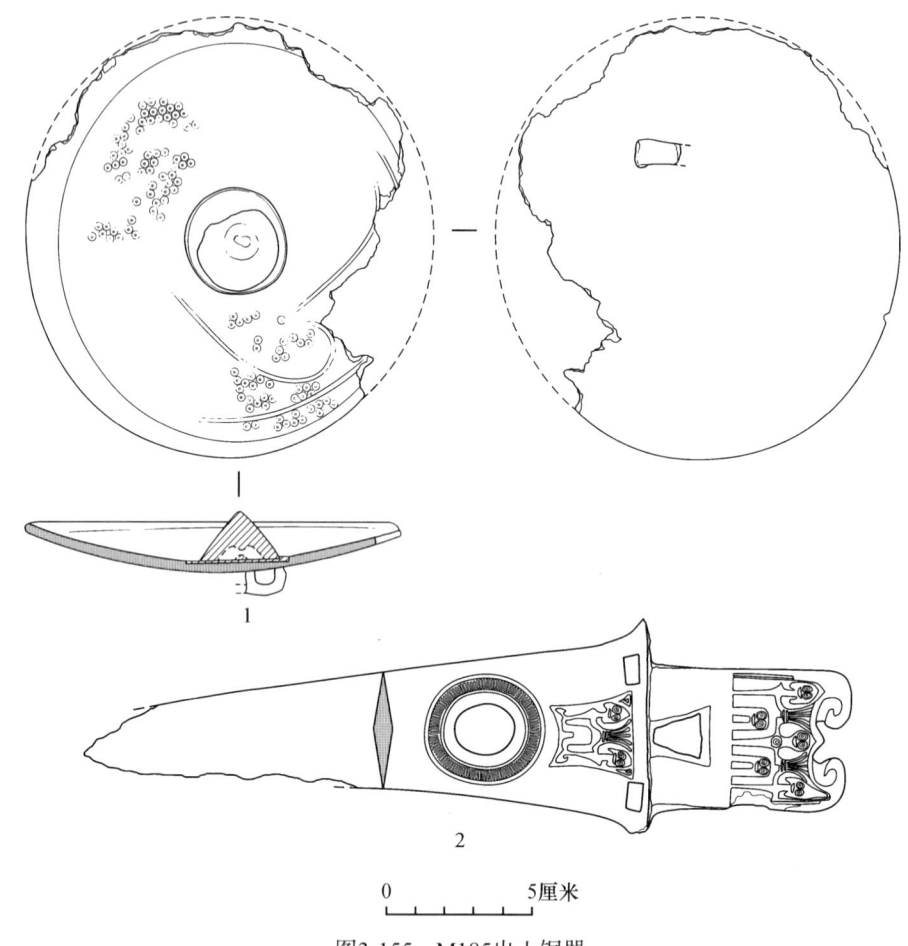

图3-155 M185出土铜器
1. Da型Ⅰ式扣饰（M185∶5） 2. Bb型Ⅲ式戈（M185∶2）

界格，槽内镶嵌孔雀石片，但大多脱落或风化。孔雀石片较小，形状不规则，与镯体之间可见黑色黏结物。4件铜镯大小略有差异，根据出土位置推测，下葬时前后相接成串佩戴于被葬者右手臂，镯内残存肢骨。M185∶9-1居前，稍小，前镯口直径5.7、后镯口直径5.8、镯宽1.4厘米。M185∶9-2和M185∶9-3大小相当，依次排列于M185∶9-1之后，前镯口直径5.9、后镯口直径6.1、镯宽1.45厘米。M185∶9-4居后，稍大，前镯口直径6.1、后镯口直径6.2、镯宽1.85厘米（图3-156-2；图版29-3，图版141-3）。

铜扣饰　1件。

M185∶5，Da型Ⅰ式。出土时背面朝上，锈蚀严重，矿化破碎。扣面呈浅圆盘状，扣体较大；中心镶嵌白色玛瑙扣；背面有一横向带穿弯钩，钩前端残；扣面背后可见双孔痕迹。扣面隐约可见施首尾相缠绕的反向"S"状双头蛇形细条纹与弦纹，其内镶嵌密集的孔雀石片，大部分已脱落，脱落处可见黑色黏结物。孔雀石片多呈圆形，中心带穿，少数形状不规则。直径约14厘米（图3-155-1；图版141-4）。

图3-156　M185出土铜器

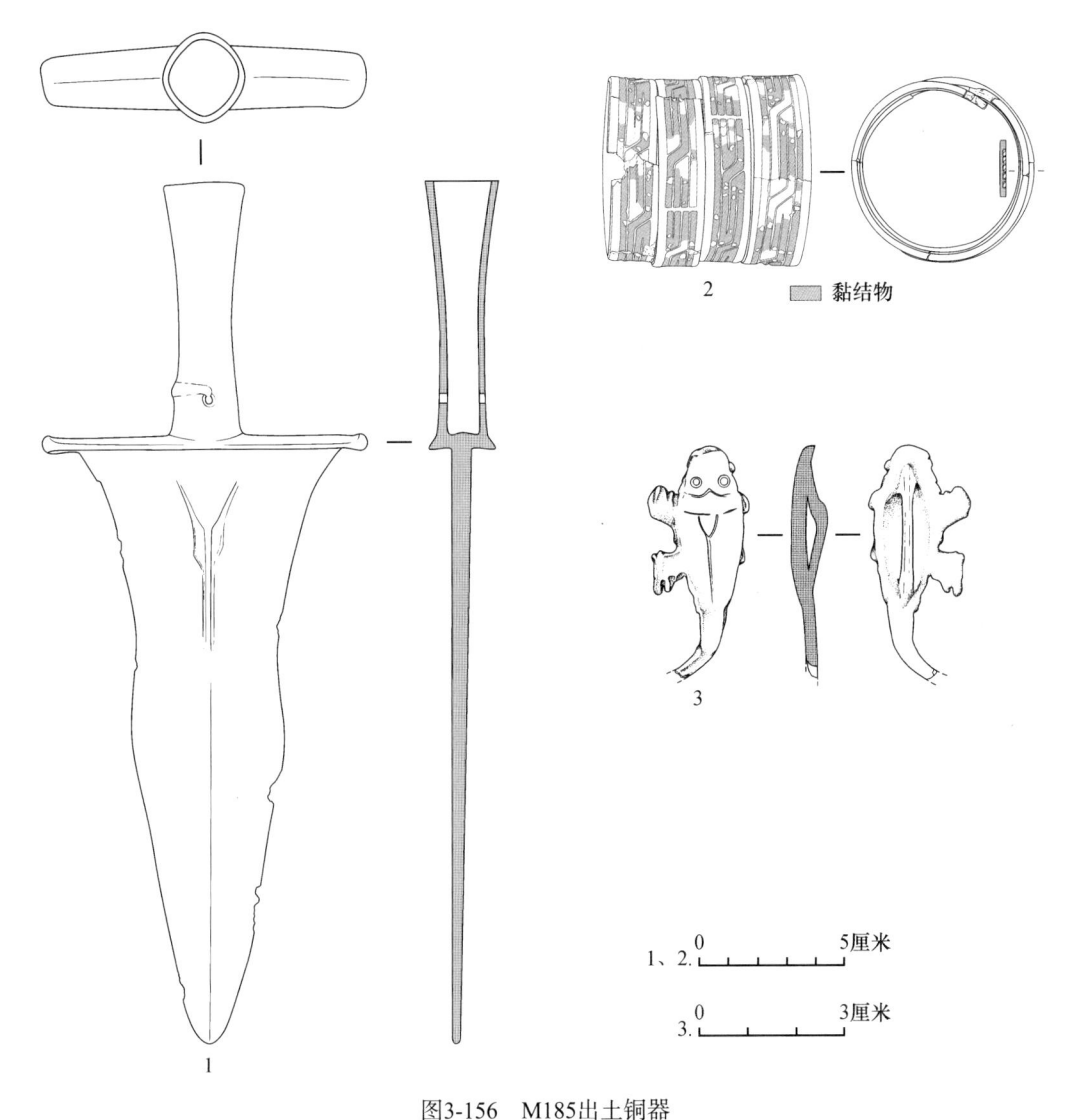

1. Cb型剑（M185∶3）　2. A型Ⅱ式镯（M185∶9）　3. E型泡饰（M185∶8）

铜泡饰　1件。

M185∶8，E型。整体造型似鱼，尾残，背面有梁。残长4.6、宽2.1厘米（图3-156-3；图版42-5、6，图版141-6）。

玉石器　7件（组）。有玉管珠、玉片珠和玛瑙环珠各1组，玉玦2件（组），玉剑首和玛瑙环珠各1件。

玉管珠　1组。

M185∶1-1～M185∶1-10、M185∶1-12，一组11件，含A型、Ca型两种类型。A型10件，均灰白色，其中M185∶1-2、M185∶1-3、M185∶1-6、M185∶1-8出土时风化破碎严重，具体形制和尺寸均不详（图版142-1）。M185∶1-1，表面光润细腻，微

透光。对向多次钻，孔内形成多处错位；直孔；一端孔口内沿可见磨损痕迹，另一端残。残长4.5、直径0.53、孔径0.3厘米（图3-157-2）。M185∶1-4，出土时变形、断裂。表面光润细腻，不透光。对向钻，孔内形成错位；直孔，两端平口。长1.99、直径0.53、孔径0.34厘米（图3-157-4）。M185∶1-5，表面光润细腻，不透光。直孔；一端平口，另一端残；平口端孔大，圆形；残端孔小，椭圆形。残长1.45、直径0.54厘米，平口端孔径0.33、残端孔径0.17~0.23厘米（图3-157-7）。M185∶1-7，表面光润细腻，不透光。直孔，一端平口略斜，另一端残。残长1.72、直径0.52、口径0.36厘米（图3-157-6）。M185∶1-9，带墨色纹理；表面光润细腻，不透光。对向钻，孔内形成错位；直孔；平口，两端孔口内沿可见磨损痕迹。长1.71、直径0.5、孔径0.3厘米（图3-157-5）。M185∶1-10，表面光润细腻，不透光。对向钻，孔内形成错位；直孔，两端孔口内沿可见磨损痕迹。长4、直径0.64、孔径0.31~0.36厘米（图3-157-3）。Ca型1件，M185∶1-12，灰白色，带墨色团块；表面光润细腻，不透光。对向钻孔，孔内形成错位；平口，两端孔口大小不一。长0.57、直径0.55、一端孔径0.18、另一端孔径0.25厘米（图3-157-10；图版45-5）。

玉片珠　1组。

M185∶1-14，一组54件。绿色，颜色深浅不一；不透光。厚薄不均，多数为对向打孔，少数为单向打孔。出土时多呈串状，但不连续。珠子一般厚0.03~0.1、直径0.38~0.61、孔径0.1~0.18厘米（图3-157-14；图版45-7，图版140-2）。

玉玦　2件（组）。

出土时均残。白色泛黄；表面细腻，微透光。薄片状，平面呈不对称圆环形，玦口位于较窄的一侧。

M185∶6，外缘较圆润，内缘呈单向斜坡状，斜坡微凹；玦身有4处圆穿，其中有2处位于玦口附近，多锥形钻孔，钻孔方向不一。外径1.74、内径0.56、玦口宽0.09、厚0.09厘米（图3-157-13；图版142-2）。

M185∶7，一组2件（图版142-3）。M185∶7-1，残剩一半有余。外缘较圆润，内缘呈单向微凹斜坡状；断口边缘处有一圆穿，对向锥形钻孔。外径2.43、内径1.46、厚0.1厘米（图3-157-11）。M185∶7-2，单面内、外缘均呈斜坡状，外缘较弧，内缘微凹；玦身有4处圆穿，多锥形钻孔。外径1.76、内径0.66、厚0.1厘米（图3-157-12）。

玉剑首　1件。

M185∶4，白色泛黄，局部可见淡绿色铜沁；表面光滑圆润。外形似蘑菇状，上大下小；顶端为椭圆形平面，底端亦呈椭圆形；底端中间管钻形成圆芯，圆芯两侧各有一圆穿。出土时紧挨Cb型铜剑（M185∶3）的茎首处，底端朝向空首，原先应安装于其中。顶端长3.68、宽2.46厘米，底端长2.38、宽1.95厘米，通高1.36厘米（图3-157-1；图版47-5、6，图版142-4、5）。

图3-157　M185出土玉石器

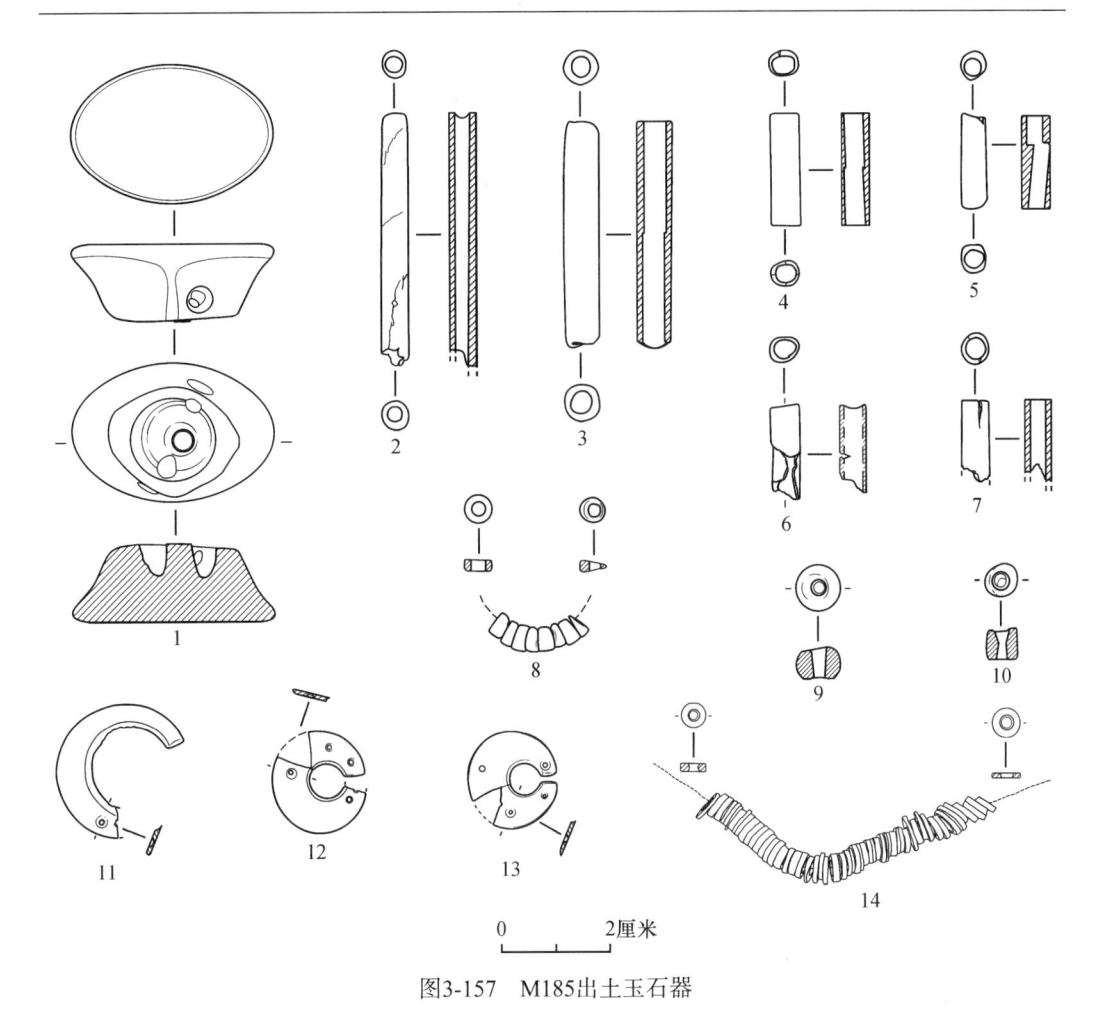

1. 玉剑首（M185：4）　2~7. A型玉管珠（M185：1-1、M185：1-10、M185：1-4、M185：1-9、M185：1-7、M185：1-5）　8. 玛瑙环珠（M185：1-13）　9. 玛瑙圆珠（M185：1-11）　10. Ca型玉管珠（M185：1-12）　11~13. 玉玦（M185：7-1、M185：7-2、M185：6）　14. 玉片珠（M185：1-14）

玛瑙圆珠　1件。

M185：1-11，白色泛黄；表面光润细腻，透光度高。直孔，两端孔径大小不一，内壁光滑；对向钻孔，先从大孔端向小孔端钻，快钻通时再从小孔端对钻。珠子高0.56、直径0.85、孔径0.17~0.19厘米（图3-157-9；图版142-6）。

玛瑙环珠　1组。

M185：1-13，一组10件。6件黄褐色，4件红褐色；表面光润细腻，透光度高。圆环形，孔径较大，孔壁薄；部分平口，部分孔口微凹。出土时集中在一起，呈串状。珠子尺寸略有差异，一般高0.18~0.3、直径0.4~0.43、孔径0.15~0.17厘米（图3-157-8；图版142-7）。

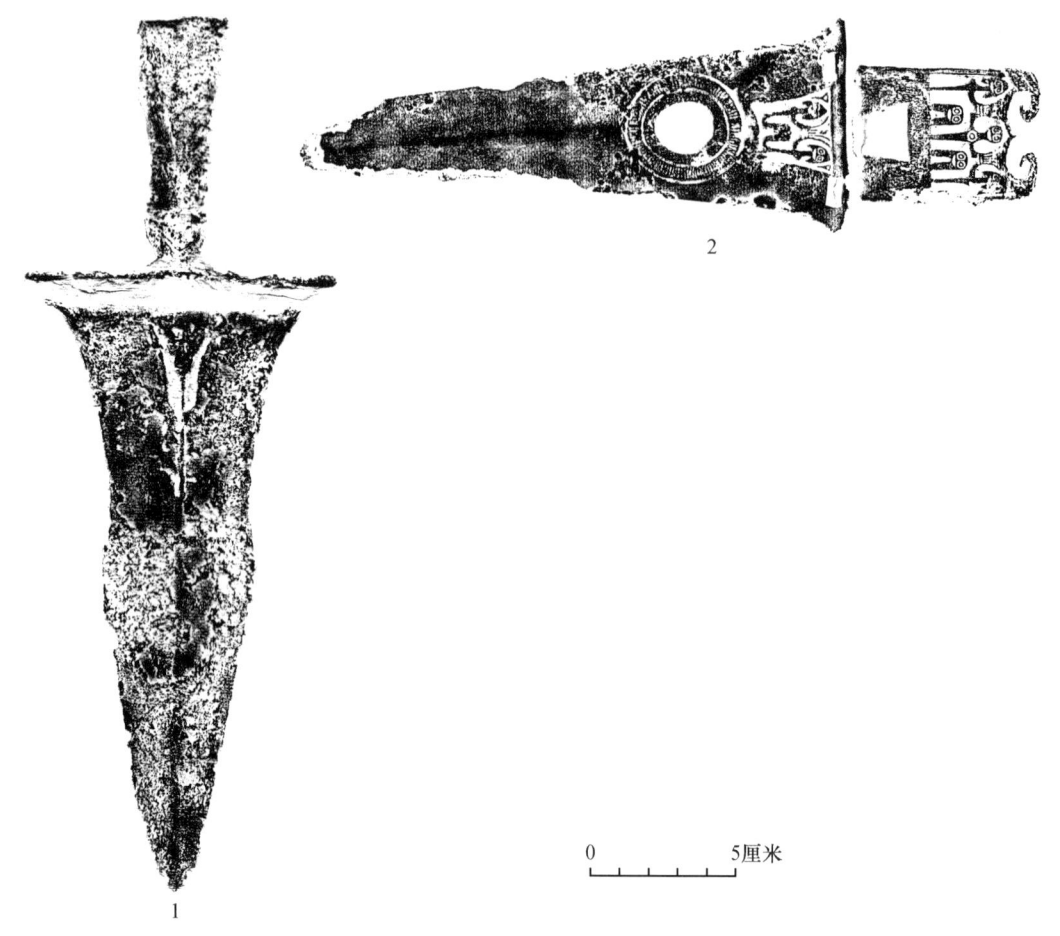

图3-158　M185出土铜器拓本
1. Cb型剑（M185∶3）　2. Bb型Ⅲ式戈（M185∶2）

M186

M186位于Ⅰ号发掘点，跨T6052、T6053、T6152，属第3层墓葬。墓坑平面呈长条形，东南部被盗坑打破，残长2.17、宽0.62、深0.24米，纵轴方向127°。墓坑内填红褐色黏土，略疏松，含少量炭屑。发现板灰痕迹，推测原有木质棺椁类葬具。残存零星骨渣，葬式不明。出土随葬品为铜剑1件，横置于墓坑东南部，出土前被折弯（图3-159）。

铜剑　1件。

M186∶1，Ca型。锈蚀严重，局部矿化。空心圆茎，横截面略近方形，空首呈喇叭口状，茎上部有对穿，下部单面有穿孔；一字格；剑身较宽，前部出土前被折弯，中线略起脊，曲刃。茎部隐约可见多道弦纹，中间填涡纹和编织纹；剑身后部于中线两侧对称施箭头、涡卷纹等纹饰，形如箭矢。茎部两侧和格两端下方可见铸缝痕迹。通长23.8、格长9.2厘米（图3-160；图版9-2、3）。

第三章 墓葬分述

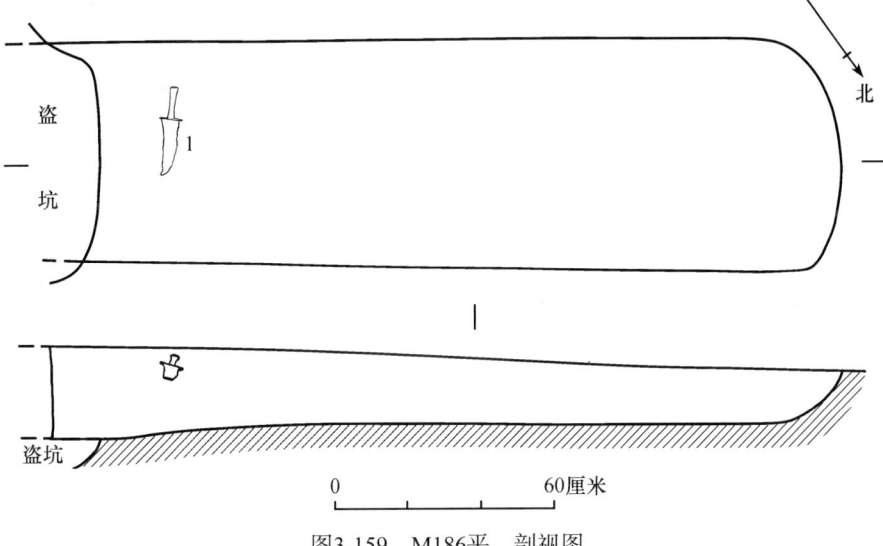

盗坑

北

盗坑

0　　　　　60厘米

图3-159 M186平、剖视图
1. 铜剑

0　　5厘米

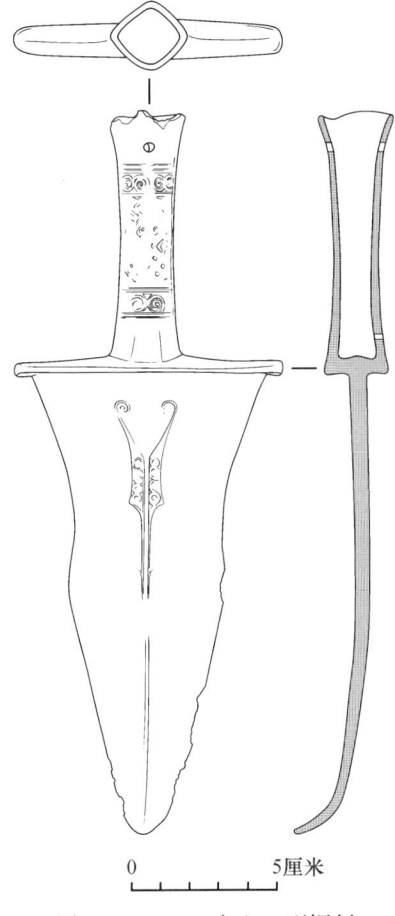

图3-160 M186出土Ca型铜剑
（M186∶1）

M188

M188位于Ⅰ号发掘点T6152西北部，属第3层墓葬。墓坑平面大致呈长方形，西北端被盗坑打破，残长1.8、宽0.68、深0.25米，纵轴方向149°。墓坑内填浅红褐色黏土，略疏松，含少量炭屑。发现板灰痕迹，推测原有木质棺椁类葬具。人骨朽毁，葬式不明。出土随葬品2件，分别为铜扣饰和玉剑首，均位于墓坑中部偏东南，靠近西壁（图3-161）。

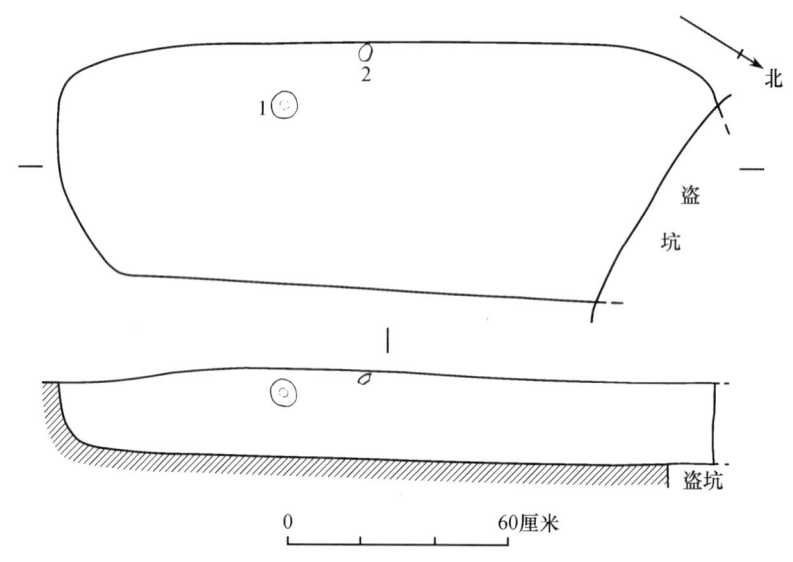

图3-161 M188平、剖视图
1. 铜扣饰 2. 玉剑首

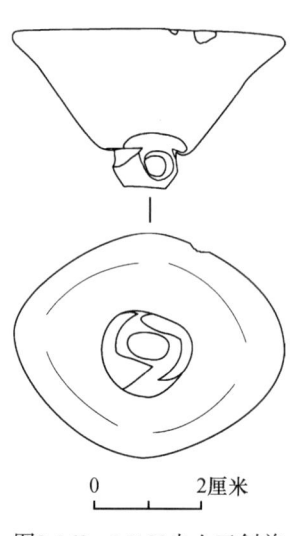

图3-162 M188出土玉剑首
（M188：2）

铜器 1件。

铜扣饰 1件。

M188：1，Ab型。出土时矿化严重，残剩约一半并破碎。扣面圆形，正面中部微凸呈动物面具状，隐约可见圆眼，眼睛有瞳孔等结构；面具周围由内到外施多道弦纹，弦纹之间填水滴状芒纹、蛇纹、放射状短线纹等。直径约7.3厘米。

玉石器 1件。

玉剑首 1件。

M188：2，白色泛黄，带浅墨色纹理；表面光滑圆润。外形似蘑菇状，上大下小；顶端为椭圆形平面；底端形状不甚规则，接一环钮；钮面经打磨略内凹，钮孔对钻，孔内形成错位。顶端长5、宽4厘米，底端长0.8、宽0.5厘米，通高2.8厘米（图3-162；图版47-3、4）。

M209

M209位于Ⅰ号发掘点T6053北部，属第3层墓葬。墓坑平面大致呈长方形，西北端被扰坑打破，残长1.52、宽0.48、深0.3米，纵轴方向132°。墓坑内填红褐色黏土，略疏松。发现板灰痕迹，推测原有木质棺椁类葬具。人骨朽毁不存，葬式不明。出土随葬品4件，均铜器，分别为剑、戈、矛和扣饰，集中摆放于墓坑东南部，其中铜剑和铜戈出土前均被折断（图3-163；图版155-1）。

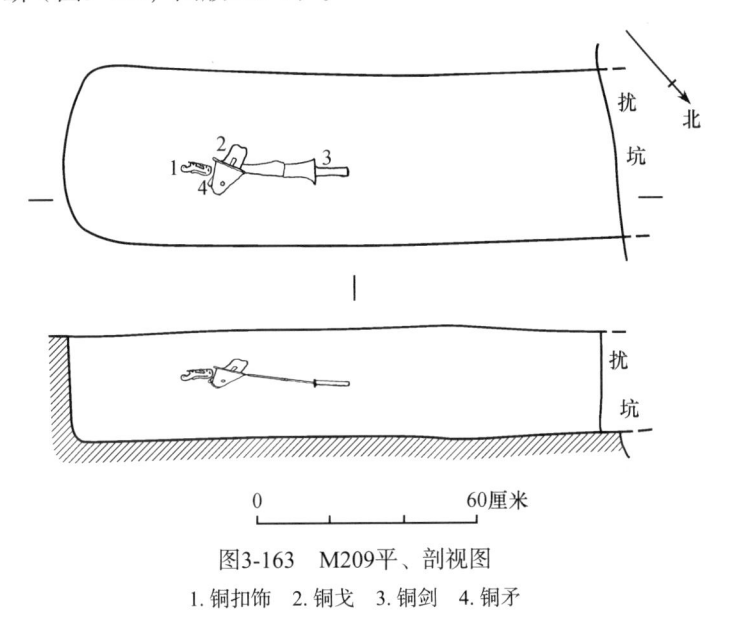

图3-163 M209平、剖视图
1. 铜扣饰 2. 铜戈 3. 铜剑 4. 铜矛

铜剑 1件。

M209：3，Cc型。锈蚀较严重，局部矿化。空心椭圆茎，空首呈喇叭口状，茎上部有对穿；一字格；剑身出土前被折断，前部中线略起脊，曲刃。茎部施多道弦纹，中间填涡纹、编织纹等，茎首口沿做成波浪花边状；剑身后部施箭头、涡卷纹等纹饰，沿中线左右对称分布，整体似箭矢。茎两侧及格两端下方可见铸缝痕迹。通长32.1、格长7.3厘米（图3-164-2；图版11-1，图版156-1）。

铜戈 1件。

M209：2，Bc型。无胡；曲援，前部中线起圆脊，尖锋呈圭首状，出土前被折断并置于旁侧，援后部有一椭圆形穿，近阑处有两长方形穿；长方形直内，前部有一近椭圆形穿，后缘呈对称的内卷鸟首状。援后部椭圆穿周围施弦纹和短线芒纹；援本即椭圆穿与阑之间施浅浮雕式牵手人纹，外加梯形框；内后部亦施浅浮雕式的牵手人纹。援后部椭圆穿的壁上可见一圈铸缝和错口；阑背面以及内两侧和内穿壁上亦残留铸缝痕迹。通长27.4、阑宽9.6厘米（图3-164-1；图版19-3，图版156-3）。

图3-164　M209出土铜器

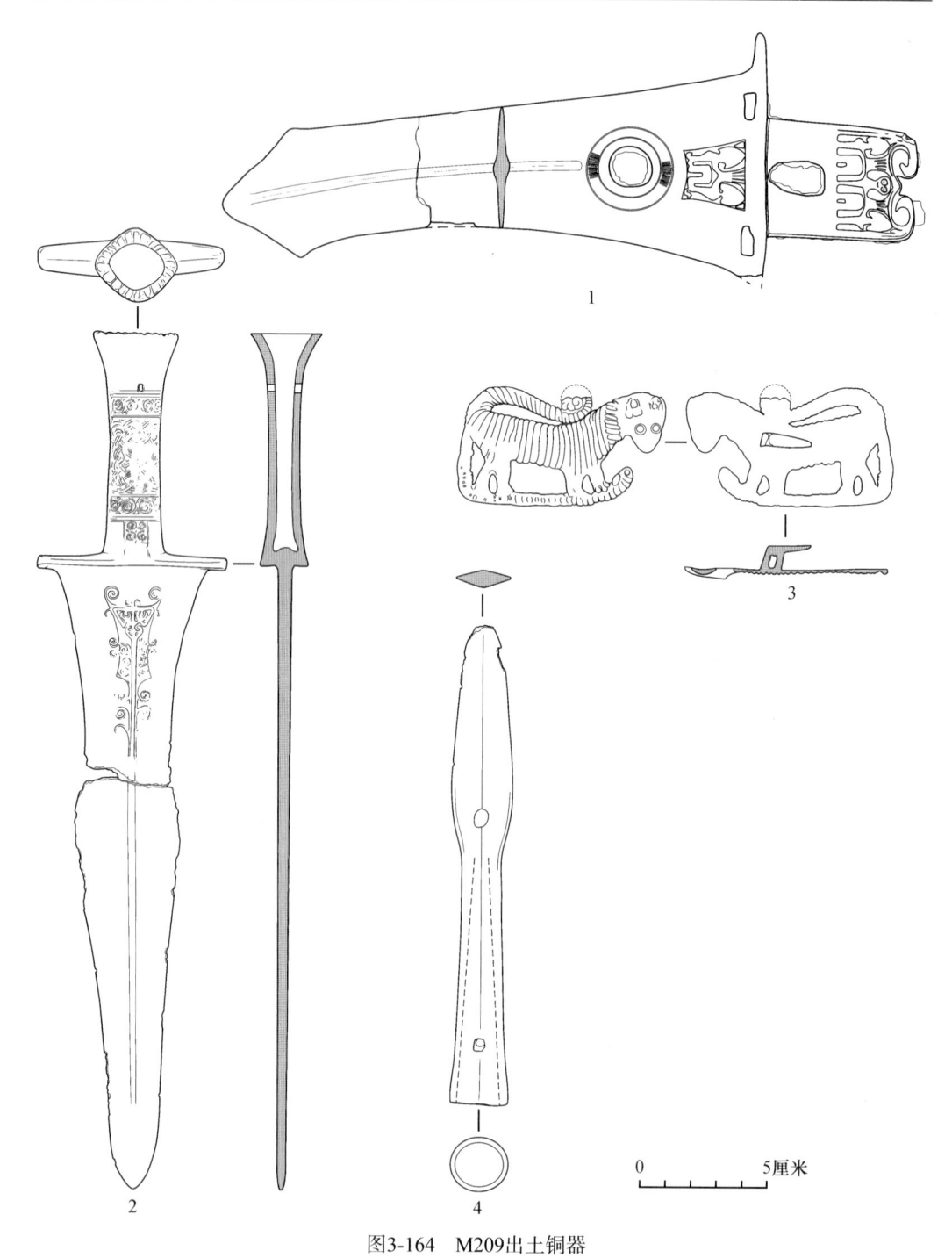

1. Bc型戈（M209∶2）　2. Cc型剑（M209∶3）　3. F型扣饰（M209∶1）　4. Aa型矛（M209∶4）

铜矛　1件。

M209：4，Aa型。圆骹，后部近骹口处有对穿，骹口平；柳叶形矛身，中线略起脊，刃较直，锋部略残。出土时骹内发现朽木，朽木上还残存铜销钉，推测与矛柲有关。残长17.7厘米（图3-164-4；图版20-4，图版156-2）。

铜扣饰　1件。

M209：1，F型。锈蚀较严重，局部残。扣面呈半立体虎踏蛇造型，虎尾卷曲略残。背面有一横向带穿弯钩，弯钩所在位置周围可见近长方形铸缝。长8、宽4.5厘米（图3-164-3，图3-165；图版39-4～6，图版155-2）。

图3-165　M209出土F型铜扣饰拓本（M209：1）

四、第4层墓葬

M58

M58位于Ⅰ号发掘点T6252东北部，小部分跨入T6352，东南部还有少许延伸出发掘区，属第4层墓葬。墓坑平面为宽长方形，四角较圆，纵轴方向142°。墓坑西部设二层台；东部有4层台阶；下部墓室为长方形。墓坑长2.8、宽1.82、深1.4米，下部墓室长2.63、宽0.75、深0.68米。墓坑内填红褐色黏土。未发现葬具痕迹。人骨朽毁不存，葬式不明，根据玉镯等随葬品的摆放位置和形态，推测被葬者头朝东南方向。出土随葬品12件（组），包括铜器6件（组）、玉石器5件（组）以及特殊材料制品1组。铜器有剑、戈、矛、泡饰各1件以及铜镯2件（组），玉石器有玉管珠2件（组）、玉扁珠1件、玉镯1件、孔雀石环珠1组，特殊材料制品为桦树皮焦油等材料制作的镯1组。1件铜镯（M58：9-1）与特殊材料的镯（M58：9-2、M58：9-3）发现于墓坑西部二层台上，重叠摆放，推测成串佩戴，佩戴者可能为殉人。其余随葬品均位于墓室东南部，其中玉镯略靠墓室中部，出土前铜剑、铜戈、铜矛均被折弯（图版97-3）。从出土位置及形态看，不同材质和类型的玉石类珠子多混合成组或成串使用，其中1组玉管珠（M58：5-1、M58：5-2）与1件玉扁珠（M58：5-3）为同组，1件玉管珠（M58：7-1）与1组孔雀石环珠（M58：7-2）为同组（图3-166；图版97-1）。

铜器　6件（组）。

铜剑　1件。

M58：2，Cc型。锈蚀严重，局部矿化。空心椭圆茎，空首呈喇叭口状，出土时残，茎下部有近方形对穿；一字格；剑身前部中线略起脊，出土前被折弯，曲刃。茎部施弦纹、涡纹、云雷纹、编织纹等纹饰；剑身后部施箭头、涡卷纹等纹饰，沿中

图3-166 M58平、剖视图

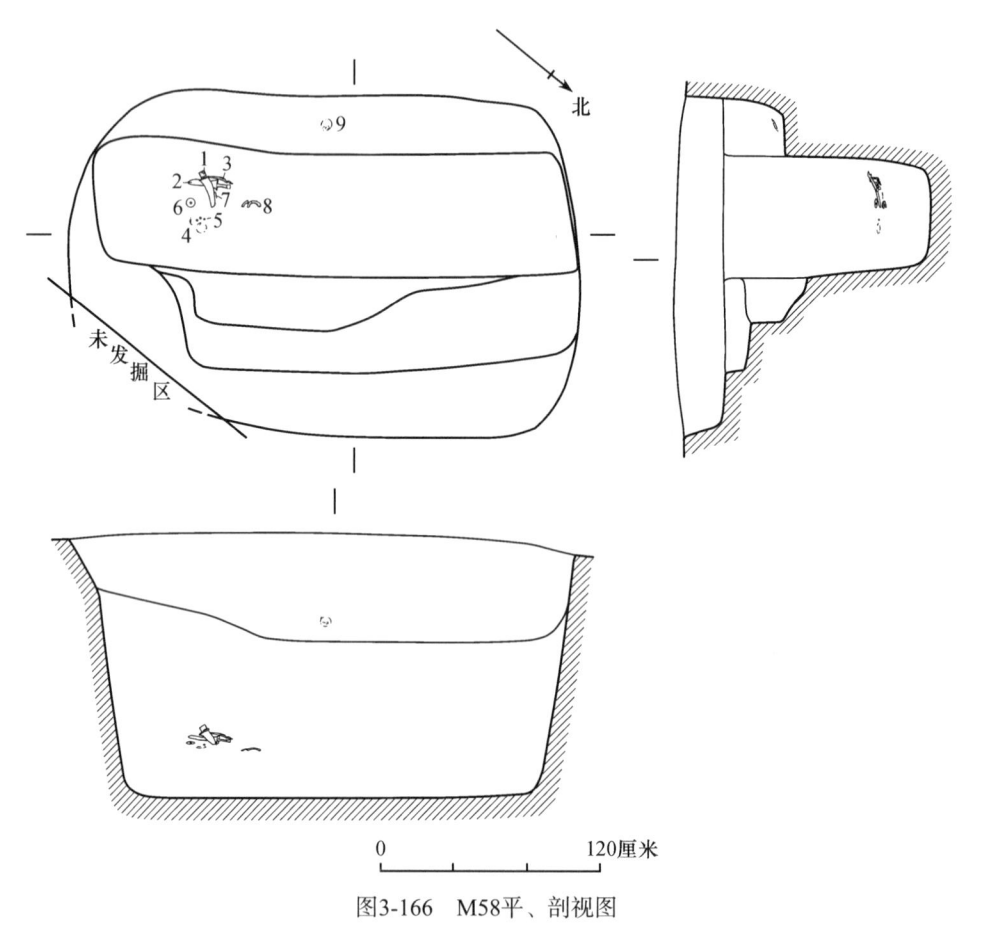

1. 铜戈 2. 铜剑 3. 铜矛 4. 铜镯 5. 玉管珠、玉扁珠 6. 铜泡饰 7. 玉管珠、孔雀石环珠 8. 玉镯
9. 铜镯和特殊材料镯

线左右对称分布，整体形似箭矢。茎两侧可见铸缝痕迹。残长约26.8、格长7.6厘米（图3-167-1；图版98-1~3）。

铜戈　1件。

M58∶1，Bb型Ⅰ式。锈蚀严重，局部矿化破碎。从出土现场看，无胡；条形援被折弯；长方形直内残，后缘呈对称的内卷鸟首状。通长约23厘米（图版97-3）。

铜矛　1件。

M58∶3，B型Ⅱ式。矿化严重，残甚。骹口残，骹横截面近椭圆形；叶较短，后部脊内隐约可见血槽，曲刃。残长11.8厘米（图3-167-3）。

铜镯　2件（组）。

C型Ⅰ式、Eb型混合类型，1组。

M58∶4，一组3件。C型Ⅰ式1件，M58∶4-1，矿化严重，多处断裂。片状环形，镯体较窄；内壁微弧；外壁施横向并列辫索纹。宽0.65、直径约6.4厘米（图3-167-4；

图3-167 M58出土铜器

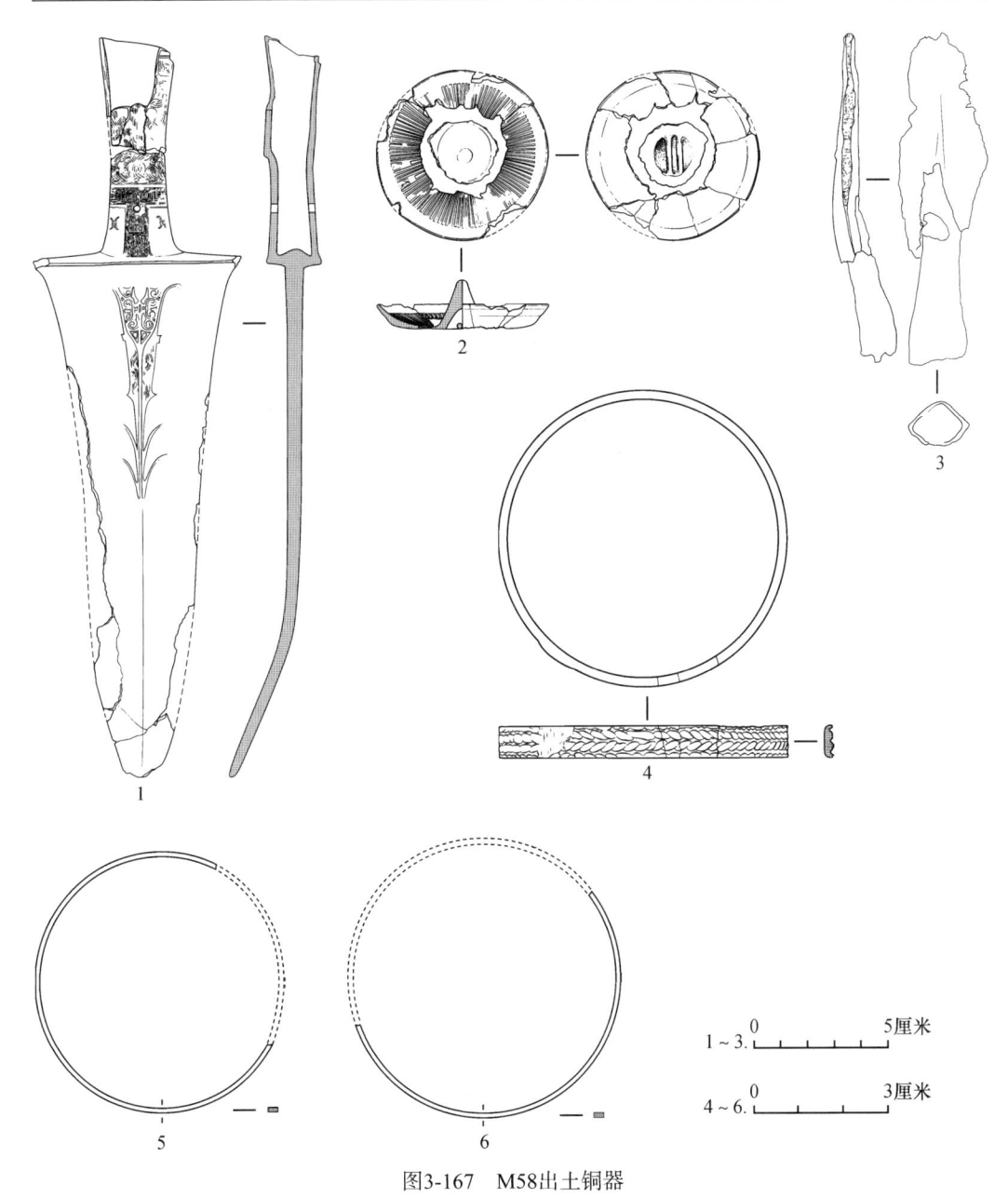

1. Cc型剑（M58∶2） 2. Ca型泡饰（M58∶6） 3. B型Ⅱ式矛（M58∶3） 4. C型Ⅰ式镯（M58∶4-1）
5、6. Eb型镯（M58∶4-2、M58∶4-3）

图版30-2）。Eb型2件，M58：4-2、M58：4-3，矿化严重，断裂破碎。细条环状，截面为横长方形。M58：4-2，直径5.6厘米（图3-167-5）；M58：4-3，复原直径6厘米（图3-167-6）；两件横截面尺寸相近，长0.24、宽0.12厘米。

A型Ⅱ式，1件。

M58：9-1，矿化破碎严重，从残片形状及其上简化的云雷纹状界格可判断为A型Ⅱ式铜镯。位于墓坑西部二层台上，与之一起佩戴的还有2件特殊材料镯（M58：9-2、M58：9-3）。铜镯具体尺寸不详，从出土现场观察，直径约6厘米。

铜泡饰　1件。

M58：6，Ca型。出土时背面朝上，锈蚀严重，矿化破碎，背面有两道横梁。圆片周围上翘，似圆盘状，中间呈锥形凸起，泡面边缘饰放射状线条纹。复原直径约6.3、高1.7厘米（图3-167-2）。

玉石器　5件（组）。

玉管珠　2件（组）。

A型，1件。

M58：7-1，灰白色；表面光润细腻，不透光。直孔；一端孔口略斜，另一端残。残长2.4、直径0.5、孔径0.3厘米。从出土位置和形态看，这件玉管珠与1组孔雀石环珠（M58：7-2）可能是成串使用的同一组器物（图3-168-1；图版98-5）。

Cb型，1组。

M58：5-1、M85：5-2，一组2件。白色泛黄；表面光润细腻。M58：5-1，微透光。直孔；一端平口；另一端斜口，孔口内沿可见磨损痕迹。长0.92、直径0.83、孔径0.46厘米（图3-168-3；图版98-8）。M58：5-2，不透光。直孔；斜口。长1、直径1.02、孔径0.52厘米（图3-168-2；图版98-6）。从出土位置和形态看，这两件玉管珠与另一件玉扁珠（M58：5-3）可能为一起使用的同一组器物。

玉扁珠　1件。

M58：5-3，出土时表面局部风化。白色泛黄，不透光。直孔；平口。高0.4、直径1.15、孔径0.26厘米。从出土位置和形态看，这件玉扁珠与另两件玉管珠（M58：5-1、M58：5-2）可能为一起使用的同一组器物（图3-168-4；图版45-8，图版98-7）。

玉镯　1件。

M58：8，B型。出土时风化破碎严重。白色，不透光。圆环形，内缘凸出起棱，横截面呈"T"形。外径约12、内径约6厘米（图版97-3）。

孔雀石环珠　1组。

M58：7-2，一组10余件。出土时风化严重，多已变形。绿色；不透光。圆环形，孔径较大。珠子尺寸略有差异，高0.15～0.25、直径0.23～0.34、孔径0.12～0.15厘米。从出土位置和形态看，此组孔雀石环珠与另一件玉管珠（M58：7-1）可能是成串使用

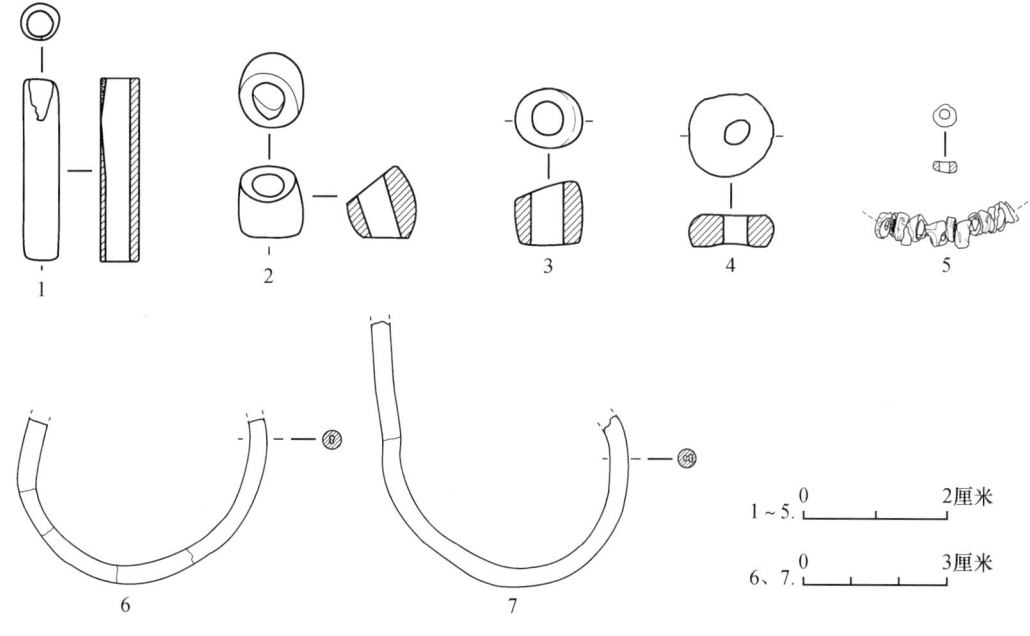

图3-168　M58出土器物
1. A型玉管珠（M58：7-1）　2、3.Cb型玉管珠（M58：5-2、M58：5-1）　4. 玉扁珠（M58：5-3）
5. 孔雀石环珠（M58：7-2）　6、7.B型特殊材料镯（M58：9-2、M58：9-3）

的同一组器物（图3-168-5；图版98-4）。

特殊材料制品　1组。

特殊材料镯　1组。

M58：9-2、M58：9-3，B型，一组2件。据检测和分析，系用桦树皮焦油等特殊材料制成，出土时已残碎。黑色，质感较轻。细条环状，横截面圆形，可见两孔状空腔。出土时位于墓坑西部二层台上，与1件铜镯（M58：9-1）成串佩戴，但因断裂残碎，顺序不详（图版97-2）。M58：9-2，复原直径约4.5、横截面直径约0.4厘米（图3-168-6）。M58：9-3，复原直径约5、横截面直径约0.4厘米（图3-167-7）。

M67

M67位于Ⅰ号发掘点T6251东南部，属第4层墓葬。墓坑平面呈长条形，东南部被盗坑打破，残长1.56、宽0.4、深0.25米，纵轴方向118°。墓坑内填浅红褐色黏土。发现板灰痕迹，推测原有木质棺椁类葬具。残存少许骨渣，葬式不明。出土随葬品2件，分别为铜剑和铜戈，均位于墓坑中部，其中铜戈横置，内上可见柲痕（图3-169；图版101-1）。

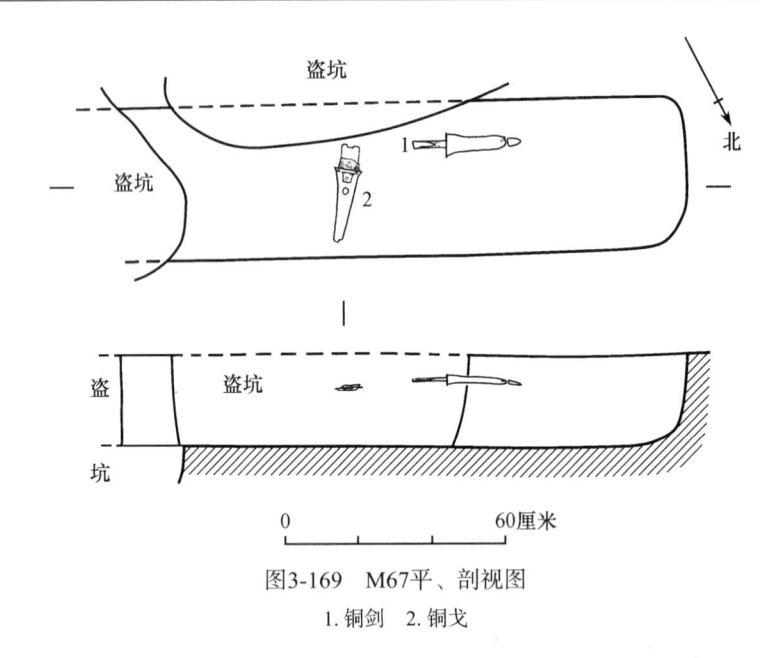

图3-169　M67平、剖视图
1. 铜剑　2. 铜戈

铜剑　1件。

M67:1，Cb型。锈蚀严重，局部矿化破碎。空心圆茎，空首呈喇叭口状，出土时残，茎下部有对穿；一字格，两端略残；剑身前部中线略起脊，出土前被轻度折弯，曲刃。茎部施多道弦纹，内填涡纹和编织纹；剑身后部施箭头、涡卷纹等纹饰，沿中线左右对称分布，形如箭矢。茎两侧可见铸缝痕迹。出土时茎部有细麻缠绕痕迹，已炭化，剑身下亦见明显黑色炭化物。残长22.3、格残长5.7厘米（图3-170-2；图版101-2、4）。

铜戈　1件。

M67:2，Bb型Ⅲ式。无胡；条形援微曲，援后部有一椭圆穿，近阑处有两近长方形穿；长方形直内，前部有一近梯形穿，后缘呈对称的内卷鸟首状，出土时略残。援后部椭圆穿周围施弦纹和短线芒纹；援本即椭圆穿与阑之间施浅浮雕式牵手人纹，外加梯形框；内后部亦施浅浮雕式的牵手人纹。援后部椭圆穿的壁上可见一圈铸缝；阑背面以及内两侧内穿壁上亦残留铸缝痕迹。出土时内部可见朽木和炭化物，推测为戈柲遗存。通长25.5、阑宽7.6厘米（图3-170-1；图版17-1，图版101-3）。

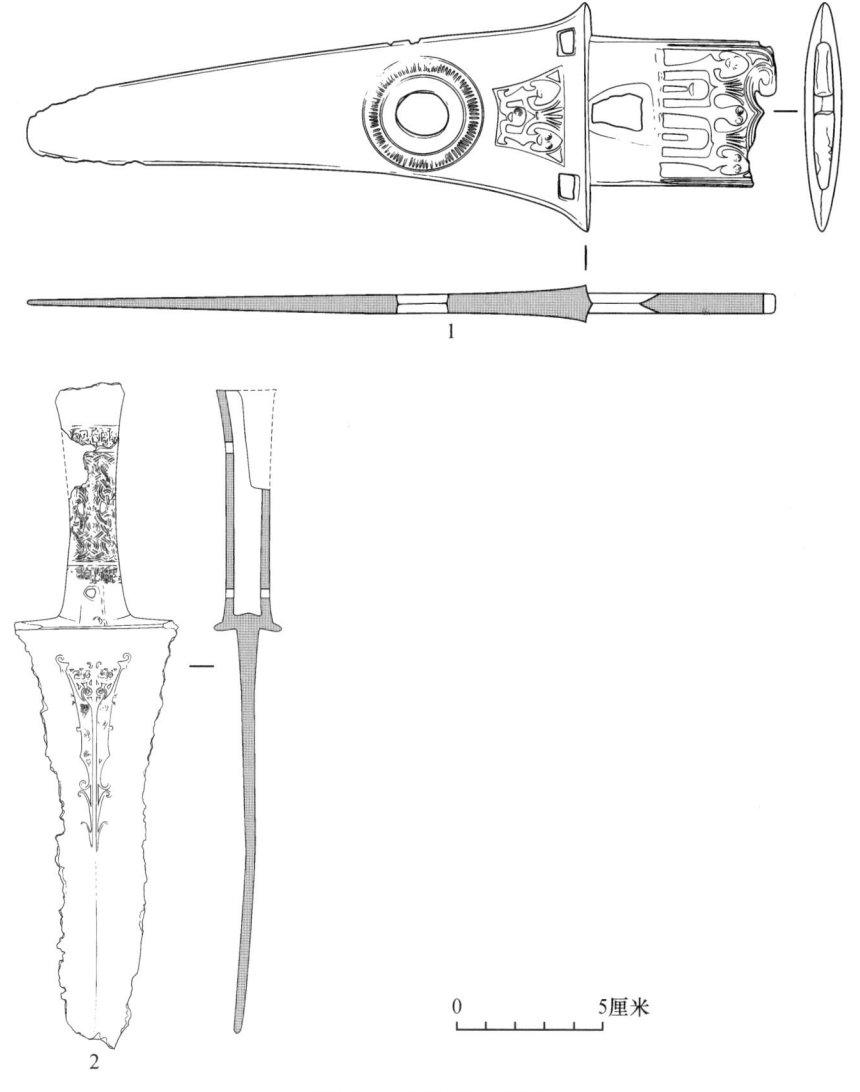

图3-170　M67出土铜器
1. Bb型Ⅲ式戈（M67∶2）　2. Cb型剑（M67∶1）

M68

M68位于Ⅰ号发掘点T6250东南部，属第4层墓葬。墓坑平面呈长条形，纵轴方向115°，长1.98、宽0.43、深0.2米。墓坑内填浅红褐色黏土。发现板灰痕迹，推测原有木质棺椁类葬具。残存零星人骨，葬式不明。出土随葬品为1组铜镯，位于墓坑中部（图3-171）。

铜镯　1组。

M68∶1，一组10余件，均Ea型。矿化严重，大多断裂破碎。细条环状，横截面为

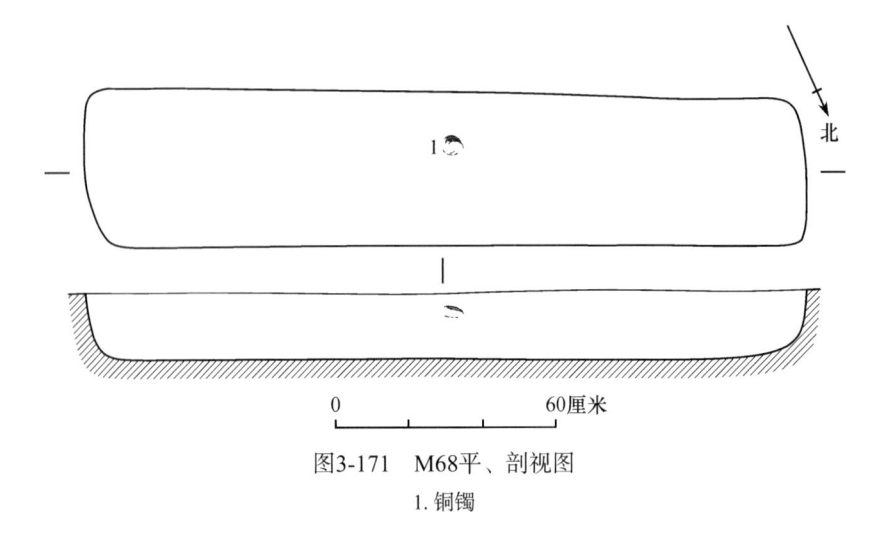

图3-171　M68平、剖视图
1. 铜镯

竖长方形。从出土位置及形态推测，铜镯下葬时成串佩戴于被葬者左手臂。复原直径多在6厘米左右，横截面一般长0.2、宽0.18～0.1厘米。

M77

M77位于Ⅰ号发掘点T6252西北部，属第4层墓葬。墓坑平面大致呈长方形，纵轴方向136°，长1.62、宽0.46、深0.2米。墓坑内填浅红褐色黏土，略疏松，含少量炭屑。发现板灰痕迹，推测原有木质棺椁类葬具。残存零星骨渣，葬式不明。出土随葬品为1件铜泡饰，位于墓坑东南部（图3-172）。

铜泡饰　1件。

M77:1，出土时背面朝上，矿化破碎严重，型式不详。从背面观察大致为圆形薄片状，正面中部鼓凸，背面有一道横梁。残径2.2厘米。

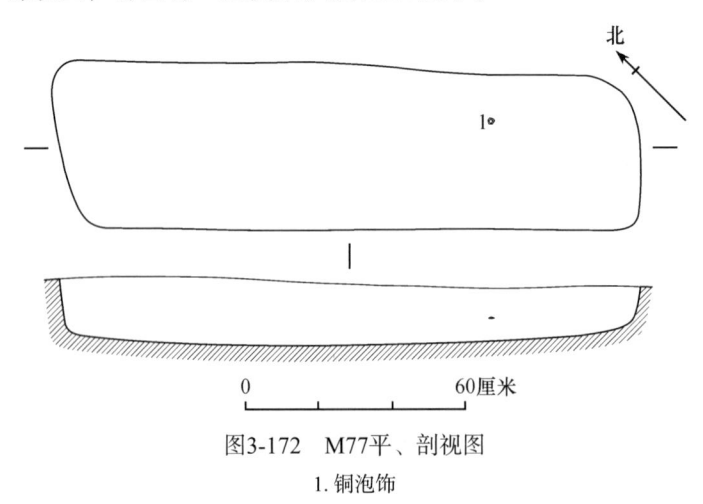

图3-172　M77平、剖视图
1. 铜泡饰

M79

M79位于Ⅰ号发掘点T6252东南部，属第4层墓葬。墓坑平面大致呈长方形，长1.9、宽0.6、深0.4米，纵轴方向146°。墓坑内填浅红褐色黏土，略疏松，含少量炭屑。发现板灰痕迹，推测原有木质棺椁类葬具。残存零星骨渣，葬式不明。出土随葬品2件，分别为铜剑和铜戈，均位于墓坑东南端。铜戈近横置，内部残存柲痕（图3-173；图版106-1）。

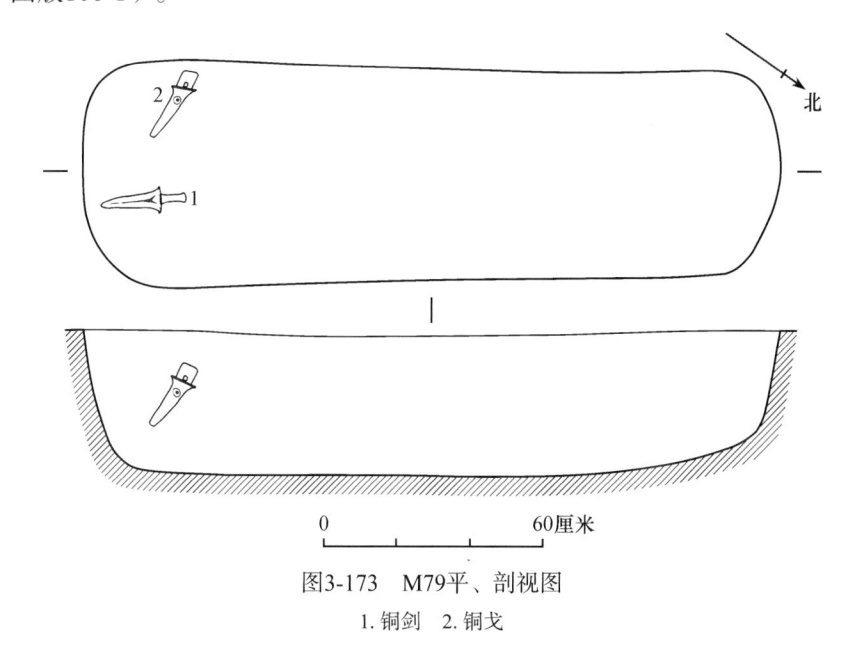

图3-173 M79平、剖视图
1. 铜剑 2. 铜戈

铜剑　1件。

M79:1，Cb型。锈蚀严重，局部矿化破碎。空心椭圆茎，空首呈喇叭口状，茎上部有对穿，下部单面有穿孔；一字格，两端略残；剑身前部中线略起脊，锋略残，曲刃。茎部施多道弦纹，内填云雷纹和编织纹等纹饰；剑身后部施箭头、涡卷纹等纹饰，沿中线左右对称分布，整体形如箭矢。格两端下方可见铸缝痕迹。残长26.7、格残长6.7厘米（图3-174-2；图版106-2）。

铜戈　1件。

M79:2，Bb型Ⅱ式。无胡；条形援微曲，后部有一小圆穿，近阑处有两近长方形穿；长方形直内，前部有一近长方形穿，后缘呈对称的内卷鸟首状。援后部中空，在阑背面中间位置即内前部穿孔前壁上还留有方形小孔，其内可见铸造时放入的泥芯。援后部小圆穿周围施弦纹和短线芒纹；援本即小圆穿与阑之间施卷云状涡纹，外加梯形框；内后部施浅浮雕式的牵手人纹。阑背面及内穿壁上残留铸缝痕迹。出土时内部可见朽木和炭化物，推测与戈柲有关。通长25、阑宽7厘米（图3-174-1；图版106-3、4）。

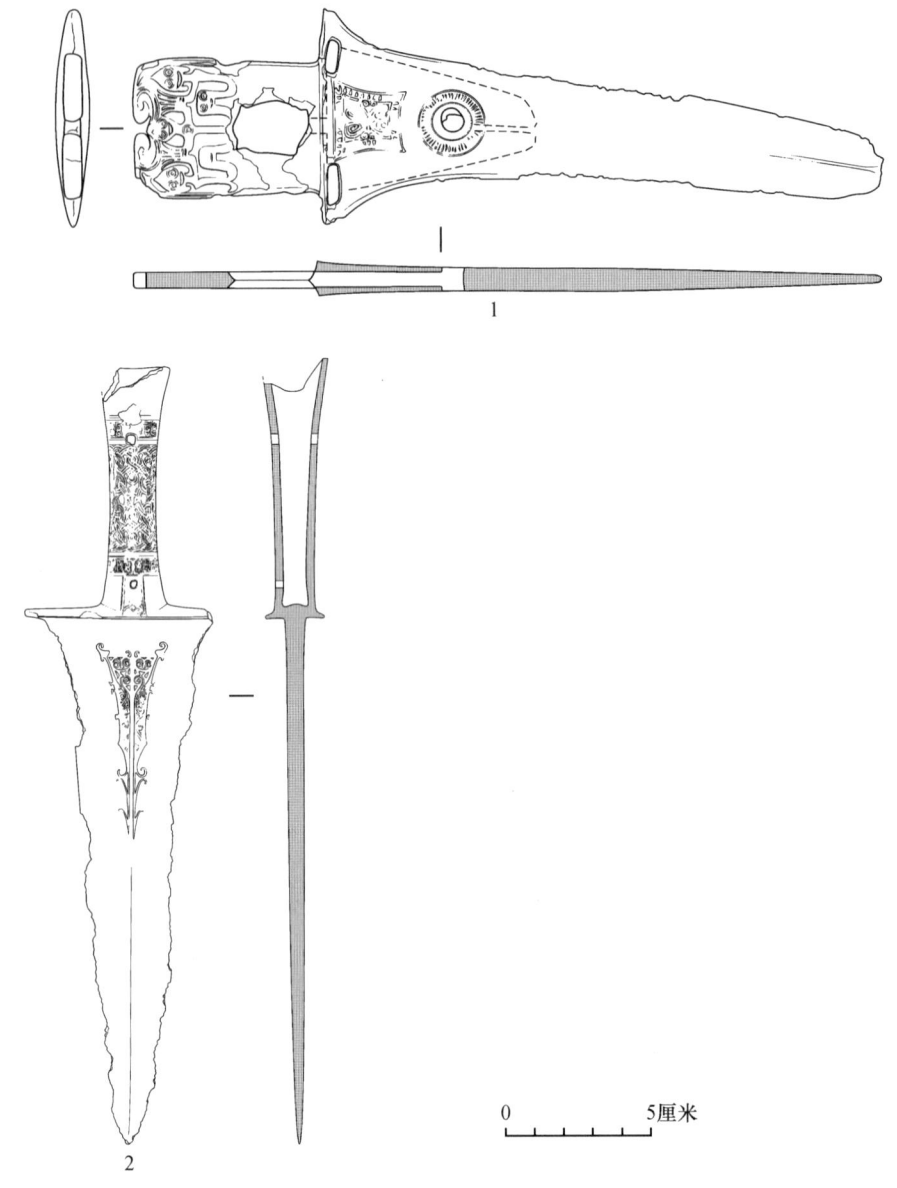

图 3-174　M79 出土铜器
1. Bb 型 Ⅱ 式戈（M79：2）　2. Cb 型剑（M79：1）

M82

M82 位于 Ⅰ 号发掘点 T6250 西北部，小部分跨入 T6350，属第 4 层墓葬。墓坑平面大致呈长方形，纵轴方向 114°，长 2.23、宽 0.6、深 0.6 米。墓坑内填红褐色黏土，略疏松，含少量炭屑、陶片。发现板灰痕迹，推测原有木质棺椁类葬具。残存零星骨渣，葬式不明。出土随葬品 3 件，分别为铜剑、铜削刀和铜扣饰。铜剑位于墓坑东南部，铜削刀位于墓坑中部,铜扣饰位于二者之间(图3-175;图版107-1)。

铜剑　1件。

M82:1,Cb型。锈蚀严重,局部矿化破碎。空心椭圆茎,出土时断裂,空首呈喇叭口状,茎下部有对穿;一字格;剑身前部中线略起脊,锋略残,曲刃。茎部隐约可见弦纹和涡纹;剑身后部施箭矢状纹饰,沿中线左右对称分布。茎两侧可见铸缝痕迹。残长19.4、格长7.7厘米(图3-176-1;图版107-2)。

铜削刀　1件。

M82:3,出土时矿化破碎严重,形制和尺寸均不详。

铜扣饰　1件。

M82:2,Ab型。出土时锈蚀严重,矿化破碎,出于保护目的,背面未做清理,弯钩等情况不详。扣面圆形,正面中部微凸呈动物面具状,动物额头施三角形纹,圆眼,宽鼻,眼睛有瞳孔等结构,眼睛下方即鼻子两侧施蹲踞状人纹;面具周围由内到外施多道弦纹,弦纹之间填水滴状芒纹、卷尾蛇纹、放射状短线纹等。复原直径6.1厘米(图3-176-2;图版107-3)。

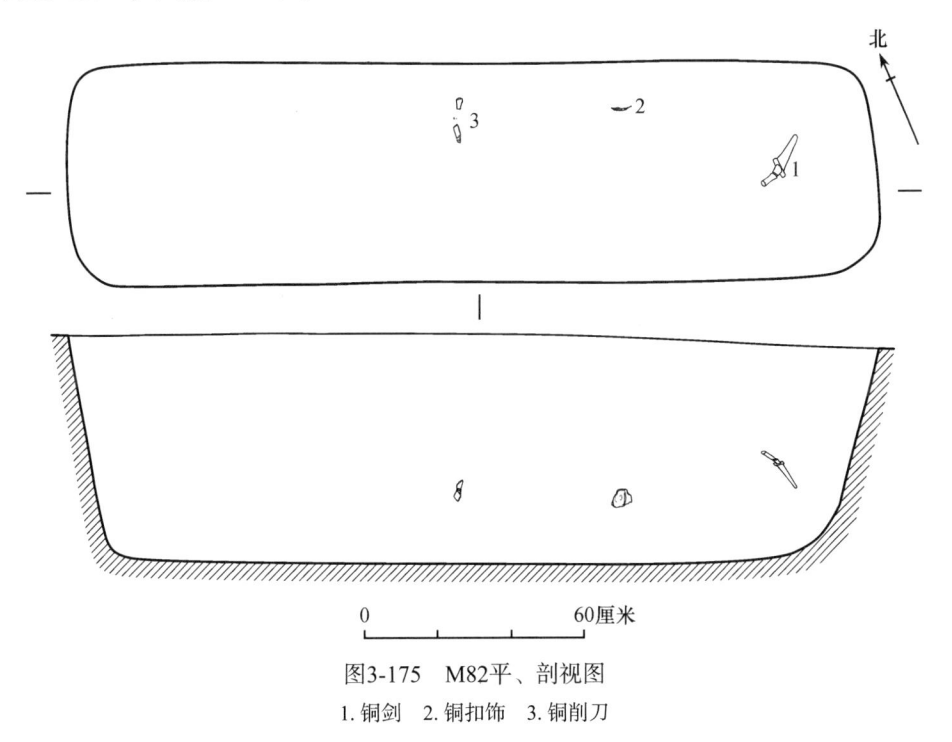

图3-175　M82平、剖视图
1.铜剑　2.铜扣饰　3.铜削刀

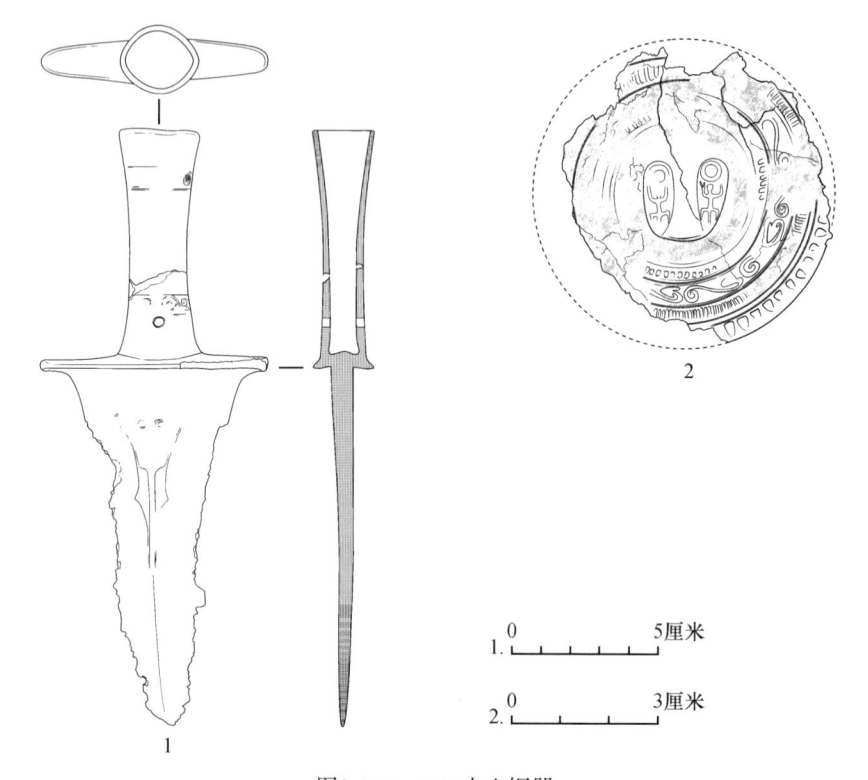

图3-176 M82出土铜器
1. Cb型剑（M82:1）　2. Ab型扣饰（M82:2）

M86

M86位于Ⅰ号发掘点，跨T6250、T6350、T6251，属第4层墓葬。墓坑平面呈长条形，纵轴方向154°，长1.9、宽0.48、深0.22米。墓坑内填红褐色黏土，略疏松，含少量炭屑。发现板灰痕迹，推测原有木质棺椁类葬具。人骨多朽毁，仅于铜镯内发现少许肢骨，据之推测被葬者头朝东南方向，下葬时手臂向内弯曲。出土随葬品6件（组），包括铜镯2组，玛瑙管珠、玛瑙圆珠各1组，普通石质管珠1件，特殊材料的镯1组。铜镯位于墓坑中部，呈"八"字形左右对称摆放。各种珠子集聚于墓坑东南部即被葬者头部位置，亦大致呈左右对称分布，可能属同组器物，也可能分属左右两小组。特殊材料镯与铜镯成串佩戴，见于被葬者左手臂，其成分经检测主要为桦树皮焦油（图3-177；图版108-1）。

铜器　2组。

铜镯　2组。

A型Ⅰ式、Eb型混合类型，1组。

M86:2，一组4件。A型Ⅰ式1件，M86:2-1，片状环形，镯体较窄；内壁弧；外壁呈浅槽结构，中间预铸简化的云雷纹状界格，槽内原先可能镶嵌孔雀石片，但均已

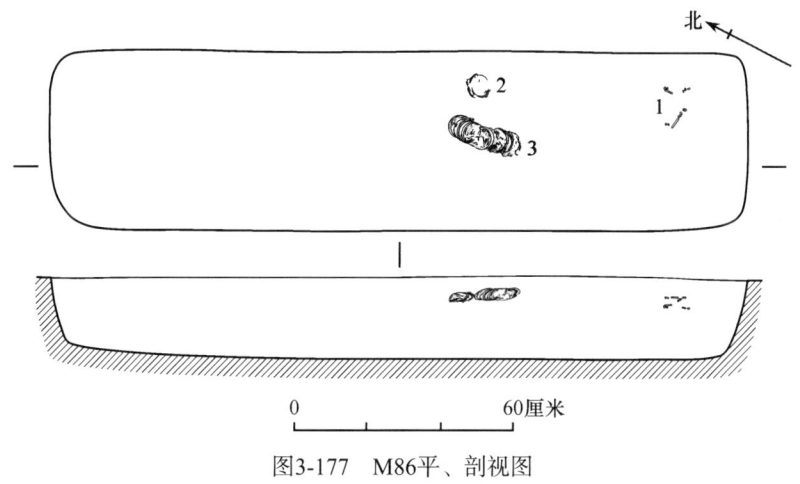

图3-177 M86平、剖视图
1. 玛瑙管珠、玛瑙圆珠、石管珠　2. 铜镯　3. 铜镯、特殊材料镯

脱落。Eb型3件，M86：2-2，细条环状，横截面为横长方形，内壁微凹。从出土位置及形态推测，铜镯下葬时成串佩戴于被葬者右手臂，Eb型铜镯居前，A型Ⅰ式铜镯居后（图版108-2）。M86：2-1，宽0.65、复原直径约6.3厘米；M86：2-2，直径不详，横截面长0.2、宽0.1厘米。

A型Ⅰ式、Ed型混合类型，1组。

M86：3-1，一组30余件。A型Ⅰ式1件，M86：3-1-2，片状环形，镯体较窄；内壁弧；外壁呈浅槽结构，可见两道横条状界格，槽内镶嵌孔雀石片；孔雀石片较小，形状不规则，部分脱落，与镯体之间可见黑色黏结物。余皆Ed型，M86：3-1-1，细条环状，横截面近弯月形，内壁凹，外壁弧。根据出土位置及形态推测，铜镯下葬时成串佩戴于被葬者左手臂，Ed型居前，A型Ⅰ式即M86：3-1-2居后，内残存肢骨。整体看，靠前的铜镯稍小，后面的渐大，Ed型铜镯中还夹杂一些特殊材料的镯（M86：3-2）（图版108-2）。M86：3-1-1，直径6~7、横截面直径一般约0.2厘米；M86：3-1-2，宽0.85、复原直径约6.5厘米。

玉石器　3组（件）。

玛瑙管珠　1组。

M86：1-1、M86：1-2，一组2件。黄褐色；微透光。直孔，对向钻，内壁可见镟钻痕迹，其中M86：1-2孔内还形成错位；两端孔口外沿略呈弧形。M86：1-1，长3.1、直径0.5、孔径0.14厘米（图3-178-1；图版48-6，图版108-3）。M86：1-2，长3.37、直径0.48、孔径0.18厘米（图3-178-2；图版108-4）。

玛瑙圆珠　1组。

M86：1-3，一组14件。多数呈黄褐色，其中2件局部呈红褐色；微透光。直孔，内壁可见镟钻痕迹，孔端外侧可见细丝状的修磨痕迹，方向不一。珠子大小

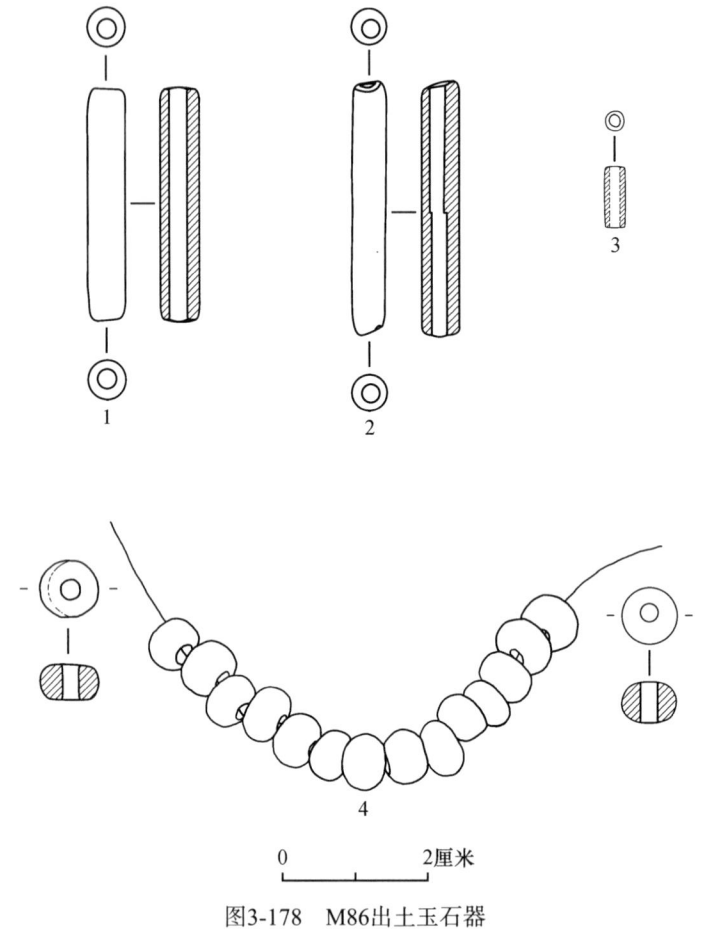

图3-178 M86出土玉石器
1、2.玛瑙管珠（M86:1-1、M86:1-2） 3.石管珠（M86:1-4） 4.玛瑙圆珠（M86:1-3）

略有差异，一般长0.32~0.54、直径0.6~0.78、孔径0.22~0.27厘米（图3-178-4；图版108-5、6）。

石管珠 1件。

M86:1-4，表面粗糙，风化严重。青灰色。直孔，孔内填塞白色物质；平口。长0.8、直径0.33、孔径0.13厘米（图3-178-3；图版50-4）。

特殊材料制品 1组。

特殊材料镯 1组。

M86:3-2，B型。出土时断裂残碎，从发掘现场观察约两三件。据检测和分析，系用桦树皮焦油等特殊材料制成。黑色，质感较轻。细条环状，横截面圆形，可见两孔状空腔。下葬时与一组铜镯（M86:3-1）成串佩戴于被葬者左手臂，夹杂于铜镯之间。镯直径不详，横截面直径0.25厘米（图版108-2）。

M90

M90位于Ⅰ号发掘点T6251东南部，属第4层墓葬。墓坑平面大致呈长方形，纵轴方向156°，长1.9、宽0.55、深0.5米。墓坑内填红褐色黏土，夹杂少许红色胶泥和黄白色膏泥，略疏松。未发现葬具痕迹。残存零星骨渣，葬式不明。出土随葬品为1件铜扣饰，位于墓坑东南部靠近墓底处，另于墓坑上部填土中出土1件陶纺轮（图3-179；图版109-1）。

铜器　1件。

铜扣饰　1件。

M90∶1，Aa型。出土时锈蚀严重，矿化破碎，背面甚残，弯钩等情况不详。扣面圆形，扣体较大；正面中部鼓凸呈动物面具状，动物泡状圆眼，宽鼻较高，鼻下有折线纹似胡须，立体感强；面具周围由内到外施多道弦纹，弦纹之间依次填水滴状芒纹、菱格纹、双头蛇纹、穗状纹及放射状线纹，其中双头蛇纹共9条。直径15厘米（图3-180-1；图版109-2）。

陶器　1件。

陶纺轮　1件。

M90填∶1，残。泥质黄陶，表面黑色并内渗。圆锥状，小平顶，中间有圆穿。侧面施连续的刻划折线纹。顶径不详，底径约3.32、高约2.57、穿径约0.4厘米（图3-180-2；图版52-2）。

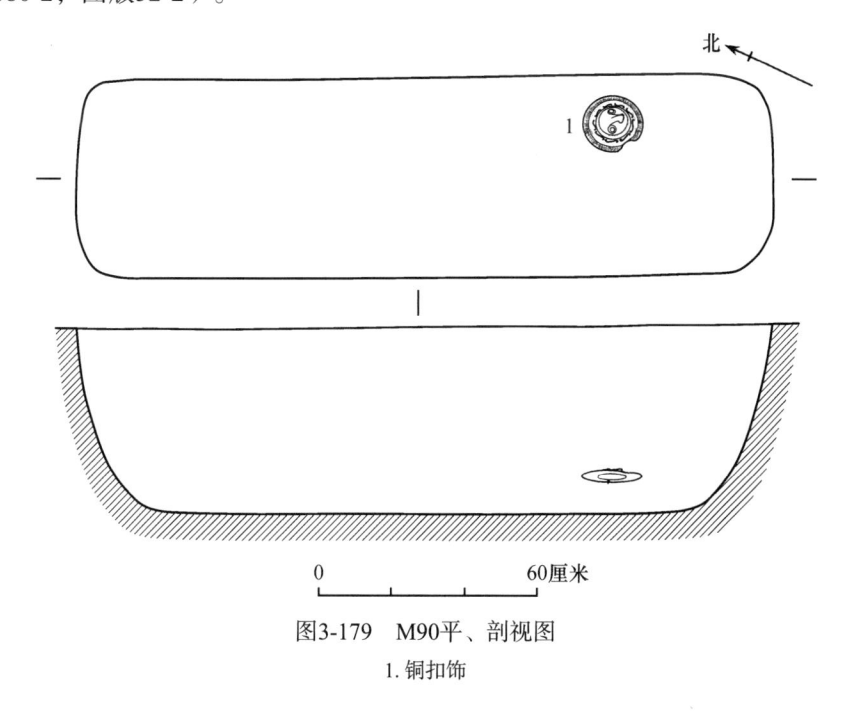

图3-179　M90平、剖视图
1. 铜扣饰

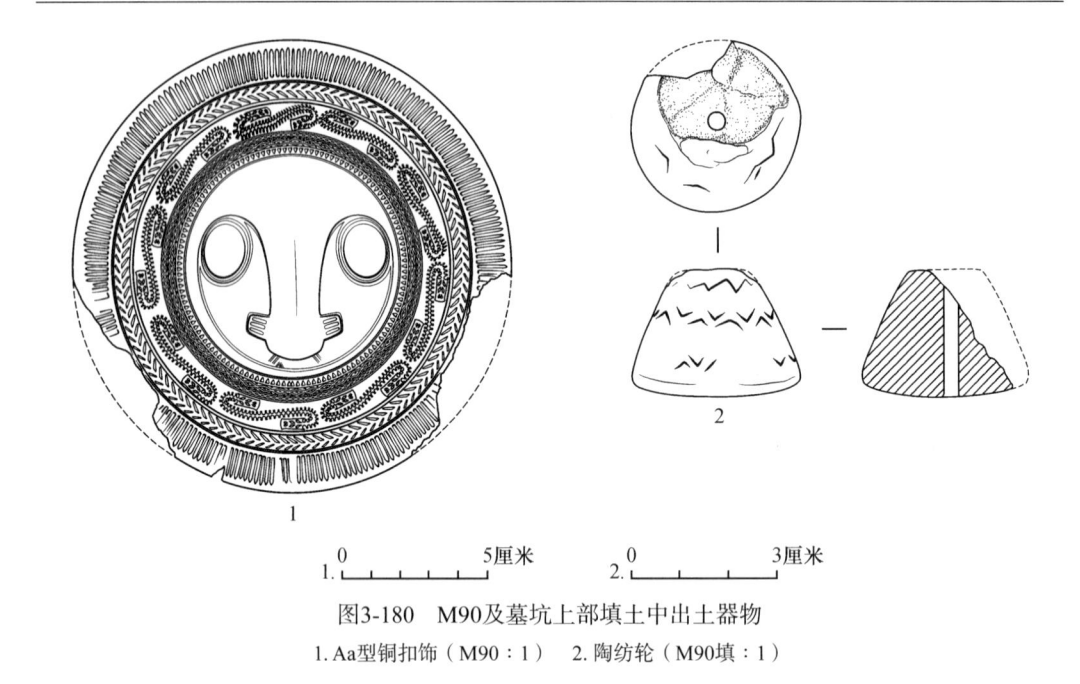

图3-180 M90及墓坑上部填土中出土器物
1. Aa型铜扣饰（M90：1） 2. 陶纺轮（M90填：1）

M91

M91位于Ⅰ号发掘点T6251东南部，属第4层墓葬。墓坑平面大致呈长方形，西北部被M90打破，残长1.56、宽0.5、深0.52米，纵轴方向128°。墓坑内填浅红褐色黏土，略疏松，含少量炭屑。未发现葬具痕迹。人骨朽毁，葬式不明。出土随葬品为1组铜镯，大致位于墓坑中部（图3-181）。

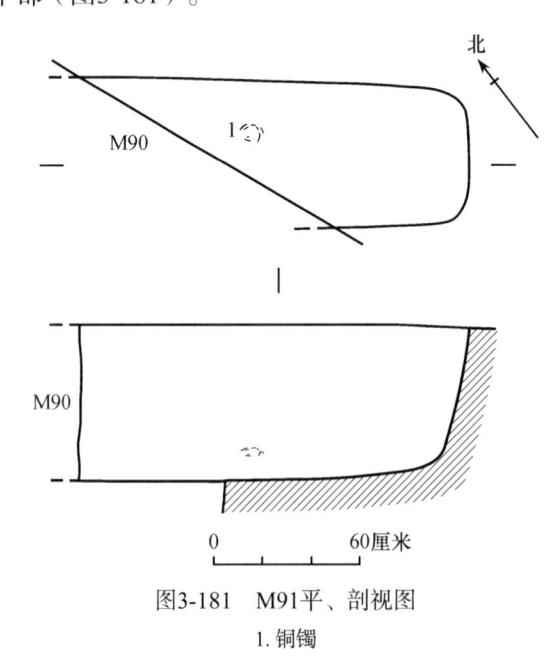

图3-181 M91平、剖视图
1. 铜镯

铜镯　1组。

M91：1，一组3件，均Ea型。完全矿化并破碎。细条环状，横截面为竖长方形。直径不详，横截面一般长0.2、宽0.1厘米。

M93

M93位于Ⅰ号发掘点，跨T6251和T6351，属第4层墓葬。墓坑平面大致呈长方形，纵轴方向158°，长1.95、宽0.56、深0.2米。墓坑内填红褐色黏土，略疏松，含零星炭屑。发现板灰痕迹，推测原有木质棺椁类葬具。人骨朽毁，葬式不明。出土随葬品为1件玉玦，位于墓坑东南部（图3-182）。

玉玦　1件。

M93：1，出土时风化严重，碎成粉末。白色；大致可看出为片状玉玦，具体形制和尺寸均不详。

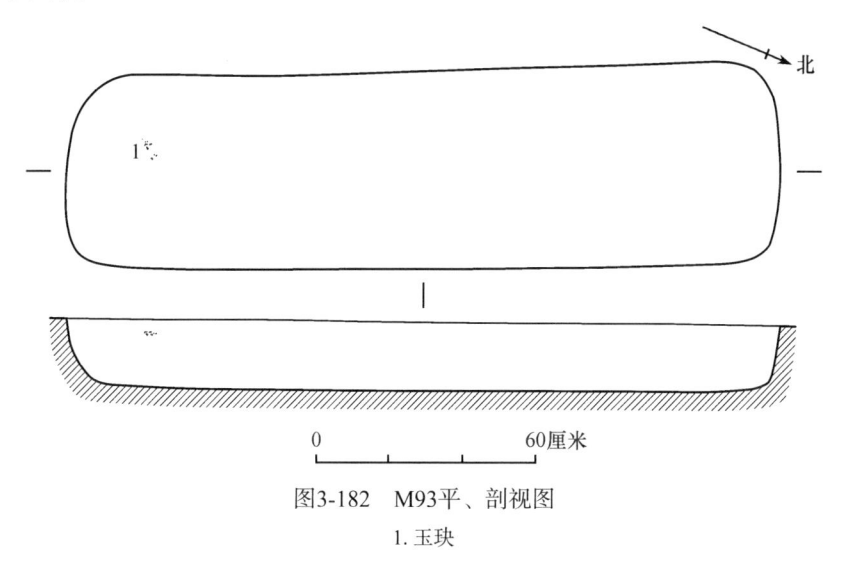

图3-182　M93平、剖视图
1. 玉玦

M94

M94位于Ⅰ号发掘点T6350北部，属第4层墓葬。墓坑平面呈长条形，纵轴方向151°，长3.36、宽0.76、深0.64米。墓坑内填红褐色黏土，含少量炭屑、陶片。发现板灰痕迹，推测原有木质棺椁类葬具。残存零星骨渣，葬式不明。出土随葬品2件，分别为铜剑和铜矛，位于墓坑东南部，并排横置（图3-183；图版110-1）。

铜剑　1件。

M94：1，Aa型Ⅰ式。锈蚀严重，局部矿化。扁茎，茎首呈乳突状；无格；剑身中线略起脊，后部较宽形成宽肩，前部残，出土时锋断裂。剑身后端与茎交会处隐约可见三叉形凸线纹饰。残长17.5、肩宽4.7厘米（图3-184-1；图版8-1，图版110-2）。

铜矛　1件。

M94：2，Ab型Ⅰ式。锈蚀严重，局部矿化。圆骹，骹口残，保存稍好的一面有穿孔；柳叶形矛身，中线起圆脊，后部沿脊线设血槽，刃较直，略残。出土时骹内残存朽木，推测与矛柲有关。残长约17厘米（图3-184-2；图版20-6，图版110-3）。

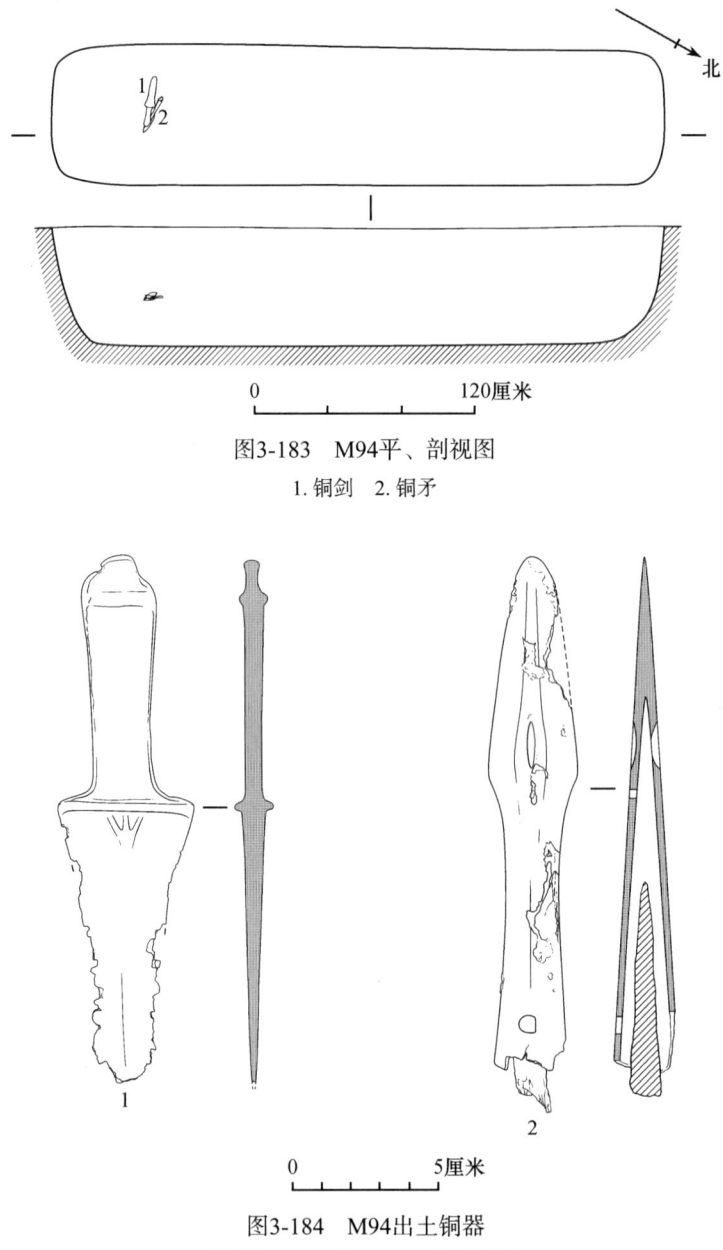

图3-183　M94平、剖视图
1. 铜剑　2. 铜矛

图3-184　M94出土铜器
1. Aa型Ⅰ式剑（M94：1）　2. Ab型Ⅰ式矛（M94：2）

M98

M98位于Ⅰ号发掘点T6350东北部，属第4层墓葬。墓坑平面近长条形，纵轴方向134°，长2.06、宽0.55、深0.26米。墓坑内填红褐色黏土，略疏松，含少量炭屑。未发现葬具痕迹。残存零星骨渣，葬式不明。出土随葬品1件，为铜扣饰，大致位于墓坑中部（图3-185）。

铜扣饰　1件。

M98：1，Ab型。出土时矿化破碎严重。扣面圆形，正面中部微凸；由内到外施多道弦纹，弦纹之间纹饰因锈蚀而漫漶不清。直径约10厘米。

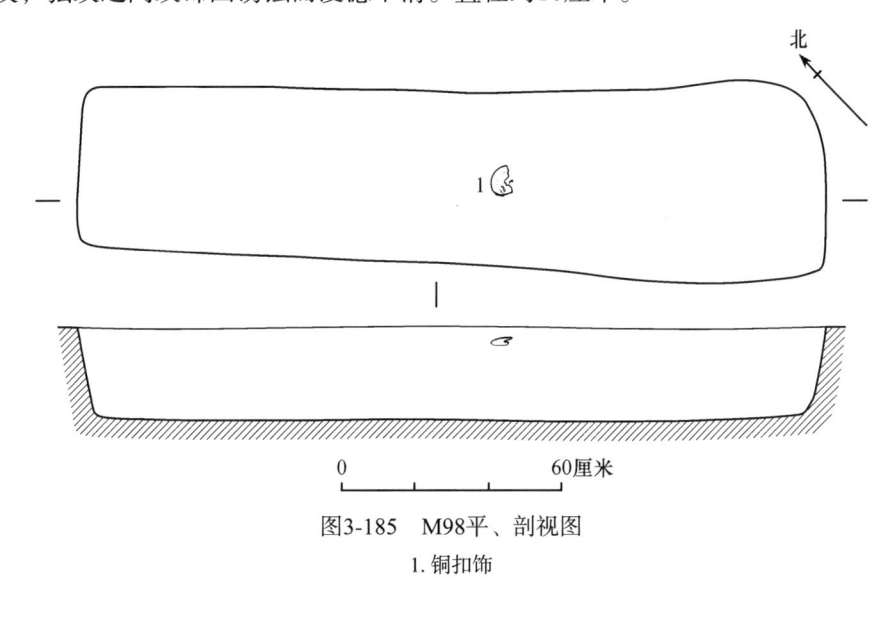

图3-185　M98平、剖视图
1. 铜扣饰

M99

M99位于Ⅰ号发掘点T6350中部略偏北，属第4层墓葬。墓坑平面大致呈长方形，中部被M94打破。墓坑长1.63、宽0.52、深0.26米，纵轴方向122°。墓坑内填红褐色黏土，略疏松，含少量炭屑。未发现葬具痕迹。人骨朽毁，葬式不明。出土随葬品1件，为铜帽形器，位于墓坑东南部（图3-186）。

铜帽形器　1件。

M99：1，矿化残碎，出土时顶面朝上。圆形薄片状，中部上鼓，形如宽檐帽形。帽顶周围可见多道棱状纹。直径约8.7、高约2.8厘米。

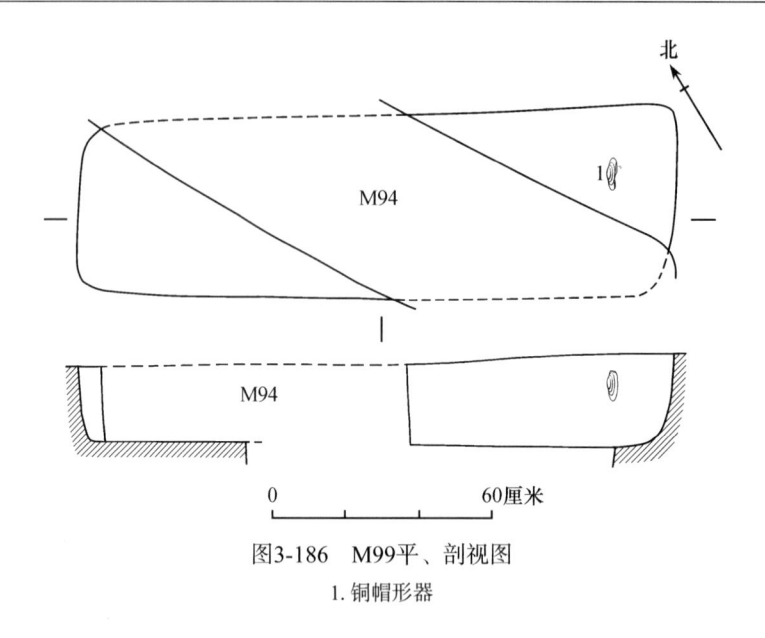

图3-186　M99平、剖视图
1.铜帽形器

M100

M100位于Ⅰ号发掘点T6351南部，小部分跨入T6251，属第4层墓葬。墓坑平面呈长条形，纵轴方向140°，长2.08、宽0.47、深0.3米。墓坑内填红褐色泛灰黏土，略疏松，含少量炭屑。发现板灰痕迹，推测原有木质棺椁类葬具。残存零星骨渣，葬式不明。出土随葬品2件，分别为铜剑和玉管珠，均位于墓坑东南部（图3-187；图版111-1）。

铜器　1件。

铜剑　1件。

M100：1，Cb型。锈蚀严重，局部矿化。空心椭圆茎，空首呈喇叭口状，出土时残，茎下部有对穿；一字格；剑身前部中线略起脊，锋残，曲刃；从剑身后部一处残破处观察，其内为空心。茎部施多道弦纹，内填涡纹、编织纹等纹饰；剑身后部施箭头和涡卷纹等纹饰，沿中线左右对称分布，整体形似箭矢。茎两侧隐约可见铸缝痕迹。残长23、格长8.3厘米（图3-188-1；图版111-2、3）。

玉石器　1件。

玉管珠　1件。

M100：2，B型。暗红色，局部带墨色纹理；表面光润细腻，不透光。直孔，孔径较大；斜口，两端孔口内沿可见磨损痕迹。长2.51、直径0.85、孔径0.52厘米（图3-188-2；图版111-4、5）。

第三章 墓葬分述

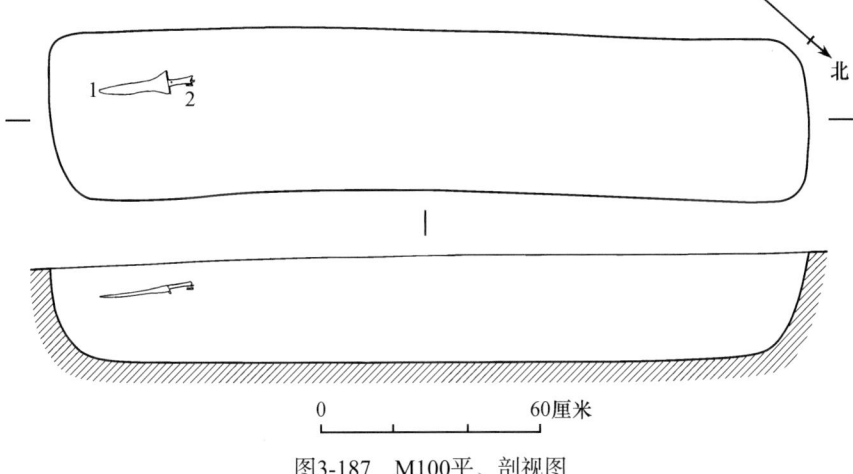

图3-187 M100平、剖视图
1. 铜剑 2. 玉管珠

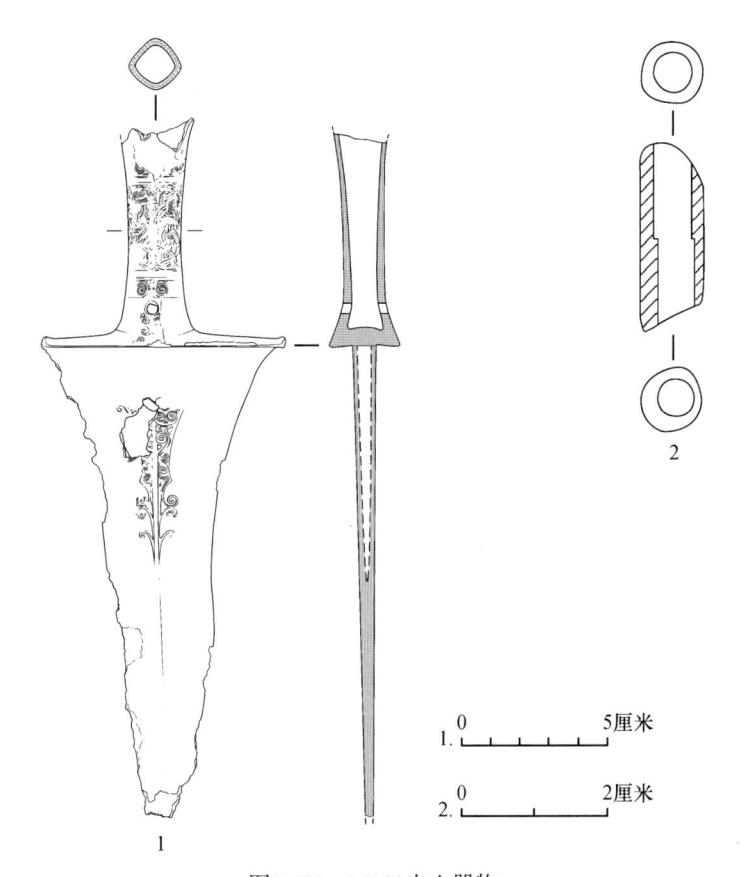

图3-188 M100出土器物
1. Cb型剑（M100：1） 2. B型玉管珠（M100：2）

M102

M102位于Ⅰ号发掘点T6250东南部，小部分跨入T6251，属第4层墓葬。墓坑平面大致呈长方形，纵轴方向124°，长1.82、宽0.54、深0.45米。墓坑内填红褐色泛灰黏土，略疏松，含少量炭屑。发现板灰痕迹，推测原有木质棺椁类葬具。人骨朽毁，葬式不明。出土随葬品1件，为玉镯，位于墓坑中部（图3-189）。

图3-189　M102平、剖视图
1. 玉镯

1. 玉镯

玉镯　1件。

M102：1，B型。出土时风化破碎严重，剩余少许残块，大致可复原。白色略泛黄；表面光洁，打磨平整，不透光。内缘较直，凸出起棱，横截面呈"T"形；外缘圆润；其中一残块上可见圆穿，单向锥形孔。复原外径约9、外缘厚0.28、内缘厚0.71厘米（图3-190）。

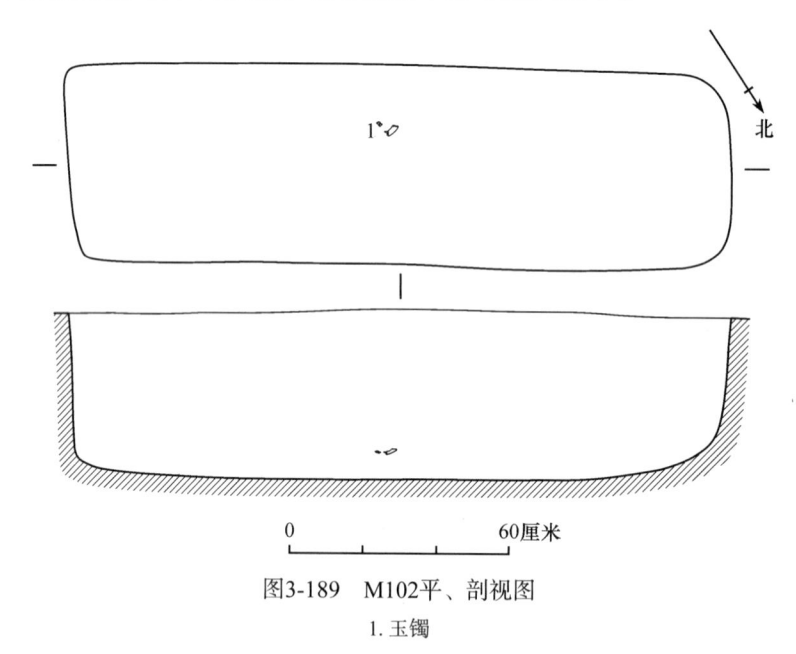

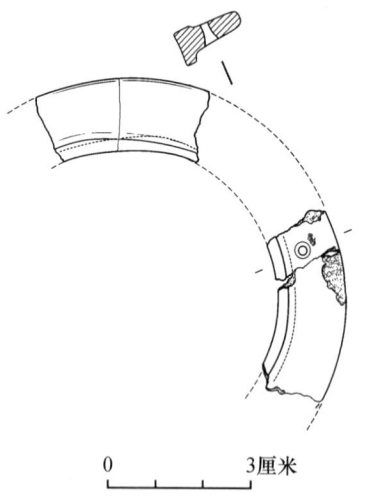

图3-190　M102出土B型玉镯
（M102：1）

M106

M106位于Ⅰ号发掘点T6351东南部，属第4层墓葬。墓坑平面呈长条形，西北部被M104打破，东南端一角被M97打破，残长1.5、宽0.44、深0.43米，纵轴方向160°。墓坑内填红褐色泛灰黏土，略疏松，含少量炭屑。发现板灰痕迹，推测原有木质棺椁类葬具。人骨朽毁，葬式不明。从玉玦的位置判断，被葬者头朝东南方向。出土随葬品为玉玦2件，位于墓坑东南部，呈左右对称摆放，下葬时应分别佩戴于被葬者左右耳上（图3-191；图版112-1）。

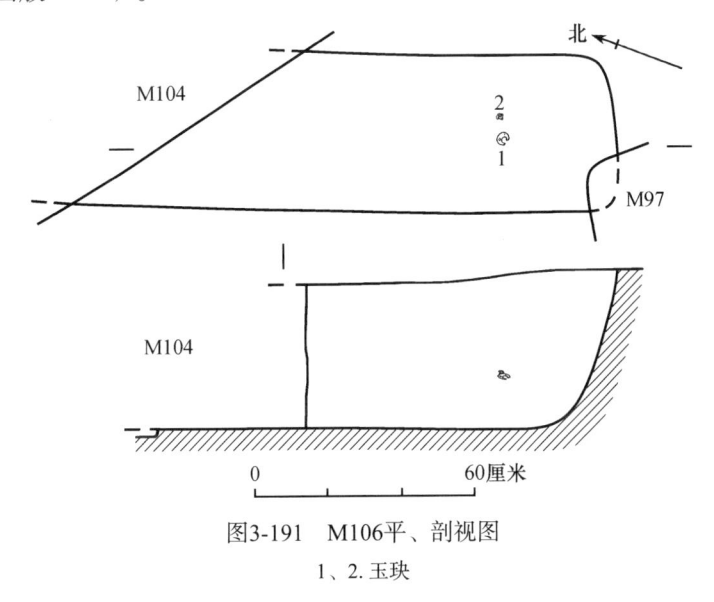

图3-191 M106平、剖视图
1、2. 玉玦

玉玦 2件（组）。

均白色泛黄；光润细腻，微透光。片状，平面呈不对称圆环形，玦口位于较窄的一侧。

M106：1，一侧玦口残。使用至少3件残块拼接而成，拼接处两侧有锔孔，多单向钻，也有双向钻的。出土时，裂缝处及锔孔表面还覆有黑色黏结物。从形状看，位于较宽一侧的两件残块原为一件，单面内、外缘均呈斜坡状，内缘斜坡微凹，外缘斜坡微弧；靠近玦口处的残块形制有别，其中一边块外缘较圆润，内缘单面略呈凹面斜坡，另一边块的内、外缘均较直。外径4.53、内径2.78、厚0.13厘米（图3-192-1；图版46-2，图版112-2）。

M106：2，一组2件（图版112-2、3）。外缘较圆润，内缘单面略呈凹面斜坡状。M106：2-1，器形较大，出土时碎裂为多片。表面带墨色点状纹理，一侧玦口残。玦身可见多处圆穿，对向或单向锥形钻孔。外径4.38、内径2.43、厚0.14厘米（图3-192-2）。M106：2-2，玦口较宽，两侧各有一圆穿，对向锥形钻孔。仔细观察发现，一侧玦口留有残痕，推测原来玦口较窄，后因破损而重新打磨改制；玦口增大后，无法正常佩戴使用，遂于两侧加钻穿孔，通过穿系线绳来继续佩戴使用。外径2.02、内径0.8、玦口宽0.38、厚0.13厘米（图3-192-3；图版46-1）。

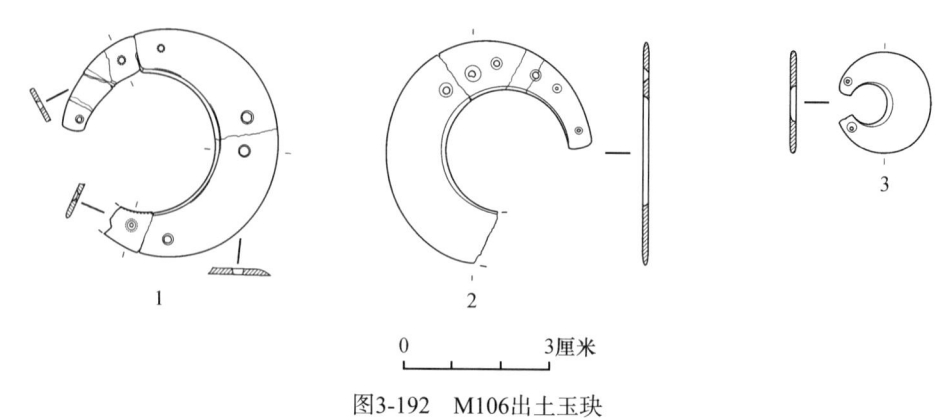

图3-192　M106出土玉玦
1. M106：1　2. M106：2-1　3. M106：2-2

M108

M108位于Ⅰ号发掘点T6351南部，属第4层墓葬。墓坑平面呈长条形，东南部被M104、M106打破，长2.43、宽0.58、深0.74米，纵轴方向140°。墓坑内填红褐色泛灰黏土，略疏松。未发现葬具痕迹。人骨朽毁，葬式不明。从玉玦位置推断，被葬者头朝东南方向。出土随葬品为1件玉玦，位于墓坑东南部（图3-193）。

玉玦　1件。

M108：1，出土时风化严重，碎成粉末。白色。具体形制及尺寸不详。

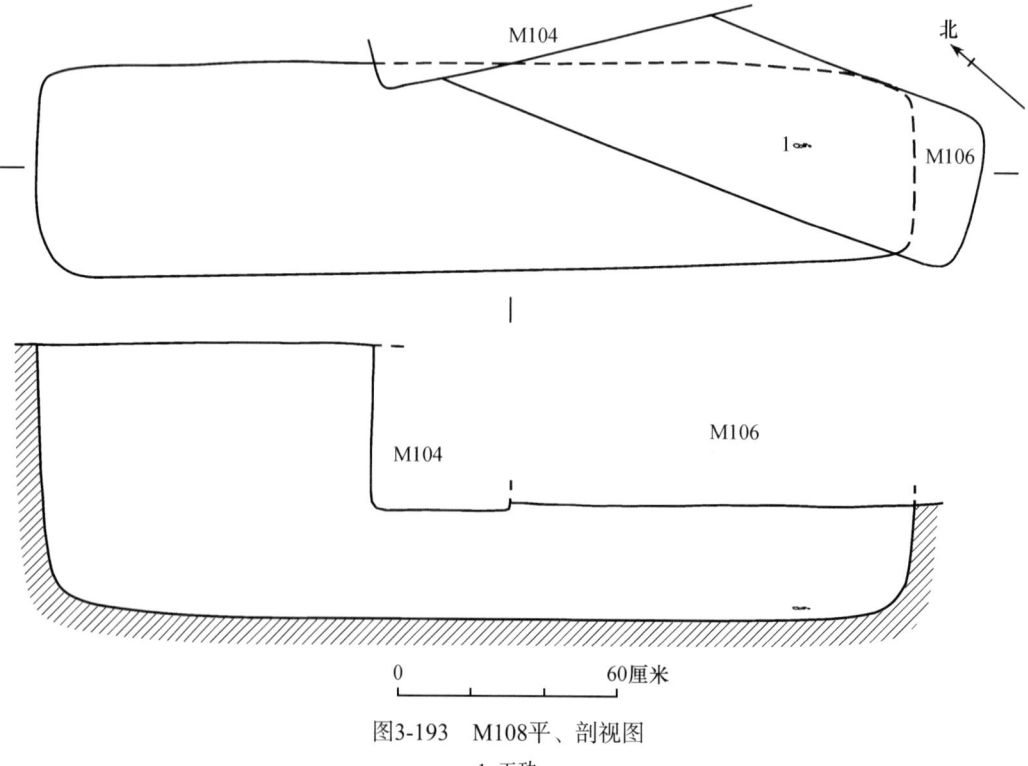

图3-193　M108平、剖视图
1. 玉玦

M110

M110位于Ⅰ号发掘点T6250中部，属第4层墓葬。墓坑平面呈长条形，西北端一角被M88打破，长2.43、宽0.6、深0.3米，纵轴方向140°。墓坑内填红褐色黏土，略疏松。发现板灰痕迹，推测原有木质棺椁类葬具。残存零星骨渣，葬式不明。从玉玦等随葬品的位置推断，被葬者头朝东南方向。出土随葬品3件，包括铜扣饰、玉玦和玛瑙扣，均位于墓坑东南部。铜扣饰背面朝上，出土前已碎裂，从形状和茬口看，似人为所致（图3-194；图版113-1）。

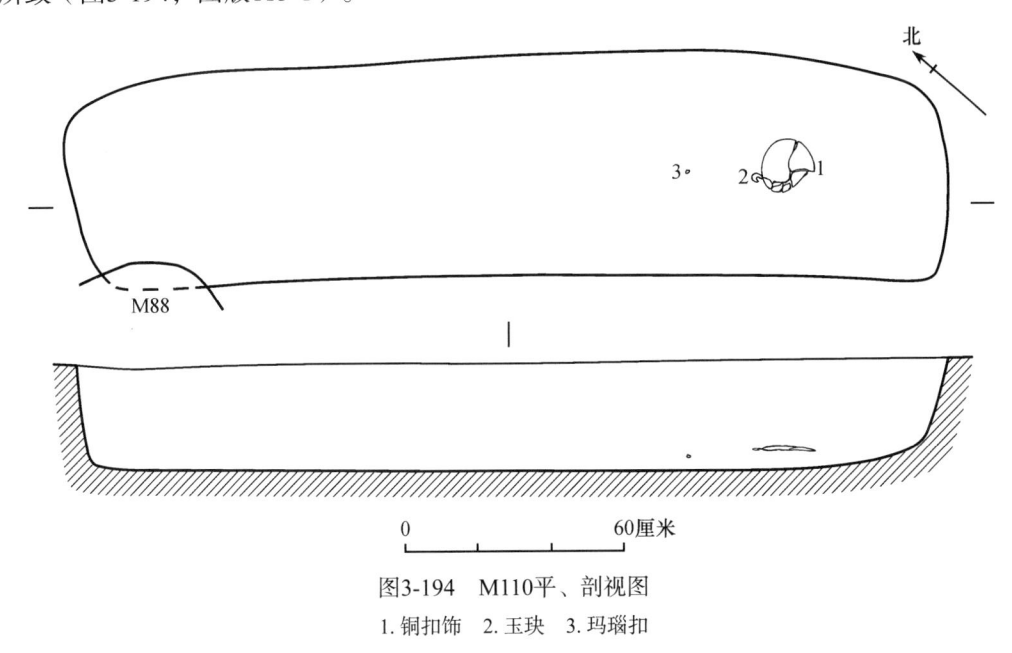

图3-194 M110平、剖视图
1.铜扣饰 2.玉玦 3.玛瑙扣

铜器　1件。

铜扣饰　1件。

M110:1，Da型Ⅰ式。出土时背面朝上，锈蚀严重。出土前扣体已碎裂，弯钩残。扣面呈浅圆盘状，扣体较大，中心有两穿孔。扣面施首尾相缠绕的反向"S"状双头蛇形细条纹与弦纹，镶嵌物已脱落，脱落处可见黑色黏结物。直径16.3厘米（图3-195-1；图版113-2）。

玉石器　2件。

玉玦　1件。

M110:2，残剩不到一半，玦口不存。白色泛黄，带不规则分布墨色纹理；表面平整，不透光。片状，外缘较直，内缘呈单面斜坡状，斜坡微凹。残径3.28、厚0.15厘米（图3-195-2；图版113-5）。

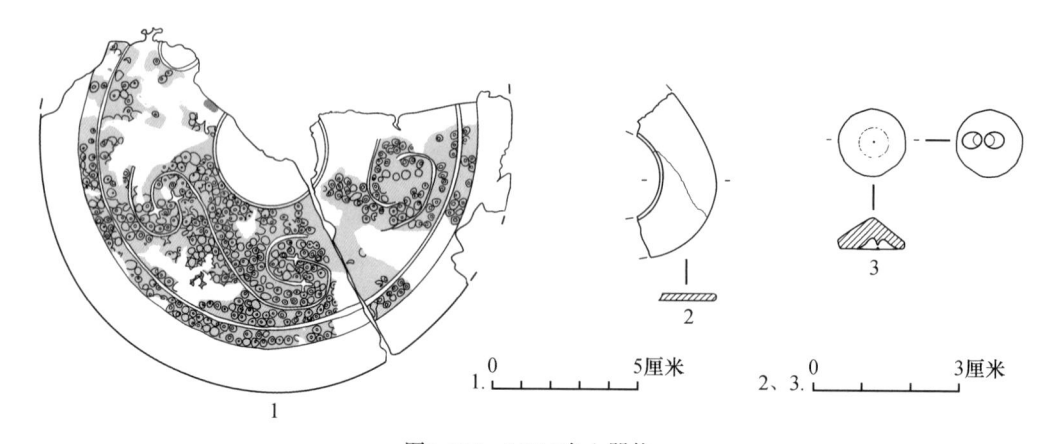

图3-195　M110出土器物
1. Da型Ⅰ式铜扣饰（M110∶1）　2. 玉玦（M110∶2）　3. A型玛瑙扣（110∶3）

玛瑙扣　1件。

M110∶3，A型。白色略泛红；外形呈乳钉状，正面尖凸，侧面斜直，背面平。正面光滑；背面粗糙，可见诸多凹陷的小坑；背面有2个相通的锥形对钻圆孔。扣直径1.38、高0.6厘米（图3-195-3；图版113-3、4）。

M111

M111位于Ⅰ号发掘点T6251中部偏东北，属第4层墓葬。墓坑平面呈长条形，东南部被M83打破，西北部被M105打破，残长2、宽0.58、深0.36米，纵轴方向148°。墓坑内填红褐色黏土，略疏松。发现板灰痕迹，推测原有木质棺椁类葬具。残存零星骨渣，葬式不明。出土随葬品为1组特殊材料的镯，大致位于墓坑中部（图3-196；图版114-1）。

特殊材料镯　1组。

M111∶1，B型，一组10余件。据检测和分析，系用桦树皮焦油等材料制成，出土时多断裂破碎。黑色，质感较轻。细条环状，横截面圆形，中空。复原直径约4.5、横截面直径约0.25厘米（图版114-2）。

M112

M112位于Ⅰ号发掘T6250东南部，属第4层墓葬。墓坑平面大致呈长方形，东南部延伸出发掘区，发掘部分长1.4、宽0.62、深0.26米，纵轴方向137°。墓坑内填红褐色黏土，略疏松。未发现葬具痕迹。人骨朽毁不存，葬式不明。出土随葬品1件，为铜泡饰，大致位于墓坑中部（图3-197）。

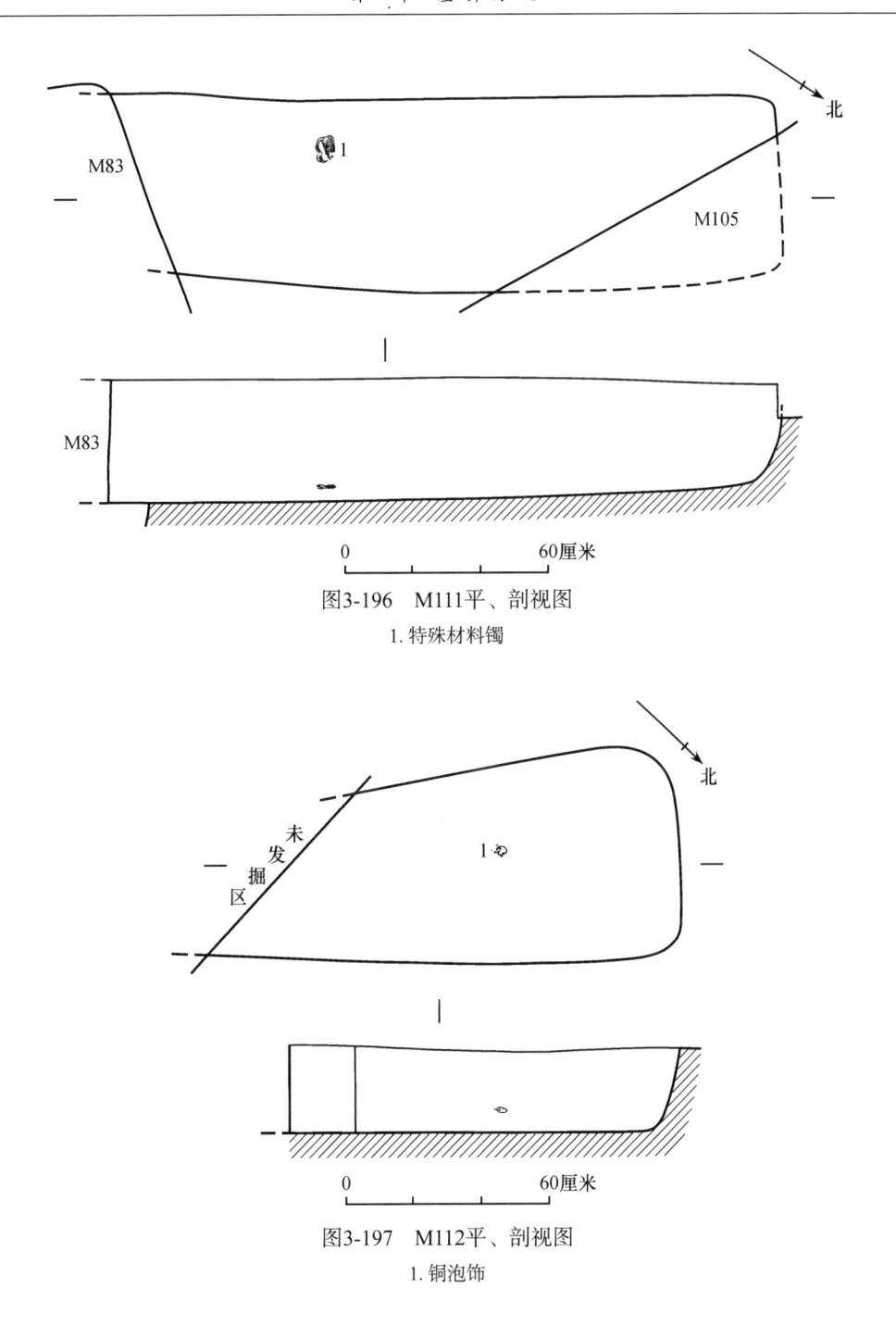

图3-196 M111平、剖视图
1. 特殊材料镯

图3-197 M112平、剖视图
1. 铜泡饰

铜泡饰 1件。

M112：1，Ca型。出土时背面朝上，锈蚀严重。圆片周围上翘，似圆盘状，中间呈锥形凸起。锥凸下部施弦纹和波折纹，正面边缘施放射状线条纹。背面有一道横梁。复原直径约4.5、高2.2厘米（图3-198）。

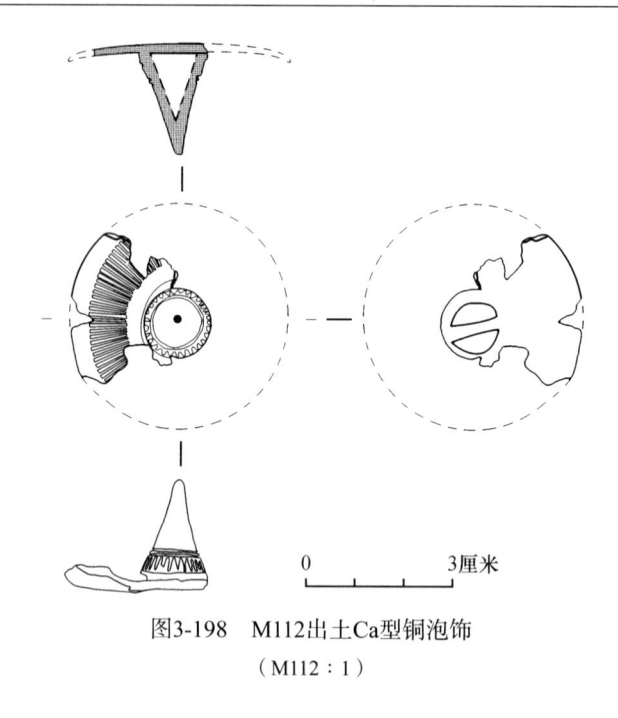

图3-198　M112出土Ca型铜泡饰
（M112∶1）

M113

M113位于Ⅰ号发掘点T6250西南部，属第4层墓葬。墓坑平面大致呈长方形，西北部延伸出发掘区，发掘部分残长0.9、宽0.53、深0.24米，纵轴方向129°。墓坑内填红褐色黏土，略疏松。发现板灰痕迹，推测原有木质棺椁类葬具。人骨朽毁，葬式不明。出土随葬品1件，为铜矛，大致位于墓坑东南部（图3-199）。

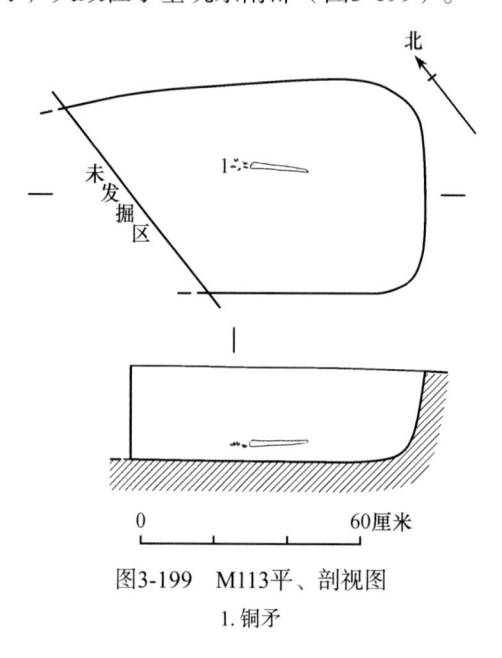

图3-199　M113平、剖视图
1.铜矛

铜矛　1件。

M113：1，矿化锈蚀严重，出土后仅存矛身后部及少许骹，可见矛身中线略起脊，具体型式不详。出土时骹内残存朽木，推测与矛柲有关。残长约12.5厘米（图3-200）。

M114

M114位于Ⅰ号发掘点T6250西部，属第4层墓葬。墓坑平面大致呈长方形，西北部延伸出发掘区，东南部被M88、M110打破，发掘部分长1.43、宽0.64、深0.35米，纵轴方向127°。墓坑内填红褐色黏土，略疏松。发现板灰痕迹，推测原有木质棺椁类葬具。人骨多已不存，仅铜镯内发现少许肢骨，结合玉玦等随葬品的位置，可推断被葬者头朝东南方向，具体葬式不明。出土随葬品4件（组），包括铜镯1组、玉镯1件、玉玦2件。铜镯和玉镯位于墓坑中部，成串佩戴，玉镯居前。玉玦位于墓坑东南部，左右各1件，下葬时应佩戴于被葬者左右耳（图3-201）。

图3-200　M113出土铜矛（M113：1）

铜器

铜镯　1组。

M114：1，一组20余件，含Ec型和Ed型两种类型。锈蚀矿化严重，大多断裂破

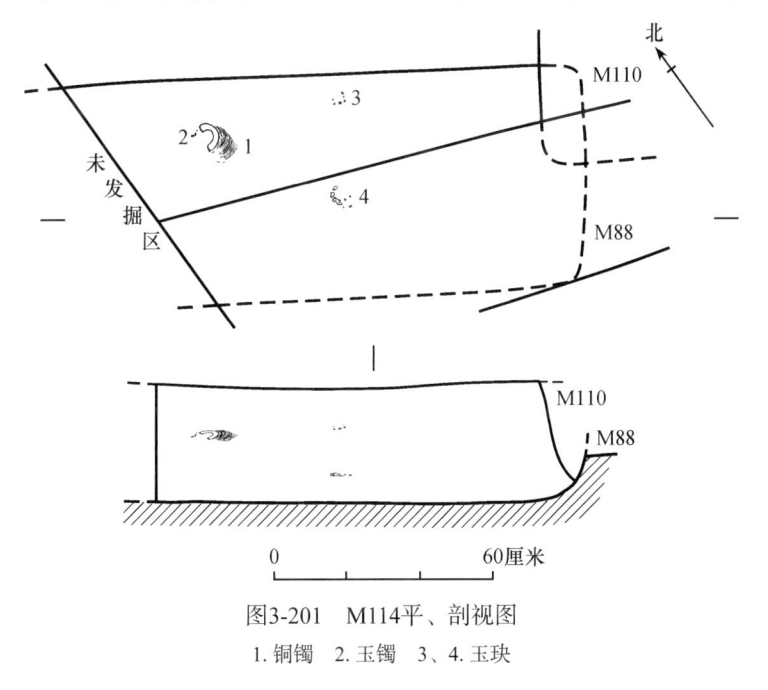

图3-201　M114平、剖视图
1.铜镯　2.玉镯　3、4.玉玦

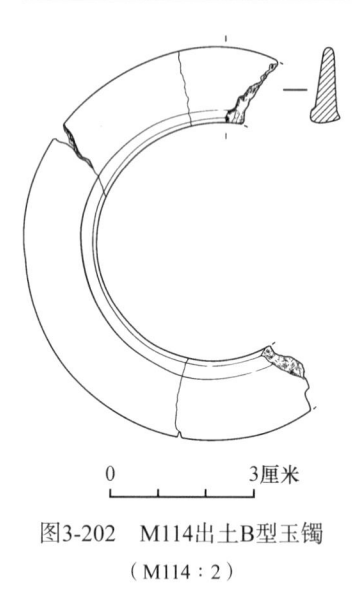

碎。细条环状，Ec型横截面近方形；Ed型横截面近弯月形，内壁凹，外壁弧。根据出土位置及形态推测，铜镯下葬时成串佩戴于被葬者右手臂，内残存肢骨。整体看，靠前的铜镯稍小，后面的渐大，铜镯前还同时佩戴1件玉镯。直径多不详；Ec型横截面一般边长0.2厘米，Ed型横截面直径亦多在0.2厘米左右。

玉石器　3件。

玉镯　1件。

M114∶2，B型，残件。白色泛黄；表面光洁，打磨平整，不透光。圆环形，外缘圆润，内缘微弧，上下凸出起棱，横截面呈"T"形。外径7.82、内径4.76、外缘厚0.18、内缘厚0.6厘米（图3-202）。

图3-202　M114出土B型玉镯（M114∶2）

玉玦　2件。

M114∶3、M114∶4，出土时风化严重，均已碎为粉状。白色片状，具体形制和尺寸不详。从出土位置推测，下葬时分别佩戴于被葬者右耳和左耳。

M115

M115位于Ⅰ号发掘点T6350西南部，属第4层墓葬。墓坑平面大致呈长方形，西北部延伸出发掘区，发掘部分长1.8、宽0.56、深0.37米，纵轴方向134°。墓坑内填红褐色黏土，略疏松，含少量炭屑。未发现葬具痕迹。残存零星骨渣，葬式不明。出土随葬品2件，均为铜泡饰，叠压摆放于墓坑东南部靠近西壁处（图3-203；图版115-1）。

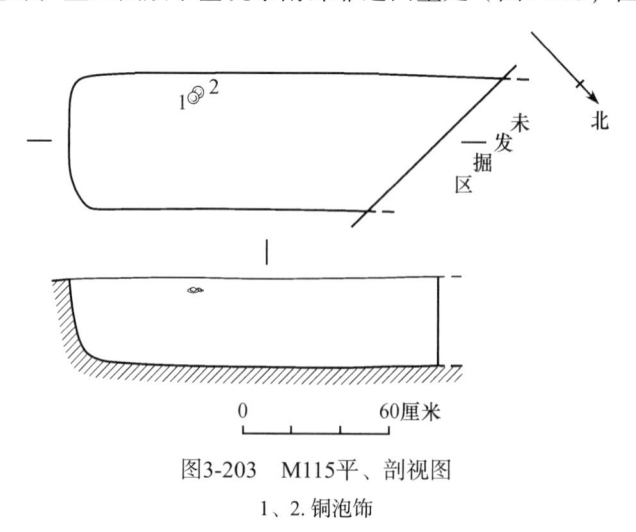

图3-203　M115平、剖视图
1、2. 铜泡饰

铜泡饰　2件。

均Aa型，纹饰亦相同。出土时锈蚀严重，局部矿化。圆形薄片状，正面中部鼓凸，四周较平，边缘有一对外凸环耳；背面有一道横梁。正面中间施一对卷云状涡纹，外施数周弦纹，边缘部分施联珠状点纹（图版115-2、3）。

M115：1，出土时正面朝上，压在M115：2上方。直径4.6厘米（图3-204-1）。

M115：2，出土时正面朝上，压在M115：1下方。直径4.6厘米（图3-204-2）。

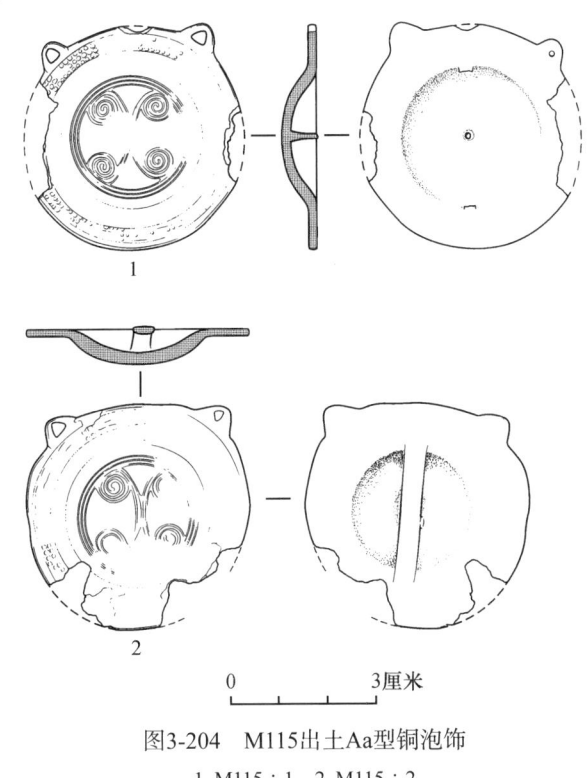

图3-204　M115出土Aa型铜泡饰
1. M115：1　2. M115：2

M117

M117位于Ⅰ号发掘点T6251中部，属第4层墓葬。墓坑平面大致呈长方形，纵轴方向149°，长2.18、宽0.6、深0.32米。墓坑内填红褐色泛灰黏土，略疏松。发现板灰痕迹，推测原有木质棺椁类葬具。残存零星骨渣，葬式不明。出土随葬品1件，为铜矛，位于墓坑中部（图3-205）。

铜矛　1件。

M117：1，出土时矿化破碎严重，具体型式不详。骹大部不存，横截面近椭圆形；矛身中线起脊，后部带血槽，刃、锋均残。残长约9.6厘米（图3-206）。

图3-205　M117平、剖视图

1. 铜矛

图3-206　M117出土铜矛

（M117∶1）

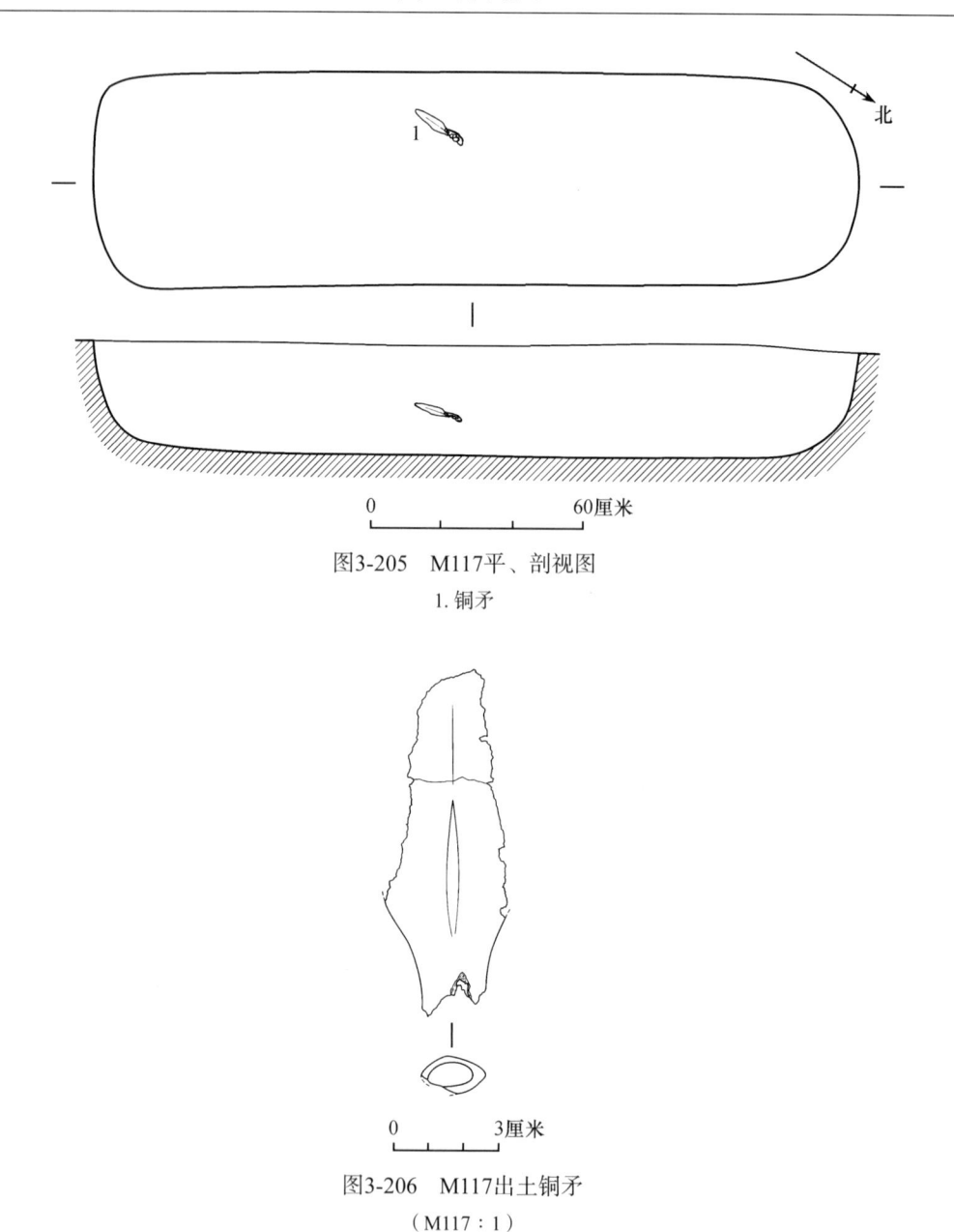

M118

M118位于Ⅰ号发掘点，跨T6251和T6351，属第4层墓葬。墓坑平面呈长条形，被M97、M100、M101和M105等打破，长3.1、宽0.72、深0.5米，纵轴方向138°。墓坑内填红褐色泛灰黏土，略疏松，含少量炭屑。发现板灰痕迹，推测原有木质棺椁类葬具。残存零星骨渣，葬式不明。出土随葬品1件，为玉管珠，位于墓坑东南部（图3-207）。

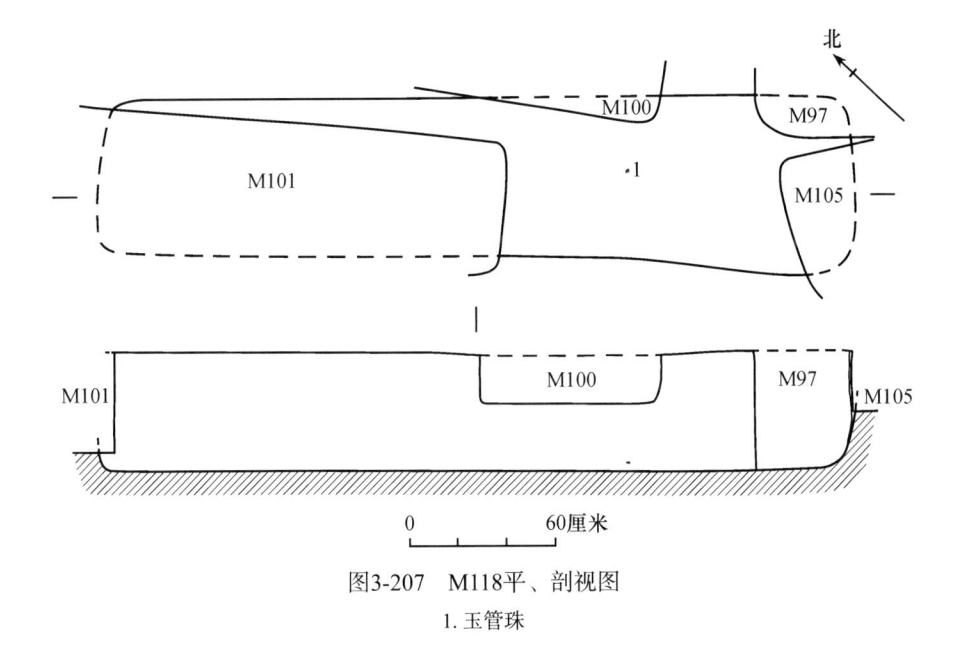

图3-207　M118平、剖视图
1. 玉管珠

玉管珠　1件。

M118:1，A型。白色泛黄；不透光。直孔；孔口较斜，一端略残。长1.77、直径0.76、孔径0.43厘米（图3-208）。

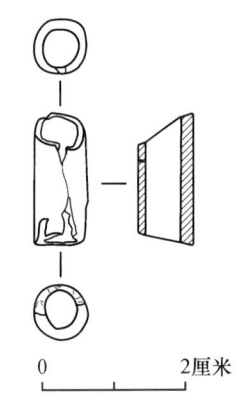

M119

M119位于Ⅰ号发掘点T6352西北部，属第4层墓葬。墓坑平面大致呈长方形，西北部延伸出发掘区，发掘部分长1.78、宽0.65、深0.27米，纵轴方向120°。墓坑内填红褐色泛灰黏土，略疏松。发现板灰痕迹，推测原有木质棺椁类葬具。残存零星骨渣，葬式不明。出土随葬品1件，为铜爪镰，位于墓坑中部偏东南（图3-209）。

图3-208　M118出土A型玉管珠（M118:1）

铜爪镰　1件。

M119:1，残。片状，背面和刃均呈弧形；双面刃，刃部有明显打磨痕迹。残长7.1、残宽4.4厘米（图3-210）。

图3-209　M119平、剖视图

1.铜爪镰

图3-210　M119出土铜爪镰
（M119：1）

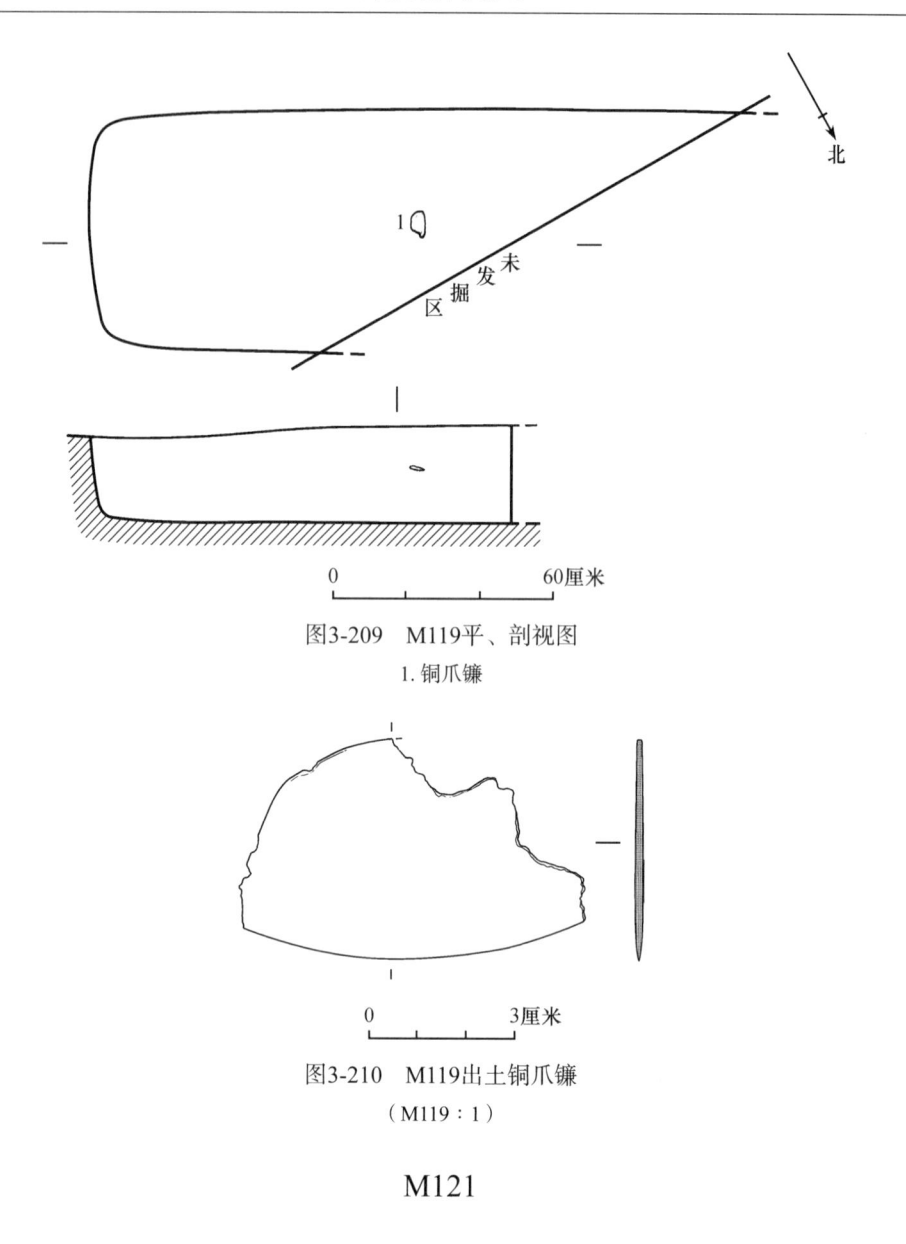

M121

M121位于Ⅰ号发掘点T6251西部，小部分跨入T6250，属第4层墓葬。墓坑平面呈长条形，纵轴方向110°，长2.2、宽0.5、深0.28米。墓坑内填红褐色黏土，略疏松。发现板灰痕迹，推测原有木质棺椁类葬具。人骨朽毁，葬式不明。出土随葬品1件，为铜扣饰，位于墓坑中部，出土时背面朝上（图3-211）。

铜扣饰　1件。

M121：1，Aa型。出土时矿化锈蚀严重，大部破碎，背面弯钩残。扣面圆形，扣体较大；正面中部鼓凸呈动物面具状，动物泡状圆眼，宽鼻较高，立体感强；面具周围由内到外施多周弦纹，弦纹之间依次填水滴状芒纹、斜线纹加带涡纹的乳钉以及放射状线条纹。直径12.6厘米（图3-212）。

图3-211　M121平、剖视图

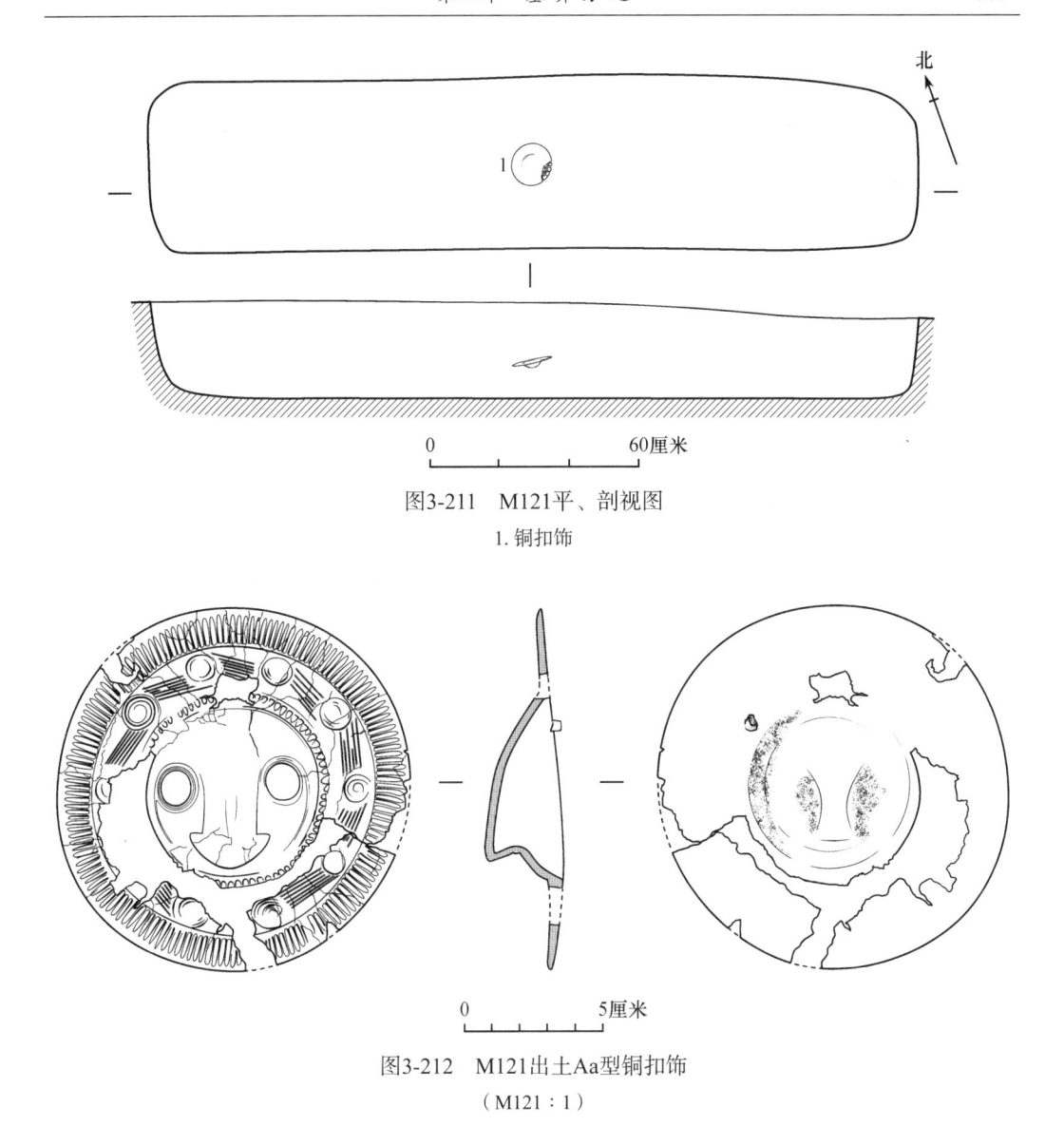

1. 铜扣饰

图3-212　M121出土Aa型铜扣饰
（M121∶1）

M123

　　M123位于Ⅰ号发掘点的T6250中部，属第4层墓葬。墓坑平面大致呈长方形，纵轴方向128°，长1.98、宽0.5、深0.28米。墓坑内填红褐色黏土，较疏松，含少量炭屑、陶片。发现板灰痕迹，推测原有木质棺椁类葬具。人骨朽毁，葬式不明。出土随葬品2件，分别为铜矛和玉管珠。铜矛位于墓坑东南部，玉管珠位于墓坑西北部靠近西壁处（图3-213）。

　　铜器　1件。

　　铜矛　1件。

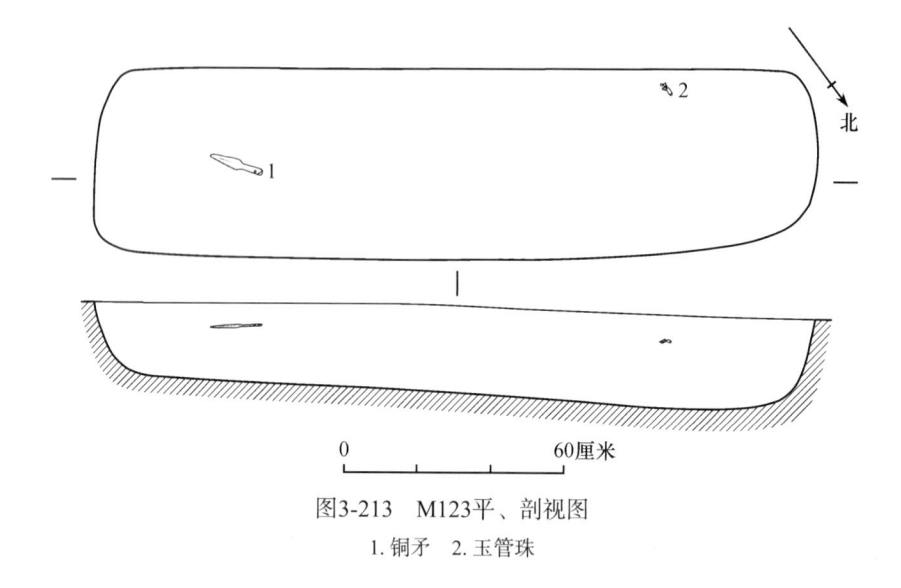

图3-213 M123平、剖视图
1. 铜矛 2. 玉管珠

M123:1，Aa型。锈蚀严重，局部矿化。圆骹，后部近骹口处有对穿，骹口平；柳叶形矛身，中线略起脊，刃较直。长14.5厘米（图3-214-1）。

玉石器　1件。

玉管珠　1件。

M123:2，B型，出土时两端残。白色，带浅墨色纹理，表面有黄褐色附着物。直孔。残长2.7、直径0.94、孔径0.5厘米（图3-214-2）。

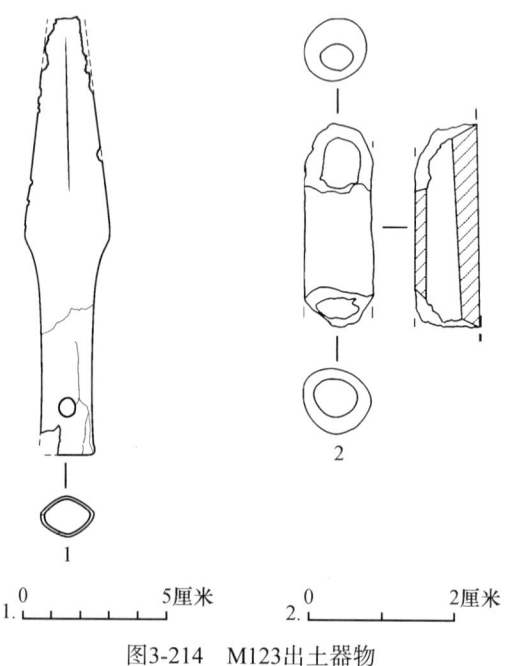

图3-214 M123出土器物
1. Aa型铜矛（M123:1） 2. B型玉管珠（M123:2）

M126

M126位于Ⅰ号发掘点T6250中部，属第4层墓葬。墓坑平面呈长条形，被M123打破，长2.63、宽0.6、深0.57米，纵轴方向142°。墓坑内填红褐色黏土，略疏松。未发现葬具痕迹。人骨朽毁，葬式不明。出土随葬品1件，为玉管珠，大致位于墓坑中部（图3-215）。

玉管珠　1件。

M126：1，A型。出土时风化碎裂，大致形状可见。白色，表面有黄褐色附着物。直孔。残长1.77、复原直径约0.7厘米、孔径0.4厘米。

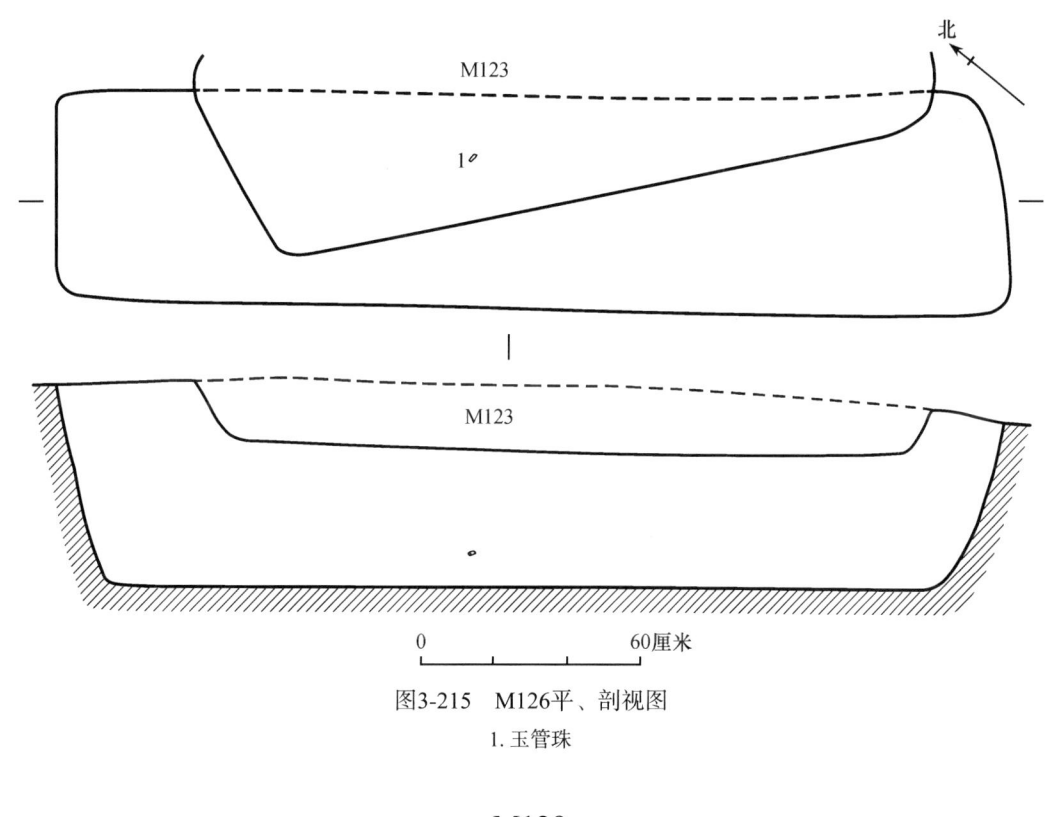

图3-215　M126平、剖视图
1. 玉管珠

M129

M129位于Ⅰ号发掘点T6250北部，小部分跨入T6350，属第4层墓葬。墓坑平面大致呈长方形，纵轴方向155°，长2、宽0.6、深0.36米。墓坑内填红褐色黏土，略疏松。发现板灰痕迹，推测原有木质棺椁类葬具。人骨朽毁，葬式不明。出土随葬品1件，为铜扣饰，位于墓坑中部偏东南（图3-216）。

铜扣饰　1件。

M129：1，Aa型。出土时矿化严重，大部破碎。扣面圆形，扣体较大；正面中部鼓凸。中部鼓凸处隐约可见泡状圆眼，边缘可见放射状线纹。直径约12.5厘米。

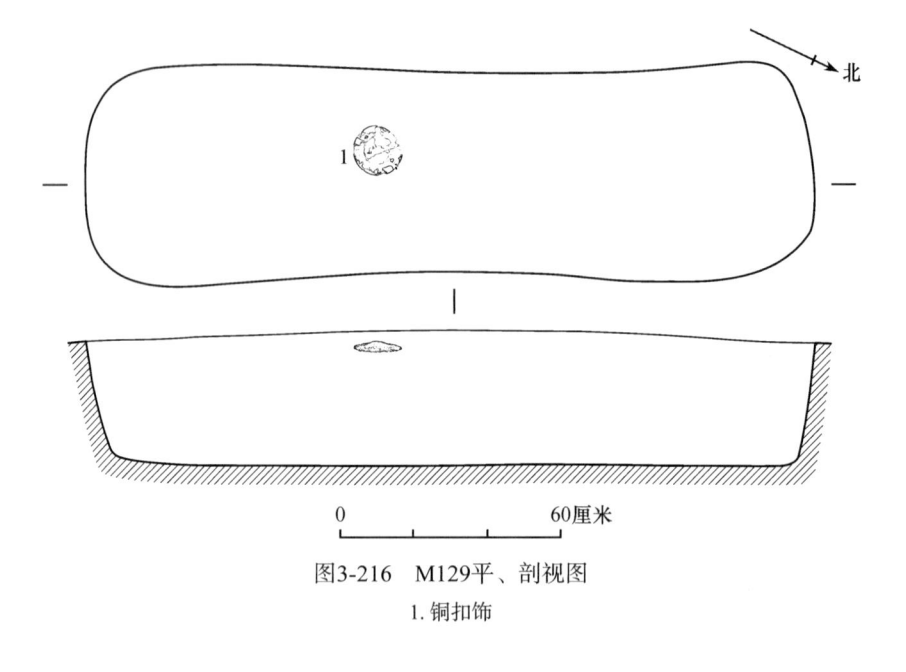

图3-216　M129平、剖视图
1.铜扣饰

M131

M131位于Ⅰ号发掘点T6250南部，属第4层墓葬。墓坑平面呈长条形，被M110、M112和M125打破，长1.9、宽0.4、深0.37米，纵轴方向113°。墓坑内填红褐色黏土，略疏松。发现板灰痕迹，推测原有木质棺椁类葬具。残存零星骨渣，葬式不明。出土随葬品1件，为铜泡饰，位于墓坑西北部（图3-217）。

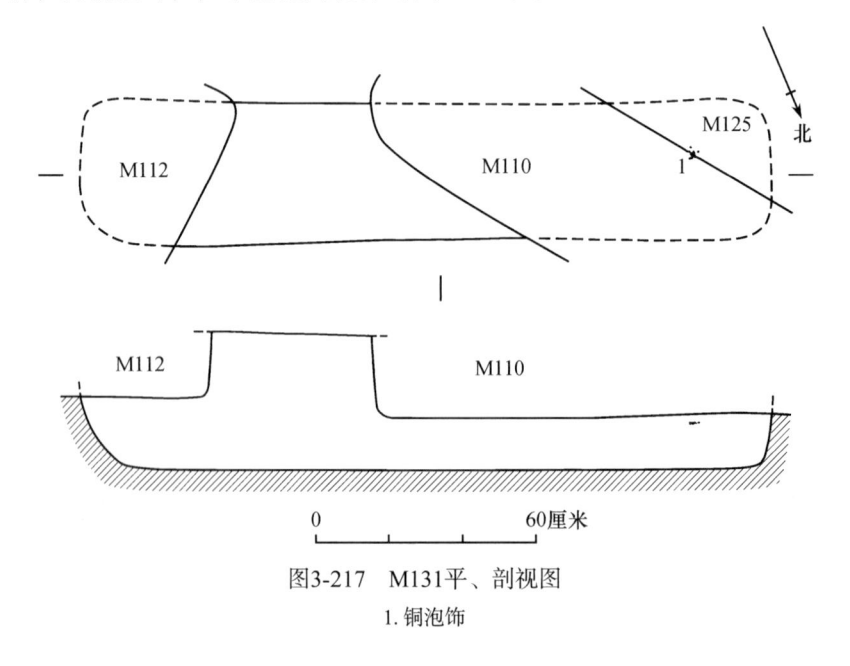

图3-217　M131平、剖视图
1.铜泡饰

铜泡饰　1件。

M131：1，Aa型。出土时矿化破碎严重，从碎片形状及残存的少量纹饰可大致判断其型式。因无法修复，尺寸不详。

M134

M134位于Ⅰ号发掘点，跨T6251、T6350和T6351，属第4层墓葬。墓坑平面大致呈长方形，东南端被M130打破，纵轴方向133°，长2.95、宽0.75、深0.33米。墓坑内填红褐色黏土，较疏松，含少量炭屑。未发现葬具痕迹。人骨朽毁，葬式不明。出土随葬品为2组特殊材料镯，位于墓坑中部偏西北（图3-218；图版116-1）。

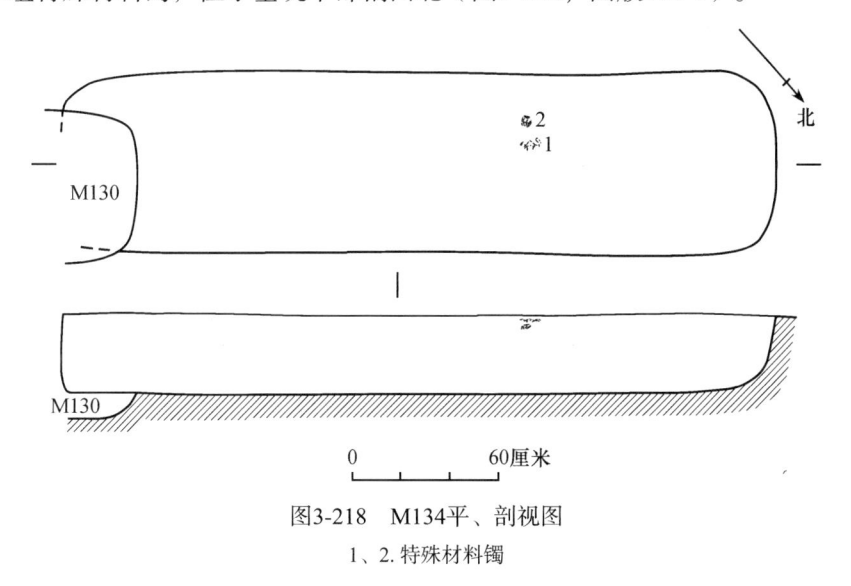

图3-218　M134平、剖视图
1、2. 特殊材料镯

特殊材料镯　2组。

均为B型。据检测和分析，此种镯系用桦树皮焦油等特殊材料制成，出土时多断裂破碎（图版116-3）。黑色，质感较轻。细条环状，横截面圆形，中空。

M134：1，一组四五件。直径不详，横截面约0.27厘米。

M134：2，一组5件。复原直径约4.1、横截面直径约0.25厘米（图3-219）。

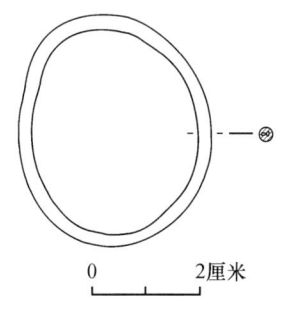

图3-219　M134出土B型特殊材料镯（M134：2）部分

M136

M136位于Ⅰ号发掘点T6350西南部，小部分跨入T6250，属第4层墓葬。墓坑平面呈长条形，局部被M82、M115打破，同时西北部延伸出发掘区。发掘部分长2.02、宽0.48、深0.46米，纵轴方向146°。墓坑内填红褐色黏土，略疏松。发现板灰痕迹，推测原有木质棺椁类葬具。人骨朽毁，葬式不明。出土随葬品为1组特殊材料镯，位于墓坑中部偏东南（图3-220）。

特殊材料镯　1组。

M136：1，一组2件，均B型。据检测和分析，系用桦树皮焦油等特殊材料制成，出土时断裂破碎。黑色，质感较轻。细条环状，横截面圆形，可见两孔状空腔。镯直径均不详，M136：1-1横截面直径约0.4厘米，M136：1-2横截面直径约0.48厘米。

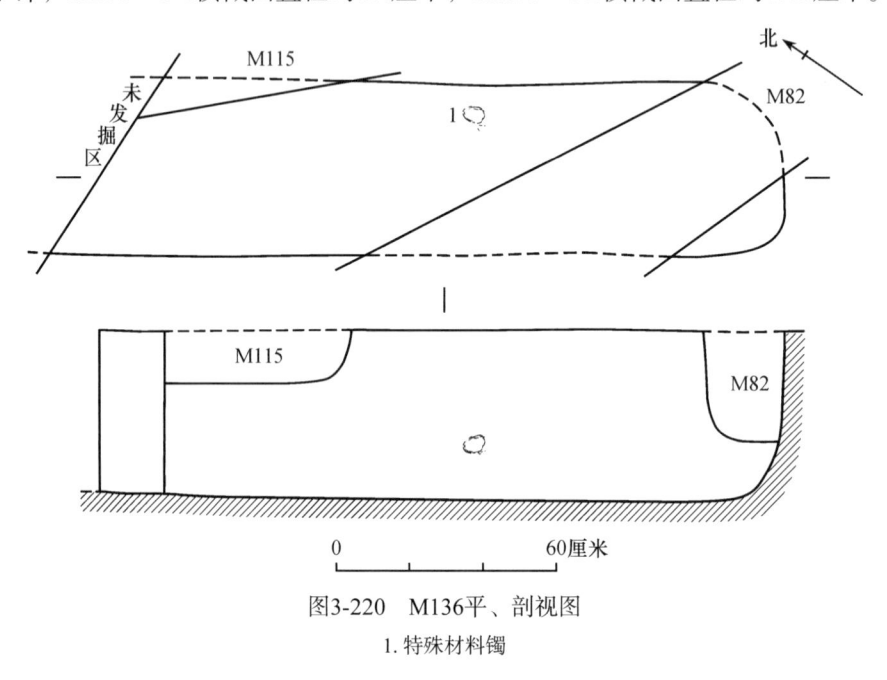

图3-220　M136平、剖视图
1. 特殊材料镯

M137

M137位于Ⅰ号发掘点，跨T6250、T6251、T6350、T6351，属第4层墓葬。墓坑平面呈长条形，东南部被M127打破，长2.73、宽0.68、深0.4米，纵轴方向139°。墓坑内填红褐色泛灰黏土，夹杂一些黄白色膏泥，略疏松。未发现葬具痕迹。残存零星骨渣，葬式不明。出土随葬品1件，为铜扣饰，位于墓坑西北部，出土时背面朝上（图3-221）。

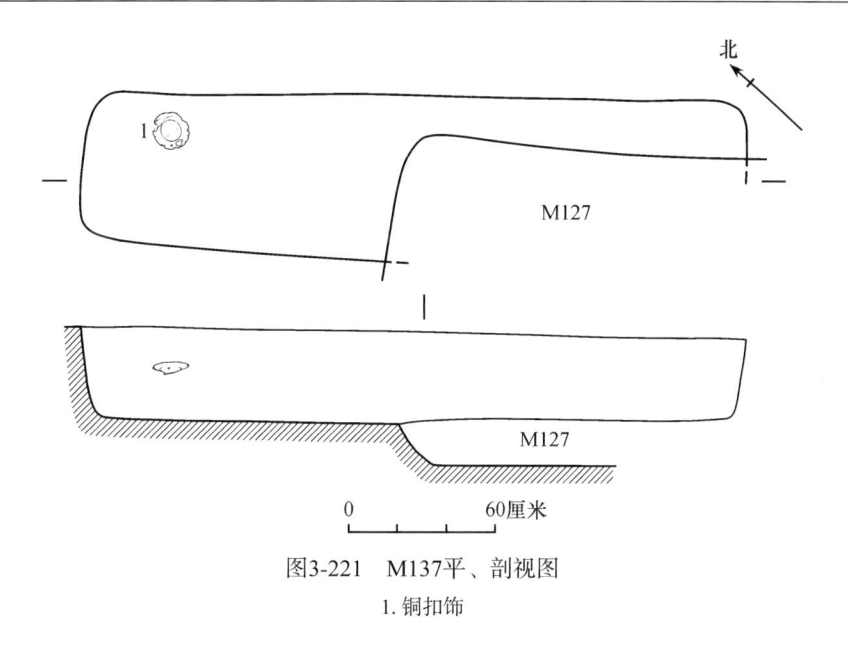

图3-221　M137平、剖视图
1. 铜扣饰

铜扣饰　1件。

M137:1，Aa型。出土时矿化破碎严重，无法修复。从背面残存形状看，扣体较大，正面中部鼓凸如动物面具，动物泡状圆眼，宽鼻较高；弯钩残。直径约15厘米。

M138

M138位于Ⅰ号发掘点，跨T6250和T6251，属第4层墓葬。墓坑平面呈长条形，被M102、M121、M133打破，长3.37、宽0.65、深0.58米，纵轴方向143°。墓坑内填红褐色黏土，夹杂一些红色胶泥和黄白色膏泥，略疏松。发现板灰痕迹，推测原有木质棺椁类葬具。残存少许上肢骨，已成渣，具体葬式不明。结合铜镯、玉玦等随葬品的位置及形态，推测被葬者头朝东南方向。出土随葬品7件（组），包括剑、戈、矛、扣饰、镯等5件铜器，以及2件（组）玉玦。随葬品多位于墓坑东南部，其中铜镯略近墓坑中部，推测下葬时佩戴于被葬者左手臂。铜剑竖置，局部压于上肢骨下；铜戈和铜矛并排横置于头部位置。3件铜兵器出土前均被折弯或折断。玉玦呈左右对称分布，推测下葬时分别佩戴于被葬者左右耳（图3-222；图版116-2、4）。

铜器　5件。

铜剑　1件。

M138:1，Cb型。锈蚀严重，局部矿化。空心椭圆茎，空首呈喇叭口状，茎下部有对穿；一字格；剑身前部中线略起脊，出土前略被折弯，锋断裂，曲刃。茎部隐约可见弦纹、编织纹等纹饰；剑身后部施箭矢状纹饰，沿中线左右对称分布。茎两侧隐

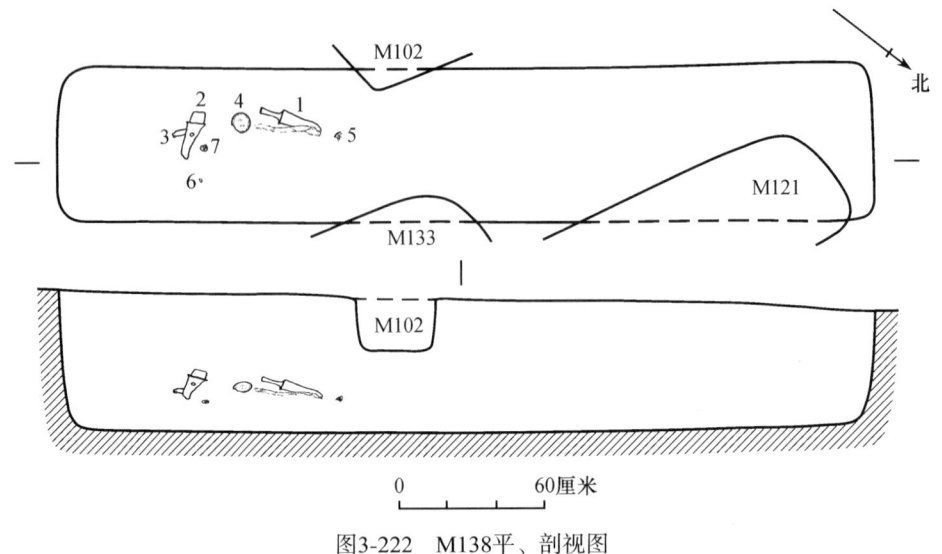

图3-222 M138平、剖视图
1. 铜剑 2. 铜戈 3. 铜矛 4. 铜扣饰 5. 铜镯 6、7. 玉玦

约可见铸缝痕迹。残长21.2、格残长5.7厘米（图3-223-1；图版118-1）。

铜戈 1件。

M138：2，Bb型Ⅲ式。锈蚀严重，局部矿化破碎。无胡；条形援，出土前被折弯，锋部残，援后部有一椭圆穿，穿两面孔径不一，穿壁上可见错口，近阑处有两近长方形穿；长方形直内，前部有一近方形穿，后缘呈对称的内卷鸟首状。援后部圆穿周围施弦纹和短线芒纹；援本即圆穿与阑之间施浅浮雕式牵手人纹，外加梯形框；内后部亦施浅浮雕式的牵手人纹。援后部椭圆穿的壁上可见一圈铸缝痕迹，并形成错口；阑背面以及内两侧和内穿壁上亦残留铸缝痕迹。出土时内部可见炭化物，推测为戈柲遗存。残长20.8、阑宽6.4厘米（图3-223-2；图版117）。

铜矛 1件。

M138：3，Ab型Ⅰ式。锈蚀严重，局部矿化。椭圆骹，横截面近菱形，骹口分叉，后部近骹口处一侧有耳；柳叶形矛身，中线起脊，后部沿脊线设血槽，刃较直，出土前锋部被折弯并断裂。残长约12.5厘米（图3-223-4；图版118-2、3）。

铜镯 1件。

M138：5，A型Ⅰ式。矿化严重，断裂破碎。片状环形，镯体较窄；内壁微弧；外壁呈浅槽结构，并预铸简化的云雷纹状界格，槽内原镶嵌孔雀石片，但大多脱落。从出土位置看，铜镯下葬时佩戴于被葬者左手臂上。复原直径约6、宽0.8厘米（图3-223-5）。

图3-223　M138出土铜器

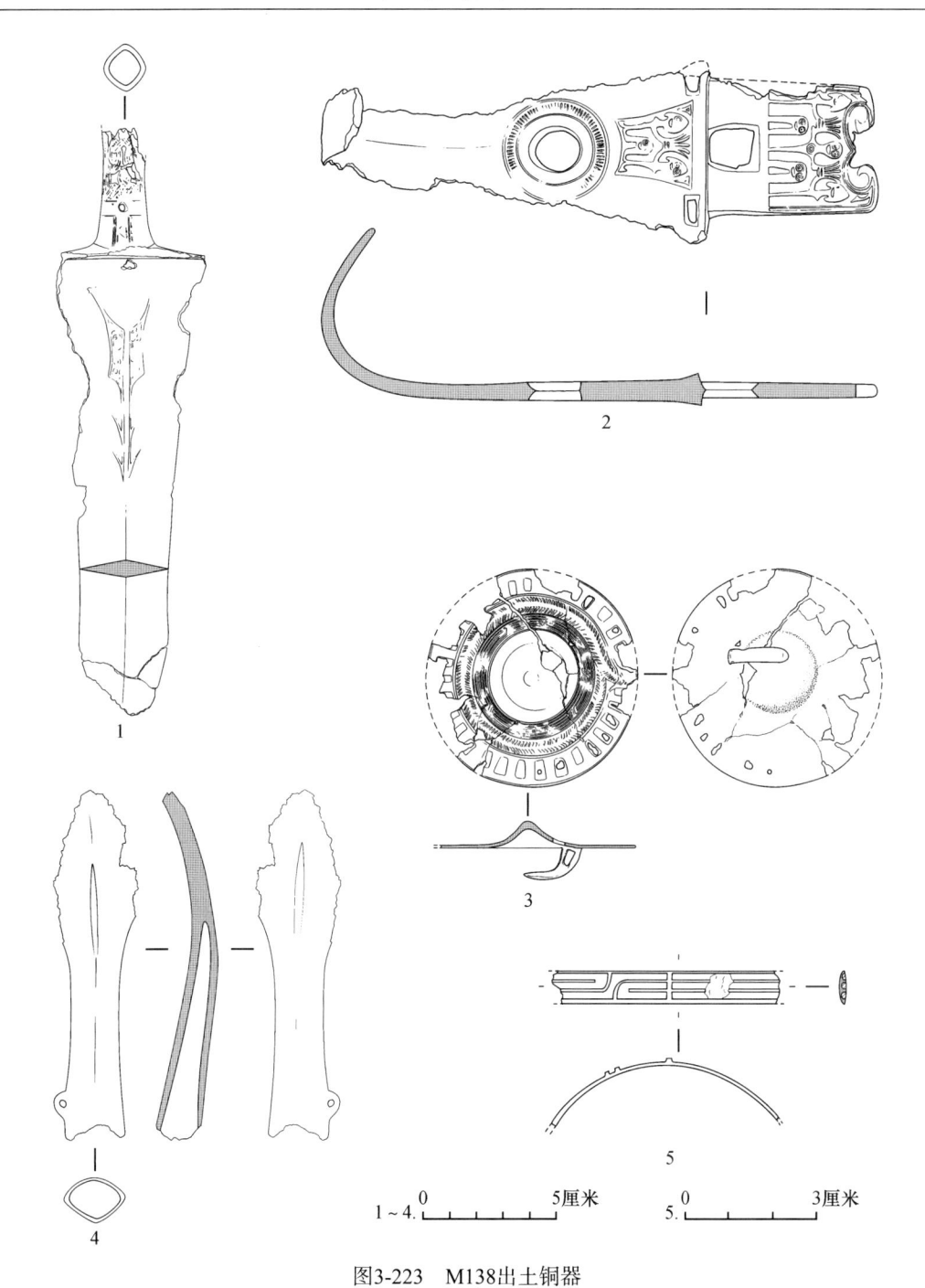

1. Cb型剑（M138：1）　2. Bb型Ⅲ式戈（M138：2）　3. Bb型扣饰（M138：4）　4. Ab型Ⅰ式矛（M138：3）
5. A型Ⅰ式镯（M138：5）

铜扣饰 1件。

M138：4，Bb型。出土时锈蚀严重，局部矿化破碎。扣面圆形，中间呈乳突状凸起，外施一周云雷纹，再外为盘绕状蛇纹，边缘为一周近长方形镂孔。背面有一横向带穿弯钩。直径7.8厘米（图3-223-3；图版35-1、2，图版118-4、5）。

玉石器 2件（组）。

玉玦 2件（组）。

M138：6，出土时风化严重，碎成粉末。白色片状。具体形制和尺寸均不详。根据出土位置推测，下葬时佩戴于被葬者右耳。

M138：7，一组4件，其中3件残，1件完整（图版118-6），出土时由小到大、自上而下叠压在一起。从出土位置看，下葬时佩戴于被葬者左耳。均白色泛黄，带不规则分布的墨色纹理；表面细腻，不透光。薄片状，平面呈不对称圆环形，玦口位于较窄的一侧。M138：7-1，残剩约一半，两侧玦口均不存。外缘较直，内缘呈单面微凹斜坡状。残径约3.6、厚0.17厘米（图3-224-1）。M138：7-2，残剩一半有余，两侧玦口均不存。外缘较圆润，内缘呈单面微凹斜坡状。残径约3.54、厚0.13厘米（图3-224-2）。M138：7-3，残剩大半，两侧玦口均不存。一面外缘略斜，另一面内缘呈凹面斜坡状。外径2.4、内径1.2、厚0.13厘米（图3-224-3）。M138：7-4，外缘较圆润，内缘呈单面微凹斜坡状。外径1.68、内径0.7、玦口宽0.05、厚0.1厘米（图3-224-4）。

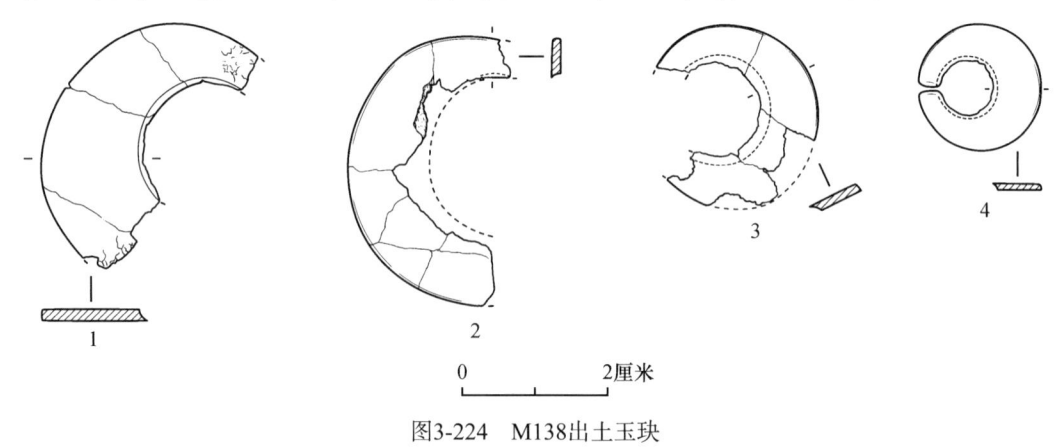

图3-224 M138出土玉玦
1. M138：7-1 2. M138：7-2 3. M138：7-3 4. M138：7-4

M139

M139位于Ⅰ号发掘点T6350东部，小部分跨入T6351，属第4层墓葬。墓坑平面大致呈长方形，东北角被M98打破，长1.88、宽0.6、深0.35米，纵轴方向145°。墓坑内填红褐色泛灰黏土，夹杂少量黄白色膏泥，略疏松。发现板灰痕迹，推测原有木质棺椁类葬具。残存零星骨渣，葬式不明。出土随葬品1件，为铜剑，位于墓坑西北部，出土前已残，应是人为所致（图3-225）。

铜剑　1件。

M139：1，Cc型。出土时仅有剑身前部，从形制和纹饰大致判断其型式。曲刃，锋被折弯。剑身上残存少许箭矢状纹饰。残长9.9厘米（图3-226）。

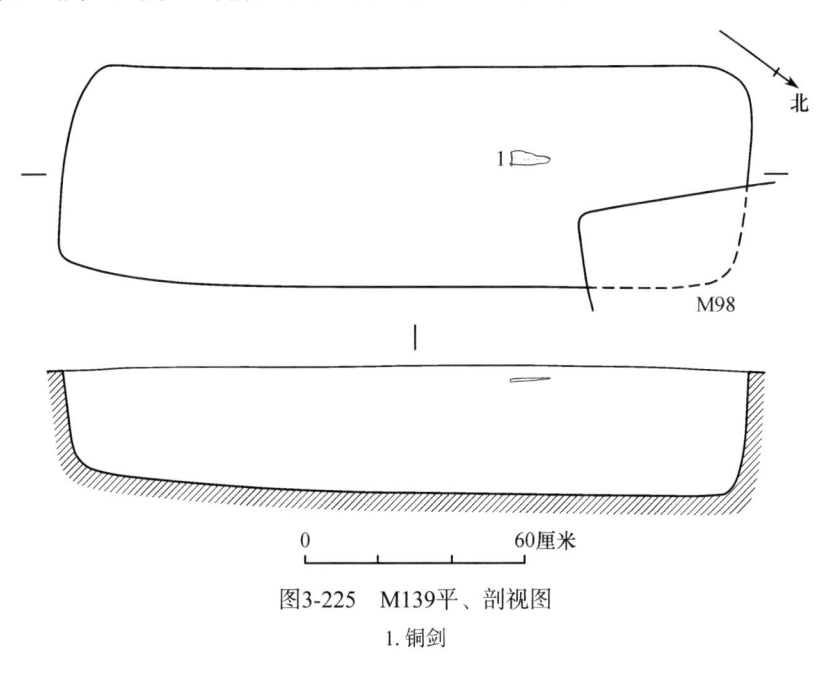

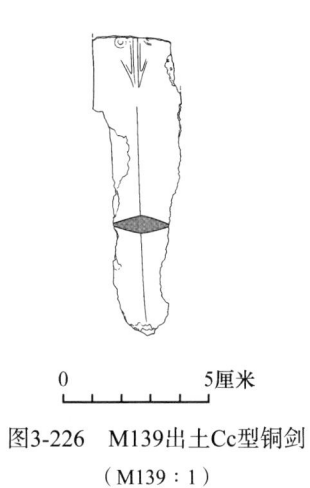

图3-225　M139平、剖视图
1. 铜剑

图3-226　M139出土Cc型铜剑
（M139：1）

M140

M140位于Ⅰ号发掘点T6250东北部，属第4层墓葬。墓坑平面大致呈长方形，西北部和东南部分别被M129、M138打破，残长1.7、宽0.65、深0.43米，纵轴方向143°。墓坑内填红褐色泛灰黏土，夹杂少量红色胶泥和黄白色膏泥。发现板灰痕迹，推测原有木质棺椁类葬具。残存零星骨渣，葬式不明。出土随葬品2件，分别为铜剑和铜矛，均位于墓坑中部偏东南，二者并列竖置，靠近东侧墓壁（图3-227；图版119-1）。

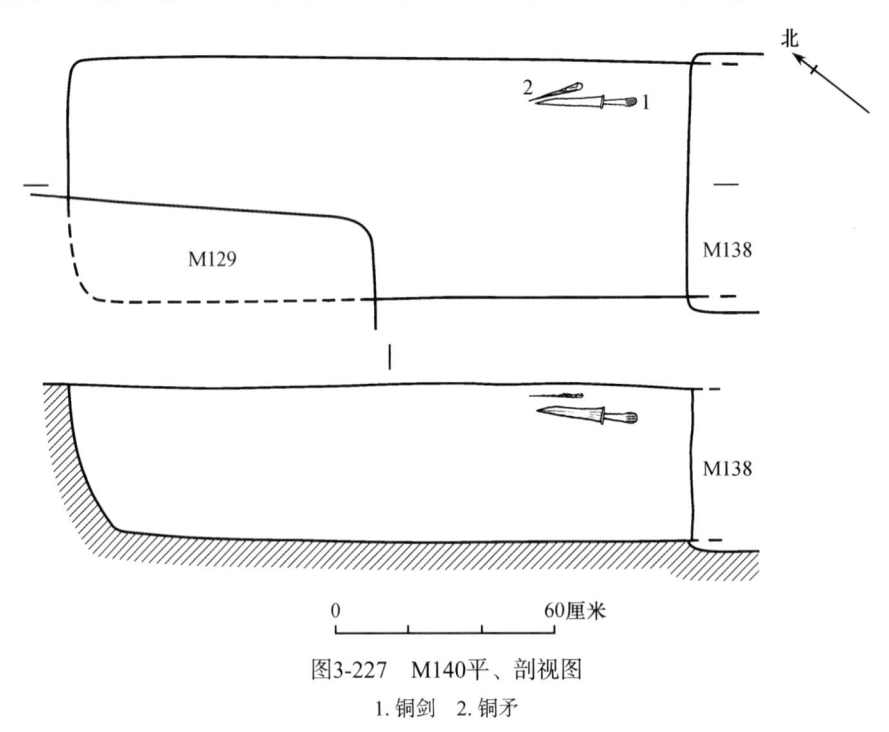

图3-227　M140平、剖视图
1. 铜剑　2. 铜矛

铜剑　1件。

M140：1，B型Ⅰ式。锈蚀严重，局部矿化。扁圆茎，茎首镂空；无格；剑身前部中线起脊，后端较宽，形成双肩。茎部施多道弦纹，中间填云雷纹、叶脉纹、短线纹等，茎首并列6个竖条形镂孔；剑身后部施"S"形涡纹和箭矢状纹，以脊为中线左右对称。茎两侧可见铸缝痕迹。长26、肩宽4.5厘米（图3-228；图版119-2）。

铜矛　1件。

M140：2，出土时矿化破碎严重，无法修复，具体形制不详。残长约18.5厘米（图版119-2）。

图3-228　M140出土B型Ⅰ式铜剑
（M140：1）

M142

M142位于Ⅰ号发掘点T6350南部，属第4层墓葬。墓坑平面呈长条形，西北端一角延伸出发掘区，另被M95、M115和M129打破，长2.72、宽0.62、深0.46米，纵轴方向153°。墓坑内填红褐色黏土，略疏松。发现板灰痕迹，推测原有木质棺椁类葬具。人骨朽毁，葬式不明。出土随葬品3件（组），分别为铜镯1组、玉管珠2件，均位于墓坑中部偏东南，2件玉管珠呈左右对称摆放（图3-229）。

铜器　1组。

铜镯　1组。

M142：1，一组2件，均Ec型。矿化严重，出土时断裂残碎。细条环状，横截面近方形。外壁可见阴刻的斜短线纹。M142：1-1，直径约5.4、横截面边长约0.17厘米（图3-230-1）。

玉石器　2件。

玉管珠　2件。

均A型。出土时风化严重，发生断裂变形。细圆管形，直孔。

M142：2，白色，表面可见黄褐色附着物；不透光。残长3.07、直径0.68、孔径0.4~0.46厘米（图3-230-2）。

M142：3，白色，带墨色纹理；不透光。管壁厚度不甚均匀；两端斜口。残长2.87、直径0.73、孔径0.42~0.45厘米（图3-230-3）。

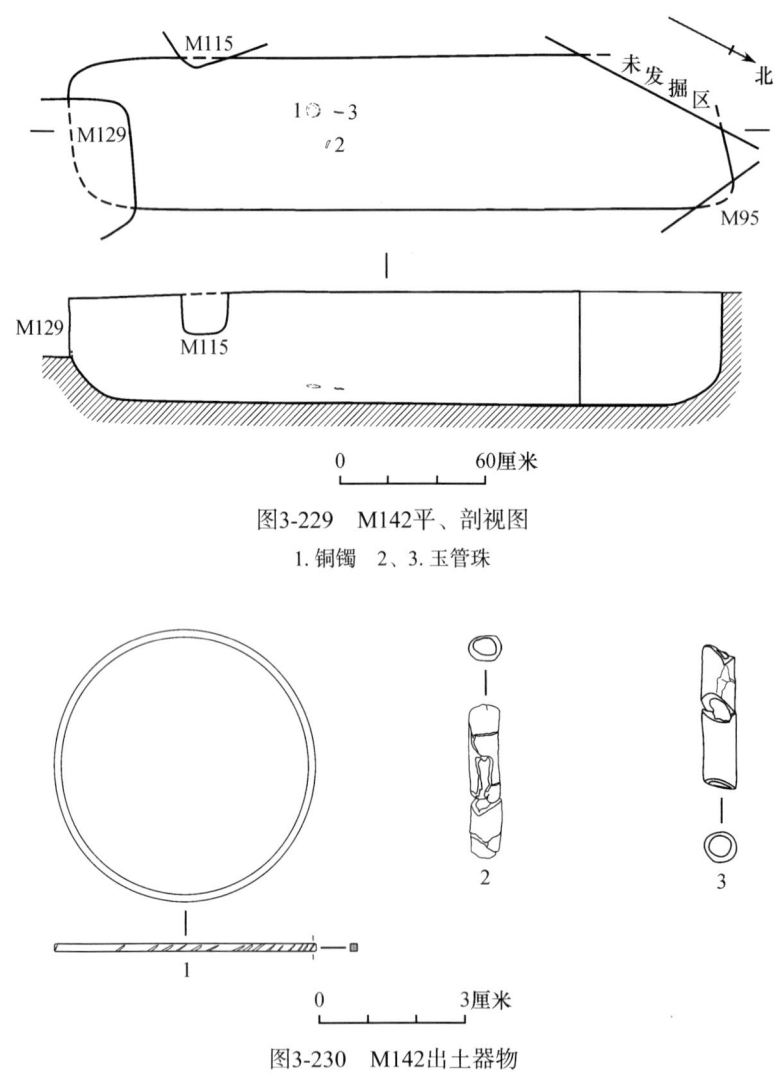

图3-229　M142平、剖视图
1. 铜镯　2、3. 玉管珠

图3-230　M142出土器物
1. Ec型铜镯（M142：1-1）　2、3. A型玉管珠（M142：2、M142：3）

M145

M145位于Ⅰ号发掘点T6350中部，属第4层墓葬。墓坑平面大致呈长方形，中部被M95打破，东南端一角被M142打破，长1.93、宽0.56、深0.4米，纵轴方向165°。墓坑内填红褐色泛灰黏土，略疏松，夹杂少量黄白色膏泥。发现板灰痕迹，推测原有木质棺椁类葬具。人骨朽毁，葬式不明。出土随葬品1件，为玉玦，位于墓坑东南部（图3-231）。

玉玦　1件。

M145:1，出土时残剩大半，一侧玦口残。白色；光润细腻，不透光。片状，平面呈不对称圆环形；一面微鼓，另一面较平，内缘呈单面斜坡状，斜坡微凹。外径2.95、内径1.94、厚0.15厘米（图3-232）。

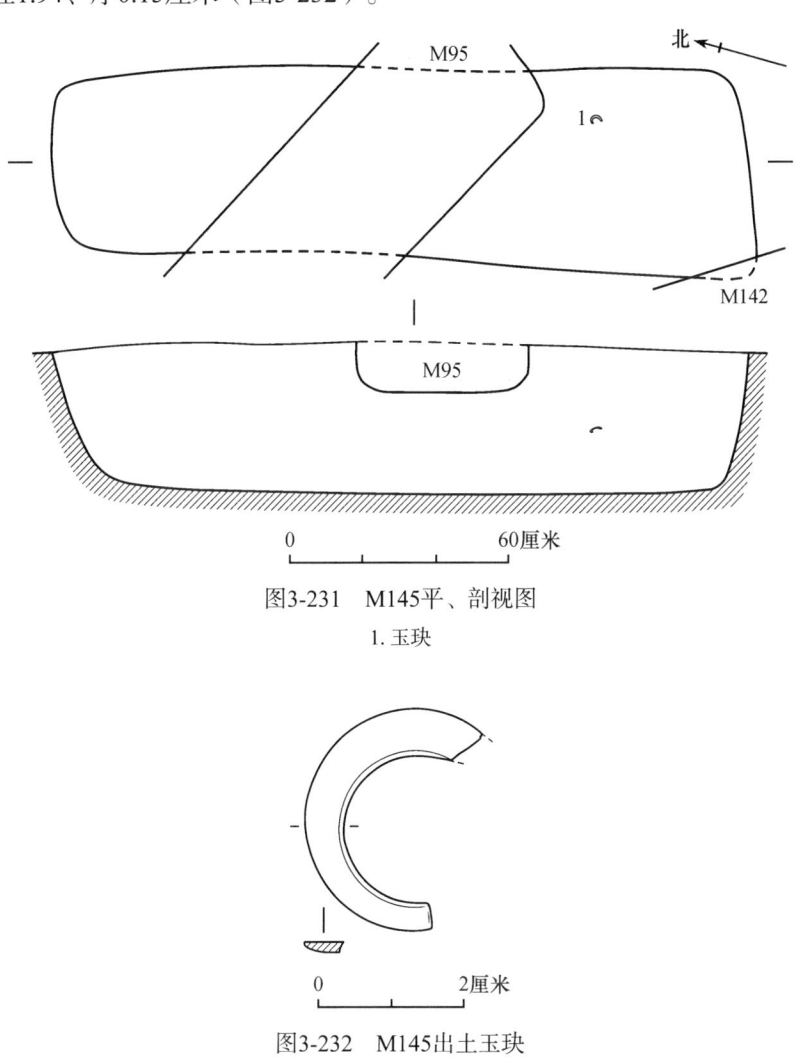

图3-231　M145平、剖视图
1. 玉玦

图3-232　M145出土玉玦
（M145:1）

M150

M150位于Ⅰ号发掘点T6351西北部，小部分跨入T6350，属第4层墓葬。墓坑平面大致呈长方形，西北部延伸出发掘区。发掘部分长2.23、宽0.66、深0.6米，纵轴方向131°。墓坑内填红褐色泛灰黏土，略疏松，含少量炭屑、陶片。发现板灰痕迹，推测原有木质棺椁类葬具。残存零星骨渣，葬式不明。出土随葬品为1组铜镯，大致位于墓坑中部（图3-233）。

铜镯　1组。

M150:1，一组10余件，均Ea型。矿化严重，全部断裂破碎。细条环状，横截面为竖长方形。根据出土位置和形态推测，铜镯下葬时成串佩戴于被葬者手臂上。直径不详，横截面一般长0.18~0.2、宽0.1厘米。

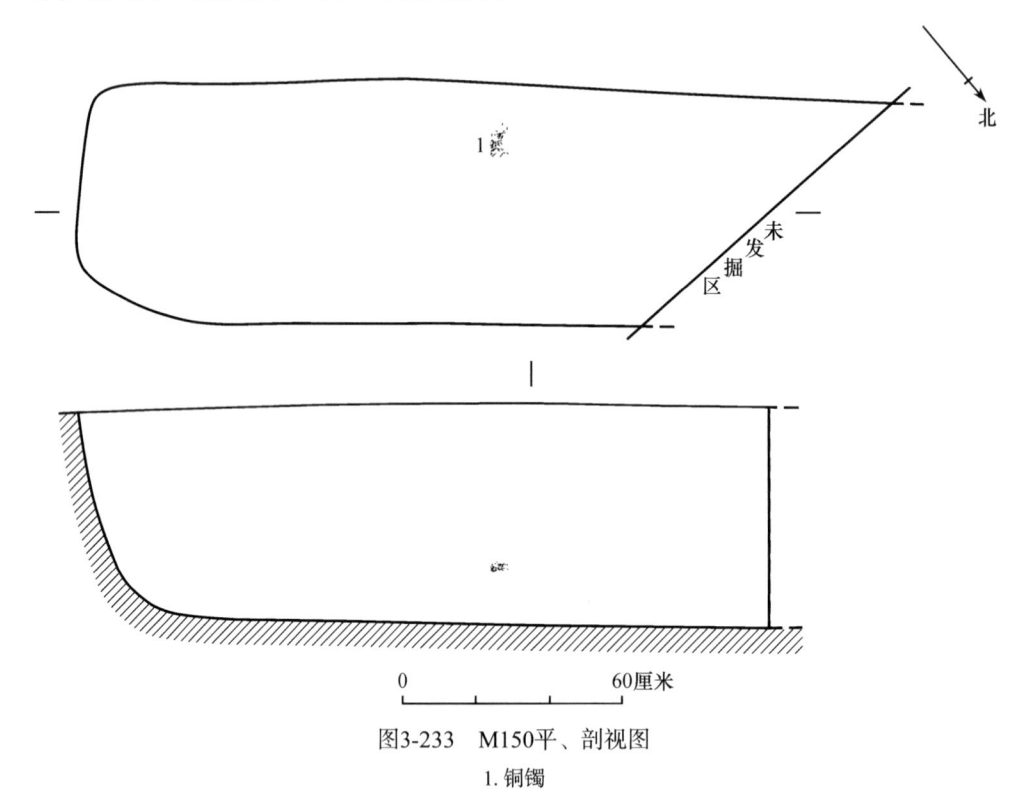

图3-233　M150平、剖视图
1. 铜镯

M151

M151位于Ⅰ号发掘点T6350东北部，属第4层墓葬。墓坑平面大致呈长方形，西部被M98打破，长2.02、宽0.6、深0.28米，纵轴方向136°。墓坑内填红褐色泛灰黏土，略疏松，夹杂少量红色胶泥和黄白色膏泥。未发现葬具痕迹。人骨朽毁，葬式不明。出土随葬品1件，为玉管珠，大致位于墓坑中部（图3-234）。

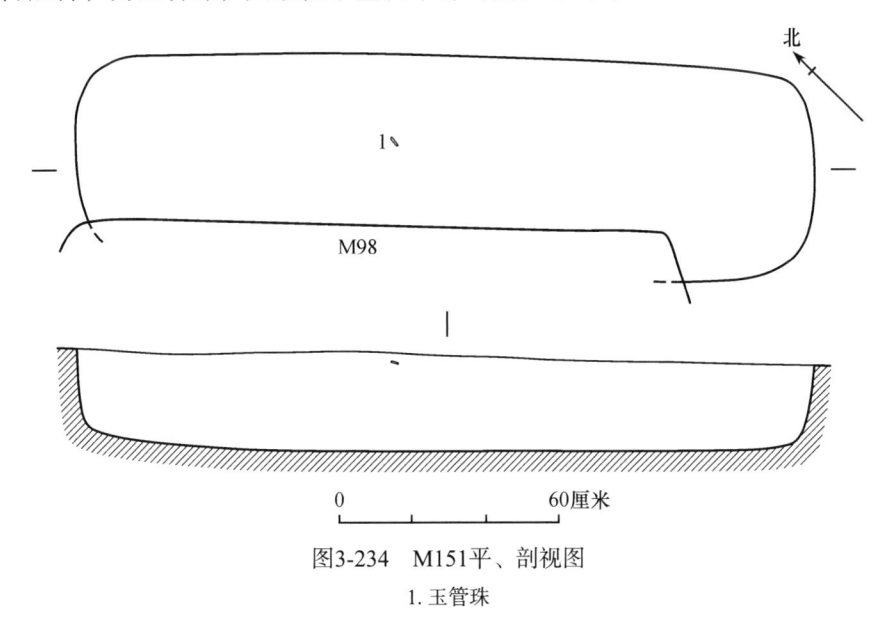

图3-234　M151平、剖视图
1. 玉管珠

玉管珠　1件。

M151：1，A型。白色泛黄，带墨色纹理；光润细腻，微透光。细圆管形；直孔，内壁光滑，一侧管壁有一形状不规则孔洞；一端平口，另一端残。残长3.73、直径0.6、孔径0.35厘米（图3-235）。

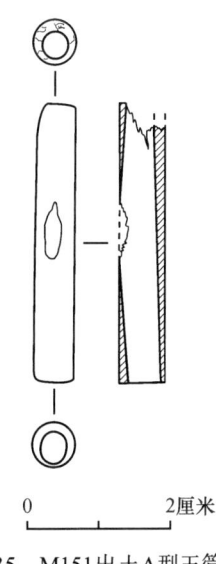

M152

M152位于Ⅰ号发掘点T6350南部，小部分跨入T6250，属第4层墓葬。墓坑平面大致呈长方形，被M129、M142、M146等打破，残长2.06、残宽0.63、深0.3米，纵轴方向153°。墓坑内填红褐色黏土，略疏松。发现板灰痕迹，推测原有木质棺椁类葬具。残存零星骨渣，葬式不明。出土随葬品2件，分别为铜戚和铜泡饰，位于墓坑东南部（图3-236；图版120-1）。

图3-235　M151出土A型玉管珠
（M151：1）

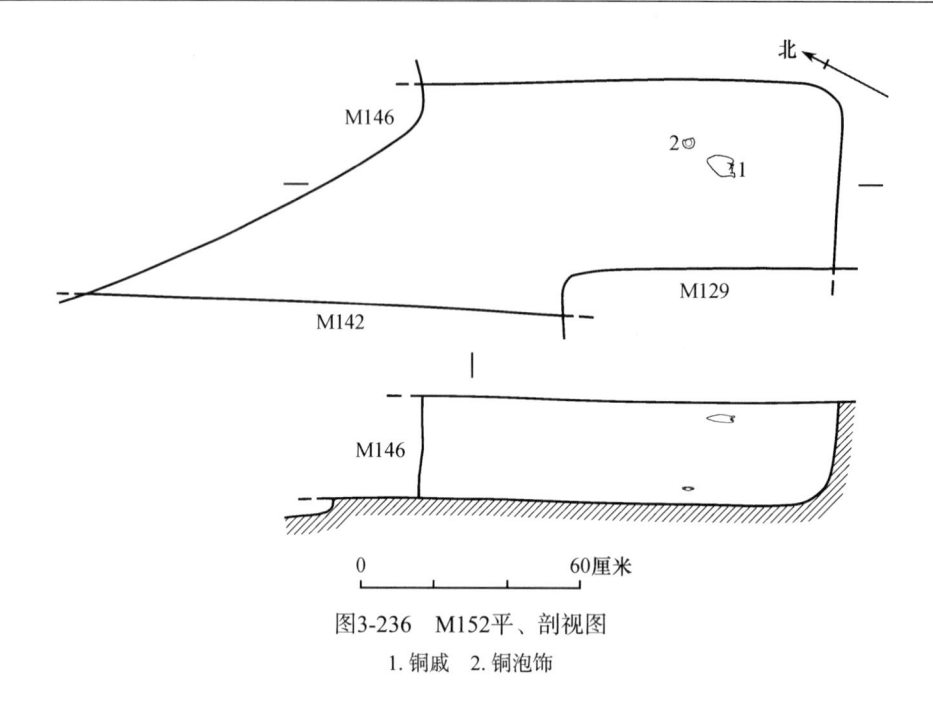

图3-236 M152平、剖视图
1. 铜戚 2. 铜泡饰

铜戚 1件。

M152：1，A型Ⅰ式。锈蚀严重，銎口残，戚刃略残。竖銎向下延伸至戚身下部，底平；椭圆形銎口较矮且下凹呈"V"字形；戚身呈宽尖叶形，圆肩，中线略起脊。銎口下方有一道凸弦纹，弦纹下接倒三角形纹饰。出土时銎内有朽木，木上缠麻。残长11.8、銎口残宽4.5厘米（图3-237；图版23-1、2，图版120-2、3）。

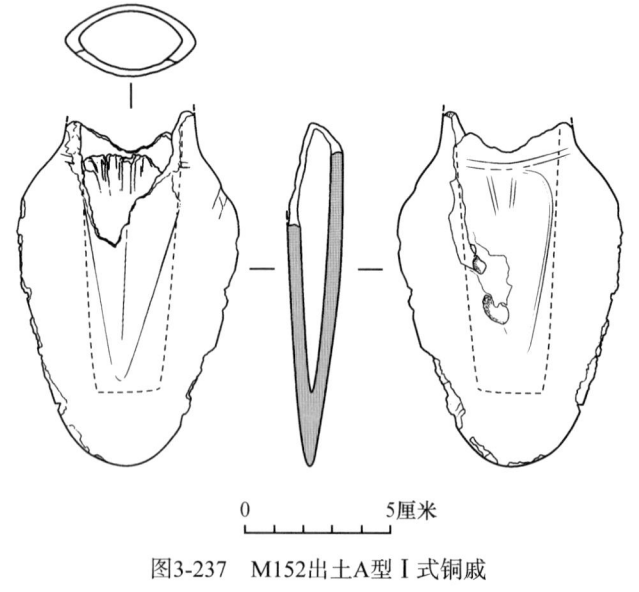

图3-237 M152出土A型Ⅰ式铜戚
（M152：1）

铜泡饰　1件。

M152：2，Aa型。出土时矿化破碎严重。从发掘现场观测，大致呈圆形片状，中部鼓起，残片边缘可见环耳。正面中间隐约可见卷云状涡纹。直径约4厘米。

M154

M154位于Ⅰ号发掘点T6351西部，小部分跨入T6350，属第4层墓葬。墓坑平面大致呈长方形，东南部和西北部分别被M101、M151打破，残长1.97、宽0.52、深0.73米，纵轴方向141°。墓坑内填红褐色泛灰黏土，夹杂少量黄白色膏泥，略疏松。未发现葬具痕迹。人骨朽毁，葬式不明。出土随葬品1件，为玉玦，位于墓坑东南部，推测被葬者头朝东南方向（图3-238）。

玉玦　1件。

M154：1，出土时风化严重，残剩约一半。白色。片状；一面微弧，另一面较平。残径约1.8、厚约0.23厘米。

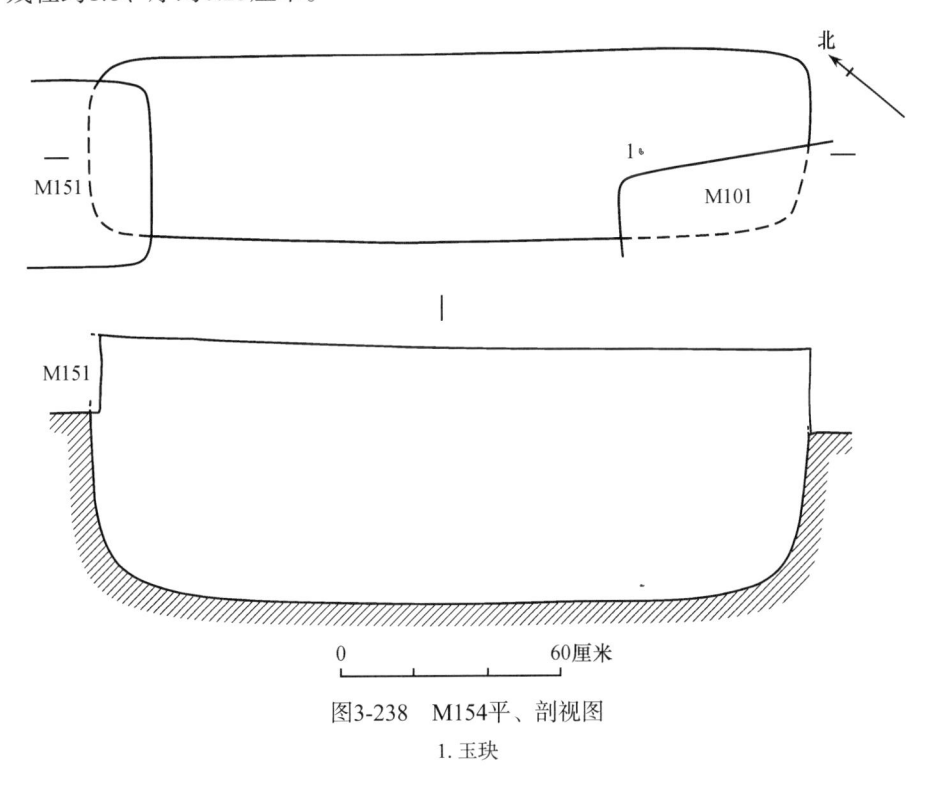

图3-238　M154平、剖视图
1. 玉玦

M155

M155位于Ⅰ号发掘点，跨T6250和T6350，属第4层墓葬。墓坑平面呈长条形，西北部被M152打破，长2.57、宽0.54、深0.5米，纵轴方向152°。墓坑内填红褐色黏土，略疏松。发现板灰痕迹，推测原有木质棺椁类葬具。人骨朽毁，葬式不明。从玉玦等随葬品位置看，被葬者头朝东南方向。出土随葬品5件（组），包括铜泡饰1件、玉管珠2件（组）、玉玦2件（组）。铜泡饰位于墓坑中部靠近西壁处。玉玦位于墓坑东南部，呈左右对称分布，推测下葬时分别佩戴于被葬者左右耳。1件玉管珠（M155：5）与被葬者左耳处玉玦放在一起，或同为耳饰。另一组玉管珠（M155：2）位于玉玦和铜泡饰之间，大致处在被葬者胸部，近弧形分散排列，似为成串的挂饰（图3-239）。

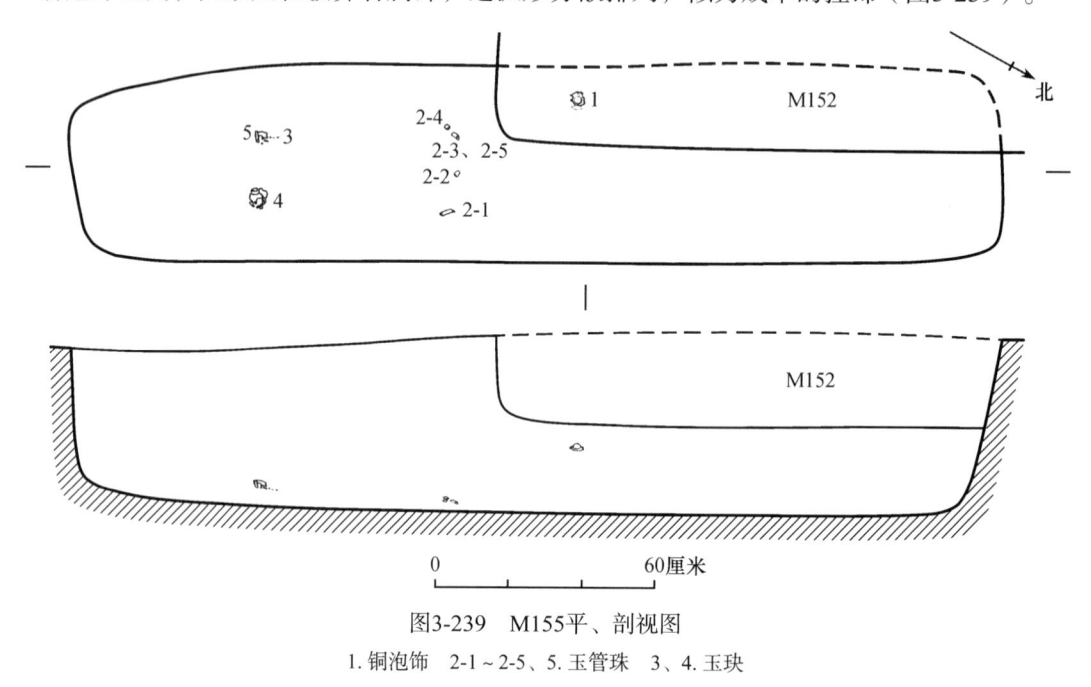

图3-239 M155平、剖视图
1.铜泡饰 2-1~2-5、5.玉管珠 3、4.玉玦

铜器 1件。

铜泡饰 1件。

M155：1，出土时矿化严重，无法修复。从发掘现场观察看，大致为圆形片状，正面中部呈锥形凸起。泡饰边缘隐约可见放射状线纹。直径约7厘米。

玉石器 4件（组）。

玉管珠 2件（组）。

M155：2，一组5件，含A型、B型、Ca型、Cb型四种类型。A型1件，M155：2-5，白色；表面光润细腻，不透光。外壁有较明显竖棱，横截面略近方形；直孔；斜口。

长1.2、直径0.54、孔径0.3厘米（图3-240-1）。B型2件，M155：2-1，白色，带墨色纹理；不透光。直孔；平口，一端孔口内沿可见磨损痕迹。长3.14、直径1.04、孔径0.53厘米（图3-240-3）。M155：2-3，风化严重，局部残断。白色泛黄；不透光。残长2.48、直径0.86、孔径0.5厘米（图3-240-2）。Ca型1件，M155：2-4，风化严重，局部残断。白色泛黄；不透光。直孔；一端斜口，内沿可见磨损痕迹；另一端略残，微凹。长1.14、直径0.86、孔径0.48厘米（图3-240-4）。Cb型1件，M155：2-2，白色泛黄；不透光。直孔，孔壁厚薄不均；斜口。长1.05、直径0.77、孔径0.36厘米（图3-240-5）。

M155：5，A型。出土时风化破碎，具体形制不详。白色泛黄，带墨色纹理；不透光。残长2.56厘米。

玉玦 2件（组）。

M155：3，出土时风化严重，碎成粉末。白色。具体形制及尺寸不详。根据出土位置推测，下葬时佩戴于被葬者左耳。

M155：4，一组2件。一小一大，出土时上下叠压在一起。因风化破碎严重，无法修复。白色泛黄，不透光。薄片状，平面呈不对称圆环形。根据出土位置推测，下葬时佩戴于被葬者右耳。小者直径约3.8、大者直径约5.2厘米。

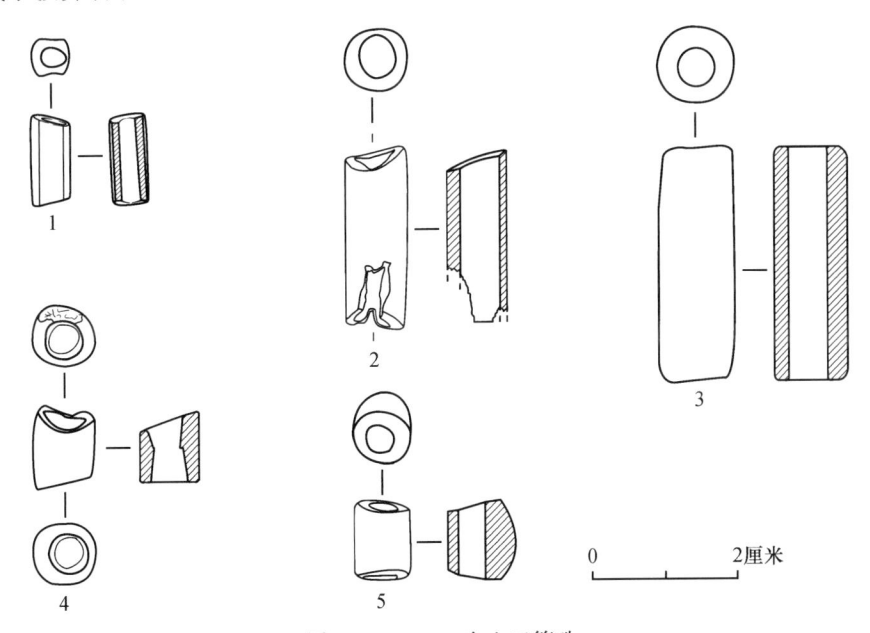

图3-240 M155出土玉管珠
1. A型（M155：2-5） 2、3. B型（M155：2-3、M155：2-1） 4. Ca型（M155：2-4）
5. Cb型（M155：2-2）

M156

M156位于Ⅰ号发掘点的T6351北部，属第4层墓葬。墓坑平面呈长条形，东南部被M60和M149打破，残长1.95、宽0.58、深0.43米，纵轴方向137°。墓坑内填红褐色泛灰黏土，略疏松，含少量炭屑。发现板灰痕迹，推测原有木质棺椁类葬具。残存零星骨渣，葬式不明。出土随葬品为1组铜镯，大致位于墓坑中部，推测下葬时佩戴于被葬者手臂（图3-241）。

铜镯　1组。

M156：1，一组10余件，含Ea型、Eb型、Ec型、Ed型四种类型。矿化严重，全部断裂破碎。均细条环状，Ea型横截面为竖长方形；Eb型横截面为横长方形；Ec型横截面近方形；Ed型横截面近半月形，外壁弧，内壁微凹。直径均不详，Ea型横截面长约0.18、宽约0.08厘米；Eb型横截面长约0.15、宽约0.08厘米；Ec型横截面边长约0.15厘米；Ed型横截面直径约0.2厘米。

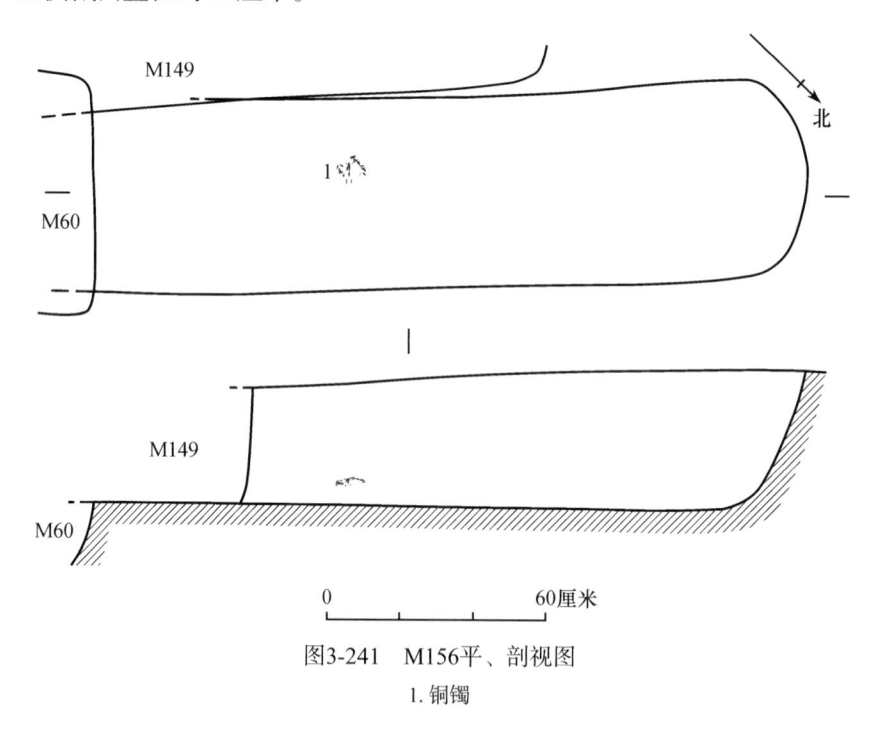

图3-241　M156平、剖视图
1. 铜镯

M158

M158位于Ⅰ号发掘点T6351西部，小部分跨入T6350，属第4层墓葬。墓坑平面大致呈长方形，西部被M151和M154打破，长2.17、残宽0.64、深0.3米，纵轴方向136°。墓坑内填红褐色泛灰黏土，略疏松，含少量炭屑。发现板灰痕迹，推测原有木质棺椁类葬具。人骨朽毁，葬式不明。根据玉玦等随葬品的位置推测，被葬者头朝东南方向。出土随葬品4件（组），包括玉玦3件、特殊材料镯1组。玉玦位于墓坑东南部，其中有2件靠近墓坑东南端，呈左右对称分布，推测下葬时分别佩戴于被葬者左右耳。特殊材料镯大致位于墓坑中部，推测下葬时佩戴于被葬者手臂上（图3-242）。

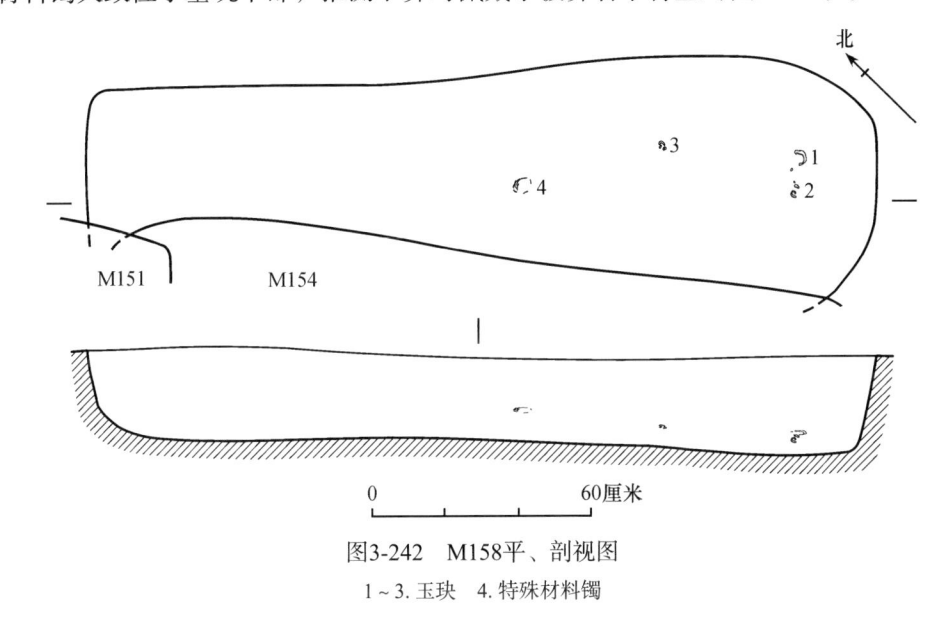

图3-242 M158平、剖视图
1～3.玉玦 4.特殊材料镯

玉石器 3件。

玉玦 3件。

均白色薄片状，出土时风化破碎严重，有的已成粉末。

M158：1，残甚。根据出土位置推测，下葬时佩戴于被葬者右耳。平面尺寸不详，厚约0.12厘米。

M158：2，平面呈不对称圆环形；一面微弧，另一面较平，内缘呈单向斜坡状，斜坡微凹。根据出土位置推测，下葬时佩戴于被葬者左耳。外径约4、厚约0.1厘米。

M158：3，残甚。平面尺寸不详，厚约0.13厘米。

特殊材料制品 1组。

特殊材料镯 1组。

M158：4，B型，一组2件。据检测和分析，系用桦树皮焦油等特殊材料制成，出土时断裂破碎。黑色，质感较轻。细条环状，横截面略呈椭圆形，可见两孔状空腔。镯直径均不详，M158：4-1横截面直径约0.33厘米，M158：4-2横截面直径约0.45厘米。

M164

M164位于Ⅰ号发掘点T6350中部偏东，属第4层墓葬。墓坑平面大致呈长方形，被M139、M145和M146打破，长2.1、宽0.6、深0.26米，纵轴方向116°。墓坑内填红褐色黏土，略疏松，含少量炭屑；墓底发现约3厘米厚的青灰色膏泥层。未发现葬具痕迹。人骨朽殁，葬式不明。出土随葬品3件（组），包括铜泡饰1件、铜镯1组以及特殊材料镯1组。铜泡饰位于墓坑东南部。铜镯位于墓坑中部靠近东壁处，推测下葬时佩戴于被葬者手臂；特殊材料镯位于墓坑西北部靠近西壁处，从位置看，似佩戴于被葬者腿部（图3-243；图版121-1）。

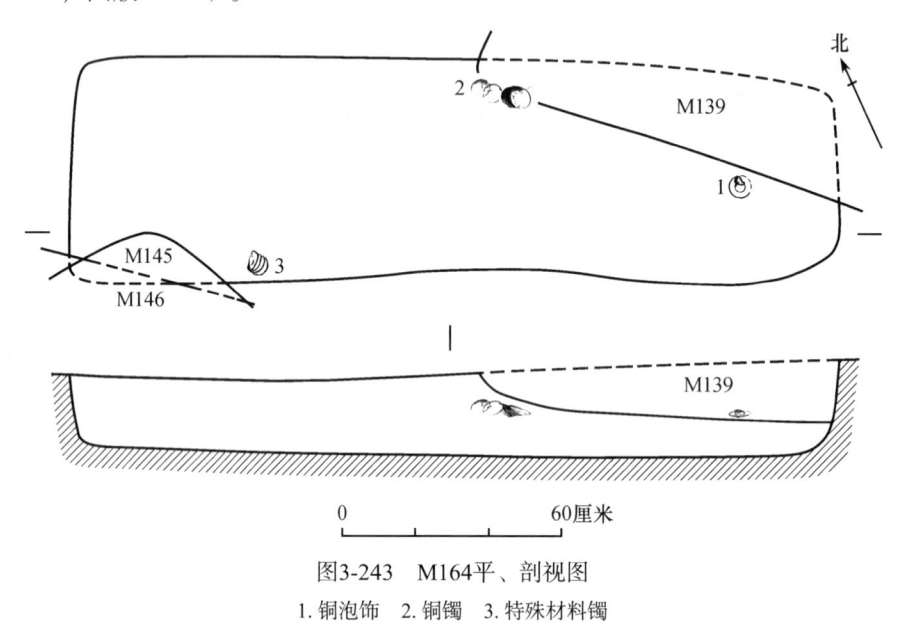

图3-243 M164平、剖视图
1. 铜泡饰 2. 铜镯 3. 特殊材料镯

铜器 2件（组）。

铜泡饰 1件。

M164：1，Ca型。出土时背面朝上，矿化破碎严重。从发掘现场看，圆片状，周围上翘，中间呈锥形凸起。直径约6.5厘米。

铜镯 1组。

M164：2，一组40余件，均为Ec型。锈蚀矿化严重，大多断裂破碎。细条环状，横截面近方形，有的内壁中线可见凹缝，从形状看应是锻打所致。从出土位置及形态看，铜镯下葬时成串佩戴于被葬者右手臂，内残存肢骨。直径6~7、横截面边长一般约0.18厘米（图版121-2）。

特殊材料制品

特殊材料镯　1组。

M164：3，B型，一组4件。据检测和分析，系用桦树皮焦油等特殊材料制成。黑色，质感较轻。细条环状，横截面呈圆形，可见两孔状空腔。发现于被葬者脚端，出土时呈依次叠压状，原先应是成串佩戴的。镯大小相近，直径一般约5.5、横截面直径一般约0.45厘米（图3-244；图版54-5、6，图版121-3）。

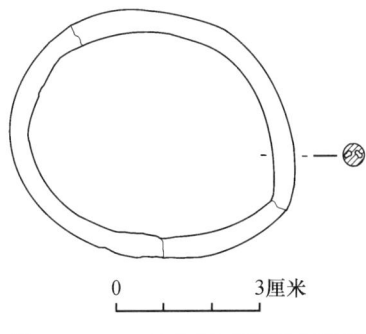

图3-244　M164出土B型特殊材料镯（M164：3）部分

M166

M166位于Ⅰ号发掘点T6350东部，小部分跨入T6351，属第4层墓葬。墓坑平面呈长条形，被M101、M139、M151、M154、M164和M165打破，长2.34、宽0.56、深0.5米，纵轴方向138°。墓坑内填红褐色黏土，略疏松，含少量炭屑。未发现葬具痕迹。人骨朽毁，葬式不明。出土随葬品1件，为玉玦，位于墓坑东南部，推测下葬时佩戴于被葬者耳部（图3-245）。

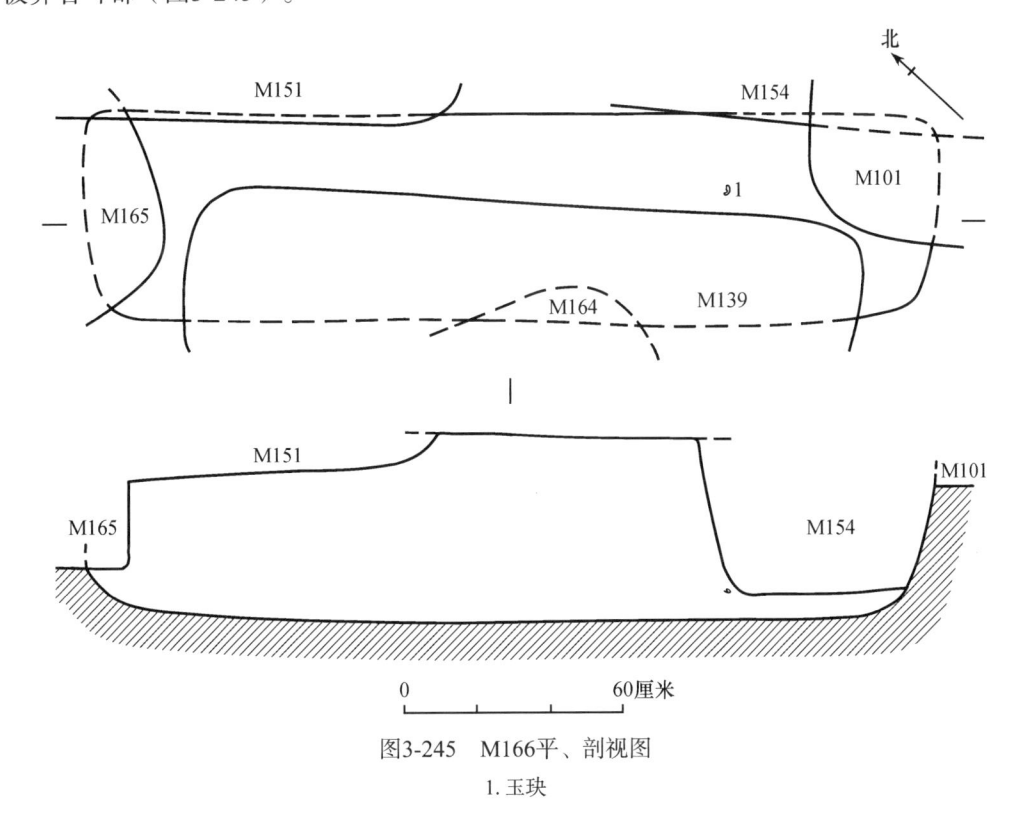

图3-245　M166平、剖视图
1. 玉玦

玉玦　1件。

M166：1，出土时残剩一半有余，一侧玦口不存。白色泛黄；表面细腻，微透光。薄片状，平面呈不对称圆环形；内、外缘均呈单向斜坡状，内缘斜坡微凹。外径2.22、内径0.92、厚0.16厘米（图3-246）。

图3-246　M166出土玉玦（M166：1）

M167

M167位于Ⅰ号发掘点T6350东北部，属第4层墓葬。墓坑平面大致呈长方形，西北部延伸出发掘区，另被M160打破。发掘部分长1、残宽0.47、深0.2米，纵轴方向138°。墓坑内填红褐色黏土，略疏松，含少量炭屑。未发现葬具痕迹。人骨朽毁，葬式不明。出土随葬品3件（组），包括玉玦2件、特殊材料镯1组，均位于墓坑东南部，其中玉玦呈左右对称分布，推测下葬时分别佩戴于被葬者左右耳（图3-247；图版122-1）。

玉石器　2件。

玉玦　2件。

M167：1，白色；表面光润细腻，不透光。片状，平面呈不对称圆环形，玦口位于较窄一侧。内、外缘均呈单向斜坡状，内缘斜坡微凹。根据出土位置推测，下葬时佩戴于被葬者右耳。外径4.22、内径2.24、玦口宽0.13、厚0.23厘米（图3-248-3；图版122-2、3）。

M167：2，出土时风化破碎严重。白色薄片状。具体形制及尺寸不详。根据出土

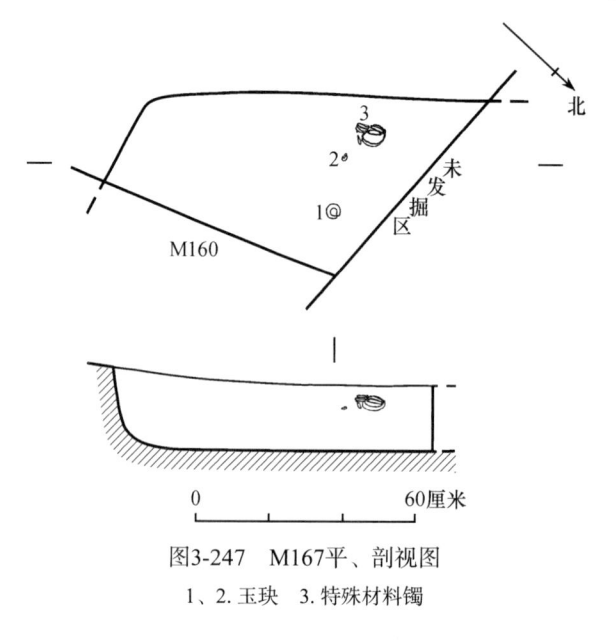

图3-247　M167平、剖视图
1、2. 玉玦　3. 特殊材料镯

位置推测，下葬时佩戴于被葬者左耳。

特殊材料制品　1组。

特殊材料镯　1组。

M167∶3，A型，一组2件。据检测和分析，系用桦树皮焦油等特殊材料制成，出土时已断裂变形。黑色，质感较轻。片状环形，横截面可见空腔；内壁较直；外壁微弧，表面镶嵌白色薄片状物并戳压点状纹饰；白色薄片状物出土时已部分脱落，经检测和分析可能为锡片。M167∶3-1，外壁中间镶嵌长条形和近方形的锡片，长条形锡片构成波折状纹饰，近方形锡片分上下两行夹于波折纹之间；外壁边缘戳压双行点状纹，排列较密集。镯内空腔形状不甚规则，整体较为宽扁，从横截面及裂开的残片痕迹看，其内原先可能用植物类的材料做成芯撑，但大多已朽，仅发现一根残存的草茎状物。草茎状物横截面近方形，边长约0.2厘米，中空，经检测为黄荆的树心（参见本书下编第二篇《师宗大园子墓地出土植物遗存分析与研究》）。镯复原直径约6.6、宽约1.43、厚约0.65厘米（图3-248-1；图版53，图版122-4）。M167∶3-2，外壁中间戳压双行点状波折纹，波折纹中间镶嵌近方形锡片；外壁边缘戳压双行点状纹，排列较密集。从断裂的残片看，镯内同样有形状不甚规则的空腔。复原直径约6.5、宽约1.4、厚约0.57厘米（图3-248-2；图版54-1、2）。

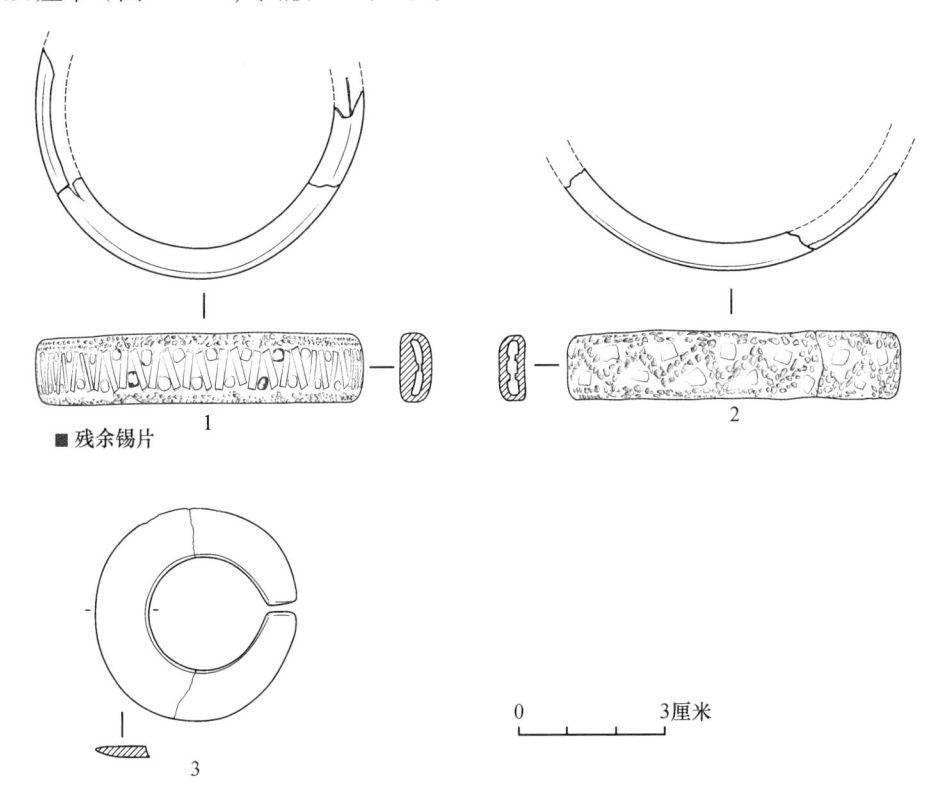

图3-248　M167出土器物

1、2.A型特殊材料镯（M167∶3-1、M167∶3-2）　3.玉玦（M167∶1）

M168

M168位于Ⅰ号发掘点T6350东北部,小部分跨入T6351,属第4层墓葬。墓坑较小,平面大致呈长方形,被M151、M154、M158、M160和M167打破,长1.2、宽0.55、深0.54米,纵轴方向135°。墓坑内填红褐色泛灰黏土,夹杂少量红色胶泥和黄白色膏泥,略疏松。未发现葬具痕迹。人骨朽毁,葬式不明。出土随葬品1件,为特殊材料镯,位于墓坑东南部。从墓坑规模看,可能为儿童墓(图3-249;图版123-1)。

特殊材料镯　1件。

M168:1,A型。据检测和分析,系用桦树皮焦油等特殊材料制成,出土时已断裂。黑色,质感较轻。片状环形;镯内壁较直;外壁微弧,表面可见带穿圆形镶嵌物痕迹,镶嵌物大多脱落,仅存个别,类似于A型铜镯和D型铜扣饰上镶嵌的孔雀石片。从横截面看,镯内有形状不甚规则的空腔,整体显得较为宽扁,其内原先可能用植物类的材料做成芯撑,但已朽不存。复原直径约7.2、宽约1.5、厚约0.57厘米(图3-250;图版54-3、4,图版123-2、3)。

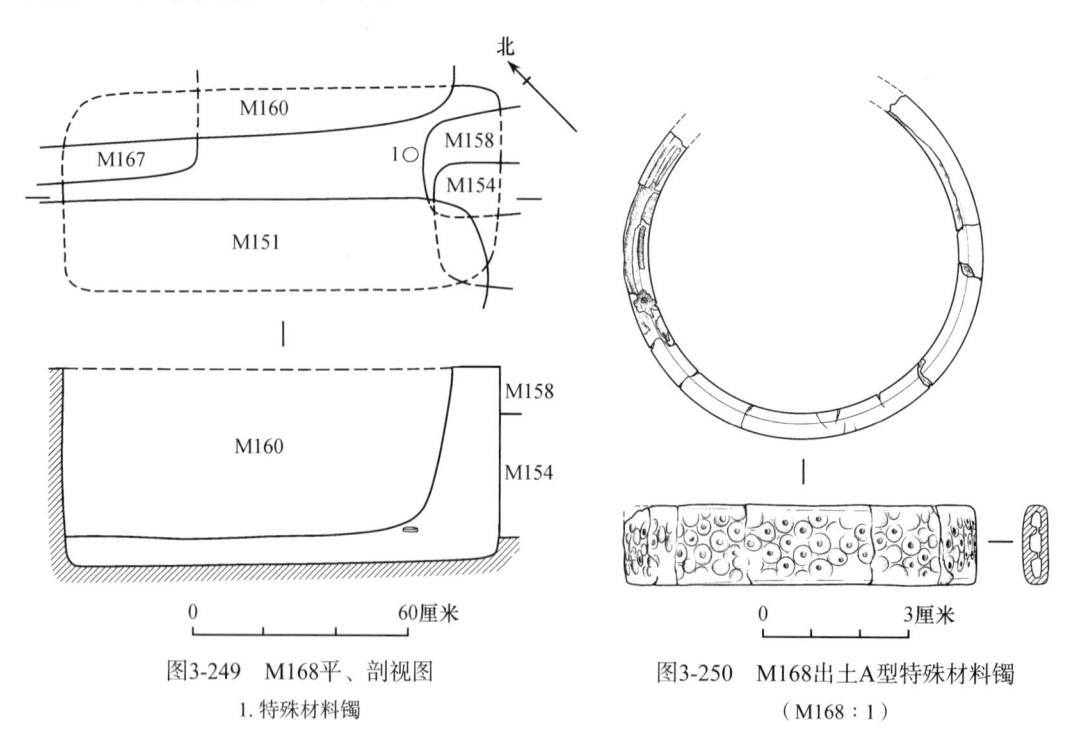

图3-249　M168平、剖视图
1.特殊材料镯

图3-250　M168出土A型特殊材料镯
(M168:1)

M189

M189位于Ⅰ号发掘点T6152东南部，小部分跨入T6153，属第4层墓葬。墓坑平面大致呈长方形，纵轴方向147°，长2.32、宽0.7、深0.25米。墓坑内填红褐色黏土，略疏松，含少量炭屑。发现板灰痕迹，推测原有木质棺椁类葬具。残存零星骨渣，葬式不明；根据铜镯、玉镯等随葬品的位置和形态，推测被葬者头朝东南方向。出土随葬品4件（组），包括铜矛1件、铜削刀1件、铜镯1组、玉镯1件。铜镯和玉镯位于墓坑中部靠近东壁处，推测下葬时佩戴于被葬者手臂，玉镯居前。铜矛和铜削刀位于墓坑东南部，并列竖置（图3-251；图版143-1）。

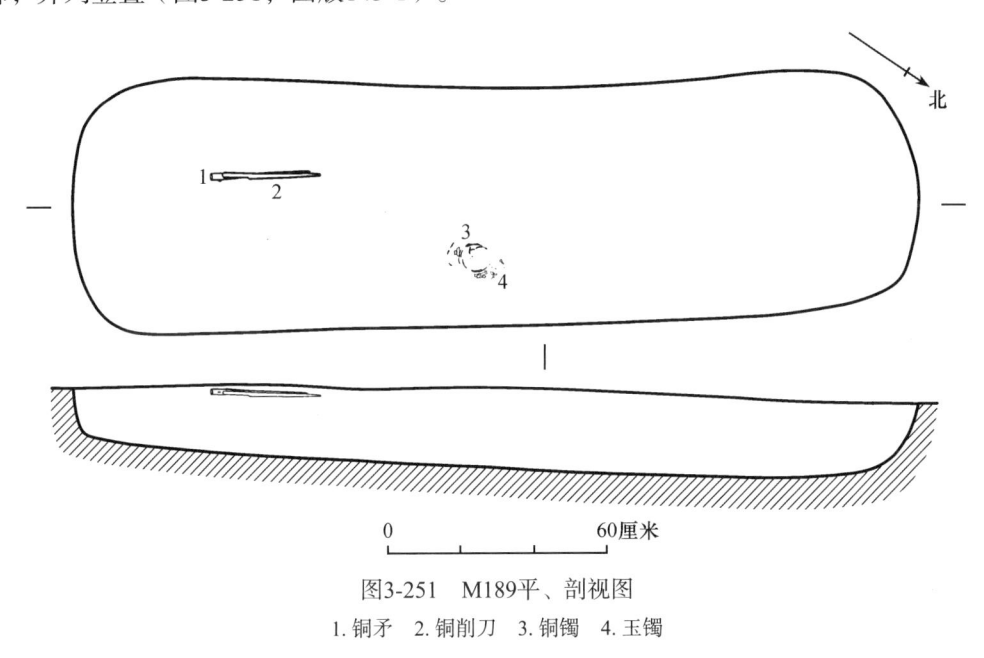

图3-251 M189平、剖视图
1. 铜矛 2. 铜削刀 3. 铜镯 4. 玉镯

铜器 3件（组）。

铜矛 1件。

M189:1，B型Ⅰ式。锈蚀严重，局部矿化。圆骹，两侧有耳，骹口略残；矛身较长，曲刃，中线起脊并与骹自然连为一体。出土时骹内有朽木，推测为矛柲遗存。残长27.5厘米（图3-252-2；图版21-1，图版144-1）。

铜削刀 1件。

M189:2，B型。锈蚀严重，局部矿化，刀身前端残。刃背与柄背连为一体；椭圆銎柄，銎口分叉；柄下侧有耳，柄中部可见一处对穿圆孔；刀身微曲，刃略向下弧。刀柄上、下两侧可见铸缝痕迹。残长24.9厘米（图3-252-1；图版144-2）。

图3-252 M189出土铜器

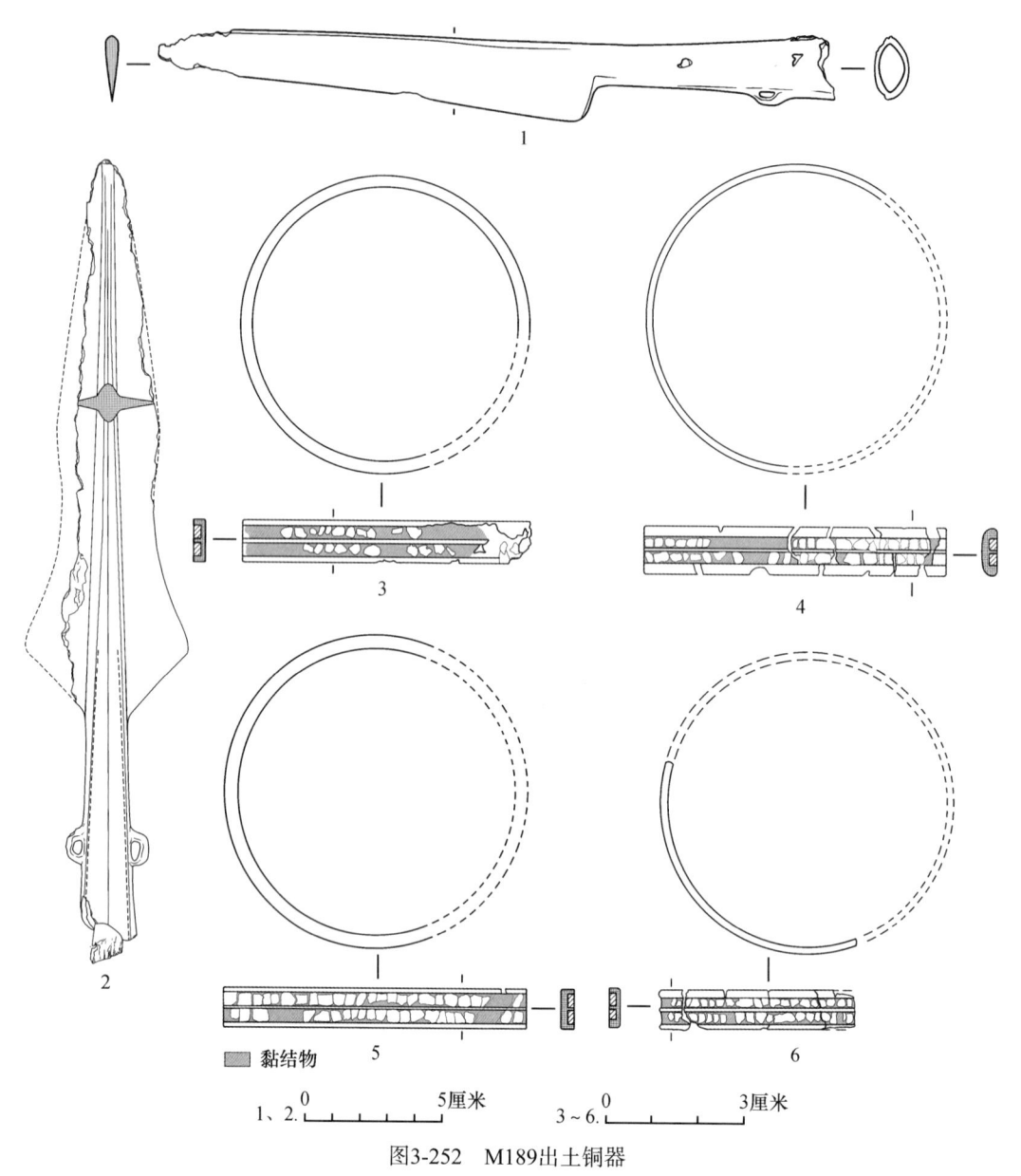

1. B型削刀（M189:2） 2. B型Ⅰ式矛（M189:1） 3~6. A型Ⅰ式镯（M189:3-1、M189:3-2、M189:3-3、M189:3-4）

铜镯 1组。

M189:3，一组4件，均A型Ⅰ式。锈蚀严重，部分断裂。片状环形，镯体较窄；内壁较直或微弧；外壁呈浅槽结构，中间预铸横条状界格，槽内镶嵌孔雀石片；孔雀石片均不规则形，部分脱落，下面露出黑色黏结物。从出土位置及形态看，铜镯下葬时成串佩戴于被葬者右手臂。M189:3-1居前，其余依次排列其后，铜镯前还同时佩戴1件玉镯（图版143-2）。M189:3-1，宽0.8、直径6厘米（图3-252-3）。M189:3-2，宽1、直径6.5厘米（图3-252-4）。M189：3-3，宽0.8、直径6.5厘米（图3-252-5）。M189：3-4，宽0.8、复原直径约6.5厘米（图3-252-6）。

玉石器　1件。

玉镯　1件。

M189：4，出土时风化严重，碎成粉末并变形。白色，大致呈圆环形，具体形制及尺寸不详（图版143-2）。

M190

M190位于Ⅰ号发掘点T6151西南部，属第4层墓葬。墓坑平面大致呈长方形，纵轴方向150°，长2.07、宽0.73、深0.26米。墓坑内填红褐色黏土，略疏松，含少量炭屑。发现板灰痕迹，推测原有木质棺椁类葬具。人骨朽毁，葬式不明；根据镯、玦等随葬品的位置及形态，推测被葬者头朝东南方向。出土随葬品10件（组），包括铜镯2组，玉管珠、玉玦、玛瑙圆珠、石锛等玉石器6件（组），特殊材料镯2组。铜镯和特殊材料镯位于墓坑中部偏东南，二者成串佩戴使用，同时还搭配玉管珠。玉玦、玛瑙圆珠及部分玉管珠位于墓坑东南部，其中玉玦推测应佩戴于被葬者耳部。石锛位于墓坑西北部，出土前残（图3-253；图版145）。

铜器　2组。

铜镯　2组。

M190：5-1，一组7件，均Eb型。矿化严重，完全断裂破碎。细条环状，横截面呈横长方形。下葬时与数件特殊材料镯（M190：5-2）成串佩戴于被葬者左手臂，特殊材

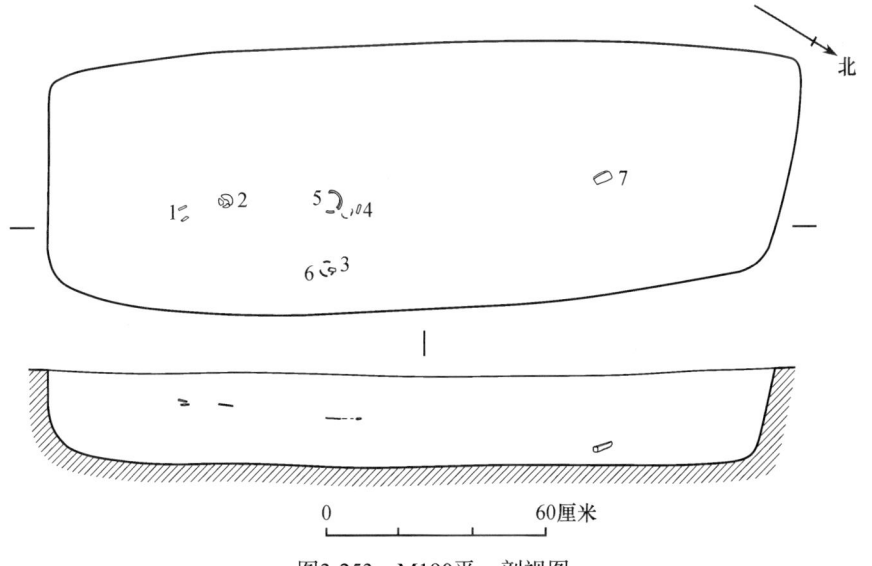

图3-253　M190平、剖视图

1.玉管珠、玛瑙圆珠　2.玉玦　3、4.玉管珠　5、6.铜镯和特殊材料镯　7.石锛

料镯居前。复原直径约6.2厘米,横截面一般长约0.25、宽约0.15厘米。

M190:6-1,矿化严重,出土时仅剩少许残渣,根据残渣横截面形状大致可判断为Eb型,约2件。下葬时与数件特殊材料镯(M190:6-2)成串佩戴于被葬者右手臂。直径不详,横截面一般长约0.25、宽约0.15厘米。

玉石器　6件(组)。

玉管珠　3件(组)。

A型,1组。

M190:1,一组2件。出土时与1件玛瑙圆珠(M190:1-3)放在一起,推测彼此搭配使用(图版145-2)。M190:1-1,白色,带墨色纹理;光润细腻,微透光。直孔,内壁光滑;斜口,口沿可见磨损痕迹。长2.73、直径0.5、孔径0.35厘米(图3-254-1;图版146-1)。M190:1-2,白色,带墨色纹理;光润细腻,微透光。对向钻,孔内形成错位;直孔;两端孔口内沿可见磨损痕迹。长2.5、直径0.68、孔径0.47厘米(图3-254-2;图版146-2)。

B型,1件。

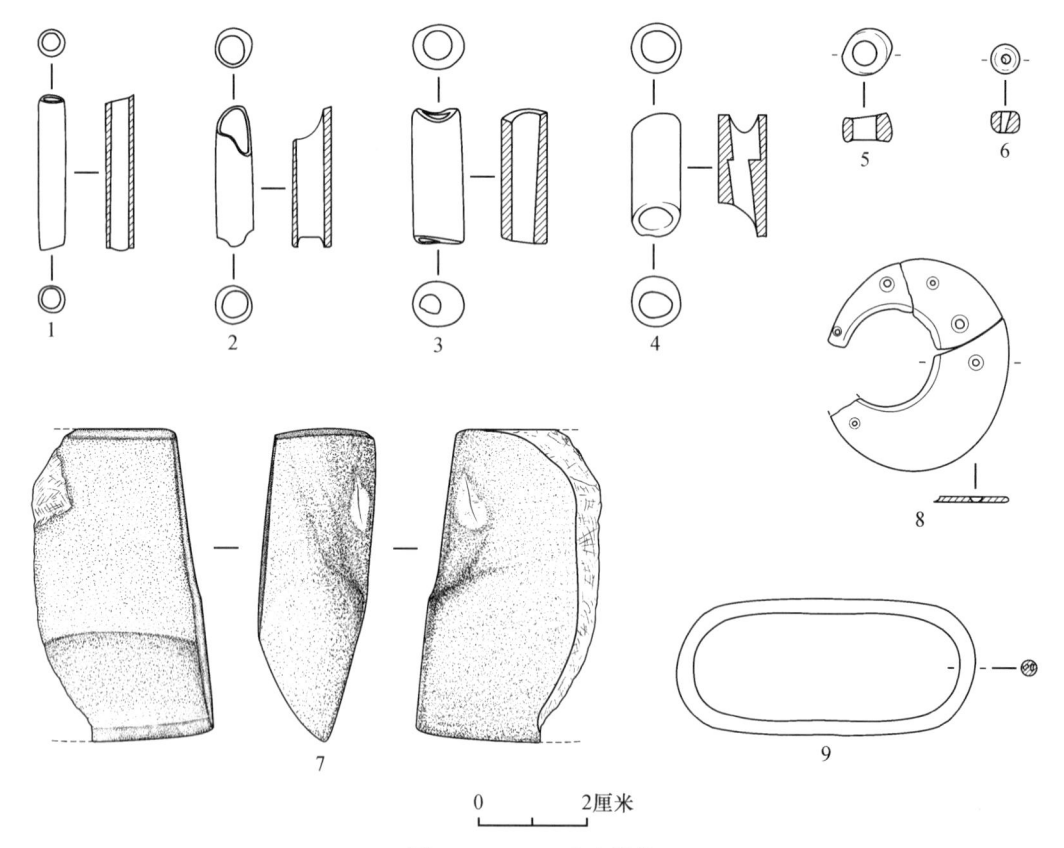

图3-254　M190出土器物

1、2.A型玉管珠(M190:1-1、M190:1-2)　3、4.B型玉管珠(M190:3、M190:4-1)
5.Cb型玉管珠(M190:4-2)　6.玛瑙圆珠(M190:1-3)　7.石锛(M190:7)　8.玉玦(M190:2)
9.B型特殊材料镯(M190:6-2-1)

M190：3，出土时位于被葬者右手臂镯处，推测与镯搭配使用。白色，带大片墨色纹理；表面光润细腻，微透光。直孔；两端孔口大小不一，一侧口沿可见磨损痕迹。长2.4、直径0.93、一端孔径0.5、另一端孔径0.37厘米（图3-254-3；图版45-4，图版146-3）。

B型、Cb型混合类型，1组。

M190：4，一组2件。出土时位于被葬者左手臂镯处，推测与镯搭配使用。M190：4-1，B型。白色，带墨色纹理；表面光润细腻，微透光。对向多次钻，孔内形成错位；直孔；一端孔口较大，口沿可见磨损痕迹；另一端孔口略小，斜孔，口沿可见磨损痕迹。长2.1、直径0.9、孔径0.45~0.55厘米（图3-254-4；图版146-4）。M190：4-2，Cb型。白色，带浅墨色丝状纹理；表面光润细腻，微透光。直孔，内壁光滑；孔壁薄；口沿微凹。长0.54、直径0.96、孔径0.47厘米（图3-254-5；图版146-5）。

玉玦 1件。

M190：2，白色泛黄；表面细腻，不透光。薄片状，平面呈不对称圆环形，玦口位于较窄一侧；外缘较圆润，内缘单面略呈凹面斜坡；出土时一侧玦口残并断裂为三块，每块残块两端各有一圆穿，单向锥形钻孔，其中两块残块结合处还分别经过重新打磨。推测该玦断裂后被改制成3件更小的带穿耳饰，通过穿系线绳的方式继续佩戴使用。复原后外径3.76、内径1.68、厚0.12厘米（图3-254-8；图版146-7）。

玛瑙圆珠 1件。

M190：1-3，出土时与2件玉管珠（M190：1-1、M190：1-2）放在一起，推测彼此搭配使用。白色泛黄；表面光润细腻，透光度高。孔径一端大一端小；对向钻孔，先从大孔端向小孔端钻，快钻通时再从小孔端对钻；大孔端微鼓，小孔端下凹。高0.37、直径0.54、孔径0.1~0.16厘米（图3-254-6；图版146-6）。

石锛 1件。

M190：7，一侧残。青灰色；质地细腻，表面打磨光滑平整。整体近梯形，一面有斜肩。长5.4、残宽2.7、厚2厘米（图3-254-7；图版51-1~3）。

特殊材料制品 2组。

特殊材料镯 2组。

均B型。据检测和分析，系用桦树皮焦油等特殊材料制成，出土时多断裂变形。黑色，质感较轻。细条环状，横截面呈圆形，一般可见两孔状空腔，推测原先有芯撑。

M190：5-2，一组5件。从出土位置及形态判断，下葬时成串佩戴于被葬者左手臂，与之一起佩戴的还有铜镯（M190：5-1）及玉管珠（M190：4），玉管珠居其前，铜镯居其后。复原直径约4、横截面直径约0.2厘米。

M190：6-2，一组7件。从出土位置及形态判断，下葬时成串佩戴于被葬者右手臂，与之一起佩戴的还有铜镯（M190：6-1）及玉管珠（M190：3）。镯大小相近，复原直径一般约4.8、横截面直径一般0.25~0.3厘米（图3-254-9；图版146-8、9）。

M192

M192位于Ⅰ号发掘点T6151东南部，小部分跨入T6051、T6052及T6152，属第4层墓葬。墓坑平面大致呈长方形，东南端被M180打破，长2.6、宽0.8、深0.86米，纵轴方向144°。墓坑内填红褐色黏土，略疏松，含少量炭屑。发现板灰痕迹，推测原有木质棺椁类葬具。人骨朽毁，葬式不明。根据铜镯和玉玦等随葬品的位置推测，被葬者头朝东南方向。出土随葬品3件（组），包括铜镯1件、玉管珠1组、玉玦1件。玉玦和玉管珠位于墓坑东南部，铜镯略靠近墓坑中部（图3-255；图版147-1、2）。

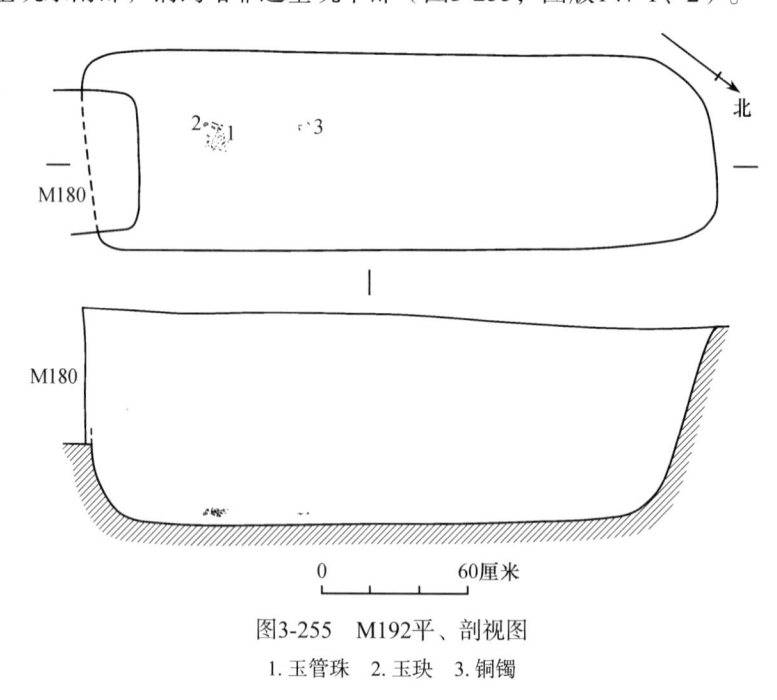

图3-255　M192平、剖视图
1. 玉管珠　2. 玉玦　3. 铜镯

铜器　1件。

铜镯　1件。

M192：3，Ee型。矿化严重，完全断裂破碎。细条环状，横截面近半圆形，内壁弧，外壁较直。复原直径约5、横截面半圆直径约0.28厘米（图3-256-13）。

玉石器　2件（组）。

玉管珠　1组。

M192：1，一组12件，含A型和Cb型两种类型（图版147-4）。A型11件，M192：1-1，出土时断为三截。白色泛黄；表面细腻，微透光。对向钻，孔内形成错位；平口。长3.04、直径0.4、孔径0.27厘米（图3-256-5）。M192：1-2，一端略残。白色泛黄；表面细腻，不透光。直孔；平口。长1.15、直径0.6、孔径0.3厘米

（图3-256-8）。M192：1-3，白色泛黄，带浅墨色纹理；表面光润细腻，微透光。外壁有多道竖棱；直孔，对向钻，孔内形成错位；平口。长3.2、直径0.5、孔径0.27厘米（图3-256-6）。M192：1-4，白色泛黄，带浅墨色纹理；表面光润细腻。一端孔大，另一端孔小，孔内形成错位；平口。长1.6、直径0.5、孔径0.13~0.35厘米（图3-256-10）。M192：1-5，出土时断为两截。白色泛黄，带浅墨色纹理；表面细腻。对向钻，孔内形成错位；平口，口沿可见磨损痕迹。长3.63、直径0.5、孔径0.17~0.27厘米（图3-256-2）。M192：1-6，白色泛黄，带浅墨色纹理；表面光润细腻。对向钻，孔内形成错位；直孔；平口。长1.76、直径0.52、孔径0.23~0.27厘

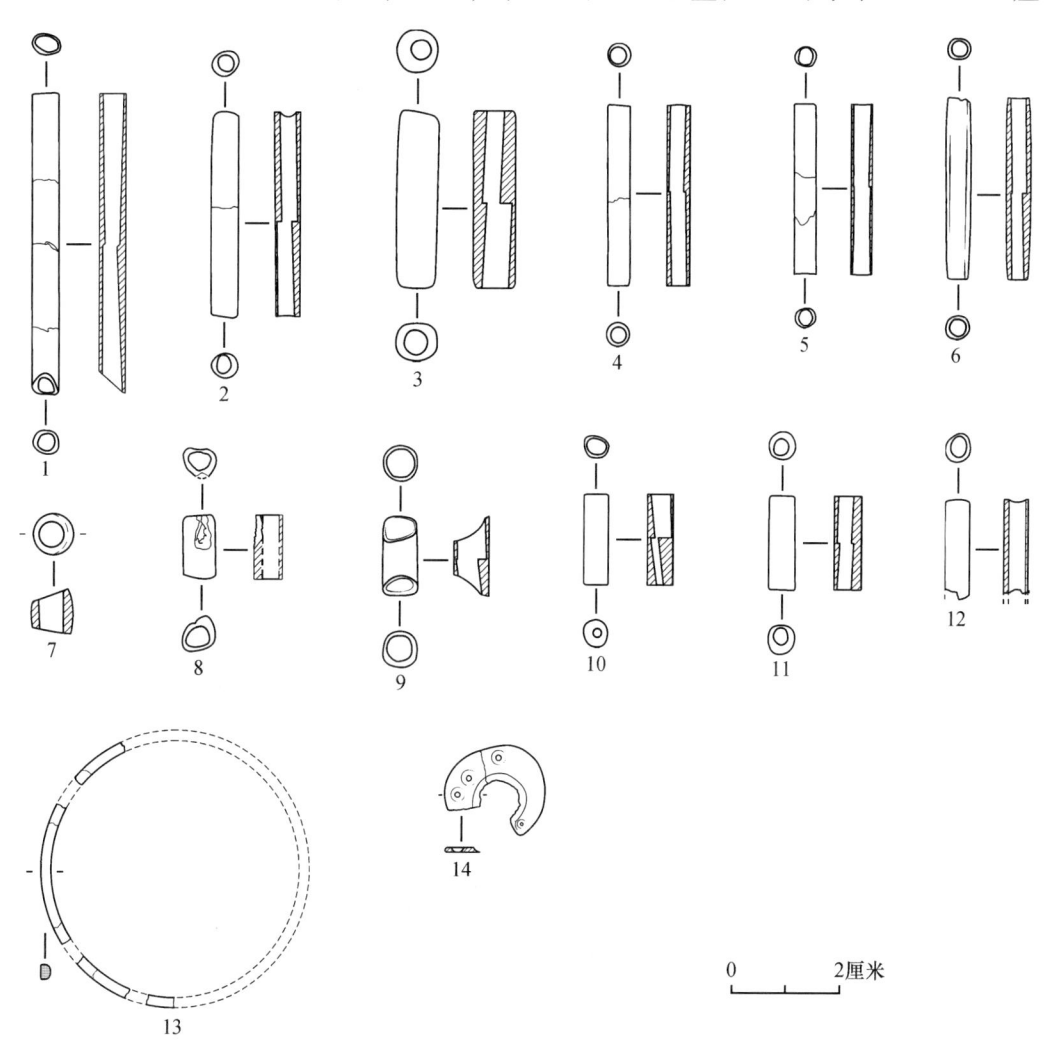

图3-256　M192出土器物

1~6、8~12. A型玉管珠（M192：1-8、M192：1-5、M192：1-12、M192：1-7、M192：1-1、M192：1-3、M192：1-2、M192：1-11、M192：1-4、M192：1-6、M192：1-9）　7. Cb型玉管珠（M192：1-10）
13. Ee型铜镯（M192：3）　14. 玉玦（M192：2）

米（图3-256-11）。M192：1-7，出土时断为两截。白色泛黄，带浅墨色纹理；表面细腻。对向多次钻，孔内形成错位；平口，一端孔口微斜。长3.2、直径0.42、孔径0.2～0.26厘米（图3-256-4）。M192：1-8，出土时断为四截。白色泛黄，带浅墨色纹理；表面细腻。对向钻，孔内形成错位；直孔，一端平口，另一端残。长5.34、直径0.5、孔径0.3厘米（图3-256-1）。M192：1-9，白色泛黄，带浅墨色纹理；表面细腻。对向钻，孔内形成错位；一端平口，另一端残。残长1.77、直径0.52、孔径0.2～0.28厘米（图3-256-12）。M192：1-11，白色泛黄，带墨色纹理；表面细腻，微透光。对向钻，孔内形成错位；斜口，口沿可见磨损痕迹。长1.4、直径0.7、孔径0.34厘米（图3-256-9）。M192：1-12，白色泛黄，带墨色纹理；表面细腻，微透光。直孔，内壁光滑；对向钻，孔内形成错位；一端孔大，另一端孔小；平口，口沿可见磨损痕迹。长3.15、直径0.78、孔径0.33～0.4厘米（图3-256-3）。Cb型1件，M192：1-10，白色泛黄，带墨色纹理；表面细腻，不透光。直孔，内壁光滑；孔径较大，斜口。长0.78、直径0.77、孔径0.46厘米（图3-256-7）。

玉玦　1件。

M192：2，残剩大半，一侧玦口不存。白色泛黄；表面细腻，微透光。薄片状，平面呈不对称圆环形；外缘较圆润，内缘呈单面微凹斜坡；玦身可见4个圆穿，其中一个靠近玦口处，玦口处圆穿对向钻，其他圆穿均单向钻。外径1.81、内径0.75、厚0.1厘米（图3-256-14；图版147-3）。

M193

M193位于Ⅰ号发掘点T6153西北部，属第4层墓葬。墓坑平面大致呈长方形，北部被盗坑打破，长2.48、宽0.65、深0.5米，纵轴方向159°。墓坑内填红褐色黏土，略疏松，含少量炭屑。发现板灰痕迹，推测原有木质棺椁类葬具。人骨朽毁，葬式不明。出土随葬品为2件铜镯，大致位于墓坑中部，呈左右对称分布，推测下葬时分别佩戴于被葬者左右手臂（图3-257）。

铜镯　2件。

均A型Ⅰ式。断裂破碎严重。片状环形，镯体较窄；内壁弧；外壁呈浅槽结构，从痕迹看，内镶嵌孔雀石片，但均脱落。

M193：1，从出土位置看，佩戴于被葬者右手臂。镯宽0.65厘米，直径不详。

M193：2，从出土位置看，佩戴于被葬者左手臂。镯宽0.6厘米，直径不详（图3-258）。

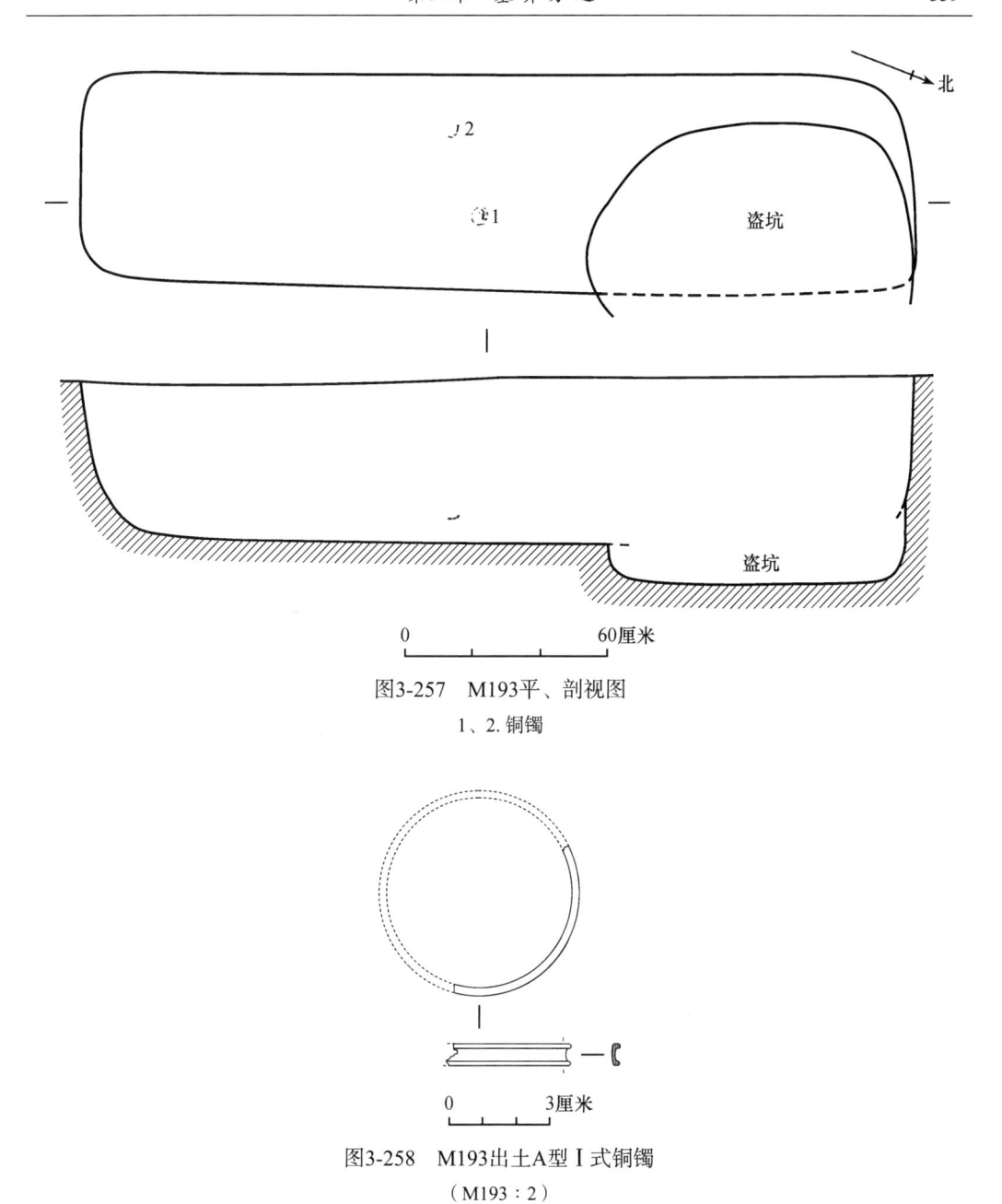

图3-257　M193平、剖视图

1、2. 铜镯

图3-258　M193出土A型Ⅰ式铜镯

（M193∶2）

M194

M194位于Ⅰ号发掘点T6152西北部，属第4层墓葬。墓坑平面大致呈长方形，西北部被盗坑打破，残长2.16、宽0.7、深0.3米，纵轴方向145°。墓坑内填浅红褐色黏土，略疏松，含少量炭屑。发现板灰痕迹。推测原有木质棺椁类葬具。人骨朽毁，葬式不明；根据铜镯和玉玦等随葬品位置，推测被葬者头朝东南方向。出土随葬品2件（组），包括铜镯1组和玉玦1件。铜镯大致位于墓坑中部，玉玦位于墓坑东南部靠近东壁处，推测下葬时分别佩戴于被葬者手臂和耳部（图3-259）。

铜器　1组。

铜镯　1组。

M194∶1，一组10余件，均Ec型。矿化严重，断裂破碎。细条环状，截面近方形。从出土位置及形态推测，铜镯下葬时成串佩戴于被葬者手臂上。直径不详，横截面边长一般0.1~0.12厘米。

玉石器　1件。

玉玦　1件。

M194∶2，出土时风化破碎严重。白色薄片状，具体形制及尺寸不详。

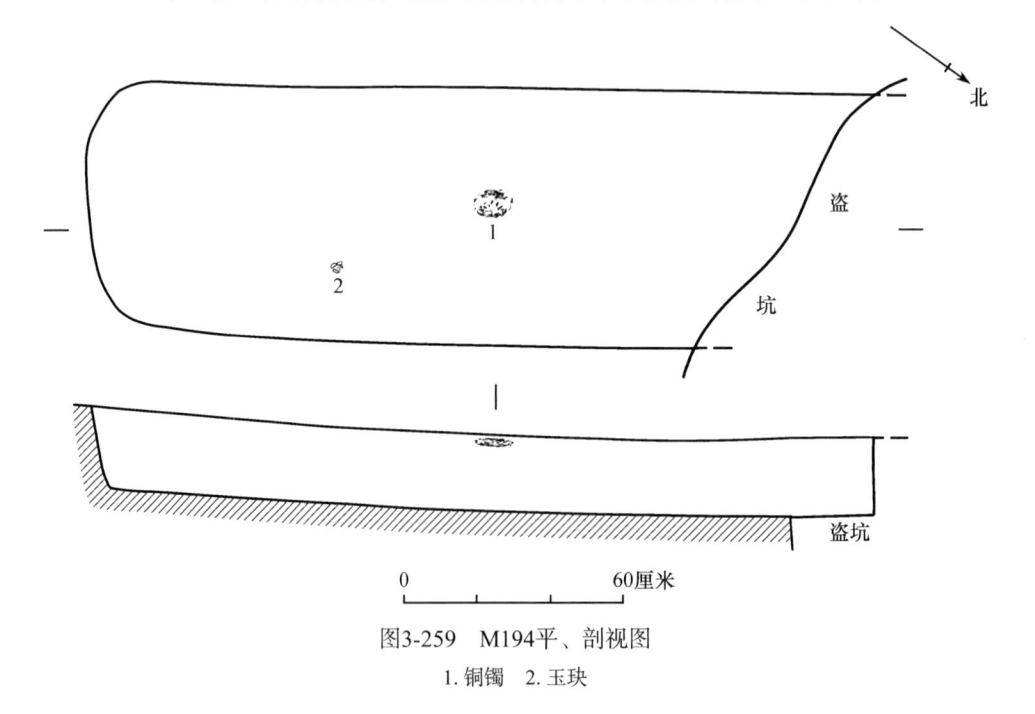

图3-259　M194平、剖视图
1. 铜镯　2. 玉玦

M195

M195位于Ⅰ号发掘点,跨T6051和T6151,属第4层墓葬。墓坑平面大致呈长方形,西北部延伸出发掘区。发掘部分长1.48、宽0.66、深0.34米,纵轴方向150°。墓坑内填浅红褐色黏土,略疏松,含少量炭屑。发现板灰痕迹,推测原有木质棺椁类葬具。残存少许肢骨残渣,葬式不明。出土随葬品1件,为铜矛,位于墓坑东南部(图3-260)。

铜矛 1件。

M195:1,Aa型。出土时矿化破碎严重,骹口及矛身残。近椭圆骹,后部有圆形对穿;矛身呈柳叶形,中线略起脊,刃微弧。出土时,骹内残存矛柲朽木,并发现有木质销钉从圆穿插入,销钉横截面近方形。矛残长20.2厘米(图3-261)。

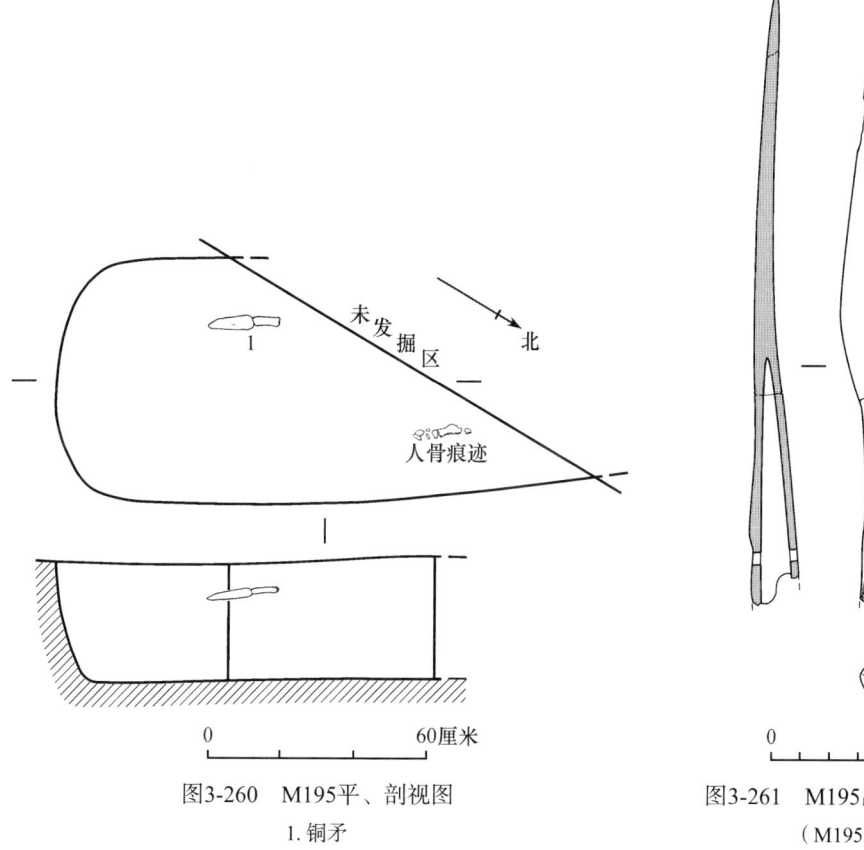

图3-260 M195平、剖视图
1.铜矛

图3-261 M195出土Aa型铜矛
(M195:1)

M198

M198位于Ⅰ号发掘点，跨T6152和T6153，属第4层墓葬。墓坑平面呈长条形，纵轴方向140°，长2.5、宽0.63、深0.5米。墓坑内填红褐色黏土，略疏松，含少量炭屑。发现板灰痕迹，推测原有木质棺椁类葬具。人骨朽毁，葬式不明。出土随葬品为1组铜镯，位于墓坑中部偏东南（图3-262）。

铜镯　1组。

M198：1，一组3件，均Ea型。矿化严重，完全破碎。细条环状，横截面近竖长方形，内壁可见锻打留下的凹缝。从出土位置推测，下葬时佩戴于被葬者手臂上。直径不详，横截面一般长0.18~0.2、宽0.1厘米。

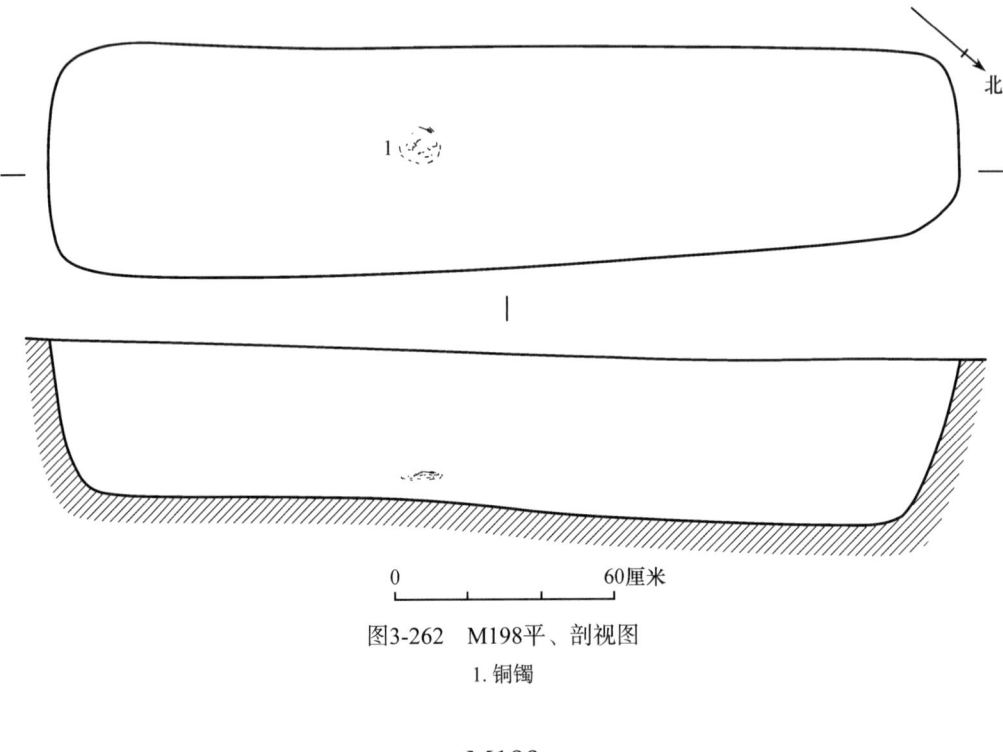

图3-262　M198平、剖视图
1. 铜镯

M199

M199位于Ⅰ号发掘点T6153西部，小部分跨入T6152，属第4层墓葬。墓坑平面呈长条形，纵轴方向144°，长2.76、宽0.68、深0.7米。墓底靠近东南部有一近方形浅坑，深约0.2米。墓坑内填红褐色黏土，略疏松，含少量炭屑。发现板灰痕迹，推测原有木质棺椁类葬具。人骨朽毁，葬式不明。出土随葬品3件，分别为铜剑、铜矛和铜扣饰，均位于东南部墓底浅坑内，铜剑和铜矛竖置，铜扣饰背面朝上（图3-263；

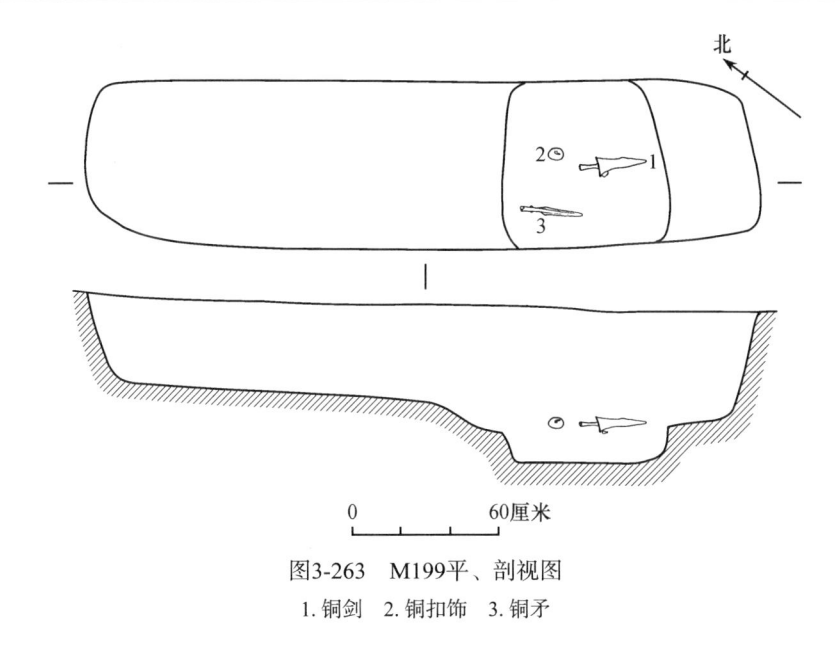

图3-263 M199平、剖视图
1. 铜剑 2. 铜扣饰 3. 铜矛

图版148）。

铜剑 1件。

M199：1，Cb型。锈蚀严重，局部矿化。空心椭圆茎，空首呈喇叭口状，出土时略残，茎下部有对穿；一字格，两端稍残；剑身前部中线略起脊，曲刃。茎部施多道弦纹，内填云雷纹以及细密的短线纹和交叉线条纹；剑身后部施箭头、涡卷纹等纹饰，沿中线左右对称分布，整体形如箭矢。茎两侧及格两端下方可见铸缝痕迹。出土时，在茎内发现朽木。残长24.8、格残长9.5厘米（图3-264-2，图3-265；图版149-1、2）。

铜矛 1件。

M199：3，B型Ⅰ式。锈蚀严重，局部矿化。椭圆骹，后部近骹口处有圆形对穿，两侧有耳，骹口分叉；矛身较长，曲刃，中线起脊并与骹自然连为一体。出土时骹内残存朽木，推测与矛柲有关。通长25.7厘米（图3-264-1；图版149-4）。

铜扣饰 1件。

M199：2，Ab型。出土时背面朝上，局部矿化破碎严重。扣面圆形，背面有一横向带穿弯钩，弯钩所在位置周围可见近长方形铸缝。正面中部微凸呈动物面具状，动物额头施三角形纹，圆眼，宽鼻，眼睛有瞳孔等结构，眼睛下方即鼻子两侧施"X"形纹；面具周围由内到外施多道弦纹，弦纹之间依次填放射状短线纹及水滴状芒纹。直径5.7厘米（图3-264-3；图版34-5、6，图版149-3）。

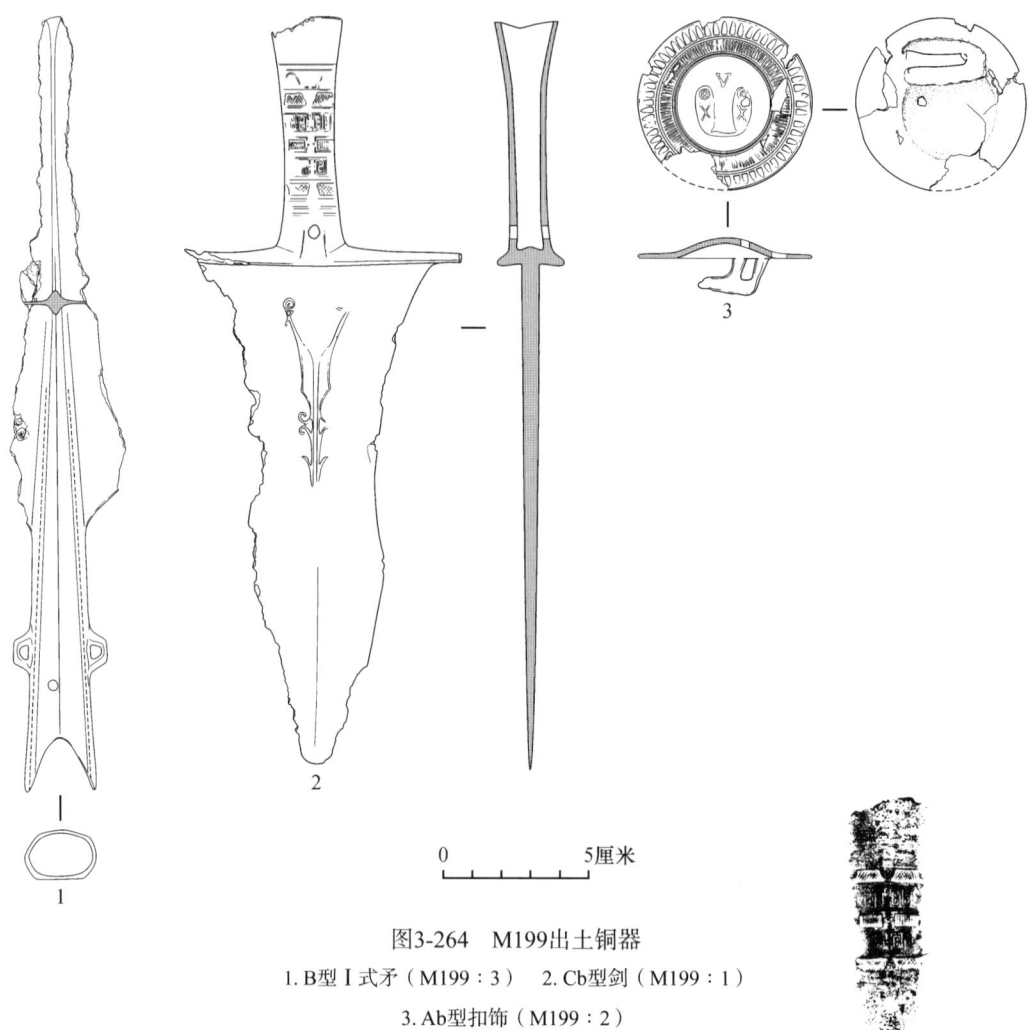

·344·　师宗大园子墓地

图3-264　M199出土铜器
1. B型Ⅰ式矛（M199∶3）　2. Cb型剑（M199∶1）
3. Ab型扣饰（M199∶2）

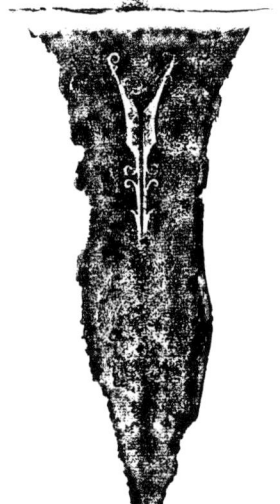

图3-265　M199出土Cb型铜剑拓本
（M199∶1）

M201

M201位于Ⅰ号发掘点T6051东北部,属第4层墓葬。墓坑平面大致呈长方形,东南端一角延伸出发掘区,长1.9、宽0.52、深0.72米,纵轴方向145°。墓坑内填浅红褐色黏土,略疏松,含少量炭屑。发现板灰痕迹,推测原有木质棺椁类葬具。人骨已朽,葬式不明。出土随葬品为1件铜扣饰,位于墓坑东南部靠近西壁处(图3-266)。

铜扣饰　1件。

M201:1,Bc型。出土时锈蚀矿化严重,大部破碎。背面未见弯钩,推测下葬前已残缺不存;扣面圆片形,中央有一凸起的蕈状结构,出土时残。蕈状结构顶面残存数道弦纹,扣面上亦施数道弦纹,内填勾连涡纹、绞索纹及联珠状点纹,在内圈勾连涡纹中间还施一小的犬形动物。扣面局部可见黑色物质,主要位于纹饰区的阴线和下凹区域内,使得纹饰看起来更为清晰。直径13厘米(图3-267;图版35-5、6)。

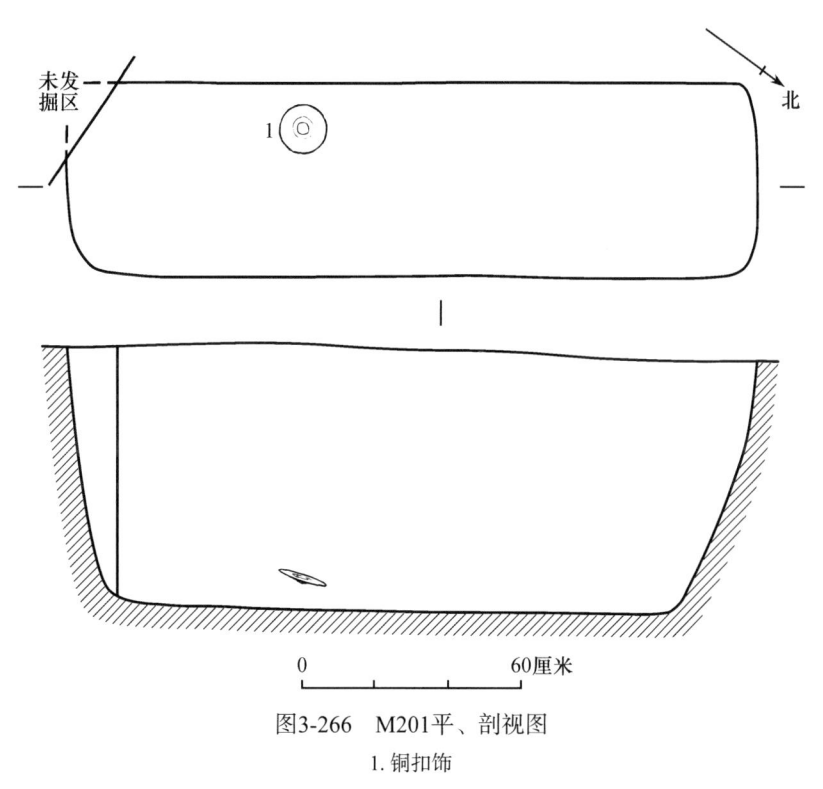

图3-266　M201平、剖视图
1.铜扣饰

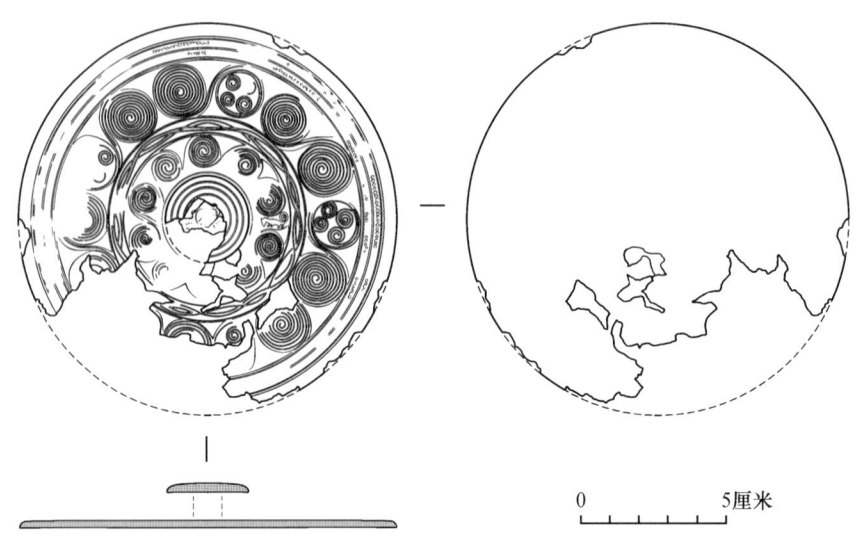

图3-267　M201出土Bc型铜扣饰
（M201∶1）

M202

M202位于Ⅰ号发掘点T6152东南部，属第4层墓葬。墓坑平面大致呈长方形，纵轴方向145°，长2.22、宽0.65、深0.27米。墓坑内填红褐色黏土，略疏松，含少量炭屑。发现板灰痕迹，推测原有木质棺椁类葬具。人骨朽毁，葬式不明。出土随葬品5件，包括铜剑2件以及铜矛、铜镯、玉镯各1件。铜镯大致位于墓坑中部，推测下葬时佩戴于被葬者手臂上。其他随葬品皆位于墓坑东南部，其中铜剑和铜矛竖向并列摆放，紧靠西壁。两件铜剑中，有1件出土前略被折弯（图3-268；图版150）。

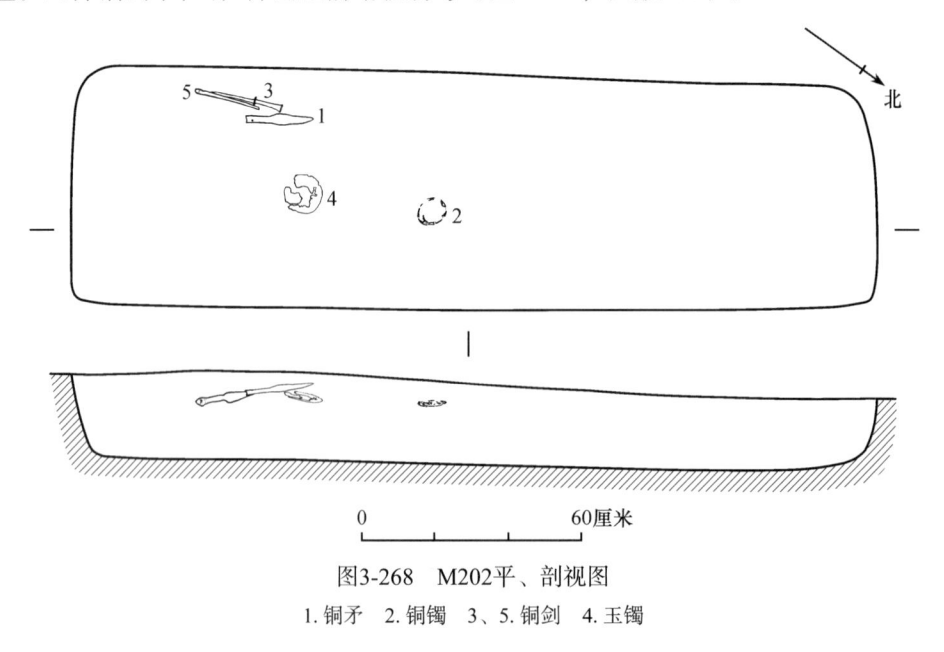

图3-268　M202平、剖视图
1. 铜矛　2. 铜镯　3、5. 铜剑　4. 玉镯

铜器 4件。

铜剑 2件。

Ab型，1件。

M202：5，扁茎中空，中部有一近圆形对穿，茎首略残，呈三角形蛇头状，且有两小圆穿似蛇眼；无格；剑身细长如柳叶。茎部从上至下施三组对称"S"形曲线纹，形似蛇身。长25.5厘米（图3-269-1；图版8-4，图版151-1、3）。

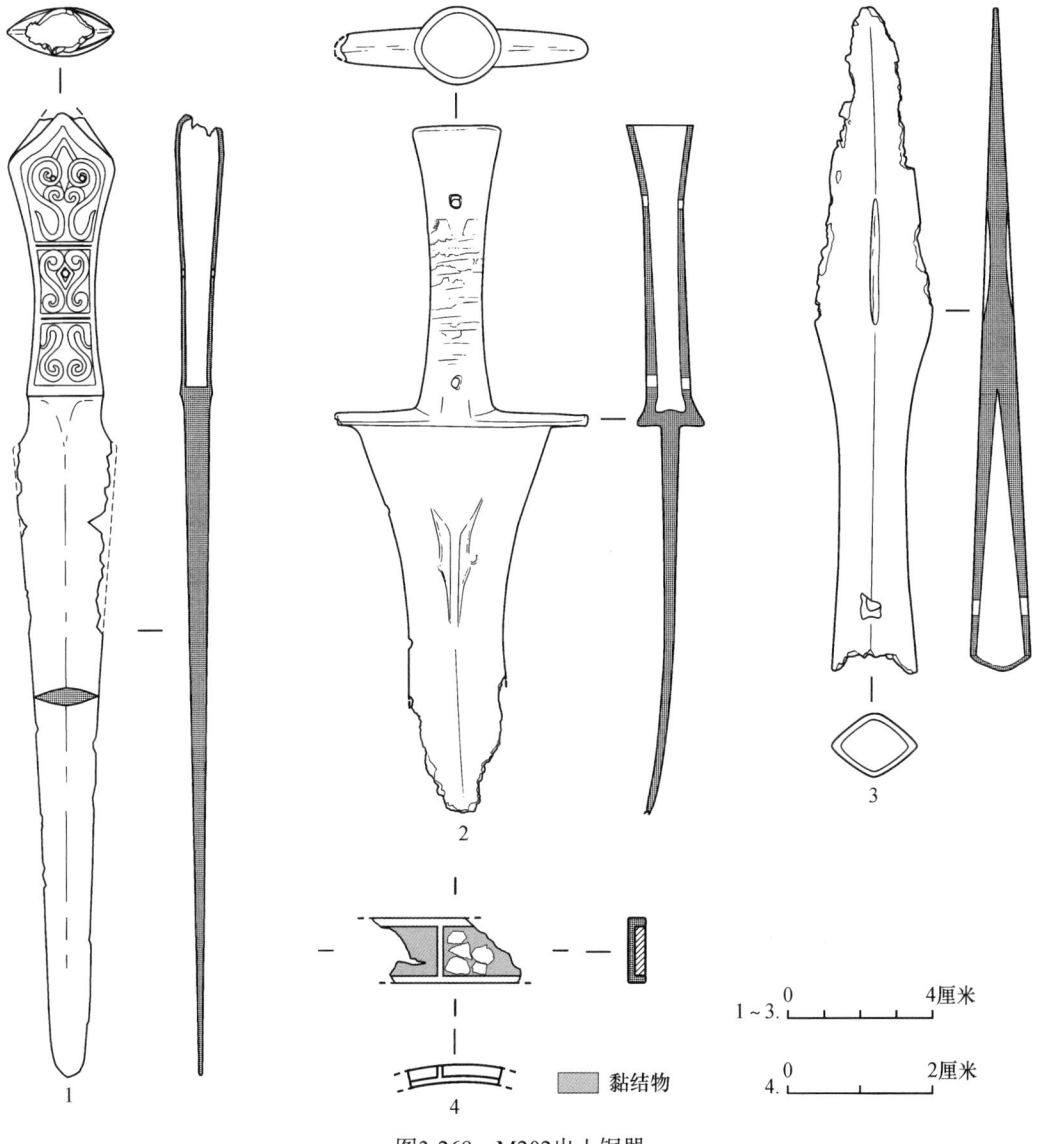

图3-269 M202出土铜器

1. Ab型剑（M202：5） 2. Cb型剑（M202：3） 3. Ab型Ⅰ式矛（M202：1） 4. A型Ⅰ式镯（M202：2）

图3-270　M202出土Cb型铜剑拓本（M202∶3）

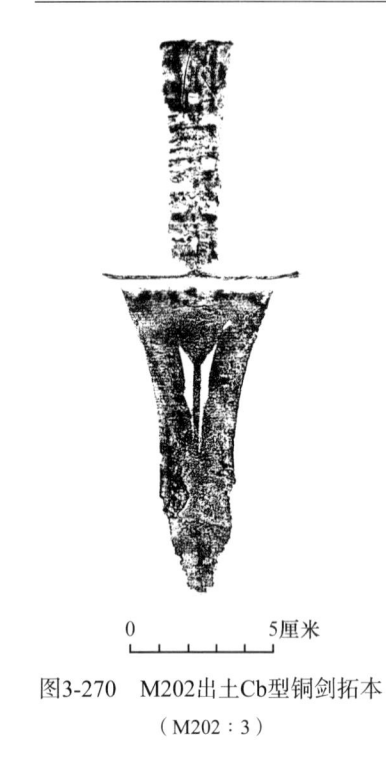

Cb型，1件。

M202∶3，锈蚀严重，局部矿化。空心椭圆茎，空首呈喇叭口状，茎上部和下部各有一对穿；一字格；剑身前部中线略起脊，出土前被略微折弯，锋残，曲刃。剑身后部施箭矢状纹饰。茎两侧及格两端下方均可见铸缝痕迹。出土时，茎上有细麻缠绕痕迹。残长18.3、格长7.1厘米（图3-269-2，图3-270；图版151-2）。

铜矛　1件。

M202∶1，Ab型Ⅰ式。锈蚀严重，局部矿化。椭圆骹，横截面略近菱形，后部近骹口处有对穿，骹口分叉，略残；柳叶形矛身，中线略起脊，后部沿脊线设血槽，刃较直。出土时骹内发现朽木，推测为矛柲遗存。残长约17.6厘米（图3-269-3；图版20-5，图版151-4）。

铜镯　1件。

M202∶2，A型Ⅰ式。锈蚀严重，断裂破碎。片状环形，镯体较窄；内壁较直，边缘微弧；外壁呈浅槽结构，内镶嵌不规则形孔雀石片，部分脱落，下面露出黑色黏结物。从出土位置看，铜镯可能佩戴于被葬者手臂上。宽0.8、直径不详（图3-269-4）。

玉石器　1件。

玉镯　1件。

M202∶4，B型。出土时风化破碎严重，仅剩一些残渣。白色；不透光。大致为圆环形，内缘凸出起棱，横截面呈"T"形。直径约11厘米。

M206

M206位于Ⅰ号发掘点T6052西北部，属第4层墓葬。墓坑平面大致呈长方形，西北部被M180打破少许，长1.6、宽0.63、深0.75米，纵轴方向134°。墓坑内填浅红褐色黏土，略疏松，含少量炭屑。发现板灰痕迹，推测原有木质棺椁类葬具。残存零星骨渣，葬式不明；根据玉玦等随葬品的位置推测，被葬者头朝东南方向。出土随葬品9件（组），包括铜器5件、玉石器4件，均位于墓坑东南部。铜器有剑、戈、矛、扣饰、泡饰各1件，玉石器有玉玦、玛瑙扣各2件。玉玦呈左右对称分布，推测下葬时分别佩戴于被葬者左右耳。铜剑、铜矛和铜扣饰集中摆放于被葬者头部西侧，其中铜剑、铜矛并列竖置，出土前分别被折弯和折断，铜扣饰背面朝上。铜戈和玛瑙扣位于被葬者头部东侧，2件玛瑙扣底面朝上，紧挨一起。铜泡饰正面朝上，摆放于头部位置（图3-271；图版152）。

铜器　5件。

铜剑　1件。

M206：3，Aa型Ⅱ式。锈蚀严重，局部矿化破碎。扁茎，茎首呈乳突状，其上有一三角形对穿；无格；剑身中线略起脊，后部较宽形成溜肩，前部出土前略被折弯。剑身后端与茎交会处有一三角形凸块。残长23.2、肩宽4.8厘米（图3-272-1；图版8-3，图版153-1）。

铜戈　1件。

M206：1，A型。锈蚀严重，刃、胡及内等部位均残。长胡，近阑处有多个长条形穿；援微曲，前锋较平略上扬；援本近阑处有片状翼向后张开，翼末端呈弧形内凹；内残。胡近阑处施斜线纹，翼和内均施条状纹饰。残长约17.1厘米（图3-272-2；图版12-3、4）。

铜矛　1件。

M206：2，Ab型Ⅰ式。锈蚀严重，局部矿化。椭圆骹，横截面近菱形，后部近骹口单面有耳，骹口分叉；柳叶形矛身，中线略起脊，后部沿脊线设血槽，刃较直，出土前锋部被折弯并断裂，置于一旁。骹两侧可见铸缝痕迹。出土时骹内发现朽木，朽

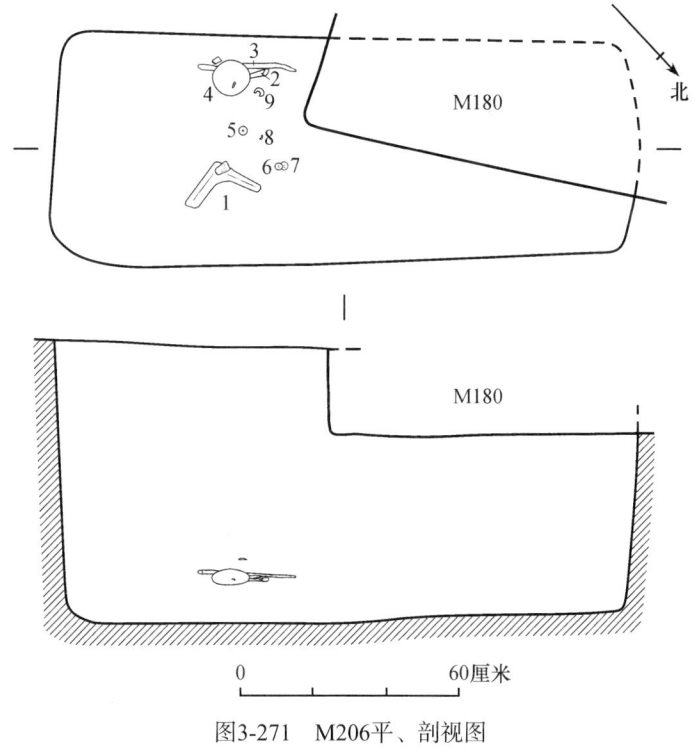

图3-271　M206平、剖视图

1.铜戈　2.铜矛　3.铜剑　4.铜扣饰　5.铜泡饰　6、7.玛瑙扣　8、9.玉玦

图3-272 M206出土器物

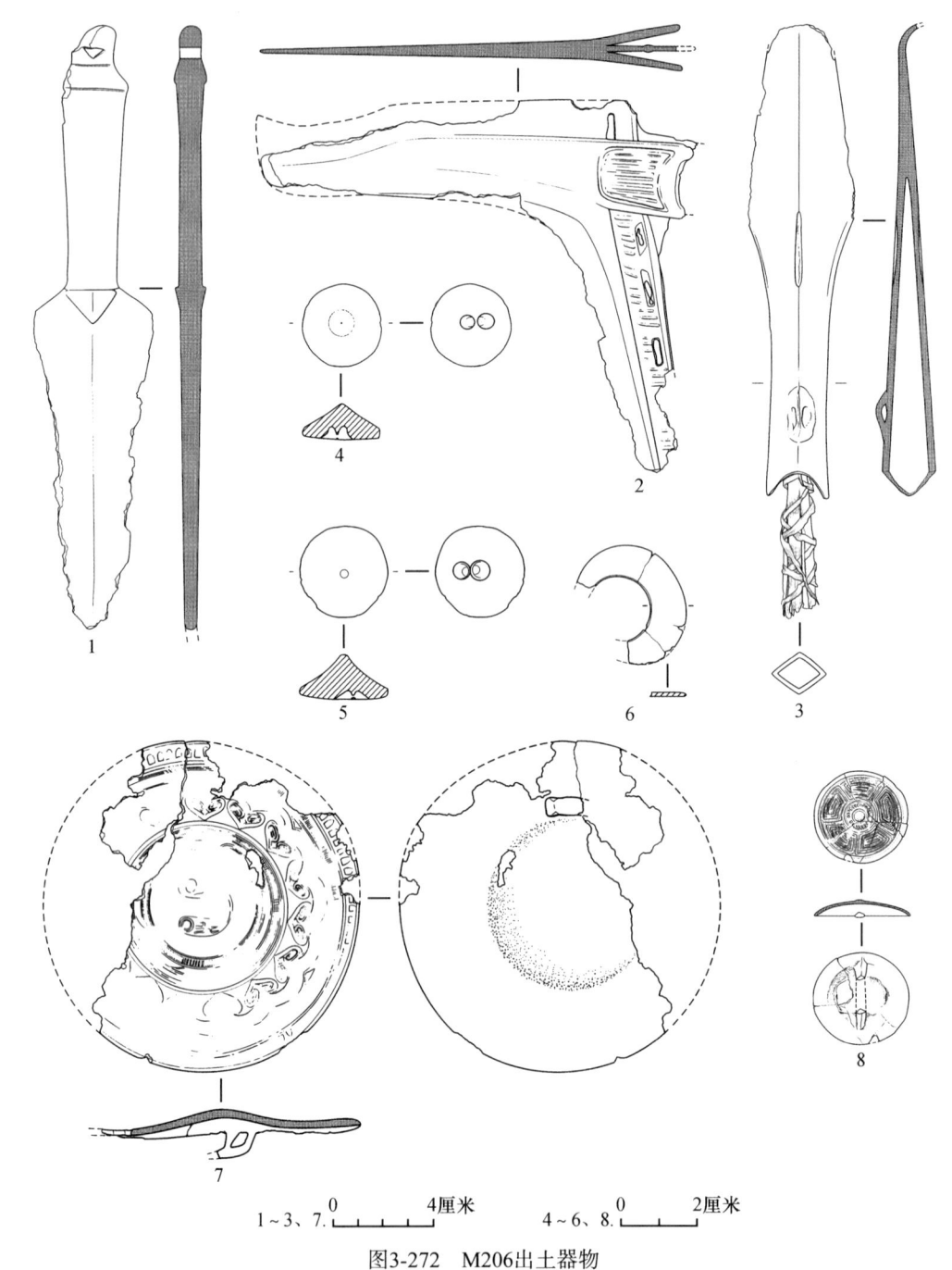

1. Aa型Ⅱ式铜剑（M206：3） 2. A型铜戈（M206：1） 3. Ab型Ⅰ式铜矛（M206：2）
4、5. A型玛瑙扣（M206：6、M206：7） 6. 玉玦（M206：9） 7. Ab型铜扣饰（M206：4）
8. Ba型铜泡饰（M206：5）

木上缠细麻，推测为矛柲遗存。残长约18.2厘米（图3-272-3；图版153-4）。

铜扣饰　1件。

M206：4，Ab型。出土时背面朝上，锈蚀严重，局部矿化破碎；背面甚残，隐约可见一带穿弯钩，弯钩残。扣面圆形，正面中部微凸呈动物面具状，隐约可见圆眼，眼睛有瞳孔等结构；面具周围由内到外施多道弦纹，弦纹之间依次填放射状短线纹、曲线纹、放射状短线纹、变形牵手人纹、纵横相间短线纹及水滴状芒纹。直径12.6厘米（图3-272-7；图版153-2）。

铜泡饰　1件。

M206：5，Ba型。圆鼓片状，器形较小；背面有一横梁，残；鼓面中间有一小扁圆乳钉。正面由内到外施多道弦纹，弦纹之间依次填水滴状芒纹和云雷纹。泡饰直径2.5厘米（图3-272-8；图版153-3、5）。

玉石器　4件。

玉玦　2件。

M206：8，出土时风化严重，仅剩少许碎渣。白色薄片状，具体形制及尺寸不详。根据出土位置推测，下葬时佩戴于被葬者右耳。

M206：9，出土时风化破碎严重，残剩大半，玦口不存。白色，不透光。薄片状，平面大致呈不对称圆环形；外缘较圆润，内缘呈单面微凹斜坡状。外径3.15、内径1.65、厚0.12厘米。根据出土位置推测，下葬时佩戴于被葬者左耳处（图3-272-6）。

玛瑙扣　2件。

均A型。白色；正面光亮细腻。外形呈乳钉状；正面尖凸；侧面微凹；背面略鼓，中间有2个相通的锥形对钻圆孔。

M206：6，背面略粗糙，局部可见细丝状打磨痕及诸多凹陷的小坑。扣直径2.1、高0.92厘米（图3-272-4；图版154-1、2）。

M206：7，背面略粗糙，可见诸多凹陷的小坑。扣直径2.34、高1.13厘米（图3-272-5；图版154-3、4）。

M207

M207位于Ⅰ号发掘点，跨T6051和T6151，属第4层墓葬。墓坑平面大致呈长方形，东南端被M196打破，西北端一角延伸出发掘区，长2.6、宽0.67、深0.75米，纵轴方向147°。墓坑内填浅红褐色黏土，略疏松，含少量炭屑。发现板灰痕迹，推测原有木质棺椁类葬具。人骨已朽，葬式不明。出土随葬品为2件（组）玉玦，位于墓坑东南部，呈左右对称分布，推测下葬时分别佩戴于被葬者左右耳（图3-273）。

图3-273 M207平、剖视图
1、2.玉玦

图3-274 M207出土玉玦
（M207：1）

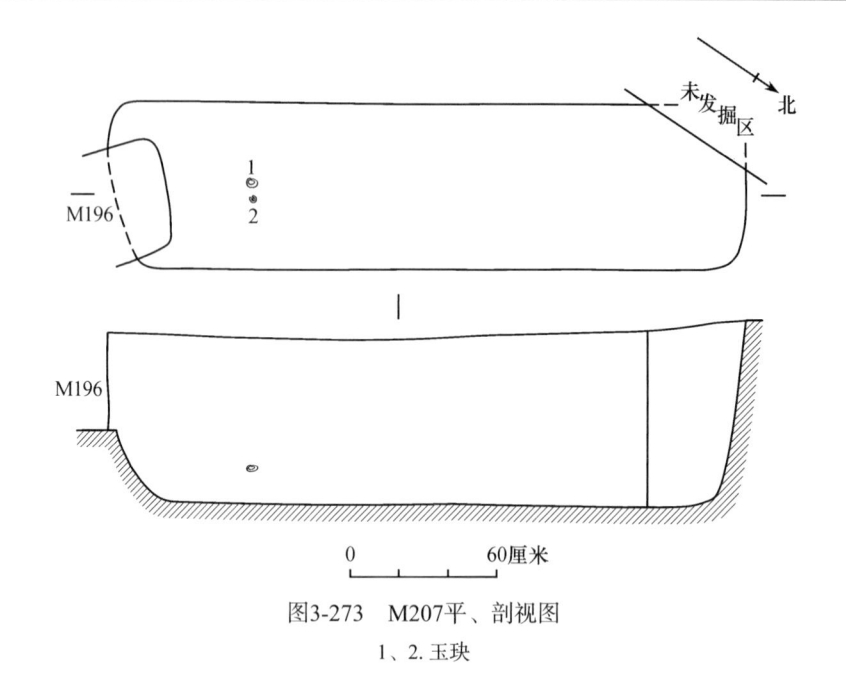

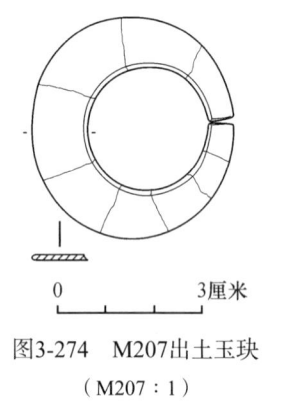

玉玦 2件（组）。

M207：1，出土时碎裂为多块。白色泛黄；表面细腻，不透光。薄片状，平面呈不对称圆环形；外缘较圆润，内缘呈单面凹面斜坡。根据出土位置推测，下葬时佩戴于被葬者左耳。外径4.39、内径2.42、玦口宽0.03、厚0.13厘米（图3-274）。

M207：2，一组两三件，出土时风化破碎严重，无法修复。白色；不透光。薄片状，具体形制及尺寸不详。根据出土位置推测，下葬时佩戴于被葬者右耳。

M210

M210位于Ⅰ号发掘点T6053北部，西北端一角跨入T6153，属第4层墓葬。墓坑平面大致呈长方形，东南部延伸出发掘区。发掘部分长1.85、宽0.6、深0.43米，纵轴方向114°。墓坑内填红褐色黏土，略疏松，含少量炭屑。发现板灰痕迹，推测原有木质棺椁类葬具。人骨朽毁，葬式不明。出土随葬品为1组铜镯，大致位于墓坑中部（图3-275）。

铜镯 1组。

M210：1，一组2件，含A型Ⅰ式、Eb型两种类型。出土时均锈蚀严重，矿化断裂。A型Ⅰ式1件，M210：1-2，片状环形，镯体较窄；内壁微弧；外壁呈浅槽结构，内原先可能镶嵌孔雀石片，但均脱落。Eb型1件，M210：1-1，细条环状，横截面为横长方

图3-275　M210平、剖视图
1. 铜镯

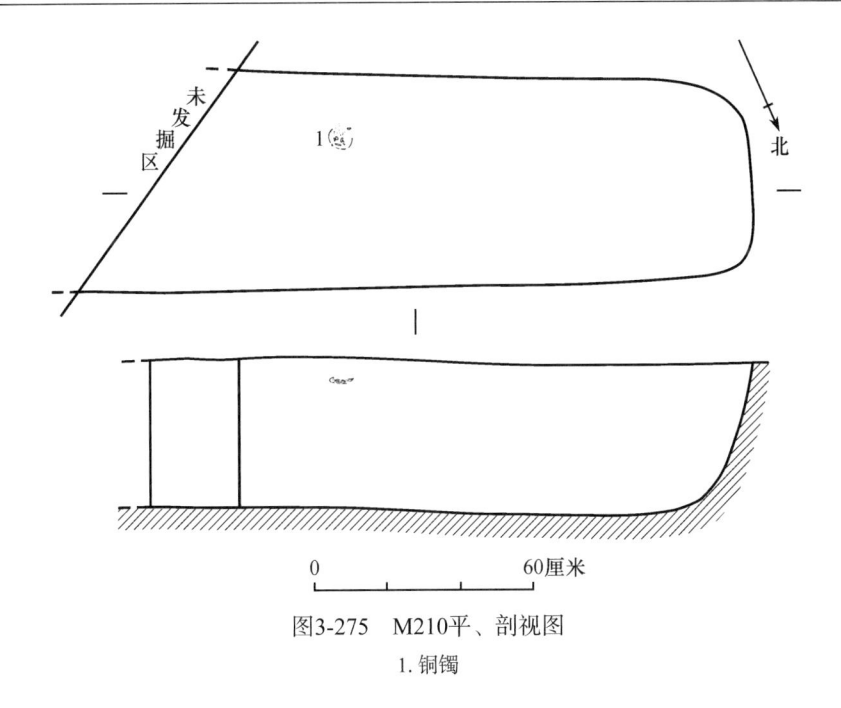

形。从出土位置和形态推测，下葬时成串佩戴于被葬者手臂，内残存肢骨。M210：1-1，直径不详，横截面长0.22、宽0.08厘米。M210：1-2，宽约0.8、复原直径约6.5厘米。

M211

M211位于Ⅰ号发掘点T6151东部，小部分跨入T6152，属第4层墓葬。墓坑平面大致呈梯形，东部被M184打破，长1.56、西北端宽0.52、东南端宽0.7、深0.96米，纵轴方向140°。墓坑内填浅红褐色黏土，夹杂少量黄白色膏泥，略疏松。发现成片的板灰痕迹，推测原有木质棺椁类葬具。人骨朽毁，葬式不明；从玉玦等随葬品的位置看，被葬者可能头朝东南方向。出土随葬品6件，包括铜剑、铜戈、铜矛、铜扣饰、铜泡饰和玉玦各1件，皆位于墓坑东南部。铜泡饰和玉玦靠近墓底，且更接近墓坑中部，玉玦下葬时推测佩戴于被葬者耳部。其他几件铜器距墓底均在0.2米以上，铜剑和铜扣饰放在一起，居西侧；铜戈和铜矛放在一起，居东侧。铜剑、铜戈和铜矛出土前都被折弯或折断（图3-276；图版157-1）。

铜器　5件。

铜剑　1件。

M211：5，Cc型。锈蚀较严重，局部矿化破碎。空心椭圆茎，空首呈喇叭口状，出土时残，茎下部有对穿；一字格，残；剑身前部出土时断裂残甚，曲刃。茎部隐约可见弦纹、云雷纹等纹饰；剑身后部施箭头、涡卷纹等纹饰，沿中线左右对称分布，整体似箭矢。残长19.4、格残长5.7厘米（图3-277-1；图版158-1、2）。

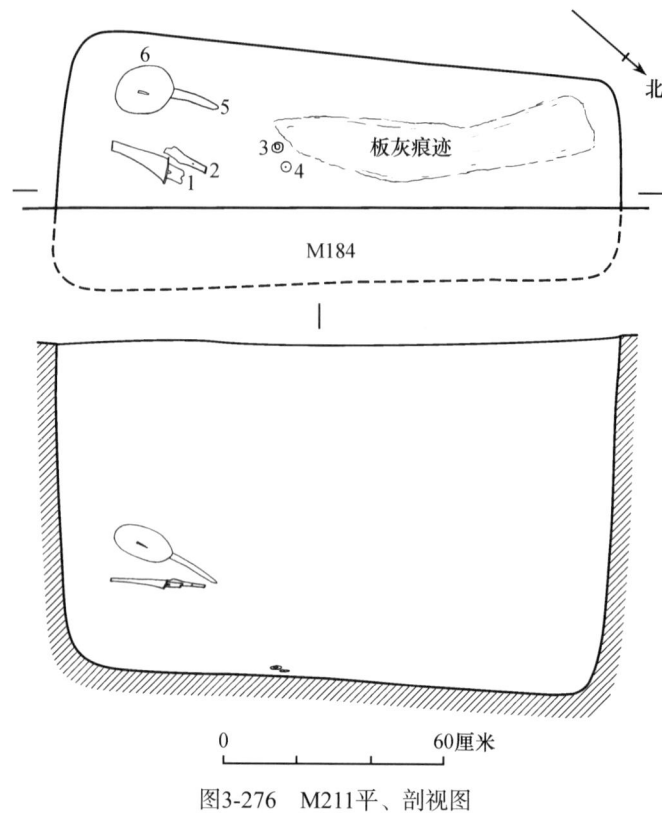

图3-276 M211平、剖视图
1.铜戈 2.铜矛 3.玉玦 4.铜泡饰 5.铜剑 6.铜扣饰

铜戈　1件。

M211：1，Bb型Ⅰ式。无胡；条形援微曲，出土前被折弯，锋等处断裂，近阑处有两近长方形穿孔。长方形直内，前部有一近长方形穿，后缘呈对称的内卷鸟首状。阑背面和内穿壁上残留铸缝痕迹。通长27、阑宽7.5厘米（图3-277-4；图版14-2，图版158-4）。

铜矛　1件。

M211：2，Ab型Ⅰ式。锈蚀严重，局部矿化。椭圆骹，横截面呈菱形，后部近骹口单面有穿，骹口分叉；柳叶形矛身，中线略起脊，后部沿脊线设血槽，刃较直，出土前锋部被折断并置于旁侧。骹两侧可见铸缝痕迹。出土时骹内发现朽木，推测为矛柲遗存。残长约15厘米（图3-277-3；图版158-3）。

铜扣饰　1件。

M211：6，Da型Ⅰ式。出土时背面朝上，锈蚀矿化严重，背面弯钩残断。扣面呈浅圆盘状，扣体较大，中心有两穿孔。扣面可见施首尾相缠绕的反向"S"状双头蛇形细条纹与弦纹，并镶嵌密集的孔雀石片，局部脱落，脱落处可见黑色黏结物；孔雀石片多呈圆形，中心带穿，少数形状不规则。复原直径17.3厘米（图3-277-2）。

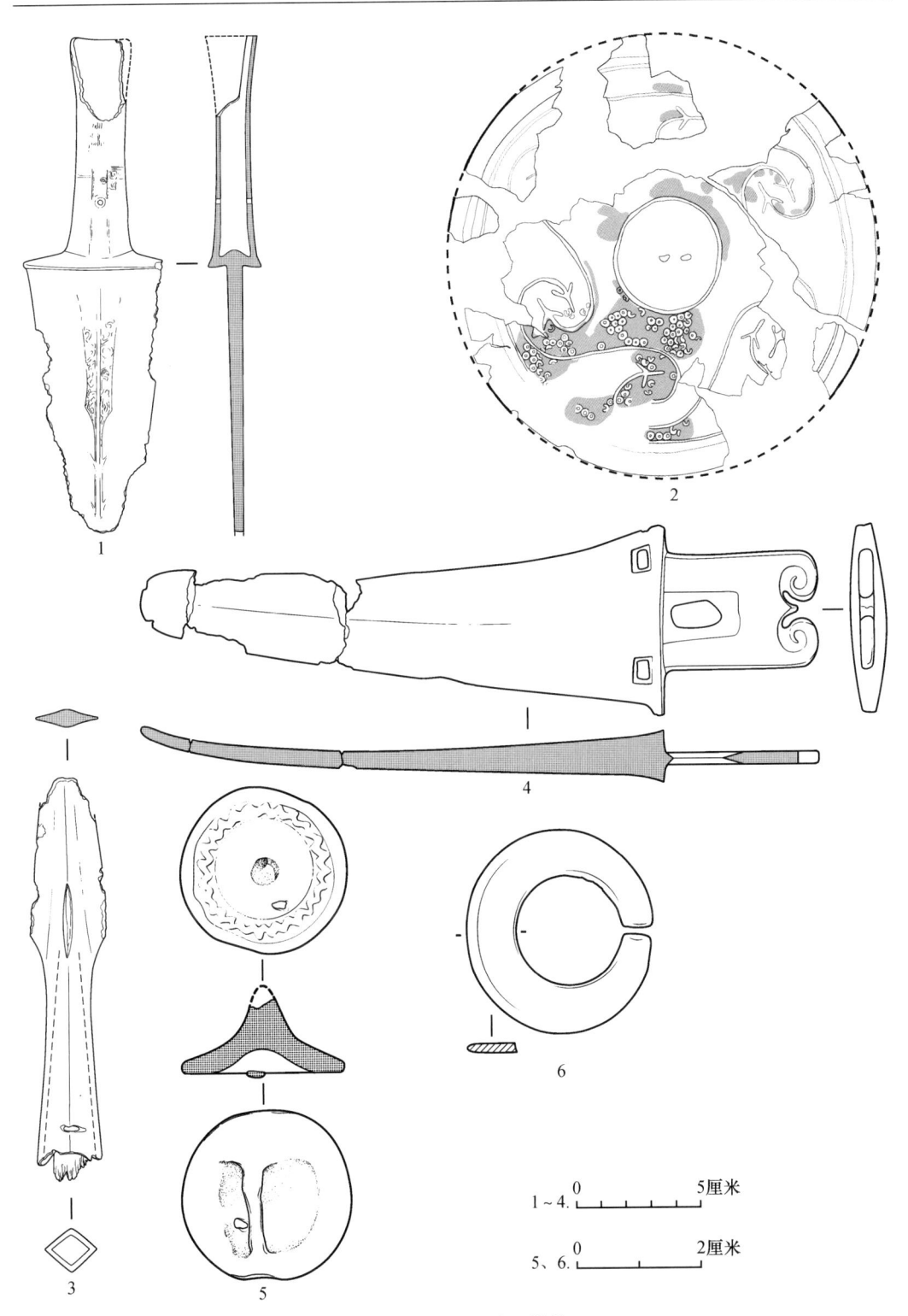

图3-277 M211出土器物

1. Cc型铜剑（M211：5） 2. Da型Ⅰ式铜扣饰（M211：6） 3. Ab型Ⅰ式铜矛（M211：2）
4. Bb型Ⅰ式铜戈（M211：1） 5. Cb型铜泡饰（M211：4） 6. 玉玦（M211：3）

铜泡饰　1件。

M211：4，Cb型。圆形薄片状；正面中间似凸乳；背面有一横梁。正面周围施波折纹。直径2.7、残高约1.1厘米（图3-277-5；图版158-5、6）。

玉石器　1件。

玉玦　1件。

M211：3，白色泛黄；表面细腻，不透光。薄片状，平面呈不对称圆环形，玦口位于较窄一侧；外缘较圆润，内缘呈单面凹面斜坡。外径3.2、内径1.7、厚0.15厘米（图3-277-6；图版157-2）。

M213

M213位于Ⅰ号发掘点T6154西北部，小部分跨入T6153，属第4层墓葬。墓坑平面大致呈长方形，纵轴方向161°，长2.1、宽0.64、深0.26米。墓坑内填浅红褐色黏土，略疏松，含少量炭屑。发现板灰痕迹，推测原有木质棺椁类葬具。人骨已朽，葬式不明。出土随葬品为1件铜扣饰和1组铜镯，铜扣饰位于墓坑东南部，铜镯位于墓坑中部（图3-278；图版159-1）。

铜镯　1组。

M213：2，一组6件，均Ec型。矿化锈蚀严重，多断裂残碎。细条环状，横截面近方形。直径不详，横截面边长约0.15厘米。

铜扣饰　1件。

M213：1，Ea型。出土时背面朝上，锈蚀严重，矿化破碎。扣面呈长方牌形，中

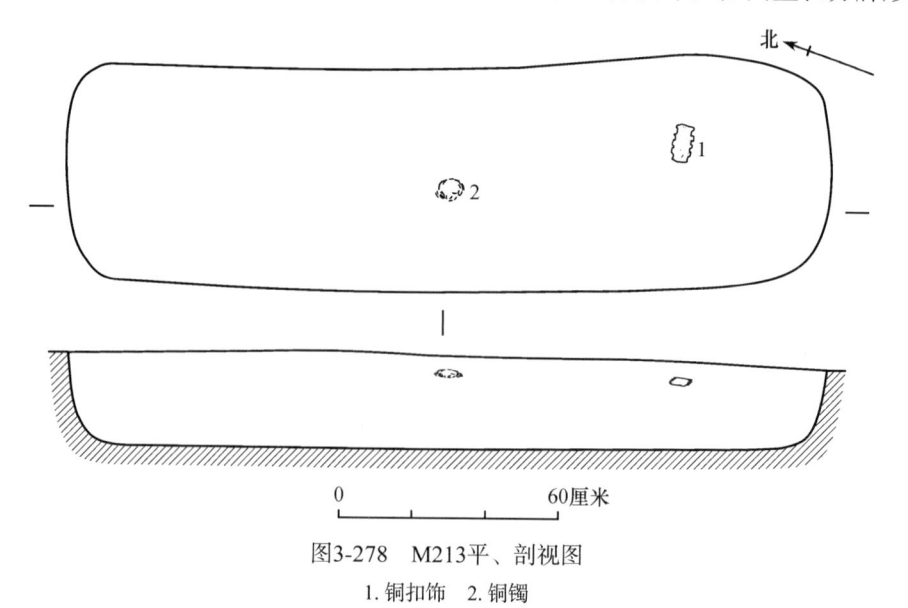

图3-278　M213平、剖视图
1. 铜扣饰　2. 铜镯

间凸起成横脊；背面有一横向带穿弯钩，弯钩所在位置略高于周围，形成近长方形凸面。扣面上、下两长边施外卷云纹，呈花边状；左、右两侧直边，边框施小圆圈纹和竖线纹。长10.3、宽5.6厘米（图3-279；图版159-2、3）。

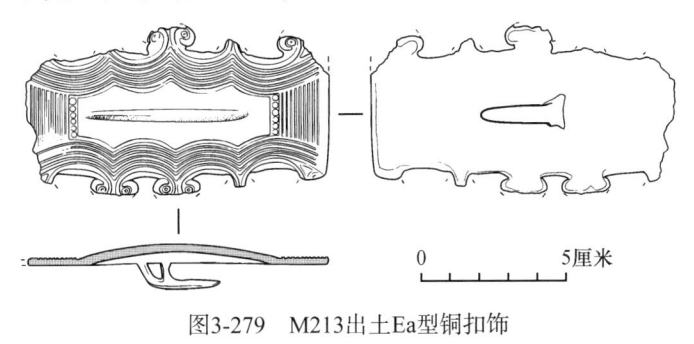

图3-279 M213出土Ea型铜扣饰
（M213∶1）

M216

M216位于Ⅰ号发掘点T6153东南部，小部分跨入T6053，属第4层墓葬。墓坑平面大致呈长方形，纵轴方向121°，长1.8、宽0.6、深0.2米。墓坑内填浅红褐色黏土，略疏松，含少量炭屑。发现板灰痕迹，推测原有木质棺椁类葬具。人骨已朽，葬式不明。出土随葬品为1组铜镯，大致位于墓坑中部（图3-280）。

铜镯 1组。

M216∶1，一组10件，均Ea型。锈蚀矿化严重。细条环状，横截面呈竖长方形。从出土位置看，下葬时应佩戴于被葬者手臂上。直径6.5～6.9厘米，横截面长约0.32、宽约0.1厘米（图3-281；图版31-1）。

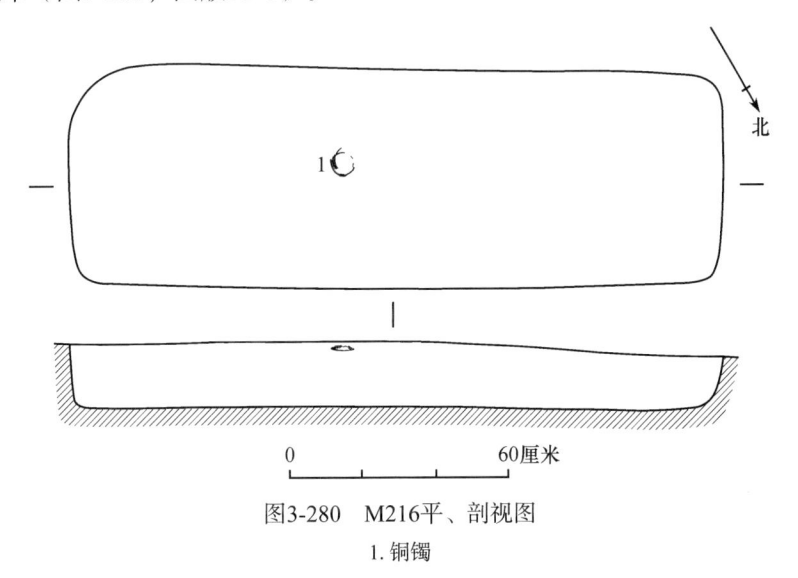

图3-280 M216平、剖视图
1.铜镯

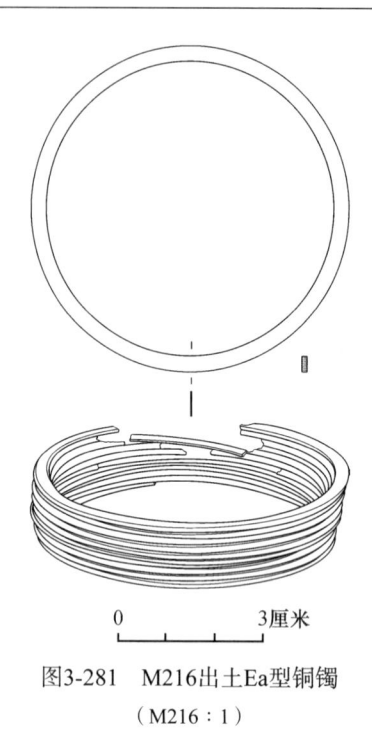

图3-281　M216出土Ea型铜镯
（M216∶1）

M217

M217位于Ⅰ号发掘点，跨T6051、T6052、T6151和T6152，属第4层墓葬。墓坑平面大致呈长方形，被M192和M206打破，长1.9、宽0.6、深0.9米，纵轴方向131°。墓坑内填浅红褐色黏土，略疏松，含少量炭屑。发现板灰痕迹，推测原有木质棺椁类葬具。残存零星骨渣，葬式不明。出土随葬品2件，分别为铜矛和残铜戈内，均位于墓坑东南部，铜矛出土前被折弯（图3-282）。

铜矛　1件。

M217∶2，Ab型Ⅰ式。锈蚀严重，多处矿化破碎。椭圆骹，骹口残；柳叶形矛身，中线略起脊，后部沿脊线设血槽，刃较直，残甚，出土前锋部被折弯。残长约13.8厘米（图3-283-1）。

铜戈内　1件。

M217∶1，近长方形片状，施条状纹饰，与A型戈的内相似。残长7.2、宽3.7厘米（图3-283-2）。

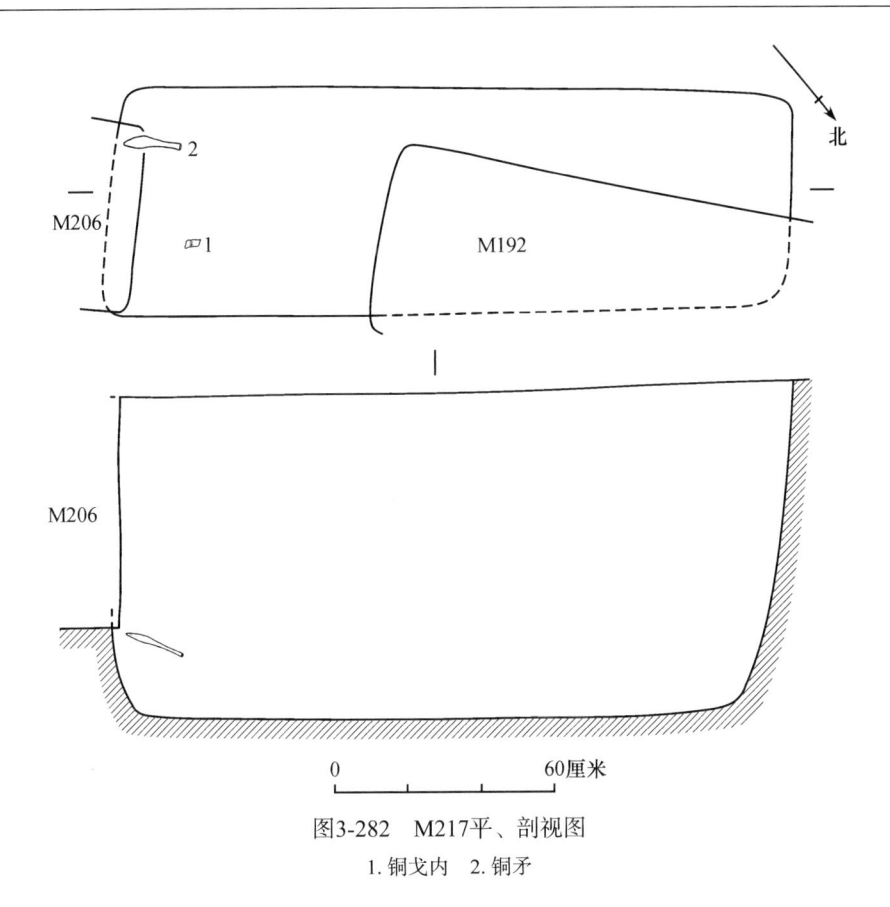

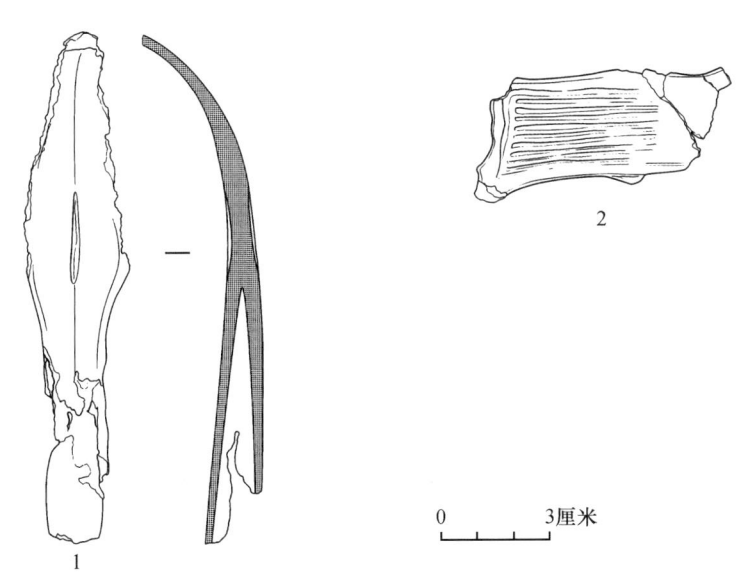

图3-282　M217平、剖视图
1. 铜戈内　2. 铜矛

图3-283　M217出土铜器
1. Ab型Ⅰ式矛（M217：2）　2. 戈内（M217：1）

M218

M218位于Ⅰ号发掘点，跨T6053、T6153，属第4层墓葬。墓坑平面大致呈长方形，纵轴方向118°，长2.6、宽0.8、深0.35米。墓坑内填浅红褐色黏土，略疏松，含少量炭屑。发现板灰痕迹，推测原有木质棺椁类葬具。人骨朽毁，葬式不明。出土随葬品2件，分别为铜剑和铜矛，并列横置于墓坑东南部（图3-284；图版160-1）。

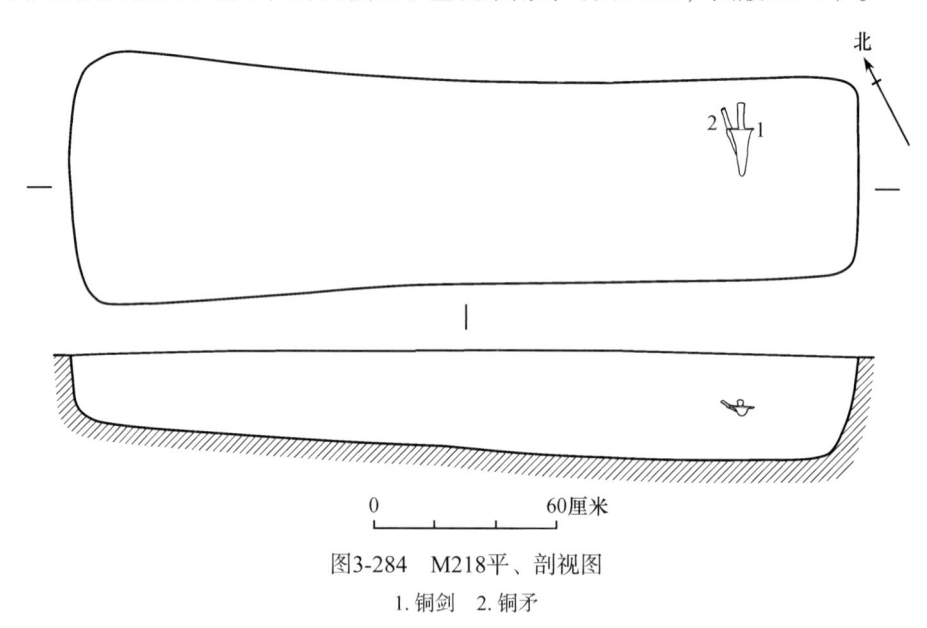

图3-284　M218平、剖视图
1. 铜剑　2. 铜矛

铜剑　1件。

M218：1，Cb型。锈蚀严重，局部矿化破碎。空心椭圆茎，空首呈喇叭口状，茎上部和下部各有一对穿；一字格；剑身前部中线略起脊，锋残，曲刃。剑身后部施箭矢状纹饰。茎两侧及格两端下方可见铸缝痕迹。残长20.6、格长9.2厘米（图3-285-1；图版160-2、3）。

铜矛　1件。

M218：2，Aa型。锈蚀严重，局部矿化。椭圆骹，后部近骹口处有对穿，骹口平，出土时略残；柳叶形矛身，中线略起脊，刃较直。残长14.3厘米（图3-285-2；图版160-3、4）。

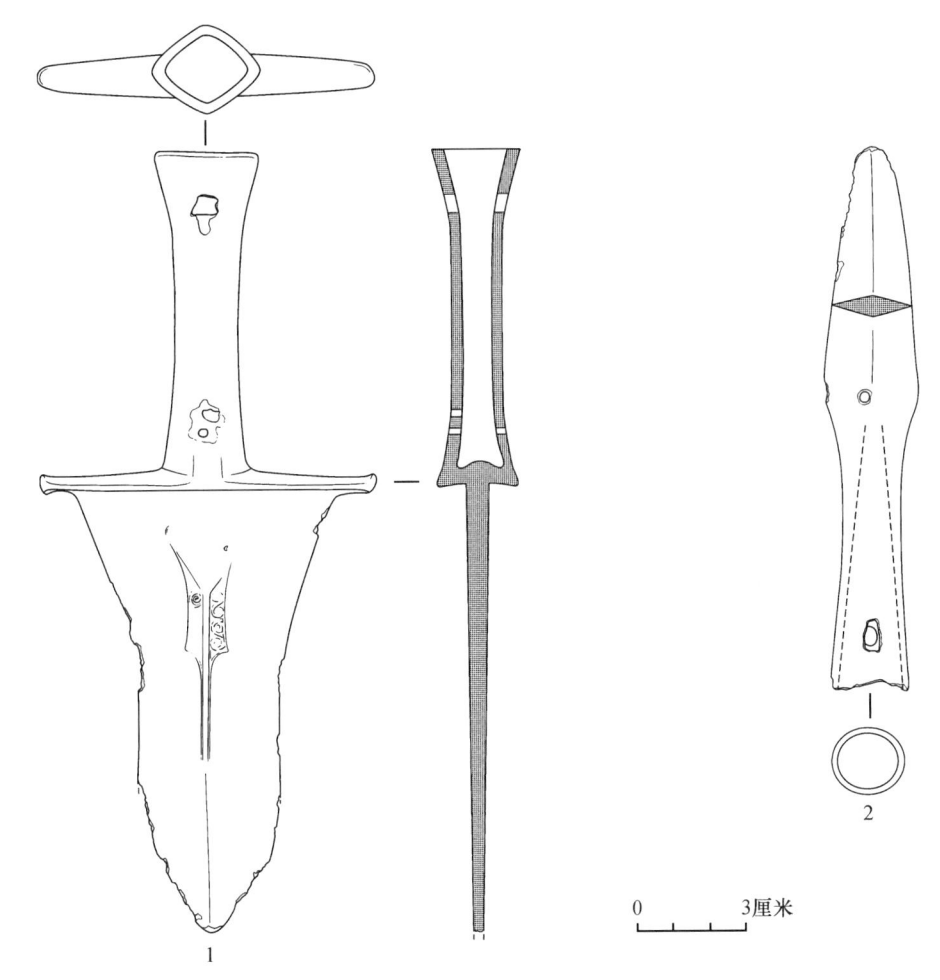

图3-285 M218出土铜器
1. Cb型剑（M218∶1） 2. Aa型矛（M218∶2）

M219

M219位于Ⅰ号发掘点T6152南部，小部分跨入T6052，属第4层墓葬。墓坑平面大致呈长方形，纵轴方向155°，长2、宽0.63、深0.3米。墓坑内填红褐色黏土，略疏松，含少量炭屑。发现板灰痕迹，推测原有木质棺椁类葬具。人骨已朽，葬式不明；根据玦、镯等随葬品的位置和形态推测，被葬者头朝东南方向。出随葬品7件（组），包括剑、戈、扣饰等铜器3件，玦、璜形饰、镯等玉石器3件（组），以及特殊材料镯1件。玉镯和特殊材料镯叠压在一起，位于墓坑中部，推测下葬时成串佩戴于被葬者手臂。玉玦和玉璜形饰聚在一起，位于墓坑东南部靠近西壁处，推测下葬时佩戴于被葬者耳部。铜剑、铜戈和铜扣饰分散摆放于墓坑东南部，剑、戈出土前皆被折弯（图3-286；图版161-1）。

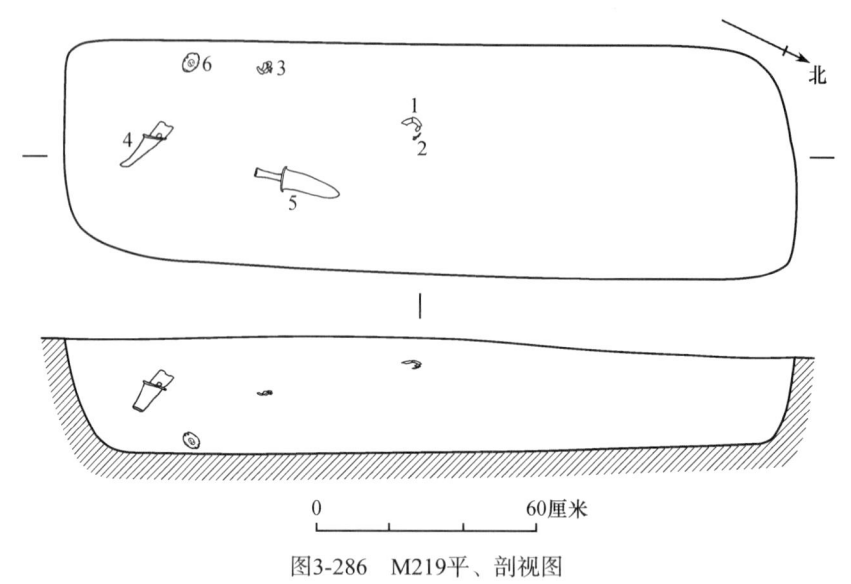

图3-286 M219平、剖视图
1. 玉镯 2. 特殊材料镯 3. 玉璜形饰、玉玦 4. 铜戈 5. 铜剑 6. 铜扣饰

铜器 3件。

铜剑 1件。

M219:5, Cb型。锈蚀严重，局部矿化破碎。空心椭圆茎，空首呈喇叭口状，出土时残，茎下部有对穿；一字格，两端残；剑身前部中线略起脊，出土前被折弯，锋残，曲刃。颈部隐约可见编织纹等纹饰，图案不清；剑身后部施矢尾状纹饰，矢尾内填云雷纹。茎两侧可见铸缝痕迹。出土时，剑身及茎部均附着黑色炭化物。残长23.5、格残长6.1厘米（图3-287-2；图版162-1）。

铜戈 1件。

M219:4, Bb型Ⅰ式。无胡；条形援微曲，出土前被折弯，刃部略残，近阑处有两近长方形穿孔；长方形直内，前部有一近圆形穿，后缘残，一面可见对称的内卷鸟首状。阑背面和内穿壁上残留铸缝痕迹，内后援内卷鸟首状结构也制作粗糙。通长23.6、阑宽6.6厘米（图3-287-1；图版14-3，图版162-3、4）。

铜扣饰 1件。

M219:6, Ab型。出土时背面朝上，矿化破碎严重。扣面圆形，中部鼓凸呈动物面具状。动物额头施三角形纹，圆眼，宽鼻，鼻下有胡须；面具周围由内到外施多道弦纹，弦纹之间分别填云雷纹、连珠状圆点纹、放射状短线纹等。背面弯钩残。扣饰直径6.1厘米（图3-287-3）。

玉石器 3件（组）。

玉玦 1件。

M219:3-4，残剩大半，一侧玦口不存。白色；不透光。薄片状，平面呈不对

第三章 墓葬分述

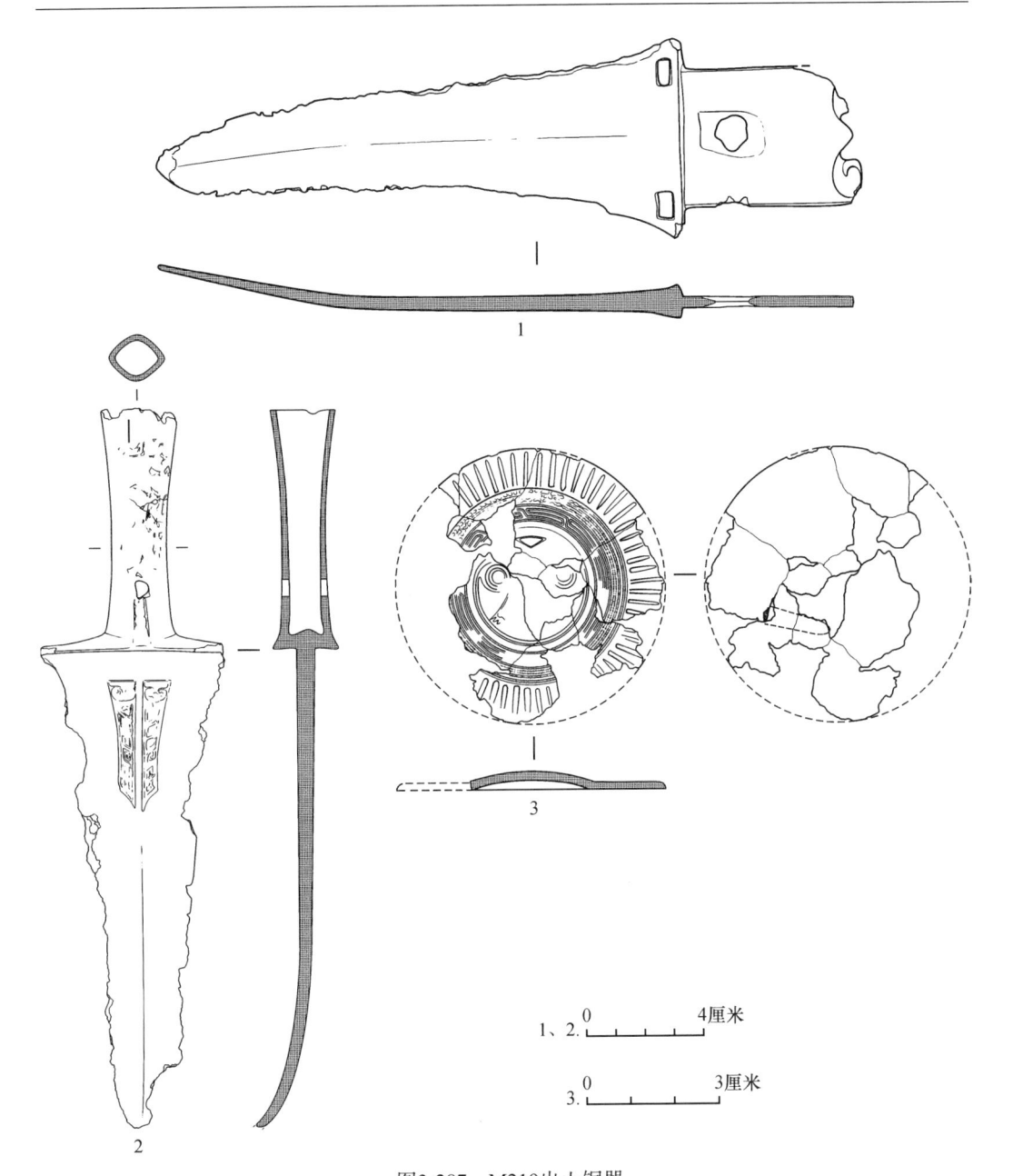

图3-287 M219出土铜器
1. Bb型Ⅰ式戈（M219∶4） 2. Cb型剑（M219∶5） 3. Ab型扣饰（M219∶6）

称圆环形，玦口位于较窄一侧；外缘呈单面弧面斜坡状，内缘较直，局部略斜；玦身残断处边缘有一穿孔，单向锥形钻孔，呈喇叭状。外径1.9、内径0.67、厚0.09厘米（图3-288-2；图版162-5）。

玉璜形饰　1组。

M219：3-1~M219：3-3，一组3件，均A型。白色泛黄，表面细腻，微透光。薄片状，平面近四分之一圆环形，两端各有一圆穿，推测由残块改制而成（图版162-5）。M219：3-1，一端略残，单面上、下缘均呈斜坡状，上缘斜坡微凹，下缘斜坡微弧；两端圆穿为对向锥形钻孔。残长3、宽0.75、厚0.1厘米（图3-288-3；图版46-4）。M219：3-2，一端略缺，上、下缘均较圆润；两端圆穿为对向锥形钻孔。长2.5、宽0.87、厚0.1厘米（图3-288-4；图版46-5）。M219：3-3，一端残，下缘较圆润，上缘呈双面斜坡状；残留的一个圆穿为对向锥形钻孔。残长2.4、宽0.73、厚0.1厘米（图3-288-5）。

玉镯　1件。

M219：1，B型。出土时风化破碎严重，残存一半左右。白色泛黄，带不规则分布墨色点状纹理；表面打磨平整，不透光。圆环形，外缘较圆润，内缘微弧，两面出棱，横截面呈"T"形。残径6.5、外缘厚0.16、内缘厚0.35厘米（图3-288-1；图版162-2）。

特殊材料制品　1件。

特殊材料镯　1件。

M219：2，B型。据检测和分析，系用桦树皮焦油等特殊材料制成，出土时残碎严重。黑色，质感较轻。细条环状，横截面呈圆形，可见两孔状空腔。镯直径不详，横截面直径约0.25厘米。

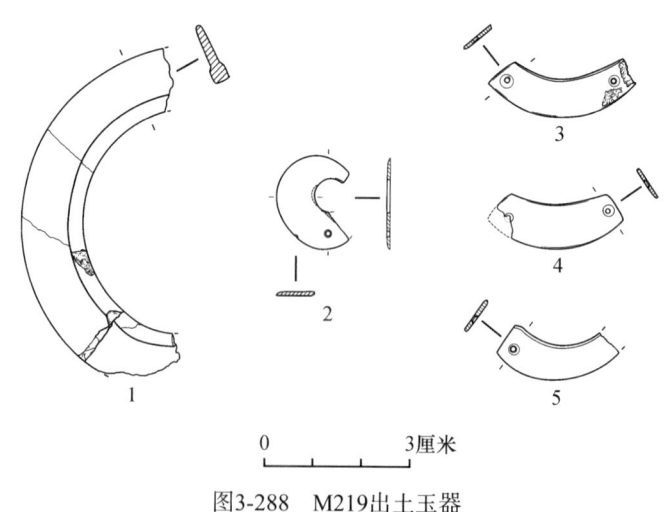

图3-288　M219出土玉器
1. B型镯（M219：1）　2. 玦（M219：3-4）　3~5. 璜形饰（M219：3-1、M219：3-2、M219：3-3）

M220

M220位于Ⅰ号发掘点，跨T6053、T6152和T6153，属第4层墓葬。墓坑平面大致呈长方形，东部少许被M218打破少许，长2.9、宽0.93、深1.1米，纵轴方向153°。墓坑内填浅红褐色黏土，夹杂少量红色胶泥和黄白色膏泥，略疏松。未发现葬具痕迹。人骨已朽，葬式不明。出土随葬品1件，为铜削刀，位于墓坑东南部（图3-289）。

铜削刀　1件。

M220：1，出土时矿化破碎严重，无法修复，型式不详。从发掘现场观察，为扁长条形，刀身前端较尖。长约20厘米。

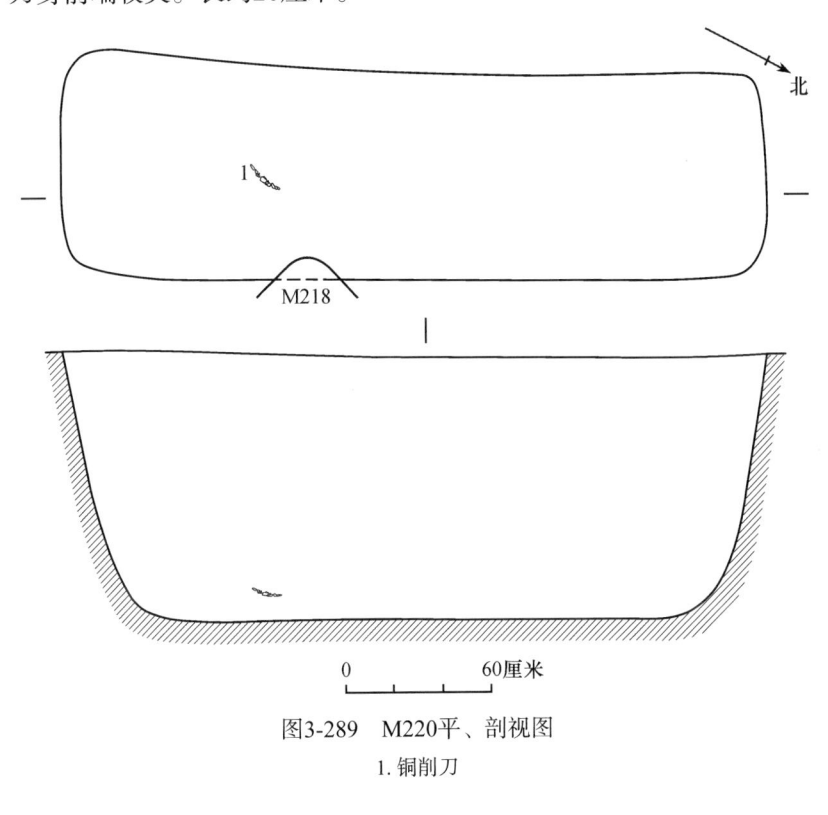

图3-289　M220平、剖视图
1. 铜削刀

M221

M221位于Ⅰ号发掘点T6152东南部，属第4层墓葬。墓坑平面大致呈长方形，东部被M212打破，长2.03、宽0.53、深0.17米，纵轴方向150°。墓坑内填红褐色黏土，略疏松，含少量炭屑。未发现葬具痕迹。人骨已朽，葬式不明。出土随葬品为1组玉管珠和1组玛瑙圆珠，集中放置于墓坑东南端，排列大致有序，推测为两种材质和两种类型混合搭配使用的同一组串珠（图3-290；图版161-2）。

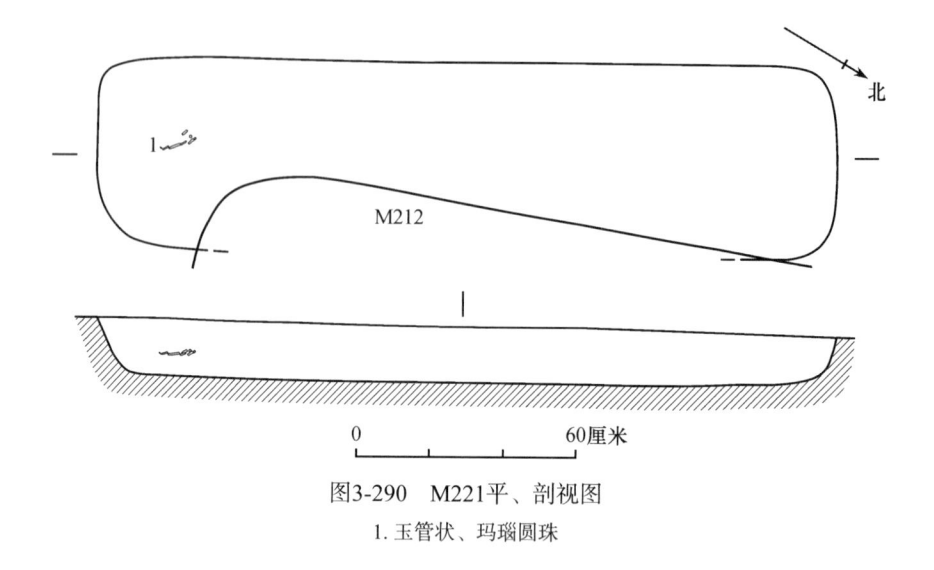

图3-290 M221平、剖视图
1. 玉管状、玛瑙圆珠

玉管珠 1组。

M221：1-3、M221：1-4～M221：1-6、M221：1-9，一组5件，均A型（图版162-6）。均黄褐色；表面细腻。M221：1-3，直孔，对向钻，孔内形成错位；平口，一端有残缺。长1.8、直径0.55、孔径0.25厘米（图3-291-1）。M221：1-4，直孔，对向钻，孔内形成错位；平口，外沿微弧。长3.32、直径0.56、孔径0.23厘米（图3-291-5）。M221：1-5，对向钻孔，一端直，另一端斜，孔内形成错位；平口，一端有残缺。长1.77、直径0.52、孔径0.25厘米（图3-291-2）。M221：1-6，直孔，一端平口，另一端斜口；斜口边上可见一凹坑，推测为最初的钻孔痕迹，但因位置不好后被放弃。长1.78、直径0.6、孔径0.27厘米（图3-291-3；图版162-6）。M221：1-9，直孔，对向钻；一端平口，另一端斜口；斜口一端有两钻孔，均在孔内与对向钻孔形成错位，推测第一次钻孔出现瑕疵，后来又重新钻了一孔。长1.9、直径0.6、平口端孔径0.3、斜口端两孔合径0.38厘米（图3-291-4）。

玛瑙圆珠 1组。

M221：1-1、M221：1-2、M221：1-7、M221：1-8、M221：1-10，一组5件（图版162-6）。前4件黄褐色；透光。直孔，两端平口。M221：1-1，高0.34、直径0.55、孔径0.2厘米（图3-291-8；图版48-5）。M221：1-2，高0.36、直径0.56、孔径0.2厘米（图3-291-9）。M221：1-7，高0.35、直径0.53、孔径0.22厘米（图3-291-10）。M221：1-8，高0.4、直径0.63、孔径0.2厘米（图3-291-7）。M221：1-10，白色；透光。对向钻孔，孔内略有错位；孔径外大内小，呈对向喇叭状；两端平口。高0.54、直径0.81、孔径0.13～0.28厘米（图3-291-6）。

图3-291　M221出土玉石器

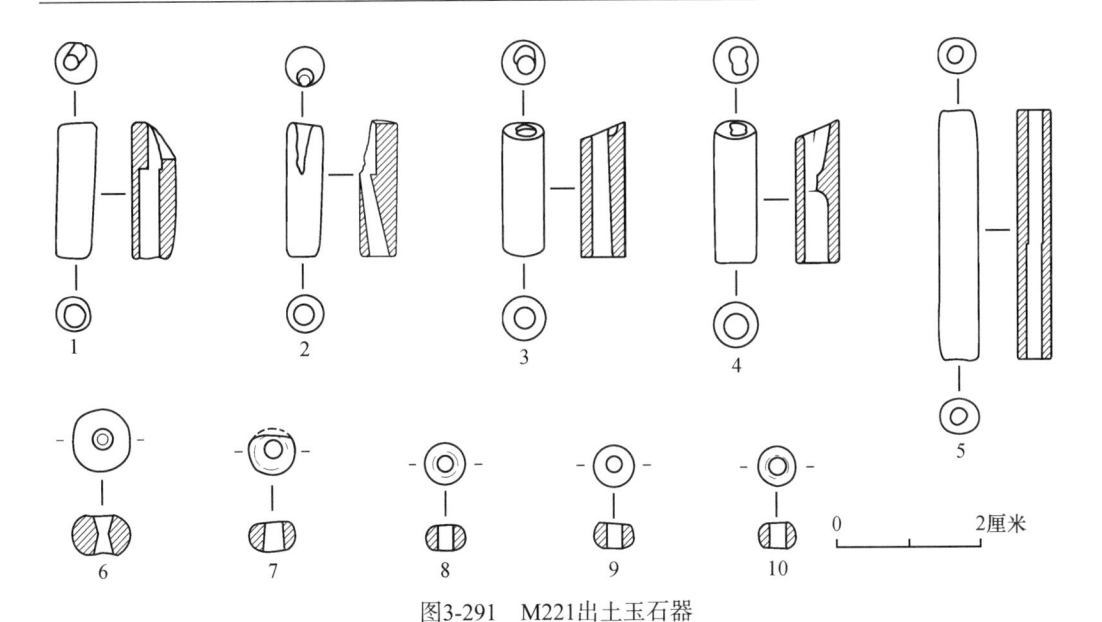

1~5. A型玉管珠（M221：1-3、M221：1-5、M221：1-6、M221：1-9、M221：1-4）
6~10. 玛瑙圆珠（M221：1-10、M221：1-8、M221：1-1、M221：1-2、M221：1-7）

M222

M222位于Ⅰ号发掘点，跨T6153和T6154，属第4层墓葬。墓坑平面大致呈长方形，纵轴方向98°，长1.7、宽0.43、深0.3米。墓坑内填红褐色泛灰黏土，略疏松，含少量炭屑、陶片。发现板灰痕迹。人骨多已朽毁，仅铜镯内残存少许肢骨，结合玉玦等随葬品的位置及形态，推测被葬者头朝东南方向，下葬时手臂向内弯曲。出土随葬品有铜镯1组、玉玦2组。铜镯位于墓坑中部，下葬时应佩戴于被葬者手臂。玉玦位于墓坑东南部，左右对称分布，推测下葬时分别佩戴于被葬者左右耳（图3-292；图版163-1）。

铜器　1组。

铜镯　1组。

M222：1，一组60余件，均Ea型。部分断裂残碎。细条环状，截面为竖长方形。从出土位置及形态看，铜镯下葬时成串佩戴于被葬者左手臂，前小后大，内残存肢骨。铜镯直径6.2~7.5厘米，横截面一般长0.2、宽0.1厘米（图3-293-1；图版163-2，图版164-1、2）。

玉石器　2组。

玉玦　2组。

均薄片状，平面呈不对称圆环形，玦口位于较窄的一侧。

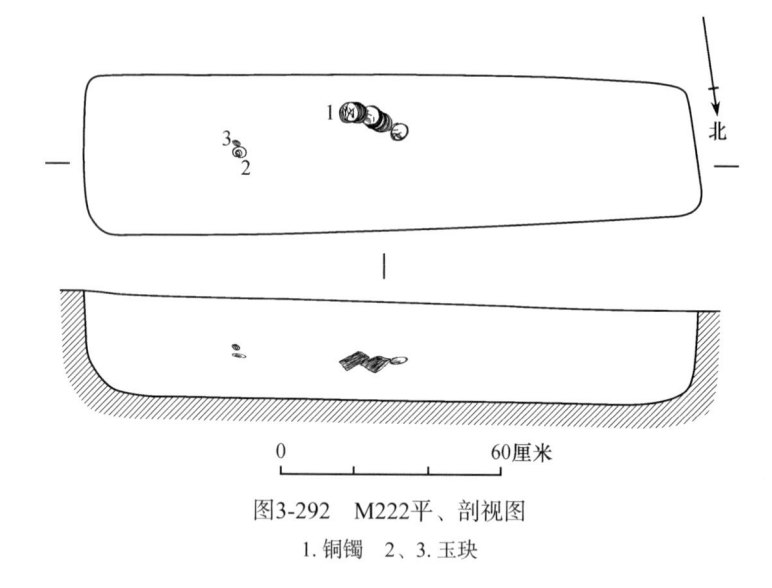

图3-292 M222平、剖视图
1. 铜镯　2、3. 玉玦

M222：2，一组4件（图版164-3）。白色泛黄，带少许不规则分布的墨色纹理；表面细腻，不透光。出土时由大到小、自上而下叠放。根据位置及形态推测，下葬时成串佩戴于被葬者右耳，大玦在内，小玦居外。M222：2-1，一面较平，另一面微鼓；外缘较薄，内缘呈单面微凹斜坡状。外径4.76、内径2.25、玦口宽0.14、厚0.2厘米（图3-293-5）。M222：2-2，两面均微鼓；外缘较薄，内缘呈单面微凹斜坡状。外径3.21、内径1.66、玦口宽0.06、厚0.15厘米（图3-293-6）。M222：2-3，一面外缘呈弧面斜坡状，另一面内缘呈凹面斜坡状。外径2.13、内径1.01、玦口宽0.08、厚0.14厘米（图3-293-7）。M222：2-4，一面外缘呈弧面斜坡状，内缘较直，局部呈单面微凹斜坡状。外径1.53、内径0.68、玦口宽0.06、厚0.11厘米（图3-293-8）。

M222：3，一组3件（图版164-4）。出土时多残。白色泛黄；表面细腻，不透光。出土时由小到大、自上而下叠放。根据位置及形态推测，下葬时成串佩戴于被葬者右耳，大玦在内，小玦居外。M222：3-1，两面均微鼓；外缘较薄，内缘呈单面微凹斜坡状。外径4.86、内径2.46、玦口宽0.09、厚0.15厘米（图3-293-4）。M222：3-2，一面外缘呈弧面斜坡状，另一面内缘呈凹面斜坡状。外径2.19、内径1.07、玦口宽0.06、厚0.13厘米（图3-293-3）。M222：3-3，残存大半，一侧玦口不存。一面外缘呈弧面斜坡状，另一面内缘呈凹面斜坡状。外径1.62、内径0.67、厚0.16厘米（图3-293-2）。

图3-293　M222出土器物

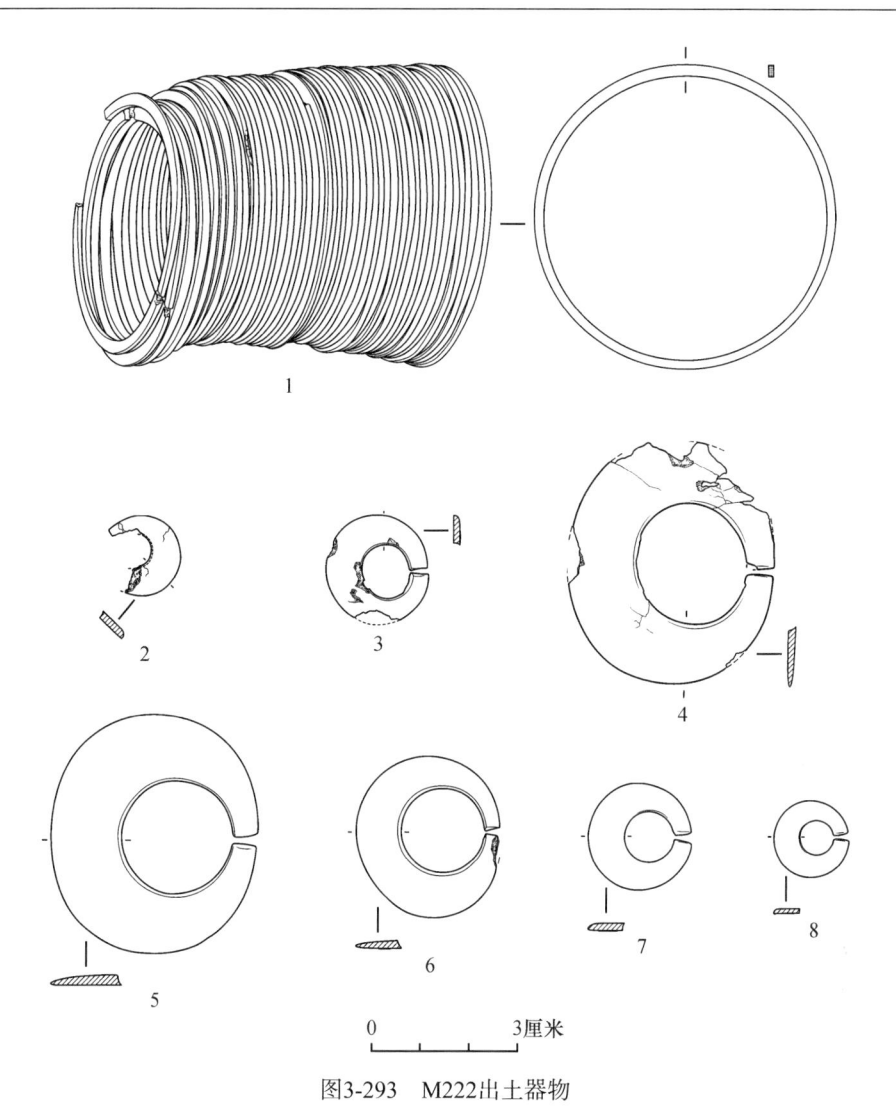

1. Ea型铜镯（M222∶1）　2~8.玉玦（M222∶3-3、M222∶3-2、M222∶3-1、M222∶2-1、M222∶2-2、M222∶2-3、M222∶2-4）

M224

M224位于Ⅰ号发掘点，跨T6151东北部和T6152西北部，属第4层墓葬。墓坑平面大致呈长方形，西北部被盗坑打破，残长2.2、宽0.84、深1.3米，纵轴方向137°。墓坑内填浅红褐色黏土，略疏松，含少量炭屑。发现板灰痕迹，推测原有木质棺椁类葬具。残存零星骨渣，葬式不明；从璜形饰、镯等随葬品的位置及形态看，被葬者头朝东南方向。出土随葬品9件（组），包括铜器4件、玉石器5件（组）。铜器有剑、戈、扣饰和镯各1件，玉石器有玉管珠2件（组）、玉璜形饰1组、玉镯1件、普通石质圆珠

1件。铜镯和玉镯位于墓坑中部靠近西壁处，推测一起佩戴于被葬者左手臂，玉镯居前。玉璜形饰及多数玉石珠子位于墓坑东南部，亦靠近西壁，其中玉璜形饰可能佩戴于被葬者左耳。铜剑和1件玉管珠大致位于墓坑中部，铜戈和铜扣饰位于墓坑东南部，均靠近东壁（图3-294；图版165-1）。

铜器　4件。

铜剑　1件。

M224：5，Cb型。锈蚀严重，多处矿化破碎。空心椭圆茎，茎首残；一字格，两端残；剑身前部中线略起脊，锋残，曲刃。剑身后部隐约可见矢尾状纹饰。茎两侧和格两端下方可见铸缝痕迹。残长约24厘米（图版165-2）。

铜戈　1件。

M224：1，Bb型Ⅱ式。锈蚀严重，局部矿化。无胡；条形援微曲，后部有一小

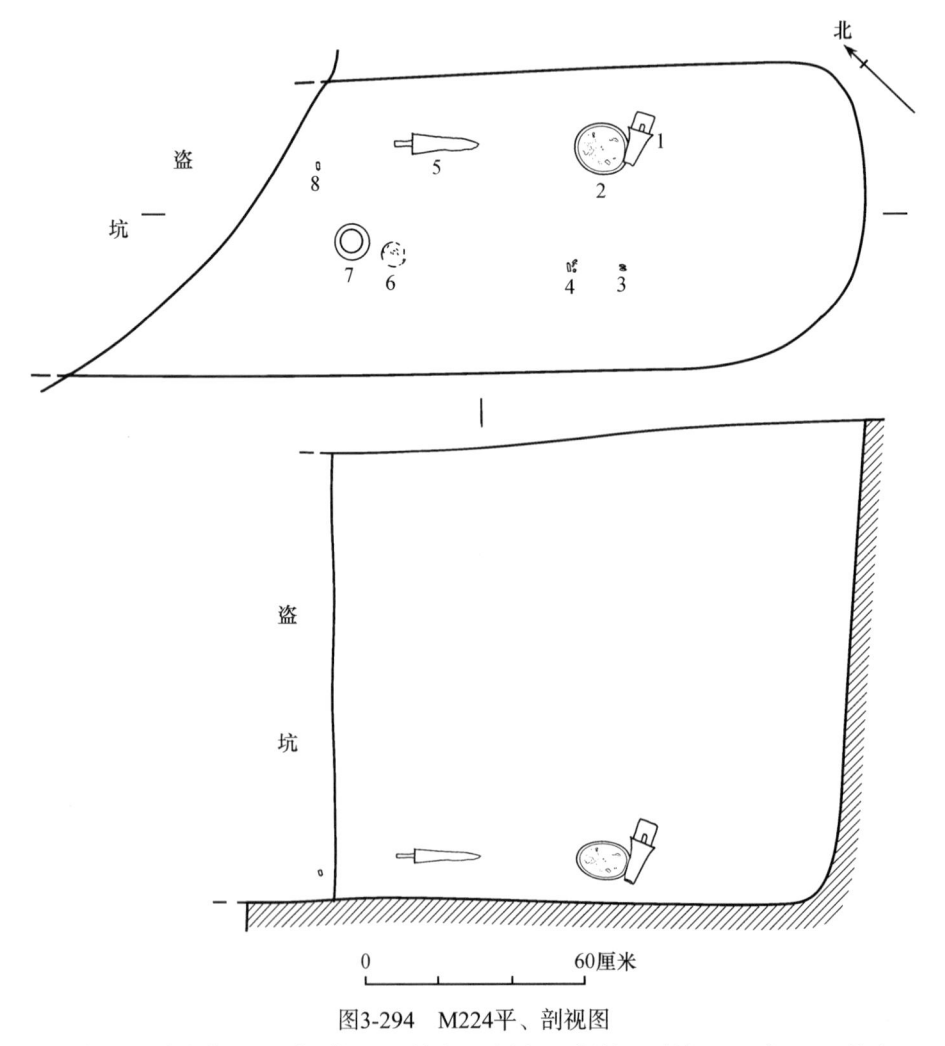

图3-294　M224平、剖视图

1. 铜戈　2. 铜扣饰　3. 玉璜形饰　4. 玉管珠、石圆珠　5. 铜剑　6. 铜镯　7. 玉镯　8. 玉管珠

圆穿，近阑处有两近长方形穿；长方形直内，前部有一近长方形穿，后缘呈对称的内卷鸟首状。援后部中空，在阑背面中间位置即内前部穿孔前壁上还留有方形小孔，其内可见铸造时放入的泥芯。援后部小圆穿周围施弦纹和短线芒纹；援本即小圆穿与阑之间施卷云状涡纹，外加梯形框；内后部施浅浮雕式的牵手人纹。阑背面以及内两侧和内穿壁上均残留铸缝痕迹。通长24.9、阑宽6.1厘米（图3-295-1；图版15-3，图版16-3，图版166-1、2）。

铜镯　1件。

M224：6，A型Ⅰ式。矿化严重，已断裂破碎。片状环形，镯体较窄；内壁较直；外壁呈浅槽结构，内镶嵌不规则形孔雀石片，大多脱落，下面露出黑色黏结物。从出土位置看，铜镯下葬时佩戴于被葬者左手臂，与之一起佩戴的还有1件玉镯（M224：7）。宽1、复原直径约6.5厘米。

铜扣饰　1件。

M224：2，Da型Ⅰ式。出土时锈蚀严重，矿化破碎。扣体较大；背面弯钩情况不详；扣面呈浅圆盘状，其上镶嵌密集的带穿孔雀石片，并隐约可见反向"S"状双头蛇形细条纹。直径约14.5厘米。

玉石器　5件（组）。

玉管珠　2件（组）。

A型，1组。

M224：4-1、M224：4-3，一组2件（图版166-3）。M224：4-1，出土时风化变形，局部残。白色，带黄褐色附着物；不透光。直孔；一端平口，另一端略残。长4.21、直径0.63～0.66、孔径0.19厘米（图3-295-5）。M224：4-3，出土时风化严重，残剩一端。白色。直孔；平口。残长0.56、直径0.41、孔径0.14～0.21厘米（图3-295-6）。与之一起出土的还有1件石质圆珠（M224：4-2），可能属同组器物。

B型，1件。

M224：8，白色，带浅墨色纹理；表面光润细腻，微透光。外壁一侧微弧；直孔，内壁光滑；斜口，较低一侧内沿可见磨损痕迹。长2.5、直径1、孔径0.56厘米（图3-295-7；图版45-3，图版166-4）。

玉璜形饰　1组。

M224：3，一组2件，均B型（图版166-5）。白色；表面细腻，微透光。薄片状，平面近四分之一圆环形，两端各有一圆穿。从形态看，推测可能是由残块改制而成的。器形整体显得较短，两端不对称，一宽一窄；下缘圆润，上缘呈单面微凹斜坡状；两端圆穿对向锥形钻孔，孔径外大内小。M224：3-1，长1.86、宽0.8、厚0.1厘米（图3-295-2）。M224：3-2，长1.66、宽0.88、厚0.1厘米（图3-295-3；图版46-6）。

玉镯　1件。

M224：7，B型。出土时局部风化、破裂。白色泛黄；表面光洁，打磨平整，不透光。圆环形，外缘较圆润，内缘较平直，局部微弧，两面出棱，横截面呈"T"形。外径10.5、内径6.3、外缘厚0.2、内缘厚1厘米（图3-295-8；图版165-2，图版166-6）。

石圆珠　1件。

M224：4-2，黄褐色泛灰；表面较细腻，不透光。直孔，内壁光滑；两端平口。高0.45、直径0.78、孔径0.28厘米（图3-295-4；图版50-5）。出土时与另两件玉管珠（M224：4-1、M224：4-3）在一起，推测属同组器物（图版166-3）。

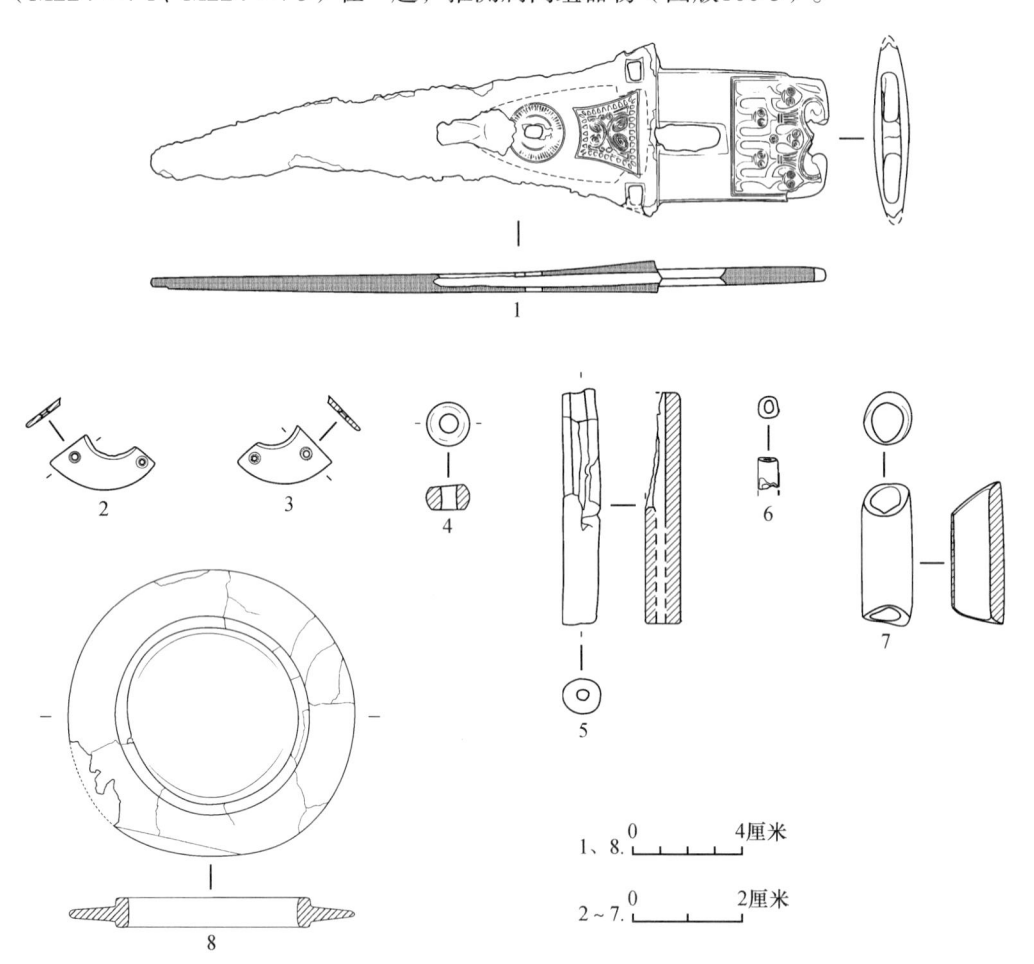

图3-295　M224出土器物

1.Bb型Ⅱ式铜戈（M224：1）　2、3.B型玉璜形饰（M224：3-1、M224：3-2）　4.石圆珠（M224：4-2）
5、6.A型玉管珠（M224：4-1、M224：4-3）　7.B型玉管珠（M224：8）　8.B型玉镯（M224：7）

M226

M226位于Ⅰ号发掘点T6153东南部，属第4层墓葬。墓坑平面大致呈长方形，纵轴方向163°，长2.1、宽0.67、深0.14米。墓坑内填红褐色泛灰黏土，略疏松。发现板灰痕迹，推测原有木质棺椁类葬具。人骨已朽，葬式不明。出土随葬品1件，为铜剑，位于墓坑东南部（图3-296）。

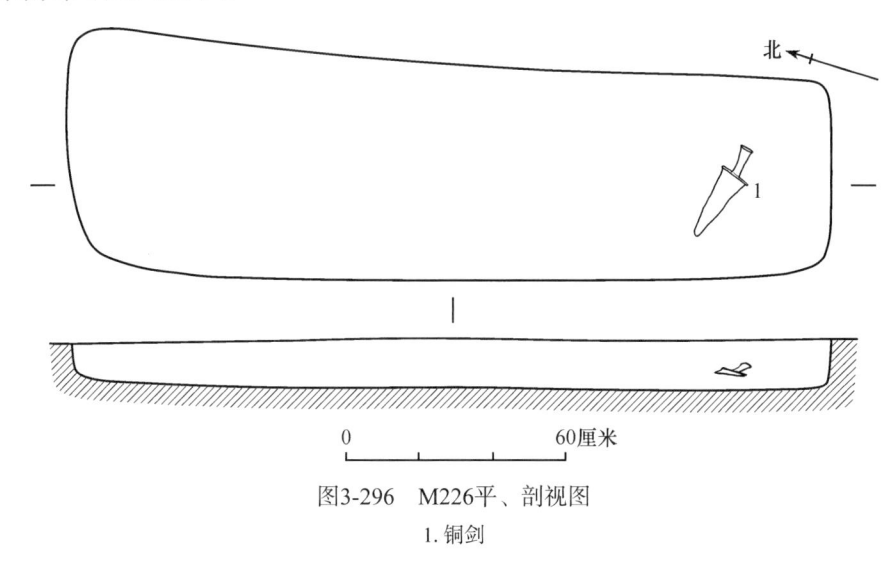

图3-296 M226平、剖视图
1.铜剑

铜剑 1件。

M226∶1，Ca型。锈蚀严重，局部矿化破碎。空心椭圆茎，空首呈喇叭口状，茎上部和下部各有一对穿；一字格；剑身较宽，曲刃，前部中线起圆脊，出土时锋部残断，刃亦多残。茎部施多道弦纹，中间填涡纹和编织纹；剑身后部施箭头、涡卷纹等纹饰，沿中线左右对称分布，整体形如箭矢。茎两侧和格两端下方可见铸缝痕迹。残长22.5、格长9.1厘米（图3-297，图3-298）。

M227

M227位于Ⅰ号发掘点，跨T6051和T6052，属第4层墓葬。墓坑平面大致呈长方形，南部延伸出发掘区。发掘部分长0.97、宽0.55、深0.43米，纵轴方向178°。墓坑内填浅红褐色黏土，夹杂较多黄白色膏泥，略疏松。未发现葬具痕迹。人骨朽毁，葬式不明。出土随葬品1件，为铜扣饰，大致位于墓坑中部靠近东壁处（图3-299）。

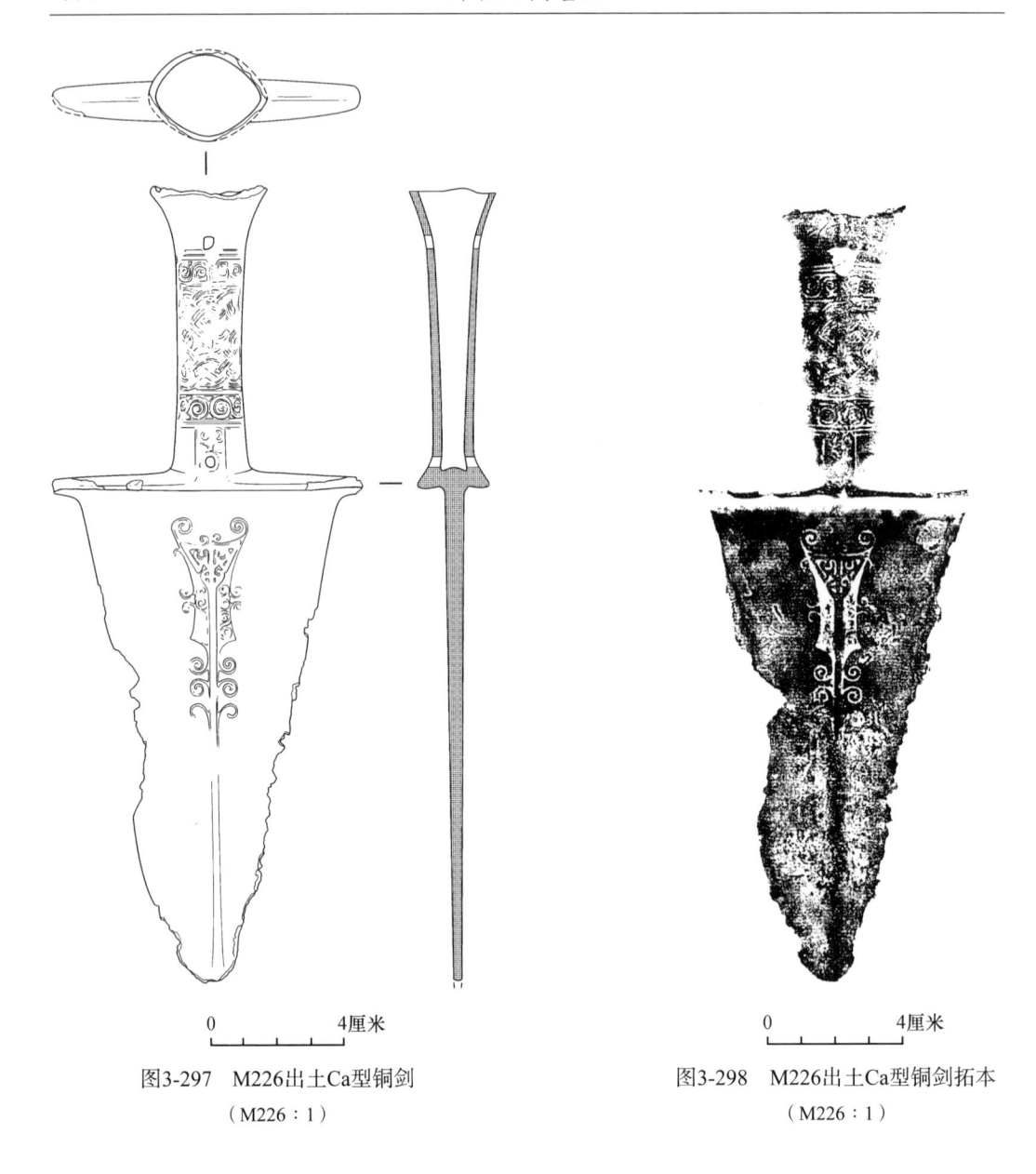

图3-297　M226出土Ca型铜剑
（M226∶1）

图3-298　M226出土Ca型铜剑拓本
（M226∶1）

铜扣饰　1件。

M227∶1，Aa型。出土时背面朝上，锈蚀严重，矿化破碎。扣面圆形，扣体较大；正面中部鼓凸呈动物面具状，动物泡状圆眼，宽鼻较高，立体感强；面具周围由内到外施多道弦纹，弦纹之间依次填水滴状芒纹、双头蛇纹及放射状线纹。直径12厘米（图3-300；图版33-1）。

图3-299　M227平、剖视图
1. 铜扣饰

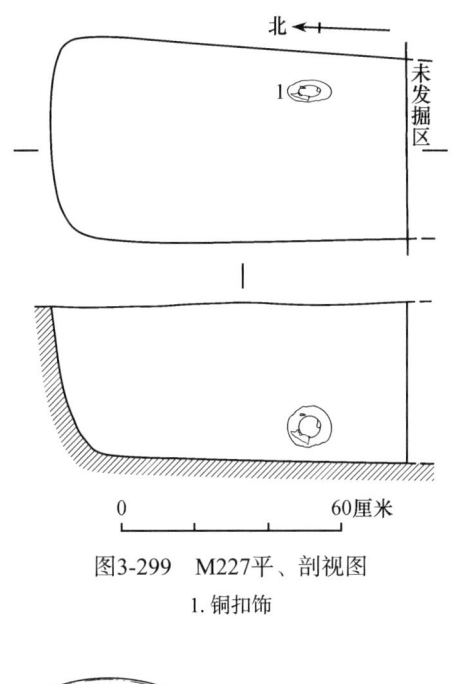

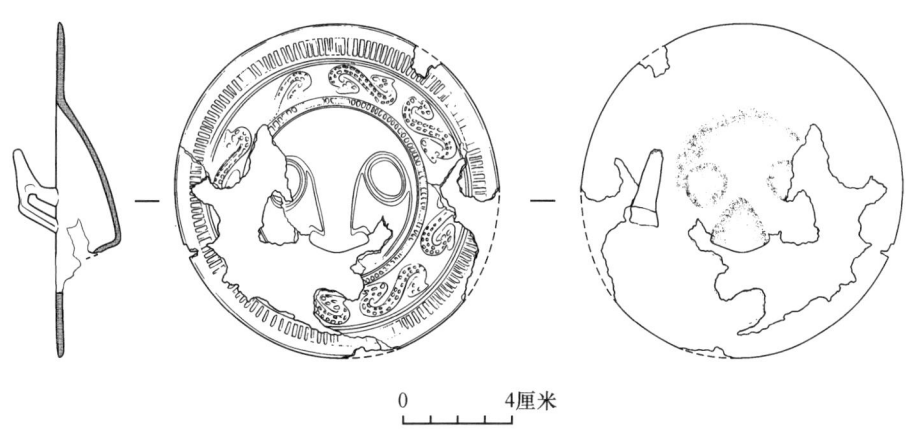

图3-300　M227出土Aa型铜扣饰
（M227∶1）

M228

M228位于Ⅰ号发掘点T6151南部，属第4层墓葬。墓坑平面呈宽长方形，东南部被M192、M217打破，长2.75、宽1.44、深0.75米，纵轴方向132°。墓坑下部东、北、西三边带二层台；每边二层台宽窄不一，高约0.2米。墓坑内填浅红褐色黏土，略疏松。下部墓室内发现板灰痕迹，推测原有木质棺椁类葬具。残存零星骨渣，葬式不明；根据特殊材料镯、玉玦等随葬品的位置及形态推测，被葬者头朝东南方向。出土随葬品9件（组），包括铜剑、铜戈、铜泡饰各1件，玉管珠2件（组），玉玦1组，玛瑙圆珠、玛瑙扣各1件，特殊材料镯1件。铜剑、铜戈、铜泡饰以及玉玦和玛瑙扣均位于墓室东南部，其中玉玦下葬时应佩戴于被葬者耳部；铜剑、铜戈出土前都被折弯，二者并列横置，约当被葬者头顶处，附近不远处还残存一小截戈柲；玛瑙扣和铜泡饰皆压在玉玦之下，且背面朝上。特殊材料镯位于墓室中部，推测下葬时佩戴于被葬者手臂上。玉管珠及玛瑙圆珠位于西边二层台上（图3-301；图版167）。

铜器　3件。

铜剑　1件。

M228∶2，Cc型。锈蚀严重，局部矿化破碎。空心椭圆茎，空首呈喇叭口状，出土时残；一字格；剑身前部中线略起脊，出土前被折弯，曲刃，刃部残甚。茎部施云雷纹等纹饰；剑身后部施箭矢状纹饰，矢尾内填云雷纹。残长约23、格长6.8厘米（图3-302-2；图版168-1、2）。

铜戈　1件。

M228∶1，Bb型Ⅲ式。无胡；条形援，出土前被折弯，锋部残缺，援后部有一

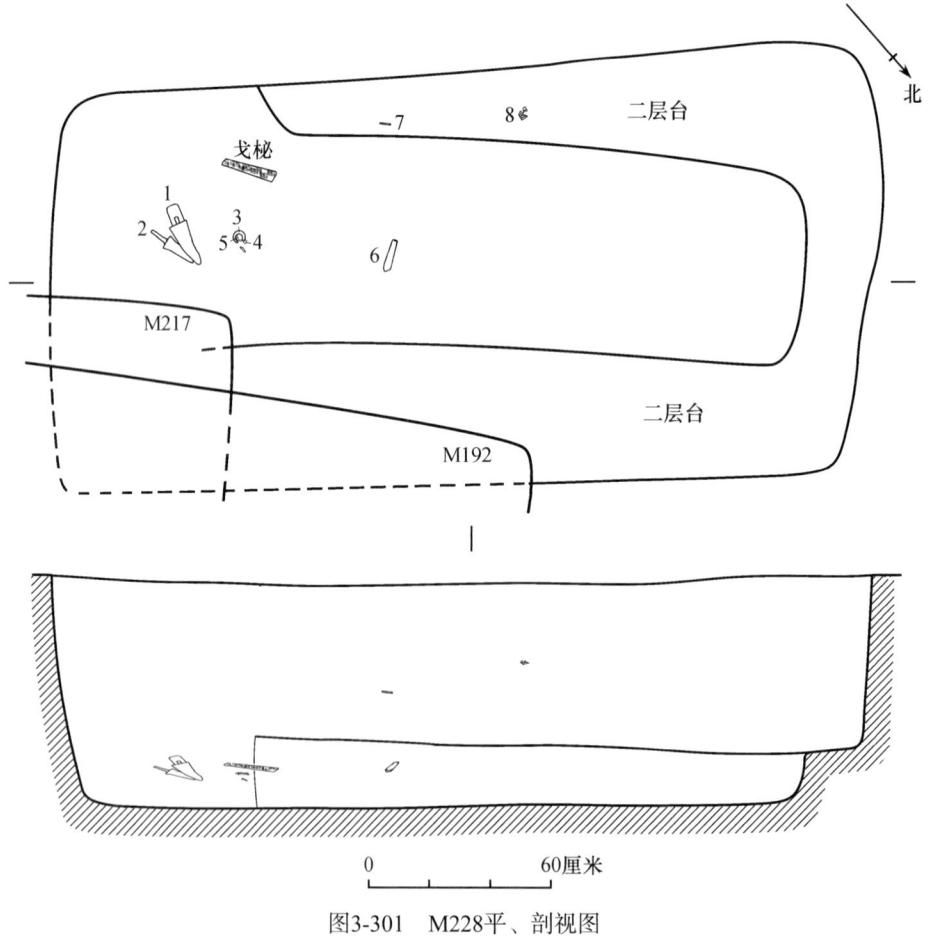

图3-301　M228平、剖视图

1.铜戈　2.铜剑　3.玉玦　4.玛瑙扣　5.铜泡饰　6.特殊材料镯　7.玉管珠　8.玉管珠、玛瑙圆珠

第三章 墓葬分述

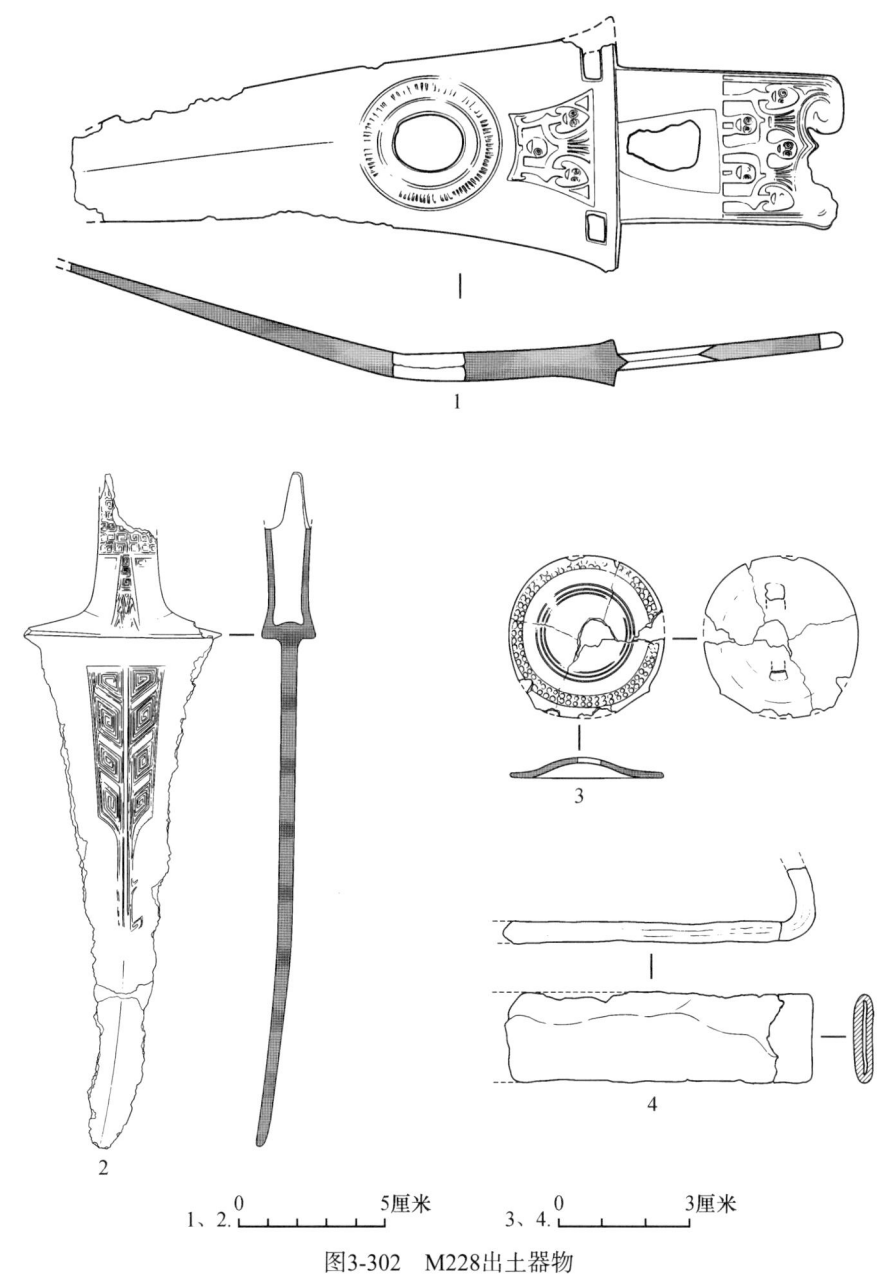

图3-302 M228出土器物
1. Bb型Ⅲ式铜戈（M228∶1） 2. Cc型铜剑（M228∶2） 3. Ab型铜泡饰（M228∶5）
4. A型特殊材料镯（M228∶6）

椭圆穿，穿壁内凹，其上隐约可见一圈铸缝痕迹，近阑处有两近长方形穿；长方形直内，前部有一形状不甚规则的穿，后缘呈对称的内卷鸟首状。援后部椭圆穿周围施弦纹和短线芒纹；援本即椭圆穿与阑之间施浅浮雕式牵手人纹，外加梯形框；内后部亦施浅浮雕式的牵手人纹。阑背面以及内两侧和内穿壁上均残留铸缝痕迹。出土时内部可见朽木，在戈的不远处还发现一段长约20厘米的残存戈柲，呈扁平状，表面有黑色编织物。戈残长26.3、阑宽7.7厘米（图3-302-1；图版168-3、4）。

铜泡饰　1件。

M228∶5，Ab型。出土时背面朝上，锈蚀严重，局部矿化破碎。圆形薄片状，正面中部鼓凸，整体边缘较平，背面横梁残。鼓凸处素面无纹，外施数周弦纹，边缘部分施联珠状点纹。直径3.6厘米（图3-302-3；图版168-5、6）。

玉石器　5件（组）。

玉管珠　2件（组）。

A型，1件。

M228∶7，出土时一端孔口略残。白色，带墨色丝状纹理；表面光润细腻。细管形；直孔，偏于一边；口略斜，两端孔口内沿可见磨损痕迹，一端孔口有缺口。长2.7、直径0.57、孔径0.32厘米（图3-303-2；图版169-1）。

A型、Cb型混合类型，1组。

M228∶8-1、M228∶8-3～M228∶8-6，一组5件。出土时风化严重，多残碎。A型4件，M228∶8-1，青白色；微透光。直孔；平口，两端孔口内沿可见磨损痕迹。M228∶8-4～M228∶8-6，皆白色；微透光。直孔。Cb型1件，M228∶8-3，白色，带不规则分布的墨色纹理；微透光。直孔，孔壁薄；平口，两端孔口下凹。M228∶8-1，长3.3、直径0.6～0.64、孔径0.38～0.46厘米（图3-303-1）。M228∶8-3，长0.58、直径0.68～0.88、孔径0.4厘米（图3-303-3）。M228∶8-4，残长2.37、直径0.68、孔径0.35～0.48厘米。M228∶8-5，残长1.85、直径0.75、孔径0.45厘米。M228∶8-6，残长1.96、直径0.49～0.55、孔径0.33厘米。与这几件玉管珠一起出土的还有1件玛瑙圆珠（M228∶8-2），推测是成串使用的同组器物（图版169-3）。

玉玦　1组。

M228∶3，一组2件。M228∶3-1，青绿色泛白；表面光润细腻，微透光。薄片状，平面呈不对称圆环形；玦口位于窄侧，较宽；内、外缘均呈单面斜坡状，内缘微凹，外缘略弧；一侧玦口有圆穿，单向锥形钻孔，呈喇叭状。外径4.09、内径2.51、玦口宽1.6、厚0.11厘米（图3-303-5；图版169-2）。M228∶3-2，白色薄片状，出土时风化破碎严重，具体形制及尺寸不详。

玛瑙圆珠　1件。

M228∶8-2，灰白色，可见结晶和玛瑙的天然纹理；表面光润细腻，透光度高。

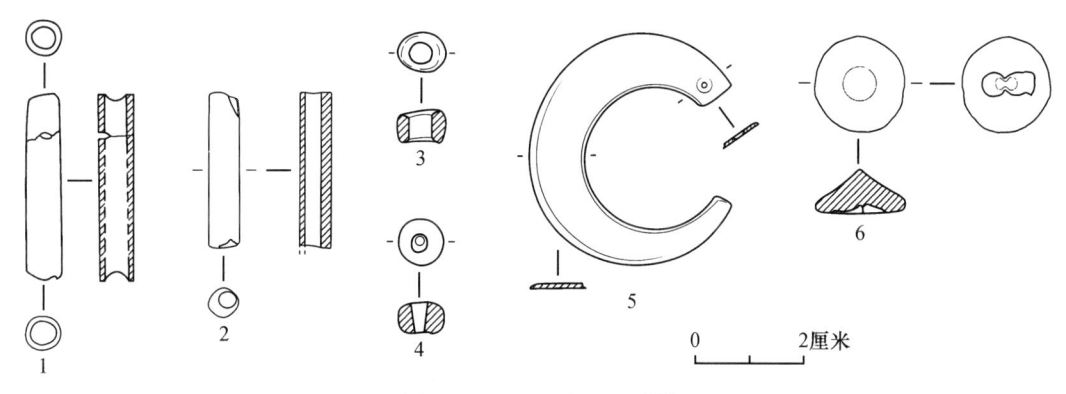

图3-303　M228出土玉石器

1、2.A型玉管珠（M228：8-1、M228：7）　3.Cb型玉管珠（M228：8-3）　4.玛瑙圆珠（M228：8-2）
5.玉玦（M228：3-1）　6.A型玛瑙扣（M228：4）

单向锥形钻孔，一端孔径略大，平口，另一端孔径略小，孔口下凹。高0.56、直径0.85、孔径0.14～0.26厘米（图3-303-4；图版169-3）。一起出土的还有5件玉管珠（M228：8-1、M228：8-3～M228：8-6），推测是成串使用的同组器物。

玛瑙扣　1件。

M228：4，A型。白色；正面细腻光滑，背面打磨亦较平整，可见细丝状磨痕。外形呈乳钉状，正面尖凸，侧面微凹；背面微鼓，中间有2个相通的锥形对钻圆孔，圆孔口沿处形状不甚规则，似被改制或修补过。直径1.66、高0.78厘米（图3-303-6；图版169-4、5）。

特殊材料制品　1件。

特殊材料镯　1件。

M228：6，A型。据检测和分析，系用桦树皮焦油等特殊材料制成。出土时已断裂并严重变形。黑色，质感较轻。片状环形；内壁微弧，外壁较直。从横截面及表面痕迹看，镯由片状物对向折卷并捏压而成，其内局部可见空腔以及炭化的芯撑，芯撑横截面形状不甚规则。镯宽约2.1、厚约0.49厘米，直径不详（图3-302-4）。

M230

M230位于Ⅰ号发掘点T6152西部，小部分跨入T6151，属第4层墓葬。墓坑平面呈长条形，东南部被M204、M225打破，西北部被M224打破，残长2.33、宽0.53、深0.42米，纵轴方向150°。墓坑内填红褐色黏土，略疏松。未发现葬具痕迹。人骨已朽，葬式不明。出土随葬品3件（组），包括铜扣饰1件、铜镯1组、陶容器1件。铜扣饰位于墓坑东南部，铜镯位于墓坑中部，陶容器位于墓坑西北部（图3-304；图版170-1）。

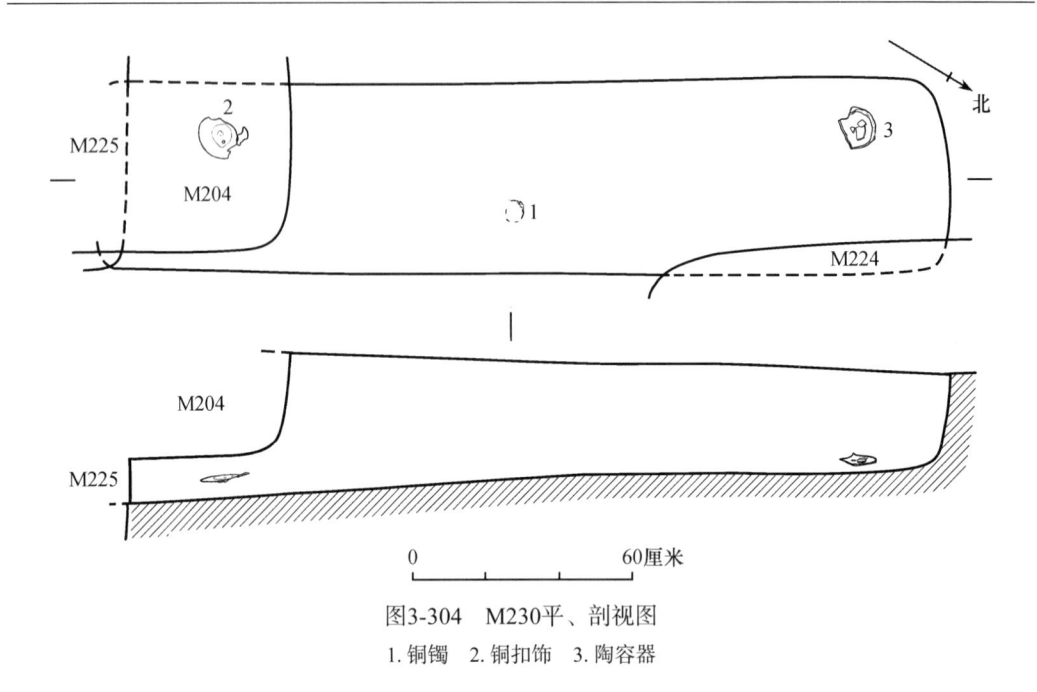

图3-304 M230平、剖视图
1. 铜镯 2. 铜扣饰 3. 陶容器

铜器　2件（组）。

铜镯　1组。

M230：1，一组3件，均Ed型。矿化严重，断裂破碎。细条环状，横截面近弯月形。从出土位置及形态看，铜镯下葬时成串佩戴于被葬者手臂。铜镯直径不详，横截面直径0.2～0.25厘米。

铜扣饰　1件。

M230：2，Aa型。出土时背面朝上，矿化严重，无法修复。从发掘现场观察，扣体较大，扣面圆形，中部鼓凸，可见动物圆眼及高鼻等造型。残径约13.7厘米。

陶器　1件。

陶容器　1件。

M230：3，仅剩下腹部和器底，推测为平底罐。夹粗砂黄褐陶。下腹部外壁布满刮抹纹。底径8.2、残高3.8厘米（图3-305；图版170-2～4）。

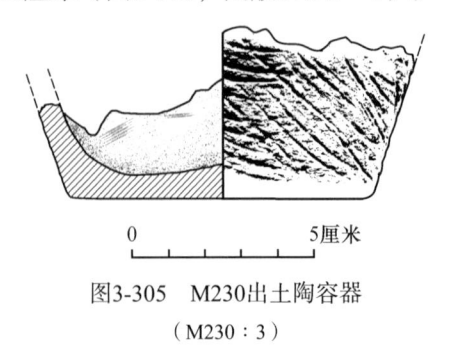

图3-305　M230出土陶容器
（M230：3）

M234

M234位于Ⅰ号发掘点T6153西南部,属第4层墓葬。墓坑平面大致呈长方形,西北部被M198、M199打破,残长2.54、宽0.82、深0.57米,纵轴方向160°。墓坑内填红褐色黏土,略疏松。未发现葬具痕迹。人骨朽毁,葬式不明。出土随葬品2件,分别为铜剑和铜戚,位于墓坑东南部(图3-306;图版171-1)。

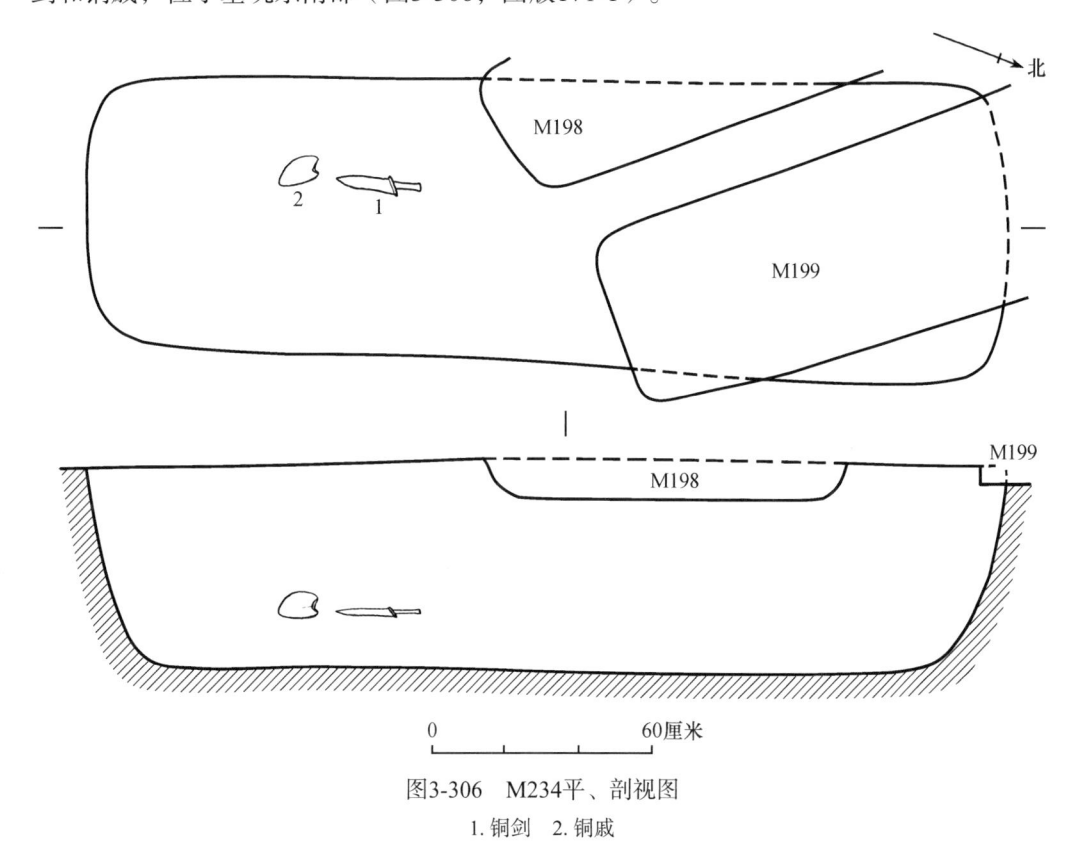

图3-306 M234平、剖视图
1. 铜剑 2. 铜戚

铜剑 1件。

M234:1,Cc型。锈蚀严重,局部矿化。空心椭圆茎,空首呈喇叭口状,茎上部有对穿;一字格;剑身前部中线略起脊,曲刃残。剑身后部施箭矢状纹饰,漫漶不清。残长23.1、格长5.4厘米(图3-307-1;图版171-2)。

铜戚 1件。

M234:2,B型Ⅰ式。锈蚀严重,銎口残,戚刃略残。竖銎向下延伸至戚身下部,底微弧;椭圆形銎口较高,中间略下凹;戚身呈宽尖叶形,圆肩,中线略起脊。銎口下方有一道凸弦纹,弦纹下接树杈状纹饰。出土时銎内有朽木,戚身表面可见纺织物痕迹。残长12.1、銎口残宽4.2厘米(图3-307-2;图版171-3、4)。

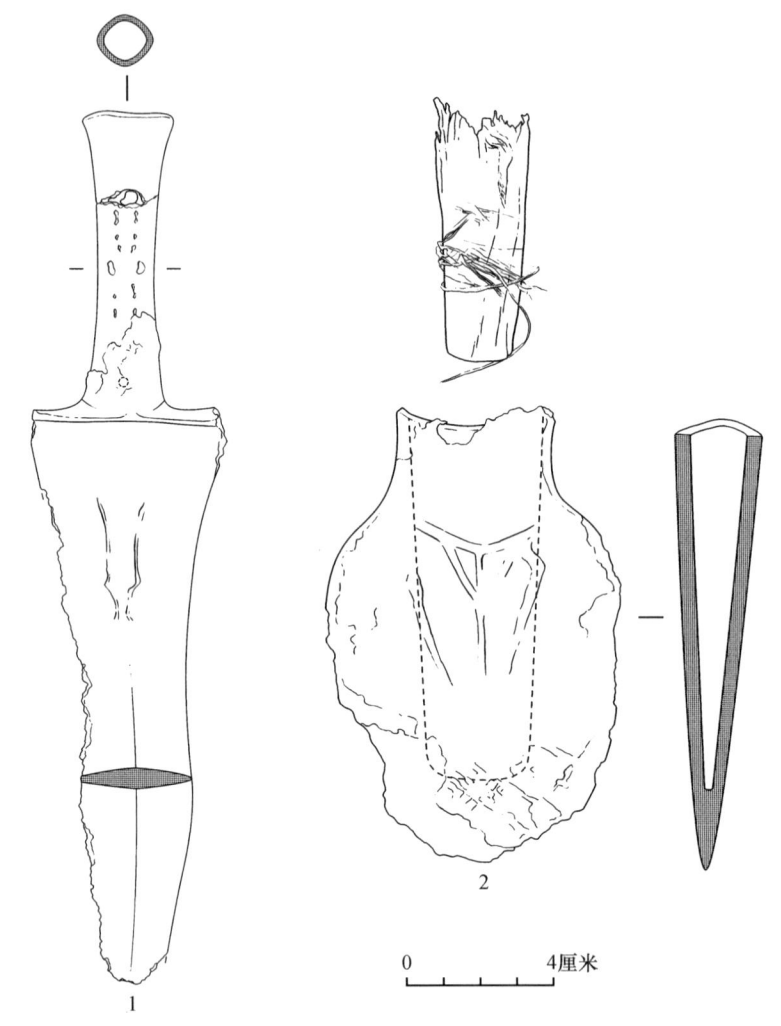

图3-307　M234出土铜器
1. Cc型剑（M234∶1）　2. B型Ⅰ式戚（M234∶2）

M239

M239位于Ⅰ号发掘点T6151西北部，属第4层墓葬。墓坑平面大致呈长方形，东部被M200打破，长1.73、宽0.6、深0.43米，纵轴方向141°。墓坑内填红褐色黏土，略疏松。未发现葬具痕迹。残存零星人骨，葬式不明，结合玉玦等随葬品的位置，推测被葬者头朝东南方向。出土随葬品3件，包括铜矛、铜扣饰、玉玦各1件。铜矛大致位于墓坑中部，与一小截人肢骨并列，矛身压于肢骨下。铜扣饰和玉玦均位于墓坑东南部，铜扣饰背面朝上，玉玦下葬时推测佩戴于被葬者耳部（图3-308）。

铜器　2件。

铜矛　1件。

M239:1，Aa型。锈蚀严重，多处矿化破碎。圆骹，出土时残；柳叶形矛身，中线略起脊，刃较直，锋部残。出土时骹内残存朽木，推测为矛柲遗存。残长13厘米（图3-309-1）。

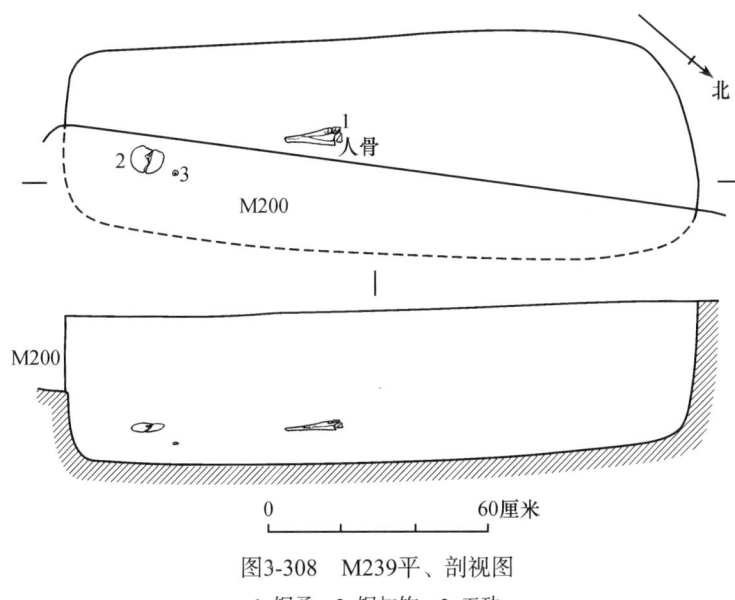

图3-308　M239平、剖视图
1. 铜矛　2. 铜扣饰　3. 玉玦

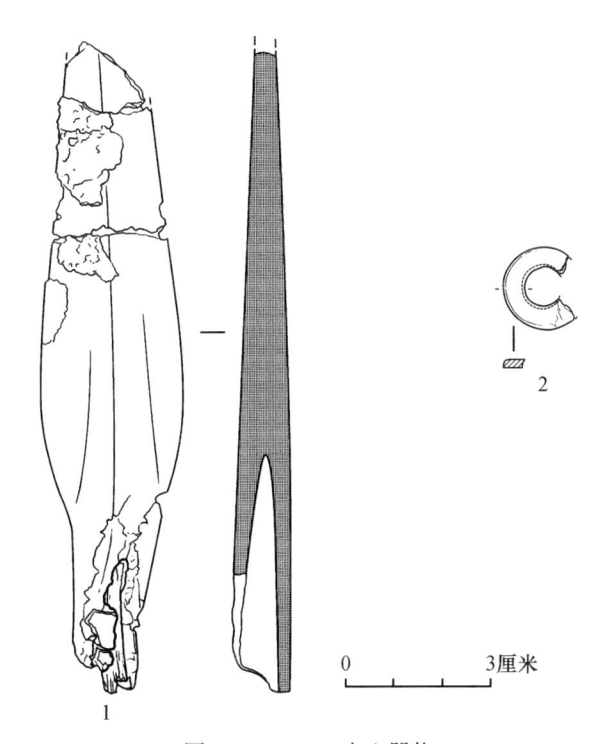

图3-309　M239出土器物
1. Aa型铜矛（M239:1）　2. 玉玦（M239:3）

铜扣饰　1件。

M239：2，Aa型。出土时背面朝上，矿化严重，无法修复。从发掘现场观察，扣体较大，扣面圆形，正面中部鼓凸，隐约可见动物圆眼及高鼻等造型。直径9.2厘米。

玉石器　1件。

玉玦　1件。

M239：3，出土时风化破碎严重，玦口残。白色泛黄，带不规则分布的墨色纹理；表面光润细腻。片状稍厚，平面近圆环形；一面外缘呈弧面斜坡状，另一面内缘呈凹面斜坡状。外径1.7、内径0.79、厚0.18厘米（图3-309-2）。

第二节　Ⅱ号发掘点墓葬

Ⅱ号发掘点共清理墓葬160座，出土随葬品的有86座，这里介绍其中的83座。

一、第1层墓葬

M235

M235位于Ⅱ号发掘点T5544中部偏南，属第1层墓葬。墓坑平面大致呈长方形，西北部被盗坑打破，残长1、宽0.56、深0.22米，纵轴方向141°。墓坑内填红褐色泛灰黏土，略疏松。发现板灰痕迹，推测原有木质棺椁类葬具。人骨朽毁，葬式不明。出土随葬品2件，分别为铜剑和铜矛，集中摆放于墓坑东南部（图3-310；图版172-1）。

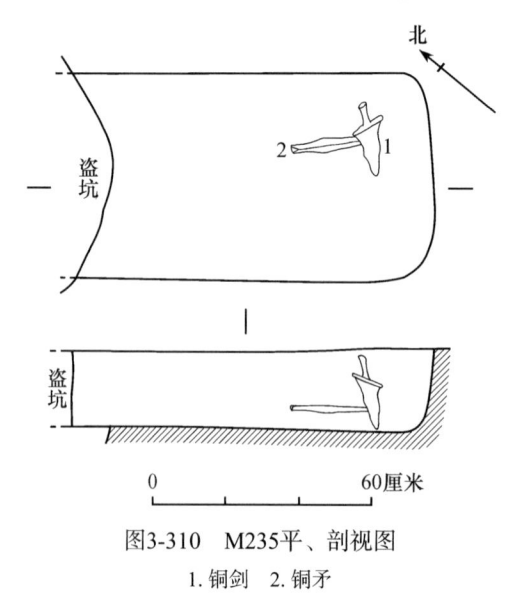

图3-310　M235平、剖视图
1. 铜剑　2. 铜矛

铜剑　1件。

M235：1，Ca型。锈蚀严重，局部矿化。空心椭圆茎，空首呈喇叭口状，出土时略残，茎上部有对穿；一字格；剑身较宽，曲刃，前部中线略起脊。剑身后部隐约可见沿中线左右对称分布的箭头、涡卷纹等纹饰，整体形如箭矢。茎两侧可见铸缝痕迹。出土时，剑身附着纺织物痕迹。残长26.4、格长10.4厘米（图3-311-1，图3-312；图版173-1）。

铜矛　1件。

M235：2，B型Ⅲ式。椭圆骹，横截面近菱形，骹口分叉；矛身较长，中线起脊并向后延伸至骹部，曲刃。骹两侧可见铸缝痕迹。通长23.6厘米（图3-311-2；图版22-2，图版173-2）。

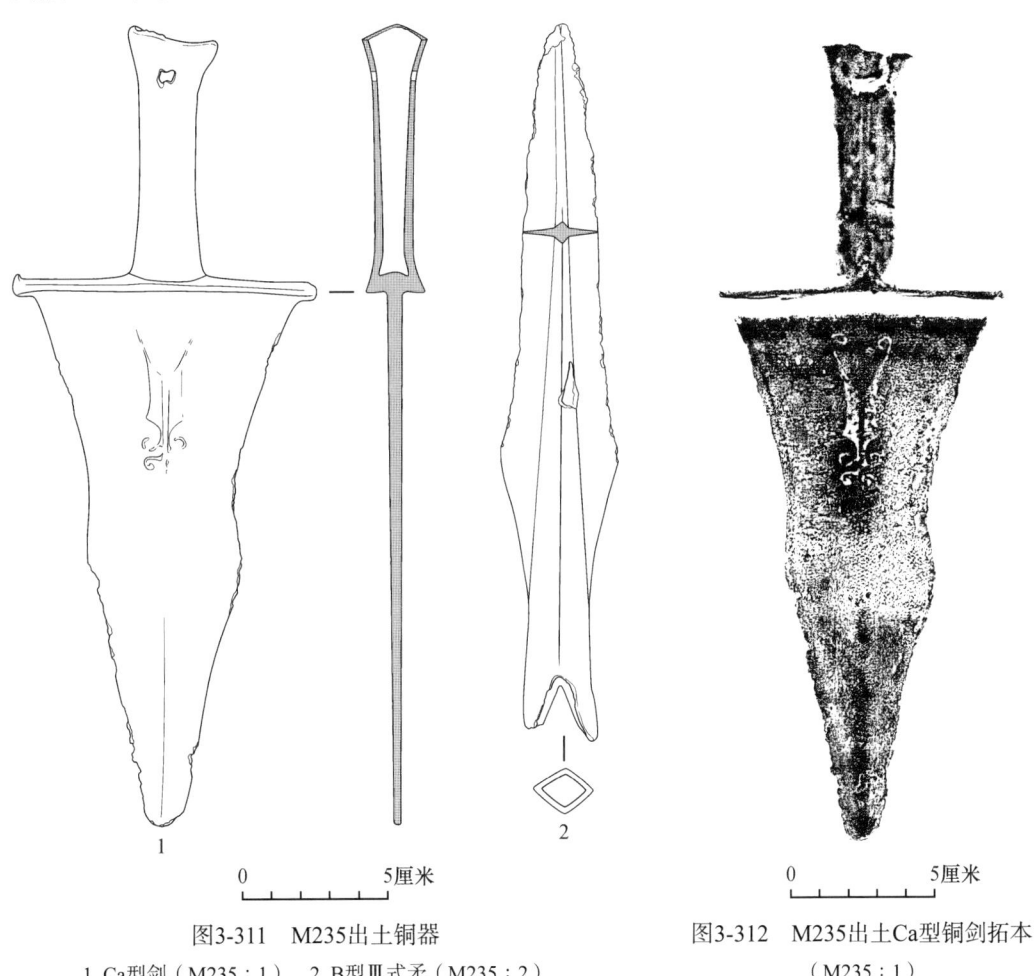

图3-311　M235出土铜器
1.Ca型剑（M235：1）　2.B型Ⅲ式矛（M235：2）

图3-312　M235出土Ca型铜剑拓本
（M235：1）

M240

M240位于Ⅱ号发掘点T5544中部略偏东北,属第1层墓葬。墓坑平面大致呈长方形,纵轴方向141°,长1.97、宽0.57、深0.24米。墓坑内填红褐色泛灰黏土,略疏松,含少量炭屑。发现板灰痕迹,推测原有木质棺椁类葬具。人骨已朽,葬式不明。出土随葬品为1件铜削刀和1组铜镯。铜削刀位于墓坑东南部。铜镯大致位于墓坑中部靠近西壁处,推测下葬时佩戴于被葬者手臂(图3-313)。

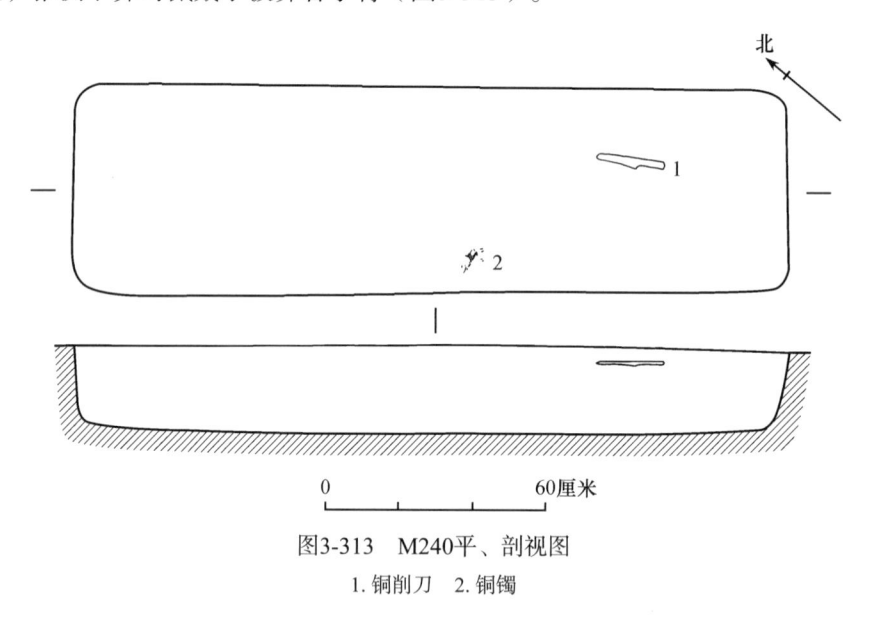

图3-313 M240平、剖视图
1. 铜削刀　2. 铜镯

铜削刀　1件。

M240：1,Da型。锈蚀严重,刀身前端残。器身单面较平；扁长柄,一面中间略下凹；刀身微曲,刃略下弧。残长19.3厘米(图3-314-1)。

铜镯　1组。

M240：2,一组3件,含Ea型、Ef型两种类型。Ea型2件,M240：2-1,细条环状,横截面为竖长方形。因断裂破碎严重,直径不详,横截面长约0.18、宽0.8厘米。Ef型1件,M240：2-2,中间为并列的两根细条环状铜镯,铜镯横截面为竖长方形；两根并列铜镯之外,缠绕一根横截面同为长方形的细铜条。直径约5.6厘米,单根铜镯及细铜条尺寸接近,横截面长约0.17、宽约0.07厘米(图3-314-2；图版32-3、4)。

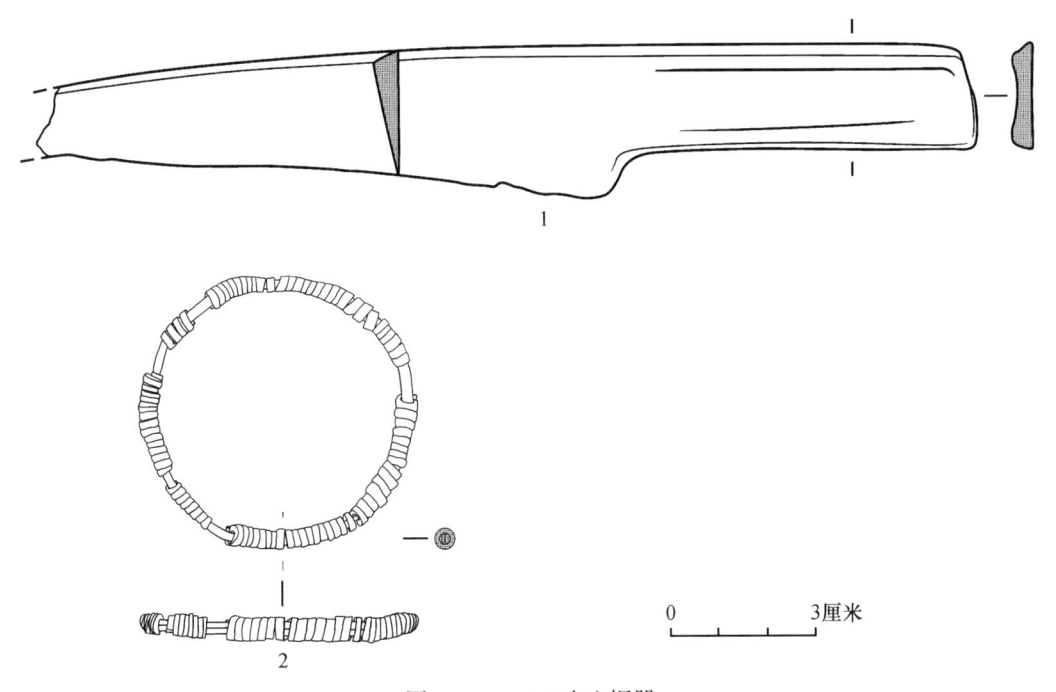

图3-314　M240出土铜器

1. Da型削刀（M240∶1）　2. Ef型镯（M240∶2-2）

M242

M242位于Ⅱ号发掘点T5544东北部，属第1层墓葬。墓坑平面大致呈长方形，纵轴方向137°，长1.87、宽0.6、深0.24米。墓坑内填红褐色泛灰黏土，略疏松，含少量炭屑。发现板灰痕迹，推测原有木质棺椁类葬具。人骨多朽毁，仅铜镯内残存一些肢骨，据之推测被葬者头朝东南方向，下葬时手臂向内弯曲。出土随葬品为1组铜镯，大致位于墓坑中部（图3-315；图版174-1）。

铜镯　1组。

M242∶1，一组约30件，均Ec型。锈蚀较严重，部分断裂。细条环状，横截面近方形。根据出土位置及形态推测，铜镯下葬时成串佩戴于被葬者左手臂，前小后大，内残存肢骨。直径5.3~6.4、横截面边长一般约0.15厘米（图版174-2）。

图3-315　M242平、剖视图
1.铜镯

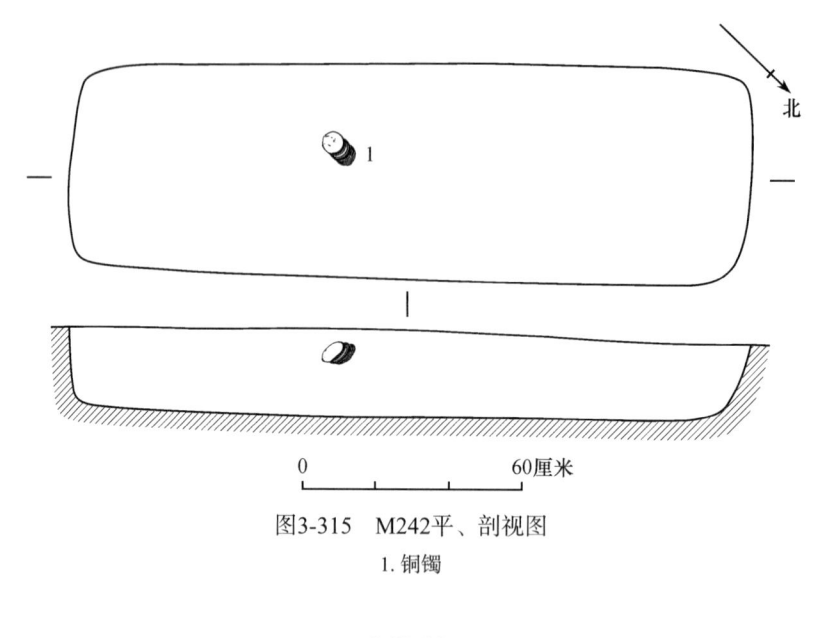

M243

M243位于Ⅱ号发掘点T5544西北部，属第1层墓葬。墓坑平面大致呈长方形，纵轴方向160°，长2.35、宽0.92、深0.8米。墓坑内填红褐色黏土，略疏松，含少量炭屑。发现板灰痕迹，推测原有木质棺椁类葬具。人骨已朽，葬式不明。出土随葬品为1件铜削刀，位于墓坑东南部，出土前被弯折（图3-316；图版172-2）。

铜削刀　1件。

M243：1，Da型。矿化锈蚀严重，刀身局部及柄端残。器身单面较平；扁长柄；刀身微曲，前端出土前被大幅度折弯。刀柄双面施纹饰，为形状不规则的凸棱形。残长14.8厘米（图3-317；图版173-3、4）。

M247

M247位于Ⅱ号发掘点T5445西北，属第1层墓葬。墓坑平面大致呈长方形，纵轴方向167°，长1.7、宽0.63、深0.27米。墓坑内填红褐色泛灰黏土，略疏松，含少量炭屑。发现板灰痕迹，推测原有木质棺椁类葬具。人骨多已朽毁，仅铜镯残存少许肢骨，据之推测被葬者头朝东南方向，下葬时手臂向内弯曲。出土随葬品3件（组），包括铜削刀1件、铜扣饰1件、铜镯1组。均位于墓坑中部，铜镯靠近东壁，铜削刀和铜扣饰靠近西壁（图3-318；图版175-1）。

第三章 墓葬分述

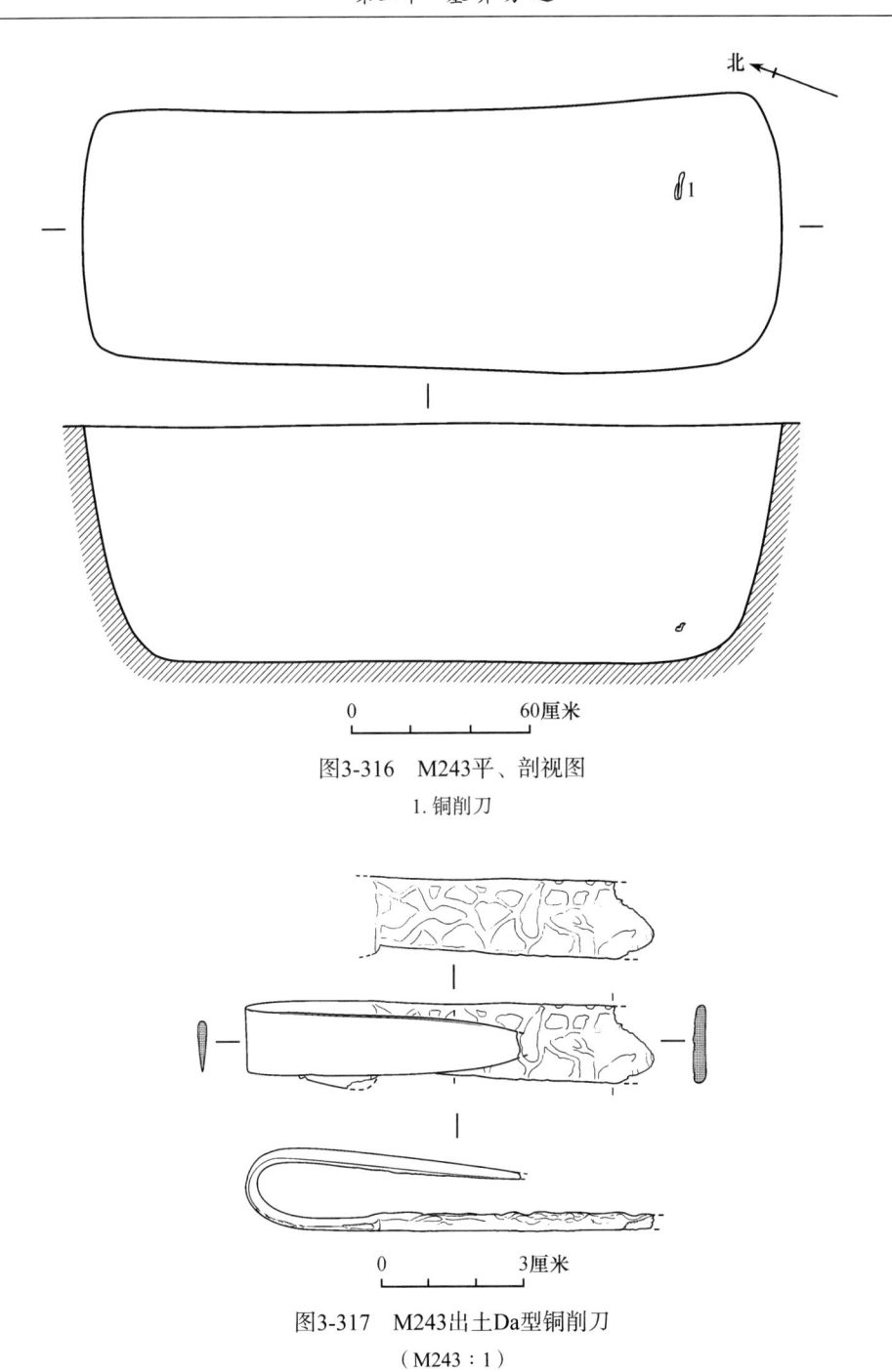

图3-316 M243平、剖视图
1. 铜削刀

图3-317 M243出土Da型铜削刀
（M243∶1）

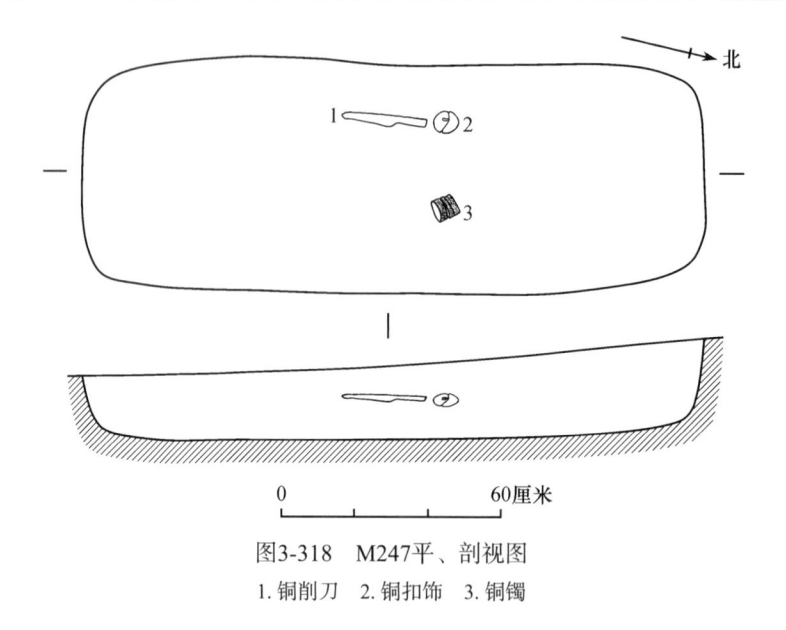

图3-318　M247平、剖视图
1. 铜削刀　2. 铜扣饰　3. 铜镯

铜削刀　1件。

M247：1，Da型。局部矿化，刀身前端残。扁长柄；刀身微曲，刃略下弧。刀柄上、下两侧可见铸缝痕迹，铸缝经后期加工，向背面弯卷。残长23.8厘米（图3-319-1；图版176-5）。

铜镯　1组。

M247：3，一组3件，均A型Ⅱ式。部分锈蚀断裂。片状环形，镯体较宽，前镯口略小于后镯口；内壁较直，其中M247：3-1和M247：3-3边缘微弧；外壁呈浅槽结构，中间预铸竖条和横条状界格，槽内镶嵌孔雀石片。孔雀石片较小，大致呈方形，但不甚规则，与镯体之间可见黑色黏结物。三件铜镯大小略有差异，出土时前后相接佩戴于被葬者右手臂，镯内残存肢骨。M247：3-1居前，稍小。前镯口直径5.8、后镯口直径5.9、镯宽2厘米（图3-319-2；图版175-2、3）。M247：3-2居中，表面发现纺织物痕迹，似麻布。前镯口直径5.84、后镯口直径6.1、镯宽1.8厘米（图3-319-3；图版175-4、6）；M247：3-3居后，稍大。前镯口直径6、后镯口直径6.25、镯宽2.1厘米（图3-319-4；图版175-5）。

铜扣饰　1件。

M247：2，Da型Ⅱ式。出土时背面朝上，矿化锈蚀严重。扣面呈浅圆盘状，中心有两穿孔，背面有一横向带穿弯钩，钩前端残。扣面带边轮，中间预铸两圈凹槽，其内镶嵌密集的不规则形孔雀石片，局部脱落，脱落处可见黑色黏结物。直径6.5厘米（图3-319-5；图版176-1~4）。

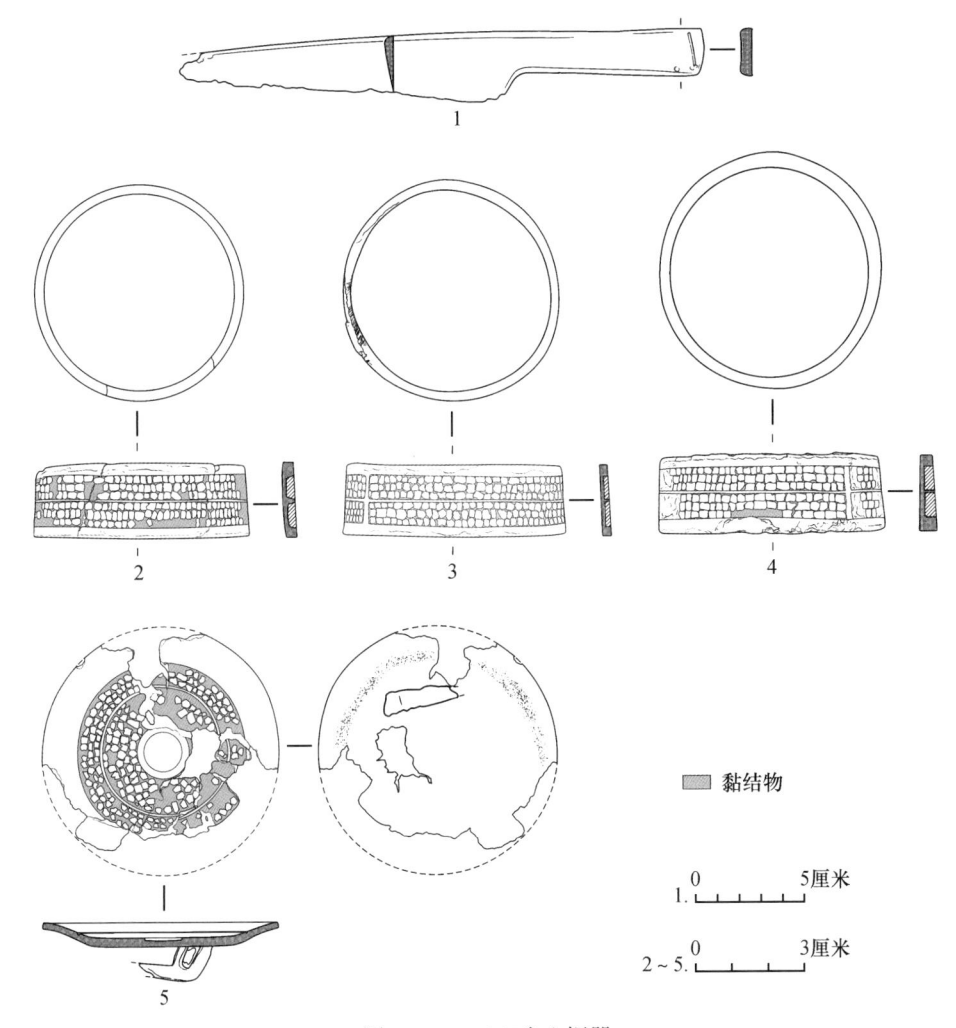

图3-319　M247出土铜器

1. Da型削刀（M247:1）　2~4. A型Ⅱ式镯（M247:3-1、M247:3-2、M247:3-3）
5. Da型Ⅱ式扣饰（M247:2）

M248

M248位于Ⅱ号发掘点T5545西北部，小部分跨入T5544，属第1层墓葬。墓坑平面呈长条形，纵轴方向137°，长1.97、宽0.46、深0.3米。墓坑内填红褐色黏土，略疏松。未发现葬具痕迹。人骨朽毁，葬式不明。出土随葬品为1件铜戚，位于墓坑东南部（图3-320）。

铜戚　1件。

M248:1，C型。锈蚀严重，銎口略残。竖銎向下延伸至戚身下部，底弧；椭圆形銎口较平；戚身呈宽尖叶形，溜肩，靠上位置有一对称穿孔，中线起脊，有多处不规则孔洞。釜口下方有一道凸弦纹，弦纹下接树杈状纹饰。长14.4、釜口宽5.7厘米（图3-321；图版26-1、2）。

图3-320 M248平、剖视图
1. 铜戚

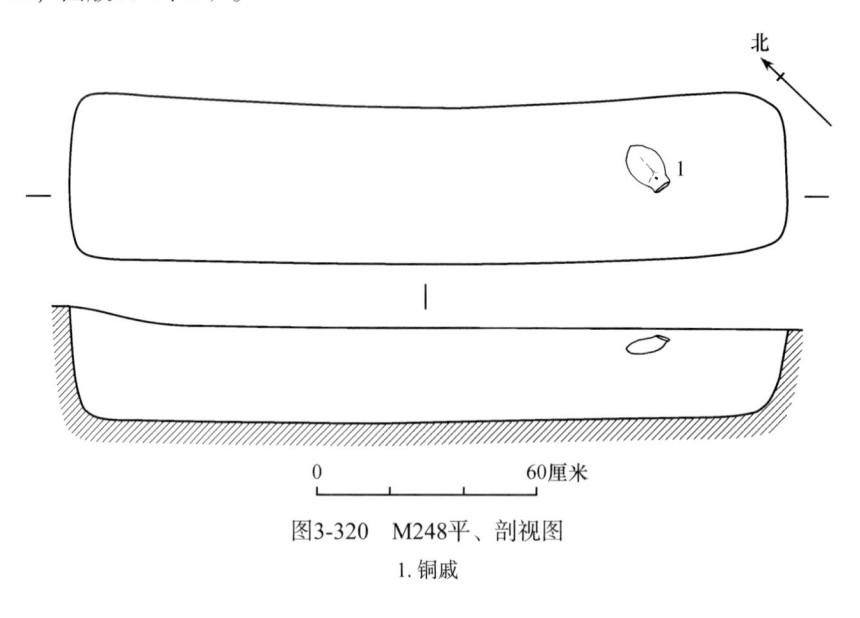

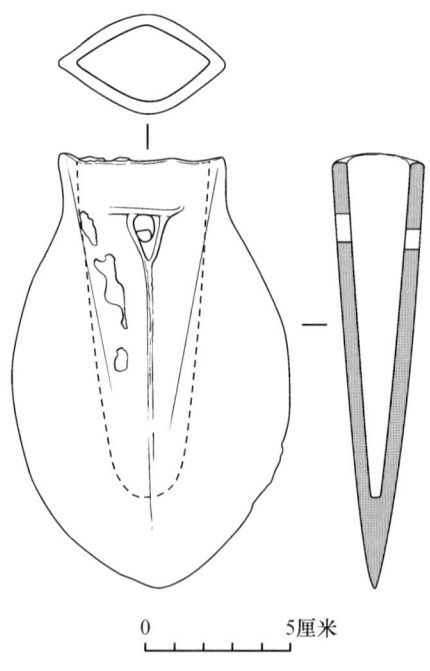

图3-321 M248出土C型铜戚
（M248∶1）

M249

M249位于Ⅱ号发掘点T5444东北部，属第1层墓葬。墓坑平面大致呈长方形，纵轴方向151°，长2.1、宽0.62、深0.44米。墓坑内填红褐色黏土，略疏松，含少量炭屑。发现板灰痕迹，推测原有木质棺椁类葬具。人骨朽毁，葬式不明。出土随葬品1件，为铜扣饰，位于墓坑中部（图3-322）。

铜扣饰　1件。

M249：1，F型。出土时矿化破碎严重，背面弯钩残断。扣面呈半立体蛇鸟相斗造型，鸟似鸬鹚，长喙啄蛇身，蛇咬鸟颈。长5.8、宽4.3厘米（图3-323；图版40-4、5）。

图3-322　M249平、剖视图
1. 铜扣饰

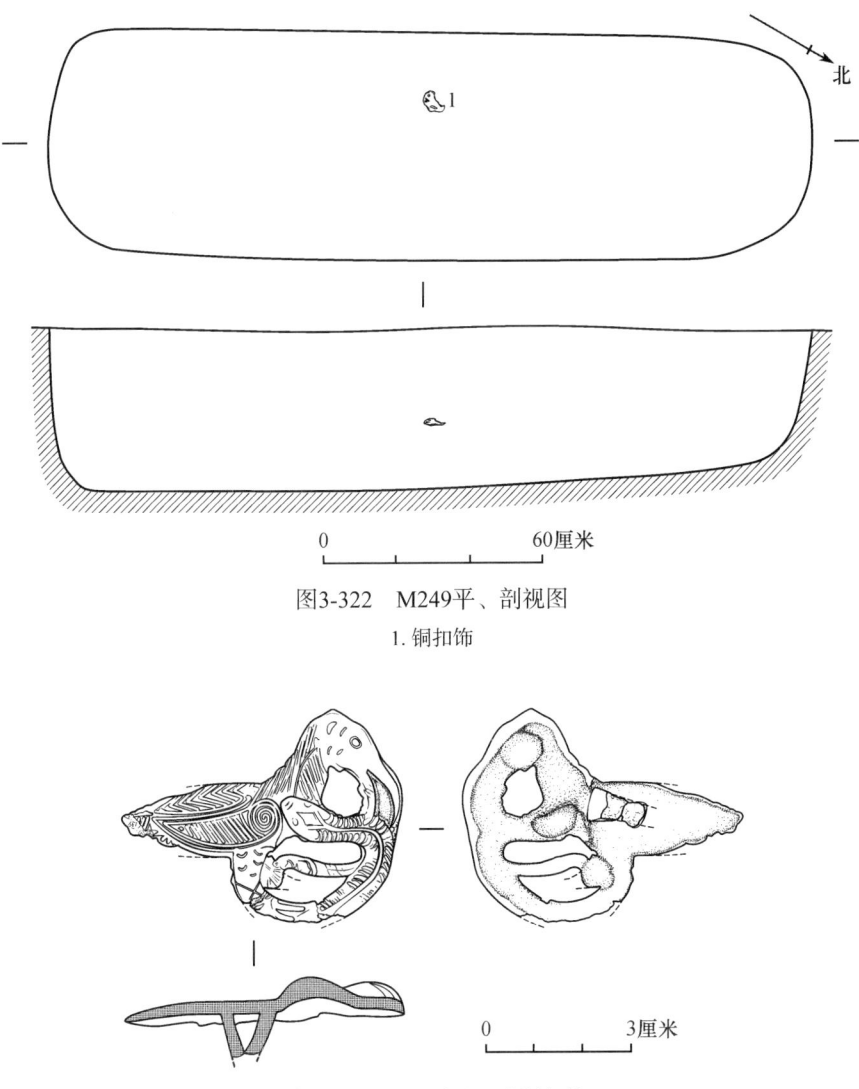

图3-323　M249出土F型铜扣饰
（M249：1）

M251

M251位于Ⅱ号发掘点的T5544东北部，属第1层墓葬。墓坑平面呈长条形，西部被M250打破，长2.3、宽0.53、深0.63米，纵轴方向146°。墓坑内填红褐色黏土，略疏松，含少量炭屑。发现板灰痕迹，推测原有木质棺椁类葬具。残存零星骨渣，葬式不明。出土随葬品2件，分别为铜削刀和铜扣饰，一起放置在墓坑东南部，铜削刀出土前被折弯（图3-324；图版177-1）。

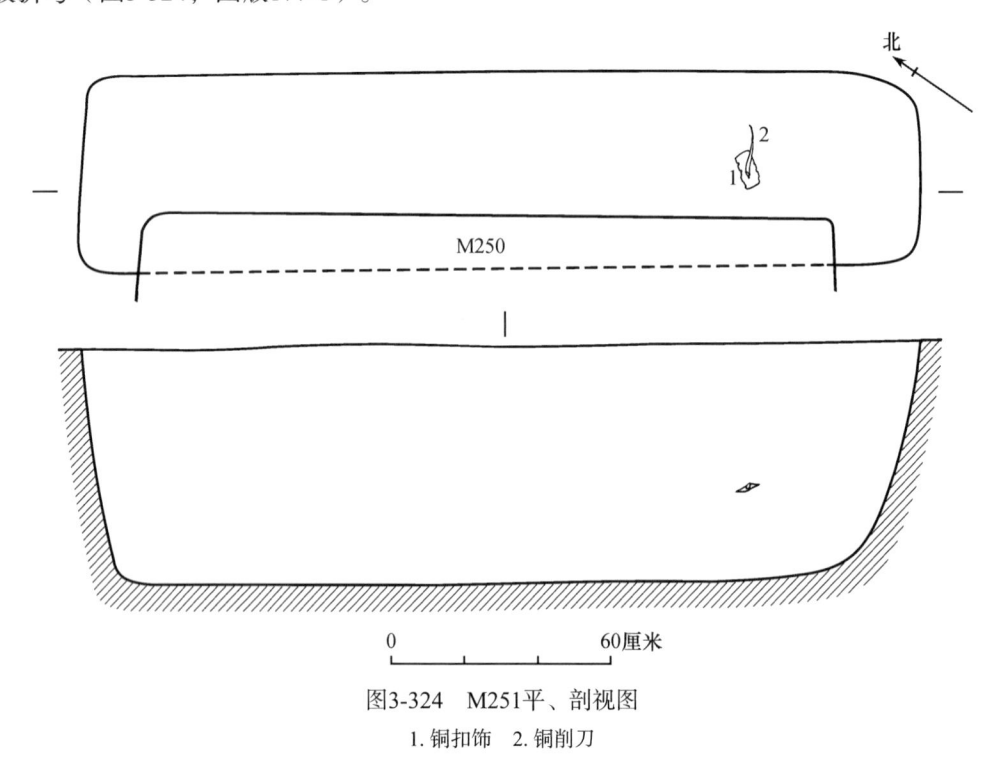

图3-324 M251平、剖视图
1. 铜扣饰　2. 铜削刀

铜削刀　1件。

M251：2，B型。锈蚀严重，刀身前端残。刃背与柄背连为一体；椭圆銎柄，銎口分叉；刀柄一面有圆穿，柄下侧原先有耳，后被砸扁磨平；刀身微曲，前端出土前被大幅度折弯，刃略向外弧。柄部施多道弦纹，内填涡纹等。刀柄上、下侧可见铸缝痕迹。残长19.5厘米（图3-325-1；图版177-2，图版178-1、2）。

铜扣饰　1件。

M251：1，Ea型。出土时背面朝上（图版177-2）。扣面呈长方牌形，中间凸起成横脊，背面有一横向带穿弯钩，弯钩所在位置周围隐约可见近长方形痕迹。扣面上、下两长边施外卷云纹，呈花边状；左、右两侧多直边，边框施小圆圈纹和竖线纹。长10、宽5.4厘米（图3-325-2；图版38-2，图版177-2，图版178-3、4）。

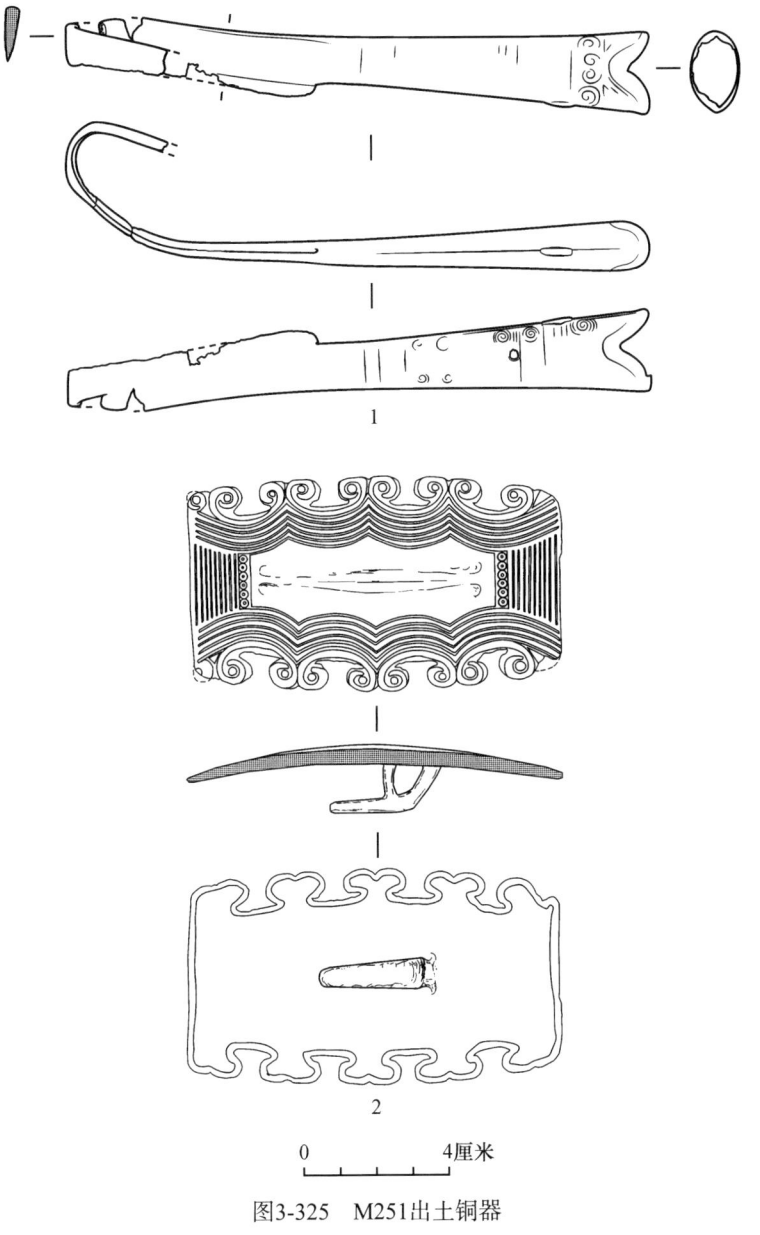

图3-325　M251出土铜器
1. B型削刀（M251∶2）　2. Ea型扣饰（M251∶1）

M256

M256位于Ⅱ号发掘点T5445东部，属第1层墓葬。墓坑平面大致呈长方形，西北部一角被M255打破，长2.5、宽0.66、深0.3米，纵轴方向157°。墓坑内填红褐色黏土，略疏松，含少量炭屑。发现板灰痕迹，推测原有木质棺椁类葬具。人骨已朽，葬式不明。出土随葬品4件（组），包括铜剑、铜戚、铜镯各1件以及玛瑙扣1组。铜剑位于墓坑中部，余皆位于墓坑东南部，其中玛瑙扣一组7件全部正面朝上，纵向排成一列，推测是缝缀在纺织物或皮革上的装饰品（图3-326；图版179-1）。

铜器　3件。

铜剑　1件。

M256：2，Cb型。锈蚀严重，局部矿化。空心圆茎，空首呈喇叭口状，出土时残，茎上部有方形对穿，下部单面有圆穿；一字格；剑身前部中线略起脊，出土前被折弯，锋略残，曲刃。茎部隐约可见弦纹、涡纹和编织纹等纹饰；剑身后部施箭矢状纹饰，矢尾内填涡纹。残长24、格长10.6厘米（图3-327-1；图版180-1~3）。

铜戚　1件。

M256：1，B型Ⅱ式。锈蚀严重，銎口略残。竖銎向下延伸至戚身中部偏下；椭圆形銎口较高，中间下凹；戚身呈宽尖叶形，窄肩，中线起脊，靠上位置有一对称穿孔。近銎口处有两道凸弦纹，下方近肩处另施一道凸弦纹，再下接树杈状纹饰。长16.2、銎口宽5.9厘米（图3-327-2；图版25-3、4，图版180-4）。

铜镯　1件。

M256：3，A型Ⅰ式。锈蚀严重，断裂。片状环形，镯体较窄；内壁较直，边缘微弧；外壁呈浅槽结构，表面残存少许黑色黏结物。从出土位置看，铜镯下葬时佩戴于被葬者手臂上。宽0.8、复原直径约6厘米（图3-327-3）。

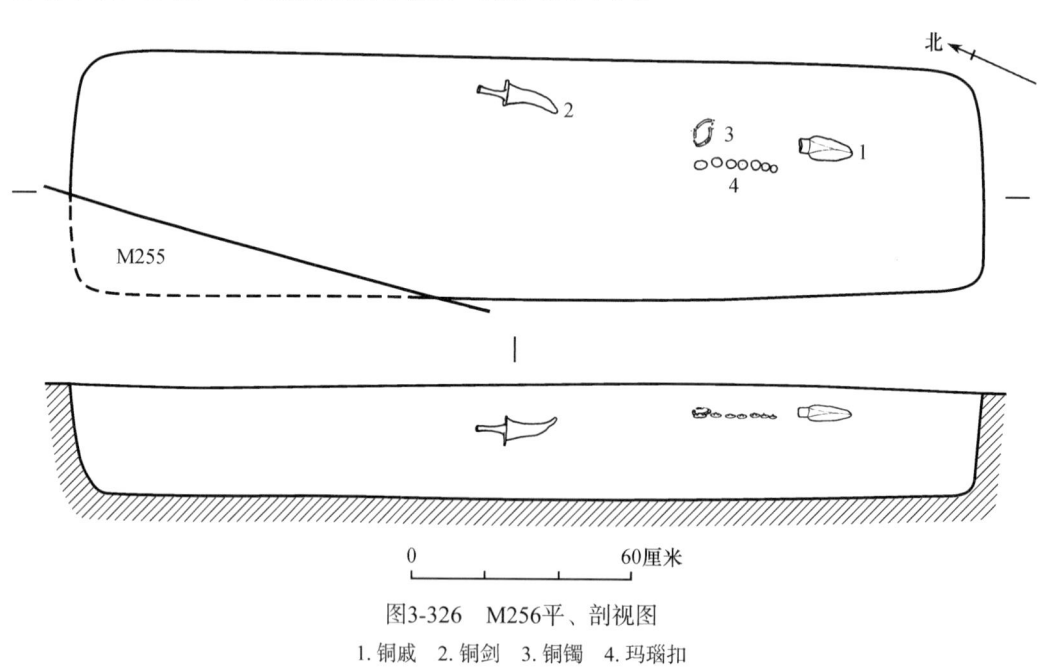

图3-326　M256平、剖视图
1. 铜戚　2. 铜剑　3. 铜镯　4. 玛瑙扣

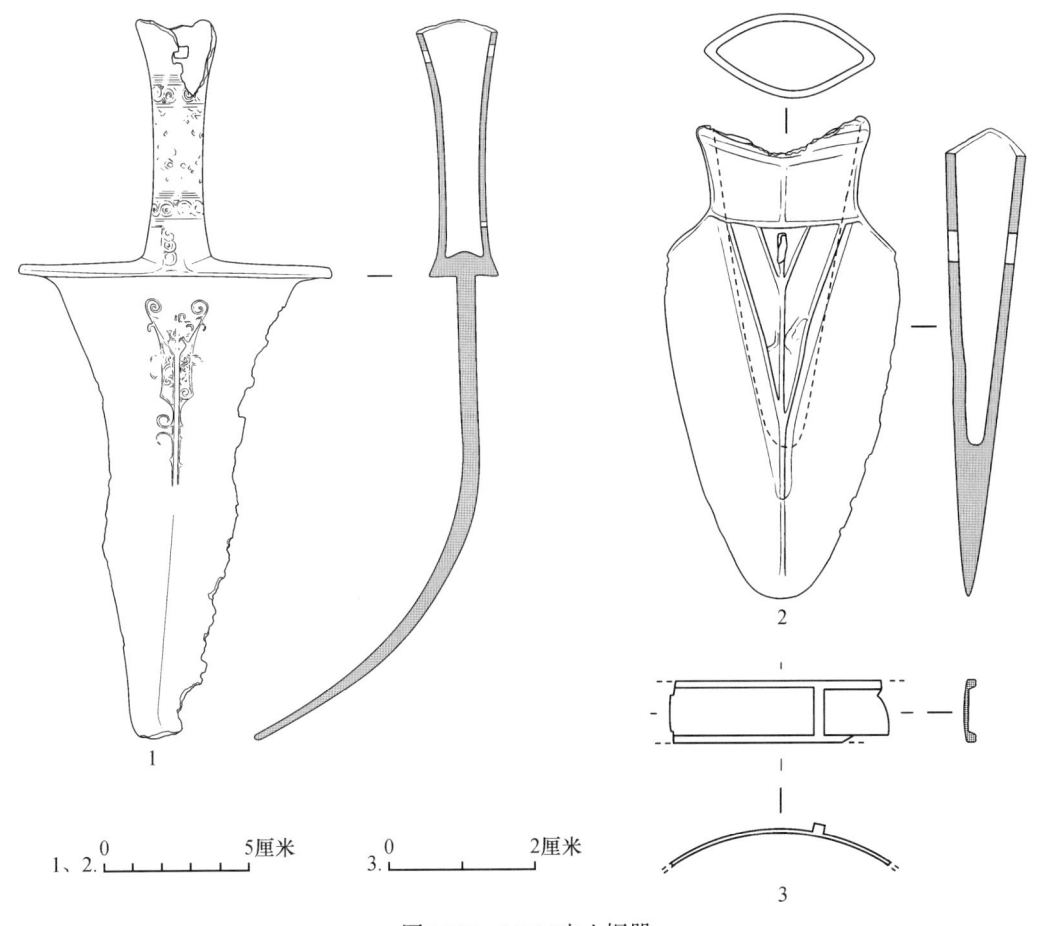

图3-327　M256出土铜器

1. Cb型剑（M256∶2）　2. B型Ⅱ式戚（M256∶1）　3. A型Ⅰ式镯（M256∶3）

玉石器　1组。

玛瑙扣　1组。

M256∶4，一组7件，均B型（图版179-2、3）。白色；正面光亮细腻；背面粗打磨，可见诸多凹陷的小坑。外形呈乳钉状；正面中间乳钉显得尖细，顶端多斜收，侧面内凹较甚，下部形成圆座；背面多微鼓，有2个相通的锥形对钻圆孔。M256∶4-1，直径3.26、高1.62厘米（图3-328-1）。M256∶4-2，直径3.06、高1.77厘米（图3-328-2）。M256∶4-3，直径2.8、高1.45厘米（图3-328-3）。M256∶4-4，直径2.73、高1.71厘米（图3-328-4）。M256∶4-5，直径2.66、高1.54厘米（图3-328-5；图版49-5、6）。M256∶4-6，直径2.38、高1.4厘米（图3-328-6）。M256∶4-7，直径2.19、高1.49厘米（图3-328-7）。

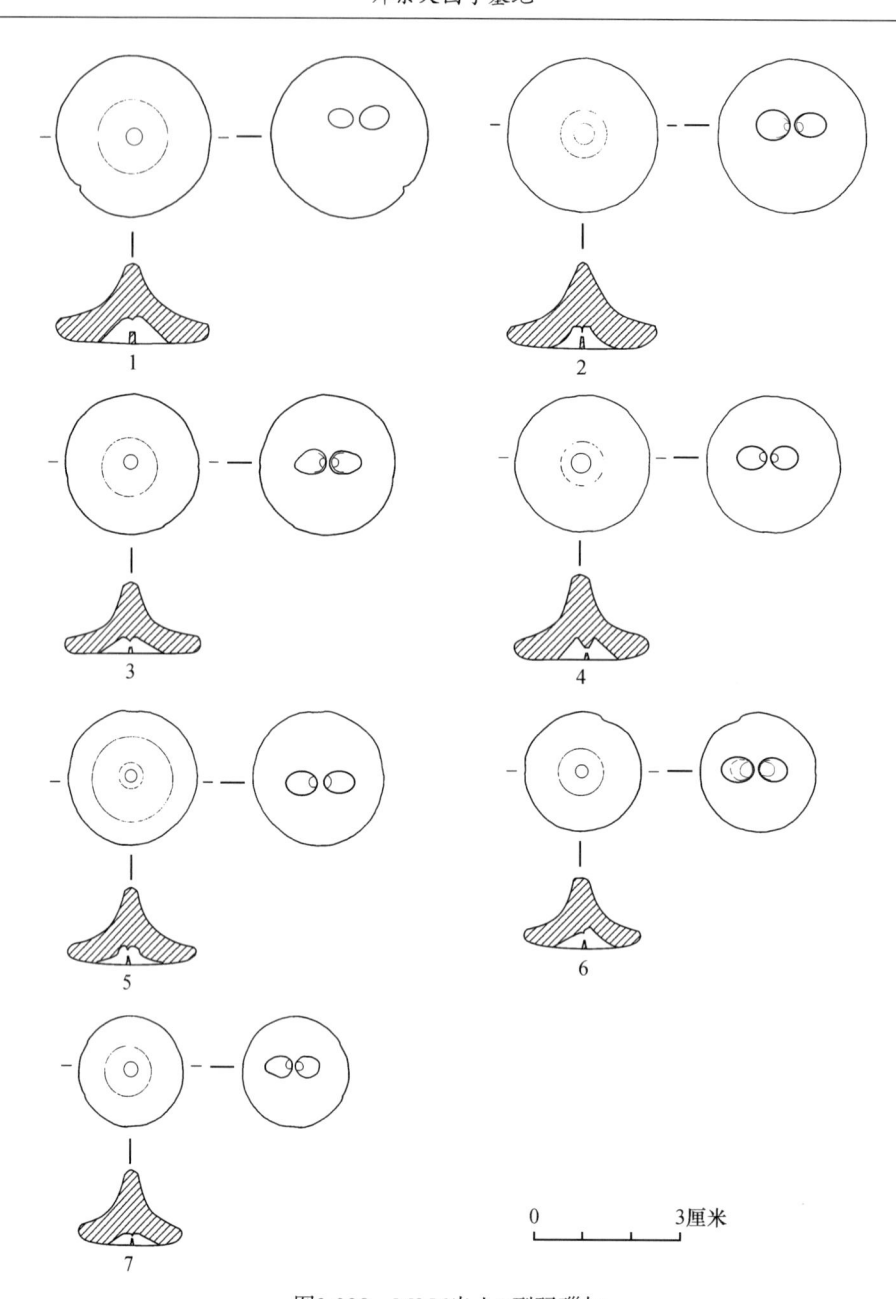

图3-328　M256出土B型玛瑙扣

1. M256∶4-1　2. M256∶4-2　3. M256∶4-3　4. M256∶4-4　5. M256∶4-5　6. M256∶4-6　7. M256∶4-7

M257

M257位于Ⅱ号发掘点T5545东部，属第1层墓葬。墓坑平面大致呈长方形，纵轴方向124°，长2.02、宽0.55、深0.3米。墓坑内填红褐色黏土，略疏松。未发现葬具痕迹。人骨已朽，葬式不明。出土随葬品为1件铜镯，大致位于墓坑中部靠西壁处（图3-329）。

铜镯　1件。

M257:1，A型Ⅱ式。锈蚀严重，矿化破碎。片状环形，镯体较宽，前镯口略小于后镯口；内壁较直，边缘微弧；外壁呈浅槽结构，中间预铸简化的云雷纹状界格，槽内镶嵌孔雀石片。孔雀石片较小，形状多不规则，大部分已脱落或风化，脱落处露出黑色黏结物。前镯口直径5.6、后镯口直径5.8、镯宽1.6厘米（图3-330）。

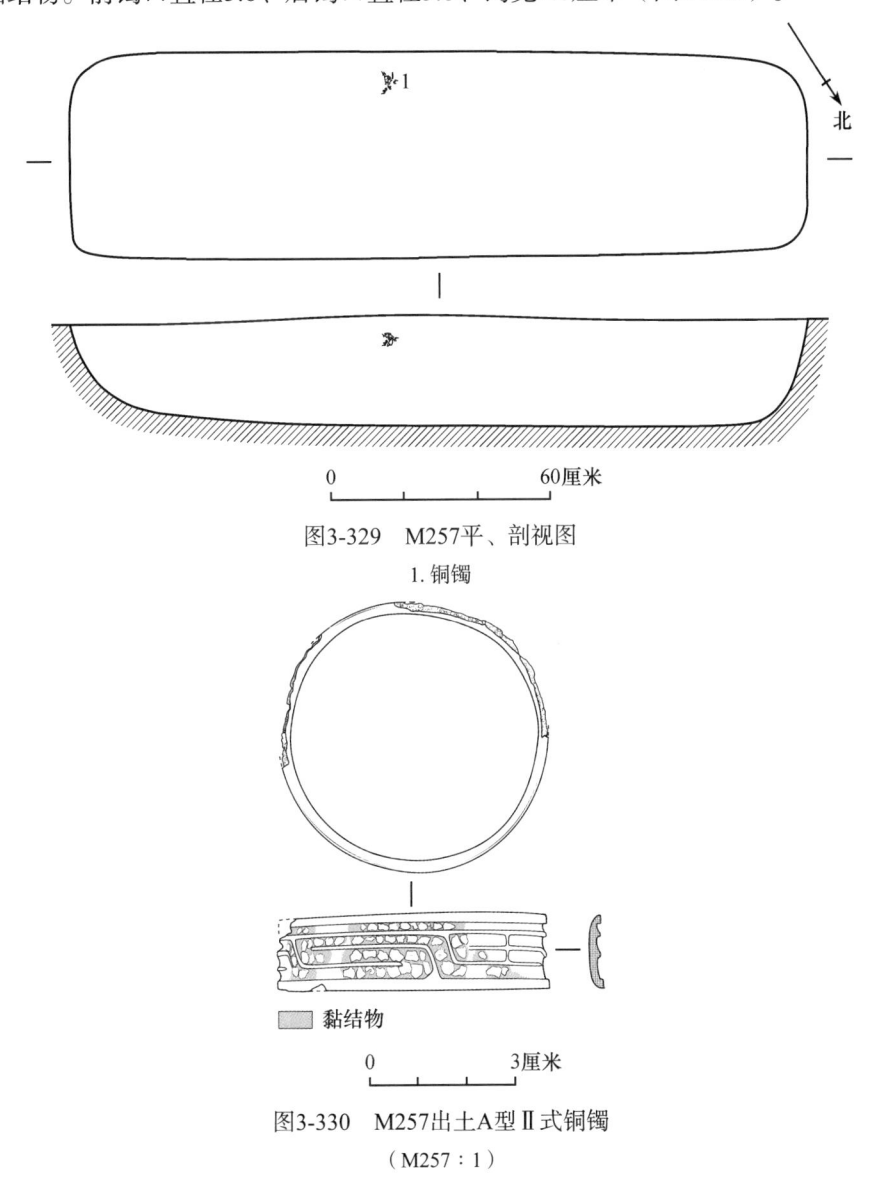

图3-329　M257平、剖视图
1. 铜镯

图3-330　M257出土A型Ⅱ式铜镯
（M257:1）

M274

图3-331 M274平、剖视图
1.铜镯

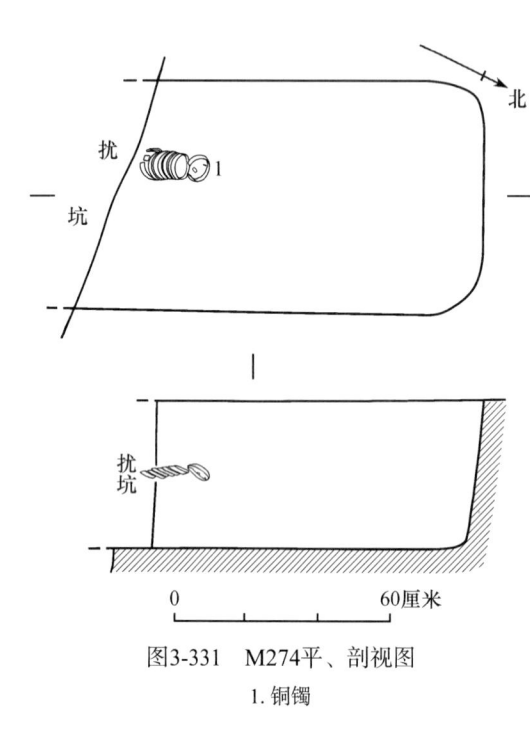

M274位于Ⅱ号发掘点，跨T5543、T5544和T5643，属第1层墓葬。墓坑平面大致呈长方形，东南部被盗坑打破，残长1.1、宽0.6、深0.38米，纵轴方向155°。墓坑内填红褐色黏土，略疏松。未发现葬具痕迹。人骨多已朽毁，仅铜镯内残存少许肢骨，具体葬式不明。出土随葬品为1组铜镯，大致位于墓坑中部（图3-331）。

铜镯 1组。

M274：1，一组60余件，均Ea型。细条环状，截面为竖长方形。从出土位置及形态推测，铜镯下葬时成串佩戴于被葬者左手臂，前小后大，内残存肢骨。直径5.8～6.2厘米，横截面一般长0.2、宽0.1厘米（图3-332）。

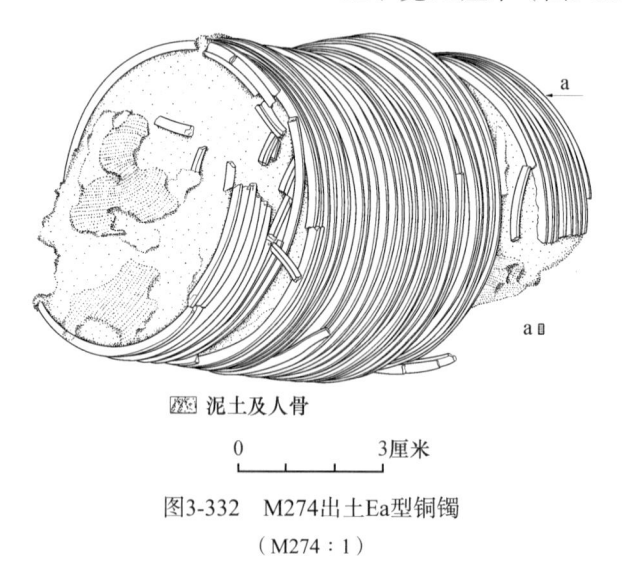

图3-332 M274出土Ea型铜镯
（M274：1）

M275

M275位于Ⅱ号发掘点的T5444中部，属第1层墓葬。墓坑平面呈长条形，纵轴方向148°，长2.1、宽0.46、深0.27米。墓坑内填红褐色黏土，略疏松，含少量炭屑。发现板灰痕迹，推测原有木质棺椁类葬具。人骨已朽，葬式不明。出土随葬品为1组铜镯，位于墓坑东南部。铜镯器形较小，位置也偏于墓坑一端，具体用途不详（图3-333）。

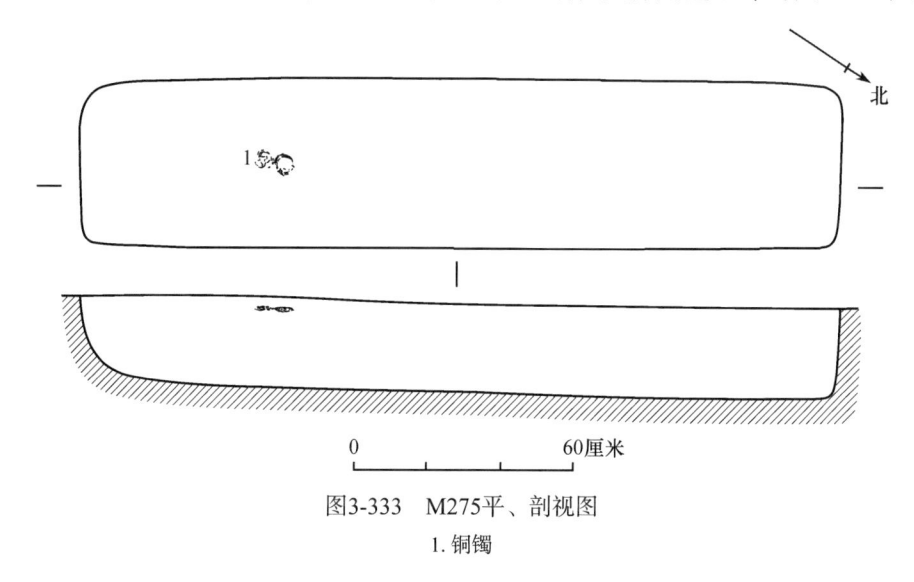

图3-333　M275平、剖视图
1. 铜镯

铜镯　1组。

M275：1，一组4件，含A型Ⅰ式、B型两种类型。锈蚀严重，部分断裂残碎。A型Ⅰ式3件，M275：1-2～M275：1-4，片状环形，镯体较窄；内壁微弧；外壁呈浅槽结构，内镶嵌孔雀石片，孔雀石片均较小，形状不规则，部分脱落或风化，下面露出黑色黏结物。B型1件，M275：1-1，片状环形，外壁中线起凸棱，凸棱边缘残，横截面呈横置"T"形。出土时，铜镯位于墓坑东南部，B型镯即M275：1-1居前，A型Ⅰ式镯即M275：1-2～M275：1-4依次居后。铜镯尺寸较小。M275：1-1，宽1.05、复原直径5.3、内口径3.7厘米（图3-334-2；图版30-1）。M275：1-2，宽0.6、直径4.3厘米（图3-334-1）。M275：1-3、M275：1-4，残甚，尺寸不详。

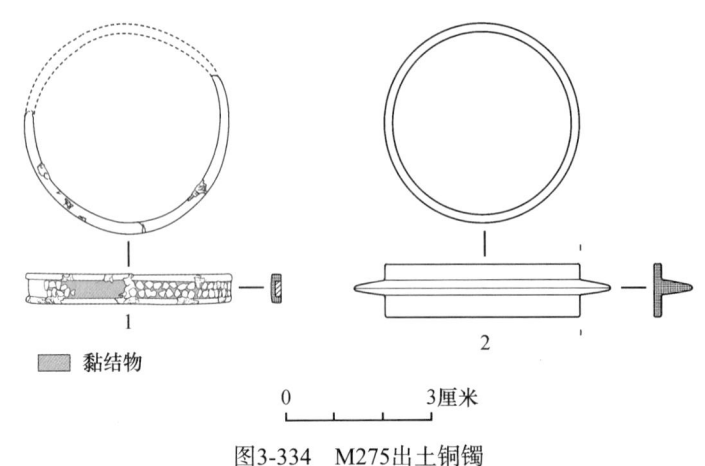

图3-334　M275出土铜镯
1. A型Ⅰ式（M275∶1-2）　2. B型（M275∶1-1）

二、第2层墓葬

M258

M258位于Ⅱ号发掘点T5445中部略偏南，属第2层墓葬。墓坑平面大致呈长方形，北部局部被M255打破，长2、宽0.65、深0.74米，纵轴方向170°。墓坑内填红褐色黏土，略疏松，含少量炭屑。发现板灰痕迹，推测原有木质棺椁类葬具。人骨多已朽毁，仅铜镯内残存少许肢骨，具体葬式不明。出土随葬品为1组铜镯，大致位于墓坑中部（图3-335）。

铜镯　1组。

M258∶1，一组20余件，含A型Ⅰ式、A型Ⅱ式、Ea型三种类型。锈蚀严重，多断裂破碎。A型Ⅰ式2件，M258∶1-1、M258∶1-2，片状环形，镯体较窄；内壁微弧；外壁呈浅槽结构，槽内镶嵌不规则形孔雀石片，局部脱落，露出下面的黑色黏结物。A型Ⅱ式1件，M258∶1-4，片状环形，镯体较宽，前镯口略小于后镯口；内壁较直；外壁呈浅槽结构，并预铸简化的云雷纹状界格，槽内镶嵌不规则形孔雀石片，与镯体之间有黑色黏结物。其余皆为Ea型，M258∶1-3，细条环状，横截面为竖长方形。位于墓坑中部，下葬时成串佩戴于被葬者手臂，A型Ⅰ式居前，A型Ⅱ式居后，Ea型居中，内残存肢骨。整体看，靠前的铜镯稍小，后面的渐大。M258∶1-1，宽0.7厘米，因残甚，直径不详。M258∶1-2，直径约6.5、宽0.7厘米（图3-336-b）。M258∶1-4，宽1.45厘米，因变形严重，直径不详（图3-336-c）。Ea型铜镯即M258∶1-3，横截面一般长0.2、宽0.05~0.1厘米，因多断裂破碎，直径不详（图3-336-a）。

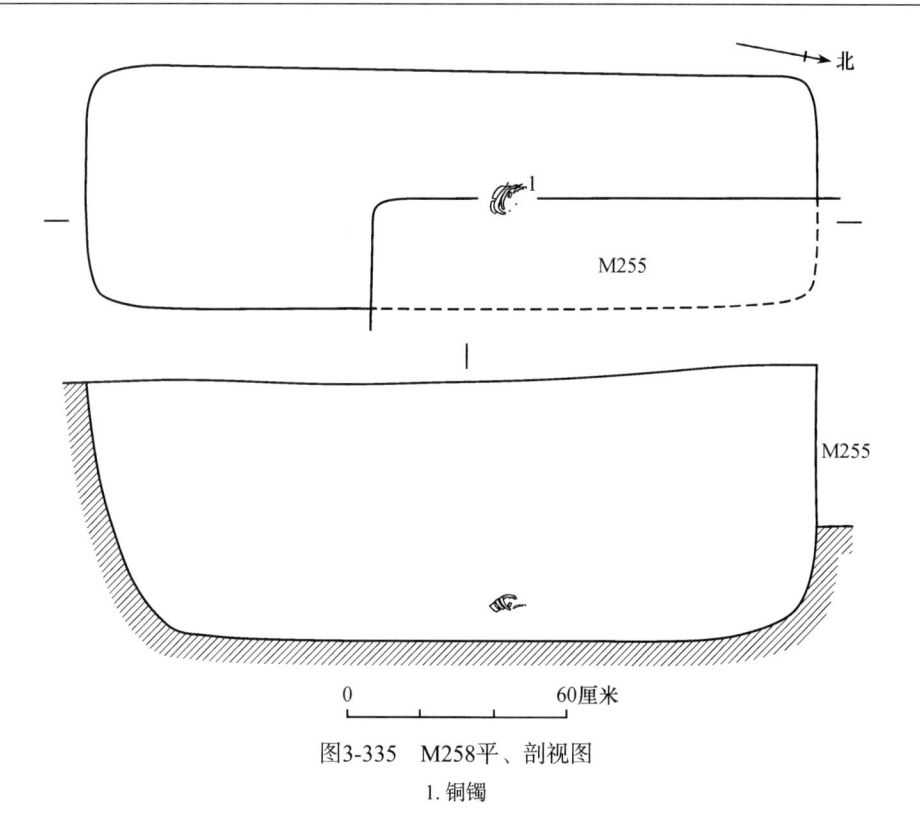

图3-335 M258平、剖视图

1. 铜镯

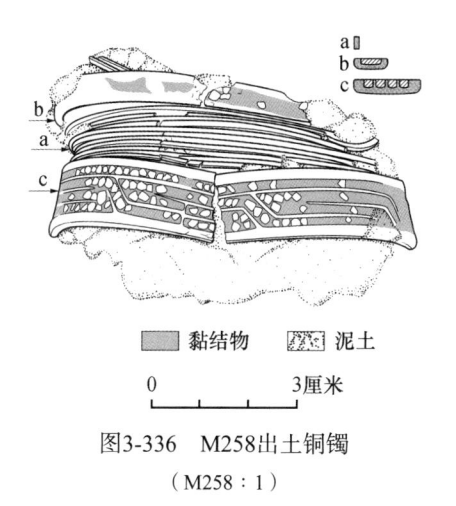

黏结物　泥土

图3-336 M258出土铜镯
（M258∶1）

M260

M260位于Ⅱ号发掘点T5445东北部，属第2层墓葬。墓坑平面呈长条形，纵轴方向180°，长2.42、宽0.6、深0.48米。墓坑内填红褐色黏土，略疏松，含少量炭屑。发现板灰痕迹，推测原有木质棺椁类葬具。人骨朽毁，葬式不明。出土随葬品2件，分别为铜剑和铜矛，二者并列横置于墓坑南端。出土前，铜剑、铜矛分别被折弯和折断，被折断的矛锋散落一旁（图3-337；图版181-1）。

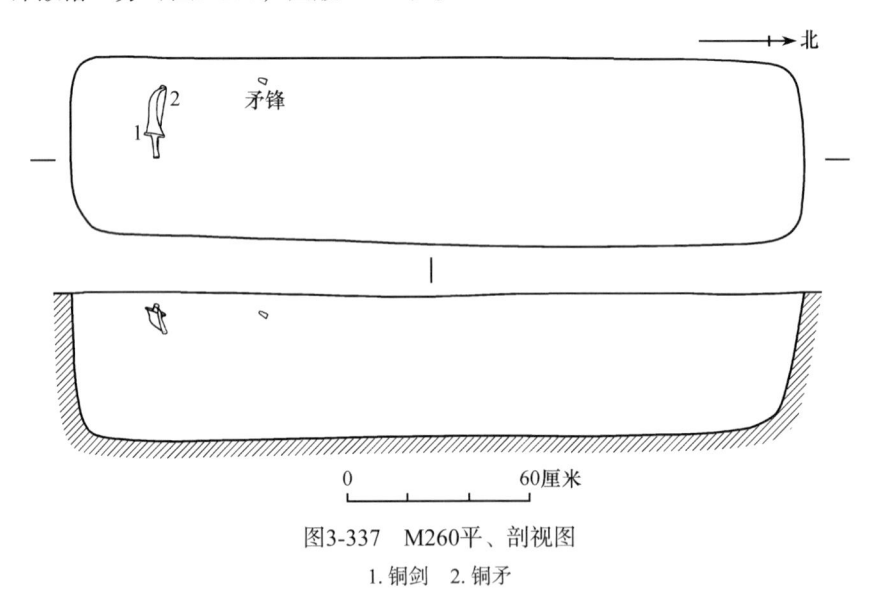

图3-337　M260平、剖视图
1. 铜剑　2. 铜矛

铜剑　1件。

M260:1，Cb型。锈蚀严重，局部矿化。空心椭圆茎，空首呈喇叭口状，茎上部有对穿；一字格；剑身前部中线略起脊，出土前被折弯，曲刃。剑身后部施箭头、涡卷纹等纹饰，沿中线左右对称分布，整体形如箭矢。格两端下方可见铸缝痕迹。通长22、格长9.4厘米（图3-338-1；图版181-2，图版182-1、2）。

铜矛　1件。

M260:2，Aa型。锈蚀严重，局部矿化。圆骹，后部近骹口处有对穿，骹口平；柳叶形矛身，中线略起脊，刃较直，出土前锋部被折弯并断裂，丢置于一旁。通长约17.6厘米（图3-338-2；图版181-2，图版182-3、4）。

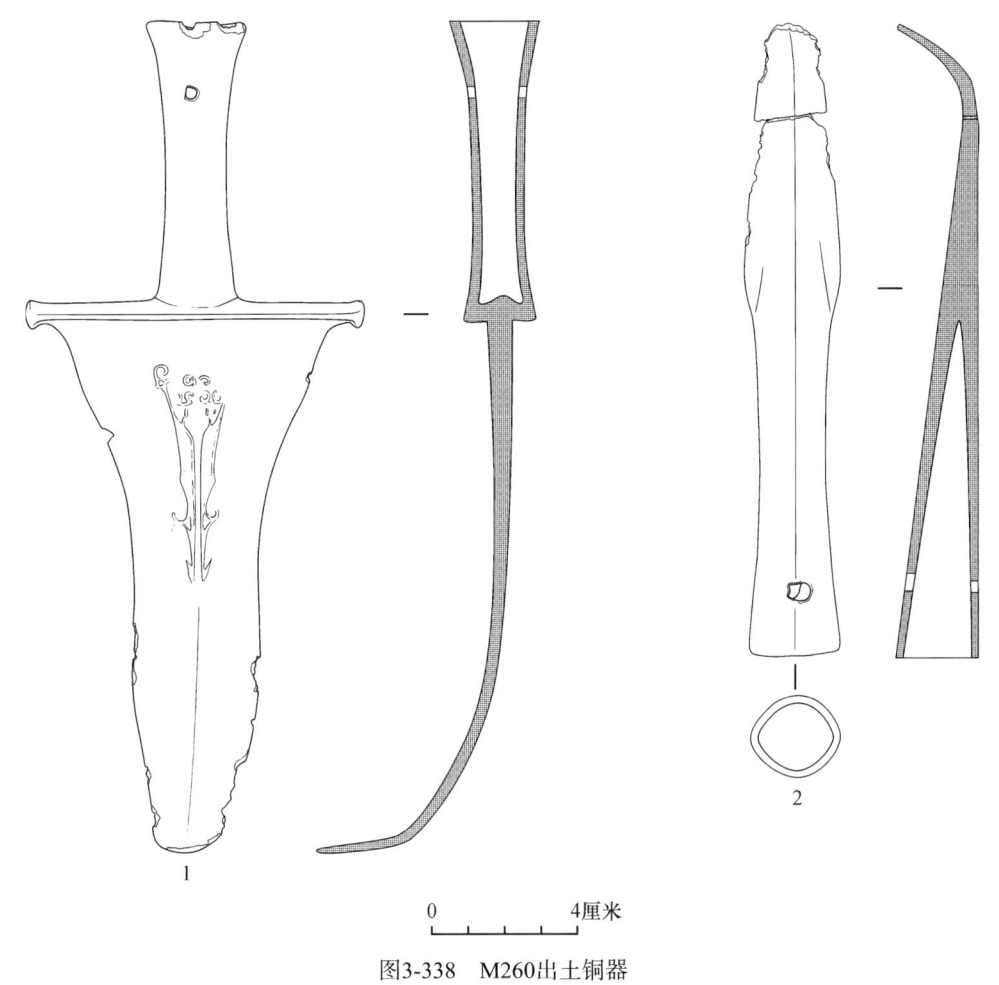

图3-338　M260出土铜器
1. Cb型剑（M260：1）　2. Aa型矛（M260：2）

M262

M262位于Ⅱ号发掘点T5544北部偏东，属第2层墓葬。墓坑平面大致呈长方形，纵轴方向159°，长1.9、宽0.55、深0.35米。墓坑内填红褐色黏土，略疏松，含少量炭屑。发现板灰痕迹，推测原有木质棺椁类葬具。残存零星骨渣，葬式不明。出土随葬品为1组铜镯，大致位于墓坑中部，推测下葬时成串佩戴于被葬者手臂（图3-339）。

铜镯　1组。

M262：1，一组3件，含Ea型、Ec型两种类型。矿化严重，完全断裂破碎。Ea型2件，细条环状，横截面为竖长方形。Ec型1件，细条环状，横截面近方形。直径均不详，Ea型横截面长0.2、宽0.1厘米，Ec型横截面边长约0.12厘米。

图3-339 M262平、剖视图
1. 铜镯

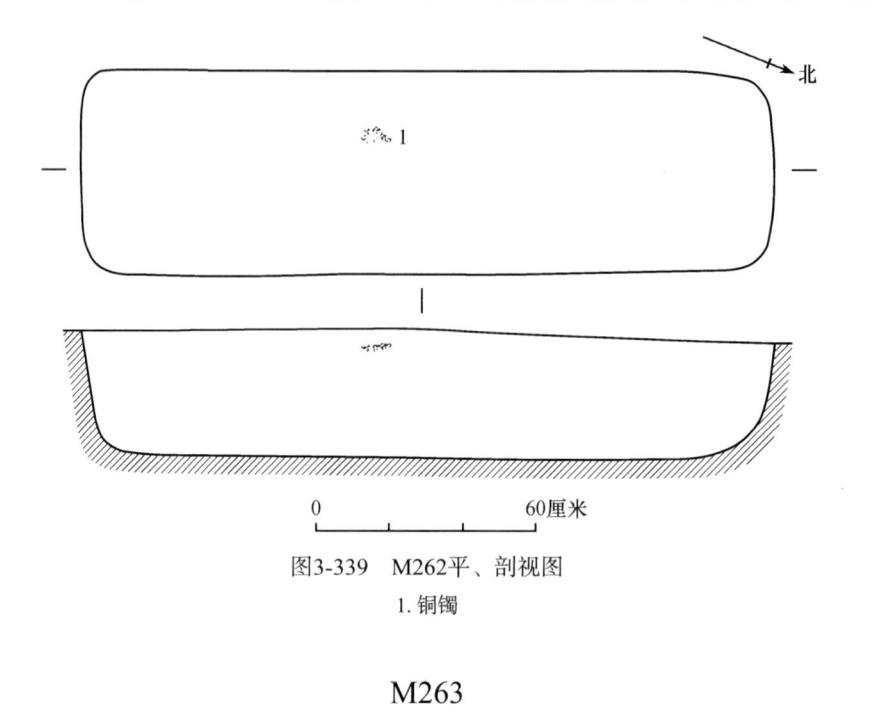

M263

M263位于Ⅱ号发掘点T5544东北部，属第2层墓葬。墓坑平面大致呈长方形，纵轴方向158°，长2.27、宽0.73、深0.45米。墓坑内填红褐色黏土，略疏松，含少量炭屑。发现板灰痕迹，推测原有木质棺椁类葬具。人骨多已朽毁，仅铜镯内残存少许肢骨，据之推测被葬者头朝东南方向，下葬时手臂向内弯曲。出土随葬品为2组铜镯，位于墓坑中部，大致呈"八"字形左右对称分布，推测下葬时分别佩戴于被葬者左右手臂上

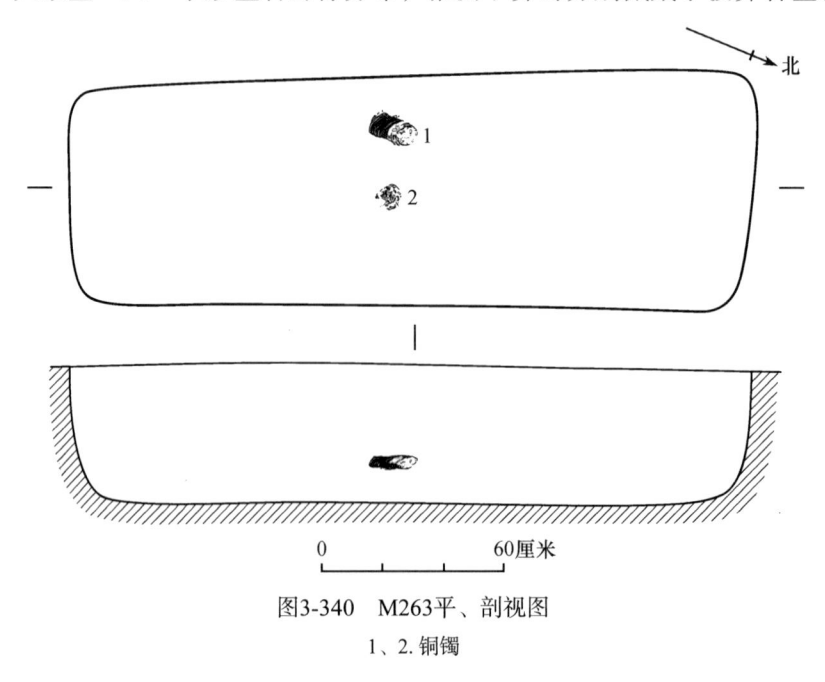

图3-340 M263平、剖视图
1、2. 铜镯

（图3-340；图版183-1）。

铜镯　2组。

均A型Ⅰ式、Ea型混合类型。出土时矿化锈蚀严重，大多断裂破碎。

M263：1，一组40余件。A型Ⅰ式2件，M263：1-2、3，片状环形，镯体较窄；内壁弧；外壁呈浅槽结构，内镶嵌孔雀石片，部分脱落；孔雀石片较小，形状不规则，与扣体之间可见黑色黏结物。余皆Ea型，M263：1-1，细条环状，截面为竖长方形。从出土位置及形态推测，铜镯下葬时成串佩戴于被葬者左手臂，两件A型Ⅰ式铜镯居后，Ea型铜镯居前，内残存肢骨。整体看，靠前的铜镯稍小，后面的渐大。Ea型铜镯即M263：1-1，因破碎变形，直径多不详，横截面一般长0.2、宽0.1厘米。M263：1-2，宽0.8厘米，直径不详。M263：1-3，宽0.8、直径6.6厘米（图版183-2）。

M263：2，一组10余件。A型Ⅰ式1件，M263：2-2，片状环形，镯体较窄；内壁微弧；外壁呈浅槽结构，内镶嵌不规则形的孔雀石片，部分脱落，露出下面的黑色黏结物。余皆Ea型，M263：2-1，细条环状，横截面呈竖长方形。从出土位置及形态看，铜镯下葬时成串佩戴于被葬者右手臂，Ea型居前，A型Ⅰ式居后。铜镯直径均不详，M263：2-1横截面一般长0.2、宽0.08~0.1厘米，M263：2-2宽0.7厘米。

M264

M264位于Ⅱ号发掘点T5444东部，小部分跨入T5445，属第2层墓葬。墓坑平面大致呈长方形，纵轴方向161°，长2.08、宽0.6、深0.26米。墓坑内填红褐色黏土，略疏松。未发现葬具痕迹。人骨已朽，葬式不明。出土随葬品2件，分别为铜矛和铜削刀，二者并列横置于墓坑东南部，铜削刀出土前略被折弯（图3-341；图版184-1）。

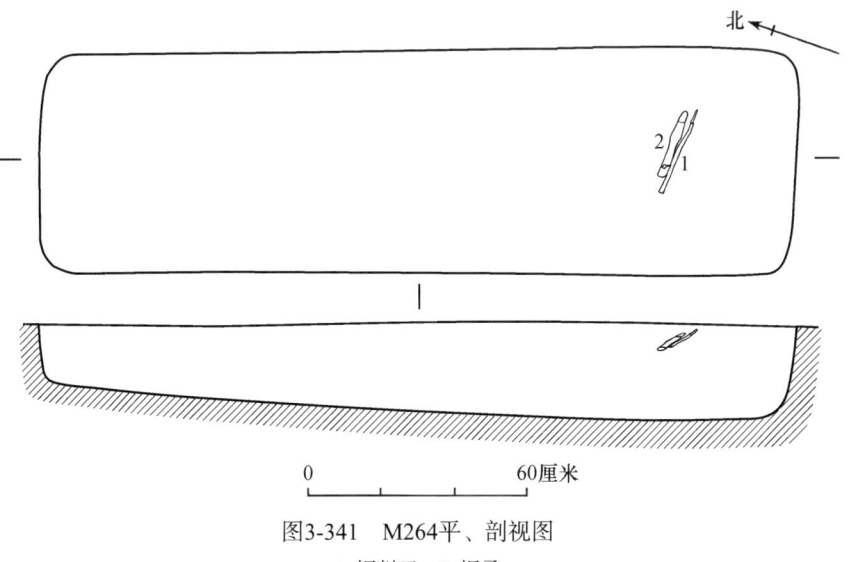

图3-341　M264平、剖视图
1.铜削刀　2.铜矛

铜矛　1件。

M264∶2，Aa型。锈蚀严重，局部矿化。椭圆骹，后部近骹口处有圆形对穿，骹口平；柳叶形矛身，中线略起脊，刃较直。出土时骹和锋部都发生断裂，另外骹内发现朽木，推测为矛柲遗存。残长14.3厘米（图3-342-1；图版184-2）。

铜削刀　1件。

M264∶1，B型。锈蚀严重，局部矿化，刀身前端残。刃背与柄背连为一体；椭圆銎柄，銎口分叉；柄下侧有耳，耳已残；刀身微曲，前端出土前略被折弯。刀柄上、下两侧可见铸缝痕迹。残长19.5厘米（图3-342-2；图版184-3）。

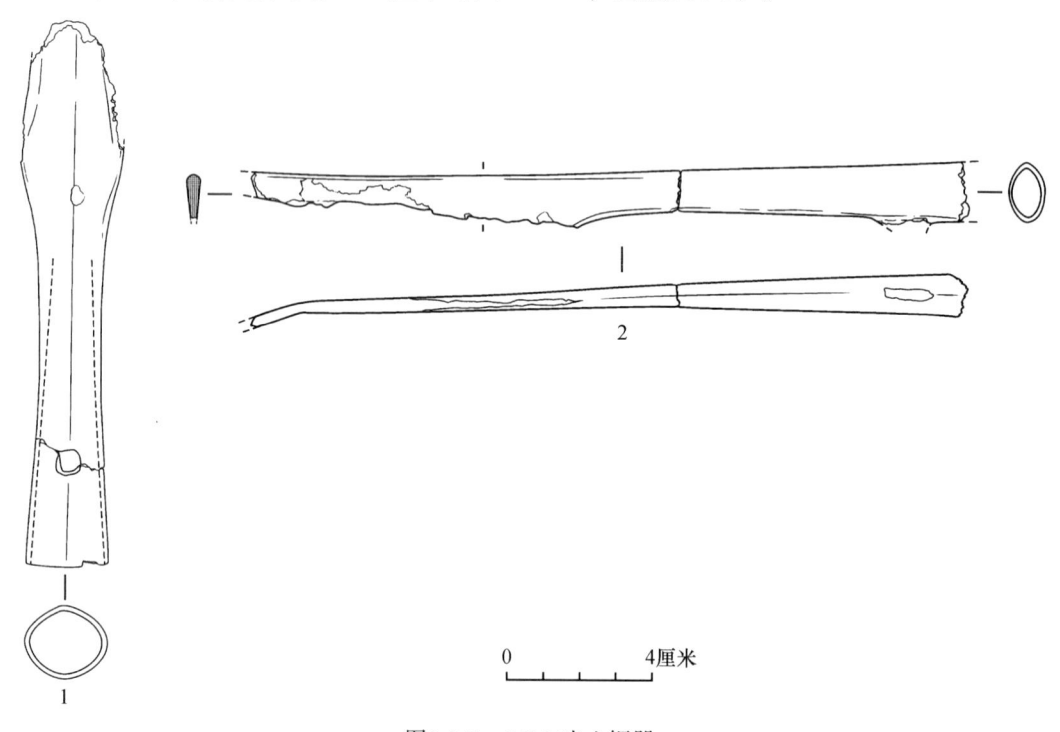

图3-342　M264出土铜器
1. Aa型矛（M264∶2）　2. B型削刀（M264∶1）

M265

M265位于Ⅱ号发掘点T5444中部偏东，属第2层墓葬。墓坑平面大致呈长方形，纵轴方向142°，长2.1、宽0.62、深0.45米。墓坑内填红褐色黏土，略疏松，含少量炭屑。发现板灰痕迹，推测原有木质棺椁类葬具。人骨已朽，葬式不明。出土随葬品为2组铜镯，位于墓坑中部偏东南，呈左右对称分布，推测下葬时分别佩戴于被葬者左右手臂上（图3-343）。

图3-343 M265平、剖视图
1、2.铜镯

铜镯 2组。

均Ea型。出土时锈蚀严重，多残碎。细条环状，截面呈竖长方形。

M265：1，一组10余件。部分铜镯制作不规整，四周粗细不一，有的还可见锻打留下的包卷痕迹。从出土位置及形态推测，铜镯下葬时成串佩戴于被葬者左手臂，前小后大，内残存肢骨。直径多不详，横截面一般长0.15~0.2、宽0.1厘米。

M265：2，一组10余件。从出土位置及形态推测，铜镯下葬时成串佩戴于被葬者右手臂。直径不详，横截面一般长0.15~0.2、宽0.08~0.1厘米。

M266

M266位于Ⅱ号发掘点T5445东部，属第2层墓葬。墓坑平面呈长条形，东南部被盗坑打破，残长1.85、宽0.54、深0.27米，纵轴方向170°。墓坑内填红褐色黏土，略疏松，含少量炭屑。发现板灰痕迹，推测原有木质棺椁类葬具。人骨多已朽毁，仅铜镯内残存少许肢骨，据之推测被葬者头朝东南方向，具体葬式不明。出土随葬品为2组铜镯，位于墓坑中部偏东南，呈左右对称分布，推测下葬时分别佩戴于被葬者左右手臂上（图3-344）。

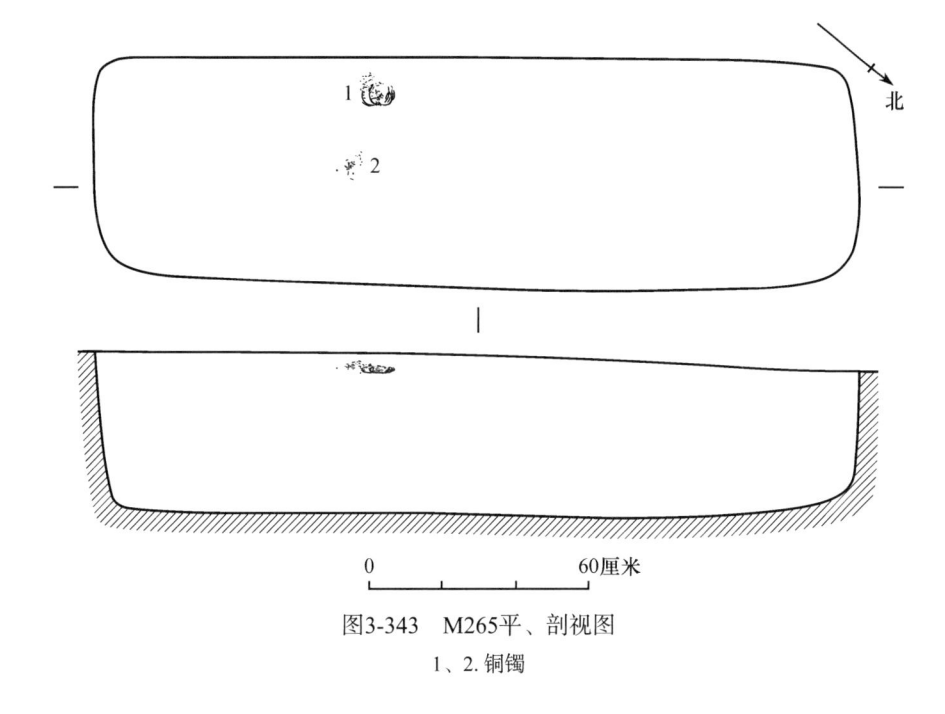

铜镯 2组。

A型Ⅰ式、A型Ⅱ式、Ea型混合类型，1组。

M266：1，一组30余件。锈蚀严重，多矿化断裂。A型Ⅰ式1件，M266：1-2，片状环形，镯体较窄；内壁微弧；外壁呈浅槽结构，内镶嵌不规则形的孔雀石片，与镯体之间有黑色黏结物。A型Ⅱ式1件，M266：1-1，片状环形，镯体较宽，前镯口略小于后镯口；内壁较直，边缘弧；外壁呈浅槽结构，中间预铸简化的云雷纹状界格，槽内镶嵌孔雀石片；孔雀石片较小，形状不规则，与镯体之间可见黑色黏结物。余皆Ea型，M266：1-3，细条环状，横截面为竖长方形。从出土位置和形态看，铜镯下葬时成串佩戴于被葬者左手臂，两件A型铜镯即M266：1-1和M266：1-2居中，Ea型铜镯居于前后，内残存肢骨。因断裂和变形严重，A型铜镯直径不详，M266：1-1宽1.75厘米

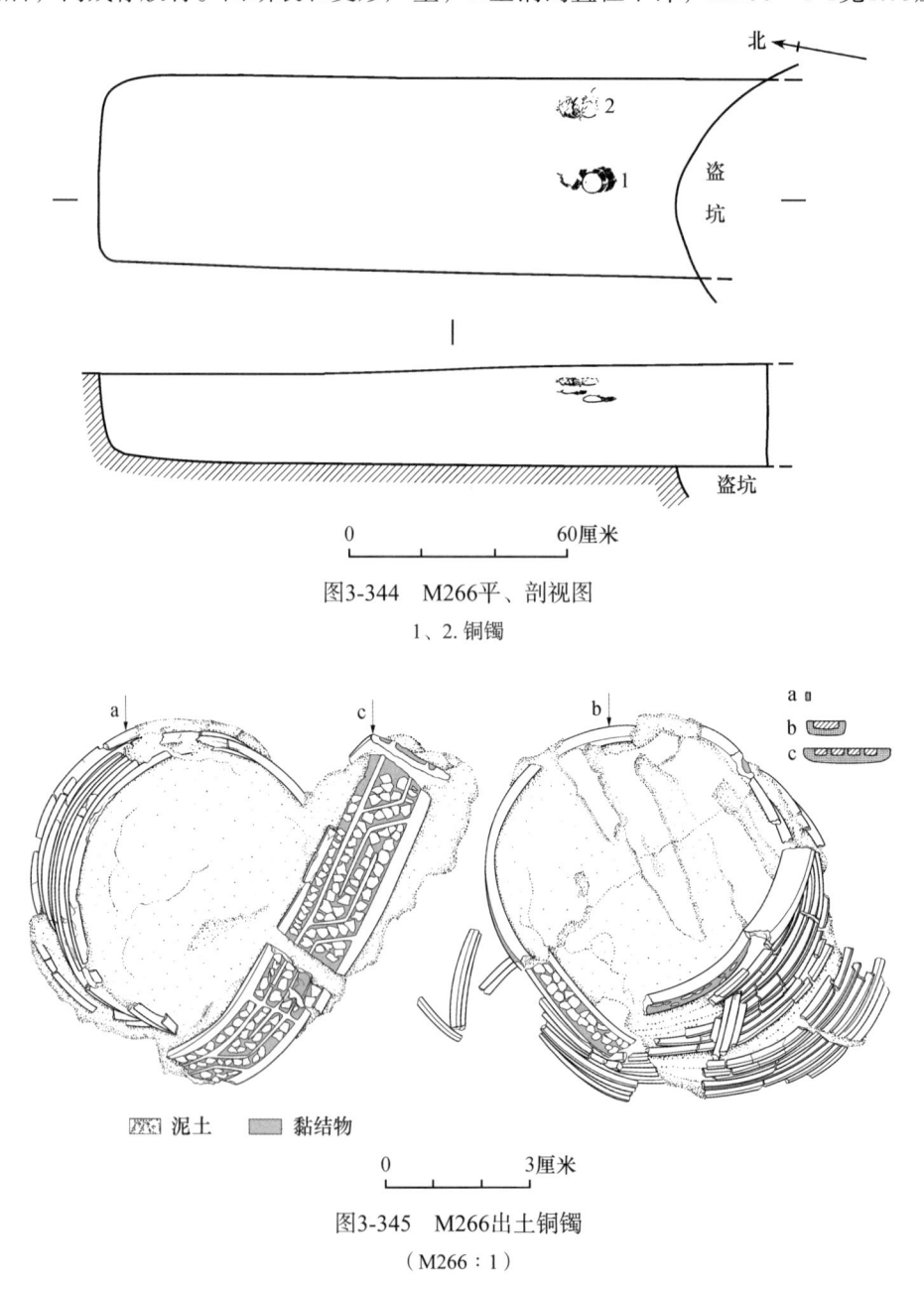

图3-344　M266平、剖视图

1、2. 铜镯

图3-345　M266出土铜镯

（M266：1）

（图3-345-c），M266：1-2宽0.75厘米（图3-345-b）。Ea型铜镯靠前的稍小，后面的渐大，直径0.6~0.65厘米，横截面一般长0.2、宽0.08~0.1厘米（图3-345-a）。

Ea型，1组。

M266：2，一组20余件。矿化锈蚀严重，多断裂破碎。细条环状，横截面为竖长方形。部分铜镯制作不规整，四周粗细不一，有的还可见锻打留下的包卷痕迹或缝隙。根据出土位置及形态推测，铜镯下葬时成串佩戴于被葬者右手臂，前面的稍小，后面的渐大，内残存肢骨。直径多不详，横截面一般长0.2、宽0.08~0.1厘米。

M267

M267位于Ⅱ号发掘点，跨T5445和T5545，属第2层墓葬。墓坑平面大致呈长方形，东部延伸出发掘区。发掘部分长2.45、宽0.58、深0.96米，纵轴方向181°。墓坑内填红褐色黏土，略疏松，含少量炭屑。发现板灰痕迹，推测原有木质棺椁类葬具。人骨已朽，葬式不明；根据玉玦等随葬品的位置推测，被葬者头部朝南。出土随葬品4件（组），包括玉管珠1组、玉玦2组、石锛1件。石锛位于墓坑中部，其他皆位于墓坑南部。2组玉玦大致呈左右摆放，推测下葬时分别佩戴于被葬者左右耳。玉管珠与玉玦放在一起，可能也是作为耳饰使用的（图3-346）。

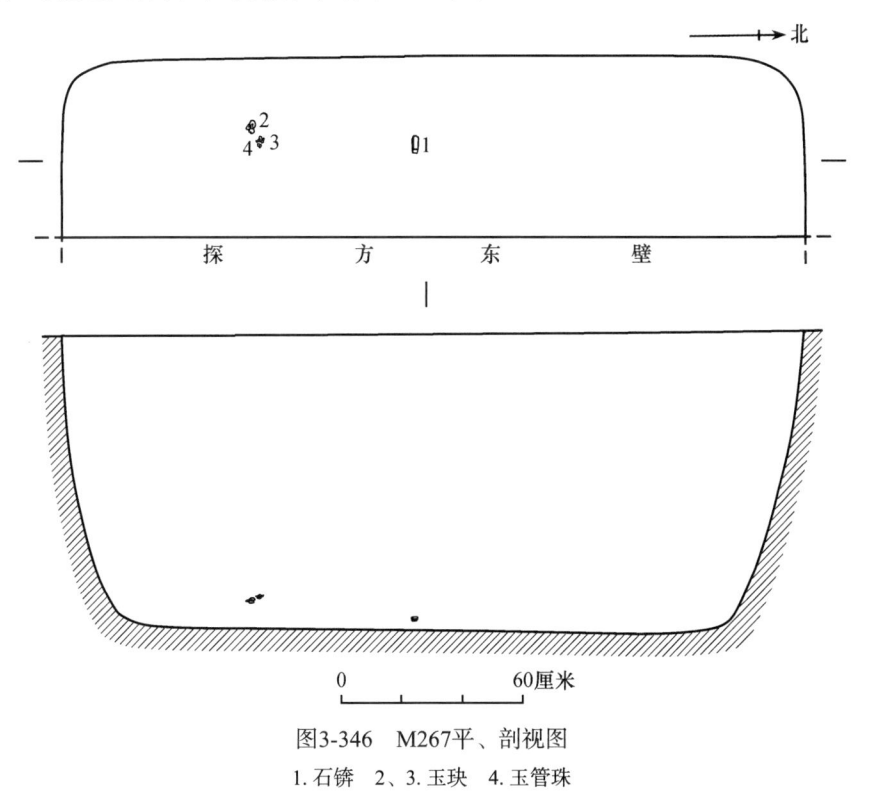

图3-346 M267平、剖视图
1.石锛 2、3.玉玦 4.玉管珠

玉管珠　1组。

M267∶4，一组2件，均Ca型。M267∶4-1，一端残。白色泛黄；带墨色纹理；微透光。直孔，口略斜。残长1.3、直径0.7、孔径0.4厘米（图3-347-2）。M267∶4-2，白色泛黄；微透光。直孔；孔口不平，两侧下凹。长0.84、直径0.49、孔径0.33厘米（图3-347-3）。

玉玦　2组。

出土时风化严重，碎成粉末。从发掘现场观察，一组两三件，均为白色片状，平面大致呈圆环形，具体形制及尺寸不详。

M267∶2、M267∶3，根据出土位置推测，下葬时分别佩戴于被葬者左耳和右耳。

石锛　1件。

M267∶1，一侧残。青灰色；质地细腻，表面打磨光滑平整。整体近梯形。长5.6、残宽2.2、厚1.8厘米（图3-347-1；图版51-4~6）。

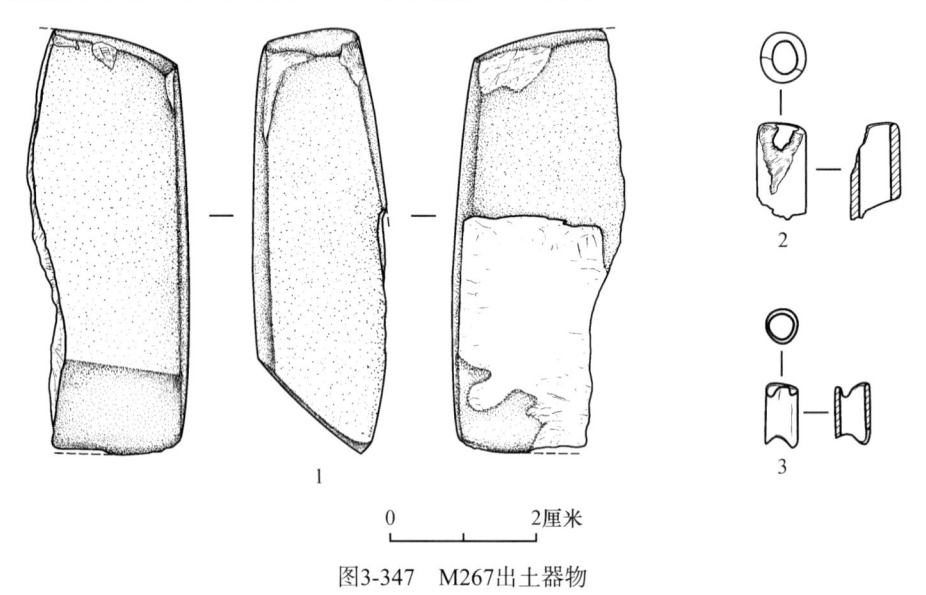

图3-347　M267出土器物
1. 石锛（M267∶1）　2、3. Ca型玉管珠（M267∶4-1、M267∶4-2）

M268

M268位于Ⅱ号发掘点T5544北部，属第2层墓葬。墓坑平面大致呈长方形，纵轴方向149°，长2.06、宽0.6、深0.38米。墓坑内填红褐色黏土，略疏松。未发现葬具痕迹。人骨朽毁，葬式不明。出土随葬品为铜剑和铜戈各1件，二者并列横置于墓坑东南端，出土前均被折断（图3-348；图版185-1）。

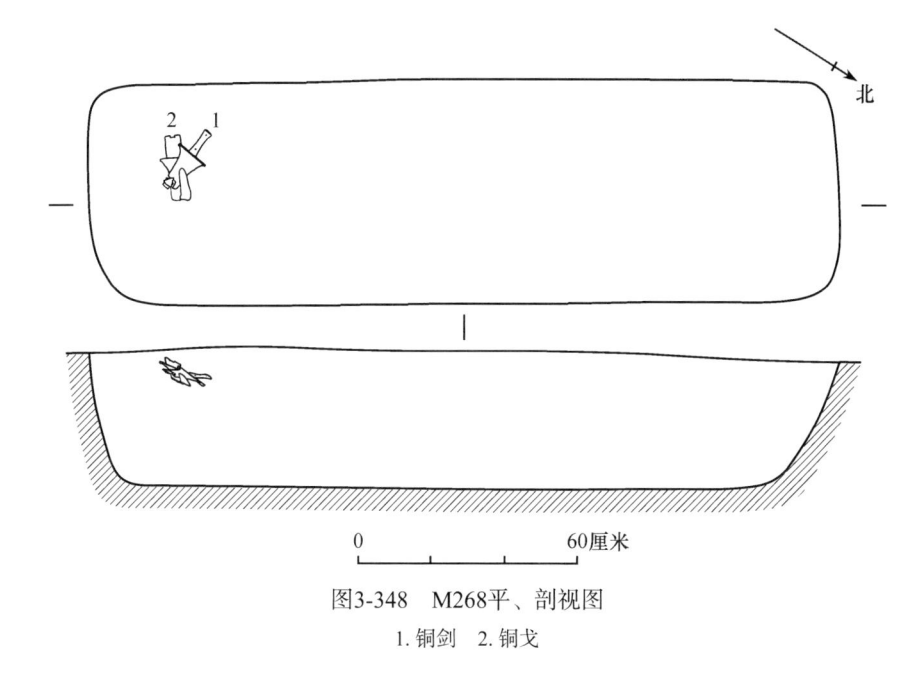

图3-348　M268平、剖视图
1. 铜剑　2. 铜戈

铜剑　1件。

M268:1，Ca型。锈蚀严重，局部矿化。空心椭圆茎，空首呈喇叭口状，茎上部和下部各有一对穿；一字格；剑身较宽，前部出土前被折弯并断裂，中线略起脊，曲刃。剑身后部于中线两侧对称施箭头、涡卷纹等纹饰，整体形如箭矢。茎部两侧和格两端下方可见铸缝痕迹。通长21.5、格长10.2厘米（图3-349-2；图版185-2，图版186-1~3）。

铜戈　1件。

M268:2，Bb型Ⅲ式。无胡；条形援，出土前被折弯并断裂，援后部有一椭圆穿，穿两面孔径不一，在穿壁上可见错口和铸缝痕迹，近阑处有两长方形穿；长方形直内，前部有一近三角形穿，后缘呈对称的内卷鸟首状。援后部椭圆穿周围施弦纹和短线芒纹；援本即椭圆穿与阑之间施浅浮雕式牵手人纹，外加梯形框；内后部亦施浅浮雕式的牵手人纹。阑背面及内穿壁上亦残留铸缝痕迹。通长26.6、阑宽8.5厘米（图3-349-1；图版18，图版185-2，图版186-4、5）。

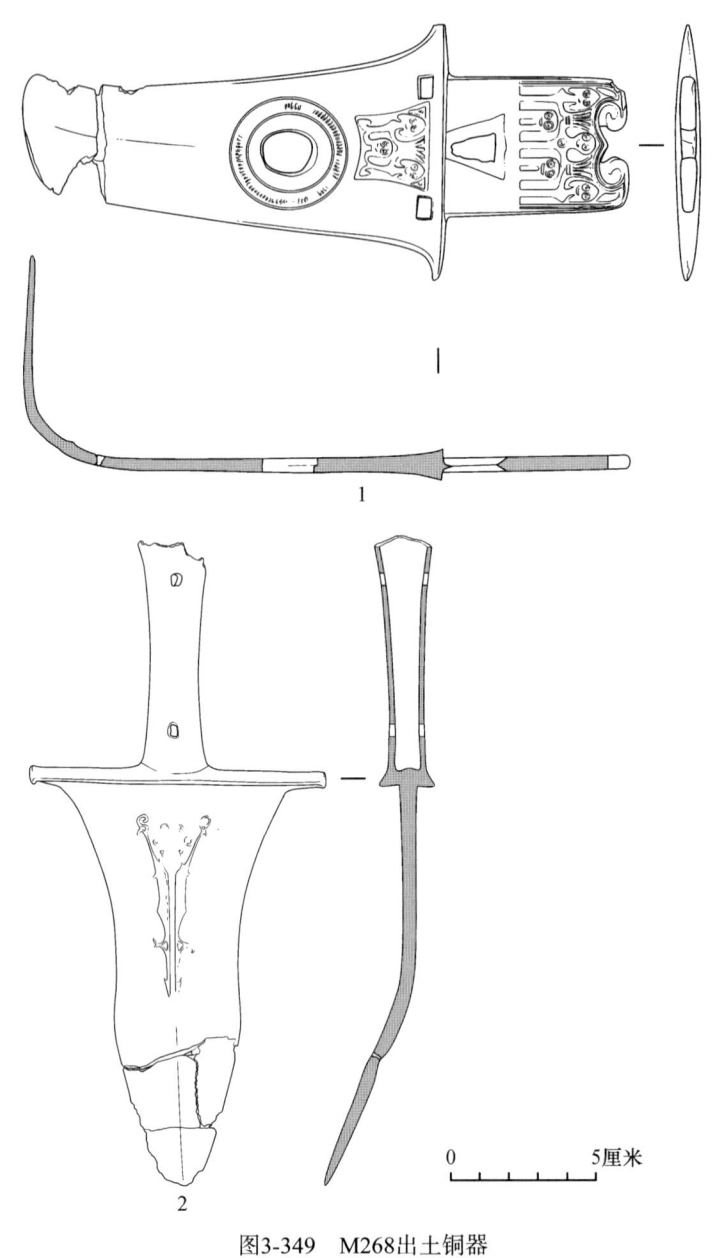

图3-349　M268出土铜器
1. Bb型Ⅲ式戈（M268∶2）　2. Ca型剑（M268∶1）

M273

M273位于Ⅱ号发掘点的T5544西部，属第2层墓葬。墓坑平面大致呈长方形，北部一角被M270打破，长1.88、宽0.55、深0.38米，纵轴方向169°。墓坑内填红褐色黏土，略疏松，含少量炭屑。发现板灰痕迹，推测原有木质棺椁类葬具。人骨已朽，葬式不明。出土随葬品4件，均为铜器，包括剑、矛、扣饰和镯。铜镯位于墓坑中部，其余皆位于墓坑东南部。铜剑和铜矛出土前均被折弯并断裂（图3-350；图版187-1）。

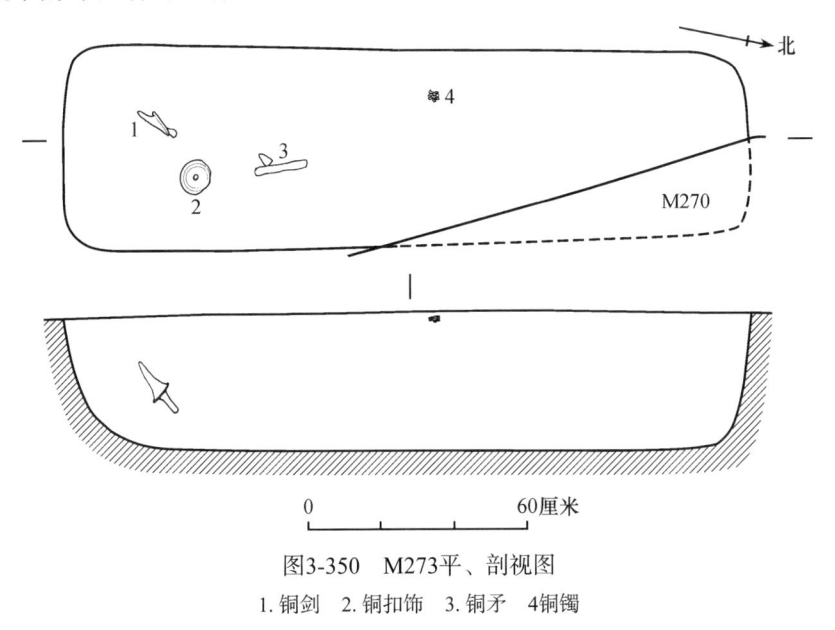

图3-350 M273平、剖视图
1. 铜剑 2. 铜扣饰 3. 铜矛 4.铜镯

铜剑 1件。

M273：1，Cb型。锈蚀严重，局部矿化破碎。空心椭圆茎，空首呈喇叭口状，出土时残，茎上部有对穿；一字格；剑身前部中线起脊，出土前被折弯，锋残断，曲刃。颈部隐约可见编织纹等纹饰；剑身后部施箭矢状纹饰。茎两侧和格两端下方可见铸缝痕迹。残长23.3、格长10.2厘米（图3-351-3，图3-352；图版188-1）。

铜矛 1件。

M273：3，Aa型。锈蚀严重，局部矿化。圆骹，后部近骹口处单面有穿，骹口平；柳叶形矛身，中线略起脊，刃微弧，出土前锋部被折弯并断裂，置于旁侧。出土时骹内残存朽木，推测与矛柲有关。通长19.3厘米（图3-351-4；图版188-2）。

铜镯 1件。

M273：4，A型Ⅰ式。矿化严重，断裂破碎。片状环形，镯体较窄；内壁弧；外壁呈浅槽结构，内原先可能镶嵌孔雀石片，但已脱落。从出土位置看，铜镯下葬时佩戴于被葬者左手臂。宽0.8厘米，直径不详（图3-351-1）。

铜扣饰　1件。

M273:2，Da型Ⅱ式。出土时锈蚀严重，矿化破碎。扣面呈浅圆盘状，中心有两穿孔；背面有一横向带穿弯钩，弯钩所在位置略高于周围，形成近长方形凸面。扣面带边轮，中间预铸两圈凹槽，其内镶嵌密集的孔雀石片，局部脱落，脱落处可见黑色黏结物；孔雀石片多呈圆形，中心带穿，少数形状不规则。直径约9.5厘米（图3-351-2；图版188-3、4）。

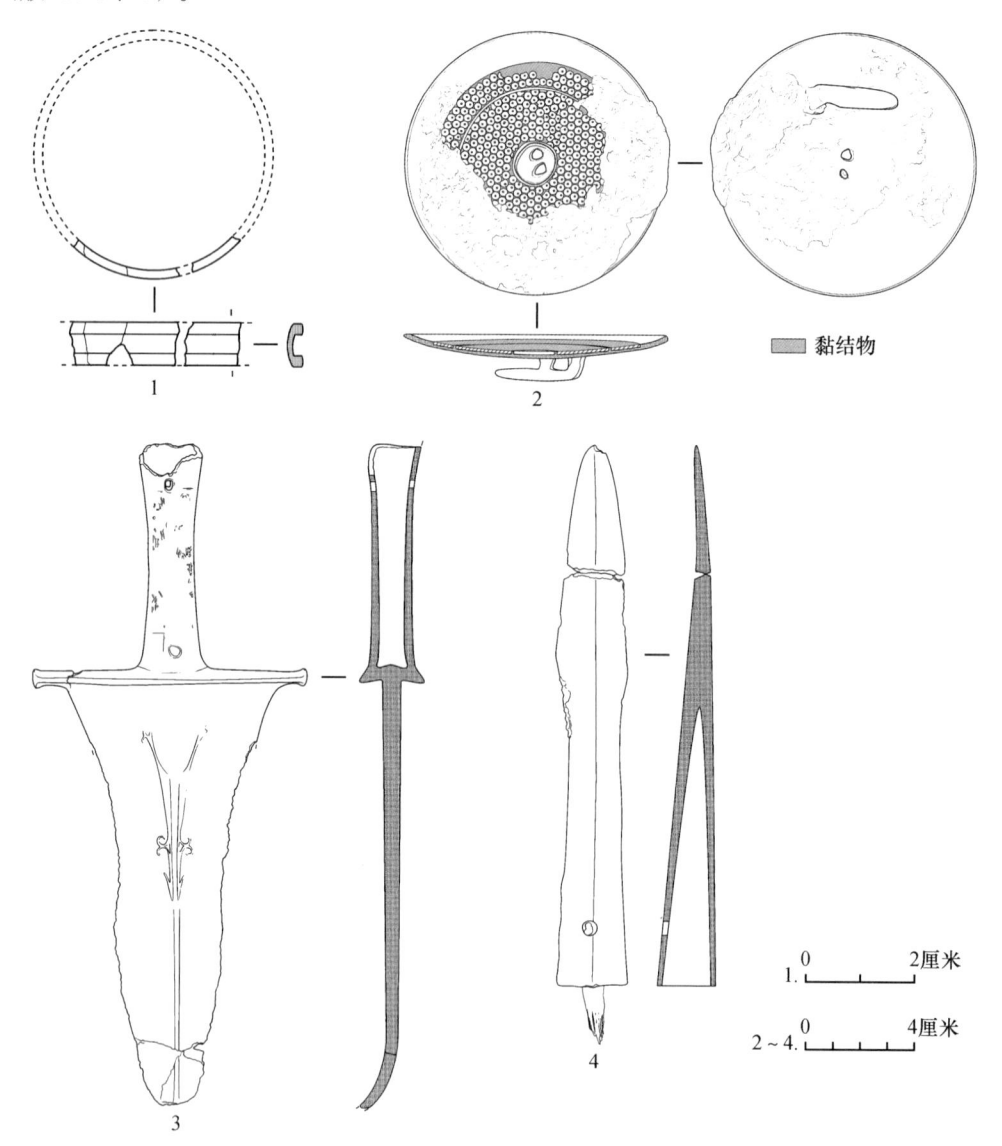

图3-351　M273出土铜器

1. A型Ⅰ式镯（M273:4）　2. Da型Ⅱ式扣饰（M273:2）　3. Cb型剑（M273:1）　4. Aa型矛（M273:3）

图3-352　M273出土Cb型铜剑拓本
（M273∶1）

M276

M276位于Ⅱ号发掘点T5544西南部，小部分跨入T5543，属第2层墓葬。墓坑平面大致呈长方形，纵轴方向163°，长2.1、宽0.54、深0.18米。墓坑内填红褐色略泛灰的黏土。发现较明显的板灰痕迹，推测原有木质棺椁类葬具。人骨朽毁不存，从玉玦、铜簪等随葬品的位置来看，被葬者头朝东南方向，具体葬式不明。出土随葬品7件，包括铜器5件、玉石器2件。铜器有剑、戚、鞘饰、扣饰、簪，玉石器有玉玦，均位于墓坑东南部。2件玉玦大致呈左右对称分布，下葬时应分别佩戴于被葬者左右耳。其余器物皆大致摆放于头顶及附近，其中铜簪下葬时可能是佩戴于头上的。铜剑出土前被折弯并断裂（图3-353；图版187-2）。

铜器　5件。

铜剑　1件。

M276∶2，Cb型。锈蚀严重，局部矿化。空心圆茎，空首呈喇叭口状，茎上部和下部都有对穿；一字格；剑身前部中线略起脊，出土前被折弯并断裂，锋残，曲刃。茎部隐约可见弦纹等纹饰；剑身后部施箭头、涡卷纹等纹饰，沿中线左右对称分布，

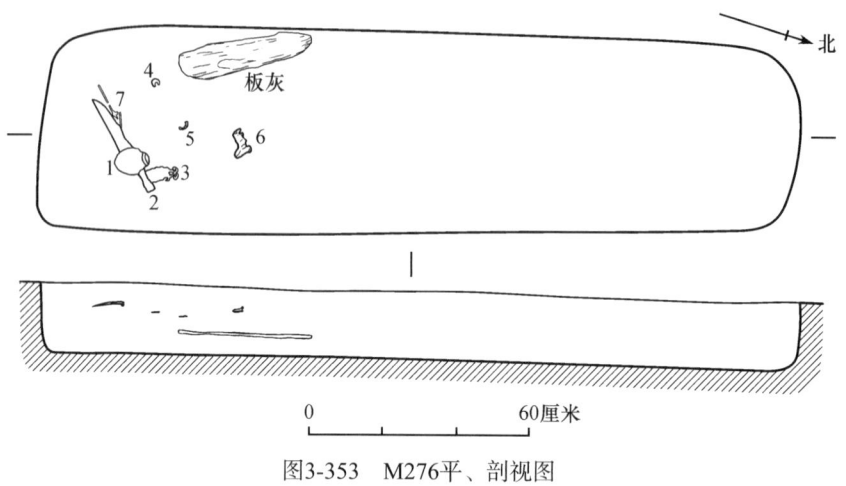

图3-353 M276平、剖视图
1.铜戚 2.铜剑 3.铜扣饰 4、5.玉玦 6.铜鞘饰 7.铜簪

形如箭矢。茎两侧和格两端下方可见铸缝痕迹。通长29、格长8.4厘米（图3-354-1，图3-355；图版10-1，图版189-1）。

铜戚　1件。

M276：1，B型Ⅰ式。锈蚀严重，銎口及戚刃略残。竖銎向下延伸至戚身下部，弧底；扁圆形銎口较高，中间略下凹；戚身呈宽尖叶形，圆肩，中线略起脊。銎口下方有一道凸弦纹。出土时銎内有朽木。长12.6、銎口宽4.5厘米（图3-354-2；图版189-3）。

铜鞘饰　1件。

M276：6，锈蚀矿化严重，大部破碎。扁环形薄片状，一边向下延伸如鸟喙，中空；口部施镂空装饰。宽7.7、高5.4、铜片厚0.08厘米（图3-354-5）。从形制和尺寸看，可能为剑鞘口部装饰或构件。

铜扣饰　1件。

M276：3，F型。出土时锈蚀严重，局部矿化破碎。扣面呈浮雕状动物造型，为二兽并列匍匐，兽尾卷曲，末端幻化为蛇头；背面有一横向带穿弯钩。长8.7、宽4.4厘米（图3-354-4；图版39-1～3，图版189-4）。

铜簪　1件。

M276：7，B型。锈蚀严重，局部矿化断裂。圆条形，顶端饰一半立体人首；脸部呈倒三角形，圆目，鼻梁凸起，嘴微张，蹼状耳；发髻较高，上扎双环。长24.3厘米（图3-354-3；图版43-1，图版189-2）。

玉石器　2件。

玉玦　2件。

出土时风化严重，皆碎成粉末。

第三章 墓葬分述

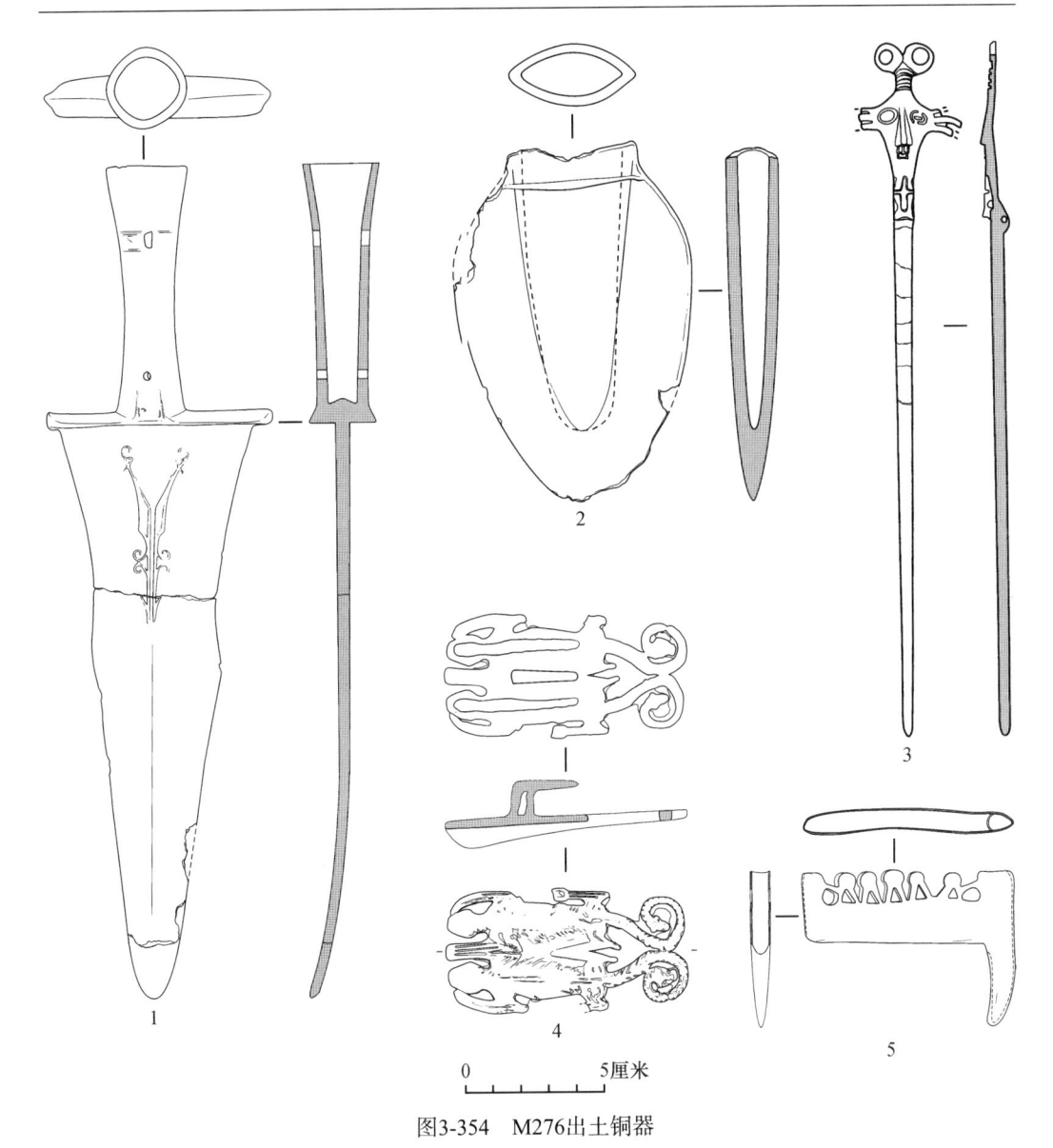

图3-354 M276出土铜器
1. Cb型剑（M276:2） 2. B型Ⅰ式戚（M276:1） 3. B型簪（M276:7） 4. F型扣饰（M276:3）
5. 鞘饰（M276:6）

M276:4，白色。片状，具体形制及尺寸不详。根据出土位置推测，下葬时佩戴于被葬者左耳。

M276:5，白色。片状，平面大致呈不对称圆环形，玦口位于较窄一侧。外径约2.6厘米。根据出土位置推测，下葬时佩戴于被葬者右耳。

图3-355　M276出土Cb型铜剑拓本
（M276：2）

M278

M278位于Ⅱ号发掘点，跨T5445和T5545，属第2层墓葬。墓坑平面大致呈长方形，纵轴方向169°，长2.3、宽0.6、深0.62米。墓坑内填红褐色黏土，略疏松，含少量炭屑、陶片。发现板灰痕迹，推测原有木质棺椁类葬具。人骨多朽，仅铜镯内发现一些肢骨，据之推测被葬者头朝东南方向，下葬时手臂略向内弯曲。出土随葬品4组，包括铜镯2组、玉管珠1组、玛瑙环珠1组。铜镯位于墓坑中部，略呈"八"字形左右对称分布，推测下葬时分别佩戴于被葬者左右手臂。玉管珠和玛瑙环珠均位于墓坑东南部，后者成串排列。由于分布较集中，这两种珠子可能属混合搭配使用的同组饰物（图3-356；图版190-1）。

铜器　2组。

铜镯　2组。

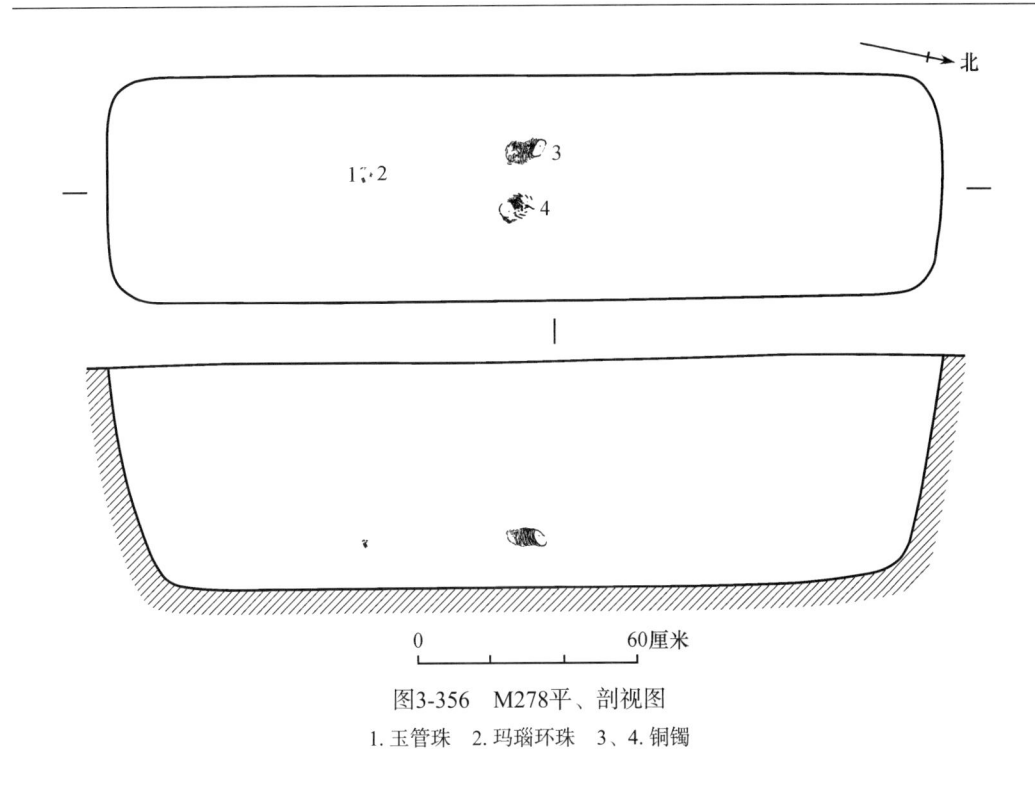

图3-356 M278平、剖视图
1. 玉管珠 2. 玛瑙环珠 3、4. 铜镯

均A型Ⅰ式、Ea型混合类型。出土时矿化锈蚀严重，多断裂破碎。

M278：3，一组30余件。A型Ⅰ式3件，M278：3-2～M278：3-4，片状环形，镯体较窄；内壁微弧；外壁呈浅槽结构，M278：3-3还预铸横条状界格，槽内均镶嵌小孔雀石片，孔雀石片下有黑色黏结物；M278：3-3所镶孔雀石片为带穿圆形，另外两件为不规则形。其他铜镯均Ea型，M278：3-1，细条环状，横截面为竖长方形。根据出土位置及形态推测，铜镯下葬时成串佩戴于被葬者左手臂，Ea型铜镯即M278：3-1居前，A型Ⅰ式即M278：3-2～M278：3-4依次居后，内残存肢骨（图版191-1、2）。整体看，靠前的铜镯稍小，后面的渐大。M278：3-1，直径5.7～6.5厘米，横截面长0.18、宽0.05～0.1厘米（图3-357-1-c）。M278：3-2，宽0.75、直径6.6厘米。M278：3-3，宽0.75、直径6.6厘米（图3-357-1-b）。M278：3-4，宽0.8、直径6.65厘米（图3-357-1-a）。

M278：4，一组30余件。A型Ⅰ式4件，M278：4-2～M278：4-5，片状环形，镯体较窄；内壁微弧；外壁呈浅槽结构，M278：4-3、M278：4-4槽内还预铸横条状界格；槽内镶嵌小孔雀石片，孔雀石片下有黑色黏结物，M278：4-2所镶孔雀石片为带穿圆形，但大多脱落，余皆不规则形。其他铜镯均Ea型，M278：4-1，细条环状，横截面为竖长方形。根据出土位置及形态推测，铜镯下葬时成串佩戴于被葬者右手臂，Ea型铜镯即M278：4-1居前，A型Ⅰ式即M278：4-2～M278：4-4依次居后，内残存肢骨（图版191-3、4）。整体看，靠前的铜镯稍小，后面的渐大。M278：4-1，直径6～6.3厘米，横截面长0.18、宽0.05～0.1厘米（图3-357-2-f）。M278：4-2，宽0.85、直径

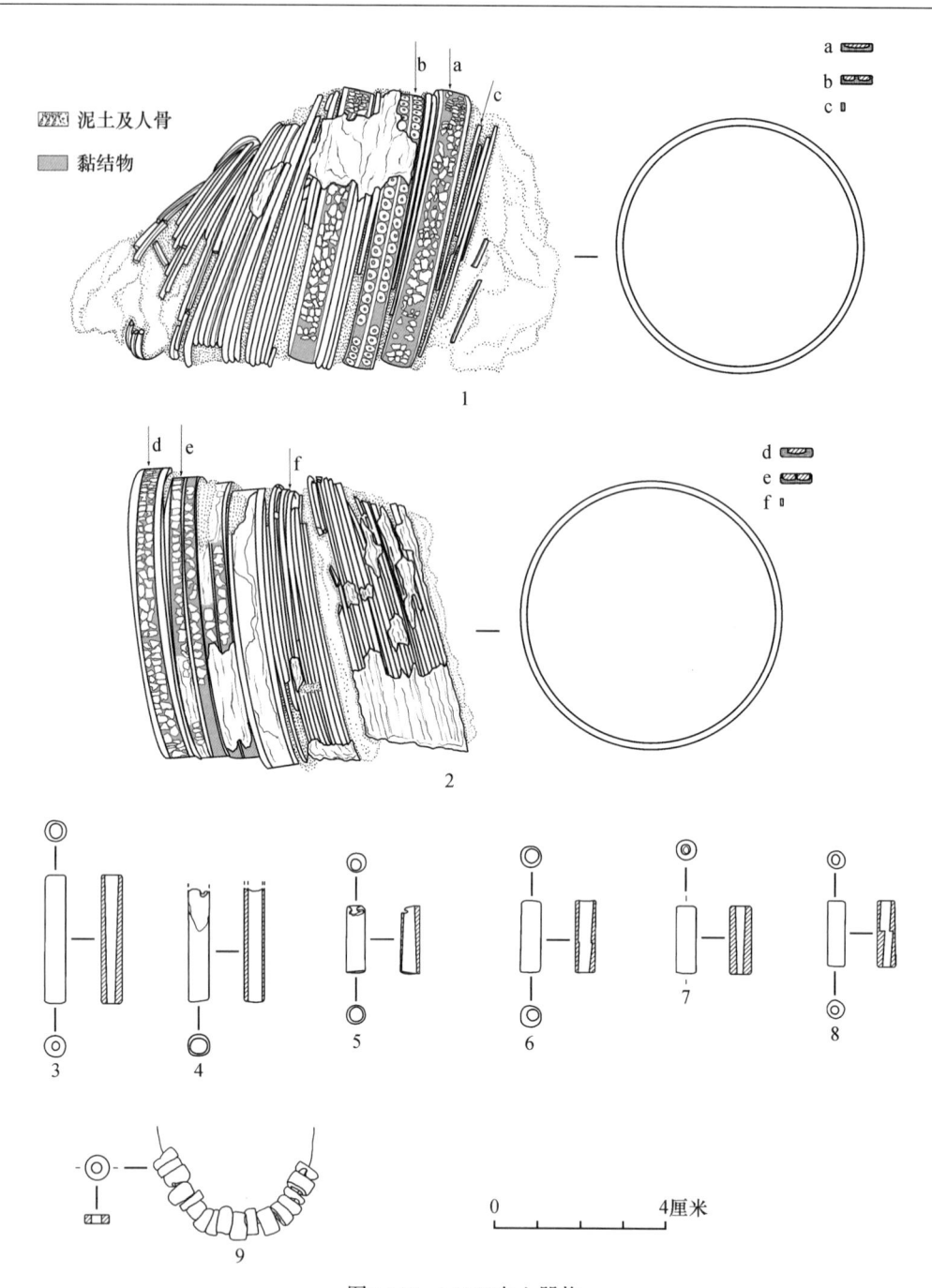

图3-357　M278出土器物

1、2.铜镯（M278：3、M278：4）　3~8.A型玉管珠（M278：1-1、M278：1-2、M278：1-3、M278：1-4、M278：1-5、M278：1-6）　9.玛瑙环珠（M278：2）

6.4厘米。M278：4-3，宽0.75、直径6.6厘米。M278：4-4，宽0.75、直径6.65厘米（图3-357-2-e）。M278：4-5，宽0.78、直径6.7厘米（图3-357-2-d）。

玉石器　2组。

玉管珠　1组。

M278：1，一组6件，均A型（图版190-3）。表面光润细腻，微透光；细管形。M278：1-1，白色泛青，带墨色点状纹。直孔；一端孔口略大，平口；另一端孔口略小，微凸。长2.9、直径0.5、孔径0.3厘米（图3-357-3）。M278：1-2，一端残。白色泛黄。直孔；一端孔径较大，孔口下凹；另一端残，孔径略小。残长2.56、直径0.49、孔径0.32厘米（图3-357-4）。M278：1-3，白色，带墨色点状纹。直孔；一端平口；另一端孔口下凹，凹口处有一道横向划痕。长1.52、直径0.39～0.45、孔径0.2厘米（图3-357-5）。M278：1-4，白色，带墨色点状纹。对向钻孔，孔内形成错位；平口，两端孔口下凹。长1.6、直径0.49、孔径0.24厘米（图3-357-6）。M278：1-5，白色，带墨色点状纹。直孔；平口。长1.53、直径0.47、孔径0.21厘米（图3-357-7）。M278：1-6，白色，带墨色点状纹。对向钻孔，孔内形成错位；一端孔口较大；另一端孔口略小。长1.49、直径0.4～0.45、孔径0.15～0.2厘米（图3-357-8）。

玛瑙环珠　1组。

M278：2，一组17件。多呈黄褐色，其中有2件呈红褐色；微透光。圆环形，外壁较直或微弧；直孔；部分珠子两侧高低不同，从侧面看近楔形。尺寸略有差异，一般高1.8～3.6、直径0.53～0.55、孔径1.2～2.1厘米（图3-357-9；图版190-2）。

M280

M280位于Ⅱ号发掘点T5543东部，小部分跨入T5544，属第2层墓葬。墓坑平面大致呈长方形，东南部一侧被M276打破，长2、宽0.63、深0.3米，纵轴方向170°。墓坑内填红褐色黏土，略疏松，含少量炭屑。发现板灰痕迹，推测原有木质棺椁类葬具。铜镯内残存少许肢骨，据之推测被葬者头朝东南方向，下葬时手臂略向内弯曲。出土随葬品3件（组），包括铜镯2组、铜泡饰1件。铜镯位于墓坑中部，略呈"八"字形左右对称分布，推测下葬时分别佩戴于被葬者左右手臂。铜泡饰略靠墓坑西南部，出土时背面朝上（图3-358）。

铜泡饰　1件。

M280：1，Cb型。出土时背面朝上，锈蚀严重，矿化破碎。圆形薄片状，正面中间似凸乳，周围施波折纹。背面有一道横梁。直径2.7、高0.8厘米（图3-359；图版41-4）。

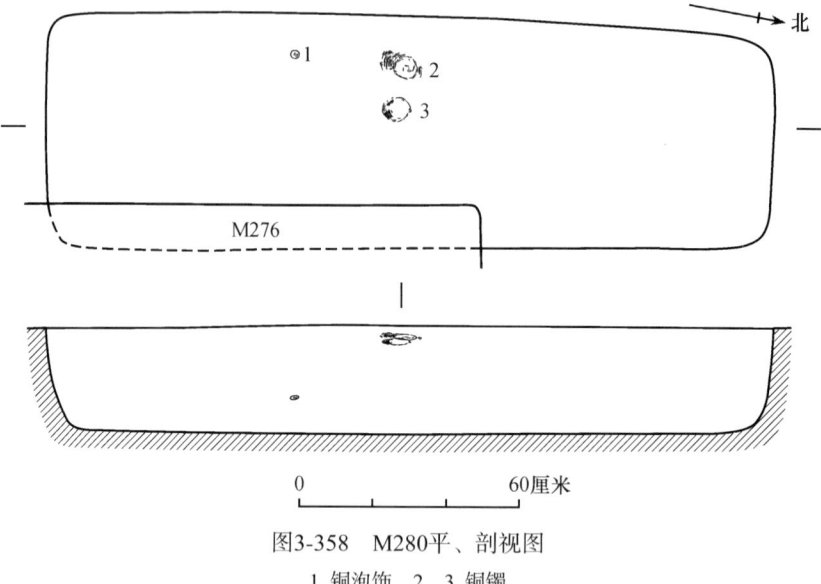

图3-358　M280平、剖视图
1.铜泡饰　2、3.铜镯

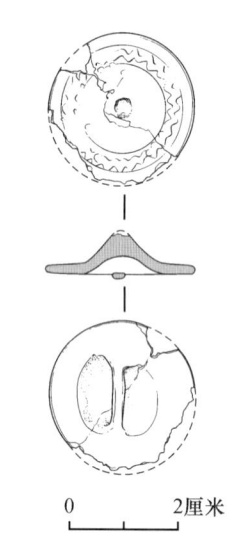

图3-359　M280出土Cb型铜泡饰
（M280：1）

铜镯　2组。

均Ed型。出土时锈蚀严重，大多断裂破碎。细条环状，横截面近弯月形，内壁凹，外壁弧。直径多不详，横截面直径一般0.18~0.2厘米。

M280：2、M280：3，每组均10余件。根据出土位置及形态推测，下葬时分别成串佩戴于被葬者左手臂和右手臂。

M283

M283位于Ⅱ号发掘点T5545西北部，属第2层墓葬。墓坑平面大致呈长方形，纵轴方向156°，长1.68、宽0.48、深0.27米。墓坑内填红褐色黏土，略疏松，含少量炭屑。发现板灰痕迹，推测原有木质棺椁类葬具。人骨已朽，葬式不明。出土随葬品1件，为铜戚，位于墓坑东南部（图3-360；图版196-1）。

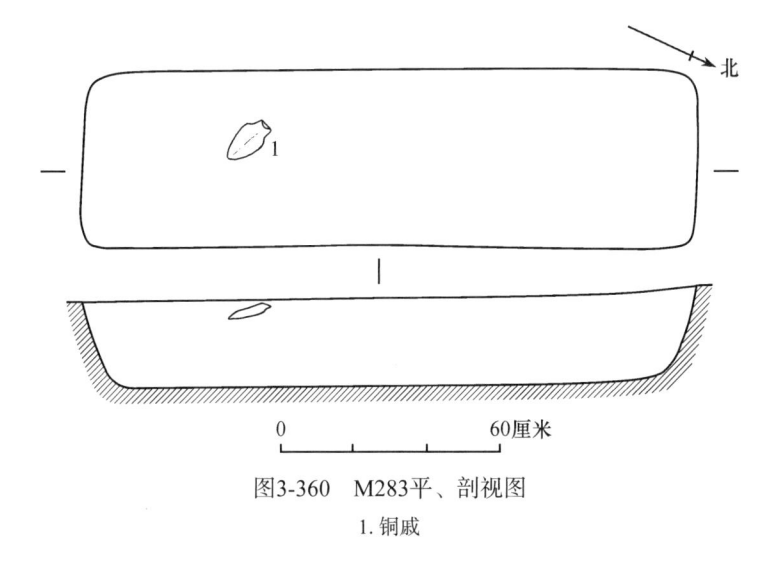

图3-360 M283平、剖视图
1. 铜戚

铜戚 1件。

M283：1，B型Ⅱ式。锈蚀严重，銎口略残。竖銎延伸至戚身下部，底近平；椭圆形銎口较高，中间略下凹；戚身呈宽尖叶形，窄肩，中线略起脊；一面銎口下有穿孔，另一面戚身上部有穿孔。銎口下方有一道凸弦纹，弦纹下接菱形纹。长14.5、銎口宽4.2厘米（图3-361；图版196-2～4）。

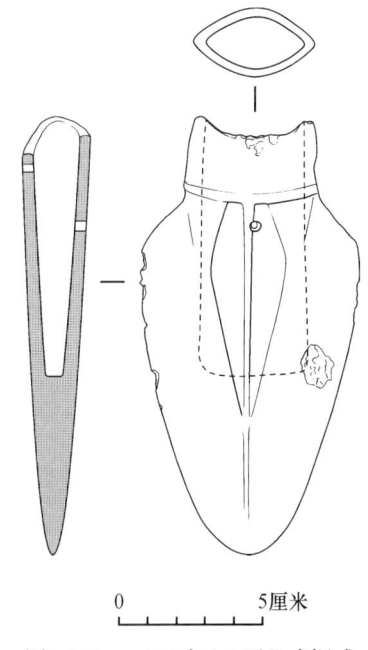

图3-361 M283出土B型Ⅱ式铜戚
（M283：1）

M285

M285位于Ⅱ号发掘点T5545东部,属第2层墓葬。墓坑平面大致呈长方形,东南部一角延伸出发掘区,长1.8、宽0.54、深0.28米,纵轴方向144°。墓坑内填红褐色黏土,略疏松,含少量炭屑。发现板灰痕迹,推测原有木质棺椁类葬具。人骨朽毁,葬式不明。出土随葬品1件,为铜削刀,位于墓坑东南部(图3-362)。

铜削刀　1件。

M285:1,Da型。锈蚀严重,局部矿化,刀身残。器身单面较平;扁长柄;刀身微曲,刃略下弧。残长10.45厘米(图3-363)。

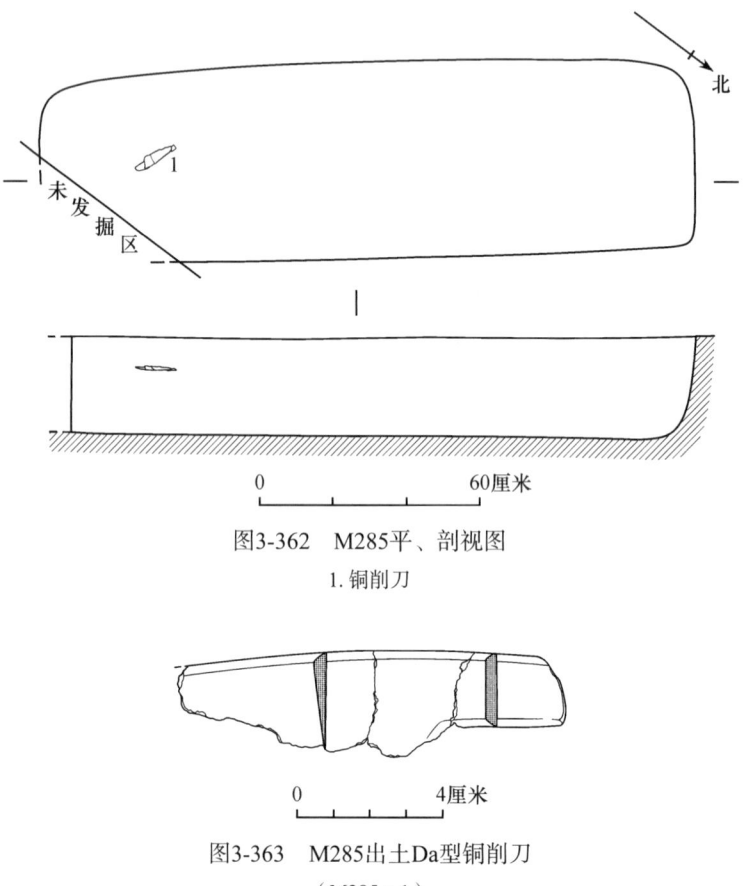

图3-362　M285平、剖视图
1. 铜削刀

图3-363　M285出土Da型铜削刀
(M285:1)

三、第3层墓葬

M281

M281位于Ⅱ号发掘点T5445东南部，属第3层墓葬。墓坑平面大致呈长方形，东部局部被M266打破，长2.1、宽0.67、深0.4米，纵轴方向159°。墓坑内填红褐色略泛灰黏土，较致密。发现板灰痕迹，推测原有木质棺椁类葬具。墓坑东南部残存少许头骨，已成骨渣，可知被葬者头朝东南方向，具体葬式不明。出土随葬品12件（组），包括铜器9件（组）、玉石器3件（组）。铜器有剑、戈、矛、臂甲、扣饰各1件，铜镯4件（组）；玉石器有玉玦1件、石坠1件、玛瑙扣1组。随葬品均位于墓坑东南部，其中有2件（组）铜镯略靠近墓坑中部，呈左右对称分布，推测下葬时分别佩戴于被葬者左右手臂。另两件铜镯亦左右对称，摆放于头骨下方偏右位置，具体目的和用途不明。玉玦位于头骨右下方，推测下葬时佩戴于被葬者右耳。铜剑、铜戈、铜臂甲并列摆放，横置于头骨上方。铜矛竖置，位于头骨左侧，出土前被折弯。铜扣饰及玛瑙扣、石坠居头骨右侧，铜扣饰背面朝上，两件玛瑙扣底部相对，上下叠压（图3-364；图版192）。

铜器 9件（组）。

铜剑 1件。

M281：1，Cb型。锈蚀严重，多处矿化。空心椭圆茎，出土时断裂，茎上部和下

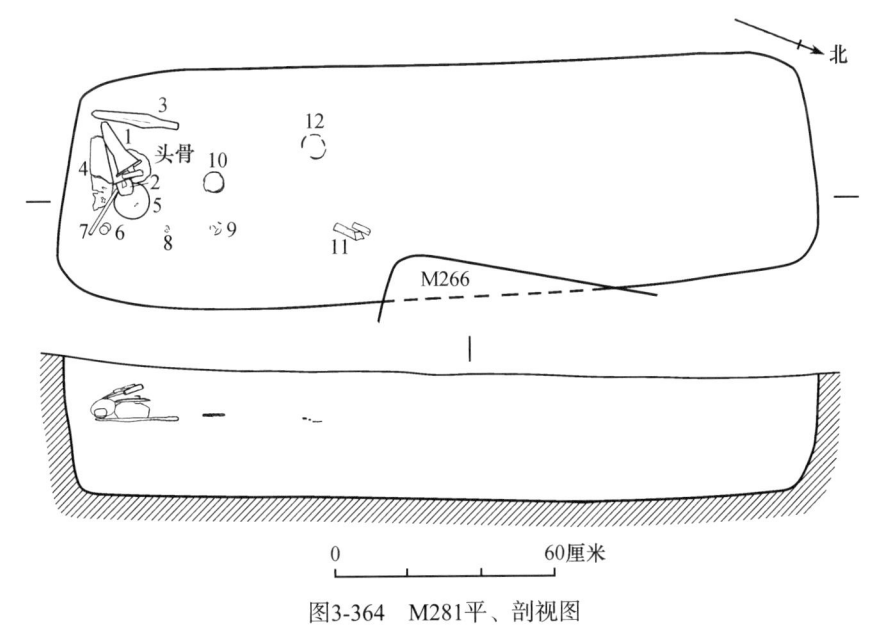

图3-364 M281平、剖视图
1.铜剑 2.铜戈 3.铜矛 4.铜臂甲 5.铜扣饰 6.玛瑙扣 7.石坠 8.玉玦 9~12.铜镯

部各有一对穿，茎首残，呈喇叭口状；一字格；剑身中线略起脊，曲刃，刃部和锋部均残。残长25.6、格长9.3厘米（图3-365-2；图版193-1）。

铜戈 1件。

M281：2，Bb型Ⅲ式。无胡；条形援，前部中线略起脊，后部有一椭圆穿，穿壁上可见铸缝和错口，近阑处有两长方形穿；长方形直内，前部有一三角形穿，后缘呈对称的内卷鸟首状，出土时略残。援后部椭圆穿周围施弦纹和短线芒纹；援本即椭圆穿与阑之间施浅浮雕式牵手人纹，外加梯形框；内后部亦施浅浮雕式的牵手人纹。援后部椭圆穿的壁上可见一圈铸缝痕迹，并形成错口；阑背面及内穿壁上亦残留铸缝痕迹。通长25.8、阑宽7.5厘米（图3-365-3；图版19-1，图版193-4）。

铜矛 1件。

M281：3，B型Ⅱ式。椭圆骹，后部近骹口处一侧有耳，骹口平，出土时略残；矛身较长，前部起脊，后部沿脊线设血槽，曲刃，出土前从中部略被折弯。出土时骹内残存朽木，推测与矛柲有关。通长26.7厘米（图3-365-1；图版193-2）。

铜臂甲 1件。

M281：4，锈蚀矿化严重，多处破裂，两端残缺。扁圆筒形，由铜片弯卷并锻打而成，前端细，后端粗，侧面对接处未封合。对接处两侧有多组对称圆穿，圆穿较小，每组2个，系用工具由外向内冲凿形成；侧面和背面亦可见一些穿孔。这些穿孔推测是用来穿系线绳以捆绑和固定臂甲的。臂甲残长约23、粗端残径约9.7、细端残径约6.1、厚约0.05厘米（图版193-3）。

铜镯 4件（组）。

A型Ⅱ式，3件（组）。

M281：9，出土时完全矿化，仅剩少许碎残片。残片上可见简化的云雷纹状界格。尺寸不详。

M281：10，出土时矿化严重，仅存一小部分。片状环形，镯体较宽，前镯口小于后镯口；内壁微弧；外壁呈浅槽结构，中间预铸简化的云雷纹状界格，槽内镶嵌孔雀石片，但多脱落或风化，露出下面的黑色黏结物。出土时位于被葬者头部下方附近。镯宽1.8厘米，因断裂破碎，直径不详。

M281：11，一组2件。出土时锈蚀严重，局部矿化破碎。片状环形，镯体较宽，前镯口略小于后镯口；内壁较直，边缘弧；外壁呈浅槽结构，中间预铸简化的云雷纹状界格，槽内镶嵌孔雀石片；孔雀石片较小，形状不规则，部分脱落，与镯体之间可见黑色黏结物（图版193-5）。两件铜镯大小略有差异，出土时前后相接，按位置推测，可能佩戴于被葬者右手臂。M281：11-1居前，稍小。前镯口直径5.8、后镯口直径5.9、镯宽1.7厘米（图3-366-1）。M281：11-2居后，稍大。前镯口直径6.5、后镯口直径6.7、镯宽2厘米（图3-366-2）。

第三章 墓葬分述

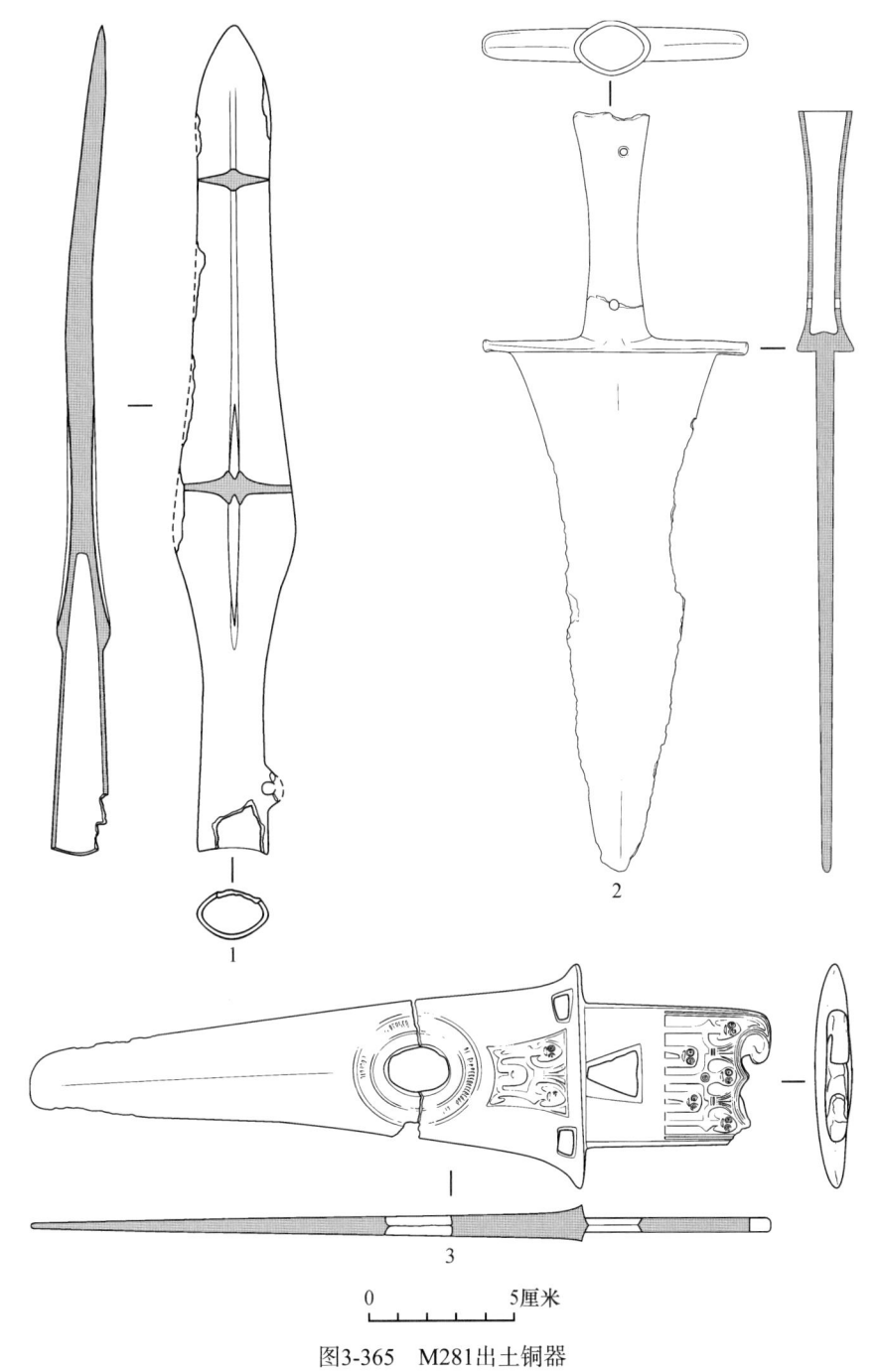

图3-365 M281出土铜器
1. B型Ⅱ式矛（M281:3） 2. Cb型剑（M281:1） 3. Bb型Ⅲ式戈（M281:2）

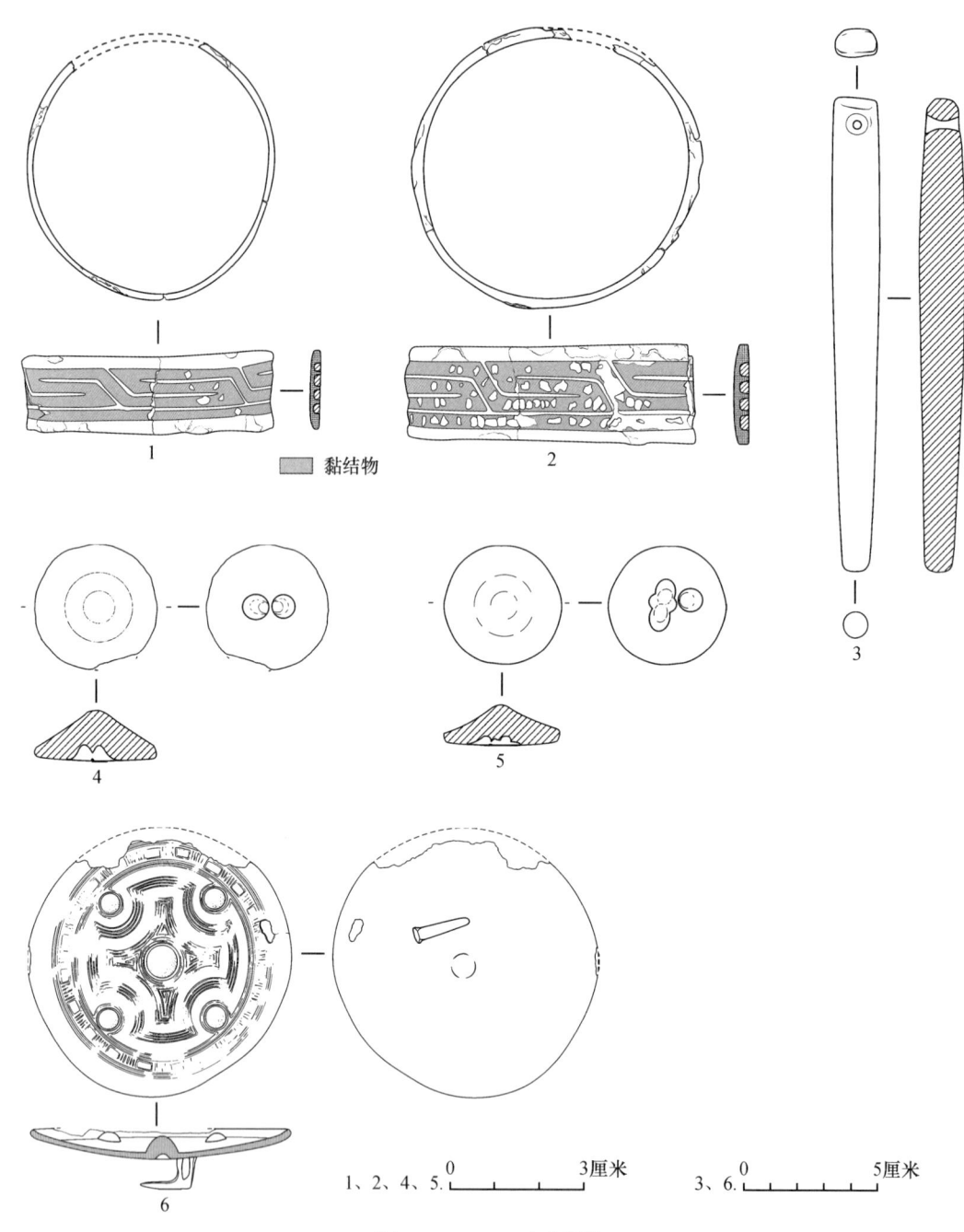

图3-366　M281出土器物

1、2. A型Ⅱ式铜镯（M281：11-1、M281：11-2）　3. 石坠（M281：7）　4、5. 玛瑙扣（M281：6-1、M281：6-2）　6. Ca型铜扣饰（M281：5）

Ea型，1件。

M281∶12，出土时矿化破碎。细条环状，横截面为竖长方形。从出土位置看，可能佩戴于被葬者左手臂。复原直径约6.4厘米，横截面长0.2、宽0.1厘米。

铜扣饰　1件。

M281∶5，Ca型。出土时背面朝上，矿化破碎严重。扣面呈浅圆盘形，背面有一横向带穿弯钩。扣面中心呈乳钉状凸起，周围施重线"十"字纹，"十"字四角又对称分布四个乳钉，边缘施多道弦纹，弦纹之间填长方块和短线纹。直径9.9厘米（图3-366-6，图3-367；图版194-1~3）。

玉石器　3件（组）。

玉玦　1件。

M281∶8，出土时风化严重，碎成粉末。白色，大致为环形片状，具体形制及尺寸不详。

玛瑙扣　1组。

M281∶6，一组2件，均A型。白色；正面光亮细腻，背面中部打磨较平整，周围局部较粗糙。M281∶6-1，略残，背面有2个相通的锥形对钻圆孔。扣直径2.75、高1.1厘米（图3-366-4；图版194-5、6）。M281∶6-2，背面可见4个锥形圆孔，经观察可判定与改制有关，即原来的2个相通的锥形对钻圆孔破损后，于其一侧按大致垂直方向又重新钻了一对。扣直径2.6、高0.88厘米（图3-366-5；图版49-3、4）。

石坠　1件。

M281∶7，出土时已断裂。红褐色细砂岩制成，表面打磨光润，带一些黑色附着物。圆柱形，上粗下细，靠近顶部渐扁；顶端较圆润，略带棱角；下端磨成小平面；顶部有一圆穿，对向锥形钻孔，可见明显镟钻痕迹。高15.5、最大直径1.5、一面孔径0.7、另一面孔径0.6厘米（图3-366-3；图版50-1，图版194-4）。

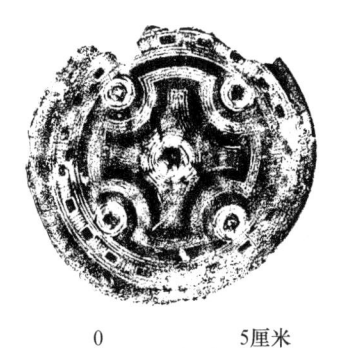

图3-367　M281出土Ca型铜扣饰拓本
（M281∶5）

M282

M282位于Ⅱ号发掘点的5445中部偏西南,属第3层墓葬。墓坑平面大致呈长方形,纵轴方向157°,长2.6、宽0.9、深1.3米。墓坑内填红褐色黏土,略疏松。未发现葬具痕迹。人骨已朽,葬式不明。出土随葬品2件,分别为铜剑和铜矛,位于墓坑中部,均竖置,方向相反。出土前,铜剑被折断,铜矛被折弯(图3-368;图版195-1)。

铜剑　1件。

M282:1,Aa型Ⅱ式。扁茎,茎首呈乳突状;无格;剑身后部较宽形成溜肩,前部出土前断裂,锋不存。剑身后端与茎交会处有一三角形凸块。出土时茎上缠绕麻,剑身附着朽木和炭化物。残长13.5、肩宽3.6厘米(图3-369-1;图版195-2)。

铜矛　1件。

M282:2,Aa型。锈蚀严重,局部矿化。椭圆骹,后部一侧有耳,耳出土时残,骹口平;柳叶形矛身,中线略起脊,刃较直,局部残,出土前锋部被折弯。出土时矛身后部近骹处断裂。通长19厘米(图3-369-2;图版195-3、4)。

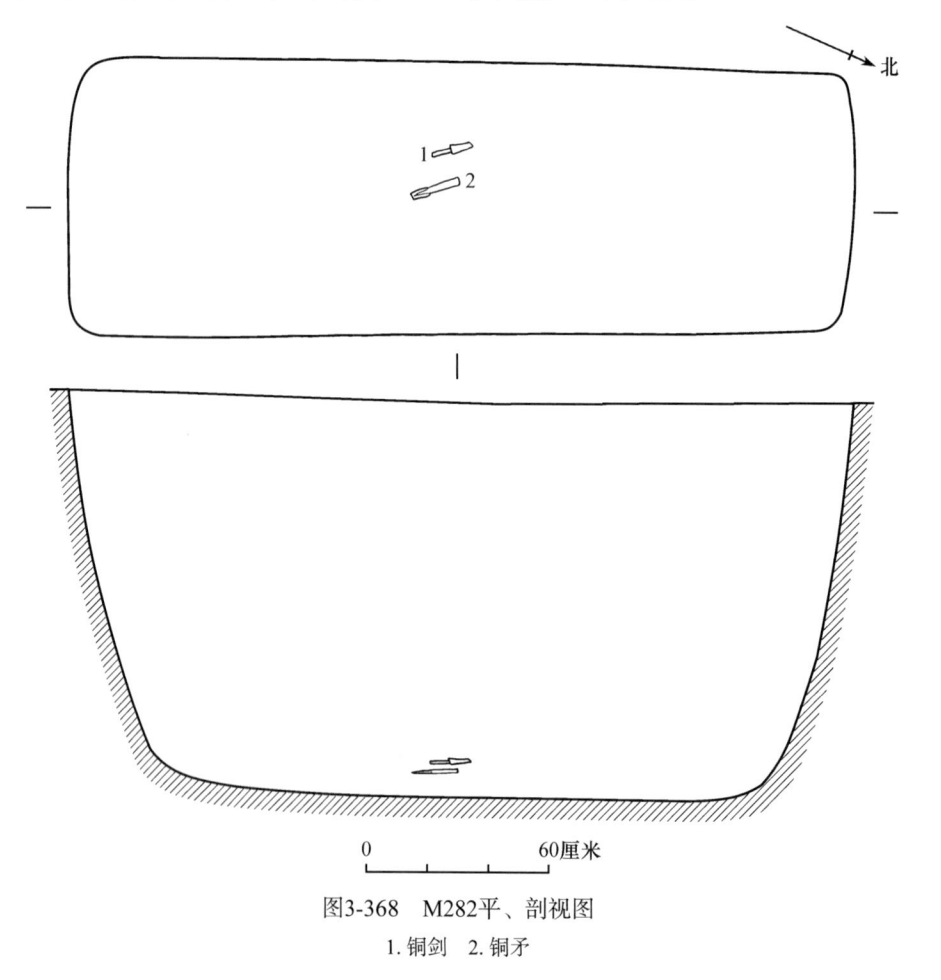

图3-368　M282平、剖视图
1. 铜剑　2. 铜矛

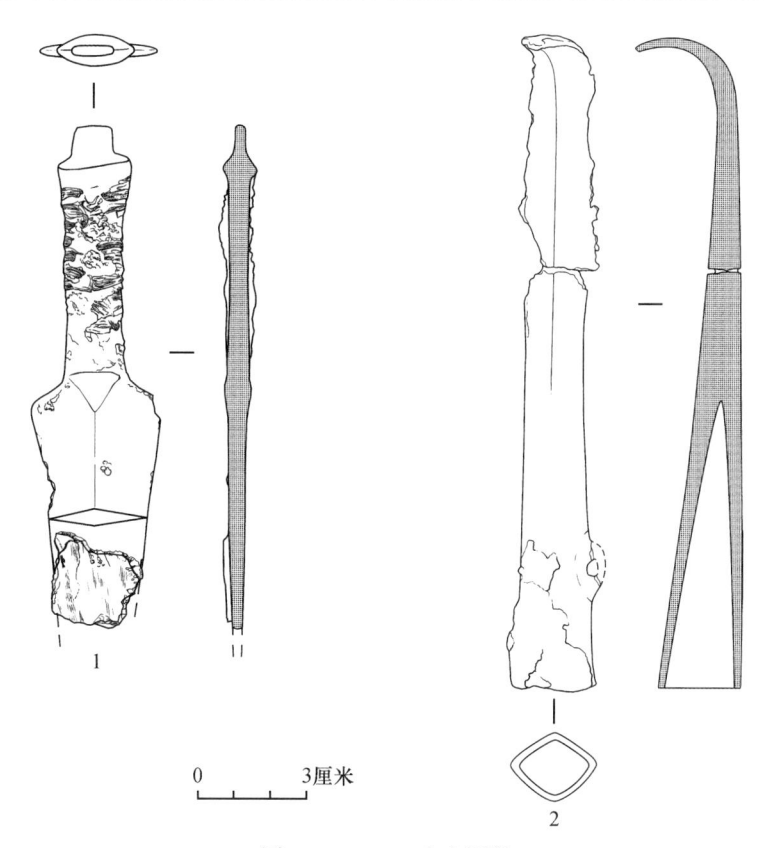

图3-369　M282出土铜器
1. Aa型Ⅱ式剑（M282∶1）　2. Aa型矛（M282∶2）

M284

M284位于Ⅱ号发掘点T5445东北部，小部分跨入T5545，属第3层墓葬。墓坑平面大致呈长方形，东南部被M267打破，残长1.93、宽0.54、深0.8米，纵轴方向156°。墓坑内填红褐色黏土，略疏松。未发现葬具痕迹。人骨多已朽毁，仅铜镯内残存少许肢骨，据之推测被葬者头朝东南方向，下葬时手臂向内弯曲。出土随葬品为1组铜镯，大致位于墓坑中部（图3-370；图版197-1）。

铜镯　1组。

M284∶1，一组60余件，含A型Ⅰ式、Ea型两种类型。A型Ⅰ式3件，M284∶1-2～M284∶1-4，片状环形，镯体较窄；内壁微弧；外壁呈浅槽结构，其中M284∶1-4于槽中间还预铸一横条状界格，槽内镶嵌孔雀石片；孔雀石片较小，形状不规则，与扣体之间可见黑色黏结物。余皆Ea型，M284∶1-1，细条环状，截面为竖长方形。从出土位置及形态推测，铜镯下葬时成串佩戴于被葬者左手臂，镯内残存肢骨；不同类型铜镯交错排列，其中3件A型Ⅰ式铜镯均靠后。整体看，靠前的铜镯稍小，后面的渐大

（图版197-2、3）。M284∶1-1，即Ea型铜镯，粗细有一定变化，直径一般5.9～6.3厘米，横截面一般长0.18、宽0.05～0.1厘米（图3-371-c）。3件A型Ⅰ式铜镯尺寸亦不一。M284∶1-2，宽0.7、直径6.25厘米。M284∶1-3，宽0.77、直径6.3厘米（图3-371-a）。M284∶1-4，宽0.77、直径6.7厘米（图3-371-b）。

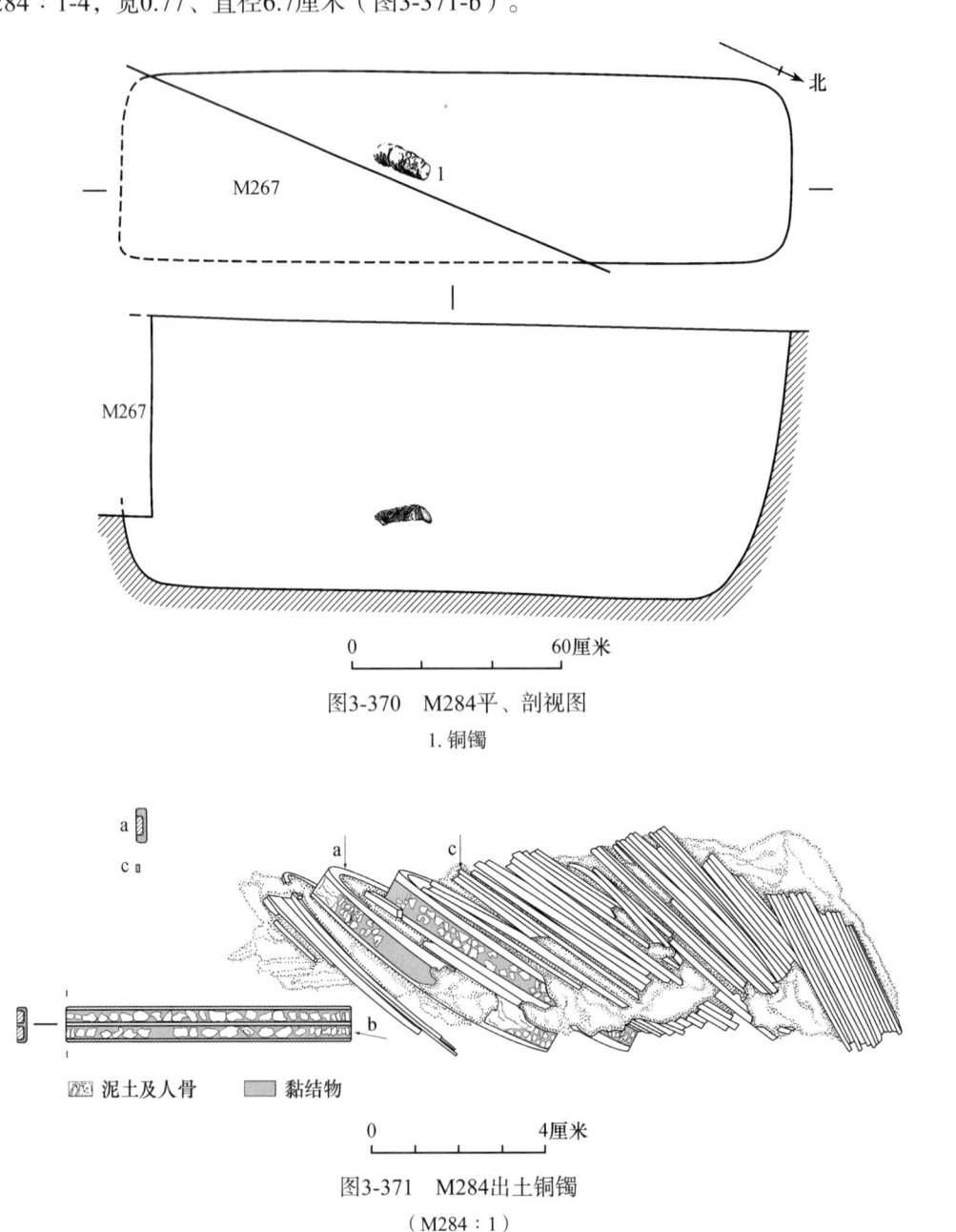

图3-370　M284平、剖视图
1. 铜镯

图3-371　M284出土铜镯
（M284∶1）

M286

M286位于Ⅱ号发掘点，跨T5644和T5544，属第3层墓葬。墓坑平面大致呈长方形，北部延伸出发掘区。发掘部分长1.25、宽0.73、深0.27米，纵轴方向175°。墓坑内填红褐色黏土，略疏松，含少量炭屑。发现板灰痕迹，推测原有木质棺椁类葬具。人骨多已朽毁，仅铜镯内残存少许肢骨，据之推测被葬者头向朝南，具体葬式不明。出土随葬品4件（组），包括铜剑、铜戈各1件，铜镯1组，玉镯1件。铜镯和玉镯位于墓坑中部靠近东壁处，推测下葬时成串佩戴于被葬者手臂，玉镯居前。铜剑和铜戈皆位于墓坑南部，集中摆放（图3-372；图版198-1）。

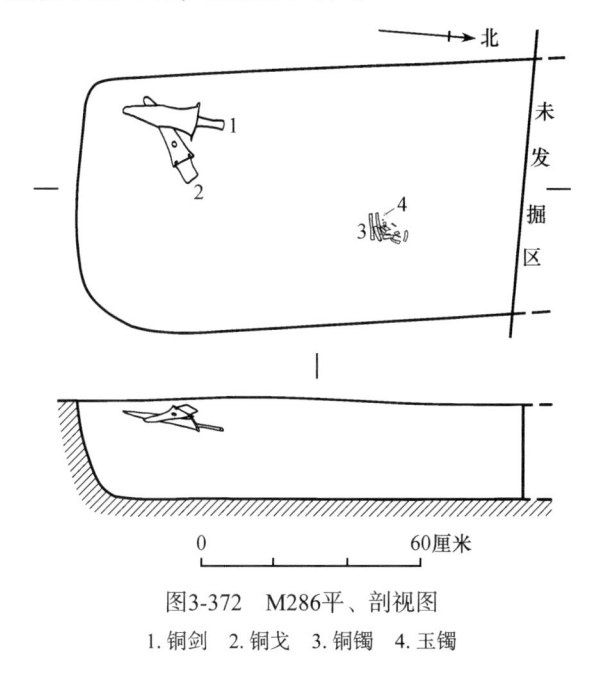

图3-372 M286平、剖视图
1.铜剑 2.铜戈 3.铜镯 4.玉镯

铜器 3件（组）。

铜剑 1件。

M286：1，Ca型。锈蚀严重，局部矿化。空心圆茎，空首呈喇叭口状，茎下部有对穿；一字格；剑身较宽，曲刃，出土时锋略残。剑身后部隐约可见沿中线左右对称分布的箭矢状纹饰。茎两侧和格两端下方可见铸缝痕迹。出土时，茎部清晰可见细麻缠绕并从穿孔中穿过的痕迹。通长29.3、格长10.6厘米（图3-373-2；图版198-2）。

铜戈 1件。

M286：2，Bb型Ⅲ式。无胡；条形援微曲，出土时锋部略残，援后部有一圆穿，近阑处有两长方形穿；长方形直内，前部有一近椭圆形穿，后缘呈对称的内卷鸟首状。援后部圆穿周围施弦纹和短线芒纹；援本即圆穿与阑之间饰浅浮雕式牵手人纹，

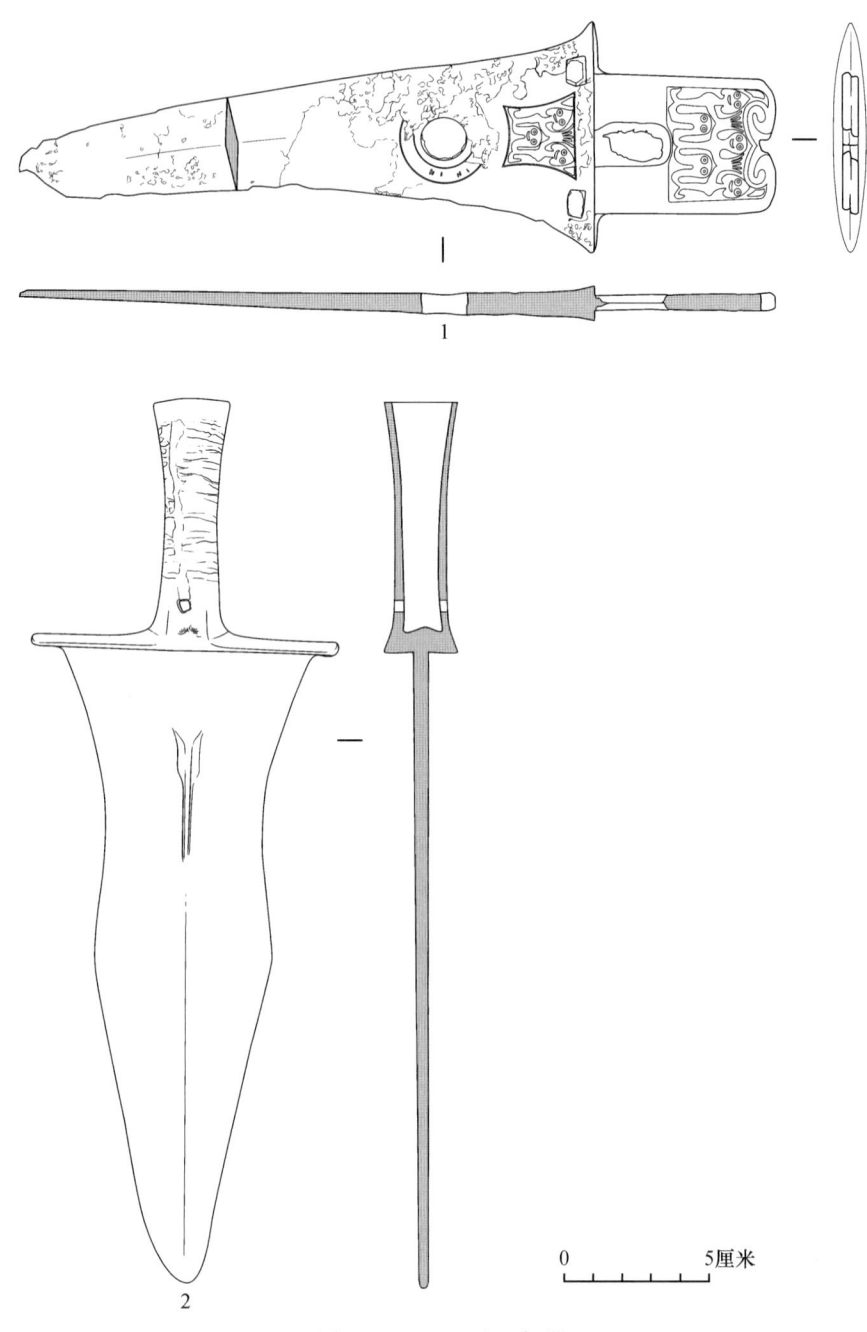

图3-373　M286出土铜器

1. Bb型Ⅲ式戈（M286:2）　2. Ca型剑（M286:1）

外加梯形框；内后部亦饰浅浮雕式的牵手人纹。阑背面以及内两侧和内穿壁上残留铸缝痕迹。残长25.5、阑宽7.6厘米（图3-373-1，图3-375；图版198-3）。

铜镯　1组。

M286:3，一组7件，含A型Ⅰ式、Ea型两种类型。锈蚀严重，部分断裂残缺。A型Ⅰ式5件，M286:3-3~M286:3-7，片状环形，镯体较窄。M286:3-3、M286:3-4，内壁较直，外壁呈浅槽结构，中间预铸横条状界格，槽内镶嵌孔雀石片。M286:3-5~M286:3-7，内壁弧或微弧，外壁呈浅槽结构，内镶嵌孔雀石片；孔雀石片均较小，形状不规则，部分脱落或风化，与镯体之间可见黑色黏结物。Ea型2件，M286:3-1、M286:3-2，细条环状，横截面为竖长方形；镯体局部可见包卷痕迹，内壁中线还有凹缝，应都是锻打留下的痕迹。从出土位置及形态看，下葬时铜镯成串佩戴于被葬者右手臂，镯内残存肢骨，两件Ea型镯即M286:3-1、M286:3-2居前，五件A型Ⅰ式镯即M286:3-3~M286:3-7依次居后。M286:3-1、M286:3-2，直径不详，横截面长约0.16、宽约0.1厘米。M286:3-3，宽约0.85、直径约6.4厘米（图3-374-1）。M286:3-4，宽约0.9、直径约6.4厘米（图3-374-2）。M286:3-5，宽约0.9、直径约6.6厘米（图3-374-3）。M286:3-6，宽约0.9、直径约6.6厘米（图3-374-4）。M286:3-7，宽约

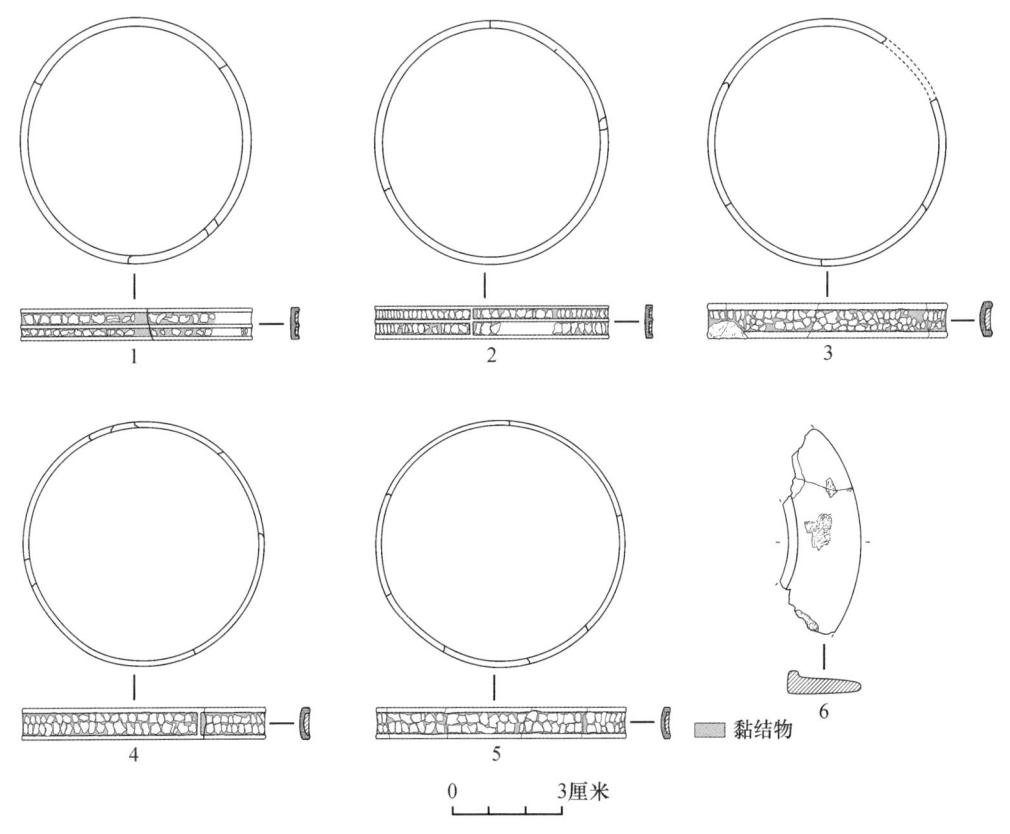

图3-374　M286出土器物

1~5.A型Ⅰ式铜镯（M286:3-3、M286:3-4、M286:3-5、M286:3-6、M286:3-7）　6.B型玉镯（M286:4）

0.85、直径约6.8厘米（图3-374-5）。

玉石器　1件。

玉镯　1件。

M286：4，B型。出土时风化破碎严重，大部分近成粉末。从残块看，白色；不透光。圆环形；外缘较圆润；内缘微弧，单面凸出起棱。残径5.46、外缘厚0.32、内缘厚0.46厘米（图3-374-6）。

图3-375　M286出土Bb型Ⅲ式铜戈拓本
（M286：2）

M291

M291位于Ⅱ号发掘点T5445西南部，小部分跨入T5444，属第3层墓葬。墓坑平面呈长条形，东南部延伸出发掘区。发掘部分长2.02、宽0.56、深0.2米，纵轴方向162°。墓坑内填浅红褐色黏土，略疏松，含少量炭屑。发现板灰痕迹，推测原有木质棺椁类葬具。人骨已朽，葬式不明。出土随葬品为2组铜镯，大致位于墓坑中部，呈左右对称分布，推测下葬时佩戴于被葬者手臂（图3-376）。

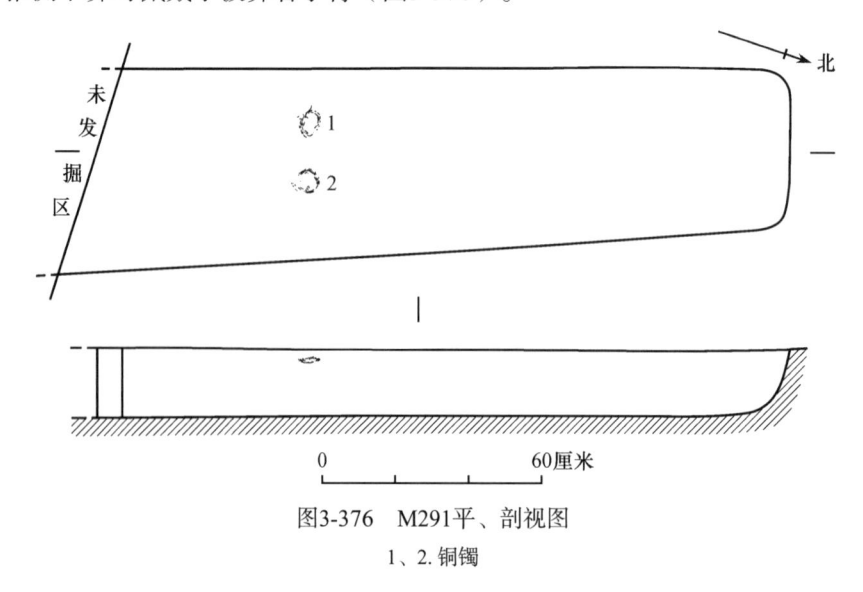

图3-376　M291平、剖视图
1、2. 铜镯

铜镯　2组。

均Ea型。出土时矿化锈蚀严重，多断裂破碎。细条环状，横截面为竖长方形。

M291：1，一组3件。直径不详，横截面一般长0.16~2、宽0.1厘米。

M291：2，一组4件。直径不详，横截面一般长0.15~2、宽0.1厘米。

M293

M293位于Ⅱ号发掘点T5644西南部，属第3层墓葬。墓坑平面大致呈长方形，北部延伸出发掘区。发掘部分长0.82、宽0.93、深0.27米，纵轴方向166°。墓坑内填红褐色黏土，略疏松，含少量炭屑。发现板灰痕迹，推测原有木质棺椁类葬具。人骨朽毁，葬式不明。出土随葬品2件，分别为铜剑和铜扣饰，均位于墓坑东南部，铜剑压于铜扣饰之上（图3-377；图版199-1）。

铜剑　1件。

M293：1，Cb型。空心椭圆茎，空首呈喇叭口状，茎上部和下部都有对穿，下部对穿斜向；一字格；曲刃。茎部隐约可见漫漶纹饰；剑身后部施箭矢状纹饰。茎两侧和格两端下方可见铸缝痕迹。通长27.5、格长10.7厘米（图3-378-1，图3-379；图版199-2）。

图3-377　M293平、剖视图
1.铜剑　2.铜扣饰

铜扣饰　1件。

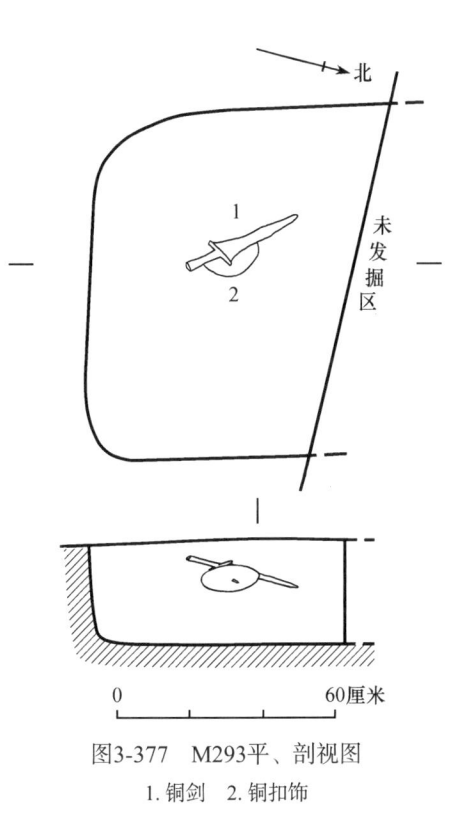

M293：2，Cb型。出土时背面朝上，锈蚀严重，局部矿化破碎。扣面呈浅圆盘形；背面有一横向带穿弯钩，可能因长期使用，磨损严重，另弯钩根部附近隐约可见铸缝痕迹。扣面中间凸起，内镂空，构成"十"字形纹，周围由内到外施多道弦纹，弦纹之间填勾连涡纹加小圆圈。直径11厘米（图3-378-2；图版36-1、2，图版199-3、4）。

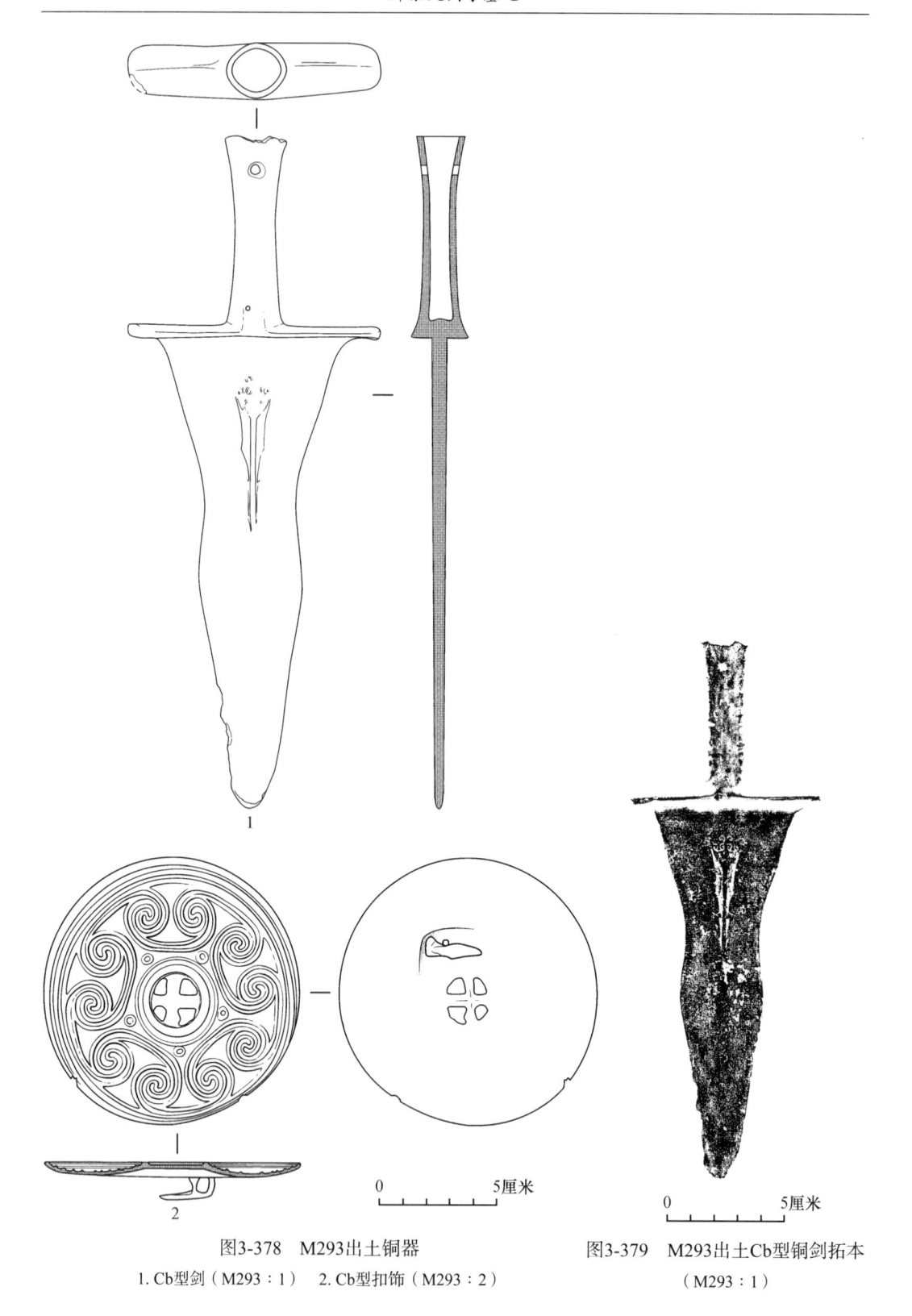

图3-378 M293出土铜器
1. Cb型剑（M293∶1） 2. Cb型扣饰（M293∶2）

图3-379 M293出土Cb型铜剑拓本
（M293∶1）

M300

M300位于Ⅱ号发掘点T5544中部偏北，属第3层墓葬。墓坑平面大致呈长方形，纵轴方向190°，长2.12、宽0.57、深0.3米。墓坑内填红褐色黏土，略疏松，含少量炭屑。发现板灰痕迹，推测原有木质棺椁类葬具。残存零星骨渣，葬式不明。出土随葬品4件，分别为铜剑、铜戚、铜扣饰和铜泡饰，均位于墓坑西南部，其中铜剑、铜扣饰和铜泡饰集中放在一起（图3-380；图版200-1）。

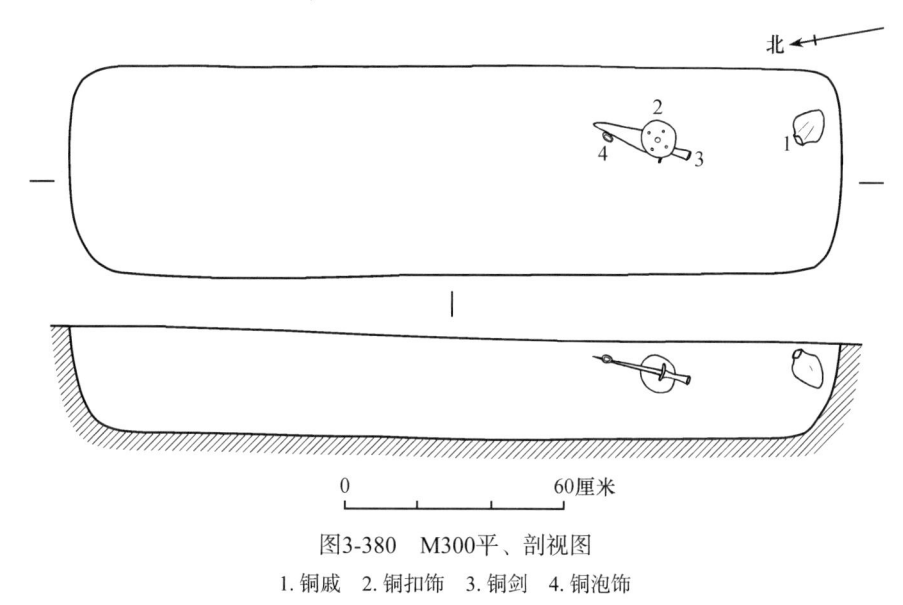

图3-380 M300平、剖视图
1. 铜戚 2. 铜扣饰 3. 铜剑 4. 铜泡饰

铜剑 1件。

M300:3，Cb型。锈蚀严重，局部矿化。空心椭圆茎，空首呈喇叭口状，茎下部有对穿；一字格；剑身前部中线略起脊，锋残，曲刃。茎部隐约可见弦纹、涡纹等纹饰；剑身后部施箭矢状纹饰，亦漫漶不清。茎两侧和格两端下方可见铸缝痕迹。残长24.6、格长9.9厘米（图3-381-1；图版200-2、3）。

铜戚 1件。

M300:1，B型Ⅰ式，锈蚀严重，戚刃略残。竖銎向下延伸至戚身下部，圆底；近菱形銎口较高，中间下凹；戚身呈宽尖叶形，圆肩，中线略起脊，单面有穿孔。銎口下方有一道凸弦纹，弦纹下接树杈状纹饰及菱形纹。出土时銎内有朽木。长15.7、銎口宽5.4厘米（图3-381-2；图版24-3、4，图版201-1）。

图3-381 M300出土铜器

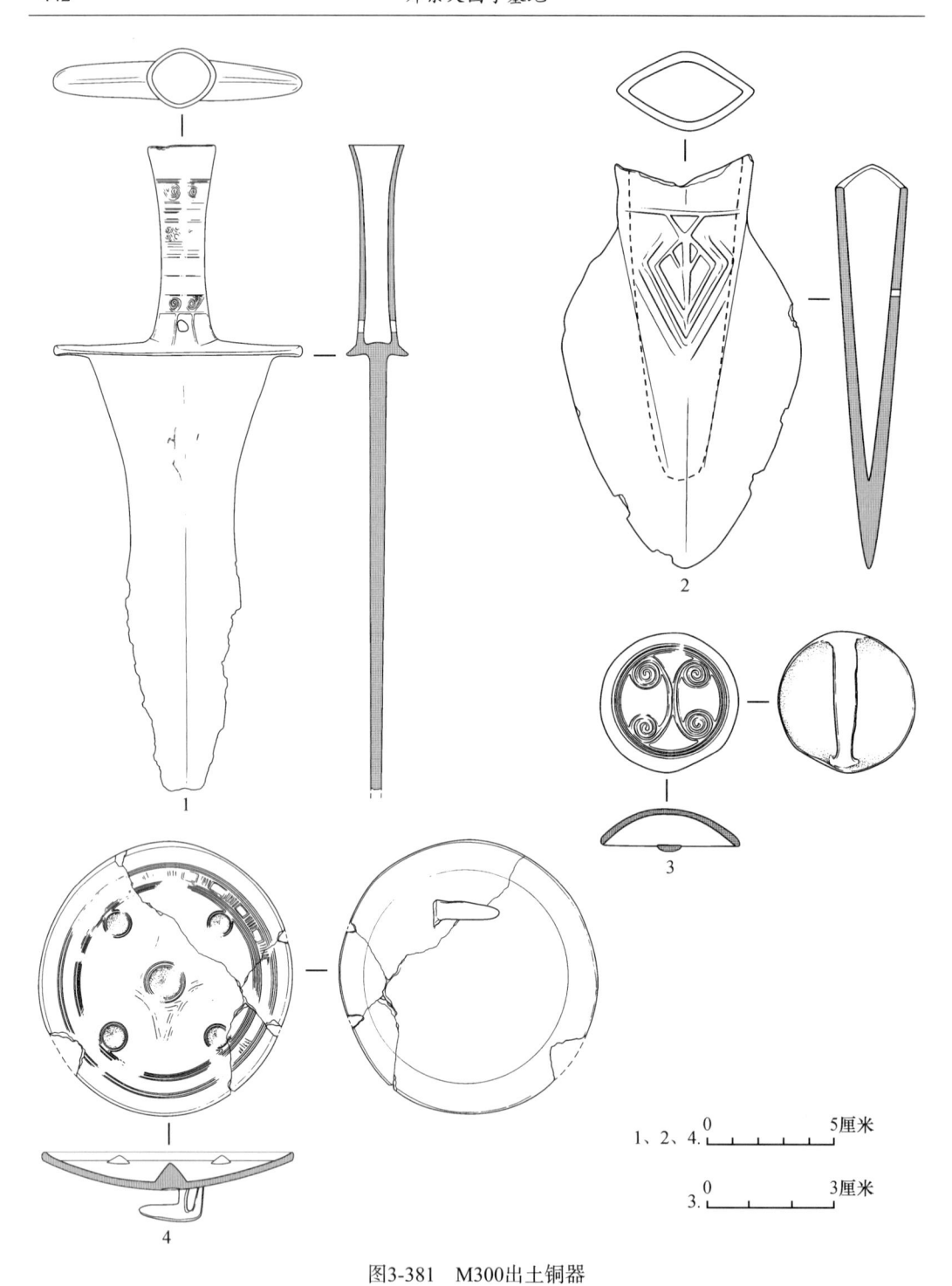

1. Cb型剑（M300:3） 2. B型Ⅰ式戚（M300:1） 3. Bb型泡饰（M300:4） 4. Ca型扣饰（M300:2）

铜扣饰　1件。

M300：2，Ca型。出土时背面朝上，锈蚀严重，局部矿化破碎。扣面呈浅圆盘形，背面有一横向带穿弯钩。扣面中心呈乳钉状凸起，周围施重线"十"字纹，"十"字四角对称分布四个乳钉，边缘施多道弦纹，弦纹之间填长方块和短线纹。直径10厘米（图3-381-4；图版201-2～4）。

铜泡饰　1件。

M300：4，Bb型。圆形薄片状，器形较小；正面中部鼓凸，表面光滑；背面有一道横梁。鼓面施卷云状涡纹，外施数周弦纹。直径3.2厘米（图3-381-3；图版201-5、6）。

M302

M302位于Ⅱ号发掘点T5544西南部，属第3层墓葬。墓坑平面呈长条形，北部一角被M297打破，长2.26、宽0.57、深0.25米，纵轴方向172°。墓坑内填浅红褐色黏土，略疏松。未发现葬具痕迹。人骨朽毁，葬式不明。出土随葬品2件，分别为铜剑和铜扣饰。铜剑位于墓坑南部，横置。铜扣饰位于墓坑中部，靠近西壁，出土时背面朝上（图3-382；图版202-1）。

铜剑　1件。

M302：1，Cb型。锈蚀严重，局部矿化破碎。空心椭圆茎，茎首残，呈喇叭口状，茎下部有对穿；一字格；剑身前部中线略起脊，锋残，曲刃。剑身后部施箭矢状纹饰。茎两侧和格两端下方可见铸缝痕迹。出土时，茎部有细麻缠绕痕迹。残长22、格长9厘米（图3-383-1；图版202-2）。

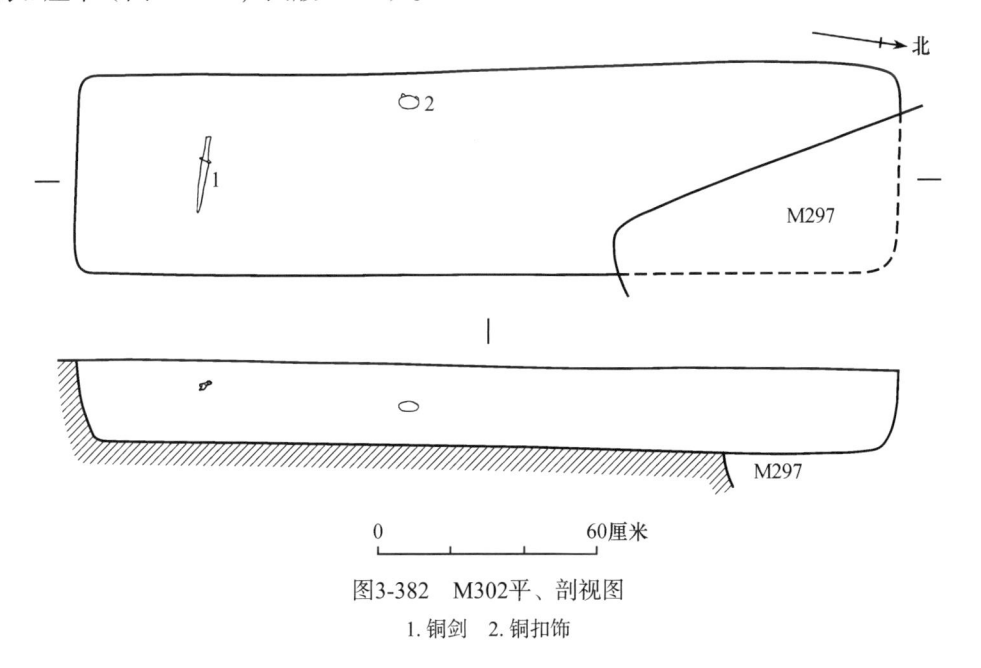

图3-382　M302平、剖视图
1. 铜剑　2. 铜扣饰

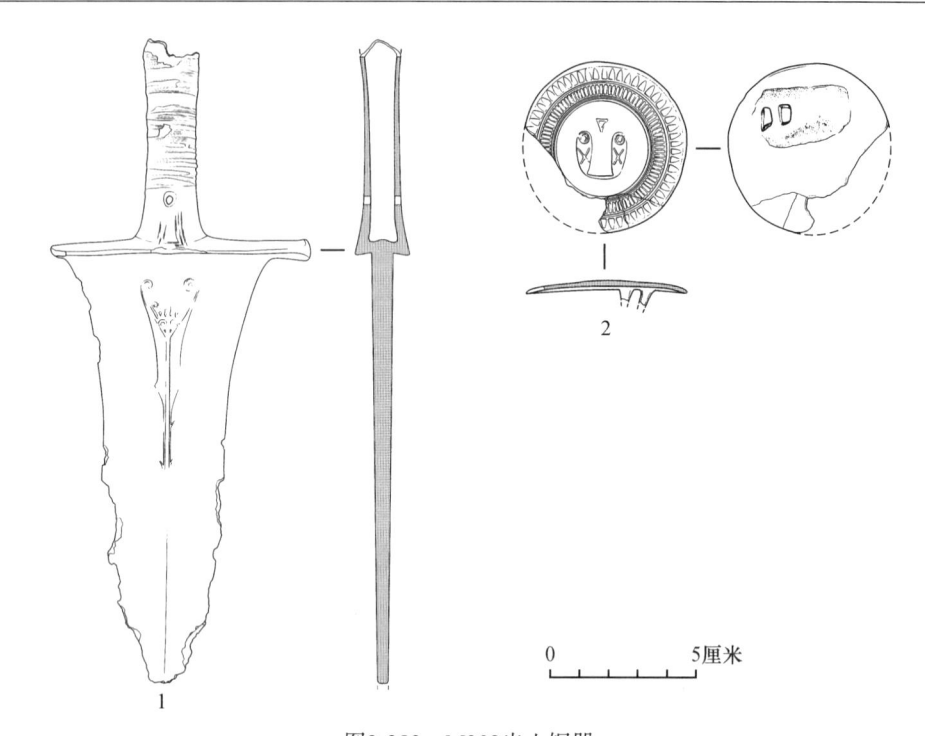

图3-383　M302出土铜器
1. Cb型剑（M302:1）　2. Ab型扣饰（M302:2）

铜扣饰　1件。

M302:2，Ab型。锈蚀严重，局部矿化破碎。扣面圆形，背面弯钩残，残断处周围隐约可见近长方形铸缝。正面中部鼓凸，呈动物面具状；动物额头施三角形纹，圆眼，宽鼻，眼睛有瞳孔等结构，眼睛下方即鼻子两侧施"X"形纹；面具周围由内到外施多道弦纹，弦纹之间依次填放射状短线纹及水滴状芒纹。直径5.6厘米（图3-383-2，图3-384；图版202-3、4）。

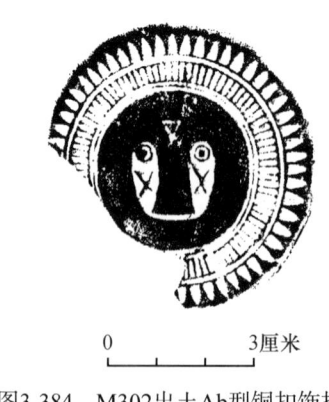

图3-384　M302出土Ab型铜扣饰拓本
（M302:2）

M307

M307位于Ⅱ号发掘点T5444西北部，小部分跨入T5544，属第3层墓葬。墓坑平面大致呈长方形，纵轴方向158°，长2.25、宽0.62、深0.18米。墓坑内填浅红褐色黏土，略疏松。未发现葬具痕迹。人骨已朽，葬式不明。出土随葬品2件，分别为玉管珠和玉镯，位于墓坑中部略偏东南，推测下葬时佩戴于被葬者手臂（图3-385）。

玉管珠　1件。

M307：2，A型。出土时残。白色泛黄。直孔；一端口较平，两侧微凹；另一端口较斜。残长3.37、直径0.63~0.74、孔径0.36厘米（图3-386-2）。

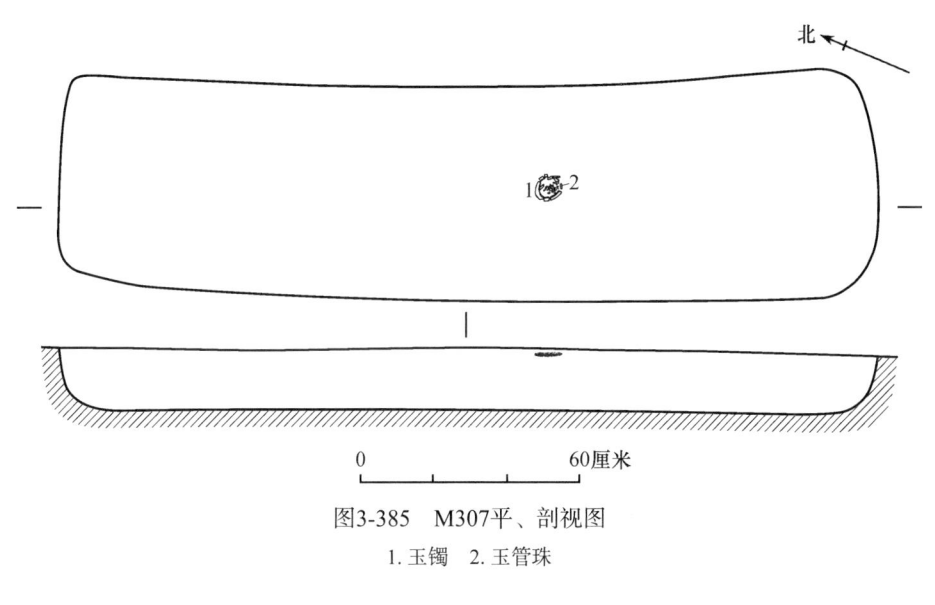

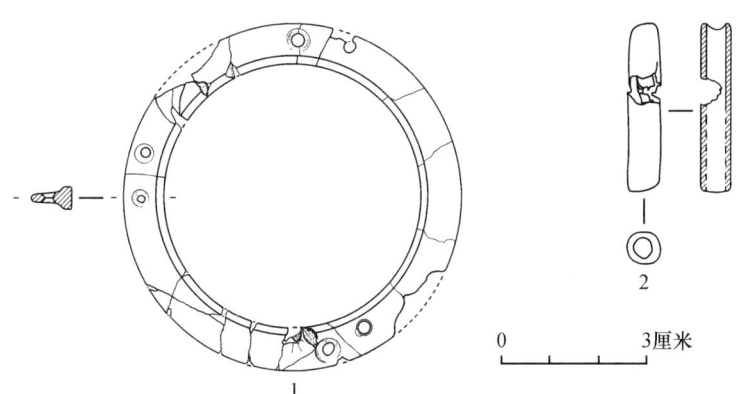

图3-385　M307平、剖视图
1. 玉镯　2. 玉管珠

图3-386　M307出土玉石器
1. B型玉镯（M307：1）　2. A型玉管珠（M307：2）

玉镯　1件。

M307：1，B型。出土时断裂为数截。白色泛黄，隐约可见少许墨色纹理；表面光洁，打磨平整，不透光。圆环形，外缘圆润，内缘较直，两面出棱，横截面呈"T"形。镯体经过修补，有三处裂缝断面明显经过打磨，且两侧有圆形铜孔，还可见黑色黏结物痕迹；铜孔多对向锥形钻孔，个别单向锥形钻孔。外径6.9、内径5.24、外缘厚0.15、内缘厚0.48厘米（图3-386-1；图版47-1）。

M310

M310位于Ⅱ号发掘点T5545中部偏北，属第3层墓葬。墓坑平面大致呈长方形，西南部一角被M306打破，长1.36、宽0.54、深0.28米，纵轴方向196°。墓坑内填红褐色黏土，略疏松，含少量炭屑。发现板灰痕迹，推测原有木质棺椁类葬具。人骨已朽，葬式不明。出土随葬品2件，分别为铜镯和铜夹形器。铜镯大致位于墓坑中部，铜夹形器位于墓坑西南部。该墓规模较小，结合随葬铜镯尺寸，推测为儿童墓（图3-387）。

铜镯　1件。

M310：1，A型Ⅰ式。出土时矿化严重，局部破碎。片状环形，镯体较窄；内壁弧；外壁呈浅槽结构，内镶嵌不规则形孔雀石片，部分脱落或风化，下面露出黑色黏结物。宽约0.74、复原直径约6厘米。此镯需查看实物。

铜夹形器　1件。

M310：2，出土时矿化破碎严重。从发掘现场看，残存部分近梯形，底边长两三厘米，为折叠的双层薄片状，推测为夹形器。

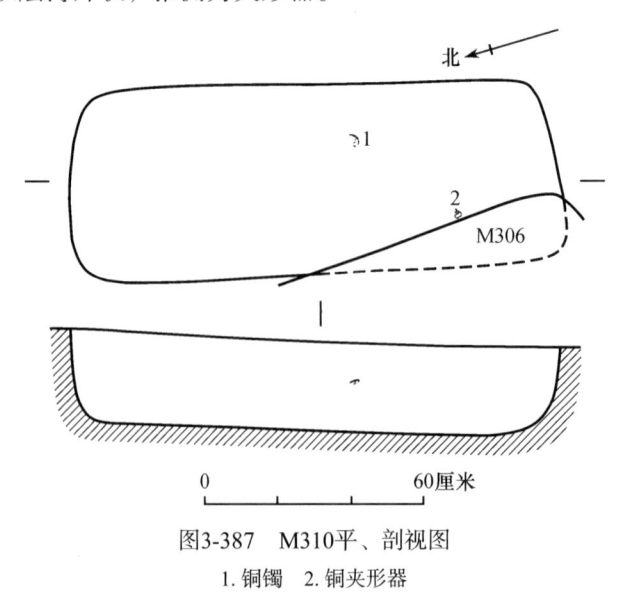

图3-387　M310平、剖视图
1. 铜镯　2. 铜夹形器

M316

M316位于Ⅱ号发掘点T5544东北部，属第3层墓葬。墓坑平面大致呈长方形，东、西两边分别有少许被M304和M303打破，长2.27、宽0.63、深0.32米，纵轴方向168°。墓坑内填红褐色黏土，略疏松，含少量炭屑。发现板灰痕迹，推测原有木质棺椁类葬具。人骨已朽，葬式不明。出土随葬品为1组铜镯，大致位于墓坑中部略偏西南（图3-388）。

铜镯　1组。

M316：1，Ea型。矿化严重，完全破碎。细条环状，横截面近竖长方形，内壁可见锻打留下的凹缝。从出土位置推测，下葬时佩戴于被葬者手臂。直径不详，横截面长0.18、宽0.1厘米。

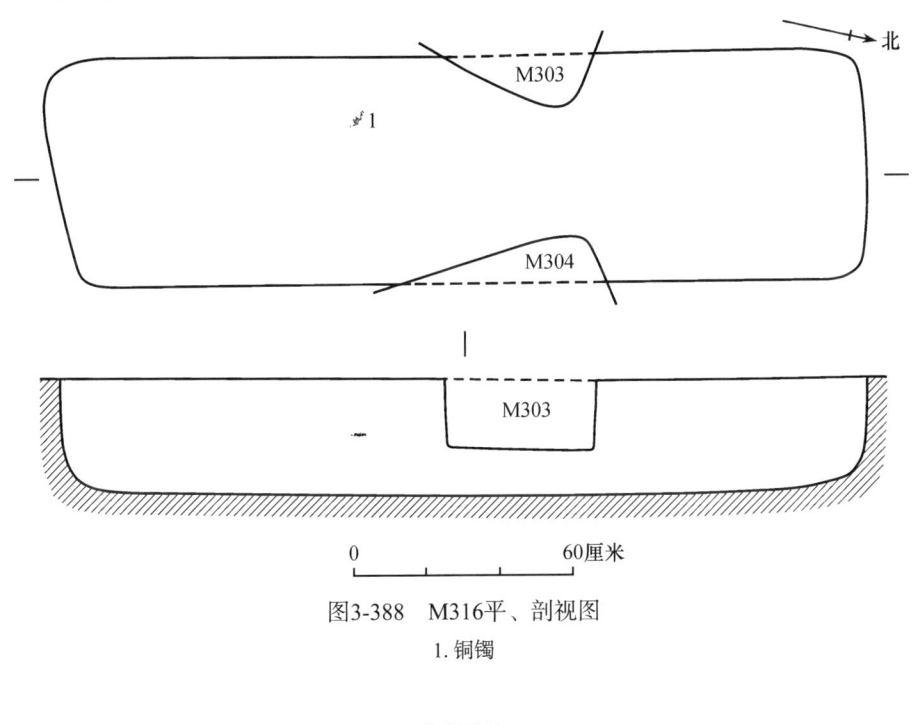

图3-388　M316平、剖视图
1.铜镯

M317

M317位于Ⅱ号发掘点，跨T5544和T5545，属第3层墓葬。墓坑平面大致呈长方形，西部被M304打破，长2.07、宽0.58、深0.53米，纵轴方向177°。墓坑内填红褐色黏土，略疏松，含少量炭屑。发现板灰痕迹，推测原有木质棺椁类葬具。人骨多朽毁，仅铜镯内残存少许肢骨，据之推测被葬者头向朝南，具体葬式不明。出土随葬品为1组铜镯，大致位于墓坑中部靠近西壁处（图3-389；图版203-1）。

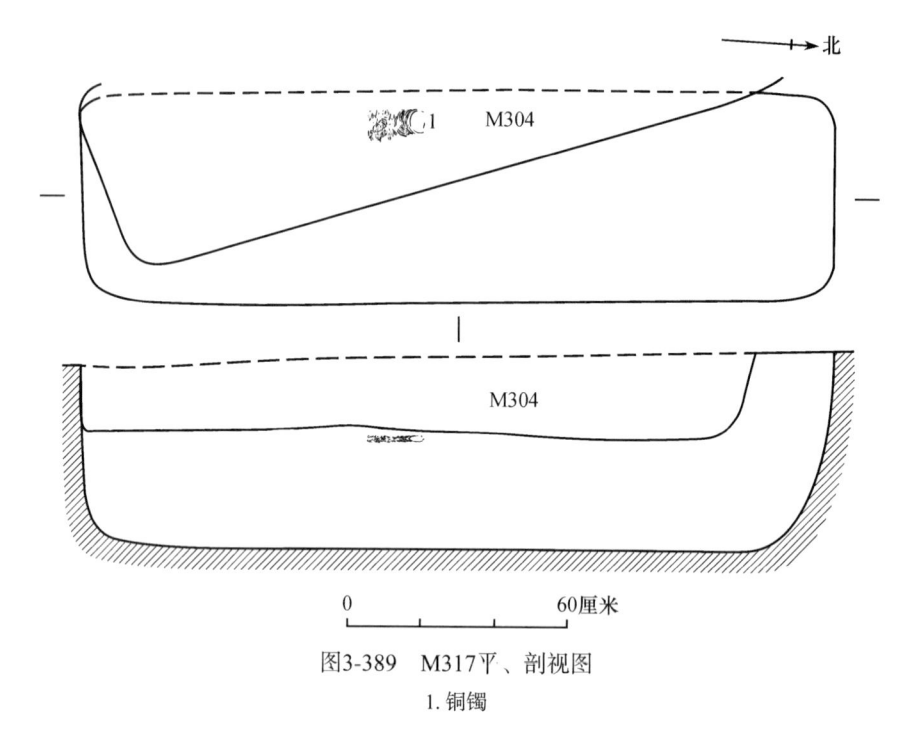

图3-389 M317平、剖视图
1. 铜镯

铜镯 1组。

M317：1，一组约40余件，两种类型。锈蚀严重，部分断裂。A型Ⅰ式1件，M317：1-1，片状环形，镯体较窄；内壁弧；外壁呈浅槽结构，内镶嵌不规则形孔雀石片，部分脱落，下面露出黑色黏结物。余皆Ed型，M317：1-2，细条环状，横截面近弯月形，内壁微凹，外壁弧。根据出土位置及形态推测，铜镯下葬时成串佩戴于被葬者左手臂，M317：1-1居前，其余Ed型居后，内残存肢骨。整体看，前面的铜镯稍小，后面的渐大。M317：1-1宽1、直径5.5厘米。Ed型铜镯直径5.4～6、横截面直径约0.2厘米（图版203-2）。

M322

M322位于Ⅱ号发掘点T5545东北部，属第3层墓葬。墓坑平面大致呈长方形，西南部少许被M318打破，北部延伸出发掘区。发掘部分长1.93、宽0.7、深0.53米，纵轴方向179°。墓坑内填浅红褐色黏土，略疏松，含少量炭屑。发现板灰痕迹，推测原有木质棺椁类葬具。人骨已朽，葬式不明。出土随葬品为1件铜泡饰，位于墓坑西南角附近（图3-390）。

铜泡饰　1件。

M322：1，Aa型。出土时锈蚀严重，外缘矿化破碎。圆形薄片状，正面中部鼓凸，背面有一道横梁。正面多施卷云状涡纹，外施数周弦纹。复原直径约3.2厘米（图3-391）。

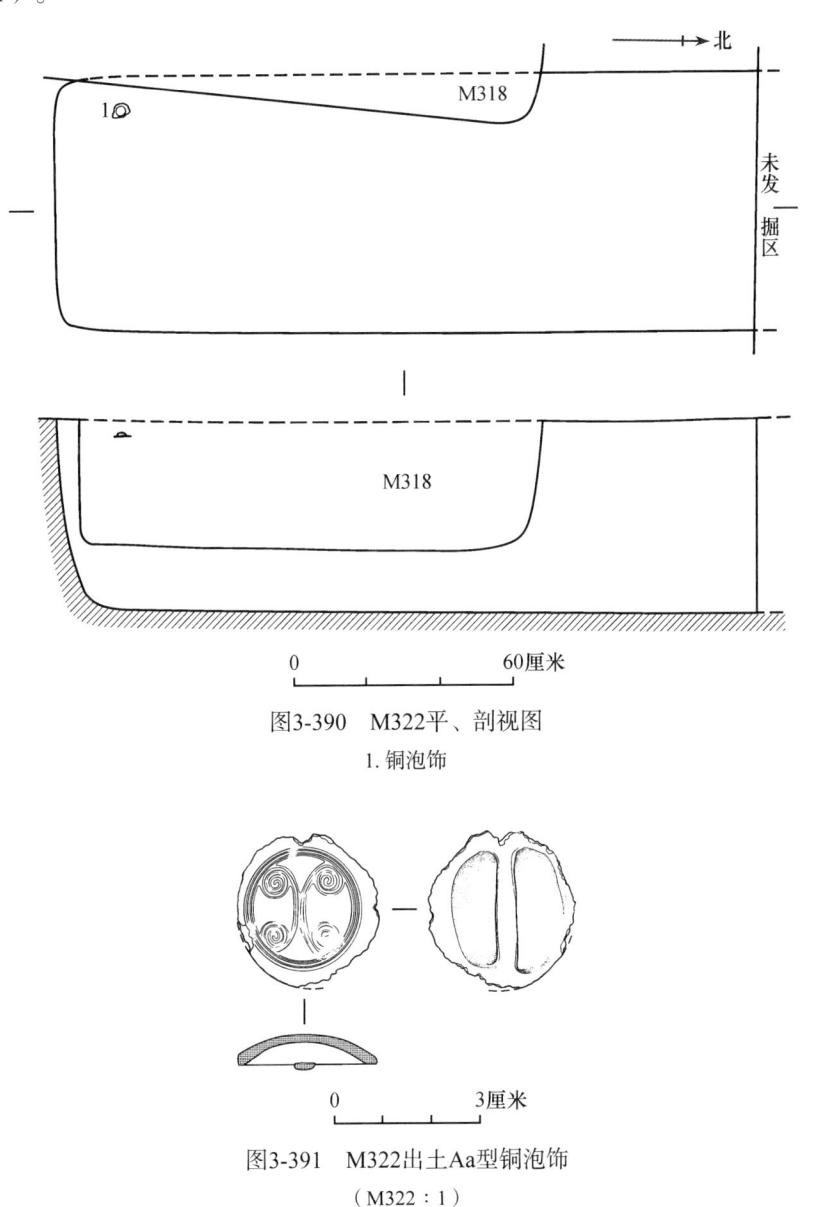

图3-390　M322平、剖视图
1. 铜泡饰

图3-391　M322出土Aa型铜泡饰
（M322：1）

M324

M324位于Ⅱ号发掘点T5544中部，属第3层墓葬。墓坑平面大致呈长方形，东、西两边分别被M300和M297打破，长2、宽0.66、深0.37米，纵轴方向152°。墓坑内填红褐色黏土，略疏松，含少量炭屑。发现板灰痕迹，推测原有木质棺椁类葬具。人骨已朽，葬式不明。出土随葬品有铜扣饰1件、玉管珠1组。铜扣饰位于墓坑东南部，玉管珠位于墓坑中部偏西北（图3-392；图版205-1）。

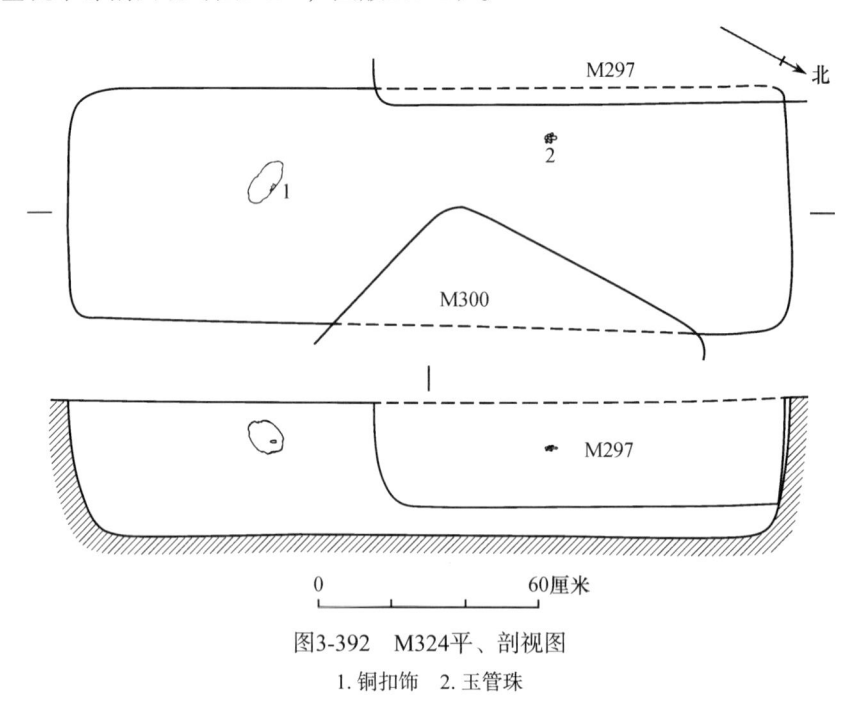

图3-392 M324平、剖视图
1. 铜扣饰 2. 玉管珠

铜器 1件。

铜扣饰 1件。

M324：1，Da型Ⅰ式。出土时背面朝上，矿化破碎严重，仅剩局部。扣体较大；扣面呈浅圆盘状，中心镶嵌白色玛瑙扣，玛瑙扣与扣体之间有黑色黏结物；背面有一横向带穿弯钩，中心对应正面玛瑙扣处可见两穿孔。扣面施弦纹及首尾相缠绕的反向"S"状双头蛇形细条纹，并镶嵌密集的孔雀石片；孔雀石片多呈圆形，中心带穿，少数形状不规则，局部脱落，露出其下黑色黏结物。残径约12厘米（图3-393-1；图版205-2、3）。

玉石器 1组。

玉管珠 1组。

M324：2，1组5件，含A型、Ca型两种类型。出土时风化严重，多残（图版205-4）。

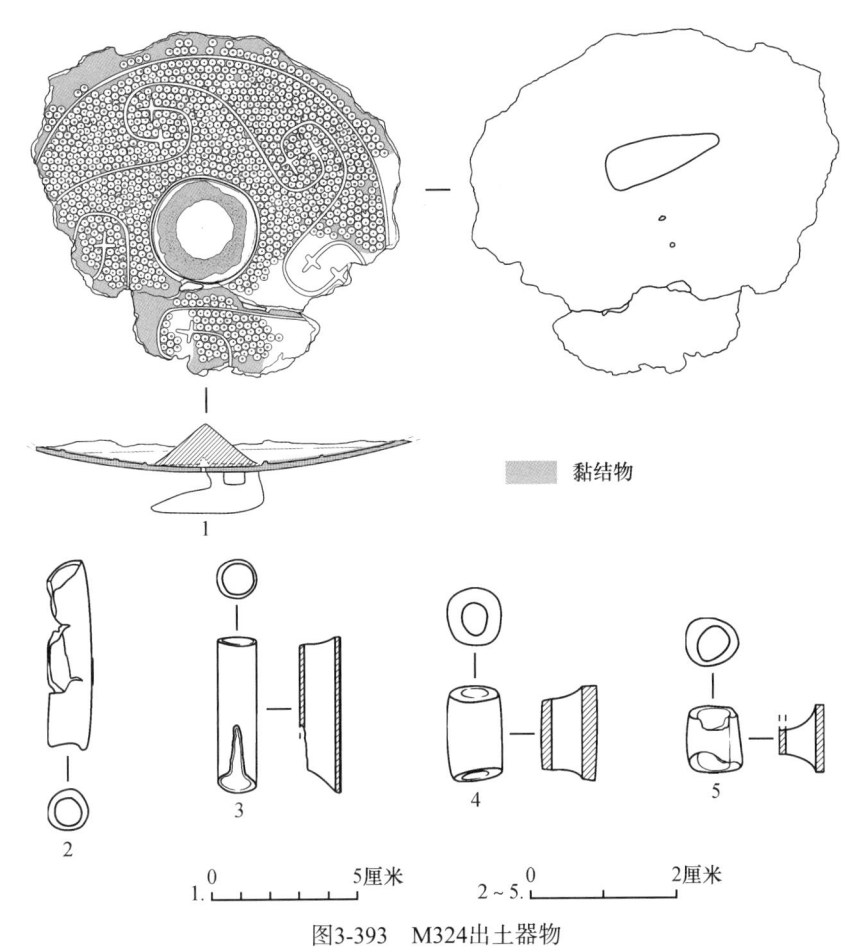

图3-393 M324出土器物
1. Da型Ⅰ式铜扣饰（M324∶1） 2、3. A型玉管珠（M324∶2-1、M324∶2-2）
4、5. Ca型玉管珠（M324∶2-3、M324∶2-4）

A型3件，细管形。M324∶2-1，残，变形。白色泛黄；微透光。直孔；一端斜口；另一端口较平，两侧微凹。长2.51、直径0.55~0.58、孔径0.37厘米（图3-393-2）。M324∶2-2，白色泛黄；微透光。直孔；一端口略平；另一端斜口，一侧残。长2.08、直径0.52~0.55、孔径0.41厘米（图3-393-3）。M324∶2-5，残剩中间一小截。白色泛黄。直孔。残长0.74、直径0.61、孔径0.44厘米。Ca型2件，短管形。M324∶2-3，白色泛黄；微透光；直孔；斜口。长1.27、直径0.73~0.8、孔径0.36~0.41厘米（图3-393-4）。M324∶2-4，残，变形。白色泛黄。直孔；一端口略平；另一端口较斜。长0.88、直径0.56~0.77、孔径0.43厘米（图3-393-5）。

M328

M328位于Ⅱ号发掘点T5544中部，属第3层墓葬。墓坑平面大致呈长方形，西部少许被M324打破，长1.53、残宽0.5、深0.4米，纵轴方向152°。墓坑内填红褐色泛灰黏土，略疏松，含少量炭屑。发现板灰痕迹，推测原有木质棺椁类葬具。人骨朽毁，葬式不明。出土随葬品为1件铜剑，位于墓坑东南部，竖置，出土时锋部残断（图3-394；图版208-1）。

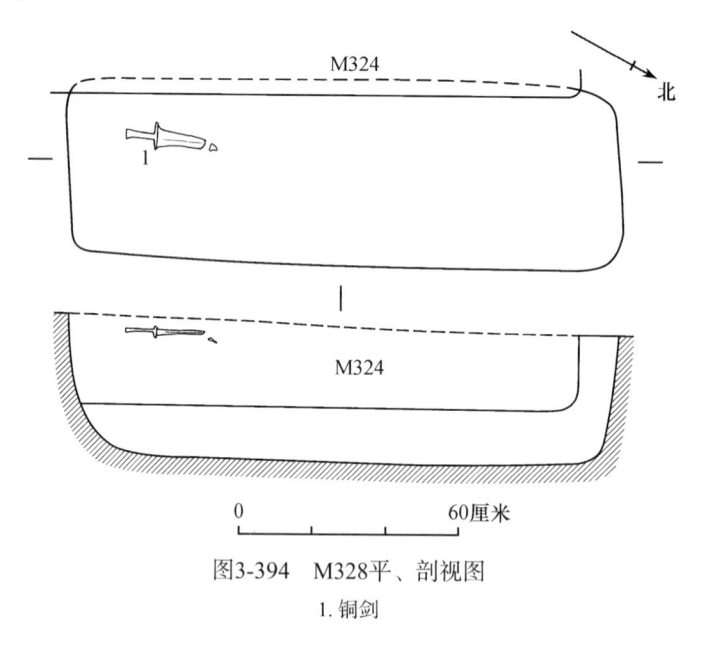

图3-394　M328平、剖视图
1. 铜剑

铜剑　1件。

M328∶1，Cb型。锈蚀严重，局部矿化。空心椭圆茎，空首呈喇叭口状，茎下部有对穿；一字格；剑身前部中线略起脊，锋断裂，曲刃。茎部施多道弦纹及涡纹、云雷纹等纹饰；剑身后部施箭头、涡卷纹等纹饰，沿中线左右对称分布，形如箭矢。茎两侧和格两端下方可见铸缝痕迹。残长21、格长7.8厘米（图3-395，图3-396；图版208-2、3）。

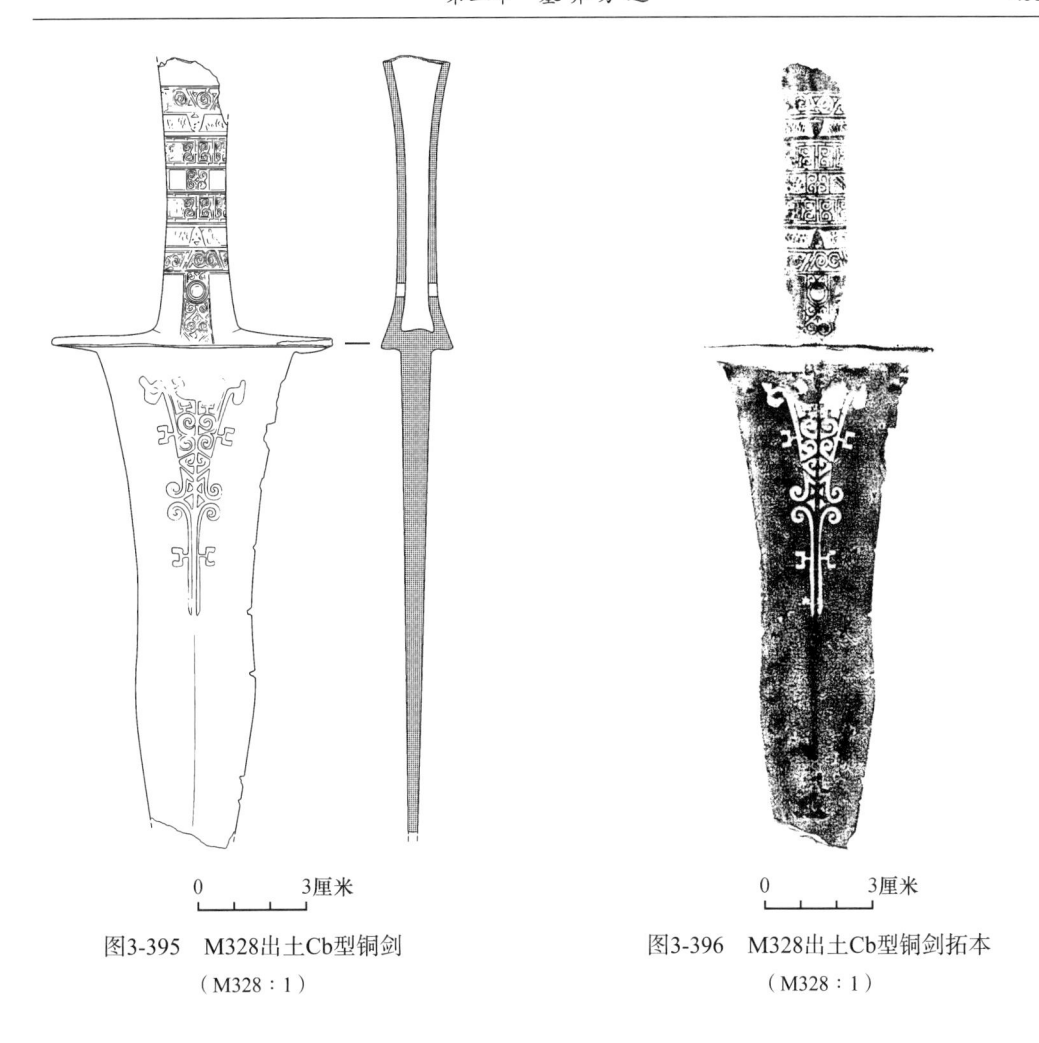

图3-395　M328出土Cb型铜剑
（M328∶1）

图3-396　M328出土Cb型铜剑拓本
（M328∶1）

M329

M329位于Ⅱ号发掘点T5644南部，属第3层墓葬。墓坑平面大致呈长方形，北部延伸出发掘区。发掘部分长0.7、宽0.74、深0.46米，纵轴方向175°。墓坑内填浅红褐色黏土，略疏松。未发现葬具痕迹。人骨已朽，葬式不明；根据玉玦等随葬品的位置，推测被葬者头向朝南。出土随葬品有铜剑、铜扣饰和玉玦各1件，均位于墓坑南部，铜剑出土前被折弯并断裂（图3-397；图版209-1）。

铜器　2件。

铜剑　1件。

M329∶2，Cb型。锈蚀严重，局部矿化破碎。空心椭圆茎，茎首残，呈喇叭口状，茎下部有对穿；一字格；剑身前部中线略起脊，出土前被折弯，锋残，曲刃。剑身后部沿中线左右对称分布箭头、涡卷纹等纹饰，整体形如箭矢。茎两侧和格两端下方可见铸缝痕迹。出土时，茎部隐约可见麻缠绕痕迹。残长24.6、格长5.8厘米

（图3-398-1，图3-399；图版209-2、3）。

铜扣饰　1件。

M329：1，Ab型。出土时背面朝上，锈蚀严重，局部矿化破碎。扣面圆形，背面有一弯钩，钩前端残，弯钩所在位置周围可见近长方形铸缝。正面中部鼓凸呈动物面具状，动物额头施三角形纹，圆眼，宽鼻，眼睛有瞳孔等结构，眼睛下方即鼻子两侧施蹲踞状人纹；面具周围由内到外施多道弦纹，弦纹之间填水滴状芒纹、卷尾蛇纹、放射状短线纹等。直径5.4厘米（图3-398-2；图版209-4、5）。

玉石器　1件。

玦　1件。

M329：3，出土时风化破碎严重。白色。薄片状，平面大致呈不对称圆环形。直径约5厘米。

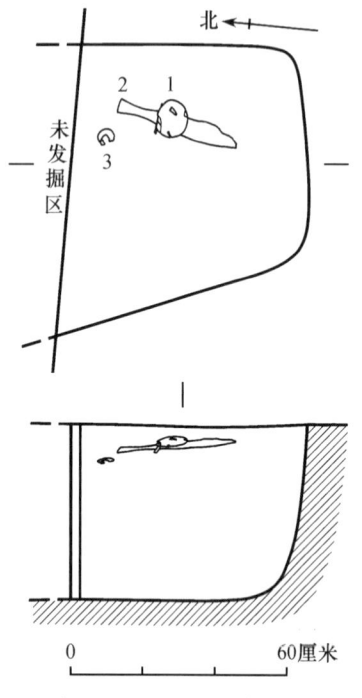

图3-397　M329平、剖视图
1.铜扣饰　2.铜剑　3.玉玦

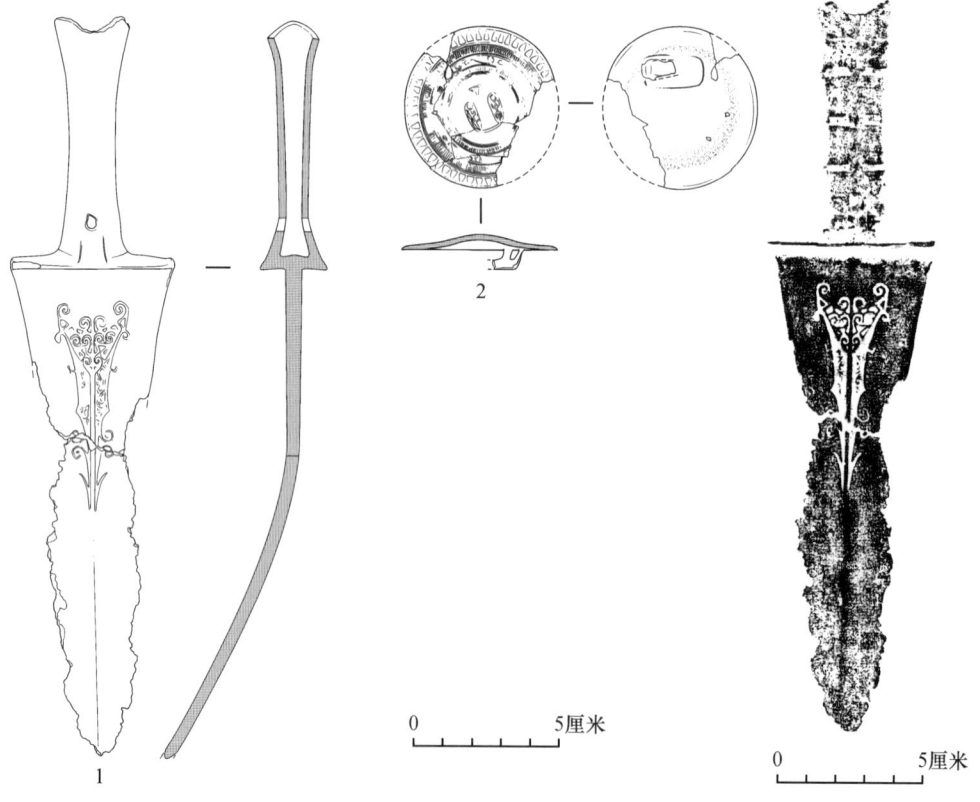

图3-398　M329出土铜器
1.Cb型剑（M329：2）　2.Ab型扣饰（M329：1）

图3-399　M329出土Cb型铜剑拓本（M329：2）

四、第4层墓葬

M319

M319位于Ⅱ号发掘点T5444中部偏东北，属第4层墓葬。墓坑平面呈长条形，纵轴方向155°，长2.35、宽0.52、深0.2米。墓坑内填红褐色黏土，略疏松，含少量炭屑。发现板灰痕迹，推测原有木质棺椁类葬具。人骨已朽，葬式不明；根据随葬玉玦位置，推测被葬者头朝东南方向。出土随葬品为2件玉玦，位于墓坑东南部，呈左右对称分布，推测下葬时分别佩戴于被葬者左右耳（图3-400）。

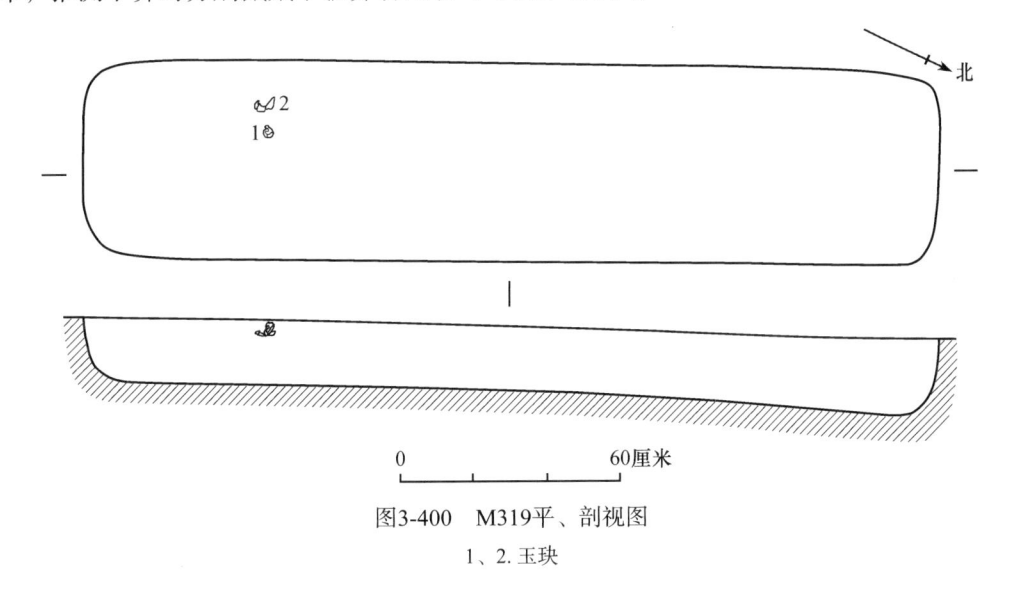

图3-400 M319平、剖视图
1、2. 玉玦

玉玦 2件。

出土时均残，碎裂为多块，大致可复原。白色；表面细腻，不透光；薄片状，平面呈不对称圆环形，玦口位于较窄一侧。

M319:1，外缘尖圆；内缘呈单面微凹斜坡状。根据出土位置推测，下葬时佩戴于被葬者右耳。复原后外径5.5、内径3、厚0.13厘米（图3-401-1）。

M319:2，外缘较圆润；内缘呈单面微凹斜坡状。根据出土位置推测，下葬时佩戴于被葬者左耳。复原后外径5、内径2.7、厚0.13厘米（图3-401-2）。

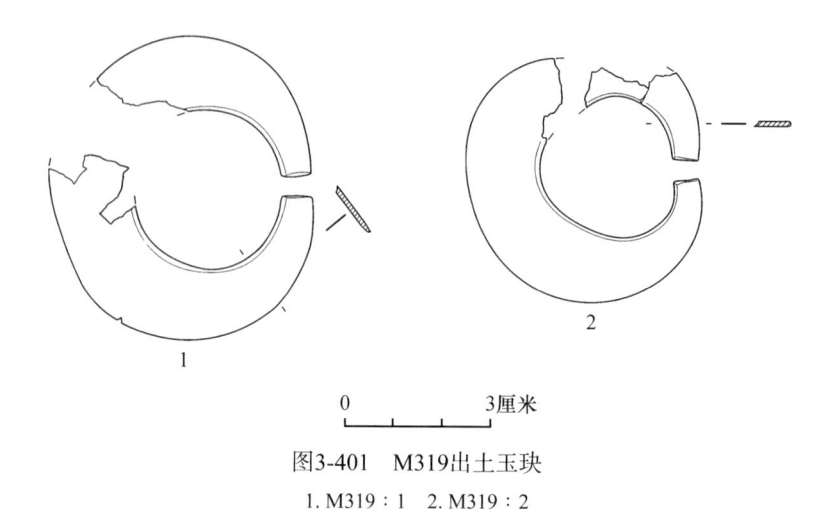

图3-401　M319出土玉玦
1. M319：1　2. M319：2

M321

M321位于Ⅱ号发掘点T5445东部，属第4层墓葬。墓坑平面大致呈长方形，纵轴方向158°，长1.7、宽0.5、深0.83米。墓坑内填浅红褐色黏土，略疏松，含炭屑。未发现葬具痕迹。人骨已朽，葬式不明；根据玛瑙玦等随葬品的位置推测，被葬者头朝东南方向。出土随葬品有玉管珠1件（组）、玛瑙玦1件，集中放置于墓坑东南部。推测玛瑙玦下葬时佩戴于被葬者耳部，旁边的玉管珠有可能与玛瑙玦搭配使用，亦作为耳饰（图3-402；图版204-1）。

玉管珠　1组。

M321：2，一组3件，含A型、B型两种类型。A型2件，出土时风化严重，表皮脱落，显得粗糙。青灰色；不透光。细管形；两端口较平，局部略残；孔内未清理，情况不详。M321：2-1，长2.21、直径0.61、孔径0.23厘米（图3-403-3；图版204-3）。M321：2-2，长3.24、直径0.55～0.63、孔径0.21厘米（图3-403-4；图版204-3）。B型1件，M321：2-3，青灰色；表面光润细腻，不透光。粗管形；直孔；口略斜，两端孔口内沿可见磨损痕迹。长2.06、直径0.81～0.88、孔径0.27厘米（图3-403-2；图版204-4）。

玛瑙玦　1件。

M321：1，残剩约一半。白色；表面细腻，近透明。外缘较圆润，内缘单面略呈斜坡状。外径1.76、内径0.77、厚0.1厘米（图3-403-1；图版48-9，图版204-2）。

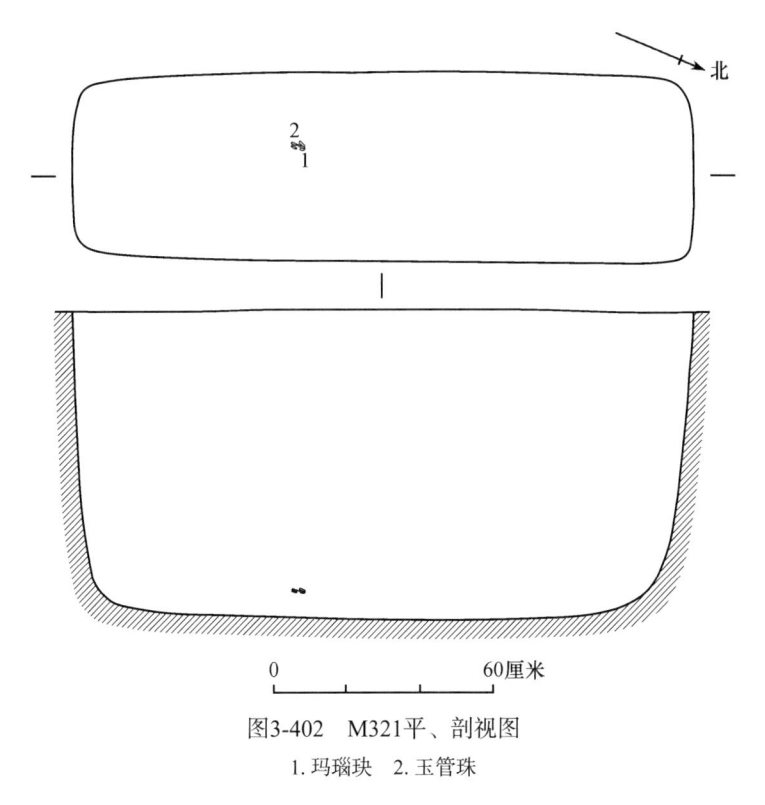

图3-402　M321平、剖视图
1. 玛瑙玦　2. 玉管珠

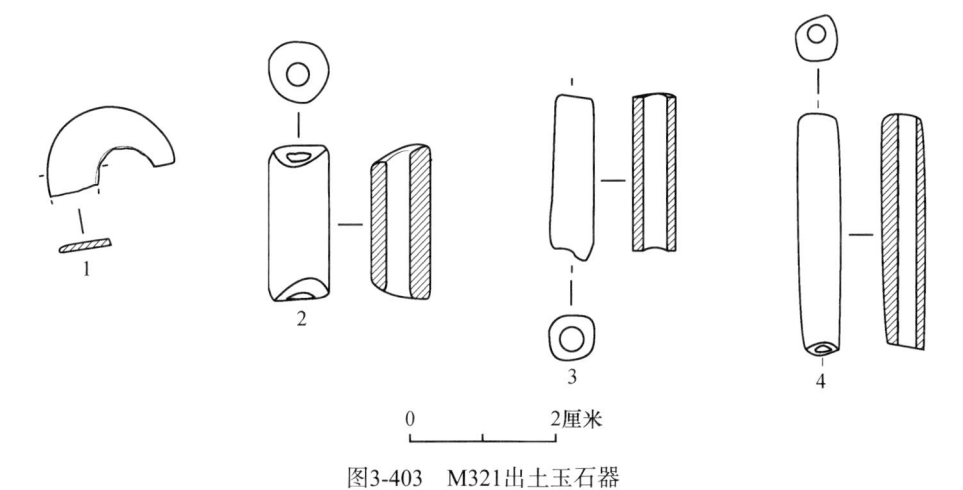

图3-403　M321出土玉石器
1. 玛瑙玦（M321∶1）　2. B型玉管珠（M321∶2-3）　3、4. A型玉管珠（M321∶2-1、M321∶2-2）

M327

M327位于Ⅱ号发掘点T5444东北部，属第4层墓葬。墓坑平面呈宽长方形，纵轴方向140°，长2.83、宽1.2、深0.85米。墓坑东北部带二层台，台面高出墓底约0.46米。墓坑内填土以红褐色黏土为主，夹杂少量黄白色膏泥。发现板灰痕迹，推测原有木质棺椁类葬具。人骨已朽，葬式不明；根据玉玦等随葬品位置推测被葬者头朝东南方向。出土随葬品15件（组），包括铜器11件（组）、玉石器4件（组）。铜器有剑、戈、矛、扣饰、帽形器、夹形器、簧形器各1件，泡饰3件，镯1组；玉石器有玉管珠、玉玦、玛瑙扣各1组，玉扣1件。铜戈、铜镯、玉玦、玉扣、玛瑙扣均位于墓坑东南部，推测下葬时玉玦佩戴于被葬者耳部。铜戈横置于被葬者头顶处，出土时尚残存少许戈柲，已炭化。玉扣、玛瑙扣和铜镯均位于玉玦旁侧，其中玉扣和玛瑙扣背面朝上，排成一列，可能属同一组饰物。剑、矛、扣饰、帽形器、夹形器、簧形器、泡饰等铜器及玉管珠，皆位于墓坑中部，大致相当于被葬者腰腹部至腿部位置，摆放集中（图3-404；图版206-1）。

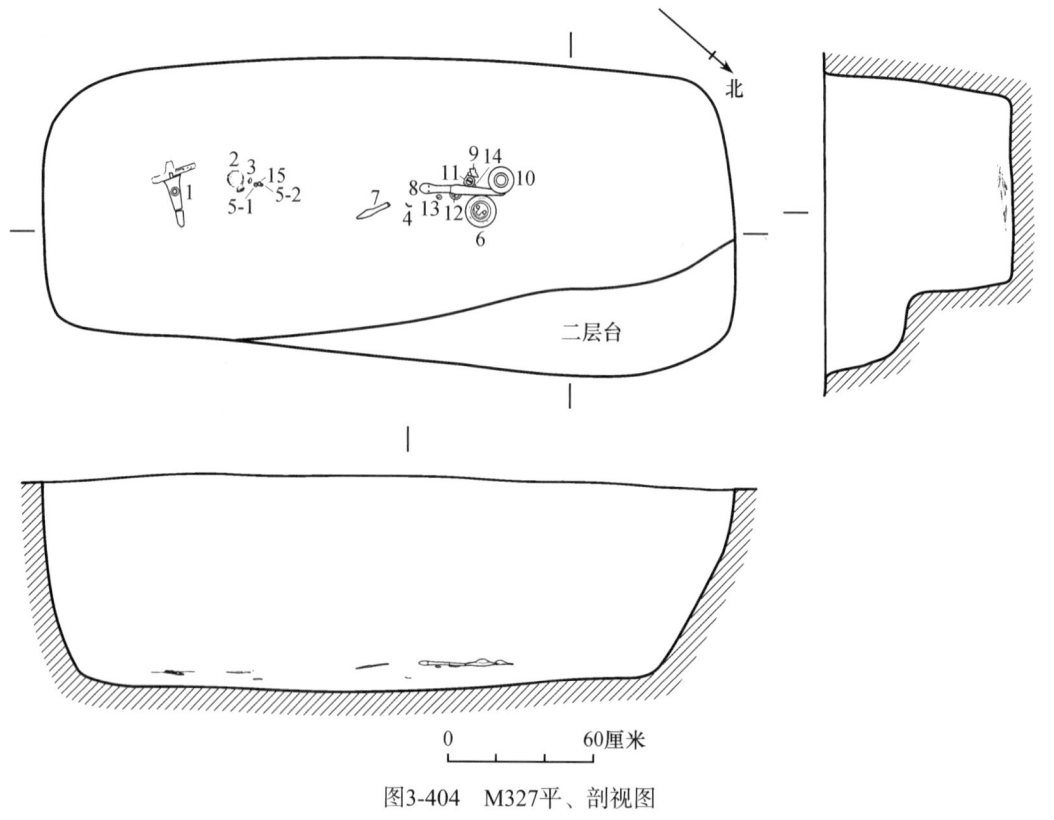

图3-404　M327平、剖视图

1.铜戈　2.铜镯　3.玉玦　4.玉管珠　5-1、5-2.玛瑙扣　6.铜扣饰　7.铜矛　8.铜剑　9.铜夹形器　10.铜帽形器　11～13.铜泡饰　14.铜簧形器　15.玉扣

铜器　11件（组）。

铜剑　1件。

M327：8，Ab型。出土时基本完全矿化，破碎严重。扁茎中空，茎首似蛇头，茎顶端有一椭圆形穿孔，形如蛇口；无格；剑身细长如柳叶。茎部施三角形线条纹和竖条纹，并有对称的三角形镂空装饰。长36厘米（图3-405-1；图版206-3）。

铜戈　1件。

M327：1，Ba型。锈蚀严重，局部矿化。条形援，前部中线略起脊，后部有一圆穿，穿壁上可见一圈铸缝并形成错口。近阑处有两长方形穿；无胡；阑中部有环片状翼向后张开；长方形直内，前部有一长方形穿，后部残。援后部圆穿外施弦纹及短线芒纹和"S"形雷纹，援本即圆穿与阑之间施一盾牌状纹饰，内填"S"形涡纹等纹饰；环片状翼上饰三角形纹和菱形回纹；内后部残留部分雷纹。除援后部圆穿壁外，阑背面以及内的两侧和内穿壁上亦残留铸缝痕迹。出土时内及附近有炭化物，为戈柲遗存。残长23.5、阑宽8.2厘米（图3-405-2，图3-407；图版13-2，图版206-2）。

铜矛　1件。

M327：7，出土时矿化破碎严重。从发掘现场观察，圆骹，柳叶形矛身，锋部残，具体型式不详。残长约14.5厘米。

铜镯　1组。

M327：2，一组10余件，均Ed型。出土时矿化破碎严重。细条环状，横截面近弯月形，内壁凹，外壁弧。直径不详，横截面直径约0.2厘米。

铜扣饰　1件。

M327：6，Aa型。出土时锈蚀严重，局部矿化破碎。扣体较大；背面甚残，弯钩等情况不详；扣面圆形，正面中部鼓凸呈动物面具状，动物泡状圆眼，宽鼻较高，立体感强。面具周围由内到外施多道弦纹，弦纹之间依次填水滴状芒纹、双头蛇纹、勾连涡纹加乳钉及放射状线纹。直径12.6厘米（图3-406-1；图版206-3）。

铜泡饰　3件。

Aa型，2件。

出土时均背面朝上，锈蚀严重，局部矿化破碎。圆形片状，中部鼓起，四周较平，一侧带两个环耳，似双角；背面有一横梁。正面施卷云状涡纹，外围施数周弦纹，近边缘处施三周联珠状圆点纹。

M327：11，直径4.6厘米（图3-405-3）。

M327：12，直径4.6厘米（图3-405-5；图版41-1、2，图版207-1、2）。

Cb型，1件。

M327：13，出土时背面朝上，锈蚀严重。器形较小，圆片状，中间呈锥形凸起，边缘较平；背面有一或两道横梁。直径2.7、高1厘米（图3-405-4）。

图3-405　M327出土铜器

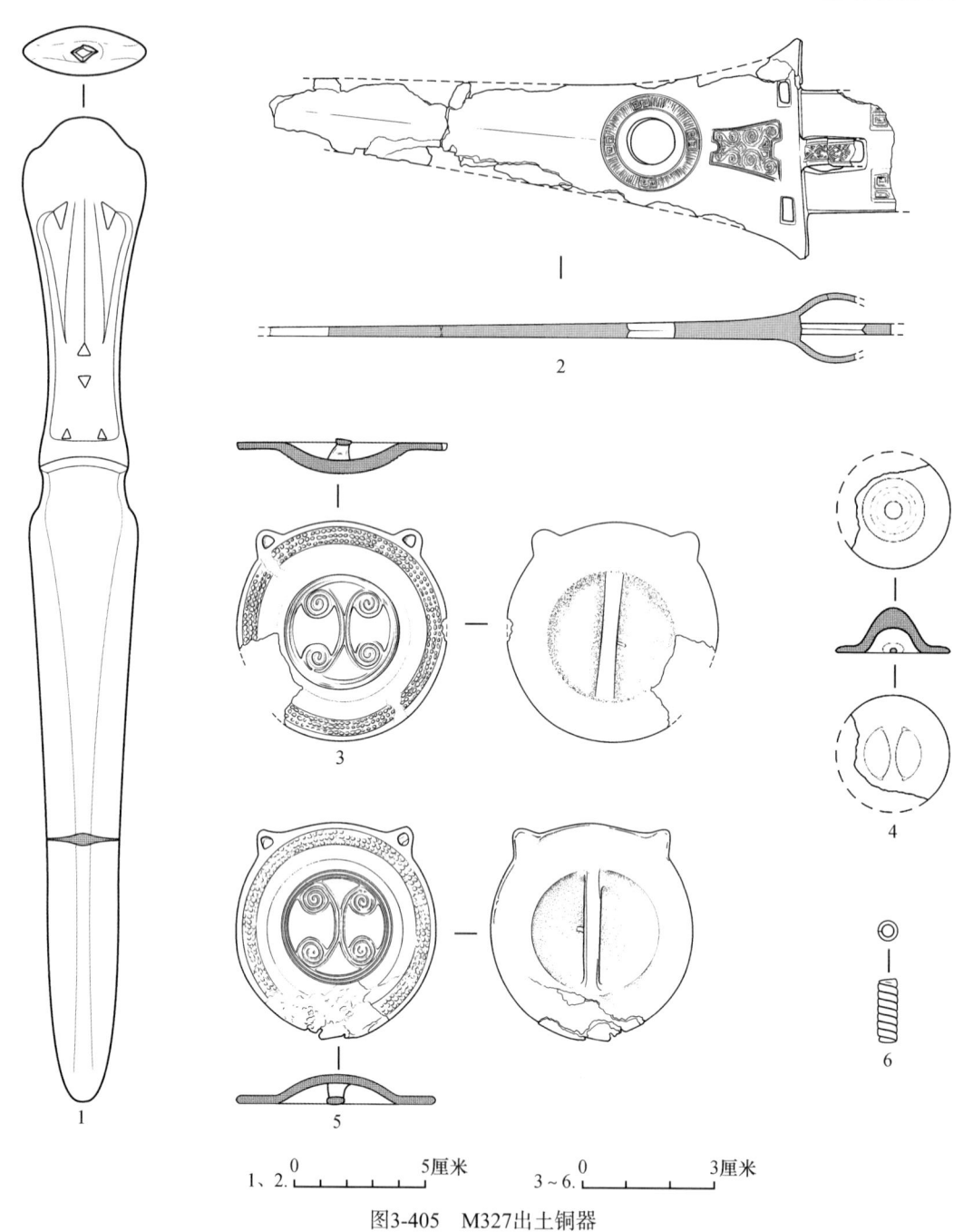

1. Ab型剑（M327∶8）　2. Ba型戈（M327∶1）　3、5. Aa型泡饰（M327∶11、M327∶12）
4. Cb型泡饰（M327∶13）　6. 簧形器（M327∶14）

铜帽形器　1件。

M327：10，矿化破碎，出土时顶面朝上。圆形薄片状，中部上鼓，形如宽檐帽形；帽顶周围可见多道棱状纹，与帽檐交会处一侧有2个由外向内冲凿而成的圆穿。直径10.7、高2.3厘米（图3-406-2）。

铜夹形器　1件。

M327：9，锈蚀严重，残碎。从发掘现场观察，由铜片折叠而成，残存部分近长方形。长约5.7、宽约2.8、厚0.04厘米。

铜簧形器　1件。

M327：14，出土时位于铜泡饰（M327：11）之下，矿化严重，一触即碎。从发掘现场观察，由细铜条螺旋弯曲而成，如弹簧状，具体用途不明，或为装饰品。残长约1.5、直径约0.45厘米（图3-405-6）。

玉石器　4件（组）。

玉管珠　1组。

M327：4，一组2件，均A型。白色；表面光润细腻，微透光。细管形，外壁略起竖棱。M327：4-1，对向钻孔，孔内可见错位；斜口；一侧管壁有一形状不规则孔洞。长1.8、直径0.68、孔径0.34~0.39厘米（图3-406-4；图版207-6）。M327：4-2，直孔；斜口。长1.55、直径0.5、孔径0.33厘米（图3-406-5；图版207-3）。

玉玦　1组。

M327：3，一组2件。出土时风化破碎严重。从发掘现场观察，为白色薄片状，平面大致呈不对称圆环形。直径不详，厚约0.14厘米。

玉扣　1件。

M327：15，出土时风化严重，残。白色。外形呈乳钉状，正面尖凸，背面平；背面有两个锥形对钻孔，孔径外大内小，呈喇叭状。直径1.6、高0.56厘米（图3-406-3）。

玛瑙扣　1组。

M327：5，一组2件，均A型。白色；正面打磨光滑，背面粗糙。外形呈乳钉状，正面尖凸。M327：5-1，侧面微凹；背面略鼓，中间有2个相通的锥形对钻孔。扣直径1.8、高0.9厘米（图3-406-6；图版207-4、5）。M327：5-2，侧面较直；背面略鼓，中间除了有2个相通的锥形对钻圆孔外，旁边另有一圆孔，但未与其他孔钻通。扣直径1.3、高0.6厘米（图3-406-7；图版207-7、8）。

图3-406　M327出土器物

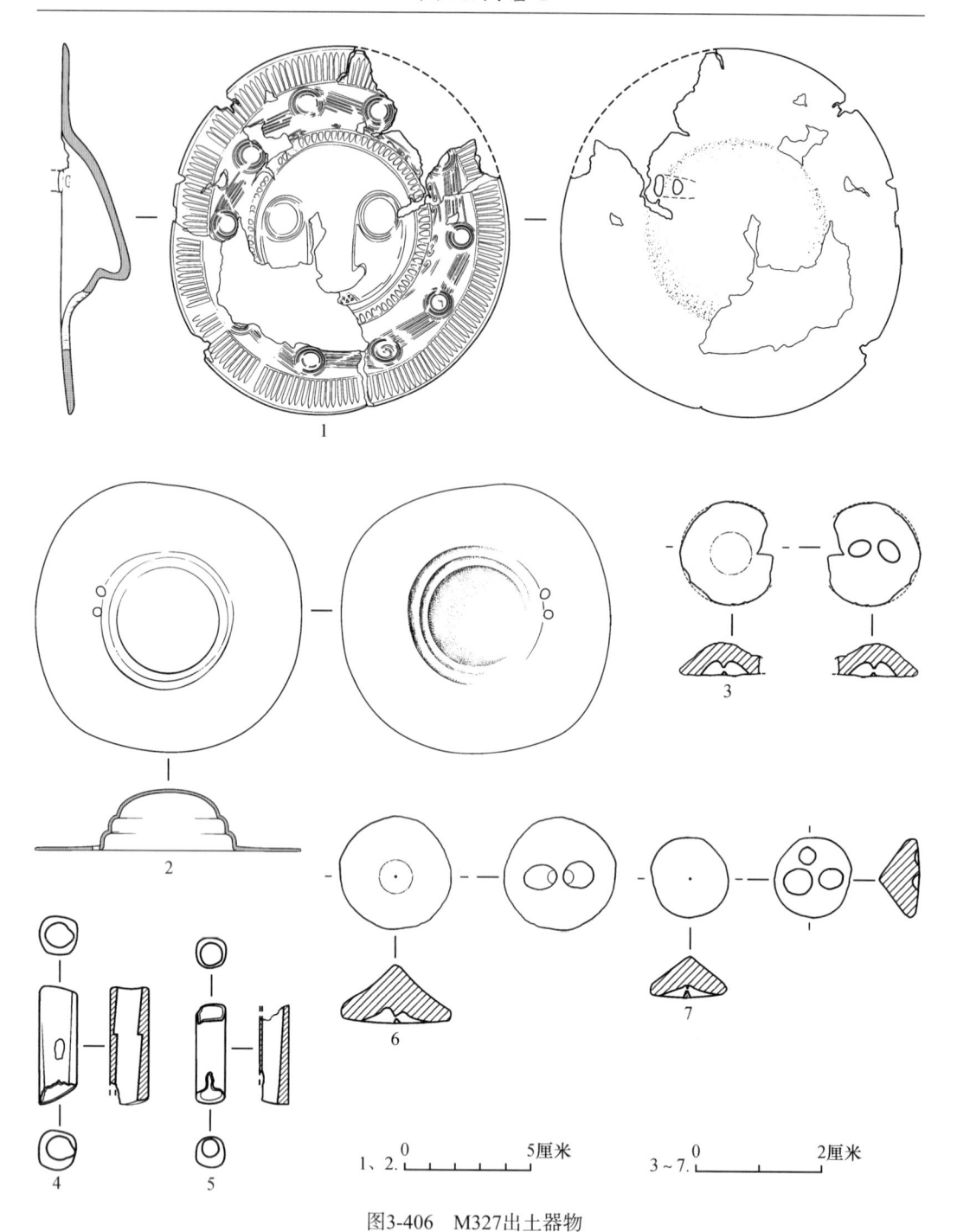

1. Aa型铜扣饰（M327∶6）　2. 铜帽形器（M327∶10）　3. 玉扣（M327∶15）　4、5. A型玉管珠（M327∶4-1、M327∶4-2）　6、7. A型玛瑙扣（M327∶5-1、M327∶5-2）

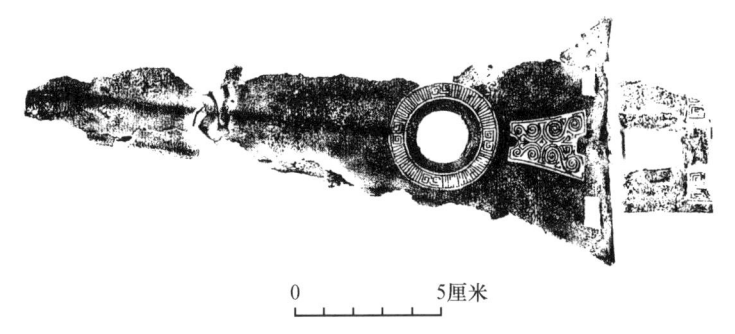

图3-407　M327出土Ba型铜戈拓本
（M327：1）

M330

M330位于Ⅱ号发掘点T5544西北部，小部分跨入T5644，属第4层墓葬。墓坑平面大致呈长方形，北部延伸出发掘区。发掘部分长1.76、宽0.66、深0.34米，纵轴方向153°。墓坑内填红褐色黏土，略疏松，含少量炭屑。发现板灰痕迹，推测原有木质棺椁类葬具。人骨多已朽毁，仅铜镯内残存少许肢骨，葬式不明。出土随葬品2件（组），包括铜扣饰1件、铜镯1组。铜扣饰位于墓坑东南部靠近西壁处；铜镯大致位于墓坑中部靠近东壁处，推测下葬时佩戴于被葬者手臂（图3-408）。

铜镯　1组。

M330：2，一组10余件，均Eb型。矿化严重，全部断裂破碎。细条环状，横截面近横长方形，部分内壁两侧可见锻打形成的卷边。直径不详，横截面一般长0.18~0.2、宽0.1厘米。

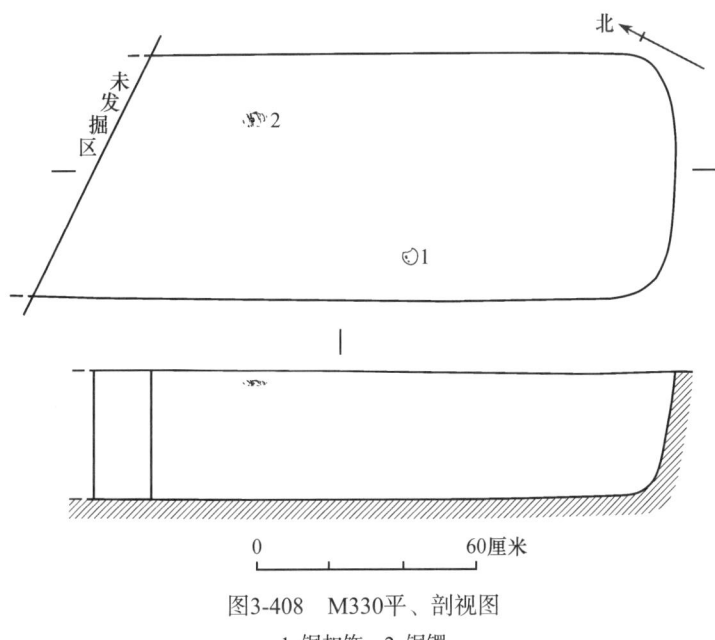

图3-408　M330平、剖视图
1. 铜扣饰　2. 铜镯

铜扣饰 1件。

M330:1，Ba型。出土时背面朝上，矿化破碎严重。扣面圆形，周围较平，中间呈圆鼓状凸起。圆鼓状凸起外围施锥状芒纹，芒纹之间隔圆点纹。背面弯钩残，穿孔内残留一木条。扣饰直径4.2厘米（图3-409）。

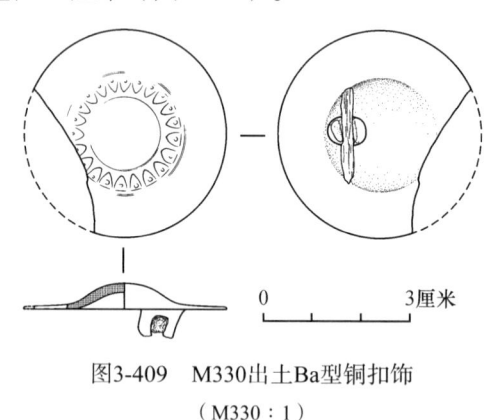

图3-409 M330出土Ba型铜扣饰
（M330:1）

M331

M331位于Ⅱ号发掘点T5544东北部，属第4层墓葬。墓坑平面大致呈长方形，纵轴方向169°，长1.85、宽0.6、深0.2米。墓坑内填浅红褐色黏土，略疏松，含少量炭屑。发现板灰痕迹，推测原有木质棺椁类葬具。残存零星骨渣，葬式不明。出土随葬品为1件铜矛，位于墓坑东南部，竖置（图3-410）。

铜矛 1件。

M331:1，Aa型。出土时锈蚀矿化严重。椭圆形骹，骹口残；矛身呈柳叶形，中线略起脊，刃较直。残长约10厘米（图3-411）。

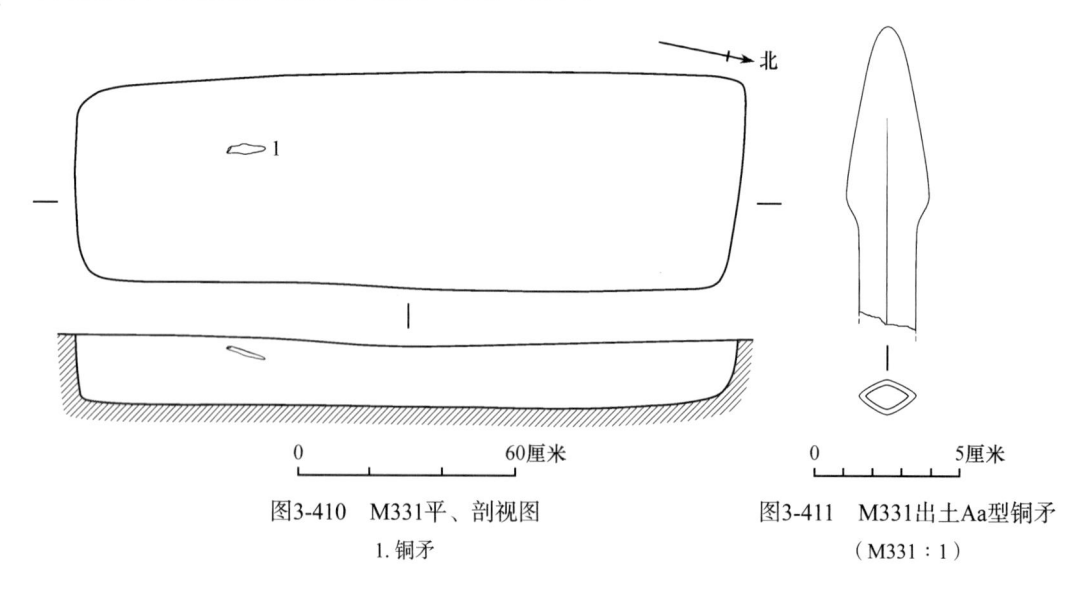

图3-410 M331平、剖视图
1.铜矛

图3-411 M331出土Aa型铜矛
（M331:1）

M332

M332位于Ⅱ号发掘点T5544西部，属第4层墓葬。墓坑平面大致呈长方形，纵轴方向171°，长2、宽0.6、深0.2米。墓坑内填浅红褐色黏土，略疏松。发现板灰痕迹，推测原有木质棺椁类葬具。残存零星骨渣，葬式不明。出土随葬品3件，分别为铜剑、铜矛和玉管珠。铜剑大致位于墓坑中部，竖置，出土前略被折弯。铜矛和玉管珠位于墓坑东南部，铜矛亦竖置（图3-412；图版210-1）。

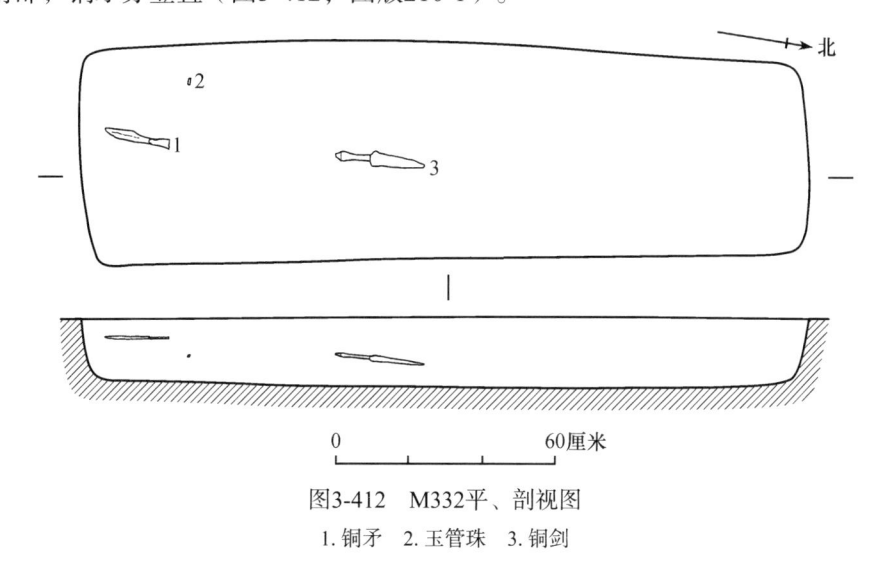

图3-412 M332平、剖视图
1. 铜矛 2. 玉管珠 3. 铜剑

铜器 2件。

铜剑 1件。

M332:3，Aa型Ⅱ式。矿化严重，出土后多处碎裂。扁茎，茎首呈乳突状，其上有一三角形对穿；无格；剑身后部较宽形成溜肩，前锋出土前略被折弯。剑身后端与茎交会处有一三角形凸块。出土时，剑身附着炭化物。残长14.3、肩宽3.7厘米（图3-413-2；图版210-3、4）。

铜矛 1件。

M332:1，B型Ⅱ式。出土时矿化锈蚀严重。椭圆骹，横截面近菱形；骹口残，一侧残存耳；矛身前部起脊，后部沿脊线设血槽，曲刃。出土时骹内残存朽木，推测为矛柲。残长14.5厘米（图3-413-1；图版210-2）。

玉石器 1件。

玉管珠 1件。

M332:2，A型。白色泛黄；表面光润细腻，微透光。直孔；一端斜口，另一端口残。残长2.39、直径0.52、孔径0.32厘米（图3-413-3；图版210-5、6）。

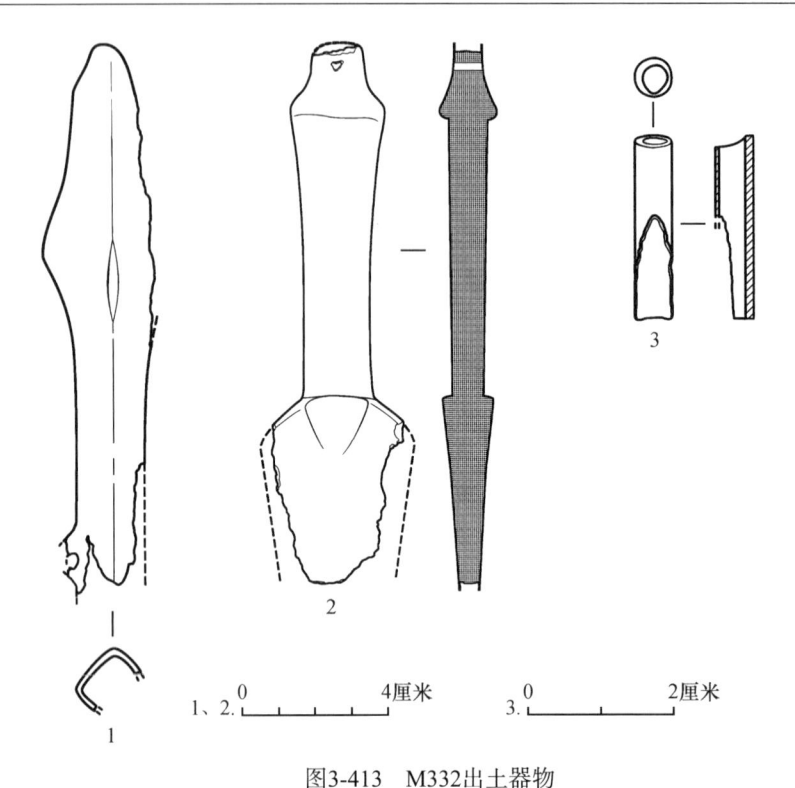

图3-413 M332出土器物
1. B型Ⅱ式铜矛（M332∶1） 2. Aa型Ⅱ式铜剑（M332∶3） 3. A型玉管珠（M332∶2）

M333

M333位于Ⅱ号发掘点T5545西南部，小部分跨入T5445，属第4层墓葬。墓坑平面大致呈长方形，纵轴方向172°，长2.24、宽0.74、深0.13米。墓坑内填浅红褐色黏土，略疏松，含少量炭屑。发现板灰痕迹，推测原有木质棺椁类葬具。人骨已朽，葬式不明；根据随葬玉玦位置及形态，推测被葬者头朝东南方向。出土随葬品3件，包括铜矛1件、玉玦2件。玉玦位于墓坑东南部，大致呈左右对称分布，推测下葬时分别佩戴于被葬者左右耳。铜矛位于墓坑西北角，竖置（图3-414；图版211-1）。

铜器 1件。

铜矛 1件。

M333∶3，Ab型Ⅰ式。出土时锈蚀严重，多处矿化破碎。圆骹，骹口残；柳叶形矛身，中线略起脊，后部沿脊线设血槽，刃较直，残甚。骹两侧可见铸缝痕迹。出土时骹内残存朽木，推测为矛秘遗存。残长约15.5厘米（图3-415-1；图版211-2、3）。

玉石器 2件。

玉玦 2件。

M333∶1，白色泛黄；表面细腻，不透光。片状稍厚，平面呈不对称圆环形，玦口位于较窄一侧；外缘略呈弧面斜坡状，内缘呈凹面斜坡状；玦身多处断裂，其中两处于裂缝两侧各钻一圆形锔孔，锔孔对向锥形钻，呈喇叭状；出土时，锔孔内及旁侧还见用于锔补的黑色黏结物。外径5.92、内径3.56、厚0.21厘米（图3-415-2；图版211-4）。

M333：2，出土时风化严重，碎成粉末。从发掘现场观察，白色片状，器形较小，平面大致呈不对称圆环形，具体形制及尺寸不详。

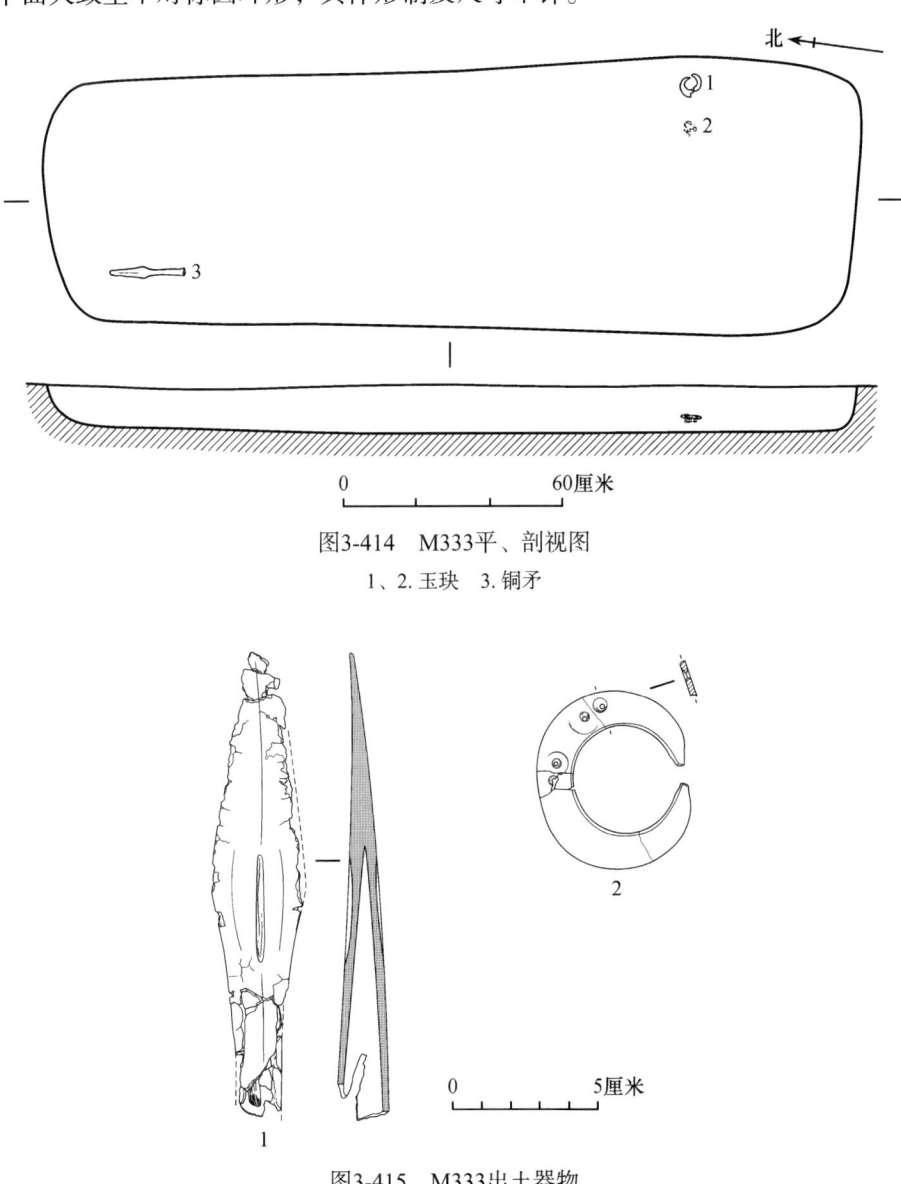

图3-414 M333平、剖视图
1、2. 玉玦 3. 铜矛

图3-415 M333出土器物
1. Ab型Ⅰ式矛（M333：3） 2. 玉玦（M333：1）

M335

M335位于Ⅱ号发掘点T5545，小部分跨入T5544，属第4层墓葬。墓坑平面大致呈长方形，东南角被M305打破，长1.97、宽0.65、深0.4米，纵轴方向135°。墓坑内填红褐色黏土，略疏松，含少量炭屑。发现板灰痕迹，推测原有木质棺椁类葬具。人骨朽毁，葬式不明。出土随葬品2件，分别为铜扣饰和铜夹形器，均位于墓坑中部（图3-416；图版212-1）。

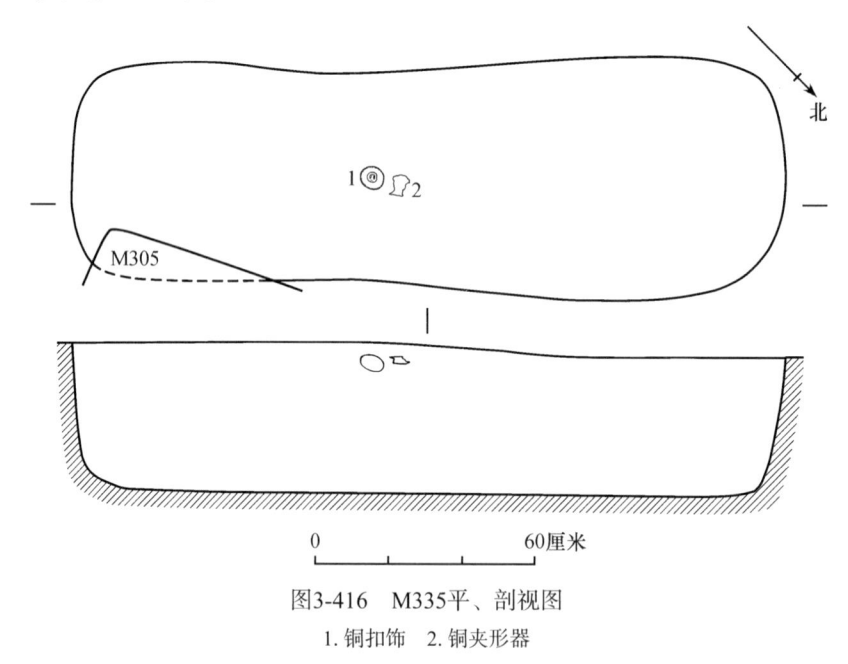

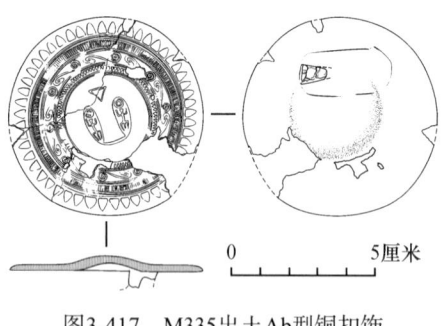

图3-416 M335平、剖视图
1. 铜扣饰 2. 铜夹形器

图3-417 M335出土Ab型铜扣饰
（M335：1）

铜扣饰 1件。

M335：1，Ab型。出土时矿化严重，局部破碎。扣面圆形，背面弯钩残，残断处周围可见近长方形铸缝。正面中部鼓凸呈动物面具状，动物额头施三角形纹，圆眼、宽鼻，眼睛有瞳孔等结构，眼睛下方即鼻子两侧施蹲踞状人纹；面具周围由内到外施多道弦纹，弦纹之间填水滴状芒纹、卷尾蛇纹、放射状短线纹等。直径6.8厘米（图3-417；图版212-2、3）。

铜夹形器 1件。

M335：2，完全矿化并破碎。从发掘现场观察，由铜片折叠而成，平面大致呈双束腰状，折叠处中间有一穿孔，下面为弧边。长约5.8厘米（图版212-2）。

M336

M336位于Ⅱ号发掘点T5544中部偏西南，属第4层墓葬。墓坑平面大致呈长方形，纵轴方向171°，长2.58、宽0.8、深0.4米。墓坑内填浅红褐色黏土，略疏松。发现板灰痕迹，推测原有木质棺椁类葬具。人骨多已朽毁，葬式不明；根据玉玦位置，推测被葬者头朝东南方向。出土随葬品2件，分别为铜削刀和玉玦。玉玦位于墓坑东南部，推测下葬时佩戴于被葬者耳部。铜削刀位于墓坑中部，横置（图3-418）。

铜器　1件。

铜削刀　1件。

M336：2，A型。锈蚀严重，刀身前部残。刃背与柄背连为一体；扁圆柄，柄端带竖条形镂孔；刀身微曲。柄后部近镂孔处有一长方形框，框内施网格状纹饰。残长约18.8厘米（图3-419）。

玉石器　1件。

玉玦　1件。

M336：1，出土时风化严重，残剩无几。从发掘现场观察，白色片状，具体形制及平面尺寸不详。厚约0.22厘米。

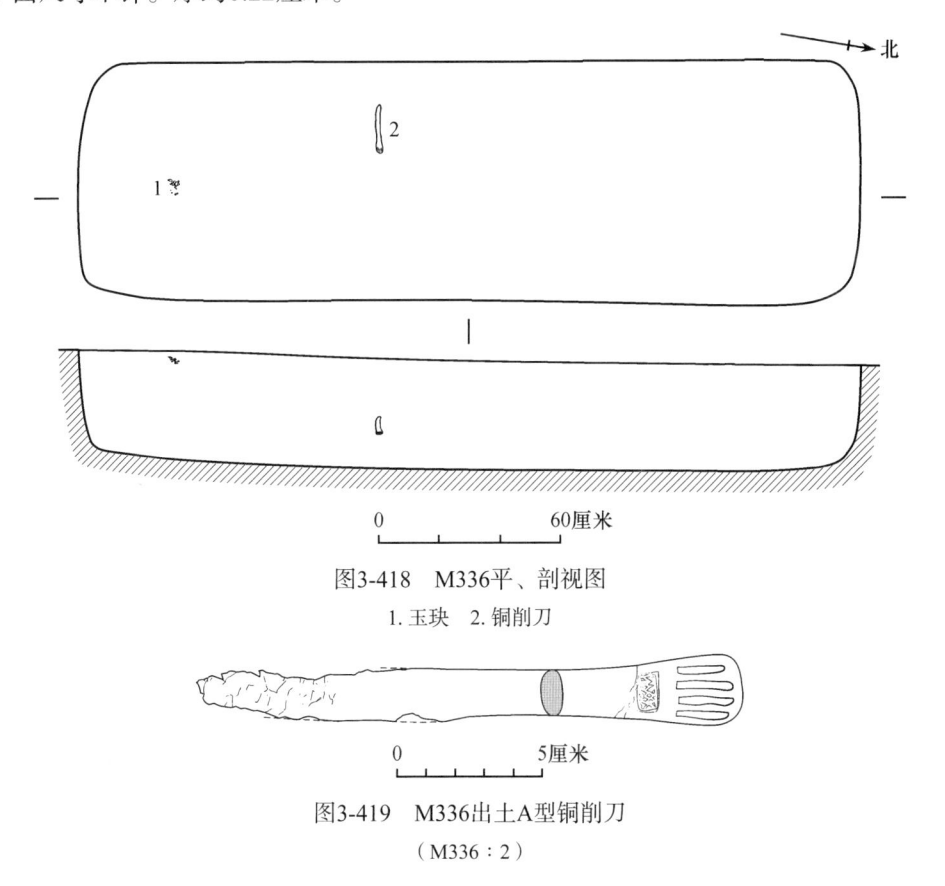

图3-418　M336平、剖视图
1. 玉玦　2. 铜削刀

图3-419　M336出土A型铜削刀
（M336：2）

M337

M337位于Ⅱ号发掘点T5544西南部,小部分跨入T5543,属第4层墓葬。墓坑平面大致呈长方形,纵轴方向162°,长1.52、宽0.54、深0.2米。墓坑内填浅红褐色黏土,略疏松,含少量炭屑。发现板灰痕迹,推测原有木质棺椁类葬具。人骨已朽,葬式不明。出土随葬品5件(组),包括玉管珠3件(组)、特殊材料镯2组。特殊材料镯位于墓坑中部偏东南,呈左右对称分布,推测下葬时分别佩戴于被葬者左右手臂。玉管珠中有1件位于墓坑东南部,其余分别与特殊材料镯放在一起,可能是与后者搭配使用的(图3-420;图版213-1)。

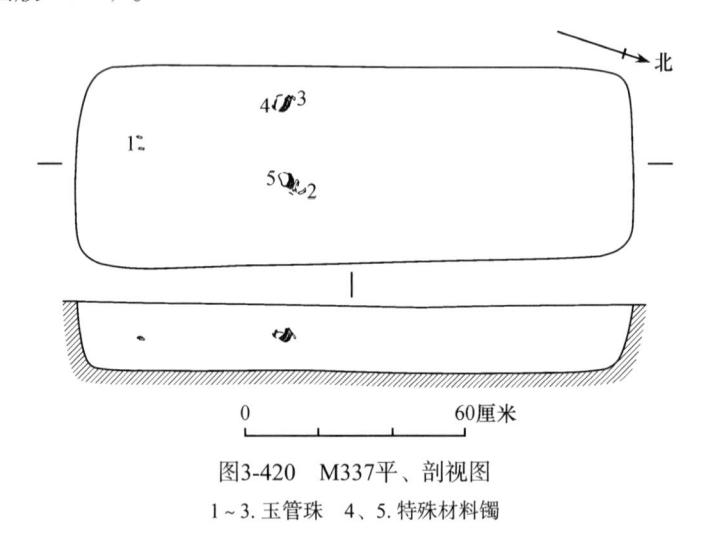

图3-420 M337平、剖视图
1~3. 玉管珠 4、5. 特殊材料镯

玉石器 3件(组)。

玉管珠 3件(组)。

A型,2件(组)。

M337:1,出土时风化碎裂。白色,带大片墨色纹理;表面光润细腻,微透光。直孔;口部不甚规则,有凹陷。长3、直径0.53~0.57、孔径0.44厘米(图3-421-4;图版213-2)。

M337:2,一组2件。白色泛黄;微透光(图版213-4)。直孔;一端斜口,另一端残。M337:2-1,残长2.19、直径0.61~0.75、孔径0.43厘米(图3-421-2)。M337:2-2,残长2.17、直径0.53~0.62、孔径0.25~0.4厘米(图3-421-3)。

A型、Cb型混合类型,1组。

M337:3,一组2件(图版213-3)。A型1件,M337:3-1,白色泛青,带浅墨色纹理;微透光。直孔;一端斜口,另一端残。残长3、直径0.8、孔径0.5~0.6厘米

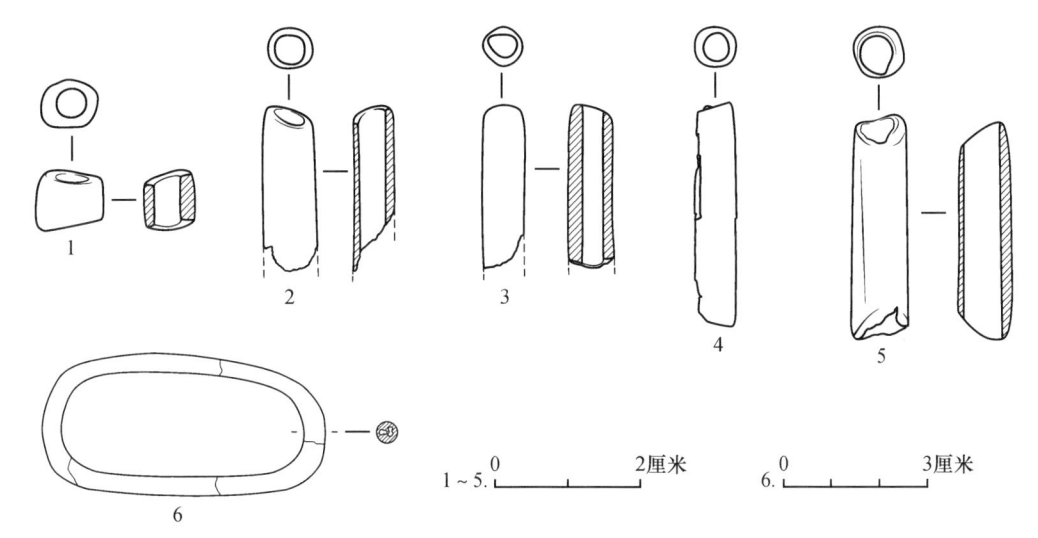

图3-421 M337出土器物

1. Cb型玉管珠（M337∶3-2）　2~5. A型玉管珠（M337∶2-1、M337∶2-2、M337∶1、M337∶3-1）
6. B型特殊材料镯（M337∶4-2）

（图3-421-5）。Cb型1件，M337∶3-2，白色，带浅墨色纹理；微透光。直孔；斜口，一端有小缺口。长0.77、直径0.76~0.94、孔径0.28~0.45厘米（图3-421-1）。

特殊材料制品　2组。

特殊材料镯　2组。

均B型。据检测和分析，系用桦树皮焦油等特殊材料制成，出土时有的已断裂变形。黑色，质感较轻。细条环状，横截面呈圆形，可见两孔状空腔。

M337∶4，一组4件。从出土位置及形态判断，下葬时成串佩戴于被葬者手臂，与之一起佩戴的还有1组玉管珠（M337∶3）。镯大小相近，复原直径一般约4.9、横截面直径一般约0.4厘米（图3-421-6；图版213-5）。

M337∶5，一组5件。从出土位置及形态判断，下葬时成串佩戴于被葬者手臂，与之一起佩戴的还有1组玉管珠（M337∶2）。镯大小相近，复原直径一般约4.7、横截面直径一般约0.35厘米（图版213-6）。

M338

M338位于Ⅱ号发掘点，跨T5444、T5445和T5544，属第4层墓葬。墓坑平面大致呈长方形，东南部被M313打破，长3.16、宽1.03、深0.88米，纵轴方向151°。墓坑西北端下部内收，形成二层台，台面距墓底高约0.25米。墓坑内填浅红褐色黏土，略致密。墓坑中部发现明显板灰痕迹，推测原有木质棺椁类葬具。人骨已朽，葬式不明。出土随葬品为1件铜剑，位于西北端二层台上（图3-422）。

图3-422　M338平、剖视图
1. 铜剑

铜剑　1件。

M338：1，Cb型。锈蚀严重，局部矿化破碎。空心椭圆茎，茎首残，呈喇叭口状，茎下部有对穿；一字格；剑身前部中线略起脊，曲刃。茎部施弦纹、涡纹、编织纹等纹饰；剑身后部施箭头、涡卷纹等纹饰，沿中线左右对称分布，整体形如箭矢。格两端下方隐约可见铸缝痕迹。出土时，剑身附着黑色炭化物。残长20.5、格长7.4厘米（图3-423）。

M340

M340位于Ⅱ号发掘点T5444东南部，属第4层墓葬。墓坑平面大致呈长方形，东部被M339打破，南部延伸出发掘区。发掘部分长1.13、残宽0.48、深0.7米，纵轴方向172°。墓坑内填红褐色黏土，略疏松，含少量炭屑。发现板灰痕迹，推测原有木质棺椁类葬具。人骨朽毁，葬式不明。出土随葬品为1件铜扣饰，大致位于

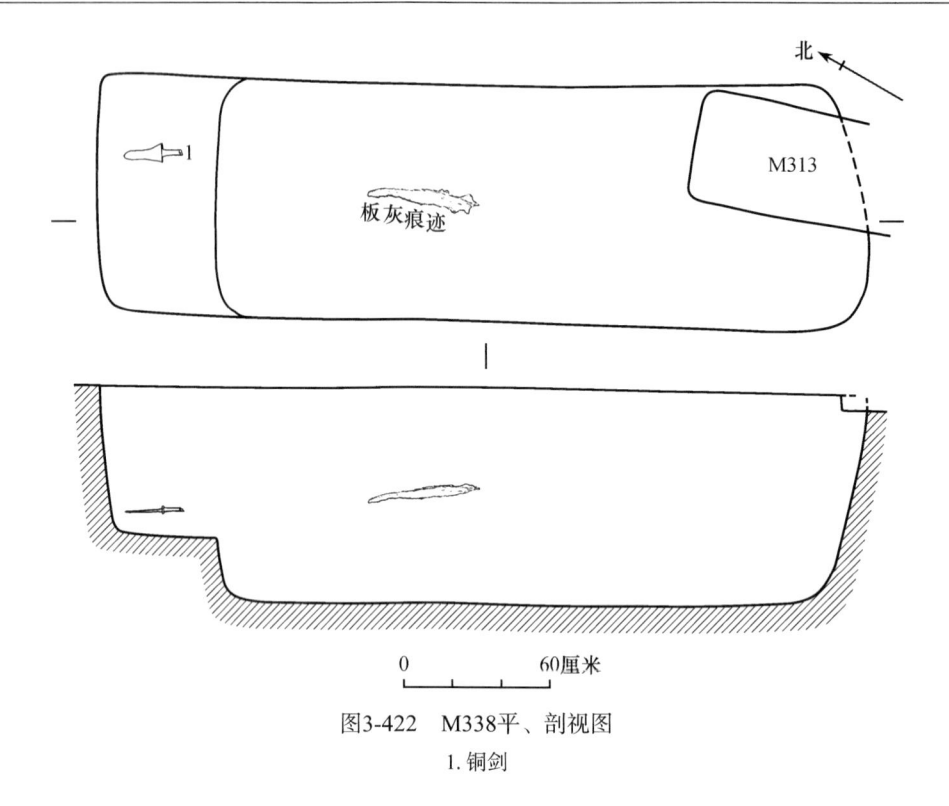

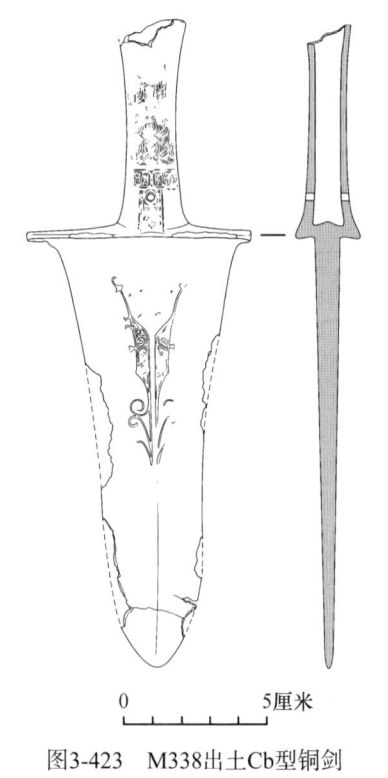

图3-423　M338出土Cb型铜剑
（M338：1）

墓坑北部（图3-424）。

铜扣饰　1件。

M340:1，Ab型。出土时背面朝上，矿化严重，几成粉末。从发掘现场观察，扣面圆形，正面中部微鼓，隐约可看出动物面具造型。直径约9.5厘米。

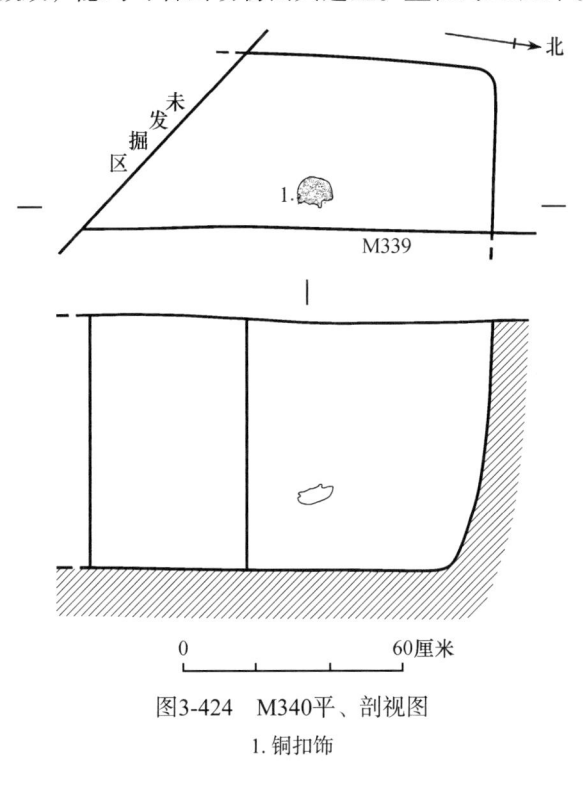

图3-424　M340平、剖视图
1.铜扣饰

M342

M342位于Ⅱ号发掘点T5545北部，属第4层墓葬。墓坑平面大致呈长方形，北部延伸出发掘区。发掘部分长1.1、宽0.78、深0.27米，纵轴方向170°。墓坑内填红褐色黏土，略疏松，含少量炭屑。发现板灰痕迹，推测原有木质棺椁类葬具。人骨已朽，葬式不明。出土随葬品为1组铜镯，大致位于墓坑东南部（图3-425）。

铜镯　1组。

M342:1，一组10余件，均Ed型。矿化严重，断裂破碎。细条环状，横截面近半圆形，内壁凹，外壁弧。铜镯直径一般6厘米有余，横截面直径多在0.2厘米左右。

图3-425　M342平、剖视图
1.铜镯

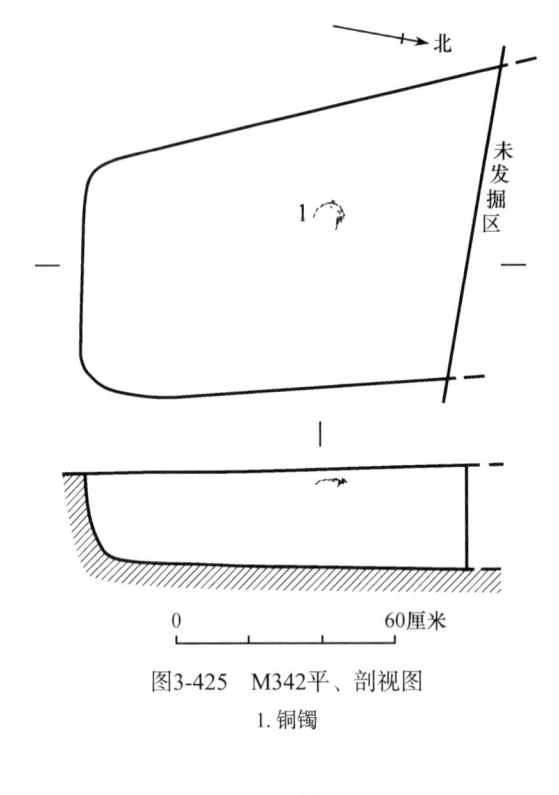

M343

M343位于Ⅱ号发掘点，跨T5543、T5544、T5643和T5644，属第4层墓葬。墓坑平面大致呈长方形，南端局部被M312打破，北部延伸出发掘区。发掘部分长1.75、宽0.68、深0.28米，纵轴方向180°。墓坑内填浅红褐色黏土，略疏松，含少量炭屑。发现板灰痕迹，推测原有木质棺椁类葬具。残存零星骨渣，葬式不明。出土随葬品4件，均铜器，包括剑、戈、矛、镯各1件。铜戈位于墓坑南部，横置，出土前被折断。其他几件铜器均靠近墓坑中部，铜剑、铜矛呈左右对称摆放，均竖置，铜镯推测下葬时佩戴于被葬者手臂（图3-426）。

铜剑　1件。

M343:2，Cb型。锈蚀严重，多处矿化破碎。空心椭圆茎，茎首残，呈喇叭口状；一字格略残；曲刃残。茎部隐约可见弦纹和编织纹；剑身后部施箭头、涡卷纹等纹饰，整体形如箭矢。茎两侧和格两端下方可见铸缝痕迹。出土时，茎部残留麻缠绕痕迹。残长16、格残长5厘米（图3-427-1）。

铜戈　1件。

M343:1，Bb型Ⅰ式。无胡；条形援，出土前被折弯并断为多截，近阑处有两近长方形穿孔；长方形直内，前部有一近长方形穿，后缘呈对称的内卷鸟首状。阑背面以及内的两侧和内穿壁上残留铜缝痕迹。出土时内前部可见黑色炭化物，推测与戈柲

第三章 墓葬分述

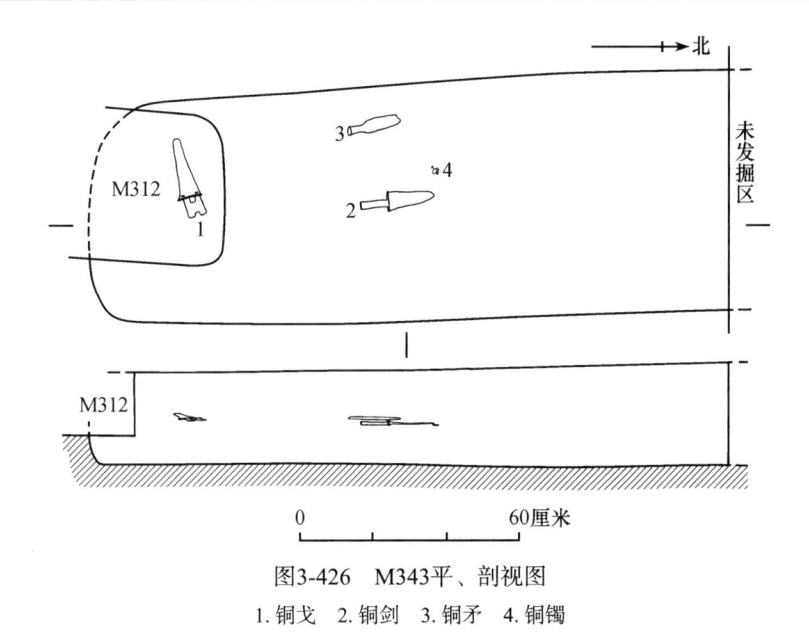

图3-426 M343平、剖视图
1. 铜戈 2. 铜剑 3. 铜矛 4. 铜镯

图3-427 M343出土铜器
1. Cb型剑（M343：2） 2. Bb型Ⅰ式戈（M343：1）

有关。残长16.9、阑宽7.1厘米（图3-427-2）。

铜矛 1件。

M343：3，出土时锈蚀破碎严重，具体型式不详。从发掘现场观察，圆骹，大部残，内可见柲木；矛身大致呈柳叶形，前部残。残长约14厘米。

铜镯 1件。

M343：4，A型Ⅰ式。出土时矿化破碎严重，无法修复。从残片看，为较窄的片状环形；内壁微弧；外壁呈浅槽结构，中间铸有条状界格。直径不详，宽约0.8厘米。

M344

M344位于Ⅱ号发掘点T5444中部,属第4层墓葬。墓坑平面大致呈长方形,东北角被M327打破,西南角延伸出发掘区,长2.3、宽0.7、深0.85米,纵轴方向157°。墓坑内填红褐色黏土,略疏松,含少量炭屑。发现板灰痕迹,推测原有木质棺椁类葬具。人骨已朽,葬式不明。出土随葬品2件,分别为铜剑和铜扣饰,均位于墓坑西北部,铜剑横置(图3-428)。

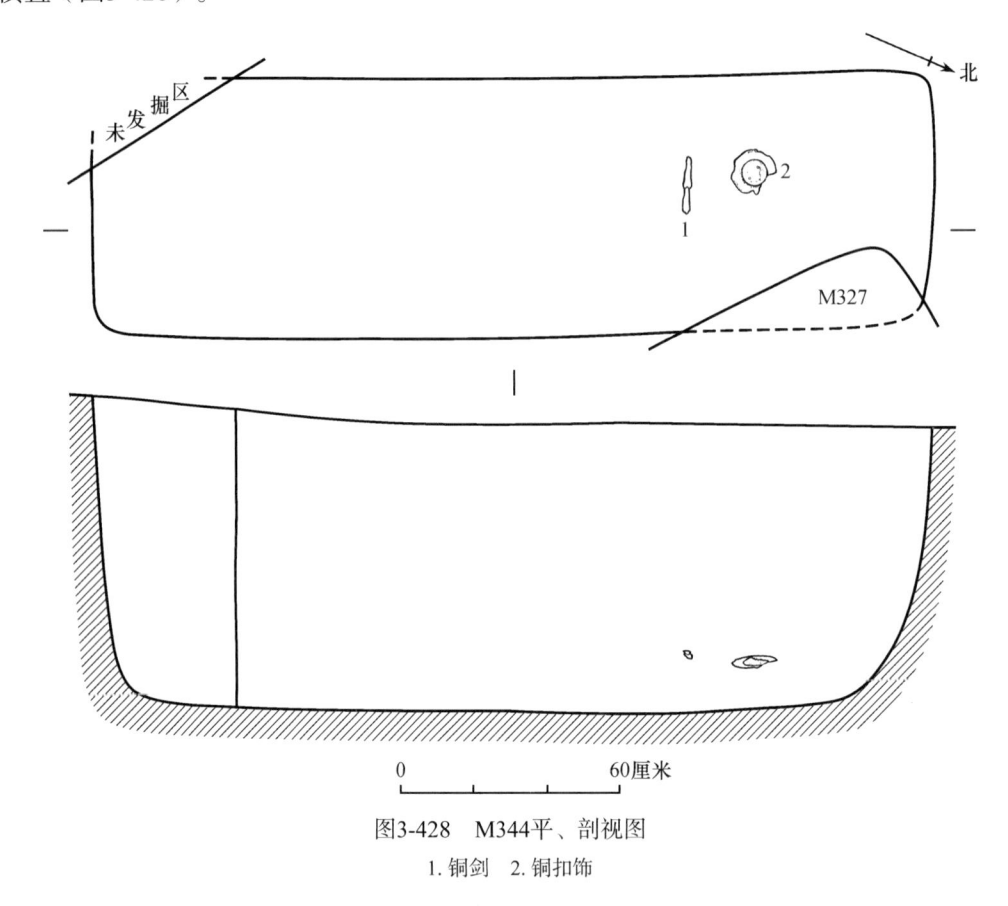

图3-428 M344平、剖视图
1. 铜剑 2. 铜扣饰

铜剑 1件。

M344:1,Aa型Ⅱ式。矿化严重,出土后完全破碎。扁茎,茎首呈乳突状;无格;剑身后部较宽形成溜肩,前锋略圆。茎部通体布满纹饰,中间自上而下为叶脉纹,两侧为云雷纹;剑身后端与茎交会处有一三角形凸块。残长15.9、肩宽2.4厘米(图3-429-1)。

铜扣饰 1件。

M344:2,Aa型。出土时锈蚀严重,矿化破碎,出于保护目的,背面未做清理,

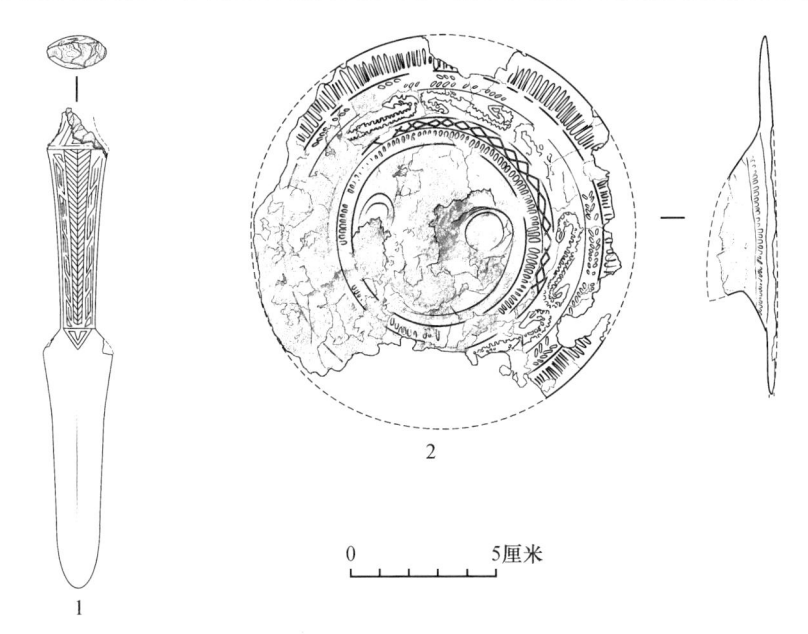

图3-429 M344出土铜器
1. Aa型Ⅱ式剑（M344：1） 2. Aa型扣饰（M344：2）

弯钩等情况不详。扣体较大；扣面圆形，正面中部鼓凸呈动物面具状，动物泡状圆眼，宽鼻较高，立体感强；面具周围由内到外施多道弦纹，弦纹之间依次填放射状短线纹、菱格纹、双头蛇纹、穗状纹以及放射状线纹。直径13.1厘米（图3-429-2）。

M346

M346位于Ⅱ号发掘点T5445中部略偏北，属第4层墓葬。墓坑平面大致呈长方形，东南部被M298和M320打破，长2.48、宽0.63、深1.1米，纵轴方向160°。墓坑内填浅红褐色黏土，夹杂一些青灰色土和黄白色膏泥，略疏松。未发现葬具痕迹。人骨朽毁，葬式不明。出土随葬品有玉镯1件、玉管珠1组，集中发现于墓坑中部，推测玉镯下葬时佩戴于被葬者手臂（图3-430；图版214-1）。

玉管珠　1组。

M346：2，一组3件，含A型、B型两种类型。A型2件，M346：2-1，出土时风化破碎严重，白色泛黄细管状，具体形制及尺寸不详。M346：2-3，白色泛黄；表面光润细腻，微透光。对向钻孔，孔内形成错位；斜口。长1.63、直径0.7、孔径0.37～0.4厘米（图3-431-2；图版214-3）。B型1件，M346：2-2，白色泛黄；表面光润细腻，微透光。粗管形；直孔；斜口，孔口内沿可见磨损痕迹。长2.63、直径0.65、一端孔径0.34、另一端孔径0.4厘米（图3-431-3；图版214-2）。

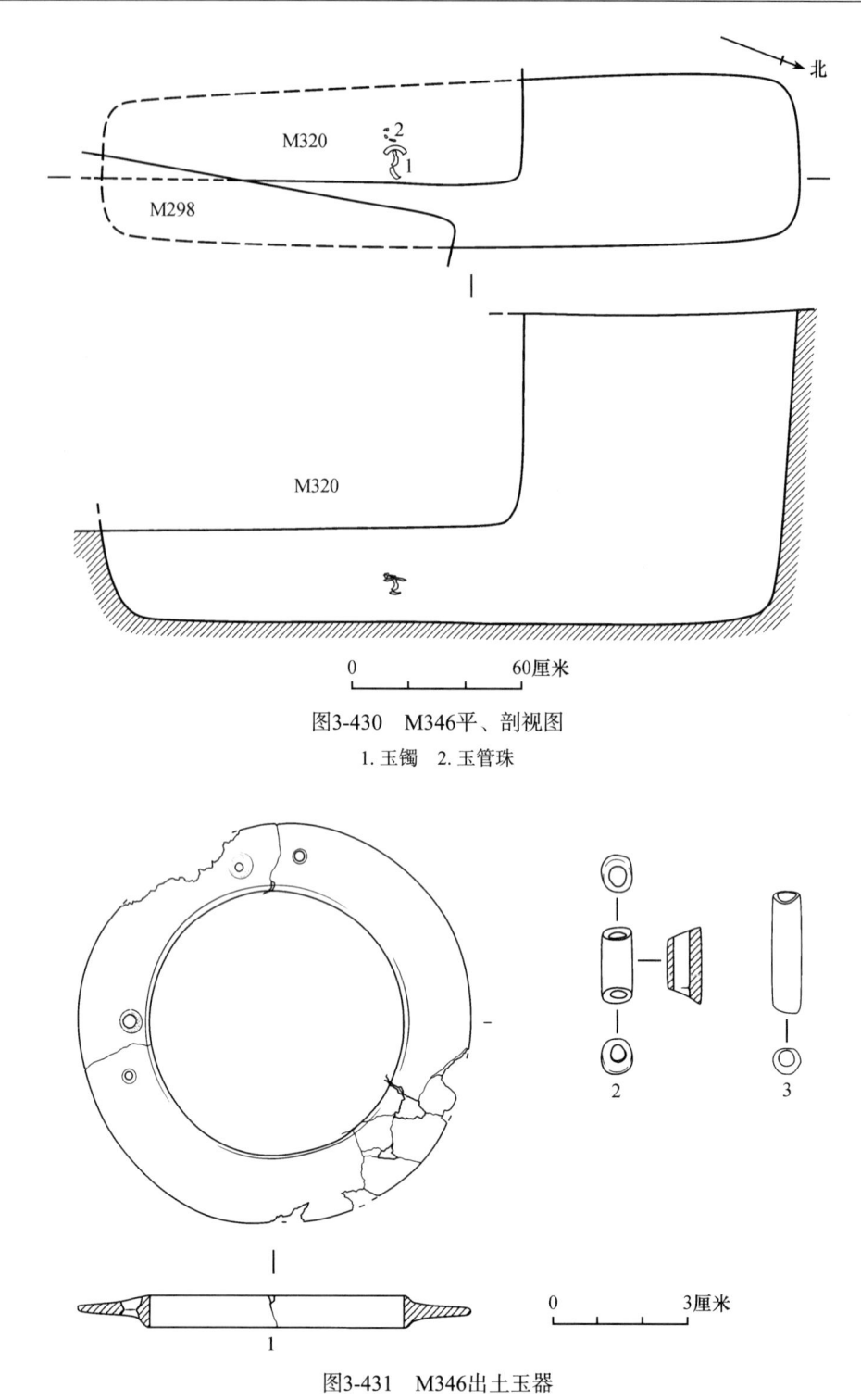

图3-430　M346平、剖视图
1. 玉镯　2. 玉管珠

图3-431　M346出土玉器
1. B型玉镯（M346∶1）　2. A型玉管珠（M346∶2-3）　3. B型玉管珠（M346∶2-2）

玉镯　1件。

M346：1，B型。出土时局部风化，并断裂为多块。灰黑色与褐黄色相间；表面光洁，打磨平整，不透光。圆环形，外缘较圆润，内缘平直，两面出棱，横截面呈"T"形。镯体有多处裂缝，其中两处旁侧有对称圆形铆孔，铆孔为对向锥形钻，外大内小。外径8.79、内径5.68、外缘厚0.12、内缘厚0.69厘米（图3-431-1；图版214-4）。

M347

M347位于Ⅱ号发掘点T5545东北部，属第4层墓葬。墓坑平面呈长条形，北部延伸出发掘区。发掘部分长1.8、宽0.5、深0.4米，纵轴方向180°。墓坑内填红褐色黏土，略疏松，含少量炭屑。发现板灰痕迹，推测原有木质棺椁类葬具。人骨多朽，仅铜镯内残存少许肢骨，结合玉玦位置，推测被葬者头向朝南，具体葬式不明。出土随葬品有铜镯、玉玦各1组，玉玦位于墓坑南部，铜镯大致位于墓坑中部，二者下葬时应分别佩戴于被葬者耳部和手臂（图3-432；图版215-1）。

铜器　1组。

铜镯　1组。

M347：2，一组40余件，均Ea型。锈蚀矿化严重，多断裂破碎。细条环状，横截面为竖长方形。根据出土位置及形态推测，铜镯下葬时成串佩戴于被葬者左手臂，整体看前小后大，内残存人骨。直径多不详，横截面一般长0.2、宽0.08～0.1厘米（图版215-4）。

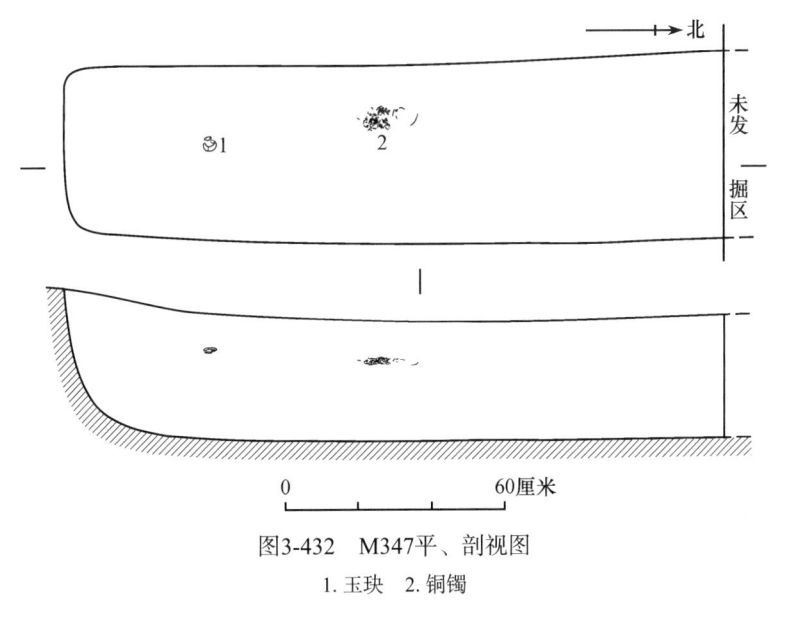

图3-432　M347平、剖视图
1. 玉玦　2. 铜镯

玉石器　1组。

玉玦　1组。

M347：1，一组2件（图版215-2、3）。白色泛黄；表面细腻，不透光。薄片状，平面呈不对称圆环形，玦口位于较窄一侧。出土时均残，上下叠压在一起。M347：1-1居上，外缘和内缘均呈斜坡状，但不在一面，内缘斜坡微凹。外径2.68、内径1.41、厚0.11厘米（图3-433-1）。M347：1-2居下，外缘和内缘均呈斜坡状，且同在一面，内缘斜坡微凹。外径2.13、内径0.73、厚0.11厘米（图3-433-2）。

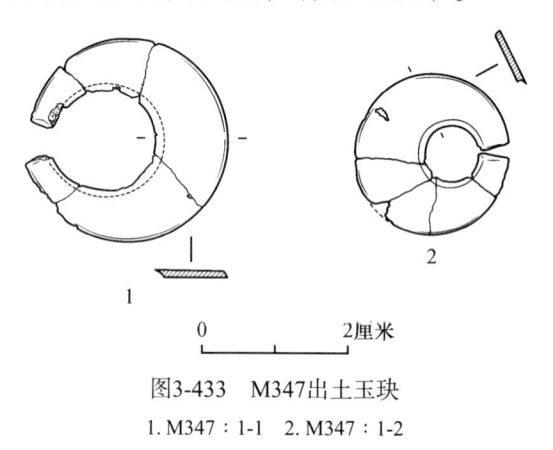

图3-433　M347出土玉玦
1. M347：1-1　2. M347：1-2

M349

M349位于Ⅱ号发掘点，跨T5444和T5544，属第4层墓葬。墓坑平面大致呈长方形，东南部被M338和M348打破，长2.6、宽0.7、深0.73米，纵轴方向140°。墓坑内填浅红褐色黏土，略疏松。未发现葬具痕迹。残存零星骨渣，葬式不明。出土随葬品4件（组），包括铜戈、铜扣饰各1件，铜镯、玉玦各1组。铜戈、铜扣饰和玉玦位于墓坑东南部，铜镯大致位于墓坑中部（图3-434；图版216-1）。

铜器　3件（组）。

铜戈　1件。

M349：1，A型。锈蚀严重，局部矿化破碎。长胡，近阑处有多个长条形穿；援微曲，前锋较平略上扬；援本近阑处有片状翼向后张开，翼末端呈弧形内凹；直内较长，内后缘似连弧形鸡冠状。胡近阑处施菱格纹，翼和内均施条状纹饰，援后部施长三角形纹，与翼自然相接，三角形纹及其内所填纹饰均錾刻而成，较为细密，中间纹饰形似箭矢。出土时内、阑等处可见黑色炭化物，推测为戈柲遗存。残长约18厘米（图3-435；图版13-1，图版216-2）。

图3-434　M349平、剖视图
1.铜戈　2.铜扣饰　3.玉玦　4.铜镯

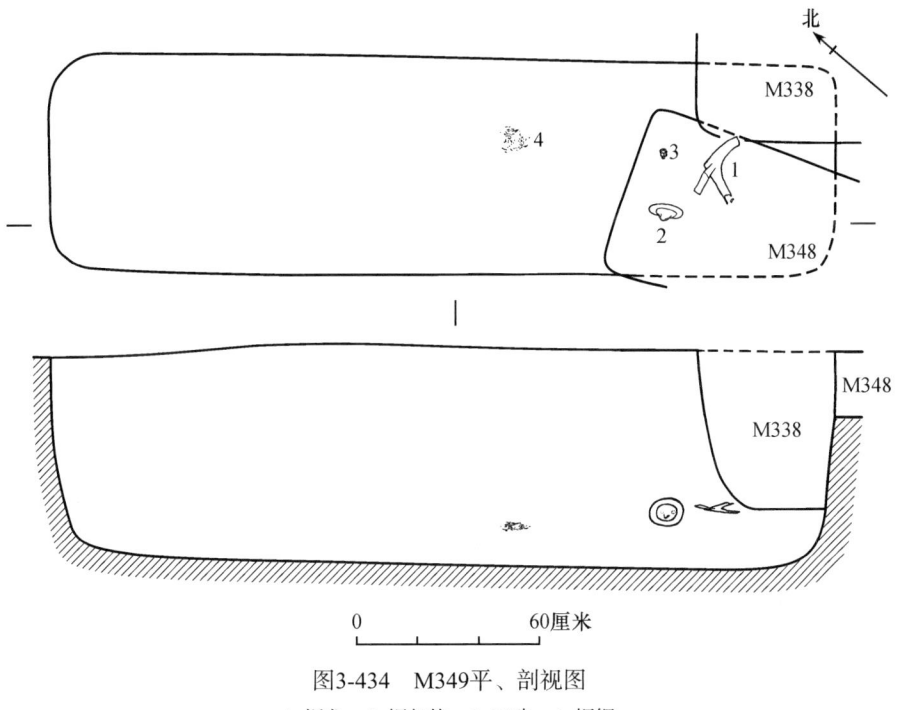

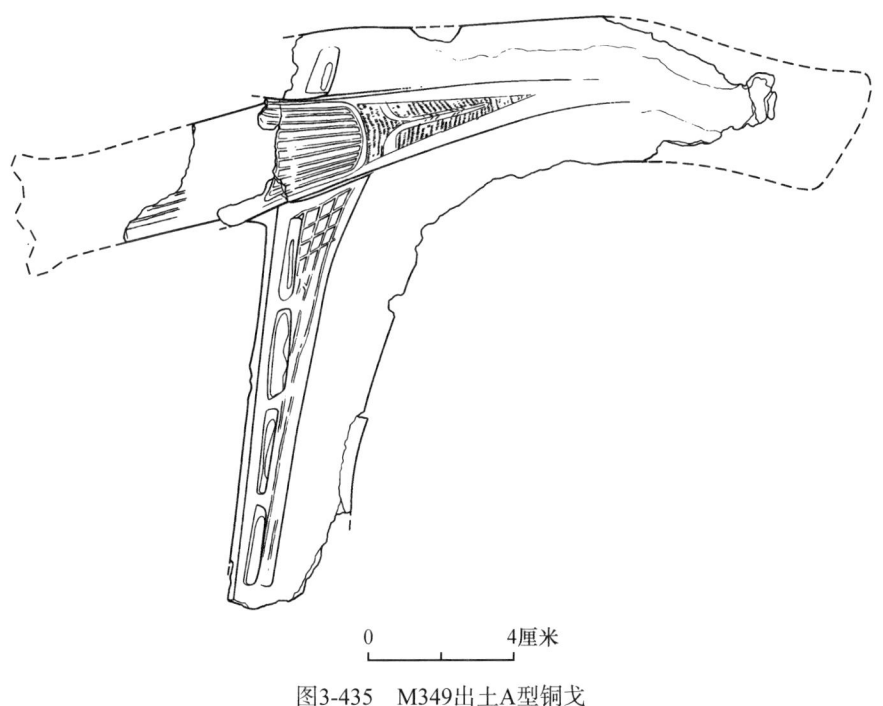

图3-435　M349出土A型铜戈
（M349∶1）

铜扣饰　1件。

M349：2，Aa型。出土时矿化破碎严重，无法修复，背面情况不详。从发掘现场观察，扣体较大；扣面圆形，正面中部鼓凸呈动物面具状，动物圆目高鼻。面具周围可见多道弦纹，弦纹之间依次填水滴状芒纹、勾连涡纹加乳钉及放射状线纹。直径11.4厘米（图版216-3）。

铜镯　1组。

M349：4，一组10余件，均Ed型。锈蚀矿化，全部断裂破碎。细条环状，横截面近弯月形，内壁凹，外壁弧。从出土位置和形态看，下葬时成串佩戴于被葬者手臂，内残存肢骨。铜镯直径不详，横截面直径一般约0.2厘米。

玉石器　1组。

玉玦　1组。

M349：3，一组2件。白色薄片状，出土时完全风化，碎成粉末，具体形制及尺寸不详。

M350

M350位于Ⅱ号发掘点T5544东北部，属第4层墓葬。墓坑平面呈长条形，纵轴方向166°，长1.96、宽0.47、深0.16米。墓坑内填红褐色黏土，略疏松，含少量炭屑。发现板灰痕迹，推测原有木质棺椁类葬具。人骨朽毁，葬式不明；根据玉玦等随葬品的位置，推测被葬者头朝东南方向。出土随葬品5件，包括铜剑、铜戚、铜扣饰以及玉玦各1件，另有残铜器1件。铜扣饰和玉玦位于墓坑东南部，后者推测下葬时佩戴于被葬者耳部。铜剑和铜戚大致位于墓坑中部，呈左右对称摆放。残铜器位于墓坑西北部（图3-436；图版217-1）。

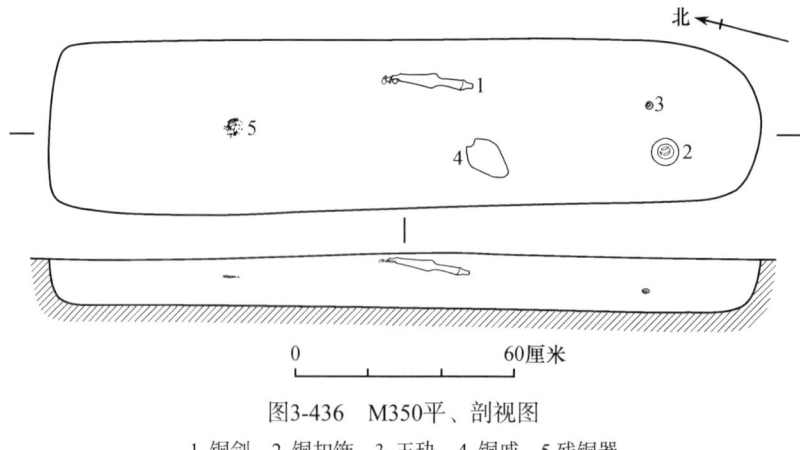

图3-436　M350平、剖视图
1.铜剑　2.铜扣饰　3.玉玦　4.铜戚　5.残铜器

铜器 4件。

铜剑 1件。

M350:1，Aa型Ⅱ式。锈蚀严重，局部矿化。扁茎，茎首呈乳突状，其上有一三角形对穿；无格；剑身后部较宽形成溜肩，前部出土时碎裂。剑身后端与茎交会处有一三角形凸块。出土时，剑身附着炭化物。残长22.7、肩宽5.2厘米（图3-437-1；图版8-2，图版217-4，图版218-1）。

铜戚 1件。

M350:4，A型Ⅰ式。锈蚀严重，銎口及戚刃残。竖銎向下延伸至戚身下部，弧底；扁圆形銎口较矮，中间下凹呈"V"字形；戚身呈宽尖叶形，圆肩，中部略起脊。銎口下方有一道凸弦纹，弦纹下接树杈状纹饰。出土时銎内有朽木，戚身表面可见纺织物痕迹。长12.3、銎口宽3.8厘米（图3-437-2；图版23-3、4，图版218-2）。

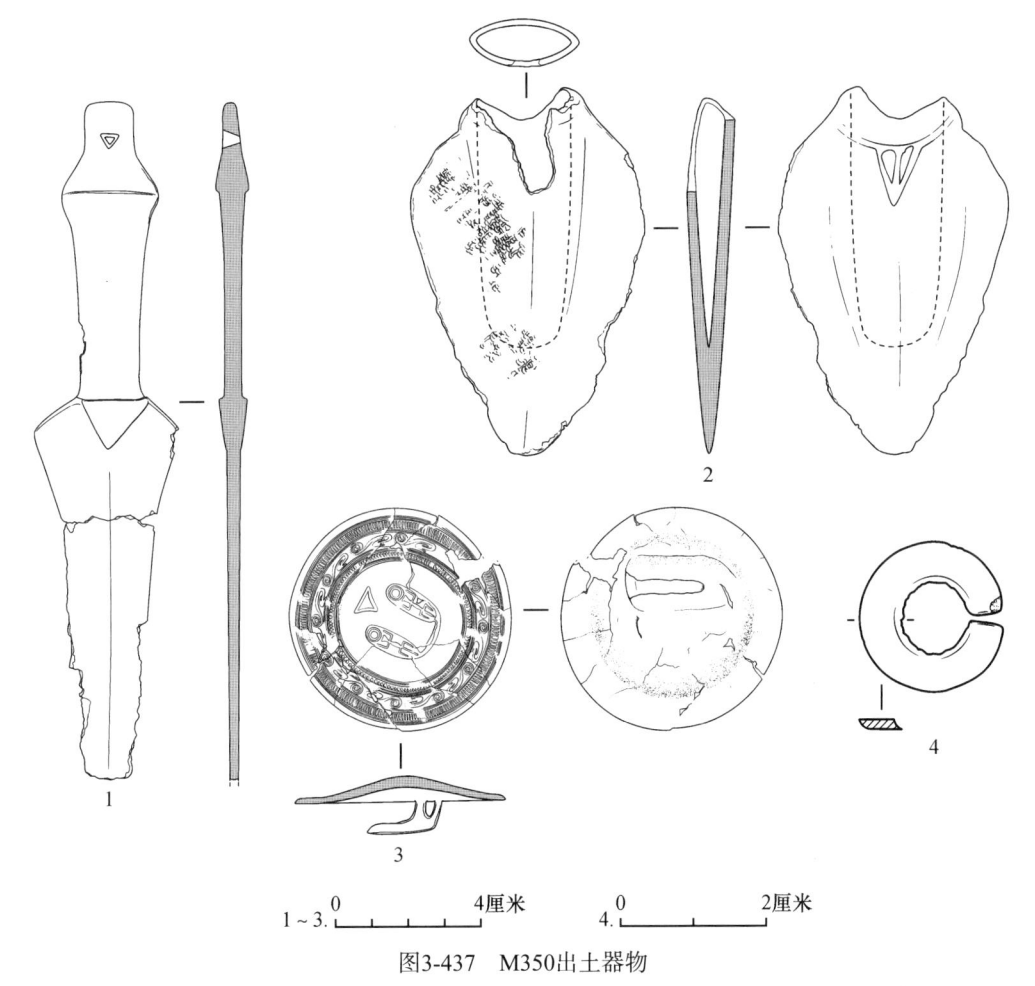

图3-437 M350出土器物

1. Aa型Ⅱ式铜剑（M350:1） 2. A型Ⅰ式铜戚（M350:4） 3. Ab型铜扣饰（M350:2） 4. 玉玦（M350:3）

铜扣饰　1件。

M350：2，Ab型。出土时锈蚀严重，局部矿化破碎。扣面圆形，背面有一横向带穿弯钩，弯钩所在位置周围可见近长方形铸缝。正面中部微凸呈动物面具状，动物额头施三角形纹，圆眼，宽鼻，眼睛有瞳孔等结构，眼睛下方即鼻子两侧施蹲踞状人纹。面具周围由内到外施多道弦纹，弦纹之间依次填水滴状芒纹、卷尾蛇纹、放射状短线纹。直径7.5厘米（图3-437-3；图版34-3、4，图版217-2、3）。

残铜器　1件。

M350：5，出土时完全矿化，器形不辨。从发掘现场看，大致呈圆形片状。直径4~5厘米。

玉石器　1件。

玉玦　1件。

M350：3，白色，表面带绿色沁色；表面细腻。片状稍厚，平面呈圆环形；一面内缘略呈凹面斜坡状，另一面外缘略呈弧面斜坡状。外径2.01、内径0.95、玦口宽0.08、厚0.15厘米（图3-437-4；图版218-3、4）。

M351

M351位于Ⅱ号发掘点T5545东北部，属第4层墓葬。墓坑平面大致呈长方形，西北部、东北部分别被M342和M347打破，长2.33、宽0.73、深0.3米，纵轴方向183°。墓坑内填红褐色黏土，略疏松。未发现葬具痕迹。残存零星骨渣，葬式不明。出土随葬品2件，分别为铜泡饰和铜帽形器，均位于墓坑北部（图3-438；图版219-1）。

铜泡饰　1件。

M351：2，Ca型。出土时锈蚀严重，局部矿化破碎。圆片周围上翘，似圆盘状，中间锥凸高耸；背面有两道横梁。泡面边缘施放射状短线纹。直径约4.2、残高1.5厘米（图版219-3）。

铜帽形器　1件。

M351：1，出土时矿化破碎，顶面朝下。圆形薄片状，中部上鼓，形如宽檐帽形。帽顶周围可见多道棱状纹，与帽檐交会处一侧有2个由外向内冲凿而成的圆穿，另一侧有1个相同的圆穿。直径11.8、高约1.5厘米（图版219-2）。

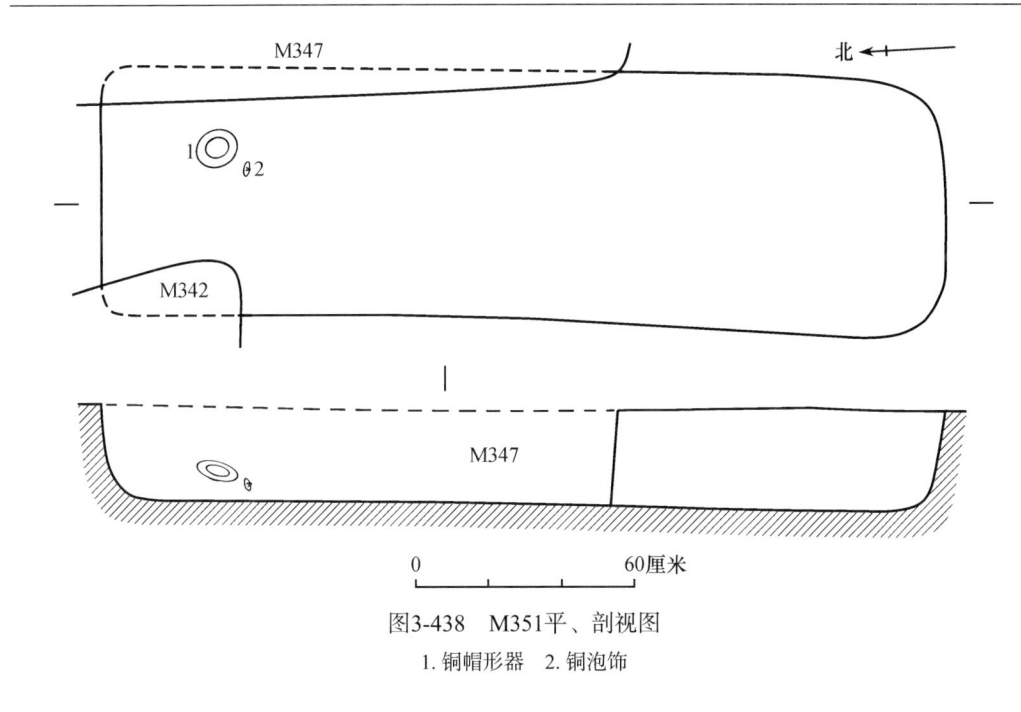

图3-438　M351平、剖视图
1. 铜帽形器　2. 铜泡饰

M358

M358位于Ⅱ号发掘点，跨T5543和T5643，属第4层墓葬。墓坑平面大致呈长方形，西北部延伸出发掘区。发掘部分长1.38、宽0.57、深0.2米，纵轴方向155°。墓坑内填红褐色黏土，略疏松，含少量炭屑。发现板灰痕迹，推测原有木质棺椁类葬具。人骨朽毁，葬式不明。出土随葬品为1组镯，大致位于墓坑中部，含铜镯和特殊材料镯两种，推测下葬时二者搭配使用成串佩戴于被葬者手臂（图3-439）。

铜器　1件。

铜镯　1件。

M358：1-1，A型Ⅰ式。出土时矿化破碎，无法修复。从残片看，为较窄的片状环形；内壁微弧；外壁呈浅槽结构，中间铸有条状界格。直径不详，宽约0.7厘米。

特殊材料制品

镯　1组。

M358：1-2，B型，一组2件。据检测和分析，系用桦树皮焦油等特殊材料制成，出土时断裂破碎。黑色，质感较轻。细条环状，横截面呈圆形，可见两孔状空腔。出土于墓坑西壁附近，与之一起佩戴的还有1件铜镯。直径不详，横截面直径一件为0.33厘米，另一件为0.39厘米。

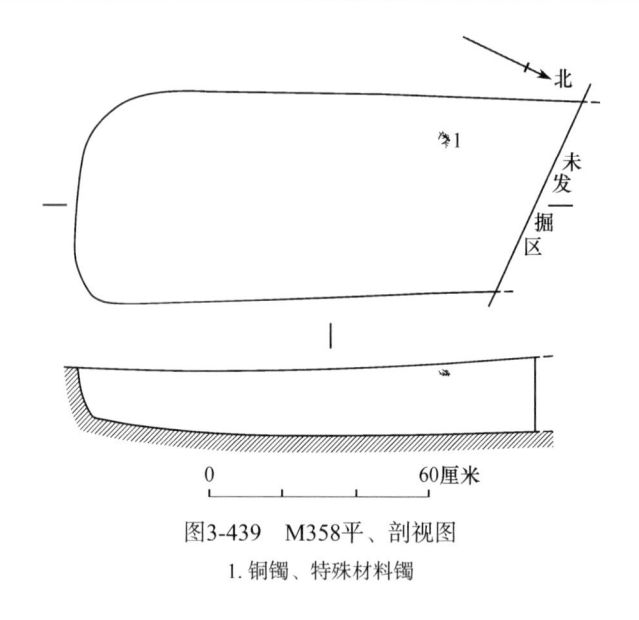

图3-439　M358平、剖视图
1. 铜镯、特殊材料镯

M360

M360位于Ⅱ号发掘点，跨T5544和T5644，属第4层墓葬。墓坑平面大致呈长方形，北部延伸出发掘区。发掘部分长1.13、宽0.64、深0.28米，纵轴方向181°。墓坑内填浅红褐色黏土，略疏松，含少量炭屑、陶片。未发现葬具痕迹。人骨多已朽毁，仅铜镯内残存少许肢骨，结合玉玦位置，推测被葬者头向朝南，具体葬式不明。出土随葬品有铜镯1组、玉玦1件。铜镯大致位于墓坑中部，玉玦位于墓坑南部，推测下葬时分别佩戴于被葬者手臂和耳部（图3-440；图版220-1）。

铜器　1组。

铜镯　1组。

M360∶2，一组7件，均Ed型。锈蚀严重，矿化破碎。细条环状，横截面近弯月形。从出土位置及形态看，铜镯下葬时成串佩戴于被葬者手臂，内残存肢骨。直径不详，横截面直径一般0.28厘米。

玉石器　1件。

玉玦　1件。

M360∶1，白色泛黄；表面细腻，不透光。薄片状，平面呈不对称圆环形，玦口位于较窄一侧；一面内缘略呈凹面斜坡状，另一面外缘略呈弧面斜坡状。外径4.5、内径2.48、玦口宽0.06、厚0.2厘米（图3-441；图版220-3、4）。

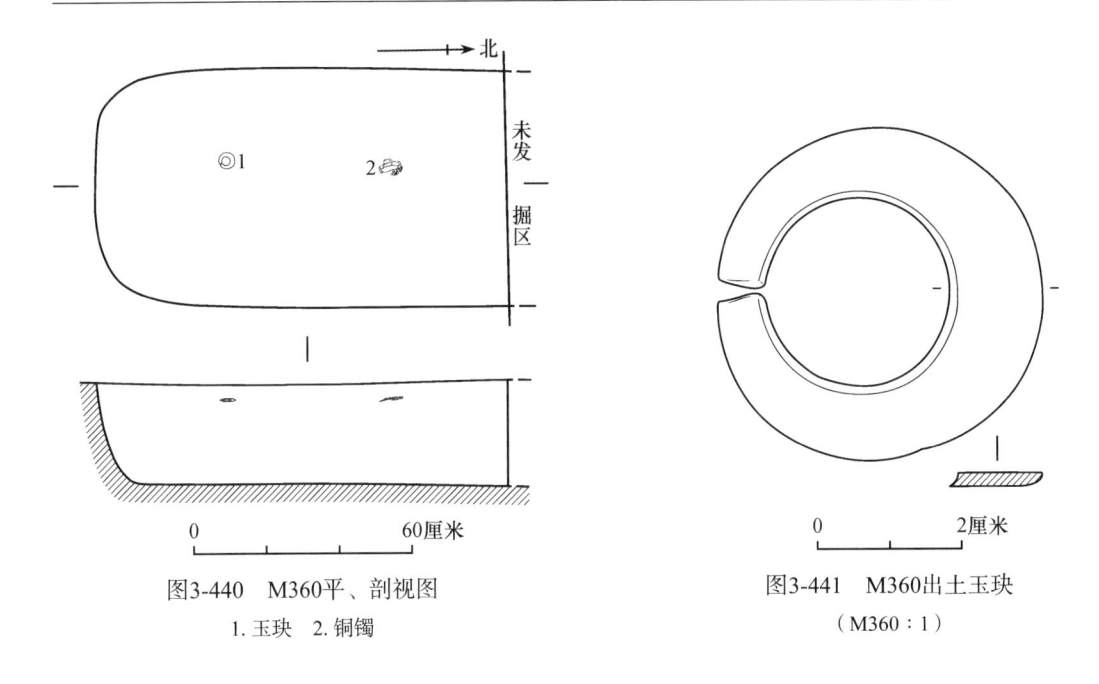

图3-440　M360平、剖视图
1. 玉玦　2. 铜镯

图3-441　M360出土玉玦
（M360：1）

M361

M361位于Ⅱ号发掘点T5544西部，属第4层墓葬。墓坑平面大致呈梯形，西北一角被M312打破，长1.85、西北端宽0.8、东南端宽0.54、深0.2米，纵轴方向166°。墓坑内填浅红褐色黏土，略疏松。未发现葬具痕迹。人骨已朽，葬式不明。出土随葬品有玉管珠2组、玉玦1组，其中一组玉管珠与玉玦集中发现于墓坑东南部，另一组玉管珠位于墓坑中部（图3-442；图版220-2）。

玉管珠　2组。

A型，1组。

M361：3，一组3件（图版220-6）。表面光润细腻，不透光。细管形；直孔。M361：3-1，白色泛青；两端孔口有凹陷，内沿可见磨损痕迹。长3.08、直径0.7~0.77、孔径0.46~0.5厘米（图3-443-6）。M361：3-2，白色。一端斜口，另一端孔口微残。长1.8、直径0.61~0.64、孔径0.4厘米（图3-443-4）。M361：3-3，白色泛青；两端均斜口。长1.65、直径0.49~0.6、孔径0.24~0.29厘米（图3-443-5）。

B型、Cb型混合类型，1组。

M361：2，一组3件（图版220-5）。B型1件，M361：2-1，出土时风化严重，一端部分尚存，其余残。白色；不透光。粗管形，直孔。残长1.69、直径0.67~0.87、孔径0.35厘米（图3-443-3）。Cb型2件，均白色，带浅墨色纹理；表面光润细腻，不透光。短管形，外壁鼓；直孔。M361：2-2，一端平口，另一端略斜。长0.75、直径0.88、孔径0.36厘米（图3-443-2）。M361：2-3，平口。长0.5、直径0.7、孔径0.37厘米

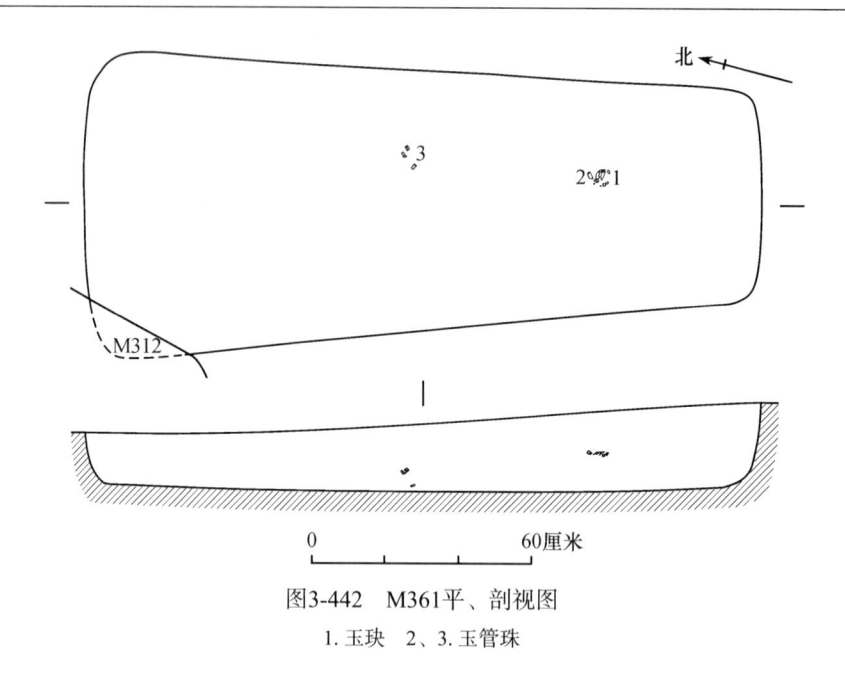

图3-442　M361平、剖视图
1. 玉玦　2、3. 玉管珠

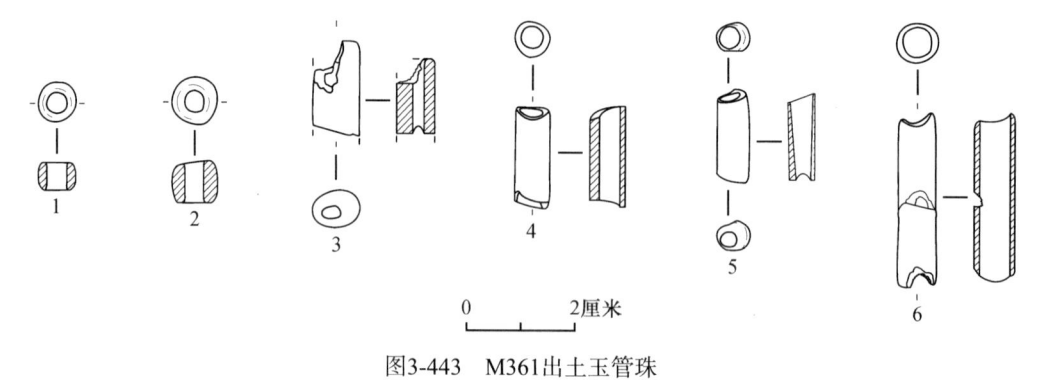

图3-443　M361出土玉管珠
1、2. Cb型（M361：2-3、M361：2-2）　3. B型（M361：2-1）　4～6. A型（M361：3-2、M361：3-3、M361：3-1）

（图3-443-1）。

玉玦　1组。

M361：1，一组约2件。出土时风化严重，多碎成粉末。白色薄片状，具体形制及平面尺寸不详，残片厚约0.15厘米。

M362

M362位于Ⅱ号发掘点，跨T5444和T5544，属第4层墓葬。墓坑平面大致呈长方形，南部被M327和M344打破，残长1.48、宽0.68、深0.4米，纵轴方向182°。墓坑内填红褐色黏土，略疏松，含少量炭屑。发现板灰痕迹，推测原有木质棺椁类葬具。人骨多已朽毁，仅铜镯内残存少许肢骨，葬式不明。出土随葬品为2组铜镯，大致位于墓坑中部偏南，推测下葬时佩戴于被葬者手臂（图3-444）。

铜镯　2组。

均Ed型。出土时矿化严重，多破碎。细条环状，横截面近弯月形，内壁微凹，外壁弧。

M362：1，一组3件。铜镯直径不详，横截面直径约0.2厘米。

M362：2，一组5件。铜镯直径不详，横截面直径约0.2厘米。

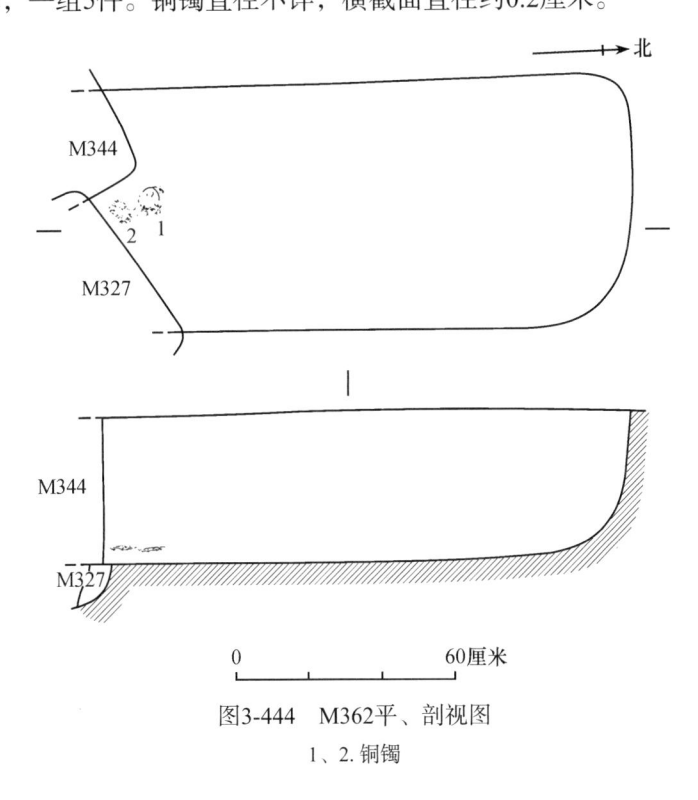

图3-444　M362平、剖视图
1、2.铜镯

M363

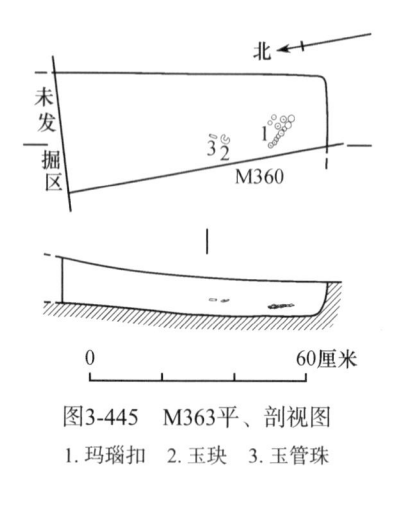

M363位于Ⅱ号发掘点，跨T5544和T5644，属第4层墓葬。墓坑平面大致呈长方形，西部被M360打破，北部延伸出发掘区。发掘部分长0.76、残宽0.32、深0.15米，纵轴方向190°。墓坑内填浅红褐色黏土，略疏松，含少量炭屑。发现板灰痕迹，推测原有木质棺椁类葬具。人骨已朽，葬式不明；根据玉玦等随葬品的位置推测，被葬者头向朝南。出土随葬品有玉管珠、玉玦各1件，玛瑙扣1组，均位于墓坑南部。玉管珠和玉玦靠在一起，玉玦下葬时推测佩戴于被葬者耳部。玛瑙扣大致居被葬者头顶位置，出土时排成三列；西边一列8件，靠南的5件正面朝上，靠北的3件背面朝上；东边两列各2件，均背面朝上；推测是缝缀在纺织物或皮革上装饰品（图3-445；图版221-1）。

图3-445 M363平、剖视图
1.玛瑙扣 2.玉玦 3.玉管珠

玉管珠 1件。

M363：3，A型。白色；表面光润细腻，微透光。细管形；直孔；孔口有凹陷。长2.05、直径0.5～0.61、孔径0.36厘米（图3-446-13；图版222-2）。

玉玦 1件。

M363：2，一侧玦口残断。白色泛黄；不透光。薄片状，平面呈不对称圆环形，玦口位于较窄一侧；外缘尖圆；内缘呈单面微凹斜坡状。外径2.6、内径1.02、厚0.09厘米（图3-446-14；图版222-1）。

玛瑙扣 1组。

M363：1，一组12件，含A型、B型两种类型（图版222-5）。A型11件，均白色；一般正面光亮细腻，背面略粗糙，局部有打磨痕。外形呈乳钉状，正面尖凸，侧面斜直或微凹，背面一般较平，少数略鼓；背面一般有2个相通的锥形对钻圆孔，个别可见3个钻孔。M363：1-1，正面顶部较圆，侧面斜直；背面略鼓，可见诸多凹陷小坑。直径1.75、高0.91厘米（图3-446-1）。M363：1-2，正面顶部较尖，侧面微凹；背面较平，可见细丝状打磨痕。直径1.69、高0.87厘米（图3-446-2）。M363：1-3，正面顶部较尖，侧面微凹；背面较平，可见一层附着物。直径1.3、高0.56厘米（图3-446-4）。M363：1-4，正面顶部较尖，侧面微凹；背面略鼓，可见细丝状打磨痕及诸多凹陷的小坑。直径1.52、高0.82厘米（图3-446-3）。M363：1-5，正面顶部较圆，侧面斜直；背面较平，可见诸多凹陷的小坑。直径1.28、高0.62厘米（图3-446-5）。

图3-446 M363出土玉石器

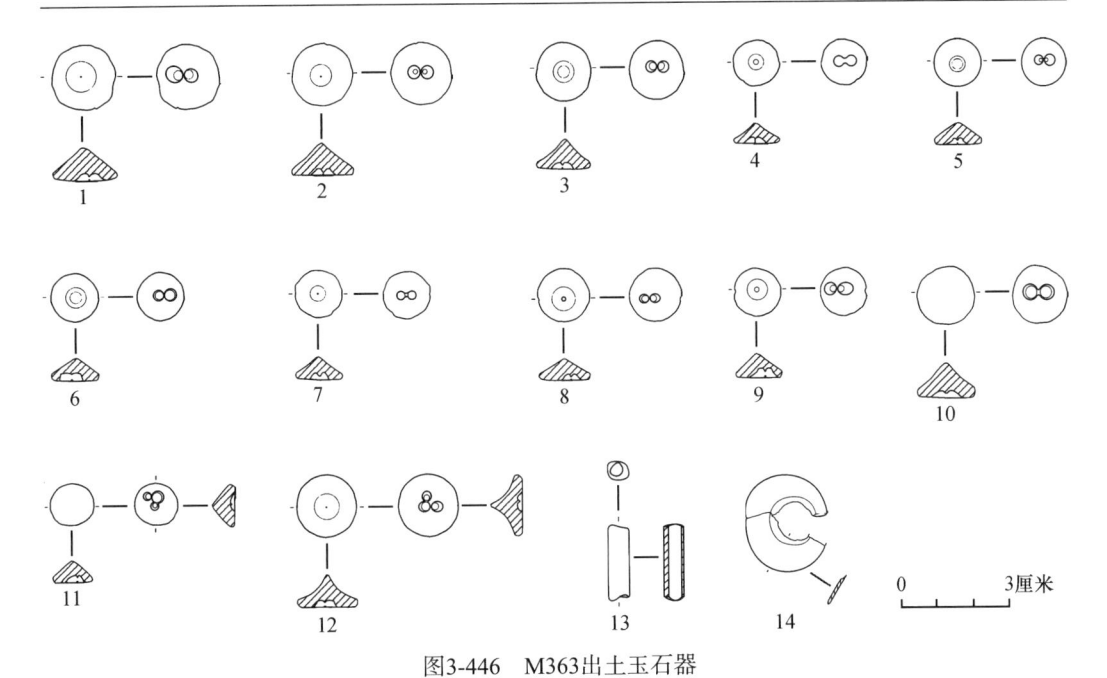

1~11. A型玛瑙扣（M363：1-1、M363：1-2、M363：1-4、M363：1-3、M363：1-5、M363：1-6、M363：1-7、M363：1-8、M363：1-11、M363：1-10、M363：1-12） 12. B型玛瑙扣（M363：1-9）
13. A型玉管珠（M363：3） 14. 玉玦（M363：2）

M363：1-6，正面顶部较尖，侧面斜直；背面较平，可见细丝状打磨痕及诸多凹陷的小坑。直径1.32、高0.62厘米（图3-446-6）。M363：1-7，正面顶部较尖，侧面微凹；背面较平，可见一层附着物。直径1.29、高0.62厘米（图3-446-7）。M363：1-8，正面顶部较尖，侧面斜直；背面平整光亮，可见细丝状打磨痕及诸多凹陷的小坑。直径1.43、高0.59厘米（图3-446-8）。M363：1-10，正面顶部较尖，侧面微凹；背面略鼓，可见细丝状打磨痕及诸多凹陷的小坑。直径1.58、高0.94厘米（图3-446-10）。M363：1-11，正面顶部较尖，侧面斜直；背面较平，可见诸多凹陷的小坑。直径1.31、高0.65厘米（图3-446-9）。M363：1-12，正面顶部较尖，侧面斜直；背面较平，可见细丝状打磨痕，上有3个锥形圆孔，其中两个对钻相通。直径1.22、高0.64厘米（图3-446-11）。B型1件，M363：1-9，白色；正面光亮细腻，背面可见细丝状打磨痕。外形呈乳钉状，正面尖凸且显得较细，下部形成圆座；背面平，中间有3个锥形圆孔，其中两个对钻相通。直径1.68、高0.89厘米（图3-446-12；图版222-3、4）。以上玛瑙扣按序号排成三列，西边一列最南端一件为M363：1-1，依序向北排至M363：1-8；中间一列南、北分别为M363：1-9和M363：1-10；东边一列南、北分别为M363：1-11和M363：1-12（图版221-2）。

M364

M364位于Ⅱ号发掘点T5445东北部，小部分跨入T5545，属第4层墓葬。墓坑平面大致呈长方形，东南部被M321打破，东北角被M352打破，残长约2.2、宽0.6、深0.55米，纵轴方向155°。墓坑内填浅红褐色黏土，略疏松，含少量炭屑。发现板灰痕迹，推测原有木质棺椁类葬具。人骨朽毁，葬式不明。出土随葬品有玛瑙玦和玛瑙扣各1件，另外墓坑上部填土中还发现玉管珠1件。玛瑙玦和玛瑙扣大致位于墓坑中部，靠近东壁（图3-447）。

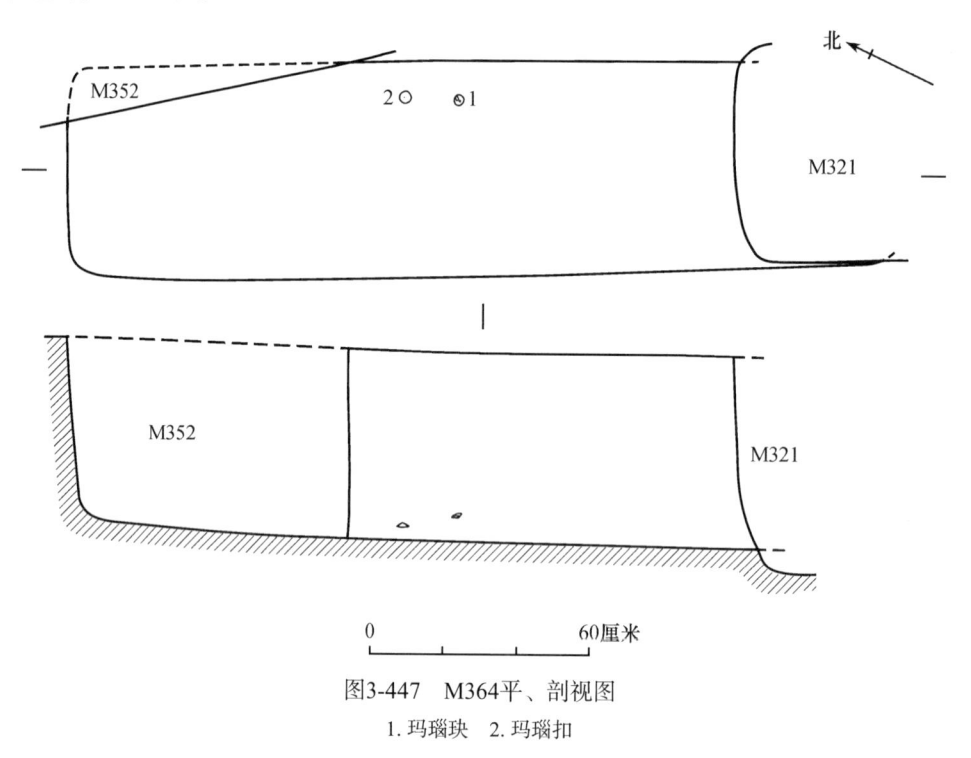

图3-447 M364平、剖视图
1. 玛瑙玦 2. 玛瑙扣

玛瑙玦 1件。

M364：1，出土时断裂，一侧玦口略残。白色；表面细腻，透光度较高。片状较厚，平面呈不对称圆环形，玦口位于较窄一侧；外缘较圆润，内缘略呈单面斜坡状；一面可见对钻锥形孔，推测此玦由玛瑙扣改制而成。外径3.2、内径1、厚0.34厘米（图3-448-2；图版49-1、2）。

玛瑙扣 1件。

M364：2，A型。白色，局部略泛红；正面光亮细腻，有圆弧形纹理；背面粗糙，可见诸多凹陷的小坑。外形呈乳钉状，正面尖凸，侧面斜直；背面略鼓，中间有2个相通的锥形对钻圆孔。直径3.26、高2.19厘米（图3-448-1）。

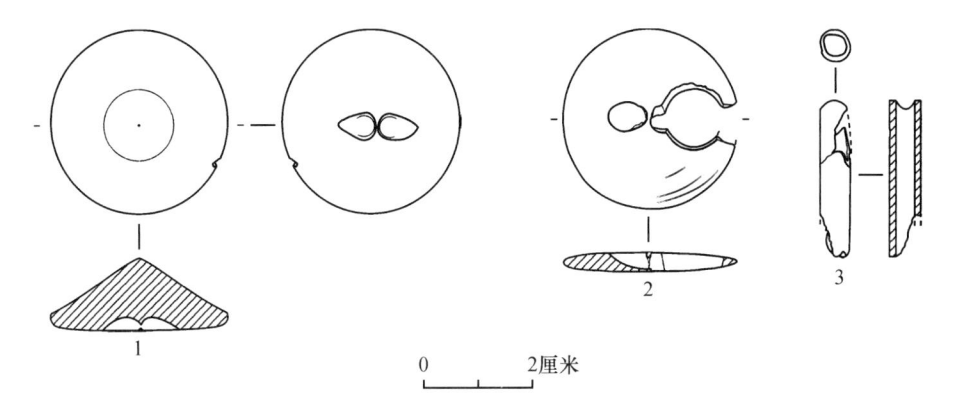

图3-448 M364及墓坑上部填土中出土玉石器
1.A型玛瑙扣（M364：2） 2.玛瑙玦（M364：1） 3.A型玉管珠（M364填：1）

玉管珠 1件。

M364填：1，A型。出土时风化碎裂。白色泛黄；不透光。直孔；一端斜口；另一端口较平，有凹陷。残长2.8、直径0.53~0.57、孔径0.43厘米（图3-448-3）。

M367

M367位于Ⅱ号发掘点，跨T5445和T5545，属第4层墓葬。墓坑平面大致呈长方形，东部被M352打破，东南部被M364打破，残长2.4、宽0.64、深0.58米，纵轴方向154°。墓坑内填红褐色黏土，略疏松，含少量炭屑。发现板灰痕迹，推测原有木质棺椁类葬具。人骨已朽，葬式不明。出土随葬品2件，分别为铜戈和铜矛，另外墓坑上部填土中还出土1组玉管珠。铜戈位于墓坑东南部靠近西壁处，出土前被折弯；铜矛位于墓坑中部（图3-449）。

铜器 2件。

铜戈 1件。

M367：1，Bb型Ⅰ式。锈蚀严重，局部矿化破碎。无胡；条形援，中线略起脊，出土前被折弯，近阑处有两近长方形穿孔；长方形直内，前部有一近椭圆形穿，从出土现场看，后缘呈对称的内卷鸟首状。内穿壁上残留铸缝痕迹。出土时阑附近及内前部可见黑色炭化物和木质纤维，推测为戈柲遗存。残长18.3、阑残宽5.7厘米（图3-450-2）。

铜矛 1件。

M367：2，Aa型。锈蚀严重，大部矿化。椭圆骹，出土时残；柳叶形矛身，中线略起脊，刃较直，残甚。残长约10.5厘米（图3-450-1）。

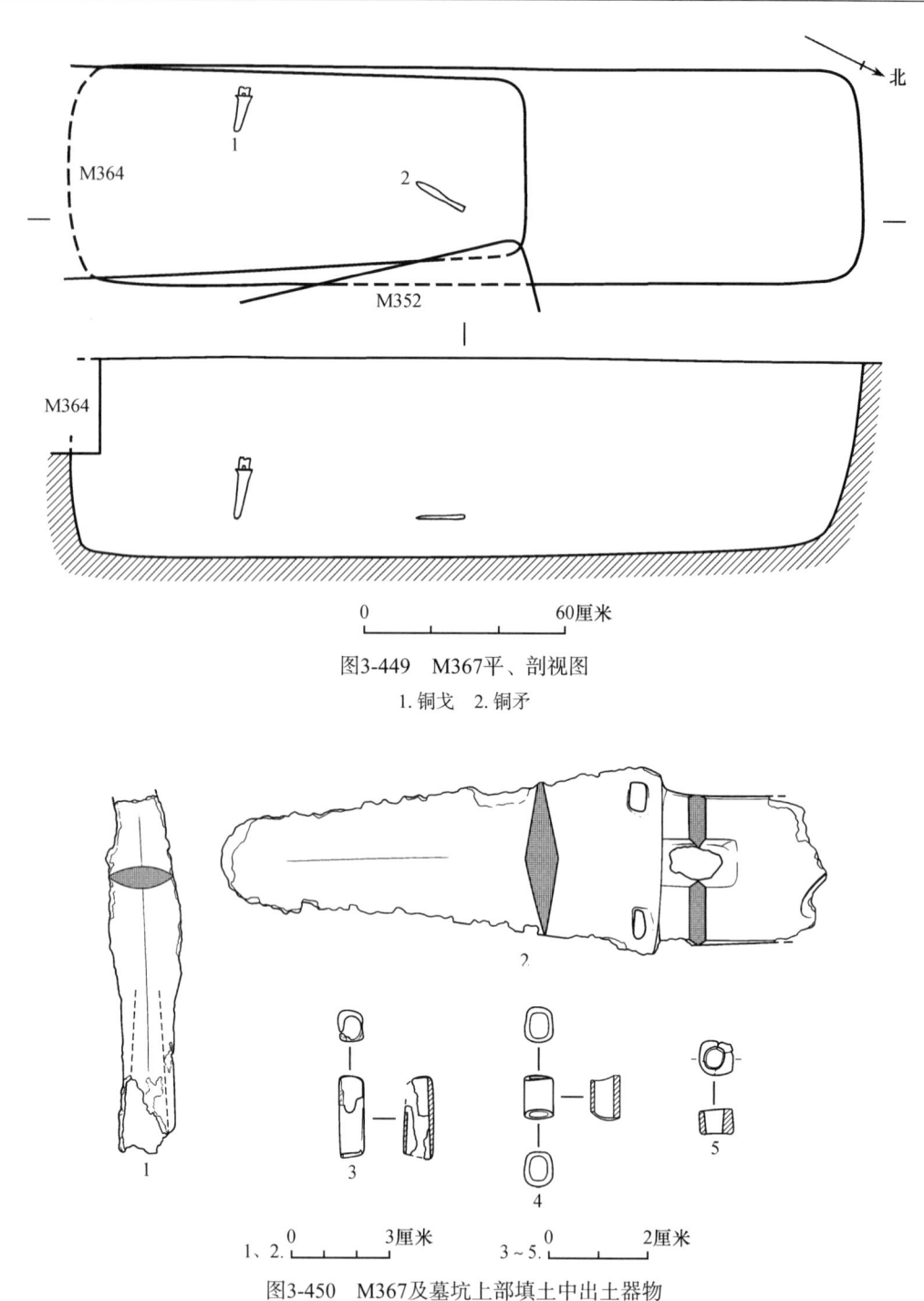

图3-449 M367平、剖视图
1. 铜戈 2. 铜矛

图3-450 M367及墓坑上部填土中出土器物
1. Aa型铜矛（M367:2） 2. Bb型Ⅰ式铜戈（M367:1） 3. A型玉管珠（M367填:1-1）
4、5. Ca型玉管珠（M367填:1-2、M367填:1-3）

玉石器　1组。

玉管珠　1组。

M367填：1，一组3件，含A型、Ca型两种类型。A型1件，M367填：1-1，风化严重，局部残。白色泛黄；不透光。外壁近棱柱形；对向钻孔，孔内形成错位；平口残，可看出有凹陷。长1.58、直径0.53～0.6、孔径0.32～0.47厘米（图3-450-3）。Ca型2件，均白色；表面光润细腻，不透光。直孔；平口。M367填：1-2，孔口内沿可见磨损痕迹。长0.82、直径0.67、孔径0.45厘米（图3-450-4）。M367填：1-3，长0.5、直径0.68～0.7、孔径0.4厘米（图3-450-5）。

M368

M368位于Ⅱ号发掘点T5545中部偏北，属第4层墓葬。墓坑平面大致呈长方形，东南部少许被M356打破，长2.4、宽0.87、深0.4米，纵轴方向149°。墓坑内填红褐色黏土，略疏松，含少量炭屑。发现板灰痕迹，推测原有木质棺椁类葬具。残存零星骨渣，葬式不明。出土随葬品4件（组），包括铜戚、铜扣饰各1件，玉管珠和玛瑙扣各1组，均位于墓坑中部略偏东南。铜扣饰背后弯钩出土前被折断，置于旁侧（图3-451；图版223-1）。

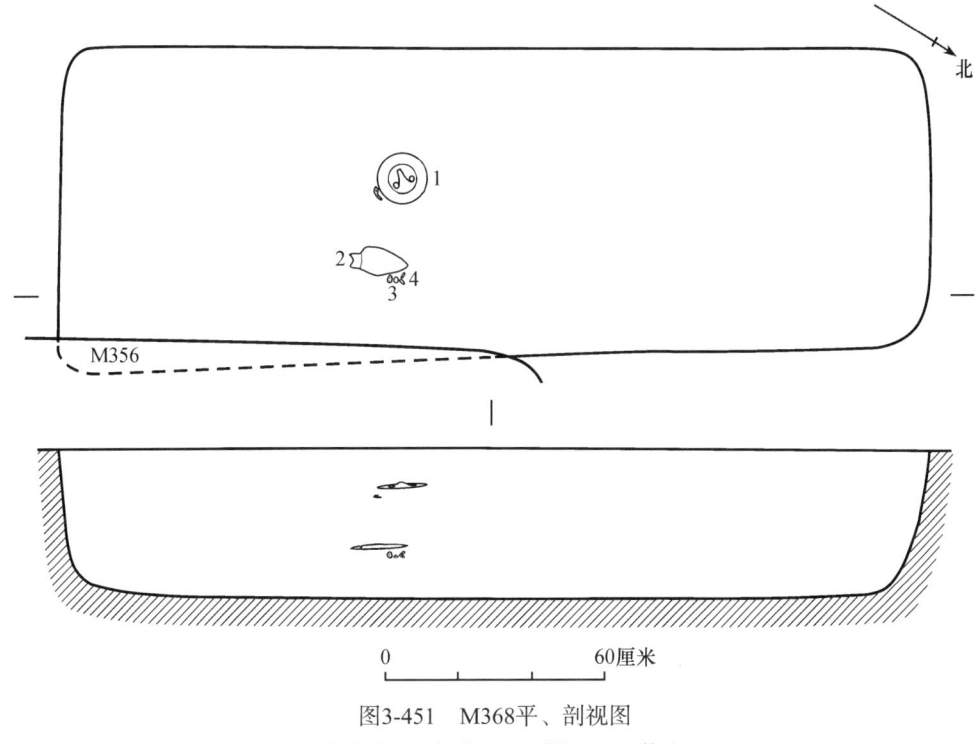

图3-451　M368平、剖视图
1. 铜扣饰　2. 铜戚　3. 玛瑙扣　4. 玉管珠

铜器 2件。

铜戚 1件。

M368：2，B型Ⅰ式。出土时锈蚀严重，銎口及戚刃残。竖銎向下延伸至戚身中部偏下，底平；形銎口较高，中间略下凹；戚身呈宽尖叶形，圆肩，中部起脊。銎口下方施一道凸弦纹。出土时銎内有朽木。残长15.2、銎口残宽4.4厘米（图3-452-3；图版223-3、4）。

铜扣饰 1件。

M368：1，Aa型。出土时矿化锈蚀严重，大部破碎。扣体较大；扣面圆形，正

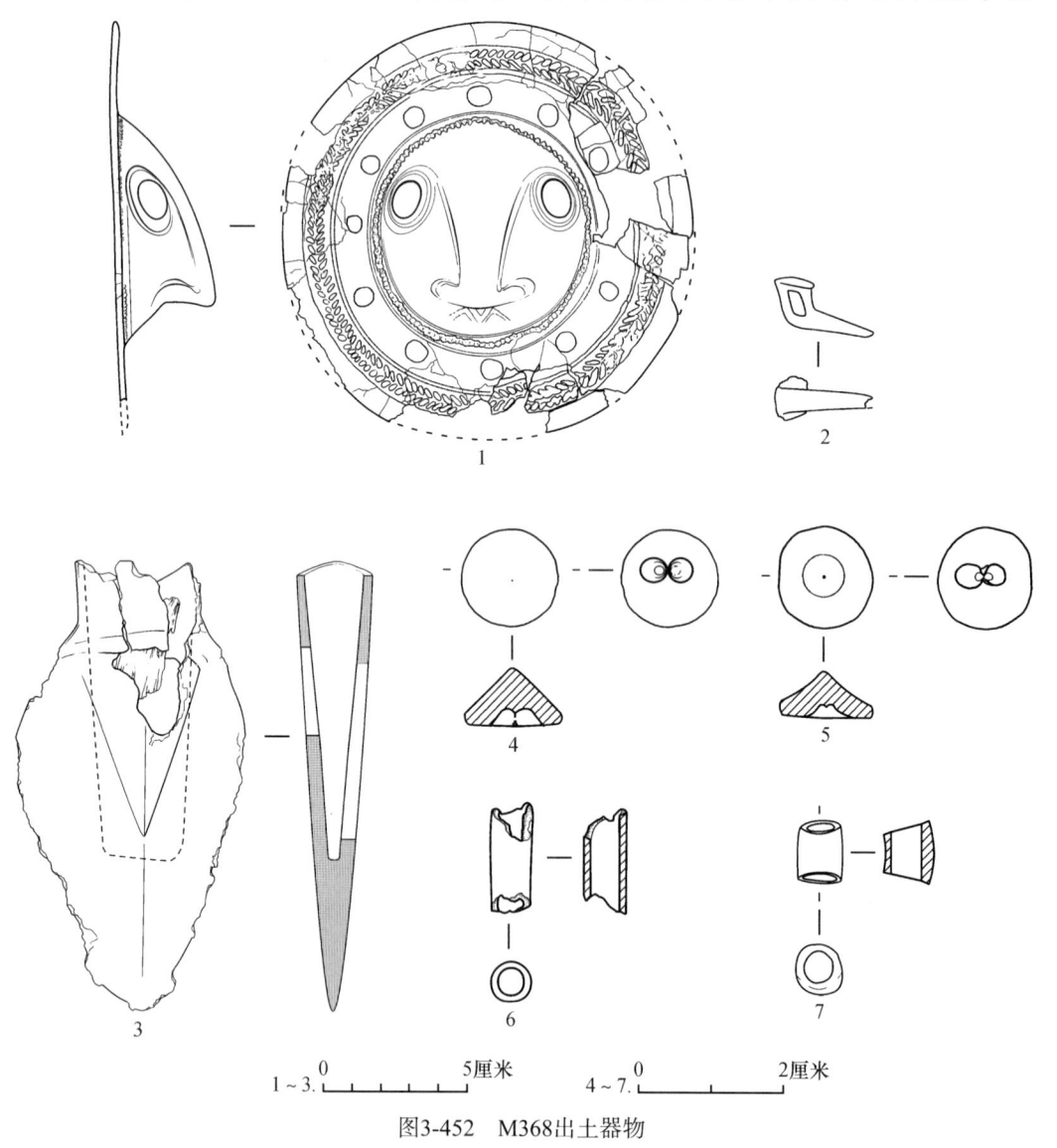

图3-452 M368出土器物

1、2.Aa型铜扣饰（M368：1） 3.B型Ⅰ式铜戚（M368：2） 4、5.A型玛瑙扣（M368：3-1、M368：3-2）
6.A型玉管珠（M368：4-1） 7.Cb型玉管珠（M368：4-2）

面中部鼓凸呈动物面具状，动物泡状圆眼，宽鼻较高，鼻下有折线纹似胡须，立体感强。面具周围由内到外施多道凸弦纹，弦纹之间依次填波折纹、圆饼状纹及穗状纹。背面弯钩出土前被折断，并置于铜扣饰旁侧。直径14厘米（图3-452-1、2；图版223-2）。

玉石器　2组。

玉管珠　1组。

M368：4，一组2件，含A型、Cb型两种类型（图版224-5）。A型1件，M368：4-1，风化，两端残。白色泛黄；表面粗糙，微透光。细管形，直孔。长1.49、直径0.59、孔径0.43厘米（图3-452-6）。Cb型1件，M368：4-2，白色，带黄褐色纹理；表面光润细腻，微透光。短管形，外壁鼓；直孔，内壁光滑；两端均斜口。长0.85、直径0.59~0.66、孔径0.39厘米（图3-452-7）。

玛瑙扣　1组。

M368：3，一组2件，均A型。白色；正面光亮细腻，背面有细丝状打磨痕。外形呈乳钉状，正面尖凸；背面较平，有2个相通的锥形对钻圆孔。M368：3-1，侧面斜直。直径1.35、高0.79厘米（图3-452-4；图版224-1、2）。M368：3-2，侧面微凹。直径1.39、高0.63厘米（图3-452-5；图版224-3、4）。

M369

M369位于Ⅱ号发掘点T5543东部，属第4层墓葬。墓坑平面大致呈长方形，纵轴方向176°，长2.33、宽0.73、深0.22米。墓坑内填浅红褐色黏土，略疏松，含少量炭屑。发现较明显板灰痕迹，推测原有木质棺椁类葬具。人骨多已朽毁，仅铜镯内残存少许肢骨，具体葬式不明。出土随葬品5件（组），包括铜矛、铜扣饰、铜泡饰各1件，铜镯1组，陶釜1件。铜扣饰位于墓坑南部，底部朝上。铜矛和铜镯位于墓坑中部偏南，后者内有肢骨，下葬时推测佩戴于被葬者手臂。铜泡饰和陶釜位于墓坑中部偏北，陶釜残剩底部（图3-453；图版225-1）。

铜器　4件（组）。

铜矛　1件。

M369：2，Ab型Ⅰ式。锈蚀严重，多处矿化破碎。椭圆骹，骹口分叉，出土时残；柳叶形矛身，中线略起脊，后部沿脊线设血槽，刃较直，锋残。残长约14厘米（图版225-2）。

铜镯　1组。

M369：3，一组10余件，均Ed型。矿化较严重，多断裂破碎。细条环状，横截面近弯月形，内壁微凹，外壁弧。从出土位置及形态看，下葬时成串佩戴于被葬者右手臂，内残存肢骨。铜镯复原直径多在6厘米左右，横截面直径一般0.2~0.22厘米

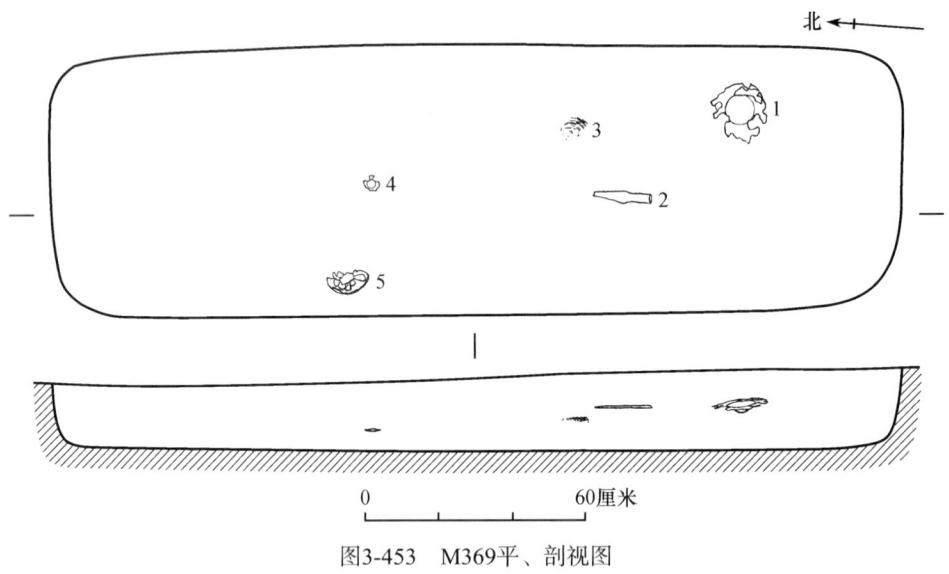

图3-453 M369平、剖视图
1.铜扣饰 2.铜矛 3.铜镯 4.铜泡饰 5.陶釜

（图版225-3）。

铜扣饰　1件。

M369：1，Aa型。出土时背面朝上，矿化严重，无法修复。从发掘现场观察看，扣面圆形，正面中部微鼓，隐约可见动物面具造型。直径约15厘米。

铜泡饰　1件。

M369：4，出土时矿化严重，无法修复，型式不详。从现场观察看，大致为圆形薄片状，表面可见数道黑色附着物。残径4.5厘米（图版225-3）。

陶器　1件。

陶釜　1件。

M369：5，仅剩圜底，夹砂灰黑陶，薄胎，推测为釜。釜底依稀可见戳印的篦形纹饰。复原腹径约13、残高4.6厘米（图3-454）。

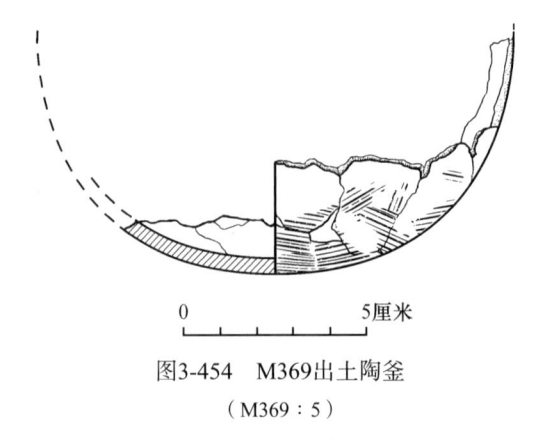

图3-454　M369出土陶釜
（M369：5）

M376

M376位于Ⅱ号发掘点T5544东南部，属第4层墓葬。墓坑平面大致呈长方形，纵轴方向170°，长2.2、宽0.58、深0.2米。墓坑内填浅红褐色黏土，略疏松，含少量炭屑。发现板灰痕迹，推测原有木质棺椁类葬具。残存零星骨渣，葬式不明；根据玉玦等随葬品的位置，推测被葬者头朝东南方向。出土随葬品有铜戚1件、玉玦2件，均位于墓坑东南部。下葬时，推测玉玦佩戴于被葬者耳部，铜戚大致摆放于被葬者头顶位置（图3-455）。

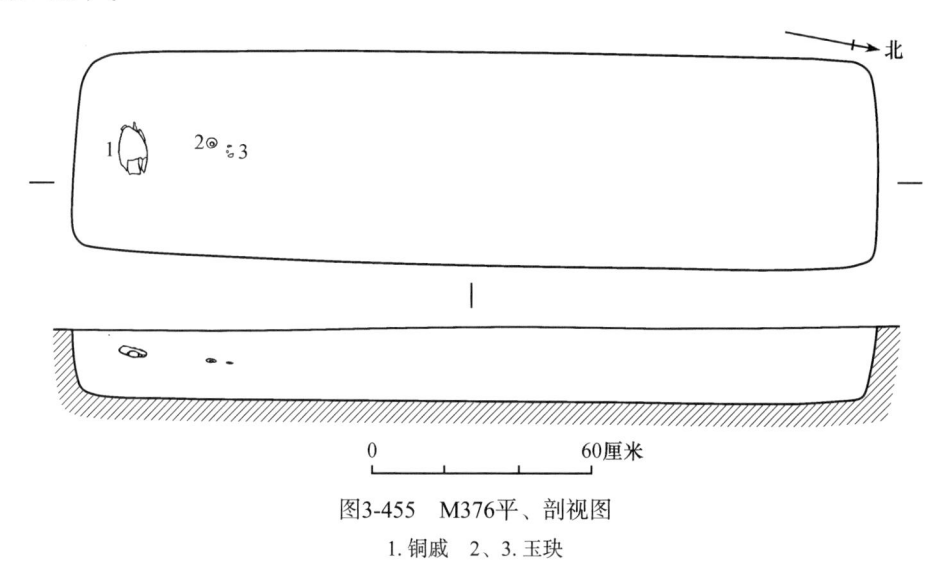

图3-455 M376平、剖视图
1.铜戚 2、3.玉玦

铜器 1件。

铜戚 1件。

M376:1，A型Ⅰ式。锈蚀严重，銎口及刃部残。竖銎向下延伸至戚身下部，弧底；椭圆形銎口较矮，中间下凹呈"V"字形；戚身呈宽尖叶形，圆肩，中部起脊。銎口下方有一道凸弦纹，弦纹下接树杈状纹饰。出土时銎内有朽木。残长11.7、銎口残宽4.7厘米（图3-456-1）。

玉石器 2件。

玉玦 2件。

M376:2，出土时破碎，一侧玦口略残。白色；不透光。薄片状，平面呈不对称圆环形，玦口位于较窄一侧；外缘、内缘均呈单面斜坡状，外缘斜坡微弧，内缘斜坡微凹。外径3.89、内径1.81、厚0.11厘米（图3-456-2）。

M376:3，出土时风化严重，碎成粉末。白色片状，具体形制及尺寸不详。

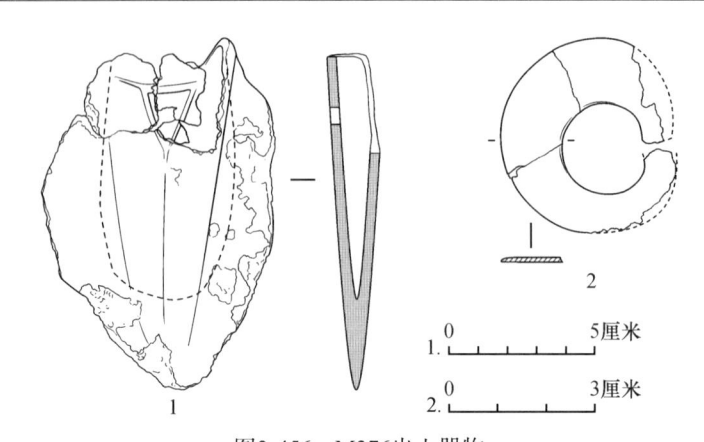

图3-456　M376出土器物
1. A型Ⅰ式铜戚（M376∶1）　2. 玉玦（M376∶2）

M378

M378位于Ⅱ号发掘点T5544中部偏西南，属第4层墓葬。墓坑平面大致呈长方形，东部被M377打破，长2.57、宽0.8、深0.27米，纵轴方向167°。墓坑内填红褐色黏土，夹杂少许黄白色膏泥。发现少许板灰痕迹，推测原有木质棺椁类葬具。残存零星骨渣，葬式不明；根据玉玦等随葬品的位置推测，被葬者头朝东南方向。出土随葬品3件（组），包括铜戈、铜扣饰各1件，玉玦1组，均位于墓坑东南部。铜戈叠压于铜扣饰之上，出土前铜戈略被折弯，内部被折断并散落旁侧，铜扣饰背面弯钩亦被折断，并被放至墓坑西北部。玉玦上、下叠压，下葬时推测佩戴于被葬者耳部（图3-457；图版226-1）。

铜器　2件。

铜戈　1件。

M378∶1，A型。锈蚀严重，局部矿化破碎。长胡，近阑处有多个长条形穿；援微曲，前锋较平，后部出土前略被折弯；援本近阑处有片状翼向后张开，翼末端呈弧形内凹；直内，出土前被折断并置于旁侧；内上侧有一小的环形钮，后缘呈连弧形鸡冠状。胡近阑处饰菱格纹，翼和内均饰条状纹饰。通长约20.9厘米（图3-458-3；图版12-1、2，图版226-2）。

铜扣饰　1件。

M378∶2，Aa型。出土时锈蚀严重，局部矿化破碎。扣面圆形，正面中部鼓凸；鼓凸处呈动物面具状，动物圆眼，有瞳孔等结构，尖鼻高耸，鼻梁上有一道竖槽；面具周围施内外两周凸弦纹，中间再施凸起的"S"形勾连纹。动物眼、鼻凹槽内以及面具周围镶嵌不规则形状的孔雀石片，大多脱落，脱落处可见黑色黏结物。出土前背面弯钩被折断，放置于墓坑西北部。铜扣饰直径约13.2、背面弯钩长约2.1厘米

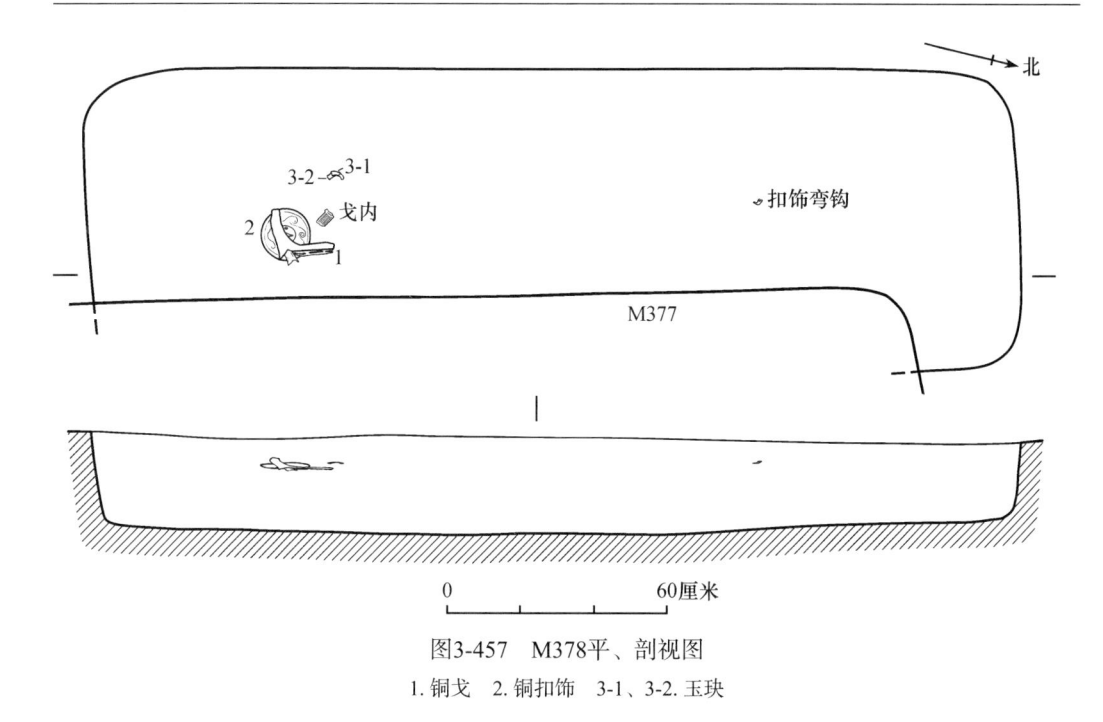

图3-457 M378平、剖视图
1. 铜戈　2. 铜扣饰　3-1、3-2. 玉玦

（图3-458-1、2；图版33-2，图版226-2）。

玉石器　1组。

玉玦　1组。

M378：3，一组2件。出土时上、下叠压，风化并破碎（图版226-3）。白色薄片状，外缘较圆润，内缘呈单面斜坡状。M378：3-1，残剩一小块。残长约2.1、厚0.15厘米（图3-458-4）。M378：3-2，残剩约一半。平面大致呈不对称圆环形。外径约4.1、内径约2、厚0.15厘米（图3-458-5）。

M380

M380位于Ⅱ号发掘点T5545东部，属第4层墓葬。墓坑平面大致呈长方形，北部被M347打破，西南部一角被M356打破，长2.45、宽0.74、深0.83米，纵轴方向175°。墓坑内填红褐色黏土，略疏松，含少量炭屑。发现板灰痕迹，推测原有木质棺椁类葬具。残存零星骨渣，葬式不明。出土随葬品为1件铜矛，位于墓坑东南部靠近东壁处，出土前被折断（图3-459；图版227-1）。

铜矛　1件。

M380：1，Aa型。锈蚀严重，局部矿化。椭圆骸，出土时残，骸口平；柳叶形矛身，出土前与骸交会处被折弯并断裂，中线略起脊，刃较直。通长13.4厘米（图版227-3）。

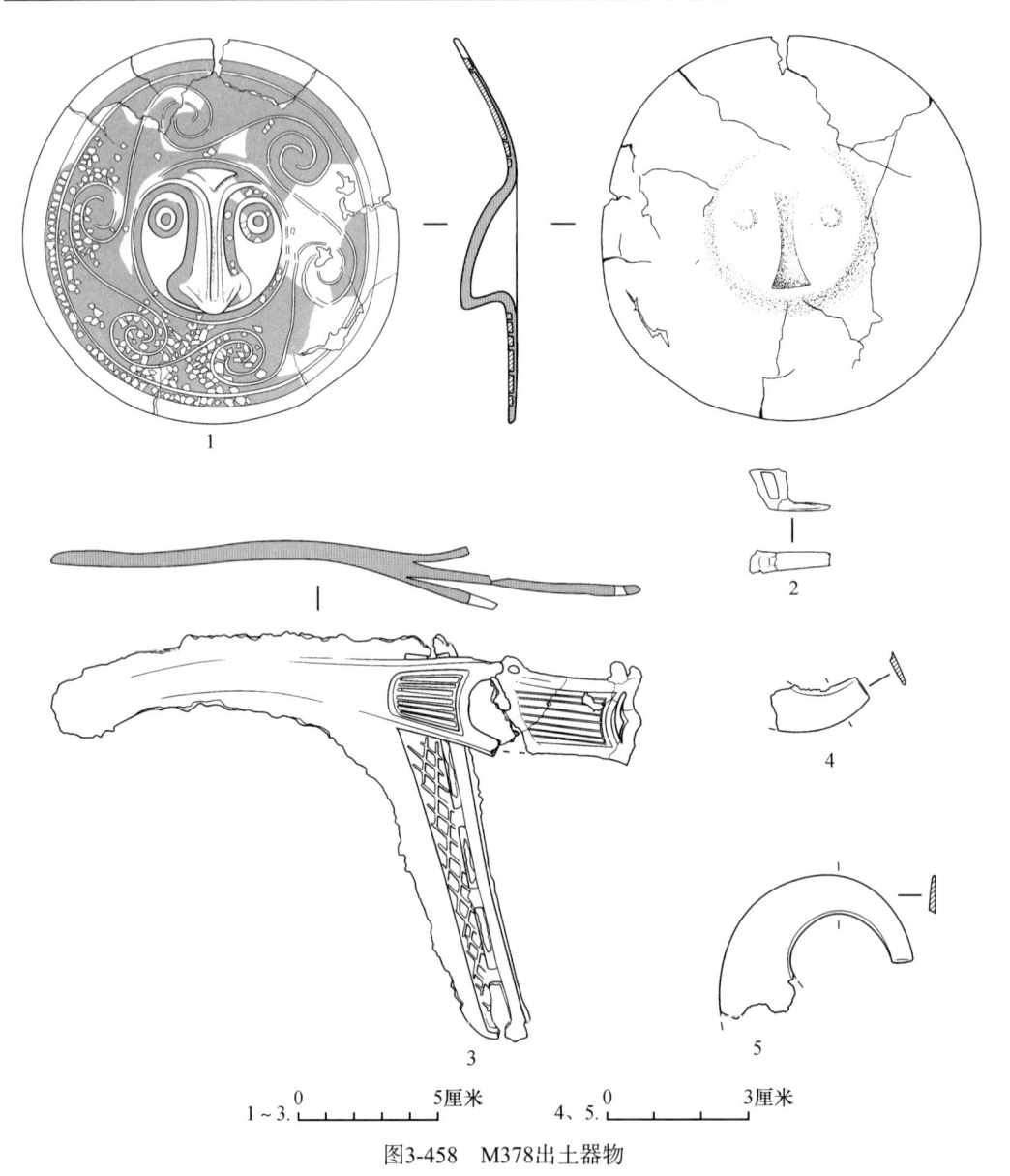

图3-458 M378出土器物
1、2. Aa型铜扣饰（M378:2） 3. A型铜戈（M378:1） 4、5. 玉玦（M378:3-1、M378:3-2）

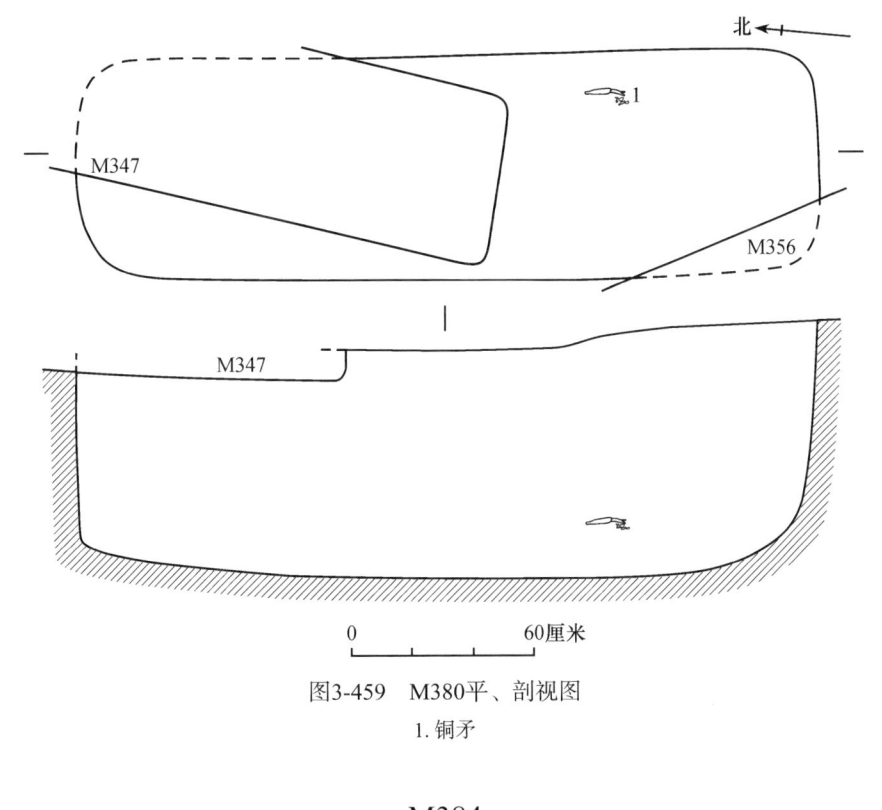

图3-459 M380平、剖视图
1. 铜矛

M384

M384位于Ⅱ号发掘点T5545中部偏南，属第4层墓葬。墓坑平面大致呈长方形，东南部被M367和M379打破，西北部被M368打破，残长2.1、宽0.63、深0.4米，纵轴方向152°。墓坑内填浅红褐色黏土，夹杂少量青灰色土及黄白色膏泥，略疏松，含少量炭屑、陶片。发现板灰痕迹，推测原有木质棺椁类葬具。残存零星骨渣，葬式不明。出土随葬品为1件铜扣饰，位于墓坑中部略偏西北（图3-460；图版227-2）。

铜扣饰 1件。

M384：1，Aa型。出土时矿化锈蚀严重，大部破碎。扣体较大；扣面圆形，正面中部鼓凸呈动物面具状，动物泡状圆眼，宽鼻较高，立体感强。面具周围施多道弦纹，弦纹之间填放射状短线纹、菱格纹及双头蛇纹等。扣饰背面未做清理，弯钩等情况不详。直径14.6厘米（图3-461；图版227-4）。

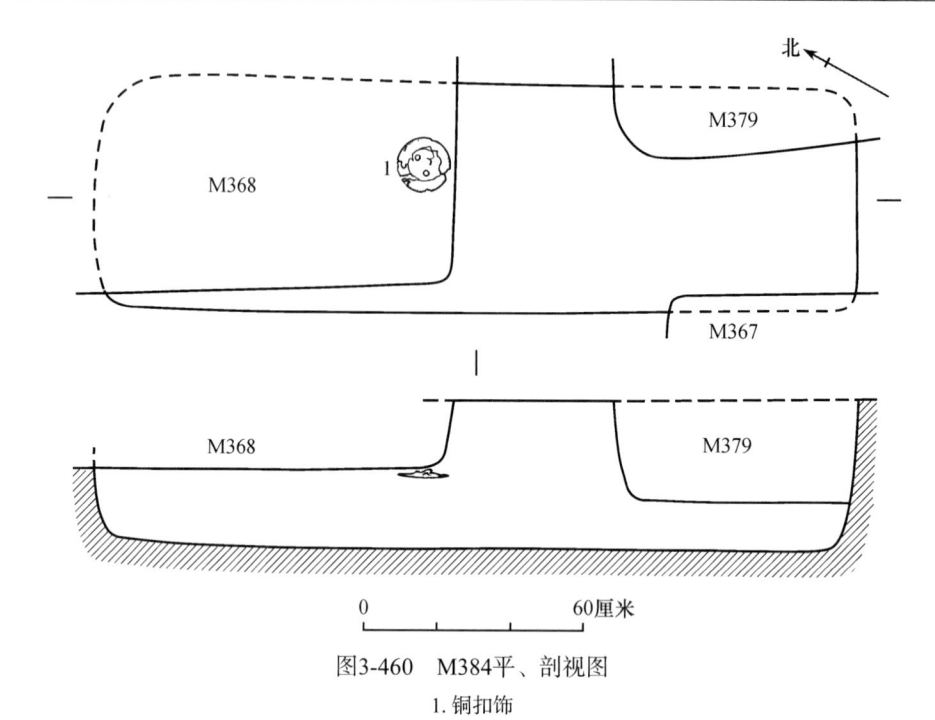

图3-460 M384平、剖视图
1. 铜扣饰

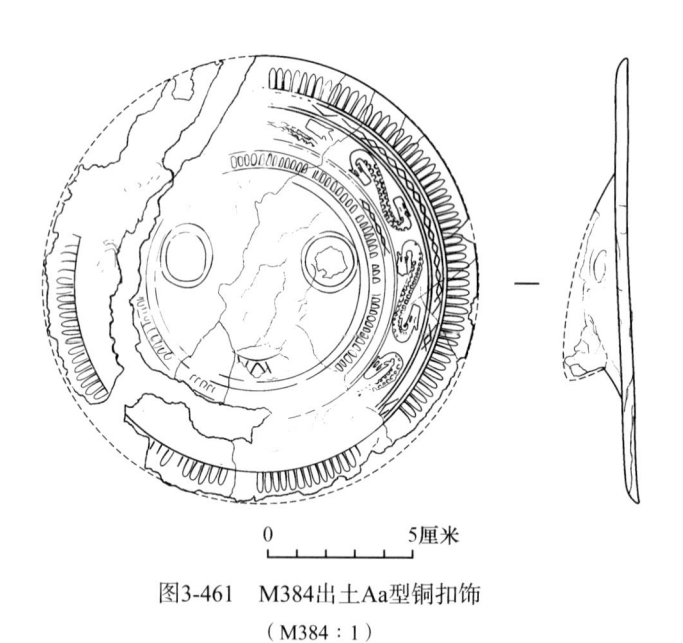

图3-461 M384出土Aa型铜扣饰
（M384：1）

M386

M386位于Ⅱ号发掘点T5544东部，小部分跨入T5545，属第4层墓葬。墓坑平面大致呈长方形，中部被M376打破，长2.6、宽0.78、深0.73米，纵轴方向134°。墓坑内填浅红褐色黏土，略疏松，含少量炭屑。发现板灰痕迹，推测原有木质棺椁类葬具。人骨朽毁，葬式不明。出土随葬品为1件铜戈，位于墓坑东南角（图3-462）。

铜戈　1件。

M386：1，Bb型Ⅰ式。出土时矿化严重，援前部已不存。无胡；援本近阑处有两近长方形穿孔；长方形直内，前部有一近椭圆形穿，后缘呈对称的内卷鸟首状。残长15.6、阑宽6.8厘米（图3-463）。

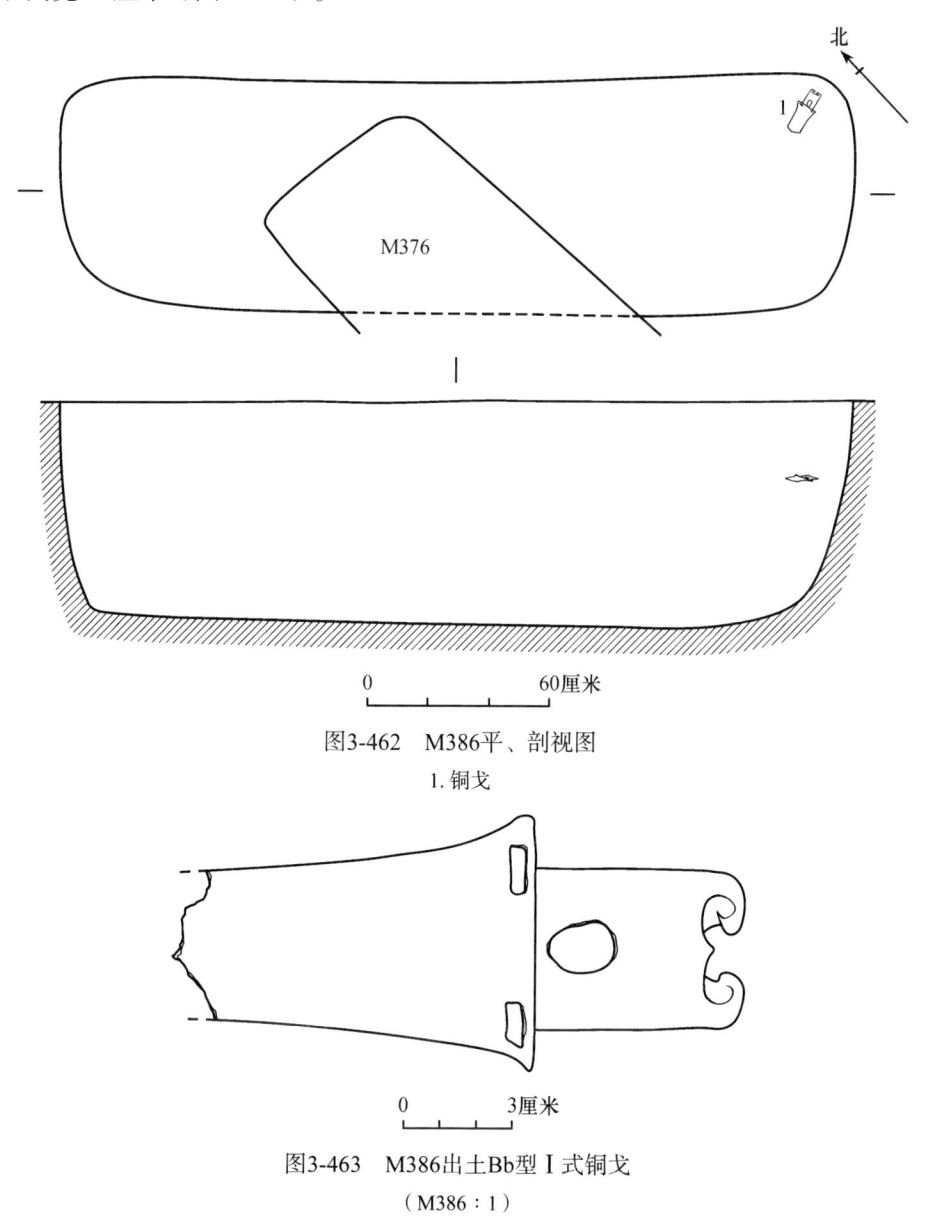

图3-462　M386平、剖视图
1. 铜戈

图3-463　M386出土Bb型Ⅰ式铜戈
（M386：1）

M388

M388位于Ⅱ号发掘点，跨T5544和T5644，属第4层墓葬。墓坑平面大致呈长方形，北部延伸出发掘区。发掘部分长1.54、宽0.74、深0.28米，纵轴方向145°。墓坑内填红褐色黏土，略疏松，含少量炭屑。发现板灰痕迹，推测原有木质棺椁类葬具。人骨朽毁，葬式不明。出土随葬品为1件玉玦，大致位于墓坑中部偏东一侧（图3-464；图版228-1）。

玉玦　1件。

M388：1，白色；表面细腻，不透光；薄片状，平面呈不对称圆环形，玦口位于较窄一侧；一面内缘呈凹面斜坡状，另一面外缘略呈弧面斜坡状。外径2.18、内径0.95、玦口宽0.1、厚0.11厘米（图3-465；图版228-3）。

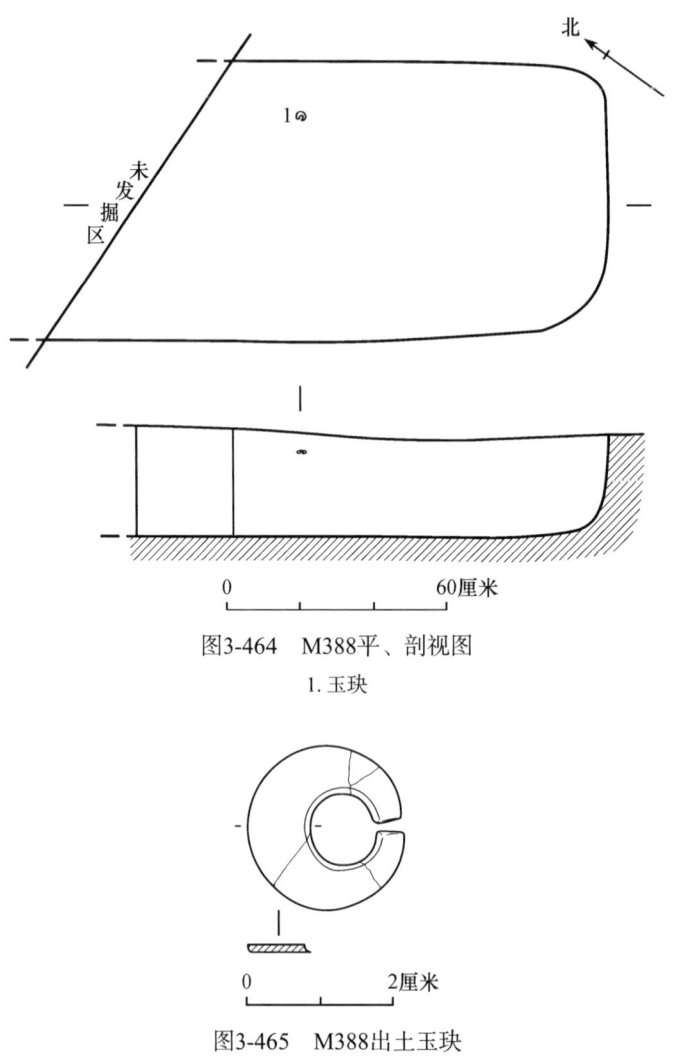

图3-464　M388平、剖视图
1. 玉玦

图3-465　M388出土玉玦
（M388：1）

M393

M393位于Ⅱ号发掘点T5544东南部，小部分跨入T5444，属第4层墓葬。墓坑平面大致呈长方形，东南部被M338打破，东部被M376打破，残长1.56、宽0.6、深0.2米，纵轴方向134°。墓坑内填浅红褐色黏土，较致密，含少量炭屑、陶片。发现少许板灰痕迹，推测原有木质棺椁类葬具。人骨已朽，葬式不明。出土随葬品为1件铜戈，大致位于墓坑中部略偏西北，横置（图3-466；图版228-2）。

铜戈　1件。

M393：1，Bb型Ⅰ式。锈蚀严重，局部矿化。无胡；条形援微曲，近阑处有两近长方形穿孔；长方形直内，出土时与戈身断开，前部有一近长方形穿，后缘呈对称的内卷鸟首状。内穿壁上残留铸缝痕迹。出土时，内及阑附近可见朽木和炭化物。通长20、阑宽5.4厘米（图3-467；图版228-4）。

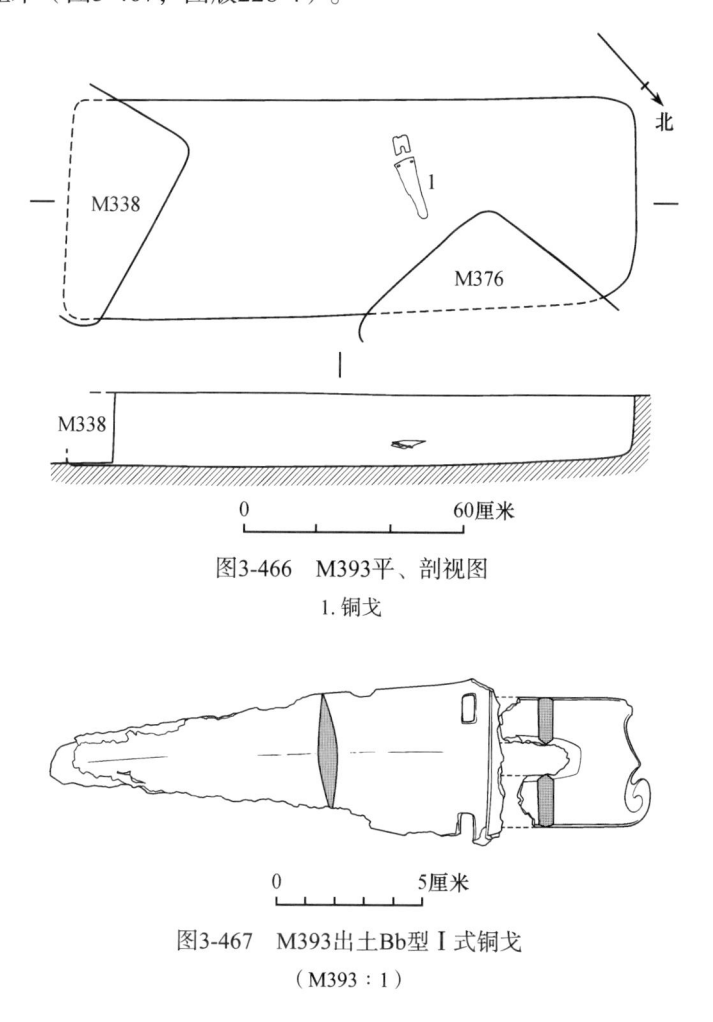

图3-466　M393平、剖视图
1.铜戈

图3-467　M393出土Bb型Ⅰ式铜戈
（M393：1）

M395

M395位于Ⅱ号发掘点T5544中部略偏东,属第4层墓葬。墓坑平面呈长条形,西南部、东部分别被M373和M386打破少许,长2.22、宽0.55、深0.2米,纵轴方向173°。墓坑内填红褐色黏土,略疏松。未发现葬具痕迹。人骨朽毁,葬式不明。出土随葬品有玉管珠1件、玛瑙圆珠1组,集中发现于墓坑南部,推测是搭配使用的同一组珠饰(图3-468;图版229-1)。

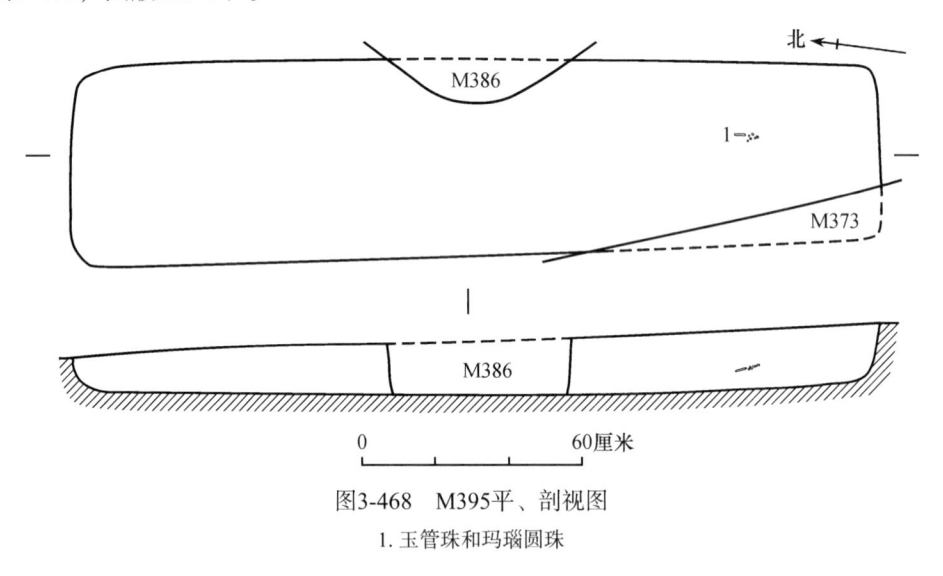

图3-468 M395平、剖视图
1. 玉管珠和玛瑙圆珠

玉管珠 1件。

M395:1-1,A型。白色泛黄,带很浅的墨色纹理;表面光润细腻,微透光。细管形;直孔;斜口,两端孔口内沿可见磨损痕迹。长3.25、直径0.6、孔径0.34厘米(图3-469-1;图版45-2,图版229-2)。

玛瑙圆珠 1组。

M395:1-2~M395:1-7,一组6件(图版229-2)。表面光润细腻,透光度高。M395:1-2,灰白色微泛黄。对向钻孔,平口。高0.43、直径0.76、孔径0.1厘米(图3-469-2)。M395:1-3,灰白色。对向锥形钻孔,平口。高0.52、直径0.81、孔径0.08厘米(图3-469-3)。M395:1-4,灰褐色略泛黄。单向锥形钻孔;一端孔径略大,平口;另一端孔径略小,孔口内沿可见磨损痕迹。高0.53、直径0.82、孔径0.13厘米(图3-469-4)。M395:1-5,灰褐色略泛黄。单向锥形钻孔;一端孔径略大,孔口圆润;另一端孔径略小,孔口内沿可见磨损痕迹。高0.53、直径0.74、孔径0.15厘米(图3-469-5)。M395:1-6,灰白色。单向锥形钻孔;一端孔径略大,平口;另一端孔径略小,孔口内沿可见磨损痕迹。高0.44、直径0.75、孔径0.11厘米(图3-469-6)。

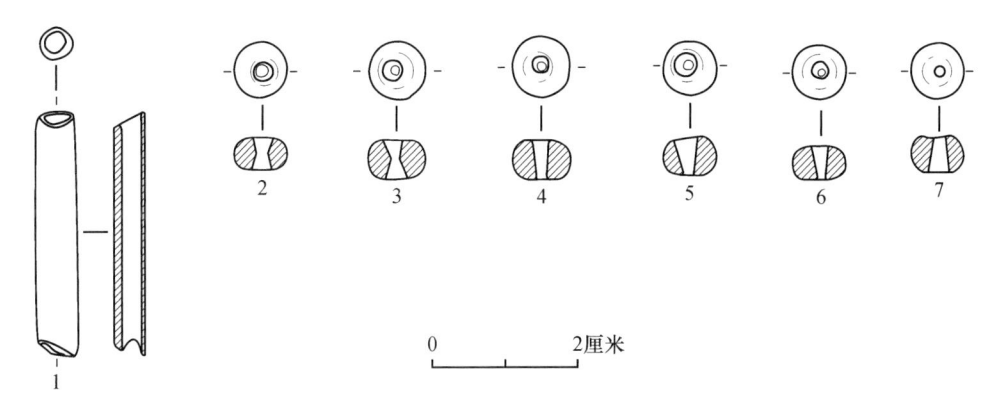

图3-469　M395出土器物

1. A型玉管珠（M395：1-1）　2~7. 玛瑙圆珠（M395：1-2、M395：1-3、M395：1-4、M395：1-5、M395：1-6、M395：1-7）

M395：1-7，白色略泛灰。单向锥形钻孔；一端孔径略大，孔口圆润；另一端孔径略小，孔口内沿可见磨损痕迹。高0.48、直径0.75、孔径0.14~0.29厘米（图3-469-7）。

M399

M399位于Ⅱ号发掘点T5544东北部，属第4层墓葬。墓坑平面大致呈长方形，北部延伸出发掘区。发掘部分长1.15、宽0.67、深0.2米，纵轴方向178°。墓坑内填红褐色黏土，较致密。未发现葬具痕迹。人骨已朽，葬式不明；根据玉玦等随葬品的位置推测，被葬者头向朝南。出土随葬品有玉管珠1组、玉玦2组、玛瑙圆珠1件，均大致位于墓坑南部。玉玦呈左右对称分布，推测下葬时分别佩戴于被葬者左右耳。玉管珠、玛瑙圆珠与右边的玉玦放在一起，可能属搭配使用的同一组珠饰，且同样为耳饰（图3-470；图版230-1）。

图3-470　M399平、剖视图

1、2. 玉玦　3. 玉管珠、玛瑙圆珠

玉管珠　1组。

M399：3-1~M399：3-3，一组3件，含A型、Cb型两种类型（图版230-4）。A型2件，细管形。M399：3-1，出土时断裂、变形。白色泛黄；不透光。一端口略斜，另一端残。残长3.53、直径约0.5厘米,孔径不详。M399:3-2,白色泛黄,带浅墨色纹理;不透光。一端口较平,略有凹陷;另一端口残。长3.5、直径0.61~0.64、孔径0.32厘米(图3-471-6)。Cb型1件,M399:3-3,白色,带浅墨色纹理;表面光润细腻,不透光。短管形,外壁鼓;直孔,孔壁厚薄不均;斜口。长0.73、直径0.89~0.98、孔径0.35~0.39厘米(图3-471-5)。

玉玦　2组。

M399:1,一组2件。出土时风化破碎。白色薄片状,表面细腻,不透光。M399:1-1,残剩大半,平面呈不对称圆环形,玦口位于较窄一侧;外缘较圆润,内缘呈单面斜坡状。外径约5、内径约3.08、厚0.17厘米(图3-471-1;图版230-2)。M399:1-2,残剩一小部分,外缘尖圆,内缘呈单面微凹斜坡状。残径2.87、厚0.11厘米(图3-471-2)。

M399:2,一组2件。M399:2-1,残,一侧玦口不存。白色;表面细腻,微透光。薄片状,平面呈不对称扁圆环形,玦口位于较窄一侧;外缘、内缘均呈单面斜坡状,内缘斜坡微凹;残缺一端有一圆穿,单向锥形钻孔,呈喇叭状。外径1.8、内径0.59、厚0.11厘米(图3-471-3;图版230-3)。M399:2-2,出土时风化严重,碎成粉末。从发掘现场看,为白色薄片状,平面大致呈不对称圆环形,略大于M399:2-1,具体形制及尺寸不详。

玛瑙圆珠　1件。

M399:3-4,黄白色;表面光润细腻,透光度高。对向锥形钻孔,平口。高0.56、直径0.83、孔径0.26厘米(图3-471-4;图版230-5)。

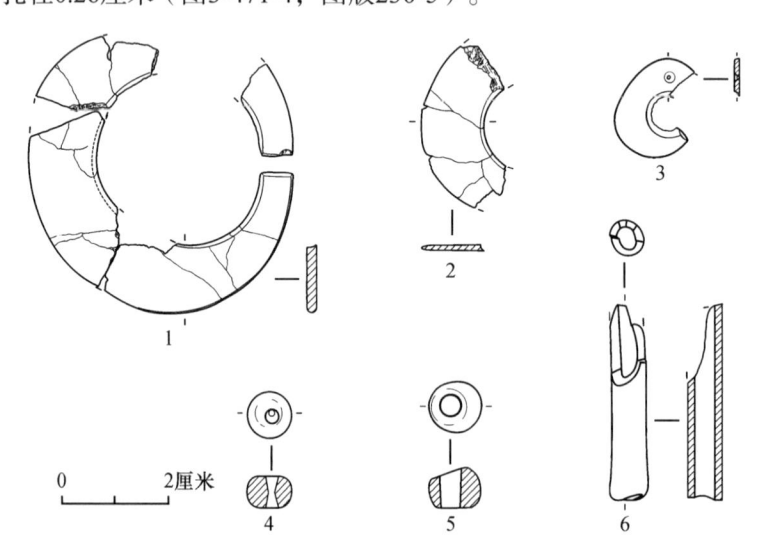

图3-471　M399出土玉石器
1~3.玉玦(M399:1-1、M399:1-2、M399:2-1)　4.玛瑙圆珠(M399:3-4)　5.Cb型玉管珠(M399:3-3)
6.A型玉管珠(M399:3-2)

M401

M401位于Ⅱ号发掘点T5545西南部，小部分跨入T5544和T5445，属第4层墓葬。墓坑平面呈长条形，西部被M385和M386打破，长2.3、宽0.56、深0.3米，纵轴方向152°。墓坑内填红褐色黏土，略疏松。发现板灰痕迹，推测原有木质棺椁类葬具。人骨已朽，葬式不明；根据玉玦推测，被葬者头朝东南方向。出土随葬品为1件玉玦，位于墓坑东南部，推测下葬时佩戴于被葬者耳部（图3-472；图版231-1）。

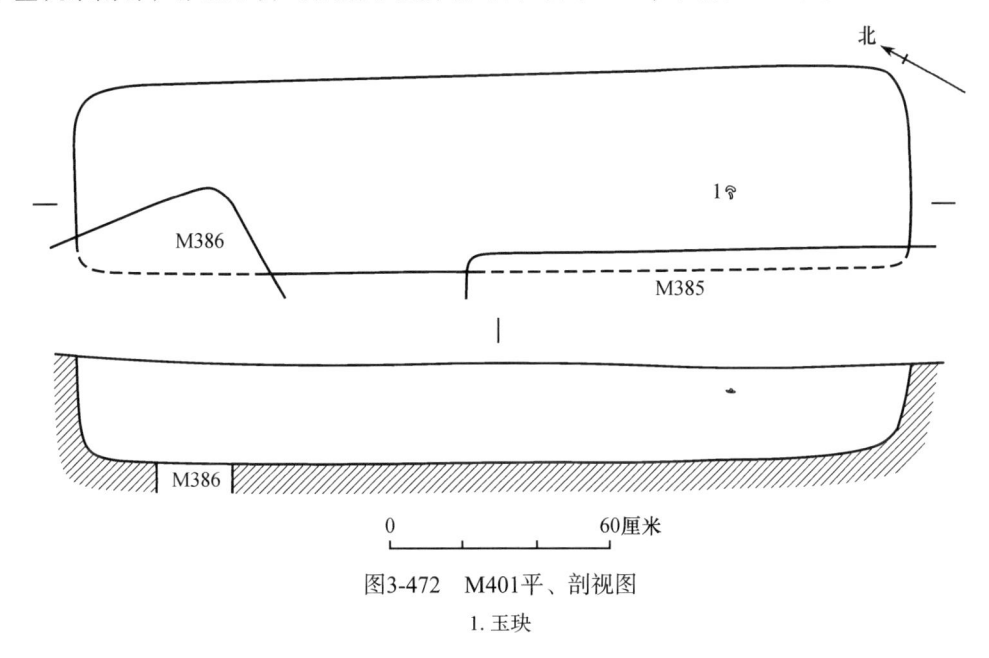

图3-472 M401平、剖视图
1. 玉玦

玉玦 1件。

M401:1，出土时残断，一侧玦口不存。白色泛黄；表面细腻，微透光。薄片状，平面呈不对称圆环形，玦口位于较窄一侧；外缘略呈弧面斜坡状，内缘呈凹面斜坡状；玦身断裂处两侧各有一圆形锔孔，对向锥形钻，出土时孔内及附近还残留黑色黏结物；靠近玦口残断处亦有一圆穿，单向锥形钻。外径2.79、内径1.69、厚0.12厘米（图3-473；图版232-1、2）。

图3-473 M401出土玉玦
（M401:1）

M402

M402位于Ⅱ号发掘点，跨T5545和T5544，属第4层墓葬。墓坑平面大致呈长方形，东南部少许被M389打破，长1.96、宽0.57、深0.15米，纵轴方向173°。墓坑内填红褐色黏土，略疏松。未发现葬具痕迹。人骨已朽，葬式不明。出土随葬品为玉管珠2件（组），大致位于墓坑中部，呈左右对称分布，推测或为腕饰（图3-474；图版231-2）。

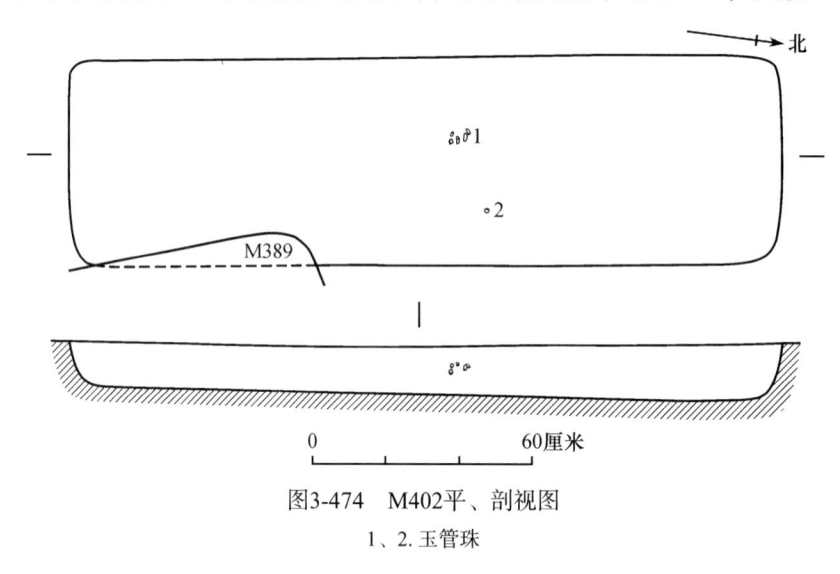

图3-474　M402平、剖视图
1、2. 玉管珠

玉管珠　2件（组）。

A型、B型、Cb型混合类型，1组。

M402∶1，一组5件（图版232-4）。A型1件，M402∶1-1，白色泛黄；表面细腻，不透光；细管形；直孔，一端孔口略斜，另一端残。残长1.68、直径0.73～0.78、孔径0.35厘米（图3-475-1）。B型2件，粗管形。M402∶1-2，白色泛黄；表面较细腻，不透光；直孔，一端平口，另一端斜口。长2.15、直径0.97～1.08、孔径0.4～0.61厘米（图3-475-2）。M402∶1-3，白色泛黄；表面较细腻，不透光。直孔，一端斜口，另一端残。残长2.09、直径0.81～0.9、孔径0.4～0.6厘米（图3-475-3）。Cb型2件，短管形，外壁鼓。M402∶1-4，白色，带墨色团块及弧形纹理；表面光润细腻，不透光。直孔，内壁光滑；两端孔口略斜。长1.13、直径0.82～0.86、孔径0.38厘米（图3-475-4）。M402∶1-5，残剩一小半。白色泛黄；表面光润细腻，不透光。直孔，两端口较平。长1.29厘米。

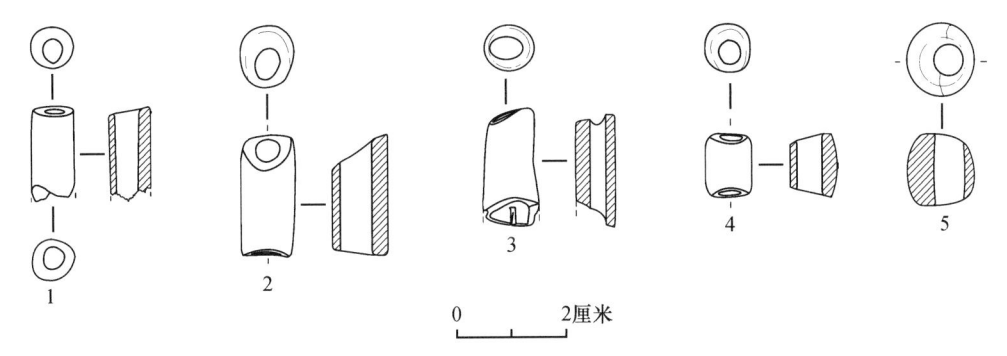

图3-475　M402出土玉管珠

1. A型（M402：1-1）　2、3. B型（M402：1-2、M402：1-3）　4、5. Cb型（M402：1-4、M402：2）

Cb型，1件。

M402：2，出土时碎裂。白色泛黄，带墨色纹理；不透光。短管形，外壁鼓；直孔，孔壁厚薄不均；两端口略斜。长1.26、直径1.34、孔径0.6厘米（图3-475-5；图版45-6，图版232-3）。

（本章执笔者：杨勇）

第四章 主 要 认 识

　　大园子墓地是师宗乃至整个滇黔桂交会地区的一处十分重要的青铜文化遗存，而这一带过去开展的相关考古工作极少，因此关于墓葬分期、年代以及文化特征、文化因素构成和族属等问题，既值得深入探讨，也存在一定的难度。

第一节　分期与年代

　　大园子墓地外形呈大型土堆状，是在不断埋墓过程中逐渐堆筑、累叠起来的人工遗迹，现面积约7000平方米，最高处距生土面近5米。如此大规模的墓地，且上下分布多层墓葬，显然非短期内可形成的。

　　关于土堆的堆积过程即墓地形成过程，在上编第一章中已做了较为详细的分析，结论是：整个土堆即墓地的形成总体上是个连续的过程，中间没有太大间隔，且未采取过夯筑或其他稍具规模的工程措施，当时的人们可能只是根据需要并遵循某种习俗，随时在原有墓地上垒土和埋墓。在土堆下部即早期阶段，墓地向上垒土的速度较慢，规模不及后来。另外，从已发掘的两个地点看，土堆中的土层多呈水平分布，边缘处也未见明显倾斜迹象，而且清理的墓葬并无显著差别，可推测土堆的堆筑和埋葬活动可能是在较大范围内同步"逐层"进行的。

　　上编第一章还指出，由于土堆中的"地层"过于细碎且缺乏连贯性，加上土质、土色十分接近，实际操作中很难从平面上加以准确辨别和区分，故最终无法排出完整的地层序列并依之来确定墓葬开口层位以及各墓间的地层关系。在此情况下，我们综合开口高度、平面排列和布局、叠压和打破关系以及墓葬本身的特征等，将Ⅰ号和Ⅱ号两个发掘点的墓葬都分为上下4层，且彼此可以对应。这种分层虽然不同于基于相同开口层位和打破层位的那种严密的"地层关系"，但基本上反映了墓地的大致堆积过程。对这四层墓葬及其随葬品进行观察和对比可以发现，第4层与后三层之间的差异相对较为明显，由此我们将大园子墓地所清理的墓葬首先分为两期：第一期即第4层墓葬；第二期为第1~3层墓葬。鉴于第1、2层与第3层之间也可看出一定的变化，又进一步将第二期分为早、晚两段：早段即第3层墓葬；晚段包括第1、2层墓葬。

（一）第一期墓葬

包括Ⅰ号和Ⅱ号两个发掘点的所有第4层墓葬，数量占发掘墓葬总数的一半以上。该期墓葬位于土堆底部或近底部，部分开口于生土面上，分布密集，打破关系尤为复杂。属于该期又同时出土随葬品的墓葬中，有打破关系42组，其中Ⅰ号发掘点29组，Ⅱ号发掘点13组。对这42组打破关系逐一进行分析，无论墓葬形制还是随葬品组合及器物型式，未见有明显的早晚演变规律。因此，尽管该期墓葬数量较多，但无法再做进一步的时段划分。

该期墓葬形制多样，墓坑以长方形的居多，次为长条形，另外还有少量为宽长方形和梯形的。总体来看，较之晚期墓葬，其墓坑多相对较长、较深。

该期有一半以上墓葬出土随葬品，包括铜器、玉石器、陶器以及一些特殊材料制品，种类和数量都很丰富。铜器主要有剑、戈、矛、戚、削刀、爪镰、镯、扣饰、泡饰、夹形器、簧形器、帽形器等器类。铜兵器数量较多，常见剑戈矛、剑戈和剑矛组合，剑、戈、矛单件出土的也不少。镯、扣饰、泡饰等铜装饰品数量亦不少，且常与铜兵器共出。爪镰、帽形器、簧形器等铜器虽少，但只见于该期。玉石器主要为软玉、玛瑙、孔雀石等材料制作的各类珠饰，尤以珠子和玦最多，另有扣、镯、璜形饰等。各种珠子经常搭配使用，做成串饰。部分器类如玉扁珠、玉璜形饰、玛瑙玦以及一些普通石质的管珠和圆珠，只见于该期。该期还流行一种特殊材料制作的镯，据分析主要成分为桦树皮焦油，其只见于该期墓葬中，晚期不再发现。该期所出陶器数量很少，但占了墓地出土陶器的大部分。

该期墓葬出土的铜剑有AaⅠ、AaⅡ、Ab、BⅠ、Ca、Cb、Cc等型式，其中AaⅡ、Ab、Cb、Cc比较多见，另外AaⅠ和BⅠ只见于该期。铜戈有A、Ba、BbⅠ、BbⅡ、BbⅢ等型式，其中A和BbⅠ比较多见，另外A和Ba只见于该期。铜矛有Aa、AbⅠ、BⅠ、BⅡ等型式，其中Aa、AbⅠ、BⅠ较为多见。铜戚有AⅠ、BⅠ两种型式，其中AⅠ只见于该期。铜削刀有A、B、Da等型。铜扣饰有Aa、Ab、Ba、Bb、Bc、DaⅠ、Ea等型式，其中Aa、Ab、DaⅠ比较多见，另外Aa、Ba、Bb、Bc只见于该期。铜泡饰有Aa、Ab、Ba、Ca、Cb等型，其中以Aa、Ca居多，Ab、Ba只见于该期。铜镯有AⅠ、CⅠ、Ea、Eb、Ec、Ed、Ee等型式，其中AⅠ和E各亚型比较多见，另外CⅠ、Ee只见于该期，Eb型也主要见于该期。玉管珠有A、B、Ca、Cb等型，其中以A型最多。玉镯多为B型，亦见A型，后者只发现于该期。玛瑙扣基本都为A型，偶见B型。

（二）第二期墓葬

包括Ⅰ号和Ⅱ号两个发掘点的所有第1~3层墓葬，分早、晚两段。

早段：即第3层墓葬，数量占发掘墓葬总数的近18%。该段墓葬位于土堆下部，分布总体较为稀疏，局部较密集。属于该段又同时出土随葬品的墓葬中，仅有2组打破关系，很难看出墓葬形制以及随葬品组合和型式的变化规律。

该段墓葬仍以墓坑为长方形的居多，长条形的次之，另外还有少数梯形墓坑。与第一期墓葬相比，墓坑总体上变得稍短、较浅。

该段有约60%的墓葬出土随葬品，主要为铜器和玉石器，偶见陶器和特殊材料制品。铜器包括剑、戈、矛、戚、钺、镈、臂甲、削刀、镯、扣饰、泡饰、牌形饰、铃、夹形器等器类，其中以兵器和装饰品居多。铜兵器常见剑戈矛、剑戈和剑矛组合，偶见剑戚、矛戈和矛戚组合，剑、戈、矛、戚单件出土的情况也不少。镯、扣饰、泡饰等铜装饰品往往与铜兵器共出，但也有单独出土的。钺、镈、臂甲、牌形饰、铃等铜器很少，但只见于该段。玉石器在该段出土明显减少，材质多为软玉、玛瑙，偶见孔雀石、石英岩玉及普通石材。器类以装饰品为主，常见各种珠子和玦，另有扣、镯、剑首、坠等。珠子经常做成串饰，有的同一组中会搭配不同材质和型式的珠子。部分器类如玉剑首、玉片珠以及石英岩玉和细砂岩制作的坠等，只见于该段。该段发现唯一1组特殊材料制作的圆珠，主要成分与第一期墓葬出土的特殊材料镯相同，均为桦树皮焦油。该段还出土1件陶器，为纺轮，与第一期墓葬所出形制相似。

该段墓葬出土铜剑有AaⅡ、Ab、Ca、Cb、Cc等型式，其中以Cb最为多见，次为Ca，其他均只有个别发现。铜戈有BbⅠ、BbⅡ、BbⅢ、Bc等型式，其中BbⅢ比较多见。铜矛有Aa、AbⅠ、AbⅡ、BⅠ、BⅡ等型式，以A型的居多。铜戚有AⅡ、BⅠ两种型式，后者较多。铜削刀仅出1件，为C型，不见于其他期、段。铜扣饰有Ab、Ca、Cb、DaⅠ、Ea、F等型式，其中Ab、DaⅠ比较多见，Cb只见于该段。铜泡饰有Aa、Bb、D、E等型，其中Bb、D、E三型只见于该段。铜镯有AⅠ、AⅡ、CⅡ、D、Ea、Ec、Ed等型式，其中AⅠ、AⅡ、Ea、Ed比较多见，另外CⅡ和D只见于该段。玉管珠有A、B、Ca、Cb等型，以A最多。玉镯较少，仅见B型。玛瑙扣亦不多，A、B型均有。

晚段：包括Ⅰ号和Ⅱ号两个发掘点的第1、2层墓葬，数量占发掘墓葬总数的约四分之一。第1、2层墓葬分别位于土堆上部和中部，分布均总体较为稀疏，打破关系不多，彼此在墓葬形制以及随葬品组合和型式等方面也都非常接近，所以将它们划归一个时段。

该段墓葬大部分都为长方形墓坑，长条形的较少，另外还有个别宽长方形和梯形墓坑。墓坑大小总体上与第二期早段墓葬相近。

该段有70%以上的墓葬出土随葬品,全部为铜器和玉石器。铜器包括剑、戈、矛、戚、鞘饰、锛、削刀、簪、镯、扣饰、泡饰、片饰、夹形器等器类,仍然以兵器和装饰品居多,但工具类的削刀也出土不少。铜兵器多见剑戈和剑矛组合,偶见剑戈矛、剑戚,矛戚组合,剑、戈、矛、戚单件出土的也不少。相比之前,该段较流行铜削刀,有单独出土的,但更多的是与铜兵器及铜装饰品共出。镯、扣饰仍然是最多见的铜装饰品,除单独出土外,也常与铜兵器、铜削刀共出。鞘饰、锛、簪等铜器很少,但只见于该段。玉石器出土数量同第二期早段相似,亦较少。材质主要有软玉、玛瑙,多制成装饰品,包括各种珠子以及玦、镯、扣等,另还见个别石锛。珠子经常搭配使用,做成串饰,有的同一组中会含不同材质和型式的珠子。

该段墓葬出土铜剑有BⅡ、Ca、Cb、Cc等型式,其中Ca、Cb相对较多。铜戈主要有BbⅡ、BbⅢ、Bc等型式。铜矛有Aa、AbⅠ、BⅡ、BⅢ等型式,其中以Aa最为常见。铜戚有AⅡ、BⅠ、BⅡ、C等型式,其中BⅡ较多。铜削刀有A、B、Da、Db等型,其中Da最多,B次之,其他均为个别,但Db只见于该段。铜扣饰有Ab、Ca、DaⅠ、DaⅡ、Db、Ea、Eb、F、G等型式,其中DaⅡ较多且只见于该段,Db、Eb、G等亦只见于该段。铜镯有AⅠ、AⅡ、B、Ea、Eb、Ec、Ed、Ef等型式,其中AⅠ、AⅡ及E各亚型仍较流行,另外B和Ef均为个别,但只见于该段。玉管珠有A、Ca等型。玉镯均B型。玛瑙扣A、B型均有(图4-1、图4-2)。

根据出土资料表现出来的面文化貌和特征,基本可判定大园子墓地已发掘的这批墓葬属汉代及更早时期的"西南夷"土著文化系统。关于墓葬具体年代,因未见钱币、铜镜等汉式器物,加上云贵高原西南夷青铜文化本身的年代序列一直争议颇大,所以给分析和判断带来很大的困难。我们在发掘简报中曾做过大致推定,认为土堆近底部墓葬多属战国时期,且可能主要属战国中晚期,而上部墓葬则多属西汉时期[①]。此后通过对发掘资料的更全面、系统整理及研究,我们总体上仍坚持这一判断。这里结合云贵高原各地考古材料,通过部分典型器物的对比和分析,就此再做进一步阐述。

大园子墓地所出A型铜剑的基本特征均为无格、茎扁或扁圆、茎首多呈乳突或蛇头形。类似铜剑在滇池地区的滇文化遗存中发现较多,滇东北等地也有出土,学界一般认为其与巴蜀扁茎无格柳叶形铜剑有一定关系,反映了两地间的文化交流[②]。从晋

[①] 中国社会科学院考古研究所、云南省文物考古研究所、曲靖市文物管理所、师宗县文物管理所:《云南师宗县大园子墓地发掘简报》,《考古》2019年第2期。
[②] 童恩正:《我国西南地区青铜剑的研究》,《考古学报》1977年第2期。

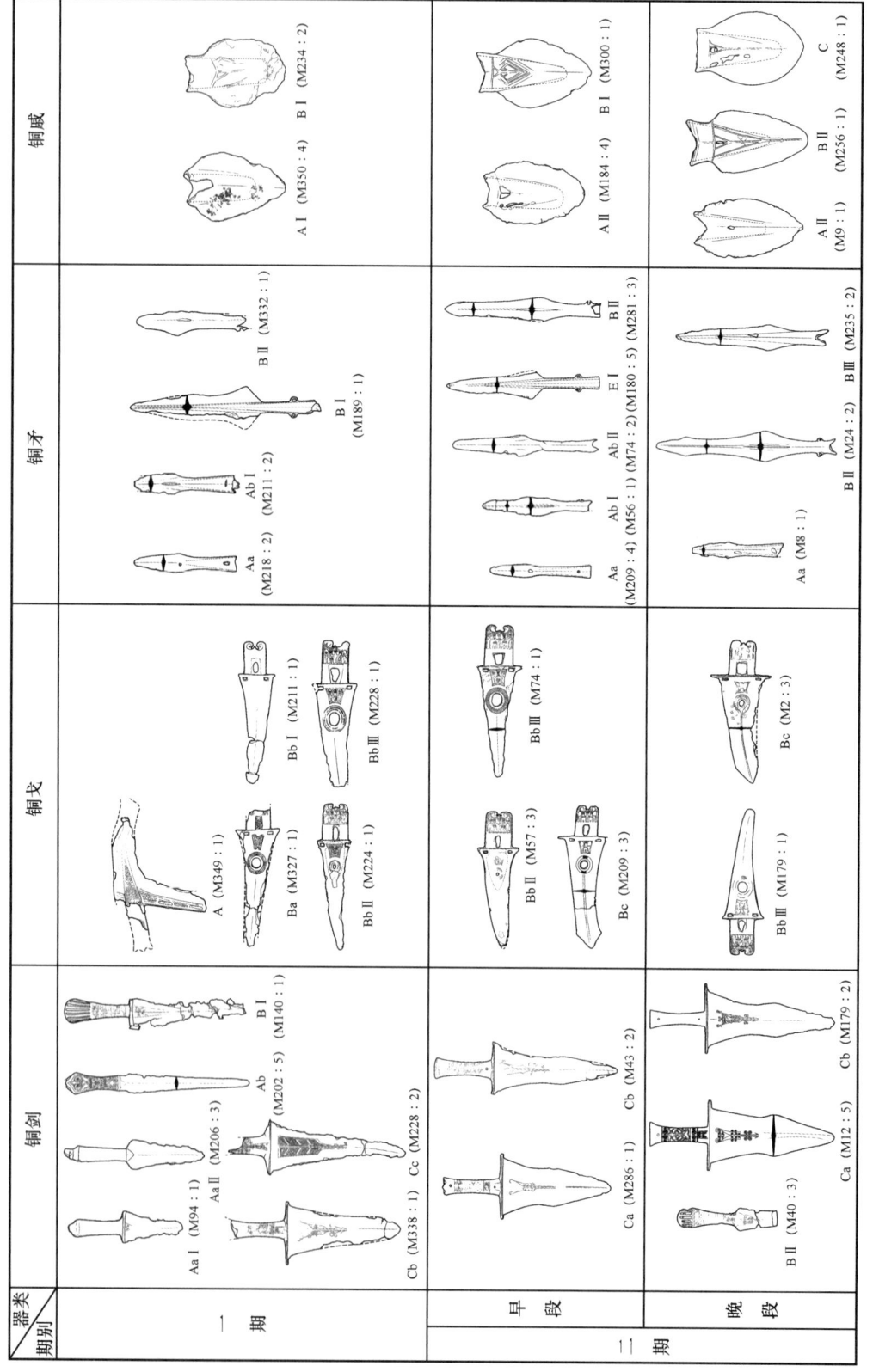

图4-1　大园子墓地出土典型器物演变示意图（一）

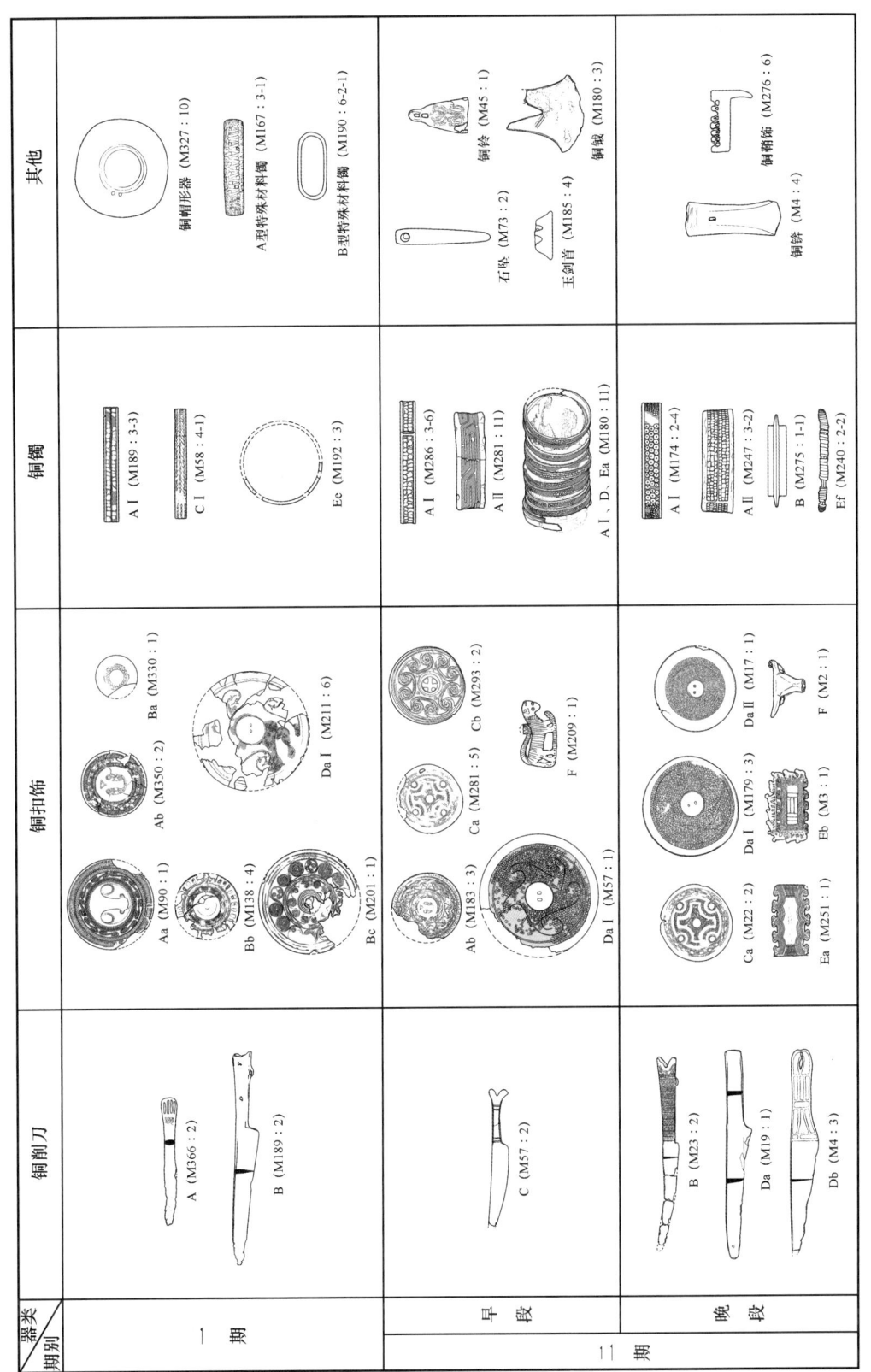

图4-2 大园子墓地出土典型器物演变示意图（二）

宁石寨山[①]、江川李家山[②]等墓地的发掘情况看，这类铜剑多见于西汉时期。在昆明羊甫头墓地，其主要发现于第一、二期墓葬中，年代在战国中期至秦汉之际[③]。不过，多方面看，发掘报告关于羊甫头早期墓葬的断代可能偏早，第一、二期墓葬的年代应多在战国末至西汉早期，早的或可至战国晚期[④]。滇东北昭通营盘墓地[⑤]及附近贵州威宁中水墓地[⑥]出土的这类铜剑，其年代可能稍早，推测在战国中晚期[⑦]。B型铜剑不仅无格，而且扁圆茎茎首带竖条状镂孔。类似铜剑在他处鲜有发现，仅云南陆良薛官堡M6出土过1件，形制接近B型Ⅰ式。薛官堡M6属墓地第一期墓葬，年代大致在战国中晚期至西汉早期[⑧]。C型铜剑即空首一字格铜剑，多空心圆茎或椭圆茎，曲刃。此类铜剑分布甚广，在云南、贵州、广西和越南北部均有发现，尤其是滇池地区和滇东高原出土较多，主要见于晋宁石寨山[⑨]、江川李家山、昆明羊甫头、呈贡天子庙[⑩]、曲靖八塔台[⑪]、陆良薛官堡、泸西石洞村和大逸圃[⑫]等墓地。相关墓葬的年代基本都在战国至西汉时期，但亦有一定的早晚差别。石寨山的主要为西汉中晚期，如M3、M13和M71等。李家山的多在西汉时期，但以西汉中晚期的为主，如M47、M51、M56、M57、M68、M71等。羊甫头涉及的墓葬较多，年代跨度也长，早的在战国后期至秦汉之际，

---

① 云南省博物馆：《云南晋宁石寨山古墓群发掘报告》，文物出版社，1959年。

② 云南省博物馆：《云南江川李家山古墓群发掘报告》，《考古学报》1975年第2期；云南省文物考古研究所、玉溪市文物管理所、江川县文化局：《江川李家山——第二次发掘报告》，文物出版社，2007年。

③ 云南省文物考古研究所、昆明市博物馆、官渡区博物馆：《昆明羊甫头墓地》，科学出版社，2005年。

④ 杨勇：《战国秦汉时期云贵高原考古学文化研究》，科学出版社，2011年，第110、111页。

⑤ 营盘发掘队：《云南昭通营盘古墓群发掘简报》，《云南文物》第41期，1995年。

⑥ 贵州省博物馆考古组、威宁县文化局：《威宁中水汉墓》，《考古学报》1981年第2期；贵州省博物馆考古组：《贵州威宁中水汉墓第二次发掘》，《文物资料丛刊》10，文物出版社，1987年。

⑦ 杨勇：《战国秦汉时期云贵高原考古学文化研究》，科学出版社，2011年，第68、69页。

⑧ 中国社会科学院考古研究所、云南省文物考古研究所、曲靖市文物管理所、陆良县文物管理所：《陆良薛官堡墓地》，文物出版社，2017年。

⑨ 云南省博物馆：《云南晋宁石寨山古墓群发掘报告》，文物出版社，1959年；云南省博物馆：《云南晋宁石寨山古墓第四次发掘简报》，《考古》1963年第9期；云南省文物考古研究所、昆明市博物馆、晋宁县文物管理所：《晋宁石寨山——第五次发掘报告》，文物出版社，2009年。

⑩ 云南省博物馆文物工作队：《云南呈贡天子庙古墓群的清理》，《考古学集刊》第3集，中国社会科学出版社，1983年；昆明市文物管理委员会：《呈贡天子庙滇墓》，《考古学报》1985年第4期。

⑪ 云南省文物考古研究所：《曲靖八塔台与横大路》，科学出版社，2003年。

⑫ 云南省文物考古研究所、中共泸西县委、泸西县人民政府、红河州文物管理所：《泸西石洞村 大逸圃墓地》，云南科技出版社，2009年。

如M20、M102、M104、M497等，余皆西汉时期，其中西汉早期即汉武帝统一云南之前的又相对较多，如M5、M113、M187、M345、M618、M740等，西汉中晚期的较少，如M197、M373等。天子庙的两座墓即M6和M41，年代分别约在西汉早期和战国中期偏晚。不过，天子庙M41的断代可能偏早，从各方面看，该墓年代大概应在战国末至西汉早期这一阶段[①]。八塔台的两座墓即M81和M95，分别属墓地第三期和第四期墓葬，前者年代为战国至西汉早期，后者为汉武帝设益州郡（前109年）后至王莽时期。而据分析，八塔台前三期墓葬的断代可能都偏早[②]，M81的年代估计早不到战国。薛官堡的几座墓如M80、M103和M108等，早的在战国晚期至西汉早期，晚的在西汉中晚期。石洞村的主要为西汉中晚期，如M4、M55、M79等。大逸圃的主要在战国末至西汉中期，如M11、M93、M135等。

大园子墓地出土的A型铜戈主要特征是有胡、带翼，另外援一般微曲，前锋较平，有的略上扬。类似铜戈亦见于晋宁石寨山、江川李家山、昆明羊甫头、呈贡天子庙等滇文化墓地，除天子庙M41和羊甫头M19断代有争议外，相关墓葬的年代基本多在西汉尤其是西汉早期，如石寨山M3、羊甫头M113等。天子庙M41的年代如上所述，实际可能在战国末至西汉早期。羊甫头M19属第一期1段墓，为墓地编年序列中最早的一批墓葬，报告推定年代在战国中期左右，但经多方面分析，估计最早不过战国晚期[③]。Ba型铜戈较为特别，不见于其他地方，其虽无胡，但从带翼的特点看，与A型铜戈关系较密切。Bb型铜戈的主要特征是无胡、直内、内后缘呈对称的内卷鸟首状。与此型铜戈尤其是Bb型Ⅲ式铜戈类似者大量发现于滇池以及滇东黔西等地区，在晋宁石寨山、江川李家山、呈贡天子庙、昆明羊甫头、泸西石洞村、陆良薛官堡以及贵州赫章可乐[④]等地都有出土。从相关墓葬的断代看，基本都在战国至西汉时期，个别或晚至东汉初。而按照赫章可乐墓地的分期和断代，此类戈的出现可能不晚于战国中期。相比于Bb型Ⅲ式铜戈，与Bb型Ⅰ式和Bb型Ⅱ式铜戈类似者在其他地方均发现较少。Bb型Ⅰ式铜戈多见于第4层墓葬，Bb型Ⅱ式铜戈多见于第3、4层墓葬，可见它们的流行年代不像Bb型Ⅲ式铜戈那样延续较长。Bc型铜戈与Bb型铜戈风格相近，但援前部中线起圆脊，尖锋呈圭首状。类似铜戈见于泸西大逸圃、曲靖八塔台、晋宁石寨山、江川李家山、昆明羊甫头、呈贡天子庙和石碑村[⑤]。除八塔台的少数墓葬及天子庙M41外，墓葬年代多在战国末至东汉初之间，即以西汉为主。

[①] 米歇尔·皮拉左里著，吴臻臻译，莫润先校：《滇文化的年代问题》，《考古》1990年第1期；徐学书：《关于滇文化和滇西青铜文化年代的再探讨》，《考古》1999年第5期。
[②] 杨勇：《战国秦汉时期云贵高原考古学文化研究》，科学出版社，2011年，第168、169页。
[③] 杨勇：《战国秦汉时期云贵高原的考古学文化研究》，科学出版社，2011年，第110、111页。
[④] 贵州省文物考古研究所：《赫章可乐二〇〇〇年发掘报告》，文物出版社，2008年。
[⑤] 昆明市文物管理委员会：《昆明呈贡石碑村古墓群第二次清理简报》，《考古》1984年第3期。

大园子墓地出土的A型铜矛在陆良薛官堡和曲靖八塔台有少量类似者，年代多属西汉时期，有的或可至战国晚期。

　　大园子墓地出土的B型铜戚，在陆良薛官堡墓地有少量发现[1]，均见于第一期墓葬，年代在战国中晚期直西汉前期。昆明羊甫头等滇文化墓地也出土不少铜戚，其中羊甫头B型即短銎铜戚形制略近于大园子所出铜戚，从相关墓葬如M113、M527等看，其年代多在西汉时期。

　　大园子墓地出土的B型铜削刀，在滇池地区及滇东高原各地多有发现。主要见于晋宁石寨山，江川李家山，昆明羊甫头，呈贡天子庙、石碑村、小松山[2]，安宁太极山[3]，曲靖八塔台，嵩明凤凰窝[4]，宜良纱帽山[5]、泸西大逸圃等地。从相关墓葬如石寨山M6、M16、M17、M18、M71，李家山M1、M24、M85，天子庙M41，太极山M17，小松山M7、M31，纱帽山M1、M5，大逸圃M1，八塔台M9及2015和2016年发掘的M133、M65[6]等来看，此类铜削刀主要流行于西汉时期，上限或可至战国中晚期，东汉早期仍有使用。Da型铜削刀在滇东高原的其他地方也有发现，相关墓葬如薛官堡M140、大逸圃M15的年代主要在战国中晚期至西汉早中期。

　　大园子M4随葬的铜锛在陆良薛官堡等地也见出土，薛官堡的相关墓葬多属第一期，年代在战国中晚期至西汉早期。

　　大园子墓地出土的铜镯往往数件乃至数十件成串佩戴，且经常多种类型混合搭配，有的还与玉镯或特殊材料镯同时佩戴。数量上，以A型和E型最多。E型铜镯即细条环状铜镯，多锻造而成，横截面形状多样。类似铜镯在陆良薛官堡、泸西石洞村和大逸圃等地亦有较多出土，此外云南昌宁大甸山[7]和坟岭岗[8]以及四川盐源老龙头[9]也有一些发现，从相关墓葬看，年代多属战国晚期至西汉。A型铜镯即片状环形铜镯，外壁常镶嵌孔雀石片，类似者在云南晋宁石寨山、江川李家山、泸西石洞村和大逸圃、

---

[1] 陆良薛官堡墓地所出铜戚原报告定为铜锄，现在来看可能有误。
[2] 云南省博物馆文物工作队：《呈贡小松山竖穴土坑墓的清理》，《云南文物》第15期，1984年。
[3] 云南省文物工作队：《云南安宁太极山古墓葬清理报告》，《考古》1965年第9期。
[4] 嵩明县兰茂纪念馆：《嵩明凤凰窝古墓群调查简报》，《云南文物》第30期，1991年。
[5] 云南省文物考古研究所、昆明市文物管理委员会、宜良县文物管理委员会：《云南宜良纱帽山滇文化墓地发掘报告》，《南方民族考古》第八辑，科学出版社，2012年。
[6] 云南省文物考古研究所、曲靖市文物管理所、曲靖市博物馆、麒麟区文物管理所：《云南曲靖市八塔台墓地2号堆第七次发掘简报》，《考古》2018年第12期。
[7] 云南省文物考古研究所、保山市博物馆、昌宁县文物管理所：《云南昌宁县大甸山墓地发掘简报》，《考古》2016年第1期。
[8] 云南省文物考古研究所：《云南昌宁坟岭岗青铜时代墓地》，《文物》2005年第8期。
[9] 凉山彝族自治州博物馆、成都文物考古研究所：《老龙头墓地与盐源青铜器》，文物出版社，2009年。

华宁小直坡①、昌宁坟岭岗和白沙坡②以及贵州赫章可乐等地均有出土，且亦多成串佩戴。石寨山和李家山还出土形制相近且成串佩戴的片状环形金镯，李家山M69所出金镯前面同时搭配有单件有领玉镯，颇似大园子部分墓葬中铜镯与玉镯共出时的情形。年代上，根据各地墓葬推断，这些片状环形镯与细条环状铜镯大体相当。B型铜镯外壁中线起凸棱，横截面呈横置"T"形，也称"有领镯"。类似铜镯在昆明羊甫头、曲靖八塔台、泸西大逸圃等地也见出土，相关墓葬年代多在西汉时期。C型铜镯为片状环形，外壁施横向并列辫索纹。与此类铜镯尤其是C型Ⅱ式铜镯相类似者在泸西大逸圃出土不少，墓葬年代都在西汉中期。

大园子墓地出土的A型铜扣饰为圆形，中部鼓凸呈动物面具状，其中Aa型扣体较大，动物面部立体感强，类似者在曲靖八塔台、横大路以及昆明羊甫头、呈贡小松山③等地也有出土，从相关墓葬如八塔台M180、M279，横大路M40，羊甫头M19，小松山M32等来看，年代可至战国晚期，但西汉时仍有使用。Ab型铜扣饰器形相对较小，动物面部立体感也不及Aa型。类似铜扣饰在陆良薛官堡、曲靖八塔台、横大路、平坡④，昆明羊甫头以及呈贡天子庙等地都有发现。相关墓葬的年代早的可至战国晚期，西汉的也不少。Bc型铜扣饰亦为圆形，中间呈蕈状凸起，类似者见于江川李家山⑤、呈贡小松山、元江打篙陡⑥以及楚雄张家屯⑦等地，相关墓葬的年代多属战国晚期至西汉中期⑧。D型扣饰为圆盘状，扣面镶嵌孔雀石、玛瑙等装饰材料，与之尤其是Da型

---

① 云南省文物考古研究所、玉溪市文物管理所、华宁县文物管理所：《华宁小直坡墓地》，云南人民出版社，2014年。

② 云南省文物考古研究所、怒江傈僳族自治州文物管理所、保山市文物管理所、德宏傣族景颇族自治州文物管理所、临沧市文物管理所、普洱市文物管理所、西双版纳傣族自治州文物管理所：《云南西部边境地区考古调查报告》，上海古籍出版社，2017年，第108页。

③ 昆明市博物馆、呈贡县文管所：《呈贡小松山古墓群发掘简报》，《云南文物》2015年第1期。

④ 云南省文物考古研究所、曲靖市麒麟区文物管理所：《曲靖市麒麟区潇湘平坡墓地发掘报告》，《云南考古报告集（之二）》，云南科技出版社，2006年。

⑤ 玉溪地区文管所、江川县文管所：《江川李家山新近出土文物调查》，《云南文物》第32期，1992年。

⑥ 云南省文物考古研究所：《云南元江县洼垤打篙陡青铜时代墓地》，《文物》1992年第7期。

⑦ 张家华：《楚雄张家屯出土青铜器初探》，《云南文物》第38期，1994年。

⑧ 发掘简报推定打篙陡墓地属春秋晚期至战国晚期遗存，但对出土器物的综合分析表明，其年代应与滇池地区的滇文化墓葬大体相当，主要属于西汉，早的或可至战国晚期（参见杨勇：《战国秦汉时期云贵高原的考古学文化研究》，科学出版社，2011年，第288~290页）。张家屯出土此类铜扣饰的M1，文化面貌接近附近的楚雄万家坝墓地（云南省文物工作队：《楚雄万家坝古墓群发掘报告》，《考古学报》1983年第3期），而楚雄万家坝墓地的断代存在较大争议，有学者研究认为原报告断代偏早，其主体年代应在西汉纪年内（见徐学书：《关于滇文化和滇西青铜文化年代的再探讨》，《考古》1999年第5期），推测张家屯M1的年代也大致如此。

铜扣饰相类似者在滇池地区及滇东高原有大量发现。从相关墓葬看，此类铜扣饰可能在战国晚期就已经出现，如昆明羊甫头一期墓葬M19和M101中均见出土。西汉时，其尤为流行，除羊甫头外，晋宁石寨山、江川李家山、泸西大逸圃等地均有数量可观的发现，甚至到东汉早期仍有继续使用的迹象。Ea型铜扣饰呈长方牌形，上、下两长边施外卷云纹，类似者同样在滇池地区和滇东高原有大量发现，主要见于晋宁石寨山、江川李家山、昆明羊甫头、呈贡天子庙和石碑村、曲靖八塔台、嵩明凤凰窝，其中以石寨山、李家山和羊甫头三处墓地出土最多，年代多属西汉，东汉早期还能见到。羊甫头一期墓葬M19和M97也都出此类铜扣饰，表明其可能于战国晚期已出现。Eb型铜扣饰仅出1件，长方牌形，左、右两边及上边环绕半立体猴子雕像。这种扣面周围环绕动物雕像的铜扣饰在滇池地区的滇文化墓葬中很常见，集中发现于晋宁石寨山和江川李家山，墓葬年代主要属西汉时期。晋宁石寨山和江川李家山出土的此类铜扣饰中，也见施猴雕像的，其中石寨山M16:13造型与大园子墓地所出几乎完全相同，该墓属西汉早期墓。F型铜扣饰为半立体状动物造型，类似者在滇池地区和滇东高原亦有较多出土，墓葬年代多属西汉，但早的可能至战国晚期。

大园子墓地出土不少Aa型铜泡饰，圆片状，带形似双角的环耳。类似铜泡饰在曲靖八塔台和横大路也有较多发现，从八塔台的情况看，多出自第三、四期墓葬，年代应多在西汉时期。

大园子墓地出土的铜夹形器和铜簧形器在泸西大逸圃等地可见相似者，年代基本都为西汉时期。

大园子墓地出土的各种玉石类装饰品和工具，包括珠子、玦、璜形饰、扣、镯、坠等，在战国秦汉时期的云贵高原各地曾广泛流行，材质、形制及风格相近者在很多地方都能见到。墓地出土的2件玉剑首比较少见，相似者仅在晋宁石寨山和江川李家山有一些发现，相关墓葬的年代主要在西汉早期和中期。墓地出土的2组玉璜形饰亦不多见，从陆良薛官堡、泸西大逸圃、晋宁石寨山和赫章可乐等地的类似发现看，年代多在战国晚期至西汉早中期。

大园子墓地出土的特殊材料镯，其成分经检测和分析主要为桦树皮焦油，是一种人工混合材料制品。这种材质且形制相似的镯在曲靖横大路和平坡、泸西石洞村以及晋宁石寨山等地也有不少发现，过去多以为是木镯。从相关墓葬看，泸西石洞村所出年代为西汉中晚期。横大路所出见于墓地第一、二、三期墓葬，平坡所出皆见于墓地第一期墓葬，年代多在春秋战国尤其是春秋时期。不过，横大路和平坡这两个墓地的断代都明显偏早，据分析其早期墓葬的年代可能约在战国晚期[1]。石寨山所出主要见于第五次发掘的M69及一些小型墓葬中，M69为晚期墓，按同期墓葬M71推测，年代应大

---

[1] 杨勇：《战国秦汉时期云贵高原的考古学文化研究》，科学出版社，2011年，第174、178页。

致在西汉前期；其他小型墓葬属早期墓，年代为春秋早期。应当指出，判断石寨山小型墓为春秋早期遗存，一下子将墓地的年代上限提前了四五百年，且早晚墓葬之间存在较大缺环，应当是有问题的[①]。不论如何，综合来看，这种特殊材料镯西汉时还在使用，其出现时间估计在战国，但不大可能早于战国晚期。

通过以上比较和分析，基本可以判断，大园子墓地发掘的这批墓葬其年代主要在战国晚期至西汉时期，不排除有少数墓葬可能稍早或稍晚。结合各期、段主要流行器物的构成及变化情况，可进一步将各期、段墓葬的年代做一大致性的推定。具体如下：

第一期墓葬：年代为战国晚期至西汉早期。

第二期墓葬：年代为西汉中、晚期。其中，早段约在西汉中期偏早阶段，晚段约在西汉中期偏晚阶段至西汉晚期。

需要说明的是，西汉中期汉武帝开西南夷尤其是征服夜郎、滇并设牂牁郡和益州郡之后，云贵高原的很多西南夷文化中开始较多地出现中原文化因素，主要表现为铁器、钱币、铜镜、印章等汉式器物的增多。这一现象在滇池地区的一些滇文化墓葬以及曲靖八塔台、陆良薛官堡、泸西石洞村和大逸圃等地的西南夷墓葬中，均有较明显的体现。相比而言，大园子墓地发掘的这批墓葬文化内涵却相对单纯，随葬品中未见任何汉式器物。之所以如此，过去推测原因之一可能是墓葬年代较早，多在汉武帝开西南夷之前，故中原汉文化未大规模进入当地。现在看来，至少墓地第二期晚段墓葬已处在汉武帝征服云南地区之后，因此这背后应另有他故。我们注意到，较之周围陆良、罗平、泸西等地，师宗地理环境相对逼仄，境内山地居多，无大面积的平坝（高原盆地）。在古代，地理环境的差异很大程度上会对当地经济、文化的发展产生影响。明末徐霞客游历云南时曾路过师宗，所记多荒凉、凋敝之景。这其中虽有兵荒马乱方面的因素，但从师宗"城虽砖甃而甚卑"等记载看，当地本身就较周围落后[②]。汉朝在云贵高原各地设置郡县，治所一般都位于比较大的平坝之中或交通要道上，师宗因不具备这些条件，故未置县。当时这里地处同劳（今陆良）、漏卧（今罗平）、漏江（今泸西）等县之间，较长时期内很可能是一个汉朝统治和中原文化影响的真空地带。这种情况下，大园子墓地所属族群未较多受到中原文化的影响，也就合乎情理了。当然，因发掘面积有限，墓地中的其他区域存在更晚（如东汉时期）的墓葬并随葬铁器、钱币等汉式器物，可能性也不是完全没有。

---

① 杨勇：《石寨山考古的新成果和再认识——读〈晋宁石寨山——第五次发掘报告〉》，《文物》2011年第8期。

② （明）徐弘祖著，朱惠荣校注：《徐霞客游记校注（下）》，云南人民出版社，1985年第一版，第752~757页。

为了给墓葬断代提供参考，我们在田野发掘及资料整理过程中还采集了一批炭样并请有关单位开展了碳十四测年工作。测年样品共28份，其中26份来自墓葬，2份来自土堆地层之中，包括木炭21份、特殊材料镯7例。木炭样品有的为棺椁葬具，有的为铜矛、铜戈等兵器的柲木，有的是附着于铜扣饰、铜镯、铜剑等随葬品表面的木材，还有墓坑填土中的不明来源木炭。测试结果显示，28个样品的碳十四年代分布在（2880±20）BP与（1880±20）BP之间，跨度较大，树轮校正后的年代范围在商代晚期至东汉时期。根据测年样品的性质和出土位置，又选取部分参考价值较大者做了进一步的分析，得出的结论是大园子这批墓葬的绝对年代应在西周晚期至战国时期，其中以春秋早期至战国中期的墓葬居多。对此，我们颇感意外，尽管以往云贵高原的很多碳十四测年数据都有偏早的倾向。很显然，大园子墓地碳十四测年的结果与以上通过考古材料对比分析得出的认识相差甚远，整体要早三四百年的时间，特别是部分样品数据可至西周甚至商代晚期，大大超出了我们的预期。由于这批数据普遍较早，且年代相对集中，因此就测年程序本身而言，应该是没有问题的。但为何会出现如此大的差异，目前还很难解释，不排除与岩溶盆地等环境因素有关系的可能。不管怎样，为方便学术研究，也为了让读者掌握更多的信息，本报告将全面发表此次碳十四测年的结果（参见本书下编第一篇《师宗大园子墓地碳十四测试报告与分析》）。至于具体的断代选择，我们更倾向于通过考古材料对比和分析得出的认识。实际上，如果按照碳十四测年的结果，大园子墓地所在地区的青铜文化发展步伐要远快于云贵高原的其他很多地方，包括滇池地区的滇文化，有些文化因素如扁茎无格铜剑、无胡直内铜戈、带翼铜戈等的出现甚至早于它们的来源地——巴蜀地区。很明显，这些与云贵高原青铜文化的整体格局及整体发展进程都是不相符的。

第二节 文化特征及族属

大园子墓地在埋葬方式、埋葬制度、随葬品及丧葬习俗等多方面都有自己的特点，同时又可看出与周邻及外部其他很多文化有着各种各样的联系。

大园子墓地高出周围地面，外观呈大型土堆状，是在同一地点反复埋墓并不断堆土而形成的。应当说，这是大园子墓地最为突出也最值得关注的特点之一。在云贵高原，类似做法及遗存并不普遍，目前主要见于曲靖盆地及其附近区域，如八塔台、横大路、平坡等墓地，即所谓的八塔台文化遗存[①]。不过从调查和发掘情况看，尽管八塔台文化墓地的外形及基本埋葬方式同大园子墓地很相似，但在具体堆积过程及内部结

---

① 杨勇：《滇东八塔台文化墓地的特征和年代及相关问题》，《秦汉土墩墓考古发现与研究——秦汉土墩墓国际学术研讨会论文集》，文物出版社，2013年。

构等方面还是存有一定的差异。如大园子墓地土堆内地层十分破碎，且不见活动面一类的遗迹，而八塔台文化墓地土堆内地层较为连贯，近年来的最新发掘还发现与祭祀有关的活动面以及规模宏大的护坡[①]。又如，大园子墓地中未见墓葬封土及相关遗迹，而八塔台文化墓地则发现有封土墓，封土多呈椭圆形拱起状。所以，它们之间既有较密切的联系，但又不尽相同。

在全国范围内，大型土堆状的墓地形态和墓地结构也有不少发现，以江南地区的先秦土墩墓以及近年来多地陆续发现的秦汉时期的"土墩墓"遗存最为典型。土墩墓的基本特征是在地面上构筑土堆，并于其中瘞埋墓葬。此类墓葬流行于商周时期的江南地区，是先秦吴越文化特有的一种葬俗。秦汉时期，除江南地区外，土墩墓还出现在山东东南沿海[②]、湖南常德[③]、广西合浦[④]等地。有学者指出，江南地区的汉代土墩墓是对当地原有土著文化的继承和拓展[⑤]，而其他地区发现的秦汉土墩墓都是源自古越族的埋葬习俗，是越文化对外影响和越人流动的结果[⑥]。就累土筑墓的理念及外部形态而言，大园子墓地与上述土墩墓遗存显然有相近之处，但二者在其他方面差异还是很明显的。除了墓坑形制和随葬品风格不同外，在土堆内部结构和墓葬排列方面，大园子墓地最早期墓葬直接开口于生土面上，此后不断向上堆土并埋墓，形成内部墓葬排列密集且叠压、打破关系复杂的大型土堆；土墩墓的构筑则多较为讲究，一般是先筑土台再埋墓，地层清晰、连贯，墓葬排列也有一定的规划，有的还带排水设施、标志墙等设施。更为重要的是，大园子墓地于土堆内至少埋有数以千座的墓葬，属于聚族而葬的部落公共墓地；土墩墓在一个土墩内所埋墓葬一般很少，以几座或十余座居多，其中秦汉时期的土墩墓基本都可确定为非公共性质的家族墓地。墓地性质不同，实际反映了社会形态和社会结构的不同。由此不难看出，尽管大园子墓地与各地土墩墓在某些方面特别是形态上有相似之处，但它们实际分属不同的文化系统，彼此间并无直接联系。当然，从大园子墓地出土的随葬品看，可见到一些可能源自两广地区越文化的因素，所以也不能完全排除当地族群在丧葬观念、丧葬习俗及埋葬方式等方面也曾受到过后者影响的可能。有学者指出，广西合浦双坟墩土墩墓及附近大浪古城遗

---

① 云南省文物考古研究所、曲靖市文物管理所、曲靖市博物馆、麒麟区文物管理所：《云南曲靖市八塔台墓地2号堆第七次发掘简报》，《考古》2018年第12期。
② 山东省文物考古研究院：《山东沿海汉代墩式封土墓考古报告集》，文物出版社，2020年。
③ 常德博物馆：《湖南常德市南坪汉代土墩墓群的发掘》，《考古》2014年第1期。
④ 广西文物保护与考古研究所：《广西合浦县双坟墩土墩墓发掘简报》，《考古》2016年第4期。
⑤ 胡继根：《试论汉代土墩墓》，《汉代城市和聚落考古与汉文化》，科学出版社，2012年。
⑥ 参见浙江省文物考古研究所《起于累土——土台·土墩·土冢》综述部分，浙江古籍出版社，2012年。

址的年代都在战国中期[①]，或说明来自浙江一带的土墩墓文化很早就进入广西地区了。但无论如何，丧葬制度与丧葬习俗属于涉及精神观念和社会关系层面的文化因素，它们的交流与传播要复杂而困难得多，需慎重对待。

大园子墓地发掘的墓葬均竖穴土坑墓，平面大多为长方形或长条形，其排列有序，绝大部分纵轴方向都为西北—东南向。在邻近区域，仅陆良薛官堡墓地的墓坑排列方向以西北—东南向为主，另外泸西大逸圃有部分亦接近西北—东南向。从发掘情况看，墓内葬具、人骨等保存状况很差，不过根据残存的板灰、骨渣以及随葬品的摆放情形，仍可推断很多墓葬原先有木质棺椁葬具，被葬者大多头朝东南方向。

大园子墓地出土的随葬品种类较多，并具有很浓郁的西南夷风格，特别是青铜器和玉石器，可看出与战国秦汉时期滇池地区及滇东黔西一带的同类文化遗存联系非常密切；当然，另一方面，大园子墓地出土的随葬品也显示出了一定程度的地方特色。一是某些器类、器形不见或鲜见于其他地方；二是有些器类、器形虽然在其他地方也不时有发现，但明显不像大园子墓地这样集中而频繁出土。

大园子墓地出土的A、C型铜剑在滇池地区的滇文化墓葬中以及滇东高原的很多地方都有类似发现，但在细部结构及纹饰上，也带有自己的一些特点。如Aa型铜剑作为扁茎无格铜剑的一种，多素面，茎首凸乳一般较明显，剑身后端与茎交会处常见三角形凸块，这些特征在其他地方就很少见到。又如C型铜剑即一字格铜剑，大园子墓地不仅出土多，而且风格基本一致，多空心圆茎或近椭圆茎，茎首呈喇叭口状，曲刃；茎部一般施弦纹、涡纹、云雷纹、编织纹等组合纹饰，剑身后部施箭矢状纹。相同风格的一字格铜剑在其他地方亦有发现，除了滇池地区和滇东高原，还包括贵州、广西甚至越南北部，但多较零散，不像大园子墓地这样集中出土。滇池地区的滇文化墓葬中，一字格铜剑出土数量颇多，不过形制和纹饰变化多样，与大园子墓地所出风格相同者并不占主导。大园子墓地出土的B型铜剑，其主要特征是扁圆茎茎首带竖条状镂孔。类似铜剑在其他地方极少发现，目前仅陆良薛官堡见到1件，故可视作大园子特有的一类铜剑。

大园子墓地出土的A型铜戈属带翼有胡戈，其援微曲，前锋较平，有的略上扬。带翼有胡铜戈在滇池地区的滇文化墓葬中有较多出土，另外还见于曲靖八塔台、华宁小直坡和元江打篙陡等地。与大园子A型铜戈风格相近的带翼有胡铜戈主要见于滇文化中的一些高等级墓葬中，如石寨山M3、李家山M51、天子庙M41、羊甫头M19和M113等。大园子墓地出土的Ba型铜戈亦带翼，但无胡，且翼呈环片状，另外戈身纹饰也较特别。在云贵高原，带翼无胡铜戈主要发现于滇东南及滇南元江流域，如元江打篙

---

① 李岩：《广西合浦双坟墩土墩墓年代及相关问题浅析》，《三代考古》（九），科学出版社，2021年。

陡、个旧石榴坝[①]、文山小龙[②]等地，滇池地区南部的华宁小直坡、澄江金莲山[③]和晋宁金砂山[④]等地也见出土，不过它们无论形制还是纹饰都与大园子墓地出土的Ba型铜戈风格迥异，彼此间应无直接联系。可见，大园子Ba型铜戈亦属于具有地方特色的器物。Bb型铜戈是大园子墓地出土最多的铜戈，也是颇具代表性的一类铜兵器。其主要特征是无胡，条形援，直内后缘呈对称的内卷鸟首状，其中Bb型Ⅲ式铜戈上的牵手人纹非常有特色。类似铜戈大量发现于滇池地区和滇东高原，滇东北、滇东南以及黔西北的赫章可乐等地也有出土。考虑到可乐所出年代较早，且贵州普安铜鼓山遗址还出土过制作此类铜戈的石模[⑤]，推测其很可能最先出现于黔西尤其是黔西北地区，然后逐步传播至其他地区。大园子墓地出土的Bb型铜戈外观上与各地发现的同类铜戈大体相同，但细察的话也可发现一些差异，包括戈上所施各种纹饰尤其是牵手人纹的形态和结构。相对来说，大园子与陆良薛官堡、泸西石洞村等邻近地点出土的此类铜戈风格较为接近。大园子墓地出土的Bc型铜戈与Bb型尤其是Bb型Ⅲ式铜戈很相似，只是援前部呈圭首状尖锋，推测由后者演变而来。类似铜戈多见于滇池地区的滇文化墓葬，另外泸西大逸圃等地也有发现，可能属滇式戈的一种。

大园子墓地出土的铜矛除圆骹外，有不少为椭圆骹，且有的横截面近菱形；骹口有平也有分叉的；部分矛身带血槽；B型铜矛均曲刃，且造型硬朗，形制设计上可能受到了当地一字格曲刃铜剑的影响。整体看，这批铜矛本地特色较为突出，与云贵高原各地乃至岭南、巴蜀等地出土的铜矛风格都不太一样，目前只有陆良薛官堡、曲靖八塔台等邻近地区发现的少量铜矛，与大园子A型铜矛形制相近。

大园子墓地出土的宽尖叶形铜戚，也是颇具地方特色的一类器物。与之类似者，主要见于陆良薛官堡。昆明羊甫头等滇文化墓葬中也见铜戚出土，但銎口一般较长，

[①] 云南省博物馆文物工作队、个旧市群众艺术馆：《云南个旧石榴坝古墓葬发掘简报》，《云南文物》第26期，1989年；云南省博物馆文物工作队、个旧市群众艺术馆：《云南个旧石榴坝青铜时代墓葬》，《考古》1992年第2期；云南省文物考古研究所、文山州文物管理所、红河州文物管理所：《云南边境地区（文山州和红河州）考古调查报告》，云南科技出版社，2008年，第56、57页；云南省文物考古研究所、红河州文物管理所、个旧市文物管理所：《云南个旧市石榴坝墓地第二次发掘报告》，《南方民族考古》第十六辑，科学出版社，2018年。

[②] 万杨：《云南文山小龙墓地》，《大众考古》2018年第3期。

[③] 蒋志龙：《金莲山墓地研究》，吉林大学博士学位论文，2013年。

[④] 昆明市博物馆、晋宁县文物管理所：《晋宁县金砂山古墓地清理简报》，《大理丛书·考古文物篇》，云南民族出版社，2009年；云南省文物考古研究所、晋宁区文物管理所：《昆明市晋宁区金砂山墓地2015年发掘简报》，《考古》2021年第3期。

[⑤] 刘恩元、熊水富：《普安铜鼓山遗址发掘报告》，《贵州田野考古四十年：1953—1993》，贵州民族出版社，1993年；张元：《普安铜鼓山遗址》，《中国重要考古发现·2002》，文物出版社，2003年。按：该文所说的陶戈模，从实物观察应为石质戈模。

有的称矛，另外戚身形制及纹饰也有差异。

大园子墓地仅出土1件铜戚，但形制较特别，不见于滇文化及云南各地。在黔西南的普安铜鼓山遗址和兴义等地，却发现不少与大园子墓地所出相似的铜戚，有学者概括其特征为"风"字形戚身、"V"形銎、带"V"形符号（纹饰），并根据分布情况称之为"铜鼓山类遗存"的典型器物[①]。大园子墓地地处滇黔桂三省区交会地带，距黔西南很近，其所出铜戚当来自"铜鼓山类遗存"。

大园子墓地出土的铜削刀不少，其中A、C、Db等型在其他地方极少发现，当属本地特色的器形。A型铜削刀的柄部与B型铜剑的茎部形制相似，均扁圆形，柄端（茎首）带竖条形镂孔，二者可谓异曲同工，代表了当地青铜文化的一个重要特点。B型铜削刀带椭圆銎，銎口一般分叉。类似铜削刀在滇池地区和滇东高原有大量出土，特别是滇池地区的滇文化墓葬中十分常见，显然属滇文化的器物。Da型铜削刀实际上在其他地方也不多见，类似者主要见于邻近的陆良薛官堡及泸西石洞村，且数量很少。

大园子墓地出土铜锛1件，形制相近者见于陆良薛官堡、曲靖八塔台等墓地，另外滇池地区的滇文化墓葬中也发现不少。大园子墓地所出为孤件，可能是外部输入的器物。

大园子墓地发掘的墓葬中，有近1/4随葬铜镯。所出铜镯主要有片状环形和细条环状两类，具体以A型和E型最多。A型铜镯即外壁镶嵌孔雀石片的片状环形铜镯，如上所述，类似者在滇池地区、滇西横断山区、黔西北以及泸西石洞村和大逸圃均有发现，不过在具体形制上，大园子所出还有一定的地方特点，如A型Ⅱ式铜镯上的简化云雷纹，在其他地方就很少见到。E型铜镯即各种细条环状铜镯，类似者在陆良薛官堡、泸西石洞村和大逸圃等地亦有不少出土，此外如上所述，滇西横断山区和川西南的盐源等地也有发现。B型铜镯即所谓的"有领镯"或"T"形环，类似者在滇池地区及滇东高原的很多地方也都有出土。这种铜镯的铸造，可能受到了有领玉镯的启发。C型铜镯即外壁施横向辫索纹的片状环形铜镯，类似者在泸西大逸圃出土不少。值得注意的是，大园子墓地出土的铜镯下葬时多成串佩戴于被葬者手臂上，单件佩戴的很少。同串铜镯中，既有单一类型的，也有含多个类型即混合类型的，甚至有与玉镯或其他材料镯同时佩戴的。每串铜镯多者数十件，少的几件。这种镯或镯的佩戴方式虽然也见于上述很多地点，但无论数量还是具体的搭配种类都远不及大园子墓地。可以认为，大园子墓地出土的"串式镯"是云贵高原这类遗存中最具代表性的。与云贵高原毗邻的东南亚也有串式铜镯的发现，主要出自泰国东北部，年代大约相当于中国的战国秦汉至南北朝时期。在该地区的班诺洼遗址，还出土年代更早（约公元前10世纪至公元前8世纪）的用贝壳制作的镯，亦多成串佩戴，且和大园子墓地一些铜镯情形相似，前

---

① 李飞：《贵州安龙新出铜器——兼论贵州西南地区的青铜文化》，《四川文物》2009年第3期。

端搭配1件有领镯，只是有领镯都为大理石质地①。所以，作为一种佩戴方式，串式镯很可能是从泰国东北部起源并向外传播的②，后来在云贵高原等地区得以盛行。从细部形制和工艺看，大园子墓地出土的串式细条环状铜镯与班诺洼及其附近一些遗址所出同类镯十分接近，或说明彼此人群之间曾有过某种较密切的联系。

大园子墓地出土的铜扣饰也不少，而此类装饰品一般被认为是滇文化的典型器物之一③。大园子墓地出土的铜扣饰就类型和风格而言，与滇池地区的滇文化墓葬所出总体很接近，有些几乎完全相同，如环绕半立体猴子雕像的Eb型铜扣饰；当然，在一些细节上有时也会存有差异，如D型铜扣饰即镶嵌孔雀石片的圆形扣饰上就不见滇文化同类器上常见的芒纹状镶嵌装饰。不难判断，大园子墓地在铜扣饰方面受到了滇文化的强烈影响，但所属族群自己应当也可制作铜扣饰。大园子墓地出土的A型铜扣饰即圆形动物面具状铜扣饰，类似者尤其多见于曲靖盆地的八塔台文化，彼此间显然是有联系的。大园子墓地出土的Ba、Bb、C等型铜扣饰在其他地方较为少见，可能是本地创造的扣饰类型。

大园子墓地出土的其他铜器，如帽形器、鞘饰、牌形饰、人首形簪、人物及动物面具状泡饰等，也都是很有特色的器类或器形，其他地方很少见到。

大园子墓地出土的玉石器数量亦不菲，其材质多样，器类以装饰品为主，另有少量工具，包括各种珠子、玦、璜形饰、扣、镯、剑首、坠、锛等。如上所述，这些玉石器常见于战国秦汉时期云贵高原各地的西南夷文化遗存中，但相对而言，与之风格相近者，主要还是集中分布在滇池地区以及滇东黔西一带。曾有学者注意到，滇文化及云贵高原其他一些青铜文化中所见的玉饰，如有"角"玦、玦口处带穿孔的新月形玦、近方形玦、有领镯、蘑菇形剑首等，都受到了两广越文化的影响，背景与越人玉文化西传以及越人西迁有很大关系④。大园子墓地亦出土蘑菇形玉剑首和有领玉镯，所出玉玦多接近新月形玦，有的玦口处亦带穿孔，另有少数玉玦一侧较直，颇有近方形玦的味道。考虑到墓地位于滇东高原，且所在区域为滇黔桂交会地带，这里很有可能就是两广地区越人玉文化向西传播的一个通道和重要节点。大园子墓地出土的玉剑首中，有1件底带环钮，形制比较特别，为其他地方所不见；所出玉玦等装饰品中还发现修补、改制等现象。所以，推测当地族群是掌握一定的玉石器加工技术的。当然，对

---

① C. F. W. Higham and A. Kijngam (eds), *The Excavation of Ban Non Wat: The Bronze Age*, The Thai Fine Arts Department, Bangkok, 2012.

② 发掘者推测班诺洼遗址出土的用贝壳和大理石制作的镯都是由外部输入的，但此种成串佩戴镯的方式可能是班诺洼地区所特有的。

③ 萧明华：《青铜时代滇人的青铜扣饰》，《考古学报》1999年第4期；杨勇：《云贵高原出土青铜扣饰的研究》，《考古学报》2011年第3期。

④ 杨建芳：《云贵高原古代玉饰的越文化因素》，《考古》2004年第8期。

原料和工艺的分析表明，大园子墓地所出玉石器来源复杂，自主生产的不多（参见本书下编第八篇《师宗大园子墓地出土玉石器工艺及相关问题》）。

大园子墓地出土的以桦树皮焦油为主要原料制作的镯，很值得关注。如上所述，这种镯在泸西石洞村、曲靖横大路和平坡、晋宁石寨山等地也见出土。另外，陆良薛官堡M154曾出土过一些条索状炭化物，后来采样做了碳十四测年，现在看来可能也属此类镯子。从形制看，各地所出特殊材料镯大致相近，且常带镶嵌物。在大园子墓地，相同的材料还被用于制作珠子。可以看出，在当时的滇东高原一带，佩戴用桦树皮焦油等材料制作的装饰品是较为普遍的现象。滇池地区目前仅石寨山有这方面发现的报道，似乎其在滇文化中不是很流行。

关于随葬品，大园子墓地还有以下四个比较突出的特点，有的实际反映了某种丧葬习俗及观念。

其一，随葬品摆放有一定规律。除了镯、玦等人体装饰品多佩戴于被葬者身体相应部位外，随葬品往往多件集中摆放，且有相当一部分放置于头顶及其旁侧，也有摆放于腰腹部或腿部的。出土时有些器物尤其是铜兵器、铜工具多呈并列状态，推测是成捆放入的。常见将剑、戈等铜兵器横置于被葬者头顶位置的，宛若"枕戈待旦"。部分墓葬如M36、M74等，所葬铜戈位于墓坑中部，横置，推测有可能是作为男性生殖器的象征而特意摆放的，反映了生殖崇拜或其他某种特别的观念。不少墓葬中的随葬品出土时距离墓底有一定距离，有的可达二三十厘米。

其二，极少随葬陶器。发掘的402座墓中，除少量细碎陶片外，仅出2件残陶纺轮和4件残甚陶容器，且有的明显是随墓坑填土扰进来的，而非真正的随葬品。

其三，存在"毁器"习俗。不少器物特别是剑、戈、矛等铜兵器出土前已被折弯或折断，断裂的残块有的被置于墓坑内他处，还有个别墓葬如M217仅随葬残断的铜戈内。部分铜削刀和铜扣饰出土时，也见此种情形。经观察和分析，这些折弯或折断现象均是下葬前人为所致。发现此类"毁器"的墓葬40余座，被毁器物达50余件，显然这是当时一种较为流行的习俗。若将其他一些器物如残陶器以及玉石扣脱落不存的铜扣饰等也与"毁器"联系起来，可能被毁器物及"毁器"墓的数量还要增加不少。

其四，有较多火烧或焚燎随葬品的现象。经检测和分析，许多器物包括铜器、玉石器和陶器下葬前都经过火烧，而如前所述，这种火烧与制作工艺和生产技术无关，推测是丧葬活动或某种祭祀活动中的行为。火烧器物的目的，很可能和折弯、折断器物相近，要改变器物原本的属性及功能。

上述特点或习俗有的也见于他处，尤其是邻近区域。如随葬品集中摆放、距离墓底有一定距离等情形，在陆良薛官堡、泸西石洞村和大逸圃等地亦较多见。又如"毁器"习俗，同样发现于陆良薛官堡和泸西大逸圃，但数量远比不上大园子墓地。再如，用火焚燎随葬器物的做法，在陆良薛官堡墓地出土的一些铜器上也被得到证实。

还有少葬陶器的情况，同样见于泸西大逸圃，该墓地发掘墓葬190座，出土陶器编号只有7个。此外应引起关注的是，"毁器"、焚燎随葬器物等习俗还见于四川西南部的盐源盆地[①]。盐源老龙头墓地M6、M9中随葬残铜戈内，与大园子M217如出一辙。

综上，大园子墓地既具有一定的地方特色，又与同时期其他文化或遗存存在各种各样的联系。就后一方面而言，在整个云贵高原，大园子墓地所表现出来的文化面貌与战国秦汉时期滇东黔西地区的青铜文化以及滇池地区的滇文化关系尤为密切。同时，相对来说，该墓地与邻近区域的文化遗存特别是陆良薛官堡、泸西石洞村和大逸圃等又存在更多的共性特征，无论是随葬品还是"毁器"以及焚烧随葬器物等一些特殊的葬俗方面。当然，在累土筑墓的埋葬方式以及动物面具铜扣饰、特殊材料镯等部分随葬品方面，也可看出大园子墓地与曲靖盆地八塔台文化之间的较多联系。所以在总体风格上，大园子墓地不出战国秦汉时期滇东黔西尤其是滇东高原青铜文化的框架，而其诸多地方特色又大大丰富了我们对这一地区战国秦汉时期考古学文化的认识。根据大园子墓地的考古发现，还可初步推断，战国秦汉时期，在今师宗、泸西一带，甚至包括陆良南部，可能存在一支较为独特的考古学文化类型，其以大园子、石洞村、大逸圃等墓地为代表，既具有地方特色，又与八塔台文化、滇文化等有着密切的联系。当然，由于考古工作开展得还不够，特别是大园子墓地目前仅发掘很少一部分，以往又被破坏和盗掘，其整体文化面貌并未被完全揭示，另外以上这几处墓地之间也存在一定差异，差异形成的原因尚需做出合理的解释，因此这一文化类型是否能够真正成立，其主要文化内涵究竟包含哪些内容，还有与其他文化的关系等，仍需进一步探讨，尤其需要更多的考古发现来说明。这里提出这一问题，目的是引起大家关注，希望在今后该地区的考古工作中多加留意，并加强研究。

《汉书·西南夷两粤朝鲜传》载："至（西汉）成帝河平中，夜郎王兴与鉤町王禹、漏卧侯俞更举兵相攻。"《华阳国志·南中志》对此事件亦有记载。近年来，据传在汉长安城未央宫前殿遗址附近还出土一枚"扁卧侯相"封泥[②]。学界一般认为，夜郎在今贵州西部，鉤町的活动中心则在今云南广南和广西西林一带[③]。那么，与夜郎、鉤町为邻并相互攻伐的漏卧，其位置很可能就在云南东部邻近贵州、广西的这一区域内。汉武帝开西南夷后，在云贵高原设置郡县，《汉书·地理志》记牂柯郡有漏卧县。关于汉代漏卧县的地理位置，历史地理学的研究多认为在今云南罗平，另外与之

---

① 崔剑锋、吴小红、周志清、江章华、刘弘、唐亮：《四川凉山州盐源县出土青铜器分析报告》，《南方民族考古》第六辑，科学出版社，2010年。
② 马骥编著：《新出新莽封泥选》，西泠印社、中国印学博物馆，第26页。
③ 蒋廷瑜：《西林铜鼓墓与汉代句町国》，《考古》1982年第2期；杨帆：《中国南方古代民族》，云南人民出版社，2014年，第186页。

关系较密切的漏江县在今泸西附近[①]。如众所知，汉朝在云贵高原推行郡县制，政区划分很大程度上受到了原有族群分布及文化格局的影响[②]。应劭亦曰漏卧县即"故漏卧侯国"。因此基本可以判断，西汉时漏卧古国或漏卧侯控制的地域应包括今罗平至泸西一带，甚至其中心就在这一地区。师宗地处罗平和泸西之间，从地望来看，显然亦属汉代漏卧的势力范围。可见，从时空关系以及文化面貌和特征等做综合分析，大园子墓地极有可能与漏卧这一族群有关。由于墓地规模很大，其所属人群推测是漏卧族群中势力较大的一支。至于该人群是否为漏卧核心人群，或者与漏卧侯有关，限于目前考古发现的局限性，还无法深入讨论。

关于漏卧所属民族系统，过去主要有越人说[③]，近来又有学者提出其为早期南迁的氐羌民族的一支[④]。云贵高原自古就是民族迁徙的走廊，古代族群分布极其复杂，故在探讨某些人群的族系或族源时，往往众说纷纭，莫衷一是。不过，从战国秦汉时期云贵高原考古学文化的整体面貌及格局来看，滇东高原与滇西地区（氐羌系统民族的主要分布区）的差异是很大的。就大园子墓地而言，其展现的青铜文化地域风格非常显著，所出玉石器等遗存还可看出与两广越文化的密切联系，因此很难将之视为氐羌民族的遗存。至于漏卧是否为越系民族，目前也不宜定论。战国秦汉时期，滇东黔西一带的族群构成比较复杂，除氐羌和越外，还有很多濮系民族分布。所以，要弄清历史上这一地区各人群集团的族系以及现今考古遗存的具体族属，实非易事，还需有更多的发现及研究。

第三节　墓葬揭示的社会历史信息及相关问题

大园子墓地规模大，且上、下累叠多层，但墓葬排列基本有序，方向大体一致，属于典型的聚族而葬，充分体现了部落社会中血缘关系的纽带作用。此种埋葬制度及部落公共墓地广泛存在于战国秦汉时期的云贵高原，是当地西南夷诸族群社会形态和社会组织结构的一种反映。西汉中期以前，云贵高原的西南夷虽族群众多，但社会发展水平普遍落后，尚未进入国家阶段。一些势力较大的族群如滇、夜郎等，社会性质

[①] 谭其骧主编：《中国历史地图集》第二册，中国地图出版社，1982年，第31、32页；周振鹤：《汉书地理志汇释》，安徽教育出版社，2006年，第331、333页。
[②] 方国瑜：《中国西南历史地理考释》，中华书局，1987年，第29～34页。
[③] 蒙文通：《巴蜀古史论述》，四川人民出版社，1981年，第21页。
[④] 杨帆：《中国南方古代民族》，云南人民出版社，2014年，第186页。

大体相当于方国[①]、复杂酋邦[②]或"同姓相扶"的部落联盟[③]；其他小的族群，以及方国、酋邦或部落联盟之下的基层社会，实际多处于部落社会发展阶段。在部落社会中，血缘纽带将部落成员紧密连接在一起，他们生前聚族而居，死后聚族而葬。大园子墓地就是一处实行聚族而葬的公共墓地，从规模看，其所属人群在当时应是一个较大的部落社会，他们至迟从战国晚期开始就在师宗盆地一带生活、繁衍，直至汉代。西汉中期汉王朝统一云贵高原以后，在推行郡县制的同时，对归附的西南夷多采取"羁縻"政策，有的还册封其首领为王侯，继续主管其本族群或本部落事务，故在很长一段时期内，他们的社会组织结构、观念信仰等都未发生太大变化，聚族而葬的制度也得以延续。如上所述，大园子墓地所在的师宗地理环境相对偏僻，在当时可能很少受到汉朝统治及中原文化的影响，因此墓地不仅延续使用至西汉晚期甚至更迟，而且文化面貌的变迁也不像其他地方那样明显。

大园子墓地已发掘的这批墓葬中，各期、段均未见规模较大、等级突出者，推测被葬者大多为普通部落成员。对墓坑大小、随葬品的多寡等进行观察，可以发现这些墓葬既存在一定差别，但整体悬殊又不是很大，表明当时部落成员之间尚未出现明显的经济和社会地位的分化。当然，墓地仅发掘很小一部分，其中是否还有部落首领或"侯""邑君"等上层人物的高等级墓葬，目前暂不清楚。

大园子发掘的墓葬，不仅墓坑方向基本一致，而且有成排分布和相对集聚的特点。这一特点在各期、段都很显著。我们推测，这些成排分布和相对集聚的墓葬，关系应很密切，不排除属于同一个氏族或同一个家庭的可能。以Ⅰ号发掘点的第2层墓葬M28、M29、M31、M32、M36等为例，它们有序排成一行，并与其他墓葬相对隔开，其中M28和M31还都为儿童墓，这很难不让人推想其被葬者就是一个家庭的成员。遗憾的是，由于人骨保存差，无法通过科技检测的手段来分析并验证这些被葬者之间的关系。无论如何，这样的墓葬排列暗示，当时的部落成员既遵循聚族而葬的制度和习俗，同时又可能存在以不同氏族或家庭为单位分区域埋葬的情况。要指出的是，在陆良薛官堡、曲靖八塔台、泸西石洞村和大逸圃等墓地，亦可见到相似的墓葬排列情况。这其实反映出，当时西南夷的很多族群虽然还处于部落社会阶段，但这种部落社会早已超越一般的氏族社会，内部结构和组成更加复杂。

根据墓坑大小以及随葬品的形制和尺寸，可辨别出一些儿童墓。但在男女性别

[①] 谢崇安：《从环滇池墓区看上古滇族的聚落形态及其社会性质——以昆明羊甫头滇文化墓地为中心》，《四川文物》2009年第4期。

[②] 童恩正：《中国西南地区古代的酋邦制度——云南滇文化中所见的实例》，《中华文化论坛》1994年第1期。

[③] 杨勇：《战国秦汉时期云贵高原的考古学文化研究》，科学出版社，2011年，第145~147页。

上，从随葬品的组合及形制来看，除了随葬兵器的基本可断为男性墓外，很难找出其他较明显的规律。这一是因为专供女性使用的工具出土极少；二是因为镯、玦、扣饰、珠子等装饰品的使用很普遍，看不出明显的性别差异。

大园子墓地出土大量铜器，其中很多都具有地方特色，表明本地族群自己可以制造和生产铜器。从部分样品的检测和分析看，大园子墓地出土铜器以锡青铜为主，另有砷锡青铜、铅铜合金、铅锡青铜等。锡青铜中，锡含量普遍在10%左右，且不同用途的铜器含锡量有所区别。铜兵器和铜工具中，发现个别为红铜质地的，可能非实用器。具体制作工艺主要有铸造、铸后热锻、铸后冷加工等，总体显现出较明显的"西南夷"铜器制作工艺传统（参见本书下编第四篇《师宗大园子墓地出土铜器的科技分析及初步认识》、第五篇《师宗大园子墓地出土铜器的技术特征及相关问题》、第六篇《师宗大园子墓地出土铜器的科学分析》）。大园子墓地出土的铜器中，有不少是镶嵌玉石的，主要是一些扣饰、镯，还有个别泡饰。玉石镶嵌物大部分都为孔雀石片，少数为玛瑙扣。镶嵌玉石的铜器，铸造时即根据需要设计并预留凹槽和界格。另外，镶嵌物与铜器之间有专门的黏结物，经检测主要成分为某种干性油或树脂（参见本书下编第九篇《师宗大园子墓地出土镶玉铜器上黏结剂样品的分析》）。各方面看，当时的制铜工匠已掌握较为复杂的青铜铸造、锻造及各种加工工艺，并且技术较为稳定。铅同位素分析表明，大园子墓地出土铜器至少有两个以上的矿料来源，分别来自于滇东北和滇东南。

对大园子墓地出土部分玉石器样品的工艺考察表明，这批玉石器的加工工序一般都包括开料、毛坯制作、钻孔、打磨和抛光等。开料以锯片切割技术为主；毛坯制作多以砺石类工具进行打磨。对于硬度高、脆性大的石英类材料，则采用相对原始的琢制技术进行开料和毛坯的初步加工，大致成形之后再以砺石类工具打磨完成毛坯制作。镯、玦类的中孔以管钻为主；各种珠子的中孔则基本采用实心钻技术。打磨包括粗磨、细磨和抛光等，有明显的分级现象（参见本书下编第八篇《师宗大园子墓地出土玉石器工艺及相关问题》）。值得关注的是，很多用于镶嵌青铜器的孔雀石片不仅量大，而且小而薄，很多还带穿孔，制作难度大，充分体现了当时制玉工匠高超的技术水平。出土的玦、镯等玉石器中，发现不少锔补和改制现象。锔补做法一般是将断裂茬口重新打磨，再于两侧钻锔孔，钻孔后使用一种软质特殊材料（推测是铜器上镶嵌玉石时使用的黏结物）覆于玉石器两面，盖住拼接处并穿过两侧锔孔。特殊材料晾干后发生固化，即可将断裂的玉石器固定在一起。这种做法不需要使用线绳系扣锔孔，也不需要在接口上涂抹黏结物。改制主要是将断裂残破的玉石器重新进行切割、打磨，改制为其他器类，如残玦改为璜形饰等。

大园子墓地出土不少植物遗存，主要为木材，另有一些麻类纤维和禾本科植物遗存。从木材样品检测和分析看，共涉及22个树种，大多属较耐腐和硬度中等偏上的木材。在使用上，当时的人们显然已了解这些木材的特性，并按照具体需求来选用。木材种类繁多，还说明墓地周围植物资源尤其是森林资源很丰富，应分布有较多的以松为主的针叶林和常绿落叶混交林（参见本书下编第二篇《师宗大园子墓地出土植物遗存分析与研究》）。麻类纤维有苎麻、大麻及其他种麻类，主要用于缠绕铜兵器手持部位以及木柲或木柄插入铜兵器骹、銎内的部分，也有作为服饰类编织原料的，但所织麻布多显粗糙（参见本书下编第二篇《师宗大园子墓地出土植物遗存分析与研究》和第十一篇《师宗大园子墓地出土纺织品纤维的分析与研究》）。

大园子墓地出土的以桦树皮焦油为主要原料制作的镯和串珠，不失为重要发现之一。以往附近其他墓地虽也出土过类似材质的镯，但未能辨认出来，多误以为是木器。将桦树皮焦油用于制作装饰品，在我国考古发现中尚属首例，在国际上也未见报道（参见本书下编第三篇《师宗大园子墓地出土桦树皮焦油制品分析》）。前面提到，此种材料制作的珠子在出土时还散发浓浓香味，推测其中还掺入了其他物质。其他物质性质不明，有可能提取自某种带有香味的植物，而此香味既可提神，或许还有驱虫等功效。毋庸置疑，对桦树皮焦油等资源的开采和利用，以及以这种特殊材料制作装饰品工艺，反映了战国秦汉时期滇东高原一带西南夷族群特有的智慧。

大园子墓地出土的铜器中，兵器及相关武备、附件数量较多，反映了战争在部落生活中可能占有很重要的地位。按上述《汉书·西南夷两粤朝鲜传》的记载，西汉时漏卧可与夜郎举兵相攻，足以说明其军事实力和好战之性格。推测当时的部落成员尤其是男性成员平时从事生产，战时则化身武士参加战斗。

大园子墓地出土的人体装饰品种类很多，包括部分铜器和绝大多数的玉石器，还有一些特殊材料制品。它们制作精美，特色鲜明，佩戴也很讲究、庄重，既是当地族群或部落文化的重要组成部分，也体现了人们对美和艺术的追求。而且，在各种装饰品的佩戴上，并没有明显的性别区分，比如玦、镯、簪等，常与兵器共出于一墓，显然男性也大量佩戴和使用。另外，从发掘情况看，部分装饰品如很多铜扣饰下葬时并没有佩戴在被葬者身体特定部位，而是与其他随葬品堆放在一起，或说明其在日常生活中可能不常佩戴，而主要是用于一些重要或特殊场合，包括葬礼。

"毁器"、焚烧随葬器物的习俗在大园子墓地非常盛行，是当地族群丧葬观念和某种宗教信仰的体现。类似习俗尤其是"毁器"葬在古今中外都有发现。考古发现显示，中国境内的"毁器"葬俗可追溯至新石器时代，商周时期尤为盛行。东周至汉代，南方楚系墓葬及三峡地区的巴人墓葬中，此种习俗仍然多见[1]。对于此种特殊葬俗

---

[1] 黄凤春：《毁器与折兵——楚国丧葬礼俗的考古学观察与释疑》，《湖南省博物馆馆刊》第八辑，岳麓书社，2011年；朱世学：《巴楚墓葬中"毁兵"现象的考察及相关认识》，《长江师范学院学报》2015年第2期。

的解释，说法也有很多，或许在不同民族和文化中，其含义本身就不尽相同。西南夷墓葬中的"毁器"及焚烧随葬器物的习俗过去即有发现，但可能因数量较少，未引起人们关注。大园子墓地的发掘提醒我们，"毁器"这类葬俗可能同样流行于战国秦汉时期西南夷中的很多族群，今后在考古工作中应多加注意。关于大园子墓地这些"毁器"和焚烧随葬器物的具体含义，及其与内地同类葬俗的关系，现在还不是很清楚。需要注意的是，对大园子部分铜器样品的检测和分析显示，火烧的多于折弯或折断的，另外折弯或折断前一般也都先经过火烧（参见本书下编第五篇《师宗大园子墓地出土铜器的技术特征及相关问题》），所以这两种习俗实际上可能是联系在一起的，本质都是要"毁器"。有些铜器虽经火烧，但未被折弯或折断，可能跟器形有关，如戚这类较厚重器物。如果是这样的话，大园子墓地的"毁器"行为与火及相关的祭祀活动就密不可分了。在祭祀活动中，火烧器物并进一步折毁，可能主要还是受生死有别观念的支配，认为火烧以及折弯或折断可使器物由"人器"变为"鬼器"，这样才可用于随葬。这一点与内地的很多"毁器"葬俗，内涵可能是相通的。无论怎样，"毁器"和焚烧器物等行为是人们关于生死、灵魂的意识和观念在丧葬活动中的反映，对认识族群文化特别是其精神信仰、宗教思想等尤为重要。

（本章执笔者：杨勇）

附表　大园子墓地发掘墓葬登记表

发掘点	层位	墓号	所在探方	打破关系	墓葬形制	长×宽—深（米）	墓坑纵轴方向（度）	葬具	葬式	头向	随葬铜器	随葬玉石器	其他随葬品	特殊葬俗	分期	备注
I	1	M1	T6450东部		长方形（残）	残1.2×0.6—0.17	142	未发现	不明	东南	镯1组（Ec60余件）				二期晚段	
I	1	M2	T6350南部		长方形	2.02×0.7—0.17	54	未发现	不明		戈Bc1、削刀Da1、扣饰F1			毁器（扣饰折弯）	二期晚段	
I	1	M3	T6351东南部		长方形（残）	残0.55×0.7—0.14	47	未发现	不明		扣饰Eb1	玛瑙扣B1			二期晚段	
I	1	M4	T6250西部		长方形（残）	残0.94×0.65—0.22	95	未发现	不明		矛AbⅠ1、削刀Db1、镞1、扣饰DaⅡ1				二期晚段	
I	1	M5	T6351中部		长方形	1.98×0.57—0.16	125	板灰	手臂内曲，双手交于腹部	东南	镯2组（1组20余件，AⅠ1、余Eb；1组30余件、Ea、Ec）	玉瑗1			二期晚段	
I	1	M6	T6250东部		长方形	1.88×0.66—0.3	130	未发现	手臂内曲	东南	镯1组（20余件，AⅠ8、余Ea、Ec）				二期晚段	

续表

发掘地点	层位	墓号	所在探方	打破关系	墓葬形制	长×宽×深（米）	墓坑纵轴方向（度）	葬具	葬式	头向	随葬铜器	随葬玉石器	其他随葬品	特殊葬俗	分期	备注
I	1	M7	T6351东北部		长方形（残）	残1.91×0.72—0.2	112	板灰	不明	东南	矛Aa1、戚BⅡ1、削刀Da1、扣饰G1、箍A1				二期晚段	
I	1	M8	T6250东南部		长方形	1.83×0.7—0.14	132	未发现	不明		矛Aa1				二期晚段	
I	1	M9	T6351南部，小部分跨T6251		长方形	1.63×0.53—0.13	132	未发现	不明		戚AⅡ1、镯1组（AⅠ2）				二期晚段	
I	1	M10	T6351东部		长方形（残）	残1.4×0.53—0.1	138	未发现	不明		矛Aa1				二期晚段	填土内出土铜镯Ec1
I	1	M11	T6250东部		长方形	1.46×0.54—0.13	118	未发现	不明					毁器（矛锋折断）	二期晚段	
I	1	M12	T6350北部		长方形	1.69×0.7—0.4	156	板灰	手臂略内曲	东南	剑Ca1、BⅡ1、削刀DaⅡ1、扣饰B1、片饰B1、夹形器1、镯2组（1组Ec30余件、1组Ec50余件）	玉镯B1、玛瑙纺轮形珠1			二期晚段	

附表 大园子墓地发掘墓葬登记表

续表

发掘点	层位	墓号	所在探方	打破关系	墓葬形制	长×宽—深（米）	墓坑纵轴方向（度）	葬具	葬式	头向	随葬铜器	随葬玉石器	其他随葬品	特殊葬俗	分期	备注
I	1	M13	T6251西南部		长方形	1.6×0.66—0.16	101	未发现	不明		削刀Da1、扣饰DaⅡ1				二期晚段	
I	1	M14	T6251东南部		长方形（残）	残1.6×0.65—0.1	148	未发现	不明						二期晚段	
I	1	M15	T6251西北部，小部分跨T6250		长方形（残）	残0.72×0.66—0.2	132	板灰	不明	东南	镯2组（1组10余件，AⅠ1、余Ea；1组30余件，均Ea）	玉玦1、玉珏1组（3）、玛瑙圆珠1组（4）			二期晚段	
I	1	M16	T6251西北部，跨T6351		长方形	1.77×0.6—0.25	148	未发现	不明	东南	矛BⅢ1			毁器（矛锋折弯）	二期晚段	
I	1	M17	T6250东部，跨T6251		长方形	1.75×0.55—0.17	117	未发现	手臂略内曲	东南	剑Ca1、扣饰DaⅡ1、镯2组（1组AⅡ2、1组AⅠ4）	玉镯B1		毁器（剑身折弯）	二期晚段	
I	1	M169	T6151东北部		长方形（残）	残1.1×0.5—0.14	155	未发现	不明		矛Aa1、削刀B1				二期晚段	
I	1	M170	T6151中部偏西北		长方形（残）	残1.52×0.63—0.23	132	未发现	不明		矛Aa1、扣饰Ea1				二期晚段	
I	2	M18	T6351东南部		长方形	1.7×0.56—0.35	137	板灰	不明		矛Aa1、削刀Da1				二期晚段	

续表

发掘点	层位	墓号	所在探方	打破关系	墓葬形制	长×宽一深（米）	墓坑纵轴方向（度）	葬具	葬式	头向	随葬铜器	随葬玉石器	其他随葬品	特殊葬俗	分期	备注
I	2	M19	T6351东部		梯形	2.4×0.64~0.9-0.54	117	板灰	不明		削刀Da1				二期晚段	
I	2	M20	T6251东部，跨T6252		长方形	1.66×0.5-0.23	137	未发现	不明		镯1组（AⅠ2）				二期晚段	
I	2	M21	T6251东部，跨T6252		长方形	2.15×0.7-0.6	132	未发现	不明						二期晚段	
I	2	M22	T6351东南部		长方形	2.1×0.66-0.46	119	板灰	不明	东南	剑Cb1、扣饰Ca1、镯1组（AⅠ1、AⅡ1）				二期晚段	
I	2	M23	T6350中部偏东		长方形	1.96×0.5-0.18	130	板灰	不明		削刀B1、扣饰DaⅡ1				二期晚段	
I	2	M24	T6350中部偏东	M23→	长方形	2.06×0.5-0.25	120	未发现	不明	东南	剑Ca1、矛BⅡ1	玉玦2			二期晚段	
I	2	M25	T6251东南部		长条形（残）	残1.2×0.58-0.17	142	未发现	不明	东南	镯1组（AⅠ4）				二期晚段	
I	2	M26	T6251东南部，跨T6252		长方形（残）	残2.1×0.85-1.4	144	未发现	不明	东南					二期晚段	
I	2	M27	T6352南部		长条形（残）	残2×0.54-0.4	130	未发现	侧身葬	东南	镯2组（1组40余件、AⅠ2、Ea、Ec；1组50余件、AⅠ1、Ea）				二期晚段	

续表

发掘点	层位	墓号	所在探方	打破关系	墓葬形制	长×宽-深（米）	墓坑纵轴方向（度）	葬具	葬式	头向	随葬铜器	随葬玉石器	其他随葬品	特殊葬俗	分期	备注
I	2	M28	T6351南部，跨T6251		长方形	1.56×0.75—0.4	136	未发现	不明	东南	镯1组（AI4）				二期晚段	儿童墓
I	2	M29	跨T6251、T6351		长方形	2×0.67—0.37	142	板灰	不明		剑Cb1、矛BII1、镯AI1			毁器（剑身折弯，矛锋折断）	二期晚段	
I	2	M30	T6352南部		长方形	1.35×0.5—0.27	118	未发现	手臂内曲	东南	镯AI1、镯2组（1组20余件；1组40余件，均Ec）	玛瑙圆珠1			二期晚段	
I	2	M31	T6351西南部，跨T6251		长方形	1.26×0.5—0.36	133	板灰	不明	东南	镯1组（AI4）				二期晚段	儿童墓
I	2	M32	T6250、跨T6350、T6251		长方形	2×0.6—0.4	143	未发现	不明						二期晚段	
I	2	M33	T6352西南部		长方形	1.93×0.52—0.38	120	板灰	不明	东南	剑Cc1、矛Aa1、泡饰Ca1、镯1组（10余件，均Ec）			毁器（剑身折弯）	二期晚段	
I	2	M34	T6352西南部，跨T6252		长方形	1.88×0.55—0.36	127	未发现	不明						二期晚段	

续表

发掘点	层位	墓号	所在探方	打破关系	墓葬形制	长×宽—深（米）	墓坑纵轴方向（度）	葬具	葬式	头向	随葬铜器	随葬玉石器	其他随葬品	特殊葬俗	分期	备注
I	2	M35	T6251西南部		宽长方形	1.74×0.78—0.42	120	未发现	不明		削刀A1			毁器（削刀折弯）	二期晚段	
I	2	M36	T6250东北部		长方形	1.88×0.66—0.38	128	未发现	不明	东南	剑Cc1、戈BbⅢ1、扣饰Db1、镯AⅡ1、镯1组（AⅠ8）	玉镯B1、玛瑙扣A2		毁器（剑身弯折、戈援折断）	二期晚段	
I	2	M37	T6352中部		长方形	1.97×0.55—0.41	120	未发现	不明						二期晚段	填土内出土铜镯Ea1
I	2	M38	T6352北部		长条形（发掘部分）	残2.1×0.5—0.37	121	板灰	不明		剑Cc1	玛瑙管珠1、玛瑙扣IB1		毁器（剑茎折断）	二期晚段	
I	2	M39	T6250中部偏东南		长方形	1.8×0.6—0.2	121	未发现	不明		剑Cb1、矛Aa1、镯AⅡ1			毁器（剑身折弯、矛锋折弯）	二期晚段	
I	2	M40	T6350东南部		宽长方形	1.38×0.64—0.3	155	板灰	不明		剑BⅡ1、扣饰Ab1、夹形器1、镯1组（AⅠ4）	玉管珠1组（A2）、玛瑙圆珠1、玛瑙环珠1组（3）		毁器（剑身折弯）	二期晚段	儿童墓

附表　大园子墓地发掘墓葬登记表

续表

发掘点	层位	墓号	所在探方	打破关系	墓葬形制	长×宽—深（米）	墓坑纵轴方向（度）	葬具	葬式	头向	随葬铜器	随葬玉石器	其他随葬品	特殊葬俗	分期	备注
I	2	M41	T6352东北部	M37、M38→	长方形（残）	1.84×残0.44—0.28	120	板灰	不明		剑Cb1、戈BbⅡ1、扣饰DaⅡ1				二期晚段	
I	2	M42	T6352东南部	M33→	长方形	1.97×0.67—0.24	130	未发现	不明		削刀B1、镯1组（30余件，均Ec）				二期晚段	
I	2	M44	T6352中部	M42→	长方形	2.16×0.56—0.3	128	板灰	不明	东南	镯1组（10余件，Ea、Ec）				二期晚段	
I	2	M47	T6350北部		长方形（发掘部分）	0.94×0.55—0.24	146	未发现	不明		戚BⅡ1				二期晚段	
I	2	M49	T6352东南部	M44→	长方形	1.97×0.55—0.3	108	未发现	不明	东南	镯1组（30余件，均Ec）				二期晚段	
I	2	M50	T6350南部		长方形	2×0.6—0.36	160	板灰	不明		削刀1				二期晚段	
I	2	M51	T6350南部，跨T6250	M50→	长方形	1.64×0.45—0.24	135	板灰	手臂内曲	东南	镯2组（1组30余件，AⅠ13、余Ea；1组60余件，AⅠ7、余Ea）				二期晚段	

续表

发掘点	层位	墓号	所在探方	打破关系	墓葬形制	长×宽—深（米）	墓坑纵轴方向（度）	葬具	葬式	头向	随葬铜器	随葬玉石器	其他随葬品	特殊葬俗	分期	备注
Ⅰ	2	M52	T6352东南部		长方形	2.07×0.5—0.32	135	板灰	不明	东南	剑Ca1、扣饰Ea1、镯1组（30余件，AⅠ3、余Ea、Ec）				二期晚段	
Ⅰ	2	M171	T6151东部，跨T6152		长条形	2.47×0.54—0.44	116	未发现	不明						二期晚段	
Ⅰ	2	M172	T6151东北部，跨T6152		长方形（残）	残1.16×0.72—0.67	147	未发现	不明						二期晚段	
Ⅰ	2	M173	T6151西北部		长方形（残）	残1.54×0.51—0.3	143	未发现	不明						二期晚段	
Ⅰ	2	M174	T6152中部偏东南		长条形	2.4×0.6—0.32	122	板灰	不明	东南	扣饰DaⅡ1、镯1组（AⅠ4）	玉镯1			二期晚段	
Ⅰ	2	M175	T6152中部略偏南		长方形	2.17×0.6—0.34	120	板灰	不明	东南	镯2组（1组40余件，AⅠ7、1组10余件，AⅠ1、余Ea）				二期晚段	
Ⅰ	2	M176	T6151北部		长条形（残）	残2.12×0.6—0.36	141	板灰	手臂内曲	东南	镯2组（1组50余件，AⅠ1、余Ea；1组50余件，AⅡ1、余Ea、Ec）				二期晚段	

续表

发掘点	层位	墓号	所在探方	打破关系	墓葬形制	长×宽-深（米）	墓坑纵轴方向（度）	葬具	葬式	头向	随葬铜器	随葬玉石器	其他随葬品	特殊葬俗	分期	备注
I	2	M177	T6151东部，跨T6152		长方形	2.11×0.54-0.48	118	未发现	不明						二期晚段	
I	2	M178	T6151东南部，跨T6051		长方形	1.79×0.71-0.78	143	板灰	不明						二期晚段	
I	2	M179	T6152西北部，跨T6252		长方形	2.3×0.67-0.26	133	板灰	不明	东南	剑Cb1、戈BbⅢ1、矛Aa1、扣饰DaⅠ1、片饰1组（A3）、镯1组（AⅠ9）	玉镯B1		毁器（剑身，戈援矛折弯，身折断）	二期晚段	
I	3	M43	T6252中部偏西		长条形	2.27×0.54-0.23	159	未发现	不明		剑Cb1、扣饰Ea1	玉管珠1组（B2、Cb1）		毁器（剑身折弯）	二期早段	
I	3	M45	T6251中部偏西		长方形	1.24×0.56-0.2	137	板灰	不明		铃1、镯AⅡ1				二期早段	
I	3	M46	T6252西南部，跨T6251		长方形	1.6×0.5-0.2	136	未发现	手臂略内曲	东南	镯2组（1组30余件，均Ea；1组50余件，AⅠ1、余Ea）				二期早段	
I	3	M48	T6250东南部，跨T6251		长方形（残）	残1.54×0.54-0.24	137	未发现	不明		镯2组（1组10余件，1组10余件，均Ea）				二期早段	儿童墓

续表

发掘点	层位	墓号	所在探方	打破关系	墓葬形制	长×宽－深（米）	墓坑纵轴方向（度）	葬具	葬式	头向	随葬铜器	随葬玉石器	其他随葬品	特殊葬俗	分期	备注
I	3	M53	T6252西部，西北角跨T6251		长方形	2.05×0.6－0.2	151	未发现	不明			玉管珠A1，孔雀石环珠1组（10余件）			二期早段	
I	3	M54	T6251北部		长方形	1.83×0.5－0.25	105	未发现	不明		扣饰Ab1				二期早段	
I	3	M55	T6350中部偏东		长方形	1.84×0.5－0.23	133	板灰	手臂内曲	东南	镯2组（1组40余件，1组10余件，均Ed）	玉玦2组（1组2~3件，1组2件）			二期早段	
I	3	M56	T6350中部偏东北	M55→	长方形	1.72×0.58－0.3	107	板灰	不明		矛AbⅠ1				二期早段	
I	3	M57	T6251东南部，跨T6252		长方形	2×0.5－0.24	137	板灰	不明		戈BbⅡ1，削刀C1，扣饰DaⅠ1，片状残铜器1				二期早段	
I	3	M59	T6251西北部，跨T6250		长方形	2.04×0.5－0.23	114	板灰	不明		戚BⅠ1				二期早段	
I	3	M60	T6351东部		梯形	2.1×0.9~1.2－1.16	147	未发现	不明						二期早段	填土内出土铜镯AⅠ1
I	3	M61	T6251东北部		长方形	1.9×0.6－0.65	119	板灰	不明						二期早段	

续表

发掘点	层位	墓号	所在探方	打破关系	墓葬形制	长×宽—深（米）	墓坑纵轴方向（度）	葬具	葬式	头向	随葬铜器	随葬玉石器	其他随葬品	特殊葬俗	分期	备注
I	3	M62	T6252中部		长方形	1.1×0.4—0.2	140	未发现	不明						二期早段	儿童墓
I	3	M63	T6252西部，跨T6251		长方形	1.9×0.5—0.2	154	板灰	不明	东南	镯2组（每组50余件，均Ed）	玛瑙环珠1组（3）	特殊材料珠1组（40）		二期早段	
I	3	M64	T6350北部	M56→	长条形	2.3×0.58—0.43	135	板灰	不明						二期早段	填土内出土铜扣饰1，铜镯Ea1
I	3	M65	T6352西部		长条形	2.16×0.54—0.25	118	板灰	不明						二期早段	
I	3	M66	T6350南部，跨T6250		长方形	1.72×0.52—0.23	133	板灰	手臂内曲	东南	镯2组（1组10余件，均Ea；1组4～5件，均Ea）				二期早段	
I	3	M69	T6350南部，跨T6250		长条形	2.52×0.57—0.23	134	板灰	不明						二期早段	
I	3	M70	T6250西北部		长方形（残）	残1.7×0.55—0.2	122	板灰	不明						二期早段	
I	3	M71	T6350东部，跨T6351		长方形	1.68×0.52—0.36	147	板灰	不明		片状残铜器1		陶纺轮1		二期早段	

续表

发掘点	层位	墓号	所在探方	打破关系	墓葬形制	长×宽—深（米）	墓坑纵轴方向（度）	葬具	葬式	头向	随葬铜器	随葬玉石器	其他随葬品	特殊葬俗	分期	备注
I	3	M72	T6352中部		长条形	2.42×0.6—0.3	119	板灰	不明		矛AbⅠ1、戚BⅠ1				二期早段	
I	3	M73	跨T6351、T6352、T6252	M60→	长条形	2.82×0.7—1.2	143	板灰	不明	东南	剑Cb1、戈BbⅡ1、矛1、扣饰Ab1	玉管珠A1、玉玦2组（每组2~3件）、玛瑙扣1组（A13）、石英岩玉坠1		毁器（戈援折弯）	二期早段	
I	3	M74	T6352西南部，跨T6351		长方形	2.46×0.72—0.73	142	板灰	不明		戈BbⅢ1、矛AbⅡ1、镯CⅡ1				二期早段	
I	3	M81	T6250西部		长方形（残）	残1.2×0.5—0.2	90	未发现	不明						二期早段	
I	3	M85	T6352东北部		长方形	残2.6×0.64—0.42	122	未发现	不明						二期早段	
I	3	M95	T6352中部		长方形（残）	残1.64×0.58—0.12	121	有板灰	不明						二期早段	
I	3	M143	T6351西北角		长方形（残）	残0.8×0.63—0.22	149	板灰	不明		剑Ca1				二期早段	
I	3	M144	T6350北部		长方形（残）	残1.68×0.65—0.57	143	板灰	不明						二期早段	

附表　大园子墓地发掘墓葬登记表

续表

发掘点	层位	墓号	所在探方	打破关系	墓葬形制	长×宽—深（米）	墓坑纵轴方向（度）	葬具	葬式	头向	随葬铜器	随葬玉石器	其他随葬品	特殊葬俗	分期	备注
I	3	M180	跨T6051、T6052、T6151、T6152		长方形	2.25×0.62—0.4	144	板灰	不明	东南	剑Ab1、Cb1，戈BbⅠ1，矛BⅠ1，铍1，臂甲1，镦1，铃1，扣饰Ab1，泡饰D2，牌形饰1，镯1组（AⅠ9、D1、Ea5）	玉管珠1组（A7），玉扣1，玛瑙扣B1			二期早段	
I	3	M181	T6151南部		宽长方形	0.98×0.42—0.17	152	板灰	不明		镯2组（每组3件，均Ed）	玉管珠1组（3），玛瑙环珠1组（6）			二期早段	儿童墓
I	3	M182	T6151东部		长方形	2.18×0.6—3.8	142	板灰	不明						二期早段	
I	3	M183	T6051东北部		长方形	2.03×0.55—0.3	149	板灰	不明	东南	剑Cb1，戈BbⅢ1，扣饰Ab1，镯1组（AⅠ3）	玉玦1			二期早段	
I	3	M184	T6151东部，跨T6152	M182→	梯形，带二层台	2.73×0.6~0.84—0.8	140	板灰	不明	东南	剑Cb1，矛AbⅠ1，戚AⅡ1	玉玦1		毁器（剑身、矛锋折弯）	二期早段	

续表

发掘地点	层位	墓号	所在探方	打破关系	墓葬形制	长×宽—深（米）	墓坑纵轴方向（度）	葬具	葬式	头向	随葬铜器	随葬玉石器	其他随葬品	特殊葬俗	分期	备注
I	3	M185	跨T6052、T6151、T6152		长方形	2.46×0.9—0.44	146	板灰	不明	东南	剑Cb1、戈BbⅢ1、扣饰DaⅠ1、泡饰E1、镯1组（AⅡ4）	玉管珠1组（A10、Ca1）、玉片珠1组（54）、玛瑙圆珠1、玛瑙珠1组、玉剑首1、玉玦1、玉玦1组（2）			二期早段	
I	3	M186	跨T6052、T6053、T6152		长条形	残2.17×0.62—0.24	127	板灰	不明		剑Ca1			毁器（剑身折弯）	二期早段	
I	3	M187	T6152东南部、跨T6153、T6052、T6053		长方形	2×0.56—0.78	143	板灰	不明						二期早段	
I	3	M188	T6152西北部		长方形（残）	残1.8×0.68—0.25	149	板灰	不明		扣饰Ab1	玉剑首1			二期早段	

附表　大囡子墓地发掘墓葬登记表

续表

发掘点	层位	墓号	所在探方	打破关系	墓葬形制	长×宽—深（米）	墓坑纵轴方向（度）	葬具	葬式	头向	随葬铜器	随葬玉石器	其他随葬品	特殊葬俗	分期	备注
I	3	M209	T6053北部		长方形（残）	残1.52×0.48—0.3	132	板灰	不明		剑Cc1、戈Bc1、矛Aa1、扣饰F1			毁器（剑身、戈援折断）	二期早段	
I	4	M58	T6252东北部，跨T6352		宽长方形，西部带二层台，东部有4层台阶	墓坑2.8×1.82—1.4，墓室2.63×0.75—0.68	142	未发现	不明	东南	剑Cb1、戈BbⅡ1、矛BⅢ1、泡饰Ca1、镯1组（CⅠ1、Eb2）	玉管珠A1、玉管珠1组（Cb2）、孔雀石环珠1组（10余件）、玉扁珠1、玉镯B1	特殊材料镯1组（2件，均B）	毁器（剑身、戈援折弯）	一期	镯1组（铜镯AⅡ1，特殊材料镯B2）见于二层台
I	4	M67	T6251东南部		长条形	残1.56×0.4—0.25	118	板灰	不明		剑Cb1、戈BbⅢ1			毁器（剑身折弯）	一期	
I	4	M68	T6250东南部		长条形	1.98×0.43—0.2	115	板灰	不明		镯1组（10余件，均Ea）				一期	
I	4	M75	T6252西北部	M73→	长方形（残）	残1.65×0.65—1.15	144	未发现	不明						一期	
I	4	M76	T6252中部		长条形	1.88×0.5—0.35	151	板灰	不明						一期	填土内出土陶罐1
I	4	M77	T6252西北部		长方形	1.62×0.46—0.2	136	板灰	不明		泡饰1				一期	

续表

发掘点	层位	墓号	所在探方	打破关系	墓葬形制	长×宽×深（米）	墓坑纵轴方向（度）	葬具	葬式	头向	随葬铜器	随葬玉石器	其他随葬品	特殊葬俗	分期	备注
I	4	M78	T6252西部	M77→	长方形	1.9×0.65—0.65	155	未发现	不明						一期	
I	4	M79	T6252东南部		长方形	1.9×0.6—0.4	146	板灰	不明		剑Cb1、戈BbⅡ1				一期	
I	4	M80	T6252东南部	M79→	长方形（残）	残1.3×0.5—0.3	160	未发现	不明						一期	
I	4	M82	T6250西北部，跨T6350		长方形	2.23×0.6—0.6	114	板灰	不明		剑Cb1、削刀1、扣饰Ab1				一期	
I	4	M83	T6251东南部，跨T6252		梯形，带二层台	墓圹2.74×1.11—1.26 墓室2.42×0.58—0.37	139	未发现	不明		残铜器1				一期	
I	4	M84	T6252西南部	M83→	长方形	1.5×0.45—0.4	157	未发现	不明						一期	
I	4	M86	跨T6250、T6350、T6251		长条形	1.9×0.48—0.22	154	板灰	手臂内曲	东南	镯2组（1组30余件，AⅠ1、余Ed；1组4件，AⅠ1、Eb3）	玛瑙管珠1组（2）、玛瑙圆珠1组（14）、石管珠1	特殊材料镯1组（2~3件，均B）		一期	
I	4	M87	T6252西北部		长方形	1.58×0.45—0.2	122	未发现	不明						一期	
I	4	M88	T6250西部	M81→	长方形（残）	残1.46×0.46—0.43	121	板灰	不明						一期	
I	4	M89	T6252中部	M76、M77→	长方形（残）	残0.9×0.5—0.1	113	未发现	不明						一期	

附表　大园子墓地发掘墓葬登记表

续表

发掘点	层位	墓号	所在探方	打破关系	墓葬形制	长×宽一深（米）	墓坑纵轴方向（度）	葬具	葬式	头向	随葬铜器	随葬玉石器	其他随葬品	特殊葬俗	分期	备注
I	4	M90	T6251东南部		长方形	1.9×0.55—0.5	156	未发现	不明		扣饰Aa1				一期	填土内出土陶纺轮1
I	4	M91	T6251东南部	M90→	长方形（残）	残1.56×0.5—0.52	128	未发现	不明		镯1组（Ea3）				一期	
I	4	M92	T6250东北部		长条形	2.06×0.5—0.2	145	板灰	不明		残铜器1				一期	
I	4	M93	跨T6251、T6351		长方形	1.95×0.56—0.2	158	板灰	不明			玉玦1			一期	
I	4	M94	T6350北部		长条形	3.36×0.76—0.64	151	板灰	不明		剑AaⅠ1、矛AbⅠ1				一期	
I	4	M96	T6250西北部，跨T6350	M82、M87→	长方形	1.9×0.5—0.65	153	未发现	不明						一期	
I	4	M97	T6251东北部，跨T6351	M61→	长方形	2.3×0.65—1.1	137	未发现	不明						一期	
I	4	M98	T6350东北部		长条形	2.06×0.55—0.26	134	未发现	不明		扣饰Ab1				一期	
I	4	M99	T6350中部略偏北	M94→	长方形	1.63×0.52—0.26	122	未发现	不明		帽形器1				一期	
I	4	M100	T6351南部，跨T6251		长条形	2.08×0.47—0.3	140	板灰	不明		剑Cb1	玉管珠B1			一期	
I	4	M101	T6351西南部，跨T6251		长方形	2.52×0.7—0.27	137	板灰	不明						一期	

续表

发掘点	层位	墓号	所在探方	打破关系	墓葬形制	长×宽-深（米）	墓坑纵轴方向（度）	葬具	葬式	头向	随葬铜器	随葬玉石器	其他随葬品	特殊葬俗	分期	备注
I	4	M102	T6250东南部，跨T6251		长方形	1.82×0.54-0.45	124	板灰	不明			玉镯B1			一期	
I	4	M103	T6251东南部		长方形（残）	残1.2×0.75-0.7	162	未发现	不明						一期	
I	4	M104	T6351东南部，跨T6251、T6252	M60、M73→	长方形（残）	3.3×残0.93-0.3	138	未发现	不明						一期	
I	4	M105	T6251东北部	M61、M97→	长方形（残）	残1.85×0.65-0.1	112	未发现	不明						一期	
I	4	M106	T6351东南部	M97、M104→	长条形	残1.5×0.44-0.43	160	板灰	不明	东南		玉玦1、玉珏1组（2）			一期	
I	4	M107	T6351东南部，跨T6251	M60、M73、M104→	长方形（残）	残1.5×0.75-0.55	160	未发现	不明						一期	
I	4	M108	T6351南部	M104、M106→	长条形	2.43×0.58-0.74	140	未发现	不明	东南		玉玦1			一期	
I	4	M109	T6252西北部，跨T6251、T6351	M60、M104、M107→	长条形	残2.45×0.55-0.95	145	板灰	不明						一期	

附表　大园子墓地发掘墓葬登记表

续表

发掘点	层位	墓号	所在探方	打破关系	墓葬形制	长×宽—深（米）	墓坑纵轴方向（度）	葬具	葬式	头向	随葬铜器	随葬玉石器	其他随葬品	特殊葬俗	分期	备注
Ⅰ	4	M110	T6250中部	M88→	长条形	2.43×0.6—0.3	140	板灰	不明	东南	扣饰DaⅠ1	玉玦1、玛瑙扣A1			一期	
Ⅰ	4	M111	T6251中部偏东北	M83、M105→	长条形	残2×0.58—0.36	148	板灰	不明				特殊材料镯1组（10余件，均B）		一期	
Ⅰ	4	M112	T6250东南部		长方形（发掘部分）	1.4×0.62—0.26	137	未发现	不明		泡饰Ca1				一期	
Ⅰ	4	M113	T6250西南部		长方形（发掘部分）	0.9×0.53—0.24	129	板灰	不明		矛1				一期	
Ⅰ	4	M114	T6250西部	M88、M110→	长方形（发掘部分）	1.43×0.64—0.35	127	板灰	不明	东南	镯1组（20余件，Ec、Ed）	玉玦2、玉镯B1			一期	
Ⅰ	4	M115	T6350西南部		长方形（发掘部分）	1.8×0.56—0.37	134	未发现	不明		泡饰Aa2				一期	
Ⅰ	4	M116	T6252东北部，跨T6352	M58→	长方形	2.7×0.7—1.1	141	未发现	不明						一期	

续表

发掘点	层位	墓号	所在探方	打破关系	墓葬形制	长×宽—深（米）	墓坑纵轴方向（度）	葬具	葬式	头向	随葬铜器	随葬玉石器	其他随葬品	特殊葬俗	分期	备注
I	4	M117	T6251中部		长方形	2.18×0.6—0.32	149	板灰	不明		矛1				一期	
I	4	M118	跨T6251、T6351	M97、M100、M101、M105→	长条形	3.1×0.72—0.5	138	板灰	不明			玉管珠A1			一期	
I	4	M119	T6352西北部		长方形（发掘部分）	1.78×0.65—0.27	120	板灰	不明		爪镰1				一期	
I	4	M120	T6250西南部	M113→	长条形（残）	残2.24×0.8—0.2	139	未发现	不明						一期	
I	4	M121	T6251西部、跨T6250		长方形	2.2×0.5—0.28	110	板灰	不明		扣饰Aa1				一期	
I	4	M122	T6352东北部	M85、M119→	长方形	1.15×0.3—0.08	144	未发现	不明						一期	
I	4	M123	T6251中部		长条形	1.98×0.5—0.28	128	板灰	不明		矛Aa1	玉管珠B1			一期	
I	4	M124	T6352东北部	M85、M122→	长条形	1.2×0.3—0.2	149	未发现	不明						一期	儿童墓
I	4	M125	T6250南部	M110→	长条形	1.3×0.5—0.2	138	板灰	不明						一期	
I	4	M126	T6250中部	M123→	长条形	2.63×0.6—0.57	142	未发现	不明			玉管珠A1			一期	
I	4	M127	T6251西部	M121→	长方形	2.8×0.75—0.57	144	未发现	不明						一期	

续表

发掘点	层位	墓号	所在探方	打破关系	墓葬形制	长×宽-深（米）	墓坑纵轴方向（度）	葬具	葬式	头向	随葬铜器	随葬玉石器	其他随葬品	特殊葬俗	分期	备注
I	4	M128	T6352南部，跨T6252	M74→	长方形	1.75×0.56—0.52	150	板灰	不明						一期	
I	4	M129	T6250北部，跨T6350		长方形	2×0.6—0.36	155	板灰	不明		扣饰Aa1				一期	
I	4	M130	T6251中部	M90、M111、M117→	长方形	2.24×0.57—0.35	137	板灰	不明		残铜器1				一期	
I	4	M131	T6250南部	M110、M112、M125→	长条形	1.9×0.4—0.37	113	板灰	不明		泡饰Aa1				一期	
I	4	M132	T6250南部	M125→	长方形（残）	残0.9×0.55—0.2	137	未发现	不明						一期	
I	4	M133	T6251南部	M121→	长方形	1.95×0.6—0.3	128	未发现	不明						一期	
I	4	M134	T6251、跨T6350、T6351	M130→	长方形	2.95×0.75—0.33	133	未发现	不明				特殊材料绳2组（1组4~5件，1组5件，均B）		一期	

续表

发掘点	层位	墓号	所在探方	打破关系	墓葬形制	长×宽—深（米）	墓坑纵轴方向（度）	葬具	葬式	头向	随葬铜器	随葬玉石器	其他随葬品	特殊葬俗	分期	备注
I	4	M135	T6251南部	M103、M127、M133→	长方形	1.55×0.65—0.38	137	未发现	不明						一期	
I	4	M136	T6350西南部，跨T6250	M82、M115→	长条形（发掘部分）	2.02×0.48—0.46	146	板灰	不明				特殊材料镯1组（B2）		一期	
I	4	M137	跨T6250、T6350、T6351	M127→	长条形	2.73×0.68—0.4	139	未发现	不明		扣饰Aa1				一期	
I	4	M138	跨T6250、T6251	M102、M121、M133→	长条形	3.37×0.65—0.58	143	板灰	不明	东南	剑Cb1、戈Bb Ⅲ1、矛Ab Ⅰ1、扣饰Bb1、镯A Ⅰ1	玉玦1、玉玦1组（4）		毁器（剑身、戈援折弯，矛锋折弯断裂）	一期	
I	4	M139	T6350东部，跨T6351	M98→	长方形	1.88×0.6—0.35	145	板灰	不明		剑Cc1			毁器（剑锋折弯）	一期	
I	4	M140	T6250东北部	M129、M138→	长方形（残）	残1.7×0.65—0.43	143	板灰	不明		剑B Ⅰ1、矛1				一期	

附表　大园子墓地发掘墓葬登记表

续表

发掘点	层位	墓号	所在探方	打破关系	墓葬形制	长×宽—深（米）	墓坑纵轴方向（度）	葬具	葬式	头向	随葬铜器	随葬玉石器	其他随葬品	特殊葬俗	分期	备注
I	4	M141	T6250东北部	M129、M138、M140→	长条形	2.4×0.5—4.1	131	未发现	不明						一期	
I	4	M142	T6350南部	M95、M115、M129→	长条形	2.72×0.62—0.46	153	板灰	不明		镯1组（Ec2）	玉管珠A2			一期	
I	4	M145	T6350中部	M95、M142→	长方形	1.93×0.56—0.4	165	板灰	不明			玉玦1			一期	
I	4	M146	T6350西北部	M95、M142、M145→	长方形（残）	残2.45×0.75—0.4	131	板灰	不明						一期	
I	4	M147	T6251西部，跨T6250	M121、M138、M140→	长方形（残）	残1.4×0.4—0.1	142	未发现	不明						一期	
I	4	M148	T6350南部	M95、M142、M145、M146→	长方形	1.8×0.55—0.27	152	未发现	不明						一期	
I	4	M149	T6351北部	M60→	长方形（残）	残1.43×0.56—0.63	138	未发现	不明						一期	

续表

发掘点	层位	墓号	所在探方	打破关系	墓葬形制	长×宽—深（米）	墓坑纵轴方向（度）	葬具	葬式	头向	随葬铜器	随葬玉石器	其他随葬品	特殊葬俗	分期	备注
I	4	M150	T6351西北部，跨T6350		长方形（发掘部分）	2.23×0.66—0.6	131	板灰	不明		镯1组（10余件，均Ea）				一期	
I	4	M151	T6350东北部	M98→	长方形	2.02×0.6—0.28	136	未发现	不明		戚AⅠ1、泡饰Aa1	玉管珠A1			一期	
I	4	M152	T6350南部，跨T6250	M129、M142、M146→	长方形（残）	残2.06×残0.63—0.3	153	板灰	不明						一期	
I	4	M153	T6351北部	M149、M150→	长方形	1.4×0.52—0.42	141	未发现	不明						一期	
I	4	M154	T6351西部，跨T6350	M101、M151→	长方形	残1.97×0.52—0.73	141	未发现	不明			玉玦1			一期	
I	4	M155	跨T6250、T6350	M152→	长条形	2.57×0.54—0.5	152	板灰	不明	东南	泡饰1	玉管珠A1、玉管珠1组（A1、B2、Ca1、Cb1）、玉玦1、玉玦1组（2）			一期	
I	4	M156	T6351北部	M60、M149→	长条形	残1.95×0.58—0.43	137	板灰	不明		镯1组（10余件，Ea、Eb、Ec、Ed）				一期	

续表

发掘点	层位	墓号	所在探方	打破关系	墓葬形制	长×宽-深（米）	墓坑纵轴方向（度）	葬具	葬式	头向	随葬铜器	随葬玉石器	其他随葬品	特殊葬俗	分期	备注
I	4	M157	T6351西北部，跨T6350	M150→	长方形（残）	残1.6×0.8−0.83	129	未发现	不明						一期	
I	4	M158	T6351西部，跨T6350	M151、M154→	长方形（残）	2.17×残0.64−0.3	136	板灰	不明	东南		玉玦3	特殊材料陶1组（B2）		一期	
I	4	M159	T6351西南部，跨T6251、T6350	M134→	长条形	2.15×0.5−0.25	140	未发现	不明						一期	
I	4	M160	T6350东北部，跨T6351	M150→	长方形（残）	残1.9×0.78−0.72	134	未发现	不明						一期	
I	4	M161	T6251西北部	M134、M159→	长方形（残）	残0.8×0.35−0.25	135	未发现	不明						一期	
I	4	M162	T6350东南部，跨T6351、T6250、T6251	M134、M137、M155→	长方形（残）	2.7×残0.6−0.2	138	板灰	不明						一期	

续表

发掘点	层位	墓号	所在探方	打破关系	墓葬形制	长×宽-深（米）	墓坑纵轴方向（度）	葬具	葬式	头向	随葬铜器	随葬玉石器	其他随葬品	特殊葬俗	分期	备注
I	4	M163	T6350东南部，跨T6250、T6251	M137、M155、M162→	长方形	1.5×0.5-0.15	141	板灰	不明						一期	
I	4	M164	T6350中部偏东	M139、M145、M146→	长方形	2.1×0.6-0.26	116	未发现	不明		泡饰Ca1，镯1组（40余件，均Ec）		特殊材料镯1组（B4）		一期	
I	4	M165	T6350北部		长方形（残）	残2.5×0.8-0.25	113	有板灰	不明						一期	
I	4	M166	T6350东部，跨T6351	M101、M139、M151、M154、M164、M165→	长条形	2.34×0.56-0.5	138	未发现	不明			玉玦1			一期	
I	4	M167	T6350东北部	M160→	长方形（发掘部分）	1×残0.47-0.2	138	未发现	不明			玉玦2	特殊材料镯1组（A2）		一期	

附表 大园子墓地发掘墓葬登记表

续表

发掘点	层位	墓号	所在探方	打破关系	墓葬形制	长×宽—深（米）	墓坑纵轴方向（度）	葬具	葬式	头向	随葬铜器	随葬玉石器	其他随葬品	特殊葬俗	分期	备注
I	4	M168	T6350东北部，跨T6351	M151、M154、M158、M160、M167→	长方形	1.2×0.55—0.54	135	未发现	不明				特殊材料镯A1		一期	儿童墓
I	4	M189	T6152东南部，跨T6153		长方形	2.32×0.7—0.25	147	板灰	不明	东南	矛BⅠ1、削刀B1、镯1组（AⅠ4）	玉镯1			一期	
I	4	M190	T6151西南部		长方形	2.07×0.73—0.26	150	板灰	不明	东南	镯2组（1组7件，一组约2件，均Eb）	玉管珠1组（A2）、玉管珠B1、玉管珠1组（B1、Cb1）、玛瑙圆珠1、玉块1、石铧1	特殊材料镯2组（1组B5、1组B7）		一期	
I	4	M191	T6052北部		长方形	1.82×0.63—0.2	152	未发现	不明						一期	
I	4	M192	T6151东南部，跨T6051、T6052、T6152	M180→	长方形	2.6×0.8—0.86	144	板灰	不明	东南	镯Ee1	玉管珠1组（A11、Cb1）、玉块1			一期	

续表

发掘点	层位	墓号	所在探方	打破关系	墓葬形制	长×宽—深（米）	墓坑纵轴方向（度）	葬具	葬式	头向	随葬铜器	随葬玉石器	其他随葬品	特殊葬俗	分期	备注
I	4	M193	T6153西北部		长方形	2.48×0.65—0.5	159	板灰	不明		镯AⅠ2				一期	
I	4	M194	T6152西北部		长方形（残）	残2.16×0.7—0.3	145	板灰	不明	东南	镯1组（10余件，均Ec）	玉玦1			一期	
I	4	M195	跨T6051、T6151		长方形（发掘部分）	1.48×0.66—0.34	150	板灰	不明		矛Aa1				一期	
I	4	M196	T6051北部、跨T6151		长条形	2.1×0.5—0.57	131	板灰	不明						一期	
I	4	M197	T6052北部		长条形	1.85×0.55—0.46	154	板灰	不明						一期	
I	4	M198	跨T6152、T6153		长条形	2.5×0.63—0.5	140	板灰	不明		镯1组（Ea3）				一期	
I	4	M199	T6153西部、跨T6152		长条形	2.76×0.68—0.7	144	板灰	不明		剑Cb1、扣饰Ab1、矛BⅠ1				一期	
I	4	M200	T6151西北部		长方形（发掘部分）	2.18×0.53—0.57	149	板灰	不明		扣饰Bc1				一期	
I	4	M201	T6051东北部		长方形	1.9×0.52—0.72	145	板灰	不明						一期	
I	4	M202	T6152东南部		长方形	2.22×0.65—0.27	145	板灰	不明		剑Ab1、Cb1、矛AbⅠ1、镯AⅠ1	玉镯B1		毁器（剑身折弯）	一期	
I	4	M203	T6152西南部、跨T6052		长方形	1.42×0.4—0.5	147	板灰	不明						一期	儿童墓

续表

发掘点	层位	墓号	所在探方	打破关系	墓葬形制	长×宽—深（米）	墓坑纵轴方向（度）	葬具	葬式	头向	随葬铜器	随葬玉石器	其他随葬品	特殊葬俗	分期	备注
I	4	M204	T6152西南部		长方形	1.97×0.66—0.44	145	板灰	不明						一期	
I	4	M205	T6152中部		长方形	2.05×0.6—0.75	144	板灰	不明						一期	
I	4	M206	T6052西北部	M180→	长方形	1.6×0.63—0.75	134	板灰	不明	东南	剑AaⅡ1、戈A1、矛AbⅠ1、扣饰Ab1、泡饰Ba1	玛瑙扣A2、玉玦2		毁器（剑身折弯，矛锋折断）	一期	
I	4	M207	跨T6051、T6151	M196→	长方形	2.6×0.67—0.75	147	板灰	不明			玉玦1、玉珏1组（2~3件）			一期	
I	4	M208	T6151东南部	M192→	长方形	1.29×0.34—0.3	128	板灰	不明						一期	
I	4	M210	T6053北部、跨T6153		长方形（发掘部分）	1.85×0.6—0.43	114	板灰	不明		镯1组（AⅠ1、Eb1）				一期	
I	4	M211	T6151东部、跨T6152	M184→	梯形	1.56×0.52~0.7—0.96	140	板灰	不明	东南	剑Cc1、戈BbⅠ1、矛AbⅠ1、扣饰DaⅠ1、泡饰Cb1	玉玦1		毁器（剑身、矛身折断，戈援折弯）	一期	
I	4	M212	T6152东部		长条形	2.16×0.53—0.83	156	未发现	不明						一期	
I	4	M213	T6154西北部、跨T6153		长方形	2.1×0.64—0.26	161	板灰	不明		扣饰Ea1、镯1组（Ec6）				一期	
I	4	M214	T6151东部	M192、M208→	长条形	2.16×0.53—0.75	145	未发现	不明						一期	

续表

发掘点	层位	墓号	所在探方	打破关系	墓葬形制	长×宽-深（米）	墓坑纵轴方向（度）	葬具	葬式	头向	随葬铜器	随葬玉石器	其他随葬品	特殊葬俗	分期	备注
I	4	M215	T6151东部,跨T6152	M211、M214→	长方形	2.1×0.62—0.7	141	未发现	不明						一期	
I	4	M216	T6153东南部,跨T6053		长方形	1.8×0.6—0.2	121	板灰	不明		镯1组（Ea10）				一期	
I	4	M217	跨T6051、T6052、T6151、T6152	M192、M206→	长方形	1.9×0.6—0.9	131	板灰	不明		矛AbⅠ1、戈内A1			毁器（矛锋折弯）	一期	
I	4	M218	跨T6053、T6153		长方形	2.6×0.8—0.35	118	板灰	不明		剑Cb1、矛Aa1				一期	
I	4	M219	T6152南部,跨T6052		长方形	2×0.63—0.3	155	板灰	不明	东南	剑Cb1、戈BbⅠ1、扣饰Ab1	玉璜形饰1组（A3）、玉玦B1、玉镯B1	特殊材料镯B1	毁器（剑身,戈援折弯）	一期	
I	4	M220	跨T6053、T6152、T6153	M218→	长方形	2.9×0.93—1.1	153	未发现	不明		削刀1				一期	
I	4	M221	T6152东南部	M212→	长方形	2.03×0.53—0.17	150	未发现	不明			玉管珠1组（A5）、玛瑙圆珠1组（5）			一期	
I	4	M222	跨T6153、T6154		长方形	1.7×0.43—0.3	98	板灰	手臂内曲	东南	镯1组（60余件,均Ea）	玉玦2组（1组3件,一组4件）			一期	

附表　大园子墓地发掘墓葬登记表

续表

发掘点	层位	墓号	所在探方	打破关系	墓葬形制	长×宽—深（米）	墓坑纵轴方向（度）	葬具	葬式	头向	随葬铜器	随葬玉石器	其他随葬品	特殊葬俗	分期	备注
I	4	M223	T6151西部		长方形（残）	残1.1×0.6—0.64	103	未发现	不明						一期	
I	4	M224	跨T6151东北部和T6152西北部		长方形（残）	残2.2×0.84—1.3	137	板灰	不明	东南	剑Cb1、戈BbⅡ1、扣饰DaⅠ1、镯AⅠ1	玉管珠1组（A2）、玉管珠B1、石圆珠1、玉璜形饰I组（B2）、玉镯B1			一期	
I	4	M225	T6152西南部，跨T6052	M204→	长方形	1.9×0.7—0.9	145	未发现	不明						一期	
I	4	M226	T6153东南部		长方形	2.1×0.67—0.14	163	板灰	不明		剑Ca1				一期	
I	4	M227	跨T6051、T6052		长方形（发掘部分）	0.97×0.55—0.43	178	未发现	不明		扣饰Aa1				一期	
I	4	M228	T6151南部	M192、M217→	宽长方形，带二层台	2.75×1.44—0.75	132	板灰	不明	东南	剑Cc1、戈BbⅢ、泡饰Ab1	玉管珠A1、玉管珠1组（A4、Cb1）、玛瑙圆珠1、玉玦1组（2）、玛瑙扣A1	特殊材料镯A1	毁器（剑身、戈援折弯）	一期	

续表

发掘点	层位	墓号	所在探方	打破关系	墓葬形制	长×宽一深（米）	墓坑纵轴方向（度）	葬具	葬式	头向	随葬铜器	随葬玉石器	其他随葬品	特殊葬俗	分期	备注
I	4	M229	T6152东南部，跨T6052	M219、M221→	长方形	2.25×0.77—0.94	127	未发现	不明						一期	
I	4	M230	T6152西部，跨T6151	M204、M224、M225→	长条形	残2.33×0.53—0.42	150	未发现	不明		扣饰Aa1、镯1组（Ed3）		陶容器1		一期	
I	4	M231	T6052北部	M197→	长方形（残）	残0.54×残0.4—0.12	128	未发现	不明						一期	
I	4	M232	T6052北部，跨T6152	M231→	长条形（残）	残2.25×0.7—1.13	146	未发现	不明						一期	
I	4	M233	T6152东部，跨T6153	M198→	长条形	2.94×0.74—1.1	142	未发现	不明						一期	填土内出土铜镯Ed3、玉镯A1
I	4	M234	T6153西南部	M198、M199→	长方形	2.54×0.82—0.57	160	未发现	不明		剑Cc1、戚BⅠ1				一期	
I	4	M236	T6152中部	M205→	宽长方形	1.3×0.56—0.17	142	未发现	不明						一期	儿童墓
I	4	M237	T6151北部		长方形（残）	残1.93×0.64—0.58	142	板灰	不明						一期	
I	4	M238	T6051西北部，跨T6151		长方形（残）	残1.62×0.5—0.28	143	未发现	不明						一期	

附表 大甸子墓地发掘墓葬登记表

续表

发掘点	层位	墓号	所在探方	打破关系	墓葬形制	长×宽—深（米）	墓坑纵轴方向（度）	葬具	葬式	头向	随葬铜器	随葬玉石器	其他随葬品	特殊葬俗	分期	备注
I	4	M239	T6151西北部	M200→	长方形	1.73×0.6—0.43	141	未发现	不明	东南	矛Aa1、扣饰Aa1	玉玦1			一期	
I	4	M241	T6151西南部	M223、M228→	长方形	2.49×0.85—0.46	146	未发现	不明						一期	
I	4	M245	T6152北部		长方形	1.94×0.5—0.62	140	未发现	不明						一期	
I	4	M246	T6152西北部	M205、M224、M236→	长方形	1.60×0.55—0.47	152	未发现	不明						一期	
I	4	M261	T6051北部，跨T6151	M201、M228→	长方形（残）	残1.07×0.54—0.47	141	未发现	不明						一期	
II	1	M235	T5544中部偏南		长方形（残）	残1×0.56—0.22	141	板灰	不明		剑Ca1、矛BⅢ1				二期晚段	
II	1	M240	T5544中部略偏东北		长方形	1.97×0.57—0.24	141	板灰	不明		削刀Da1、镯1组（Ea2、Ef1）				二期晚段	
II	1	M242	T5544东北部		长方形	1.87×0.6—0.24	137	板灰	手臂内曲	东南	镯1组（约30件，均Ec）				二期晚段	
II	1	M243	T5544北部		长方形	2.35×0.92—0.8	160	板灰	不明		削刀Da1			毁器（削刀折弯）	二期晚段	
II	1	M244	T5544西南部，跨T5543		宽长方形	2.23×0.96—0.68	160	板灰	不明						二期晚段	

续表

发掘点	层位	墓号	所在探方	打破关系	墓葬形制	长×宽—深（米）	墓坑纵轴方向（度）	葬具	葬式	头向	随葬铜器	随葬玉石器	其他随葬品	特殊葬俗	分期	备注
II	1	M247	T5445西北部		长方形	1.7×0.63—0.27	167	板灰	手臂内曲	东南	削刀Da1、扣饰DaⅡ1、镯1组（AⅡ3）				二期晚段	
II	1	M248	T5545西北部，跨T5544		长条形	1.97×0.46—0.3	137	未发现	不明		戚C1				二期晚段	
II	1	M249	T5444东北部		长方形	2.1×0.62—0.44	151	板灰	不明		扣饰F1				二期晚段	
II	1	M250	T5544东北部		长方形	1.95×0.64—0.54	145	板灰	不明						二期晚段	
II	1	M251	T5544东北部	M250→	长条形	2.3×0.53—0.63	146	板灰	不明		削刀B1、扣饰Ea1			毁器（削刀折弯）	二期晚段	
II	1	M252	T5544东北部	M250→	长方形	1.65×0.46—0.44	149	未发现	不明						二期晚段	
II	1	M253	T5445西部，跨T5444		长方形	1.82×0.54—0.4	155	未发现	不明						二期晚段	
II	1	M254	T5444北部，跨T5544		长方形	2.23×0.69—0.6	135	未发现	不明						二期晚段	
II	1	M255	T5445中部		长方形	1.86×0.57—0.55	168	板灰	不明						二期晚段	
II	1	M256	T5445东部	M255→	长方形	2.5×0.66—0.3	157	板灰	不明		剑Cb1、戚BⅡ1、镯AⅠ1	玛瑙扣II组（B7）		毁器（剑身折弯）	二期晚段	

附表　大园子墓地发掘墓葬登记表

续表

发掘点	层位	墓号	所在探方	打破关系	墓葬形制	长×宽—深（米）	墓坑纵轴方向（度）	葬具	葬式	头向	随葬铜器	随葬玉石器	其他随葬品	特殊葬俗	分期	备注
Ⅱ	1	M257	T5545东部		长方形	2.02×0.55—0.3	124	未发现	不明		镯AⅡ1				二期晚段	
Ⅱ	1	M259	T5445西部，跨T5444		长方形	1.88×0.54—0.35	156	未发现	不明						二期晚段	
Ⅱ	1	M274	跨T5543、T5544、T5643		长方形（残）	1.1×0.6—0.38	155	未发现	不明		镯1组（60余件，均Ea）				二期晚段	
Ⅱ	1	M275	T5444中部		长条形	2.1×0.46—0.27	148	板灰	不明		镯1组（AⅠ3、B1）				二期晚段	
Ⅱ	2	M258	T5445中部略偏南	M255→	长方形	2×0.65—0.74	170	板灰	不明		镯1组（20余件，AⅠ2、AⅡ1，余Ea）				二期晚段	
Ⅱ	2	M260	T5445东北部		长条形	2.42×0.6—0.48	180	板灰	不明		剑Cb1、矛Aa1			毁器（剑身折弯，矛锋折弯并断裂）	二期晚段	
Ⅱ	2	M262	T5544北部偏东		长方形	1.9×0.55—0.35	159	板灰	不明		镯1组（Ea2、Ec1）				二期晚段	

续表

发掘点	层位	墓号	所在探方	打破关系	墓葬形制	长×宽—深（米）	墓坑纵轴方向（度）	葬具	葬式	头向	随葬铜器	随葬玉石器	其他随葬品	特殊葬俗	分期	备注
II	2	M263	T5544北部		长方形	2.27×0.73—0.45	158	板灰	手臂内曲	东南	镯2组（1组40余件，AⅠ2，余Ea；1组10余件，AⅠ1，余Ea）				二期晚段	
II	2	M264	T5444东部，跨T5445		长方形	2.08×0.6—0.26	161	未发现	不明		矛Aa1，削刀B1			毁器（削刀刀身折弯）	二期晚段	
II	2	M265	T5444中部偏东		长方形	2.1×0.62—0.45	142	板灰	不明						二期晚段	
II	2	M266	T5445东部		长条形（残）	残1.85×0.54—0.27	170	板灰	不明	东南	镯2组（每组10余件，AⅡ1，余Ea）				二期晚段	
II	2	M267	跨T5445、T5545		长方形（发掘部分）	2.45×0.58—0.96	181	板灰	不明	南	镯2组（1组30余件，AⅠ1，余Ea；1组20余件，均Ea）	玉管珠1组（Ca2），玉玦2组（每组2～3件），石锛1			二期晚段	
II	2	M268	T5544北部		长方形	2.06×0.6—0.38	149	未发现	不明		剑Ca1，戈BbⅢ1			毁器（剑身、戈援折断）	二期晚段	

附表　大园子墓地发掘墓葬登记表

续表

发掘点	层位	墓号	所在探方	打破关系	墓葬形制	长×宽一深（米）	墓坑纵轴方向（度）	葬具	葬式	头向	随葬铜器	随葬玉石器	其他随葬品	特殊葬俗	分期	备注
II	2	M269	T5545西北部		长方形（残）	残1.78×0.5—0.32	152	板灰	不明						二期晚段	
II	2	M270	T5544中部	M268→	长方形	1.94×0.65—0.6	152	板灰	不明						二期晚段	
II	2	M271	T5544东北部		长方形（残）	残1.94×0.6—0.46	160	未发现	不明						二期晚段	
II	2	M272	T5445北部，跨T5545		长方形	1.95×0.6—0.86	150	板灰	不明						二期晚段	
II	2	M273	T5544西部	M270→	长方形	1.88×0.55—0.38	169	板灰	不明		剑Cb1、矛Aa1、扣饰DaⅡ1、镯AⅡ1			毁器（剑身折弯，矛锋折断）	二期晚段	
II	2	M276	T5544西南部，跨T5543		长方形	2.1×0.54—0.18	163	板灰	不明	东南	剑Cb1、戚BⅠ1、鞘饰1、扣饰F1、簪B1	玉珠2		毁器（剑身折断）	二期晚段	
II	2	M277	T5545西北部，跨T5544		长方形	2.07×0.56—0.48	154	板灰	不明						二期晚段	

续表

发掘点	层位	墓号	所在探方	打破关系	墓葬形制	长×宽—深（米）	墓坑纵轴方向（度）	葬具	葬式	头向	随葬铜器	随葬玉石器	其他随葬品	特殊葬俗	分期	备注
II	2	M278	跨T5445、T5545		长方形	2.3×0.6—0.62	169	板灰	手臂略内曲	东南	镯2组（1组30余件，AⅠ3、Ea；另1组30余件，AⅠ4、Ea）	玉管珠1组（A6）、玛瑙环珠1组（17）			二期晚段	
II	2	M279	T5544南部	M273→	长方形（残）	残1.68×0.53—0.35	160	板灰	不明						二期晚段	
II	2	M280	T5545东部，跨T5544	M276→	长方形	2×0.63—0.3	170	板灰	手臂略内曲	东南	泡饰Cb1、镯2组（每组10余件，均Ed）				二期晚段	
II	2	M283	T5545西北部		长方形	1.68×0.48—0.27	156	板灰	不明		戚BⅡ1				二期晚段	
II	2	M285	T5545东部		长方形	1.8×0.54—0.28	144	板灰	不明		削刀Da1				二期晚段	
II	2	M289	T5545东部		长方形	2.05×0.56—0.66	171	板灰	不明						二期晚段	
II	2	M290	T5545中部		长方形	1.98×0.73—0.18	167	板灰	不明						二期晚段	
II	2	M292	T5545东部		长方形（残）	2.16×残0.52—0.24	177	未发现	不明						二期晚段	

附表　大园子墓地发掘墓葬登记表

续表

发掘点	层位	墓号	所在探方	打破关系	墓葬形制	长×宽—深（米）	墓坑纵轴方向（度）	葬具	葬式	头向	随葬铜器	随葬玉石器	其他随葬品	特殊葬俗	分期	备注
II	3	M281	T5445东南部	M266→	长方形	2.1×0.67—0.4	159	板灰	不明	东南	剑Cb1、戈BbⅢ1、矛BⅡ1、臂甲1、扣饰Ca1、镯AⅡ2、镯1组（AⅡ2）	玛瑙扣11组（A2）、玉玦1、石坠1		毁器（矛锋折弯）	二期早段	
II	3	M282	T5445中部偏西南		长方形	2.6×0.9—1.3	157	未发现	不明		剑AaⅡ1、矛Aa1			毁器（剑身折断，矛锋折弯）	二期早段	
II	3	M284	T5445东北部，跨T5545	M267→	长方形（残）	残1.93×0.54—0.8	156	未发现	手臂内曲	东南	镯1组（60余件，AⅠ3、余Ea）				二期早段	
II	3	M286	跨T5644、T5544		长方形（发掘部分）	1.25×0.73—0.27	175	板灰	不明	南	剑Ca1、戈BbⅢ1、镯1组（AⅠ5、Ea2）	玉镯B1			二期早段	
II	3	M287	T5444东部		长方形	1.9×0.54—0.56	156	未发现	不明						二期早段	
II	3	M288	T5444东南部		长方形	1.82×0.55—0.35	126	未发现	不明						二期早段	

续表

发掘点	层位	墓号	所在探方	打破关系	墓葬形制	长×宽—深（米）	墓坑纵轴方向（度）	葬具	葬式	头向	随葬铜器	随葬玉石器	其他随葬品	特殊葬俗	分期	备注
II	3	M291	T5445西南部，跨T5444		长条形（发掘部分）	发掘部分2.02×0.56—0.2	162	板灰	不明		镯2组（1组Ea3，另1组Ea4）				二期早段	
II	3	M293	T5644西南部		长方形（发掘部分）	0.82×0.93—0.27	166	板灰	不明		剑Cb1、扣饰Cb1				二期早段	
II	3	M294	T5445东南部		长方形	2×0.76—0.33	161	板灰	不明						二期早段	
II	3	M295	T5644西南部，跨T5643、T5544		长方形（残）	残1.3×0.6—0.63	157	板灰	不明						二期早段	
II	3	M296	T5545东部	M292→	长条形	2.35×0.57—0.24	179	未发现	不明						二期早段	
II	3	M297	T5544西部		长方形	2×0.76—0.33	152	板灰	不明						二期早段	
II	3	M299	T5444东北部，跨T5544、T5445		长条形	2.35×0.55—0.52	153	板灰	不明						二期早段	

附表　大园子墓地发掘墓葬登记表

续表

发掘点	层位	墓号	所在探方	打破关系	墓葬形制	长×宽—深（米）	墓坑纵轴方向（度）	葬具	葬式	头向	随葬铜器	随葬玉石器	其他随葬品	特殊葬俗	分期	备注
II	3	M300	T5544中部偏北		长方形	2.12×0.57—0.3	190	板灰	不明		剑Cb1、戚BⅠ1、扣饰Ca1、泡饰Bb1				二期早段	
II	3	M302	T5544西南部	M297→	长条形	2.26×0.57—0.25	172	未发现	不明		剑Cb1、扣饰Ab1				二期早段	
II	3	M303	T5544中部	M300→	长方形（残）	1.64×残0.58—0.3	195	板灰	不明						二期早段	
II	3	M304	T5544东北部，跨T5545		长方形	2.02×0.56—0.3	159	未发现	不明						二期早段	
II	3	M305	T5545西北部		长方形	1.97×0.5—0.38	170	板灰	不明		残铜器1				二期早段	
II	3	M306	T5545中部		长方形	1.68×0.6—0.52	175	板灰	不明						二期早段	
II	3	M307	T5544西北部，跨T5544、T5445		长方形	2.25×0.62—0.18	158	未发现	不明			玉管珠A1、玉镯B1			二期早段	
II	3	M309	T5444东南部，跨T5444、T5445		长方形	2.36×0.66—0.46	144	板灰	不明		镯AⅠ1、夹形器1				二期早段	
II	3	M310	T5545中部偏北	M306→	长方形	1.36×0.54—0.28	196	板灰	不明						二期早段	儿童墓

续表

发掘点	层位	墓号	所在探方	打破关系	墓葬形制	长×宽—深（米）	墓坑纵轴方向（度）	葬具	葬式	头向	随葬铜器	随葬玉石器	其他随葬品	特殊葬俗	分期	备注
II	3	M311	T5544西南部，跨T5543		长方形	1.95×0.5—0.34	157	未发现	不明						二期早段	
II	3	M312	T5543东部，跨T5544	M289→	长方形	1.53×0.5—0.88	182	板灰	不明			玉镯1			二期早段	
II	3	M314	T5644南部，跨T5544		长方形（残）	残1.44×0.68—0.43	132	未发现	不明						二期早段	
II	3	M315	T5544南部，跨T5544		长方形（残）	残0.73×0.63—0.48	180	未发现	不明						二期早段	
II	3	M316	T5544东北部	M303、M304→	长方形	2.27×0.63—0.32	168	板灰	不明		镯Ea1				二期早段	
II	3	M317	跨T5544、T5545	M304→	长方形	2.07×0.58—0.53	177	板灰	不明		镯1组（40余件，AⅠ1、余Ed）				二期早段	
II	3	M318	T5545东部		长方形（发掘部分）	2.36×0.8—0.4	188	板灰	不明	南					二期早段	
II	3	M322	T5545东北部	M318→	长方形	1.93×0.7—0.53	179	板灰	不明		泡饰Aa1				二期早段	
II	3	M323	T5544东南部，跨T5544	M309→	长方形	1.6×0.48—0.56	136	板灰	不明		扣饰DaⅠ1				二期早段	
II	3	M324	T5544中部	M297、M300→	长方形	2×0.66—0.37	152	板灰	不明			玉管珠1组（A3、Ca2）			二期早段	

附表　大园子墓地发掘墓葬登记表

续表

发掘点	层位	墓号	所在探方	打破关系	墓葬形制	长×宽—深（米）	墓坑纵轴方向（度）	葬具	葬式	头向	随葬铜器	随葬玉石器	其他随葬品	特殊葬俗	分期	备注
II	3	M328	T5544中部	M324→	长方形	1.53×残0.5—0.4	152	板灰	不明		剑Cb1				二期早段	
II	3	M329	T5644南部		长方形（发掘部分）	0.7×0.74—0.46	175	未发现	不明	南	剑Cb1，扣饰Ab1	玉玦1		毁器（剑身打弯）	二期早段	
II	4	M298	T5445中部		长方形	2.6×0.72—0.94	174	未发现	不明						一期	
II	4	M301	T5544西部	M297→	长方形	1.67×0.6—0.3	177	板灰	不明						一期	
II	4	M308	T5445西南部，跨T5444	M299→	长方形	2.37×0.68—0.4	158	板灰	不明						一期	
II	4	M313	T5445西南部		长方形	2.13×0.6—0.53	165	板灰	不明						一期	
II	4	M319	T5444中部偏东北		长条形	2.35×0.52—0.2	155	板灰	不明	东南		玉玦2			一期	
II	4	M320	T5445中部	M298→	长方形	2.4×0.77—0.97	162	板灰	不明						一期	
II	4	M321	T5445东部		长方形	1.7×0.5—0.83	158	未发现	不明	东南		玉管珠1组（A2，B1），玛瑙玦1			一期	
II	4	M325	T5545东南部，跨T5445		长条形	1.62×0.4—0.53	174	未发现	不明						一期	
II	4	M326	T5445西北部，跨T5545		长方形	2.02×0.56—0.5	176	未发现	不明						一期	

续表

发掘点	层位	墓号	所在探方	打破关系	墓葬形制	长×宽一深（米）	墓坑纵轴方向（度）	葬具	葬式	头向	随葬铜器	随葬玉石器	其他随葬品	特殊葬俗	分期	备注
II	4	M327	T5444东北部		宽长方形，带二层台	2.83×1.2—0.85	140	板灰	不明	东南	剑Ab1，戈Ba1，矛1，扣饰Aa1，泡饰Aa2、Cb1，镯1组（10余件，均Ed），夹形器1，帽形器1，簧形器1	玉管珠1组（A2），玉玦1组（2），玛瑙扣1组（A2）			一期	
II	4	M330	T5544西北部，跨T5644		长方形（发掘部分）	1.76×0.66—0.34	153	板灰	不明		扣饰Ba1，镯1组				一期	
II	4	M331	T5544东北部		长方形	1.85×0.6—0.2	169	板灰	不明		矛AaⅡ1				一期	
II	4	M332	T5544西部		长方形	2×0.6—0.2	171	板灰	不明		剑AaⅡ1，矛BⅡ1	玉管珠A1		毁器（剑身折弯）	一期	
II	4	M333	T5545西南部，跨T5445		长方形	2.24×0.74—0.13	172	板灰	不明	东南	矛AbⅠ1	玉玦2			一期	
II	4	M334	T5545南部，跨T5445		长条形	2.16×0.5—0.43	146	板灰	不明						一期	
II	4	M335	T5545跨T5544	M305→	长方形	1.97×0.65—0.4	135	板灰	不明		扣饰Ab1，夹形器1				一期	
II	4	M336	T5544中部偏西南		长方形	2.58×0.8—0.4	171	板灰	不明	东南	削刀A1	玉玦1			一期	

续表

发掘点	层位	墓号	所在探方	打破关系	墓葬形制	长×宽—深（米）	墓坑纵轴方向（度）	葬具	葬式	头向	随葬铜器	随葬玉石器	其他随葬品	特殊葬俗	分期	备注
II	4	M337	T5544西南部，跨T5543		长方形	1.52×0.54—0.2	162	板灰	不明			玉管珠A1、玉管珠1组（A2）、玉管珠1组（A1、Cb1）	特殊材料镯2组（1组B4、1组B5）		一期	
II	4	M338	跨T5444、T5445、T5544	M313→	长方形，带二层台	3.16×1.03—0.88	151	板灰	不明						一期	铜剑Cb1见于二层台
II	4	M339	T5444东南部	M287→	长方形	2.05×0.7—1.03	173	板灰	不明						一期	
II	4	M340	T5444东南部	M339→	长方形（发掘部分）	1.13×残0.48—0.7	172	板灰	不明		扣饰Ab1				一期	
II	4	M341	T5545西南部	M325→	长方形（残）	残1.3×0.56—1.04	143	未发现	不明						一期	
II	4	M342	T5545北部		长方形（发掘部分）	1.1×0.78—0.27	170	板灰	不明		镯1组（10余件，均Ed）				一期	
II	4	M343	跨T5543、T5544、T5643、T5644	M312→	长方形（发掘部分）	1.75×0.68—0.28	180	板灰	不明		剑Cb1、戈BbⅠ1、矛1、镯AⅠ1			毁器（戈援折断）	一期	

续表

发掘点	层位	墓号	所在探方	打破关系	墓葬形制	长×宽—深（米）	墓坑纵轴方向（度）	葬具	葬式	头向	随葬铜器	随葬玉石器	其他随葬品	特殊葬俗	分期	备注
II	4	M344	T5444中部	M327→	长方形	2.3×0.7—0.85	157	板灰	不明		剑AaⅡ1，扣饰Aa1				一期	
II	4	M345	T5545西南部，跨T5445		长条形	2.38×0.52—0.2	171	板灰	不明						一期	
II	4	M346	T5445中部略偏北	M298、M320→	长方形	2.48×0.63—1.1	160	未发现	不明			玉管珠1组（A2、B1）、玉镯B1			一期	
II	4	M347	T5544东北部		长条形（发掘部分）	1.8×0.5—0.4	180	板灰	不明	南	镯1组（40余件，均Ea）	玉玦1组（2）			一期	
II	4	M348	T5444东北部		长方形	2.06×0.55—0.22	149	板灰	不明			玉玦1组			一期	
II	4	M349	跨T5444、T5544	M338、M348→	长方形	2.6×0.7—0.73	140	未发现	不明		戈A1，扣饰Aa1，镯1组（10余件，均Ed）	玉玦1组（2）			一期	
II	4	M350	T5544东北部		长条形	1.96×0.47—0.16	166	板灰	不明	东南	剑AaⅡ1，戚AⅠ1，扣饰Ab1，片状残铜器1	玉玦1			一期	
II	4	M351	T5545北部	M342、M347→	长方形	2.33×0.73—0.3	183	未发现	不明		泡饰Ca1，帽形器1				一期	

续表

发掘点	层位	墓号	所在探方	打破关系	墓葬形制	长×宽—深（米）	墓坑纵轴方向（度）	葬具	葬式	头向	随葬铜器	随葬玉石器	其他随葬品	特殊葬俗	分期	备注
II	4	M352	T5445东北部，跨T5545	M325、M334→	长方形	2.25×0.7—0.68	147	未发现	不明						一期	填土内出土铜泡饰Aa1
II	4	M353	T5545西北部		长方形	发掘部分1.22×0.55—0.32	162	未发现	不明						一期	
II	4	M354	T5545西南部，跨T5445	M335、M345→	长条形	2.65×0.65—0.52	148	板灰	不明						一期	填土内出土陶罐1
II	4	M355	T5544东北部		长方形	1.47×0.42—0.2	167	未发现	不明						一期	儿童墓
II	4	M356	T5545东部	M341、M351→	长条形	2.82×0.7—0.88	148	板灰	不明						一期	
II	4	M357	T5543西北部		长方形	发掘部分1.27×0.54—0.25	126	板灰	不明						一期	
II	4	M358	跨T5543、T5643		长方形（发掘部分）	1.38×0.57—0.2	155	板灰	不明		镯AⅠ1		特殊材料镯1组（B2）		一期	
II	4	M359	T5644西南部，跨T5544		长方形	发掘部分1.88×0.55—0.22	167	未发现	不明						一期	
II	4	M360	跨T5544、T5644		长方形（发掘部分）	1.13×0.64—0.28	181	未发现	不明	南	镯1组（Ed7）	玉玦1			一期	

续表

发掘点	层位	墓号	所在探方	打破关系	墓葬形制	长×宽—深（米）	墓坑纵轴方向（度）	葬具	葬式	头向	随葬铜器	随葬玉石器	其他随葬品	特殊葬俗	分期	备注
II	4	M361	T5544西部	M312→	梯形	1.85×(0.54~0.8)—0.2	166	未发现	不明			玉管珠2组（1组A3，1组B1，Cb2），玉玦1组（2）			一期	
II	4	M362	跨T5444、T5544	M327、M344→	长方形（残）	残1.48×0.68—0.4	182	板灰	不明		镯2组（1组Ed3,1组Ed5）				一期	
II	4	M363	跨T5544、T5644	M360→	长方形（发掘部分）	0.76×残0.32—0.15	190	板灰	不明	南		玉管珠A1，玉玦1，玛瑙扣1组（A11、B1）			一期	
II	4	M364	T5445东北部，跨T5545	M321、M352→	长方形（残）	残2.2×0.6—0.55	155	板灰	不明			玛瑙珠1、玛瑙扣A1			一期	填土内出土玉管珠A1
II	4	M365	T5644东南部，跨T5544	M350、M360、M363→	长方形（残）	残1.87×0.64—0.42	152	未发现	不明						一期	
II	4	M366	T5444西北部		长方形	1.83×0.6—0.2	152	板灰	不明						一期	

附表　大圆子墓地发掘墓葬登记表

续表

发掘点	层位	墓号	所在探方	打破关系	墓葬形制	长×宽—深（米）	墓坑纵轴方向（度）	葬具	葬式	头向	随葬铜器	随葬玉石器	其他随葬品	特殊葬俗	分期	备注
II	4	M367	跨T5445、T5545	M352、M364→	长方形（残）	2.4×0.64—0.58	154	板灰	不明		戈BbⅠ1、矛Aa1			毁器（戈援折弯）	一期	填土内出土玉管珠1组（A1、Ca2）
II	4	M368	T5545中部偏北	M356→	长方形	2.4×0.87—0.4	149	板灰	不明		戚BⅠ1、扣饰Aa1	玉管珠1组（A1、Cb1）、玛瑙扣1组（A2）		毁器（扣饰弯钩折断）	一期	
II	4	M369	T5543东部		长方形	2.33×0.73—0.22	176	板灰	不明		矛AbⅠ1、扣饰Aa1、泡饰1、镞1组（10余件，均Ed）		陶瓮1		一期	
II	4	M370	T5444北部、跨T5544	M327、M362→	长方形	1.92×0.62—0.33	163	板灰	不明						一期	
II	4	M371	T5444北部、跨T5544	M344→	长条形	2.3×0.52—0.33	159	板灰	不明						一期	
II	4	M372	T5644西南部、跨T5544	M295→	长方形	2.18×0.62—0.45	133	未发现	不明						一期	
II	4	M373	T5544中部		长条形	2.44×0.6—0.22	163	未发现	不明						一期	

·587·

续表

发掘点	层位	墓号	所在探方	打破关系	墓葬形制	长×宽—深（米）	墓坑纵轴方向（度）	葬具	葬式	头向	随葬铜器	随葬玉石器	其他随葬品	特殊葬俗	分期	备注
II	4	M374	T5544西南部，跨T5444	M371→	长方形（残）	残1.4×0.46—0.2	115	板灰	不明						一期	
II	4	M375	T5444西北部，跨T5443、T5544、T5543	M374→	长方形（残）	残2.8×0.82—0.26	161	板灰	不明						一期	
II	4	M376	T5544东南部		长方形	2.2×0.58—0.2	170	板灰	不明	东南	戚AⅠ1	玉玦2			一期	
II	4	M377	T5544中部	M349→	长条形	2.59×0.6—0.5	166	未发现	不明						一期	填土内出土玉玦1
II	4	M378	T5544中部偏西南	M377→	长方形	2.57×0.8—0.27	167	板灰	不明	东南	戈A1、扣饰Aa1	玉玦1组（2）		毁器（戈援折弯、扣饰弯钩折断）	一期	
II	4	M379	T5545东南部，跨T5445	M318、M325、M352→	长条形	2.4×0.53—0.2	145	板灰	不明						一期	
II	4	M380	T5545东部	M347、M356→	长方形	2.45×0.74—0.83	175	板灰	不明		矛Aa1			毁器（矛身折断）	一期	

附表　大园子墓地发掘墓葬登记表

续表

发掘点	层位	墓号	所在探方	打破关系	墓葬形制	长×宽一深（米）	墓坑纵轴方向（度）	葬具	葬式	头向	随葬铜器	随葬玉石器	其他随葬品	特殊葬俗	分期	备注
II	4	M381	T5445西北部，跨T5545	M354→	长方形	2.02×0.6—0.4	173	未发现	不明						一期	
II	4	M382	T5543东北部，跨T5643	M369→	长方形	2.24×0.58—0.3	165	未发现	不明						一期	
II	4	M383	T5543东北部，跨T5544、T5643		长方形（残）	残2.15×0.6—0.2	159	板灰	不明						一期	
II	4	M384	T5545中部偏南	M367、M379、M368→	长方形	2.1×0.63—0.4	152	板灰	不明		扣饰Aa1				一期	
II	4	M385	T5445西北部，跨T5545、T5544	M381→	长方形，带二层台	2.57×0.74—0.66	156	未发现	不明						一期	
II	4	M386	T5544东部，跨T5545	M376→	长方形	2.6×0.78—0.73	134	板灰	不明		戈BbⅠ1				一期	
II	4	M387	T5543东北部，跨T5544、T5643	M369、M383→	长条形	2.5×0.6—0.12	163	板灰	不明						一期	

续表

发掘点	层位	墓号	所在探方	打破关系	墓葬形制	长×宽—深（米）	墓坑纵轴方向（度）	葬具	葬式	头向	随葬铜器	随葬玉石器	其他随葬品	特殊葬俗	分期	备注
II	4	M388	跨T5544、T5644		长方形（发掘部分）	1.54×0.74—0.28	145	板灰	不明			玉玦1			一期	
II	4	M389	T5545西部	M335、M354→	长方形（残）	残1.1×0.52—0.25	165	板灰	不明						一期	
II	4	M390	T5545东北部	M380→	长方形（残）	残0.85×0.56—0.64	146	未发现	不明						一期	
II	4	M391	T5545东北部	M390→	长方形（残）	残0.77×0.5—0.4	150	未发现	不明						一期	
II	4	M392	T5545西北部	M353、M389→	长方形	2.05×0.76—0.22	157	板灰	不明						一期	
II	4	M393	T5544东南部、跨T5444	M338、M376→	长方形	1.56×0.6—0.2	134	板灰	不明		戈BbⅠ1				一期	
II	4	M394	T5545西北部	M368、M384、M392→	长方形	1.64×0.48—0.08	164	板灰	不明						一期	
II	4	M395	T5544中部略偏东	M373、M386→	长条形	2.22×0.55—0.2	173	未发现	不明			玉管珠A1、玛瑙圆珠1组（6）			一期	

附表　大园子墓地发掘墓葬登记表

续表

发掘点	层位	墓号	所在探方	打破关系	墓葬形制	长×宽—深（米）	墓坑纵轴方向（度）	葬具	葬式	头向	随葬铜器	随葬玉石器	其他随葬品	特殊葬俗	分期	备注
Ⅱ	4	M396	T5544东南部，跨T5444	M338、M376、M393→	长方形	1.55×0.5—0.32	162	未发现	不明						一期	
Ⅱ	4	M397	T5644西南部，跨T5544	M372→	长方形（残）	残1.2×0.47—0.15	161	未发现	不明						一期	
Ⅱ	4	M398	T5644南部，跨T5544		长方形（发掘部分）	发掘部分0.6×0.6—0.18	159	未发现	不明						一期	
Ⅱ	4	M399	T5544东北部		长方形	1.15×0.67—0.2	178	未发现	不明	南		玉管珠1组（A2、Cb1）、玛瑙圆珠1、玉玦2组（每组2件）			一期	
Ⅱ	4	M400	T5545北部	M356→	长条形（残）	残1.3×0.6—0.33	153	未发现	不明						一期	
Ⅱ	4	M401	T5545西南部，跨T5544、T5445	M385、M386→	长条形	2.3×0.56—0.3	152	板灰	不明	东南		玉玦1			一期	
Ⅱ	4	M402	跨T5545、T5544	M389→	长方形	1.96×0.57—0.15	173	未发现	不明			玉管珠Cb1、玉管珠1组（A1、B2、Cb2）			一期	

中国田野考古报告集
考古学专刊
丁种第114号
云南省文物考古研究所田野考古报告第24号

师宗大园子墓地

（下册）

中国社会科学院考古研究所
云南省文物考古研究所
曲靖市文物管理所　编著
师宗县文物管理所

科学出版社
北京

内 容 简 介

大园子墓地位于云南省师宗县漾月街道新村社区，是滇东高原上一处规模较大的青铜文化遗存。作为中国社会科学院考古研究所哲学社会科学创新工程项目"秦汉时期西南夷地区考古发掘与研究"的具体实施内容之一，对大园子墓地的发掘取得重要收获，清理西南夷墓葬400余座，出土铜器、玉石器、陶器等各类随葬品600余件（组）。此项发掘及其成果，填补了西南夷考古的一个重要地域空白，对完善和研究战国秦汉时期西南夷青铜文化的谱系，探索当时滇东高原及滇、黔、桂三省区交会地带的历史文化尤其是族群构成和分布等，都将起到积极的推动作用。

本书是在对大园子墓地田野资料进行全面、系统整理以及广泛、深入的多学科合作研究的基础上编写而成的，是一部集田野考古、科技考古等多方面成果为一体的综合性考古报告，适合考古学、历史学、历史地理学、文化人类学、科技史等学科的研究者及相关院校师生阅读和参考。

图书在版编目（CIP）数据

师宗大园子墓地/中国社会科学院考古研究所等编著. —北京：科学出版社，2024.5

（中国田野考古报告集. 考古学专刊丁种. 第114号：云南省文物考古研究所田野考古报告. 第24号）

ISBN 978-7-03-078605-0

Ⅰ.①师⋯ Ⅱ.①中⋯ Ⅲ.①墓葬（考古）–发掘报告–师宗县 Ⅳ.①K878.85

中国国家版本馆CIP数据核字（2024）第108511号

责任编辑：柴丽丽 / 责任校对：何艳萍

责任印制：肖 兴 / 封面设计：张 放

科学出版社 出版

北京东黄城根北街 16 号

邮政编码：100717

http://www.sciencep.com

北京汇瑞嘉合文化发展有限公司印刷

科学出版社发行 各地新华书店经销

*

2024年5月第 一 版　开本：787×1092　1/16

2024年5月第一次印刷　印张：56　插页：119

字数：1 665 000

定价：980.00元（全二册）

（如有印装质量问题，我社负责调换）

ARCHAEOLOGICAL MONOGRAPH SERIES
TYPE D No. 114
Yunnan Provincial Institute of Cultural Relics and
Archaeology's field report sets No. 24

Dayuanzi Cemetery in Shizong

(With An English Abstract)

II

by

Institute of Archaeology, Chinese Academy of Social Sciences
Yunnan Provincial Institute of Cultural Relics and Archaeology
Administration of Cultural Relics, Qujing Municipality
Administration of Cultural Relics, Shizong County

Science Press
Beijing

下 编
科技考古报告

一　师宗大园子墓地碳十四测试报告与分析

陈相龙

（中国社会科学院考古研究所）

为推进滇东高原战国秦汉时期西南夷考古遗存的发掘与研究，2015年和2016年中国社会科学院考古研究所、云南省文物考古研究所等单位合作，对云南师宗县大园子墓地先后进行了两次发掘。为开展大园子墓地的年代学研究，2019年7月，考古队将发掘过程中采集到的部分炭化植物标本送至中国社会科学院考古研究所科技考古中心碳十四实验室进行碳十四测定；2019年底，我们又前往云南师宗县城考古队驻地，补充采集了部分炭化植物标本及相关含碳有机物。2020年和2021年，我实验室在兰州大学与北京大学相关同仁的帮助下，对这批样品开展了碳十四年代学前处理与分析测试实验工作。现将相关实验信息与测试分析结果报告如下。

一、样品选取

本次实验共采集样品28份，其中26份来自墓葬，2份来自地层。墓葬出土的样品中木炭19份；另有7例样品系现场发掘时记录为特殊材料镴的随葬品，后经分析检测发现其主要原料为桦树皮焦油的人工制品[1]。根据发掘时的采样记录可知，墓葬出土的木炭样品中既有随葬品、葬具的残留物，如铜矛骹内柲木、铜戈柲木和棺木，又有4例附着于铜扣饰、铜镯、铜剑等随葬品表面的木质样品，以及1例位于墓底附近可能和葬具有关的木炭，还有10份样品来自墓坑填土中。

二、样品前处理与石墨靶制样

本实验室参考牛津大学提出的方法对大园子墓地采集的木炭等碳十四测年样品进行前处理[2]。用镊子拣选较大块的样品约2克，破碎后称重。用1mol/L稀盐酸溶液80℃浸泡30分钟，去离子水清洗至中性，用1%的NaOH碱液80℃浸泡30分钟。不断更换碱

---

[1] 详见本书下编第三篇《师宗大园子墓地出土桦树皮焦油制品分析》。
[2] Brock F, Higham T, Ditchfield P, Ramsey C B. Current Pretreatment Methods for AMS Radiocarbon Dating at the Oxford Radiocarbon Accelerator Unit (Orau). *Radiocarbon*. 2010, 52(1): 103-112.

液，直至溶液颜色变浅后，再用去离子水清洗至中性。用1mol/L稀盐酸溶液80℃浸泡30分钟，去离子水清洗至中性，离心后烘干，将干燥后的样品称重。由此得到纯净的基本不含外源碳元素的测年样品。

石墨靶预制采用氢法[①]。真空环境下，将处理后样品、氧化铜与银丝混合封入石英管后，马弗炉内氧化。真空环境下将燃烧生成的气体进行分离与纯化后，得到二氧化碳。以铁粉为催化剂，通入氢气，使其与燃烧生成的二氧化碳充分反应生成石墨。

加速器质谱测试分别在兰州大学西部环境教育部重点实验室加速器质谱碳十四实验室与北京大学重离子研究所加速器质谱实验室完成，测试所用加速器质谱仪分别为IonPlus公司生产的0.2MV加速器质谱仪MICADAS、NEC公司生产的0.5MV加速器质谱仪1.5SDH-1 AMS。计算碳十四年代所用碳十四半衰期为5568年，日历年代校正采用新公布的树轮校正曲线InCal20[②]，校正程序为OxCal v4.4.4[③]。碳十四年代与日历年代参见表1。

表1 大园子墓地出土样品碳十四测试结果与相关信息

实验编号	样品种类	样品单位	碳十四年代（BP）	树轮校正后年代 1σ（68.2%）	树轮校正后年代 2σ（95.4%）
以下为兰州大学加速器质谱碳十四测年实验室2020年测试					
ZK-11231	木炭	M3CY∶1（墓坑填土中）	1880±20	130AD~144AD（16.2%） 154AD~202AD（52.1%）	88AD~92AD（0.8%） 119AD~222AD（94.7%）
ZK-11232	木炭	M23CY∶1（铜扣饰下）	2290±20	397BC~366BC（68.2%）	401BC~356BC（75.7%） 280BC~232BC（19.7%）
ZK-11237	木炭	M176CY∶1（铜镯上）	2460±20	749BC~686BC（34.1%） 666BC~640BC（12.7%） 569BC~515BC（21.5%）	754BC~681BC（35.3%） 670BC~608BC（18.9%） 595BC~460BC（38.4%） 439BC~420BC（2.9%）
ZK-11238	木炭	M180∶5（铜矛骹内）	2400±20	510BC~506BC（2.6%） 481BC~406BC（65.7%）	541BC~402BC（95.4%）
ZK-11239	木炭	M185∶2（戈柲）	2430±20	541BC~458BC（54.2%） 441BC~418BC（14.1%）	739BC~693BC（13.3%） 664BC~648BC（6.0%） 548BC~408BC（76.2%）

---

① Santos G M, Moore R B, Southon J R, Griffin S, Hinger E, Zhang D. AMS 14C Sample Preparation at the KCCAMS/UCI Facility: Status Report and Performance of Small Samples. *Radiocarbon*. 2007, 49(2): 255-269.

② Reimer P J, Austin W E N, Bard E, Bayliss A, Blackwell PG, Bronk Ramsey C, et al. The IntCal20 Northern Hemisphere Radiocarbon Age Calibration Curve (0-55 cal kBP). *Radiocarbon*. 2020, 62(4): 725-757.

③ https://c14.arch.ox.ac.uk/oxcal/OxCal.html.

续表

实验编号	样品种类	样品单位	碳十四年代（BP）	树轮校正后年代 1σ（68.2%）	树轮校正后年代 2σ（95.4%）
ZK-11242	木炭	M219CY：1（铜剑上）	2470±20	750BC~684BC（33.0%） 668BC~635BC（13.7%） 618BC~615BC（1.0%） 590BC~541BC（20.6%）	760BC~478BC（95.4%）
ZK-11245	木炭	M281：3（铜矛骹内）	2420±20	516BC~416BC（68.2%）	728BC~700BC（6.2%） 664BC~650BC（3.6%） 546BC~406BC（85.6%）
ZK-11246	木炭	M321CY：1（墓底东壁处）	2430±20	541BC~458BC（54.2%） 441BC~418BC（14.1%）	739BC~693BC（13.3%） 664BC~648BC（6.0%） 548BC~408BC（76.2%）
ZK-11255	木炭	T5544内（距地表2.9米）	2510±20	770BC~749BC（13.7%） 686BC~666BC（13.3%） 639BC~570BC（41.3%）	776BC~734BC（20.3%） 696BC~662BC（18.3%） 650BC~545BC（56.9%）
ZK-11256	木炭	T5545内（距地表2.3米）	2480±20	752BC~724BC（14.3%） 706BC~683BC（11.4%） 668BC~664BC（2.2%） 651BC~632BC（9.9%） 624BC~611BC（5.8%） 592BC~544BC（24.7%）	767BC~537BC（94.0%） 530BC~518BC（1.5%）
以下为兰州大学加速器质谱碳十四测年实验室2021年测试					
ZK-11234	木炭	M110CY：1（墓坑填土中）	2530±20	778BC~752BC（28.4%） 684BC~668BC（14.4%） 634BC~622BC（7.2%） 614BC~590BC（18.2%）	788BC~746BC（33.2%） 689BC~664BC（17.4%） 644BC~551BC（44.9%）
ZK-11236	木炭	M170CY：1（铜矛下）	2480±20	752BC~724BC（14.3%） 706BC~683BC（11.4%） 668BC~664BC（2.2%） 651BC~632BC（9.9%） 624BC~611BC（5.8%） 592BC~544BC（24.7%）	767BC~537BC（94.0%） 530BC~518BC（1.5%）

续表

实验编号	样品种类	样品单位	碳十四年代（BP）	树轮校正后年代 1σ（68.2%）	树轮校正后年代 2σ（95.4%）
ZK-11240	木炭	M191CY：1（棺木板灰）	2520±20	774BC~750BC（20.1%） 684BC~667BC（14.1%） 636BC~588BC（31.8%） 578BC~573BC（2.3%）	779BC~743BC（24.5%） 692BC~663BC（18.3%） 646BC~548BC（52.6%）
ZK-11243	木炭	M229CY：1（墓坑填土中）	2400±20	510BC~506BC（2.6%） 481BC~406BC（65.7%）	541BC~402BC（95.4%）
ZK-11244	木炭	M257CY：1（墓坑填土中）	2410±20	513BC~500BC（8.8%） 486BC~410BC（59.5%）	717BC~710BC（1.6%） 659BC~654BC（1.2%） 542BC~404BC（92.6%）
ZK-11248	木炭	M356CY：1（墓坑填土中）	2520±20	774BC~750BC（20.1%） 684BC~667BC（14.1%） 636BC~588BC（31.8%） 578BC~573BC（2.3%）	779BC~743BC（24.5%） 692BC~663BC（18.3%） 646BC~548BC（52.6%）
ZK-11249	木炭	M363CY：1（墓坑填土中）	2630±20	808BC~795BC（68.3%）	819BC~785BC（95.4%）
ZK-11250	木炭	M380CY：1（墓坑填土中）	2510±20	770BC~748BC（13.4%） 686BC~666BC（12.9%） 640BC~569BC（41.9%）	777BC~724BC（21.6%） 705BC~662BC（18.8%） 651BC~544BC（55.1%）
ZK-11251	木炭	M394CY：1（墓坑填土中）	2680±20	888BC~884BC（5.2%） 833BC~806BC（63.0%）	899BC~862BC（23.4%） 842BC~802BC（72.0%）
ZK-11252	木炭	M394CY：2（墓坑填土中）	2640±20	812BC~796BC（68.3%）	826BC~789BC（95.4%）
ZK-11253	木炭	M399CY：1（墓坑填土中）	2880±20	1109BC~1092BC（12.6%） 1084BC~1066BC（13.4%） 1058BC~1012BC（42.3%）	1186BC~1180BC（0.6%） 1126BC~984BC（94.9%）
以下为北京大学加速器质谱年代学实验室2021年测试					
ZK-11308	人工制品	M134：1特殊材料镯	2515±35	774BC~746BC（14.5%） 689BC~665BC（12.5%） 644BC~562BC（40.1%） 557BC~554BC（1.2%）	791BC~539BC（95.4%）
ZK-11309	人工制品	M134：2特殊材料镯	2455±30	748BC~686BC（25.4%） 666BC~640BC（9.8%） 568BC~476BC（31.2%） 432BC~425BC（1.9%）	755BC~680BC（27.7%） 670BC~607BC（17.1%） 596BC~414BC（50.6%）

续表

实验编号	样品种类	样品单位	碳十四年代（BP）	树轮校正后年代 1σ（68.2%）	树轮校正后年代 2σ（95.4%）
ZK-11310	人工制品	M164:3特殊材料镯	2475±30	754BC~681BC（27.7%） 670BC~608BC（20.7%） 594BC~542BC（19.9%）	770BC~471BC（94.2%） 434BC~423BC（1.3%）
ZK-11311	人工制品	M167:3特殊材料镯	2500±30	766BC~745BC（10.0%） 690BC~665BC（12.2%） 644BC~550BC（46.0%）	778BC~538BC（94.7%） 528BC~520BC（0.8%）
ZK-11312	人工制品	M190:6-2特殊材料镯	2435±30	724BC~706BC（8.0%） 662BC~651BC（4.7%） 544BC~416BC（55.6%）	750BC~684BC（20.2%） 668BC~636BC（8.8%） 618BC~615BC（0.3%） 590BC~406BC（66.2%）
ZK-11313	人工制品	M337:4特殊材料镯	2500±30	766BC~745BC（10.0%） 690BC~665BC（12.2%） 644BC~550BC（46.0%）	778BC~538BC（94.7%） 528BC~520BC（0.8%）
ZK-11314	人工制品	M337:5特殊材料镯	2565±30	801BC~756BC（59.9%） 679BC~671BC（4.5%） 605BC~598BC（3.8%）	806BC~748BC（66.9%） 687BC~666BC（8.5%） 642BC~567BC（20.0%）

三、测试结果与初步分析

由所测数据可以看出，大园子墓地28个测年样品的^{14}C年代分布在（2880±20）BP与（1880±20）BP之间，跨度较大，校正之后的年代范围在商代晚期至东汉时期。

碳十四年代学是通过对含碳物质的^{14}C放射性比度进行测试，并通过树轮校正曲线将之转换成日历年代，进而研究测年样品出土单位所代表的遗迹、考古学文化的绝对年代。实际工作中，往往会因为各种各样的原因，导致样品的绝对年代与出土单位的绝对年代之间存在或多或少的误差。已有学者从方法的原理与实验技术对^{14}C测年的误差进行过梳理与分析研究[1]。除此之外，取样过程中，测年样品之于研究问题所涉及遗

---

① 仇士华：《^{14}C测年与中国考古年代学研究》，中国社会科学出版社，2015年；Boaretto E, Wu X, Yuan J, Bar-Yosef O, Chu V, Pan Y, et al. Radiocarbon Dating of Charcoal and Bone Collagen Associated with Early Pottery at Yuchanyan Cave, Hunan Province, China. *Proceedings of the National Academy of Sciences*. 2009, 106(24): 9595-9600.

迹单位、遗址和墓地年代的代表性也可能存在误判[①]。考虑到大园子墓地测年结果较大的年代范围，以及样品性质和出土背景较为复杂，我们对墓葬出土的测年标本进行了分类，根据标本之于墓葬年代的指示意义将之归为三类。下文分别对这三类样品进行分析。

第一类，矛柲、戈柲、棺木、镯，这些测年样品为随葬品与葬具，性质明确、埋藏情况清楚，对于墓葬形成时的年代参考价值最大。此类样品共计11份，年代范围较为集中，相关数据的校正结果见表1与图1。其中，以ZK-11238（M180：5，铜矛骹内柲木）年代为下限、ZK-11314（M337：5，特殊材料镯）为年代上限。前者的碳十四年代为（2400±20）BP，校正后2σ的日历年代在541BC～402BC之间，相当于中原地区的春秋晚期至战国早期；后者的碳十四年代为（2565±30）BP，校正后2σ的日历年代在806BC～567BC之间，相当于中原地区的西周晚期至春秋中晚期。

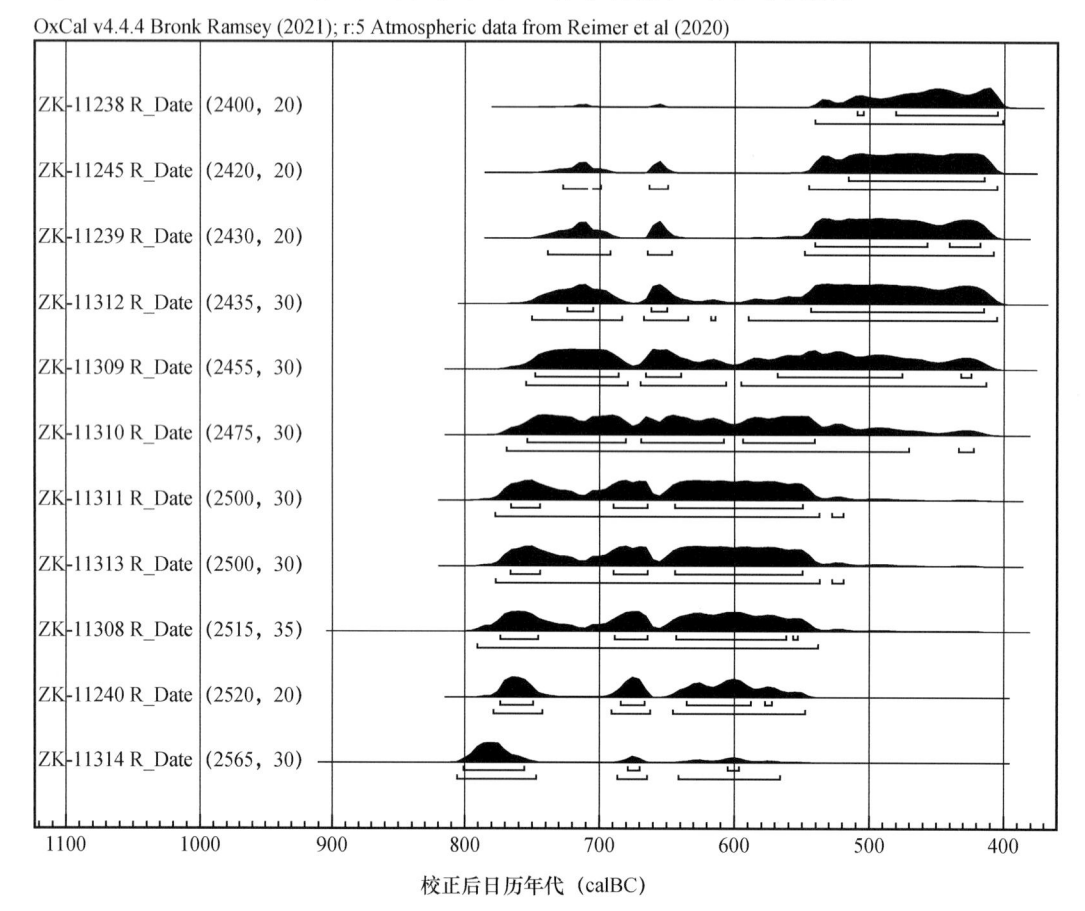

图1 大园子墓地第一类样品碳十四年代校正结果

---

① 夏鼐：《碳-14测定年代和中国史前考古学》，《考古》1977年第4期。

第二类，附着于铜扣饰、铜镯、铜剑等随葬品的木质样品以及墓葬底部的木炭等，这类样品或曾作为随葬品和葬具的一部分，但因为朽烂严重无法进一步明确其性质。此类样品共计5份，年代范围最为集中，相关校正结果见表1与图2。其中，ZK-11232（M23CY：1，铜扣饰下木炭）与ZK-11236（M170CY：1，铜矛下木炭）分别代表了年代的下限与上限。前者的碳十四年代为（2290±20）BP，校正后的日历年代（2σ）在401BC~232BC之间，相当于中原地区的战国时期；后者的碳十四年代为（2480±20）BP，校正后的日历年代（2σ）在767BC~518BC之间，相当于中原地区的春秋时期。

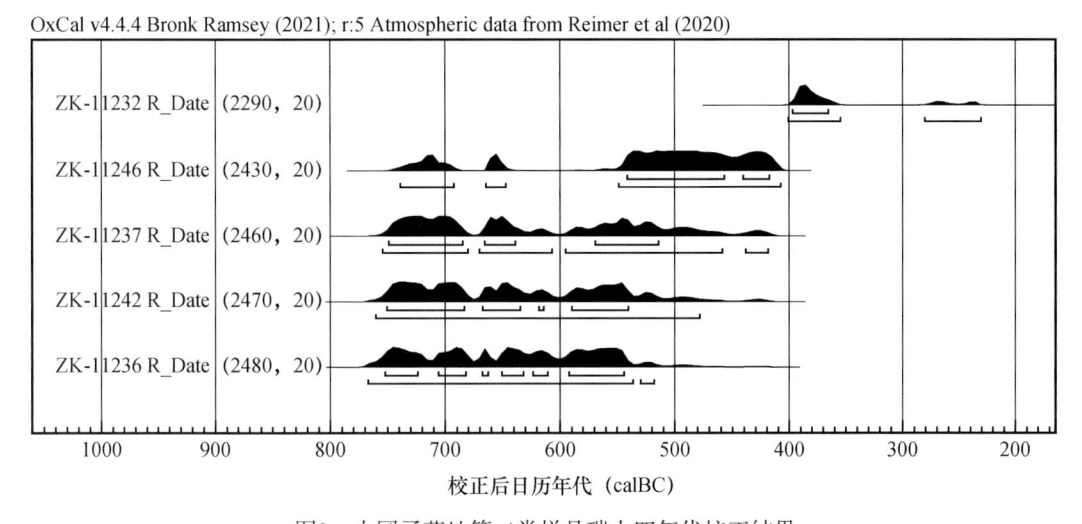

OxCal v4.4.4 Bronk Ramsey (2021); r:5 Atmospheric data from Reimer et al (2020)

图2　大园子墓地第二类样品碳十四年代校正结果

第三类，主要系墓坑填土内的样品，它们对于墓葬年代的指示意义较差。此类样品共计10份，年代范围最大，相关校正结果见表1与图3。其中，ZK-11231（M3CY：1，木炭）与ZK-11253（M399CY：1，木炭）分别代表了年代的下限与上限。前者的碳十四年代为（1880±20）BP，校正后的日历年代（2σ）在88AD~222AD之间，相当于中原地区的东汉时期；后者的碳十四年代为（2880±20）BP，校正后的日历年代（2σ）在1186BC~984BC之间，相当于中原地区的殷墟中晚期至西周早期。

此外，2例地层样品（ZK-11255与ZK-11256）的碳十四年代分别为（2510±20）BP与（2480±20）BP，校正之后的日历年代（2σ）分别介于776BC~545BC、767BC~518BC之间，与第一、二类样品的年代范围吻合。

根据样品的性质和出土位置，我们认为第一类样品对于大园子墓地使用年代的参考价值最大，第二类样品次之，第三类样品因出土背景和性质难以确定，姑且不予采纳。如果以第一、二类测年样品的年代作为参考，那么大园子墓地的绝对年代应介于西周晚期至战国时期，其中本报告测试的墓葬或以春秋早期至战国中期者居多。

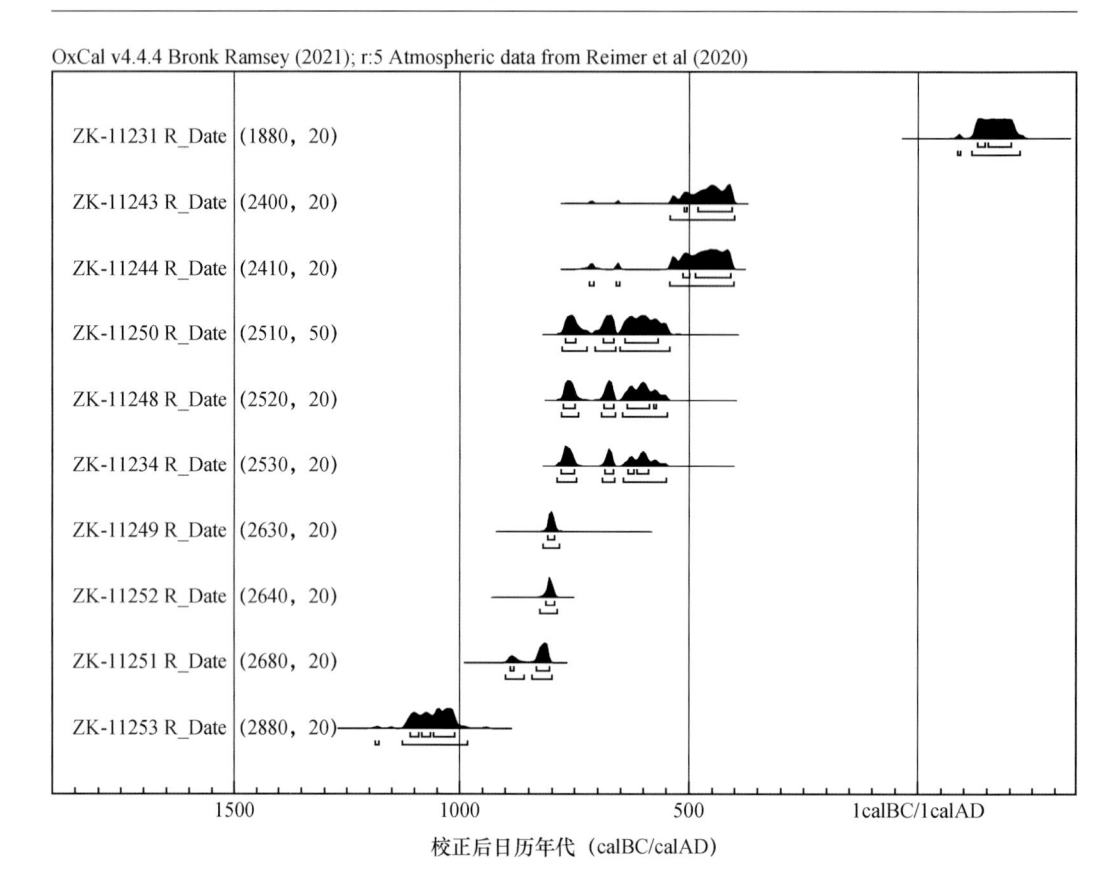

OxCal v4.4.4 Bronk Ramsey (2021); r:5 Atmospheric data from Reimer et al (2020)

样品编号	测年数据
ZK-11231 R_Date	(1880, 20)
ZK-11243 R_Date	(2400, 20)
ZK-11244 R_Date	(2410, 20)
ZK-11250 R_Date	(2510, 50)
ZK-11248 R_Date	(2520, 20)
ZK-11234 R_Date	(2530, 20)
ZK-11249 R_Date	(2630, 20)
ZK-11252 R_Date	(2640, 20)
ZK-11251 R_Date	(2680, 20)
ZK-11253 R_Date	(2880, 20)

校正后日历年代（calBC/calAD）

图3　大园子墓地第三类样品碳十四年代校正结果

二　师宗大园子墓地出土植物遗存分析与研究

王树芝

（中国社会科学院考古研究所）

为推进滇东高原战国秦汉时期西南夷考古遗存的发掘与研究，2015年和2016年中国社会科学院考古研究所、云南省文物考古研究所等单位合作，对云南师宗县大园子墓地先后进行了两次发掘。在发掘过程中出土了一批植物遗存，我们共取到61个样品，其中60个为植物，另有1个特殊材料镯经检测非木材亦非一般植物。60个植物样品中，含1个朽棺木、1个编织物、2个木器缠绕物、1个木块、34个木构件、20个墓坑填土中和土堆地层中的木炭样品，另外还有1个特殊材料镯的芯撑。对此，分别进行了分析与研究。

一、研究方法

由于木材样品很小，直接将木材置于盛水的烧杯中，煮沸使其软化。然后放到酒精甘油1∶1的溶液中进一步软化，将软化好的木材用LEICAcm3050 S冷冻切片机按照横、径、弦三个方向分别切出厚度15~25微米的切片。再经染色、脱水、封片等步骤，制成永久光学切片，在LEICA DM2050光学显微镜下进行观察，根据《中国木材志》[①]、《中国主要木材构造》[②]等主要书籍对树种木材特征的描述和现代木材的构造特征进行树种的鉴定。

对腐朽的木材，先炭化，然后再用双面刀片从木炭上切出横、径、弦三个方向的切面，先在具有反射光源、明暗场、物镜放大倍数为5倍、10倍、20倍、50倍的Nikon LV150金相显微镜下观察、记载木材特征，根据上述书籍对树种木材特征的描述和现代木材的构造特征进行树种的鉴定。然后在Quanta650扫描电子显微镜下进行拍照。

---

① 成俊卿、杨家驹、刘鹏：《中国木材志》，中国林业出版社，1992年。
② 腰希申：《中国主要木材构造》，中国林业出版社，1988年。

二、研究结果

取到的60个植物样品经鉴定，有22个树种、1个禾本科（Gramineae）植物、1个大麻（Cannabis sativa）或苎麻（Boehmeria nevea）纤维、1个未知种属的植物。树种有松属（Pinus sp.）、软木松类（Subgen. Haploxylon）、硬木松类（Subgen. Diploxylon）、桤木属（Alnus sp.）、乌桕属（Sapium sp.）、栎属（Quercus sp.）、青冈属（Cyclobalanopsis sp.）、化香树属（Platycarya sp.）、桑属（Morus sp.）、喜树（Camptotheca acuminata）、水团花（Adina pilulifera）、乌口树属（Tarenna sp.）、梨属（Pyrus sp.）、棠梨（Pyrus xerophila）、船柄木属（Hartia sp.）、牡荆属（Vitex L.）、7个未鉴定种属的阔叶树（表1）。

表1　大园子墓地木材与木炭鉴定结果

序号	编号	取样部位	种属	科
1	M5CY：1	铜镯上附着物	苎麻/大麻	荨麻科/大麻科
2	M31CY：1	铜镯附近	硬木松类	松科
3	M52：1	铜剑茎内	船柄木属	山茶科
4	M59：1	铜戚銎内	青冈属	壳斗科
5	M72：2	铜戚銎内	喜树	蓝果树科
6	M74CY：1	墓坑填土内	硬木松类	松科
7	M94：2	铜矛骹内	梨属	蔷薇科
8	M110CY：1	墓坑填土内	硬木松类	松科
9	M113：1	铜矛骹内	喜树	蓝果树科
10	M138CY：1	铜剑下	松属	松科
11	M152：1	铜戚銎内	栎属	壳斗科
12	M168CY：1	墓坑填土内	软木松类	松科
13	M169：1	铜矛骹内	栎属	壳斗科
14	M180：5	铜矛骹内	化香树属	胡桃科
15	M180CY：1-1	铜戈柲	桑属	桑科
16	M180CY：1-2	铜戈柲上残存物		禾本科
17	M184：2	铜矛骹内	桑属	桑科
18	M185：5	铜扣饰附近	软木松类	松科
19	M189：1	铜矛骹内	梨属	蔷薇科
20	M191CY：1	墓底板灰	松属	松科
21	M195：1	铜矛骹内销钉	桑属	桑科

续表

序号	编号	取样部位	种属	科
22	M199:1	铜剑茎内	青冈属	壳斗科
23	M199CY:1	墓坑填土内	硬木松类	松科
24	M199:3	铜矛骰内	水团花	茜草科
25	M202:1	铜矛骰内	青冈属	壳斗科
26	M202CY:1	墓坑填土内	硬木松类	松科
27	M206:2	铜矛骰内	桑属	桑科
28	M206CY:1	铜矛柲上缠绕物	苎麻/大麻	荨麻科/大麻科
29	M209:4	铜矛骰内	桤木属	桦木科
30	M211:2	铜矛骰内	桑属	桑科
31	M217CY:1	墓坑填土内	硬木松类	松科
32	M229CY:1	墓坑填土内	松属	松科
33	M234:2	铜戚鐏内	乌口树属	茜草科
34	M264:2	铜矛骰内	水团花	茜草科
35	M273:3	铜矛骰内	栎属	壳斗科
36	M276:1	铜戚鐏内	棠梨	蔷薇科
37	M281:3	铜矛骰内	青冈属	壳斗科
38	M283:1	铜戚鐏内	棠梨	蔷薇科
39	M321CY:1	墓底靠近东壁处	松属	松科
40	M343:3	铜矛骰内	水团花	茜草科
41	M350:4	铜戚鐏内	梨属	蔷薇科
42	M363CY:1	墓坑填土内	松属	松科
43	M368:2	铜戚鐏内	桤木属	桦木科
44	M376:1	铜戚鐏内	青冈属	壳斗科
45	M378:1	铜戈翼下	乌桕属	大戟科
46	M380CY:1	墓坑填土内	硬木松类	松科
47	T5544CY:1	地层炭样	软木松类	松科
48	T5544CY:2	地层炭样	软木松类	松科
49	T5544CY:3	地层炭样	软木松类	松科
50	T6521CY:1	地层炭样	硬木松类	松科
51	T6521CY:2	地层炭样	硬木松类	松科
52	T6521CY:3	地层炭样	硬木松类	松科
53	M11:1	铜矛骰内	未知1	
54	M170:2	铜矛骰内	未知2	

续表

序号	编号	取样部位	种属	科
55	M180∶5	铜矛骹内	未知3	
56	M180∶13	铜镈銎内	未知4	
57	M185∶2	铜戈柲	未知5	
58	M257CY∶1	墓坑填土内	未知6	
59	M257CY∶2	墓坑填土内	未知7	
60	M167∶3-1	特殊材料镯内芯撑	牡荆属	马鞭草科

这些种属的构造特征如下：

1. 松属双维管束亚属即硬木松类

从横切面上看：生长轮明显；早材至晚材急变；轴向薄壁组织缺如。有轴向树脂道（图1、图4）。从径切面上看：早材管胞径壁具缘纹孔1~2列；眉条长，明显。晚材管胞径壁具缘纹孔1列。射线薄壁细胞与早材管胞间交叉场纹孔式为窗格型，少数松木型；射线管胞内壁有深锯齿（图2、图5）。从弦切面上看：木射线具单列及纺锤形两种：①单列射线；②纺锤射线具径向树脂道（图3、图6）。

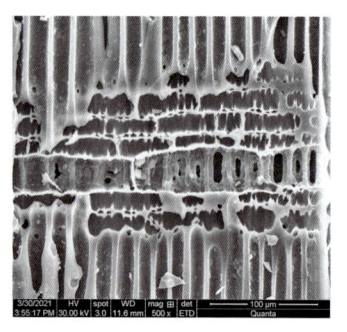

图1 硬木松类横切面　　图2 硬木松类径切面　　图3 硬木松类弦切面

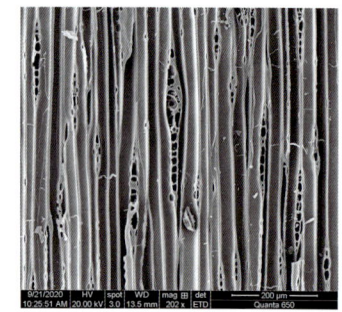

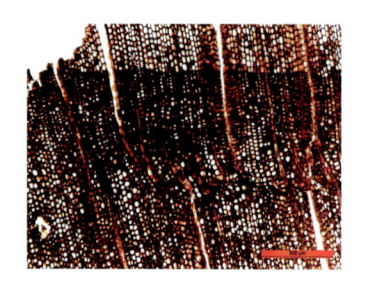

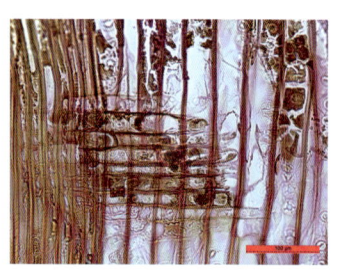

图4 硬木松类横切面　　图5 硬木松类径切面　　图6 硬木松类弦切面

2. 松属单维管束亚属即软木松类

从横切面上看：生长轮略明显；宽度不匀；早材占全轮宽度大部分；早材至晚材渐变。轴向薄壁组织缺如。木射线中至略密，极细至甚细。轴向树脂道呈孔穴状，数多，单独，通常分布于晚材带及附近早材带上。轴向树脂道周围有4~8个泌脂细胞（图7）。从径切面上看：早材管胞径壁具缘纹孔1列，少数2列或成对；眉条长。晚材管胞径壁具缘纹孔1列。射线薄壁细胞与早材管胞间交叉场纹孔式为窗格型或者松木型，1~6个，1~3横列（图8）。从弦切面上看：木射线具单列及纺锤形两类：①单列射线，偶2列，高1~16细胞或以上，多数3~8细胞；②纺锤射线具径向树脂道，径向树脂道周围有3~5个泌脂细胞（图9）。

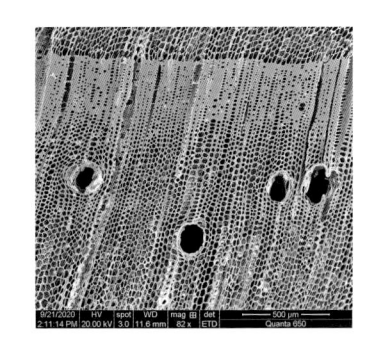

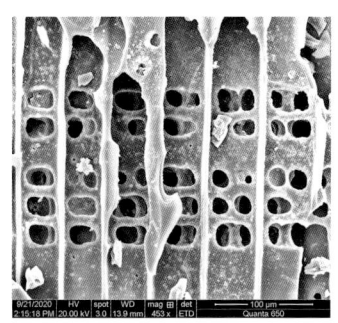

图7 软木松类横切面　　图8 软木松类径切面　　图9 软木松类弦切面

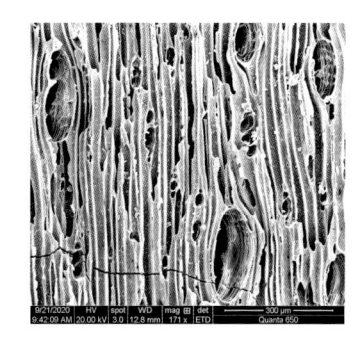

3. 桤木属

从横切面上看：生长轮略明显；散孔材；管孔略多，管孔通常为多角形，单管孔及径列复管孔，少数呈管孔团。轴向薄壁组织甚少，星散状及环管状。木射线中至密；分宽、窄两类：①窄木射线极细至甚细；②宽木射线（聚合射线）普遍（图10）。从径切面上看：螺纹加厚缺如。复穿孔，梯状。管间纹孔式通常对列。射线组织同形。射线-导管间纹孔式类似管间纹孔式（图11）。从弦切面上看：木射线非叠生；木射线两种：①窄木射线宽1（间或2）细胞；②宽木射线（聚合木射线）宽至许多细胞，为许多较小木射线所组成，被纤维组织分隔；高许多细胞（图12）。

4. 乌桕属

从横切面上看：生长轮略明显；管孔较大，自生长轮内部往外逐渐减少减小，形成半环孔材（间或仍呈散孔材）。轴向薄壁组织较多，短细弦线较密，菱形晶体常见。木射线中至略密，极细至甚细（图13）。从径切面上看：螺纹加厚缺如。单穿孔，圆形至椭圆形。薄壁细胞端壁节状加厚不明显；树胶未见；菱形晶体未见或偶见（分室含晶细胞）。射线组织同形，少数异形（图14）。从弦切面上看：木射线非叠生；单列射线，极少2列或成对，高1~28细胞或以上，多数5~20细胞（图15）。

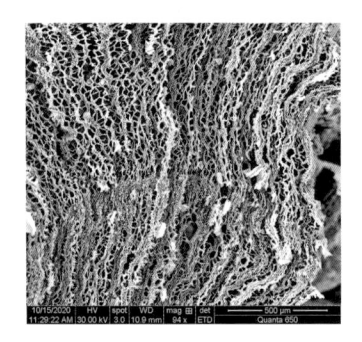

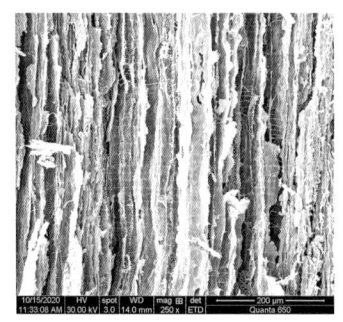

图10　桤木属横切面　　　图11　桤木属径切面　　　图12　桤木属弦切面

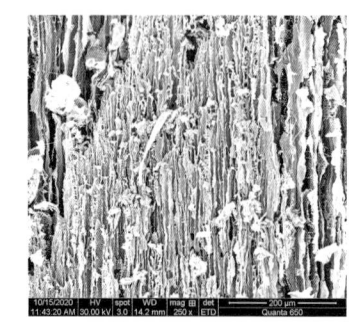

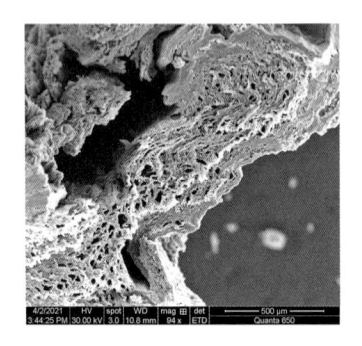

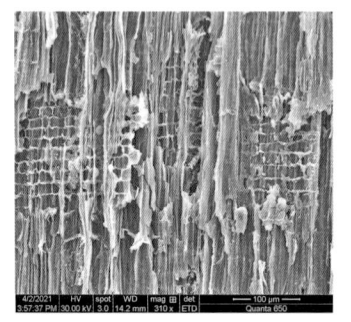

图13　乌桕属横切面　　　图14　乌桕属径切面　　　图15　乌桕属弦切面

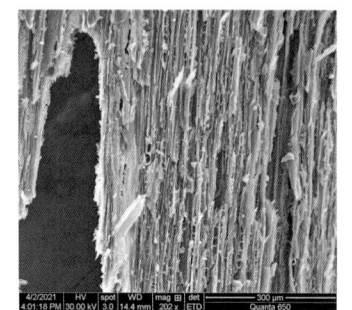

5. 栎属

从横切面上看：生长轮甚明显；环孔材；宽度略均匀。早材管孔略大，连续排列成早材带，通常宽1~2（稀3）列管孔，导管横切面为卵圆形，稀圆形；心材侵填体丰富。早材至晚材急变；晚材管孔甚小，单管孔，稀呈短径列复管孔，火焰状径列。轴向薄壁组织量多（图16）。木射线略密，分宽窄两类：①窄木射线极细；②宽木射线被许多窄木射线分隔。从径切面上看：螺纹加厚缺如。单穿孔（偶见梯状复穿孔）；管间纹孔式互列，圆形及卵圆形。薄壁细胞端壁节状加厚不明显；部分含树胶，具菱形晶体。射线组织同形。射线-导管间纹孔式为刻痕状及类似管间纹孔式（图17）。从弦切面上看：木射线非叠生，分宽窄两类：①窄木射线通常单列（稀2列或成对）；②宽木射线（全为复合射线）最宽处宽至许多细胞，高至许多细胞（图18）。

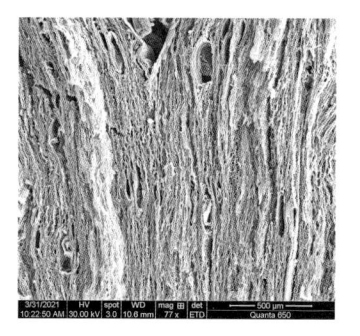

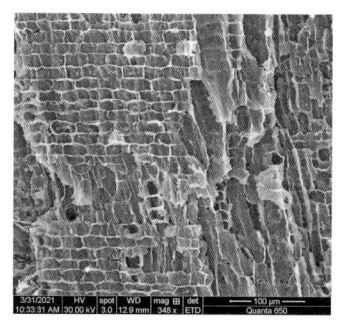

图16　栎属横切面　　　　图17　栎属径切面　　　　图18　栎属弦切面

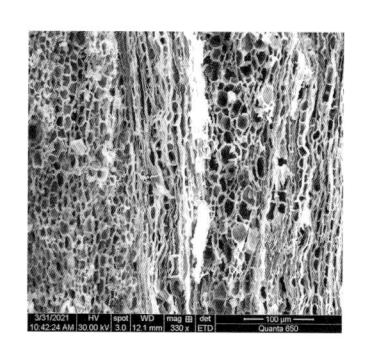

6. 青冈属

从横切面上看：生长轮不明显；散孔材；宽度略均匀。管孔大小中等，大小略一致，或自内往外略有减小，分布不均匀，呈溪流状径列，列宽1~3管孔；有侵填体。导管横切面为圆形及卵圆形，通常单管孔，径列。轴向薄壁组织量多：①主为离管带状，呈连续弦向带，宽1~4细胞；②少数星散或星散-聚合状；③环管状偶见。木射线中至密，分宽窄两类：①窄木射线极细至甚细；②宽木射线被许多窄木射线分隔（图19、图22、图25）。从径切面上看：螺纹加厚缺如。单穿孔；管间纹孔式互列，圆形及卵圆形。薄壁细胞节状加厚常不明显；少数含树胶，具菱形晶体。射线组织同形。射线细胞含少量树胶，常有菱形晶体。射线-导管间纹孔式主为刻痕状，多数直立少数斜列（图20、图23、图26）。从弦切面上看：木射线非叠生，分宽窄两类：①窄木射线通常宽1（间或2列或成对）细胞，高1~24细胞或以上，多数5~15细胞；②宽木射线（一部分为半复合射线，聚合射线偶见）最宽处宽至许多细胞，高至许多细胞（图21、图24、图27）。

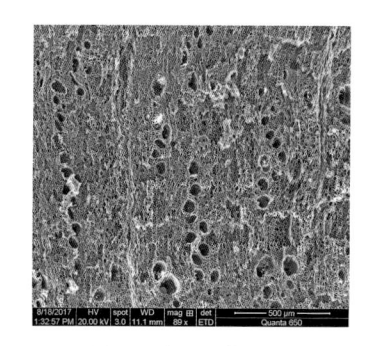

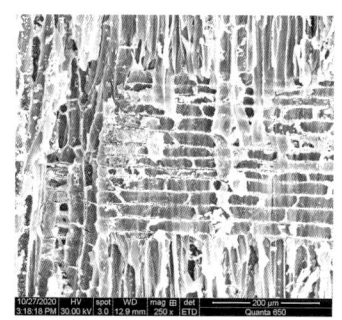

图19　青冈属横切面　　　图20　青冈属径切面　　　图21　青冈属弦切面

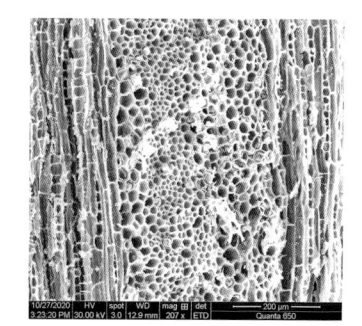

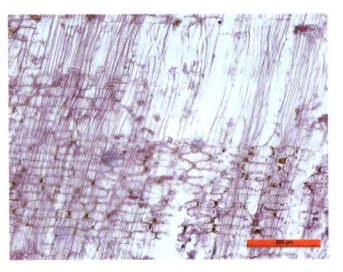

图22　青冈属横切面　　　图23　青冈属径切面　　　图24　青冈属弦切面

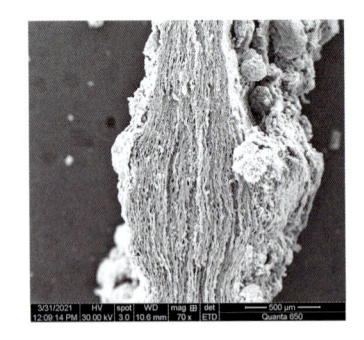

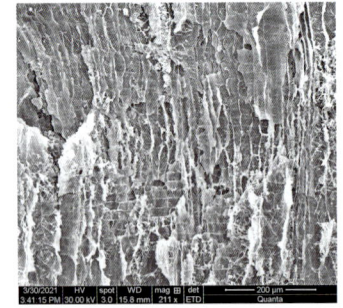

图25　青冈属横切面　　　图26　青冈属径切面　　　图27　青冈属弦切面

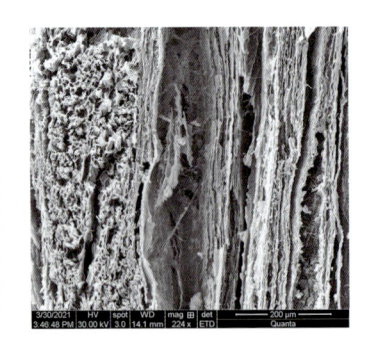

7. 化香树属

从横切面上看：生长轮明显；环孔材；宽度均匀。早材管孔通常略大，在肉眼下明显，连续排列成早材带，带宽数管孔；有侵填体；早材至晚材急变或略急变。晚材管孔略小。导管在早材带横切面上为卵圆及椭圆形，在晚材带为不规则多角形，多簇集成管孔团，排列显然呈之字形。轴向薄壁组织量多，在晚材带呈离管带状及环管状，宽1~3列细胞，形成连续弦向带，轮界状者可见，在早材带为环管状和星散状。从径切面上看：螺纹加厚存在于小导管管壁上。单穿孔。薄壁细胞少数含树胶，晶体未见（图28）。射线组织异形Ⅱ型，稀Ⅰ型（图29）。从弦切面上看：木射线非叠生；单列射线较少，高2~31细胞或以上，多数5~15细胞。多列射线宽2~4细胞，高4~66细胞或以上，多数10~30细胞，同一射线内常出现2次多列部分（图30）。

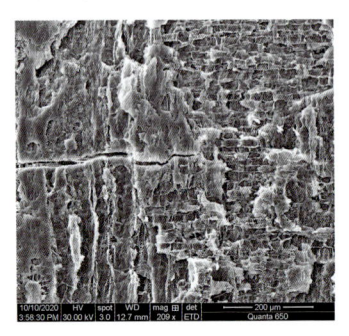

图28　化香树属横切面　　图29　化香树属径切面　　图30　化香树属弦切面

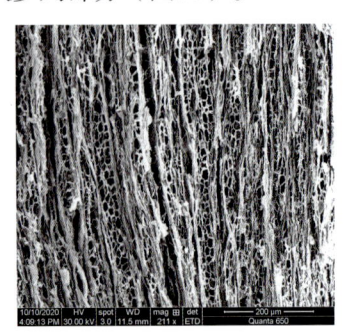

8. 桑属

从横切面上看：生长轮明显，环孔材，早材管孔中至略大，心材侵填体充满管孔，致使早材管孔在肉眼下可见。晚材管孔甚小至略小，在生长轮外部呈鸟巢状，与薄壁组织相连排列呈短弦线或波浪形。导管在早材带横切面上为卵圆、椭圆及圆形，单管孔或短径列复管孔（2~3个）。在晚材带横切面上多数为不规则形状，多呈管孔团（有薄壁组织连成弦向带），少数单管孔及短径列复管孔（2~3个），斜列及弦列。轴向薄壁组织在早材带呈环管状及环管束状，在晚材带兼具傍管带状，并具轮界状（图31）。从径切面上看：螺纹加厚仅见于小导管管壁上，单穿孔，管间纹孔式互列，具菱形晶体。射线组织异形Ⅱ型，少数异形Ⅲ型。射线细胞含树胶，菱形晶体甚普遍，端壁节状加厚，射线-导管间纹孔式类似管间纹孔式（图32）。从弦切面上看：单列射线数少，高2~12细胞或以上，多列射线宽2~8细胞，多数4~7细胞；高3~70细胞或以上，多数20~45细胞（图33）。

图31 桑属横切面　　　　图32 桑属径切面　　　　图33 桑属弦切面

9. 喜树

从横切面上看：生长轮略明显；散孔材；宽度均匀或不均匀。管孔多或甚多，略小，大小颇一致，分布略均匀；侵填体未见。导管横切面为卵圆及圆形，具多角形轮廓，多数单管孔，少数呈短径列复管孔（2~3个）；散生。轴向薄壁组织甚少，星散状间或环管状。木射线中至略密，极细至略细（图34）。从径切面上看：螺纹加厚未见。复穿孔，梯状，少数具分枝，横隔窄，中至多（6~20条，多数10余条）。管间纹孔式对列，间或局部呈梯状，圆形、卵圆形，间或长椭圆形。薄壁细胞端壁节状加厚不明显；通常不含树胶，具菱形晶体。射线组织异形Ⅱ型及异形Ⅰ型。射线-导管间纹孔式类似管间纹孔式（图35）。从弦切面上看：木射线非叠生；单列射线数少，高1~14细胞或以上。多列射线通常宽2细胞，少数至3细胞，高4~36细胞或以上，多数8~20细胞，同一射线内常出现2~4（通常2~3）次多列部分（图36）。

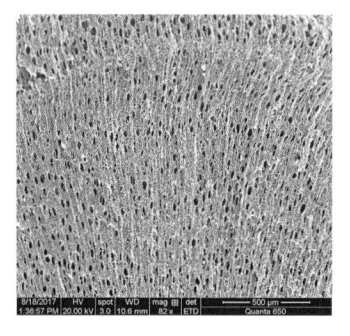

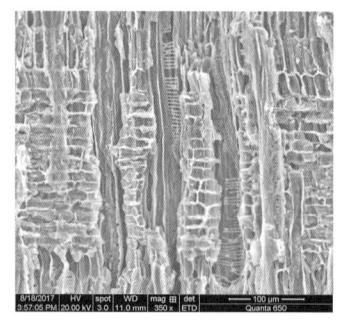

图34 喜树横切面　　　图35 喜树径切面　　　图36 喜树弦切面

10. 水团花

从横切面上看：生长轮不明显至略明显；散孔材；宽度不均匀。管孔略多至多，甚小至略小，大小颇一致，分布略均匀；导管在横切面上为卵圆及圆形，略具多角形轮廓，单管孔，稀呈短径列复管孔（2个），间或成对弦列，散生。轴向薄壁组织不见。木射线甚多，极细至略细，侵填体未见（图37）。从径切面上看：螺纹加厚缺如。单穿孔；管间纹孔式互列，系附物纹孔，卵圆及圆形。薄壁细胞端壁节状加厚不明显；树胶及晶体未见。射线组织异形Ⅰ型，射线与导管间纹孔式类似管间纹孔式（图38）。从弦切面上看：木射线非叠生；单列射线较多，有时兼具横卧与直立细胞。多列射线宽2～3细胞（多数2个细胞）（图39）。

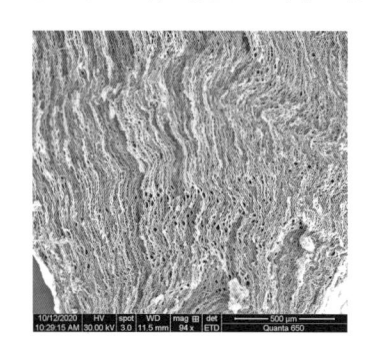

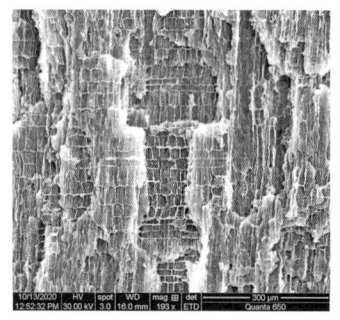

图37 水团花横切面　　　图38 水团花径切面　　　图39 水团花弦切面

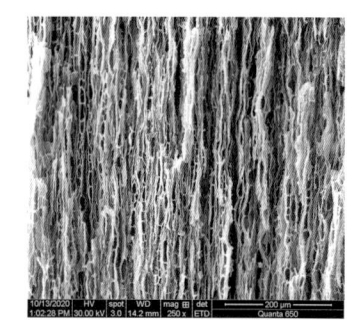

11. 乌口树属

从横切面上看：生长轮略明显；散孔材。导管在横切面上为圆形及卵圆形，略具多角形轮廓；单管孔及少数径列复管孔（2～3个），间或成对弦列；散生；壁薄。薄壁组织星散-聚合及星散状，稀环管状（图40）。从径切面上看：单穿孔，圆形及卵圆形；管间纹孔式互列，系附物纹孔，圆形及卵圆形；纹孔口内函，圆形及卵圆形。轴向薄壁细胞端壁节状加厚不明显；具少量树胶；晶体未见；具筛状纹孔式。木纤维胞壁略厚及厚；射线组织异形Ⅰ及Ⅱ型，直立或方形射线细胞比横卧射线细胞高（图41）。从弦切面上看：木射线非叠生；多列射线宽2～3细胞，射线细胞含少量树胶，晶体未见，端壁节状加厚略明显，水平壁纹孔不明显，射线-导管间纹孔式类似管间纹孔式（图42）。

图40　乌口树横切面　　　　图41　乌口树径切面　　　　图42　乌口树弦切面

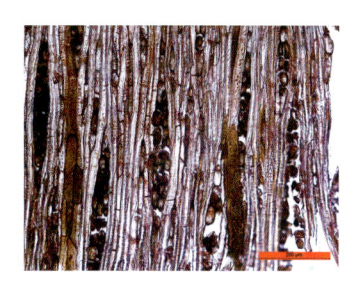

12. 梨属

从横切面上看：生长轮明显，散孔材；导管横切面轮廓基本为多角形，轴向薄壁组织细胞难以辨别（图43、图46、图49）。从径切面上看：单穿孔，穿孔板倾斜；螺纹加厚略明显，管间纹孔互列，射线组织同形单列及多列，主要由横卧细胞组成，射线-导管间纹孔式类似管间纹孔式（图44、图47、图50）。从弦切面上看：单列射线少，多列射线通常2列，高2～10个细胞（图45、图48、图51）。

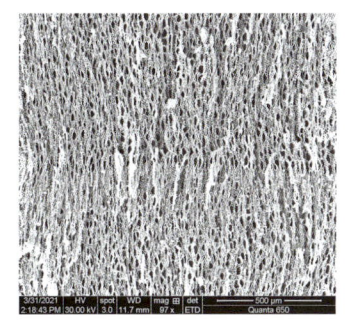

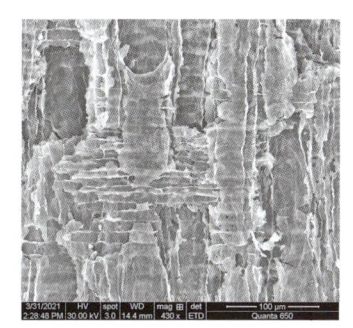

图43　梨属横切面　　　　图44　梨属径切面　　　　图45　梨属弦切面

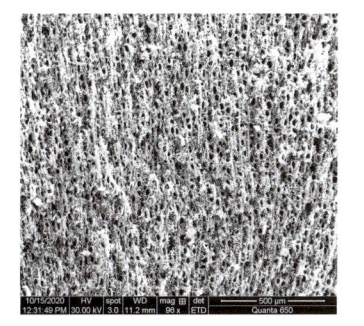

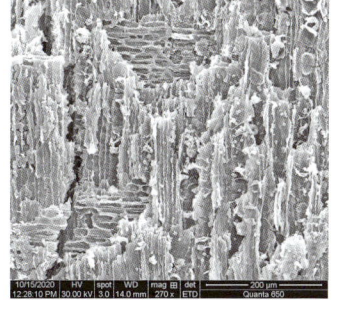

图46　梨属横切面　　　　图47　梨属径切面　　　　图48　梨属弦切面

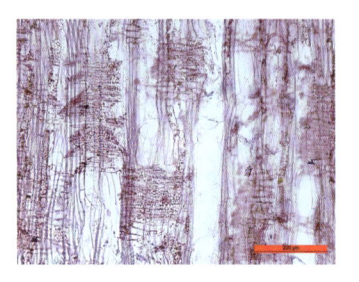

图49　梨属横切面　　　　　图50　梨属径切面　　　　　图51　梨属弦切面

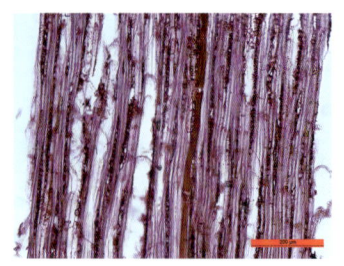

13. 棠梨

从横切面上看：生长轮明显，散孔材。导管在横切面上为卵圆形或近椭圆形，少数圆形；单管孔，极少呈短径列复管孔（2个），由于导管分子端部重叠，有时管孔弦列成对；散生；壁薄；侵填体未见（图52）。从径切面上看：螺纹加厚未见。单穿孔；穿孔底壁略倾斜至倾斜。管间纹孔式互列。轴向薄壁组织星散-聚合状及星散状；薄壁细胞端壁节状加厚不明显；具少量树胶；菱形晶体常见，含晶异细胞有时可连续至12个以上；木纤维壁厚，具缘纹孔明显；射线组织同形单列及多列（图53）。从弦切面上看：木射线非叠生；单例射线数较多，高1~27细胞或以上；多列射线多数2细胞，高5~35细胞或以上，多数高10~25细胞。射线细胞树胶少，晶体偶见，端壁节状加厚及水平壁纹孔多而明显，射线-导管间纹孔式互列（图54）。

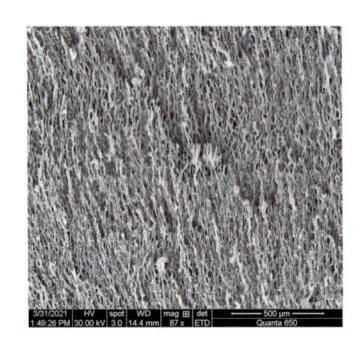

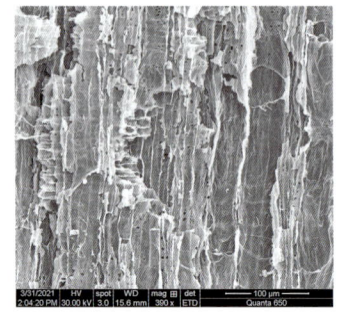

图52　棠梨横切面　　　　　图53　棠梨径切面　　　　　图54　棠梨弦切面

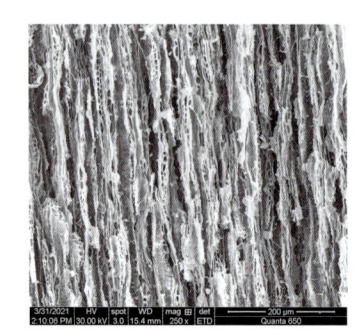

14. 船柄木属

从横切面上看：生长轮明显；散孔或至半环孔材。导管在横切面上为圆形至椭圆形，具多角形轮廓；单管孔，短径列复管孔（2个）偶见，由于导管分子重叠，管孔有时成对弦列；散生；壁薄；侵填体未见，轴向薄壁组织较多；星散-聚合状或至断续离管带状，星散状及环管状（图55）。从径切面上看：螺纹加厚见于导管尾部。复穿孔，梯状，偶分枝；横隔窄，数多（通常数十条）；穿孔板甚倾斜。管间纹孔式未见。薄壁细胞端壁节状加厚明显；具少量树胶；晶体未见；具筛状纹孔式。纤维管胞壁厚，少数甚厚；射线组织异形Ⅰ及Ⅱ型，直立或方形射线细胞比横卧射线细胞高（图56）。从弦切面上看：木射线非叠生；多列射线多数2～4细胞，稀至5细胞；同一射线内有时出现2次多列部分。射线细胞部分含树胶，晶体未见，端壁节状加厚及水平壁纹孔多而明显，射线-导管间纹孔式通常为横列刻痕状（图57）。

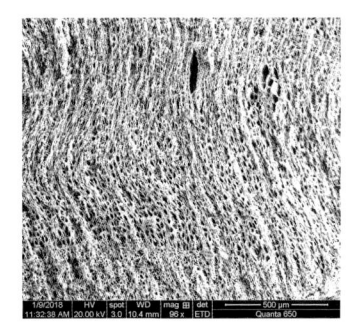

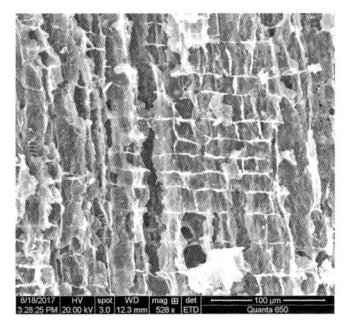

图55 船柄木属横切面　　图56 船柄木属径切面　　图57 船柄木属弦切面

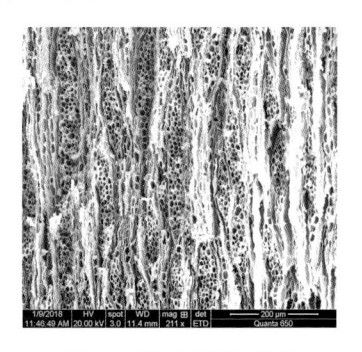

15. 禾本科

戈柲上残存物为禾本科植物，横切面为髓心和V形维管（图58），径切面和弦切面薄壁细胞结构相似（图59、图60）。

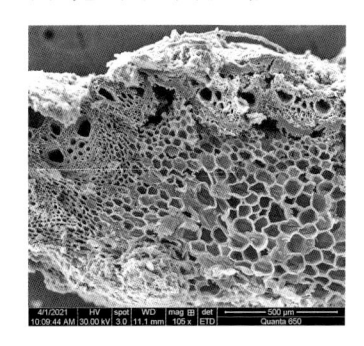

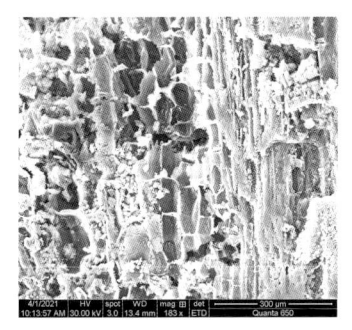

图58 禾本科横切面　　图59 禾本科径切面　　图60 禾本科弦切面

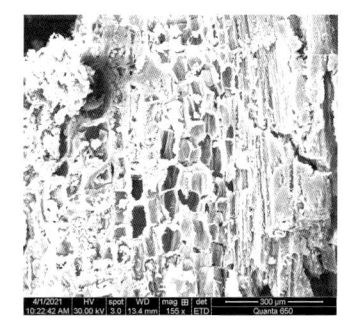

16. 苎麻或大麻

图61为M5CY∶1，即铜镯上附着的编织物。图63为M206CY∶1，即铜矛柲木头上缠绕物。苎麻的韧皮纤维粗细不均匀，呈圆管状，少量呈扁平，有横节；大麻与苎麻相像，粗细不均匀，部分呈圆管状，部分呈扁平带状，有天然扭曲，也有横节（图62、图64），因此缠绕物鉴定为苎麻或大麻。

图61　M5CY：1铜镯上编织物

图62　苎麻或大麻

图63　M206CY：1铜矛柲木头上缠绕物

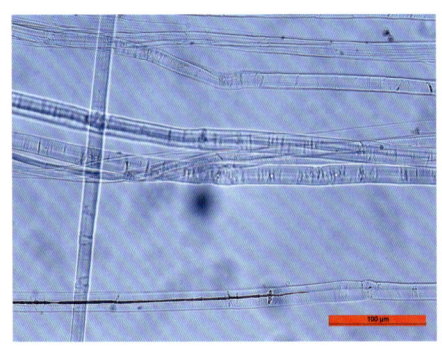

图64　苎麻或大麻

17. 未鉴定阔叶树种

图65～图82为6个未鉴定阔叶树种的3个切面。

18. 牡荆属

从横切面看：髓心为四棱形，初生薄壁细胞多破碎，只残留下一小部分（图83）。从径切面看：有导管和分隔木纤维（图84）。从弦切面看：细胞内有2～4个硅细胞成列排列或者堆积（图85）。

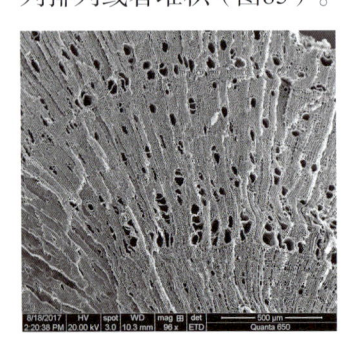

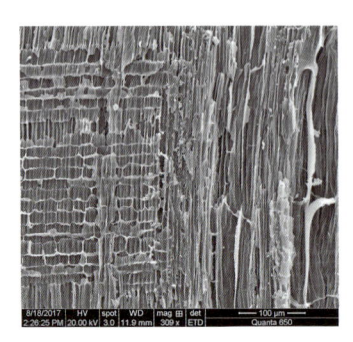

图65　未知1横切面　　　图66　未知1径切面　　　图67　未知1弦切面

二　师宗大园子墓地出土植物遗存分析与研究　　　·617·

图68　未知2横切面　　　图69　未知2径切面　　　图70　未知2弦切面

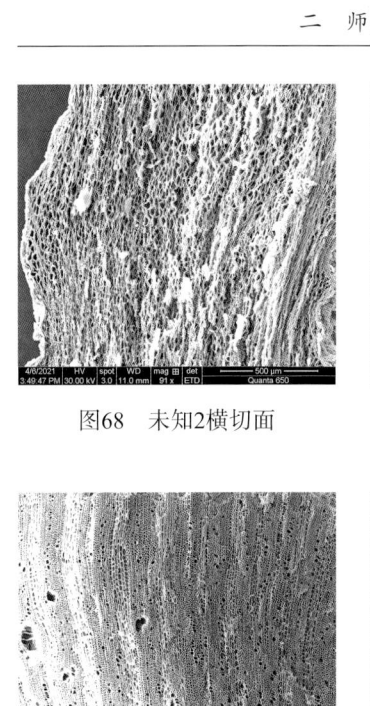

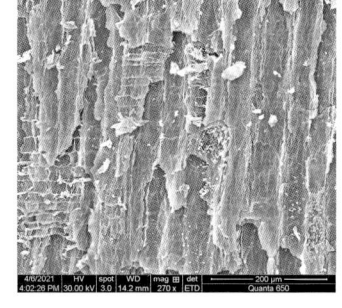

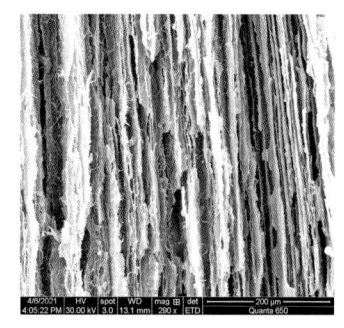

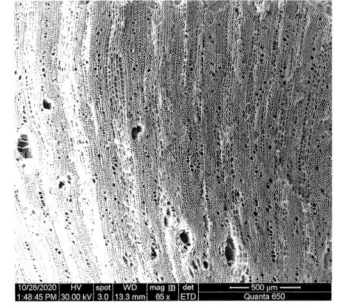

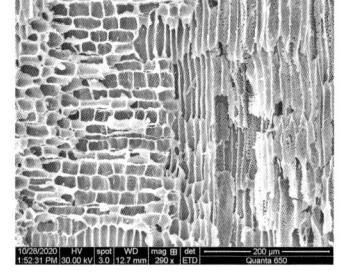

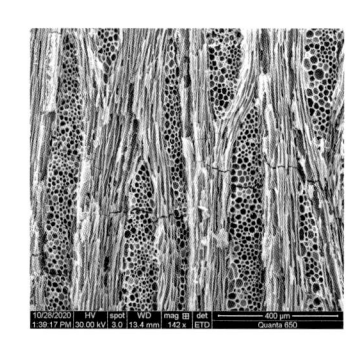

图71　未知3横切面　　　图72　未知3径切面　　　图73　未知3弦切面

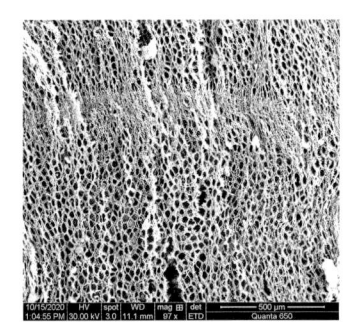

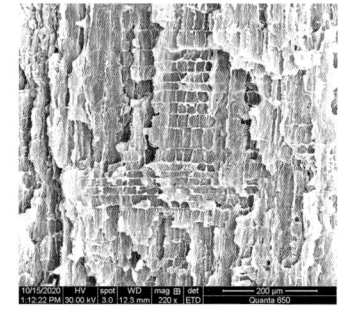

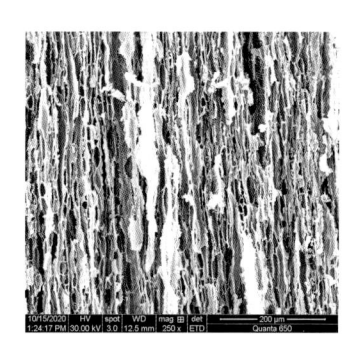

图74　未知4横切面　　　图75　未知4径切面　　　图76　未知4弦切面

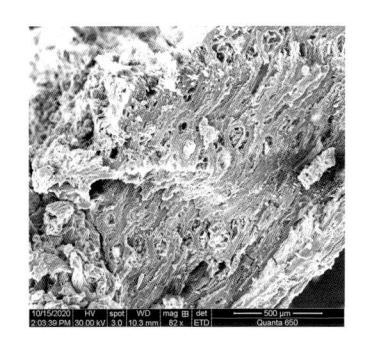

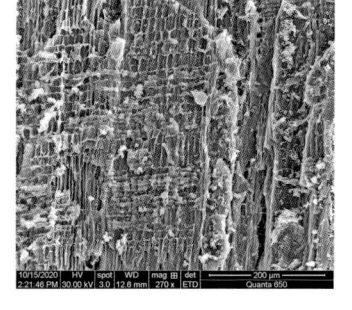

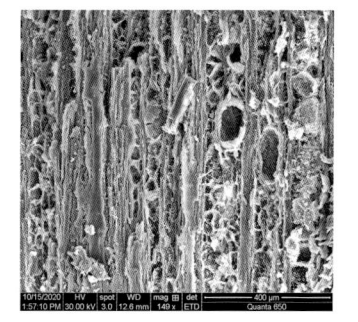

图77　未知5横切面　　　图78　未知5径切面　　　图79　未知5弦切面

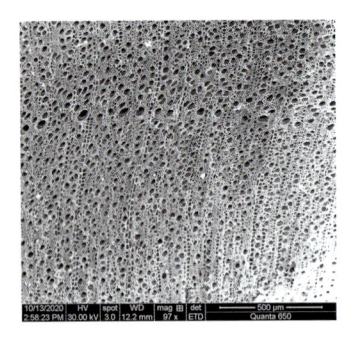

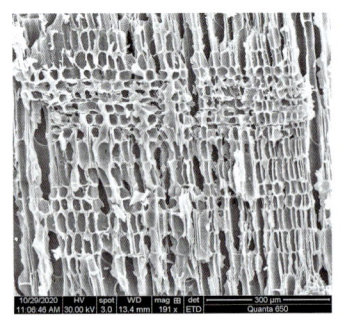

图80　未知6横切面　　　　图81　未知6径切面　　　　图82　未知6弦切面

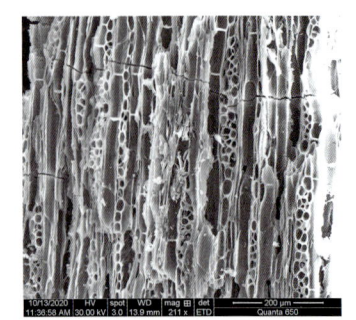

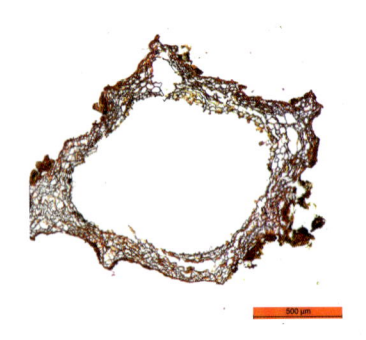

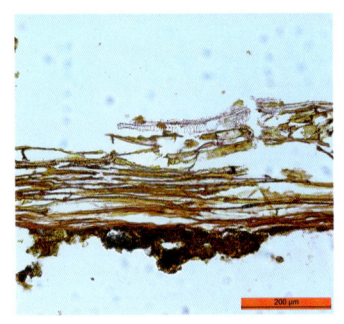

图83　牡荆属横切面　　　图84　牡荆属径切面　　　图85　牡荆属弦切面

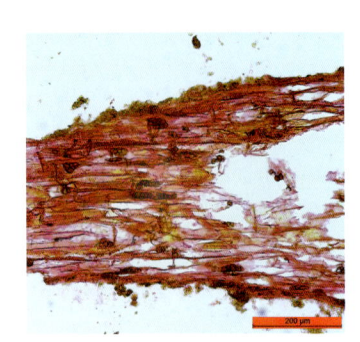

三、讨　论

（一）关于大园子墓地出土的松木

大园子墓地出土的松属最多，59个木材、木炭样品中有20个是松木（表2），数量百分比占33.9%。M191的棺木板灰采样，经鉴定为硬木松。硬木松木纹理直，结构中至粗，耐久用，坚硬，强度较大，耐腐力强，在中国古代，松木常被用作棺和椁的材料，如皇明宗室端懿王朱公镗墓的棺椁[1]、西夏陵区101号陪葬墓的棺[2]、赫章可乐遗址墓葬的棺[3]均为松木。

此外，墓坑和土堆地层内出土的15个木炭样品为软木松和硬木松，说明遗址周边有以松为主的针叶林。

---

[1] 西安市文物保护考古研究所：《西安南郊皇明宗室汧阳端懿王朱公镗墓清理简报》，《考古与文物》2001年第6期。

[2] 宁夏回族自治区博物馆：《西夏陵区101号墓发掘简报》，《考古与文物》1983年第5期。

[3] 贵州省文物考古研究所：《赫章可乐二〇〇〇年发掘报告》，文物出版社，2008年。

表2 大园子墓地松属出土情况

序号	编号	取样部位	种属	科
1	M31CY：1	铜镯附近	硬木松类	松科
2	M74CY：1	墓坑填土内	硬木松类	松科
3	M110CY：1	墓坑填土内	硬木松类	松科
4	M138CY：3	铜剑下	松属	松科
5	M168CY：1	墓坑填土内	软木松类	松科
6	M185：5	铜扣饰附近	软木松类	松科
7	M191CY：1	棺木板灰采样	松属	松科
8	M199CY：1	墓坑填土内	硬木松类	松科
9	M202CY：1	墓坑填土内	硬木松类	松科
10	M217CY：1	墓坑填土内	硬木松类	松科
11	M229CY：1	墓坑填土内	松属	松科
12	M321CY：1	墓底靠近东壁处	松属	松科
13	M363CY：1	墓坑填土内	松属	松科
14	M380CY：1	墓坑填土内	硬木松类	松科
15	T5544CY：1	地层炭样	软木松类	松科
16	T5544CY：2	地层炭样	软木松类	松科
17	T5544CY：3	地层炭样	软木松类	松科
18	T6521CY：1	地层炭样	硬木松类	松科
19	T6521CY：2	地层炭样	硬木松类	松科
20	T6521CY：3	地层炭样	硬木松类	松科

（二）关于铜器木构件木材

在铜器木构件木材中，桑木、梨木和青冈属数量百分比最高，均占14.7%；其次是栎属和水团花，均占8.8%；第三位的是桤木属和喜树，占5.9%；其余的是化香树、乌口树属、乌桕属、船柄木属和5个未鉴定树种，数量百分比最少，为2.9%（表3）。

表3 大园子墓地木构件出土情况

序号	编号	取样部位	种属	科
1	M180CY：1-1	铜戈的柲	桑属	桑科
2	M184：2	铜矛骸内	桑属	桑科
3	M195：1	铜矛骸内销钉	桑属	桑科
4	M206：2	铜矛骸内	桑属	桑科

续表

序号	编号	取样部位	种属	科
5	M211:2	铜矛骹内	桑属	桑科
6	M94:2	铜矛骹内	梨属	蔷薇科
7	M189:1	铜矛骹内	梨属	蔷薇科
8	M350:4	铜戚銎内	梨属	蔷薇科
9	M276:1	铜戚銎内	棠梨	蔷薇科
10	M283:1	铜戚銎内	棠梨	蔷薇科
11	M59:1	铜戚銎内	青冈属	壳斗科
12	M199:1	铜剑茎内	青冈属	壳斗科
13	M202:1	铜矛骹内	青冈属	壳斗科
14	M281:3	铜矛骹内	青冈属	壳斗科
15	M376:1	铜戚銎内	青冈属	壳斗科
16	M152:1	铜戚銎内	栎属	壳斗科
17	M169:1	铜矛骹内	栎属	壳斗科
18	M273:3	铜矛骹内	栎属	壳斗科
19	M199:3	铜矛骹内	水团花	茜草科
20	M264:2	铜矛骹内	水团花	茜草科
21	M343:3	铜矛骹内	水团花	茜草科
22	M209:4	铜矛骹内	桤木属	桦木科
23	M368:2	铜戚銎内	桤木属	桦木科
24	M72:2	铜戚銎内	喜树	蓝果树科
25	M113:1	铜矛骹内	喜树	蓝果树科
26	M180:5	铜矛骹内	化香树属	胡桃科
27	M234:2	铜戚銎内	乌口树属	茜草科
28	M378:1	铜戈翼下	乌桕属	大戟科
29	M52:1	铜剑茎内	船柄木属	山茶科
30	M11:1	铜矛骹内	未知1	
31	M170:2	铜矛骹内	未知2	
32	M180:5	铜矛骹内	未知3	
33	M180:13	铜镈銎内	未知4	
34	M185:2	铜戈柲	未知5	

桑属为桑科，落叶乔木或灌木。桑属主要分布在北半球温带及亚热带地区[①]。桑木强韧，弹性好，直纹理，坚硬，是制作戈和矛柲的好材料。桑木也是做弓的好材料，《考工记》中列举了制作弓干的七种原材料，并排定了他们的优劣次第，明确指出"凡取干之道之七：柘为上，檍次之，檿桑次之，橘次之，木瓜次之，荆次之，竹为下"。认为七种树木中，以柘木制弓是最好材料，而最差的是竹材，桑占第三位[②]。

梨属为蔷薇科，落叶乔木或灌木，稀半常绿乔木。从东北到西南分布遍及各省，梨木材纹理细密，颜色为褐色或褐红色，材质坚硬。棠梨为梨属、蔷薇科，落叶小乔木，高达12米，胸径30厘米。纹理直或斜；结构甚细，均匀；重量中至略重；硬度中等；干燥慢，不翘裂，干后尺寸性稳定；稍耐腐，立木易遭天牛危害，加工容易，尤适于雕刻、车旋，切面甚光滑；油漆后光亮性良好；胶黏容易；握钉力强，不劈裂。材质适于制作工具及农具柄筒子。

青冈属为壳斗科，常绿乔木，是我国亚热带常绿阔叶树林和落叶阔叶混交林的主要树种[③]。木材纹理直，结构粗而匀，硬重，干缩及强度大，易开裂，耐腐，油漆、胶黏性能良好。

栎属为壳斗科，落叶乔木，栎木材强度大，耐冲击，有弹性，耐腐。

水团花又叫水杨梅、水黄棉，为茜草科水团花属，常绿灌木至小乔木，高可达5米；水团花是云南省滇南红河流域的重要林木，木材纹理略斜，结构甚细，均匀；质重，甚硬，强度甚高。

桤木属为桦木科，落叶乔木或灌木。桤木木材淡红褐色，材质轻软，纹理通直，结构细致，耐水湿。

喜树为蓝果树科，是中国特有的一种高大落叶乔木，树高20~25米。

化香树属为胡桃科，为乔木，高达20米。化香树边材浅黄褐至黄褐色，心材浅栗褐或栗褐色，有光泽，纹理直，结构细至中，不均匀，中或重，干缩大，强度中，不易干燥，耐久性不强，切面光滑，油漆后光亮性颇佳，易胶黏，握钉力颇大，不劈裂。

乌口树属为茜草科，常绿乔木，高10余米，胸径通常在30厘米以上。耐久性中等；切削较难，切面光滑；油漆后光亮性中等；胶黏颇易；握钉力强。

乌桕属为大戟科，乔木或灌木。木材纹理斜，易干燥，不耐腐，不耐虫蛀。

船柄木属为山茶科，常绿中等乔木，高10余米，胸径达30余厘米，颇耐腐，锯解不难，刨面光滑，油漆后光亮性良好，胶黏亦易，握钉力强。适用于制作工农具柄及其他农具等。

[①] 成俊卿、杨家驹、刘鹏：《中国木材志》，中国林业出版社，1992年。
[②] 杨泓：《中国古兵器论丛》，中国社会科学院出版社，2007年。
[③] 成俊卿、杨家驹、刘鹏：《中国木材志》，中国林业出版社，1992年。

总之，在已经鉴定的34个样品中，大部分木构件选用了较耐腐和硬度中等偏上的木材。这么多树种的出现，也说明了墓葬周围分布着丰富的常绿落叶混交林。

（三）关于木构件上的编织物和缠绕物

M180CY：1-2铜戈柲上残存物鉴定为禾本科植物。M5CY：1铜镯上编织物和M206CY：1缠绕物为大麻或苎麻。

大麻与苎麻相像，粗细不均匀，部分呈圆管状，部分呈扁平带状，有天然扭曲，但总体直径比苎麻小，也有横节。亚麻粗细均匀，呈圆管状，几乎无扭曲；有明显、清晰的横节。出土的缠绕物和编织物的韧皮纤维粗细不均匀，有呈圆管状，少量呈扁平（图64），有结节，因此缠绕物和编织物鉴定为苎麻或大麻。大麻纤维长、强度大、耐水性好，但纤维粗、硬、弹性差，不易上色，多纺粗布。苎麻是我国的特产，被称为"中国草"，其纤维长且细，韧性比大麻强3倍，纤维洁白有光泽。苎麻是我国产量最多的麻类，从海南、台湾到河南、陕西都有种植。大麻产地遍及东北、华北、西北及西南各省。

麻的利用记载很早，如在《尚书·禹贡》中，"厥贡岱畎丝枲"把丝枲并提，可见麻在穿衣问题上所占的重要地位①。《史记·周本纪》说周人的始祖弃"为儿时，屹如巨人之志。其游戏，好种树麻、菽"。《周礼·天官·典枲》记载，麻在周代曾是重要的经济作物，以至于国家专设"典枲"一职负责对其的征集、保管和发放。《诗经》王风、陈风和豳风中就有关于栽培麻的诗篇，如《诗经·王风·丘中有麻》记载："丘中有麻，彼留子嗟。"②《墨子·辞过》："古之民莫未为衣服时，衣皮带茭，冬则不轻而温，夏则不轻而清。圣王以为不中人之情，故作诲妇人治丝麻、捆布绢，以为民衣。"《诗经·陈风·东门之池》："东门之池，可以沤麻。"③又言："东门之池，可以沤苎。"

由于大麻和苎麻韧皮纤维发达，在新石器时代，先民就开始利用，如西安半坡遗址、河姆渡遗址和西坡遗址出土了麻布印痕。多个遗址也出土了纤维和布，如辽宁北票丰下出土平纹麻布残迹④；孔雀河古墓地内出土了大麻纤维⑤；高家堡西周遗址出土了麻布片⑥等。云南陆良县薛官堡墓地铜矛（M6：2）骹内残存木柄上的缠绕物也为苎

---

① 李瑶：《中国栽培植物发展史》，科学出版社，1984年。
② 周振甫：《诗经译注》，中华书局，2010年。
③ 周振甫：《诗经译注》，中华书局，2010年。
④ 辽宁省文物干部培训班：《辽宁北票县丰下遗址1972年春发掘简报》，《考古》1976年第3期。
⑤ 王炳华：《新疆农业考古概述》，《农业考古》1983年第1期。
⑥ 葛今：《泾阳高家堡早周墓葬发掘记》，《文物》1972年第7期。

麻或大麻[①]。利用纤维加固铜器，这种方法在农村的农具加工中至今都在采用。值得一提的是，M180CY：1-2戈柲上的残存物为禾本科植物，其作用是像苎麻或大麻加固铜器还是禾本科植物偶附在戈柲上不得而知。

（四）关于特殊材料镯的芯撑

此次取得的样品中，有1件特殊材料镯（M167：3-1），镯体内有芯撑。经检测和分析，特殊材料镯的主要成分为桦树皮焦油，属人工材料[②]。镯内芯撑从形状看，似树木髓心（俗称树心，通常把树干中第一年生木材及其以内的部分合称为髓心）。树木髓心的横切面大多为圆形，偶有椭圆形、三角形、四棱形、五角星形和花瓣状，如黄荆的髓心为四棱形。树木髓心都是由初生薄壁细胞构成，细胞形状为大小不等的多边形或椭圆形[③]。大园子墓地这件特殊材料镯的芯撑横截面直径约2毫米，估计生长时有3毫米，经鉴定，疑似为牡荆属的黄荆（*Vitex negundo* L.）。

黄荆是马鞭草科牡荆属植物，别名黄荆条、布荆、五指柑、土常山、紫荆草等，小枝四棱[④]。黄荆枝条修长柔韧，纤维含量丰富，易弯耐扭，割后萌条更新更快，是良好的条编材料[⑤]。这可能是其作为芯撑的一个原因。此外，黄荆可入药，在我国利用历史悠久。《神农本草经》《本草纲目》《五十二病方》《名医别录》《图经本草》《千金方》等古医书均有记载。黄荆的根和茎苦、微辛、平，能够清热止咳、化痰截疟，用于支气管炎、疟疾、肝炎等病的医治。其叶苦、凉，能够化湿截疟，用于感冒、肠炎、痢疾、疟疾及泌尿系感染等病的医治；外用治疗湿疹、皮炎、脚癣等，多煎汤外洗。其果实苦、辛、温，可以止咳平喘、理气止痛，用于咳嗽哮喘、胃痛、消化不良、肠炎、痢疾等病的治疗。现代医学证明，黄荆子和黄荆叶提取物含有丁香烯、黄酮甙、强心甙及其他一些生物碱，具有明显的镇咳、镇静作用及祛痰、平喘和舒缓肌肉紧张作用；且黄荆根和果实提取物对许多球菌均有抑制作用[⑥]。这也可能是其作为手镯材料的原因之一。

---

① 中国社会科学院考古研究所、云南省文物考古研究所、曲靖市文物管理所、陆良县文物管理所：《陆良薛官堡墓地》，文物出版社，2017年。
② 详见本书下编第三篇《师宗大园子墓地出土桦树皮焦油制品分析》。
③ 罗建举、吕金阳：《树木髓心构造及其美学应用》，《南方农业学报》2012年第43卷第9期。
④ 张新权、梁毅莉：《谈黄荆的开发利用价值》，《现代农业科技》2009年第22期。
⑤ 时留成：《黄荆开发利用前景广阔》，《河南农业》1993年第5期。
⑥ 张新权、梁毅莉：《谈黄荆的开发利用价值》，《现代农业科技》2009年第22期。

四、结　　论

对大园子墓地出土植物遗存的研究表明，棺木用硬木松制作；铜器的木构件多数用材质较硬、较耐腐的木材，而且利用植物纤维甚至禾本科的植物秸秆加固铜器。墓地附近植物资源丰富，有以松为主的针叶林和常绿落叶混交林。墓葬出土植物遗存的分析为研究古代墓葬习俗、木材利用和重建墓葬周边微环境提供了资料。

三　师宗大园子墓地出土桦树皮焦油制品分析

任　萌[1]　饶慧芸[2]　杨益民[3]

（1.故宫博物院；2.中国科学院古脊椎动物与古人类研究所；3.中国科学院大学人文学院考古学与人类学系）

　　为推进滇东高原战国秦汉时期西南夷考古遗存的发掘与研究，2015年和2016年中国社会科学院考古研究所、云南省文物考古研究所等单位合作，对云南师宗县大园子墓地先后进行了两次发掘。在发掘过程中出土了多件有机材质的珠、镯等装饰品，且并非木质，在西南夷考古中罕见。本文通过红外光谱、气相色谱-质谱联用、X射线荧光光谱以及X射线断层扫描等方法，对这些串珠和镯子进行分析，结果表明其均为桦树皮焦油制作而成，这在我国考古发现中尚属首例，提供了桦树皮焦油用于制作装饰品的直接证据。大园子墓地是一处战国秦汉时期与西南夷有关的文化遗存，该遗址发现的桦树皮焦油串珠及镯饰体现了战国秦汉时期滇东地区有关族群对桦树资源的认识与利用。

一、样品与方法

　　大园子墓地的发掘中，于M63中出土了数十枚有机材质的珠子；此外，还在M134、M164、M167、M190和M337等墓葬中发现一些相同质地的镯饰及残件，大部分为细条环状，少数为片状环形，后者外壁有镶嵌。经初步分析，发现这些珠、镯并非木质，为西南夷考古中首见。为探明这些装饰品的制作材料，本文通过红外光谱、气相色谱-质谱联用等有机残留物分析手段，对这些珠、镯样品进行分析检测，为这批装饰品的材质鉴别提供科学依据，对其制作工艺、文化特征等相关问题的研究也具有重要意义。

（一）样品

　　本文共分析了8件样品，大致可分为三种类型，包括一枚完整的珠子、细条环状镯和片状环形镯残件（图1），其中珠子样品出土于M63，发现于墓坑南部，根据出土形态，推测其为挂在墓主人颈部的串珠；细条环状镯出土于M134、M164、M190和M337等墓葬；片状环形镯出土于M167，具体样品信息见表1。从发掘情况来看，墓葬的排列、形制、随葬品等方面大致相同。墓葬均为竖穴土坑墓，平面多呈长方形，少数略呈梯形或长条形，墓坑规模不大，长度多在2米左右或2米以内，宽度不到1米。随葬品种类主要包括兵器、工具和装饰品，质地以铜器为主，次为玉石器等。

样品1

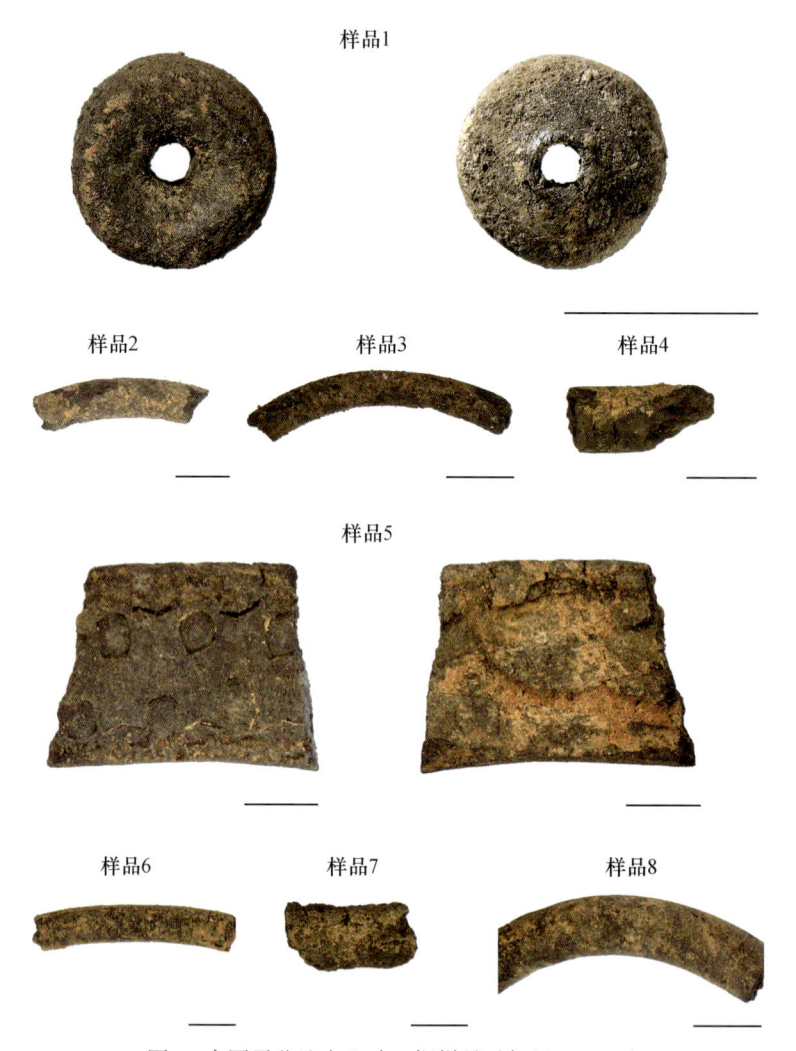

样品2　　　　　　样品3　　　　　　样品4

样品5

样品6　　　　样品7　　　　样品8

图1　大园子墓地出土珠、镯样品（标尺：5mm）

表1　大园子墓地出土珠、镯样品信息

编号	样品号	样品描述	出土信息
1	M63：3-1	珠（完整）	Ⅰ号发掘点墓葬M63
2	M134：1	镯（残件），细条环状	Ⅰ号发掘点墓葬M134
3	M134：2	镯（残件），细条环状	Ⅰ号发掘点墓葬M134
4	M164：3	镯（残件），细条环状	Ⅰ号发掘点墓葬M164
5	M167：3-1	镯（残件），片状环形，表面有镶嵌	Ⅰ号发掘点墓葬M167
6	M190：6-2	镯（残件），细条环状	Ⅰ号发掘点墓葬M190
7	M337：4	镯（残件），可能为环状	Ⅱ号发掘点墓葬M337
8	M337：5	镯（残件），细条环状	Ⅱ号发掘点墓葬M337

（二）红外光谱分析

为判断这批珠、镯的整体材质，在样品的表面和内部分别取微量样品，用于进行红外光谱测试。根据样品中的特征基团，判断有机物类别，指导进一步的研究。测试所用设备为Nicolet iN10Mx型显微红外光谱仪，扫描范围为4000~600cm^{-1}，分辨率4cm^{-1}，扫描次数32次。

（三）X射线CT成像

CT技术是一种具有高分辨率且内部结构无损的图像检测技术，用于观察珠、镯的内部结构。使用yxlon Y. CT modular型X射线CT装置，测试电压为160kV，电流为0.31mA，分辨率0.0167mm。

（四）X射线荧光光谱分析

通过X射线荧光光谱仪对样品5（M167：3-1）外壁的镶嵌物进行元素分析与微区面扫。使用Bruker Tornado M4型微区X射线荧光光谱仪，Rh靶激发源，电压50kV，电流200μA，光斑大小20μm，单点采集时间200ms，步长20μm。

（五）气相色谱-质谱联用

气相色谱-质谱联用技术（GC-MS）是分离和鉴别有机化合物的重要方法，能够从分子层面对成分复杂的考古样品进行分析。通过有机溶剂萃取样品中的有机物，进而利用气相色谱-质谱联用检测其生物标志物。

在有机物的萃取步骤中，为避免对珠子造成损坏，将珠子样品置于3mL氯仿/甲醇（2∶1，V/V）中浸泡静置过夜；其余镯残块样品加入3mL氯仿/甲醇（2∶1，V/V），15分钟超声两次。取上清液于反应瓶中，在N$_2$下吹干后加入50μL N, O-bis (trimethylsilyl) fluoroacetamide（BSTFA）+1% trimethylchlorosilane（TMCS）的衍生化试剂［N, O-双（三甲基硅）三氟乙酰胺+1%三甲基氯硅烷］，以及少量无水硫酸钠，于60℃条件下反应1小时。冷却至室温后用N$_2$吹干，重溶于0.5mL正己烷中，过滤后进行GC-MS测试。

气相色谱-质谱联用分析所用设备为Agilent 7890A/5975C型气相色谱-质谱联用仪，色谱条件：DB-5HT高温气相色谱柱（30m×0.25mm×0.1μm）、载气为高纯氦气、分流比20∶1、进样量1μL、进样口温度250℃、接口温度280℃。升温程序：50℃保持2分钟，以10℃/min升温至290℃，保持20分钟。质谱条件：离子源为EI源、电子能量为70eV、离子源温度230℃、四极杆检测器、m/z范围为40~600。

二、结果与讨论

(一)珠、镯材质分析

红外光谱的测试结果显示,这8件珠、镯装饰品的红外结果基本相同,根据文献比对,发现其具备焦油的红外特征峰。图2为其中一个样品的红外光谱图,3400cm^{-1}为O—H键的伸缩振动峰,2925cm^{-1}和2853cm^{-1}为C—H键的伸缩振动峰,1710cm^{-1}为C=O键的伸缩振动峰,1600cm^{-1}附近为C=C的骨架振动峰,1458cm^{-1}和1370cm^{-1}附近为C—H键的弯曲振动峰,1170cm^{-1}附近为C—O键的伸缩振动峰,885cm^{-1}附近为C—H面外弯曲振动[1]。而且这些样品的内部和表面部位的红外谱图也并无差异,在内部未见木材的红外吸收,木材的红外特征峰主要位于1735cm^{-1}、1595cm^{-1}、1505cm^{-1}、1462cm^{-1}、1420cm^{-1}、1370cm^{-1}、1320cm^{-1}、1235cm^{-1}、1155cm^{-1}、1030cm^{-1}、896cm^{-1}附近[2]。可见这些饰品并非木质,应为焦油类物质制作而成。

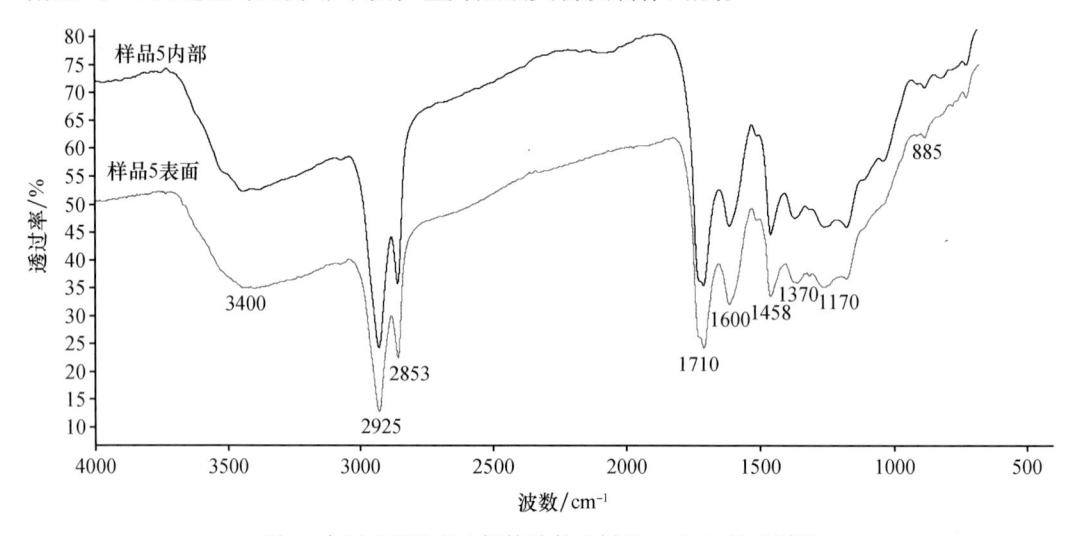

图2 大园子墓地出土镯饰残件(样品5)的红外光谱图

---

[1] Rao H, et al. Earliest Use of Birch Bark Tar in Northwest China: Evidence from Organic Residues in Prehistoric Pottery at the Changning Site. *Vegetation History and Archaeobotany*. 2019, 28(2): 199-207.

[2] 庄琳、黄群、徐燕红:《楠属和润楠属4种木材的红外光谱鉴别》,《福建林业科技》2014年第4期; Colom X, Carrillo F, Nogués F, Garriga P. Structural Analysis of Photodegraded Wood by Means of FTIR Spectroscopy. *Polymer Degradation and Stability*. 2003, 80(3): 543-549.

为进一步获得其内部结构信息，对部分形貌保存较好的样品进行了CT扫描观察，包括珠子（样品1）、宽片环状镯子（样品5）和细条环状镯子（样品6、样品8）三种类型。CT照片（图3）显示这些样品内部材质均匀，而且没有木材或树皮的显微特征，进一步证实这些珠、镯样品并非木质，这与红外光谱分析结果一致。此外，从图中还可以看出，片状环形镯子残件（图3-2）上有金属类的嵌件。细条环状镯子内可见若干明显的孔隙（图3-3、图3-4），且贯穿于整个样品内部，这可能是制作过程中曾使用过某种支撑物，但已朽坏，仍有待更多考古资料来进一步分析。

对于样品5表面的金属嵌件，X射线荧光光谱检测结果显示其含有明显的锡（Sn）元素，以及硅（Si）、钾（K）、钙（Ca）、铁（Fe）、铜（Cu）等，图4为该样品X射线荧光光谱的面扫分析结果。除锡元素外，其他金属元素也存在于该样品的基体中，可能来自埋藏过程中附着的土壤，可见这件镯子表面的镶嵌物为锡片。

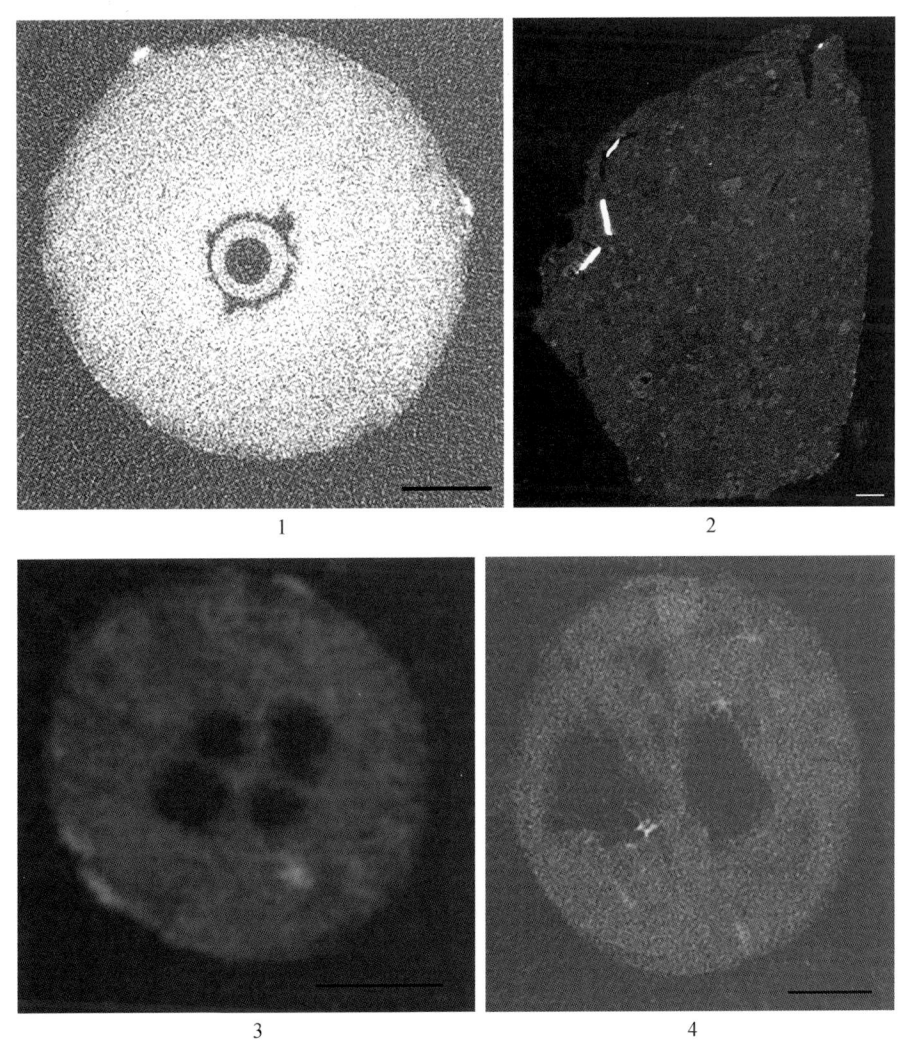

图3 大园子墓地出土珠、镯样品的CT扫描图（标尺：1mm）

1. 样品1（珠子） 2. 样品5（宽片环状镯残件） 3、4. 样品6、样品8（细条环状镯残件）

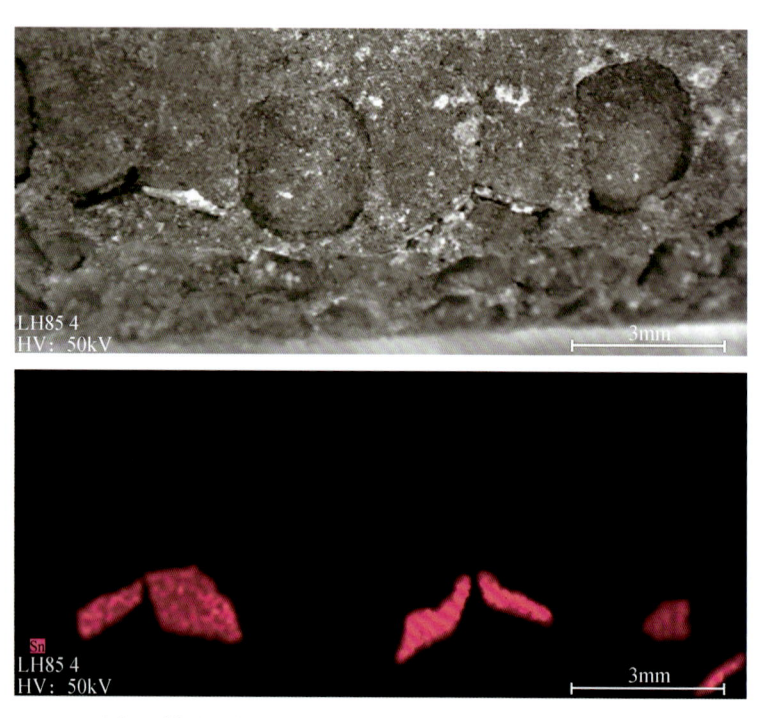

图4　样品5（M167：3-1）的XRF微区面扫元素分布图

大园子墓地出土的珠、镯样品的气相色谱-质谱联用分析结果也基本一致，在其中均检测到一系列三萜类组分。图5为串珠及两件镯饰残件的GC/MS色谱图，通过与已发表文献对比[1]，以及NIST数据库检索可知，样品中的天然三萜类成分主要包括羽扇豆-2,20(29)-二烯［Lupa-2,20(29)-diene，化合物1］、羽扇豆-2,20(29)-二烯-28-醇［Lupa-2,20(29)-dien-28-ol，化合物2］、异桦木-2-烯（Allobetul-2-ene，化合物3）、羽扇豆酮（Lupenone，化合物4）、羽扇豆醇（Lupeol，化合物5）、桦木酮（Betulone，化合物6）、桦木醇（Betulin，化合物7），3-甲氧基异桦木烷（3-Oxoallobetulane，化合物8）和异桦木醇（Allobetuline，化合物9），检测结果总结于表2。已有研究表明，这些化合物是桦树皮的生物标记物。在考古研究中，生物标记物是指存在于有机物中具有种属鉴定意义的生物分子或特征组合[2]。本文将已发表

---

[1] Charters S, Evershed R P, Goad L, Heron C, Blinkhorn P. Identification of an Adhesive Used to Repair a Roman Jar. *Archaeometry*. 1993, 35(1): 91-101; Aveling E, Heron C. Identification of Birch Bark Tar at the Mesolithic Site of Star Carr. *Ancient Biomolecules*. 1998(2): 69-80; Regert M, Delacotte J M, Menu M, Pétrequin P, Rolando C. Identification of Neolithic hafting Adhesives from Two Lake Dwellings at Chalain (Jura, France). *Ancient Biomolecules*. 1998, 2: 81-96.

[2] Evershed R P. Organic Residue Analysis in Archaeology: The Archaeological Biomarker Revolution. *Archaeometry*. 2008, 50(6): 895-924.

工作中的古代和现代桦树皮以及桦树皮焦油中发现的生物标记物列于表3，以便对比分析。

桦木醇（标记物7）、羽扇豆醇（标记物5）以及桦木酮（标记物6）和羽扇豆酮（标记物4）这四种生物标记物是桦树皮中原有的天然三萜类成分，且以前两者为主。桦木酮（标记物6）和羽扇豆酮（标记物4）在桦树皮中含量很少，但在加热桦树皮的过程中，可由桦木醇和羽扇豆醇氧化生成[①]。本文样品中检测到的其他三萜成分在未加工的桦树皮中并未发现，只存在于桦树皮焦油中，与焦油制备过程中桦树皮所经历的热改变密切相关[②]。羽扇豆-2,20(29)-二烯（标记物1）、羽扇豆-2,20(29)-二烯-28-醇（标记物2）、3-甲氧基异桦木烷（标记物8），异桦木醇（标记物9）是桦树皮加热过程中，桦木醇和羽扇豆醇等脱水或氧化生成的产物[③]；异桦木-2-烯（标记物3）可能是埋藏过程中桦木醇经长时间的降解老化而成[④]。这些化合物在桦树皮焦油中含量丰富，且它们的组合具有高度特异性，可作为桦树皮焦油鉴定的依据[⑤]。

总体来看，这些样品中检测到的有机组分均以桦树皮加热处理的产物为主，且以羽扇豆-2,20(29)-二烯-28-醇（标记物2）的含量最高，由此，进一步证实这些珠、镯等饰品是使用桦树皮焦油制作而成，而不是炭化的木材或树皮。

[①] Aveling E, Heron C. Identification of Birch Bark Tar at the Mesolithic Site of Star Carr. *Ancient Biomolecules*. 1998(2): 69-80.

[②] Rageot M, et al. Exploitation of Beehive Products, Plant Exudates and Tars in Corsica during the Early Iron Age, *Archaeometry*. 2016, 58(2): 315-332; Regert M, Garnier N, Decavallas O, Cren-Olivé C, Rolando C. Structural Characterization of Lipid Constituents from Natural Substances Preserved in Archaeological Environments. *Measurement Science and Technology*. 2003(14): 1620.

[③] Rageot M, et al. Exploitation of Beehive Products, Plant Exudates and Tars in Corsica during the Early Iron Age. *Archaeometry*. 2016, 58(2): 315-332; Regert M, Garnier N, Decavallas O, Cren-Olivé C, Rolando C. Structural Characterization of Lipid Constituents from Natural Substances Preserved in Archaeological Environments. *Measurement Science and Technology*. 2003(14): 1620.

[④] Regert M. Investigating the History of Prehistoric Glues by Gas Chromatography-mass Spectrometry. *Journal of Separation Science*. 2004, 27(3): 244-254.

[⑤] Courel B, Schaeffer P, Féliu C, Thomas Y, Adam P. Birch Bark Tar and Jewellery: The Case Study of a Necklace from the Iron Age (Eckwersheim, NE France). *Journal of Archaeological Science: Reports*. 2018, 20: 72-79.

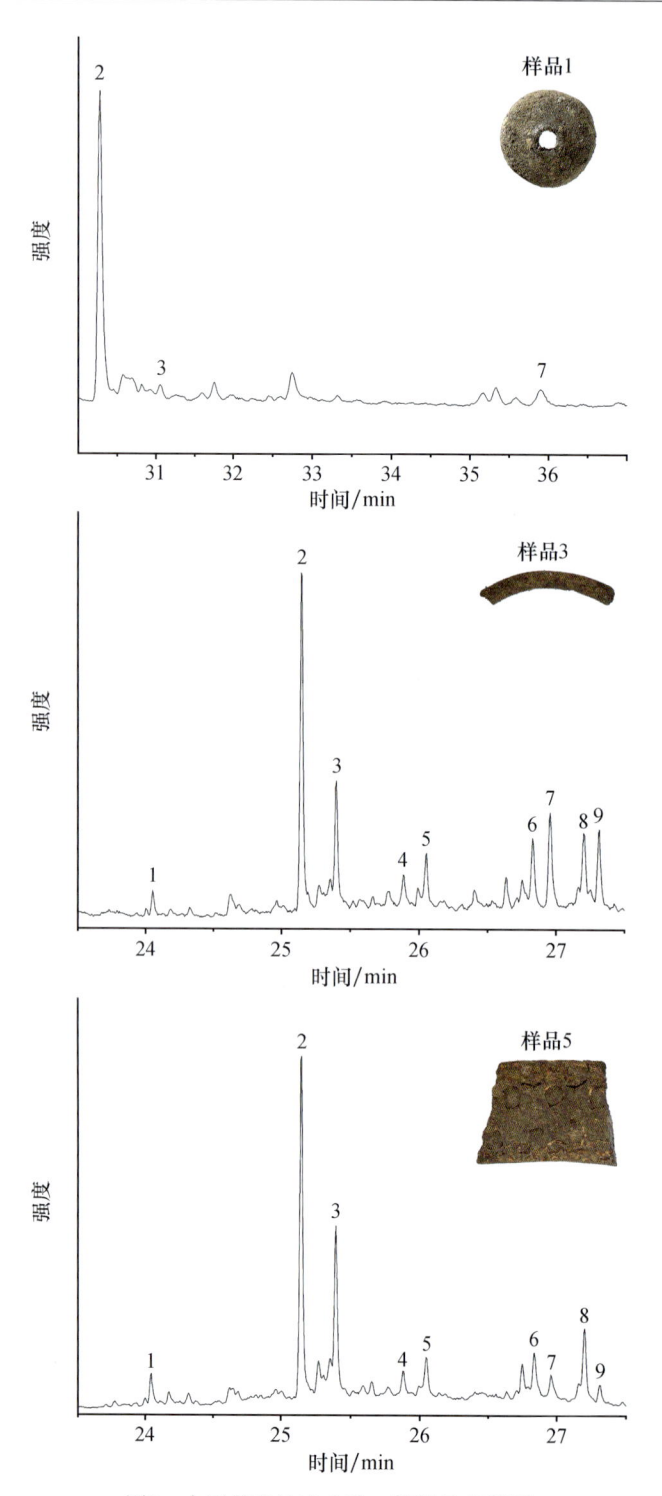

图5 大园子墓地出土珠、镯样品色谱图

[1=羽扇豆-2,20(29)-二烯,2=羽扇豆-2,20(29)-二烯-28-醇,3=异桦木-2-烯,4=羽扇豆酮,5=羽扇豆醇,6=桦木酮,7=桦木醇,8=3-甲氧基异桦木烷,9=异桦木醇]

表2 大园子墓地出土珠、镯样品气-质联用分析结果

色谱峰	化合物信息 化合物	分子式	分子量	质谱特征 分子离子	特征碎片离子（m/z）
1	羽扇豆-2,20(29)-二烯 [Lupa-2,20(29)-diene]	$C_{30}H_{48}$	408	408	393, 341, 326, 297, 281, 257, 243, 203, 189
2	羽扇豆-2,20(29)-二烯-28-醇* [Lupa-2,20(29)-dien-28-ol]	$C_{30}H_{48}O$	424	496*	481, 406, 393, 351, 324, 311, 229, 189, 119
3	异桦木-2-烯（Allobetul-2-ene）	$C_{30}H_{48}O$	424	424	409, 393, 369, 353, 205, 189, 149, 134, 121
4	羽扇豆酮 [Lupenone, Lup-20(29)-en-3-one]	$C_{30}H_{48}O$	424	424	409, 313, 245, 218, 205, 189, 121, 109, 95
5	羽扇豆醇* [Lupeol, Lup-20(29)-en-3β-ol]	$C_{30}H_{50}O$	426	498*	483, 408, 393, 369, 279, 218, 203, 189, 109
6	桦木酮* [Betulone, Lup-20(29)-en-3-one-28-ol]	$C_{30}H_{48}O_2$	440	512*	497, 441, 422, 409, 353, 327, 245, 203, 189
7	桦木醇** [Betulin, Lup-20(29)-en-3β,28-diol]	$C_{30}H_{50}O_2$	442	586**	571, 496, 483, 393, 279, 216, 203, 189, 73
8	3-甲氧基异桦木烷（3-Oxoallobetulane）	$C_{30}H_{48}O_2$	440	440	422, 411, 369, 355, 220, 205, 191, 177, 149
9	异桦木醇*（Allobetuline）	$C_{30}H_{50}O_2$	442	514*	483, 443, 424, 409, 385, 355, 279, 247, 189

注：*为该化合物的单三甲基硅（TMS）衍生物；**为该化合物的双三甲基硅（bis-TMS）衍生物

表3 大园子墓地出土样品及已发表文献中桦树皮、桦树皮焦油的生物标记物

标记物	样品1	样品2	样品3	样品4	样品5	样品6	样品7	样品8	现代桦树皮①	古代桦树皮②	现代桦树皮焦油③	古代桦树皮焦油④
羽扇豆-2,20(29)-二烯 [Lupa-2,20(29)-diene]		√	√	√	√	√	√	√				√
羽扇豆-2,20(29)-二烯-28-醇 [Lupa-2,20(29)-dien-28-ol]	√	√	√	√	√	√	√	√		√	√	√
异桦木-2-烯 (Allobetul-2-ene)	√	√	√	√	√	√	√	√				√
羽扇豆酮 (Lupenone)		√	√	√	√	√	√	√	√	√	√	√
羽扇豆醇 (Lupeol)		√	√	√	√	√	√	√	√	√	√	√
桦木酮 (Betulone)		√	√	√	√	√	√	√	√	√	√	√
桦木醇 (Betulin)	√	√	√	√	√	√	√	√	√		√	√
3-甲氧基异桦木烷 (3-Oxoallobetulane)		√	√	√	√	√	√	√				√
异桦木醇 (Allobetuline)		√	√	√	√	√	√	√			√	√
桦木酸 (Betulinic acid)									√	√		

① Rao H, et al. Earliest Use of Birch Bark Tar in Northwest China: Evidence from Organic Residues in Prehistoric Pottery at the Changning Site. *Vegetation History and Archaeobotany*. 2019, 28(2): 199-207.
② Rao H, Yang Y, Hu X, Yu J, Jiang H. Identification of an Ancient Birch Bark Quiver from a Tang Dynasty (AD 618-907) Tomb in Xinjiang, Northwest China. *Economic Botany*. 2017(71): 32-44.
③ Aveling E, Heron C. Identification of Birch Bark Tar at the Mesolithic Site of Star Carr. *Ancient Biomolecules*. 1998(2): 69-80.
④ Rao H, et al. Earliest Use of Birch Bark Tar in Northwest China: Evidence from Organic Residues in Prehistoric Pottery at the Changning Site. *Vegetation History and Archaeobotany*. 2019, 28(2): 199-207; Aveling E, Heron C. Identification of Birch Bark Tar at the Mesolithic Site of Star Carr. *Ancient Biomolecules*. 1998(2): 69-80.

(二)桦树皮及桦树皮文化

桦树为桦木科（Betulaceae）桦木属（Betula）植物的通称，分布于北半球的温带与寒带，适应性大，在我国分布甚广，包括东北、华北、河南、陕西、宁夏、甘肃、青海、四川、云南、西藏东南部等。其中，以白桦（B. platyphylla）分布最广，自东北、华北到西北、西南都有，生于海拔400~4100米的山坡或林中，树皮呈灰白色，成层剥裂，常用以编制日用器具、提取桦皮焦油[1]。

在我国北方，尤其是渔猎民族中，很早就认识到桦树皮的价值和作用，其长期以来就被用于制作各种生产生活用品，形成了源远流长的桦树皮文化[2]。桦树皮文化延续时间长、分布范围广，一般认为，桦树皮文化的地理分布与桦树生长区域基本一致[3]。就我国而言，这一范围主要包括东北、内蒙古北部和新疆北部，尤其是东北和内蒙古北部地区，是桦树的重要产地，桦树资源十分丰富，是我国桦树皮文化的中心地带[4]。

古文献中有大量桦树皮文化的记载，有学者认为，史籍记载北方民族的树皮文化最早可以追溯到《山海经·海外西经》[5]。明确记载桦树皮文化的早期文献有《隋书》《北史》《南史》《陈书》等。其中，《隋书》和《北史》记载在南北朝时期钵室韦人用桦树皮制作窝棚式住屋，"又北行千里，至钵室韦，依胡布山而住，人众多北室韦，不知为几部落。用桦皮盖屋，其余同北室韦"[6]；《南史·萧摩诃传》《陈书·萧摩诃传》均记载桦树皮用于弓袋、箭囊等武器："云胡著绛衣，桦皮装弓，两端骨弭"[7]。而且，桦树皮箭囊等物在考古工作中也多有发现，如新疆地区唐代墓葬中发现

---

[1] 中国科学院中国植物志编辑委员会：《中国植物志》（第二十一卷），科学出版社，1979年。

[2] 殷焕良：《源远流长的中国古代桦树皮文化》，《草原文物》2011年第2期。

[3] 殷焕良：《源远流长的中国古代桦树皮文化》，《草原文物》2011年第2期；于学斌：《北方民族的桦树皮文化：历史学考古学民族学的会通》，《满语研究》2006年第1期。

[4] 于学斌：《北方民族的桦树皮文化：历史学考古学民族学的会通》，《满语研究》2006年第1期。

[5] 殷焕良：《源远流长的中国古代桦树皮文化》，《草原文物》2011年第2期；于学斌：《北方民族的桦树皮文化：历史学考古学民族学的会通》，《满语研究》2006年第1期。

[6] （唐）魏征：《隋书》，中华书局，1973年，第1883页；（唐）李延寿：《北史》，中华书局，1974年，第3130页。

[7] （唐）李延寿：《南史》，中华书局，1975年，第1647页；（唐）姚思廉：《陈书》，中华书局，1972年，第410页。

了桦树皮制作的箭囊①，以及吉林大安渔场墓地②、内蒙古拉布达林鲜卑墓③、谢尔塔拉室韦墓地④、霍林郭勒市辽墓⑤等墓葬中均发现随葬的桦树皮箭囊。桦树皮在我国也作为一种中药材使用，《本草纲目》中有多处记载，"（木皮）苦、平、无毒"，主治黄疸、乳痈、肺风毒疮、小便热短等⑥。

从考古资料来看，我国内蒙古、黑龙江、吉林、辽宁、新疆以及青海等地的考古遗址中都有桦树皮残片以及桦树皮制作的器、具等遗物出土，涉及日用器皿、服饰、武器、马具、葬具、神偶等方面。目前已知最早的桦树皮器具发现于距今1万年左右的扎赉诺尔地区⑦。鉴于桦树皮在先民生活中的重要作用，关于中国古代桦树皮文化的研究也越来越引起重视，不过相关著述讨论的范围主要为我国北方民族的桦树皮文化，对我国西南地区有关族群对桦树皮的利用报道极少。然而从地理分布来看，在一些高原地区仍然有桦树生长，考古资料上也反映出在这些地区可能也有桦树皮文化的存在，如四川炉霍卡沙的石棺葬就出土了桦树皮筒，炉霍石棺葬群的年代大约从西周之初延续到战国时⑧。但由于这些地区不是桦树皮文化的主要分布区域，相关考古发现也极少，在已有研究中很少被关注。

（三）桦树皮焦油及其利用

桦树皮焦油是桦树的树皮经破坏性热解得到的产物，被认为是最早的人造有机材料之一，桦树皮焦油在欧洲有着悠久的利用历史，早在旧石器时期尼安德特人就开始通过加热桦树皮熬制焦油⑨。桦树皮焦油作为黏合剂，被广泛用于石质、骨质工具或武

---

① Rao H, Yang Y, Hu X, Yu J, Jiang H. Identification of an Ancient Birch Bark Quiver from a Tang Dynasty (AD 618-907) Tomb in Xinjiang, Northwest China. *Economic Botany*. 2017(71): 32-44.
② 吉林省博物馆文物队、吉林大学历史系考古专业：《吉林大安渔场古代墓地》，《考古》1975年第6期。
③ 赵越：《内蒙古额右旗拉布达林发现鲜卑墓》，《考古》1990年第10期。
④ 中国社会科学院考古研究所、呼伦贝尔民族博物馆、海拉尔区文物所：《海拉尔谢尔塔拉墓地》，科学出版社，2006年。
⑤ 哲里木盟博物馆：《内蒙霍林郭勒市辽墓清理简报》，《北方文物》1988年第2期。
⑥ （明）李时珍：《本草纲目》下册，人民卫生出版社，1985年。
⑦ 干志耿、孙秀仁：《黑龙江古代民族史纲》，黑龙江人民出版社，1982年。
⑧ 陈明芳：《炉霍石棺葬族属刍议——兼论炉霍石棺葬与草原细石器的关系》，《南方文物》1996年第1期。
⑨ Roebroeks W and Villa P. On the Earliest Evidence for Habitual Use of Fire in Europe. *Proc Natl Acad Sci USA*. 2011, 108(13): 5209-5214.

器的加工[①]，陶器修补与防水涂层[②]、陶器装饰[③]等；在欧洲甚至还发现过咀嚼桦树皮焦油的现象（类似"口香糖"）[④]。

我国考古发现的桦树皮遗存主要为桦树皮制作的器具，相关研究也集中在桦树皮器物的制作与利用，以及在此基础上的技艺、功能、艺术、文化、宗教等内容的讨论。对于桦树皮焦油的研究几乎未有谈及，相关文献记载与考古发现也极少，目前，仅在青海长宁遗址（距今约4000～3500年）出土的齐家文化双耳陶罐内，以及黑龙江桦阳遗址新石器时代晚期地层（距今约4000年）出土的石器表面[⑤]发现了桦树皮焦油[⑥]。然而将其用于装饰性串珠、手镯等饰品的制作，目前尚未见相关报道。法国东北部铁器时代早期（前800年～前475年）遗址中曾发现桦树皮焦油用于制作首饰的考古证据，该遗址出土了一条项链及吊坠，该吊坠由两个半球形的青铜饰物组成，对其中

---

① Roebroeks W, Villa P. On the Earliest Evidence for Habitual Use of Fire in Europe. *Proc Natl Acad Sci USA*. 2011, 108(13): 5209-5214; Regert M, Delacotte J M, Menu M, Pétrequin P, Rolando C. Identification of Neolithic Hafting Adhesives from Two Lake Dwellings at Chalain (Jura, France). *Ancient Biomolecules*. 1998, 2: 81-96; Koller J, Baumer U, Mania D. High-tech in the Middle Palaeolithic: Neandertal-manufactured Pitch Identified. *European Journal of Archaeology*. 2001, 4(3): 385-397.

② Rageot M, et al. Exploitation of Beehive Products, Plant Exudates and Tars in Corsica during the Early Iron Age. *Archaeometry*. 2016, 58(2): 315-332; Charters S, Evershed R P, Goad L, Heron C, Blinkhorn P. Identification of an Adhesive Used to Repair a Roman Jar. *Archaeometry*. 1993, 35(1): 91-101; Urem-Kotsou D, Stern B, Heron C, Kotsakis K. Birch-bark Tar at Neolithic Makriyalos, Greece. *Antiquity*. 2015, 76(294): 962-967; Regert M, Vacher S, Moulherat C, Decavallas O. Adhesive Production and Pottery Function During the Iron Age at the Site of Grand Aunay (Sarthe, France). *Archaeometry*. 2003, 45(1): 101-120.

③ Rageot M, et al. Exploitation of Beehive Products, Plant Exudates and Tars in Corsica during the Early Iron Age. *Archaeometry*. 2016, 58(2): 315-332; Trąbska J, Wesełucha-Birczyńska A, Zięba-Palus J, Runge MT. Black Painted Pottery, Kildehuse II, Odense County, Denmark. *Spectrochimica Acta Part A: Molecular and Biomolecular Spectroscopy*. 2011, 79(4): 824-830.

④ Aveling E M, Heron C. Chewing Tar in the Early Holocene: An Archaeological and Ethnographic Evaluation. *Antiquity*. 1999, 73: 579-584; Karg S, Hansen U L, Walldén A M, Glastrup J, Ærenlud Pedersen H, Sonne Nielsen F O. Vegetal Grave Goods in a Female Burial on Bornholm (Denmark) from the Late Roman Iron Age Period Interpreted in a Comparative European Perspective. *J. Danish Archaeol*. 2014: 352-360.

⑤ Lyu N, Li Y, Yang S, Yue J, Tian F, Rao H, etal. Microdestructive Analysis with Py-GC/MS for the Identification of Birch Tar: A Case Study from the Huayang Site in Late Neolithic China. *The European Physical Journal Plus*. 2023, 138(7): 580.

⑥ Rao H, et al. Earliest Use of Birch Bark Tar in Northwest China: Evidence from Organic Residues in Prehistoric Pottery at the Changning Site. *Vegetation History and Archaeobotany*. 2019, 28(2): 199-207.

有机物的分析结果显示此吊坠是用桦树皮焦油黏合而成[1]。然而，在上述考古发现中，桦树皮焦油也只是作为加工青铜项链吊坠的黏合剂，大园子墓地中则是将桦树皮焦油用于制作完整的串珠和手镯等，提供了桦树皮焦油制作装饰品的直接证据。可见，在战国秦汉时期，我国滇东高原地区的先民，已充分认识到桦树的优良特性，不仅掌握了桦树皮焦油的生产工艺，还将其用于装饰性器物的制作。

从考古资料来看，虽然战国秦汉时期我国北方地区的考古遗址中出土了一定数量的桦树皮制品，且种类较为丰富[2]，但云南地区尚未见有关桦树皮器具及桦树皮焦油的报道。因此，大园子墓地出土的桦树皮焦油串珠及镯饰有助于了解战国秦汉时期西南夷有关族群对桦树的利用，增加对古代边地民族桦树皮文化及其之间相互关系的认识。20世纪70年代童恩正先生提出了"半月形文化传播带"，认为中国古代从东北，经内蒙古、甘肃、青海、川西，到西藏东部与云南，存在着一条边地半月形文化传播带，在这一范围内，生态环境与社会文化之间有诸多相似之处，存在着若干大体相同的文化内涵，是中国历史上非常重要的一个文化互动与民族交往区域[3]。这一传播带的南半段，即南下云南的路线，是西南民族的人群、文化、技术等对外交流的重要渠道，古代西南民族中的诸多文化现象，在"半月形文化传播带"的北半段都可见到相同或相似之处。根据有关迹象和信息初步判断，大园子墓地为战国至西汉时期西南夷中某一古国或部落的公共墓地，其葬制、葬俗和随葬品都独具特色，该墓地所在地区临近云南、贵州和广西三省、自治区交界处，是西南夷考古的一个空白区域。该墓地发现的桦树皮焦油饰品，为了解西南地区有关族群对桦树的利用及其历史文化等提供了重要的线索。大园子墓地所代表的西南夷文化对桦树皮焦油的利用方式无疑具有其独特性，桦树皮焦油的加工与利用对于揭示这一区域人群与文化交流的历史动态具有一定的指示意义，然而，其与我国北方桦树皮文化和西方文化间的关系，还有待日后更多的资料与证据。

---

[1] Courel B, Schaeffer P, Féliu C, Thomas Y, Adam P. Birch Bark Tar and Jewellery: The Case Study of a Necklace from the Iron Age (Eckwersheim, NE France). *Journal of Archaeological Science: Reports*. 2018, 20: 72-79.

[2] 吉林省文物考古研究所、延边朝鲜族自治州文物管理委员会、延边朝鲜族自治州博物馆：《吉林珲春新兴洞墓地发掘报告》，《北方文物》1992年第1期；延边朝鲜族自治州博物馆：《吉林汪清考古调查》，《北方文物》1985年第4期；С. И. 鲁金科著，潘孟陶译：《论中国与阿尔泰部落的古代关系》，《考古学报》1957年第2期；内蒙古文物考古研究所、呼伦贝尔盟文物管理站、额尔古纳右旗文物管理所：《额尔古纳右旗拉布达林鲜卑墓群发掘简报》，《内蒙古文物考古文集》第一辑，中国大百科全书出版社，1994年。

[3] 童恩正：《试论我国从东北至西南的边地半月形文化传播带》，《文物与考古论集》，文物出版社，1986年。

三、小　　结

本文综合利用红外光谱、X射线断层扫描、气相色谱-质谱联用分析等方法，对云南师宗县大园子墓地出土的串珠和镯饰进行了全面分析，证明其均为桦树皮焦油制作而成，这在我国的考古发现中尚属首例，在国际上也未见类似报道。大园子墓地出土的桦树皮焦油饰品的科学分析不仅对其材质的鉴别提供了依据，体现了战国秦汉时期我国西南地区先民对桦树资源的认识与利用，也为进一步考察其工艺、功能，以及滇东黔西一带的文化特点、族群交流等提供了若干信息。

致谢：感谢故宫博物院张雪雁、高寒在CT分析中的帮助，感谢故宫博物院段佩权博士在元素分析中的指导和帮助。

四　师宗大园子墓地出土铜器的科技分析及初步认识

杨梓舒　黎海超　罗　玺

（四川大学考古文博学院）

一、引　言

为推进滇东高原战国秦汉时期西南夷考古遗存的发掘与研究，2015年和2016年中国社会科学院考古研究所、云南省文物考古研究所等单位合作，对云南师宗县大园子墓地先后进行了两次发掘。从出土铜器看，大园子墓葬具有鲜明的战国秦汉时期"西南夷"的风格。以往关于西南夷地区铜器的冶金考古研究主要聚焦于合金成分及制作工艺研究，积累了一批重要的分析数据，形成了西南夷铜器技术的基本认识[1]。但从科技分析出发，对西南夷族群组织、社会发展状况等缺乏讨论。大园子墓地位于师宗盆地，处于相对独立的地理文化单元。墓葬等级普遍不高，出土铜器数量多、类别全。为我们观察中、低等级墓地的基本形态提供了极好的资料。以往在中原地区，可以发现墓葬等级、人群身份等与铜器技术和原料间的关系，这是中原地区复杂社会的特征[2]。西南夷地区中、低等级墓地是否存在这样的差异是我们需要关注的。

二、实验方法

本文所有样品均于2018年在师宗县博物馆文物库房采集，并且考虑到文物的保存现状，尽量避开锈蚀严重的区域。工具或兵器的取样偏向选择假定使用的区域，然后将切割样品等分成两份，分别用于元素和显微组织结构分析。本次对大园子墓地出土

---

[1] 赵凤杰、李晓岑、刘成武、康利宏：《云南曲靖八塔台墓地铜器分析》，《中原文物》2013年第1期；李晓岑、韩汝玢、蒋志龙：《云南晋宁石寨山出土金属器的分析和研究》，《文物》2004年第11期；李晓岑、张新宁、韩汝玢、孙淑云：《云南江川县李家山墓地出土金属器的分析和研究》，《考古》2008年第8期；崔剑锋、杨勇、朱忠华：《云南陆良县薛官堡墓地出土铜器的金属学分析及相关研究》，《南方民族考古》第十一辑，科学出版社，2015年。

[2] 黎海超：《资源与社会：以商周时期铜器流通为中心》，中国社会科学出版社，2020年。

的65件铜器进行采样，部分样品金属基体锈蚀严重，无法进行元素分析，因此共检测铜器59件，包括14件铜剑、10件铜矛、9件铜戈、3件铜扣饰、6件铜镯、5件铜削刀、4件铜泡饰、3件铜戚、2件铜片饰、1件铜爪镰及2件难辨器形的残铜器。

利用配备能谱仪的台式电子扫描显微镜（SEM-EDS）对样品进行检测。对应样品用环氧树脂镶嵌，检测前对样品进行了打磨、抛光处理。台式电子扫描显微镜（SEM-EDS）型号为PHENOM Pro XL。主要技术指标：加速电压15kV；束流强度：能谱线面扫；高真空（1Pa）；背散射模式；实时观察刷新频率9.5Hz；能谱面扫分辨率为128；扫描时间为10ms/pixel。选取样品两块到三块不同区域，尽量避开锈蚀、孔洞，选取最大面积进行面扫，取平均值，测算出样品主量成分。测定结果详见附表1。部分样品经SEM-EDS检测样品主量元素后，抛光再次达到制备要求。用三氯化铁盐酸酒精溶液浸蚀样品表面，观察样品显微组织形态。金相显微镜型号：Leica DM2700M。金相显微组织观察结果详见附表3。

取样品的另一部分，去除其表面的锈蚀，使金属体显露，称重后记录。待测样品加入适量王水溶解，将溶液转移并在常温下定容至100mL（样品重量≥50mg）或50mL（样品重量<50mg）的容量瓶中，摇匀。微量元素在四川大学考古学实验教学中心文物分析实验室由Leeman Prodigy7型全谱直读电感耦合等离子体发射光谱仪（ICP-AES）测定。仪器分析条件如下：RF（高频发生器）功率：1.1kW，氩气流量：20L/min，雾化器压力：30psig（英制单位，约20MPa），蠕动泵速率：1.2mL/min，积分时间：30sec/time。检测微量元素包含Sn、Pb、Fe、Co、Ni、As、Zn、Sb、Ag、Au。测定结果如附表2所示。

三、实 验 结 果

SEM-EDS共分析样品59件。结果显示测试样品中铜含量最高达99.39%，最低71.32%；锡含量最高26.26%，最低1.29%；铅含量最高7.66%，最低0。样品的氧含量能够反映锈蚀程度，测试样品大部分受锈蚀的影响，平均氧含量2.58%，受到锈蚀影响的样品在能谱分析中铅、锡含量普遍会高于平均水平，因此能谱数据不作定量分析的依据，仅对样品的材质做定性判断。一般认为氧含量低于1%的样品锈蚀程度较低，样品编号在附表1中标"*"，共10件。

采用目前通用的划分标准，一般认为高于2%的铅或锡属于人为加入[1]。检测的59件样品中15件样品Pb和Sn含量均高于2%，这些样品对应器物的合金类型属于铅锡青

---

[1] 张吉、崔本信、陈建立：《南阳夏饷铺墓地出土青铜器的检测分析及相关问题研究》，《华夏考古》2020年5期。

铜，占比25.42%；4件样品（2件青铜矛、1件铜片、1件铜爪镰）Pb和Sn含量均低于2%，属于红铜，占比6.78%；剩余样品Sn含量大于2%，属于锡青铜，占比67.8%。对于锈蚀程度低的锡青铜，锡含量低于7%的称为低锡，高于17%的称为高锡。可以观察到锡青铜中仅有5件样品锈蚀程度低，这些样品Sn含量均低于7%，因此均属于低锡青铜。

观察样品显微组织发现，大园子墓地检测铜器的制作工艺以铸造为主，还有铸后冷加工、铸后热锻及冷加工、热锻几种工艺。

铸造样品的组织基体一般是（α+δ）共析体，由于样品含锡量及铸造时液体冷却速度不同，（α+δ）共析体的数量和形态各有不同。如DYZ09（铜泡饰），偏析明显，存在大量的（α+δ）共析体，使得α相呈现出两端尖锐的条状和针状（图1-1）。部分铸造样品组织呈现受热均匀化组织，偏析不同程度消失，如DYZ15（铜剑）（图1-2）。树枝晶偏析消失，是铸造后受热的组织，DYZ16（铜戚）偏析消失，同样是铸造后受热的组织，另外晶内有大量滑移带，夹杂物有一定程度的变形，推测样品有局部冷加

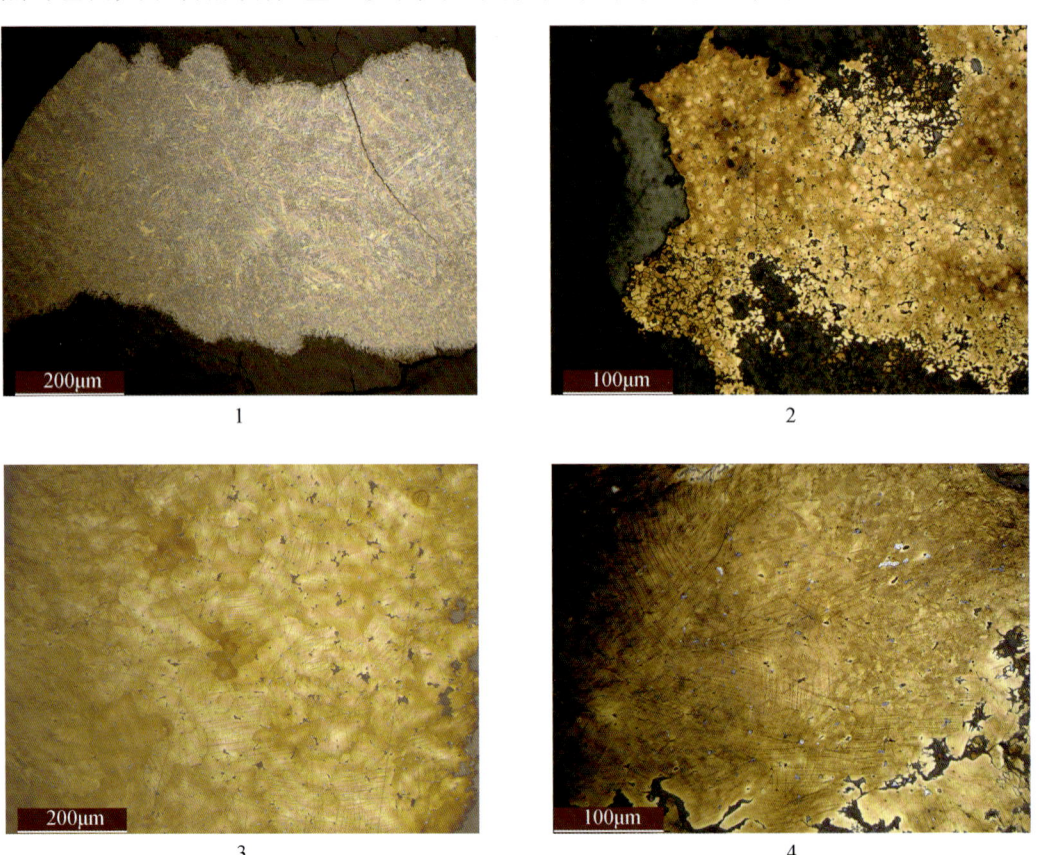

图1 部分样品浸蚀后显微组织照片
1. DYZ09铜泡饰（T6251采:1）100× 2. DYZ15铜剑（M268:1）100× 3. DYZ16铜戚（M72:2）200×
4. DYZ49铜戈（M281:2）200×

工修整（图1-3）。铸后热锻或热加工的样品组织中明显可见α固溶体再结晶与退火孪晶，部分热锻样品也有冷加工痕迹，例如DYZ49（铜戈）上有局部热锻及整体冷加工修整的痕迹（图1-4）。

四、分析与讨论

基于以上分析数据，我们将重点讨论墓葬年代、墓葬等级、墓主人性别、器类与科技分析数据之间的关系，并将大园子墓地铜器的数据与西南夷其他墓地铜器进行跨区域对比。

1. 墓葬的年代、墓葬等级、墓主人性别划分

首先需要设立标准来划分墓葬类别。从年代来讲，大园子墓地是在不断埋墓过程中逐渐堆筑起来的人工遗迹。土堆自身堆积十分杂乱，内部集中分布了大量墓葬，少有连续性的地层，不见遗迹现象。这意味着堆积过程可能是连续的，中间没有明显间隔。这样的地层堆积使得很难通过叠压层位对墓葬进行细致分层。发掘简报中指出土堆上部（以下简称上层）和近底部（以下简称下层）的墓葬有着一定的差异，这些不同之处一般体现在墓葬分布稀疏程度、随葬品种类及随葬品放置位置上[①]，由此将墓地分成上、下两层，分别粗略地对应较晚期和较早期的地层堆积。我们在分类时也将上、下两层分别对应晚期和早期墓葬。

再就墓葬等级来说，通常情况下，墓葬面积与随葬品出土数量成正比，但对大园子墓地的初步观察发现，部分墓葬并不符合这一规律。因此本文将分别依据墓葬面积和随葬品划分出两个不同的等级分类体系，再对比其结果异同。需要说明的是，大园子墓地的墓葬普遍等级不高，差异度不显著，因此我们仅粗略划分两级。划分的标准不可避免受主观因素影响，但可以基本反映客观等级情况。

另外，大园子墓地受盗掘和取土影响严重，因此有部分墓葬所在地层被盗洞打破或受到扰乱，相关数据无法正确反映其规模的实际情况。其次，考虑到堆积上下层存在差异，如下层墓葬更密集，墓葬也多较长且深，这可能反映的是时代差异，因此上下两层分开讨论，用于分级时的墓葬规模标准不一。为了尽量减少受扰乱数据的影响，使用墓葬面积的截尾算数平均值作为墓葬分级标准。

统计发掘共402座墓葬，发掘时人为地将发掘区域分为Ⅰ区和Ⅱ区，Ⅰ区发掘记录242座墓葬，Ⅱ区发掘记录160座墓葬（部分墓葬无尺寸数据或随葬品数据，未计入统

[①] 中国社会科学院考古研究所、云南省文物考古研究所、曲靖市文物管理所、师宗县文物管理所：《云南师宗县大园子墓地发掘简报》，《考古》2019年第2期。

计图）。以一定的标准值为界，按照墓葬规模大小分成中型墓葬与小型墓葬两类，同理，按墓葬出土随葬品数量的多寡可分成A级与B级两类，分级结果见图2。

根据分级结果，首先可见两区上下两层总数相仿，但是Ⅰ区墓葬数量较多，比Ⅱ区多76.7%（Ⅰ区共159座，Ⅱ区共90座）。图2上层墓葬分级以1.17平方米为标准，下层墓葬分级标准则是1.39平方米，说明下层墓葬规模整体水平可能略高于上层墓葬。此外可以观察到，上、下层的墓葬均是小型墓葬居多，其数量过半。上层中型和小型的墓葬比例基本近似，而下层则是小型墓葬的比例更高一些。以上特征可能表明虽然早期墓葬规模整体水平高，但是在晚期出现了更多的中型墓葬。同为早期Ⅰ区和Ⅱ区的中小型墓葬比例分布相似，但是晚期Ⅱ区的中型墓葬比例要略多于同时期的Ⅰ区。另外，根据加入规模数据截尾标准差（σ）的对比，σ描述了墓葬规模数据的离散情况，可能是丧葬制度稳定程度的一种反映。两区上层晚期的墓葬规模数据的σ均小于下层早期墓葬，这可能意味着晚期墓葬的规模水平比早期更加稳定。

上层墓葬分级使用7件（组）随葬品作为标准，下层则是6件（组），差距不大。上、下层墓葬出土随葬品总件（组）数也相仿，分别是320件（组）和303件（组）。图2中显示上、下层墓葬绝大多数为B级，数量均占所在层的90%以上。大多A级墓葬都出现于Ⅰ区，对于同时期的墓葬，下层A级墓葬数量的比例略大于上层。

为了观察墓葬规模与出土随葬品数量之间是否有关系，作图3。因为无法对每一个墓葬的变量都进行分析对比，所以取平均出土随葬品件（组）数，用来衡量中型、小型墓葬的整体水平。根据图3，可以观察到同一层的墓葬A级墓葬中出土随葬品平均数量远大于B级，且中型墓葬出土随葬品平均件（组）数略大于小型墓葬。大园子墓地中确实存在墓葬规模大小与出土随葬品件（组）数成正比的现象，只是总体上来说中型与小型墓葬之间的差距并没有表现得极为突出。

关于性别的分类，由于人骨保存较差，无法进行有效鉴定。我们仅依据随葬品的类别进行主观推测，结论也仅供参考。本文的判断标准为随葬品中含有兵器墓葬的墓主人为男性，随葬品只出工具或装饰品的墓葬墓主人为女性。对于上层的A级墓葬，它们的规模均是中型，墓主人通常为男性，下层的A级墓葬规模和墓主人性别有例外的情况：M190墓葬为中型，推测墓主人性别为女；M206墓葬规模为小型，推测墓主人性别为男。上、下层墓主疑似女性的B级墓葬占比较多，且过半都是小型墓葬。B级墓葬中规模为中型的男性墓主占多数。同时，无论是中型还是小型墓葬，上、下层墓主疑似为男性的墓葬都会出土更多的随葬品，与墓主性别有关的随葬品差距在上层更为明显。综上，大园子墓地的女性墓主人墓葬规模可能稍小，随葬品数量水平稍低。总的来说男女墓葬规模与随葬品件（组）数似乎差异不大，只是早期差异较晚期略微明显些。

以上对于墓葬的分类标准仅是粗略的推测性意见，为下文科技数据的对比提供标准。

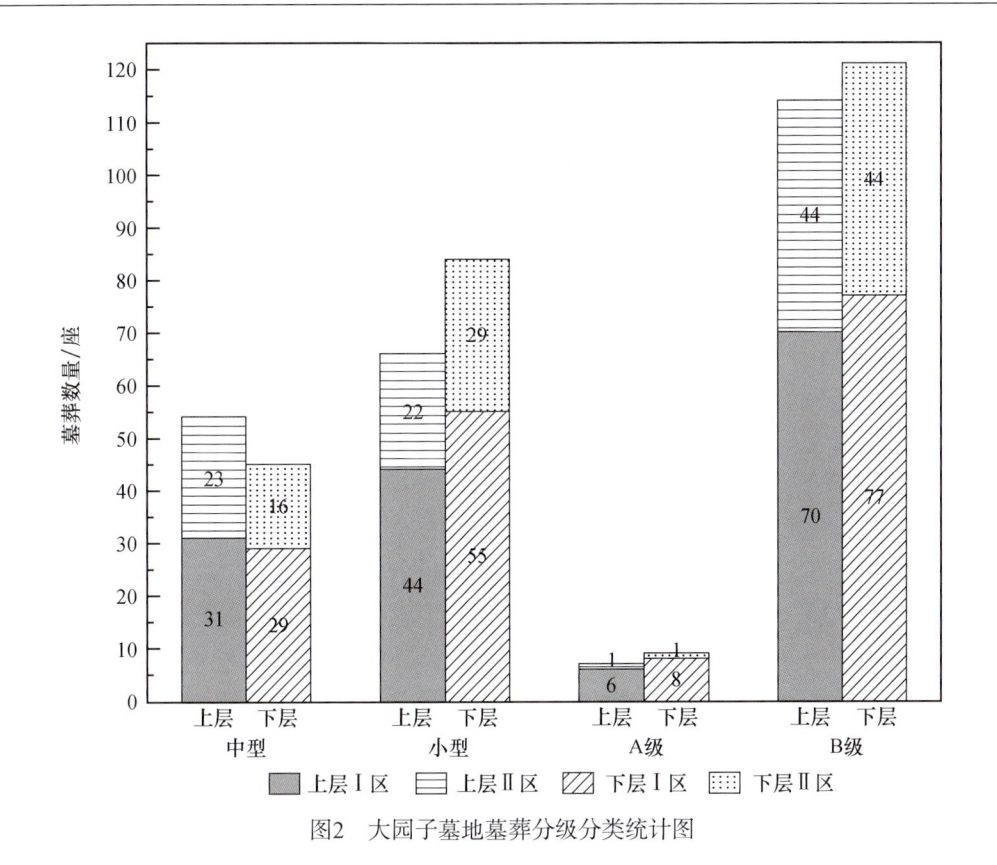

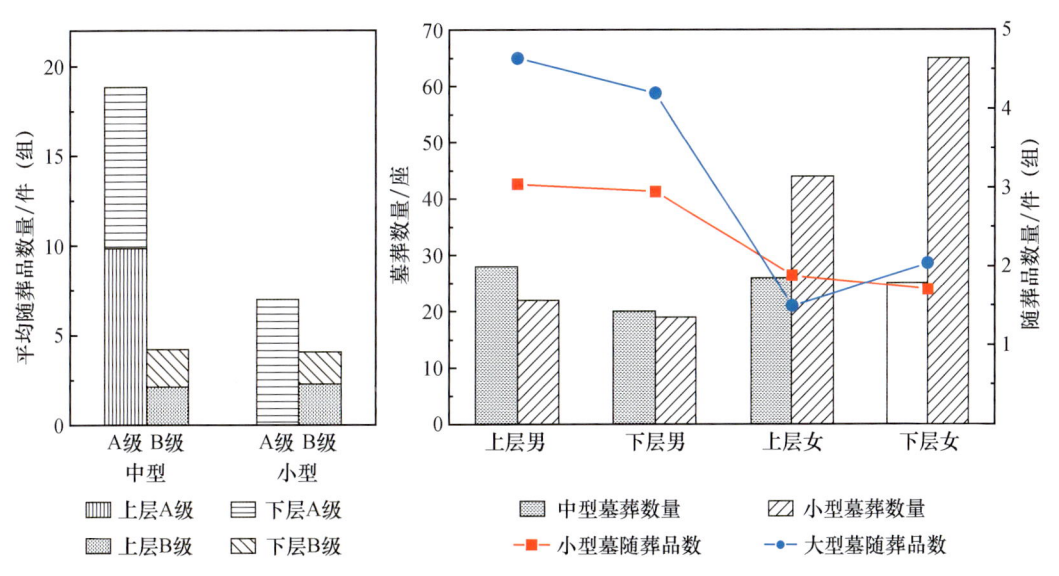

四　师宗大园子墓地出土铜器的科技分析及初步认识　·645·

图2　大园子墓地墓葬分级分类统计图

图3　墓葬规模与出土随葬品数量对比与性别差异对比

2. 不同类别墓葬的铜器数据对比

（1）主量元素及金相分析对比

依据上述墓葬分类标准，对比不同类别墓葬的铜器在主量元素和制作技术上的异同。中型和小型墓葬出土的样品的确表现出了一定的差异：总体上大园子墓地墓葬规模越大，青铜随葬品中锡含量也会越高，A级墓葬出土青铜器的锡含量高于B级墓葬。

如表1所示，中型墓葬出土样品的锡含量略高于小型墓葬出土样品，而铅含量却没有表现出这种差异。中型墓葬和小型墓葬铜器的锡铅含量配比并未受到年代因素的影响，不论是中型墓葬还是小型墓葬，上、下层样品锡含量差别不大，但时代越晚的小型墓葬出土样品中铅含量越少，且铅含量整体水平高于中型墓葬。上文中将出土随葬

表1　主量元素对比　　　　　　　（单位：wt%）

项目	分级	层位	Sn	Pb
墓葬规模分级	中型	上层	12.4	1.16
		下层	12.31	1.08
	小型	上层	10.33	1.84
		下层	9.87	2.34
随葬品数量分级	A级	上层	13.37	1.02
		下层	9.93*	2.68*
	B级	上层	11.19	1.49
		下层	10.57	1.98
兵器	中型	上层	11.62	1.34
		下层	12.31	1.08
	小型	上层	10.56	1.92
		下层	10.3	2.81
工具	中型	上层	11.81	1.16
		下层	无数据	无数据
	小型	上层	7.17	1.24
		下层	0*	0*
装饰品	中型	上层	14.77	0.69
		下层	无数据	无数据
	小型	上层	15.1*	2.46*
		下层	16.35*	0.95*
其他			10.61	0.27

注：标"*"表示数据不足，该器类样品对应分级只有单个数据

品件（组）数较多的分为A级，反之为B级。下层A级墓葬缺乏足量的数据，因此不做讨论。上、下两层的B级墓葬样品锡含量水平比较一致，均低于上层A级墓葬。对于兵器类样品，仍然是中型墓葬对应着相对较高的锡含量水平，而且晚期兵器类样品锡含量水平较早期有增多的趋势。小型墓葬出土的兵器类样品铅含量随时间变少，中型墓葬则反之。工具类样品锡含量也与兵器类样品相似，而铅含量则随着墓葬规模的扩大体现出了略微下降的趋势。其余类型的样品由于缺乏数据，因此不做讨论。

综上所述，大园子墓地的随葬青铜器存在墓葬规模越大、出土随葬品数量越多，锡含量越多的趋势，这或许体现了高等级人群与锡原料的某种关联。但锡含量总体水平变化并不突出。工具类与兵器类样品的锡含量大多在10%以上，应当具有良好的实用性。

再探究具体器类与主量成分的关系。大园子墓地出土青铜器铅含量水平较低，最高铅含量只有7.66%。兵器和工具整体铅含量平均值仅有1.62%，各器类铅含量平均值如附表1所示，铜矛和铜戚的铅含量平均值较其他器类略高。同样地，装饰品的铅含量水平也很低，仅有两件铜扣饰的铅含量高于2%。

兵器与工具等器类，需要保证锡的加入量和控制铅的加入量以保证加工或使用时具备合适的机械性能。锡含量在10%以上，较为科学合理。大园子墓地出土兵器的锡含量平均值在11.34%左右，工具锡含量平均值为8.29%，总体上锡含量在10%以上的样品占66.67%，铜剑、矛、削刀中偶尔会出现低锡青铜。所有兵器与工具中铜矛的平均锡含量最低，仅为9.7%，若除去铜矛中2件红铜质地的，其平均锡含量就与铜剑水平相当。红铜铜器强度不高，质地较软，实用性较低。编号DYZ20（铜矛）、DYZ60（铜矛）、DYZ34（铜爪镰）、DYZ28（铜片）的出现表明部分器物可能专为随葬而做，并不是实用器。兵器中各器类均有一定比例的铅锡青铜，剑：21.43%；矛：36.36%；戈：55.56%。铜削刀和铜戚各只有1件铅锡青铜。

装饰品包括铜扣饰、铜镯和铜泡饰，整体的锡含量为16.63%，比兵器、工具类器物高。铜泡饰中锡含量的整体水平要明显高于其他器类，其锡含量平均值是所有器类中最高的。4件铜泡饰锡含量在24.51%左右，彼此差距不大。推测4件铜泡饰器形类似：4件泡饰中心均饰对称卷云纹，边缘部分均饰两周弦纹，因此不排除这4件铜泡饰为同一批产品的可能。编号DYZ57（铜扣饰）的锡含量较为特殊，Sn含量3.59%，为装饰品中锡含量最低的器物；编号DYZ43的铜镯含锡量最高，在20.7%左右，其对应器形并非检测样品中常见的多个细圆环组成的镯（如编号DYZ01），而是较宽的扁镯。20件样品的金相显微组织显示，5件为铅锡青铜，14件为锡青铜，1件为红铜。结合附表1和附表3，发现60%的铅锡青铜加工工艺属于热锻，而71.43%的锡青铜样品为铸造而成，红铜样品同样是铸造。这是否体现了根据合金配比采用不同的技术和制作工艺，有待更多数据的支持。样品DYZ09（铜泡饰）的加工工艺为铸造，推测器形类似、锡含量相仿的DYZ26、DYZ12、DYZ13加工工艺统一，均为铸造。大园子墓地发掘过程中发现部分铜器，尤其是兵器，出土时呈弯折或断裂状态，推测弯折可能是随葬前人为所致[①]。金相组织观察了6件这样有"毁器"现象的样品，分别是DYZ07（铜矛）、DYZ14（铜戈）、DYZ47（铜戈）、DYZ15（铜剑）、DYZ54（铜剑）、和DYZ08（铜削刀）。在有"毁器"现象的金相分析样品中只有DYZ15这一件样品表现为受热组织，DYZ15出土时剑锋弯折，取样部位为铜剑刃部（附表1），可能是取样未取在铜剑弯折的部位，因此晶粒并未观察到形变。由于本文的金相分析样品量小，所以无法推测该样品受热与实际器物"毁器"结果之间有何种联系，故不做深入讨论。

（2）微量元素对比

微量元素又称指纹元素，是铜器原料来源的重要反映。本文对于微量元素的分析采用传统的散点图和微量元素分组法相结合的方式。其中，微量元素分组法是"牛津研究体系"的一部分。这一方法选取砷、锑、银、镍四种元素，不讨论其绝对质量分数，以四种元素在青铜中是否存在为标准（以0.1%为界区分），建立16个不同的微量元素小组[②]。不同的小组仅仅代表不同微量元素的特定组合，并不具有直接的考古学意义，需结合样品的出土时代、地域与器类来讨论对应铜器的分组特征。

散点图分析也选取砷、锑、银、镍四种微量元素，用其在样品中存在的质量分数，通过两两绘制散点图的方式能简单地观察到一些样品微量元素的特征。下文以元素符号指代对应元素在样品中的质量分数。样品在0.04%＜As＜1.06%，0＜Sb＜1.16%；0.02%＜Ag＜0.5%，0＜Ni＜0.1%的范围内均有分布。由于个别特异点，散点图中数据分辨率较低，去除特异点：DYZ39（铜戈）、DYZ40（铜削刀）、DYZ56（铜扣饰）、DYZ57（铜扣饰）后，散点图如图4所示。测定样品数据在Ag/Ni散点图上分布较为分散，在图4的范围内没有明显的聚集现象。As/Sb散点图中0.04%＜As＜0.1%、0＜Sb＜0.05%有集中的现象。

同样地，将微量元素分组与墓葬分级作对比，结果如表2。组2（砷）和组6（砷、锑）在测试样品中出现比例较高，可能为大园子墓地青铜器微量元素的"组合"特征。将微量元素与不同类别的墓葬进行对比，难以发现明确的规律。值得注意的是，上层中型墓葬中出土特征为组2和组6的青铜器较多，其数量远多于小型墓葬。B级墓葬上层出土组2和组6的青铜器数量多于下层。所属墓葬规模为中型的兵器类样品

[①] 中国社会科学院考古研究所、云南省文物考古研究所、曲靖市文物管理所、师宗县文物管理所：《云南师宗县大园子墓地发掘简报》，《考古》2019年第2期。

[②] 马克·波拉德、彼得·布睿、彼得·荷马、徐幼刚、刘睿良：《牛津研究体系在中国古代青铜器研究中的应用》，《考古》2017年第1期；李晓岑、韩汝玢、蒋志龙：《云南晋宁石寨山出土金属器的分析和研究》，《文物》2004年第11期。

同样也是上层的组2和组6特征数更多。推测晚期墓葬出土铜器属特征组2和组6的数量多于早期，是大园子青铜配比技术、原料来源渐趋稳定的标志。对于不同器类，各类器物数据大多重叠在一起，不见明显规律。

表2　微量元素对比　　　　　　　　　　（单位：件/组）

项目	分级	层位	组1	组2	组6	组12	组16
墓葬规模分级	中型	上层	1	6	16		
		下层		1	2	1	
	小型	上层	1	1	7		1
		下层	1	2	8		
随葬品数量分级	A级	上层	1	2	6		
		下层			1		
	B级	上层	1	5	17		1
		下层	1	2	10	1	
兵器	—	—	3	6	26	1	
工具	—	—		1	3		1
装饰品	—	—	2	7	6		
其他	—	—			2		

对比As/Sb，Ag/Ni散点图和微量分组情况，能形成比较好的对应关系，剑、戈、矛、镯等器类在图4中的不同聚集范围均在微量元素分组上有所区别，体现了一定的差异。数据点在As/Sb散点图左下角有聚集现象，这些数据点大多属于组1和组2。组12和组16的样品极少，只有一两个数据，绝大部分样品的微量元素分组集中在组6和组2，意味着87.93%的测定样品中含有砷元素，且含砷的样品中最常出现的是砷锑组合。

对于全部样品，微量元素分组为组6与组2的样品最多，分别占比63.79%和24.14%，72.22%的兵器均属于组6，其余组占比极小，其余器类数据量较小，但总体上组6占比最多。将上文根据主量元素区分合金类型的结论与微量元素分组结果相结合，得出组6和组2过半数的样品属于锡青铜，铅锡青铜在组1、组2、组6中均有存在，组12、组16的样品均属于锡青铜。由此并未观察到微量元素分组与铅、锡的加入有特定的规律，全部4件红铜样品在组6中，由于红铜中无可被判断为人工加入的铅，因此微量元素分组指向大园子墓地青铜器的铜料来源[①]。分别观察微量元素分组与墓葬规模、

[①] 黎海超、崔剑锋、周志清等：《金沙遗址"祭祀区"出土铜器的生产问题研究》，《边疆考古研究》第25辑，北京：科学出版社，2019年，第335~348页。

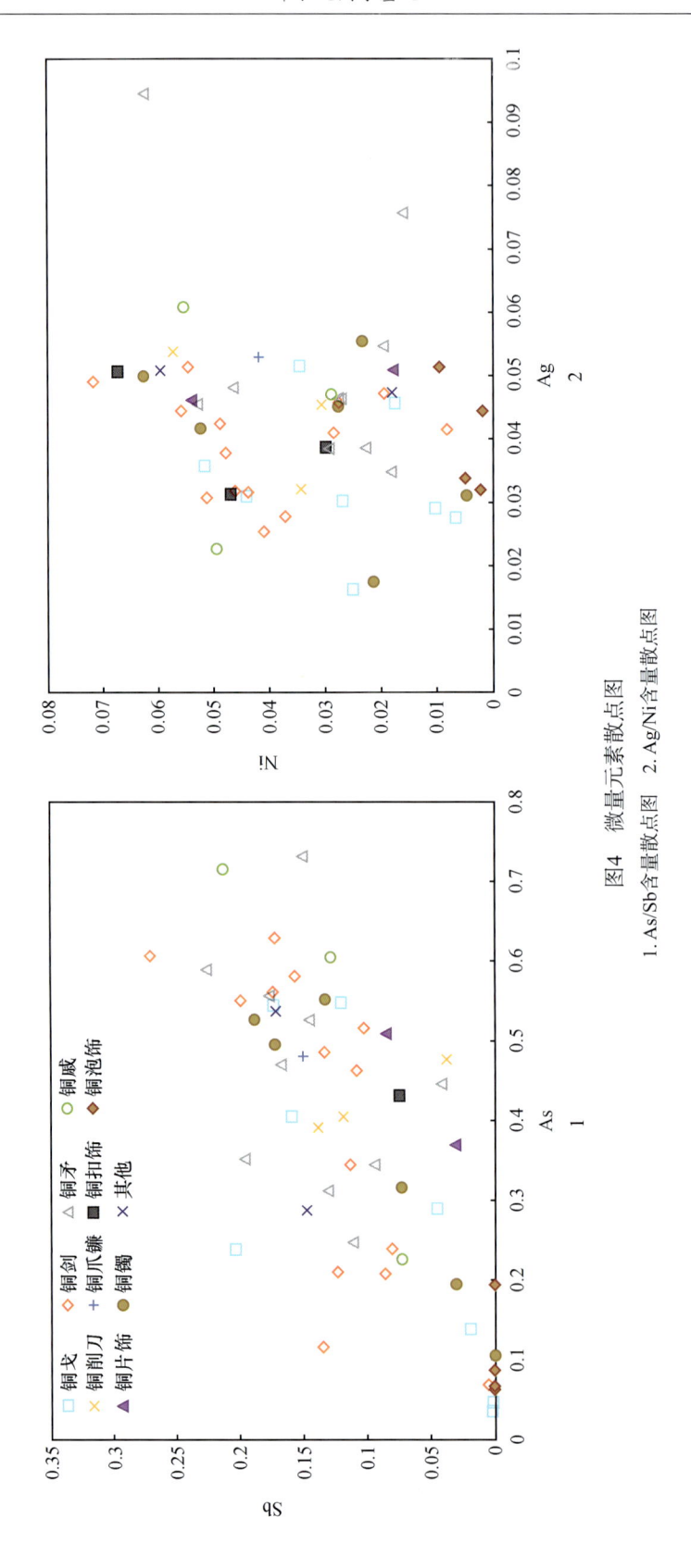

图4 微量元素散点图
1. As/Sb含量散点图 2. Ag/Ni含量散点图

随葬品数量之间的关系，可以发现规模属于中型的上层墓葬中出土铜器属于组6的远多于其他，B级墓葬中出土属于组6的铜器更多。

3. 与西南夷其他墓地的对比

大园子墓地发掘报告中根据典型器物的变化，可大致推测土堆近底部的墓葬时代接近战国中晚期，而上部墓葬多属西汉时期，但是发掘过程中并未出土一些如五铢钱等汉式器物。与大园子墓地这种在同一地点墓葬分布密集、层层叠压形成独特的大土堆相似的墓地形态和埋葬方式也见于滇东高原曲靖盆地的八塔台墓地。该墓地年代分为早、中、晚三期，早期约为战国早期，中期为战国晚期至西汉早期，晚期为西汉晚期至东汉早期[①]。它们之间仍然存在一定的差异，大园子墓地并未发现与八塔台墓地类似的地上遗迹或是护坡遗迹。

石寨山与李家山墓地均位于滇池地区。石寨山墓地曾经被看作是滇的王族墓地，但随着最近对石寨山墓地小型墓葬的关注增加，现推测为部族公共墓地。第二次发掘将墓葬大致分为几个类型：Ⅰ（西汉初）、Ⅱ（文帝五年后）、Ⅲ（西汉中晚期）、Ⅳ（西汉晚期到东汉初），少数年代偏早的墓葬大致可追溯到战国晚期。李家山墓地与石寨山墓地相距不远，文化面貌相似，推测同样是滇人部族公共墓地。两墓地年代也大致相当，最早的墓葬年代应当以西汉早期为主[②]。

如各遗址出土铜器锡含量箱线图（图5-1）所示[③]，四个遗址青铜器的锡含量的中位数相差不大，差异为1%—2%。反映出大园子出土青铜器的锡含量分布范围与八塔台、李家山有一定的区别，与石寨山相似。但是大园子的锡含量四分位差（箱宽）更小，意味着大园子的锡含量水平和锡含量一致性更高，波动程度更小，比其余三个遗址更加稳定。同时，虽然锡含量分布范围相似，但是大园子的下四分位数要高于石寨山，整体锡含量水平略高于石寨山。大园子锡含量箱图上下边缘均有异常值分布，下边缘异常值对应红铜的铜扣饰残片与铜片，上边缘异常值则对应铜泡饰。各遗址出土铜器铅含量箱线图（图5-2）中所有遗址出土青铜器的铅含量分布呈右偏态，说明铅含量较低的数据少。大园子、石寨山和李家山出土青铜器的铅含量中位数相似，八塔台

---

① 云南省文物考古研究所、曲靖市文物管理所、曲靖市博物馆、麒麟区文物管理所：《云南曲靖市八塔台墓地2号堆第七次发掘简报》，《考古》2018年第12期。

② 杨勇：《战国秦汉时期云贵高原考古学文化研究》，科学出版社，2011年。

③ 赵凤杰、李晓岑、刘成武、康利宏：《云南曲靖八塔台墓地铜器分析》，《中原文物》2013年第1期；李晓岑、韩汝玢、蒋志龙：《云南晋宁石寨山出土金属器的分析和研究》，《文物》2004年第11期；李晓岑、张新宁、韩汝玢、孙淑云：《云南江川县李家山墓地出土金属器的分析和研究》，《考古》2008年第8期；崔剑锋、杨勇、朱忠华：《云南陆良县薛官堡墓地出土铜器的金属学分析及相关研究》，《南方民族考古》第十一辑，科学出版社，2015年。

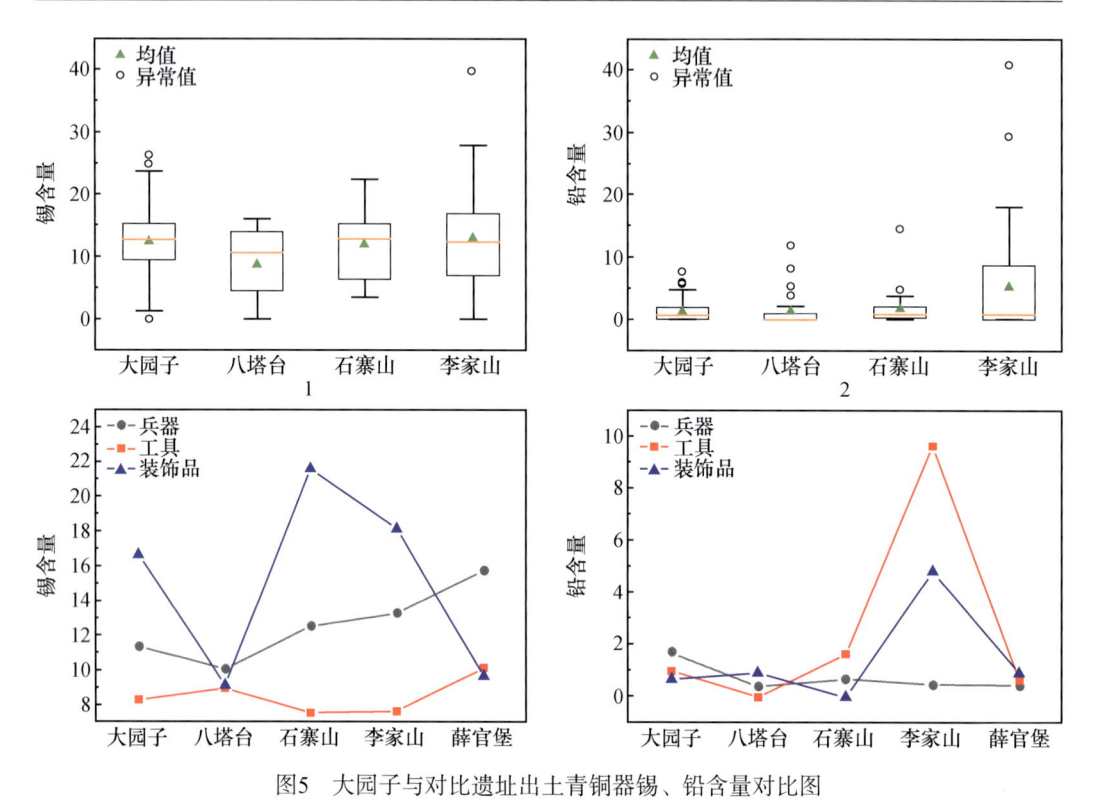

图5　大园子与对比遗址出土青铜器锡、铅含量对比图
1. 各遗址出土铜器锡含量箱线图　2. 各遗址出土铜器铅含量箱线图　3. 各遗址部分器类锡含量折线图
4. 各遗址部分器类铅含量折线图

铅含量水平最低。但是李家山出土青铜器的铅含量水平远高于其余遗址，数据分布范围过大，只能说明李家山铅含量数据后50%与大园子相似。大园子出土青铜器的铅含量与八塔台相似，且一致性也相似，而大园子下四分位数低于石寨山，说明大园子铅含量整体水平略低于石寨山。

如各遗址部分器类锡含量折线图（图5-3）所示大园子兵器和工具的锡含量与其余遗址相似，波动不大，兵器锡含量均高于10%，具有比较好的机械性能。几个遗址中，薛官堡墓地兵器和工具的平均锡含量最高，这可能是数据量过少的原因。大园子、石寨山和李家山装饰品的锡含量水平相似，且均较高。青铜中加入铅可提高流动性，流动性直接影响铸件纹饰清晰度。但是过高的铅将增加器物脆度，不利于兵器、工具机械性能，降低使用寿命，因此推测兵器的铅含量应当小于要求高流动性的装饰品类。如各遗址部分器类铅含量折线图（图5-4），除李家山外，其余遗址的兵器、工具和装饰品铅含量比较一致都属于较低的水平，各器类间并没有显著的区别。李家山装饰品铅含量水平高于兵器，工具类中有一件特殊铜斧，铅含量高达13.4%，实际工具类铅含量水平与装饰品相当。石寨山兵器铅含量反高于装饰品，可能是因为装饰品样品均取样自M71，属于西汉中晚期的贵族墓葬[①]，66.67%的装饰品表面镀锡，属于特殊情况，不能代表石寨山装饰品整体铅含量水平。另外，李晓岑观察到石寨山小型墓葬中兵器的锡含量更高，铸造后冷加工处理，实用性更高，而大型墓葬中兵器的锡含量低且往往有表面装饰工艺，器物可能具有礼仪性。可见李家山和石寨山的铜器工匠对于不同的器物在不同的使用场景均有不同的合金配比偏好，铜器生产较大园子、八塔台和薛官堡更加精细。

铜器加工工艺方面，大园子墓地青铜器加工工艺以铸造为主，合金种类一般为铜锡合金，铅含量水平普遍偏低，与上述对比遗址的工艺传统相似。对比遗址的工匠会根据器物的性能和使用目的，采用特定的加工工艺，如石寨山与李家山的甲片使用热锻工艺[②]。石寨山、薛官堡和八塔台遗址铜器有使用热锻成形、冷加工修整兵器刃部的例子。大园子墓地各类检测铜器中均有热锻工艺，工具与兵器居多，同时热锻组织的再结晶晶粒普遍都偏粗大，说明热锻技术比较粗糙。个别样品如DYZ49（铜戈）有在刃部的局部热锻及整体冷加工修整。虽然大园子墓地与石寨山铜器在平均合金配比上相似，但大园子中、小型墓葬铜器合金配比与工艺相对统一，合金配比与技术和制作工艺暂时没有明确的对应。石寨山与李家山的贵金属材料并未在大园子墓地发现。器物表面加工工艺，如石寨山遗址部分兵器和工具的表面有高锡镀层，八塔台遗址出土鎏金扣饰，但并未在大园子墓地出现。另外，大园子墓地未出土汉式器物，或是一些具有强烈当地色彩的器物，如铜鼓。

综上所述，战国至西汉时期滇池地区和滇东高原，红铜占比逐渐减少，铜锡合金配比趋于稳定，西汉后期使用铅的技术更加成熟。兵器和生产工具以锡青铜为主，一般不含铅，适于实用。上述对比遗址青铜器大多为铸造，结合使用目的，另有热锻、表面工艺等其他工艺。大园子遗址出土青铜器材质种类、制作工艺与滇池地区和滇东高原相同，兵器与工具一般采用含锡量10%以上的合金，且部分使用热锻工艺，具有良好性能，但中、小型墓葬间和不同器类间合金配比与工艺无明显差异，对合金性能的理解较对比遗址而言更原始。

[①] 赵凤杰、李晓岑、刘成武、康利宏：《云南曲靖八塔台墓地铜器分析》，《中原文物》2013年第1期；李晓岑、韩汝玢、蒋志龙：《云南晋宁石寨山出土金属器的分析和研究》，《文物》2004年第11期；李晓岑、张新宁、韩汝玢、孙淑云：《云南江川县李家山墓地出土金属器的分析和研究》，《考古》2008年第8期；崔剑锋、杨勇、朱忠华：《云南陆良县薛官堡墓地出土铜器的金属学分析及相关研究》，《南方民族考古》第十一辑，科学出版社，2015年。

[②] 李晓岑、韩汝玢、蒋志龙：《云南晋宁石寨山出土金属器的分析和研究》，《文物》2004年第11期；李晓岑、张新宁、韩汝玢等：《云南江川县李家山墓地出土金属器的分析和研究》，《考古》2008年第8期。

五、结　　论

大园子墓地检测铜器材质以锡青铜为主，锡含量普遍在10%左右，铅含量水平低。兵器、工具类中有个别红铜质地器物，实用性不佳，可能是专门为随葬制造。符合滇池和滇东高原地区青铜器制作工艺的传统，结果显示大园子青铜器中最常见的微量元素分组是组2（砷）与组6（砷、碲），可能反映了工匠对原料的偏好。

本文的分析表明，大园子不同等级、年代的墓葬，在铜器制作技术和原料选择上并未见明显差异，这表明大园子社会的铜器生产复杂程度不高，技术特征较为稳定。不同器类之间也未见明显差异。值得注意的现象是同规模等级的墓葬出土青铜器微量元素分组为组2、组6的数量多于早期。另外，可见等级越高的墓葬，铜器用锡量越多的规律。但这些现象还需更充足数据的支持。对比而言，石寨山这类高等级墓地在冶金技术上表现出一定的等级差异，这种现象在大园子墓地并未体现。当然这也许与考古发现的局限性有关，大园子墓地中可能存在尚未发现的高等级墓葬。

尽管在大园子铜器的分析中未见科技数据与考古背景的对应规律，但从科技数据出发对墓葬等级、墓葬年代、墓主人性别等考古问题的观察是有重要意义的，且在西南夷冶金考古研究中可作为常态化分析视角，促进对西南夷社会形态的深入认识。大园子墓地的铜器生产特点是否可代表滇东高原青铜文化中小墓地的情况，大园子若存在高等级墓葬，是否会存在更为复杂的铜器生产模式，是接下来需要关注的问题。

附表1　大园子出土铜器主量元素成分分析数据　　（单位：wt%）

实验室编号	器物号	器物	取样部位	Cu	Sn	O	Pb	S	合金类型
DYZ01*	M263:2	铜镯		93.09	6.91	—	—	—	Cu-Sn
DYZ02	M175:7	铜片饰		72.78	21.69	4.72	—	—	Cu-Sn
DYZ03	M39:2	铜矛	锋	88.24	6.87	4.89	—	—	Cu-Sn
DYZ05	M73:7	铜戈		80.74	16.4	2.86	—	—	Cu-Sn
DYZ06	M73:1	铜剑		82.74	14.11	3.16	—	—	Cu-Sn
DYZ07	M264:2	铜矛		80.92	12.94	3.34	2.81	—	Cu-Sn-Pb
DYZ08	M264:1	铜削刀		81.89	12.71	3.23	2.17	—	Cu-Sn-Pb
DYZ09	T6251采:1	铜泡饰		71.32	26.26	2.42	—	—	Cu-Sn
DYZ10	T6252采:1	铜镯		86.15	10.16	1.98	1.7	—	Cu-Sn
DYZ11	T6250采:3	残铜器		76.23	21.21	2.57	—	—	Cu-Sn
DYZ12	T6251采:2	铜泡饰		73.89	23.7	2.41	—	—	Cu-Sn
DYZ13	T6251采:3	铜泡饰		73.54	23.14	2.47	—	0.3	Cu-Sn
DYZ14	M268:2	铜戈	刃	79.29	13.72	6.99	—	—	Cu-Sn
DYZ15	M268:1	铜剑	刃	86.18	9.47	4.35	—	—	Cu-Sn
DYZ16	M72:2	铜戚	柄	86.43	11.13	2.43	—	—	Cu-Sn
DYZ17	M72:1	铜矛		84.36	11.83	3.81	—	—	Cu-Sn
DYZ18	M82:1	铜剑	刃	83.1	13.09	2.91	0.79	0.12	Cu-Sn
DYZ19	M38:1	铜剑	刃	77.91	13.29	4.64	4.17	—	Cu-Sn-Pb
DYZ20*	M8:1	铜矛	刃	97.44	1.29	0.42	0.81	0.04	Cu
DYZ21	M11:1	铜矛	刃	92.94	5.49	0.72	0.7	0.16	Cu-Sn
DYZ22	M185:2	铜戈		82.2	15.29	2.51	—	—	Cu-Sn
DYZ23	M33:1	铜矛	刃	—					
DYZ24	M350:1	铜剑残部		82.31	12.01	2.49	3.2	—	Cu-Sn-Pb
DYZ25	M94:1	铜剑	锋	85.73	10.16	2.49	1.63	—	Cu-Sn
DYZ26	T6251采:4	铜泡饰		72.55	24.93	2.38	—	0.13	Cu-Sn
DYZ27	T6250采:1	铜镯（残）		81.3	14.35	4.19	—	0.16	Cu-Sn
DYZ28*	T6250采:2	铜片		99.37	—	—	0.53	0.1	Cu
DYZ29	M12:6	铜剑		90.26	7.5	2.25	—	—	Cu-Sn
DYZ30	M12:4	铜片饰		80.08	16.63	3.29	—	—	Cu-Sn
DYZ31	M12:1	铜削刀	身	86	11.57	1.86	0.56	0.03	Cu-Sn
DYZ32	M143:1	铜剑		84.69	11.26	2.55	1.3	0.21	Cu-Sn
DYZ33	M139:1	铜剑	锋	82.32	12.94	2.25	2.49	0.01	Cu-Sn-Pb
DYZ34*	M119:1	铜爪镰		99.39	—	—	—	0.61	Cu
DYZ35	M138:3	铜矛	锋	83.82	12.33	3.46	0.34	0.05	Cu-Sn

续表

实验室编号	器物号	器物	取样部位	Cu	Sn	O	Pb	S	合金类型
DYZ36	M113:1	铜矛	身	81.77	10	2.24	5.99	—	Cu-Sn-Pb
DYZ37	M152:1	铜戚	柄	82.89	10.13	3.17	3.8	—	Cu-Sn-Pb
DYZ38	M367:1	铜戈		—	—	—	—	—	
DYZ39	M209:2	铜戈		80.4	16.7	2.61	0.29	—	Cu-Sn
DYZ40*	M285:1	铜削刀	刃	92.96	6.26	—	0.76	0.03	Cu-Sn
DYZ41*	M100:1	铜剑	刃	93.24	6.34	—	0.25	0.16	Cu-Sn
DYZ42	M94:2	铜矛	刃	79.29	17.2	3.51	—	—	Cu-Sn
DYZ43	M256:4	铜镯（残）		75.39	20.73	2.39	1.5	—	Cu-Sn
DYZ44	M300:2	铜扣饰		—	—	—	—	—	
DYZ45	M58:6	铜泡饰		—	—	—	—	—	
DYZ46	M74:1	铜戈	刃	77.78	14.05	2.36	5.81	—	Cu-Sn-Pb
DYZ47	M138:2	铜戈		84.05	9.93	3.34	2.68	—	Cu-Sn-Pb
DYZ48	M281:5	铜扣饰		—	—	—	—	—	
DYZ49	M281:2	铜戈	刃	82.08	13.42	2.49	2.01	—	Cu-Sn-Pb
DYZ50	M209:3	铜剑		81.34	14.54	3.37	0.75	—	Cu-Sn
DYZ51	M226:1	铜剑	锋	83.39	11.95	4.62	—	—	Cu-Sn
DYZ52	M393:1	铜戈（残）	锋	80.37	12.87	3.66	3.1	—	Cu-Sn-Pb
DYZ53	M276:1	铜戚		86.3	9.93	2.29	1.38	0.11	Cu-Sn
DYZ54	M276:2	铜剑	锋	78.94	17.81	2.18	0.92	0.15	Cu-Sn
DYZ55	M23:2	铜削刀	锋	88.27	8.07	2.31	1.35	—	Cu-Sn
DYZ56	M183:3	铜扣饰		79.45	15.1	3.05	2.4	—	Cu-Sn-Pb
DYZ57*	M52:2	铜扣饰		96.2	3.59	—	0.17	0.04	Cu-Sn
DYZ58	M43:1	铜扣饰（残）		76.44	19.1	2.34	2.12	—	Cu-Sn-Pb
DYZ59	M42:1	铜削刀	刃	86.24	11.16	2.07	0.5	0.03	Cu-Sn
DYZ60*	M343:3	铜矛	銎	97.31	1.31	—	1.39	—	Cu
DYZ61	M343:1	铜戈	锋	79.22	13.82	2.22	4.74	—	Cu-Sn-Pb
DYZ62	M68:1	铜镯		80.46	16.35	2.24	0.95	—	Cu-Sn
DYZ63	M343:2	铜剑	刃	—	—	—	—	—	
DYZ68	M281:3	铜矛	刃	73.64	13.62	5.09	7.66	—	Cu-Sn-Pb
DYZ69*	M281:1	铜剑	刃	96.56	3.44	—	—	—	Cu-Sn
DYZ70	M44:1	铜镯		87.18	6.89	4.78	1.15	—	Cu-Sn

附表2 大园子出土铜器微量元素成分检测数据 （单位：wt%）

编号	器物	分组	As	Sb	Ag	Ni	Pb	Sn	Co	Fe	Au	Zn
DYZ01	铜镯	6	0.53	0.19	0.05	0.06	0.09	6.82	0	0.03	0.03	0.02
DYZ02	铜片饰	6	0.51	0.09	0.05	0.05	0.44	22.69	0.02	1.98	1.98	0.03
DYZ03	铜矛	6	0.56	0.18	0.05	0.05	0.07	5.99	0.01	0.13	0.14	0.03
DYZ05	铜戈	1	0.05	0	0.03	0.01	0.41	2.33	0	0.02	0.02	0.03
DYZ06	铜剑	6	0.12	0.13	0.04	0.01	0.8	12.74	0	0.02	0.02	0.02
DYZ07	铜矛	6	0.35	0.2	0.05	0.02	2.52	12.14	0	0.02	0.02	0.02
DYZ08	铜削刀	2	0.48	0.04	0.05	0.06	0.32	7.14	0.01	0.14	0.14	0.02
DYZ09	铜泡饰	2	0.09	0	0.04	0	0.04	25.3	0	0.24	0.24	0.02
DYZ10	铜镯	2	0.32	0.07	0.06	0.02	0.17	10.39	0	0.06	0.06	0.03
DYZ11	残铜器	6	0.29	0.15	0.05	0.06	0.15	18.49	0.02	0.22	0.21	0.03
DYZ12	铜泡饰	1	0.06	0	0.03	0	0.04	23.82	0	0.1	0.1	0.02
DYZ13	铜泡饰	1	0.07	0	0.03	0	0.05	22.36	0	0.61	0.6	0.02
DYZ14	铜戈	6	0.24	0.2	0.04	0.05	0.17	11.15	0	0.08	0.08	0.02
DYZ15	铜剑	6	0.61	0.27	0.05	0.07	0.14	9.04	0.02	2.3	2.26	0.03
DYZ16	铜戚	2	0.23	0.07	0.04	0.05	0.18	3.79	0.01	0.11	0.11	0.02
DYZ17	铜矛	6	0.35	0.09	0.04	0.03	0.24	11.67	0	0.04	0.04	0.02
DYZ18	铜剑	6	0.55	0.2	0.04	0.06	0.17	12.29	0.01	0.72	0.7	0.02
DYZ19	铜剑	6	0.35	0.11	0.03	0.04	1.1	10.97	0.01	1.08	1.06	0.02
DYZ20	铜矛	6	0.47	0.17	0.05	0.03	0.15	1.54	0	0.03	0.03	0.02
DYZ21	铜矛	6	0.59	0.23	0.05	0.05	0.12	5.56	0.01	2.13	2.07	0.03
DYZ22	铜戈	2	0.29	0.04	0.05	0.02	0.28	13.88	0	0.14	0.13	0.02
DYZ23	铜矛	—	—	—	—	—	—	—	—	—	—	—
DYZ24	铜剑残部	2	0.24	0.08	0.05	0.03	1.18	11.07	0.01	1.28	1.24	0.03
DYZ25	铜剑	6	0.21	0.12	0.03	0.04	0.49	8.51	0.01	0.12	0.12	0.03
DYZ26	铜泡饰	2	0.19	0	0.05	0.01	0.04	25.38	0	0.25	0.24	0.01
DYZ27	铜镯（残）	2	0.19	0.03	0.02	0.02	0.07	13.03	0	0.49	0.47	0.02
DYZ28	铜片	6	0.54	0.17	0.05	0.02	0.16	0.44	0	1.13	1.09	0.03
DYZ29	铜剑	—	—	—	—	—	—	—	—	—	—	—
DYZ30	铜片饰	2	0.37	0.03	0.05	0.02	1.2	15.11	0	0.11	0.11	0.02
DYZ31	铜削刀	6	0.39	0.14	0.03	0.03	0.08	10.43	0	0.05	0.05	0.02
DYZ32	铜剑	6	0.46	0.11	0.03	0.05	0.11	10.45	0.01	1.74	1.67	0.03
DYZ33	铜剑	2	0.21	0.09	0.05	0.02	0.87	12.28	0	0.07	0.07	0.02
DYZ34	铜爪镰	6	0.48	0.15	0.05	0.04	0.09	0.36	0.01	5.27	5.06	0.04
DYZ35	铜矛	2	0.45	0.04	0.03	0.02	0.08	11.11	0	0.28	0.26	0.02

续表

编号	器物	分组	As	Sb	Ag	Ni	Pb	Sn	Co	Fe	Au	Zn
DYZ36	铜矛	6	0.25	0.11	0.04	0.02	3.1	9.22	0	0.1	0.1	0.02
DYZ37	铜戚	6	0.6	0.13	0.05	0.03	0.54	9.02	0.01	0.26	0.24	0.02
DYZ38	铜戈	—	—	—	—	—	—	—	—	—	—	—
DYZ39	铜戈	6	1.05	0.41	0.05	0.09	0.3	6.16	0.01	0.8	0.76	0.03
DYZ40	铜削刀	16	1.06	0.33	0.5	0.1	0.35	6.26	0.01	0.84	0.8	0.02
DYZ41	铜剑	6	0.52	0.1	0.03	0.04	0.98	11.55	0.01	0.73	0.7	0.03
DYZ42	铜矛	12	0.73	0.15	0.09	0.06	0.12	17.56	0.01	0.5	0.47	0.01
DYZ43	铜镯（残）	2	0.11	0	0.03	0	0.47	20.62	0	0.03	0.03	0.02
DYZ44	铜扣饰	—	—	—	—	—	—	—	—	—	—	—
DYZ45	铜泡饰	—	—	—	—	—	—	—	—	—	—	—
DYZ46	铜戈	6	0.4	0.16	0.03	0.03	1.86	13.02	0	0.11	0.11	0.02
DYZ47	铜戈	2	0.14	0.02	0.03	0.01	0.5	5.53	0	0.06	0.06	0.02
DYZ48	铜扣饰	—	—	—	—	—	—	—	—	—	—	—
DYZ49	铜戈	6	0.55	0.12	0.03	0.04	0.3	11.71	0.02	1.16	1.1	0.03
DYZ50	铜剑	1	0.07	0	0.04	0.05	0.08	1.01	0	0.05	0.04	0.03
DYZ51	铜剑	6	0.56	0.17	0.03	0.05	0.12	9.96	0.01	0.07	0.07	0.02
DYZ52	铜戈（残）	1	0.04	0	0.02	0.02	0.87	0.64	0.01	0.03	0.03	0.03
DYZ53	铜戚	6	0.72	0.21	0.06	0.06	0.29	9.29	0.01	0.61	0.57	0.02
DYZ54	铜剑	6	0.58	0.16	0.04	0.05	0.19	15.85	0.01	0.46	0.44	0.02
DYZ55	铜削刀	6	0.4	0.12	0.05	0.03	0.19	7.97	0	0.04	0.04	0.02
DYZ56	铜扣饰	6	0.95	0.17	0.05	0.07	0.89	13.45	0.03	2.3	2.18	0.02
DYZ57	铜扣饰	6	0.13	1.16	0.03	0.05	0.11	4.62	0	0.02	0.02	0.02
DYZ58	铜扣饰（残）	2	0.43	0.07	0.04	0.03	0.48	17.52	0.01	0.31	0.29	0.02
DYZ59	铜削刀	—	—	—	—	—	—	—	—	—	—	—
DYZ60	铜矛	6	0.53	0.15	0.05	0.03	0.47	1.45	0.01	0.58	0.55	0.02
DYZ61	铜戈	6	0.54	0.17	0.05	0.03	2.39	12.65	0	0.07	0.07	0.02
DYZ62	铜镯	6	0.5	0.17	0.04	0.05	0.22	11.72	0.01	1.24	1.17	0.02
DYZ63	铜剑	6	0.49	0.13	0.04	0.03	0.41	1.25	0.01	0.60	0.57	0.03
DYZ68	铜矛	6	0.31	0.13	0.08	0.02	2.45	12.4	0	0.1	0.1	0.02
DYZ69	铜剑	6	0.63	0.17	0.05	0.05	0.34	4.27	0.01	0.2	0.19	0.02
DYZ70	铜镯	6	0.55	0.13	0.05	0.03	0.2	6	0	0.1	0.09	0.02

附表3 大园子样品金相组织显微观察结果

实验编号	名称/器物号	金相组织	加工工艺
DYZ07	铜矛 M264：2	铅锡青铜的热锻及冷加工组织。树枝晶偏析消失，铜锡α再结晶晶粒粗大且形状不规则并且存在一些孪晶，少量晶粒内部有滑移带，可能是使用过程造成的。样品的背散射电子像中可以观察到细小的铅颗粒弥散分布，极少较大的铅颗粒分布在（α+δ）共析体内。样品锈蚀程度高，部分晶界与滑移带遭腐蚀，（α+δ）共析也有腐蚀现象。同时，样品的背散射像中也可以看到个别自由铜夹杂。平均成分：w（Cu）：80.92%，w（Sn）：12.94%，w（O）：3.34%，w（Pb）：2.81%	热锻
DYZ14	铜戈 M268：2	锡青铜的铸造组织。金相显微组织上可观察到铜锡α固溶体树枝晶偏析明显。有较小的硫化物夹杂沿树枝晶偏析的方向分布。部分α固溶体大晶粒存在滑移带，鉴于取样部位为铜戈刃部，推测是使用过程中造成的。样品的背散射电子像中可以观察到很小的（α+δ）共析体和细小的铅颗粒沿共析体分布。平均成分：w（Cu）：79.29%，w（Sn）：13.72%，w（O）：6.99%	铸造
DYZ15	铜剑 M268：1	锡青铜铸造组织。显微组织显示，铜锡α固溶体偏析消失，存在大量的等轴晶，组织由于受热均匀化，为铸后受热组织。局部存在少量的滑移线，可能是使用或修整造成的。晶粒间有部分被锈蚀，晶界还分布蓝灰色的硫化物。样品存在球状空洞，是磨抛过程夹杂掉落。样品的背散射电子像中可以观察到极少量的铅颗粒弥散分布，同时有少量氧化铜夹杂。平均成分：w（Cu）：86.18%，w（Sn）：9.47%，w（O）：4.35%	铸后受热组织
DYZ22	铜戈 M185：2	锡青铜的铸造组织。基体是α固溶体大晶粒，存在（α+δ）共析体，但其中有极少量的固溶体小晶粒以及孪晶，存在少量铸造缺陷。样品的背散射电子像中可以观察到细小的铅颗粒沿偏析方向分布，（α+δ）共析体存在锈蚀。平均成分：w（Cu）：82.2%，w（Sn）：15.29%，w（O）：2.51%	铸造
DYZ25	铜剑 M94：1	锡青铜热锻组织。铸造树枝晶偏析消失，铜锡α固溶体呈粗大晶粒状，少数晶粒中存在孪晶，晶粒受浸蚀程度不同。蓝灰色硫化物夹杂在晶界、晶粒内均有分布。存在极少量自由铜夹杂。样品锡含量低，硬度低，样品右下边缘处存在滑移带，而样品截面中心部位无晶粒形变，滑移带很少，说明右下角的滑移带可能是由取样工作造成的。样品的背散射电子像中可以观察到晶界存在锈蚀的情况。内部有裂纹。细小的铅颗粒弥散分布。平均成分：w（Cu）：85.73%，w（Sn）：10.16%，w（O）：2.49%，w（Pb）：1.63%	热锻

续表

实验编号	名称/器物号	金相组织	加工工艺
DYZ29	铜剑 M12:6	锡青铜热锻及冷加工组织。铜锡α固溶体再结晶晶粒和孪晶，晶粒较小，晶内存在滑移带且在截面上较为均匀、广泛地分布。少量晶界遭锈蚀。观察截面上存在较多大小不一的黑色缩孔或孔洞。样品的背散射电子像中可以观察到极少的白色铅颗粒；蓝灰色硫化物夹杂较多，呈花朵状，弥散分布。平均成分：w（Cu）：90.26%，w（Sn）：7.5%，w（O）：2.25%	热锻+冷加工
DYZ39	铜戈 M269:2	锡青铜的铸造组织。存在较明显的α固溶体树枝晶偏析，（α+δ）共析体明显，数量较多，连成网状。组织中存在形状不一的黑色孔洞，样品右下角有明显的铸造缺陷。晶界和晶内广泛地分布有滑移带，α树枝晶未发生明显的形变，因此推测是青铜戈在被使用的过程中造成的。样品的背散射电子像中可以观察到少量非常细小的白色铅颗粒，弥散分布；蓝灰色硫化物夹杂大致沿（α+δ）共析体分布。平均成分：w（Cu）：80.4%，w（Sn）：16.7%，w（O）：2.61%，w（Pb）：0.29%	铸造
DYZ47	铜戈 M138:2	铅锡青铜的铸造组织。基体为具有树枝状偏析的α固溶体，蓝灰色硫化物夹杂沿偏析分布，晶界存在锈蚀。晶粒内部有滑移带，而晶粒与树枝晶并未产生形变，推测是青铜戈在被使用的过程中造成的。样品的背散射电子像中可以观察到球状的白色铅颗粒分布在α晶粒内部，大致沿偏析分布；还有不规则状的铅分布在晶界。平均成分：w（Cu）：84.05%，w（Sn）：9.93%，w（O）：3.34%，w（Pb）：2.68%	铸造
DYZ49	铜戈 M281:2	铅锡青铜热锻及冷加工组织。基体为铜锡α固溶体大晶粒，偏析不明显，为受热均匀化组织，可能由于受热不均，仍存在极少量（α+δ）共析体。大部分晶粒中都存在大量滑移带，说明器物经过冷加工，金相组织照片右侧有α再结晶晶粒和孪晶，该样品取样部位为刃部，推测铸造后对刃部有局部热锻。样品的背散射电子像中可以观察到球状的白色铅颗粒分布在α晶粒内部，部分铅颗粒被拉长。平均成分：w（Cu）：82.08%，w（Sn）：13.42%，w（O）：2.49%，w（Pb）：2.01%	局部热锻+整体冷加工修整
DYZ54	铜剑 M276:2	锡青铜的热锻组织。（α+δ）共析体未完全消失，数量较多，形态不一。α固溶体晶粒及孪晶。组织中存在形状大小不一的黑色孔洞。样品右下边缘处存在滑移带，而样品中心滑移带少，边缘滑移带同样是取样工作造成的。样品的背散射电子像中可以观察到白色的铅颗粒很少，弥散分布；蓝灰色硫化物夹杂大致沿（α+δ）共析体分布。平均成分：w（Cu）：78.94%，w（Sn）：17.81%，w（O）：2.18%，w（Pb）：0.92%，w（S）：0.15%	热锻

续表

实验编号	名称/器物号	金相组织	加工工艺
DYZ60	铜矛 M343：3	红铜的铸造组织。少量锡溶入铜中形成α固溶体的树枝晶偏析，浅色区为树枝晶的富锡部位。样品的背散射电子像可观察到细小的铅颗粒沿偏析方向分布。平均成分：w（Cu）：97.31%，w（Sn）：1.31%，w（Pb）：1.39%	铸造
DYZ08	铜削刀 M264：1	铅锡青铜的受热均匀化与热锻组织。树枝晶偏析消失，样品截面部分区域有α再结晶晶粒和孪晶。蓝灰色的硫化物夹杂沿着原来树枝晶偏析的方向分布。样品的背散射电子像中可以观察到晶界间存在锈蚀以及少量的铅颗粒。平均成分：w（Cu）：81.89%，w（Sn）：12.71%，w（Pb）：2.17%，w（O）：3.23%	热锻
DYZ16	铜戚 M72：2	锡青铜受热均匀化后冷加工的组织。成分均匀化，树枝晶偏析消失，铜锡α固溶体大晶粒，大多晶内存在大量滑移带，晶界间存在锈蚀孔。样品的背散射电子像中可以观察到硫化物与少量铅颗粒夹杂有形变。平均成分：w（Cu）：86.43%，w（Sn）：11.13%，w（O）：2.43%	铸后受热+冷加工
DYZ31	铜削刀 M12：1	锡青铜的热锻及冷加工组织。α再结晶晶粒和孪晶，多数晶内存在滑移带。晶界及应变线存在锈蚀。样品的背散射电子像中可以观察到细小的铅颗粒弥散分布。平均成分：w（Cu）：86%，w（Sn）：11.57%，w（Pb）：0.56%，w（O）：1.86%	热锻+冷加工
DYZ09	铜泡饰 T6251采：1	锡青铜的铸造组织。（α+δ）共析组织数量多，连接成基体状，使得α相呈现出两端尖锐的条状和针状。样品质地均匀，中间只有一道狭长的裂缝。样品的背散射电子像中可观察到一些细小的形状不规则孔洞，大致沿α相分布，不存在可见的硫化物或铅颗粒夹杂。平均成分：w（Cu）：71.32%，w（Sn）：26.26%，w（O）：2.42%	铸造
DYZ10	铜镯 T6252采：1	锡青铜的热锻及冷加工组织。α再结晶晶粒和孪晶，多数晶内存在滑移带。晶界及应变线存在锈蚀。样品的背散射电子像中可以观察到铅颗粒和硫化物弥散分布。平均成分：w（Cu）：86.15%，w（Sn）：10.16%，w（Pb）：1.7%，w（O）：1.98%	热锻+冷加工
DYZ27	铜镯 T6250采：1	锡青铜的冷加工组织。存在α树枝状晶内偏析，（α+δ）共析组织数量较少，形态较小，很多已经锈蚀。晶内、共析体周边存在大量滑移带。样品的背散射电子像中可以观察到铅颗粒和硫化物弥散分布。背散射像还能观察到局部非常规整的形变。平均成分：w（Cu）：81.3%，w（Sn）：14.35%，w（S）：0.16%，w（O）：4.19%	铸造+冷加工
DYZ30	铜片饰 M12：4	锡青铜的铸造组织。基体为铜锡α固溶体大晶粒，晶内偏析明显，（α+δ）共析组织数量较多，形态较小，共析体周围分布有较多孔洞。样品的背散射电子像中可以观察到较多铅颗粒沿偏析分布。平均成分：w（Cu）：80.08%，w（Sn）：16.63%，w（O）：3.29%	铸造

续表

实验编号	名称/器物号	金相组织	加工工艺
DYZ43	铜镯 M256:3	锡青铜的铸造组织。铜锡固溶体树枝晶，偏析明显，大量的（α+δ）共析体连成网络状。铸造缺陷较少。样品的背散射电子像中可以观察到细小的铅颗粒沿偏析分布。平均成分：w（Cu）：75.39%，w（Sn）：20.73%，w（Pb）：1.5%，w（O）：2.39%	铸造
DYZ58	铜扣饰 M43:1	铅锡青铜的铸造组织。存在较明显的α固溶体树枝晶偏析，（α+δ）共析体明显，数量较多，均匀分布在树枝晶间。组织中存在形状不一的黑色孔洞。样品的背散射电子像中可以观察到大小不一的白色铅颗粒，大致沿（α+δ）共析体分布；少量蓝灰色硫化物夹杂弥散分布。平均成分：w（Cu）：76.44%，w（Sn）：19.1%，w（O）：2.34%，w（Pb）：2.12%	铸造

五 师宗大园子墓地出土铜器的技术特征及相关问题

刘 勇[1] 陈坤龙[2]

（1.中国社会科学院考古研究所；2.北京科技大学科技史与文化遗产研究院）

为推进滇东高原战国秦汉时期西南夷考古遗存的发掘与研究，2015年和2016年中国社会科学院考古研究所、云南省文物考古研究所等单位合作，对云南师宗县大园子墓地先后进行了两次发掘。发掘出土了一批颇具特色的铜器，我们从中采集了部分样品进行检测和分析，并就其反映的制铜技术及相关问题展开讨论，希望有助于推进云贵高原西南夷青铜冶铸技术及青铜文化的研究。

一、样品采集和分析方法

大园子墓地经发掘的墓葬可分为4层，从上而下（时间由晚及早）依次为第1~4层。本研究从大园子墓地出土铜器中选取兵器33件（剑11、戈10、矛5、戚3、臂甲2、钺1、镈1），装饰品17件（扣饰7、镯5、泡饰3、帽形器1、牌形饰1），工具3件（削刀3），用途不详3件（夹形器3），乐器1件（铃1），除1件泡饰出自地层外，涉及第1层墓8座、第2层墓11座、第3层墓9座、第4层墓10座，共计样品57件，在其残损处各取1个样品，依次编号为YSD001~YSD057，使用镶样树脂沿样品剖面镶样制作金相样品，经打磨、抛光并经3%三氯化铁盐酸酒精溶液浸蚀后，置于蔡司Axio Imager M2m智能金相显微镜下观察组织并照相，后经重新打磨抛光并做喷金处理，使用SU1510型扫描电子显微镜及配备INCA250X-Max50型X射线能谱仪（SEM-EDS）观察样品显微结构，分析样品基体及微观组织元素成分，工作电压20kV，激发时间＞100秒。取样情况如表1所示。

表1 大园子墓地出土铜器取样登记表

编号	原号	名称	取样位置	器物用途	墓层
YSD001	M268：2	戈	中部折断近刃处	兵器	2
YSD002	M12：3	夹形器	中部边缘	不详	1
YSD003	M281：2	戈	中部刃锋	兵器	3
YSD004	M281：10	镯	中部	装饰品	3
YSD005	M281：4	臂甲	边缘	兵器	3
YSD006	M327：8	剑	中部刃锋	兵器	4
YSD007	M327：6	扣饰	边缘	装饰品	4
YSD008	M327：9	夹形器	边缘	不详	4
YSD009	M327：10	帽形器	边缘	装饰品	4
YSD010	M180：12	臂甲	中部	兵器	3
YSD011	M335：2	夹形器	边缘	不详	4
YSD012	M332：3	剑	中部刃锋	兵器	4
YSD013	M327：1	戈	中部刃锋	兵器	4
YSD014	M242：1	镯	断面	装饰品	1
YSD015	M378：1	戈	胡部刃锋	兵器	4
YSD016	M322：1	泡饰	边缘	装饰品	3
YSD017	T5543C：1	泡饰	边缘	装饰品	
YSD018	M58：2	剑	中部刃锋	兵器	4
YSD019	M180：8	牌形饰	边缘	装饰品	3
YSD020	M349：1	戈	胡部刃锋	兵器	4
YSD021	M115：2	泡饰	边缘	装饰品	4
YSD022	M12：8	镯	断面	装饰品	1
YSD023	M36：7	镯	边缘	装饰品	2
YSD024	M63：2	镯	断面	装饰品	3
YSD025	M183：3	扣饰	中部心形位置	装饰品	3
YSD026	M23：2	削刀	中部刃锋	工具	2
YSD027	M16：1	矛	中部脊	兵器	1
YSD028	M276：1	戚	中部刃锋	兵器	2
YSD029	M324：1	扣饰	中部	装饰品	3
YSD030	M206：1	戈	援根部近下刃处	兵器	4
YSD031	M170：1	扣饰	边缘	装饰品	1
YSD032	M45：1	铃	口沿	乐器	3
YSD033	M273：3	矛	中部近刃处	兵器	2
YSD034	M36：1	戈	中部近刃处	兵器	2

续表

编号	原号	名称	取样位置	器物用途	墓层
YSD035	M2：3	戈	中部近刃处	兵器	1
YSD036	M183：1	戈	内部后缘	兵器	3
YSD037	M180：2	戈	前部近刃处	兵器	3
YSD038	M199：3	矛	中部近脊处	兵器	4
YSD039	M202：1	矛	中部刃锋	兵器	4
YSD040	M29：1	矛	前部近刃处	兵器	2
YSD041	M180：3	钺	銎部边缘	兵器	3
YSD042	M180：13	镈	銎部边缘	兵器	3
YSD043	M184：3	剑	中部近刃处	兵器	3
YSD044	M273：1	剑	中部近刃处	兵器	2
YSD045	M43：2	剑	后部刃锋	兵器	3
YSD046	M52：1	剑	中部近脊处	兵器	2
YSD047	M202：3	剑	后部近刃处	兵器	4
YSD048	M7：3	削刀	中部刃锋	工具	1
YSD049	M40：3	剑	后部近刃处	兵器	2
YSD050	M260：1	剑	后部刃锋	兵器	2
YSD051	M2：2	削刀	后部近刃处	工具	1
YSD052	M33：2	剑	后部近刃处	兵器	2
YSD053	M180：6	扣饰	中部心形位置	装饰品	3
YSD054	M22：2	扣饰	边缘	装饰品	2
YSD055	M4：1	扣饰	边缘	装饰品	1
YSD056	M7：5	戚	前部刃锋	兵器	1
YSD057	M9：1	戚	后部近刃处	兵器	1

二、分析结果

（一）金相组织分析

本文采集的57个样品中，样品YSD002、YSD005～YSD009、YSD011～YSD013、YSD015、YSD016、YSD018～YSD021、YSD026、YSD032这17个样品因腐蚀严重，金相组织不明，制作工艺不明。其余40个样品的金相组织分析结果如表2所示。经分析的大园子墓地出土铜器制作包含铸造、热锻、冷加工等工艺，部分铜器的成形同时涉及铸造、热锻、冷加工工艺中的2种或3种。

表2 大园子墓地出土铜器样品金相组织分析结果

编号	金相组织	制作工艺
YSD001	α固溶体树枝晶晶内偏析不明显，仍有（α+δ）共析相存在，部分（α+δ）共析体中的α相出现聚集现象，有的（α+δ）共析体中的α相与基体聚合，仅存δ相。样品边缘部分形成α大晶粒，α大晶粒交界处及样品边缘有少量等轴晶和孪晶，应为再结晶晶粒。基体普遍存在滑移带	铸后受热，后受应力（外力）作用
YSD003	刃锋部为铜锡α相大晶粒，晶内偏析已不明显，有大量滑移带；近锋部大部分为细碎的等轴孪晶组织，夹杂物有拉长、破碎并沿加工方向有序排列现象，在细碎的等轴孪晶组织间形成少量铜锡α相大晶粒；里侧为铜锡α相大晶粒。铜锡α相大晶粒间存在等轴晶和孪晶组织。残留有（α+δ）共析组织分布于晶界	铸后局部热锻，再受热
YSD004	α固溶体树枝晶，偏析明显，枝晶间均匀分布大量（α+δ）共析体	铸造
YSD010	α固溶体再结晶晶粒和孪晶，夹杂物破碎并沿加工方向有序排列；部分晶内存在滑移带	热锻及冷加工
YSD014	α固溶体再结晶晶粒和孪晶，夹杂物有拉长、破碎并沿加工方向有序排列现象；部分晶内存在滑移带	热锻及冷加工
YSD017	α固溶体呈针状和两端尖锐的条状，（α+δ）共析组织呈基体状	铸造
YSD022	α固溶体再结晶晶粒和孪晶，夹杂物有拉长、破碎并沿加工方向有序排列现象；部分晶内存在滑移带	热锻及冷加工
YSD023	铜锡α固溶体树枝晶组织，偏析明显，大量（α+δ）共析组织互连成网络状	铸造
YSD024	α固溶体再结晶晶粒和孪晶，夹杂物有拉长、破碎并沿加工方向有序排列现象；多数晶内存在滑移带	热锻及冷加工
YSD025	α固溶体树枝晶组织，偏析明显，枝晶间分布大量（α+δ）共析体	铸造
YSD027	铜锡α固溶体大晶粒，铸造枝晶偏析消失，晶间存在锈蚀	铸后受热
YSD028	刃锋部大部分为α再结晶晶粒和孪晶，晶粒细碎，滑移带密集且方向性明显，夹杂物拉长、破碎并沿加工方向排列，局部晶粒完全破碎呈条带状；细碎的α再结晶晶粒和孪晶之间形成较小的α固溶体大晶粒。刃里侧为α固溶体大晶粒，晶内偏析已不明显，并残留少量共析体	铸后局部热锻及冷加工，冷加工量大，受热
YSD029	铜锑α固溶体树枝晶，偏析明显；大量条状、团状铅填充在α固溶体树枝晶间隙中，部分已锈蚀；大量硫化亚铜夹杂与铅伴存	铸造
YSD030	铜锡α相大晶粒，晶内偏析消失；同时α相大晶粒间存在α再结晶晶粒和孪晶，残留（α+δ）共析组织分布于晶界	铸后受热
YSD031	铜锡α固溶体大晶粒，铸造枝晶偏析消失，仍有少量（α+δ）共析相存在，部分（α+δ）共析体中的α相出现聚集现象，有的（α+δ）共析体中的α相与基体聚合，仅存δ相；硫化物夹杂多分布于晶界，晶间存在锈蚀	铸后受热
YSD033	铜锡α固溶体树枝晶细且偏析明显，枝晶间分布细小（α+δ）共析体	铸造

续表

编号	金相组织	制作工艺
YSD034	铜锡α固溶体大晶粒，铸造枝晶偏析不明显，存在大量（α+δ）共析相，部分（α+δ）共析体中的α相出现聚集现象，有的（α+δ）共析体中的α相与基体聚合，仅存δ相	铸后受热
YSD035	成分均匀化，铸造枝晶偏析消失，铜锡α固溶体大晶粒状，晶间存在锈蚀	铸后受热
YSD036	铜锡α固溶体大晶粒，铸造枝晶偏析不明显，存在少量（α+δ）共析相，共析相较大且分布不规律，大部分（α+δ）共析体中的α相与基体聚合，仅存δ相	铸后受热
YSD037	铜锡α相大晶粒，晶内偏析已不明显；存在大量α再结晶晶粒和少量孪晶	铸后受热
YSD038	铜锡α固溶体大晶粒，铸造枝晶偏析不明显，存在少量（α+δ）共析相，共析相较小且分布较为规律，大部分（α+δ）共析体中的α相与基体聚合，仅存δ相	铸后受热
YSD039	铜锡α固溶体大晶粒，铸造枝晶偏析不明显，晶间存在锈蚀。样品边缘部分及α固溶体大晶粒之间存在少量等轴晶和孪晶。刃锋部为细碎的等轴晶孪晶，刃锋夹杂物破碎并沿加工方向有序排列，在细碎的等轴晶孪晶组织间形成少量铜锡α相大晶粒	铸后局部热锻，再受热
YSD040	铜锡α固溶体树枝晶组织，偏析明显，枝晶间分布少量（α+δ）共析体和硫化物夹杂	铸造
YSD041	铜锡α相大晶粒，晶内偏析消失；存在α再结晶晶粒和孪晶	铸后受热
YSD042	铜锡α固溶体大晶粒及等轴晶，铸造枝晶偏析消失。硫化物夹杂在晶粒间弥散分布	铸后受热
YSD043	铜锡α固溶体大晶粒及等轴晶，铸造枝晶偏析消失，仍有少量（α+δ）共析相存在，部分（α+δ）共析体中的α相出现聚集现象。硫化物夹杂在晶粒间弥散分布。晶间腐蚀严重	铸后受热
YSD044	铜锡α固溶体大晶粒，铸造枝晶偏析消失，存在大量（α+δ）共析体，共析相有一定的分布规律，部分（α+δ）共析体中的α相出现聚集现象。存在较大的α固溶体再结晶晶粒和孪晶	铸后受热
YSD045	铜锡α再结晶晶粒和孪晶，有大量滑移带，硫化物夹杂破碎并沿加工方向有序排列	热锻及冷加工
YSD046	α固溶体大晶粒，晶内偏析不明显；边缘部分存在α固溶体大晶粒，样品边缘及α大晶粒之间有少量α固溶体再结晶晶粒和孪晶	铸后受热
YSD047	α固溶体大晶粒，晶内偏析不明显；仍有少量（α+δ）共析相存在，部分（α+δ）共析体中的α相出现聚集现象，有的（α+δ）共析体中的α相与基体聚合，仅存δ相	铸后受热
YSD048	刃锋部为细碎的等轴晶孪晶组织，有大量滑移带，硫化物夹杂破碎并沿加工方向有序排列，存在少量α固溶体大晶粒；刃里侧为铜锡α固溶体大晶粒，晶内偏析消失，α固溶体大晶粒间存在等轴晶和孪晶组织	铸后局部热锻及冷加工，受热
YSD049	铜锡α固溶体大晶粒，晶内偏析已不明显；α大晶粒之间有α再结晶晶粒和孪晶，刃部边缘存在少量滑移带。硫化物夹杂弥散分布	铸后受热

续表

编号	金相组织	制作工艺
YSD050	铜锡α固溶体再结晶晶粒和孪晶，晶粒细碎，硫化物夹杂破碎并沿加工方向有序排列；多数晶粒存在滑移带	热锻及冷加工
YSD051	铜锡α固溶体树枝晶粗大，偏析明显	铸造
YSD052	基体是不明显偏析的α相；仍有少量（α+δ）共析相存在，部分（α+δ）共析体中的α相出现聚集现象，有的（α+δ）共析体中的α相与基体聚合，仅存δ相	铸后受热
YSD053	铜锡α固溶体大晶粒，偏析不明显，细碎（α+δ）共析体	铸后受热
YSD054	铜锡α固溶体大晶粒，偏析不明显	铸后受热
YSD055	铜锡α固溶体树枝晶组织，偏析明显，枝晶间均匀分布大量（α+δ）共析体	铸造
YSD056	铜锡α固溶体再结晶晶粒和孪晶，硫化物夹杂按一定方向排列，仍有（α+δ）共析相存在，大部分晶粒存在滑移带	热锻及冷加工
YSD057	铜锡α固溶体大晶粒，偏析消失；α固溶体大晶粒间存在少量（α+δ）共析相，部分（α+δ）共析体中的α相出现聚集现象	铸后受热

（二）合金成分分析

样品成分分析结果显示（表3），经分析的大园子墓地出土铜器以锡青铜为主，铜夹形器样品YSD011、铜剑样品YSD012为砷锡青铜，铜扣饰样品YSD029为铅铜合金，铜扣饰样品YSD054为含砷的铅锡青铜。

表3 大园子墓地出土铜器样品成分分析结果

编号	名称	元素成分（wt%） Cu	Sn	其他	材质
YSD001	戈	88.02	11.98	—	锡青铜
YSD002*	夹形器	81.23	18.77	—	锡青铜
YSD003	戈	85.27	13.71	Fe 1.02	锡青铜
YSD004	镯	80.43	19.57	—	锡青铜
YSD005*	臂甲	7.91	88.27	Si 2.38/P 1.44	锡青铜
YSD006*	剑	5.11	91.00	Si 1.71/P 2.18	锡青铜
YSD007*	扣饰	7.27	91.73	—	锡青铜
YSD008*	夹形器	5.73	89.75	Si 1.78/P 2.74	锡青铜
YSD009*	帽形器	4.38	95.62	—	锡青铜
YSD010	臂甲	86.36	13.64	—	锡青铜
YSD011*	夹形器	2.63	92.14	As 5.22	砷锡青铜

续表

编号	名称	元素成分（wt%） Cu	Sn	其他	材质
YSD012*	剑	5.57	84.37	As 10.06	砷锡青铜
YSD013*	戈	5.13	94.87	—	锡青铜
YSD014	镯	89.94	9.13	S 0.93	锡青铜
YSD015*	戈	7.27	92.73	—	锡青铜
YSD016*	泡饰	8.55	91.45	—	锡青铜
YSD017	泡饰	75.78	24.22	—	锡青铜
YSD018*	剑	11.67	88.33	—	锡青铜
YSD019*	牌形饰	5.03	94.97	—	锡青铜
YSD020*	戈	5.93	94.07	—	锡青铜
YSD021*	泡饰	2.64	97.36	—	锡青铜
YSD022	镯	85.04	14.96	—	锡青铜
YSD023	镯	78.63	19.80	Fe 1.57	锡青铜
YSD024	镯	86.14	12.79	Fe 1.07	锡青铜
YSD025	扣饰	80.68	16.95	Fe 2.38	锡青铜
YSD026*	削刀	72.67	27.33	—	锡青铜
YSD027	矛	88.22	11.78	—	锡青铜
YSD028	戚	89.57	9.79	Pb 0.64	锡青铜
YSD029	扣饰	18.91	—	Pb 69.95/Ag 3.75/Sb 7.39	铅铜合金
YSD030	戈	85.29	14.71	—	锡青铜
YSD031	扣饰	84.49	15.51	—	锡青铜
YSD032*	铃	37.66	53.80	Fe 7.00/P 1.54	锡青铜
YSD033	矛	90.60	9.40	—	锡青铜
YSD034	戈	81.71	18.28	—	锡青铜
YSD035	戈	88.39	11.61	—	锡青铜
YSD036	戈	86.80	12.13	Fe 1.07	锡青铜
YSD037	戈	86.33	12.81	Fe 0.86	锡青铜
YSD038	矛	85.51	14.49	—	锡青铜
YSD039	矛	90.90	9.10	—	锡青铜
YSD040	矛	93.52	5.67	Fe 0.81	锡青铜
YSD041	钺	86.87	13.13	—	锡青铜
YSD042	镦	90.63	7.24	Fe 2.13	锡青铜
YSD043	剑	84.67	14.08	Fe 1.25	锡青铜

续表

编号	名称	元素成分（wt%）			材质
		Cu	Sn	其他	
YSD044	剑	83.43	16.57	—	锡青铜
YSD045	剑	86.19	13.81	—	锡青铜
YSD046	剑	89.13	10.87	—	锡青铜
YSD047	剑	89.64	9.42	Fe 0.93	锡青铜
YSD048	削刀	88.67	11.33	—	锡青铜
YSD049	剑	86.42	13.58	—	锡青铜
YSD050	剑	90.02	9.98	—	锡青铜
YSD051	削刀	94.11	4.06	Fe 1.83	锡青铜
YSD052	剑	86.80	13.20	—	锡青铜
YSD053	扣饰	84.49	15.51	—	锡青铜
YSD054	扣饰	90.31	3.57	Pb 4.20/As 1.92	铅锡青铜
YSD055	扣饰	77.83	22.17	—	锡青铜
YSD056	戚	84.98	15.02	—	锡青铜
YSD057	戚	87.37	12.63	—	锡青铜

注：成分经归一化处理，"—"代表未检出；备注"*"的样品腐蚀严重，并不反映真实的化学成分，仅作为定性判断样品材质的依据

三、相关问题讨论

（一）大园子墓地出土铜器的制作工艺

根据经分析的40件铜器样品金相组织，可将金相组织分为铸造、铸后受热、铸后局部热锻再受热、铸后局部热锻及冷加工再受热、热锻及冷加工5个类型。其中铸后受热根据受热程度不一又分为6种组织形态，热锻及冷加工根据加工程度不一分为两种组织形态。

1. 铸造

经分析的40件样品中，涉及铸造成形的有9件，其中装饰品6件（扣饰3、镯2、泡饰1）、兵器2件（矛2）、工具1件（削刀1）。代表性样品M281：10镯中部样品YSD004，金相组织可见α固溶体树枝晶，偏析明显，枝晶间均匀分布大量（α+δ）共析体（图1）。

2. 铸后受热

经分析的40件样品中，涉及铸后受热的样品有20件，其中兵器17件（戈6、剑6、矛2、钺1、镈1、戚1）、装饰品3件（扣饰3），受热均匀化组织根据受热程度不一而表现出金相组织均匀化程度有所区别，可分为下列6种受热组织。

（1）M16：1矛中部脊样品YSD027，金相组织为铜锡α固溶体大晶粒，铸造枝晶偏析消失，晶间存在锈蚀（图2）；夹杂物未见打碎、拉长等现象（图3），表明未经过热锻或冷加工，为铸后受热组织。

（2）M199：3矛中部近脊处样品YSD038，金相组织为铜锡α固溶体大晶粒，铸造枝晶偏析不明显，存在少量（α+δ）共析相，共析相较小且分布较为规律，大部分（α+δ）共析体中的α相与基体聚合，仅存δ相（图4）。

（3）M183：1戈内部后缘样品YSD036，金相组织为铜锡α固溶体大晶粒，铸造枝晶偏析不明显，存在少量（α+δ）共析相，共析相较大且分布不规律，大部分（α+δ）共析体中的α相与基体聚合，仅存δ相（图5）。

（4）M273：1剑中部近刃处样品YSD044，金相组织为铜锡α固溶体大晶粒，铸造枝晶偏析消失，存在大量（α+δ）共析体，共析相有一定的分布规律，部分（α+δ）共析体中的α相出现聚集现象。存在较大的α固溶体再结晶晶粒和孪晶（图6）。

（5）M180：13镈銎部边缘样品YSD042，金相组织为铜锡α固溶体大晶粒及等轴晶，铸造枝晶偏析消失。硫化物夹杂在晶粒间弥散分布（图7）。

（6）M52：1剑中部近脊处样品YSD046，金相组织为α固溶体大晶粒，晶内偏析不明显；边缘部分存在α固溶体大晶粒，样品边缘及α大晶粒之间有少量α固溶体再结晶晶粒和孪晶（图8）。

图1　样品YSD004金相组织（200倍）　　图2　样品YSD027金相组织（100倍）

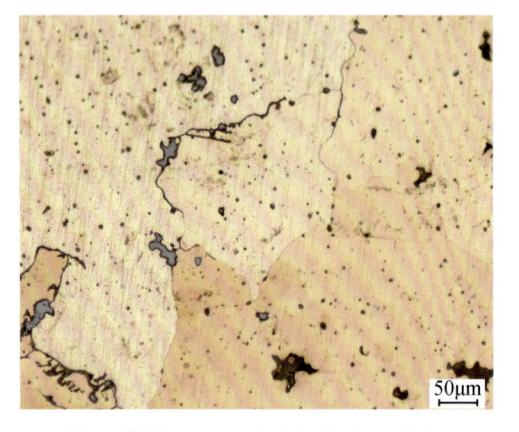

图3　样品YSD027金相组织（200倍）

图4　样品YSD038金相组织（200倍）

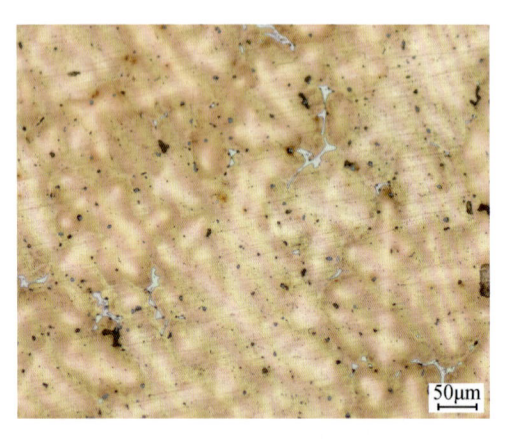

图5　样品YSD036金相组织（200倍）

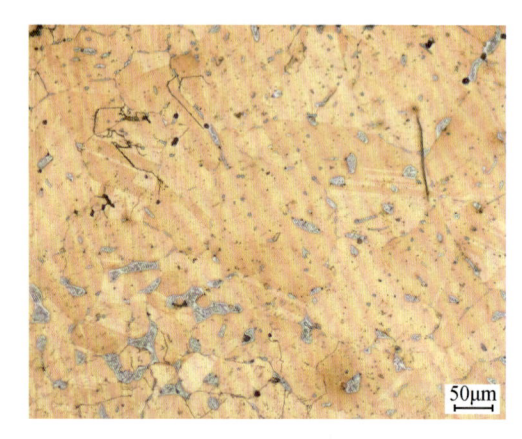

图6　样品YSD044金相组织（200倍）

图7　样品YSD042金相组织（200倍）

图8　样品YSD046金相组织（200倍）

3. 铸后局部热锻再受热

经分析的40件样品中，涉及铸后局部热锻再受热的样品有2件，皆为兵器，其中矛1、戈1。M281:2戈中部刃锋样品YSD003，金相组织显示刃锋部为铜锡α相大晶粒，晶内偏析已不明显，有大量滑移带；近锋部大部分为细碎的等轴晶孪晶组织，夹杂物有拉长、破碎并沿加工方向有序排列现象，在细碎的等轴晶孪晶组织间形成少量铜锡α相大晶粒；里侧为铜锡α相大晶粒，铜锡α相大晶粒间存在等轴晶和孪晶组织，残留（α+δ）共析组织分布于晶界（图9~图11）。该样品为铸后局部热锻、再受热组织。

图9 样品YSD003金相组织（50倍）

图10 样品YSD003金相组织（100倍）

图11 样品YSD003金相组织（200倍）

4. 铸后局部热锻及冷加工再受热

经分析的40件样品中，涉及铸后局部热锻及冷加工的样品有2件，其中兵器（戚）、工具（削刀）各1件。M276:1戚中部刃锋样品YSD028，金相组织显示刃锋部大部分为α再结晶晶粒和孪晶，晶粒细碎，滑移带密集且方向性明显，夹杂物拉长、破碎并沿加工方向排列，局部晶粒完全破碎呈条带状；细碎的α再结晶晶粒和孪晶之间形成较小的α固溶体大晶粒。刃里侧为α固溶体大晶粒，晶内偏析已不明显，并残留少量共析体（图12~图14）。该样品为铸后局部热锻及冷加工、冷加工量大、再受热组织。

5. 热锻及冷加工

经分析的40件样品中，涉及热锻及冷加工的样品有7件，其中兵器4件（剑2、臂甲1、戚1）、装饰品3件（镯3）。3件镯和1件臂甲为整体热锻及冷加工，2件剑和1件戚刃锋处进行了热锻及冷加工。

（1）M12∶8镯断面样品YSD022，金相组织为α固溶体再结晶晶粒和孪晶，夹杂物有拉长、破碎并沿加工方向有序排列的现象；部分晶内存在滑移带（图15、图16）。为整体热锻及冷加工组织，形变量较小。

（2）M260∶1剑后部刃锋样品YSD050，金相组织为铜锡α固溶体再结晶晶粒和孪晶，晶粒细碎，硫化物夹杂破碎并沿加工方向有序排列；多数晶粒存在滑移带（图17）。为热锻及冷加工组织，形变量较大。

图12　样品YSD028金相组织（50倍）

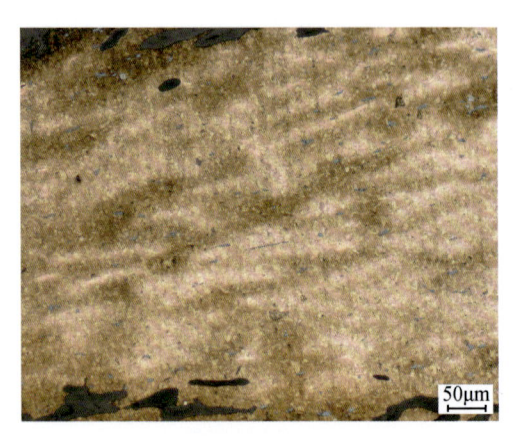

图13　样品YSD028金相组织（200倍）

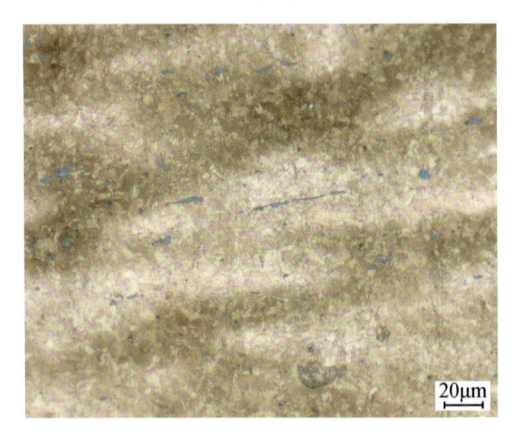

图14　样品YSD028金相组织（500倍）

图15　样品YSD022金相组织（200倍）

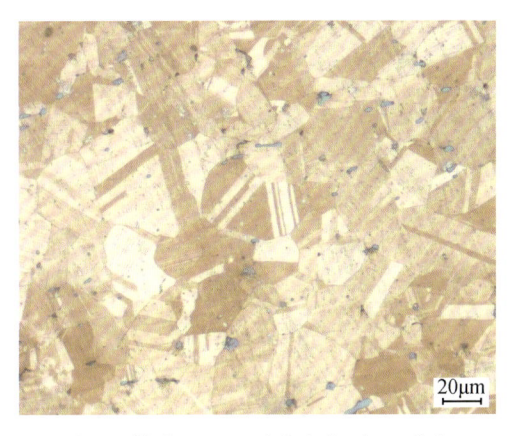

图16　样品YSD022金相组织（500倍） 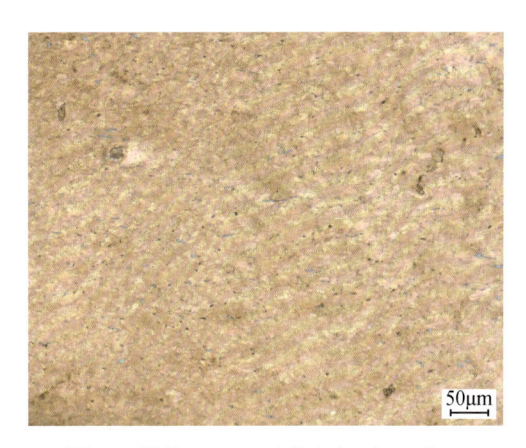　　　　图17　样品YSD050金相组织（200倍）

6. 小结

经金相组织分析的大园子墓地出土40件铜器中，M180∶12臂甲、M242∶1镯（线镯）、M12∶8镯（线镯）、M63∶2镯（线镯）这4件铜器皆为整体热锻及冷加工成形，其余36件铜器皆首先铸造成形。在铸造成形的基础上，M281∶2戈（无胡戈）刃和M202∶1矛刃又进行了局部热锻修整，M276∶1戚刃、M7∶3削刀刃、M43∶2剑刃、M260∶1剑刃、M7∶5戚刃进行了热锻及冷加工。经金相组织分析的6件兵器（剑2、戚2、戈1、矛1）和1个工具（削刀1）刃锋样品显示，相应兵器或工具刃部在铸造成形后对刃锋位置统一进行了进一步热锻或热锻及冷加工操作。这些铸后再加工技术，时间上从早到晚（从第4墓层到第1墓层）都有涉及，表明这些技术具有传承性，暗示了大园子族群具有较为稳定的锡青铜产业链。

青铜合金经过热加工，可以减少成分偏析，高锡的脆性δ相分解，由于α固溶体中锡含量增加而强化，同时，热加工可以消除或减少铸造孔洞，使组织致密，同样可以改善合金的强度和硬度[①]。臂甲比较薄，整体热锻使臂甲的强度和硬度增强，抗击打能力提高。本文分析的大园子墓地出土兵器和工具含锡量绝大部分在7%以上，铸造后会生成脆性δ相，兵器和工具的刃部经过局部热锻或热锻及冷加工后，刃部强度和硬度增强，有利于使用。而用于装饰的扣饰、泡饰、宽镯等铜器直接铸造成形，没有再进行热加工或冷加工。表明大园子墓地族群掌握了使兵器和工具刃部强度和硬度增强的铸后局部热锻或热锻及冷加工技术，并有选择地使用这些技术。

---

① 孙淑云、韩汝玢、李秀辉：《中国古代金属材料显微组织图谱　有色金属卷》，科学出版社，2011年，第38、39页。

（二）大园子墓地出土铜器的成分特征

由表3可知，经分析的57件铜器中，锡青铜53件，占比92.98%；砷锡青铜2件，占比3.51%；铅铜合金和铅锡青铜各1件，各占比1.75%。经本研究分析的铜器中，臂甲2、戚3、戈10、夹形器2、剑10、扣饰5、铃1、矛5、帽形器1、牌形饰1、泡饰3、削刀3、钺1、镯5、镈1皆为锡青铜制品，11件铜剑样品中的10件为锡青铜，7件铜扣饰样品中的5件为锡青铜，3件夹形器中2件为锡青铜。不同类型的铜器皆以锡青铜为主。锡青铜中，兵器32件（戈10、剑10、矛5、戚3、臂甲2、钺1、镈1），装饰品15件（扣饰5、镯5、泡饰3、帽形器1、牌形饰1），工具3件（削刀3），夹形器（用途不详）2件，乐器1件（铃1）。

经分析的第4墓层铜器及1件地层所出铜器共16件，除M332∶3剑和M335∶2夹形器2件为砷锡青铜制品外，其余14件皆为锡青铜，锡含量在9.10%~24.22%；经分析的第3墓层铜器共17件，除M324∶1扣饰为铅铜合金外，其余16件皆为锡青铜，锡含量在7.24%~19.57%；经分析的第2墓层铜器13件，除M22∶2扣饰为铅锡青铜外，其余12件皆为锡青铜，锡含量在5.67%~19.80%；经分析的第1墓层铜器共11件，皆为锡青铜，锡含量在4.06%~22.17%。在时间顺序上由早到晚来说，大园子墓地出土铜器的材质皆以锡青铜为主，锡青铜中含锡量在4.06%~24.22%。

锡青铜具有良好的耐磨性，在大气、淡水、海水和碱溶液中有很高的耐蚀性，并有足够的强度和一定的塑性[①]。锡青铜中，兵器含锡量在5.67%~18.28%，装饰品含锡量在9.13%~24.22%，工具锡含量在4.06%~11.33%，工具、兵器和装饰品含锡量有递增的趋势，不同用途的铜器含锡量有所区别。大园子墓地出土铜器的成分特征分析表明，大园子墓地族群掌握了不同用途铜器的相应合金配比，铜冶金技术较成熟。

（三）大园子墓地的焚烧与毁器葬俗

经分析的40个样品中有24个样品存在铜锡α相大晶粒，系青铜受热均匀化组织，但铜锡α相大晶粒形成的程度不一。这种组织的存在，并不意味着该样品经过有意识地"退火"处理，青铜器被周围环境突发火灾所烘烤或祭祀中的焚器活动等，都会使之被加热，然后缓慢冷却，实际上是经历了均匀化退火过程，目前尚没有考古迹象表明古代人为有意识进行退火处理[②]。这24件有受热均匀化组织的铜器样品中，隶属第1墓

---

① 丁惠麟、辛智华：《实用铝、铜及其合金金相热处理和失效分析》，机械工业出版社，2008年，第437页。

② 孙淑云、韩汝玢、李秀辉：《中国古代金属材料显微组织图谱 有色金属卷》，科学出版社，2011年，第36、37页。

层的5件、第2墓层7件、第3墓层8件、第4墓层4件，这24件不同时期的铜器都遭火灾的可能性较小，而作为一种葬俗在埋藏前对铜器进行焚烧的可能性较大。同时，大园子墓地有不少铜器尤其是铜兵器下葬前被人为折弯或折断，恐与"毁兵"或"毁器"习俗有关。

M268：2戈中部折断处刃部样品YSD001金相组织显示，α固溶体树枝晶晶内偏析不明显，仍有（α+δ）共析相存在，部分（α+δ）共析体中的α相出现聚集现象，有的（α+δ）共析体中的α相与基体聚合，仅存δ相（图18）。样品边缘部分形成α大晶粒（图19），α大晶粒交界处及样品边缘有少量等轴晶和孪晶，应为再结晶晶粒（图20）。基体普遍存在滑移带（图21）。

含锡量在7%以上的铸造锡青铜显微组织，随锡含量增加，（α+δ）共析体数量

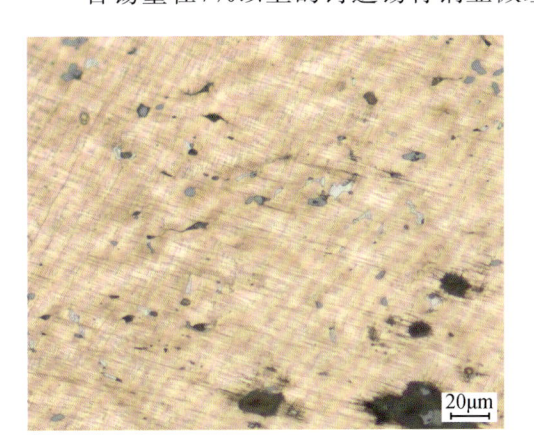

图18　样品YSD001金相组织（500倍）

图19　样品YSD001金相组织（100倍）

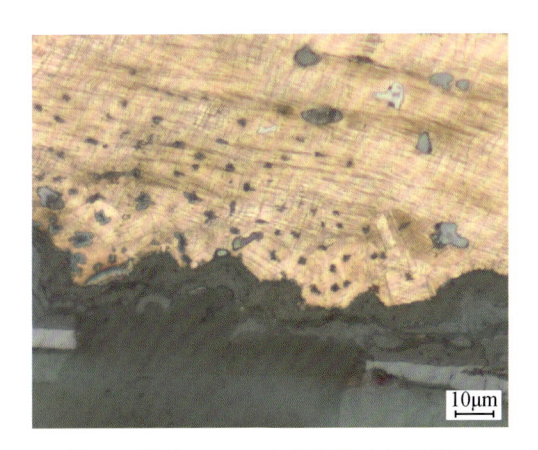

图20　样品YSD001金相组织（1000倍）

图21　样品YSD001金相组织（200倍）

增加、形体变大[①]，组织中出现的（α+δ）共析体使合金的伸长率急剧下降[②]。该样品YSD001成分（wt%）为Cu 88.02%、Sn 11.98%，铸造成形后会有明显的α固溶体树枝晶组织和大量（α+δ）共析体，而该样品的金相组织显示α固溶体树枝晶晶内偏析已不明显，且仅残留少量（α+δ）共析体；硫化物夹杂没有打碎、拉长的现象，表明铸造成形后未经过热锻及冷加工。同时，α大晶粒及其周边少量等轴晶和孪晶的出现，表明该铜戈铸造成形后经历过火烧。基体普遍存在的滑移带，表明是火烧后受到了应力（外力）作用；如果先折再火烧，基体中的滑移带会整体或部分消失，而不是现在基体普遍存在滑移带。因此，M268∶2铜戈在随葬前先进行了焚烧，然后被折断，即先"焚烧"再"毁器"。

四、结　　语

大园子墓地出土铜器的制作工艺有铸造、铸后热锻、铸后热锻及冷加工、热锻及冷加工等，不同用途铜器使用相应的制作技术，兵器和工具的刃锋处在铸造成形后又进行了加工，表明大园子墓地族群掌握了使兵器和工具刃部强度和硬度增强的铸后局部热锻或热锻及冷加工技术，并根据铜器具体用途有针对性地使用这些技术。大园子墓地出土铜器的材质种类包括锡青铜、砷锡青铜、铅铜合金、铅锡青铜等，其中以锡青铜为主，锡青铜制品中的工具、兵器和装饰品含锡量有递增的趋势，不同用途的铜器含锡量有所区别，大园子墓地族群掌握了不同用途铜器的合金配比。大园子墓地族群掌握了较先进的锡青铜制作技术并有序传承，具有较为稳定的锡青铜生产体系。

大园子墓地存在焚烧和毁器葬俗，本研究确定了先焚烧后毁器的顺序，为研究此类焚烧毁器葬俗内涵提供了科学依据。

附记：本文是中国社会科学院哲学社会科学创新工程项目"实验室考古创新研究"（编号：2021KGYJ022）和中国社会科学院研究所实验室综合资助项目"科技考古实验室"（编号：2024SYZH002）的阶段性成果。中国社会科学院考古研究所梁宏刚先生协助进行了样品采集工作，张彤、信泽民、彭启晗、王晓晓、陈熜、高健、程诗翔等协助进行了样品的检测分析工作。在此一并致以诚挚的谢意！

---

① 孙淑云、韩汝玢、李秀辉：《中国古代金属材料显微组织图谱　有色金属卷》，科学出版社，2011年，第29页。

② 丁惠麟、辛智华：《实用铝、铜及其合金金相热处理和失效分析》，机械工业出版社，2008年，第439页。

六　师宗大园子墓地出土铜器的科学分析

张　颖[1]　刘　煜[2]　林俊伶[3]　包淑滨[4]　钟正权[1]

（1. 中国社会科学院研究生院；2. 中国社会科学院考古研究所；3. 北京科技大学科技史与文化遗产研究院；4. 郭沫若纪念馆）

为推进滇东高原战国秦汉时期西南夷考古遗存的发掘与研究，2015年和2016年中国社会科学院考古研究所、云南省文物考古研究所等单位合作，对云南师宗县大园子墓地先后进行了两次发掘。发掘出土的青铜器数量较多，器类丰富，是研究西南夷青铜文化及青铜工艺技术的重要材料。2021年，中国社会科学院考古研究所科技中心对大园子墓地出土的青铜器进行取样，对213件铜器进行了无损的便携式X射线荧光仪成分检测，对40件铜器样品进行了金相与成分分析，对56件铜器样品进行了铅同位素检测，以期更全面地了解大园子墓地出土青铜器的制作工艺以及矿料来源，并在此基础上探讨战国秦汉时期云南青铜器的技术水平及资源流通情况。

一、器物形貌观察及成分的无损分析

我们首先对这批青铜器进行了形貌观察，并进行描述和记录，观察到的器类主要有兵器，如剑（图1）、戈、矛、钺、戚（图2）、镦等；工具，如锛、削刀（图3）等；装饰品及乐器，如镯、扣饰、泡饰、铃（图4）等。剑多为空首一字格曲刃剑，也有少量镂空扁圆茎剑或蛇头茎剑。戈多为饰牵手人纹的条形无胡戈，另有一些带翼无胡或有胡戈。矛长短不一，部分曲刃。很多兵器呈弯折或断裂状态，发掘者认为这可能是"毁器"习俗所致。镯的保存状态较差，不少因为腐蚀呈碎片状。铜镯大部分为细条环状，少数为片状环形，后者镶嵌孔雀石片。扣饰有圆形、长方牌形和浮雕状动物造型等多种形制，圆形扣饰正面镶嵌孔雀石片或有纹饰，有些制作成动物面具状，浮雕状动物造型主要有牛、虎、蛇、猴、鸟等。

使用美国尼通XL3t950手持式便携式X射线荧光仪对大部分比较完整的铜器进行了成分检测，为保护文物面貌，直接在铜器表面检测，检测前并未除锈，因此这个检测主要是定性分析，以期全面了解大园子墓地铜器的合金类型。

共检测213件铜器，其中有128件锡青铜，3件铅青铜，77件锡铅青铜，5件纯铜器，总体而言，大园子铜器以铜锡二元合金为主，铜锡铅三元合金占其次，铅青铜与纯铜较少。

图1　铜剑（M338∶1）

图2　铜戚（M59∶1）

图3　铜削刀（M240∶1）

图4　铜铃（M180∶7）

二、青铜样品的金属学分析

（一）取样过程

如前所述，便携式X射线荧光仪只能给出这些青铜器的合金类型的定性结果，无法确知其具体的定量的成分。因此，本文采集了56件铜器锈样及40件铜器的金属样品，对其进行金属学分析。采样器物包括戈、剑、矛、戚、锛、镈、削刀、扣饰、镯、铃等不同器形，分属兵器、工具和装饰品三个大类。器物大多来自不同的墓葬单位，墓葬年代为战国至秦汉时期。取样工作依照既避免对器物整体形貌产生影响，又能满足分析需要的原则进行。取样器物多为残损器物，样品尽可能小，取样部位均在器物的残损处，并拍照记录。

（二）分析方法

金属样品沿截面用树脂冷镶制样，后用砂纸打磨，再进行抛光处理，用三氯化铁盐酸酒精溶液浸蚀后进行金相观察。金相观察所用仪器为莱卡（Leica）DM4000M金相显微镜。进行完金相观察后，重新磨样抛光，样品进行喷碳处理，后使用Tescan Vega Ⅲ XMU型扫描电子显微镜及Bruker XFlash® 6|10能谱仪对样品进行微观结构和化学成分的分析。分析条件为加速电压20kV，工作距离15mm，采谱活时间60s。按青铜文物合金成分研究惯例，以某元素含量百分比是否超过2%画线，作为判断其是否属于合金元素的标准。

铜锈样品在北京大学考古文博学院实验室中完成样品的前处理工作，将样品置于聚四氟乙烯的烧杯中，加入一定量的硝酸并加热使样品溶解。待样品完全溶解并澄清后，转移至容量瓶，加去离子水至100mL，之后取其中清液使用电感耦合等离子体原子发射光谱仪（ICP-AES）测量其铅含量。待铅含量调整至标准值后完成样品的预处理工作，后期分析工作委托北京大学地球与空间科学学院进行检测，所用仪器为VG Elemental型多接收电感耦合等离子体质谱仪（MC-ICP-MS）。

三、分析结果及讨论

（一）大园子出土铜器的制作工艺

1. 大园子出土铜器的合金配比

本次实验的40个样品中，所有样品的合金元素成分总量均在90%以上，样品保存状况较好，具体数据详见表1。

表1 铜器成分分析结果表及附图

序号	器物编号	器物名	合金成分（wt%）							金相结果	照片
			Cu	Sn	Pb	Fe	O	S	As		
1	M2:3	戈	85.1	12.2			2.7			锡青铜。锈蚀较重，仍可见部分α固溶体树枝晶。铸造组织	
2	M4:4	锛	94.4	4.3			1.3			锡青铜。α固溶体树枝晶，存在明显的枝晶偏析，少量夹杂物弥散分布。铸造组织	
3	M5:2	镯	90.9	7.8	0.3		1.0			锡青铜。α固溶体等轴晶孪晶组织，少量夹杂物弥散分布。热锻组织	
4	M6:1	镯	93.9	4.4	0.3	0.2	1.2			锡青铜。α固溶体树枝晶，存在明显的枝晶偏析。铸造组织	

六　师宗大园子墓地出土铜器的科学分析　　·683·

续表

| 序号 | 器物编号 | 器物名 | 合金成分（wt%） ||||||| 金相结果 | 照片 |
			Cu	Sn	Pb	Fe	O	S	As		
5	M13:2	削刀	92.3	5.9	0.6		1.2			锡青铜。α固溶体树枝晶，存在明显的枝晶偏析，大量夹杂物弥散分布。铸造组织	
6	M17:2	剑	91.7	6.2	1.0		1.1			锡青铜。α固溶体等轴晶孪晶，晶粒分布仍可见早期树枝晶结构，并存在明显变形。样品可能在铸造成形后首先经过冷锻，之后再经不完全退火，因此在重结晶后形成等轴晶晶粒后仍保留有未完全均匀化的树枝晶结构	
7	M18:1	矛	94.8			4.2	1.0			纯铜。α固溶体等轴晶，晶粒沿加工方向拉长变形，晶界处存在大量颗粒状的高铁物相。高铁粗铜冷锻组织	
8	M22:2	扣饰	84.1	4.5	7.1		2.0		2.3	锡铅青铜。α固溶体树枝晶，存在明显的枝晶偏析。大量铅颗粒弥散分布。样品为典型低锡高铅青铜的铸造组织	

续表

序号	器物编号	器物名	合金成分（wt%）							金相结果	照片
			Cu	Sn	Pb	Fe	O	S	As		
9	M40:3	剑	86.9	10.9			1.6		0.6	锡青铜。α固溶体等轴晶孪晶组织，少量夹杂物弥散分布。仍能观察到铸造形成树枝晶晶体的残余形态。样品为铸造成形受热，未完全均匀化组织	
10	M41:3	扣饰	78.5	19.8			1.7			锡青铜。α固溶体树枝晶，大量（α+δ）共析体网状分布。铸造组织	
11	M58:1	戈	94.1	3.5	1.1	0.2	1.1			锡青铜。α固溶体树枝晶，存在枝晶偏析。铸造组织	
12	M59:1	戚	89.1	9.3			1.5			锡青铜。α固溶体树枝晶，存在枝晶偏析。铸造组织	

续表

序号	器物编号	器物名	合金成分（wt%）							金相结果	照片
			Cu	Sn	Pb	Fe	O	S	As		
13	M79:1	剑	77.1	13.3	8.3		1.3			锡铅青铜。α固溶体树枝晶，(α+δ)共析体岛屿状分布。铸造组织	
14	M79:2	戈	90.4	8.7			0.9			锡青铜。α固溶体等轴晶孪晶组织，少量夹杂物弥散分布。热锻组织	
15	M119:1	爪镰	94.8			3.8	0.6	0.8		纯铜。α固溶体等轴晶，大量岛屿状分布的Cu-Fe-S夹杂物。粗铜铸造组织	
16	M180:3	铍	88.6	10.0			1.4			锡青铜。α固溶体树枝晶，枝晶偏析不明显。铸后受热组织	

续表

序号	器物编号	器物名	合金成分（wt%）							金相结果	照片
			Cu	Sn	Pb	Fe	O	S	As		
17	M180:7	铃	90.9	7.1	0.6		1.4			锡青铜。α固溶体树枝晶，枝晶偏析明显，少量夹杂物和铅颗粒弥散分布。铸造组织	
18	M180:13	镈	89.1	6.0		3.2	1.7			锡青铜。α固溶体等轴晶，大量夹杂物弥散分布，存在大量团聚的球状高铁物相。粗铜铸造组织	
19	M206:1	戈	84.2	14.4			1.4			锡青铜。α固溶体树枝晶，枝晶偏析不明显，少量（α+δ）共析体沿晶界分布。铸后受热组织	
20	M206:2	矛	84.0	15.5	0.5					锡青铜。α固溶体等轴晶，少量（α+δ）共析体沿晶界分布。铸后退火组织	

六 师宗大园子墓地出土铜器的科学分析

续表

序号	器物编号	器物名	合金成分（wt%）								金相结果	照片
			Cu	Sn	Pb	Fe	O	S	As		
21	M206:3	剑	86.7	6.2	5.1		2.0			锡铅青铜。α固溶体树枝晶，枝晶偏析明显，少量夹杂物和大量铅颗粒弥散分布。铸造组织	
22	M226:1	剑	88.7	10.1			1.2			锡青铜。α固溶体树枝晶，枝晶偏析明显。铸造组织	
23	M228:1	戈	85.4	8.1	0.3	4.0	1.6	0.1	0.5	锡青铜。α固溶体等轴晶孪晶组织，少量夹杂物弥散分布。热锻组织	
24	M228:2	剑	86.0	12.4			1.2	0.2	0.2	锡青铜。α固溶体等轴晶孪晶组织，晶粒内存在大量滑移线。大量夹杂物和铅颗粒弥散分布。热锻后冷锻组织	

续表

序号	器物编号	器物名	合金成分（wt%）							金相结果	照片
			Cu	Sn	Pb	Fe	O	S	As		
25	M235:2	矛	92.3	5.8	0.3		1.2		0.4	锡青铜。α固溶体树枝晶，枝晶偏析明显。铸造组织	
26	M240:1	削刀	92.1			6.2	1.7			纯铜。α固溶体，偏析明显，存在一定沿加工方向的变形。大量夹杂物弥散分布，大量团聚的球状高铁物相。粗铜铸造后轻微冷锻组织	
27	M240:2	镯	85.9	11.5	0.5		1.8		0.3	锡青铜。α固溶体等轴晶孪晶，存在滑移线。热锻后冷锻组织	
28	M257:1	镯	81.0	17.8			1.2			锡青铜。α固溶体树枝晶，大量（α+δ）共析体网状分布。铸造组织	

续表

序号	器物编号	器物名	合金成分（wt%）							金相结果	照片
			Cu	Sn	Pb	Fe	O	S	As		
29	M260：2	矛	85.6	12.4		1.7	0.5			锡青铜。α固溶体等轴晶孪晶，少量（α+δ）共析体和夹杂物岛屿状分布，存在滑移线。热锻后冷锻组织	
30	M266：2	镯	83.0	12.6		2.4	4.4			锡青铜。α固溶体等轴晶孪晶，大量夹杂物弥散分布，存在滑移线。热锻后冷锻组织	
31	M283：1	戚	93.3	4.3		1.0				锡青铜。α固溶体，偏析明显。大量夹杂物弥散分布，存在大量的球状团聚的高铁物相。含锡粗铜铸造组织	
32	M285：1	削刀	90.4	6.0	0.6	1.0	1.2		0.8	锡青铜。α固溶体树枝晶，枝晶偏析明显，大量夹杂物弥散分布。铸造组织	

续表

序号	器物编号	器物名	\multicolumn{7}{c}{合金成分（wt%）}	金相结果	照片
			Cu	Sn	Pb	Fe	O	S	As		
33	M327:12	泡饰	80.0	18.6			0.9	0.5		锡青铜。α固溶体树枝晶，大量（α+δ）共析体网状分布。铸造组织	
34	M338:1	剑	82.7	12.1	3.2	0.9	1.1			锡铅青铜。α固溶体等轴晶孪晶，大量夹杂物弥散分布，存在滑移线。热锻后冷锻组织	
35	M343:1	戈	79.7	13.3	6.0		1.0			锡铅青铜。α固溶体等轴晶孪晶，大量夹杂物弥散分布，存在滑移线。热锻后冷锻组织	
36	M350:1	剑	85.7	9.7	2.7	1.1	0.8			锡铅青铜。α固溶体等轴晶孪晶，大量夹杂物弥散分布，存在滑移线。热锻后冷锻组织	

续表

序号	器物编号	器物名	合金成分（wt%）							金相结果	照片
			Cu	Sn	Pb	Fe	O	S	As		
37	M378:1	戈	86.9	10.7	1.2		1.2			锡青铜。α固溶体等轴晶孪晶，大量夹杂物弥散分布，存在滑移线。热锻后冷锻组织	
38	M378:2	扣饰	82.7	16.1	0.6		0.6			锡青铜。α固溶体树枝晶，大量（α+δ）共析体网状分布。铸造组织	
39	M386:1	戈	87.8	5.8	4.4		1.3		0.7	锡铅青铜。α固溶体树枝晶，枝晶偏析明显，大量夹杂物和铅颗粒弥散分布。铸造组织	
40	M393:1	戈	84.1	11.5	2.8		1.6			锡铅青铜。α固溶体等轴晶孪晶，大量夹杂物弥散分布。热锻后组织	

从成分分析结果可以看出，大园子墓地经检测的铜器共有29个锡青铜、8个锡铅青铜、3个纯铜，合金组成以锡青铜二元合金为主。锡青铜二元合金的铜平均含量为87.8%，锡含量在3.5%~19.8%，锡平均含量为10.1%。锡铅三元合金铜器的铜平均含量为83.5%，锡含量在4.5%~13.3%，锡平均含量为9.6%，铅含量在2.7%~8.3%，铅平均含量为5%。

本次分析中，处于大园子墓地一期，即战国晚期至西汉早期的铜器样品共18件。处于大园子墓地二期，即西汉中晚期的铜器样品共22件。一期平均锡含量10.6%，铅含量2%；二期平均锡含量8.1%，铅含量0.5%。大园子3件含铁的纯铜器中1件处于大园子一期，另2件处于大园子二期。大园子铜器从一期至二期铅锡含量整体略有下降。前文中8件锡铅青铜，有7件为大园子一期铜器，大园子二期仅1件铜器含铅。部分器形如铜剑在一期时均为锡铅青铜，至二期时铜剑中已不再加入铅。随时代的发展，大园子铜兵器的铅含量呈明显的下降趋势。

大园子墓地出土铜器与中原地区同时代遗址出土铜器相比，合金化程度相对偏低，没有发现成分超过20%的超高铅或超高锡铜器，但其整体青铜合金工艺相对稳定，有明显的滇文化传统。结合前人所分析的同时期云南铜器可以发现，低铅或无铅的锡青铜为主导是当地铜器的特色，这也与被分析的器类有一定关系，大部分铜器为工具兵器类，少见铜容器，这会使铜器的整体铅含量偏低，锡含量偏高。

大园子墓地出土铜器的显微组织中普遍含有铜铁硫化物夹杂（图5、图6），且铁含量较高，说明其冶炼所用铜矿为硫化矿，这表示当时的工匠已经掌握了火法炼铜技术，开始冶炼比氧化矿石含铜品位更低的硫化铜矿[①]。大园子铜器部分含有细小弥散状

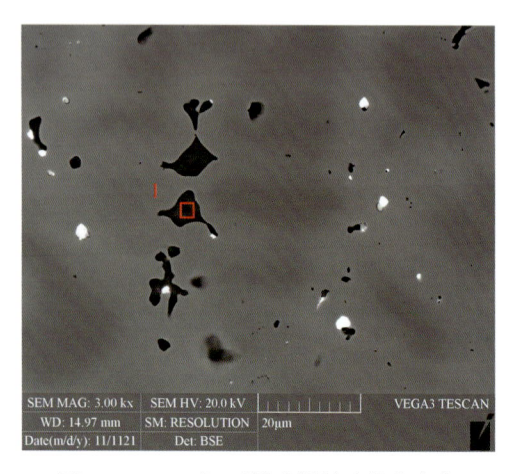

图5　M13∶2上1区域为铜铁硫化物夹杂（S 24.3%；Fe 13.3%；Cu 61.8%）	图6　M59∶1上1区域为铜铁硫化物夹杂（S 25.6%；Fe 12.4%；Cu 60.8%）

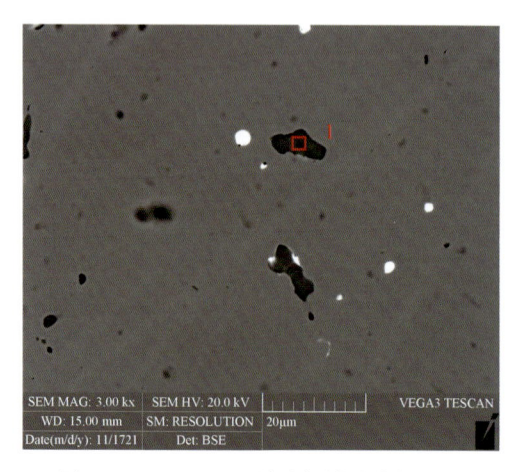

---

① 李延祥、洪彦若：《炉渣分析揭示古代炼铜技术》，《文物保护与考古科学》1995年第1期。

铅颗粒夹杂，这与大园子铜器普遍铅含量低有直接关系。金相观察可见部分铸造样品α固溶体树枝晶较为细密，这些样品普遍锡含量较高，较细密的树枝晶是其器形大小影响冷凝速度，以及锡含量偏高等原因共同造成的。

大园子铜器中有12件含铁，其中包括三件纯铜器M18∶1矛（图7、图8）、M240∶1削刀（图9、图10）和M119∶1铜爪镰在内，部分铜器铁含量较高，在3%~6%。在同时代的云南昆明羊甫头墓地和陆良薛官堡墓地同样发现了此类特殊的含铁铜器，均为红铜制品或是低锡青铜，研究者认为这种含铁量在4%~6%的高铁相是制作时使用了没有精炼的粗铜所致[①]。其中崔剑锋认为薛官堡墓地的两件高铁相红铜制品是同批制作，器类差别较大，可能是明器而并非实用器，所以未考虑其功能与用途。大园子墓地出土的这几件高铁相铜器同样器类不一，为明器的可能性较大。

图7　铜矛（M18∶1）

图8　铜矛（M18∶1）金相照片

图9　铜削刀（M240∶1）

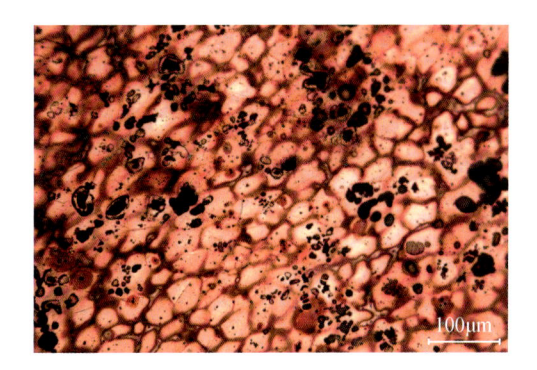

图10　铜削刀（M240∶1）金相照片

---

① 李晓岑、韩汝玢、杨帆：《昆明羊甫头出土金属器的初步研究》，《中国冶金史论文集》第四辑，科学出版社，2006年；崔剑锋、杨勇、朱忠华：《云南陆良县薛官堡墓地出土铜器的金属学分析及相关研究》，《南方民族考古》第十一辑，科学出版社，2015年。

2. 大园子出土铜器的金相分析

这40件样品可分为兵器、工具及装饰类三大类。兵器类共有9件戈、8件剑、4件矛、2件戚、1件钺和1件镦。

9件铜戈中，4件为铸造，5件为热锻工艺制成，部分还存在热锻后的冷加工痕迹。铜戈大多是二元锡青铜，即使有部分铅锡青铜，铅含量也仅在2%～6%。值得注意的是M58∶1戈（图11）和M228∶1戈（图12）均检测出少量的铁，这两件铜戈同时也存在明显的弯折变形，大园子墓地随葬品存在不少"毁器"现象，结合前文分析，这种含铁的铜器应是专为"毁器"而制作的明器。

图11　铜戈（M58∶1）　　　　　图12　铜戈（M228∶1）

铜剑一半为锡青铜，一半为锡铅青铜，铅含量在2%～8%。铜剑是所有器类中锡铅青铜占比最多的器物。这可能与其表面装饰较多、纹饰较为精细有关，增加一定的铅含量可以提高铜液的流动性，从而呈现出更好的纹饰效果。铜剑既有铸造成形也有热锻成形，部分存在冷加工痕迹。其中M40∶3铜剑有铸后受热的迹象（图13），这件铜剑弯折严重（图14），这种铸后受热应该是"毁器"导致。

铜矛均不含铅，其中M18∶1、M260∶2两件含铁，其器形相近，与另两件有一定区别，可能为同批制作。矛的制作工艺多样，热锻、铸造、冷加工及退火均有。另有4件戚、钺和镦均为铸造成形，其中1件戚和1件镦为含锡的粗铜铸造而成。

观察兵器的分期，大园子一期时共有15件兵器，其中8件采用了热锻制作，占了兵器总数一半以上。至大园子二期时，10件兵器中仅1件为热锻制作，说明随着年代愈晚，大园子墓地逐渐抛弃了热锻制作兵器的做法。

工具类共有5件，除1件铜爪镰外，其余均处于大园子二期。工具种类较少，仅有削刀、锛和爪镰。其中2件为高铁纯铜器，其余均为锡青铜。所有工具均为铸造成形。

装饰类共有10件，有3件扣饰、1件泡饰、5件铜镯和1件铜铃。除2件扣饰外，均为大园子二期铜器。扣饰与铜铃均为铸造而成。这些装饰类铜器均为锡青铜，且锡含量普遍高于其他器类。M22∶2扣饰（图15）较为特殊，其铅含量为7.1%，锡含量为4.5%，是仅有的含铅量高于含锡量的锡铅青铜。观察其表面纹饰，可见其凸面铺满由细线条和同心圆组成的繁密纹饰，其铅含量高于锡含量的原因可能与前文的铜剑类似，是为了浇铸出复杂纹饰刻意为之。5件铜镯中有2件是铸造而成，3件采用热锻工艺，其中2件还有冷加工痕迹。

本次分析的40件大园子墓地出土青铜器，器物类型主要为兵器、工具和装饰器。合金组成以锡青铜二元合金为主，合金成分与器物类型之间的关系较为明显，锡含量高时，有助于提升工具兵器类铜器的性能。少量铅锡青铜器是因为塑造铜器纹饰的需要，铅含量高则有助于提升流动性，铸造纹饰时能减少缺陷。

硫铁化合物较多，说明其使用冶炼难度更大的硫化矿作为矿料来源，特殊的含铁纯铜器，说明其制作时使用的是精炼水平不高的粗铜。

大园子墓地的铜器采用了铸造、热锻和冷锻等多种成形工艺。40件铜器中有12件

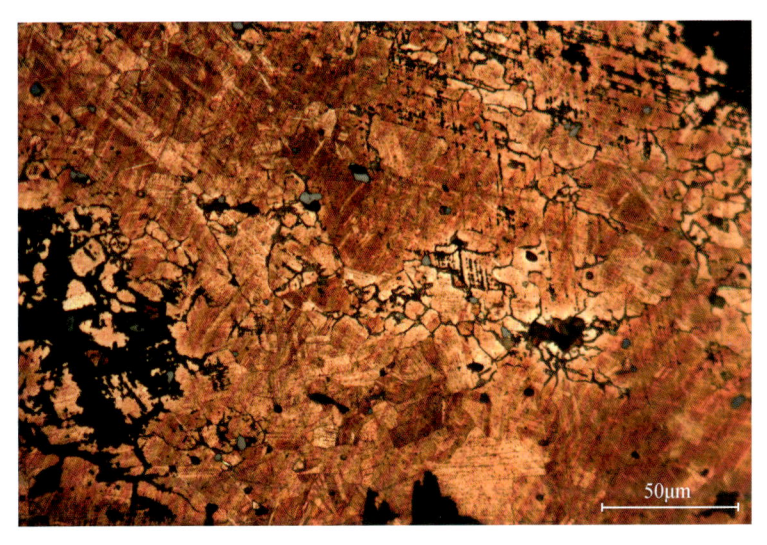

图13　铜剑（M40∶3）金相照片

图14　铜剑（M40∶3）

图15　铜扣饰（M22∶2）

为热锻而成，热锻铜器比例较中原地区铜器偏高，集中在矛、剑、戈、镯这4个器类。这符合西南夷当时的青铜加工技术的传统。大园子墓地的铜器在金相上显示出大量冷加工的痕迹，这种冷加工痕迹不仅源自当时工匠的制作加工，还可能来自使用或者发掘过程中外力造成的变形，包括大园子墓地的"毁器"举动，都会形成这种冷加工痕迹，往往需要根据器物类型和取样部位以及器物的保存状况来判别冷加工痕迹的成因。前文中提及大园子铜器从一期至二期，锡铅含量略有下降且含铁粗铜铜器略有增多，这可能与明器的制作有关联，大园子一期有毁器行为的墓葬约占7%，至二期比例上升至16.1%[①]。非实用性明器的增多导致这一现象出现。

大园子墓地的铜器在制作技术上尚未发现其他滇文化铜器常见的镀锡现象。但不管是加工成形技术还是合金配比工艺，大园子墓地与滇文化区域的其他遗址[②]均保持了其高度的一致性，即火法炼铜技术，粗铜制作的明器，低铅且合金化程度不高的配比技术，多种加工技术的结合使用以及焚烧毁器的随葬传统等。这说明大园子墓地铜器所反映的科技内涵与其考古学文化一致，都具有显著的西南夷族群特征。

（二）大园子出土铜器的铅同位素分析结果

大园子墓地铜器的铅同位素结果（附表1）显示56件铜器样品中，4件为高放射成因铅铜器，$^{207}Pb/^{206}Pb$比值在0.7385~0.8186，$^{206}Pb/^{204}Pb$比值在19.1941~21.3557。其余55件铜器样品属于普通铅范畴，$^{207}Pb/^{206}Pb$比值在0.8412~0.8641，$^{206}Pb/^{204}Pb$比值在18.1385~18.6984（图16）。

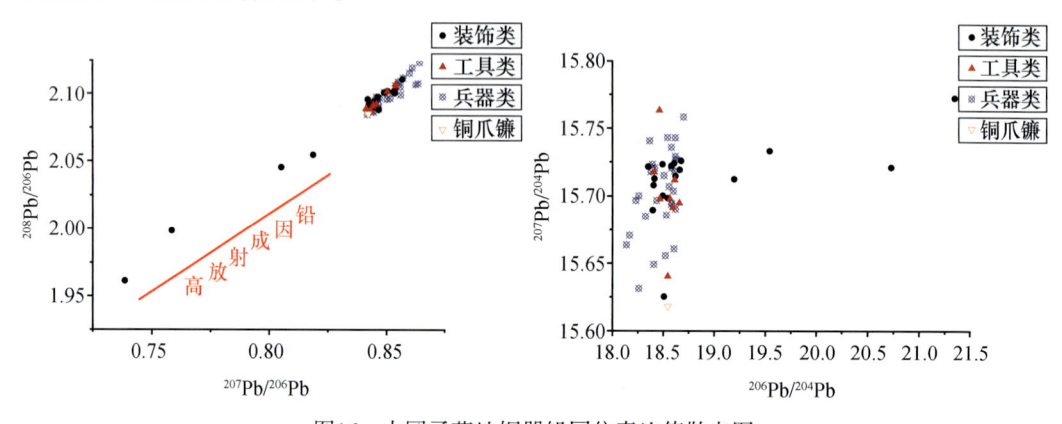

图16 大园子墓地铜器铅同位素比值散点图

---

① 该数据出自大园子墓地发掘资料。
② 李晓岑、韩汝玢、杨帆：《昆明羊甫头出土金属器的初步研究》，《中国冶金史论文集》第四辑，科学出版社，2006年；赵凤杰、李晓岑、刘成武、康利宏：《云南曲靖八塔台墓地铜器分析》，《中原文物》2013年第1期；崔剑锋、杨勇、朱忠华：《云南陆良县薛官堡墓地出土铜器的金属学分析及相关研究》，《南方民族考古》第十一辑，科学出版社，2015年。

1. 高放射成因铅

大园子墓地样品中的高放射成因铅铜器分别为1件铜铃（M180∶7）和3件铜扣饰（M324∶1、M36∶3、M378∶2），其中2件铜器（M378∶2、M180∶7）含铅量均为0.6%，另2件不明。这几件铜器的铅同位素很有可能指向的是铜料的铅同位素信息。大园子墓地中的高放射成因铅铜器一期（战国晚期至西汉早期）时便出现，直至二期晚段（西汉中期偏晚至西汉晚期）一直存在（图17）。两件高放射成因铅铜扣饰圆形内凹，镶嵌有孔雀石小片（图18、图19），这是滇文化的典型器物之一[①]。从其文化因素看，本地生产铸造的可能性较高。务川东汉墓曾发现1件鎏金铜耳扣具有高放射成因铅特征，并认为其铅料可能产自滇东北昭通一带的高放射成因铅铅矿[②]。图20为大园子高放射成因铅铜器与云南其他高放射成因铅铜器和矿料的对比[③]，由图20可见，大园子铜器与务川、海门口发现的高放射成因铅数据略有差距，与滇东北的会泽、永善等矿床也有一定差距。这种差距在一定程度上会受到样品量等因素的影响。综合以上情况，大园子墓地的高放射成因铅来源还有待更多数据支撑讨论。

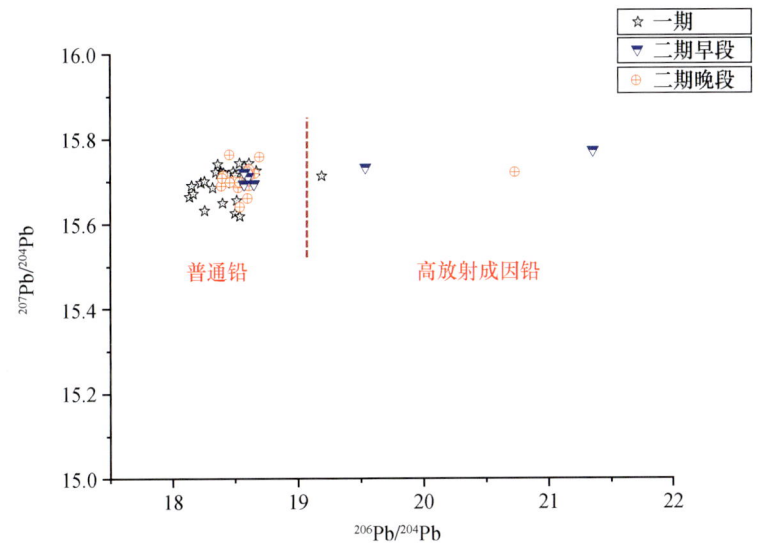

图17　大园子墓地铜器铅同位素分期比对图

---

① 杨勇：《云贵高原出土青铜扣饰研究》，《考古学报》2011年第3期。
② 黄梅、吴晓桐、陶莉、史焱：《贵州务川出土东汉时期青铜器的矿料来源研究》，《有色金属（冶炼部分）》2022年第4期。
③ 崔剑锋、吴小红：《铅同位素考古研究——以中国云南和越南出土青铜器为例》，文物出版社，2008年。

图18　铜扣饰（M324∶1）

图19　铜扣饰（M36∶3）

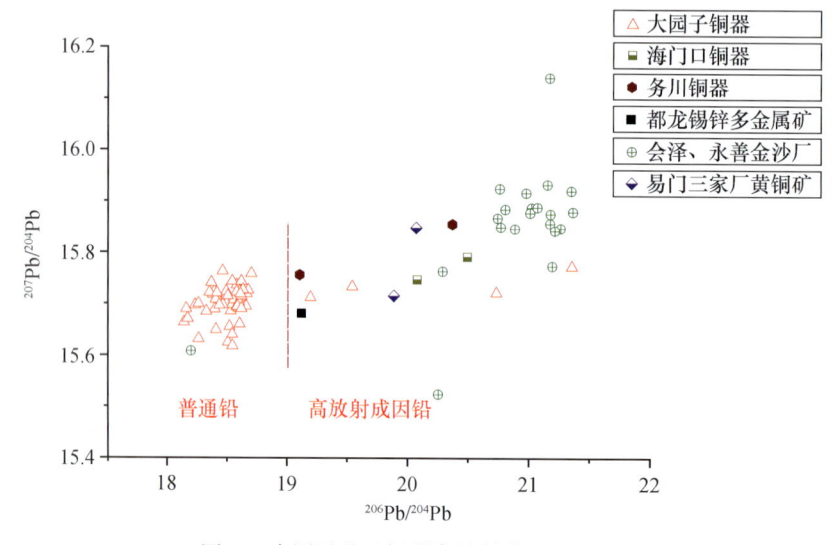

图20　大园子墓地铜器高放射成因铅对比图

2. 普通铅

大园子墓地中55件铜器样品属于普通铅范畴，且数据都集中在一个非常小的区域内，大园子铜器的矿料应来自云南本地。依据数据跨度和聚合程度可分为A、B两组。由图21可见，A区域的铜器有其明显特征，$^{206}Pb/^{204}Pb$比值在18.3以下，均为兵器，且为热锻制作。B区域的铜器数据则更为多样，各个器类与各种制作工艺均聚集在B区，并未显示出明显的规律性。图22显示，大园子铜器在一期（战国晚期至西汉早期）时，A、B两区均有出现，到大园子墓地二期（西汉中晚期）时，A区已不再使用，铜器仅

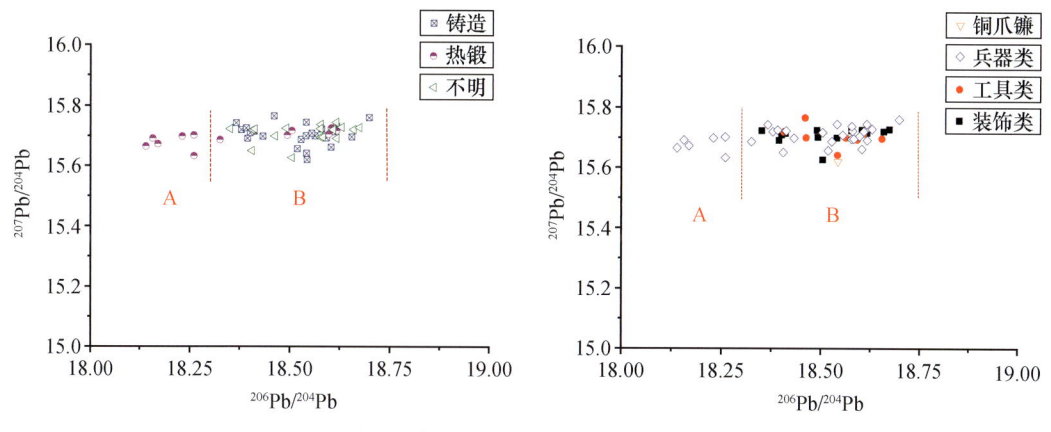

图21 大园子墓地铜器普通铅散点图

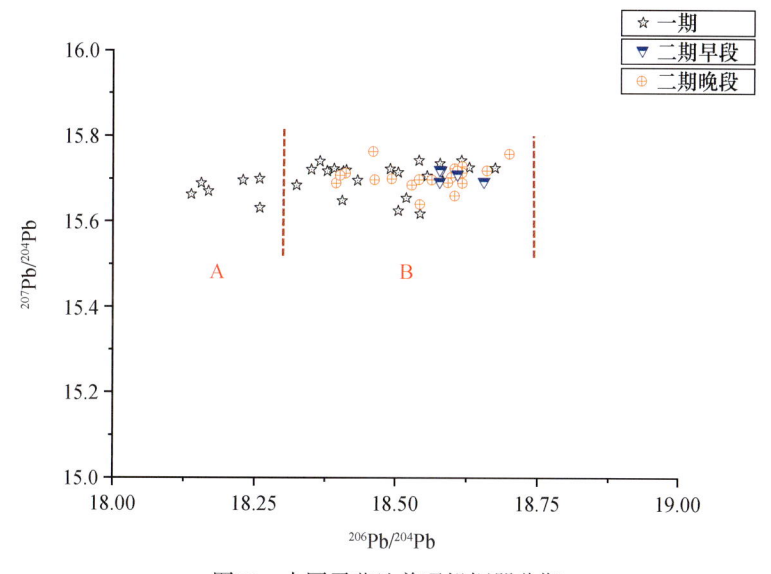

图22 大园子墓地普通铅铜器分期

在B区可见。图23为大园子铜器与云南其他战国秦汉时期遗址出土铜器[1]的对比图,从图23中可以看出,A区域除呈贡的一例铜器外,并未有其他遗址的铅同位素数据落在此区域。而B区域中大园子铜器与呈贡、羊甫头、海门口、文山等地或遗址的部分铜器高度重合。

综上所述,我们认为A区和B区所指示的是不同的矿源,B区集中了较多云南战国秦汉时期各个遗址的铜器,矿源资源应用较为广泛,可能是一处较为大型并大规模开发的矿床。A区矿源则应用较少,除大园子墓地外,几乎未被云南其他遗址所用。

---

[1] 崔剑锋、吴小红:《铅同位素考古研究——以中国云南和越南出土青铜器为例》,文物出版社,2008年。

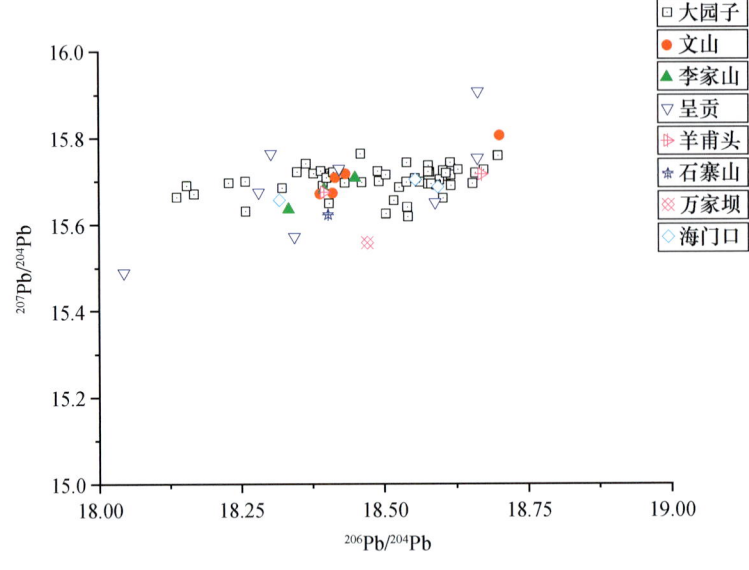

图23　大园子墓地铜器与同时期其他遗址铜器对比图

为探明大园子铜器的矿料来源，我们将云南地区各个矿床的铅同位素数据[①]与大园子墓地青铜器的铅同位素数据进行比较，结果见图24。大园子墓地56个样品中，18件未检测成分，其余38件样品中，有8件铅青铜，其中3件在A区，5件在B区。铅含量在2.7%～8.3%，考虑到铜器样品整体铅含量较低，铅锌矿床数据的对比结果可能有一定误差。

A区范畴内的矿床较少，大园子铜器A区的铅同位素组成与茂租铅锌矿和火德红铅锌矿矿床的数据基本一致。B区内大园子铜器与都龙、个旧、蒙自白牛厂、火德红、会泽等矿床均有重合，但考虑到B区内大园子铜器铅含量极低，与铅锌矿床的铅同位素数据对比会产生一定误差，所以与大园子铜器铅同位素更为拟合的是都龙、个旧与蒙自白牛厂的多金属矿床。B区与大园子铜器拟合的矿床均位于滇东南红河州和文山州，

[①] 张乾：《云南金顶超大型铅锌矿床的铅同位素组成及铅来源探讨》，《地质与勘探》1993年第5期；高子英：《云南主要铅锌矿床的铅同位素特征》，《云南地质》1997年第4期；肖晓牛、喻学惠、杨贵来、杨伟光、莫宣学、曾普胜：《滇西沧源铅锌多金属矿集区成矿地球化学特征》，《岩石学报》2008年第3期；韩润生、金世昌：《从元阳金矿铅同位素组成特征论矿床成因》，《昆明工学院学报》1990年第6期；伍勤生、许俊珍、杨志：《个旧含Sn花岗岩的Sr、Pb同位素特征及其找矿标志》，《矿产与地质》1983年第3期；李文博、黄智龙、张冠：《云南会泽铅锌矿田成矿物质来源：Pb、S、C、H、O、Sr同位素制约》，《岩石学报》2006年第10期；金灿海、张玛、沈战武等：《滇东北火德红铅锌矿矿床地质特征及成矿物质来源》，《矿物岩石》2016年第4期；何芳、张乾、刘玉平等：《云南都龙锡锌多金属矿床铅同位素组成：成矿金属来源制约》，《矿物岩石》2015年第3期；郭欣：《滇东北地区铅锌矿床成矿作用与成矿规律》，中国地质大学博士学位论文，2011年。

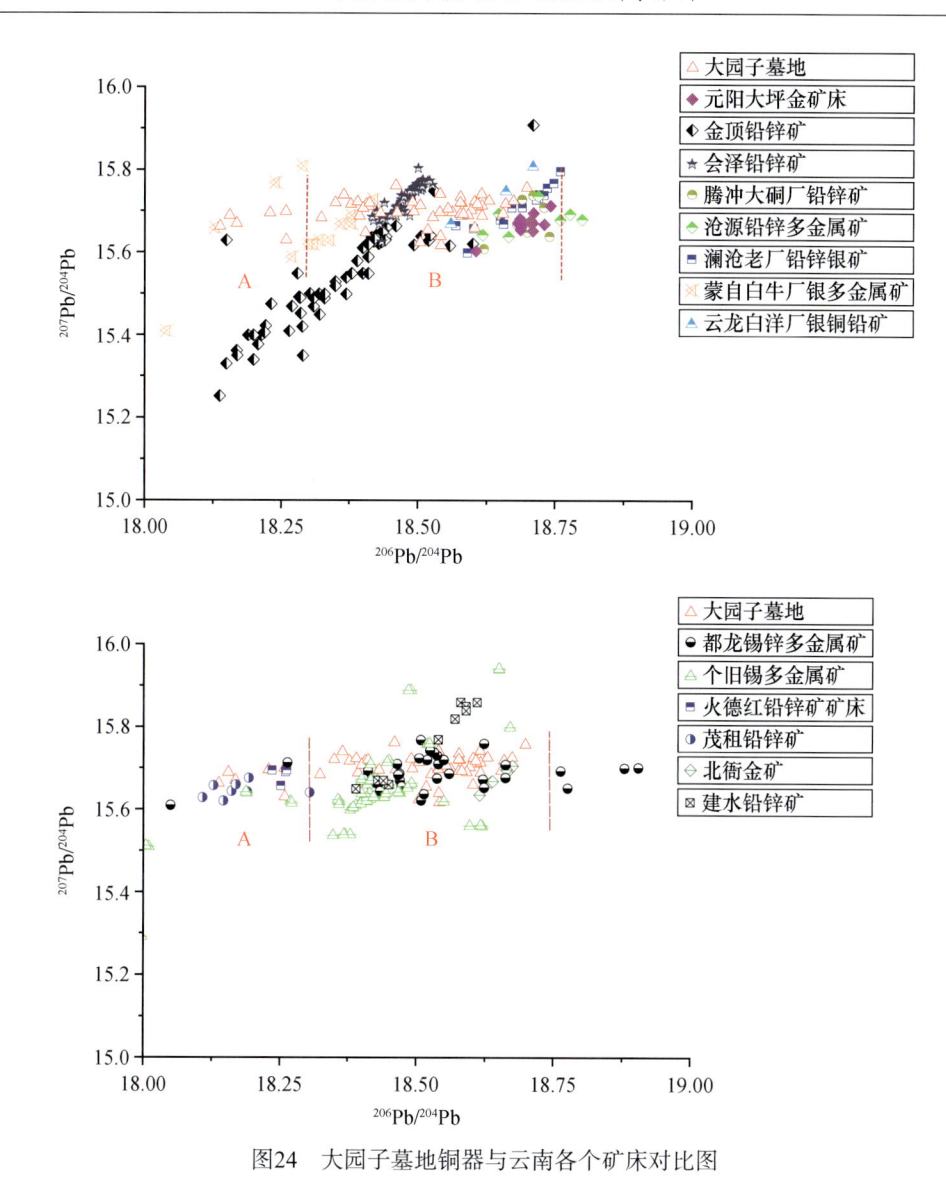

图24 大园子墓地铜器与云南各个矿床对比图

A区与大园子铜器一致的矿床均位于滇东北昭通市。值得注意的是，都龙锡锌多金属矿床中有部分样品的^{206}Pb/^{204}Pb比值较高，有一例^{206}Pb/^{204}Pb比值超过19，^{207}Pb/^{206}Pb的比值为0.82，基本接近高放射成因铅的范围，且此矿的数据与大园子一例高放射成因铅铜器数据较为接近（图20），该地区矿床若能有更多的地球化学证据，或许能给大园子铜器高放射成因铅的矿料来源问题提供新的思考方向。

综上所述，我们认为大园子铜器的矿料来自云南本地，且至少有两个以上的矿料来源，分别来自滇东北和滇东南，其中滇东南矿料的使用横贯整个大园子墓地一、二期，并被云南各遗址大规模使用，体现了该时期云贵高原内部经济、文化交往密切，滇文化区域内部资源流通广泛。而滇东北的矿料罕见于其他遗址，仅在大园子墓地一期时专门用于锻造兵器，至大园子墓地二期时不再使用该区矿料。这表明大园子墓地在早期时可能出于技术或等级因素，有专供矿料来进行专门化生产的行为。到大园子墓地晚期，由于政治格局的变动、资源的流失等原因，滇东北矿料便不再使用。结合前文对铜器合金成分的讨论，大园子铜器到二期铅含量下降可能与失去滇东北铅锌矿料有很大的关系。

四、小　结

本文对云南省师宗县大园子墓地出土的40件铜器进行了金相观察和扫描电镜能谱分析，对56件铜锈样品进行了铅同位素检测分析，分析结果表明大园子墓地铜器材质以锡青铜为主，合金配比技术较为成熟，能根据器物铸造需求调整合金配比。大园子墓地铜器采用了铸造、热锻和冷锻等多种成形工艺，还发现部分粗铜制作的明器。大园子墓地铜器的金属工艺与滇文化区域的其他遗址保持了高度的一致性，具有显著的西南夷族群特征。大园子墓地有两个以上的矿料来源，分别来自于滇东北和滇东南。滇东南矿料在大园子一、二期时被广泛使用，也常见于云南同时期各遗址。滇东北的矿料则罕见于其他遗址，仅在大园子墓地一期时专门用于制作热锻兵器，至大园子墓地二期时不再使用。这表明，大园子墓地在早期时有使用专供矿料来进行专门化生产的行为。复杂的矿料来源显示了滇文化区域内部资源流通广泛性，也体现了大园子墓地矿料来源的独特性。

附表1 大园子墓地出土部分铜器铅同位素比值结果

编号	器号	器物名	$^{208}Pb/^{204}Pb$	$^{207}Pb/^{204}Pb$	$^{206}Pb/^{204}Pb$	$^{208}Pb/^{206}Pb$	$^{207}Pb/^{206}Pb$	Cu	Sn	Pb
DYZQ1	M115:1	泡饰	38.680620	15.625170	18.504560	2.090330	0.844396			
DYZQ2	M119:1	爪镰	38.668350	15.618040	18.542390	2.085402	0.842288	94.8	—	—
DYZQ3	M13:2	削刀	38.839570	15.697790	18.562490	2.092368	0.845673	92.3	5.9	0.6
DYZQ4	M138:4	扣饰	38.866390	15.723380	18.490080	2.102181	0.850436			
DYZQ5	M152:1	戚	38.795190	15.717690	18.406690	2.107669	0.853912			
DYZQ6	M17:1	扣饰	39.029270	15.719280	18.659380	2.091670	0.842433			
DYZQ7	M17:2	剑	38.967150	15.729200	18.616680	2.093131	0.844899	91.7	6.2	1.0
DYZQ8	M18:1	矛	38.714230	15.685630	18.527440	2.089562	0.846616	94.8	—	—
DYZQ9	M180:7	铃	39.975750	15.733320	19.540790	2.045759	0.805152	90.9	7.1	0.6
DYZQ10	M180:3	钺	38.942740	15.720650	18.579430	2.096014	0.846132	88.6	10.0	—
DYZQ11	M180:13	镈	38.977190	15.694730	18.654540	2.089203	0.841287	89.1	6.0	
DYZQ12	M4:4	铦	38.873630	15.763400	18.459720	2.105862	0.853935	94.4	4.3	
DYZQ13	M41:3	扣饰	38.678060	15.712740	18.410570	2.100718	0.853463	78.5	19.8	
DYZQ14	M5:2	镯	38.854860	15.700050	18.492470	2.101117	0.848997	90.9	7.8	0.3
DYZQ15	M58:1	戈	38.755120	15.717900	18.378200	2.108590	0.855247	94.1	3.5	1.1
DYZQ16	M59:1	戚	38.929330	15.711760	18.608390	2.092031	0.844337	89.1	9.3	—
DYZQ17	M6:1	镯	38.655920	15.689380	18.393910	2.101561	0.852966	93.9	4.4	0.3
DYZQ18	M67:1	剑	38.962550	15.736040	18.577360	2.097313	0.847055			
DYZQ19	M79:2	戈	38.577710	15.684720	18.323750	2.105339	0.855978	90.4	8.7	—
DYZQ20	M79:1	剑	38.958250	15.743200	18.540500	2.101251	0.849125	77.1	13.3	8.3
DYZQ21	M206:1	戈	38.671640	15.655500	18.518190	2.088306	0.845412	84.2	14.4	—
DYZQ22	M206:2	矛	38.792650	15.723470	18.390440	2.109393	0.854981	84.0	15.5	0.5
DYZQ23	M206:3	剑	38.792500	15.740800	18.365190	2.112284	0.857100	86.7	6.2	5.1
DYZQ24	M206:4	扣饰	38.739200	15.721610	18.349920	2.111138	0.856767			
DYZQ25	M22:2	扣饰	38.719930	15.698220	18.540090	2.088443	0.846717	84.1	4.5	7.1
DYZQ26	M226:1	剑	38.838660	15.706920	18.554620	2.093207	0.846524	88.7	10.1	—
DYZQ27	M227:1	扣饰	39.146030	15.725970	18.673810	2.096119	0.842065			
DYZQ28	M228:1	戈	38.333600	15.631290	18.259090	2.099426	0.856083	85.4	8.1	0.3
DYZQ29	M228:2	剑	38.237520	15.663490	18.138570	2.108078	0.863546	86.0	12.4	—
DYZQ30	M234:1	剑	39.054140	15.743100	18.615630	2.097922	0.845693			
DYZQ31	M235:2	矛	39.164500	15.758410	18.698430	2.094534	0.842766	92.3	5.8	0.3
DYZQ32	M239:1	矛	38.581960	15.649070	18.404790	2.096300	0.850272			
DYZQ33	M240:2	镯	38.971300	15.724020	18.602940	2.094900	0.845244	85.9	11.5	0.5

续表

编号	器号	器物名	$^{208}Pb/^{204}Pb$	$^{207}Pb/^{204}Pb$	$^{206}Pb/^{204}Pb$	$^{208}Pb/^{206}Pb$	$^{207}Pb/^{206}Pb$	Cu	Sn	Pb
DYZQ34	M240:1	削刀	38.695890	15.640230	18.541330	2.086879	0.843484	92.1	—	—
DYZQ35	M257:1	镯	38.702870	15.707870	18.400570	2.103352	0.853662	81.0	17.8	—
DYZQ36	M260:2	矛	38.929350	15.703500	18.597060	2.093260	0.844409	85.6	12.4	—
DYZQ37	M266:2	镯	38.955590	15.714670	18.616360	2.092546	0.844133	83.0	12.6	—
DYZQ38	M283:1	戚	38.872150	15.691360	18.591080	2.090904	0.844027	93.3	4.3	—
DYZQ39	M285:1	削刀	38.802780	15.697700	18.462150	2.101747	0.850264	90.4	6.0	0.6
DYZQ40	M2:3	戈	38.786060	15.660520	18.603040	2.084931	0.841826	85.1	12.2	—
DYZQ41	M300:2	扣饰	38.969720	15.722200	18.576920	2.097749	0.846330			
DYZQ42	M302:1	剑	38.838130	15.693980	18.576840	2.090674	0.844814			
DYZQ43	M324:1	扣饰	41.889620	15.771980	21.355700	1.961519	0.738537			
DYZQ44	M333:3	矛	39.014390	15.726740	18.629250	2.094255	0.844196			
DYZQ45	M338:1	剑	38.874630	15.715040	18.504220	2.100852	0.849268	82.7	12.1	3.2
DYZQ46	M343:1	戈	38.641900	15.696610	18.229490	2.119746	0.861056	79.7	13.3	6.0
DYZQ47	M349:1	戈	38.774030	15.694290	18.582170	2.086625	0.844588			
DYZQ48	M350:1	剑	38.633300	15.699950	18.258470	2.115911	0.859872	85.7	9.7	2.7
DYZQ49	M36:3	扣饰	41.436610	15.721170	20.731260	1.998750	0.758332			
DYZQ50	M367:2	矛	38.779080	15.720730	18.411990	2.106520	0.853824			
DYZQ51	M378:1	戈	38.283030	15.670710	18.168630	2.107095	0.862515	86.9	10.7	1.2
DYZQ52	M378:2	扣饰	39.444750	15.712370	19.194150	2.055040	0.818602	82.7	16.1	0.6
DYZQ53	M386:1	戈	38.649080	15.696570	18.431930	2.096855	0.851597	87.8	5.8	4.4
DYZQ54	M39:2	矛	38.926730	15.690180	18.616700	2.090957	0.842801			
DYZQ55	M39:1	剑	38.948370	15.718510	18.607770	2.093124	0.844652			
DYZQ56	M393:1	戈	38.558820	15.689850	18.155870	2.123766	0.864175	84.1	11.5	2.8

注：空行是未检测成分样品

附表2 大园子墓地出土部分铜器成分分析结果及附图

器物编号	器物名	区域	Cu	Sn	Pb	Fe	O	S	其他	合金类型及夹杂物	背散射电子像
M2:3	戈	1-1	42.4	5.7	47.9	—	4.0	—	—	铅粒	
		1-2	32.1	2.7	59.3	1.4	4.5	—	—	铅粒	
		1-3	61.7	1.7	—	13.4	1.3	23.6	—	含铁硫化物	
		平均	85.1	12.2	—	—	2.7	—	—	Cu-Sn	
M4:4	铧	2-1	25.9	—	54.3	—	9.9	—	Cl 9.9	铅粒	
		2-2	76.9	—	—	3	0.7	19.4	—	含铁硫化物	
		平均	94.4	4.3	—	—	1.3	—	—	Cu-Sn	
M5:2	镯	3-1	50.7	4.2	41.1	—	4.0	—	—	铅粒	
		3-2	85.5	5.2	—	—	1.0	8.3	—	Cu₂S夹杂	
		平均	90.9	7.8	0.3	—	1.0	—	—	Cu-Sn	

续表

器物编号	器物名	区域	Cu	Sn	Pb	Fe	O	S	其他	合金类型及夹杂物	背散射电子像
M6:1	镯	平均	93.9	4.4	0.3	0.2	1.2	—	—	Cu-Sn	
M13:2	削刀	5-1	61.8	—	—	13.3	0.6	24.3	—	含铁硫化物	
		5-2	26.7	—	62.7	3.1	1.9	4.5	Cl 1.1	铅粒	
		平均	92.3	5.9	0.6	—	1.2	—	—	Cu-Sn	
M17:2	剑	6-1	24.8	2.0	68.1	—	5.1	—	—	铅粒	
		6-2	81.0	—	—	—	0.8	18.2	—	Cu_2S夹杂	
		6-3	81.3	1.1	1.0	—	1.1	16.5	—	Cu_2S夹杂	
		平均	91.7	6.2	—	—	1.1	—	—	Cu-Sn	

六　师宗大园子墓地出土铜器的科学分析

续表

器物编号	器物名	区域	Cu	Sn	Pb	Fe	O	S	其他	合金类型及夹杂物	背散射电子像
M18：1	矛	7-1	67.4	—	—	10.7	—	21.9	—	含铁硫化物	
		7-2	12.9	—	—	87.1	—	—	—	高铁相	
		7-3	11.4	—	—	88.6	—	—	—	高铁相	
		平均	94.8	—	—	4.2	1.0	—	As 0.1	Cu	
M22：2	扣饰	8-1	67.5	4.5	—	7.1	0.9	24.4	—	含铁硫化物	
		平均	84.1	1.7	7.1	—	2.0	—	As 2.3	Cu-Sn-Pb	
M40：3	剑	9-1	62.1	1.7	1.9	10.2	1.7	23.6	Cl 0.7	含铁硫化物	
		9-2	62.1	2.1	—	12.2	1.3	22.3	—	含铁硫化物	
		9-3	80.9	—	—	—	2.0	17.1	—	Cu₂S夹杂	
		9-4	21.9	6.3	59.4	—	12.4	—	—	铅粒	
		平均	86.9	10.9	—	—	1.6	—	As 0.6	Cu-Sn	

续表

器物编号	器物名	区域	Cu	Sn	Pb	Fe	O	S	其他	合金类型及夹杂物	背散射电子像
M41:3	扣饰	平均	78.5	19.8	—	—	1.7	—	—	Cu-Sn	
M58:1	戈	11-1	10.1	—	83.1	—	6.8	—	—	铅粒	
		11-2	78.7	2.2	2.6	1.8	1.0	13.7	—	含铁硫化物	
		平均	94.1	3.5	1.1	0.2	1.1	—	—	Cu-Sn	
M59:1	戚	12-1	63.9	—	—	11.9	1.5	22.6	—	含铁硫化物	
		12-2	62.8	0.9	—	11.6	1.9	22.8	—	含铁硫化物	
		12-3	66.3	1.9	—	8.7	1.7	21.6	—	含铁硫化物	
		平均	89.1	9.3	—	—	1.5	—	—	Cu-Sn	

续表

器物编号	器物名	区域	Cu	Sn	Pb	Fe	O	S	其他	合金类型及夹杂物	背散射电子像
M79:1	剑	13-1	4.0	—	86.2	—	9.8	—	—	铅粒	
		13-2	68.7	31.3	—	—	—	—	—	共析体	
		13-3	70.6	29.4	—	—	—	—	—	共析体	
		平均	77.1	13.3	8.3	—	1.3	—	—	Cu-Sn-Pb	
M79:2	戈	14-1	14.8	1.2	72.8	—	10.1	—	Cl 1.1	铅粒	
		14-2	16.4	—	74.4	—	7.4	—	Cl 1.8	铅粒	
		14-3	80.5	1.2	—	—	0.9	17.4	—	Cu$_2$S夹杂	
		平均	90.4	8.7	—	—	0.9	—	—	Cu-Sn	
M119:1	爪镰	15-1	62.8	—	—	12.6	1.2	23.4	—	含铁硫化物	
		15-2	56.4	—	—	27.5	9.4	3.8	As 2.9	含铁硫化物	
		15-3	59.7	—	—	14.6	1.2	24.5	—	含铁硫化物	
		平均	94.8	—	—	3.8	0.6	0.8	—	Cu	

续表

器物编号	器物名	区域	Cu	Sn	Pb	Fe	O	S	其他	合金类型及夹杂物	背散射电子像
M180:3	钺	16-1	77.2	—	—	2.7	2.0	18.1	—	含铁硫化物	
		16-2	73.3	—	—	4.1	0.9	21.7	—	含铁硫化物	
		平均	88.6	10.0	—	—	1.4	—	—	Cu-Sn	
M180:7	铃	平均	90.9	7.1	0.6	—	1.4	—	—	Cu-Sn	
M180:13	镯	18-1	79.4	—	—	0.5	1.3	18.8	—	含铁硫化物	
		18-2	3.1	—	—	63.2	32.3	0.9	As 0.5	高铁相	
		18-3	43.8	—	—	38.6	17.6	—	—	高铁相	
		平均	89.1	6.0	—	3.2	1.7	—	—	Cu-Sn	

六　师宗大园子墓地出土铜器的科学分析

续表

器物编号	器物名	区域	Cu	Sn	Pb	Fe	O	S	其他	合金类型及夹杂物	背散射电子像
M206:1	戈	19-1	73.5	25.9	—	—	0.6	—	—	共析体	
		19-2	59.2	—	—	14.2	1.4	24.3	—	含铁硫化物	
		平均	84.2	14.4	—	—	1.4	—	—	Cu-Sn	
M206:2	矛	20-1	8.7	0.5	83.2	—	7.6	—	—	铅粒	
		20-2	76.9	—	—	2.1	0.5	20.5	—	含铁硫化物	
		20-3	76.1	—	—	2.0	0.3	21.6	—	含铁硫化物	
		20-4	75.8	6.9	—	1.8	—	15.5	—	含铁硫化物	
		20-5	15.6	2.7	76.5	—	5.2	—	—	铅粒	
		平均	84.0	15.5	0.5	—	—	—	—	Cu-Sn	
M206:3	剑	21-1	7.1	—	84.7	—	7.2	—	—	铅粒	
		平均	86.7	6.2	5.1	—	2.0	—	—	Cu-Sn-Pb	

续表

器物编号	器物名	区域	Cu	Sn	Pb	Fe	O	S	其他	合金类型及夹杂物	背散射电子像
M226:1	剑	22-1	77.1	—	—	—	0.8	22.1	—	Cu_2S夹杂	
		22-2	40.6	5.1	51.7	—	2.6	—	—	铅粒	
		22-3	5.1	—	—	71.5	23.4	—	—	高铁相	
		平均	88.7	10.1	—	—	1.2	—	—	Cu-Sn	
M228:1	戈	23-1	12.6	—	—	86.0	0.8	—	As 0.6	高铁相	
		23-2	13.7	4.0	0.9	51.8	27.4	0.3	As 1.9	高铁相	
		平均	85.4	8.1	0.3	4.0	1.6	0.1	As 0.5	Cu-Sn	
M228:2	剑	24-1	63.7	—	—	12.4	0.9	23.0	—	含铁硫化物	
		平均	86.0	12.4	—	—	1.2	0.2	As 0.2	Cu-Sn	

续表

器物编号	器物名	区域	Cu	Sn	Pb	Fe	O	S	其他	合金类型及夹杂物	背散射电子像
M235:2	矛	25-2	69.4	2.5	2.1	7.0	9.7	9.1	As 0.2	含铁硫化物	
		25-3	20.4	—	74.0	—	5.3	—	As 0.3	铅粒	
		平均	92.3	5.8	0.3	—	1.2	—	As 0.4	Cu-Sn	
M240:1	削刀	26-1	8.2	—	—	91.2	0.6	—	—	高铁相	
		26-2	60.2	—	—	16.3	2.4	19.8	P 1.3	含铁硫化物	
		平均	92.1	—	—	6.2	1.7	—	—	Cu	
M240:2	镯	27-1	71.5	3.7	—	8.3	1.2	15.3	—	含铁硫化物	
		27-2	46.8	4.6	41.8	—	6.8	—	—	铅粒	
		平均	85.9	11.5	0.5	—	1.8	—	As 0.3	Cu-Sn-Pb	

续表

器物编号	器物名	区域	Cu	Sn	Pb	Fe	O	S	其他	合金类型及夹杂物	背散射电子像
M257:1	镯	28-1	74.9	7.2	—	—	3.3	14.6	—	Cu$_2$S夹杂	
		平均	81.0	17.8	—	—	1.2	—	—	Cu-Sn	
M260:2	矛	29-1	28.1	4.1	61.2	—	6.6	—	—	铅粒	
		29-2	19.2	2.8	68.9	3.3	5.8	—	—	铅粒	
		29-3	56.8	—	—	14.6	0.7	27.9	—	含铁硫化物	
		29-4	24.8	1.8	—	60.8	7.8	0.1	As 4.1 Ca 0.6	高铁相	
		平均	85.6	12.4	—	1.7	0.5	—	—	Cu-Sn	
M266:2	镯	平均	83.0	12.6	—	—	4.4	—	—	Cu-Sn	

续表

器物编号	器物名	区域	Cu	Sn	Pb	Fe	O	S	其他	合金类型及夹杂物	背散射电子像
M283:1	戚	31-1	60.7	—	—	14.5	0.9	23.9	—	含铁硫化物	
		31-2	72.5	3.7	21.4	—	2.4	—	—	铅粒	
		平均	93.3	4.3	—	2.4	—	—	—	Cu-Sn	
M285:1	削刀	32-1	59.2	—	—	15.5	0.8	24.5	—	含铁硫化物	
		32-2	76.9	2.1	—	5.7	0.9	14.6	—	含铁硫化物	
		平均	90.4	6.0	0.6	1.0	1.2	—	As 0.8	Cu-Sn	
M327:12	泡饰	33-1	66.1	10.6	—	5.9	0.5	16.9	—	含铁硫化物	
		33-2	65.0	7.3	—	7.1	2.2	18.4	—	含铁硫化物	
		平均	80.0	18.6	—	—	0.9	0.5	—	Cu-Sn	

续表

器物编号	器物名	区域	Cu	Sn	Pb	Fe	O	S	其他	合金类型及夹杂物	背散射电子像
M338:1	剑	34-1	5.8	—	82.0	—	10.2	—	Cl 2.0	铅粒	
		34-2	27.9	3.5	57.5	7.4	8.6	20.1	Cl 2.5	铅粒	
		34-3	68.0	3.6	—	0.9	0.9	—	—	含铁硫化物	
		平均	82.7	12.1	3.2	—	1.1	—	—	Cu-Sn-Pb	
M343:1	戈	35-1	5.1	—	86.7	—	8.2	—	—	铅粒	
		35-2	4.3	—	87.4	—	8.3	—	—	铅粒	
		35-3	70.1	—	—	5.8	—	24.1	—	含铁硫化物	
		35-4	72.3	—	—	5.2	0.2	22.3	—	含铁硫化物	
		平均	79.7	13.3	6.0	—	1.0	—	—	Cu-Sn-Pb	
M350:1	剑	36-1	63.9	0.8	—	10.6	1.2	23.5	—	含铁硫化物	
		36-2	54.4	6.6	1.4	34.6	1.1	—	As 1.9	高铁相	
		36-3	64.7	5.0	—	10.8	0.8	18.7	—	含铁硫化物	
		36-4	66.2	5.3	—	8.4	4.5	15.6	—	含铁硫化物	
		平均	85.7	9.7	2.7	1.1	0.8	—	—	Cu-Sn-Pb	

续表

器物编号	器物名	区域	Cu	Sn	Pb	Fe	O	S	其他	合金类型及夹杂物	背散射电子像
M378:1	戈	37-1	10.1	—	83.8	—	6.1	—	—	铅粒	
		37-2	80.6	—	—	—	0.8	18.6	—	Cu₂S夹杂	
		平均	86.9	10.7	1.2	—	1.2	—	—	Cu-Sn	
M378:2	扣饰	平均	82.7	16.1	0.6	—	0.6	—	—	Cu-Sn	
M386:1	戈	39-1	77.1	—	—	—	0.6	22.1	As 0.2	Cu₂S夹杂	
		39-2	68.5	—	—	8.2	2.3	21.0	—	含铁硫化物	
		平均	87.8	5.8	4.4	—	1.3	—	As 0.7	Cu-Sn-Pb	

续表

器物编号	器物名	区域	Cu	Sn	Pb	Fe	O	S	其他	合金类型及夹杂物	背散射电子像
M393:1	戈	40-1	64.7	—	—	10.8	1.3	23.2	—	含铁硫化物	
		平均	84.1	11.5	2.8	—	1.6	—	—	Cu-Sn-Pb	

七　师宗大园子墓地出土玉器的科技分析

鲍　怡

（复旦大学文物与博物馆学系、复旦大学科技考古研究院）

战国秦汉时期云贵高原的出土玉器既有本地西南夷文化的风格，又受周边文化的影响，在中国玉器史上占有独特的地位。为推进滇东高原战国秦汉时期西南夷考古遗存的发掘与研究，2015年和2016年中国社会科学院考古研究所、云南省文物考古研究所等单位合作，对云南师宗县大园子墓地先后进行了两次发掘。发掘出土了较多玉器，补充了战国秦汉时期西南夷地区的玉器资料，具有重要的学术价值。

一、样品与方法

大园子墓地出土的随葬品种类较多，本文主要研究其中的玉器和嵌玉饰品。

研究采用出土玉器分析方法进行系统研究[①]（图1）。肉眼观察需区分玉料和沁色特征，分为两部分，第一部分是玉料的分析研究，第二部分是沁色的分析研究。玉料观察研究主要关注其颜色、光泽、透明度和结构特征。沁色观察研究还需关注沁色的分布特征。根据肉眼观察结果，对出土玉器进行全面的分析研究，主要从颜色、光泽、物相、成分和结构分析五个方面着手。结合样品的具体情况，选择合适仪器设备。分析数据并建立全面的出土玉器基础资料。

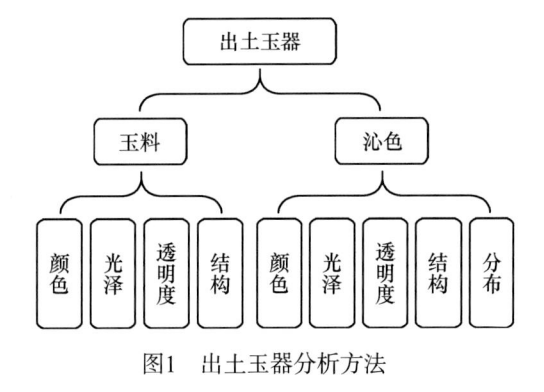

图1　出土玉器分析方法

[①] 鲍怡：《出土玉器沁色的材料科学研究》，复旦大学博士论文，2019年。

二、材质与沁色

大园子墓地共出土189件（组）各类玉石器，按单体器物统计，逾460件。另外，墓地还出土78件（组）嵌玉器物，包括58件（组）青铜镯、18件青铜扣饰、1件青铜泡饰和1件特殊材料镯[①]。其中，嵌玉青铜镯按单体器物统计，约151件（图2）。

统计数据显示（图3），大园子墓地玉石的使用包括三种类型，玉器、嵌玉青铜器和嵌玉特殊材料制品；其中玉器按460件计，约占72.9%；镶玉青铜器有170件，约占26.9%；嵌玉特殊材料制品有1件，约占0.2%。嵌玉青铜器共170件，有三种器类，包括

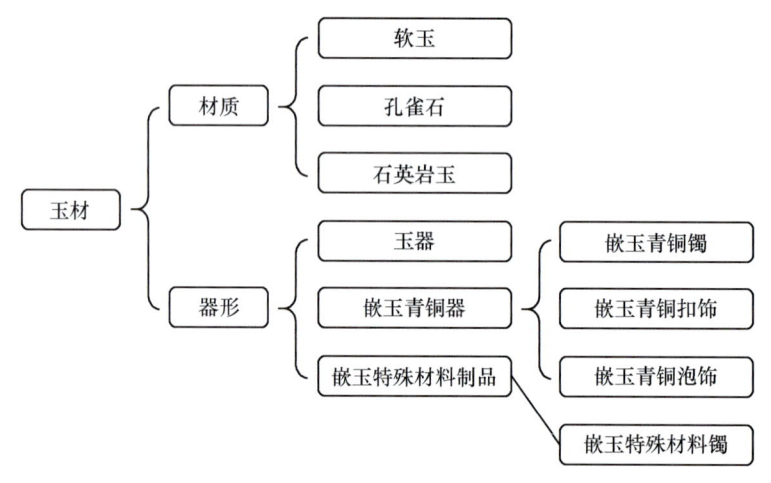

图2 大园子墓地玉材使用情况

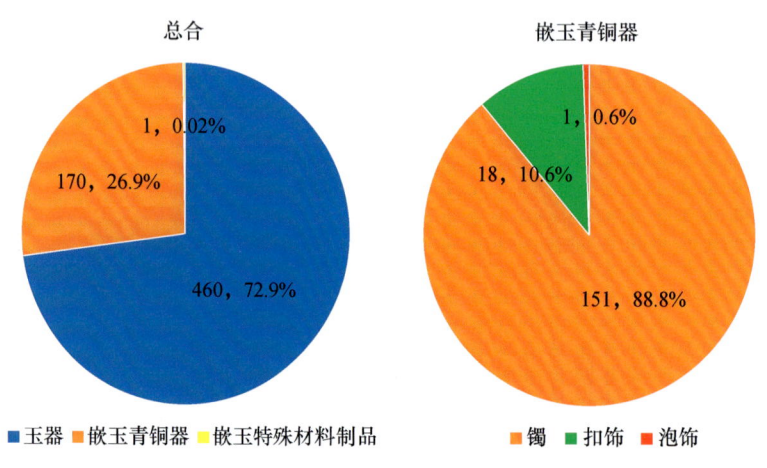

图3 大园子墓地出土玉器统计图

---

① 特殊材料镯经科学检测是含桦树皮焦油的人造材料，详见本书下编第三篇《师宗大园子墓地出土桦树皮焦油制品分析》。

青铜镯、青铜扣饰和青铜泡饰，其中青铜镯数量最多，有151件，约占88.8%；其次是青铜扣饰18件，约占10.6%；青铜泡饰仅1件，约占0.6%。

（一）材质

大园子墓地器物主要使用三种玉材，软玉、孔雀石和石英岩玉，按单体器物计，逾631件。

1. 软玉

大园子墓地出土软玉玉器，包括玦、珠、镯、璜形饰、扣、坠、剑首7种器类。

软玉是以透闪石和阳起石为主要矿物的岩石，其中透闪石和阳起石为角闪石族的两个端元矿物，化学式为$Ca_2(Mg, Fe)_5Si_8O_{22}(OH)_2$。这两种矿物是Fe-Mg完全类质同象矿物，主要根据化学式中的铁镁比定名，当f=Mg/（Mg+Fe）≥0.9时为透闪石，当0.9＞f≥0.5时为阳起石。软玉按颜色可以分为白玉、青白玉、青玉、碧玉、黄玉、糖玉、墨玉七个品种。

分析拉曼光谱图可知（图4），200~300cm^{-1}归属晶格振动，300~420cm^{-1}归属M—OH（M=Mg或Fe）振动，420~620cm^{-1}归属Si_4O_{11}振动、—OH振动和转换，640~740cm^{-1}归属Si—O_b—Si对称伸缩振动，740~940cm^{-1}归属O—Si—O对称伸缩振动，940~1000cm^{-1}归属O—Si—O不对称伸缩振动，1000~1120cm^{-1}归属Si—O_b—Si不对称伸缩振动，表明5件出土玉器为硅酸盐矿物。673cm^{-1}附近很强的特征峰归属Si—O_b—Si的伸缩振动，具有鉴定意义，表明五件玉器为软玉。

大园子墓地出土玉器绝大部分为软玉。M180∶9-1玉珠（图5-1）灰白色泛黄，玉质细腻，油脂光泽，不透明-微透明，轻度受沁。M40∶5-2玉珠（图5-2）绿色，玉质细腻，有少量裂隙，油脂光泽，微透明，中度受沁。

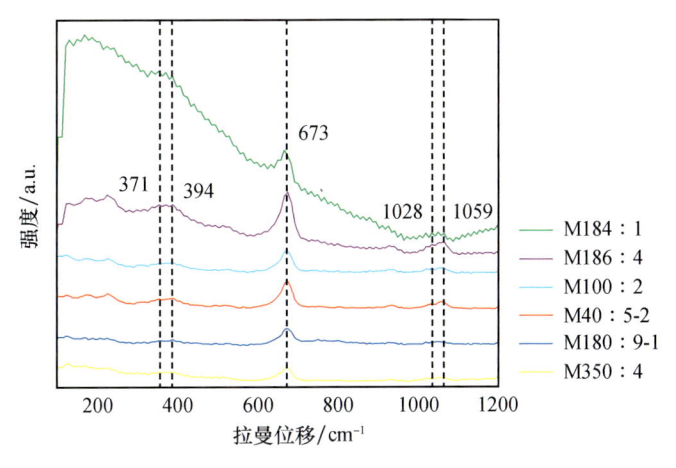

图4 大园子墓地出土软玉质玉器拉曼光谱图

图5　大园子墓地出土青白玉玉器
1. M180∶9-1玉珠　2. M40∶5-2玉珠

2. 孔雀石

孔雀石是一种单矿物岩石，主要组成矿物为孔雀石。孔雀石[$Cu_2CO_3(OH)_2$]是含铜的碳酸盐矿物，常呈纤维集合体，通常具有条纹状、放射状、同心环带状条纹。拉曼光谱图显示，其主要矿物为孔雀石（图6），178cm^{-1}、221cm^{-1}为[CO_3]基团的晶格振动引起，269cm^{-1}处的弱峰归属于O—Cu—OH键的弯曲振动，最强峰432cm^{-1}归属PO_4^{3-}振动，534cm^{-1}为Cu—OH键伸缩振动峰，1058cm^{-1}、1097cm^{-1}表征[CO]基团中C—O对称伸缩振动。大园子墓地出土孔雀石材质玉器数量较多，多制成中间带孔圆形片和方形小玉片，作为装饰镶嵌在青铜器上。

大园子墓地出土58件（组）青铜镯上镶孔雀石；18件青铜扣饰均镶孔雀石，其中4件还镶有玛瑙；1件青铜泡饰上镶孔雀石。M3∶1青铜扣饰（图7-1）上群猴和波浪环

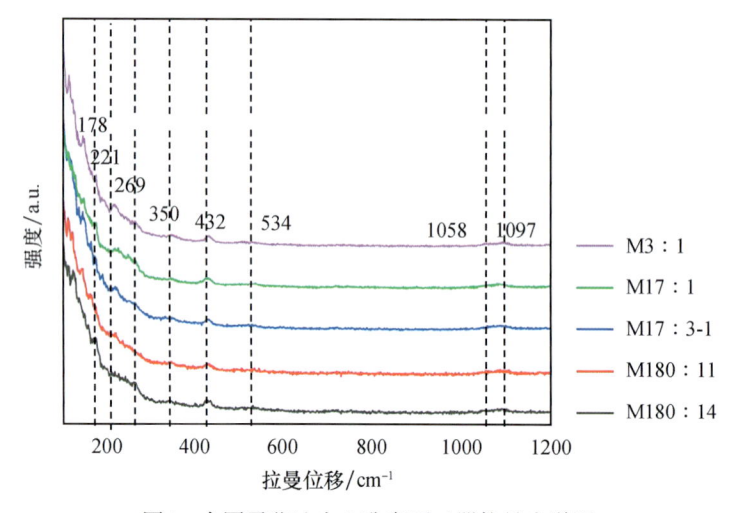

图6　大园子墓地出土孔雀石玉器拉曼光谱图

图7　大园子墓地出土镶嵌孔雀石的青铜器
1. M3∶1铜扣饰　2. M324∶1铜扣饰　3. M180∶14铜泡饰　4. M180∶11铜镯

绕，中间镶嵌玛瑙，周围环绕镶嵌孔雀石。M324：1青铜扣饰（图7-2）孔雀石和玛瑙被黏接在青铜器表面的凹槽内。M180：14青铜泡饰（图7-3）呈人脸形，眼睛部位镶嵌环形孔雀石片。M180：11（图7-4）青铜镯上的孔雀石整齐镶嵌在凹槽中。大园子墓地出土孔雀石多镶嵌在青铜器上，多被切割成中间带孔的圆形片和方形片。

3. 石英岩质玉器

大园子墓地出土的石英岩质玉器包括玛瑙和石英岩玉。此外，有2件青铜扣饰上镶嵌有玛瑙。拉曼光谱图中464cm^{-1}表征Si—O—Si伸缩峰，是SiO_2石英的典型光谱图，说明M15：3-2、M38：2、M73：2和M256：4-1四件玉器的材质为石英岩玉（图8）。

（1）玛瑙

玛瑙质玉器数量较多，均呈现玛瑙典型的环带结构，包括珠、玦、扣和坠四种器类。M15：3-2玉珠（图9-1），黄白色，微透明，蜡状光泽，结构致密，有破损和裂隙。M38：2玉珠（图9-2），白色，微透明，蜡状光泽，结构致密，有破损和裂隙。M256：4-1玉扣（图9-3），整体呈陀螺状，底面不抛光，有一组牛鼻孔，白色，微透明，蜡状光泽，结构致密，有破损和裂隙。

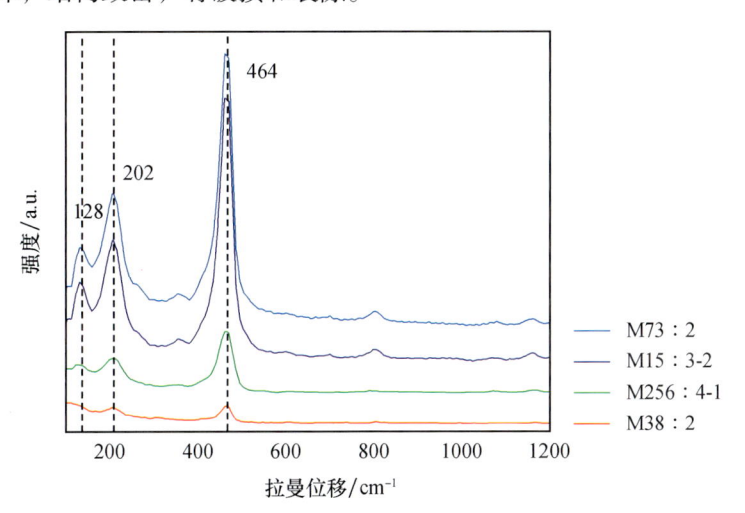

图8 大园子墓地出土石英岩玉质玉器拉曼光谱图

图9 大园子墓地出土石英岩质玉器
1. M15：3-2玉珠 2. M38：2玉珠 3. M256：4-1玉扣 4. M73：2玉坠

（2）石英岩玉

1件玉坠M73：2为石英岩玉（图9-4），玉坠造型的玉器在大园子墓地仅出土1件。玉坠呈锥状，上有穿孔，赭红色，上有黄色点状杂质不规律分布，不透明，蜡状光泽，结构致密，有破损和裂隙。

（二）沁色

大园子墓地出土软玉质玉器沁色有三种类型，白色沁、黄褐色沁和绿色沁。

1. 白色沁

大园子墓地出土玉器的主要沁色为白色沁，大部分玉器都有不同程度的白色沁，白色沁多呈体状分布。M228：7玉珠通体呈白色，局部可以看到内部绿色，表面有一些裂隙，蜡状光泽，不透明，结构致密（图10）。从其拉曼光谱图看，玉器经过火烧，发生相变，并呈现白色[①]。

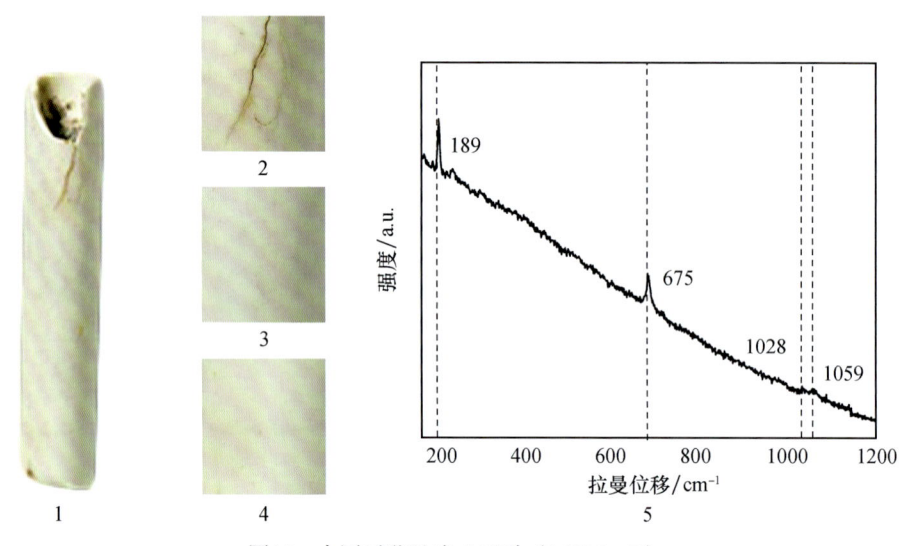

图10 大园子墓地出土玉珠（M228：7）
1.照片　2~4.显微照片　5.拉曼光谱图

---

① Bao Yi, Zhao Chaohong, Li Yuesheng, Yun Xuemei. A Method of Determining Heated Ancient Nephrite Jades in China. *Scientific Reports*. 2018 (8): 13523.

2. 黄褐色沁

黄褐色沁是大园子墓地出土玉器数量也比较多的沁色，常呈体状和面状分布。M40：5-2玉珠（图11），A面为绿色，B面为黄褐色，微透明，油脂光泽，结构致密，褐黄色沁色，体状分布，轻度受沁。从其拉曼光谱图看，玉器经过火烧，发生相变，呈现黄褐色。因此，玉珠一面受热变为黄褐色，一面保持原来的绿色。

3. 绿色沁

大园子墓地有绿色沁的出土玉器数量比较少。绿色沁多呈面状分布在玉器的表面。M185：4剑首，白色泛黄，油脂光泽，不透明，致密，有裂隙，白色沁和绿色沁，白色沁呈体状分布，绿色沁呈面状分布，重度受沁（图12）。绿色沁部位Cu含量明显偏高（图12-6、7），其形成与青铜器腐蚀产物有关。

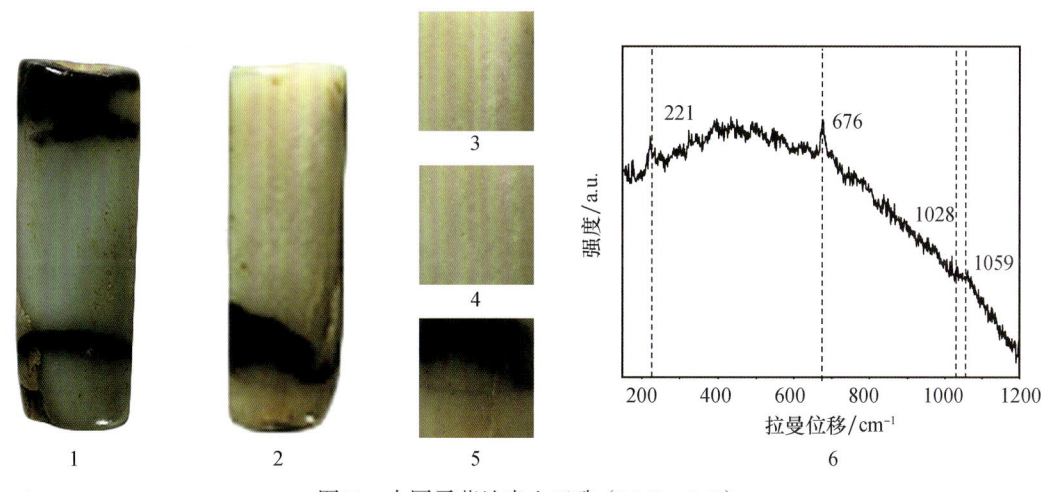

图11　大园子墓地出土玉珠（M40：5-2）
1、2.照片　3～5.显微照片　6.拉曼光谱图

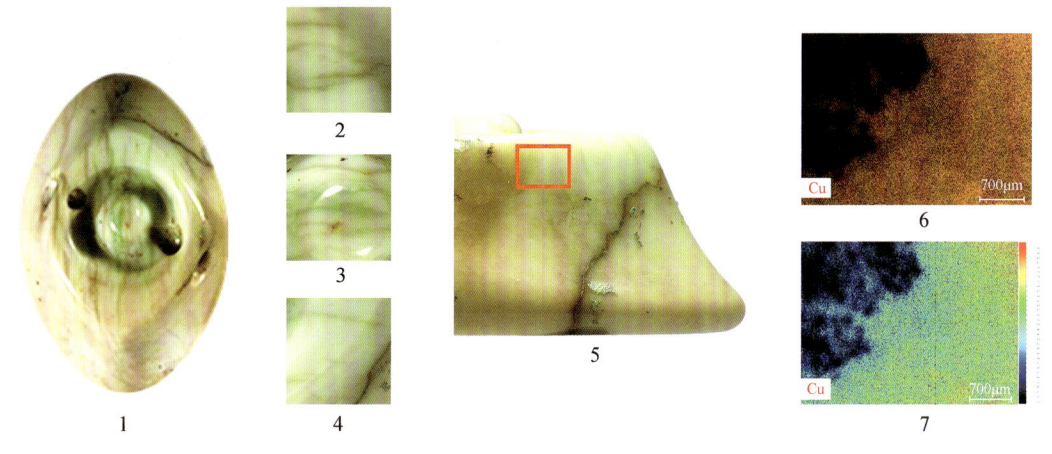

图12　大园子墓地出土玉剑首（M185：4）
1.照片　2～4.显微照片　5.XRF测试区　6.Cu元素XRF面分布图　7.Cu元素XRF面分布热力图

三、染色与涂画

大园子墓地大量出土玉器上发现人为染色和涂画的痕迹（图13），这是首次在中国出土玉器上发现这种现象，是西南夷的重要考古发现，也是出土玉器科技考古研究的重要发现。根据涂染方式可以分为染色和涂画，染色为大面积染色，无固定形态，涂画有一定形状。

大园子墓地发现有这种现象的玉器包括镯、玦、珠、剑首、璜形饰、坠。

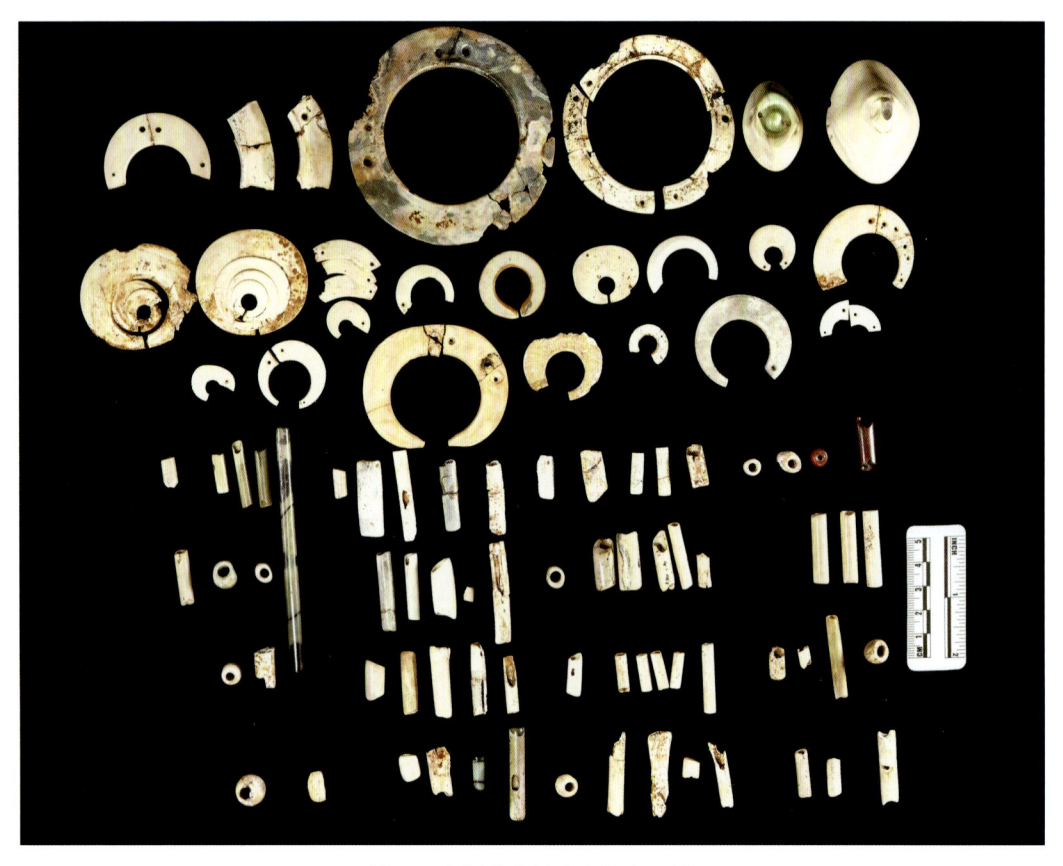

图13　大园子墓地出土染色玉器

（一）染色

染色现象是首次在中国出土的玉器上发现，证明在战国秦汉时期已有了玉器的染色工艺，也为西南夷土著文化增添了一份特殊的魅力。根据染料颜色可以分为黑色、黄色和红色三种，大园子染色玉器统计表见附表5。

1. 黑色染料

黑色染料在玉器上的使用最多。已发掘出土的97件完整器和碎片上有黑色染料，涉及器类有玦、珠、镯、剑首、璜形饰五种，其中玉珠数量最多，共69件（表1）。黑色染料只有少部分以明确图形出现，大部分无法分辨明确图形。黑色染料的涂染区域也没有明显规律，部分单面局部涂染，部分双面局部涂染，未见整体涂染。部分玉器上的黑色染料更像是无意涂上的，而非刻意涂画。

表1 黑色染料玉器器类统计表

序号	器类	数量/件
1	珠	69
2	玦	20
3	镯	4
4	剑首	2
5	璜形饰	2
总计		97

M346：1玉镯有黑色和褐黄色染料，土状光泽-油脂光泽，不透明，重度受沁，结构疏松，破损严重，软玉（图14-1、2）。两种颜色染料无规律混杂分布在玉器两面，根据叠压关系判断应是先染黑色后染褐黄色。在电镜下看见黑色染料有明显沿裂隙分布的规律（图14-3），同时黑色部位主要是C元素（图14-4和表2）。根据拉曼光谱图显示（图14-5），黑色染料主要是有机物，1305cm^{-1}是C—BN振动谱峰；1368cm^{-1}是C的D峰；1430cm^{-1}是C原子与H原子键非对称弯曲振动峰；1585cm^{-1}是C的G峰；1824cm^{-1}是C=O链酸酐谱峰；2000cm^{-1}是取代苯类的范频峰。因此，黑色染料是以碳为主的有机物，共同存在的其他有机物可能是染料的有机溶剂。

2. 黄色染料

黄色染料样品较少，目前出土的玉器中发现8件，除M346：1玉镯外，另包含5件玉玦和2件玉珠（表3）。黄色染料都在玉器表面局部位置，未见整体染色。大部分染色未见明显分布规律和形状，只有M184：1的黄色染料有明显分布规律。

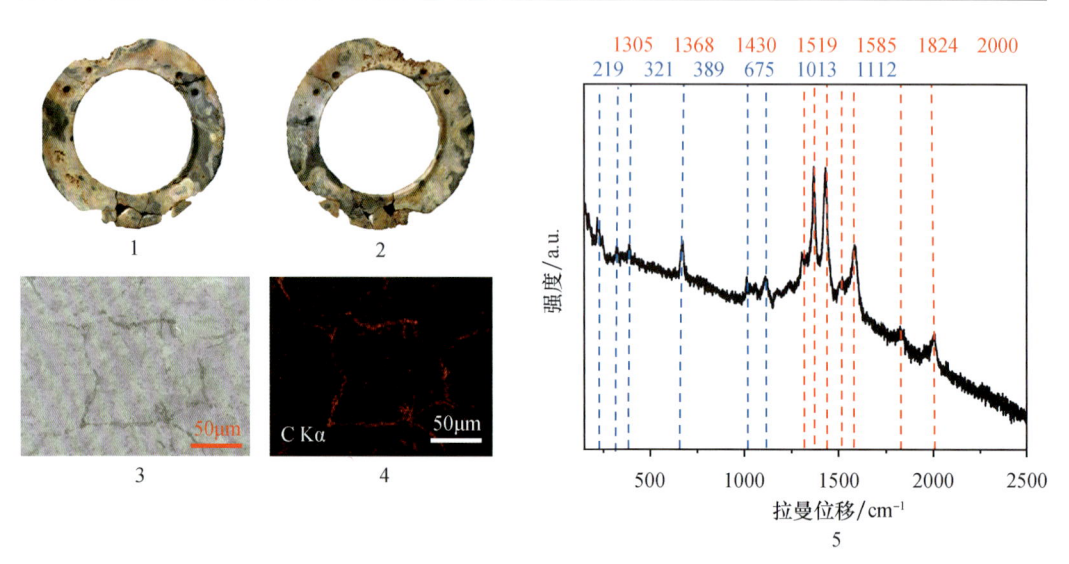

图14　大园子墓地出土玉镯（M346∶1）
1、2.照片　3.SEM图片　4.元素分布图　5.拉曼光谱图

表2　大园子墓地出土玉镯（M346∶1）黑色染料EDS数据　　（单位：wt%）

元素	位置1	位置2	位置3	位置4	位置5
C	58.81	40.39	63.55	26.04	38.7
O	31.03	26.24	25.88	35.46	27.24
Mg	0.69	4.54	0.8	2.54	5.12
Al	5.08	7.38	3.64	19.34	5.32
Si	1.88	10.92	1.49	4.9	13.61
P	0.81	0.76	0.39	0.71	0.93
S	0.47	0.48	0	0.28	0
K	0	1.19	0	0	0
Ca	1.24	1.59	0.89	2.05	0
Na	0	0.18	0.31	0.18	0
Fe	0	6.34	3.06	8.51	9.09

七 师宗大园子墓地出土玉器的科技分析

表3 大园子墓地出土黄色染料玉器统计表

序号	发掘编号	器物名称	玉材	染料颜色	染色分布	分布规律
1	M73：6-1	玦	软玉	褐黄色	局部	无
2	M73：6-2	玦	软玉	褐黄色	局部	无
3	M73：6-3	玦	软玉	褐黄色	局部	无
4	M184：1	玦	软玉	褐黄色	内外圈口	有
5	M211：3	玦	软玉	褐黄色	局部	无
6	M364填：1	珠	软玉	褐黄色	局部	无
7	M346：2-1	珠	软玉	褐黄色	局部	无
8	M346：1	镯	软玉	褐黄色	局部	无

M184：1玉玦黄色染料的分布有规律，在玉玦的内圈和外圈均匀分布（图15-1、2）。M211：3玉玦表面的黄色染料分布不规律（图15-3、4）。显微观察，黄色染料在玉器的表面裂隙中分布（图15-5）。M73：6-1玉玦，黄色染料处的拉曼光谱图显示其染色剂以氧化铁Fe_2O_3为主（图15-6）。

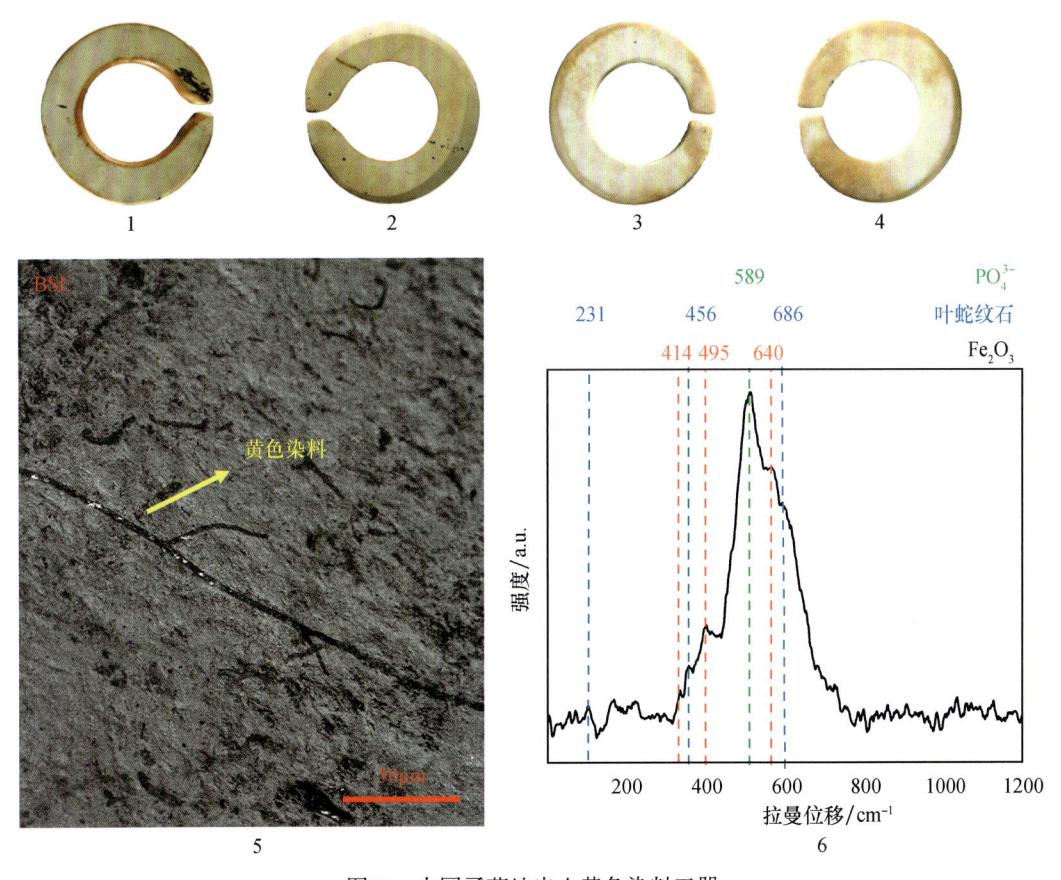

图15 大园子墓地出土黄色染料玉器
1、2. M184：1玉玦照片　3、4. M211：3玉玦照片　5. 黄色染料SEM图片　6. 黄色染料拉曼光谱图

黄色染料分布处密集分布着叶蛇纹石，由此推测其染色工艺是先用酸腐蚀副矿物叶蛇纹石，在表面形成裂隙，然后用黄色染色剂染色，染色剂沿裂隙进入玉石结构，形成稳定的颜色。值得注意的是，玉器也经过火烧，火烧也可使得玉器产生裂隙，玉器火烧和染色的先后顺序值得探讨，本文认为火烧反映的祭祀意义要高于染色。

3. 红色染料

目前有红色染料的出土玉器仅1件，即M100∶2玉珠，材质为软玉。M100∶2油脂光泽，不透明，结构致密，长2.5cm×宽0.7cm。这件玉器通体染红，内外一致，一端管口处染成黑色（图16-1～4）。

在电镜下观察红色染料密集分布在玉器表面，没有明显沿裂隙分布的特征（图16-5、6）。拉曼光谱图显示，玉器经过火烧发生了相变（图16-7）。红色染料富集处有大量有机物，1311cm^{-1}是CH$_2$振动谱峰；1370cm^{-1}是C的D峰；1433cm^{-1}是C原子与H原子键非对称弯曲振动峰；1580cm^{-1}是C的G峰。因此，红色染料中包含有机物，部分可能是染料的有机溶剂。

综合分析，玉器先经过酸的浸泡，然后浸泡在红色染料中染色，然后用黑色染料局部染色，最终抛光后使用。火烧应是在使用后发生的，推测是在祭祀活动中的火燎仪式中被加热。

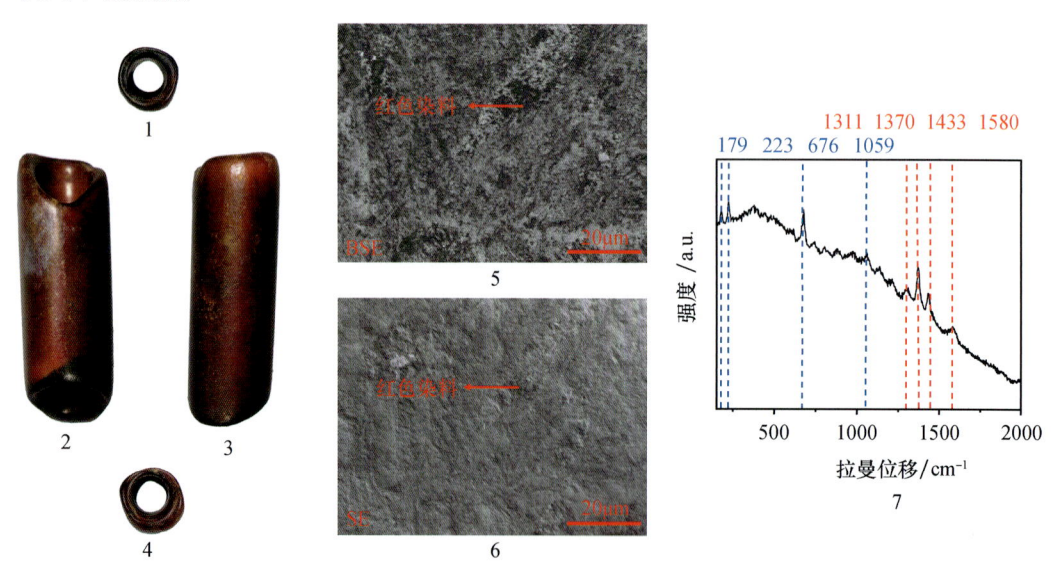

图16 大园子墓地出土玉珠（M100∶2）
1～4.照片 5、6.SEM显微图片 7.红色染料拉曼光谱图

4. 小结

大园子墓地染色出土玉器共102件，大多数是单一颜色染色，包括黑色、黄色和红色。有多件玉器上有两种颜色染色，M100：2有黑色和红色，整体染红色，局部染黑色；M184：1、M346：1和M346：2-1等有黑色和黄色，两种颜色都是局部染色。

（二）涂画

涂画玉器根据涂画形状可以分为简单图形和组合图形，以简单图形为主，组合图形较少。

1. 简单图形

（1）圆形

圆形是大园子墓地玉器上最容易辨认的简单图形。圆形可以分为空心圆和实心圆两种。目前有15件玉器有圆形图案，只有玉珠一种器类（表4）。M155：2-1玉珠有多个黑色空心圆形（图17）。

图17　大园子墓地出土玉珠（M155：2-1）

表4　圆形图案玉器统计表

序号	发掘编号	器物名称	空心圆	实心圆
1	M40：5-1	珠	√	√
2	M100：2	珠	√	
3	M123：2	珠	√	
4	M155：2-1	珠	√	
5	M180：9-1	珠	√	√
6	M190：1-1	珠	√	
7	M192：1-2	珠	√	
8	M192：1-3	珠		√
9	M190：3	珠	√	
10	M192：1-8	珠		√
11	M192：1-12	珠		√
12	M224：4-1	珠	√	
13	M361：2-1	珠	√	
14	M399：3-2	珠	√	
15	M402：1-3	珠	√	√

（2）线条

线条是大园子墓地出土玉器上最常见的涂画形状，有直线、曲线，宽窄不同，长短不一，分布区域不同，组合方式不同，组成了独具特色的玉器涂画现象（图18）。

2. 组合图形

大部分玉器上会有多种简单图形组合，但是能看出一定规律的样品非常少。组合图形最典型的是M180∶9-1玉珠（图18），其图形主要由宽带、细线条、点和圆形组合而成。两个点在中间，由点向上端依次是细线条、宽带和圆形；向下端依次是细线条和圆圈。上下两边的细线条弯曲的弧度相似，应该是古人的创作设计。

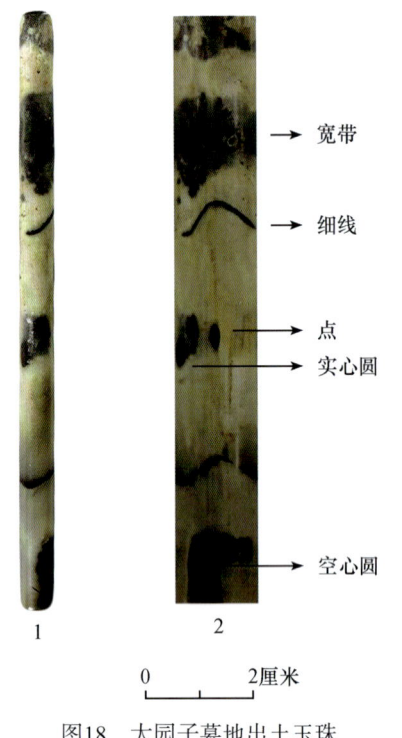

图18 大园子墓地出土玉珠（M180∶9-1）
1. 照片 2. 横向展开图

3. 涂画工艺

根据染色现象可以大致推断出玉器染色的工艺步骤。染色玉器一般都先经过雕琢成形，然后再进行染色。首先把需要染色的玉器用酸或碱浸泡，将玉器中容易被腐蚀的伴生矿物腐蚀，比如蛇纹石，通过酸或碱的腐蚀在玉器表面产生微裂隙。然后根据需要染色的区域大小，选择浸泡或涂画的方式染色。染料首先溶解在溶液中，形成液体，再浸染或用涂画工具蘸取涂抹，涂画工具也会根据涂画的形状不同而改变。根据颜色叠压现象观察，大园子居民一般会先染颜色浅的染料，再染颜色深的。比如先染红色或黄色染料，然后再染黑色染料。等染色完成后，会将玉器仔细抛光，然后使用。

四、用玉与制度

（一）大园子墓地

大园子墓地出土使用玉材的器物逾631件，从功能看，大都为装饰用玉。按照存在的形式可以分为三类，玉器、嵌玉青铜器和嵌玉特殊材料制品。

1. 玉器

（1）玦

大园子墓地出土74件（组）玉玦，其中2件为玛瑙，72件（组）为软玉。部分墓葬出土多件玉玦，组成套件，如M222出土M222：2和M222：3两组玉玦（图19）。

（2）珠

大园子墓地共出土72件（组）玉珠。根据材质可以分为软玉、玛瑙和孔雀石等三种，其中大部分都为软玉。可见玉珠在装饰中比较重要，且基本都选用了软玉制作。玉珠的长度和粗细变化比较大，没有明确的规律。

管珠中有一类特殊的器物，也是本次发掘重要的发现，即玉制的发声器。根据玉器上发声孔的数量可以分为三类，单孔、两孔和三孔，单孔居多。单孔发声器的孔分布位置主要有三种，管体中间，管体偏一端管口和管口处。多孔发声器两个孔位置分布有同侧和不同侧两种（图20）。

根据组合方式可以分为两类，单件发声器和组合发声器。组合发声器组成件最少为2件一组，最多为12件一组。同组发声器每件器物长短粗细不同，孔的位置也不同。组合发声器也会与无孔的管珠和玉珠组合，材质有软玉、玛瑙和孔雀石，组合方式比较随意，没有固定的搭配（图21）。多孔发声器和组合发声器的出现说明大园子墓地时期已经有简单的音乐出现，这是西南夷地区音乐史的重要研究资料。

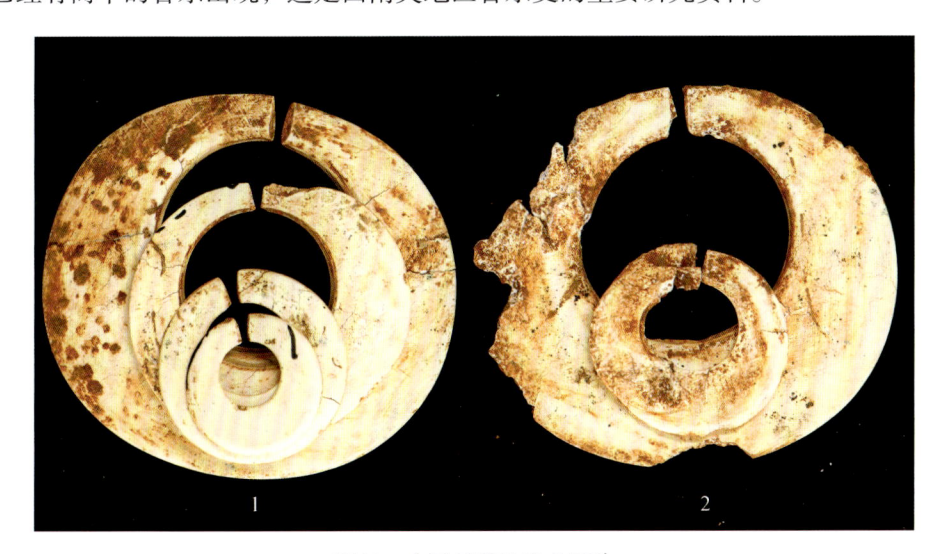

图19　大园子墓地出土玉玦
1. M222：2　2. M222：3

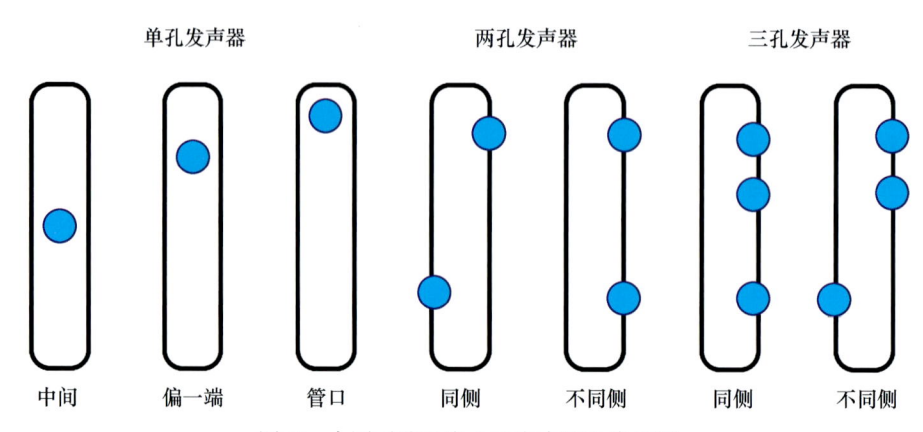

图20 大园子墓地出土玉发声器孔位置图

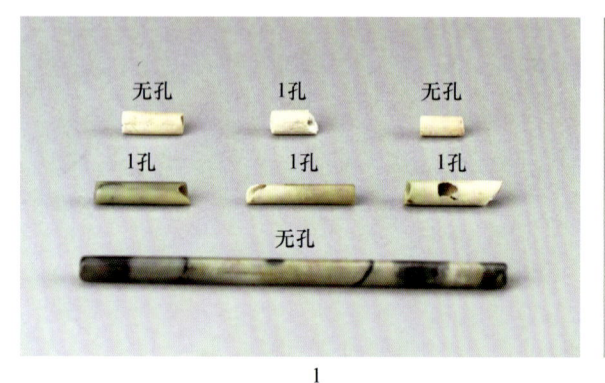

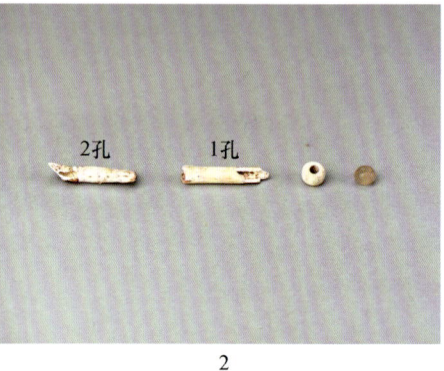

图21 大园子墓地玉器组合发声器
1. M180：9　2. M399：3

（3）镯

大园子墓地出土17件玉镯，都使用软玉材质，且粉化严重，部分单独出土，部分与青铜镯一同出土。M36：5玉镯粉化严重，具体的形状和纹饰模糊，与青铜镯一同出土（图22）。

（4）剑首

大园子墓地出土2件玉剑首（图12-1），软玉材质，底端平坦，有一牛鼻孔，用于固定在剑首，另外一端有两个穿孔，用于装饰和佩戴。

（5）扣

玉扣多采用玛瑙制成，共53件，有的镶嵌在青铜器上（图23）。

（6）坠

大园子墓地出土玉坠1件（M73：2），采用石英岩玉制作。玉坠一端横截面为扁圆形，一端为圆形，整体呈锥形，扁圆形一端钻孔（图9-4）。

图22　大园子墓地出土玉镯
（M36∶5）

图23　大园子墓地出土玉扣

（7）璜形饰

大园子墓地出土5件璜形饰，材质都为软玉。按照器形分为普通璜形饰和有领璜形饰两种；按照组成块数分为单块和两块，M224∶3为两块组成的璜形饰（图24）。

2. 嵌玉青铜器

大园子墓地出土嵌玉青铜器非常有特色，有青铜镯、青铜扣饰和青铜泡饰三种器类。青铜器在制作时，提前排布好镶嵌玉器的凹槽，然后使用黏合剂将玉器黏接在青铜器上。

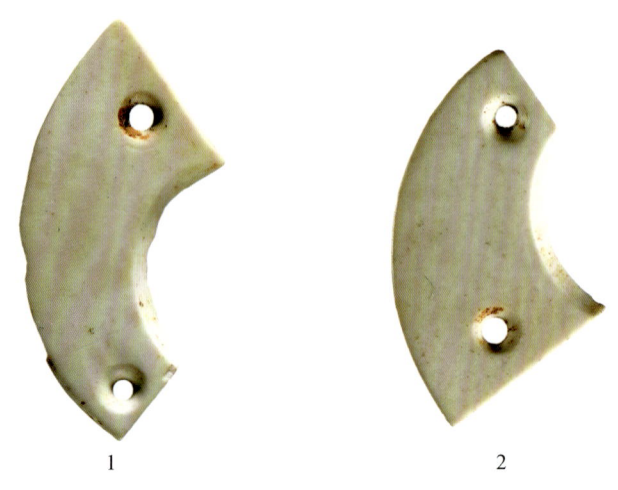

图24　大园子墓地出土玉璜
1. M224∶3-1　2. M224∶3-2

（1）青铜镯

出土嵌玉青铜镯共58件（组），是嵌玉青铜器中数量最多的一类，均镶嵌孔雀石（附表1）。按照镶嵌孔雀石的形状可以分为圆形和长方形。圆形孔雀石片中间有孔很有特点。M180∶11青铜镯（图7-4）中有长方形和圆形孔雀石，排列整齐，且较完整。

（2）青铜扣饰

出土嵌玉青铜扣饰18件，采用玛瑙和孔雀石两种玉材，其中16件镶嵌玛瑙，18件均镶嵌孔雀石（附表2）。镶嵌的玛瑙多脱落，只有3件保留。M3∶1青铜扣饰（图7-1）内部镶嵌玛瑙圆柱形长条，周围镶嵌孔雀石圆形片。M324∶1青铜扣饰中间镶嵌玛瑙（图7-2）。

（3）青铜泡饰

出土的嵌玉青铜泡饰仅1件，镶嵌孔雀石（附表3）。M180∶14（图7-3）制作成人脸形，两个圆形孔雀石片镶嵌在眼睛位置，设计巧妙，工艺精湛。

3. 嵌玉特殊材料制品

大园子墓地出土1件嵌玉特殊材料镯（附表4），其上镶嵌孔雀石一种玉材，孔雀石呈圆片状（图25）。

嵌玉特殊材料制品是首次在国内发现。首先将这种人造材质制成镯子的形状，并将玉材切割成需要的形状。设计好玉器在镯子上的排列顺序和方式，然后在特殊材料镯外侧按照预先的设计刻出与玉器形状相同的槽。最后用胶将玉器黏接在其外表面上。嵌玉特殊材料制品是西南夷土著文化的代表作品。

图25　大园子墓地出土嵌玉特殊材料镯（M168：1）
1. 照片　2. 镶嵌孔雀石示意图

4. 小结

大园子墓地出土使用玉材的器物有玉器、嵌玉青铜器和嵌玉特殊材料制品三种类型。统计如表5，玉器有7种器类，分别为玦、珠、镯、剑首、扣、坠、璜形饰，其中玦、珠、扣的数量比较多，其余器类数量较少。嵌玉青铜器有3种器类，分别为青铜镯、青铜扣饰和青铜泡饰，青铜镯数量最多。嵌玉特殊材料制品只有特殊材料镯一种器类。

表5　大园子墓地出土玉器器类统计表

大类	器类	数量	按单件器物计/件
玉器	玦	74件（组）	逾460
	珠	72件（组）	
	镯	17件	
	剑首	2件	
	扣	53件	
	坠	1件	
	璜形饰	5件	
嵌玉青铜器	青铜镯	58件（组）	约170
	青铜扣饰	18件	
	青铜泡饰	1件	
嵌玉特殊材料制品	特殊材料镯	1件	1
合计	11		逾631

（二）同时期其他墓地或遗址

与大园子墓地同地区同时期的墓地和遗址7处，时代主要在战国晚期至东汉早期，主要分布于滇东高原及其边沿地带，分别为曲靖八塔台、横大路[1]、平坡墓地[2]，陆良薛官堡墓地[3]，泸西石洞村和大逸圃墓地[4]，以及贵州普安铜鼓山遗址[5]。

大园子墓地同时期墓地或遗址出土玉器情况总结如表6。战国至汉代滇东高原及周边地区生活人们使用的玉材包括软玉、石英岩玉、绿松石、孔雀石和琥珀五种，软玉和石英岩玉使用最多。软玉质玉器的器类有镯、璜形饰、玦、珠、坠、剑首和璧，其中玦和珠的数量最多。石英岩玉质玉器主要使用玛瑙，还有一类特殊的蚀花肉红石髓，器类有扣、珠和玦，珠的数量最多。绿松石制成串珠、珠和扣使用。孔雀石都做成珠使用。琥珀只在八塔台墓地有出土，且数量较少。从出土遗迹类型看，墓葬出土的玉器数量比较多，遗址内出土的数量比较少。大园子墓地、八塔台墓地和大逸圃墓地出土玉器的数量比较多，能够代表战国至汉代滇东高原及周边地区的玉器使用情况。

大园子墓地同时期墓地出土嵌玉青铜器主要有三种器类，镯、扣饰和泡饰，镯和扣饰的数量比较多。青铜镯镶嵌孔雀石和绿松石，青铜扣饰镶嵌孔雀石、绿松石和玛瑙，青铜泡饰镶嵌孔雀石和绿松石（表7），即青铜镯和青铜泡饰只镶嵌孔雀石和绿松石，青铜扣饰还镶嵌玛瑙。从出土数量看，大园子墓地的嵌玉青铜器数量最多；从出土品种看，大园子墓地和八塔台墓地的品种最齐全；从镶嵌玉材种类看，大园子墓地、八塔台墓地和大逸圃墓地最齐全。

大园子墓地同时期墓地也有出土其他材料制品，部分墓葬没有对其材质进行科技检测，不能判断是否与大园子墓地出土的特殊材料相同，暂时归为一类进行讨论（表8）。此时期墓葬出土其他材料制品只有镯一种器类，石洞村墓地出土木镯没有镶嵌装饰物，横大路墓地和平坡墓地木镯都镶嵌了贝壳，只有大园子墓地出土的特殊材料镯镶嵌了孔雀石，工艺精美。

---

[1] 云南省文物考古研究所：《曲靖八塔台与横大路》，科学出版社，2003年。
[2] 云南省文物考古研究所、曲靖市麒麟区文物管理所：《曲靖市麒麟区潇湘平坡墓地发掘报告》，《云南考古报告集（之二）》，云南科技出版社，2006年。
[3] 中国社会科学院考古研究所、云南省文物考古研究所、曲靖市文物管理所、陆良县文物管理所：《陆良薛官堡墓地》，文物出版社，2017年。
[4] 云南省文物考古研究所、中共泸西县委、泸西县人民政府、红河州文物管理所：《泸西石洞村 大逸圃墓地》，云南科技出版社，2009年。
[5] 程学忠：《普安铜鼓山遗址首次试掘》，《贵州田野考古四十年：1953—1993》，贵州民族出版社，1993年；刘恩元、熊水富：《普安铜鼓山遗址发掘报告》，《贵州田野考古四十年：1953—1993》，贵州民族出版社，1993年。

表6 大园子墓地同时期墓地和遗址出土玉器统计表

		八塔台墓地	八塔台2号堆第七次发掘	薛官堡墓地	石洞村墓地	大逸圃墓地	横大路墓地	平坡墓地	铜鼓山遗址
墓葬数		353	343	260	93	190	188	198	
软玉/件（组）	镯	13	0	1	0	2	0	1	1
	璜形饰	0	2	3	0	0	0	0	0
	玦	61	0	3	7	26	13	13	0
	珠	73	12	5	0	28	0	0	3
	坠	1	11	0	0	0	0	0	0
	玉料	8	0	0	0	0	0	0	0
	璧	0	0	0	0	0	0	0	2
	小计	156	25	12	7	56	13	14	6
石英岩玉/件（组）	扣	17	33	2	10	18	0	0	0
	珠	35	0	10	36	77	0	5	4
	蚀花肉红髓石	2	0	0	0	0	0	0	0
	小计	54	33	12	46	151	0	5	4
绿松石/件（组）	串珠	3	7	10	0	0	0	0	0
	珠	7	0	0	7	0	0	0	3
	扣	0	0	3	0	0	0	0	0
	小计	7	7	3	7	0	0	0	3
孔雀石/件（组）	珠	0	0	3	0	4	0	0	0
琥珀/件（组）		1	7	0	0	0	0	0	0
总计/件（组）		218	72	30	60	211	16	22	13

表7 大园子墓地同时期墓地和遗址出土嵌玉青铜器统计表

	八塔台墓地	八塔台2号堆第七次发掘	薛官堡墓地	石洞村墓地	大逸圃墓地	横大路墓地	平坡墓地	铜鼓山遗址
镯	29件，其中17件镶嵌绿松石	0件	6件，孔雀石	数量不明，绿松石	12件，绿松石	7件，无镶嵌	0件	0件
扣饰	出土很多，4件镶嵌绿松石	6件	0件	0件	数量不明，绿松石，玛瑙	10件，无镶嵌	0件	0件
泡饰	出土多件，无镶嵌	5件，无镶嵌；1件，镶绿松石	0件	0件	0件	0件	1，镶嵌绿松石	0件

表8 大园子墓地同时期墓地和遗址出土嵌玉其他材料制品统计表

其他材料		八塔台墓地	八塔台2号堆第七次发掘	薛官堡墓地	石洞村墓地	大逸圃墓地	横大路墓地	平坡墓地	铜鼓山遗址
	镯	0件	0件	0件	木镯1件，无镶嵌	0件	木镯15件，有镶嵌贝壳的	木镯34件，镶嵌贝壳	0件

综上所述，大园子墓地同时期墓地和遗址出土玉器情况接近，从玉材的选择看，主要使用软玉和玛瑙；从类型看主要有玉器、嵌玉青铜器和嵌玉其他材料制品；从器类看玦和珠的数量最多。大园子墓地、八塔台墓地和大逸圃墓地出土玉器的数量比较多，是滇东高原战国至汉代玉器使用的代表。从时代看，战国至汉代滇东地区的文化连续，自身文化特征鲜明，文化具有独立性，同时也融合了很多其他地区文化。

五、结　论

大园子墓地出土玉器逾460件，嵌玉青铜器约170件，嵌玉特殊材料制品1件。玉器使用的材质比较丰富，包括软玉、孔雀石和玛瑙三种类型。青铜器主要镶嵌玛瑙和孔雀石，特殊材料制品主要镶嵌孔雀石。特殊材料制品上的嵌玉现象是首次在西南夷地区发现。

大园子墓地出土软玉质玉器多有受沁现象，主要是白色沁、黄褐色沁和绿色沁三种类型，大部分受沁严重，无法判断软玉的品种。玉器受沁的主要原因是火烧和自然风化，说明大园子人有火烧软玉质玉器的习俗，这也是首次在西南夷地区发现玉器的火烧现象。

大园子墓地出土玉器上发现了玉器的染色和涂画现象，这是首次在中国出土玉器上发现，是非常重要的收获！大园子墓地出土玉器上有黑色、红色和黄色三种染色的色彩，涂画痕迹有圆形和变化多样的线条。

大园子墓地发现了玉制发声器，是首次在西南夷地区发现，为西南夷地区的音乐史提供了宝贵的资料。

大园子墓地出土使用玉材的器物与周边同时期墓葬和遗址出土的器物具有统一的特征，有滇东地区特色，个性鲜明。

大园子墓地玉器的发掘和提取也是一次全新的尝试。玉器经过火烧，结构疏松，师宗的红土酸性强，玉器风化严重。考古发掘时玉器结构疏松，硬度很低，极易被破坏，是玉器考古发掘现场提取的一次新的尝试。大园子墓地的发掘为脆弱出土玉器的考古发掘及保护做了一次很好的示范，也为未来出土玉器的现场提取和文物保护提出了新的问题和挑战。

大园子墓地出土玉器创造了多个第一,是中国出土玉器研究中重要且珍贵的资料。第一,在中国出土玉器上首次发现染色现象;第二,在中国出土玉器上首次发现涂画现象;第三,在西南夷地区首次发现玉制发声器;第四,在西南夷地区首次发现火烧玉器现象;第五,在西南夷地区首次发现镶玉特殊材料制品现象。这些发现为研究中国古代玉器染色和涂画技术、玉器手工业、玉文化、西南夷地区音乐史、西南夷地区丧葬文化等提供了重要的研究资料。

附表1 大园子墓地出土部分嵌玉青铜镯观察记录表

序号	发掘编号	基本特征			沁的特征			玉料特征			定名
		颜色	光泽	透明度	沁色	分布	程度	玉色	质地		
1	M5:3	绿色	蜡状光泽	不透明		体状	中	绿色	较致密	有典型孔雀石条纹	孔雀石
2	M6:1	绿色	蜡状光泽	不透明		体状	重	绿色	较致密	有典型孔雀石条纹	孔雀石
3	M15:2	绿色	蜡状光泽	不透明		体状	中	绿色	较致密	有典型孔雀石条纹	孔雀石
4	M17:3-1	绿色	土状光泽	不透明		体状	中	绿色	较致密	有典型孔雀石条纹	孔雀石
5	M17:3-2	绿色	土状光泽	不透明		体状	重	绿色	较致密	有典型孔雀石条纹	孔雀石
6	M17:5	绿色	蜡状光泽	不透明		体状	重	绿色	较致密	有典型孔雀石条纹	孔雀石
7	M20:1	绿色	蜡状光泽	不透明		体状	重	绿色	较致密	有典型孔雀石条纹	孔雀石
8	M22:3	绿色	土状光泽	不透明		体状	重	绿色	较致密	有典型孔雀石条纹	孔雀石
9	M25:1	绿色	土状光泽	不透明		体状	重	绿色	较致密	有典型孔雀石条纹	孔雀石
10	M27:1	绿色	蜡状光泽	不透明		体状	重	绿色	较致密	有典型孔雀石条纹	孔雀石
11	M27:2	绿色	蜡状光泽	不透明		体状	重	绿色	较致密	有典型孔雀石条纹	孔雀石
12	M28:1	绿色	土状光泽	不透明		体状	重	绿色	较致密	有典型孔雀石条纹	孔雀石
13	M29:3	绿色	土状光泽	不透明		体状	重	绿色	较致密	有典型孔雀石条纹	孔雀石
14	M30:1	绿色	蜡状光泽	不透明		体状	重	绿色	较致密	有典型孔雀石条纹	孔雀石
15	M30:4	绿色	蜡状光泽	不透明		体状	重	绿色	较致密	有典型孔雀石条纹	孔雀石
16	M31:1	绿色	蜡状光泽	不透明		体状	重	绿色	较致密	有典型孔雀石条纹	孔雀石
17	M36:7	绿色	土状光泽	不透明		体状	重	绿色	较致密	有典型孔雀石条纹	孔雀石
18	M42:2	绿色	土状光泽	不透明		体状	重	绿色	较致密	有典型孔雀石条纹	孔雀石
19	M45:2	绿色	土状光泽	不透明		体状	重	绿色	较致密	有典型孔雀石条纹	孔雀石
20	M46:1	绿色	土状光泽	不透明		体状	重	绿色	较致密	有典型孔雀石条纹	孔雀石

七　师宗大园子墓地出土玉器的科技分析

续表

序号	发掘编号	基本特征			沁的特征			玉料特征		定名
		颜色	光泽	透明度	沁色	分布	程度	玉色	质地	
21	M51:1	绿色	土状光泽	不透明		体状	重	绿色	较致密，有典型孔雀石条纹	孔雀石
22	M51:2	绿色	土状光泽	不透明		体状	重	绿色	较致密，有典型孔雀石条纹	孔雀石
23	M55:4	绿色	蜡状光泽	不透明		体状	重	绿色	较致密，有典型孔雀石条纹	孔雀石
24	M86:3-1-2	绿色	蜡状光泽	不透明		体状	重	绿色	较致密，有典型孔雀石条纹	孔雀石
25	M140:4	绿色	蜡状光泽	不透明		体状	重	绿色	较致密，有典型孔雀石条纹	孔雀石
26	M174:2	绿色	蜡状光泽	不透明		体状	重	绿色	较致密，有典型孔雀石条纹	孔雀石
27	M175:2	绿色	土状光泽	不透明		体状	重	绿色	较致密，有典型孔雀石条纹	孔雀石
28	M176:1	绿色	蜡状光泽	不透明		体状	重	绿色	较致密，有典型孔雀石条纹	孔雀石
29	M176:2	绿色	蜡状光泽	不透明		体状	重	绿色	较致密，有典型孔雀石条纹	孔雀石
30	M179:6	绿色	蜡状光泽	不透明		体状	重	绿色	较致密，有典型孔雀石条纹	孔雀石
31	M180:11	绿色	蜡状光泽	不透明		体状	重	绿色	较致密，有典型孔雀石条纹	孔雀石
32	M183:5	绿色	土状光泽	不透明		体状	重	绿色	较致密，有典型孔雀石条纹	孔雀石
33	M185:9	绿色	土状光泽	不透明		体状	重	绿色	较致密，有典型孔雀石条纹	孔雀石
34	M189:3	绿色	蜡状光泽	不透明		体状	重	绿色	较致密，有典型孔雀石条纹	孔雀石
35	M193:2	绿色	蜡状光泽	不透明		体状	重	绿色	较致密，有典型孔雀石条纹	孔雀石
36	M247:3-1	绿色	土状光泽	不透明		体状	重	绿色	较致密，有典型孔雀石条纹	孔雀石
37	M247:3-2	绿色	土状光泽	不透明		体状	重	绿色	较致密，有典型孔雀石条纹	孔雀石
38	M247:3-3	绿色	土状光泽	不透明		体状	重	绿色	较致密，有典型孔雀石条纹	孔雀石
39	M256:3	绿色	土状光泽	不透明		体状	重	绿色	较致密，有典型孔雀石条纹	孔雀石
40	M257:1	绿色	蜡状光泽	不透明		体状	重	绿色	较致密，有典型孔雀石条纹	孔雀石

续表

序号	发掘编号	基本特征			沁的特征			玉料特征		定名
		颜色	光泽	透明度	沁色	分布	程度	玉色	质地	
41	M258:1	绿色	土状光泽	不透明		体状	重	绿色	较致密，有典型孔雀石条纹	孔雀石
42	M263:1	绿色	蜡状光泽	不透明		体状	重	绿色	较致密，有典型孔雀石条纹	孔雀石
43	M266:1	绿色	土状光泽	不透明		体状	重	绿色	较致密，有典型孔雀石条纹	孔雀石
44	M275:1	绿色	土状光泽	不透明		体状	重	绿色	较致密，有典型孔雀石条纹	孔雀石
45	M278:3	绿色	土状光泽	不透明		体状	重	绿色	较致密，有典型孔雀石条纹	孔雀石
46	M278:4	绿色	蜡状光泽	不透明		体状	重	绿色	较致密，有典型孔雀石条纹	孔雀石
47	M281:1	绿色	土状光泽	不透明		体状	重	绿色	较致密，有典型孔雀石条纹	孔雀石
48	M281:10	绿色	土状光泽	不透明		体状	重	绿色	较致密，有典型孔雀石条纹	孔雀石
49	M284:1	绿色	蜡状光泽	不透明		体状	重	绿色	较致密，有典型孔雀石条纹	孔雀石
50	M286:3	绿色	蜡状光泽	不透明		体状	重	绿色	较致密，有典型孔雀石条纹	孔雀石

附表2　大园子墓地出土部分镶玉青铜扣饰观察记录表

序号	发掘编号	基本特征			沁的特征			玉料特征			定名
		颜色	光泽	透明度	沁色	分布	程度	玉色	质地		
1	M3:1	绿色	土状光泽	不透明		体状	重	绿色	较均匀，有典型孔雀石条纹		孔雀石
2	M4:1	白色	蜡状光泽	微透明			未	白色	致密		玛瑙
3	M12:2	绿色	土状光泽	不透明		体状	轻	绿色	较均匀，有典型孔雀石条纹		孔雀石
4	M13:1	绿色	土状光泽	不透明		体状	重	绿色	较均匀，有典型孔雀石条纹		孔雀石
5	M17:1	绿色	油脂光泽	不透明		体状	中	绿色	较均匀，有典型孔雀石条纹		孔雀石
6	M23:1	绿色	土状光泽	不透明			中	绿色	较均匀，有典型孔雀石条纹		孔雀石
7	M36:3	绿色	土状光泽	不透明		体状	未	绿色	致密		玛瑙
8	M41:3	绿色	土状光泽	不透明		体状	中	绿色	较均匀，有典型孔雀石条纹		孔雀石
9	M174:1	绿色	土状光泽	不透明			重	绿色	较均匀，有典型孔雀石条纹		孔雀石
10	M179:3	绿色	土状光泽	不透明		体状	未	白色	致密		玛瑙
11	M185:5	白色	蜡状光泽	微透明		体状	重	绿色	较均匀，有典型孔雀石条纹		孔雀石
12	M227:1	绿色	土状光泽	不透明		体状	中	白色	致密		孔雀石
13	M247:2	绿色	土状光泽	不透明		体状	轻	绿色	较均匀，有典型孔雀石条纹		孔雀石
14	M273:2	绿色	土状光泽	不透明		体状	重	绿色	较均匀，有典型孔雀石条纹		孔雀石
15	M324:1	白色	蜡状光泽	微透明			未	白色	致密		玛瑙
16	M378:2	绿色	土状光泽	不透明		体状	重	绿色	较均匀，有典型孔雀石条纹		孔雀石

附表3　大园子墓地出土嵌玉青铜泡饰观察记录表

序号	发掘编号	基本特征			沁的特征					玉料特征		
		颜色	光泽	透明度	沁色	分布	体状	程度	玉色	质地	定名
1	M180：14	绿色	土状光泽	不透明			中	绿色	较均匀，有典型孔雀石条纹	孔雀石

附表4　大园子墓地出土嵌玉特殊材料镯观察记录表

序号	发掘编号	基本特征			沁的特征				玉料特征		
		颜色	光泽	透明度	沁色	分布	体状	程度	玉色	质地	定名	品种
1	M168：1	绿色	土状光泽	不透明			中	绿色	较致密	孔雀石

注：特殊材料经科学检测是含桦树皮焦油的人造材料

附表5 大园子墓地出土染色玉器统计表

序号	发掘编号	器物名称	玉材	黑色染料	彩色染料
1	M15∶4	玦	软玉	√	
2	M24∶4	玦	软玉	√	
3	M30∶2	珠	玛瑙	√	
4	M40∶5-1	珠	软玉	√	
5	M40∶5-2	珠	软玉	√	
6	M43∶3-3	珠	软玉	√	
7	M53∶1-1	珠	软玉	√	
8	M58∶5-3	珠	软玉	√	
9	M73∶6-1	玦	软玉	×	褐黄色
10	M73∶6-2	玦	软玉	×	褐黄色
11	M73∶6-3	玦	软玉	×	褐黄色
12	M73∶9	珠	软玉	√	
13	M100∶2	珠	软玉	√	红色
14	M102∶1	镯	软玉	√	
15	M106∶1	玦	软玉	√	
16	M106∶2-1	玦	软玉	√	
17	M106∶2-2	玦	软玉	√	
18	M118∶1	珠	软玉	√	
19	M123∶2	珠	软玉	√	
20	M126∶1	珠	软玉	√	
21	M142∶2	珠	软玉	√	
22	M142∶3	珠	软玉	√	
23	M145∶1	玦	软玉	√	
24	M151∶1	玦	软玉	√	
25	M155∶2-1	珠	软玉	√	
26	M155∶4	玦	软玉	√	
27	M155∶5	珠	软玉	√	
28	M180∶9-1	珠	软玉	√	
29	M180∶9-2	珠	软玉	√	
30	M180∶9-4	珠	软玉	√	
31	M180∶9-5	珠	软玉	√	
32	M180∶9-6	珠	软玉	√	
33	M181∶3-1	珠	软玉	√	
34	M181∶3-2	珠	软玉	√	

续表

序号	发掘编号	器物名称	玉材	黑色染料	彩色染料
35	M181:3-3	珠	软玉	√	
36	M183:4	玦	软玉	√	
37	M184:1	玦	软玉	√	褐黄色
38	M185:1-2	珠	软玉	√	
39	M185:1-4	珠	软玉	√	
40	M185:1-5	珠	软玉	√	
41	M185:1-9	珠	软玉	√	
42	M185:1-12	珠	软玉	√	
43	M185:4	剑首	软玉	√	
44	M185:7-1	玦	软玉	√	
45	M188:2	剑首	软玉	√	
46	M190:1-1	珠	软玉	√	
47	M190:1-2	珠	软玉	√	
48	M190:3	珠	软玉	√	
49	M190:4-1	珠	软玉	√	
50	M190:4-2	珠	软玉	√	
51	M219:3-1	璜形饰	软玉	√	
52	M211:3	玦	软玉	×	褐黄色
53	M222:2	玦	软玉	√	
54	M222:3	玦	软玉	√	
55	M224:3-1	璜形饰	软玉	√	
56	M224:4-1	珠	软玉	√	
57	M224:4-3	珠	软玉	√	
58	M224:8	珠	软玉	√	
59	M228:3-1	玦	软玉	√	
60	M228:7	珠	软玉	√	
61	M228:8-1	珠	软玉	√	
62	M228:8-3	珠	软玉	√	
63	M239:3	玦	软玉	√	
64	M267:4	珠	软玉	√	
65	M278:1-1	珠	软玉	√	
66	M278:1-3	珠	软玉	√	
67	M278:1-4	珠	软玉	√	
68	M278:1-5	珠	软玉	√	

续表

序号	发掘编号	器物名称	玉材	黑色染料	彩色染料
69	M278：1-6	珠	软玉	√	
70	M307：1	镯	软玉	√	
71	M312：1	镯	软玉	√	
72	M327：4-1	珠	软玉	√	
73	M327：3	玦	软玉	√	
74	M332：2	珠	软玉	√	
75	M333：1	玦	软玉	√	
76	M337：1	珠	软玉	√	
77	M337：3-1	珠	软玉	√	
78	M337：3-2	珠	软玉	√	
79	M346：1	镯	软玉	√	褐黄色
80	M346：2-2	珠	软玉	√	
81	M346：2-3	珠	软玉	√	
82	M348：1	玦	软玉	√	
83	M361：2-1	珠	软玉	√	
84	M361：2-2	珠	软玉	√	
85	M361：2-3	珠	软玉	√	
86	M361：3-1	珠	软玉	√	
87	M361：3-3	珠	软玉	√	
88	M363：3	珠	软玉	√	
89	M364填：1	珠	软玉	√	褐黄色
90	M346：2-1	珠	软玉	√	褐黄色
91	M367填：1-2	珠	软玉	√	
92	M378：3	玦	软玉	√	
93	M399：2	玦	软玉	√	
94	M399：3-1	珠	软玉	√	
95	M399：3-2	珠	软玉	√	
96	M399：3-3	珠	软玉	√	
97	M401：1	玦	软玉	√	
98	M402：1-2	珠	软玉	√	
99	M402：1-3	珠	软玉	√	
100	M402：1-5	珠	软玉	√	
101	M402：2	珠	软玉	√	

八　师宗大园子墓地出土玉石器工艺及相关问题

叶晓红　张　蕾

（中国社会科学院考古研究所）

为推进滇东高原战国秦汉时期西南夷考古遗存的发掘与研究，2015年和2016年中国社会科学院考古研究所、云南省文物考古研究所等单位合作，对云南师宗县大园子墓地先后进行了两次发掘。发掘出土的玉石器数量较多，仅次于青铜器，主要是软玉、玛瑙和玉髓[1]等制成的镯、玦、扣、珠和剑首等；此外，玛瑙管、珠、扣和孔雀石小片常作为装饰镶嵌在青铜器上。部分器物在埋藏过程中次生变化严重，出土时呈粉末状，我们选择保存相对较好或局部残破但尚可拼合的典型器物进行观察分析，对大园子墓地出土玉石器的工艺及相关问题探讨如下。

一、玉石器的工艺

（一）有领镯

又称"T"字形镯，领部均不高，略呈"T"字形。材质均为软玉，多有破损。从出土现场看，一些有领玉镯与铜镯一起佩戴于墓主的手臂上，且玉镯位于铜镯前端，如M36。

有领镯M346:1，灰黑色夹杂褐黄色，呈斑杂构造，一侧受压或撞击破碎，一侧因次生变化严重破损，侵蚀面呈参差的颗粒状，黄土及杂质向内呈沁入状态，器表有多处充填黄土的侵蚀坑（图1）。结合器物整体的平整程度判断，最初是以锯片切割技术开料；中孔规整，为管钻技术制孔；器表可见多个方向、成组的磨痕，为砺石类工具打磨而成；中孔边缘略微凸起的领部为斜坡面，侧面观察其两侧高度不一致，且不同部位斜坡面的角度也不一致，可见玉工是手持砺石以打磨减地的方式制作领部。器表有两处断裂，沿裂痕两侧以实心钻制出小孔从而继续穿缀使用，图1中上端两小孔为对向钻，下端两小孔为单向钻。

---

[1] 玛瑙和玉髓均为以SiO_2为主要成分的隐晶质石英晶体集合体，二者区别在于玛瑙具有条带状玛瑙纹。在本书上编即田野考古报告中，未对玛瑙和玉髓加以细分，本文出于研究需要，对二者进行了区分。

八　师宗大园子墓地出土玉石器工艺及相关问题　·751·

图1　有领镯（M346∶1）

有领镯M114∶2，残缺，白色泛黄，器表呈现出土状光泽，参差的断口表现出一定程度的粒状结构（图2），该器物的开料、钻孔和打磨等制作工艺与M346∶1基本一致。

有领镯M219∶1，残缺，白色泛黄，玉料与M114∶2相近（图3）。该器物的开料、钻孔和打磨等工艺与前两件大体一致，领部略有不同，横截面呈"T"字形。

有领镯M307∶1，残破，白色泛黄，玉料与M114∶2、M219∶1相近（图4）。该器物的开料、钻孔和打磨等工艺与前三件大体一致，领部的加工与M219∶1一致，横截面呈"T"字形。相对独特的是，该器物被玉工有意用锯片切割截断成三截，再钻孔缀合使用，此做法与黄河流域自新石器晚期流行的联璜式玉璧、环、镯等雷同。小孔全为实心钻，或单向，或对向，较干净的孔口表面可见因长期穿绳使用形成的光泽。

图2　有领镯（M114∶2）　　　　　　　图3　有领镯（M219∶1）

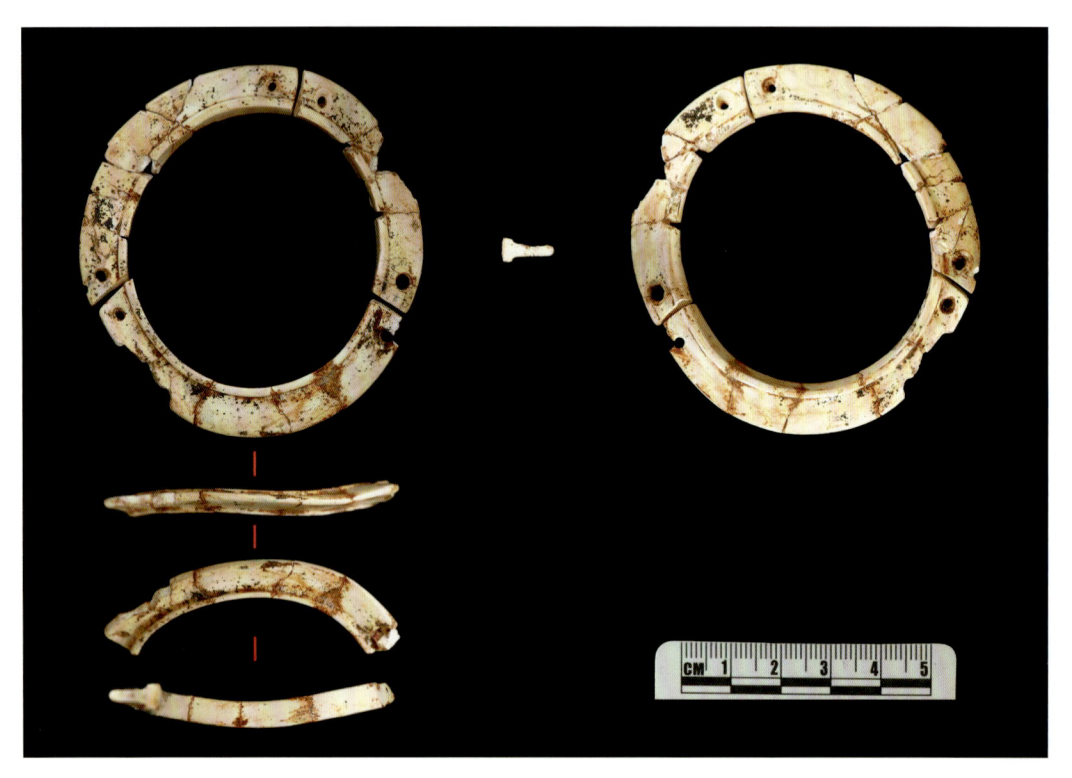

图4　有领镯（M307∶1）

（二）玉玦

均为软玉，白色泛黄，部分器物因埋藏过程中受到不同程度的次生变化，表面出现或深或浅的黄色沁斑。

根据外缘形状可分为三类，Ⅰ类外缘为扁圆形，如M333∶1、M222∶2、M222∶3和M15∶4中稍大尺寸者、M183∶4等（图5~图9）；Ⅱ类外缘近圆形，如M167∶1、M185∶7、M184∶1和M185∶6等（图10~图13）；Ⅲ类居少数，内外缘均为管钻而成的圆形，如M222∶2、M222∶3和M15∶4中尺寸较小者及M401∶1（图6、图7、图14）。部分墓葬出土成组玉玦，M222墓主双耳各佩戴一组玉玦，其中一组（M222∶2）保存完好，共4件，叠压在下面的两件扁圆形尺寸较大，上面两件圆形稍小，自大到小有序排列，给人一种朴素但颇具层次的美感（图6）。另外，M15∶4虽破损严重，依然可以辨识下面最大者和中间稍大者为扁圆形，上面的小玦为圆形（图7）。玉玦均以锯片切割技术开料制成薄片状，厚度多为1~2毫米，也有薄者不到1毫米。玉玦中孔多数不位于正中，圆心偏向玦口方向，这也是云南青铜文化所出玉玦最为常见的形制。多数玉玦的内环稍经打磨至光滑（图5~图9、图12~图14），也有内环在管钻之后未经打磨，一侧残存管钻形成的台痕（图10、图11）。玦口的加工方

八　师宗大园子墓地出土玉石器工艺及相关问题　　　　　　　　　　　　　　　·753·

图5　玉玦（M333∶1）

图6　玉玦（左M222∶3，右M222∶2）

式有两种，多数仅以锯片切割技术开玦口即可，也有切割之后沿着内、外边缘进一步打磨，使玦口两侧变得更为圆滑（图5、图12）。

玉玦两面打磨存在两种处理方式：大多为两面磨平；少数将正面磨至微凸、背面磨至微凹（图8、图9）。玉玦表面常钻有小孔，均为实心钻，或对向或单向。这些小孔的制作目的不一，部分因断裂之后在裂隙两侧钻孔以缀合使用（图5、图14）；部分

图7 玉玦（M15∶4）

图8 M222∶2中最大玉玦

小孔乃有意为之，如M185出土的几件小玦（图11、图13）。M185∶7为2件残损的玉玦，图11左为M185∶7-1，破损处恰好残留一半边小孔，旁边还有一小孔，显然并非因残断需继续连缀使用而钻的孔；图11右为M185∶7-2，与前者相同，下端残断处也有半边小孔，旁边有一完好小孔，也都不是因断裂而钻的孔。M185∶6表面除缺损部位外原有5个实心钻的小孔，其中1个小孔位于破裂处（图13）。这些刻意的钻孔，推测是为了串联其他玉玦或坠饰之用。

八　师宗大园子墓地出土玉石器工艺及相关问题　·755·

图9　玉玦（M183∶4）

图10　玉玦（M167∶1）

图11　残玉玦（M185∶7）

图12　玉玦（M184∶1）

图13 残玉玦（M185：6）

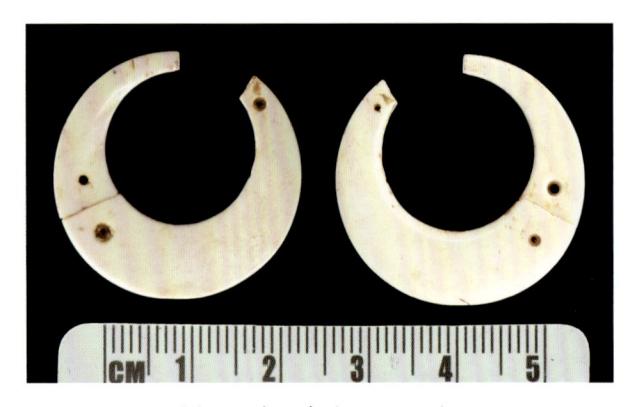

图14 残玉玦（M401：1）

（三）玛瑙扣

均为白玛瑙，多呈乳白色，透明至半透明状，表面常见条带状玛瑙纹。

玛瑙扣正视均为圆形，据纵截面形状可分为三类，Ⅰ、Ⅱ类多见，形似斗笠并略有差异：Ⅰ类纵截面接近等腰三角形，如M73：5共13颗、M363：1共12颗、M368：3-2（图15、图16、图17下）等，或三角形两腰略微下凹，如M368：3-1、M281：6、M206：6、M206：7、M180：10（图17上、图18~图20）；Ⅱ类正面中间有一个较尖锐的乳钉状突起，其纵截面类似圆形图钉，如M256：4共7颗（图21）。Ⅲ类较少见，为圆饼状，仅1件即M364：1（图22），破裂的穿孔一侧有个琢制的偏心孔，其内壁未经打磨，似有意改制成玦但未完工。

玛瑙扣均以打制技术开料和琢制毛坯，再经打磨和钻孔。扣正面经过抛光，局部残留些许琢制痕。

多数扣背面很粗糙，大量磨痕叠压在尚未磨净的打制造成的破裂面上。观察背面斜向对钻的两孔，其相交之处有横向二次钻通，推测是为了磨去二孔斜交处较为锋利的部位，以便于穿绳使用（图21下放大图）。部分玛瑙扣的孔鼻因加工或使用中破损，后又补钻一孔（图16下M363：1-2、M363：1-8；图18下），也有破损之后未补钻

八 师宗大园子墓地出土玉石器工艺及相关问题

图15 玛瑙扣（M73：5，上图为放大的背面）

图16 玛瑙扣（M363：1，上图为放大图）

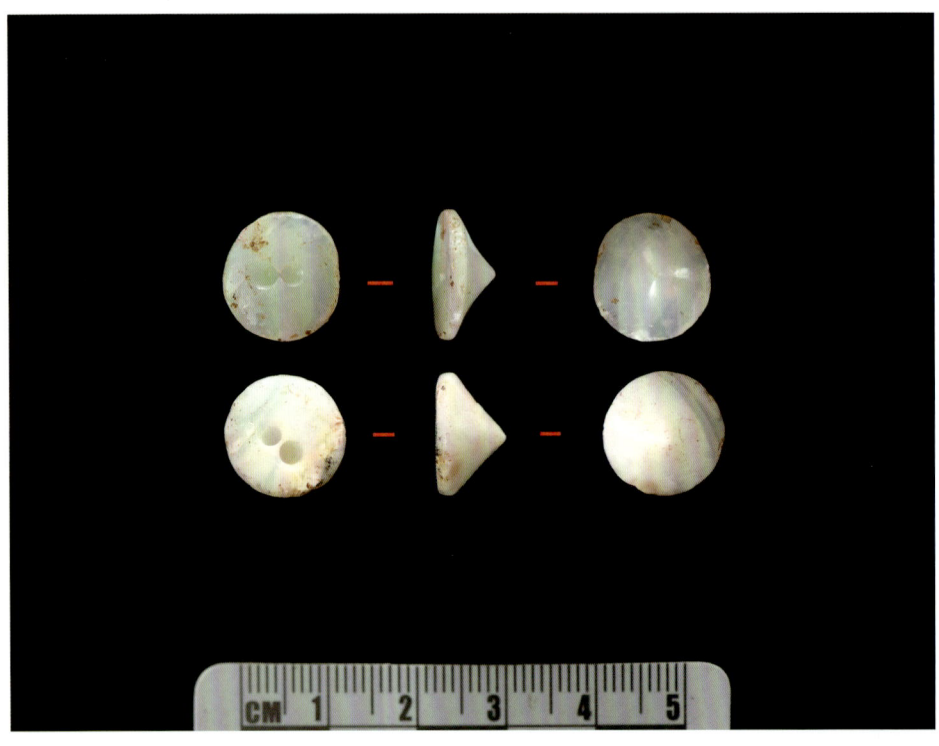

图17 玛瑙扣（M368：3-1、M368：3-2）

图18 玛瑙扣（M281：6-1、M281：6-2）

八 师宗大园子墓地出土玉石器工艺及相关问题 ·759·

图19 玛瑙扣（M206：6、M206：7）

图20 玛瑙扣（M180：10，上图为破裂面局部放大）

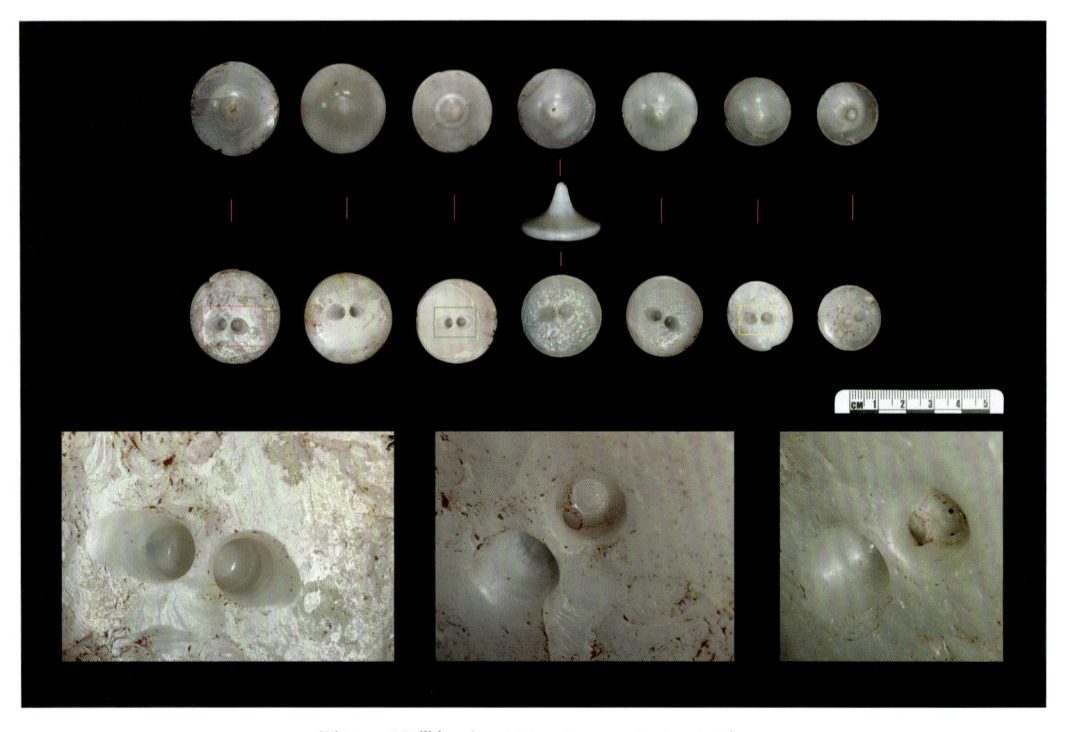

图21 玛瑙扣（M256：4-1～M256：4-7）
下左.M256：4-1背面局部放大　下中.M256：4-3背面局部放大　下右.M256：4-6背面局部放大

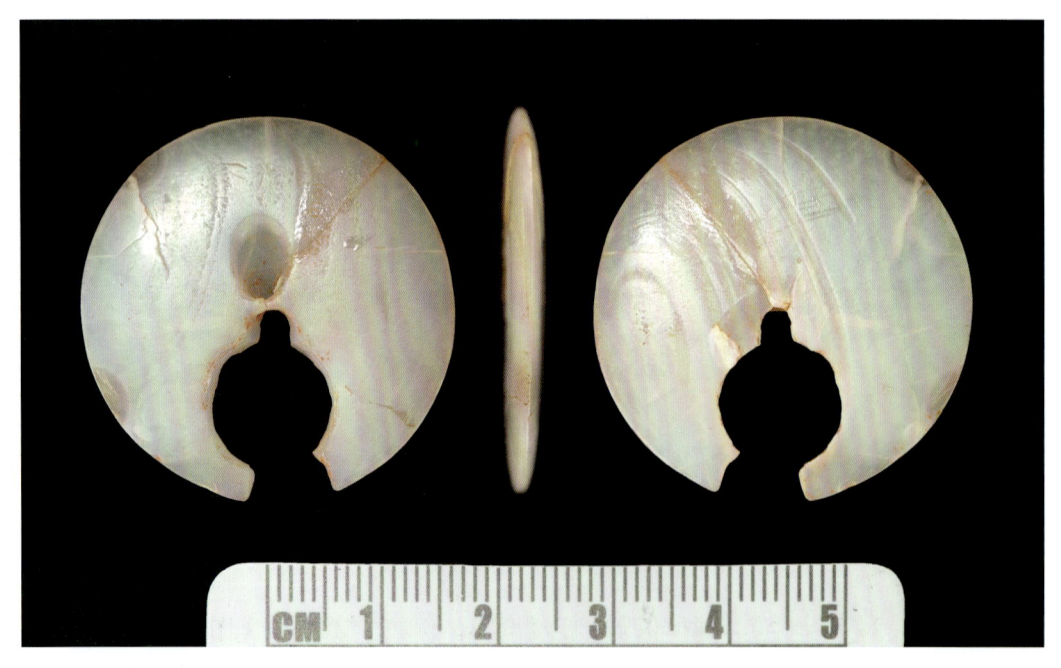

图22 玛瑙扣（M364：1）

孔的（图16下M363:1-4）。此外，由于材料脆性大，玛瑙扣在使用过程中容易因撞击、磕碰而破损，造成明显的贝壳状断口（图20）。

（四）管、珠

数量最多的饰物，材质包括软玉、玛瑙和玉髓等。

软玉制成的管、珠，以白色居多，泛黄或泛灰。部分器物因次生变化严重而玉料结构松散，破裂面呈粉末状。M180:9一组玉管中最长的1件长达10余厘米（图23上）；多数长度为1~4厘米，如M180:9（图23下）、M181:3（图24）、M395:1（图25左一）、M228:8（图26上左一，下）、M40:5（图27上左一，下）。制作玉管之初，先以锯片切割技术开料，制成四边形或多边形柱体，再在砺石上磨至圆柱状，部分玉管表面可见残留的切割痕，如M180:9中最长的玉管，虽形制规整，外表面仍可见开料痕迹（图23上）。部分玉管表面有小孔，这些小孔似有意敲击而成，孔的形状较随意，内沿未经打磨，其长轴多与玉管中轴方向一致（图23中二，下二；图27下）。从M40:5表面的小孔处可观察到，玉管中孔由实心钻对钻而成（图27右下）。一些玉管的孔口朝一侧打磨扩孔，以便穿缀使用（图23中一、二，下一、二；图24中，下；图25左一；图27下）。保存尚好的玉管表面呈油脂光泽，说明其最终经过抛光（图23上；图27上左一）。玉珠包括算珠形和薄片形，后者在其他遗址中相对少见，如M185:1中薄片形玉串珠（图28左侧串珠），少数绿色珠可能是保留了玉料原色。其中，不少玉珠尺寸相近，外径4、内径1.5毫米，应属于连续生产技术产品，即开料后制成玉管，再切成薄片。除薄片形玉珠外，玉管、珠的制作工序可概括为：锯片切割技术开料、以砺石打磨成管、珠毛坯、钻孔（包括扩孔）和抛光。

玛瑙、玉髓制成的管、珠，存在两类工艺技术：其一，打制开料、琢制成形再打磨成毛坯、钻孔和抛光；其二，锯片切割技术开料、打磨成圆柱形、算珠形等毛坯并钻孔，最终未精细打磨和抛光。第一类工艺制成的珠表面，尤其孔端面，可观察到残存的未磨净的琢制痕，但凡抛光过的表面则呈现出玻璃光泽，如M15:3的4颗算珠形珠，含2颗玉髓珠（图29左数一、二）和2颗玛瑙珠（图29左数三、四），M395:1的6颗玛瑙、玉髓珠（图25左数二至七）和M228:8的玛瑙珠（图26上中）等。玛瑙管M38:2（图30）的工艺也属于此类工艺：管两端和表面残留着未打磨干净的琢制痕；从一侧破损部位可见管内对向钻孔留下的台痕，依孔底部形态判断为实心钻技术；管表面经打磨抛光呈现出玻璃光泽。第二类工艺主要出现在黄褐色或红褐色玉髓制成的管、珠上，表面无琢制痕，通体保留着粗糙磨痕。例如，M86:1（图31）的2枚长约3厘米的玉髓管和14枚算珠形、短柱形玉髓珠；M40:5（图27上左数二至五）的3枚直径约5毫米的短柱形珠和1枚直径约1厘米的算珠形珠；M185出土的10颗直径约5毫米的玉髓珠，多为短柱形，部分珠子切割不均匀（图28右侧串珠）。

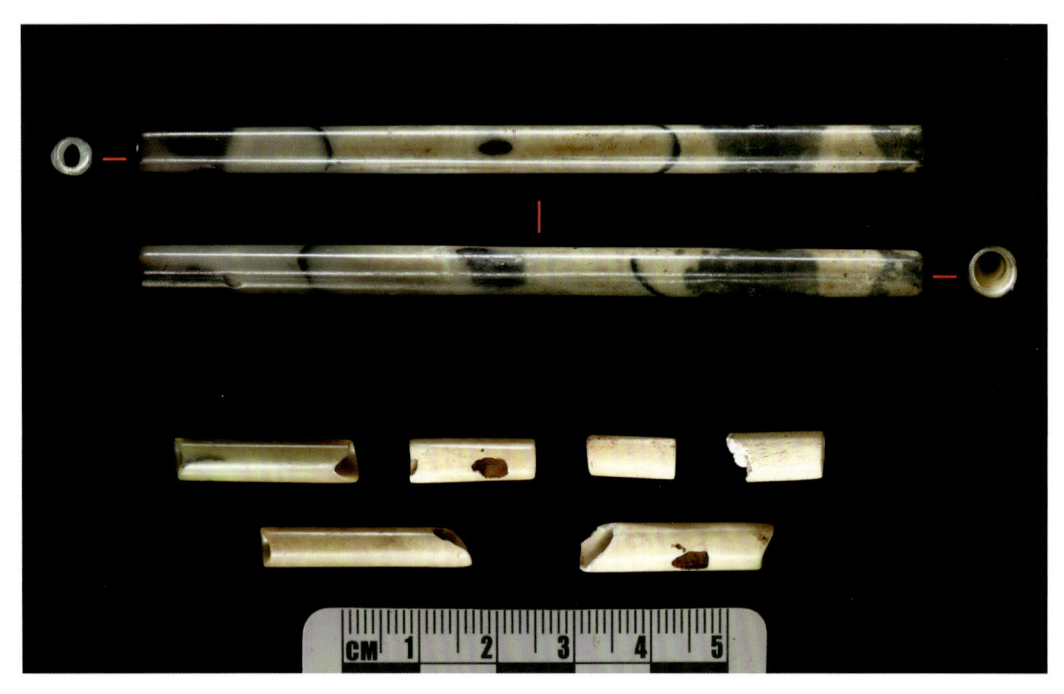

图23 玉管（M180∶9）

图24 玉管（M181∶3）

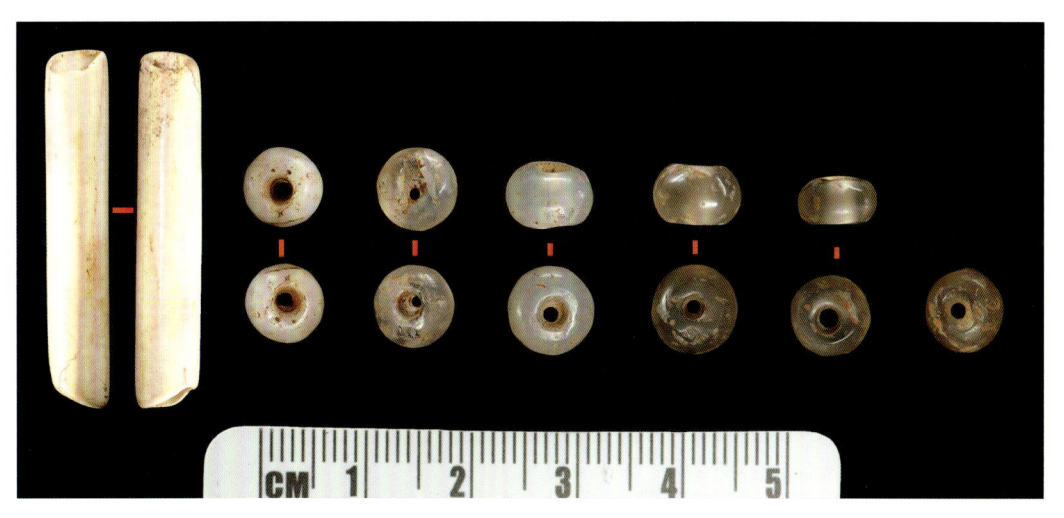

八　师宗大园子墓地出土玉石器工艺及相关问题　　　　　　　　　　　　　　·763·

图25　玉管和玛瑙、玉髓珠（M395：1）

图26　玉管、珠和玛瑙珠（M228：8）

图27 玉管、玉髓珠（M40:5）

图28 M185出土玉珠、玉髓珠

图29 玛瑙、玉髓珠（M15∶3）

图30 残玛瑙管（M38∶2）

（五）玉剑首

2件剑首均为软玉。剑首M185∶4（图32）整体为覆斗形，正面接近圆角菱形，底面磨平并用管钻技术减地去除部分玉料形成一圆槽，中间尚留有玉芯，圆槽两侧各钻一孔，均为对向实心钻，器表包括底部圆槽都经过抛光，呈现出光润的油脂光泽。底部受铜剑影响产生一定程度次生变化表现为浅绿色，绿色杂质沿玉料微裂隙沁入并局部浓集。剑首M188∶2（图33）正面接近圆角菱形，底部是以打磨减地的方式环绕一

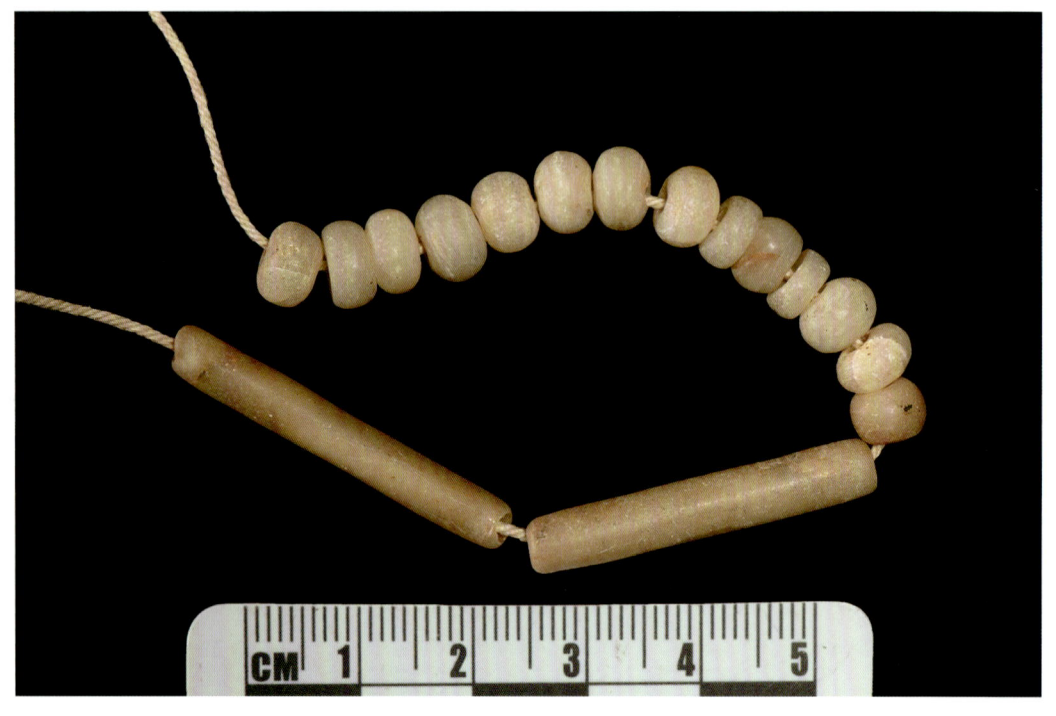

图31 玛瑙管、珠（M86：1）

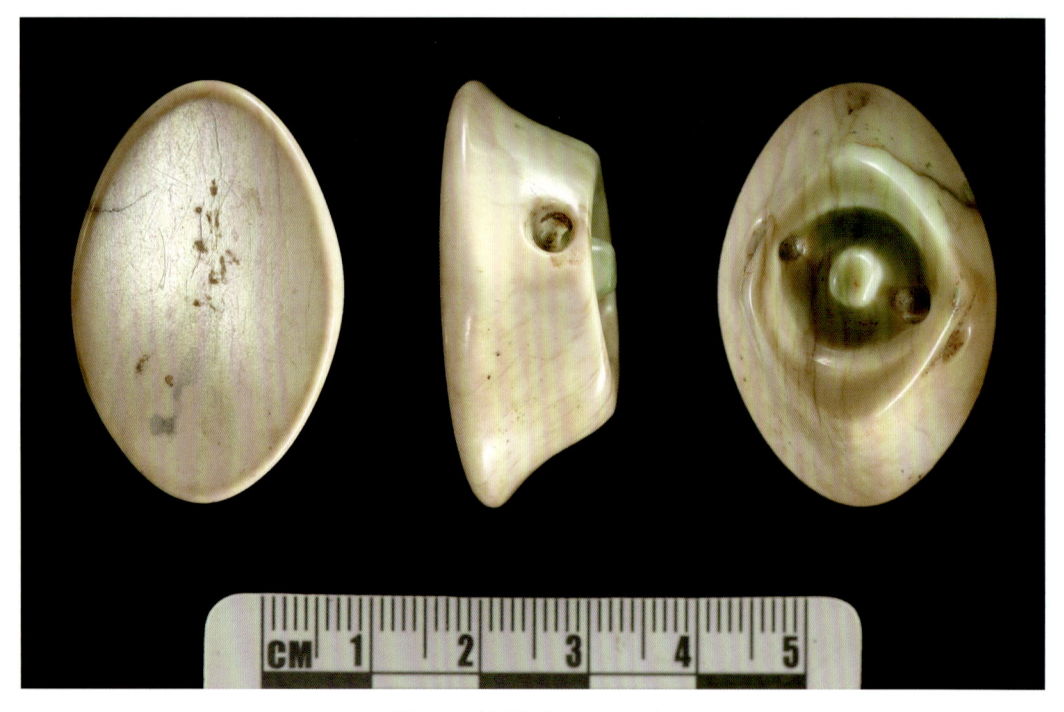

图32 玉剑首（M185：4）

图33　玉剑首（M188：2）

周磨出纽部，纽部对向钻孔，再经通体抛光。这两件玉剑首虽形制稍有不同，但玉料和工艺技术相近，大体为：锯片切割技术开料、以砺石打磨出毛坯、减地（钻孔或打磨）制作底部、实心钻小孔和抛光。

（六）磨石棒（石坠）

磨石棒M73：2为鲜艳的赭红色石英砂岩制成，赭红色石英基质中包裹有不少淡黄色玉髓之类硅质胶结物（图34）。此类器物工艺简单：锯片切割技术开料、磨制毛坯、顶部钻孔和相对细致的打磨。观察孔内发现，孔内壁钻痕的中心位置不断改变，说明玉工在实心钻过程中对钻具的控制或对棒形毛坯的固定等方面，远不如制作管、珠类器物的要求高。此外，孔内壁呈现出肉眼可辨的细粒结构，与玛瑙、玉髓等隐晶质结构差异明显，后二者钻孔之后的孔内壁会呈现出明亮的玻璃光泽，细腻光滑如同抛光面（图30左）。另外，磨石棒底部有两个磨面，磨痕杂乱，应为使用痕。

图34 磨石棒（M73∶2）

（七）玉觿①

材质为软玉，数量少，形制上容易与残断的玉玦混淆，如玉觿M228∶3-1（图35）与残玉玦M401∶1（图14）乍看极相似，但前者两端都打磨平整，后者孔一侧乃残断面。玉觿与表面平整的玉玦制作工艺相近。

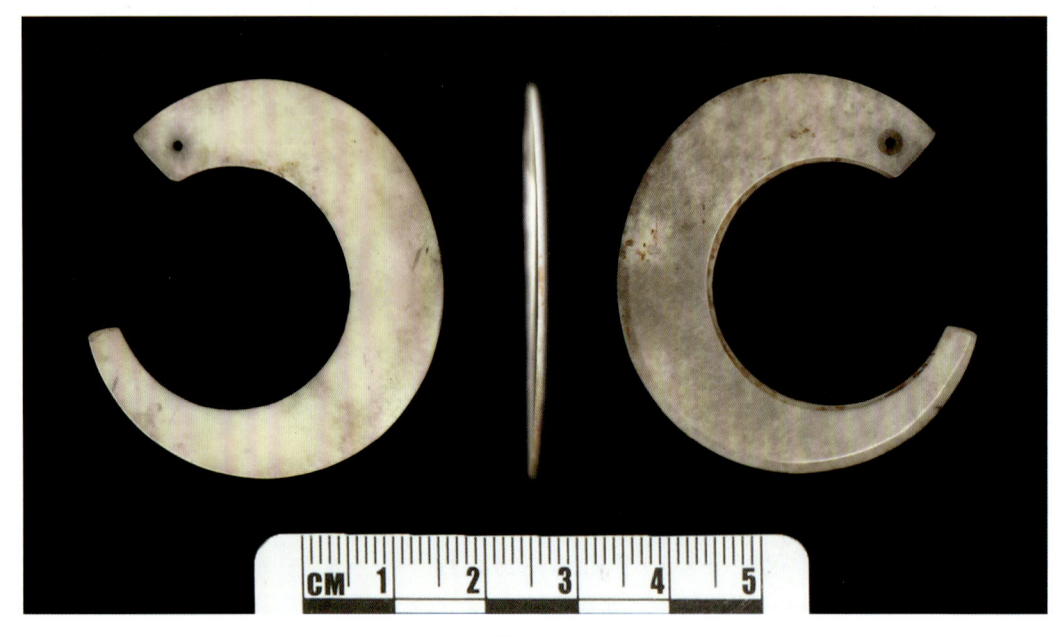

图35 玉觿（M228∶3-1）

---

① 在本书上编"田野考古报告"中，统一称为"玦"。

（八）青铜器上镶嵌的玉石饰

镶嵌宝玉石饰物的青铜器常见于云南青铜文化。上文玉剑首已脱离铜剑，故单独介绍。大园子墓地出土的青铜器中有镶嵌孔雀石片、玛瑙管珠或玛瑙扣的长方形铜扣饰、圆形铜扣饰、镶嵌孔雀石小片的各类形制的铜镯或铜泡饰等（图36~图41）。

镶嵌宝玉石的铜扣饰以圆形为主，长方形仅1件。长方形猴边铜扣饰M3：1（图36）正面可分为四个区域：正中长方形凹槽以卡镶的方式粘嵌9枚白色玛瑙管，左右各排列3枚竖管，长约1.5厘米，右侧缺失2枚，中间排列3枚横管，长约2.2厘米；往外为一长方形框状凹槽，区域内以平铺的方式紧密粘嵌孔雀石小圆片，部分小圆片缺失但残留黑褐色有机质黏结剂，完整的孔雀石小圆片大小一致，直径为2毫米；再往外是上下对称的勾连圆圈纹，每个圆圈纹中部卡镶1枚孔雀石碎片；最外部为11只小猴串联分布于左、上、右侧。圆形铜扣饰M324：1（图37）残破严重，正面中心镶嵌直径约1.3厘米的白色Ⅰ类玛瑙扣；外部主要区域原本应均匀分布着6条首尾相对的S形双首蛇纹，整个表面以平铺的方式紧密粘嵌直径约2毫米的孔雀石小圆片，边角处多以截取的局部小圆片填补。圆形铜扣饰M36：3（图38）残破严重，正面中心的玛瑙扣已缺失，同心环状分区内以平铺的方式紧密粘嵌直径约2毫米的孔雀石小圆片。

图36　镶嵌玛瑙管珠和孔雀石片的长方形猴边铜扣饰（M3：1）

图37 镶嵌玛瑙扣和孔雀石片的圆形铜扣饰（M324∶1）

图38 镶嵌孔雀石片的圆形铜扣饰（M36∶3）

铜镯多为数件单体镯组合而成，也被称为"串式镯"[①]。其单体大致可分为五类：Ⅰ类铜镯宽约1厘米，外表面有一凹槽，以平铺的方式紧密粘嵌随形的孔雀石小碎片；Ⅱ类铜镯宽约1厘米，外表面沿中部分成两区，各区以平铺的方式粘嵌随形的孔雀石碎片；Ⅲ铜镯宽约1厘米，外表面有一凹槽，以平铺的方式粘嵌中间有小孔的孔雀石小圆片；Ⅳ类铜镯为细的素圈镯，此类数量最多；Ⅴ类为宽约1厘米的素圈镯。铜镯M180∶11（图39）由9个Ⅰ类铜镯、5个Ⅳ类铜镯和1个Ⅴ类铜镯依序排列而成，最端部的Ⅰ类铜镯已残断。粘嵌在铜镯表面的孔雀石片大小不一，稍大的碎片约镶嵌2排，稍小的碎片则为3或4排。铜镯M284∶1（图40）由数个Ⅳ类铜镯和3个Ⅱ类铜镯组成，后者断裂的截面可见2个并排的用来镶嵌孔雀石的凹槽。铜镯M278∶4（图41）由1个Ⅰ类铜镯、2个Ⅱ类铜镯、1个Ⅲ类铜镯和数个Ⅳ类铜镯依序排列而成。由表面孔雀石片脱落程度来看，M278∶4中的Ⅲ类铜镯表面圆形嵌片大量脱落，脱落部位的中心保留着原先压入圆片中孔的黏结剂；而Ⅰ类、Ⅱ铜镯表面粘嵌的随形的孔雀石碎片相对保存较好。

图39　镶嵌孔雀石片的铜镯（M180∶11）

[①] 白云翔、杨勇：《班诺洼与考山考——泰国两处史前遗址的考察及相关问题讨论》，《中国国家博物馆馆刊》2020年第4期；杨勇：《论古代中国西南与东南亚的联系——以考古发现的青铜器为中心》，《考古学报》2020年第3期。

图40 镶嵌孔雀石片的铜镯（M284∶1）

图41 镶嵌孔雀石片的铜镯（M278∶4）

关于孔雀石小圆片的制作工艺，我们曾就云南薛官堡遗址出土的镶嵌孔雀石片铜扣饰做过讨论[①]，此类小圆片属于连续生产技术产品，即先以锯片切割技术开料，管钻制出圆柱形毛坯，中心实心钻小孔，制成管状毛坯后连续切割成薄片。孔雀石小圆片与薄片形玉珠M185（图28左）工艺相近。随形的孔雀石碎片则以边角料切割制成，镶嵌时选择合适尺寸或即时修整。

（九）与特殊材料制品有关的玉石饰

大园子墓地出土了镶嵌孔雀石饰的特殊材料镯以及与特殊材料珠搭配成串饰的玛瑙、玉髓珠等，如M63：3为3颗直径3毫米余的红褐色和黄褐色短柱状玉髓珠与数十颗直径约5毫米的圆鼓形特殊材料珠组成（图42，①、②、③为玉髓珠）。这些特殊材料制品的成分经检测主要为桦树皮焦油[②]，硬度远低于玛瑙，此类珠子的制作难度应该较低。

图42　特殊材料珠与玉髓珠（M63：3）

---

① 中国社会科学院考古研究所、云南省文物考古研究所、曲靖市文物管理所、陆良县文物管理所：《陆良薛官堡墓地》，文物出版社，2017年，第246~260页。

② 详见本书下编第三篇《师宗大园子墓地出土桦树皮焦油制品分析》。

二、相关问题的讨论

（一）器类和形制

大园子墓地出土的宝玉石器和镶嵌宝玉石配饰的青铜器等在"西南夷"聚集的云贵高原青铜文化中很常见，各类器物的材质、形制、工艺和使用功能等也都大同小异。云南境内目前发现最早的有领环（镯）出自玉溪市通海县兴义二期，同出的还有生产石环产生的钻芯，该遗存上部为滇文化遗存，房址中出土了有领环（镯）、钻芯和打磨工具等[1]。曲靖八塔台墓地除了有领镯，也出土了制作玉镯产生的玉芯[2]。扁平片状的偏心玉玦在贵州普安县铜鼓山[3]等遗址有出土，在滇东、滇池地区更是常见，如晋宁石寨山西汉早期贵族墓M13墓主头两侧各出一组14件玉玦，亦是大小有序排列[4]。相对镯、玦类，玉剑首较少，江川李家山[5]、晋宁石寨山[6]等遗址有见，形制、工艺接近大园子墓地的M185∶4。滇东所出玛瑙扣多为Ⅱ类，如曲靖八塔台[7]、泸西大逸圃和石洞村[8]；滇池地区出土的玛瑙扣最多，除了白色，还有各色缠丝玛瑙，形制更加规范，Ⅱ类玛瑙扣直径一般大于2厘米，Ⅰ类直径大多在1厘米余，如李家山[9]、石寨山、呈贡天子庙[10]等。此外，陆良薛官堡出土的红玛瑙扣[11]和石寨山出土的软玉扣[12]

---

[1] 朱忠华、杨杰：《云南通海兴义贝丘遗址》，《2016中国重要考古发现》，文物出版社，2017年。

[2] 云南省文物考古研究所：《曲靖八塔台与横大路》，科学出版社，2003年，第117页；彩版一〇，1、2。

[3] 古方主编：《中国出土玉器全集·12》，科学出版社，2005年，第214~216页。

[4] 肖明华：《滇池畔的青铜文明——滇王及其贵族墓》，天津古籍出版社，2008年，第108~111页。

[5] 古方主编：《中国出土玉器全集·12》，科学出版社，2005年，第45~47页。

[6] 云南省博物馆：《云南晋宁石寨山古墓群发掘报告》，文物出版社，1959年，第124页；古方主编：《中国出土玉器全集·12》，科学出版社，2005年，第68、69页。

[7] 云南省文物考古研究所：《曲靖八塔台与横大路》，科学出版社，2003年，第117页；彩版一〇，1、2。

[8] 云南省文物考古研究所、中共泸西县委、泸西县人民政府、红河州文物管理所：《泸西石洞村　大逸圃墓地》，云南科技出版社，2009年，彩版一一、一四。

[9] 古方主编：《中国出土玉器全集·12》，科学出版社，2005年，第56、57页。

[10] 古方主编：《中国出土玉器全集·12》，科学出版社，2005年，第31页。

[11] 中国社会科学院考古研究所、云南省文物考古研究所、曲靖市文物管理所、陆良县文物管理所：《陆良薛官堡墓地》，文物出版社，2017年，彩版六七。

[12] 古方主编：《中国出土玉器全集·12》，科学出版社，2005年，第74页。

形制接近Ⅲ类。软玉、玛瑙和玉髓制成的管、珠等在云贵高原各地极为普遍，玉觿相对较少，此处不再赘述。磨石棒是云南青铜文化常见石器之一，大多非软玉。此前我们对薛官堡墓地出土的黑色细粒砂岩制成的磨石棒做过微痕观察，其端部也存在使用痕[①]。石洞村、大逸圃[②]、石寨山[③]、华宁小直坡的滇文化墓[④]等遗址均出土了大量此类器物，多为细砂岩、火山岩等石料制成。尤其石寨山墓葬中的磨石棒多出自随葬的青铜器近旁，部分器表有明显使用痕，故发掘者断定其除装饰作用外，还可用来打磨兵器刃部的污垢[⑤]。圆形、长方形或不规则形状的青铜扣饰是"西南夷"常见的铜饰品。石寨山、李家山出土青铜器上大量图像显示人物腰部束带上有圆形扣饰，这种装饰品也叫穿胸，即汉晋以来古文献中记载云南古代少数民族为"穿胸蛮"的说法[⑥]。形制、纹饰类似M36：3（图38）的圆形铜扣饰在云南更常见；但像M324：1（图37）以S形蛇纹首尾相对并对称排列的圆形铜扣饰不多见，玉溪市华宁县小直坡遗址滇文化墓葬出土过1件[⑦]。战国秦汉时期云贵高原"西南夷"将有领玉镯与串式青铜镯组合佩戴的方式在大园子墓地得到印证，有学者认为这种佩戴方式受到了泰国东北部尤其呵叻高原一带的影响[⑧]。

（二）技术存在差异性

一方面，可能因为产品是多源的。

玛瑙、玉髓的摩氏硬度为6.5～7，通常不低于以石英为主要成分的解玉砂的平均硬度，如果以锯片切割技术开料，其难度更甚于软玉，施工效率相对较低。况且，石英材料脆性大，加工过程中易崩裂。因此，正如大园子墓地出土的大多数玛瑙、玉髓制品，玉工选择了更原始的石器打制技术。玉溪通海县兴义遗址的海东类遗存，约距

[①] 中国社会科学院考古研究所、云南省文物考古研究所、曲靖市文物管理所、陆良县文物管理所：《陆良薛官堡墓地》，文物出版社，2017年，第257、258页。

[②] 云南省文物考古研究所、中共泸西县委、泸西县人民政府、红河州文物管理所：《泸西石洞村 大逸圃墓地》，云南科技出版社，2009年，第15、68、69页。

[③] 云南省博物馆：《云南晋宁石寨山古墓群发掘报告》，文物出版社，1959年，第118～120页。

[④] 云南省文物考古研究所、玉溪市文物管理所、华宁县文物管理所所：《华宁小直坡墓地》，云南人民出版社，2013年，第149、150、155页。

[⑤] 张增祺：《晋宁石寨山》，云南美术出版社，1998年，第100、216页。

[⑥] 张增祺：《晋宁石寨山》，云南美术出版社，1998年，第252页。

[⑦] 云南省文物考古研究所、玉溪市文物管理所、华宁县文物管理所所：《华宁小直坡墓地》，云南人民出版社，2013年，第153、154页。

[⑧] 白云翔、杨勇：《班诺洼与考山考——泰国两处史前遗址的考察及相关问题讨论》，《中国国家博物馆馆刊》2020年第4期；杨勇：《论古代中国西南与东南亚的联系——以考古发现的青铜器为中心》，《考古学报》2020年第3期。

今4100～3900年，出土了较多玛瑙原料，部分材料上有砸击痕迹，说明该地先民已开始采集并以打制技术加工石英材料[①]。而那些未经抛光的玉髓管、珠，粗糙的器表看起来更像是一种未加工完毕的"半成品"。现代玉器市场也存在未抛光玉器的销售行为，价格比抛光玉器低。在大园子墓地，这些玉髓"半成品"或与软玉器物同出，或与其他特殊材料制作的珠子同出，但未见与抛光明亮的玛瑙、玉髓管、珠同出。晋宁石寨山古墓群也出土过13件红色玉髓矩形珠挡，用于约束串饰之物，未经抛光，而软玉珠挡和其他大量宝玉石器则经过精细抛光[②]。由此看来，战国秦汉时期，"西南夷"所使用的宝玉石器应该来自多个有不同技术传统的生产者或地区，产品流通和消费方式也存在多种可能性。

另一方面，器物功能和需求也会对技术产生影响。

大园子墓地所出宝玉石器的钻孔水平普遍较高，反映出器物在加工过程中的固定装置合理科学。然而，磨石棒M73：2孔内不断改变方向的粗糙钻痕（图34），说明还存在其他情况。例如，当消费者并不在乎此类器物随时露出不规整之处时，生产者在加工环节也会相应简省。同理，那些抛光明亮的玛瑙扣背面和玛瑙、玉髓管、珠的端面处理也一样简约得多。

（三）材料的特殊性

大园子墓地所出玉器以细粒结构、"软玉化"[③]程度不高的软玉料为主，在埋藏中易发生次生变化，出现破损、变形甚至碎成粉状，该现象在云贵高原青铜文化中较为普遍，可能与地质成因相似的原料或埋藏环境有关。有领镯M307：1，从侧面观察其整体呈扭曲状（图4），根据器表磨痕特征，判断该现象不属于砂绳切割技术开料导致的工艺缺陷，而是原本制作规整的器物经火燎、毁器等祭祀行为之后，破损部位在埋藏中受到了更为严重的侵蚀，局部浓集黄褐色沁斑且发生了形变。玉料"软玉化"程度不高，或为先天条件，是器物破损处发生高程度次生变化的重要原因，也是下一步探寻玉料产地需关注的因素之一。另外，有领镯M114：2、M219：1与M307：1玉料非常相近，独后者发生明显形变，是否并非所有墓葬都会有同等祭祀行为，尚需进一步

---

① 朱忠华、杨杰：《云南通海兴义贝丘遗址》，《2016中国重要考古发现》，文物出版社，2017年。

② 古方主编：《中国出土玉器全集·12》，科学出版社，2005年，第107页。

③ 闻广先生基于对各地古代玉器的大量研究，提出"软玉化"概念，诸如斑杂构造的软玉，其内部晶体虽保留着接触变质作用生成的晶体外形，但实际上该"晶体"与基质一样均已纤维化、交织纤维化等。软玉化程度高意味着软玉的结构更致密、堆积密度更大，在埋藏中遭受次生变化的程度相应会更低（闻广：《中国古玉的研究》，《建材地质》1990年第2期；闻广、荆志淳：《中国古玉地质考古学研究》，《中国地质科学院地质研究所文集》，地质出版社，1997年，第274～288页）。

讨论。我们在其他遗址出土玉器中也不止一次观察到类似情况，如辽宁半拉山红山文化墓地，有些蛇纹石、大理石制成的玉环、镯等也存在形变现象[①]。

孔雀石是含铜碳酸盐，一般富集在铜矿物的氧化带中，主要分布在矿体浅部，颜色鲜艳美观，但较差的力学性质和并不太稳定的化学性质限制了此类矿物作为宝玉石器的应用。自新石器时期以来，各地更多见的是颜色相近但自然属性优越的绿松石，被制成圆雕器物或作为嵌片镶嵌在陶器、玉石器、铜器和骨器表面。绿松石在大园子墓地虽未出现，但在云贵高原也属常见。然而，孔雀石在云贵高原青铜时代出乎意料地得到了广泛应用，被制成小圆片或不规则碎片，大量镶嵌在铜器、木器上，甚至被制成细小的管珠[②]。这是云贵高原"西南夷"在宝玉石材料应用上表现出来的独具一格的地方特色，可能与孔雀石在云贵高原的产出及铜矿的开采有直接关系。

三、小　　结

对大园子墓地出土宝玉石器的工艺考察发现，其整体工序较简单，大体包括开料、毛坯制作、钻孔、打磨和抛光等。这批出土材料的特点是，器物种类与材质选择具一定对应关系，材质和功能差异对技术应用会产生一定影响，总结如下。

第一，软玉用于制作有领镯、玦、剑首、管、珠等；玛瑙用于制作扣、管、珠等；玉髓主要用于制作管、珠。

第二，软玉开料以锯片切割技术为主，并以砺石类工具进行打磨制成毛坯。镯、玦类的中孔以管钻为主；管、珠类的中孔基本采用实心钻技术。无论管钻还是实心钻，从各类孔的规整程度及孔内壁的光滑程度都能断定，钻孔时器物毛坯的固定方式极为可靠。各类玉器的打磨工艺基本一致，最终经过抛光。

第三，硬度高、脆性大的石英材料的加工出现了两种技术传统的工艺。其一，采取相对原始的打制技术进行开料和毛坯制作，大致成形之后再以砺石类工具进行打磨，打磨存在明显的分级现象，包括粗磨、细磨和抛光。其二，一些玉髓管、珠，先以锯片切割技术开料，再以砺石磨制毛坯和钻孔，但表面完全未经抛光，故光泽暗淡。

第四，对于某些无须精雕细琢的部位，工艺相对简省。

---

① 近年笔者有幸参与辽宁省考古研究所半拉山墓地出土玉器的合作研究，已对大多数玉器开展了观察、检测和分析工作，发现部分玉器次生变化严重且产生形变，具体成果待辽宁省考古研究所组织联合发表。

② 中国社会科学院考古研究所、云南省文物考古研究所、曲靖市文物管理所、陆良县文物管理所：《陆良薛官堡墓地》，文物出版社，2017年，第246～260页；张增祺：《晋宁石寨山》，云南美术出版社，1998年，第103页。

第五，镶嵌在铜饰品上的孔雀石小圆片数量多且尺寸统一，这些连续生产技术产品已达到一定的规范化程度。

大园子墓地出土的宝玉石器所表现出来的材料选择与加工工艺与滇东、滇池地区青铜时代出土材料有很多相似之处。但是，大园子墓地又具备自身特点：材料相对单一，未见绿松石、琥珀、蚀花玉髓、玻璃等宝石材料的应用；少见颜色丰富的缠丝玛瑙，玛瑙扣无一例外全为白色且形制不统一；相当比例的肉红玉髓制成的管、珠虽采用了较先进的锯片切割技术开料，但最终却未抛光以突显材料的光泽之美；有领镯的形制单一，未见"T"字形高领和带廓等类型；未见与制作宝玉石器相关的原料、边角料或工具。整体看来，大园子墓地出土的宝玉石器来源复杂，且不以自主生产为主，但当地存在玉玦、玛瑙扣等器物破损后改制、修补再利用的情况。

附记：本文为中国社会科学院考古研究所实验室综合资助项目"科技考古实验室（编号：2024SYZH002）"的阶段性成果，并获中国社会科学院学科建设"登峰战略"资助计划资助，编号DF2023YS13。

九 师宗大园子墓地出土镶玉铜器上黏结剂样品的分析

高惠婷 韩 宾 杨益民

（中国科学院大学人文学院考古学与人类学系）

大园子墓地遗址位于云南省师宗县的西北部，发掘墓葬402座，其中出土随葬遗物以青铜器、玉器及石器为主，遗址墓葬年代以战国秦汉时期为主，遗址性质经发掘者初步判断为与"西南夷"相关的青铜文化遗存。出土遗物中，铜扣饰及铜镯等出土饰品表面多镶嵌有孔雀石片，孔雀石片与铜质部分之间多见黑色及部分白色黏结物。为研究此黏结剂的成分和种类，刮取少量残留物开展科技分析。

一、样品描述

本次分析取样6件，其中扣饰样品4件，分别为M4∶1（DYZ2）、M324∶1（DYZ5）、M378∶2（DYZ3）和M201∶1（DYZ1）；镯类样品2件，分别为M27∶1-2（DYZ6）和M310∶1（DYZ4）（图1）。其中DYZ1、DYZ2、DYZ3和DYZ4样品为黑色，DYZ5样品疑似黑色但表面包裹红褐色物质，DYZ6分为两层，上层黑色，下层白色。

二、实验方法

（一）红外光谱分析（FTIR）

将微量残留物样品进行衰减全反射-傅里叶变换红外光谱分析（ATR-FTIR）。测试设备为赛默飞世尔科技公司Nicolet 6700傅里叶变换红外光谱仪。样品和背景的扫描次数为32次，波数范围4000～525cm^{-1}。

（二）热裂解气相色谱质谱分析（Py-GC/MS）

样品（DYZ1、DYZ2、DYZ3、DYZ4、DYZ5）：在约1mg样品中加入大约2μL浓度为25%（w/w）的TMAH溶液，待其中水分蒸发后用于Py-GC/MS检测。样品

（DYZ6）则不加入TMAH溶液，直接将约1mg样品用于Py-GC/MS检测。

该方法使用的热裂解器型号为FrontierLab PY-3030D，气质联用仪为岛津GCMS-QP2020NX，色谱柱型号为Ultra Alloy-5。进样口温度为300℃，载气为高纯氦气，分流进样，压力49.7kPa，总流量24mL/min，色谱柱流量1mL/min，线速36.1cm/s，吹扫流量3mL/min，分流比20。质谱离子源温度为200℃，接口温度为250℃。色谱柱温度为40℃，长度为30m，内径0.25mm，膜厚0.25μm，色谱柱最高温度为360℃。升温程序：40℃保持3min，再以10℃/min升温至325℃，保持10min。

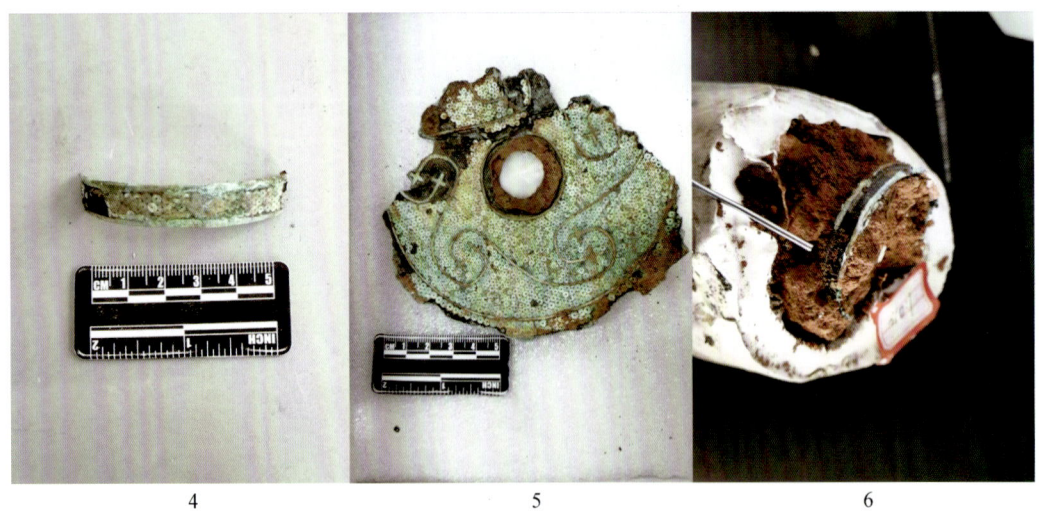

图1 样品照片

1. 铜扣饰（M201∶1） 2. 铜扣饰（M4∶1） 3. 铜扣饰（M378∶2） 4. 铜镯（M27∶1-2）
5. 铜扣饰（M324∶1） 6. 铜镯（M310∶1）

三、结果与分析

（一）红外光谱结果及分析

图2为黏结剂残留物样品DYZ1～DYZ5的红外光谱图，样品大多在3300cm^{-1}、2925cm^{-1}、2850cm^{-1}、1580cm^{-1}、1416cm^{-1}和1025cm^{-1}附近处有红外吸收。其中3300cm^{-1}附近为O—H键伸缩振动峰[1]；2925cm^{-1}、2850cm^{-1}附近为C—H键伸缩振动峰[2]；1580cm^{-1}附近为芳环骨架振动峰，样品中有多环芳烃的存在[3]；1416cm^{-1}附近为C—H键弯曲振动峰[4]；1025cm^{-1}附近为C—O伸缩振动峰[5]。

图3为黏结剂残留物样品DYZ6的红外光谱图，样品在3365cm^{-1}、2916cm^{-1}、2849cm^{-1}、1735cm^{-1}、1584cm^{-1}、1462cm^{-1}、1376cm^{-1}、1249cm^{-1}、1166cm^{-1}和1033cm^{-1}附近有红外吸收。其中3365cm^{-1}为O—H键伸缩振动峰[6]；2916cm^{-1}、2849cm^{-1}

---

[1] Lyu N, Li Y, Yang S, Yue J, Tian F, Rao H, Han B, Yang Y. Microdestructive Analysis with Py-GC/MS for the Identification of Birch Tar: A Case Study from the Huayang Site in Late Neolithic China. *European Physical Journal Plus*. 2023, 138(7): 580.

[2] Lyu N, Li Y, Yang S, Yue J, Tian F, Rao H, Han B, Yang Y. Microdestructive Analysis with Py-GC/MS for the Identification of Birch Tar: A Case Study from the Huayang Site in Late Neolithic China. *European Physical Journal Plus*. 2023, 138(7): 580.

[3] Williams D H, Fleming I. *Spectroscopic Methods in Organic Chemistry*, McGraw-Hill, London, 1966. 转引自Oudemans T F M, et al. Ftir and Solid-State 13c Cp/Mas Nmr Spectroscopy of Charred and Non-Charred Solid Organic Residues Preserved in Roman Iron Age Vessels from the Netherlands. *Archaeometry*. 2007, 49(3): 571-594.

[4] Oudemans T F M, et al. Ftir and Solid-State 13c Cp/Mas Nmr Spectroscopy of Charred and Non-Charred Solid Organic Residues Preserved in Roman Iron Age Vessels from the Netherlands. *Archaeometry*. 2007, 49(3): 571-594.

[5] Oudemans T F M, et al. Ftir and Solid-State 13c Cp/Mas Nmr Spectroscopy of Charred and Non-Charred Solid Organic Residues Preserved in Roman Iron Age Vessels from the Netherlands. *Archaeometry*. 2007, 49(3): 571-594.

[6] Lyu N, Li Y, Yang S, Yue J, Tian F, Rao H, Han B, Yang Y. Microdestructive Analysis with Py-GC/MS for the Identification of Birch Tar: A Case Study from the Huayang Site in Late Neolithic China. *European Physical Journal Plus*. 2023, 138(7): 580.

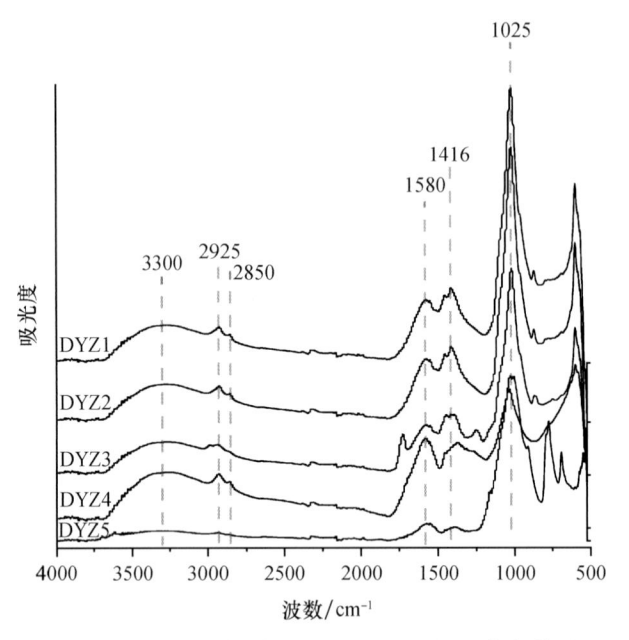

图2　黏结剂残留物样品DYZ1～DYZ5的红外光谱图

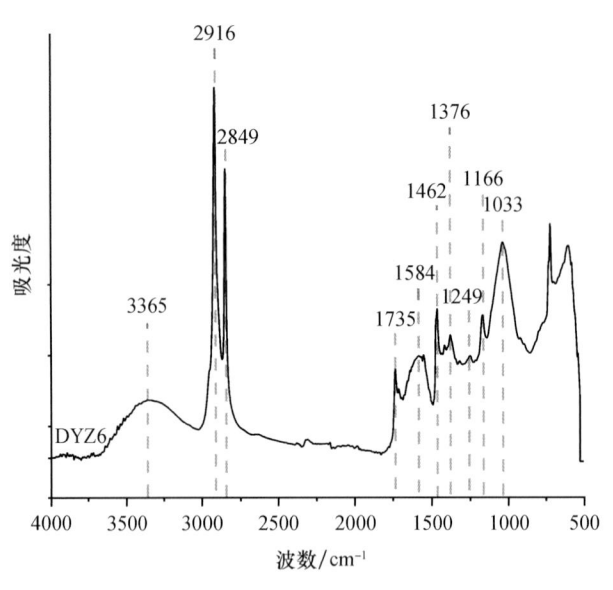

图3　黏结剂残留物样品DYZ6的红外光谱图

为C—H键伸缩振动峰[1]；1735cm^{-1}为C=O伸缩振动峰[2]；1584cm^{-1}附近的峰为芳环骨架振动峰，样品中有多环芳烃的存在[3]；1462、1376cm^{-1}为甲基、亚甲基C—H键的弯曲振动峰[4]；1249cm^{-1}附近为苯基C—O键的伸缩振动峰[5]；1166cm^{-1}、1033cm^{-1}附近为C—O键伸缩振动峰[6]。

（二）热裂解气相色谱质谱分析结果

图4为黏结剂残留物样品DYZ1～DYZ5的GC-MS总离子流图，表1为分析结果的整合，样品中含有大量脂肪酸，此外还检测到了壬二酸二甲酯（峰No.6）、辛酸甲酯（峰No.3）、油酸甲酯（峰No.11）和十八烷酸甲酯（峰No.12），此皆为干性油主要成分[7]，因此推测样品DYZ1～DYZ5主要为某种干性油。核桃油的P/S（十六酸甲酯/十八酸甲酯的峰面积之比）值为1.8～2，生桐油的P/S值为1.3～1.6，亚麻籽油的P/S值为1.2～1.5[8]。计算样品DYZ1的P/S值约为2.16，与核桃油P/S值较为接近，因此黏结剂

---

[1] Lyu N, Li Y, Yang S, Yue J, Tian F, Rao H, Han B, Yang Y. Microdestructive Analysis with Py-GC/MS for the Identification of Birch Tar: A case Study from the Huayang Site in Late Neolithic China. *European Physical Journal Plus*. 2023, 138(7): 580.

[2] Lyu N, Li Y, Yang S, Yue J, Tian F, Rao H, Han B, Yang Y. Microdestructive Analysis with Py-GC/MS for the Identification of Birch Tar: A case Study from the Huayang Site in Late Neolithic China. *European Physical Journal Plus*. 2023, 138(7): 580.

[3] Williams D H, Fleming I. *Spectroscopic Methods in Organic Chemistry*, McGraw-Hill, London, 1966. 转引自Oudemans T F M, et al. Ftir and Solid-State 13c Cp/Mas Nmr Spectroscopy of Charred and Non-Charred Solid Organic Residues Preserved in Roman Iron Age Vessels from the Netherlands. *Archaeometry*. 2007, 49 (3): 571-594.

[4] Lyu N, Li Y, Yang S, Yue J, Tian F, Rao H, Han B, Yang Y. Microdestructive Analysis with Py-GC/MS for the Identification of Birch Tar: A case Study from the Huayang Site in Late Neolithic China. *European Physical Journal Plus*. 2023, 138(7): 580.

[5] Yingchun Fu, Zifan Chen, Songluan Zhou, Shuya Wei. Comparative Study of the Materials and Lacquering Techniques of the Lacquer Objects from Warring States Period China. *Journal of archaeological science*. 2020, 114: 105060.

[6] Oudemans T F M, et al. Ftir and Solid-State 13c Cp/Mas Nmr Spectroscopy of Charred and Non-Charred Solid Organic Residues Preserved in Roman Iron Age Vessels from the Netherlands. *Archaeometry*. 2007, 49 (3): 571-594.

[7] Wang N, et al. Comparative Analysis of Eastern and Western Drying-Oil Binding Media Used in Polychromic Artworks by Pyrolysis-gas Chromatography/Mass Spectrometry under the Influence of Pigments. *Microchemical Journal*. 2015, 123: 201-210.

[8] Wang N, et al. Comparative Analysis of Eastern and Western Drying-Oil Binding Media Used in Polychromic Artworks by Pyrolysis-gas Chromatography/Mass Spectrometry under the Influence of Pigments. *Microchemical Journal*. 2015, 123: 201-210.

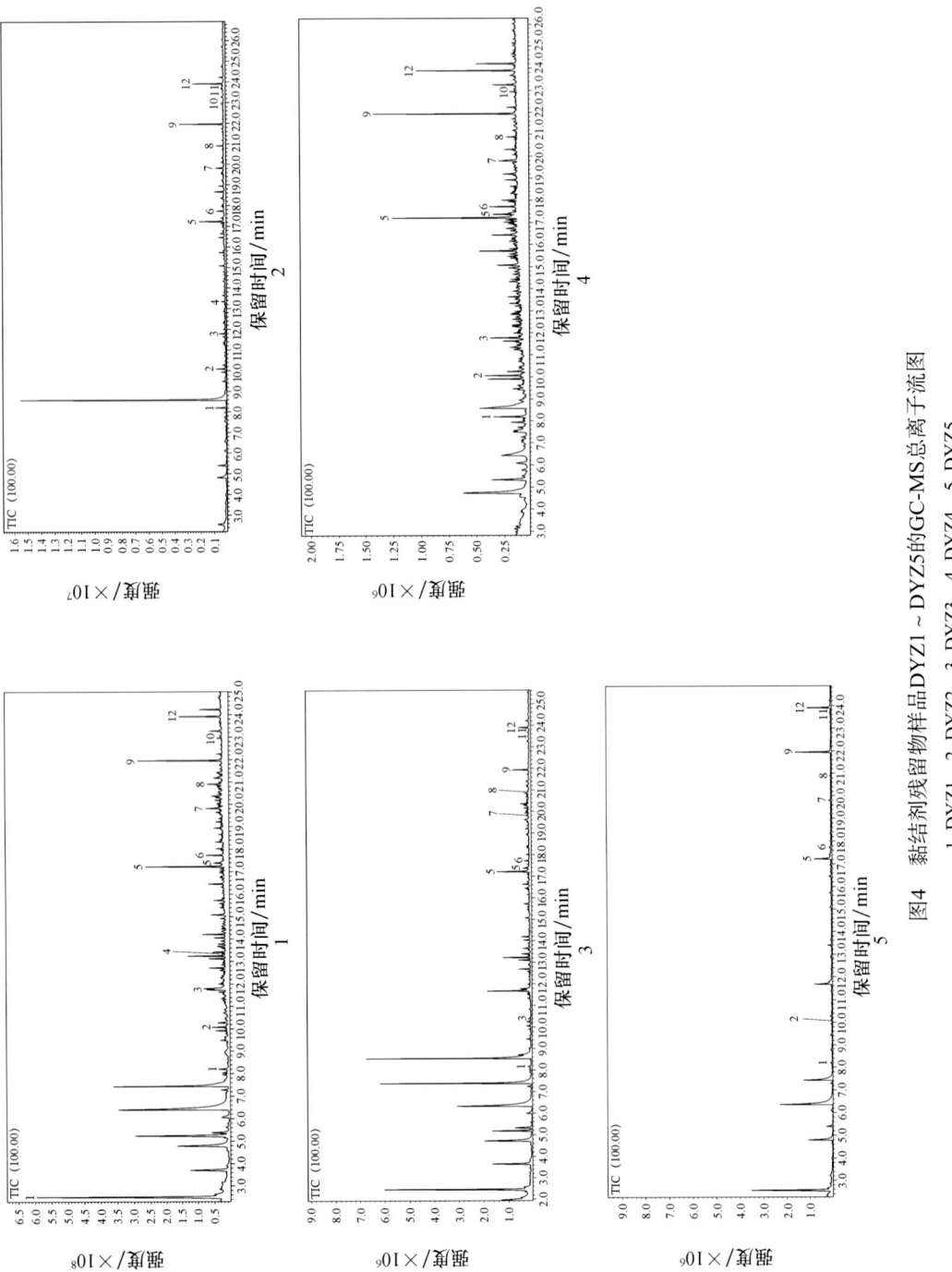

图4 黏结剂残留物样品DYZ1～DYZ5的GC-MS总离子流图

1. DYZ1　2. DYZ2　3. DYZ3　4. DYZ4　5. DYZ5

样品DYZ1成分很可能含有核桃油。计算样品DYZ2、DYZ4和DYZ5的P/S值分别约为1.44、1.42和1.43,因此黏结剂样品DYZ2、DYZ4和DYZ5的干性油成分很可能是生桐油或者亚麻籽油。计算样品DYZ3的P/S值约为1.58,处于生桐油P/S值范围内,因此黏结剂样品DYZ3的干性油成分很可能是生桐油。

表1 黏结剂残留物样品DYZ1~DYZ5检测到的化合物信息

色谱峰序号	化学组成	化合物
1	$C_7H_{14}O_2$	己酸甲酯(Hexanoic acid, methyl ester)
2	$C_8H_{16}O_2$	庚酸甲酯(Heptanoic acid, methyl ester)
3	$C_9H_{18}O_2$	辛酸甲酯(Octanoic acid, methyl ester)
4	$C_{10}H_{20}O_2$	壬酸甲酯(Nonanoic acid, methyl ester)
5	$C_{10}H_{10}O_4$	1,4-苯二甲酸二甲酯(1,4-Benzenedicarboxylic acid, dimethyl ester)
6	$C_{11}H_{20}O_4$	壬二酸二甲酯(Nonanedioic acid, dimethyl ester)
7	$C_{15}H_{30}O_2$	十四酸甲酯(Tetradecanoic acid, methyl ester)
8	$C_{16}H_{32}O_2$	十五烷酸甲酯(Pentadecanoic acid, methyl ester)
9	$C_{17}H_{34}O_2$	十六烷酸甲酯(Hexadecanoic acid, methyl ester)
10	$C_{18}H_{36}O_2$	十七烷酸甲酯(Heptadecanoic acid, methyl ester)
11	$C_{19}H_{36}O_2$	油酸甲酯(Oleic acid, methyl ester)
12	$C_{19}H_{38}O_2$	十八烷酸甲酯(Octadecanoic acid, methyl ester)

图5为黏结剂残留物样品DYZ6的GC-MS总离子流图,表2为分析结果,样品中含有小部分脂肪酸,此外还检测到大量烯烃、烷烃类化合物。因此,推测该黏结剂样品为某种未知的树脂类物质。

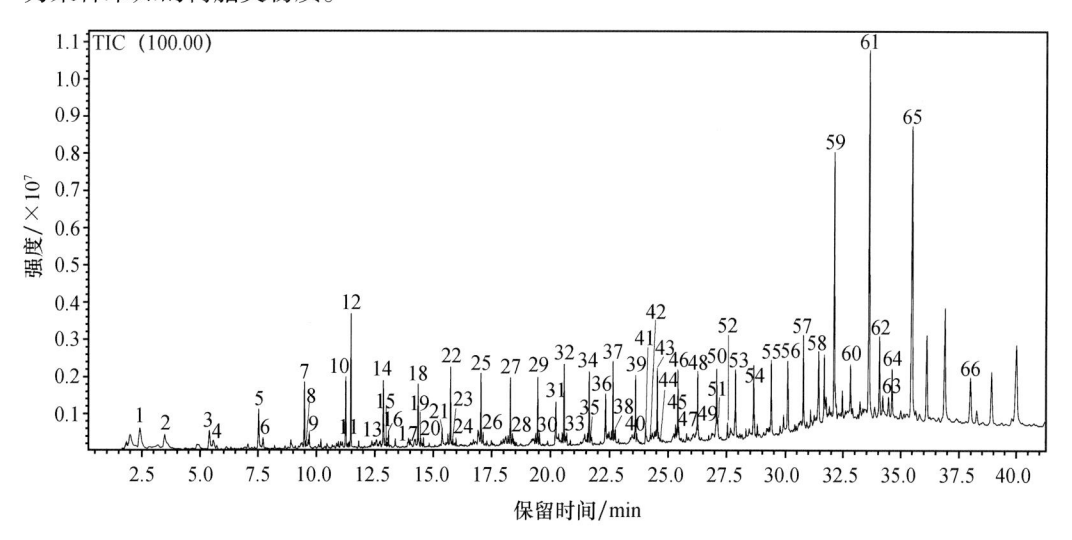

图5 黏结剂残留物样品DYZ6的GC-MS总离子流图

表2 黏结剂残留物样品DYZ6检测到的化合物信息

色谱峰序号	化学组成	化合物
1	C_6H_{12}	1-己烯（1-Hexene）
2	C_7H_{14}	1-庚烯（1-Heptene）
3	C_8H_{16}	1-辛烯（1-Octen）
4	C_8H_{18}	辛烷（Octane）
5	C_9H_{18}	1-壬烯（1-Nonene）
6	C_9H_{20}	壬烷（Nonane）
7	$C_{10}H_{20}$	1-癸烯（1-Decene）
8	$C_{10}H_{22}$	癸烷（Decane）
9	$C_8H_{16}O$	辛醛（Octanal）
10	$C_{11}H_{22}$	1-十一烯（1-Undecene）
11	$C_{11}H_{24}$	十一烷（Undecane）
12	$C_9H_{18}O$	壬醛（Nonanal）
13	$C_8H_{16}O_2$	辛酸（Octanoic acid）
14	$C_{12}H_{24}$	1-十二烯（1-Dodecene）
15	$C_{12}H_{26}$	十二烷（Dodecane）
16	$C_{10}H_{20}O$	癸醛（Decanal）
17	$C_9H_{18}O_2$	壬酸（Nonanoic acid）
18	$C_{13}H_{26}$	1-十三碳烯（1-Tridecene）
19	$C_{13}H_{28}$	十三烷（Tridecane）
20	$C_{11}H_{22}O$	十一醛（Undecanal）
21	$C_{10}H_{20}O_2$	癸酸（Decanoic acid）
22	$C_{14}H_{28}$	1-十四烯（1-Tetradecene）
23	$C_{14}H_{30}$	十四烷（Tetradecane）
24	$C_{12}H_{24}O$	十二醛（Dodecanal）
25	$C_{15}H_{30}$	1-十五烯（1-Pentadecene）
26	$C_{15}H_{32}$	十五烷（Pentadecane）
27	$C_{16}H_{32}$	十六烯（Cetene）
28	$C_{16}H_{34}$	十六烷/鲸蜡烷（Hexadecane）
29	$C_{17}H_{34}$	（Z）-3-十七烯-［（Z）-3-Heptadecene］
30	$C_{17}H_{36}$	十七烷（Heptadecane）
31	$C_{14}H_{28}O_2$	十四烷酸（Tetradecanoic acid）
32	$C_{18}H_{36}$	1-十八烯（1-Octadecene）
33	$C_{18}H_{38}$	十八烷（Octadecane）

续表

色谱峰序号	化学组成	化合物
34	$C_{19}H_{38}$	1-十九烯（1-Nonadecene）
35	$C_{19}H_{40}$	十九烷（Nonadecane）
36	$C_{16}H_{32}O_2$	十六烷酸（Hexadecanoic acid）
37	$C_{20}H_{40}$	二十烯（Eicosene）
38	$C_{20}H_{42}$	二十烷（Eicosane）
39	$C_{21}H_{42}$	二十一烯（Heneicosene）
40	$C_{21}H_{44}$	二十一烷（Heneicosane）
41	$C_{18}H_{34}O_2$	（Z）-6-十八烯酸［（Z）-6-Octadecenoic acid］
42	$C_{18}H_{36}O_2$	十八烷酸（Octadecanoic acid）
43	$C_{22}H_{44}$	二十二烯（Docosene）
44	$C_{22}H_{46}$	二十二烷（Docosane）
45	$C_{19}H_{38}O_2$	十九烷酸（nonadecanoic acid）
46	$C_{23}H_{46}$	1-二十三烯（1-Tricosene）
47	$C_{23}H_{48}$	二十三烷（Tricosane）
48	$C_{24}H_{48}$	二十四烯（Tetracosene）
49	$C_{24}H_{50}$	二十四烷（Tetracosane）
50	$C_{25}H_{50}$	二十五烯（Pentacosene）
51	$C_{25}H_{52}$	二十五烷（Pentacosane）
52	$C_{22}H_{44}O_2$	二十二烷酸（Docosanoic acid）
53	$C_{26}H_{52}$	9-二十六烯（9-Hexacosene）
54	$C_{27}H_{54}$	二十七烯（heptacosene）
55	$C_{28}H_{56}$	二十八烯（Octacosene）
56	$C_{29}H_{58}$	二十九烯（Nonacosene）
57	$C_{30}H_{60}$	三十烯（Triacontene）
58	$C_{31}H_{62}$	三十一烯（Hentriacontene）
59	$C_{32}H_{64}$	三十二烯（Dotriacontene）
60	$C_{33}H_{66}$	三十三烯（Tritriacontene）
61	$C_{34}H_{68}$	三十四烯（Tetratriacontene）
62	$C_{32}H_{64}O$	三十二醛（Dotriacontanal）
63	$C_{35}H_{70}$	三十五烯（Pentatriaconene）
64	$C_{33}H_{68}O$	三十二烷基甲醚（Dotriacontyl methyl ether）
65	$C_{36}H_{72}$	三十六烯（Hexatriacontene）
66	$C_{38}H_{76}$	三十八烯（Octatriacontene）

干性油是一种天然油脂，其在一定时间内可以发生聚合反应，并可以形成连续的固体的膜[1]。而干性油作为黏合成分加入古代胶质物质中并非罕见，不少古代遗址的黏结剂样品中都发现了干性油成分。同属战国秦汉时期的云南陆良薛官堡墓地出土的青铜扣饰，也同样在其黏结剂样品中检测到了干性油[2]。与本文取样地师宗大园子墓地相类似，陆良薛官堡墓地与"西南夷"文化亦有一定的相关性。内蒙古的库伦一号辽墓就在其壁画的胶结材料中发现了干性油和松香树脂的成分[3]。山西资寿寺的彩塑贴金样品于其胶结材料中也检测到了干性油，并且最终确认其种类为桐油[4]。除此之外，西安鼓楼彩绘样品的黏结剂中检测到的干性油也属桐油，并兼具防水、黏合和颜料三种功能[5]。由此可见，中国古代黏结剂中所选择的干性油——尤其是使用于壁画和彩绘等艺术创作中的干性油，桐油所占的比例是十分显著的。此外，中国出土的早期漆类物质中也不乏使用干性油的案例。在湖北枣阳战国时期的九连墩古墓群中出土的耳杯和盒的漆层中就检测到了干性油的成分，耳杯漆层所用的干性油推测为桐油或亚麻籽油与紫苏油的混合物，而盒中的干性油种类则被测定为紫苏籽油[6]。在一座测年为公元前481～前221年的战国时期楚国贵族墓葬出土的漆器中也检测到干性油的成分，从而判断古人在其中加入干性油来改良漆的性能，并推断该干性油很可能属于亚麻籽油[7]。因而，干性油作为黏结剂和漆的主要成分，在早期中国先民生活中的应用是十分广泛并且常见的。

---

[1] 和玲、聂麦茜、Giuseppe Chiavari：《热裂解气相色质谱应用于古代壁画中油类黏合剂的分析》，《西安交通大学学报》2006年第10期。

[2] 中国社会科学院考古研究所、云南省文物考古研究所、曲靖市文物管理所、陆良县文物管理所：《陆良薛官堡墓地》，文物出版社，2017年。

[3] 王乐乐、李志敏：《库伦一号辽墓壁画制作材料分析研究》，《常州文博论丛》第7辑，文物出版社，2021年。

[4] 赵金丽、苏伯民、于宗仁、谈翔、善忠伟：《热裂解-气质联用技术分析资寿寺彩塑贴金》，《西北师范大学学报（自然科学版）》2019年第3期。

[5] Mazzeo R、Cam D、Chiavari G、Fabbri D、和玲、Prati S：《中国明代木质古建西安鼓楼彩绘的分析研究》，《文物保护与考古科学》2005年第2期。

[6] Yingchun Fu, Zifan Chen, Songluan Zhou, and Shuya Wei. Comparative Study of the Materials and Lacquering Techniques of the Lacquer Objects from Warring States Period China. *Journal of archaeological science*. 2020, 114: 105060.

[7] Wei S, et al. Analytical Characterization of Lacquer Objects Excavated from a Chu Tomb in China. *Journal of archaeological science*. 2011, 38(10): 2667-2674.

四、结　　论

根据红外光谱检测结果和热裂解气相色谱质谱结果综合分析，扣饰黏结剂样品M4∶1、M324∶1、M378∶2、M201∶1及铜镯黏结剂样品M310∶1的主要成分应为某种干性油，具体种类分别与生桐油、亚麻籽油和核桃油接近。云南师宗大园子墓地铜扣饰遗物上多密集嵌有孔雀石一类的装饰品，这类干性油则被用作黏结物质来固定孔雀石。而铜镯黏结剂样品M27∶1-2的主要成分推测为某种树脂，具体种类有待今后进一步分析。

十　师宗大园子墓地出土陶器的分析与研究

邓玲玲

（南开大学考古学与博物馆学系）

为推进滇东高原战国秦汉时期西南夷考古遗存的发掘与研究，2015年和2016年中国社会科学院考古研究所、云南省文物考古研究所等单位合作，对云南师宗县大园子墓地先后进行了两次发掘。发掘出土大量青铜器、玉石器，同时发现少量陶器。本文将对大园子墓地出土的陶器遗存进行分析和研究，主要通过胎体配方、制作痕迹与使用痕迹的观察，并结合出土背景，就陶器制作工艺、使用方式与器用制度等展开讨论。

一、陶器标本介绍

大园子墓地出土陶器极少，多数发现于墓坑填土、土堆堆积及墓地地表中，以残片为主，受以红壤为主的埋藏环境影响，陶片内外壁皆呈红色。可辨认器类主要为平底罐和纺轮，平底罐数量较多。以夹砂陶为主，仅两件纺轮为泥质陶，此处的泥质仅相对夹砂陶而言拥有更为细腻的胎质，在高倍显微镜下仍然羼砂。夹砂陶分为夹细砂和夹粗砂两种，夹粗砂者数量少；根据胎体颜色还可将夹砂陶分为夹砂黄（褐）陶与夹砂灰黑陶，前者数量较多。夹砂黄陶外壁常施加一层黄色陶衣，内壁常见渗炭痕迹。夹砂灰黑陶掺有大量有机物，由于烧成温度普遍较低，胎内有机物炭化后未充分氧化，使得胎体整体呈现灰黑色。陶器多平底，纹饰以刮抹纹为主（图1-1、2），另见水波纹（图1-3）、折线纹（图2-4、5）、凹弦纹（图1-4）、几何纹等纹饰（图1-5）。

大园子墓地典型陶器标本共7件，下文将一一详细介绍。

M369:5，保存较差，器形可能为釜，夹砂灰黑陶，圜底薄胎，顶部覆盖一层淡黄色的薄壳，黄色薄层下似有一层黑色的薄炭层（图2-6）。陶器复原腹径约13、残高4.6厘米，陶片厚0.2~0.3厘米。胎体羼入大量砂与有机物，砂的粒度多在0.1~0.4厘米，圆度较差，多呈次棱角状。出土时紧靠墓坑西壁中部，墓内还出土铜矛、铜镯、铜扣饰、铜泡饰等。

M76填:1，保存较差，推测为罐底，夹砂灰黑陶，斜壁，平底，内外壁涂黄色陶衣，胎因含有较多炭化有机质而呈灰黑色（图2-2）。器身残高4.63厘米，壁厚0.48厘

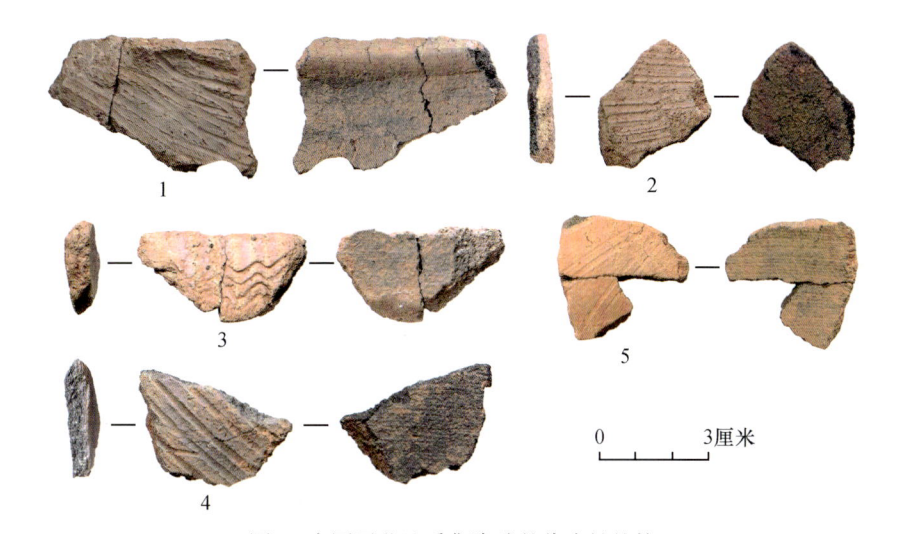

图1 大园子墓地采集陶片的代表性纹饰
1. SDC∶4（刮抹纹） 2. SDC∶5（刮抹纹） 3. SDC∶2（水波纹） 4. SDC∶3（凹弦纹）
5. SDC∶1（几何纹）

米，底部直径8.8厘米。底部中间高两边低，中部厚0.64厘米，边缘厚0.52厘米，内壁与底连接处保留有十分明显的旋纹。出土于墓葬填土中，为M76内发现的唯一遗物。

M354填∶1，为平底侈口罐，夹粗砂黄陶，内外壁皆留下大面积渗炭痕迹，仅内胎处可见少量原生黄色胎体。复原口径约7.9厘米，壁厚0.28~0.44厘米，器身破碎，保存极差（图3）。发现于墓葬填土之中，墓内无其他随葬品。

M230∶3，保存较差，推测为罐底，夹粗砂黄褐陶，斜壁，平底，外壁装饰刮抹纹，刮抹纹宽约1.1毫米，内壁留有大片渗炭痕迹（图2-1、图9-1）。底部直径8.22厘米，残高3.76厘米，壁厚0.54厘米。底部中间高两边低，中部厚0.8厘米，边缘厚0.5厘米，外底中部集中分布大量砂。羼和料以砂为主，圆度多为次圆状至圆状，粒度差异大，在0.1~1毫米，应为自然河砂，未经人工处理。出土时紧靠墓坑北壁，伴出铜扣饰与铜镯。

T5545C∶1，仅保存器底，器形不明，夹砂黄陶，内外壁涂红色陶衣，素面（图2-3、图8-1）。实心圈足，底径4.1厘米，底厚1.39~1.97厘米，壁厚0.55~0.58厘米。羼和料主要为砂与有机物，有机物含量高，胎体中部因氧化不完全尚保留有灰黑色的炭化有机物（图8-1）。

M90填∶1，为陶纺轮，泥质黄陶，器身残存2/3，呈小平顶圆锥体状。通高2.57厘米，底径3.32厘米，中部有一穿孔贯通器身，孔径0.37厘米。器表装饰4排折线纹，刻划粗疏，最下排不明显（图2-4）。器表似涂抹有陶衣，整体呈灰黑色，推测在埋葬过程中经火烧使器表普遍渗炭，颜色变黑（图9-2）。发现于墓葬填土之中，M90中还出土1件铜扣饰。

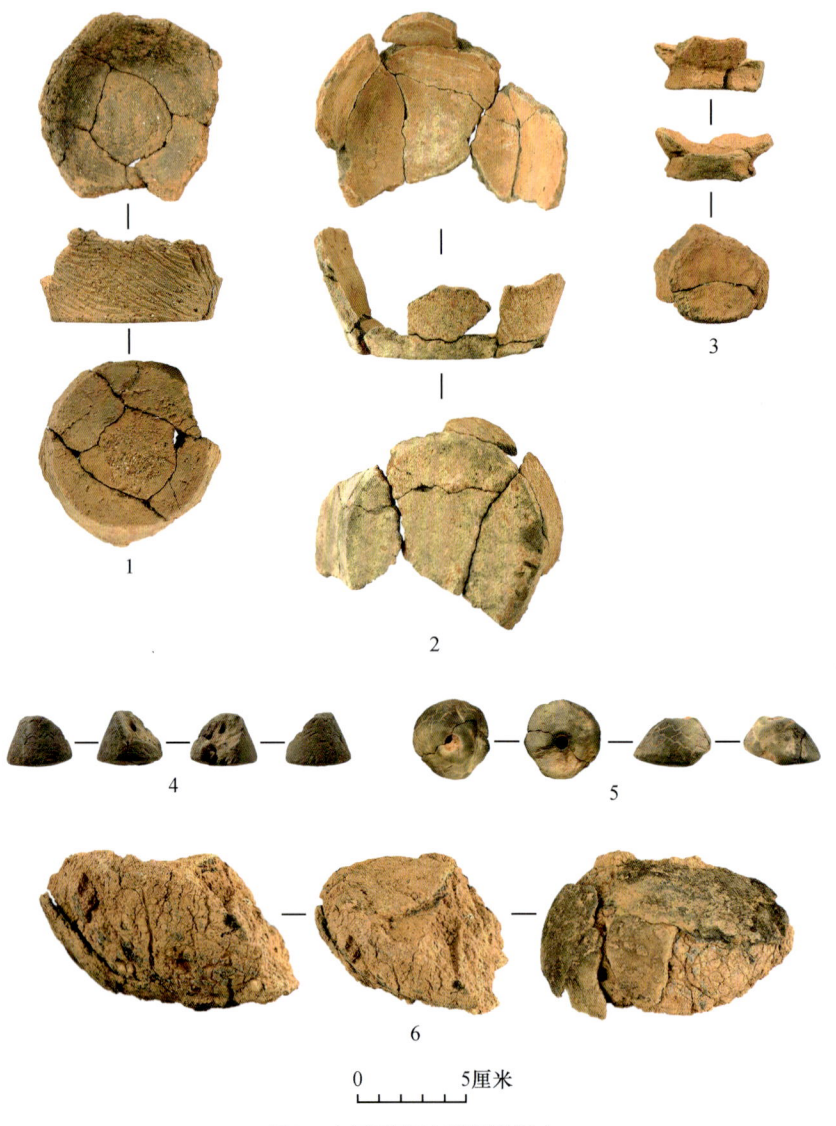

图2 大园子墓地的陶器标本
1. M230：3 2. M76填：1 3. T5545C：1 4. M90填：1 5. M71：2 6. M369：5

M71：2，陶纺轮，泥质黄陶，残存四分之三，呈小平顶圆锥体状。通高2.02厘米，底径3.52厘米，中部穿孔贯通器身，孔径0.7厘米（图2-5）。器表装饰折线纹，刻划粗疏不规整，外壁留有黑色渗炭痕迹，一侧面渗炭范围较大（图9-3）。出土时靠近墓坑南壁，伴出1件铜器，铜器锈蚀无法分辨器形。

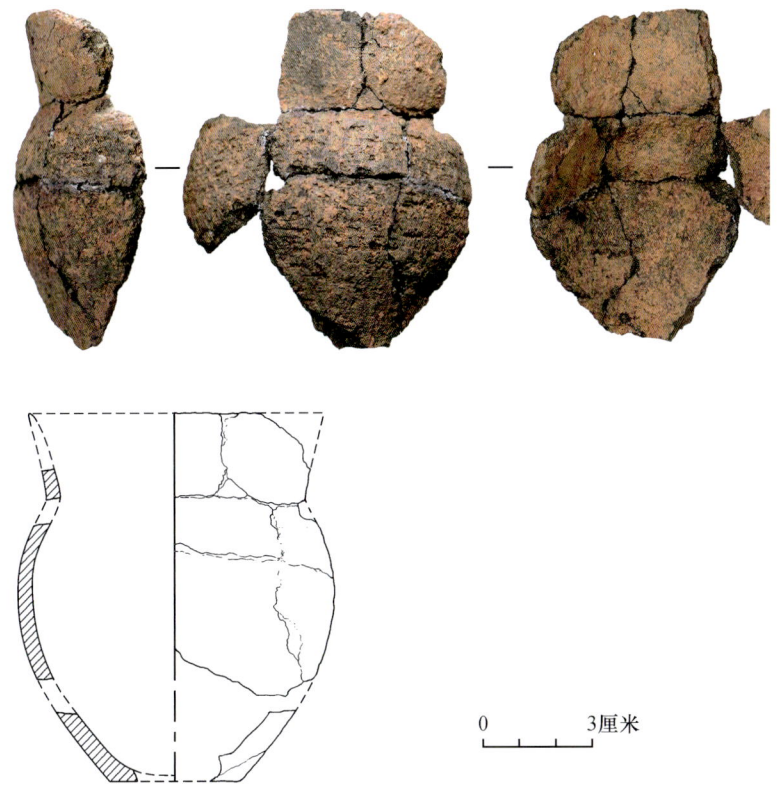

图3　M354填：1照片与线图

二、制作工艺和烧成工艺及技术传统

陶器成形操作链分析（fashioning chaînes opératoire）是了解当地制陶技术传统的核心手段。针对大园子陶器的保存情况，在肉眼观察与微距摄影的基础上，使用波长色散X射线荧光光谱仪、X射线衍射仪、超景深显微镜对陶器的胎体配方、制作痕迹、使用痕迹进行分析，获得了一些初步的结果，详述如下。

（一）化学成分与物相分析

大园子墓地出土陶片数量较少，选取4片代表性陶片与3份土样进行化学成分测试分析。土样来自墓地下方叠压的原生沉积土，按颜色分为两类，一类为红色（图4-3），黏性大；一类为黄色（图4-2），黏性小。另取陶器器表附着土作为文化层土样。使用帕纳科Axios波长色散型X射线荧光光谱仪对7件样品主次量及微量元素成分进行测试，仪器配置为铑管激发，恒定功率3600W，使用Omnion软件进行半定量分析。由于此批陶片烧成温度低，胎体破碎，无法对固体样品的胎壁分别进行测试，因此将所有陶片

图4 大园子墓地下方相互叠压的黄色（A7）与红色（A6）生土
1.生土全貌 2.A7 3.A6

制为粉末样品，带陶衣的A1与A2样品粉末为陶衣与胎体的混合物，测试结果见表1、表2。同时，使用日本理学X射线衍射仪Ultima IV对样品的物相组成进行测试，皆为粉末样品，X射线发生器功率为3kW，随后使用DMI Jade 6软件对衍射数据进行分析，结果如图5。

表1 大园子墓地出土陶片与土壤测试样品登记表

序号	样品号	类别	标本号	特征
1	A1	陶片	T5545C：1	夹砂黄陶，内外壁红色陶衣
2	A2	陶片	M75填土	夹砂灰黑陶，外壁有陶衣
3	A3	陶片	M369：5	夹砂灰黑陶
4	A4	陶片	M230：3	夹粗砂黄褐陶
5	A5	土样	陶器器表附着土	红色
6	A6	土样	红色生土	红色
7	A7	土样	黄色生土	黄色

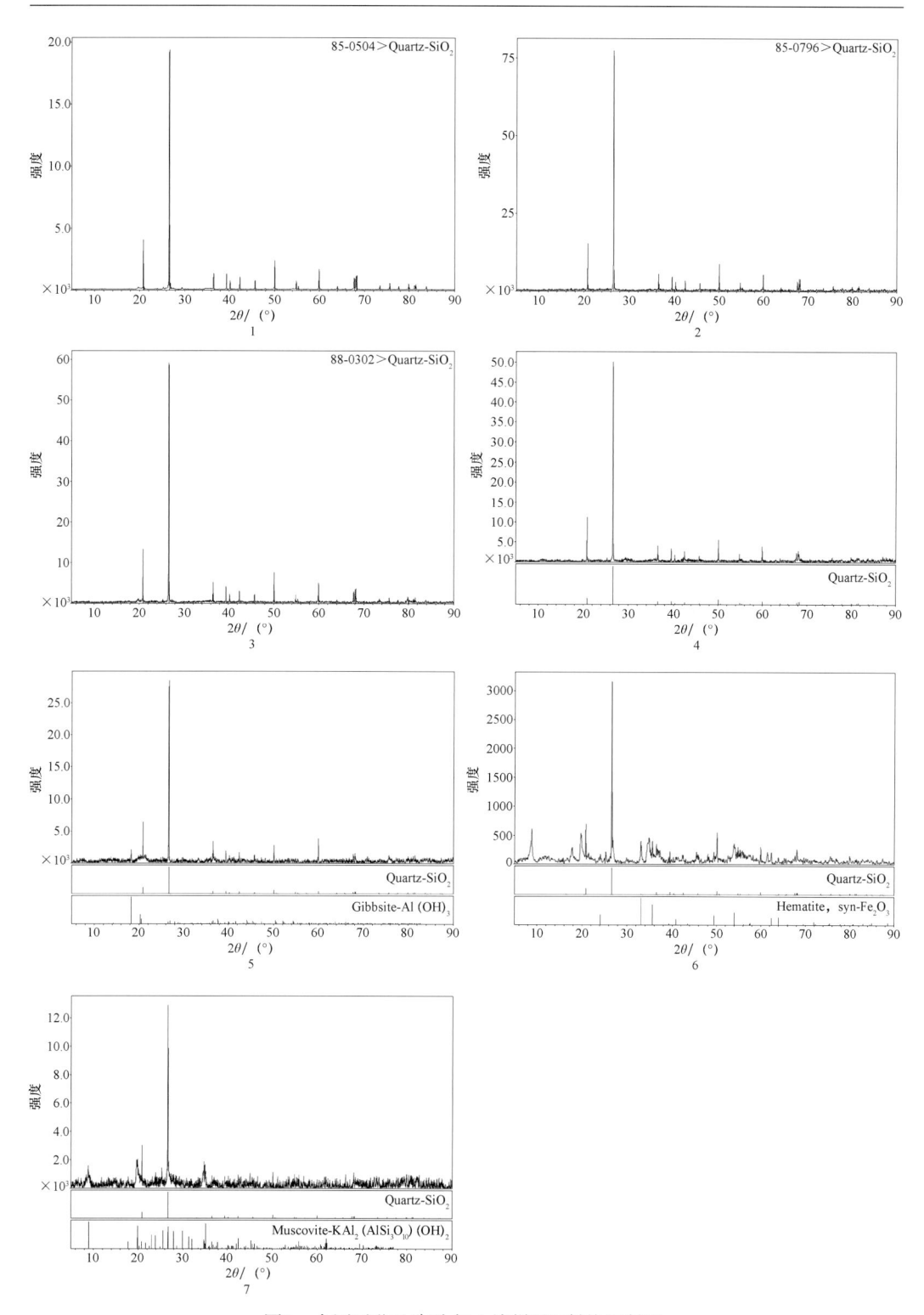

图5 大园子墓地陶片与土壤样品X射线衍射图
1. A1　2. A2　3. A3　4. A4　5. A5　6. A6　7. A7

表2　陶片与土壤样品的主次量、微量元素组成　　　　（单位：wt%）

序号	样品号	SiO₂	Al₂O₃	Fe₂O₃	TiO₂	K₂O	CaO	MgO	Na₂O	P₂O₅	熔剂性氧化物
1	A1	64.693	16.865	11.589	2.778	2.098	0.216	0.707	0.072	0.674	14.682
2	A2	66.857	18.808	6.997	2.49	2.152	0.269	1.149	0.135	0.791	10.702
3	A3	49.43	27.092	12.277	1.993	2.651	0.058	0.351		5.817	15.337
4	A4	62.565	16.509	14.104	2.814	1.996	0.274	0.758	0.063	0.584	17.195
5	A5	46.334	26.257	19.988	3.729	1.781	0.16	0.666	0.074	0.532	22.669
6	A6	51.313	18.113	17.927	3.19	6.393	0.104	2.103	0.084	0.325	26.611
7	A7	53.167	18.084	15.041	3.25	7.052	0.143	2.412	0.138	0.298	24.786

除A3与A5外，土壤与陶片样品的化学成分差异较大，陶片的二氧化硅含量高、熔剂性氧化物（主要为Fe_2O_3，CaO，MgO，K_2O，Na_2O）含量低，而土壤的二氧化硅含量低、熔剂性氧化物含量高，由此可见，陶器制作者对制陶原料进行了有意识地筛选与预处理（图6）。前文提到，大园子墓地陶片普遍含有大量后期羼入的砂，化学成分与晶相分析结果再次证明了以上观点。A1～A4样品的XRD图谱中均可见极强的石英峰，石英砂的加入有效提高了胎体的二氧化硅含量。相较于文化层土样A5来说，生土A6与A7的化学元素组成接近，仅氧化铁含量略有不同，根据XRD测试结果，A6中赤铁矿的衍射峰比较明显，对应氧化铁的高含量，而A7中白云母的衍射峰较明显，对应较高的氧化钾含量。相较于陶片，生土的氧化钾与氧化镁含量普遍偏高，风化程度低。A1、A2与A4坯体的化学元素含量与矿物组成相近，一定程度上说明陶衣与内胎的成分接近，陶衣的存在并未对坯体的化学组成带来显著影响（表2、图6-4）。A3与A5的化学成分相近，应源于未对A3的制坯原料进行合理处理，坯料元素含量趋近文化层堆积的土壤，使得坯料不易成形，胎体破碎。

大园子墓地的陶片、文化层土壤及生土中的二氧化钛含量很高，既可作为陶器原料本地取材的证据之一，同时也是大园子墓地陶器的典型特征。A6、A7与稀盐酸均发生反应，XRF测试结果为氧化镁含量高，参之大园子附近地区基岩以白云质灰岩为主，推测A6、A7含有一定量白云质灰岩化学风化后的产物。许继泉先生曾对昆明附近西山石灰岩母质中发育的红壤的化学成分进行测试，发现二氧化钛含量普遍高于3%[1]，这与大园子墓地土样与陶坯的高二氧化钛含量相近。云南高原红土中存在一定含量的钛，常与土壤中的铁结合，以钛磁铁矿和钛磁赤铁矿等原生矿物形态存在于土壤中[2]，似可作为以云南高原红土为原料制作的陶器的产地溯源证据之一。此外，A3

---

[1] 许冀泉、蒋梅英、虞锁富、杨德勇：《华南热带和亚热带土壤中的矿物》，《中国红壤》，科学出版社，1983年，第41～73页。

[2] 王思源：《中国南方红土磁学特征、起源及其与成土过程关系研究》，浙江大学博士学位论文，2015年。

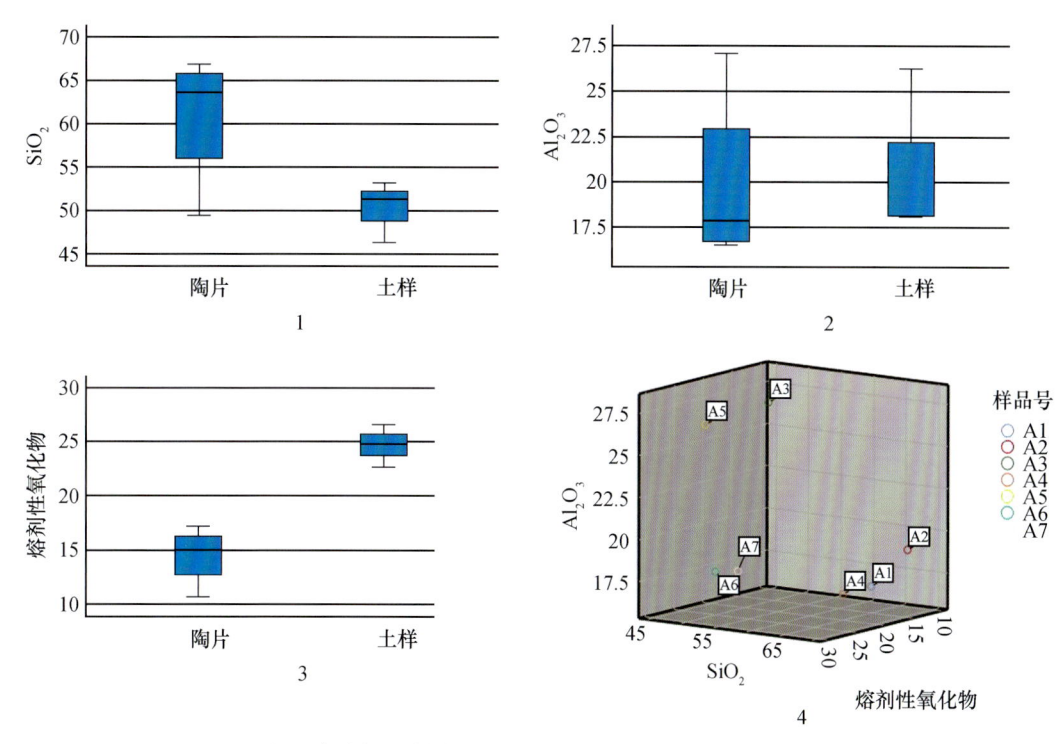

图6 陶片与土壤样品三组分含量分布箱图与三维散点图
1.二氧化硅含量分布箱图 2.三氧化二铝含量分布箱图 3.熔剂性氧化物含量分布箱图
4.三组分含量三维散点图

中五氧化二磷含量极高，与其他陶样与土样截然不同，可能源于胎体内大量黑色有机质残留。

（二）成形工艺与使用痕迹

平滑（smoothing）工序在大园子陶器上十分常见。平滑是平整凹凸不平的器表、促使器壁颜色均匀的工序，是在胎体依旧湿润或处于硬皮状态时，使用干或湿、软或硬的工具对器表进行加工的工艺。大园子部分陶器内壁与底部交接处常见加工痕迹，M230∶3制作时先做器底，随后使用泥条在器底之上盘筑器壁，使用硬质工具如木棍刮抹器壁与底的连接处以实现塑形及加固的目的（图7-1）。M76填∶1的底壁交接处残留了十分规整的旋纹，该陶器内外壁涂抹黄色陶衣，旋纹应是施陶衣时使用软质工具涂抹修整留下的痕迹，旋纹的出现并不一定意味着陶轮装置的使用，将陶器放在垫板之上旋转或手持工具在陶器内壁旋转加工皆可留下类似痕迹（图7-2）。旋纹在陶片内壁大量发现，应为大园子墓地常见的内壁修饰工艺（图1-1、3~5）。

夹砂黄陶多在内、外壁施加红色或黄色的陶衣，受埋藏环境与胎体保存情况的影响，陶衣的分辨较为困难，使用基恩士VHX-900X超景深显微镜对两件样品进行观察。

图7 陶器内壁旋纹修整痕迹
1. M230∶3 2. M76填∶1

T5545C∶1内胎为黄色，因胎内有机物未完全氧化部分呈灰黑色，内外壁施加红色陶衣，胎与陶衣皆羼入天然河砂，砂的磨圆度高（图8-1）。M75填土采集的一块陶片呈砖红色，清洗后于显微镜下观察发现，外壁施加的陶衣为黄色，胎因含有较多未炭化有机物呈灰黑色，陶衣内羼入的砂的粒度较胎小，质地更为细腻（图8-2）。施陶衣（clay coating）是自新石器时代以来十分常见的陶器装饰工艺，通过软质或硬质工具将颜色相同的细腻泥浆涂抹在陶器内外壁，从而获得颜色均匀、平整的表面，以美化外观或为后续装饰工序预备底面。大园子陶器多羼入颗粒较大的砂，器表粗糙、凹凸不平，施加陶衣后既可获得较为光滑的内外壁，也可覆盖前序成形工序中留下的制作痕迹，获得颜色均一美观的器表。

大园子陶器皆在氧化氛围下烧成，胎体极易破碎，夹砂灰黑陶胎体内部保留了大量因未完全氧化而残留的炭化有机质，致使胎体完全呈现灰黑色，说明其烧成温度普遍低于600℃，且烧造时间较短（图2-6）。上述7件标本中有5件发现烟炱痕，且分布范围十分随机，如M71∶2，较之全部器壁皆渗炭的M90填∶1，仅一侧器身渗炭，另一侧仍保留原本陶色，应在随葬前经过焚烧，但仅接触燃料或含碳元素烟气的一侧留下渗炭痕迹（图9-2、3）。M230∶3近底部内壁普遍渗炭，但薄厚不均，仅局部留下较厚的烟炱痕。外壁与底面未见任何渗炭迹象，推测有机物在罐内燃烧，因此未影响到陶器外壁（图9-1）。墓地采集陶片中，很多陶片内壁出现渗炭痕迹（图1-1、2、4，图9-4、5）。渗炭常被视为一种制陶工艺，在长江下游的良渚文化及黄河下游的大汶口文化、龙山文化中被大量使用。渗炭工艺通常使用不完全燃烧的植物所产生的大量浓

十　师宗大园子墓地出土陶器的分析与研究　　·799·

图8　大园子陶器内、外壁陶衣与羼和料
1. T5545C∶1　2. M75填土采集

烟促使炭粒填充陶胎孔隙，使陶器内、外壁颜色均一、结构致密。渗炭迹象的出现除陶工主动促成之外，也可能是被动产生的结果，大园子的渗炭陶器应属后者。从渗炭位置而言，至少存在两种针对不同陶器器类而区分的渗炭行为，首先是以M230∶3为代表的平底罐形器，多见内壁渗炭，烟炱痕厚薄不均，渗炭位置随机，应是陶器内部放入燃烧物而导致；其次为以M71∶2为代表的陶纺轮，外壁渗炭，范围随机，应源于随葬前的焚烧行为。

图9 大园子陶器渗炭痕迹
1. M230∶3 2. M90填∶1 3. M71∶2 4. SDC∶5 5. SDC∶4

三、陶器的使用功能与葬俗

大园子陶器的胎体与陶衣原料多就地取材，对黏土原料进行了有意识地处理，如羼入大量有机物以增加胎体的可塑性，羼砂以加快坯体干燥速度、防止干燥收缩带来的裂缝、同时预防烧造过程中因初始升温过快带来的器身开裂。主要使用自然沉积的河砂为瘠性原料，使用前未经仔细筛选与预处理，砂的尺寸大，粒度差异大，加之胎内砂的含量高，虽然提供了短时间内干燥与烧成的便利，但手感粗糙，不便使用。陶器均在氧化气氛中烧成，大部分陶器烧成温度低、烧造时间短致使胎体未烧结、吸水率高、极易破碎，难以长期多次使用。结合平底罐形器尺寸小，器底未发现加热痕迹，反而内部存在燃烧有机物的使用行为，推测大园子墓地发现的保存极差、内壁局部渗炭的夹砂平底罐类陶器实非日用陶器。参之以出土位置，发现除陶纺轮外的陶器残片多散落于墓葬填土或土堆堆积之中，埋入墓内者常靠近墓壁放置，同其他随葬品保持一定的距离，较之铜器、玉石器等集中放置于墓主头部或身旁的情况不同。由上推知，大园子墓地的平底罐形器应是在墓地或附近为丧葬活动特制的墓祭陶器，并非常规随葬品。其器身大多残缺，保存极差，除受埋藏环境与制陶工艺的影响外，有可能在墓祭活动中已经破碎。考虑到墓地铜兵器上常见"毁器"现象，推测墓祭陶器也可能为人为故意打碎。此外，两件陶纺轮器表皆保留有烟炱痕，埋入墓葬前可能经过焚烧，这与青铜器与玉器上发现的火烧或加热现象相对应，火烧随葬器物为大园子墓地的葬俗之一。陶纺轮皆残缺，在焚烧后很可能也存在毁器行为。

以在丧葬活动中使用为目的之前提下，陶器制作者做出了十分"功利"的技术选择。首先，特定塑性与瘠性材料的羼入改善了墓地附近沉积的黏土原料的物化性质，既获得了就地取材的便利，也实现了坯体的短时间干燥以及快速升温条件下的稳定烧成。其次，虽然氧化氛围下短时间烧就的胎体因未烧结而出现吸水率高、机械性能差等缺陷，但已能满足"一次性"墓祭活动的要求，且节约了制作时间与成本。第三，通过施加陶衣、平整器表可以美化因大颗粒砂砾羼入而凹凸不平的陶器外观，一定程度上体现出墓祭活动的"仪式规范"。上述制陶技术的选择皆以墓祭陶器的使用功能为导向，是在保证陶器能够满足短时间内部焚烧有机物的要求的前提下，一种因地制宜、因事制宜的实用性选择，既说明陶工对各类制陶原料的性能有一定了解，也说明使用陶器进行墓祭的活动并未处于严格的规范之下。

明确出土陶器的墓葬共6座，其中M76、M354仅发现陶器，另4座墓葬同时出土铜器。M369中发现铜扣饰与铜矛，墓主应为男性；M90、M230发现铜扣饰，墓主可能为男性[1]；M71中随葬铜器残甚无法分辨器形，难以推定墓主性别。与同属"漏卧文化区"的泸西石洞村墓地及大逸圃墓地陶器墓的情况比对，发现三处墓地陶器随葬情况存在较大相似性，如器类以夹砂陶罐为主，且罐类陶器多破碎；陶器出土位置多紧靠墓壁，与其他随葬品存在一定间隔；随葬品组合多为仅随葬陶器及同时随葬陶器与铜器（装饰品与兵器）两类等。根据报告统计数据，石洞村26座随葬陶器的墓葬中，仅3座可辨认墓主性别，两女一男；大逸圃墓地6座陶器墓葬中，仅M87确认墓主为女性[2]。由此可见，随葬陶器墓墓主男女皆有，并不局限于特定性别。

　　大园子陶器墓面积皆小于2平方米，属小型墓葬，墓主应为普通部族成员。陶器墓仅占墓葬总数的1%，数量极少，大园子墓地的墓主群体应无以陶器为随葬品之习俗。泸西石洞村墓地发现的93座竖穴土坑墓中，24%的墓葬随葬陶器，陶器墓面积普遍小于2平方米；大逸圃墓地190座墓葬中，仅3%的墓葬随葬陶器，小于2平方米的陶器墓占绝大多数（表3）。虽然"漏卧文化区"的西南夷土著陶器墓以面积在2平方米以下的小型墓为主，但上述三个墓地皆存在陶器与铜器共存的情况，且有如石洞村M54面积达到4.56平方米的陶器墓，说明部分墓主已具备较多社会财富，为等级较高的部族成员，因此，陶器暂无明确的身份等级指示功能。从陶器器类而言，常见侈口平底罐、高领罐、釜、纺轮。以上器类中，陶纺轮质地相对较好，有时与铜器放置一处，应为随葬陶器；罐类器物破损尤为突出，可拼合者极少，且常发现于墓葬填土中，或在墓葬中与其他随葬品保持一定距离，应多为墓祭陶器；且石洞村火烧墓中明确以陶釜为葬器。陶器墓比例小，陶器数量少、种类单一、以残破的罐形器为主，墓地随葬青铜器、玉石器的墓葬数量多于陶器墓，以上特征说明陶器并非"漏卧文化区"普通部族成员墓葬的常规随葬品（表3）。

　　此外，在同属滇东高原的陆良盆地与曲靖盆地也发现了呈土墩堆积的青铜时代墓葬群。其中位于陆良盆地的薛官堡墓地发掘的211座墓葬中，仅13%的墓葬随葬陶器。27座陶器墓中，17座仅随葬陶器，其余10座同时随葬铜器、铁器或玉石饰品；且96%的墓葬面积小于2平方米。陶器出土数量极少，器类包括高领罐、侈口平底罐、釜、豆、纺轮，以高领罐和侈口平底罐为主，罐类陶器多破碎[3]，陶器墓与陶器出土情况与大园子、石洞村、大逸圃墓地十分相近。位于曲靖盆地的八塔台与横大路墓地的情况则十分特殊，八塔台墓地一、二号堆共353座竖穴土坑墓中，23%的墓葬随葬陶器，出土陶器237件，器类丰富、保存较好，数量前三位分别为鼎（釜形鼎+罐形鼎）、深腹

---

[1] 杨勇：《云贵高原出土青铜扣饰研究》，《考古学报》2011年第3期。
[2] 云南省文物考古研究所、中共泸西县委、泸西县人民政府、红河州文物管理所：《泸西石洞村大逸圃墓地》，云南科技出版社，2009年。
[3] 中国社会科学院考古研究所、云南省文物考古研究所、曲靖市文物管理所、陆良县文物管理所：《陆良薛官堡墓地》，文物出版社，2017年。

表3 滇东地区典型西南夷文化墓地陶器墓统计表

墓地名称	墓葬总数/座	陶器墓数量/座	陶器墓百分比/%	出土遗物墓葬百分比/%	陶器总数/件	随葬陶器器类与数量/件
大园子墓地	402	6	1	62	7	纺轮2、平底罐3、残陶器2
石洞村墓地	93	22	24	61	27	罐3、纺轮1、残陶器23
大逸圃墓地	190	6	3	57	5	罐2、釜1、纺轮1、陶器1
薛官堡墓地	211	27	13	35	51	豆3、纺轮10、釜1、高领罐17（残10）、罐12（残3）、残陶器8
八塔台墓地	353	80	23	62	237	釜形鼎34、罐形鼎8、深腹侈口罐41、深腹大喇叭口罐50、圆腹罐4、折肩罐5、小罐5、壶2、瓶1、杯5、钵4、豆14、器盖4、碗1、盘53、串珠5、纺轮1
横大路墓地	188	185	98	98	648	釜形鼎120、罐形鼎40、深腹侈口罐154、深腹大喇叭口罐189、直口大鼓腹罐1、圆腹罐14、盘101、壶15、豆4、尊10

注：泸西石洞村与八塔台的火葬墓未纳入统，大园子墓地仅填土中发现陶器的墓葬也纳入陶器墓统计范畴

罐（大喇叭口罐+侈口罐）、盘，占陶器总数的78%（表3）。深腹罐类陶器体积大，与大园子墓地平底罐相近者如"圆腹罐"（M280∶12）与"小罐"（M242∶3），数量很少，未见详细的质地与使用痕迹描述[①]。从出土数量而言，陶器仅次于铜器（500余件），居八塔台墓地出土器物数量第二位，明显属于墓葬常规随葬品。横大路墓地发掘墓葬中，陶器墓占比98%，陶器出土数量多，以鼎、罐、盘为主，鼎、罐多呈组合出现，罐形器以深腹的侈口及大喇叭口罐为主，体积大且保存较完整，显然也是该墓葬群的典型随葬品（表3）。八塔台、横大路墓地与前述四个墓地的陶器随葬情况存在较大差异。发掘者认为八塔台与横大路墓地文化面貌相同，表现出与滇中地区青铜文化的紧密联系，可称为滇文化的八塔台-横大路类型；也有学者认为应直接将其作为单独的考古学文化，称为八塔台文化[②]。薛官堡墓地恰处于北部八塔台、横大路墓地与南部漏卧文化区之间交接地带，陶器虽兼具两个区域的特色，但从陶器的数量、器类、使用痕迹、出土背景等方面判断，皆更接近于其南部的泸西大逸圃与石洞村墓地。薛官堡墓地的发掘者指出，虽然曲靖盆地与陆良盆地基本相连，地理位置符合史载之劳浸、靡莫分布区，但两地在文化面貌上仍存在一定差异，应分属不同族群，较

[①] 云南省文物考古研究所：《曲靖八塔台与横大路》，科学出版社，2003年，第22~31页。
[②] 杨勇：《战国秦汉时期云贵高原考古学文化研究》，科学出版社，2011年，第195~198页。

之八塔台文化墓地，薛官堡墓地出土器物与石洞村和大逸圃墓地联系更加密切①。

由上可知，滇东高原西南夷土著族群构成十分复杂，根据现有材料，滇东高原同滇文化有密切联系的八塔台、横大路墓地存在以陶器为主要随葬品的葬俗；北界不跨越陆良盆地，以泸西、师宗为主要分布区的西南夷土著青铜文化墓葬中，陶器并非主要随葬品，暂未具备指示墓主身份等级、性别的功能。出土陶器中，至少存在三种类别，分别为以体积较小的平底罐为主的墓祭陶器②，以陶釜为主的葬具③，以及以陶纺轮为主的随葬陶器。

由于泸西石洞村、大逸圃墓地报告中陶器的制陶工艺与使用痕迹信息报道较为缺乏，对于墓祭陶器的种类和墓祭方式的判断只能参照大园子墓地陶器的情况，考虑到大园子墓地完整陶器极少，不排除存在其他的墓祭陶器器类与墓祭方式，在今后的研究中，还需通过实物观察与取样分析，方能得出更加准确的结论。对战国秦汉时期云贵高原土著青铜文化墓葬出土陶器进行研究的过程中，应注意区分不同器类的使用功能，通过对陶器胎体配方、烧成制度、使用痕迹、保存情况、出土数量、出土位置等信息的综合分析，形成对西南夷各部族墓地出土陶器器用制度的深入认识。

附记：本研究是国家社会科学基金青年项目"河南偃师商城遗址制陶业的考古学研究"（项目号：23CKG008）的阶段性成果。

---

① 中国社会科学院考古研究所、云南省文物考古研究所、曲靖市文物管理所、陆良县文物管理所：《陆良薛官堡墓地》，文物出版社，2017年，第280~282页。

② 并非所有侈口平底罐皆为墓祭陶器，需根据胎壁配方、使用痕迹、保存情况、出土背景等信息仔细甄别。另根据大园子墓地与薛官堡墓地情况，作为墓祭陶器使用的罐形器同一墓葬中一般仅有1件，极少超过2件，也可作为辨别标准之一。

③ 并非所有陶釜皆为葬具，如大逸圃M140与薛官堡墓地M39。

十一　师宗大园子墓地出土纺织品纤维的分析与研究

王　丹

（中国社会科学院考古研究所）

　　为推进滇东高原战国秦汉时期西南夷考古遗存的发掘与研究，2015年和2016年中国社会科学院考古研究所、云南省文物考古研究所等单位合作，对云南师宗县大园子墓地先后进行了两次发掘。发掘过程中出土了一批纺织品纤维类遗存，我们对此进行了分析，希望对了解战国秦汉时期云南地区植物纤维的分布、当地居民的纺织技术水平以及人与环境关系等问题提供一些帮助。

一、基本属性

　　大园子墓地获得的纺织品纤维类遗存共有20余例，均伴生于墓葬出土的铜器附近，依据纤维出土情况主要可分为三种类型。

（一）铜器表面附着织物痕迹

　　经清理可见，在一些铜兵器的表面偶见成片状附着的织物痕迹。织物纤维均已被金属锈蚀产物包埋，大多为密度很小的较粗糙的织物。织物类型大多为布类，有一件为纱，组织结构均为一上一下平纹，未见复杂的织物组织。

1. 铜戚（M59：1）表面织物痕迹

　　铜戚一侧表面黏附有编织物痕迹，分布面积长88.4mm，宽62mm；其中一小片较为清晰，长24mm，宽11.5mm（图1）。从痕迹可见编织物略为粗糙，经统计纬密5~7根/cm，经密7~9根/cm。经纬编织线投影宽度较为一致，宽0.6~0.8mm，其中以0.6mm者为主。经线为Z向弱捻或无捻，纬线无捻。织物组织为一上一下平纹结构。

2. 铜戚（M350：4）表面织物痕迹

　　铜戚一侧表面黏附有大片织物痕迹，经纬编织痕迹很清晰，文物表面残存织物范围长101.5mm，宽46.2mm，呈大片分布，另外织物痕迹在文物边缘处还有零星分布

图1　铜戚（M59∶1）上织物痕迹情况及显微镜下细部（5×）

图2　M350∶4铜戚上织物痕迹情况

（图2）。经测量织物纬密为13~15根/cm，经密7根/cm；纬线投影宽0.67~0.8mm，经线投影宽0.46~0.55mm。经线为Z向弱捻或无捻，纬线无捻。织物组织为一上一下平纹结构。

3. 铜剑（M22∶1）表面织物痕迹

铜剑一侧表面黏附有部分织物痕迹，分布范围长53mm，宽29mm（图3）。经测量纬线密度为7根/cm，经线密度6~7根/cm；纬线投影宽0.6~0.76mm，经线投影宽0.48~0.54mm。经线为Z向弱捻，捻度极弱几乎不见加捻，纬向无捻。其织物组织为一上一下平纹结构。

4. 铜剑（M17∶2）表面织物痕迹

铜剑一侧表面黏附有织物痕迹，分布范围长100mm，宽42mm。从显微镜下观察可见织物存在不止一层，应为多层叠压。织物残迹的密度不太均匀，有的地方疏，有的地方密，应是织物受到挤压或拉伸后造成的（图4）。经测量经线密度8~9根/cm，

图3　铜剑（M22∶1）上织物痕迹情况及显微镜下细部（60×）

图4　铜剑（M17∶2）上织物痕迹情况及显微镜下细部（5×）

纬线密度大多为6根/cm，个别位置因挤压变形达16～19根/cm；纬线投影宽0.46～0.63mm，经线投影宽0.57～0.65mm。该织物组织亦为一上一下平纹结构，但织造较为稀疏，似乎为纱织物。

5. 铜剑（M235∶1）表面织物

铜剑一侧表面黏附有织物编织痕迹，残存范围长68.4mm，宽41mm（图5）。织物纬线略粗，经线略细，纬线密度8～9根/cm，经线密度6根/cm；纬线投影宽0.79～0.83mm，经线投影宽0.62～0.66mm。纬线不加捻，经线加弱S捻。该织物组织为一上一下平纹结构。

图5　铜剑（M235∶1）上织物痕迹情况

（二）器物銎内纤维

这类纤维较多发现于铜戚、铜矛等铜器的銎内，依性状又可分为两种情况。

1. 铜戚銎内纤维

以M350∶4为例，这类纤维为直接使用的未经加工的原始植物纤维，出土位置多出现在靠近铜器銎内口部的地方，纤维的方向多与柲的方向垂直，纤维排列较为随意，纤维宽度亦没有明显规律（图6）。大多数发现于铜器銎内的纤维均属于这种情况。

2. 铜戚（M234∶2）銎内残存织物痕迹

在观察M234∶2銎内残存纤维痕迹时，发现除尚存有上述若干原始纤维外，另存有一小块编织物残片，可以明显看到有经纬向的编织痕迹，且部分编织线是明显经过了加捻处理的。经观察，编织线无捻或呈弱Z捻，投影宽均为0.4mm（图7）。但因为织物残存面积太小，无法取得更为具体的组织情况。

图6　铜戚（M350：4）銎内纤维附着及取出后情况

图7　铜戚（M234：2）銎内纤维情况及取出的小块织物显微镜下细部（60×）

（三）铜兵器柄部缠绕纤维

在一些铜剑的茎部可见纤维缠绕的痕迹，均是与剑茎呈垂直方向的，排列有的很整齐，有的较为随意。

1. 铜剑（M302：1）茎部缠绕物

剑茎上清晰可见与剑茎呈垂直方向的绳状缠绕物，残存27圈，端部已损毁不全，剑茎上纤维缠绕宽度共约49.2mm（图8）。从痕迹看单根编织绳均没有加捻，绳宽1.47~1.58mm，两道绳间距离宽0.25~0.4mm。单根绳的痕迹内又有多条平行的纵向印痕。

2. 铜剑（M202：3）茎部缠绕物

剑茎上清晰可见与剑茎呈垂直方向的绳状缠绕物，残存约25圈，纤维缠绕部分残存宽度约44.4mm（图9）。单根绳宽1.5~2mm，编织绳排列不规律，从现状看编织绳几乎隔一圈残存一圈，但从痕迹分析原貌应是一圈一圈紧紧相邻。

十一 师宗大园子墓地出土纺织品纤维的分析与研究   ·809·

图8 铜剑（M302：1）及剑茎上缠绕纤维痕迹

图9 铜剑（M202：3）及剑茎上缠绕纤维痕迹

3. 铜剑（M52：1）茎上缠绕物

铜剑茎上有绳索缠绕捆扎痕迹，缠绕的编织绳没有规律，比较随意。从痕迹看单根编织绳宽1.18~1.21mm（图10）。

4. 铜剑（M286：1）茎上缠绕物

铜剑茎上缠绕有编织绳痕迹，残留痕迹略完整，剑茎上横向缠绕编织绳现存一共20圈，在横向缠绕编织绳子外面还见有纵向编织绳从开孔内穿过的痕迹。横向的缠绕编织绳呈弱Z捻，单根绳宽1.88~1.97mm，外面2道纵向编织绳从痕迹看未加捻，宽2.45~2.68mm（图11）。

5. 铜剑（M282：1）上缠绕物

该铜剑属于无格剑，在剑茎上残存绳子缠绕痕迹，痕迹残长约49mm。绳子缠绕规律不明显，并不是相邻紧挨着缠绕，而是显得有些杂乱，从痕迹看似乎编织绳于正面上方有打结现象，但因痕迹残缺不全，尚无法了解编织结构全貌。编织绳残存9~10道，每道宽3.8~4mm，厚约1mm（图12）。

图10　铜剑（M52∶1）及剑茎上缠绕纤维痕迹

图11　铜剑（M286∶1）茎上缠绕纤维痕迹及显微镜下细部（5×）

图12　铜剑（M282∶1）及剑茎上缠绕纤维痕迹

二、纤维属性分析

为了对大园子墓地出土纺织品纤维痕迹的属性有进一步了解，我们将这批样品提取后进行实验室检测分析，测试方法为借助显微设备的形貌观察法，参照国家纺织品鉴定标准《纺织纤维鉴别试验方法第3部分：显微镜法FZ/T01057.3-2007》。检测设备为伦华XWY-8型纤维分析仪，截面取得方法为哈氏切片法。

经测试，大园子墓地出土纺织品纤维以麻类纤维为主，实验结果如表1。

表1 纤维属性表

样品编号	样品附着器类	取样部位	纤维属性
M234：2F-1	铜戚	銎内	苎麻
M152：1F-1	铜戚	銎内	苎麻
M276：1F-1	铜戚	銎内	疑似麻类
M283：1F-1	铜戚	銎内	苎麻
M300：1F-1	铜戚	銎内	大麻
M72：2F-1	铜戚	銎内	疑似大麻
M350：4F-1	铜戚	銎内	麻类
M281：3F-1	铜矛	骸内	苎麻
M59：1F-1	铜戚	器表	苎麻
M350：4F-2	铜戚	器表	麻类
M22：1F-1	铜剑	剑身	麻类
M17：2F-1	铜剑	剑身	苎麻
M235：1F-1	铜剑	剑身	麻类
M302：1F-1	铜剑	茎部	疑似麻+木
M202：3F-1	铜剑	茎部	未取得纤维
M52：1F-1	铜剑	茎部	麻类
M286：1F-1	铜剑	茎部	苎麻
M282：1F-1	铜剑	茎部	疑似麻+木

这批纺织品样品送检时状态均不太理想，一部分残存于铜器銎内的植物纤维，虽经长期地下埋藏，织物表面全部被污染物覆盖，但仍然保持着纤维属性，经实验室预处理后，纤维基本达到可检测的程度。而大多数附着于铜器表面的织物痕迹，在长期与铜器的相互作用中，其植物纤维素降解殆尽，纤维表面已基本被铜锈包裹而近于矿化（图13），在这种情况下想取得植物纤维信息非常困难。在本次分析测试中，我们尝试采用各种技术对这类样品进行预处理，经反复实验，剥离金属包裹物后，终于取得一些残存的植物纤维片段，可据此对纤维纵面进行形貌学观察及测量，极少数情况下甚至可将获得的纤维进行包埋切片，观察其横截面结构，对纤维属性进行进一步的细化，这应是一次显著的进步。

经实验分析，此次测试的纤维样品，大多数可确定为草本韧皮纤维中的麻类纤维，此类纤维最大的特点是纤维细长，纤维壁上有明显的横节纹（图14）。进一步推测此批样品应以苎麻和大麻纤维为主，据研究："这两种纤维的次生壁（S_2层）为多

图13　附着于铜器表面几近矿化的织物样本及其在显微镜下的状态（60×）

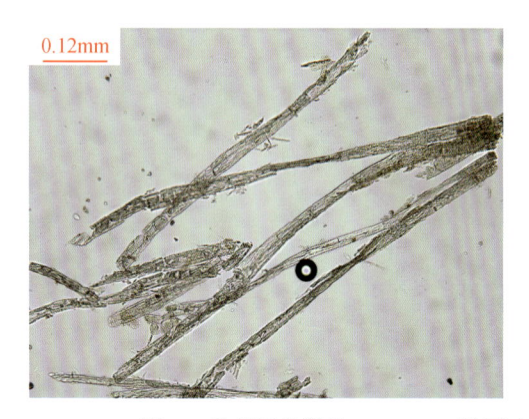

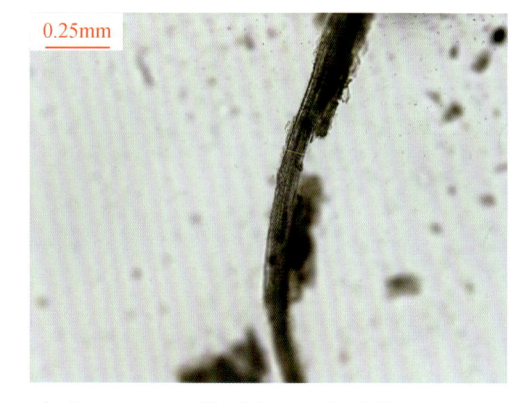

图14　处理后的样品M59∶1F-1纵面（400×）和M22∶1F-1纵面（200×）形貌

层结构，围绕细胞腔会出现若干个同心圆，而这些同心圆，从纤维表面上看就呈现出若干纵向条纹，这是大麻和苎麻所特有的现象。"[①]经观察，本次实验样品大多具有这样的典型结构。

在综合观察纤维纵面与纤维横截面的典型特征后，大园子墓地出土的织物纤维样品有多例可进一步明确其纤维属性。

1. 苎麻（Ramie or China-grass）

苎麻系被子类宿根越年重生的草本植物，苎麻科，苎麻属。别名苎麻、刀麻、绳麻、乌龙麻、中国荨麻、中国草等。在微细结构上，苎麻纤维的特点是纤维壁为多层结构，即细胞壁的S_2层多由两层以上的结构组成，而且微纤维又多呈轴向排列。苎麻纤维的横截面结构为椭圆形、半月形或腰圆形，有中腔，裂纹明显；纤维纵面呈圆筒形或扁平带状，没有明显的转曲，纤维表面光滑或有明显的竖纹，两侧有结节（横节）。如图15。

---

① 王菊华：《中国造纸原料纤维特性及显微图谱》，中国轻工业出版社，1999年。

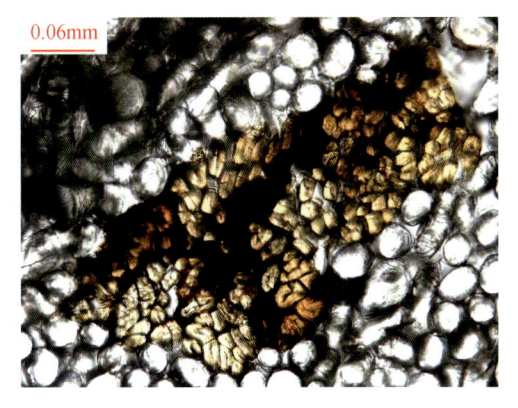

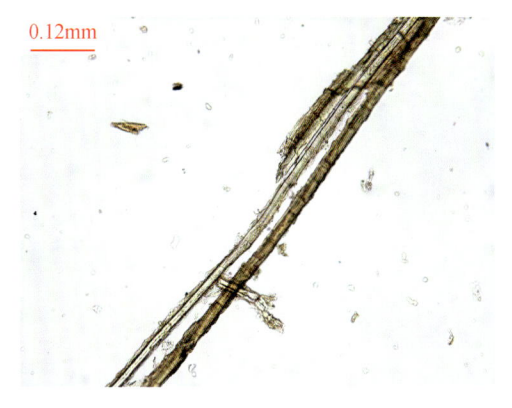

图15　样品M283：1F-1横截面（800×）与纵面（400×）形貌

2. 大麻（Hemp）

一年生草本植物，桑科，大麻属，为我国最主要且产量最多的麻类作物之一。与苎麻相比，大麻纤维较短、较细，细胞较小，但其胞腔比亚麻的大且是连续的。纤维的尖端不如亚麻锐尖，呈钝圆形。大麻纤维的S$_2$层微纤维基本上都平行于轴向排列。大麻纤维横截面呈长腰形或多角形，并有明显中腔。纤维纵面粗细不均匀，呈扁平带状，有天然扭曲，有横节及竖纹，但分布不均匀（图16）。

3. 未确定麻纤维

本次检测中还发现一例纤维样品M350：4F-1，在显微镜下可见这种纤维呈束状分布，纤维细胞横截面呈多边形、圆形或椭圆形，有的有细胞腔，细胞腔较小。纤维纵面有明显的横截纹，但没有明显的纵向条纹。在帚化时很难分散，常有数根纤维连接在一起的现象（图17）。

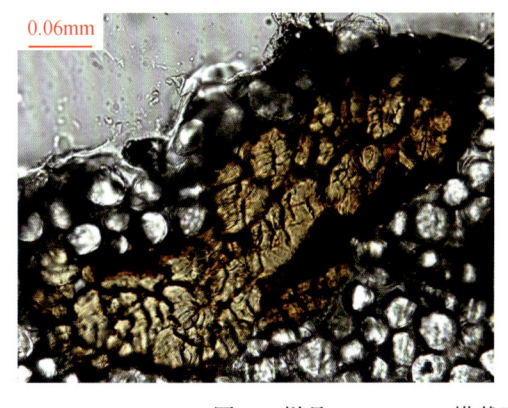

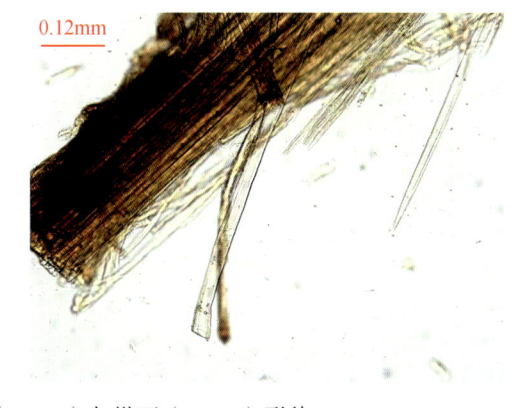

图16　样品M300：1F-1横截面（800×）与纵面（400×）形貌

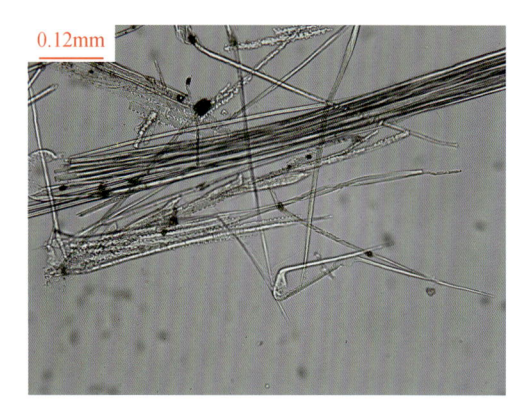

图17　样品M350∶4F-1横截面（800×）与纵面（400×）形貌

这种纤维的典型特征与现代的黄麻、亚麻纤维特征相类似，但是通过测量发现这种纤维的细胞直径非常小，大部分都只有9～10μm，而上述两种麻类的纤维直径均在20μm左右，在纺织纤维的鉴别中，纤维宽度、长度等数据也是鉴别的重要指标之一，据此我们不能轻易予以定性。当然，我们完全以现代植物样本的参数对照古代纤维显然是不妥的，在鉴别工作中，时间、产地、植物演化等各种因素都会对判断造成影响。由于这例纤维的纵面有明显的横截纹，我们就此可以推断其大概率属于麻类纤维的一种，但是其具体种属的推断只能期待于古代植物纤维数据库的完善以及其他检测手段的复核。

另外，我们在对多例铜剑茎上缠绕的纤维进行分析时，除麻类纤维外，还发现了类似于木质纤维的特征结构（图18），不能排除这类铜器在制作时，于剑茎位置使用了复合材料。

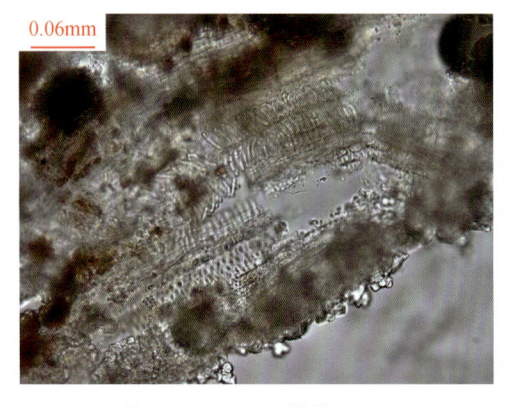

图18　样品M282∶1F-1横截面（800×）

三、分析讨论

大园子墓地位于云南东部地区，埋葬土壤略呈酸性。在这样的环境中有机质类文物难以保存，所以以往考古出土的纺织品类文物遗存非常少见。此次发现的纺织品纤维类材料均与铜器伴出，大部分由于铜锈将纤维表面包裹，所以才得以保存。这些材料并不能代表墓葬所处时代该地区纺织品使用的全部情况，但是具有一定的典型性。

（1）此次测试的这批纤维材料以草本韧皮纤维麻类为主，其中包括苎麻和大麻。

麻类纤维是我国先民最早认识并使用的织物材料之一，《周礼》有"典枲掌布缌、缕、纻之麻草之物，以待时颁功而授赍"，其中"布"指大麻布，"纻"指苎麻布，说明这两种植物在周代便曾是重要的经济作物。考古发现的麻纤维示例比比皆是，如距今5500年的新石器早期的荥阳青台仰韶遗址曾出土了已炭化的麻绳遗迹[1]；商代中期的北京刘家河遗址，其青铜器上有密度不同的平纹麻布的印痕多处[2]；陕西宝鸡茹家庄西周墓地，发现殉葬奴隶多身着麻布衣物等[3]。云南地区温暖湿润，其气候特点非常适宜麻类植物的生长，云南昌宁坟岭岗青铜时代墓地曾出土过苎麻织物残片[4]，而距此不远的陆良薛官堡墓地出土的样品M66铜泡背后穿线，经测试高度疑似为大麻纤维[5]。显然，在大园子墓地出土麻类纤维是非常正常的。

（2）大园子墓地出土的几例有明显人工痕迹的编织物痕迹，除一小片取自铜戚銎内外，余均附着在铜器表面，且只出现在伴出铜器的一面，而没有铜器两面都出现的现象，据此推测这些织物应该不是所附着铜器的包裹物，而是在墓葬中实际使用的织物，如墓主人衣物、铺垫等材料。大园子墓地出土的纺织品纤维遗迹根据所在墓葬形制及出土遗物推断，时代当在战国中晚期至西汉早中期，我们借此大约可以推断该时期我国滇东地区的纺织品发展程度。这几件编织物均为麻类，组织结构皆为最基本的平纹，且编织较为粗糙，织物密度不大，其经密每厘米大多不到10根，按古代标准仅合4~5升布。而与此时代相若，我国中原地区以及荆楚地区的类似麻织物已经可以达到非常精细的水平了，如在益阳楚墓中，出土过经密30根/cm，合19升布[6]的苎布；长沙楚墓中，也曾发现有经密32根/cm，合20升的苎麻布[7]；马王堆一号汉墓还出土过一片苎布N26-10，其经密达37.1根/cm，已合23升[8]。

按文献记载，云南地区在后代是善产精细苎麻布的，《后汉书·南蛮西南夷列传》有"哀牢……宜五谷蚕桑。知染采文绣，罽㲋帛叠，兰干细布，织成文章如绫锦"，但显然从大园子墓地出土的织物材料看，还远没有达到如此的水平。我们不能

---

[1] 张松林、高汉玉：《荥阳青台遗址出土丝麻织品观察与研究》，《中原文物》1999年第3期。
[2] 袁进京、张先得：《北京市平谷县发现商代墓葬》，《文物》1977年第11期。
[3] 宝鸡茹家庄西周墓发掘队：《陕西省宝鸡市茹家庄西周墓发掘简报》，《文物》1976年第4期。
[4] 云南省文物考古研究所：《云南昌宁坟岭岗青铜时代墓地》，《文物》2005年8期。
[5] 中国社会科学院考古研究所、云南省文物考古研究所、曲靖市文物管理所、陆良县文物管理所：《陆良薛官堡墓地》，文物出版社，2017年，第264页。
[6] 益阳市文物管理处，益阳市博物馆：《益阳楚墓》，文物出版社，2008年，第206页。
[7] 湖南省博物馆、湖南省文物考古研究所、长沙市博物馆、长沙市文物考古研究所：《长沙楚墓》，文物出版社，2000年，第417页。
[8] 上海市纺织科学研究院、上海市丝绸工业公司：《长沙马王堆一号汉墓出土纺织品的研究》，文物出版社，1980年，第76页。

排除这些较为粗糙的麻布是专门织造用于墓葬的，汉代郑玄《礼记疏·服问》中有"为父，既练，衰七升；母既葬，衰八升。凡齐衰，既葬，衰或八升，或九升，服其功衰，服粗衰"的记载，即我国古人会专门织造较为粗糙的麻布在葬礼中使用以表示哀悼。但其时的云南地区是否已有专门生产的麻布以用于墓葬的习俗，还需要进一步讨论。

如果这几例织物痕迹确实是服饰或生活用器，那说明在战国至西汉早期当地普通民众使用的日常织物仍较为粗糙，其织造技艺仍处于比较早期的阶段。汉武帝元封二年（前109年）派将军郭昌入滇征服西南夷，设立益州郡和24个县，郡县制度的推行，推动了云南各族的社会发展，带来了中国内地一些先进的生产技术、文化和生产关系。中原地区更为先进的纺织工艺技术很可能也在此时传入了云南地区，也许亦是因此才会出现《后汉书》中"织成文章如绫锦"的"兰干细布"。

（3）大园子墓地出土的织物纤维材料有很大一部分取自青铜兵器的銎内，这类纤维的使用方法似为以近于垂直角度横向缠绕在铜器銎内的木柲上（图19）。而在其中一件铜戚内，除天然纤维外，还取得了几小块编织物残片（图20）。

在长期的考古工作中我们发现，在我国古代不同时期出土的一些金属器上，经常可以看到在金属器物和与之连接的竹木类部件之间，包裹或缠绕有一些麻类的纤维组织或者织造较为粗糙的麻布片的现象。以往发现的这样的例子有很多，比如商代殷墟时期花园庄东地54号墓出土过一件四棱锥形器（M54:451），在这件器物的銎腔内就"残存有木柲，外包裹有麻类物质"[1]。西周初期的陕西泾阳高家堡遗址，曾经出土过一件铜戈，其"筒内残留木柲一段……柲上缠麻布一层，为大麻纤维"[2]。辽宁建昌东大杖子墓地32号墓，也出土过2件铜质车具，"在其管状銎内各出有一片织物残片，发现时均是包裹在木条外一同塞入銎中"。这两片织物残片经测试为大麻[3]（图21）。在河北满城汉墓出土了铁戈2件，其"积竹柲套入镦中时都裹以细麻塞紧"[4]，等等。

这些纤维或小块粗糙的麻布，应主要是利用麻类纤维可塑性和延展性强且表面摩擦系数大的特性，起到木柲与铜兵器（工具、礼器）之间的加固作用。在大园子墓地出土的青铜器上我们看到，这种加固用植物纤维出现在铜戚上的比例会更高，推测这主要应与相对于铜矛等其他类铜器，铜戚的銎更大，木柲更容易脱落有关。而上述小

---

[1] 中国社会科学院考古研究所：《安阳殷墟花园庄东地商代墓葬》，科学出版社，2007年，第168、169页。

[2] 葛今：《泾阳高家堡早周墓葬发掘记》，《文物》1972年7期。

[3] 王丹：《辽宁东大杖子墓地M32出土织物检测及研究》，《边疆考古研究》第18辑，科学出版社，2015年。

[4] 中国社会科学院考古研究所、河北省文物管理处：《满城汉墓发掘报告》，文物出版社，1980年，第84页。

十一　师宗大园子墓地出土纺织品纤维的分析与研究　·817·

图19　M152∶1铜戚及其銎内残存木柲

图20　M234∶2铜戚銎内取出的小块编织物

图21　辽宁东大杖子墓地出土铜车具及銎内大麻布

块织物残片的发现，说明当时人们在制作或使用铜工具（礼器、兵器）时，存在着使用原始纤维或随机使用小块织物的多种可能性。

（4）通过实验室分析我们发现，这类于青铜兵器（工具、礼器）銎内夹杂的纤维，大多数为未经加工的原始植物纤维，在显微镜下清晰可见，这些纤维仍呈束状分布，纤维间还残存较多的植物胶且尚未分散。加上测试分析结果显示，这类残留在铜器銎内的纤维属性较为复杂，出现了苎麻、大麻以及尚不能定性麻类等多种物种。我们就此推测当时的先民在制作使用金属工具时，应已了解了当地的原始麻类植物纤维的特性而加以选择，但因为性状相似并没有进一步细化只选取某类，且在使用时也未对纤维进行深入的加工处理。进而也可说明，战国至秦汉时期的云南东部地区麻类作物的物种十分丰富，并非只有常规认识的苎麻一种。

同时我们也可以看到，其中几例有明显人工编织痕迹的纤维样品，凡可确定其具体属性的，其结果均是苎麻纤维。这样的结果显示当时人们所使用的服用材料还是以穿着性能更好的苎麻纤维为主；并且可以推测出，人们之所以做出这种选择，并不是因为只有一种植物材料可以使用，而应是经过了反复对比、长期实践选择的结果。

四、结　　论

大园子墓地出土纺织纤维类遗存的实验室测试与系统分析，较为客观地提示我们，在战国中晚期至西汉早中期，我国滇东高原地区的先民已经掌握了使用多种植物纤维的技术，主要选择以麻类为主。其中作为金属器具与木柲间加固材料纤维的选择比较随机，涉及苎麻、大麻与他种麻类；在加工铜剑茎部时，还可能将麻纤维与木质材料复合使用；而用于服饰类编织的材料还是主要选择服用性能更好的苎麻纤维。此次发现的编织物普遍略显粗糙，与同时期中原地区和荆楚地区出土的同类织物对比明显。从现有材料推测在汉武帝开西南夷前，当地的纺织业可能仍处在较为初级的阶段，而随着开发后先进织造技术的传入，西南夷地区的纺织业水平可能有了较为显著的发展。本文对于我国早期少数民族地区的植物分布与利用情况、手工业发展水平、文化的传播与交流，以及当地人群与环境关系等方面的研究，提供了较为客观的实物材料。

结 束 语

"西南夷"是战国秦汉时期及其前后分布于巴蜀地区以西、以南（主要包括今云贵高原和川西高原一带）的诸多少数民族的统称，有时也指这些族群分布和活动的区域。有关西南夷的考古发掘与研究，对揭示我国西南古代民族独特的历史文化、认识中国古代统一的多民族国家的形成和发展、考察中国西南地区的古代交通和对外交流等，都有着十分重要的学术意义。中华人民共和国成立以来，西南夷考古取得了令瞩目的成就，其中不乏一些重大发现，但迄今为止该领域存在的问题也不少，如考古工作开展的区域不平衡就是其中较为突出者。

师宗大园子墓地所在地区位于滇东高原，又地处滇黔桂三省区交会地带，长期以来这里一直是西南夷考古的一个薄弱区域，过去几乎未开展过正式的考古工作，所以作为近年来南夷考古的一个新的成果，大园子墓地的发掘填补了西南夷考古的一个重要地域空白，意义是不言而喻的。此项工作对完善和研究战国秦汉时期西南夷土著青铜文化的谱系、探索当时滇东高原以及滇黔桂三省区交会地带的历史文化尤其是族群构成和分布等，都将起到积极的推动作用。

就墓地发掘本身而言，综合以上田野考古报告和科技考古报告，主要收获可概括为以下几个方面。

第一，通过发掘，正式确认了墓地为一处先秦至汉代的西南夷文化遗存。从所清理的墓葬及其随葬品看，大园子墓地具有典型的战国秦汉时期的西南夷土著青铜文化风格，大致年代及文化性质一望便知。当然，关于墓地的具体年代尤其是上限和前后跨度还可结合碳十四测年数据做进一步讨论，另外也需要将来更多的考古发现来说明。

第二，通过发掘及调查，对墓地范围及保存状况有了大致的了解。尽管发掘面积有限，但根据发掘所获得的对墓地堆积过程及土壤特点的认识，结合调查、勘探，基本可以确定墓地分布范围与原有土堆大体重合。考虑到土堆局部已被破坏，目前来看，墓地实际范围要略大于现存土堆。另外，墓地在历史上虽然曾被破坏，发掘前又遭疯狂盗掘，但幸运的是，由于墓地堆积较为深厚，仍有相当一部分墓葬尤其下层墓葬得以保存下来。

第三，通过发掘及相关研究，对墓地文化特征、内涵及族属等均有了一定程度的认识。从清理的墓葬来看，大园子墓地是一处聚族而葬的部落公共墓地，在葬制、葬俗和随葬品方面都表现出较显著的地方特色，但通过比较也可以发现，该墓地与周邻及外部的很多文化又存在着各种各样的联系，特别是同滇池地区的滇文化、曲靖盆地的八塔台文化关系很密切，与相邻区域的陆良薛官堡、泸西石洞村和大逸圃等墓地相比，更是有很多相同或相近的文化因素。总体而言，大园子墓地不出战国秦汉时期滇东黔西尤其是滇东高原青铜文化的框架，而根据其表现出来的诸多地方特色，结合石洞村、大逸圃、薛官堡等地发现，可进一步推断，战国秦汉时期在今师宗、泸西一带，甚至包括陆良南部，可能存在一支相对独立的考古学文化类型。当然，该文化类型是否成立，还需通过更多的考古工作来确认。按照文献记载及历史地理学的研究，上述这些地方在当时多属西南夷中的漏卧侯的势力范围，因此大园子墓地很有可能与漏卧这一族群有关。

第四，通过发掘并结合出土资料的整理及多学科合作研究，对战国秦汉时期滇东高原西南夷族群的社会组织结构、丧葬制度和习俗、观念信仰、人体装饰、艺术审美，以及青铜冶铸、玉石器加工、制陶、纺织等手工业生产技术和原料来源，还有墓地附近的环境、植被及当时人们对植物资源的利用等，也有了不同程度的了解。当然，大园子墓地所蕴含的历史信息和科学信息十分丰富，还可就此做更细致而深入的观察、分析和挖掘，以进一步丰富该地区的古代历史图景，并为有关历史问题的研究提供更多有价值的资料。

不得不说的是，考古工作有很多的不确定性，也会留下很多的遗憾。由于种种原因，原计划开展的大园子墓地第三次发掘后来未能实施，使得对一些问题的认识难以深入，如墓地的部分边界和走向，还有墓地整体的文化面貌和内涵及年代跨度等。这些遗憾和问题，希望在今后的考古工作中能够得到弥补和解决。另外，大园子墓地规模如此之大，与之对应的聚落遗址至今未能发现，也不得不说是一个学术上的缺憾。从我们在墓地附近区域的调查情况看，不排除相关遗址已遭破坏或被现代村庄叠压的可能，但我们还是希望今后有机会就此再开展更大范围和更深入的调查，力争有所突破。

最后，作为考古工作者尤其是墓地的发掘者，还有责任就墓地的保护谈点想法和意见。受自然条件和地理环境制约，自古以来，云贵高原上的人类活动主要集中在地势较为平坦的盆地（高原坝子）之中，且多邻近河流、湖泊。而由于面积有限，古今人类的活动区域往往发生重叠，尤其是近数十年来的人口爆炸式增长和村镇扩展，使得古代遗址和墓葬大多遭到毁坏或被叠压于现代建筑之下。所以，在云贵高原特别是人口相对稠密的滇东地区，古遗址和古墓葬能够较好保存至今的很少。大园子墓地作为一处战国秦汉时期的西南夷文化遗存，其过去虽然也曾遭受严重盗掘和破坏，但因规模大且埋藏深厚，大部分仍得以保存下来，这在滇东高原一带实属难得。发掘表明，大园子墓地的文化内涵也非常丰富，且无论是埋葬方式、丧葬习俗，还是出土的青铜器等随葬品，均显露出较鲜明的地方特色。因此，充分认识大园子墓地的历史文化价值及学术价值，并加强对此类不可再生文化遗产资源的保护工作，无疑十分必要和迫切。实际上，墓地的发掘已为此创造了契机，也提供了重要的学术支持与科学依据。我们期盼墓地的保护工作能够得到真正重视，也乐见在保护基础上对它的合理利用。

（执笔者：杨勇）

Abstract

The Dayuanzi Cemetery is located in Xincun Community, Yangyue Street, Shizong County, Yunnan Province. It is a large-scale Bronze Age site on the eastern Yunnan Plateau. Recognizing the Cemetery's significant historical and cultural value, as well as its academic research importance, and considering the challenging conservation circumstances, the National Cultural Heritage Administration approved excavations at the site. In 2015 and 2016, a joint excavation team, comprising the Institute of Archaeology of Chinese Academy of Social Sciences, the Yunnan Provincial Institute of Cultural Relics and Archaeology, and other institutes, conducted two excavations. These excavations were part of the implementation of the project "Archaeological Excavation and Research in the Southwest Yi Area during the Qin and Han Dynasties", a specific aspect of the broader "Philosophy and Social Sciences Innovation Project of the Chinese Academy of Social Sciences". During the stage of excavation data compilation and archaeological report writing, the project was also funded by the National Social Sciences Fund Project, entitled "Compiling and Researching the Excavation Data of the Dayuanzi Cemetery in Shizong County, Yunnan Province". This book, titled "Shizong Dayuanzi Cemetery", presents the final results of the archaeological work and related research projects. It consists of an introduction, a field archaeological report, a scientific and technological archaeological report, a conclusion, as well as supplementary materials such as tables and color plates.

The introduction begins with an overview of the geographical environment and historical development of Shizong County. Subsequently, it outlines the genesis of the excavation, its objectives, methodologies, general procedures, and the key findings. Additionally, it elucidates the processing of the excavation data and the preparation of the archaeological reports. The primary objectives of excavating the Dayuanzi cemetery are to determine its chronology and nature, understand its cultural characteristics and features, as well as its preservation status, and determine the extent of its distribution. This provides scientific grounds and academic support for the protection of the cemetery, and advancing the archaeological research on the Southwestern Yi in the eastern Yunnan Plateau. During the excavation and data compilation process, emphasis is placed on precise and meticulous operations, and actively applied various modern scientific methods to comprehensively extract and record all unearthed information.

At the same time, we reinforced multi-disciplinary collaborative research and collected a large number of samples and specimens for the investigation and analysis of relevant academic issues. In addition, given the generally poor preservation condition of unearthed artifacts, we prioritized emergency protection measures in situ during excavation. This included implementing timely temporary reinforcement, holistic extraction, and other protective measures and techniques.

The first part, the field archaeological report, consists of four chapters.

Chapter One provides a comprehensive overview of various aspects related to the cemetery and excavated burials, including the surrounding environment, the extent and accumulation process of the cemetery, the burial layout and stratification, burial structure, burial equipment, burial objects and burial customs. The Dayuanzi cemetery is situated near the base of a gentle slope in the southern part of the Shizong basin, with lower terrain to the north and west indicating the potential historical presence of lakes or marshes. The cemetery is characterized by an elliptical earthen mound covering an area of about 7000 square meters, with the highest point reaching nearly 5 meters above ground level. The mound is an artificial feature gradually built up through successive burial events, with burials distributed throughout its vertical profile. The excavations were conducted at two locales labeled as excavation zones I and II, revealing a combined area of 350 square meters and uncovering a total of 402 burials. The stratigraphy of the site suggests four distinct layers from top to bottom. All burials are small vertical pit burials mostly in rectangular shapes, though some are slightly trapezoidal or elongated. Most of the burials are oriented in the northwest-southeast direction along the longitudinal axes. There is no trace of burial mounds. Many burials show traces of wooden structures, indicating the likely presence of wooden burial equipment. The human bones are poorly preserved, with only a small number of skulls, teeth, and limb bones discovered in limited burials. Combined with the placements of burial objects, it is estimated that the deceased were typically oriented with their heads to the southeast. Although burial customs remain unclear, supine and extended positions were presumed to be common. Burial goods mainly include weapons, tools, and ornaments. In addition to ornaments such as bracelets and jade pendants, most artifacts are concentrated near the head or alongside the deceased, with a smaller number placed around the waist or abdomen. Many copper-based objects, especially weapons, show signs of intentional bending or breakage, suggesting a possible association with customs of deliberate weapon or tool destruction. In addition, many burial objects exhibit evidence of exposure to fire. Overall, there is both continuity and some differences in terms of structure and accompanying burial objects among burials of different stratigraphic layers within the earthen mound.

Chapter Two offers a detailed exposition of the artefacts unearthed from the cemetery, mainly focusing on burial goods, with a few artefacts unearthed from the filling soil of the burial pits. There are a total of 634 artefacts (sets), with the largest number being copper-based artefacts, followed by jade artefacts, a few items crafted from special material, and very few pottery. Copper-based artefacts include swords, *ge*-daggers, *mao*-spears, *qi*-axes, *yue*-axes, *zun*-ferrule, scabbard fittings, arm armors, *xiao*-paring knives, *ben*-adzes, hooked sickles, bracelets, buttons, hemispherical decorations, plate decorations, flaky decorations, hairpins, bells, clip-shaped objects, hat-shaped objects, spring-shaped objects, etc. Swords are mostly featured by a straight-line guard and a curved blade, and a few have hollowed-out flat-round hilt or snake-headed hilt. *Ge*-daggers are mostly rectangular blades without dewlap and often have a humanoid pattern. There are also a few with wings and dewlap. *Mao*-spears come in various shapes, with many featuring distinctive curved blades. The shapes of the *qi*-axes are primarily characterized by a broad, sharp, leaf-shaped blade with a vertical socket. Bracelets are most commonly found in thin ring-shaped and sheet-shaped designs, with the latter often adorned with inlaid malachite pieces. In burials, these bracelets are often discovered arranged in groups (strings) around the arm of the deceased, sometimes numbering in the dozens. The buckle ornaments come in various shapes, such as round, rectangular plate-shaped, and relief-shaped animal forms, some of which are inlaid with malachite pieces or other types of jades. Some round buckle ornaments are also made into animal mask-like shapes. Jade artefacts include soft jade, quartzite jade, agate, malachite, and ordinary stone materials such as sandstone. The main types of artefacts include beads, earrings, *huang*-shaped decorations, buckle decorations, bracelets, sword pommels, pendants, adzes, and so on. Among them, the number and types of beads are relatively large. They can be divided into tube beads, round beads, flattened beads, ring beads, and slice beads according to their shapes. Special material products mainly include bracelets and beaded strings. Some bracelets are also adorned with inlaid metal sheets or malachite pieces. These special material items resemble carbonized wooden products in appearance and texture but, upon testing, were found to lack botanical origins. Their specific composition mainly comprises birch bark tar oil, making them artificial materials.

Chapter Three is a comprehensive overview of the burials, providing thorough descriptions of the burials themselves and the funerary objects unearthed. The purpose is not only to present the information more comprehensively, but also to enable readers to observe and analyze issues through the lens of specific tomb units.

Chapter Four offers a fundamental understanding of the Dayuanzi cemetery, focusing primarily on the chronology of the burials, cultural characteristics, connections with other cultures, ethnicity, and related socio-historical issues. It engages in analysis, discussion, and proposes viewpoints. The burials at Dayuanzi cemetery can be divided into two phases, with the second phase further subdivided into early and late stages. The first phase of burials dates from the late Warring States period to the early Western Han dynasty. The second phase of burials dates from the middle to late Western Han dynasty, with the early stage estimated to be around the early middle Western Han dynasty and the late stage around the later middle to the late Western Han dynasty. The Dayuanzi cemetery shows significant local characteristics in funeral practices, funeral customs, and burial objects. Simultaneously, it maintains diverse connections with many cultures in neighboring areas and beyond. Overall, the cemetery appears to fit within the framework of the bronze culture in Eastern Yunnan and Western Guizhou during the Qin and Han dynasties. Moreover, it is likely to form a relatively independent archaeological cultural type in conjunction with relevant archaeological discoveries in neighboring regions. Based on historical records and historical geographic research, it is speculated that the Dayuanzi cemetery may be related to the Louwo ethnic group within the Southwestern Yi.

The second part is a report on scientific archaeology, consisting of 11 research reports.

The radiocarbon dating report for the Dayuanzi Cemetery presents the results of 28 samples from the cemetery. These samples are divided into three categories based on their sources, nature, and their significance in indicating the age of the burials. According to the dating results of the first and second categories of samples, which hold higher reference values, the absolute age of the Dayuanzi Cemetery ranges from the late Western Zhou period to the Warring States period. The majority of burials date from the early Spring and Autumn period to the middle Warring States period. Notably, the dating result is significantly earlier than the conclusion derived from archaeological analysis, exhibiting a considerable discrepancy.

A substantial quantity of botanical remains, primarily wood, was unearthed at the Dayuanzi Cemetery. Among the 60 plant samples collected, 22 tree species, 1 grass family plant, and 1 sample of hemp or ramie fiber were identified. Combining the characteristics of these samples, it is speculated that burial coffins were generally made of hardwood pine. The wooden components of copper-based objects, such as for the *ge*-daggers and *mao*-spears, were often crafted from durable, and corrosion-resistant wood, sometimes reinforced with plant fibers or even grass straws. The local plant resources are abundant, with coniferous forests predominantly featuring pine and mixed forests of evergreen and deciduous trees.

Utilizing various scientific methods, the analysis of the special material products, primarily bracelets and beads, unearthed from the Dayuanzi Cemetery revealed that the main component of these items was birch bark tar, indicating their artificial nature. This was the first discovery in the archaeology of the Southwestern Yi, with no similar reports found in other parts of China or even internationally.

A large number of copper-based objects were unearthed from the Dayuanzi cemetery. Scientific analysis indicates that they are primarily tin bronze, with a small amount of red copper. These copper-based objects were predominantly cast, with post-casting processes such as cold working only, hot forging only, hot forging with a subsequent cold working, and inlaying. These techniques reveal a distinct tradition of bronze craftsmanship in the "Southwestern Yi's Style". The craftspeople at that time mastered the alloy ratio of bronze objects for different purposes, and used different production techniques accordingly. Lead isotope analysis showed that there were more than two ore sources at the Dayuanzi Cemetery, and there were changes between the early and late periods.

Many unearthed jade artifacts have also been analyzed, revealing instances of dyeing and painting on jade objects. It has also been found that some jade objects may have functioned as sound-producing devices. Like copper-based objects, some jade objects also exhibit traces of exposure to fire. In terms of production processes, they generally include cutting, rough shaping, drilling, grinding, and polishing. The techniques vary depending on the specific material and its hardness.

The Dayuanzi Cemetery yields a limited number of unearthed pottery; nonetheless, they have undergone testing and analysis. These ceramic objects were mostly fired in an oxidizing atmosphere, and the body was extremely fragile. The firing temperature generally remained below 600℃, with a relatively short duration of firing time. Some pottery underwent intentional burning before interment.

The textiles and fiber samples unearthed from the Dayuanzi Cemetery have been identified as mainly being made from ramie, hemp, and other types of bast fibers. The textiles were generally slightly rough, suggesting that the local textile industry was still in a relatively preliminary stage before Emperor Wu of Han's campaign to develop the southwestern Yi region.

The conclusion briefly summarizes the main achievements and significance of the excavation of the Dayuanzi Cemetery, alongside the identification of extant challenges.

Additionally, recommendations for future archaeological endeavors and preservation initiatives of the cemetery are provided.

One attached table is the registration form for all excavated burials in the cemetery.

The book contains 232 color plates, mainly showing the environment and terrain around the Dayuanzi cemetery, the excavation site, and some of the burials and unearthed relics.

后 记

作为一部综合性的考古报告，本书《师宗大园子墓地》是在云南师宗县大园子墓地2015年和2016年发掘资料全面、系统整理以及广泛的多学科合作研究基础上编写而成的，也是在国家社科基金项目"云南师宗县大园子墓地发掘资料整理与研究"（项目批准号：18BKG035）结项成果基础上进一步修改、完善而成的。

本书由中国社会科学院考古研究所、云南省文物考古研究所以及曲靖市文物管理所和师宗县文物管理所等单位共同编著，杨勇任主编。全书包括绪论、上编、下编、结束语和图版等五个部分，具体分工如下。

绪论，杨勇、朱忠华、金海生执笔。

上编为田野考古报告，分四章，另附大园子墓地发掘墓葬登记表（附表）。第一章，杨勇、金海生、查苏芩执笔；第二章第一、三、四节和第三、四章，杨勇执笔；第二章第二节，杨勇、李钰执笔。附表，杨勇制作。

下编为科技考古报告，共11篇，作者及单位在各篇报告的标题下已详细标注，此处略。

结束语，杨勇执笔。

图版以及本书绪论和上编田野考古报告中插图的编排与制作，由杨勇、彭启晗、陆宇鹏、张琪、李钰、何恬梦等共同完成。

本书摘要的中文稿由杨勇撰写，英文稿由南京师范大学社会发展学院文物与博物馆学系韩茗博士翻译、山东大学文化遗产研究院王庆铸博士审校。

本书各章节和各篇完成后，由杨勇统一负责审稿、统稿、定稿和核校，最后成书。四川大学考古文博学院硕士研究生赵艳华协助对部分内容进行了校对。中国社会科学院考古研究所西南第二工作队技师刘果淞、王哲协助对部分插图进行了校对和修改。

感谢白云翔先生，他一直关心本书的编写和出版工作，并拨冗作序。

感谢科学出版社文物考古分社及有关领导对本书出版的大力支持；特别要感谢柴丽丽编辑，她高质、高效的编辑工作令人钦佩。

感谢云南省文物考古研究所提供出版经费，使本书得以顺利出版。

本书在编写过程中，还获中国社会科学院学科建设"登峰战略"资助计划资助，编号DF2023YS14。

光阴似箭，日月如梭。从2015年师宗大园子墓地首次发掘，到如今考古报告即将付梓，转瞬已近十年。要感谢参加过大园子墓地发掘、整理、研究及报告编写的所有工作人员！没有大家野外风吹日炙、室内黄卷青灯，以及孜孜不怠、锲而不舍的工作态度和精神，就不会有《师宗大园子墓地》这一成果。回想在师宗工作期间，特别是开始阶段，各方面条件都较简陋，但大家极少抱怨，反而多埋头苦干，且积极乐观，常沉浸在新发现带来的喜悦与兴奋之中。明末大旅行家徐霞客在滇东一带游历和查勘珠江源时，曾到过师宗并短暂停留。据其游记所载，师宗境内的旅途异常艰险，夜行时还差点遇到劫匪，满是劳顿、饥饿、狼狈和惊险。每想到此，不禁心生敬佩和感慨：古人为探索未知而不惧艰难险阻，今天的考古人又何尝不是如此，然而面对收获，辛劳、困难又何足道哉！

《师宗大园子墓地》的编写和出版，得到中国社会科学院考古研究所时任和现任所领导刘政书记、王立峰书记、张国春书记、陈星灿所长、朱岩石副所长、施劲松副所长、陈时龙副所长，以及科研处、人事处、办公室、汉唐考古研究室、考古杂志社、考古科技实验研究中心和文化遗产保护研究中心等处室中心领导和同仁的关心与指导；得到云南省文物考古研究所刘旭、刘正雄、戴宗品、朱忠华等历任领导及同志们的支持和帮助；得到了曲靖市文物管理所和师宗县文物管理所领导及同志们的支持与协助。在此一并表示衷心感谢！

从大园子墓地发掘到本书的编写和出版，自始至终得到国家文物局、云南省文物局、曲靖市文化和旅游局以及中共师宗县委、县人民政府、县文化和旅游局等各级领导的关心与大力支持。发掘期间，漾月街道党委和政府有关领导以及新村社区的广大干部群众也给予了我们很多的支持和帮助。在《师宗大园子墓地》即将出版之际，谨向他们表示诚挚感谢和深深敬意！

考古学的基础和源泉在田野。每一处古遗址或古墓地（葬）都有其独特价值，它们的发掘将有力推动相关领域的学术研究。大园子墓地亦不例外，其价值及发掘意义，已在本书绪论中做了详述，此处不赘。这里想说的是，无论遗址本身还是其发掘之重要性，终归要通过考古报告呈现出来。因此，《师宗大园子墓地》的出版，是对大园子墓地作为重要考古遗存的最好的展示和传播，也是对大园子墓地考古工作重要意义的最直接彰显。我们希望，本书出版后，对学术研究特别是西南夷考古能起到实质性的推进作用，并借此促进大园子墓地的保护和利用。

对于《师宗大园子墓地》的编写，我们始终秉持高度负责的科学态度，强调全面、系统、细致，力求把田野资料和相关研究成果尽可能客观而详尽地介绍给学界，但限于多种因素，书中疏漏甚至谬误恐怕仍难避免，还望读者多包涵体谅并予以批评指正。

编 者

2024年1月

图版1

大园子墓地远眺（东北—西南）

图版2

1. 南—北

2. 北—南

大园子墓地鸟瞰

图版3

大园子墓地及附近区域正射影像

图版4

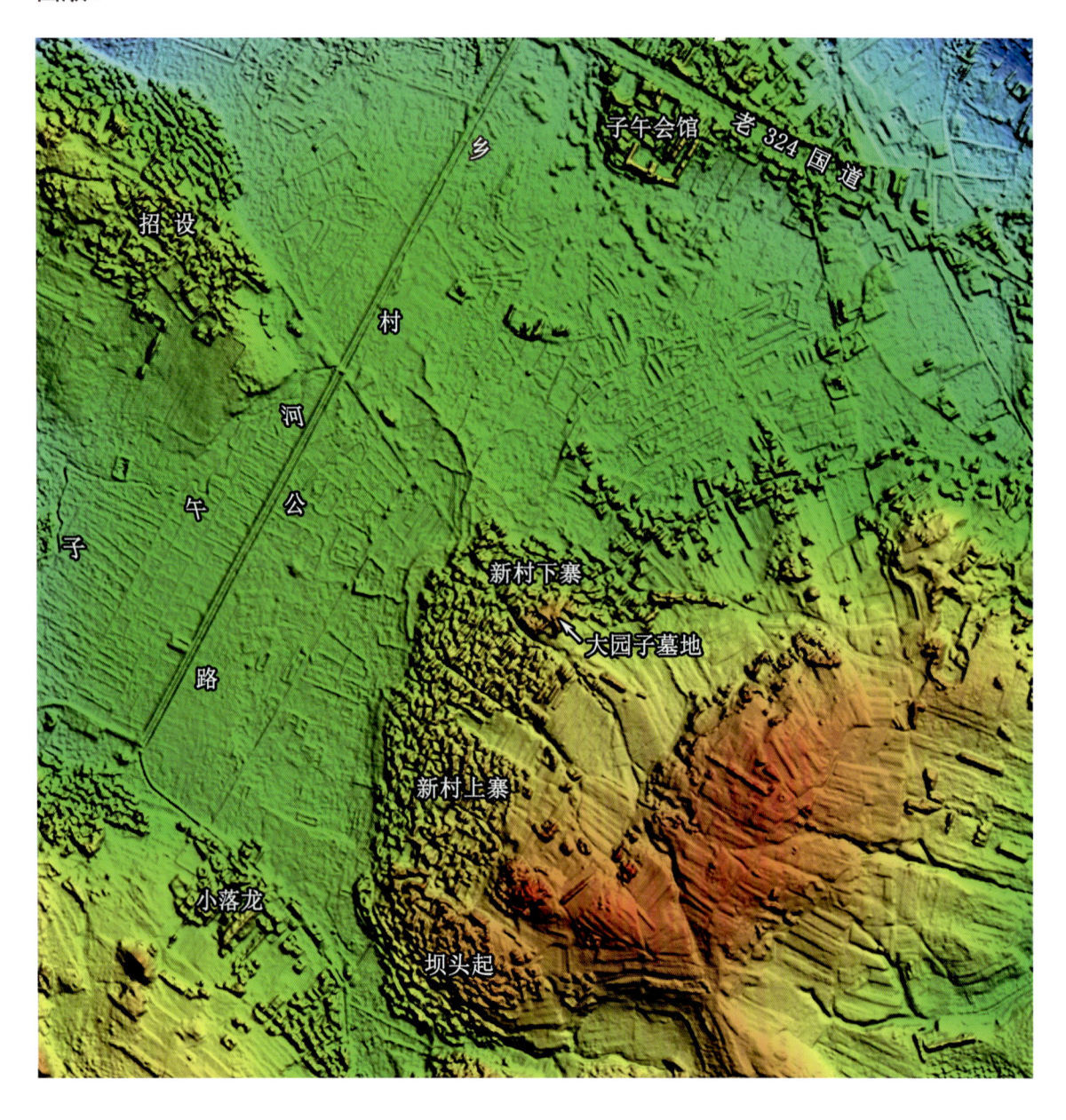

大园子墓地及附近区域地形

图版5

1. 大园子墓地范围示意（上为南）

2. 大园子墓地正射影像及布方位置（上为北）

大园子墓地范围及布方位置

图版6

1. Ⅰ号发掘点T6051、T6151西壁

2. Ⅱ号发掘点T5543、T5643西壁

大园子墓地地层堆积

图版7

1. 2015年Ⅰ号发掘点北部区域底部（西北—东南）

2. 2016年Ⅱ号发掘点底部（东南—西北）

大园子墓地发掘现场

图版8

1. Aa型Ⅰ式铜剑（M94:1） 　　2. Aa型Ⅱ式铜剑（M350:1） 　　3. Aa型Ⅱ式铜剑（M206:3）

4. Ab型铜剑（M202:5） 　　5. B型Ⅱ式铜剑（M40:3） 　　6. B型Ⅱ式铜剑（M40:3）侧面

铜剑

图版9

1. Ca型铜剑（M12:5）

2. Ca型铜剑（M186:1）

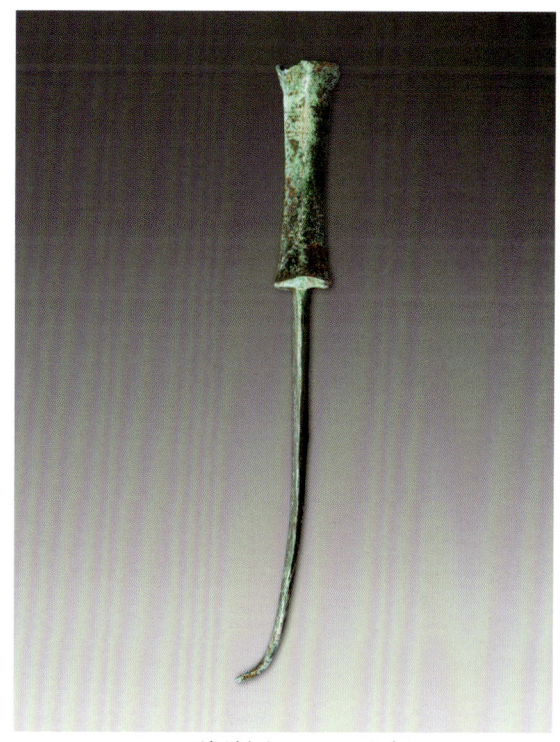

3. Ca型铜剑（M186:1）侧面

铜剑

图版10

1. Cb型铜剑（M276∶2）

2. Cb型铜剑（M29∶2）

3. Cb型铜剑（M29∶2）侧面

铜剑

图版11

1. Cc型铜剑（M209∶3）

2. Cc型铜剑（M33∶2）

3. Cc型铜剑（M33∶2）侧面

铜剑

图版12

1. A型铜戈（M378∶1）

2. A型铜戈（M378∶1）后视

3. A型铜戈（M206∶1）

4. A型铜戈（M206∶1）后视

铜戈

图版13

1. A型铜戈（M349∶1）

2. Ba型铜戈（M327∶1）

铜戈

图版14

1. Bb型Ⅰ式铜戈（M180∶2）

2. Bb型Ⅰ式铜戈（M211∶1）

3. Bb型Ⅰ式铜戈（M219∶4）

铜戈

图版15

1. Bb型Ⅱ式铜戈（M57:3）

2. Bb型Ⅱ式铜戈（M73:7）

3. Bb型Ⅱ式铜戈（M224:1）

铜戈

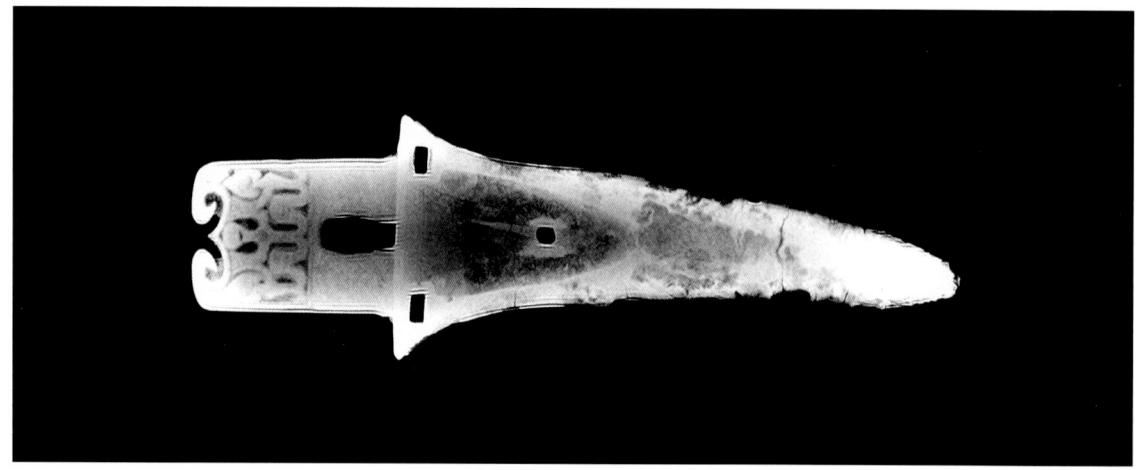

图版16

1. Bb型Ⅱ式铜戈（M57:3）X射线照片

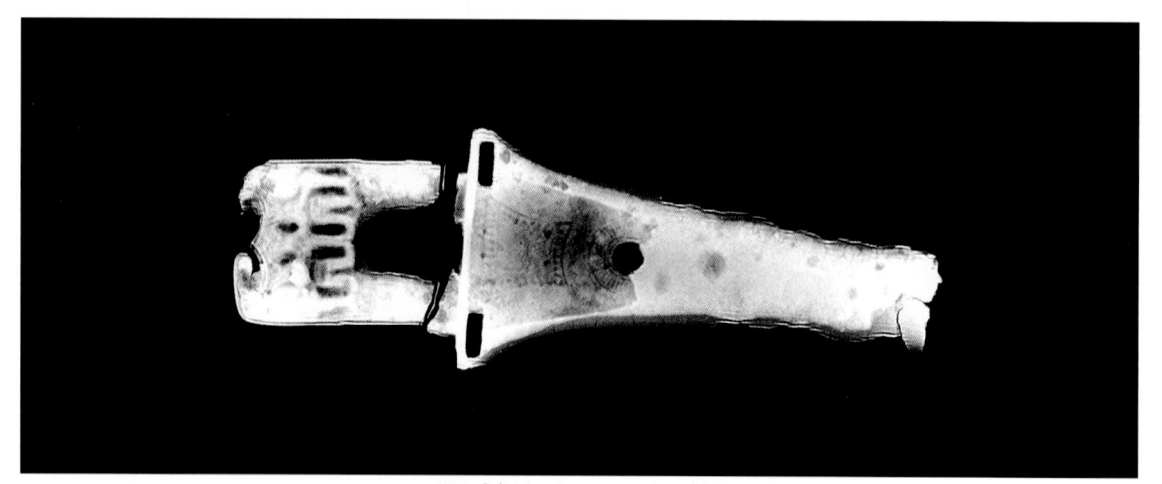

2. Bb型Ⅱ式铜戈（M73:7）X射线照片

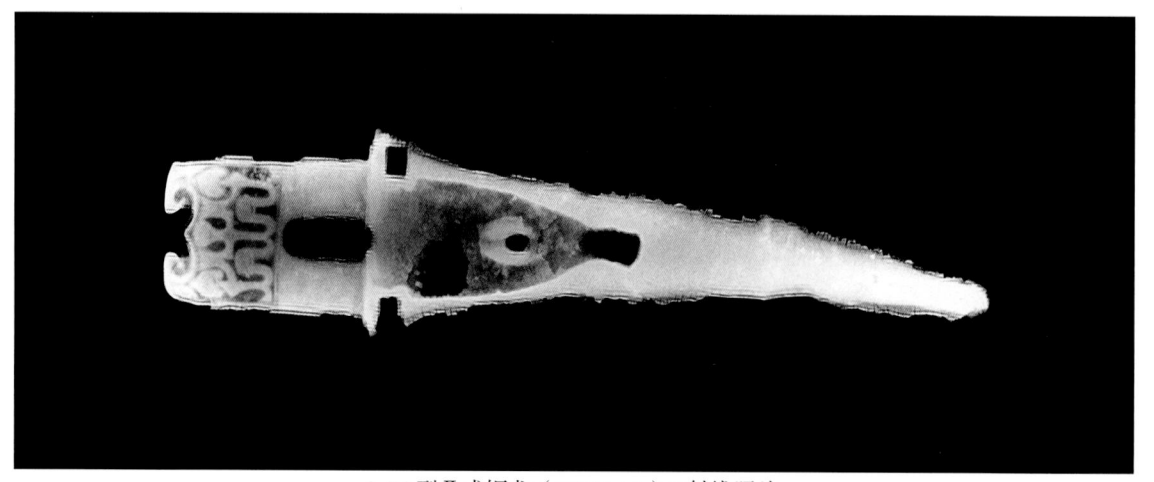

3. Bb型Ⅱ式铜戈（M224:1）X射线照片

铜戈

图版17

1. Bb型Ⅲ式铜戈（M67∶2）

2. Bb型Ⅲ式铜戈（M179∶1）

3. Bb型Ⅲ式铜戈（M179∶1）侧面

铜戈

图版18

1. Bb型Ⅲ式铜戈（M268∶2）A面

2. Bb型Ⅲ式铜戈（M268∶2）B面

3. Bb型Ⅲ式铜戈（M268∶2）侧面

铜戈

1. Bb型Ⅲ式铜戈（M281∶2）

2. Bc型铜戈（M2∶3）

3. Bc型铜戈（M209∶2）

铜戈

图版20

1. Aa型铜矛（M7:4）

2. Aa型铜矛（M179:4）

3. Aa型铜矛（M179:4）侧面

4. Aa型铜矛（M209:4）

5. Ab型Ⅰ式铜矛（M202:1）

6. Ab型Ⅰ式铜矛（M94:2）

铜矛

图版21

1. B型Ⅰ式铜矛（M189∶1） 　　2. B型Ⅰ式铜矛（M180∶5） 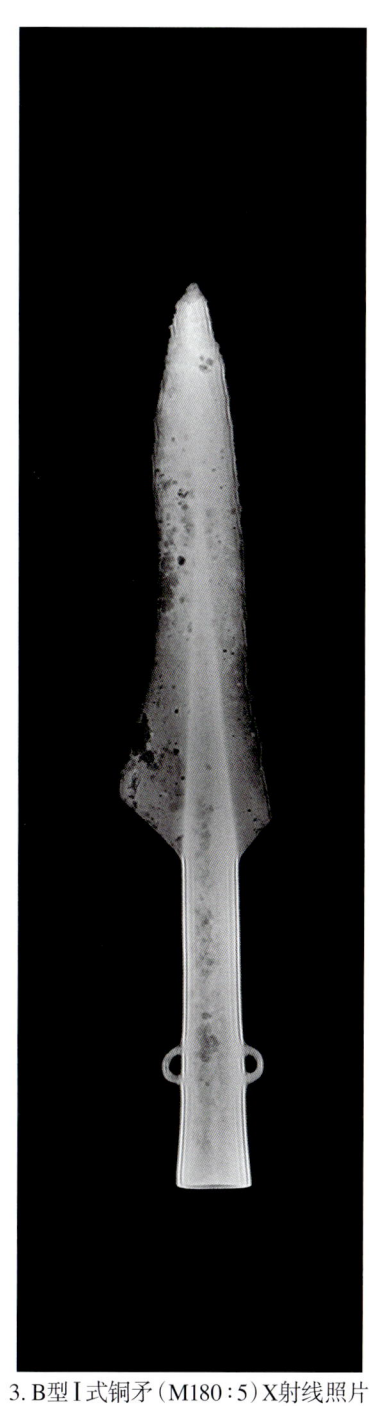　　3. B型Ⅰ式铜矛（M180∶5）X射线照片

铜矛

图版22

1. B型Ⅱ式铜矛（M24:2）
2. B型Ⅲ式铜矛（M235:2）
3. B型Ⅱ式铜矛（M29:1）

铜矛

图版23

1. A型Ⅰ式铜戚（M152∶1）

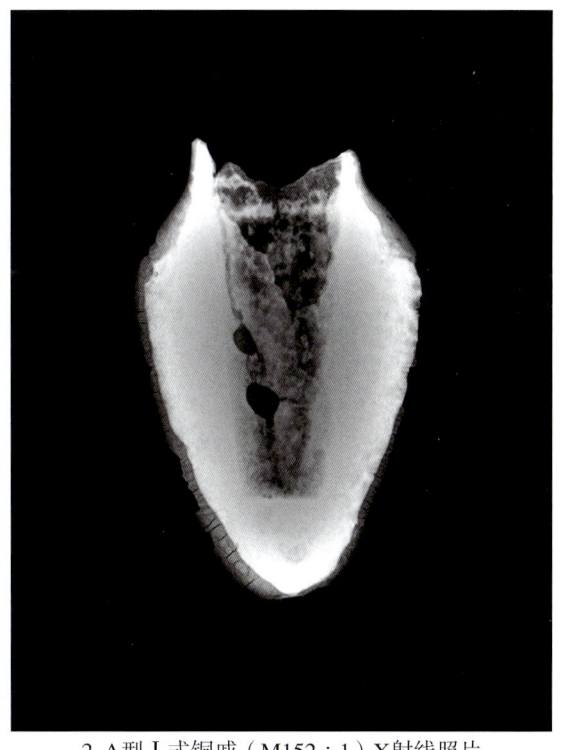

2. A型Ⅰ式铜戚（M152∶1）X射线照片

3. A型Ⅰ式铜戚（M350∶4）

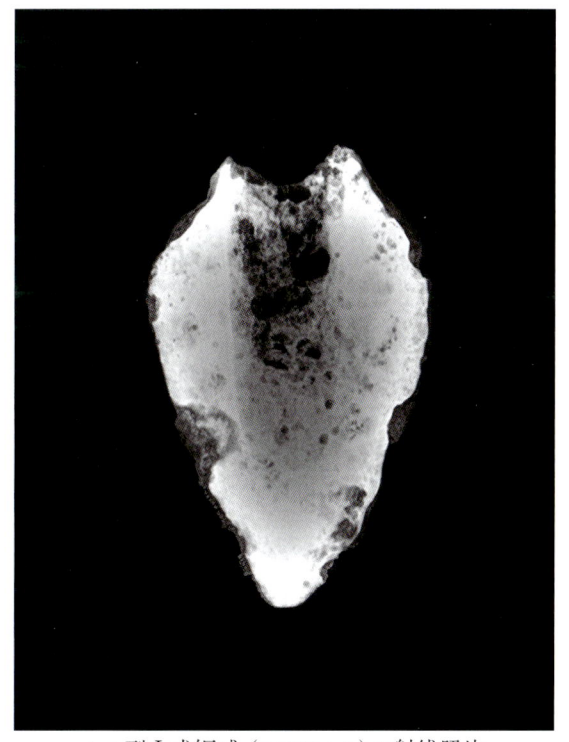

4. A型Ⅰ式铜戚（M350∶4）X射线照片

铜戚

图版24

1. A型Ⅱ式铜戚（M9∶1）

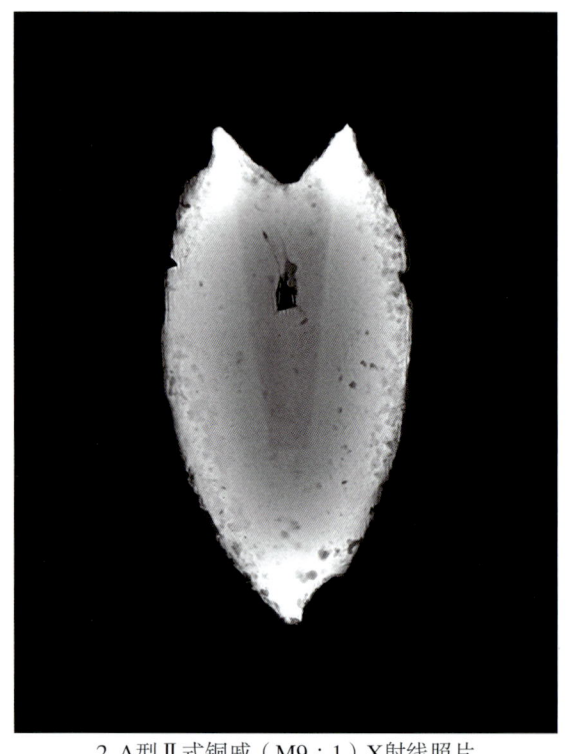

2. A型Ⅱ式铜戚（M9∶1）X射线照片

3. B型Ⅰ式铜戚（M300∶1）

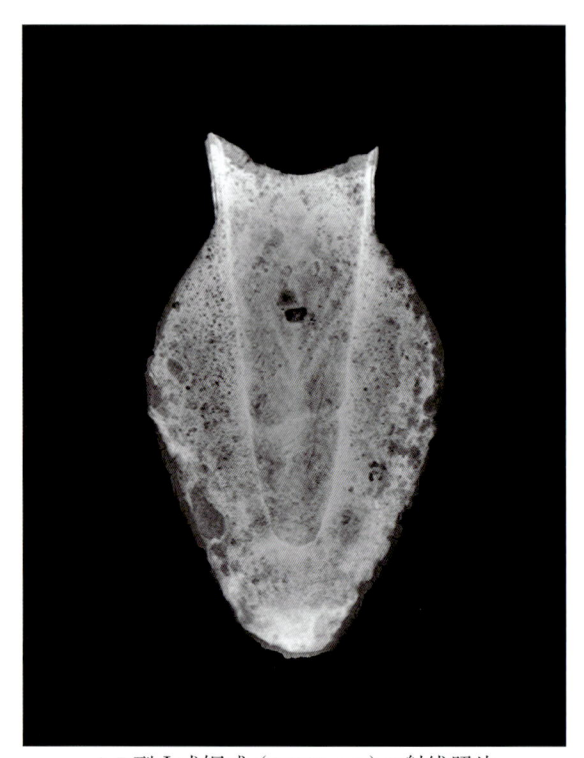

4. B型Ⅰ式铜戚（M300∶1）X射线照片

铜戚

图版25

1. B型Ⅱ式铜戚（M47：1）

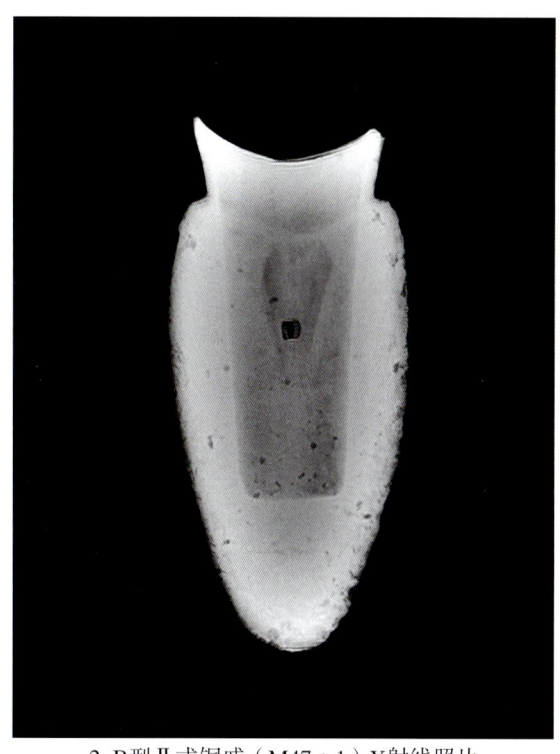

2. B型Ⅱ式铜戚（M47：1）X射线照片

3. B型Ⅱ式铜戚（M256：1）

4. B型Ⅱ式铜戚（M256：1）X射线照片

铜戚

图版26

1. C型铜戚（M248:1）

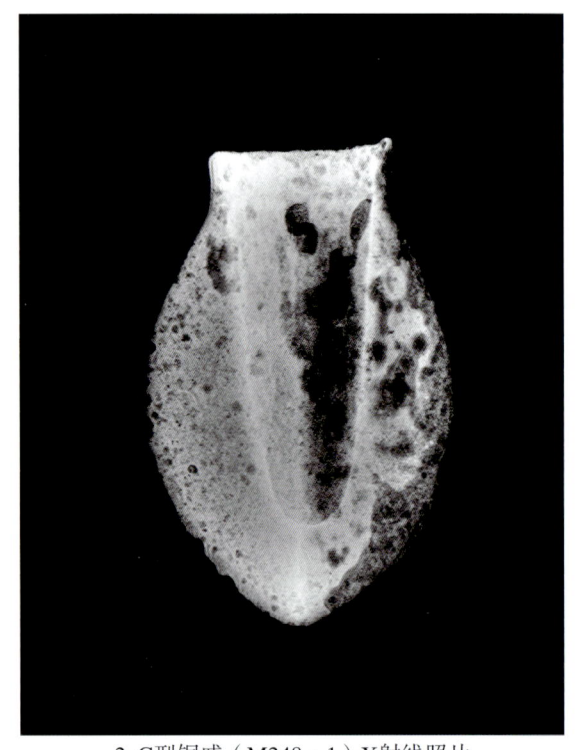

2. C型铜戚（M248:1）X射线照片

3. 铜钺（M180:3）

4. 铜镈（M180:13）

铜戚、钺、镈

图版27

1. A型铜削刀（M35∶1）A面

2. A型铜削刀（M35∶1）B面

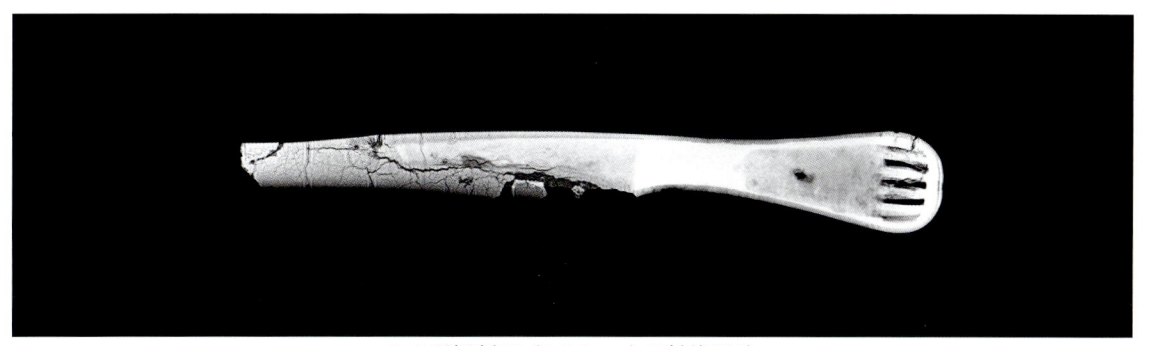

3. A型铜削刀（M35∶1）X射线照片

4. B型铜削刀（M23∶2）

铜削刀

图版28

1. Da型铜削刀（M7:3）

2. Db型铜削刀（M4:3）

3. 铜锛（M4:4）正面

4. 铜锛（M4:4）背面

铜削刀、锛

图版29

1. A型Ⅰ式铜镯（M179：6）

2. A型Ⅱ式铜镯（M185：9）

3. A型Ⅱ式铜镯（M185：9）正视

铜镯

图版30

1. B型铜镯（M275：1-1）

2. C型Ⅰ式铜镯（M58：4-1）

3. C型Ⅱ式铜镯（M74：3）

4. A型Ⅱ式铜镯（M247：3-1）

铜镯

图版31

1. Ea型铜镯（M216:1）

2. Ea型铜镯（M176:2）

3. Ec型铜镯（M1:1）

铜镯

图版32

1. Ed型铜镯（M55∶4）

2. Ed型铜镯（M63∶2）

3. Ef型铜镯（M240∶2-2）　　　　4. Ef型铜镯（M240∶2-2）局部

铜镯

图版33

1. Aa型铜扣饰（M227：1）

2. Aa型铜扣饰（M378：2）

铜扣饰

图版34

1. Ab型铜扣饰（M40:1）正面 　　　　2. Ab型铜扣饰（M40:1）背面

3. Ab型铜扣饰（M350:2）正面 　　　　4. Ab型铜扣饰（M350:2）背面

5. Ab型铜扣饰（M199:2）正面 　　　　6. Ab型铜扣饰（M199:2）背面

铜扣饰

图版35

1. Bb型铜扣饰（M138：4）正面

2. Bb型铜扣饰（M138：4）背面

3. Ca型铜扣饰（M22：2）正面

4. Ca型铜扣饰（M22：2）背面

5. Bc型铜扣饰（M201：1）正面

6. Bc型铜扣饰（M201：1）细部纹饰

铜扣饰

图版36

1. Cb型铜扣饰（M293：2）正面

2. Cb型铜扣饰（M293：2）背面

3. Da型Ⅱ式铜扣饰（M12：2）正面

4. Da型Ⅱ式铜扣饰（M12：2）背面

5. Da型Ⅰ式铜扣饰（M179：3）正面

6. Da型Ⅰ式铜扣饰（M179：3）背面

铜扣饰

图版37

1. Da型Ⅱ式铜扣饰（M17:1）正面

2. Da型Ⅱ式铜扣饰（M17:1）背面

3. Da型Ⅱ式铜扣饰（M41:3）正面

4. Da型Ⅱ式铜扣饰（M41:3）背面

5. Da型Ⅱ式铜扣饰（M41:3）侧面

6. Db型铜扣饰（M36:3）

铜扣饰

图版38

1. Ea型铜扣饰（M251:1）正面

2. Ea型铜扣饰（M251:1）背面

3. Eb型铜扣饰（M3:1）正面

4. Eb型铜扣饰（M3:1）背面

5. Eb型铜扣饰（M3:1）侧面

6. Eb型铜扣饰（M3:1）上镶嵌的孔雀石片

铜扣饰

图版39

1. F型铜扣饰（M276∶3）正面
2. F型铜扣饰（M276∶3）背面 
3. F型铜扣饰（M276∶3）侧面 
4. F型铜扣饰（M209∶1）正面 
5. F型铜扣饰（M209∶1）背面 
6. F型铜扣饰（M209∶1）侧面 

铜扣饰

图版40

1. F型铜扣饰（M2∶1）正面

2. F型铜扣饰（M2∶1）背面

3. F型铜扣饰（M2∶1）侧面

4. F型铜扣饰（M249∶1）正面

5. F型铜扣饰（M249∶1）背面

6. G型铜扣饰（M7∶2）

铜扣饰

图版41

1. Aa型铜泡饰（M327∶12）正面

2. Aa型铜泡饰（M327∶12）背面

3. Ab型铜泡饰（M228∶5）

4. Cb型铜泡饰（M280∶1）

5. Ba型铜泡饰（M206∶5）

6. Bb型铜泡饰（M300∶4）

铜泡饰

图版42

1. D型铜泡饰（M180∶14）正面

2. D型铜泡饰（M180∶14）背面

3. D型铜泡饰（M180∶15）正面

4. D型铜泡饰（M180∶15）背面

5. E型铜泡饰（M185∶8）正面

6. E型铜泡饰（M185∶8）背面

铜泡饰

图版43

2. A型铜片饰（从左至右M179：5-2、M179：5-3、M179：5-1）

3. A型铜片饰（从左至右M179：5-2、M179：5-3、M179：5-1）背面

1. B型铜簪（M276：7）　　4. B型铜片饰（M12：4）　　5. 铜夹形器（M12：3）

铜簪、片饰、夹形器

图版44

1. 铜铃（M45:1）

2. 铜铃（M45:1）侧面

3. 铜铃（M180:7）

4. 铜铃（M180:7）侧面及铃舌

铜铃

图版45

1. A型玉管珠（M53：1-1）
2. A型玉管珠（M395：1-1） 
3. B型玉管珠（M224：8） 
4. B型玉管珠（M190：3） 
5. Ca型玉管珠（M185：1-12） 
6. Cb型玉管珠（M402：2） 
7. 玉片珠（M185：1-14） 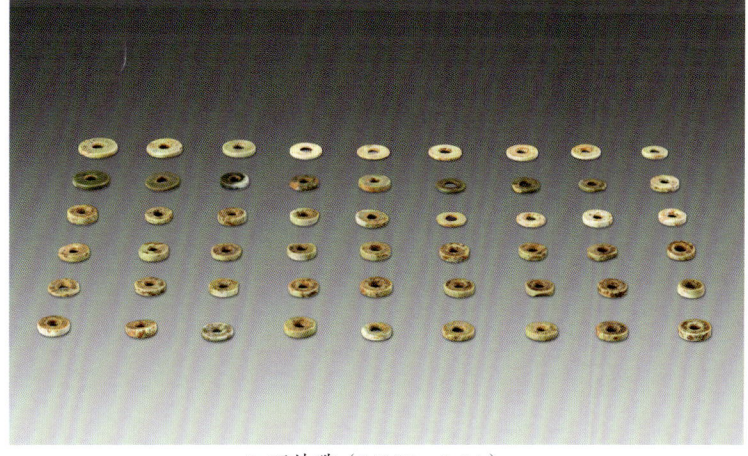
8. 玉扁珠（M58：5-3） 

玉管珠、片珠、扁珠

图版46

1. 玉玦（M106：2-2）

2. 玉玦（M106：1）

3. 玉玦（M183：4）

4. A型玉璜形饰（M219：3-1）

5. A型玉璜形饰（M219：3-2）

6. B型玉璜形饰（M224：3-2）

玉玦、璜形饰

图版47

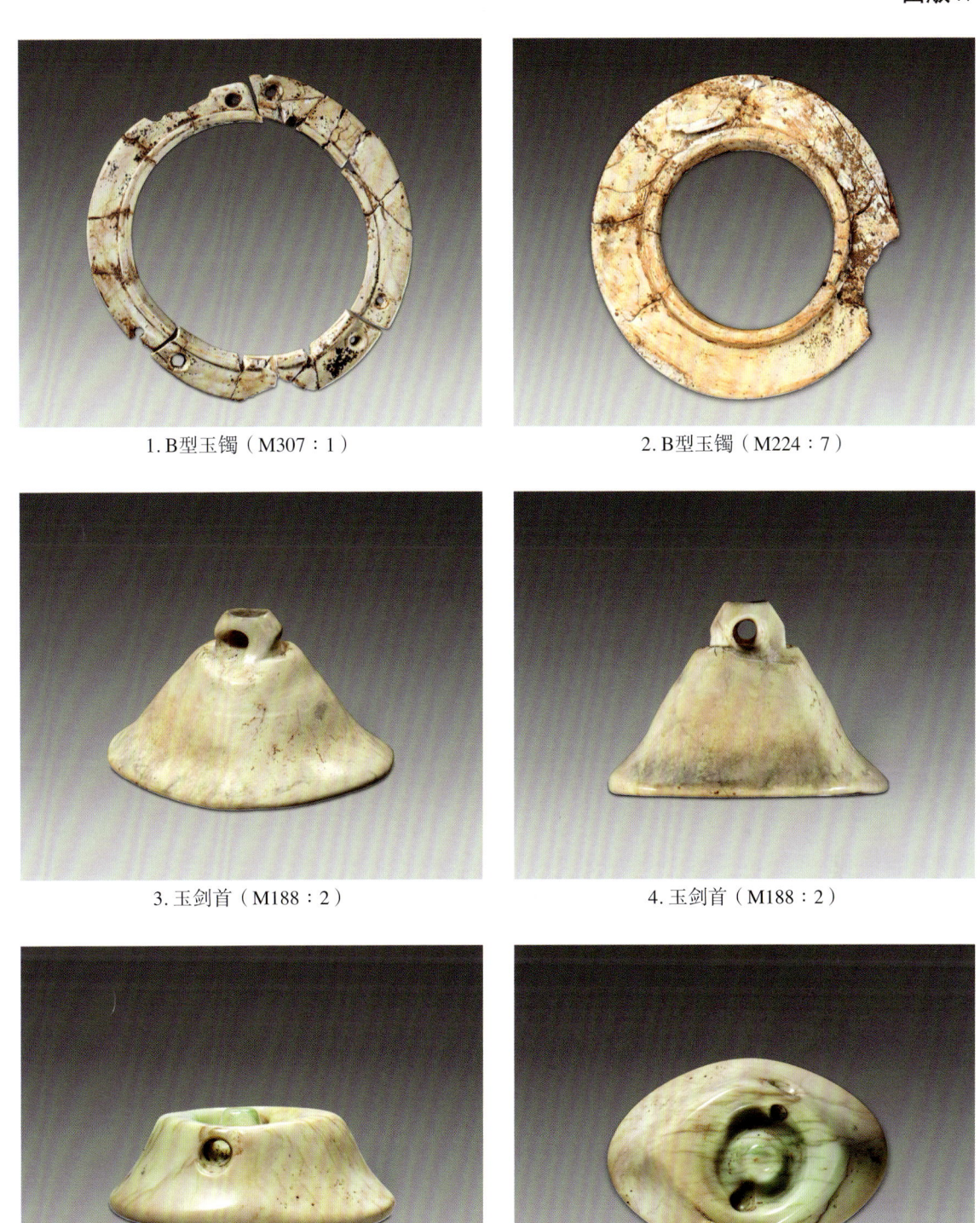

1. B型玉镯（M307∶1）

2. B型玉镯（M224∶7）

3. 玉剑首（M188∶2）

4. 玉剑首（M188∶2）

5. 玉剑首（M185∶4）

6. 玉剑首（M185∶4）

玉镯、剑首

图版48

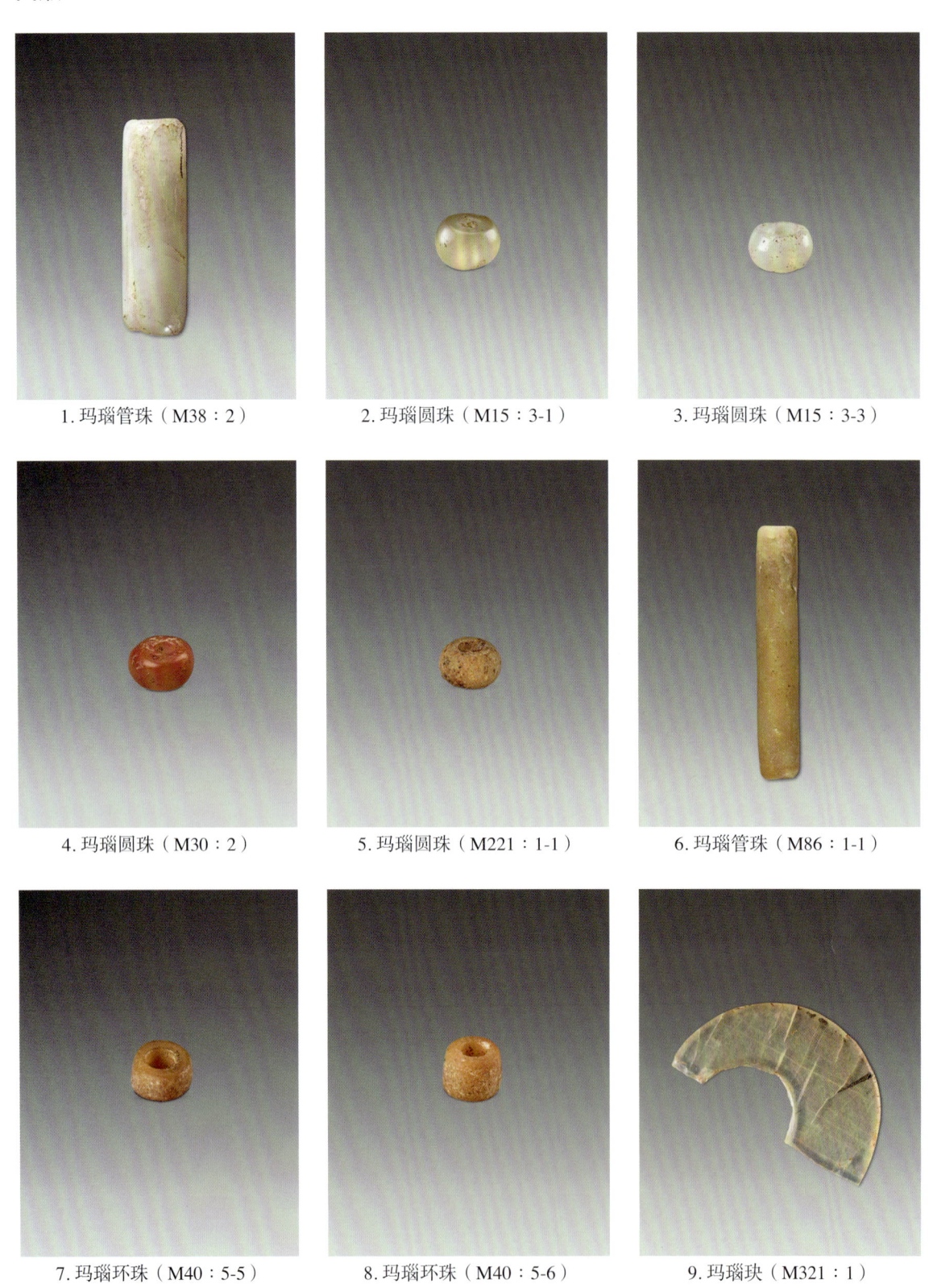

1. 玛瑙管珠（M38∶2）
2. 玛瑙圆珠（M15∶3-1）
3. 玛瑙圆珠（M15∶3-3）
4. 玛瑙圆珠（M30∶2）
5. 玛瑙圆珠（M221∶1-1）
6. 玛瑙管珠（M86∶1-1）
7. 玛瑙环珠（M40∶5-5）
8. 玛瑙环珠（M40∶5-6）
9. 玛瑙玦（M321∶1）

玛瑙珠、玦

图版49

1. 玛瑙玦（M364∶1）A面
2. 玛瑙玦（M364∶1）B面 
3. A型玛瑙扣（M281∶6-2）侧面 
4. A型玛瑙扣（M281∶6-2）背面 
5. B型玛瑙扣（M256∶4-5）侧面 
6. B型玛瑙扣（M256∶4-5）背面 

玛瑙玦、扣

图版50

1. 石坠（M281：7）
2. 石英岩玉坠（M73：2）
3. 石英岩玉坠（M73：2）侧面
4. 石管珠（M86：1-4）
5. 石圆珠（M224：4-2）
6. 孔雀石环珠（M53：1-2）之一

石坠、玉坠、石珠、孔雀石珠

图版51

1. 石锛（M190∶7）正面

2. 石锛（M190∶7）侧面

3. 石锛（M190∶7）背面

4. 石锛（M267∶1）正面

5. 石锛（M267∶1）侧面

6. 石锛（M267∶1）背面

石锛

图版52

1. 陶纺轮（M71:2）

2. 陶纺轮（M90填:1）

3. 特殊材料圆珠（M63:3-1）之一

4. 特殊材料圆珠（M63:3-1）之一

5. 特殊材料圆珠（M63:3-1）部分

陶纺轮、特殊材料珠

图版53

1. A型特殊材料镯（M167∶3-1）残片

2. A型特殊材料镯（M167∶3-1）横断面

3. A型特殊材料镯（M167∶3-1）X射线照片

4. A型特殊材料镯（M167∶3-1）X射线照片

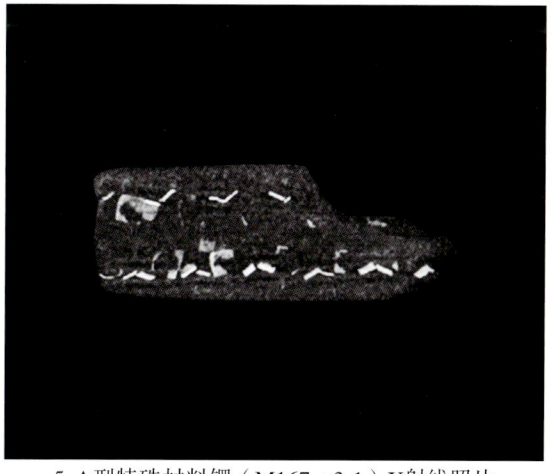

5. A型特殊材料镯（M167∶3-1）X射线照片

特殊材料镯

图版54

1. A型特殊材料镯（M167∶3-2）残片

2. A型特殊材料镯（M167∶3-2）横断面

3. A型特殊材料镯（M168∶1）残片

4. A型特殊材料镯（M168∶1）横断面

5. B型特殊材料镯（左M164∶3-1，右M164∶3-4残片）

6. B型特殊材料镯（M164∶3-4）横断面

特殊材料镯

图版55

1. M2（东北—西南）

2. 铜扣饰（M2:1）

3. 铜削刀（M2:2）

4. 铜戈（M2:3）

M2及出土器物

图版56

1. M4（西—东）

2. 铜矛（M4：2）

3. 铜鐏（M4：4）

M4及出土器物

图版57

1. 铜扣饰（M4:1）正面

2. 铜扣饰（M4:1）背面

3. 铜扣饰（M4:1）上镶嵌的孔雀石片

4. 铜削刀（M4:3）

M4出土器物

图版58

1. M7（西北—东南）

2. M9（西北—东南）

M7、M9

图版59

1. 铜矛（M7:4）
2. 铜簪（M7:1） 
3. 铜扣饰（M7:2）正面 
4. 铜扣饰（M7:2）侧面 
5. 铜削刀（M7:3） 

M7出土器物

图版60

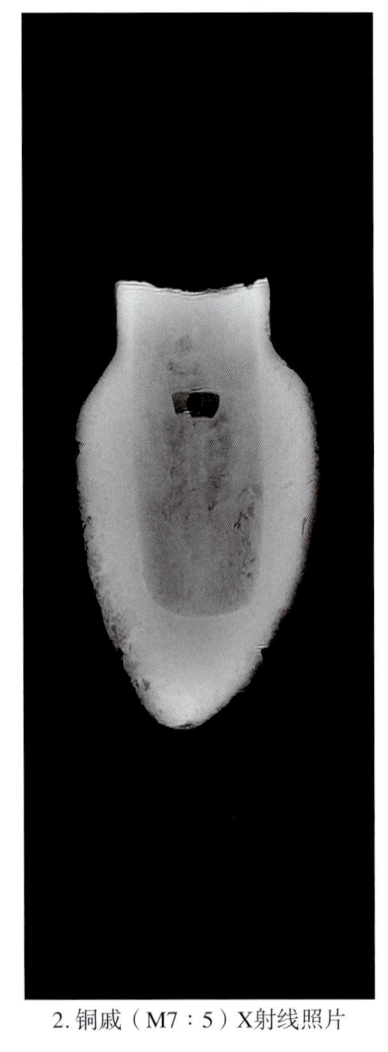

1. 铜戚（M7：5）   2. 铜戚（M7：5）X射线照片   3. 铜戚（M9：1）

M7、M9出土器物

图版61

1. M12（西南—东北）

2. 铜扣饰（M12∶2）

3. 铜镯（M12∶8）

M12及出土器物

图版62

1. 铜镯（M12∶8）侧面

2. 铜镯（M12∶9）

3. 铜镯（M12∶9）侧面

M12出土器物

图版63

1. 铜剑（M12∶5）

2. 铜剑（M12∶6）

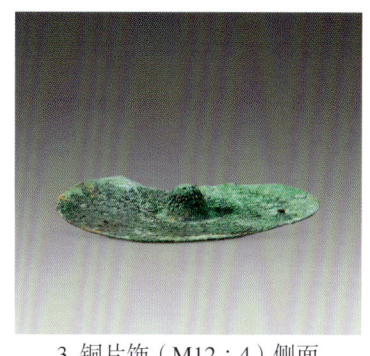

3. 铜片饰（M12∶4）侧面

4. 铜片饰（M12∶4）背面

5. 玛瑙纺轮形珠（M12∶10）、铜夹形器（M12∶3）

6. 铜削刀（M12∶1）

7. 玛瑙纺轮形珠（M12∶10）、铜夹形器（M12∶3）侧面

M12出土器物

图版64

1. M13（西—东）

2. 铜扣饰（M13:1）正面

3. 铜扣饰（M13:1）背面

4. 铜削刀（M13:2）

M13及出土器物

图版65

1. M15（西北—东南）

2. 玉玦（M15:4）出土现场

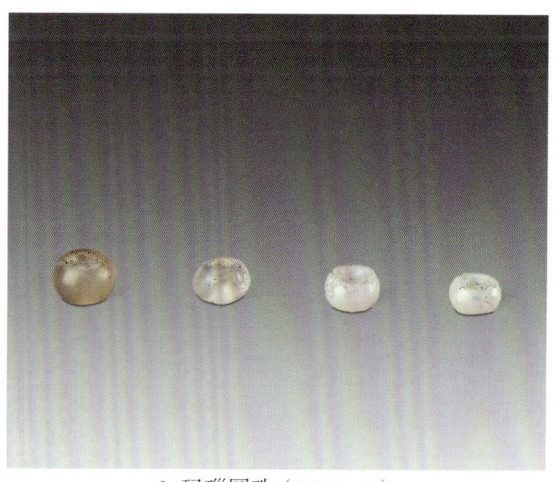

3. 玛瑙圆珠（M15:3）

M15及出土器物

图版66

1. M16（西北—东南）

2. 铜矛（M16∶1）

3. M17（西北—东南）

4. 玉镯（M17∶4）、铜镯（上M17∶5，下M17∶3）出土现场

M16、M17及出土器物

图版67

1. 铜剑（M17：2）A面
2. 铜剑（M17：2）B面 
3. 铜剑（M17：2）侧面 
4. 铜镯（M17：3-1） 
5. 铜镯（M17：3-2） 
6. 铜扣饰（M17：1）正面 
7. 铜扣饰（M17：1）侧面 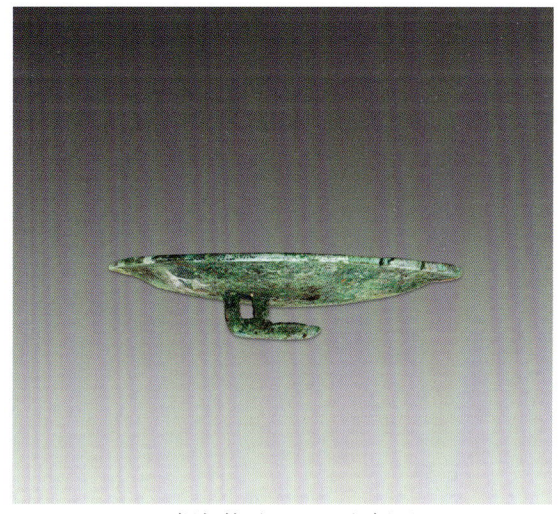

M17出土器物

图版68

1. M22（西北—东南）
2. 铜剑（M22：1） 
3. 铜镯（M22：3） 
4. 铜扣饰（M22：2）正面 
5. 铜扣饰（M22：2）侧面 

M22及出土器物

图版69

2. 铜削刀（M23∶2）

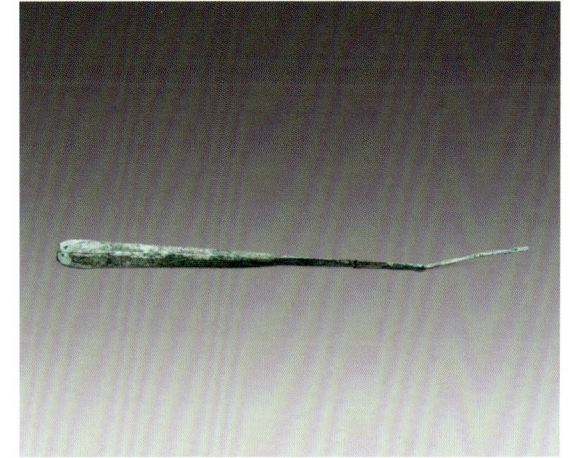

3. 铜削刀（M23∶2）侧面

1. M23（西北—东南）

4. 铜削刀（M23∶2）局部

M23及出土器物

图版70

1. 铜扣饰（M23:1）正面

2. 铜扣饰（M23:1）背面

3. 铜扣饰（M23:1）侧面

4. 铜扣饰（M23:1）脱落玛瑙扣及其下黏结物

M23出土器物

1. M24（东南—西北）

2. 玉玦（M24∶4）

M24及出土器物

图版72

1. 铜矛（M24∶2）

2. 铜剑（M24∶1）A面

3. 铜剑（M24∶1）B面

4. 铜剑（M24∶1）局部

M24出土器物

图版73

1. M27（北—南）

2. 铜镯（左M27:2，右M27:1）出土现场

3. 铜镯（M27:1）出土现场

M27及出土器物

图版74

1. M29（西北—东南）

2. 铜矛（M29：1）

3. 铜镯（M29：3）

4. 铜剑（M29：2）

M29及出土器物

图版75

1. M30（西北—东南）

2. 铜镯（M30∶1）、玛瑙圆珠（M30∶2）出土现场

3. 铜镯（M30∶4）

4. 铜镯（M30∶3）

5. 玛瑙圆珠（M30∶2）

M30及出土器物

图版76

1. M33（西北—东南）

2. M35（西北—东南）

3. 铜镯（M33∶4）出土现场

4. 铜削刀（M35∶1）出土现场

M33、M35及出土器物

图版77

1. 铜剑（M33:2）　　2. 铜矛（M33:1）　　3. 铜泡饰（M33:3）

4. 铜削刀（M35:1）　　5. 铜削刀（M35:1）局部

M33、M35出土器物

图版78

1. M36（西北—东南）

2. 铜戈（M36∶1）出土现场

3. 玉镯（M36∶5）、铜镯（左M36∶6，右M36∶7）出土现场

4. M36西北部出土残戈柲

M36及出土器物

图版79

1. 铜剑（M36:2）
2. 铜剑（M36:2）侧面
3. 铜剑（M36:2）局部
4. 铜扣饰（M36:3）
5. 玛瑙扣（M36:4）侧面
6. 玛瑙扣（M36:4）背面
7. 铜镯（M36:7）
8. 玛瑙扣（M36:8）侧面
9. 玛瑙扣（M36:8）背面

M36出土器物

图版80

1. M38（西北—东南）

2. 铜剑（M38:1）

3. 玛瑙扣（M38:3）侧面

4. 玛瑙管珠（M38:2）

5. 玛瑙管珠（M38:2）

6. 玛瑙扣（M38:3）背面

M38及出土器物

图版81

1. M39（西北—东南）

2. 铜剑（M39:1）

3. 铜矛（M39:2）

M39及出土器物

图版82

1. M40（西北—东南）

2. M40部分随葬品出土现场

M40及出土器物

图版83

1. 铜剑（M40∶3）

2. 铜扣饰（M40∶1）

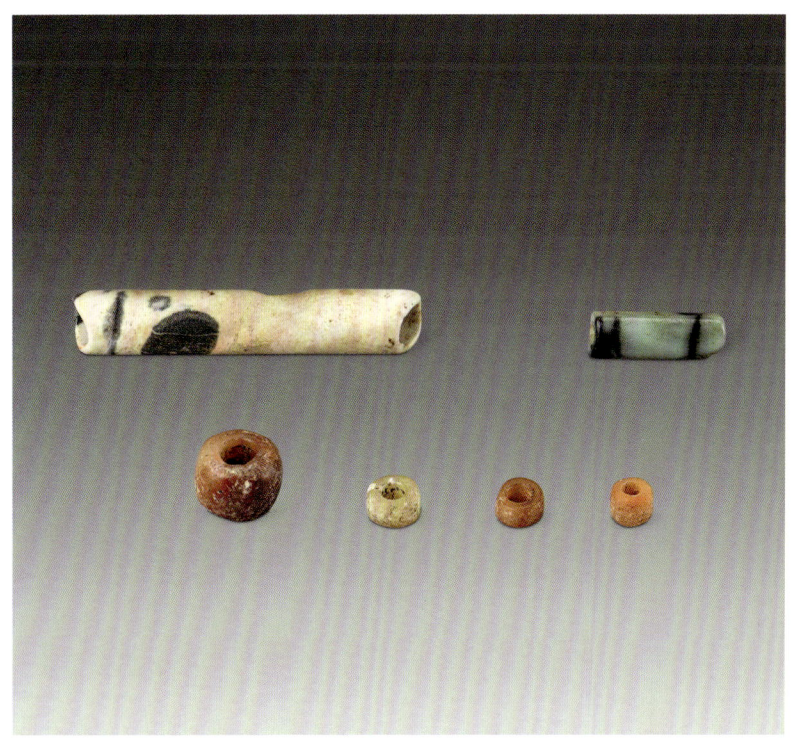

3. 玉管珠（上排左M40∶5-1，右M40∶5-2）、玛瑙圆珠（下排左一M40∶5-3）、玛瑙环珠（下排左二至左四M40∶5-4～M40∶5-6）

4. 玉管珠（M40∶5-2）

M40出土器物

图版84

1. M41随葬品出土现场

2. 铜剑（M41：1）A面

3. 铜戈（M41：2）A面

4. 铜剑（M41：1）B面

5. 铜戈（M41：2）B面

6. 铜扣饰（M41：3）

M41出土器物

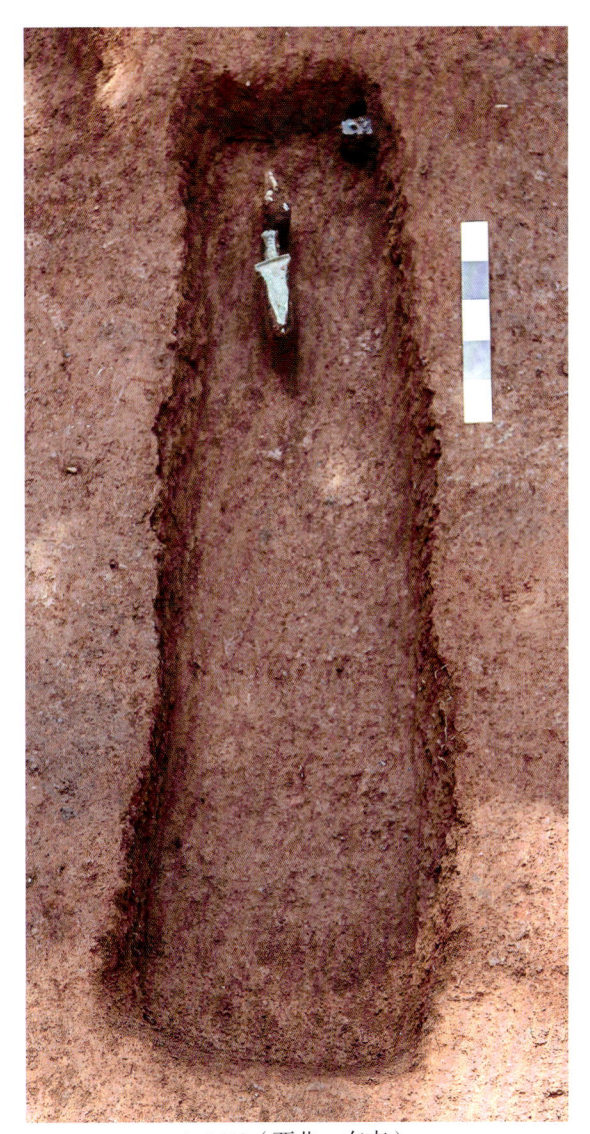

图版85

1. M43（西北—东南）

2. 铜剑（M43:2）A面

3. 玉管珠（从左至右M43:3-1～M43:3-3）

4. 铜剑（M43:2）B面

M43及出土器物

图版86

1. M44（西北—东南）

2. 铜镯（M44:1）出土现场

M44及出土器物

图版87

1. M45（西北—东南）

2. 铜铃（M45∶1）

3. 铜镯（M45∶2）

M45及出土器物

图版88

1. M46（西北—东南）

2. 铜镯（M46：1）

M46及出土器物

图版89

1. 铜镯（M46:1）侧面

2. 铜镯（M46:2）

3. 铜镯（M46:2）侧面

M46出土器物

图版90

1. M48（西北—东南）

2. 铜镯（左M48∶1，右M48∶2）出土现场

M48及出土器物

1. M49（西北—东南）

2. 铜镯（M49:1）出土现场

M49及出土器物

图版92

1. M51铜镯（左M51:2，右M51:1）出土现场

2. 铜镯（M51:1）及其内肢骨

M51及出土器物

图版93

1. 铜剑（M52∶1）

2. 铜剑（M52∶1）出土现场

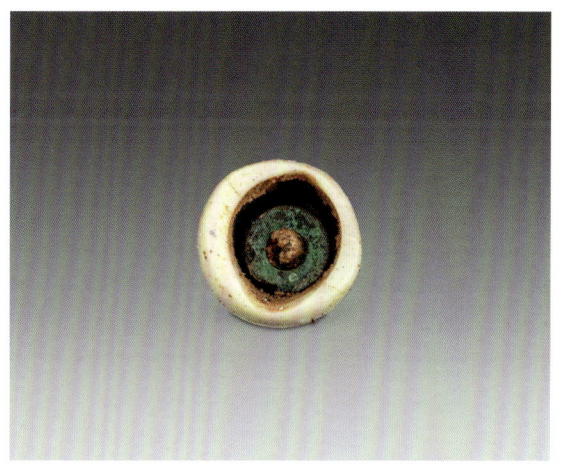

3. 玉管珠（上排M53∶1-1）、孔雀石环珠（下排M53∶1-2部分）

4. 玉管珠（M53∶1-1）及其内孔雀石环珠（M53∶1-2）

M52、M53出土器物

图版94

1. M55（西北—东南）

2. 铜镯（M55∶3）出土现场

3. 铜镯（M55∶4）

M55及出土器物

1. M57（西北—东南）

2. 铜削刀（M57：2）出土现场

M57及出土器物

图版96

1. 铜扣饰（M57:1）出土现场

2. 铜戈（M57:3）

3. 铜戈（M57:3）出土时内部纹饰及所涂黑色物质

M57出土器物

图版97

1. M58（西北—东南）

2. M58西部二层台出土铜镯（M58：9-1）
   与特殊材料镯（M58：9-2、M58：9-3）

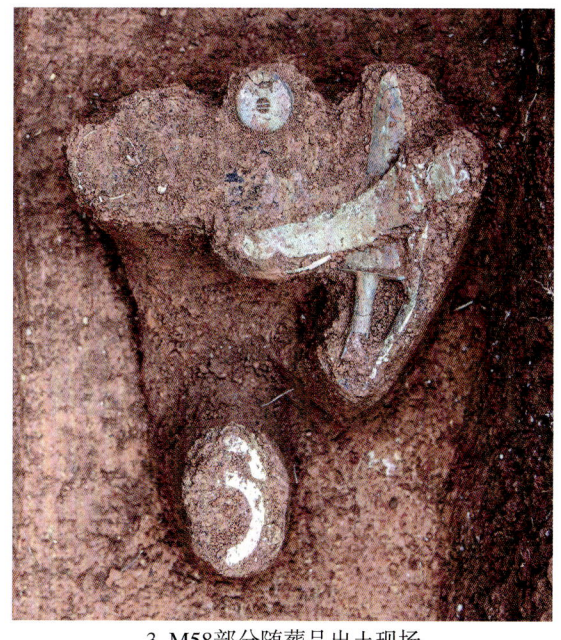

3. M58部分随葬品出土现场

M58及出土器物

图版98

1. 铜剑（M58:2）
2. 铜剑（M58:2）侧面 
3. 铜剑（M58:2）局部 
4. 孔雀石环珠（M58:7-2） 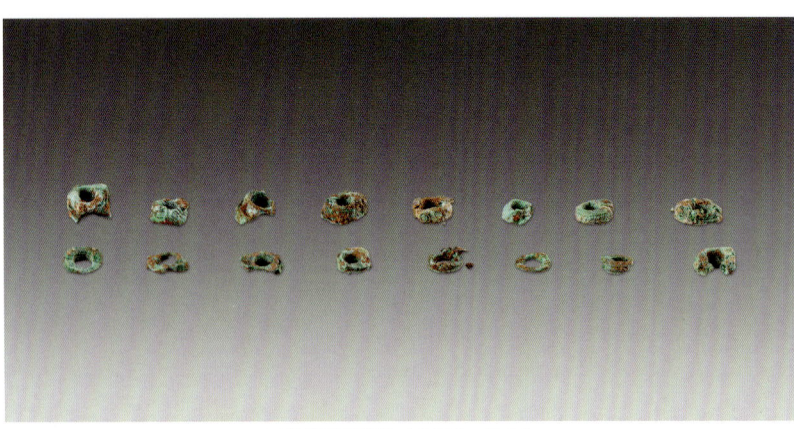
5. 玉管珠（M58:7-1） 
6. 玉管珠（M58:5-2） 
7. 玉扁珠（M58:5-3） 
8. 玉管珠（M58:5-1） 

M58出土器物

图版99

1. M59（西北—东南）

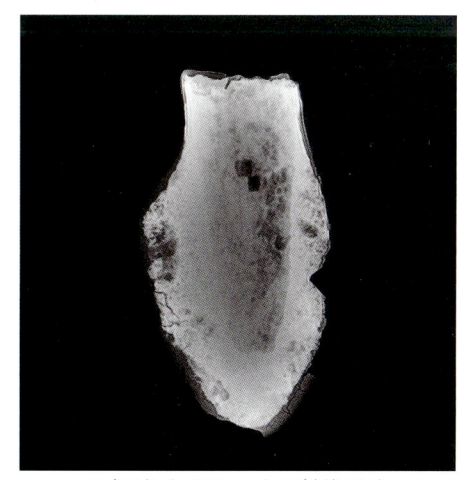

2. 铜戚（M59:1）A面

3. 铜戚（M59:1）B面

4. 铜戚（M59:1）X射线照片

M59及出土器物

图版100

2. 特殊材料圆珠（M63：3-1）部分

3. 玛瑙环珠（M63：3-2）

1. M63（西北—东南）

4. 铜镯（左M63：1，右M63：2）出土现场

M63及出土器物

图版101

1. M67（西北—东南）

2. 铜剑（M67:1）

3. 铜戈（M67:2）出土现场

4. 铜剑（M67:1）局部

M67及出土器物

图版102

1. M72（西北—东南）

2. 铜矛（M72∶1）背面

3. 铜戚（M72∶2）A面

4. 铜戚（M72∶2）B面

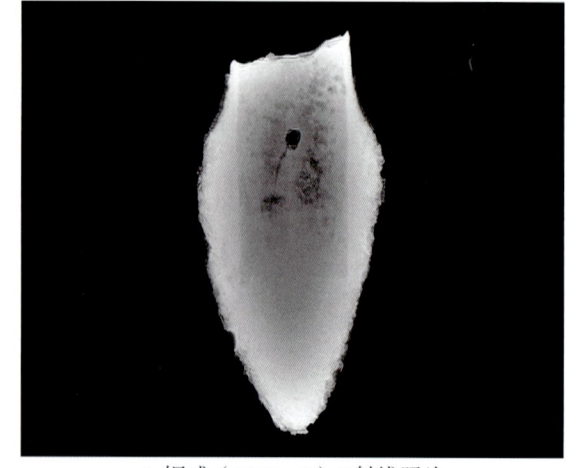

5. 铜戚（M72∶2）X射线照片

M72及出土器物

图版103

1. M73（西北—东南）

2. M73随葬品出土现场

M73及出土器物

图版104

1. 铜扣饰（M73:4）
2. 铜剑（M73:1） 
3. 铜剑（M73:1）局部 
4. 铜戈（M73:7） 
5. 石英岩玉坠（M73:2） 
6. 玛瑙扣（M73:5） 
7. 玉管珠（M73:9） 

M73出土器物

图版105

1. M74（西北—东南）

2. 铜矛（M74：2）出土现场

3. 铜镯（M74：3）

4. 铜戈（M74：1）

M74及出土器物

图版106

1. M79（西北—东南）

2. 铜剑（M79∶1）

3. 铜戈（M79∶2）局部

4. 铜戈（M79∶2）

M79及出土器物

1. M82（西北—东南）

2. 铜剑（M82:1）出土现场

3. 铜扣饰（M82:2）出土现场

M82及出土器物

图版108

1. M86（西北—东南）

2. 铜镯、特殊材料镯（上M86:3，下M86:2）出土现场

3. 玛瑙管珠（M86:1-1）

4. 玛瑙管珠（M86:1-2）

5. 玛瑙圆珠（M86:1-3）

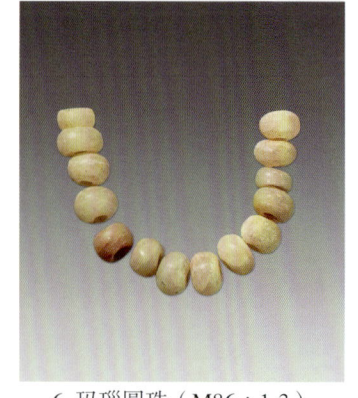

6. 玛瑙圆珠（M86:1-3）

M86及出土器物

1. M90（西北—东南）

2. 铜扣饰（M90：1）出土现场

M90及出土器物

图版110

1. M94（西北—东南）

2. 铜剑（M94:1）

3. 铜矛（M94:2）及骹内柲木

M94及出土器物

图版111

1. M100（西北—东南）

2. 铜剑（M100:1）A面

3. 铜剑（M100:1）B面

4. 玉管珠（M100:2）

5. 玉管珠（M100:2）

M100及出土器物

图版112

1. M106（西北—东南）

2. 玉玦（左M106∶2，右M106∶1）出土现场

3. 玉玦（M106∶2）

M106及出土器物

图版113

1. M110（西北—东南）

2. 铜扣饰（M110:1）

3. 玛瑙扣（M110:3）侧面

4. 玛瑙扣（M110:3）背面

5. 玉玦（M110:2）

M110及出土器物

图版114

1. M111（西北—东南）

2. 特殊材料镯（M111:1）出土现场

M111及出土器物

图版115

1. M115（西北—东南）

2. 铜泡饰（左M115:1，右M115:2）正面

3. 铜泡饰（左M115:2，右M115:1）背面

M115及出土器物

图版116

1. M134（西北—东南）

2. M138（西北—东南）

3. 特殊材料镯（左M134:1，右M134:2）出土现场

4. M138随葬品出土现场

M134、M138及出土器物

图版117

1. 铜戈（M138:2）A面

2. 铜戈（M138:2）B面

3. 铜戈（M138:2）侧面

M138出土器物

图版118

1. 铜剑（M138:1） 　　2. 铜矛（M138:3）A面 　　3. 铜矛（M138:3）B面

4. 铜扣饰（M138:4）正面 　　5. 铜扣饰（M138:4）侧面

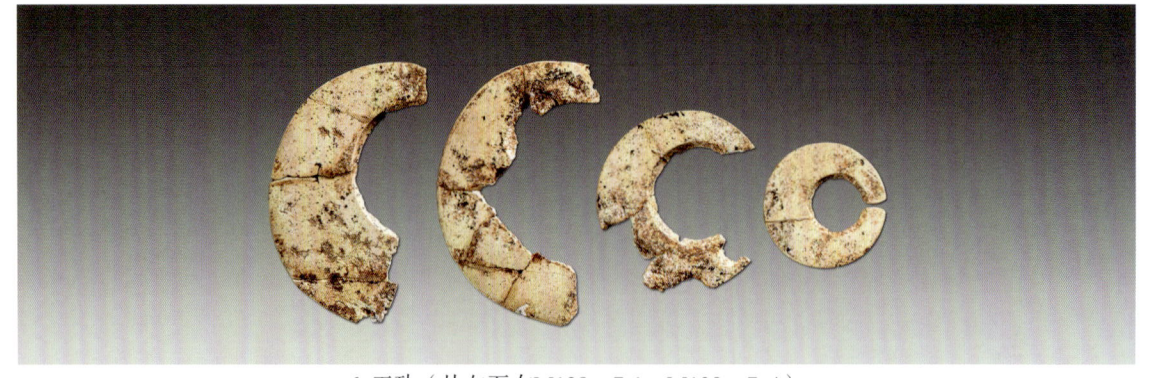

6. 玉玦（从左至右M138:7-1～M138:7-4）

M138出土器物

1. M140（西北—东南）

2. 铜剑（M140∶1）、铜矛（M140∶2）出土现场

M140及出土器物

图版120

1. M152（西北—东南）

2. 铜戚（M152∶1）

3. 铜戚（M152∶1）銎内柄木

M152及出土器物

图版121

1. M164（西北—东南）

2. 铜镯（M164:2）出土现场

3. 特殊材料镯（M164:3）出土现场

M164及出土器物

图版122

1. M167（东南—西北）

2. 玉玦（M167：1）A面

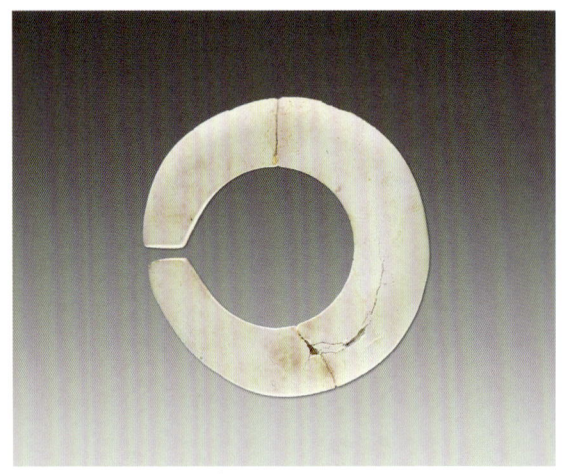

3. 玉玦（M167：1）B面

4. 特殊材料镯（M167：3-1）出土现场

M167及出土器物

1. M168（西北—东南）

2. 特殊材料镯（M168:1）出土现场

3. 特殊材料镯（M168:1）镶嵌痕迹

M168及出土器物

图版124

1. M169（西北—东南）

2. 铜削刀（M169:2）

3. 铜矛（M169:1）及骸内柲木

M169及出土器物

图版125

1. M170（西北—东南）

2. 铜扣饰（M170：1）正面

3. 铜扣饰（M170：1）背面

4. 铜矛（M170：2）及骹内柲木

5. 铜扣饰（M170：1）侧面

M170及出土器物

图版126

1. M174（西北—东南）

2. 铜扣饰（M174：1）正面

3. 铜扣饰（M174：1）背面

4. 铜镯（M174：2-4）

5. 铜扣饰（M174：1）侧面

M174及出土器物

图版127

1. M176（西北—东南）

2. 铜镯（M176：2）

3. 铜镯（M176：2）

4. 铜镯（M176：1）

M176及出土器物

图版128

1. M179（西北—东南）

2. M179部分随葬品出土现场

3. M179部分随葬品出土现场

4. 铜镯（M179∶6）、玉镯（M179∶7）出土现场

M179及出土器物

图版129

1. 铜剑（M179:2）A面 2. 铜剑（M179:2）B面 3. 铜剑（M179:2）侧面

4. 铜戈（M179:1） 5. 铜戈（M179:1）局部

6. 铜片饰（从左至右M179:5-2、M179:5-3、M179:5-1） 7. 铜片饰（M179:5-2）侧面

M179出土器物

图版130

1. 铜扣饰（M179:3）正面
2. 铜扣饰（M179:3）侧面 
3. 铜扣饰（M179:3）上镶嵌的孔雀石片 
4. 铜镯（M179:6） 
5. 铜矛（M179:4） 

M179出土器物

图版131

1. M180（西北—东南）

2. M180部分随葬品出土现场

3. M180头骨及部分随葬品出土现场

4. 铜臂甲（M180：12）出土现场

5. M180出土残戈柲

6. 铜矛（M180：5）出土时耳部残存麻绳

M180及出土器物

图版132

1. 铜剑（M180:1）A面 　　2. 铜剑（M180:1）B面 　　3. 铜剑（M180:4）

4. 铜矛（M180:5）及骹内柲木 　　5. 铜钺（M180:3） 　　6. 铜鐏（M180:13）

M180出土器物

图版133

1. 铜戈（M180:2）

2. 铜扣饰（M180:6）正面

3. 铜扣饰（M180:6）背面

4. 铜泡饰（M180:15）

5. 铜泡饰（M180:14）

6. 铜泡饰（M180:14）左眼镶嵌孔雀石片

M180出土器物

图版134

1. 铜铃（M180∶7）及铃舌
2. 铜铃（M180∶7）底面及铃舌 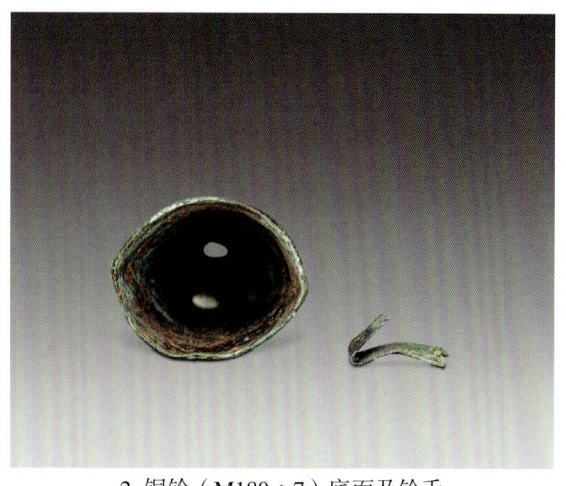
3. 铜镯（M180∶11） 
4. 玛瑙扣（M180∶10）侧面 
5. 玉管珠（M180∶9） 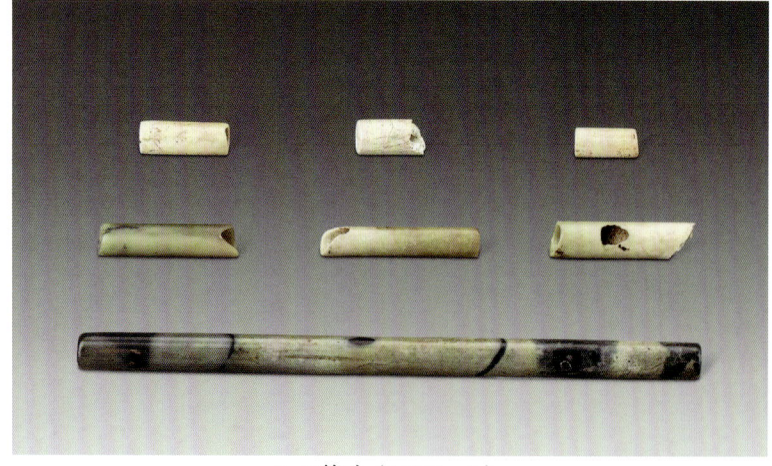
6. 玛瑙扣（M180∶10）底面 

M180出土器物

图版135

1. M181（西北—东南）

2. 玉管珠（从左至右M181：3-1～M181：3-3）

3. 玛瑙环珠（M181：2）

M181及出土器物

图版136

1. M183（西北—东南）

2. 玉玦（M183∶4）

M183及出土器物

图版137

1. 铜剑（M183:2）

2. 铜扣饰（M183:3）正面

3. 铜扣饰（M183:3）背面

4. 铜戈（M183:1）

M183出土器物

图版138

1. M184（西北—东南）

2. M184部分随葬品出土现场（西北—东南）

M184及出土器物

图版139

1. 铜剑（M184：3）

2. 铜矛（M184：2）及骹内柲木

3. 铜戚（M184：4）

4. 玉玦（M184：1）

M184出土器物

图版140

1. M185（西北—东南）

2. 玉片珠（M185：1-14）

M185及出土器物

图版141

1. 铜剑（M185:3）
2. 铜戈（M185:2） 
3. 铜镯（M185:9） 
4. 铜扣饰（M185:5） 
5. 铜剑（M185:3）茎内残存朽木 
6. 铜泡饰（M185:8） 

M185出土器物

图版142

1. 玉管珠（从左至右M185：1-1、M185：1-4、M185：1-5、M185：1-7、M185：1-9、M185：1-10）

2. 玉玦（M185：6）

3. 玉玦（M185：7）

4. 玉剑首（M185：4）顶面

5. 玉剑首（M185：4）侧面

6. 玛瑙圆珠（M185：1-11）

7. 玛瑙环珠（M185：1-13）

M185出土器物

1. M189（西北—东南）

2. 铜镯（M189:3）、玉镯（M189:4）出土现场

M189及出土器物

图版144

1. 铜矛（M189：1）及骹内秘木

2. 铜削刀（M189：2）

M189出土器物

图版145

1. M190（西北—东南）

2. M190部分随葬品出土现场

M190及出土器物

图版146

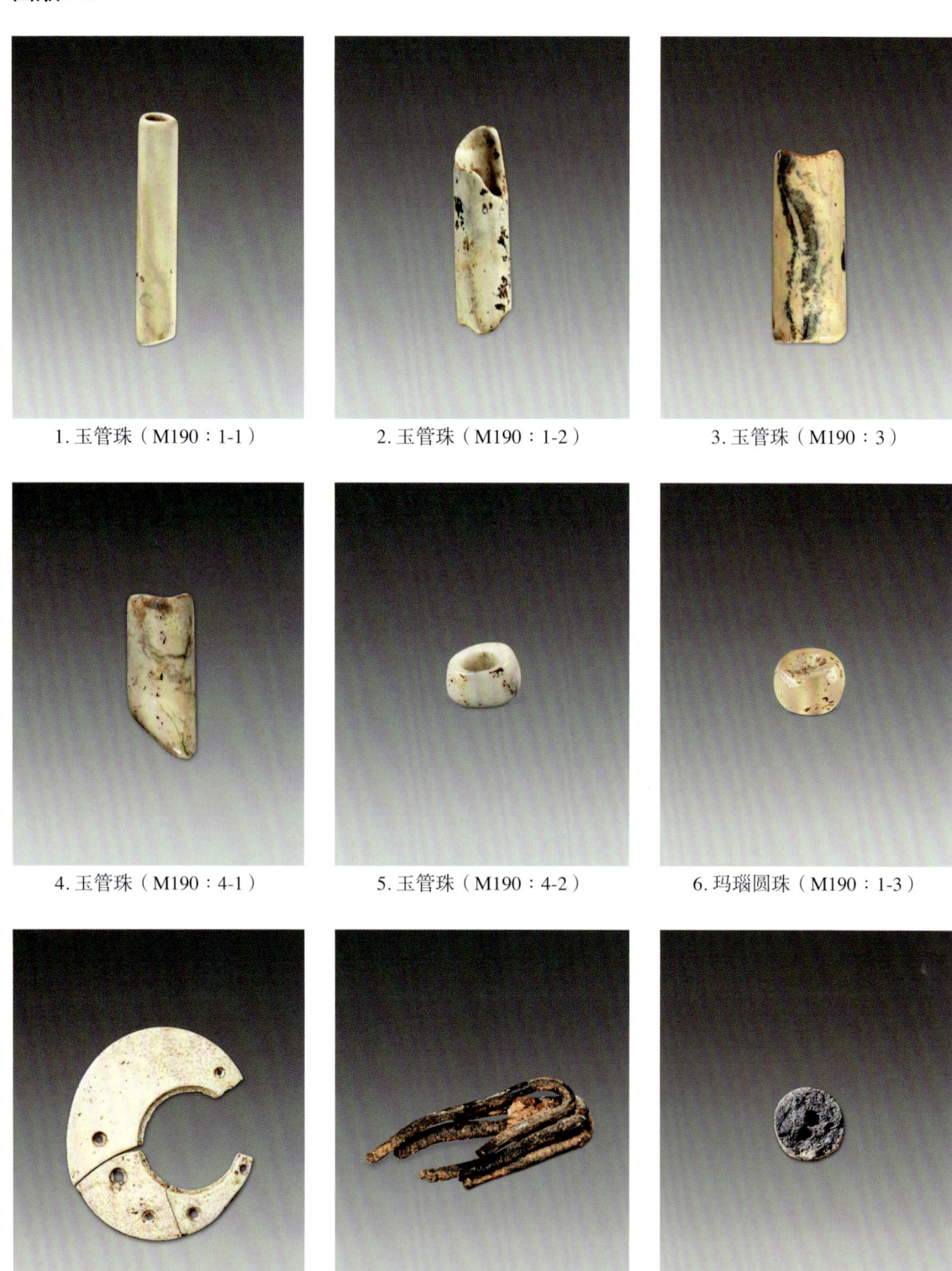

1. 玉管珠（M190：1-1）
2. 玉管珠（M190：1-2）
3. 玉管珠（M190：3）
4. 玉管珠（M190：4-1）
5. 玉管珠（M190：4-2）
6. 玛瑙圆珠（M190：1-3）
7. 玉玦（M190：2）
8. 特殊材料镯（M190：6-2）部分
9. 特殊材料镯（M190：6-2）部分横断面

M190出土器物

图版147

1. M192（西北—东南）

2. M192部分随葬品出土现场

3. 玉玦（M192：2）

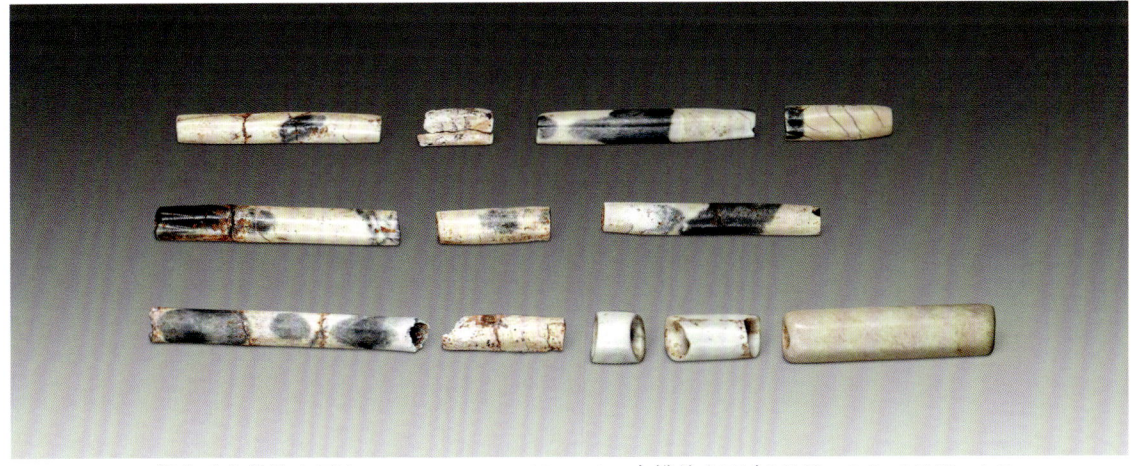

4. 玉管珠（上排从左至右M192：1-1~M192：1-4，中排从左至右M192：1-5~M192：1-7，下排从左至右M192：1-8~M192：1-12）

M192及出土器物

图版148

1. M199（西北—东南）

2. M199随葬品出土现场

M199及出土器物

图版149

1. 铜剑（M199:1）A面及茎内残存朽木　　　2. 铜剑（M199:1）B面

3. 铜扣饰（M199:2）正面　　　4. 铜矛（M199:3）

M199出土器物

图版150

1. M202（西北—东南）

2. M202部分随葬品出土现场

M202及出土器物

图版151

1. 铜剑（M202∶5）A面

2. 铜剑（M202∶3）

3. 铜剑（M202∶5）B面局部

4. 铜矛（M202∶1）

M202出土器物

图版152

1. M206（西北—东南）

2. M206随葬品出土现场

M206及出土器物

图版153

1. 铜剑（M206:3）

2. 铜扣饰（M206:4）正面

3. 铜泡饰（M206:5）正面

4. 铜矛及骸内柲木（M206:2）

5. 铜泡饰（M206:5）背面

M206出土器物

图版154

1. 玛瑙扣（M206：6）侧面

2. 玛瑙扣（M206：6）背面

3. 玛瑙扣（M206：7）侧面

4. 玛瑙扣（M206：7）背面

M206出土器物

图版155

1. M209（东南—西北）

2. 铜扣饰（M209∶1）

M209及出土器物

图版156

1. 铜剑（M209:3）

2. 铜矛（M209:4）

3. 铜戈（M209:2）

M209出土器物

图版157

1. M211（西北—东南）

2. 玉玦（M211∶3）

M211及出土器物

图版158

1. 铜剑（M211∶5）A面 　　2. 铜剑（M211∶5）B面 　　3. 铜矛（M211∶2）及骹内柲木

4. 铜戈（M211∶1）

5. 铜泡饰（M211∶4）正面 　　6. 铜泡饰（M211∶4）背面

M211出土器物

图版159

1. M213（西北—东南）

2. 铜扣饰（M213:1）正面

3. 铜扣饰（M213:1）背面

M213及出土器物

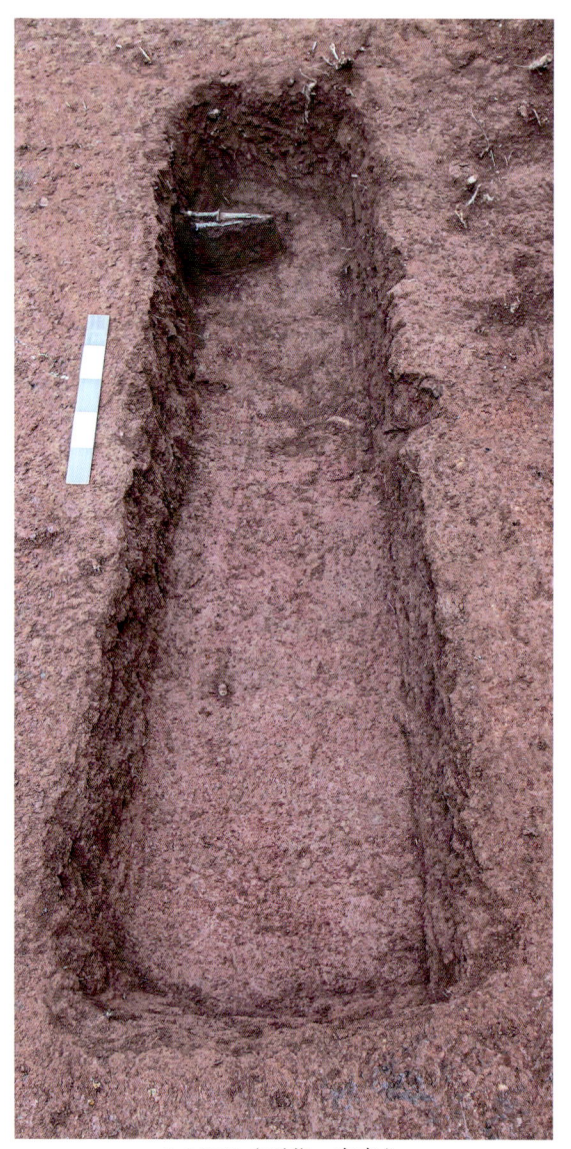

图版160

1. M218（西北—东南）

2. 铜剑（M218：1）

3. 铜剑（M218：1）、铜矛（M218：2）出土现场

4. 铜矛（M218：2）

M218及出土器物

图版161

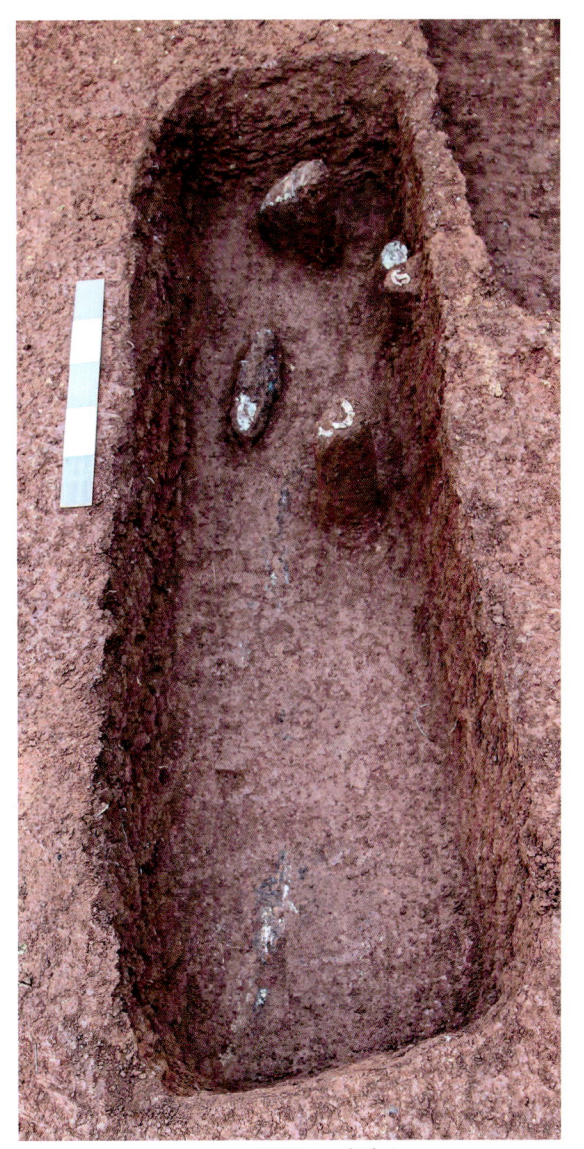

1. M219（西北—东南）

2. M221（西北—东南）

M219、M221

图版162

1. 铜剑（M219∶5）

2. 玉镯（M219∶1）

3. 铜戈（M219∶4）

4. 铜戈（M219∶4）侧面

5. 玉璜形饰（从左至右M219∶3-1～M219∶3-3）、玉玦（右一M219∶3-4）

6. 玉管珠（上排从左至右M221∶1-3～M221∶1-5，中排从左至右M221∶1-6、M221∶1-9）、玛瑙圆珠（下排从左至右M221∶1-1、M221∶1-2、M221∶1-7、M221∶1-8、M221∶1-10）

M219、M221出土器物

1. M222（西—东）

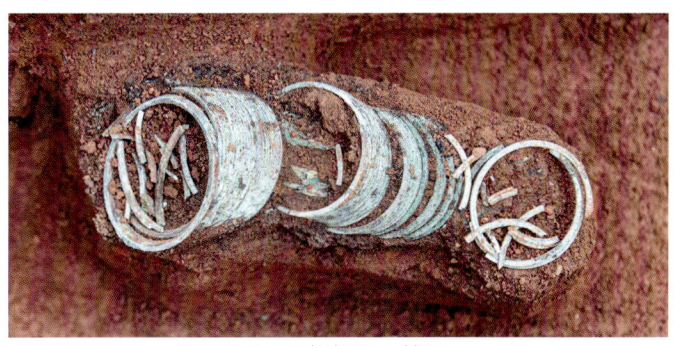

2. M222铜镯出土情况

M222及出土器物

图版164

1. 铜镯（M222∶1）

2. 铜镯（M222∶1）侧面

3. 玉玦（从左至右M222∶2-1～M222∶2-4）

4. 玉玦（从外到内M222∶3-1～M222∶3-3）

M222出土器物

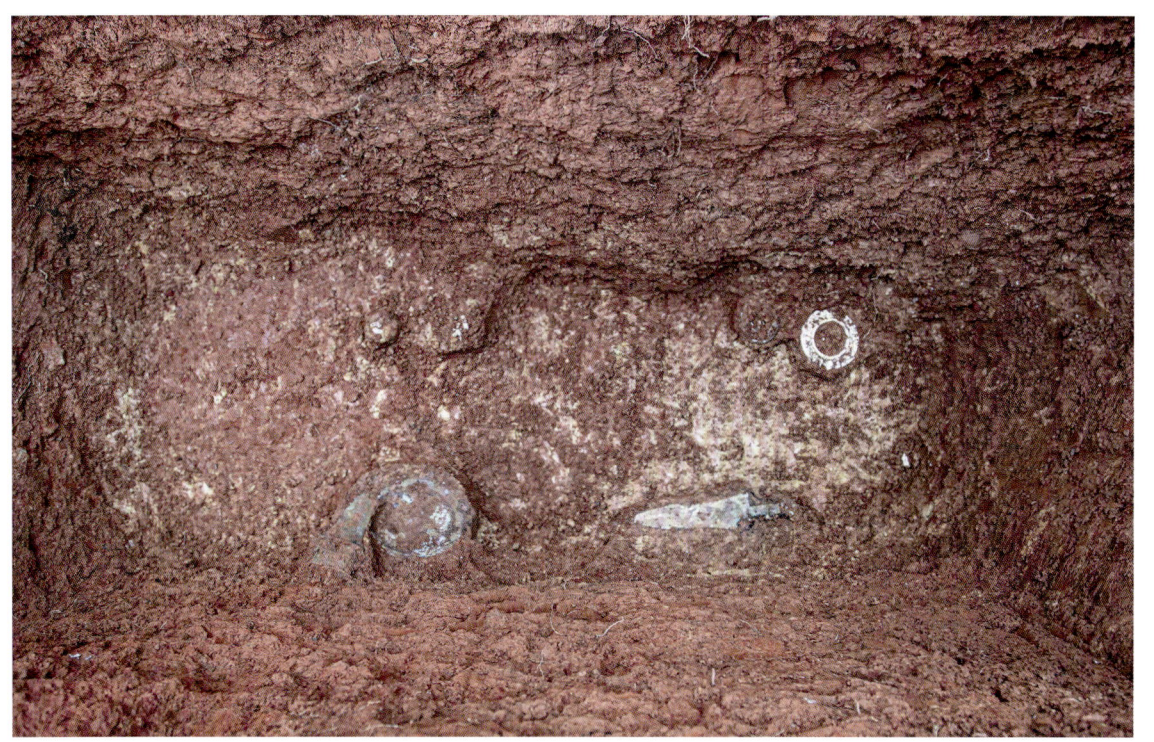

1. M224（上为西南）

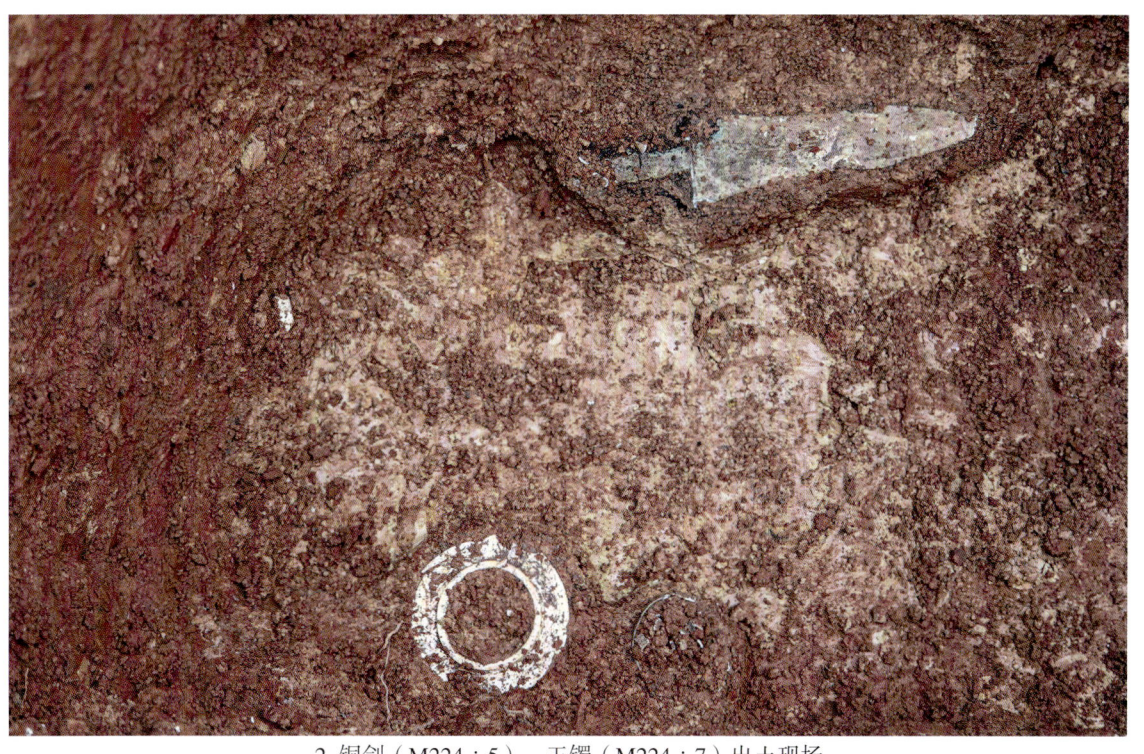

2. 铜剑（M224:5）、玉镯（M224:7）出土现场

M224及出土器物

图版166

1. 铜戈（M224∶1）

2. 铜戈（M224∶1）

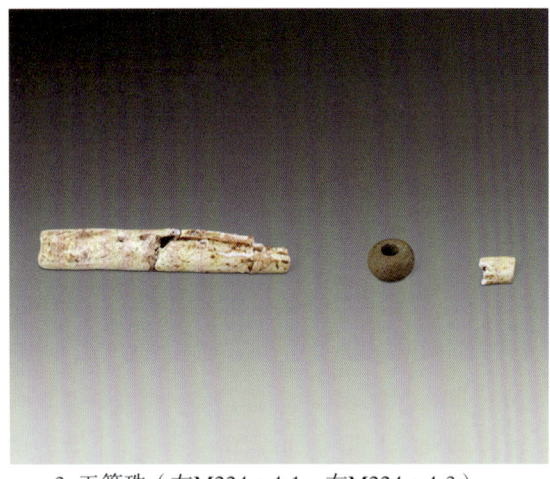

3. 玉管珠（左M224∶4-1，右M224∶4-3）、石圆珠（中M224∶4-2）

4. 玉管珠（M224∶8）

5. 玉璜形饰（左M224∶3-1，右M224∶3-2）

6. 玉镯（M224∶7）

M224出土器物

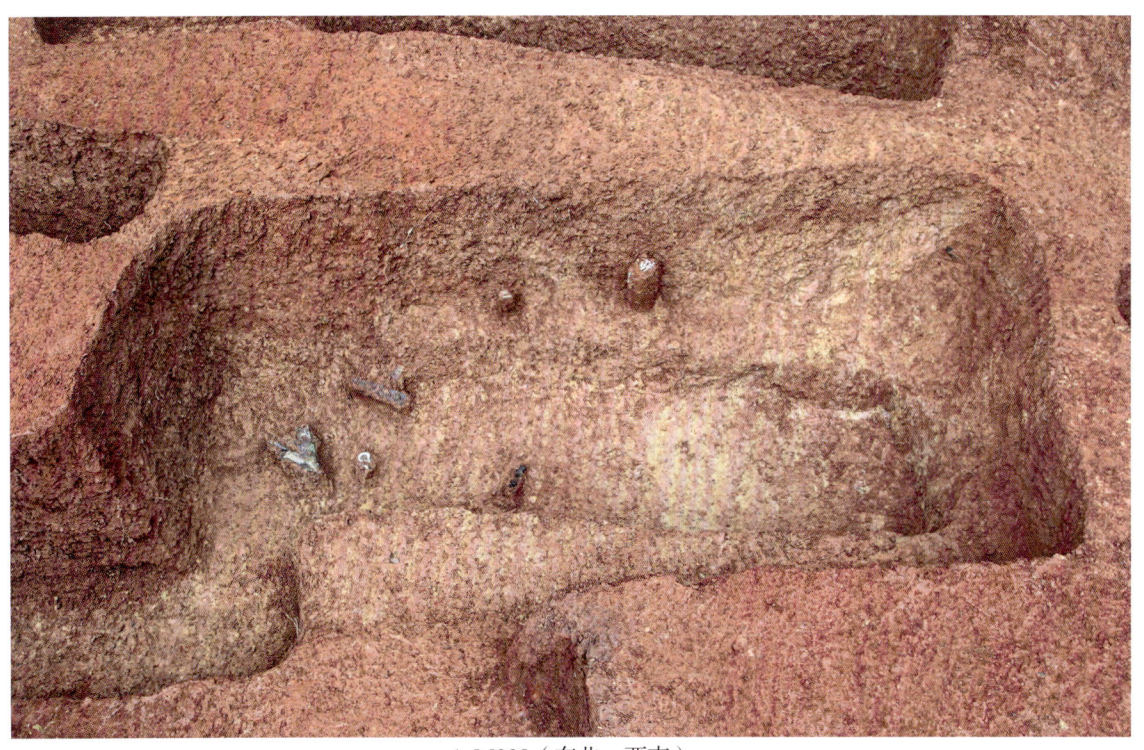

1. M228（东北—西南）

2. M228部分随葬品出土现场

M228及出土器物

图版168

1. 铜剑（M228∶2）A面

2. 铜剑（M228∶2）B面

3. 铜戈（M228∶1）

4. 铜戈（M228∶1）侧面

5. 铜泡饰（M228∶5）正面

6. 铜泡饰（M228∶5）背面

M228出土器物

图版169

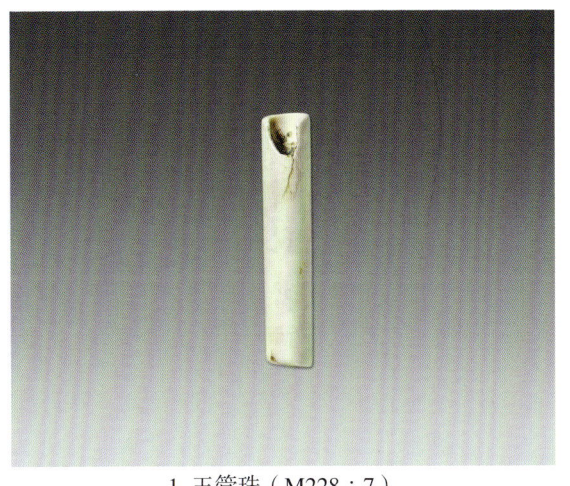

1. 玉管珠（M228∶7）

2. 玉玦（M228∶3-1）

3. 玉管珠（上排从左至右M228∶8-4～M228∶8-6，下排左M228∶8-1，下排右M228∶8-3）、玛瑙圆珠（下排中M228∶8-2）

4. 玛瑙扣（M228∶4）背面

5. 玛瑙扣（M228∶4）侧面

M228出土器物

图版170

1. M230（西北—东南）

2. 陶容器（M230∶3）

3. 陶容器（M230∶3）外壁

4. 陶容器（M230∶3）底部

M230及出土器物

图版171

1. M234（西北—东南）

2. 铜剑（M234:1）

3. 铜戚（M234:2）及銎内柄木

4. 铜戚（M234:2）X射线照片

M234及出土器物

图版172

1. M235（西北—东南）

2. M243（西北—东南）

M235、M243

图版173

1. 铜剑（M235:1）  　　2. 铜矛（M235:2）

3. 铜削刀（M243:1） 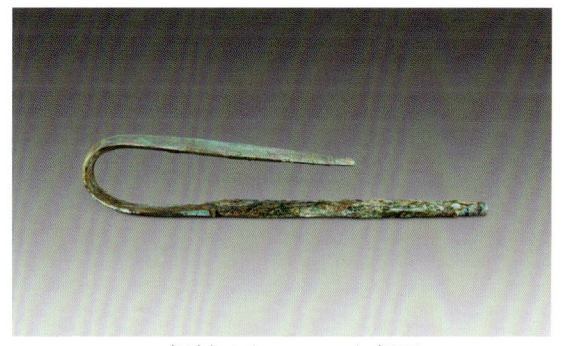 　　4. 铜削刀（M243:1）侧面

M235、M243出土器物

图版174

1. M242（西北—东南）

2. 铜镯（M242：1）出土现场

M242及出土器物

图版175

1. M247（西北—东南）

2. 铜镯（M247：3-1）上镶嵌的孔雀石片

3. 铜镯（M247：3-1）

4. 铜镯（M247：3-2）

5. 铜镯（M247：3-3）

6. 铜镯（M247：3-2）上残留的纺织物

M247及出土器物

图版176

1. 铜扣饰（M247:2）正面

2. 铜扣饰（M247:2）背面

3. 铜扣饰（M247:2）侧面

4. 铜扣饰（M247:2）上镶嵌的孔雀石片

5. 铜削刀（M247:1）

M247出土器物

图版177

1. M251（西北—东南）

2. 铜扣饰（M251:1）、铜削刀（M251:2）出土现场

M251及出土器物

图版178

1. 铜削刀（M251:2）

2. 铜削刀（M251:2）侧面

3. 铜扣饰（M251:1）正面

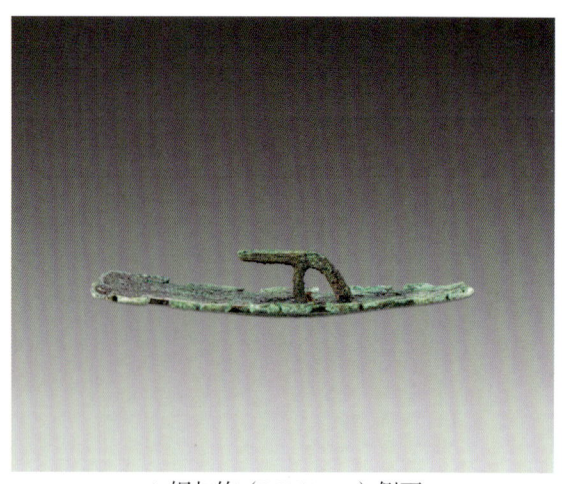

4. 铜扣饰（M251:1）侧面

M251出土器物

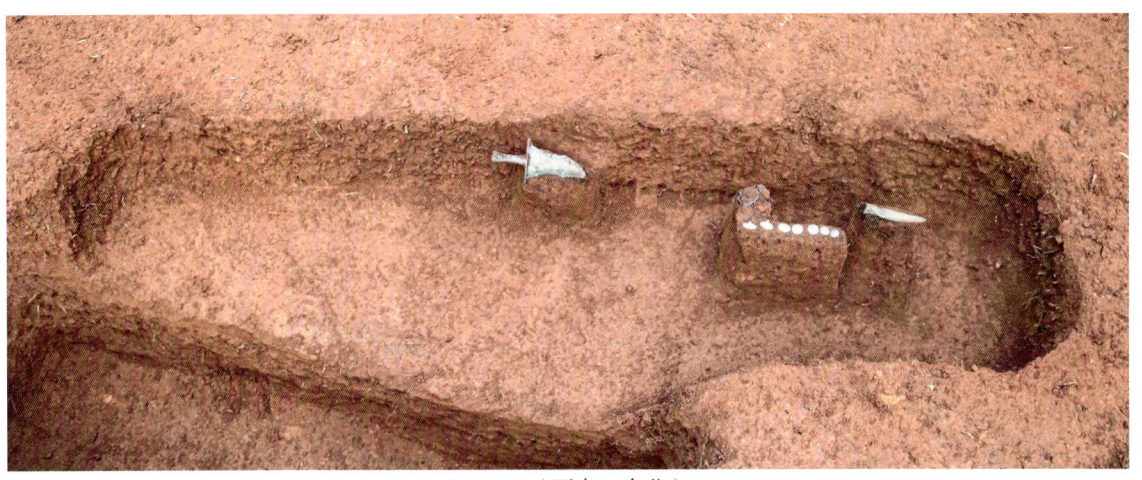

1. M256（西南—东北）

2. 玛瑙扣（M256：4）出土现场

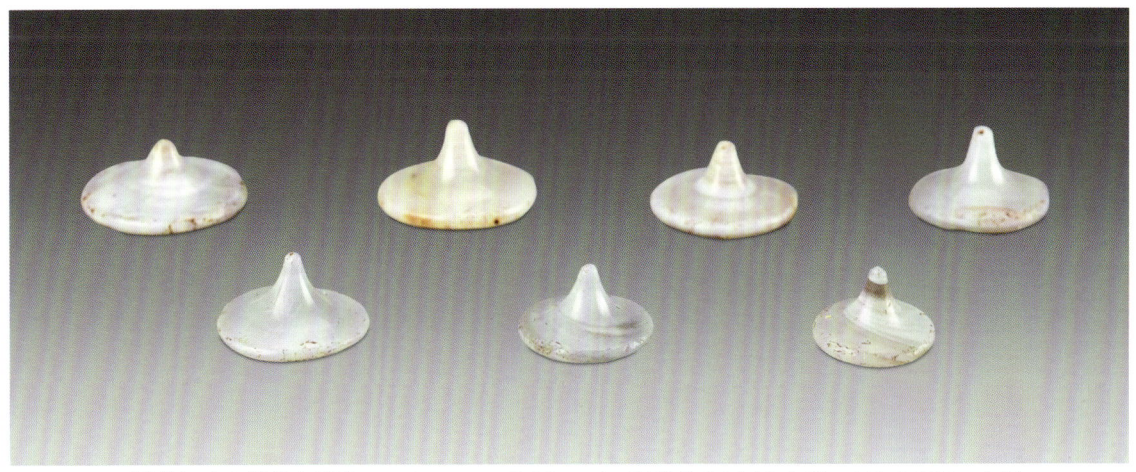

3. 玛瑙扣（上排从左至右M256：4-1～M256：4-4，下排从左至右M256：4-5～M256：4-7）

M256及出土器物

图版180

1. 铜剑（M256：2）A面

2. 铜剑（M256：2）B面

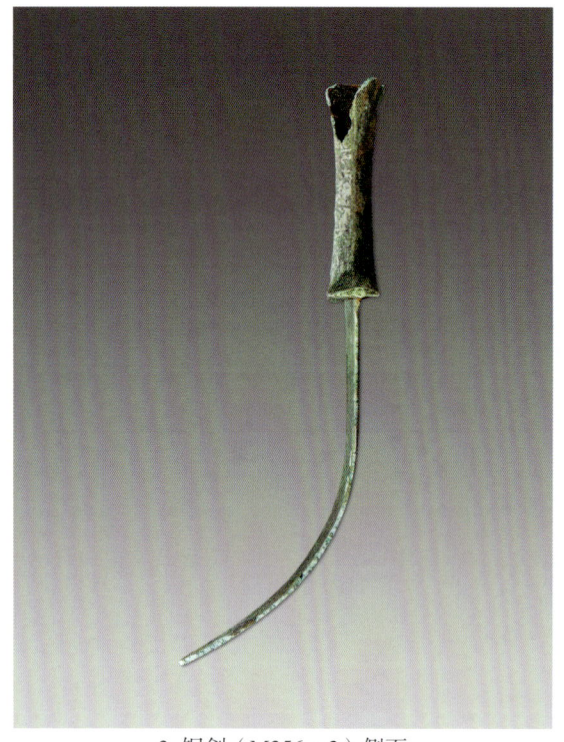

3. 铜剑（M256：2）侧面

4. 铜戚（M256：1）

M256出土器物

1. M260（北—南）

2. 铜剑（M260∶1）、铜矛（M260∶2）出土现场

M260及出土器物

图版182

1. 铜剑（M260∶1）

2. 铜剑（M260∶1）侧面

3. 铜矛（M260∶2）

4. 铜矛（M260∶2）侧面

M260出土器物

1. M263（西北—东南）

2. 铜镯（M263：1）出土现场

M263及出土器物

图版184

1. M264（西北—东南）

2. 铜矛（M264:2）及骹内柲木

3. 铜削刀（M264:1）

M264及出土器物

1. M268（西北—东南）

2. 铜剑（M268：1）、铜戈（M268：2）出土现场

M268及出土器物

图版186

1. 铜剑（M268:1）A面
2. 铜剑（M268:1）B面 
3. 铜剑（M268:1）侧面 
4. 铜戈（M268:2） 
5. 铜戈（M268:2）局部 

M268出土器物

图版187

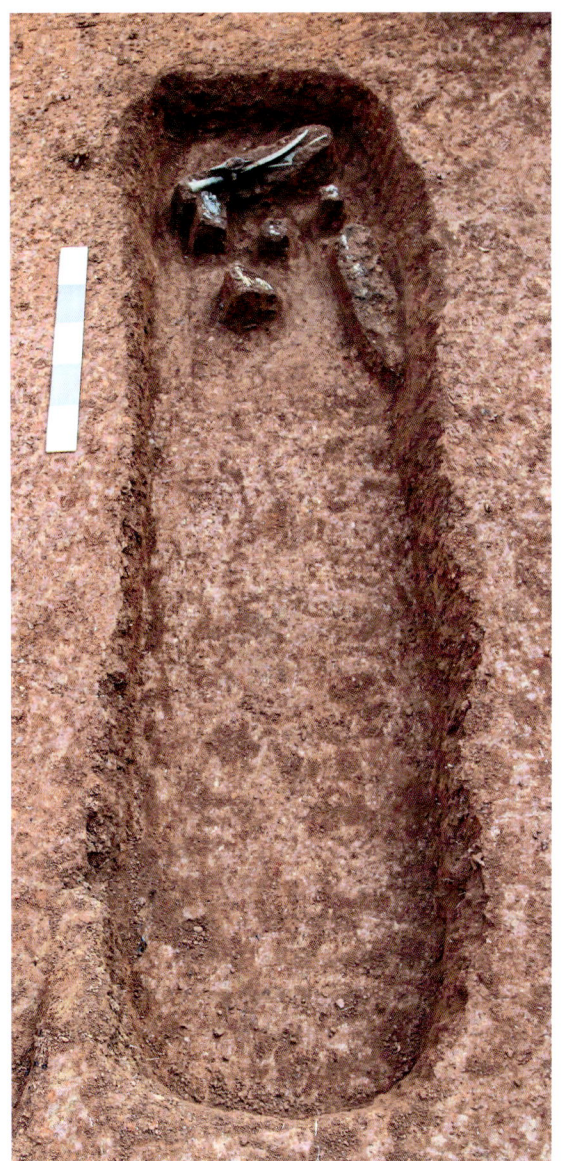

1. M273（西北—东南）

2. M276（西北—东南）

M273、M276

图版188

1. 铜剑（M273∶1）

2. 铜矛（M273∶3）及骹内柲木

3. 铜扣饰（M273∶2）正面

4. 铜扣饰（M273∶2）背面

M273出土器物

图版189

1. 铜剑（M276:2）

2. 铜簪（M276:7）

3. 铜戚（M276:1）及銎内柄木

4. 铜扣饰（M276:3）

M276出土器物

图版190

1. M278（西北—东南）

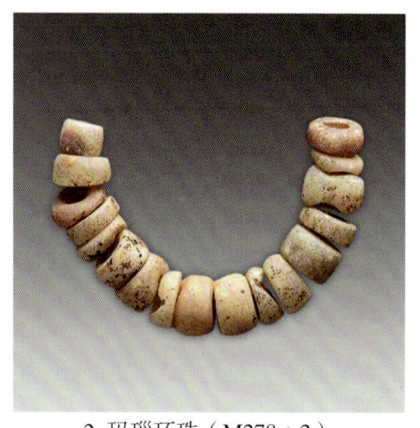

2. 玛瑙环珠（M278：2）

3. 玉管珠（上排从左至右M278：1-1～M278：1-3，下排从左至右M278：1-4～M278：1-6）

M278及出土器物

图版191

1. 铜镯（M278:3）

2. 铜镯（M278:3）侧面

3. 铜镯（M278:4）

4. 铜镯（M278:4）侧面

M278出土器物

图版192

1. M281（西北—东南）

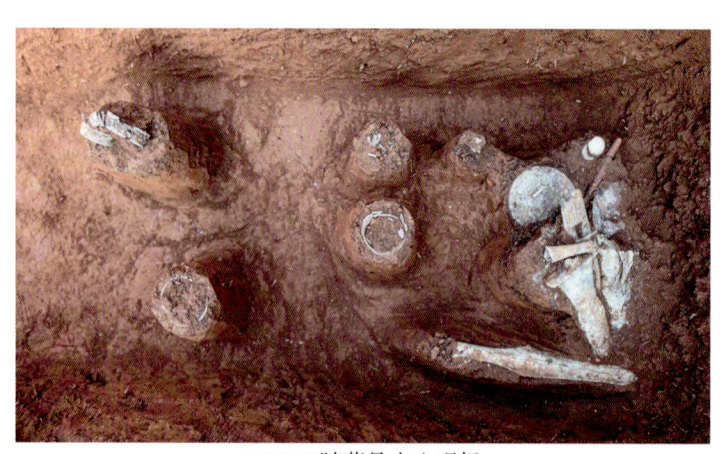

2. M281随葬品出土现场

M281及出土器物

图版193

1. 铜剑（M281:1）

2. 铜矛（M281:3）

3. 铜臂甲（M281:4）

4. 铜戈（M281:2）

5. 铜镯（左M281:11-2，右M281:11-1）

M281出土器物

图版194

1. 铜扣饰（M281:5）正面
2. 铜扣饰（M281:5）背面 
3. 铜扣饰（M281:5）侧面 
4. 石坠（M281:7） 
5. 玛瑙扣（M281:6-1）侧面 
6. 玛瑙扣（M281:6-1）背面 

M281出土器物

图版195

1. M282（西北—东南）

2. 铜剑（M282：1）　　3. 铜矛（M282：2）正面　　4. 铜矛（M282：2）侧面

M282及出土器物

图版196

1. M283（西北—东南）

2. 铜戚（M283∶1）A面

3. 铜戚（M283∶1）B面

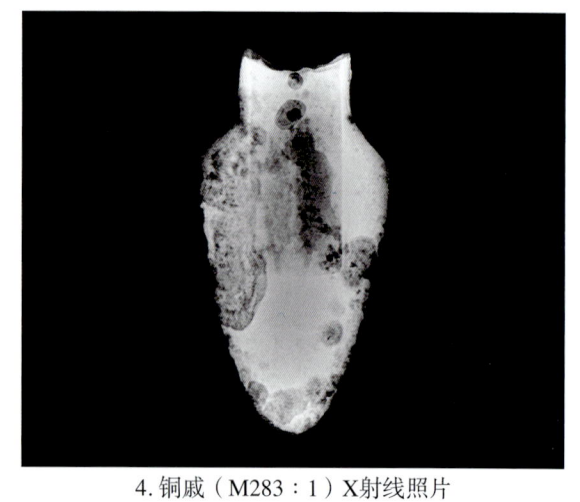

4. 铜戚（M283∶1）X射线照片

M283及出土器物

图版197

1. M284（西北—东南）

2. 铜镯（M284∶1）

3. 铜镯（M284∶1）侧面

M284及出土器物

图版198

1. M286（北—南）

2. 铜剑（M286：1）

3. 铜戈（M286：2）

M286及出土器物

图版199

1. M293随葬品出土现场

2. 铜剑（M293:1）

3. 铜扣饰（M293:2）正面

4. 铜扣饰（M293:2）侧面

M293出土器物

图版200

1. M300（东北—西南）

2. 铜剑（M300：3）A面

3. 铜剑（M300：3）B面

M300及出土器物

图版201

1. 铜戚（M300∶1）

2. 铜扣饰（M300∶2）正面

3. 铜扣饰（M300∶2）背面

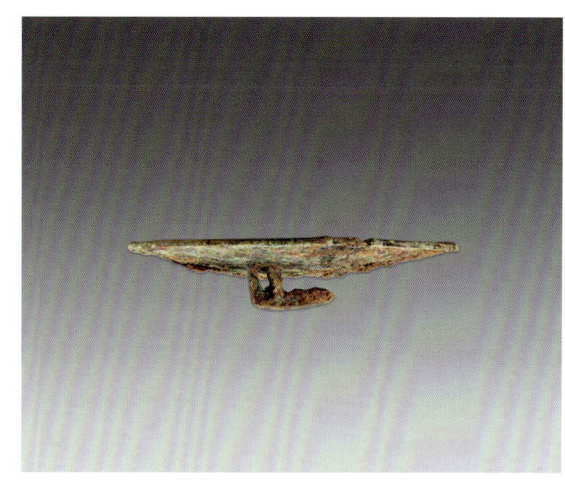

4. 铜扣饰（M300∶2）侧面

5. 铜泡饰（M300∶4）正面

6. 铜泡饰（M300∶4）背面

M300出土器物

图版202

1. M302（西北—东南）

2. 铜剑（M302：1）

3. 铜扣饰（M302：2）正面

4. 铜扣饰（M302：2）背面

M302及出土器物

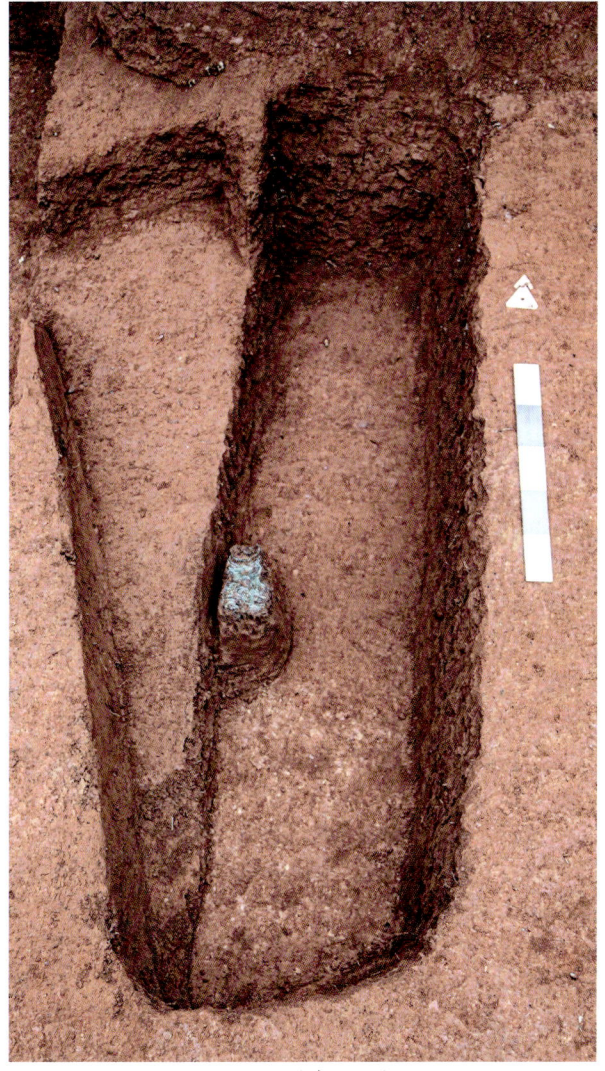

1. M317（南—北）

2. 铜镯（M317：1）出土现场

M317及出土器物

图版204

1. M321（西北—东南）

2. 玛瑙玦（M321:1）

3. 玉管珠（左M321:2-1，右M321:2-2）

4. 玉管珠（M321:2-3）

M321及出土器物

图版205

1. M324（西北—东南）

2. 铜扣饰（M324∶1）正面

3. 铜扣饰（M324∶1）背面

4. 玉管珠（从左至右M324∶2-1～M324∶2-5）

M324及出土器物

图版206

1. M327（西北—东南）

2. 铜戈（M327:1）出土现场

3. M327部分随葬品出土现场（上为西南）

M327及出土器物

图版207

1. 铜泡饰（M327:12）正面
2. 铜泡饰（M327:12）侧面 
3. 玉管珠（M327:4-2） 
4. 玛瑙扣（M327:5-1）侧面 
5. 玛瑙扣（M327:5-1）背面 
6. 玉管珠（M327:4-1） 
7. 玛瑙扣（M327:5-2）侧面 
8. 玛瑙扣（M327:5-2）背面 

M327出土器物

图版208

1. M328（西北—东南）

2. 铜剑（M328∶1）A面

3. 铜剑（M328∶1）B面

M328及出土器物

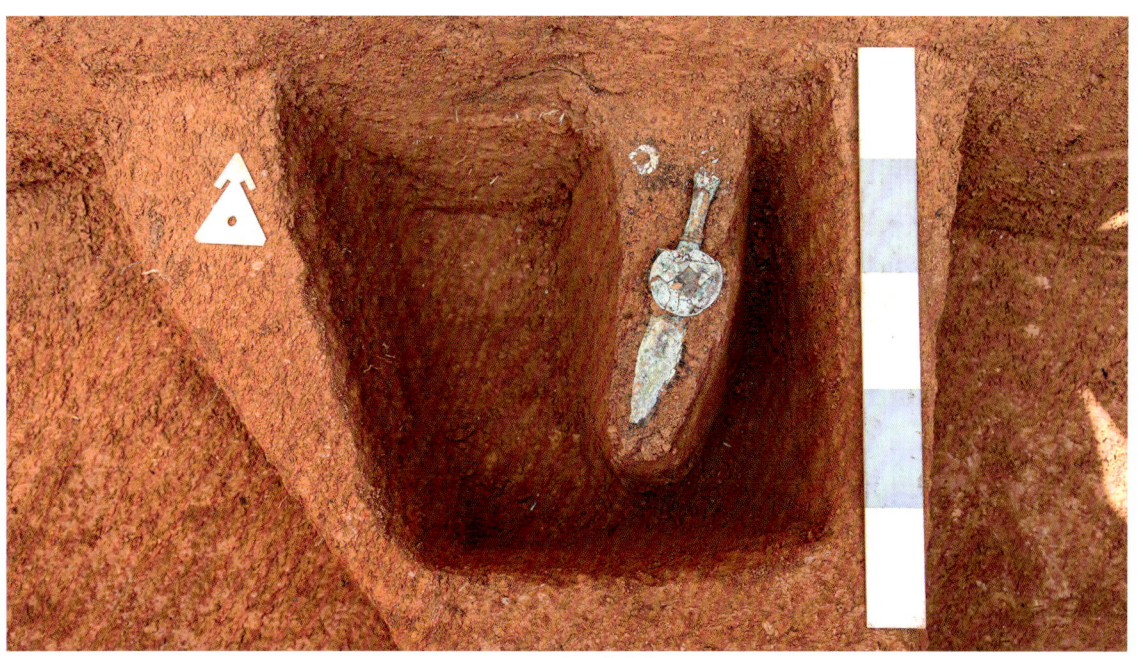

图版209

1. M329（上为北）

2. 铜剑（M329：2）A面

3. 铜剑（M329：2）B面

4. 铜扣饰（M329：1）正面

5. 铜扣饰（M329：1）背面

M329及出土器物

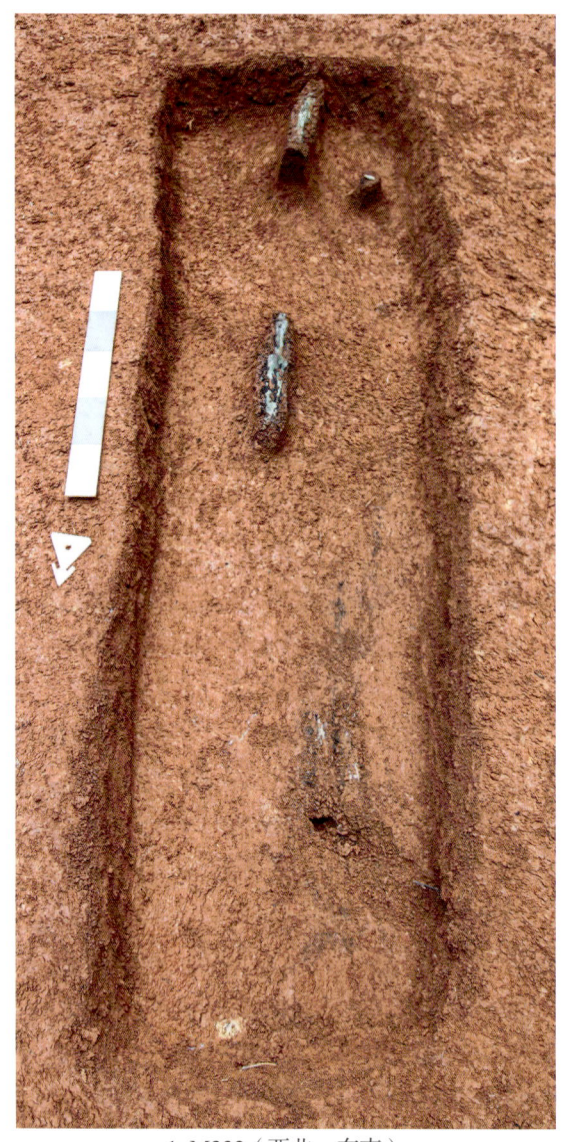

图版210

1. M332（西北—东南）
2. 铜矛（M332：1） 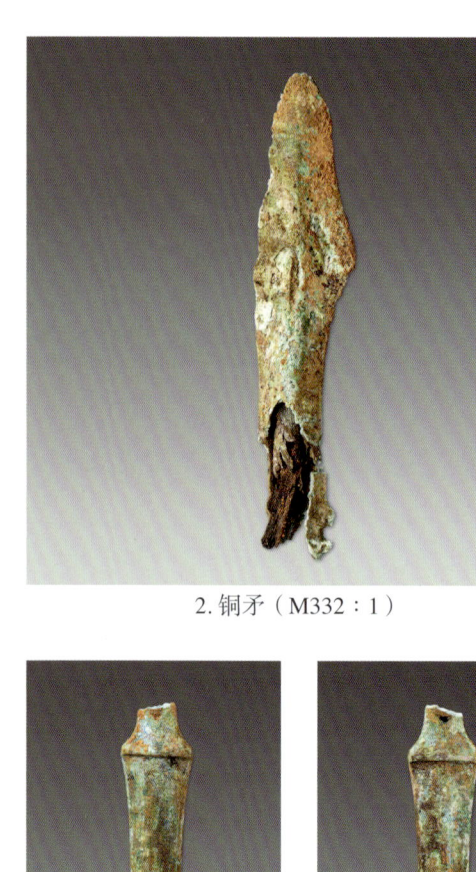
3. 铜剑（M332：3）A面 
4. 铜剑（M332：3）B面 
5. 玉管珠（M332：2） 
6. 玉管珠（M332：2） 

M332及出土器物

图版211

1. M333（北—南）

2. 铜矛（M333:3）A面　　3. 铜矛（M333:3）B面

4. 玉玦（M333:1）

M333及出土器物

图版212

1. M335（西北—东南）

2. 铜夹形器（左M335：2）、铜扣饰（右M335：1）出土现场

3. 铜扣饰（M335：1）

M335及出土器物

图版213

1. M337(西北—东南)

2. 玉管珠(M337:1)

3. 玉管珠(左M337:3-1,右M337:3-2)

4. 玉管珠(左M337:2-1,右M337:2-2)

5. 特殊材料镯(M337:4)出土现场

6. 特殊材料镯(M337:5)出土现场

M337及出土器物

图版214

1. M346（西北—东南）

2. 玉管珠（M346：2-2）

3. 玉管珠（M346：2-3）

4. 玉镯（M346：1）

M346及出土器物

图版215

1. M347（北—南）

2. 玉玦（左M347：1-1，右M347：1-2）A面

3. 玉玦（左M347：1-1，右M347：1-2）B面

4. 铜镯（M347：2）出土现场

M347及出土器物

图版216

1. M349（西北—东南）

2. 铜戈（M349:1）出土现场

3. 铜扣饰（M349:2）出土现场

M349及出土器物

图版217

1. M350（西北—东南）

2. 铜扣饰（M350∶2）出土现场

3. 铜扣饰（M350∶2）侧面

4. 铜剑（M350∶1）出土现场

M350及出土器物

图版218

1. 铜剑（M350:1）
2. 铜戚（M350:4）
3. 玉玦（M350:3）A面
4. 玉玦（M350:3）B面

M350出土器物

图版219

1. M351（东北—西南）

2. 铜帽形器（M351:1）出土现场

3. 铜泡饰（M351:2）出土现场

M351及出土器物

图版220

1. M360（北—南）

2. M361（西北—东南）

3. 玉玦（M360：1）A面

4. 玉玦（M360：1）B面

5. 玉管珠（从左至右M361：2-1～M361：2-3）

6. 玉管珠（从左至右M361：3-1～M361：3-3）

M360、M361及出土器物

图版221

1. M363（北—南）

2. 玛瑙扣（M363∶1）出土现场（上为东）

M363及出土器物

图版222

1. 玉玦（M363:2）

2. 玉管珠（M363:3）

3. 玛瑙扣（M363:1-9）侧面

4. 玛瑙扣（M363:1-9）背面

5. 玛瑙扣（上排从左至右M363:1-1～M363:1-5，中排从左至右M363:1-6～M363:1-9，下排从左至右M363:1-10～M363:1-12）

M363出土器物

1. M368（西北—东南）

2. 铜扣饰（M368：1）出土现场

3. 铜戚（M368：2）

4. 铜戚（M368：2）銎内柄木

M368及出土器物

图版223

图版224

1. 玛瑙扣（M368：3-1）侧面

2. 玛瑙扣（M368：3-1）背面

3. 玛瑙扣（M368：3-2）侧面

4. 玛瑙扣（M368：3-2）背面

5. 玉管珠（左M368：4-1，右M368：4-2）

M368出土器物

图版225

1. M369（北—南）

2. 铜矛（M369:2）出土现场

3. M369墓底板灰痕迹及铜镯（M369:3）、铜泡饰（M369:4）出土现场

M369及出土器物

图版226

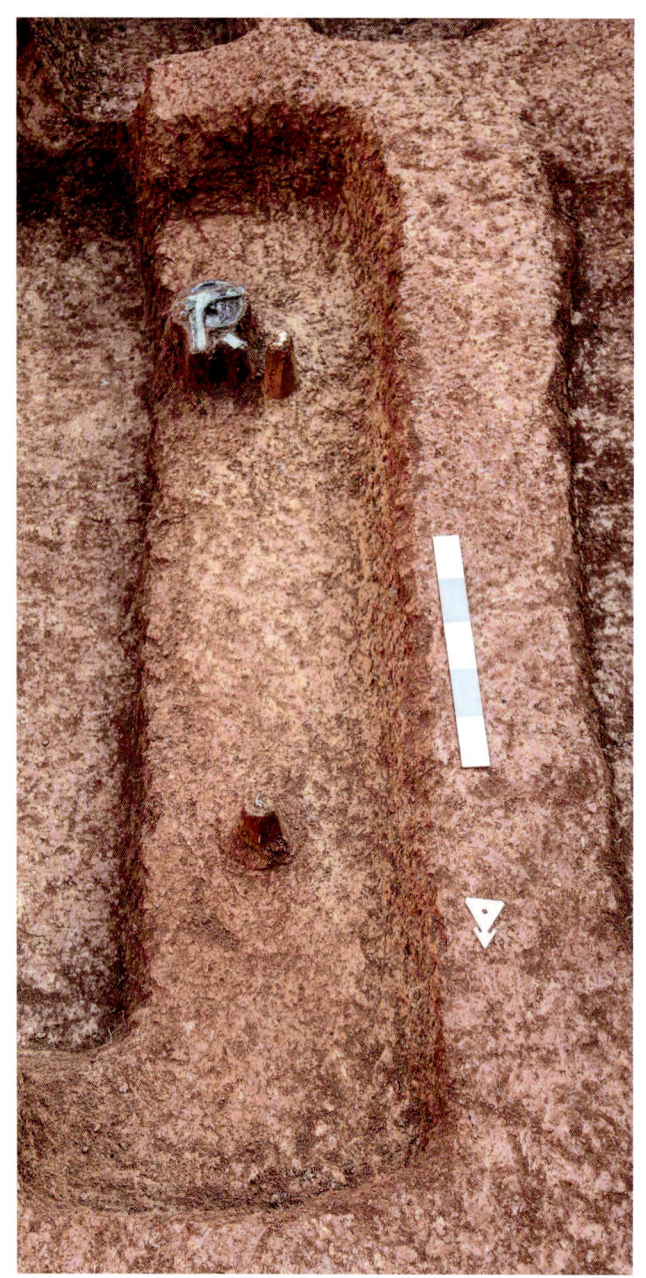

1. M378（西北—东南）

2. 铜戈（M378：1）、铜扣饰（M378：2）出土现场

3. 玉玦（上M378：3-1，下M378：3-2）出土现场

M378及出土器物

图版227

1. M380（西北—东南）

2. M384（西北—东南）

3. 铜矛（M380∶1）出土现场

4. 铜扣饰（M384∶1）出土现场

M380、M384及出土器物

图版228

1. M388（西北—东南）

2. M393（西北—东南）

3. 玉玦（M388:1）

4. 铜戈（M393:1）出土现场

M388、M393及出土器物

1. M395（西北—东南）

2. 玉管珠（上排M395：1-1）、玛瑙圆珠（中排从左至右M395：1-2～M395：1-4，下排从左至右M395：1-5～M395：1-7）

M395及出土器物

图版230

1. M399（南—北）

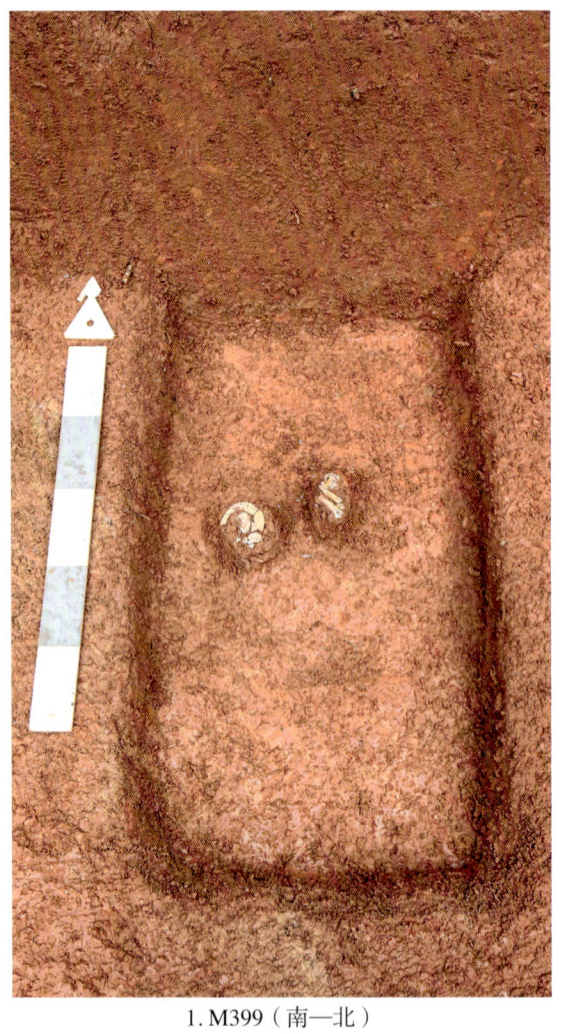

2. 玉玦（M399：1-1）

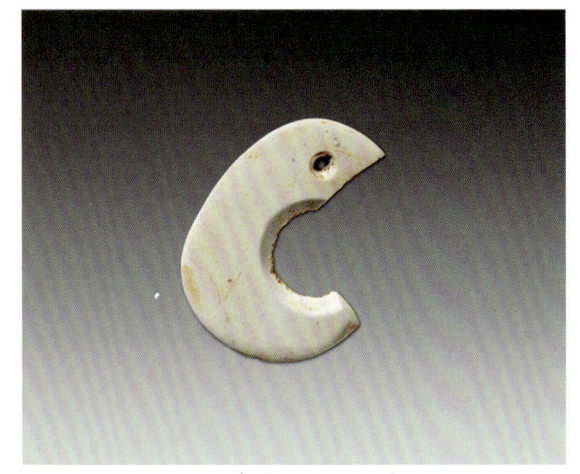

3. 玉玦（M399：2-1）

4. 玉管珠（从左至右M399：3-1～M399：3-3）

5. 玛瑙圆珠（M399：3-4）

M399及出土器物

图版231

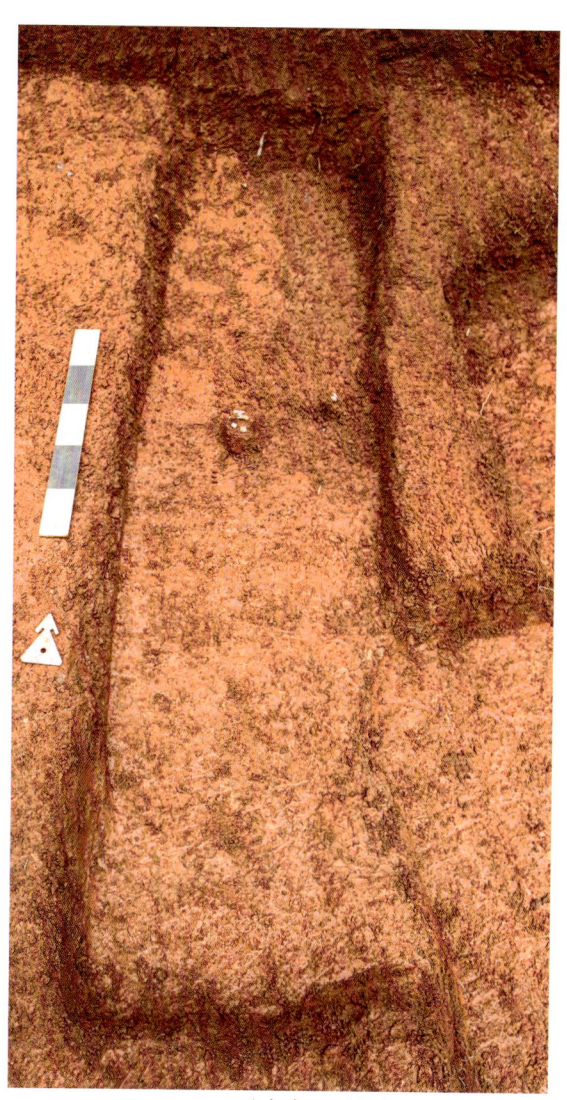

1. M401（西北—东南）

2. M402（东南—西北）

M401、M402

图版232

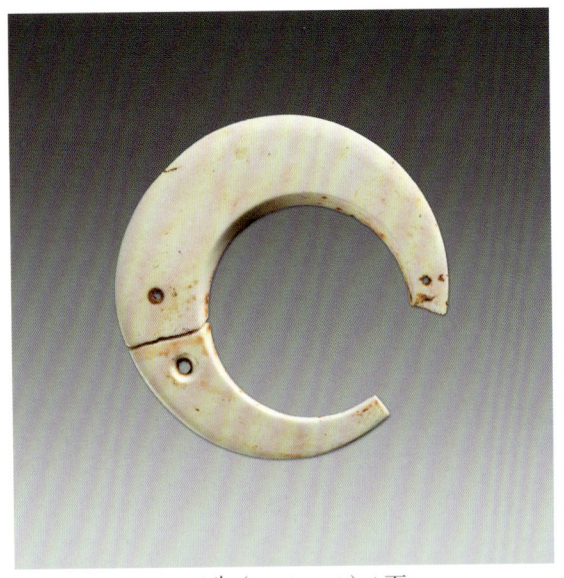

1. 玉玦（M401：1）A面

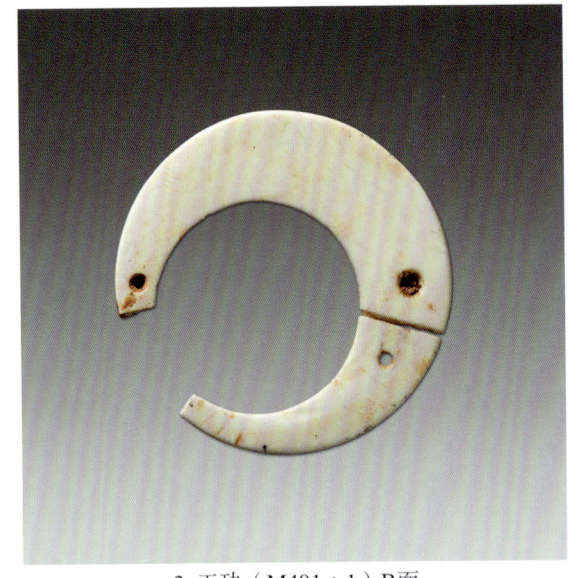

2. 玉玦（M401：1）B面

3. 玉管珠（M402：2）

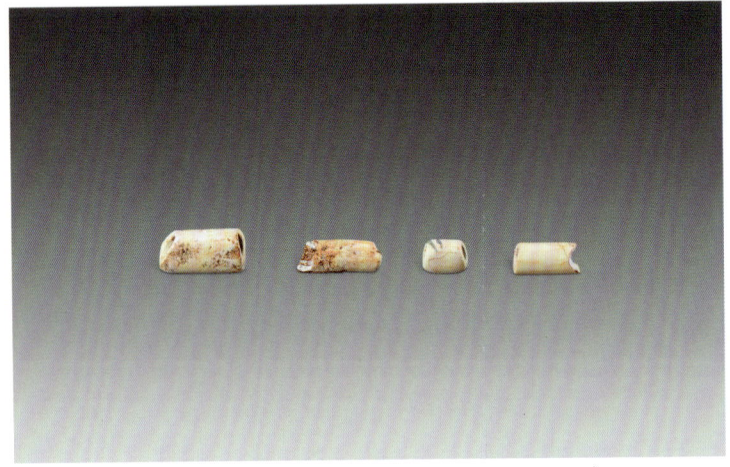

4. 玉管珠（从左至右M402：1-1～M402：1-4）

M401、M402出土器物